民事訴訟法

小島武司

有斐閣

はしがき

　本書の執筆を始めてから，10年をはるかに越える歳月が経過している。その間には，学説や判例の展開があり，法律等の改正もあり，時代の潮流に変化もあって，思考の練り直しが必要になり，加筆変更を行うこと数度に及び，執筆の作業はいまだなお道半ばの感がなきにしもあらずであるが，このあたりで一つの区切りとしなければ，無限の循環に陥るだけで，現在の理論地点に低迷することになりかねないと危惧する。そこで，一昨年あたりを基準時としてその後は重要事項に限って加筆を行うという方針を採り，公刊に向けて思い切りをつけることにした。このような次第で，わたくしとしては全力をあげて考え抜いてきたつもりではあるが，思わざる見落としがあり，また全体としては不整合もあるやもしれない。民事裁判の現場で運用しやすい，実際感覚が活かされる理論を目指した心意気だけでも諒としていただきたい。

　わが国では，民事訴訟法学の分野には，新たな刊行を要しないほどに豊かな体系書の蓄積があり，本書は，先行の優れた著述に依存する部分がきわめて多く，その学恩の大きさを痛感する。このような状況にも拘らず，わたくしがあえて執筆を試みたのは，母校の伝統や学風，法学部助手在職中に許された司法実務修習，アメリカ・ロースクールへの留学，イタリア，ドイツ，フランスでの在外研究，そして日本法律家協会などでの多年にわたる練達の裁判官，弁護士，研究者と共に続けてきたプラクティス研究など，それに，半世紀を越え，国の内外にわたるさまざまのアカデミックな交友が，その間の時代潮流と相まって，なにがしかの理論的個性をわたくしの考え方に刻印しているのではないかと思うが故である。法的思考も，他のあらゆる思索と同じく身体と頭脳の総体経験の所産であるとすれば，このような受け止めには，それなりの根拠があろう。

　1945年とこれに続く変転の時代に青春の日々を過ごした第一世代，これに連なる第二世代は，民主制の下で過去との訣別と未来への探求が織りなす「理想の時代」を一途に生きたことから，先進諸国の法制に特別の思いを抱いてき

たといえよう。21世紀を迎え，それから10年以上の歳月が過ぎつつある今日，司法改革ということもあって，民事裁判を支える手続法も実体法も大きな変貌を遂げてきており，法の支配が進む中で，欧米諸国の法制との距離感は格段に縮まり，アジア諸国との調和も切実な課題として浮上している。このことは，日々の生活の中で実感されるところである。

われわれが住む世界には，歴史がこれまで知ることのなかった展開があるやもしれない。こうした状況において，青春のさなかにある現代若者第四世代（2010年代）が空前のグローバルな挑戦を迎えようとしている現在，大学教育の現場に身を置きながら，わたくしも，わずかなりとも若者たちの取組みを勇気付けたいと願っている。「正義への普遍的アクセス」という一観点から眺めただけでも，民事訴訟制度の明日は，まことに刺激的なものを内に秘めている。このことを見据えて，われわれも，学界や実務界の重鎮の方々のご協力を得て，司法アクセス学会を数年前に創設しており，海外の同志とも連携しつつ，よく作動する民事司法を目指し，歩みを続けたいと思う。

本書執筆の過程では，かつて私の研究室に在籍し研究を共にしている，豊田博昭，山城崇夫，猪股孝史，清水宏の各教授に校正の段階でお世話になった。とりわけ，小林学教授には，文献，判例の調査等の段階からご尽力を願い，じっくりと検討すべき課題の多くにつき討論相手になっていただいた。このことで，わたくしも発想を練り直す機会を与えられ，まことに幸いであった。深く感謝したい。また，有斐閣学術センターの奥貫清氏には，丹念な校正はもとより，数々の貴重なご指摘をいただいた。心より感謝申し上げたい。

2013年1月

小　島　武　司

目　　次

第1章　民事紛争の解決と民事訴訟 ―――――― 1
はじめに ………………………………………………………1
第1節　民 事 紛 争 ……………………………………………1
第2節　民事紛争解決の諸方法 ………………………………3
　　1　総　　説　3
　　2　相 対 交 渉　5
　　3　Ａ Ｄ Ｒ　6
　　　⑴　調停とミディエイション　7
　　　⑵　仲　　裁　10
　　4　裁 判 手 続　12
　　5　「正義の総合システム」と司法制度改革　13
第3節　訴訟事件と非訟事件 …………………………………16
　　1　非 訟 事 件　16
　　2　訴訟手続と非訟手続の異同　17
　　3　訴訟の非訟化　18
　　　⑴　訴訟事件の非訟化現象　18
　　　⑵　非訟化の限界　19
第4節　裁判所による民事紛争解決手続 ……………………20
　　1　民事紛争解決の手続　20
　　　⑴　判 決 手 続　20
　　　⑵　非訟事件手続　20
　　　⑶　民事執行手続　21
　　　⑷　民事保全手続　22
　　　⑸　倒産処理手続　23
　　2　判決手続に関する特別手続　24
　　　⑴　手形・小切手訴訟手続　24
　　　⑵　少額訴訟手続　24

　　　　(3) 督 促 手 続　25
　　　　(4) 人事訴訟手続　26
　　　　(5) 行政訴訟手続　26
　　　　(6) 労働審判手続　26
　　　　(7) 刑事訴訟手続に伴う損害賠償請求手続　27
　　3 判決手続に付随する手続　28
　　　　(1) 付 随 訴 訟　28
　　　　(2) 証拠保全と提訴前の証拠収集処分　28
　　　　(3) その他の付随手続　29

第5節　民事訴訟法 …………………………………29

　　1 民事訴訟法の意義　29
　　　　(1) 実質的意義の民事訴訟法　29
　　　　(2) 憲法と民事訴訟法　29
　　　　(3) 公法としての民事訴訟法　30
　　　　(4) 民事法としての民事訴訟法　30
　　　　(5) 訴訟法規の種類　30
　　2 民事訴訟法典の沿革　32
　　　　(1) ドイツ法の継受　32
　　　　(2) 旧々民事訴訟法制定後の改正──旧民事訴訟法──　32
　　　　(3) 新民事訴訟法の成立　33
　　3 民事訴訟法の指導理念　36
　　　　(1) 当事者の意思の尊重　36
　　　　(2) 手続の透明と安定　37
　　　　(3) 真実発見──事案の解明──　37
　　　　(4) 手 続 保 障　38
　　4 手続運営の理想　38
　　　　(1) 公　　平　39
　　　　(2) 適　　正　39
　　　　(3) 迅　　速　39
　　　　(4) 経済（廉価）　40
　　　　(5) 各理想の関係　41
　　5 自己責任の貫徹──制裁型スキームの評価──　41
　　6 訴訟遅延とその解消　43
　　7 民事訴訟法における判例の役割　46
　　　　(1) 法源としての判例法　46

          (2) 判例の限界　47
      8　民事訴訟法の適用範囲　47
          (1) 時間的限界　47
          (2) 地域的限界　48

第6節　民事訴訟制度の目的および訴権論 …………48
      1　民事訴訟制度の目的論　48
          (1) 伝統的な見解　49
          (2) 近時の展開　49
          (3) 検　討　50
      2　訴　権　論　51
          (1) 私法的訴権説　52
          (2) 公法的訴権説　52
          (3) 検　討　54

第7節　民事訴訟における信義則 ………………………55
      1　総　説　55
      2　訴訟状態の不当形成の排除　56
      3　訴訟上の禁反言（矛盾挙動の禁止）　56
      4　訴訟上の権能の失効　57
      5　訴訟上の権能の濫用禁止　59

第2章　裁　判　所 ─────────────61
  はじめに ……………………………………………………61

第1節　裁判所の組織・系統 ………………………………61
      1　裁判機関としての裁判所　61
      2　合議制と単独制　61

第2節　民事裁判権 …………………………………………63
      1　民事裁判権と管轄権　63
      2　民事裁判権の対人的制約　63
      3　民事裁判権の対物的制約　65
          (1) 対物的制約と国際裁判管轄　65
          (2) 国際裁判管轄　66
          (3) 世界的なハーモナイゼイションに向けて　76

4　民事裁判権欠缺の効果　77
　第3節　管　　轄 …………………………………………78
　　1　管轄の意義　78
　　2　目的による分類──職分管轄・事物管轄・土地管轄──　79
　　　(1)　職分管轄　79
　　　(2)　事物管轄　80
　　　(3)　土地管轄　85
　　　(4)　指定管轄　93
　　　(5)　合意管轄　94
　　　(6)　応訴管轄　98
　　3　管轄権の調査　99
　　　(1)　意　　義　99
　　　(2)　管轄原因事実と本案　100
　　　(3)　管轄決定の方式　101
　　　(4)　管轄決定の時期　101
　　4　訴訟の移送　102
　　　(1)　意　　義　102
　　　(2)　移送の目的　102
　　　(3)　管轄違いに基づく移送　103
　　　(4)　遅滞を避ける等のための移送　105
　　　(5)　簡易裁判所から地方裁判所への移送　106
　　　(6)　申立てと同意による第一審裁判所の移送　107
　　　(7)　移送の手続　107
　　　(8)　移送の裁判とその効果　108
　第4節　裁判機関の構成 ………………………………109
　　1　裁判官の除斥　110
　　　(1)　除斥原因　110
　　　(2)　除斥の効果　111
　　　(3)　除斥の裁判　112
　　2　裁判官の忌避　112
　　　(1)　忌避原因　112
　　　(2)　忌避の申立て　114
　　3　裁判官の回避　116
　　4　裁判所書記官の除斥・忌避・回避　116

第3章　当 事 者 ──────────────────117

はじめに …………………………………………………………117
第1節　序　　論 ………………………………………………117
第1款　当事者の概念　117
第2款　二当事者対立構造　118
第3款　当事者権および審問請求権　119
第4款　当事者に関する概念とその相互関係　120

第2節　当事者の確定 …………………………………………120
第1款　当事者の確定とその必要性　120
第2款　当事者確定の基準　121
　1　学説の展開　121
　　(1)　伝統的な学説　121
　　(2)　近時の展開　122
　2　各事件類型における判例・学説の処理　123
　　(1)　氏名冒用訴訟　123
　　(2)　死者名義訴訟　125
　　(3)　法人格否認　127
　3　検　　討　128
　　(1)　新たな確定基準──紛争解決の実効性と手続保障の充足度──　128
　　(2)　検　　証　129
第3款　表示の訂正と任意的当事者変更　132
　1　表示の訂正　132
　2　任意的当事者変更　133
　3　表示の訂正か任意的当事者変更か　134

第3節　当事者能力 ……………………………………………135
第1款　当事者能力の意義　135
第2款　当事者能力者　136
　1　権利能力者──自然人・法人──　136
　2　法人でない社団または財団で代表者または管理人の定めの

　　　　　　　あるもの　137
　　　　　　⑴　法人でない社団　138
　　　　　　⑵　法人でない財団　140
　　　　　　⑶　法人でない社団・財団の登記請求権　141
　　　　　　⑷　法人でない社団・財団の権利能力　141
　　　　　　⑸　権利能力なき社団の財産に関する訴訟の当事者
　　　　　　　　適格　142
　　　　第 3 款　当事者能力の訴訟上の取扱い　143
　　　　　1　当事者能力の調査と欠缺の措置　143
　　　　　2　当事者能力の欠缺を看過してなされた本案判決　144
　第 4 節　訴 訟 能 力 ……………………………………………145
　　　　第 1 款　意　　義　145
　　　　第 2 款　訴 訟 能 力 者　146
　　　　第 3 款　訴訟能力を欠く者および制限される者　147
　　　　　1　訴訟能力を欠く者——未成年者，成年被後見人——　147
　　　　　2　制限的訴訟能力者——被保佐人，被補助人——　148
　　　　　3　人事訴訟の特則　149
　　　　第 4 款　訴訟能力を欠く場合の措置　150
　　　　　1　追 認 と 補 正　150
　　　　　2　訴訟能力の欠缺が手続に及ぼす影響　151
　　　　　　⑴　訴訟成立過程に訴訟能力の欠缺がある場合　151
　　　　　　⑵　訴訟成立過程以外に訴訟能力の欠缺がある場合　152
　第 5 節　弁 論 能 力 ……………………………………………153
　第 6 節　訴訟上の代理人 ……………………………………………154
　　　　第 1 款　総　　説　154
　　　　　1　意　　義　154
　　　　　2　訴訟上の代理人の種類　155
　　　　第 2 款　訴訟上の代理権　156
　　　　　1　特　　徴　156
　　　　　2　訴訟上の代理権欠缺の効果　157

         3　双方代理の禁止　157
   第3款　法定代理人　158
      1　意義と種類　158
         (1)　実体法上の法定代理人　158
         (2)　訴訟法上の特別代理人　159
      2　法定代理権　161
         (1)　法定代理権の範囲　161
         (2)　共同代理　161
         (3)　法定代理権の消滅　162
      3　法定代理人の訴訟上の地位　163
   第4款　法人等の代表者　164
      1　代表者の意義とその権限　164
      2　代表権を欠く場合の取扱い　165
         (1)　追認・補正　165
         (2)　訴訟上の代表権限と表見法理　165
      3　その他　169
   第5款　任意代理人　169
      1　意義と種類　169
      2　訴訟委任に基づく訴訟代理人　170
         (1)　弁護士代理の原則　170
         (2)　訴訟代理権の授与と証明　172
         (3)　訴訟代理権の範囲　173
         (4)　個別代理の原則　180
         (5)　訴訟代理権の消滅　181
         (6)　訴訟代理人および当事者本人の地位　182
         (7)　弁護士法の規律と訴訟行為　183
      3　法令上の訴訟代理人　185
         (1)　法令上の訴訟代理人にあたる者　185
         (2)　法令上の訴訟代理人の地位と権限　187
   第6款　補佐人　188

第4章 訴え ─────191

 はじめに …………………………………………………………191

 第1節 訴えの概念 ………………………………………………191

 第2節 訴えの類型 ………………………………………………191

  第1款 給付の訴え 192

   1 意 義 192

   2 判決とその効力 193

   3 機 能 193

  第2款 確認の訴え 193

   1 意 義 193

   2 判決とその効力 195

   3 機 能 195

  第3款 形成の訴え 195

   1 意 義 195

   2 判決とその効力 196

   3 種 類 196

    (1) 実体法上の形成の訴え 196
    (2) 手続法上の形成の訴え 201
    (3) 形成の訴えの基準 202

   4 機 能 203

  第4款 形式的形成訴訟 205

   1 意 義 205

   2 土地境界確定訴訟 205

    (1) 意 義 205
    (2) 訴訟構造の分析 206
    (3) 土地境界確定訴訟に関する裁判運営の改善 215
    (4) 筆界特定手続 216

  第5款 訴えの三類型の相互関係 217

 第3節 訴え提起の態様と時期 …………………………………218

  第1款 訴え提起の態様 218

第2款　訴訟係属とその時期　218
第4節　訴 訟 要 件 …………………………………………………219
　　第1款　訴訟要件の概念　219
　　　1　主体に関する訴訟要件　219
　　　2　訴訟行為に関する訴訟要件　219
　　　3　対象（訴訟物）に関する訴訟要件　219
　　第2款　訴訟要件の審判　220
　　　1　調査の開始——職権調査事項と抗弁事項——　220
　　　2　調査資料の収集——職権探知主義と弁論主義——　220
　　　3　訴訟要件の審判と本案の審判　222
第5節　訴 え の 利 益 …………………………………………………224
　　第1款　訴えの利益の意義　224
　　第2款　各種の訴えに共通の利益　225
　　　1　救済の資格——法律上の争訟と審判権の限界——　225
　　　2　救済の必要性・適切性　227
　　第3款　給付の訴えの利益　228
　　　1　現在給付の訴えの利益　228
　　　2　将来給付の訴えの利益　229
　　第4款　確認の訴えの利益　231
　　　1　対象選択の適否　231
　　　2　方法選択の適否　233
　　　　(1)　訴えの三類型との関係　233
　　　　(2)　前提の手続問題　233
　　　3　即時確定の利益　234
　　第5款　形成の訴えの利益　235
第6節　当 事 者 適 格 …………………………………………………238
　　第1款　当事者適格の意義　238
　　第2款　当事者適格の判断基準　238
　　　1　一 般 の 場 合　238

         2 例外の場合 241
            (1) 第三者の訴訟担当 241
            (2) 固有必要的共同訴訟 242
            (3) 判決効が第三者に拡張される場合 242
            (4) 民衆訴訟 242

      第3款 法定訴訟担当 243
         1 訴訟担当者のための法定訴訟担当 243
         2 特別関係者のための法定訴訟担当 245
         3 職務上の担当者 245

      第4款 任意的訴訟担当 246
         1 選定当事者——明文ある場合の一例—— 246
            (1) 選定当事者の意義 246
            (2) 選定の要件 247
            (3) 選定行為 248
            (4) 選定当事者の地位 249
            (5) 選定者の地位 249
         2 明文のない場合における任意的訴訟担当の許否 250
            (1) 判例 250
            (2) 学説 250
            (3) 検討 251

      第5款 判決効の拡張と当事者適格 251
         1 対世効ある判決の場合 251
         2 法人の内部紛争の場合 253
         3 拡散的利益の救済——当事者適格各論の新たな意義—— 255

      第6款 当事者適格の訴訟上の意義 256
         1 当事者適格の存在とその判断 256
         2 訴訟係属中における当事者適格の喪失 257

   第7節 訴え提起の方法と訴訟物 …………………………257
      第1款 訴状の記載事項 258
         1 当事者および法定代理人の表示 258
         2 請求の趣旨の表示 259

3　請求の原因の表示　261
　　第 2 款　訴え提起に対する裁判所の行為　262
　　第 3 款　訴 訟 物 論　263
　　　 1　判例における訴訟物　263
　　　 2　訴訟物論争――学説における訴訟物拡大の動き――　264
　　　　 (1)　実体法説（旧訴訟物理論）　264
　　　　 (2)　訴訟法説（新訴訟物理論）　265
　　　　 (3)　新実体法説　266
　　　　 (4)　二 分 肢 説　267
　　　 3　検　　討　267
第 8 節　訴訟物についての処分権主義……………………………273
　　第 1 款　処分権主義の意義　273
　　第 2 款　申立て事項と判決事項　274
　　　 1　申 立 て 事 項　274
　　　 2　訴訟物の異同――判決事項――　275
　　　 3　一部認容判決　276
　　第 3 款　一 部 請 求　279
　　　 1　一 部 請 求 論　279
　　　　 (1)　問 題 の 所 在　279
　　　　 (2)　理 論 状 況　279
　　　　 (3)　検　　討　281
　　　 2　付属する諸問題――後遺症損害，時効中断，そして，
　　　　　過失相殺――　282
　　　　 (1)　一部請求と後遺症損害　282
　　　　 (2)　一部請求と時効中断　286
　　　　 (3)　一部請求と過失相殺　287
第 9 節　訴え提起の効果……………………………………………287
　　第 1 款　重複訴訟（二重起訴）の禁止　288
　　　 1　重複訴訟禁止の意義　288
　　　 2　重複訴訟禁止の要件　288
　　　　 (1)　当事者の同一性　288

　　　　　　(2) 事件の同一性　288
　　　　3　重複訴訟禁止の効果　289
　　　　4　相殺の抗弁と重複訴訟の禁止　290
　　　　　　(1) 別訴先行型　292
　　　　　　(2) 抗弁先行型　294
　　　　　　(3) 抗弁並存型　295
　　　　　　(4) 同一手続の場面　295
　　第2款　その他の効果　297
　　　　1　一般論　297
　　　　2　時効中断効　297

第5章　口頭弁論 ―――――――――――299

はじめに ……………………………………………299
第1節　総説――審理および審理原則―― ……299
第2節　審理手続の進行と裁判所の訴訟指揮権 ………300
　　第1款　訴訟指揮権の意義　300
　　第2款　訴訟指揮権の主体　301
　　第3款　訴訟指揮権の分類　301
　　第4款　訴訟指揮権の行使方法　301
第3節　期日，期間および送達 ……………………302
　　第1款　期　日　302
　　　　1　意　義　302
　　　　2　期日の呼出しおよび実施　303
　　　　　　(1) 期日の呼出し　303
　　　　　　(2) 期日の開始・終了　303
　　　　3　期日の変更　304
　　　　　　(1) 意　義　304
　　　　　　(2) 要　件　304
　　　　4　期日の種類　306
　　第2款　期　間　306
　　　　1　意　義　306

目　次　xv

　　　2　行為期間・猶予期間　306
　　　3　決定期間・裁定期間　307
　　　4　不変期間・通常期間　307
　　　5　期 間 の 計 算　308
　　　6　期間の懈怠とその救済——不変期間の追完——　308
　　　　　(1)　救済の必要性　308
　　　　　(2)　追完の意義および要件　308
　　　　　(3)　追 完 の 手 続　309
　　第3款　送　　達　310
　　　1　意　　義　310
　　　2　職権送達主義　310
　　　3　送 達 機 関　311
　　　　　(1)　送達担当機関　311
　　　　　(2)　送達実施機関　311
　　　4　受 送 達 者　312
　　　5　送 達 の 方 法　313
　　　　　(1)　交付送達——原則——　313
　　　　　(2)　付郵便送達（書留郵便に付する送達）
　　　　　　　——例外（その1）　315
　　　　　(3)　公示送達——例外（その2）　316
　　　6　送達場所の届出制度　319
　　　7　送達の瑕疵とその救済方法　320
第4節　訴訟手続の停止 …………………………………322
　第1款　総　　説　322
　第2款　訴訟手続の中断　323
　　　1　中 断 事 由　323
　　　　　(1)　当事者能力の消滅（当事者の消滅）　323
　　　　　(2)　訴訟能力の喪失，法定代理人の死亡，法定代理権の
　　　　　　　消滅　323
　　　　　(3)　当事者適格の喪失　324
　　　2　中断が生じない場合　324
　　　3　中 断 の 解 消　325

　　　　　　⑴　受　　継　325
　　　　　　⑵　続 行 命 令　327
　　　第3款　訴訟手続の中止　327
　第5節　口頭弁論およびその準備 …………………………………328
　　　第1款　総　　説　328
　　　第2款　口 頭 弁 論　328
　　　　1　口頭弁論の意義　328
　　　　2　必要的口頭弁論の原則　329
　　　　3　審理方式に関する諸原則　330
　　　　　⑴　公 開 主 義　330
　　　　　⑵　双方審尋主義　331
　　　　　⑶　口 頭 主 義　332
　　　　　⑷　直 接 主 義　333
　　　　4　審理における選択肢　334
　　　　　⑴　集中審理（継続審理）主義と併行審理主義　334
　　　　　⑵　職権進行主義と当事者進行主義　337
　　　　　⑶　適時提出主義と法定序列主義　337
　　　　　⑷　裁判所の裁量規律と新たな審理モデル——審理契約論と手続
　　　　　　　裁量論——　338
　　　第3款　口頭弁論の準備　341
　　　　1　準 備 書 面　341
　　　　　⑴　準備書面の意義　341
　　　　　⑵　準備書面の交換　341
　　　　　⑶　準備書面の提出・不提出の効果　342
　　　　2　争点・証拠の整理手続　342
　　　　　⑴　準備的口頭弁論　343
　　　　　⑵　弁論準備手続　345
　　　　　⑶　書面による準備手続　348
　　　　　⑷　進行協議期日　348
　　　　　⑸　計 画 審 理　349
　　　　　⑹　当事者照会　350
　第6節　口頭弁論の実施と懈怠 ……………………………………350
　　　第1款　口頭弁論の実施　350

          1　口頭弁論の実施——開始から終結まで——　350
            (1)　最初の期日　350
            (2)　続行期日　351
            (3)　口頭弁論の終結　351
          2　口頭弁論の整序——弁論の制限・分離・併合——　352
            (1)　弁論の制限　352
            (2)　弁論の分離　353
            (3)　弁論の併合　353
            (4)　判決の併合　355
          3　口頭弁論調書　356
            (1)　口頭弁論調書の意義　356
            (2)　口頭弁論調書の記載事項　357
            (3)　関係人への開示　358
            (4)　調書の証明力　359

      第2款　口頭弁論の懈怠　359
          1　攻撃防御方法の提出時期　359
            (1)　口頭弁論の一体性　359
            (2)　適時提出主義　359
          2　攻撃防御方法提出の懈怠に対する措置　360
            (1)　時機に後れた攻撃防御方法の却下　360
            (2)　釈明に応じない攻撃防御方法の却下　364
            (3)　争点等整理手続を経た場合の新主張の制約　364
          3　弁論の懈怠（当事者の欠席）に対する措置　364
            (1)　当事者双方の欠席　365
            (2)　一方当事者の欠席　366

  第7節　事案の解明——弁論主義と釈明権——……………368
      第1款　弁論主義　368
          1　弁論主義の意義　368
            (1)　弁論主義の根拠　368
            (2)　弁論主義と処分権主義との関係　373
          2　弁論主義の内容（三つのテーゼ）　374
            (1)　主張責任　374
            (2)　自白の拘束力　385
            (3)　職権証拠調べの禁止　385

         3　弁論主義と真実義務　385
            ⑴　真実義務の意義　385
            ⑵　完全陳述義務　386
            ⑶　事案解明義務——証明責任を負わない当事者による
               事案の解明——　386
         4　弁論主義の適用範囲　389
            ⑴　訴訟要件　389
            ⑵　人事訴訟その他の特別訴訟　389
      第2款　釈　明　権　391
         1　釈明権の意義　391
         2　釈明権の行使　392
         3　釈明権の対象と範囲　393
            ⑴　釈明権の対象　393
            ⑵　釈明権の範囲　395
         4　釈明の基準　398
            ⑴　問題となる局面　398
            ⑵　事実審における釈明　398
            ⑶　上告審における釈明　399
         5　釈　明　処　分　401
      第3款　職権探知主義　401
         1　職権探知主義の意義　401
         2　職権探知主義における当事者の地位　402
         3　職権探知主義と職権調査事項　403
      第4款　専　門　訴　訟　404
         1　背　景　と　方　向　404
         2　専門委員制度　405
            ⑴　意　　義　405
            ⑵　専門委員が関与する場面　405
            ⑶　専門委員の指定と除斥・忌避　407
   第8節　口頭弁論における当事者の訴訟行為……………408
      第1款　訴訟行為の意義　408
      第2款　訴訟行為の分類　410

                1　行為の時期および場所からみた分類　411
                2　行為の内容および性質からみた分類　411
                3　行為の目的からみた分類——取効的訴訟行為と与効的訴訟行
                　為——　412
        第3款　訴訟手続における訴訟行為　412
                1　申　立　て　413
                    (1)　本案の申立て　413
                    (2)　訴訟上の申立て　413
                2　主張・立証——判断資料提出行為——　414
                    (1)　法律上の主張　414
                    (2)　事実上の主張　414
                    (3)　立証（挙証または証明）　415
                3　訴え取下げなどの自主的手続終了行為　415
        第4款　訴訟行為と私法法理　416
                1　訴訟行為の撤回・取消し　416
                2　訴訟行為と条件　417
                3　訴訟行為と私法行為　418
                    (1)　訴訟内の形成権の行使　419
                    (2)　訴訟上の合意　421
                    (3)　訴訟行為に対する私法規定の適用可能性　423
                    (4)　訴訟行為と信義則　426

第6章　証拠と証拠調べ——————427

はじめに　……………………………………………………427

第1節　審　理　総　論　………………………………427

    第1款　訴訟審理の全体構造　427
    第2款　訴訟審理と要件事実　430
            1　法律要件による審理の整序——主張責任と証明責任の
            　関係——　430
            2　法律要件の機能　433
                (1)　一般的機能——主張事実を整序する機能——　433
                (2)　特別な機能——権利生成を促す機能——　434

　　　　3　要件事実教育における二つの視点——導入教育と継続教育
　　　　　（OJT）—— 434
第2節　証　　拠 …………………………………………………435
　第1款　証拠の機能　435
　第2款　証拠の概念　436
　　1　証拠方法　436
　　2　証拠資料　436
第3節　証　　明 …………………………………………………437
　第1款　証明と疎明　437
　　1　証明および疎明の意義　437
　　2　証明度——裁判官の確信の程度——　438
　　　(1)　問題の所在　438
　　　(2)　理論状況　439
　　　(3)　検　　討　440
　第2款　厳格な証明と自由な証明　443
　第3款　証明の対象と不要証事項　444
　　1　証明の対象　444
　　　(1)　事　　実　444
　　　(2)　経　験　則　444
　　　(3)　法　　規　445
　　2　不要証事項　446
　　　(1)　裁判上の自白　447
　　　(2)　顕著な事実　457
第4節　証拠による事実認定 …………………………………458
　第1款　自由心証主義　458
　　1　自由心証主義の意義　458
　　2　自由心証主義の内容　460
　　　(1)　証拠原因たり得る資料　460
　　　(2)　証拠力の自由な評価　464
　　3　事実認定の違法　465
　　　(1)　証拠説明の違法　465

　　　　　(2) 経験則違背の違法　465
　　4　証 拠 契 約　467
　　5　損害額の認定　468
　第2款　証 明 責 任　472
　　1　総　　説　472
　　　　　(1) 真偽不明（non liquet）　472
　　　　　(2) 証明責任（客観的証明責任）の意義　473
　　　　　(3) 証明責任の本質論　474
　　　　　(4) 証明責任（客観的証明責任）の対象　476
　　　　　(5) 証明の必要と証明責任——主観的証明責任——　477
　　2　証明責任の分配——分配の基準——　479
　　　　　(1) 理論状況　480
　　　　　(2) 検　　討　482
　　3　証明責任を補完する装置　483
　　　　　(1) 証明責任の転換　483
　　　　　(2) 法律上の推定　484
　　　　　(3) 事実上の推定——一応の推定, 表見証明, そして, 間接反証——　486
　　　　　(4) 証 明 妨 害　489
　　　　　(5) 事案解明義務（事実解明義務）　490
　　　　　(6) 割 合 的 認 定　492
　　　　　(7) 疫 学 的 証 明　493
　　　　　(8) ノン・リケット判決——その示唆——　494
　　　　　(9) 反証提出責任　495
第5節　証拠調べ手続 …………………………………………496
　第1款　総　　論　496
　　1　証拠調べの方針　496
　　2　証拠調べの方法　496
　　3　証拠の申出および採否　498
　　　　　(1) 証 拠 の 申 出　498
　　　　　(2) 証 拠 の 採 否　499
　第2款　各　　論　500
　　1　証 人 尋 問　501
　　　　　(1) 証人尋問の意義　501

　　　　　　⑵　証 人 義 務　501
　　　　　　⑶　尋 問 手 続　504
　　　　　　⑷　証人等の保護　508
　　　　　　⑸　陳 述 書　509
　　　　2　当 事 者 尋 問　510
　　　　　　⑴　当事者尋問の意義　510
　　　　　　⑵　手続上の位置付け　511
　　　　　　⑶　当事者尋問の手続　511
　　　　3　鑑　　　定　512
　　　　　　⑴　鑑 定 の 意 義　512
　　　　　　⑵　鑑 　定 　人　513
　　　　　　⑶　鑑 定 の 手 続　514
　　　　4　書　　　証　515
　　　　　　⑴　書 証 の 意 義　515
　　　　　　⑵　書証の証拠力　516
　　　　　　⑶　文書提出義務　516
　　　　　　⑷　文書提出命令の手続　536
　　　　　　⑸　文書提出命令違反の効果　538
　　　　　　⑹　文書送付嘱託　539
　　　　　　⑺　書 証 の 手 続　540
　　　　　　⑻　準書証──新種証拠の取扱い──　540
　　　　5　検　　　証　542
　　第6節　訴え提起前における情報・証拠の収集 …………………543
　　　第1款　訴え提起前における証拠収集処分等　543
　　　　1　提訴予告通知　543
　　　　2　訴え提起前の照会　543
　　　　3　訴え提起前の証拠収集処分　544
　　　　　　⑴　意　　義　544
　　　　　　⑵　要　　件　544
　　　　　　⑶　処分の内容　545
　　　第2款　証 拠 保 全　546
　　　　1　証拠保全の意義　546
　　　　2　証拠保全の要件　546
　　　　3　証拠保全の手続　547

第 3 款　証拠獲得手段の拡充　548

第 7 章　訴訟の終了 ―――――――551

　はじめに …………………………………………………551
　第 1 節　当事者の意思による訴訟の終了 ……………551
　　第 1 款　訴えの取下げ　552
　　　1　訴え取下げの意義　552
　　　2　訴え取下げの合意　553
　　　　⑴　問　題　の　所　在　553
　　　　⑵　判　例　と　理　論　553
　　　　⑶　法的性質論の検討　555
　　　　⑷　諸問題の検討　556
　　　3　訴え取下げの要件　558
　　　　⑴　原告の意思表示　558
　　　　⑵　訴訟能力・授権　561
　　　　⑶　被　告　の　同　意　561
　　　　⑷　時　　　期　562
　　　4　訴え取下げの範囲　563
　　　　⑴　数個の請求のうち一部取下げの可否　563
　　　　⑵　一個の請求のうち一部取下げの可否　563
　　　5　訴え取下げの手続　564
　　　　⑴　取下書の提出　564
　　　　⑵　取下書の送達　565
　　　　⑶　被告の同意の方式　565
　　　6　訴え取下げの効果　566
　　　　⑴　訴訟係属の遡及的消滅　566
　　　　⑵　再　訴　禁　止　効　567
　　　7　訴え取下げの有無および効力　571
　　第 2 款　請求の放棄・認諾　572
　　　1　請求の放棄・認諾の意義　572
　　　2　請求の放棄・認諾の要件　573
　　　　⑴　当事者が訴訟物に対する処分権限を有すること　573
　　　　⑵　訴訟物が法律上認められた権利義務であること　573

　　　　　　(3) 訴訟要件を具備すること　574
　　　3　請求の放棄・認諾の手続　576
　　　4　請求の放棄・認諾の効果　577
　　　　　　(1) 訴訟終了効　577
　　　　　　(2) 執行力・形成力　577
　　　　　　(3) 既判力　577
　　第3款　訴訟上の和解　579
　　　1　訴訟上の和解の意義　579
　　　2　訴訟上の和解の法的性質　581
　　　　　　(1) 判　　例　581
　　　　　　(2) 学　　説　581
　　　　　　(3) 検　　討　582
　　　3　訴訟上の和解の要件　584
　　　　　　(1) 係争利益に当事者の処分権限が認められること　584
　　　　　　(2) 対象となる権利関係が法律上許容されるものであること　588
　　　　　　(3) 訴訟要件を具備すること　588
　　　4　訴訟代理人の和解権限の範囲　589
　　　　　　(1) 判　　例　589
　　　　　　(2) 学　　説　590
　　　　　　(3) 検　　討　591
　　　5　訴訟上の和解の手続　594
　　　　　　(1) 和解の勧試と和解観　594
　　　　　　(2) 通常の和解手続　597
　　　　　　(3) 新型の和解手続　599
　　　6　訴訟上の和解の効果　600
　　　　　　(1) 訴訟終了効　600
　　　　　　(2) 判　決　効　601
　　　　　　(3) 既判力の有無　601
　　　　　　(4) 訴訟上の和解の瑕疵を争う方法　604
第2節　終局判決による訴訟の終了 …………………………608
　　第1款　裁　　判　608
　　　1　裁判の種類──判決・決定・命令──　608
　　　　　　(1) 裁判機関　609

　　　　(2)　成立プロセスと不服申立手続　609
　　　　(3)　裁　判　事　項　610
　　2　判決の種類——終局判決・中間判決——　610
　　　　(1)　終　局　判　決　611
　　　　(2)　中　間　判　決　614
　　3　判　決　の　成　立　617
　　　　(1)　判決内容の確定　617
　　　　(2)　判決書（判決原本）の作成　617
　　　　(3)　判決の言渡し　622
　　　　(4)　判　決　の　送　達　623
　　4　判決の撤回・変更の制限　624
　　　　(1)　判決の自縛性（不可撤回性）　624
　　　　(2)　判　決　の　更　正　624
　　　　(3)　判　決　の　変　更　625
　　5　判　決　の　確　定　626
　　　　(1)　意　　義　626
　　　　(2)　確　定　の　時　期　626
　　　　(3)　確　定　の　範　囲　627
　　　　(4)　確　定　の　証　明　627
　　6　判　決　の　無　効　627
　　　　(1)　判決の不存在　627
　　　　(2)　瑕疵ある判決　628
　　　　(3)　内容上無効の判決　628
　　　　(4)　確定判決の騙取　628
　　7　羈　束　力　629
第2款　既判力の基本事項　630
　　1　既判力の意義　630
　　2　既判力の本質——既判力本質論——　630
　　　　(1)　理　論　状　況　630
　　　　(2)　検　　討　632
　　3　既判力の正当化根拠　633
　　　　(1)　理　論　状　況　633
　　　　(2)　検　　討　635
　　4　既判力の調査　636
　　5　既判力をもつ裁判　636

　　　　　　⑴　確定した終局判決　636
　　　　　　⑵　決　　　定　637
　　　　　　⑶　確定判決と同一の効力をもつもの　638
　　　　6　既判力の作用　638
　　　　　　⑴　後訴におけ作用の仕方　638
　　　　　　⑵　既判力の双面性　640
　　第3款　既判力の範囲　641
　　　　1　既判力の時的限界（標準時）　642
　　　　　　⑴　意　　　義　642
　　　　　　⑵　標準時後における形成権の行使と遮断効　644
　　　　　　⑶　定期金賠償を命じた確定判決の変更を求める訴え　650
　　　　2　既判力の物的限界（客観的範囲）　651
　　　　　　⑴　判決主文中の判断　651
　　　　　　⑵　判決理由中の判断　651
　　　　3　既判力の人的限界（主観的範囲）　657
　　　　　　⑴　口頭弁論終結後の承継人　658
　　　　　　⑵　請求の目的物の所持者　666
　　　　　　⑶　訴訟担当における本人　669
　　　　　　⑷　民訴法115条以外における既判力の拡張　674
　　第4款　判決のその他の効力　679
　　　　1　執　行　力　679
　　　　　　⑴　執行力の意義　679
　　　　　　⑵　執行力をもつ文書——債務名義——　679
　　　　　　⑶　執行力の客観的範囲　680
　　　　　　⑷　執行力の主観的範囲　681
　　　　　　⑸　執　行　停　止　683
　　　　2　形　成　力　684
　　　　3　法律要件的効力　684
　　　　4　反射効（反射的効力または構成要件的効力）　685
　　　　　　⑴　反射効の意義　685
　　　　　　⑵　理　論　状　況　685
　　　　　　⑶　検　　　討　688
　　　　5　法人格否認の法理と既判力の拡張　695
　　　　6　参　加　的　効　力　696

第5款　終局判決に付随する裁判　697
  1　仮執行宣言　697
    (1)　仮執行宣言の意義　697
    (2)　仮執行宣言の要件　697
    (3)　仮執行宣言の手続　698
    (4)　仮執行の効果　699
  2　訴訟費用　700
    (1)　訴訟費用の分類　701
    (2)　訴訟費用の負担──敗訴者負担の原則──　703
    (3)　訴訟費用の裁判手続　704
    (4)　訴訟費用負担の確定手続　704
    (5)　訴訟費用の担保　705
  3　訴訟費用等の経済的負担に対する救済措置──訴訟救助と法律扶助──　706
    (1)　訴訟上の救助（訴訟救助）　707
    (2)　法律扶助（リーガルエイド）　712

第8章　複数請求訴訟　715

はじめに　715
第1節　請求の併合（固有の訴えの客観的併合）　716
第1款　請求の併合の意義　716
第2款　請求の併合の要件　716
  1　同種の訴訟手続　716
  2　各請求についての管轄権　717
  3　請求の併合が禁止されていないこと　717
第3款　請求の併合の態様　718
  1　単純併合（並列的併合）　718
  2　予備的併合（順位的併合）　718
  3　選択的併合（択一的併合）　719
第4款　併合訴訟の審判と上訴　720
  1　審理　720
  2　判決　720

3　上　　訴　721
　　　　(1)　予備的併合　721
　　　　(2)　選択的併合　722
第 2 節　訴えの変更 ……………………………………………723
　第 1 款　訴えの変更の意義　723
　第 2 款　訴えの変更の態様　725
　第 3 款　訴えの変更の要件　726
　　　1　請求の基礎に変更がないこと　726
　　　2　新請求の審理のため著しく訴訟手続を遅滞させないこと　727
　　　3　事実審の口頭弁論の終結前であること　728
　第 4 款　訴えの変更の手続　729
　第 5 款　訴えの変更に対する裁判所の処置　729
　第 6 款　訴えの変更後の審判　730
第 3 節　反　　訴 ………………………………………………731
　第 1 款　反訴の意義　731
　第 2 款　反訴の要件　732
　　　1　本訴と反訴の関連性　732
　　　2　反訴提起により著しく訴訟手続を遅滞させないこと　733
　　　3　事実審の口頭弁論の終結前であること　733
　　　4　同種の訴訟手続　734
　　　5　反訴請求が他の裁判所の専属管轄に属しないこと　734
　　　6　控訴審における反訴の提起　734
　第 3 款　反訴の手続　735
　　　1　反訴提起の方式　735
　　　2　訴訟要件および反訴要件の調査　735
　　　3　併合審理　736
　　　4　占有の訴えに対する本権の反訴　736

第4節 中間確認の訴え………………………………………738
    第1款 中間確認の訴えの意義　738
    第2款 中間確認の訴えの要件　739
    第3款 中間確認の訴えの手続　739

第9章　多数当事者訴訟 ―――――――――――――――741

  はじめに………………………………………………………741
  第1節 総　説…………………………………………………741
  第2節 共同訴訟………………………………………………742
    第1款 はじめに　742
    第2款 通常共同訴訟　744
      1 通常共同訴訟の意義　744
      2 通常共同訴訟の要件　744
      3 通常共同訴訟の審判　746
        (1) 共同訴訟人独立の原則　746
        (2) 共同訴訟人の関連性――共同訴訟人独立の原則の修正――　746
      4 同時審判申出共同訴訟　750
        (1) 同時審判申出共同訴訟の意義　750
        (2) 同時審判申出共同訴訟の要件　751
        (3) 同時審判申出共同訴訟の審判　752
        (4) 同時審判申出共同訴訟と主観的予備的併合　753
    第3款 必要的共同訴訟　754
      1 必要的共同訴訟の意義　754
      2 固有必要的共同訴訟　755
        (1) 固有必要的共同訴訟の類型　755
        (2) 固有必要的共同訴訟の選定基準　756
      3 類似必要的共同訴訟　764
      4 必要的共同訴訟の審判　765
        (1) 訴訟要件の調査　765
        (2) 訴訟行為の統一　765
        (3) 訴訟進行の統一　766

          第4款　共同訴訟形態の発生　769
            1　訴えの主観的併合　769
              (1)　訴えの主観的併合の意義　769
              (2)　訴えの主観的併合の要件　769
            2　訴えの主観的追加的併合　769
              (1)　訴えの主観的追加的併合の意義　769
              (2)　第三者のイニシアティヴによる主観的追加的併合　770
              (3)　当事者のイニシアティヴによる主観的追加的併合　771
              (4)　明文規定のない訴えの主観的追加的併合の要件および
                 審理　773
            3　訴えの主観的予備的併合　773
            4　訴えの主観的選択的併合　773
      第3節　訴 訟 参 加 ……………………………………………774
          第1款　は じ め に　774
          第2款　補 助 参 加　775
            1　補助参加の意義　775
            2　補助参加の要件　775
              (1)　他人間における訴訟の存在　776
              (2)　訴訟の結果についての利害関係──補助参加の
                 利益──　777
            3　補助参加の手続　782
              (1)　補助参加の申出　782
              (2)　補助参加の許否　782
            4　補助参加人の地位とその訴訟行為　783
              (1)　補助参加人の従属的地位　783
              (2)　補助参加人の独立的地位　784
              (3)　補助参加人のなし得る訴訟行為　784
            5　判決の補助参加人に対する効力　787
              (1)　判決効の法的性質をめぐる理論状況　788
              (2)　民訴法46条の判決効の範囲　789
              (3)　検　　討　790
          第3款　共同訴訟的補助参加　791
            1　共同訴訟的補助参加の意義　791

目　　次　xxxi

　　　2　共同訴訟的補助参加の要件　　791
　　　3　共同訴訟的補助参加の手続　　792
　　　4　共同訴訟的補助参加人の地位　　793
　第4款　訴訟告知　793
　　　1　訴訟告知の意義　　793
　　　2　訴訟告知の要件　　794
　　　3　訴訟告知の方式　　795
　　　4　訴訟告知の効果　　795
　　　　(1)　被告知者が①告知者側に参加する場合および②参加しない場合　　796
　　　　(2)　被告知者が③相手方の側に参加する場合　　797
　　　　(3)　実体法上の効果　　798
　第5款　独立当事者参加　799
　　　1　独立当事者参加の意義　　799
　　　　(1)　独立当事者参加訴訟の構造　　799
　　　　(2)　準独立当事者参加（片面的参加）　　800
　　　2　独立当事者参加の要件　　801
　　　　(1)　他人間に訴訟が係属中であること　　801
　　　　(2)　参加の理由があること　　802
　　　　(3)　参加の趣旨　　806
　　　3　独立当事者参加の手続　　808
　　　　(1)　独立当事者参加の申出　　808
　　　　(2)　独立当事者参加の許否の審判　　808
　　　4　独立当事者参加の審判　　808
　　　　(1)　訴訟要件の調査と本案の審判　　808
　　　　(2)　独立当事者参加訴訟における和解の許否　　810
　　　　(3)　独立当事者参加と上訴　　810
　　　　(4)　独立当事者参加訴訟の訴訟費用　　814
　　　5　二当事者訴訟への還元　　814
　　　　(1)　本訴の取下げまたは却下・独立当事者参加の取下げ　　814
　　　　(2)　原告・被告の訴訟脱退　　815
　第6款　共同訴訟参加　824

第 4 節　訴 訟 承 継 ……………………………………………825
　　　　第 1 款　はじめに　825
　　　　第 2 款　当 然 承 継　826
　　　　　1　当然承継の意義　826
　　　　　2　承 継 原 因　826
　　　　　　⑴　自然人たる当事者の死亡　826
　　　　　　⑵　法人その他の団体の合併による消滅　827
　　　　　　⑶　受託者の任務終了　827
　　　　　　⑷　一定の資格者の資格喪失　827
　　　　　　⑸　選定当事者全員の資格喪失　827
　　　　　　⑹　破産開始決定または破産終了　828
　　　　　3　当然承継の手続　828
　　　　第 3 款　参加承継・引受承継　829
　　　　　1　参加承継・引受承継の意義　829
　　　　　2　訴訟承継主義の限界と口頭弁論終結後の承継人との
　　　　　　　対比　830
　　　　　　⑴　訴訟承継主義の限界　830
　　　　　　⑵　訴訟承継と口頭弁論終結後の承継人の比較　830
　　　　　3　参加承継・引受承継の原因　831
　　　　　　⑴　特定承継の対象　831
　　　　　　⑵　特定承継の態様　831
　　　　　　⑶　承継人との間の新請求と旧請求との関係　832
　　　　　4　参加承継・引受承継の手続　833
　　　　　　⑴　参加承継・引受承継の申出　833
　　　　　　⑵　参加・引受けの申立ての審判　834
　　　　　　⑶　参加・引受申立てをすることのできる時期　835
　　　　　　⑷　参加・引受け後の審判　835

第 10 章　上訴・再審　837

　　はじめに ………………………………………………………837
　　第 1 節　上　　訴 ……………………………………………837
　　　第 1 款　総　　論　837
　　　　1　意　　義　837

2　上訴の目的　838
　　　　(1)　当事者の救済　838
　　　　(2)　法令の解釈・適用の統一　838
　　　　(3)　裁判の適正と迅速の調和　838
　　3　上訴の種類　839
　　4　上訴の要件　841
　　5　上訴の効果　842
　第2款　控　訴　843
　　1　控訴の意義　843
　　　　(1)　控訴の概念　843
　　　　(2)　控訴の利益　844
　　　　(3)　不控訴の合意　847
　　　　(4)　控訴権の消滅　848
　　2　控訴の提起　849
　　　　(1)　控訴の手続　849
　　　　(2)　控訴提起の効果　850
　　　　(3)　控訴の取下げ　851
　　3　控訴審の審理　851
　　　　(1)　審理対象　851
　　　　(2)　裁判資料の範囲——控訴審の審理と原審の関係——　852
　　　　(3)　控訴審の口頭弁論　853
　　4　控訴審の終局判決　855
　　　　(1)　控訴却下判決　855
　　　　(2)　控訴棄却判決　856
　　　　(3)　控訴認容判決　856
　　　　(4)　原判決変更の限度——不利益変更禁止の原則——　858
　　　　(5)　控訴審の終了　860
　　　　(6)　その他　860
　　5　附帯控訴　860
　　　　(1)　附帯控訴の意義　860
　　　　(2)　附帯控訴の法的性質——不服の利益の要否——　861
　　　　(3)　附帯控訴の方式　862
　　　　(4)　附帯控訴の失効　862
　第3款　上　告　863
　　1　上告の意義　863

　　　　　　(1) 上告の概念　863
　　　　　　(2) 上告制度の目的　864
　　　　2　上告審の手続構造　864
　　　　3　上告理由・上告受理申立理由　865
　　　　　　(1) 上告の利益　865
　　　　　　(2) 上告理由　866
　　　　　　(3) 上告受理申立理由　870
　　　　4　上告提起・上告受理申立て　871
　　　　　　(1) 上告裁判所　871
　　　　　　(2) 上告の提起　872
　　　　　　(3) 事件の送付等　873
　　　　　　(4) 上告受理申立て　874
　　　　　　(5) 上告提起の効力　875
　　　　　　(6) 附帯上告　875
　　　　5　上告審の審判　875
　　　　　　(1) 上告審の審理　875
　　　　　　(2) 上告審の終局判決　877
　　　　　　(3) 差戻し・移送後の手続　879

　第4款　抗　告　881
　　　　1　総　論　881
　　　　　　(1) 抗告の意義　881
　　　　　　(2) 抗告の認められる裁判　882
　　　　2　抗告の種類　882
　　　　　　(1) 最初の抗告と再抗告　882
　　　　　　(2) 通常抗告と即時抗告　882
　　　　　　(3) 特別抗告と許可抗告——最高裁判所に対する抗告——　883
　　　　3　抗告および抗告審の手続　884
　　　　　　(1) 当事者　884
　　　　　　(2) 抗告提起　885
　　　　　　(3) 抗告提起の効力　885
　　　　4　再　抗　告　886

　第5款　特別上訴　887
　　　　1　総　論　887
　　　　2　特別上告　888

3　特別抗告　888
第2節　再　審 ……………………………………………………889
　　第1款　再審の意義　889
　　第2款　再審事由　890
　　　1　再審の訴えの訴訟物　890
　　　2　再審の補充性　892
　　　3　各個の再審事由　892
　　　　(1)　概　観　892
　　　　(2)　民訴法338条2項の有罪判決等　894
　　　　(3)　再審事由の立法論　895
　　第3款　再審の手続　896
　　　1　再審の訴訟要件　896
　　　　(1)　再審の対象となる裁判——確定の終局判決に対すること——　896
　　　　(2)　出訴期間　897
　　　　(3)　正当な当事者——当事者適格——　897
　　　　(4)　再審の管轄裁判所　898
　　　2　再審の訴訟手続　898
　　　　(1)　再審の訴えの提起　899
　　　　(2)　第一フェーズ——再審の許否（再審事由の存否の判断）——　899
　　　　(3)　第二フェーズ——本案の審判——　899
　　　3　準再審　900

第11章　特別の手続　903

はじめに …………………………………………………………903
第1節　通常訴訟手続における特則 ……………………………903
　　第1款　大規模訴訟に関する特則　903
　　　1　大規模訴訟の意義　903
　　　2　手続の特則　904
　　　　(1)　裁判所の構成　904
　　　　(2)　受命裁判官等との分担　904
　　　　(3)　その他の特則　904

第2款　特許権等に関する訴えに関する特則　905

1　管轄および移送の特例　906
(1) 東京・大阪地方裁判所への専属化　906
(2) 東京地方裁判所と大阪地方裁判所との関係　906
(3) 控訴審の東京高等裁判所への専属管轄化　907
(4) 専門的事項が審理対象となっていない場合等の特則　907
(5) 意匠権等に関する訴えの管轄の特則　907

2　合議体の特例　908
3　裁判所調査官の活用　908

第3款　簡易裁判所の手続の特則　909

1　簡易裁判所の存在意義　909
2　簡易裁判所における手続の特則　910
(1) 訴え提起　910
(2) 審理手続　911
(3) 司法委員の立会いおよび司法書士代理　912
(4) 和解に代わる決定　912
(5) 反訴があった場合の移送　913

第2節　略式訴訟手続 …………………………………………913

第1款　手形訴訟手続・小切手訴訟手続　914

1　手形訴訟・小切手訴訟の意義　914
2　手形訴訟の提起　914
(1) 管轄裁判所　914
(2) 手形訴訟の請求適格　914
(3) 原告の手続選択　915

3　手形訴訟の審理特則　915
(1) 手続進行における特則　915
(2) 証拠調べの特則　916

4　手形判決　916
(1) 訴訟判決　916
(2) 本案判決　917

5　通常訴訟手続への移行　917
(1) 手形判決前の移行　917
(2) 手形本案判決に対する異議　917

第2款　少額訴訟手続　918

1. 少額訴訟の意義　918
2. 手続の開始　919
   - (1) 訴訟物　919
   - (2) 訴え提起　919
3. 手続の教示　920
   - (1) 裁判所書記官の手続教示　920
   - (2) 裁判官の手続教示　920
   - (3) その他　920
4. 審理の特色　920
   - (1) 一期日審理の原則　920
   - (2) 証拠調べの制限　921
   - (3) 反訴の禁止　921
   - (4) 電話会議システムの活用　921
5. 通常訴訟手続への移行　922
   - (1) 被告の陳述による移行　922
   - (2) 裁判所の決定による移行　922
6. 判決および強制執行　922
   - (1) 判決の言渡し　922
   - (2) 支払猶予・分割払いの定め　922
   - (3) 必要的仮執行宣言と単純執行文の不要　923
7. 不服申立て　923
   - (1) 不服申立ての制限　923
   - (2) 異議後の審理　924
   - (3) 異議後の判決に対する不服申立て　924

第3款　督促手続　924

1. 督促手続の意義　924
2. 支払督促の申立て　925
   - (1) 申立てをすべき裁判所書記官　925
   - (2) 申立ての要件　925
   - (3) 申立ての手続　926
3. 支払督促の申立てに対する処分　926
   - (1) 申立ての却下　926
   - (2) 支払督促　927

    4 仮執行宣言　927
        (1) 仮執行宣言の申立て　927
        (2) 宣告処分　927
        (3) 仮執行宣言の効力　927
    5 債務者の督促異議　928
        (1) 督促異議の申立て　928
        (2) 督促異議の効果　929
        (3) 督促異議の取下げ　929
        (4) 移行後の訴訟手続　930
    6 通常訴訟移行後の手続　931
    7 電子情報処理組織による督促手続の特則　932

事項索引　935
判例索引　951

凡　例

1　法令名の略語

　民事訴訟法（平成8年法律第109号）の条文の表記は，数字のみをもって引用する。民事訴訟規則（平成8年最高裁判所規則第5号）の条文の表記は，「規○○条」と引用する。改正前の民事訴訟法（明治23年法律第29号，大正15年改正後のもの）は，旧法と表記し，「旧○○条」と引用する。明治23年の民事訴訟法に言及する場合は，旧々法と表記し，「旧々○○条」と引用する。

　その他の法令の条文については，法令名と数字をもって表示し，法令の略語は有斐閣刊行・六法全書の法令名略語表（巻末）による。

2　判例引用の略語

大　判（決）	大審院判決（決定）
大連判	大審院連合部判決
最　判（決）	最高裁判所判決（決定）
最大判（決）	最高裁判所大法廷判決（決定）
控　判	控訴院判決
高　判（決）	高等裁判所判決（決定）
地　判（決）	地方裁判所判決（決定）
支　判（決）	支部判決（決定）
中間判	中間判決
民　録	大審院民事判決録
刑　録	大審院刑事判決録
民　集	最高裁判所（大審院）民事判例集
刑　集	最高裁判所（大審院）刑事判例集
裁判集民	最高裁判所裁判集民事
高　民	高等裁判所民事判例集
行裁集	行政事件裁判例集
裁　時	裁判所時報
東高民時報	東京高等裁判所民事判決時報
下　民	下級裁判所民事裁判例集
家　月	家庭裁判月報
労　民	労働関係民事裁判例集
新　聞	法律新聞
裁判例	大審院裁判例
判決全集	大審院判決全集

xl 凡 例

　　法律新報　　　　法律新報（法律新報社）
　　評　論　　　　　法律学説判例評論全集
　　法　学　　　　　法学（東北大学法学会誌）
　　知的裁集　　　　知的財産関係民事・行政裁判例集

3　文献引用の略語
(1)　体系書・概説書・研究書

新しい審理方法	司法研修所・新しい審理方法に関する研究（司法研究報告書四八輯一号）（1996年）
池田・新世代	池田辰夫・新世代の民事裁判（信山社，1996年）
石川・訴訟行為	石川明・訴訟行為の研究（酒井書店，1971年）
石川＝小島編・国際民訴	石川明＝小島武司編・国際民事訴訟法（青林書院，1994年）
石川＝小島編・新民訴	石川明＝小島武司編・新民事訴訟法〔補訂版〕（青林書院，1998年）
石川＝三上編・比較裁判外	石川明＝三上威彦編・比較裁判外紛争解決制度（慶應義塾大学出版会，1997年）
一問一答	法務省民事局参事官室編・一問一答新民事訴訟法（商事法務研究会，1996年）
一問一答・平15改正	小野瀬厚＝武智克典編著・一問一答平成15年改正民事訴訟法（商事法務，2004年）
一問一答・平23改正	佐藤達文＝小林康彦編著・一問一答平成23年民事訴訟法等改正——国際裁判管轄法制の整備——（商事法務，2012年）
伊東・研究	伊東乾・民事訴訟法研究〔新版〕（酒井書店，1968年）
伊東・弁論主義	伊東乾・弁論主義（学陽書房，1975年）
伊藤滋・認定	伊藤滋夫・事実認定の基礎（有斐閣，1996年）
伊藤滋・基礎	伊藤滋夫・要件事実の基礎（有斐閣，2000年）
伊藤・当事者	伊藤眞・民事訴訟の当事者（弘文堂，1978年）
伊藤・民訴I	伊藤眞・民事訴訟法I（有斐閣，1995年）
伊藤	伊藤眞・民事訴訟法〔第3版3訂版〕（有斐閣，2008年）
伊藤4版	伊藤眞・民事訴訟法〔第4版〕（有斐閣，2011年）
伊藤ほか・論争	伊藤眞＝加藤新太郎＝山本和彦・民事訴訟法の論争（有斐閣，2007年）

井上・法理	井上治典・多数当事者訴訟の法理（弘文堂，1981 年）
井上ほか・これから	井上治典＝伊藤眞＝佐上善和・これからの民事訴訟法（日本評論社，1984 年）
井上・多数	井上治典・多数当事者の訴訟（信山社，1992 年）
井上・手続	井上治典・民事手続論（有斐閣，1993 年）
井上ほか編・救済	井上治典＝佐上善和＝佐藤彰一＝中島弘雅編・民事救済手続法（法律文化社，1999 年）
上田・判決効	上田徹一郎・判決効の範囲（有斐閣，1985 年）
上田・平等	上田徹一郎・当事者平等原則の展開（有斐閣，1997 年）
上田	上田徹一郎・民事訴訟法〔第四版〕（法学書院，2004 年）
右田	右田克雄・民事訴訟法〔改定版〕（嵯峨野書院，1986 年）
梅本	梅本吉彦・民事訴訟法〔第 4 版〕（信山社，2009 年）
大江・上・中・下	大江忠・要件事実民法（上）（中）（下）〔第二版〕（第一法規出版，2002 年）
大江ほか・手続	大江忠＝加藤新太郎＝山本和彦編・手続裁量とその規律（有斐閣，2005 年）
改正要綱試案	法務省民事局参事官室・民事訴訟手続に関する改正要綱試案（1993 年）〔民事訴訟手続に関する改正試案（別冊 NBL 27 号）・ジュリスト 1042 号所収〕
改正要綱試案補足説明	法務省民事局参事官室・民事訴訟手続に関する改正要綱試案補足説明（1993 年）〔民事訴訟手続に関する改正試案（別冊 NBL 27 号）所収〕
各国条文	民事訴訟法典現代語化研究会編・各国民事訴訟法参照条文（信山社，1995 年）
春日・証拠研究	春日偉知郎・民事証拠法研究（有斐閣，1991 年）
春日・証拠論集	春日偉知郎・民事証拠法論集（有斐閣，1995 年）
加藤・手続	加藤新太郎・手続裁量論（弘文堂，1996 年）
加藤編・審理	加藤新太郎編・民事訴訟審理（判例タイムズ社，

	2000 年）
加藤・弁護士	加藤新太郎・弁護士役割論〔新版〕（弘文堂，2000 年）
加藤・要論	加藤正治・新訂民事訴訟法要論（有斐閣，1946 年）
兼子・体系	兼子一・新修民事訴訟法体系〔増訂版〕（酒井書店，1965 年）
兼子・研究 1 巻—3 巻	兼子一・民事法研究第一巻～第三巻（酒井書店，1950 年～1964 年）
兼子編・実例 　上・下〔執筆者〕	兼子一編・実例法学全集民事訴訟法　上・下（青林書院，1963 年）
兼子・条解上	兼子一・条解民事訴訟法〈上巻〉（弘文堂，1955 年）
兼子・判例民訴	兼子一・判例民事訴訟法（弘文堂，1950 年）
兼子＝竹下・裁判法	兼子一＝竹下守夫・裁判法〔第 4 版〕（有斐閣，1999 年）
河野	河野正憲・民事訴訟法（有斐閣，2009 年）
河野・行為	河野正憲・当事者行為の法的構造（弘文堂，1988 年）
木川・重要問題 　上・中・下	木川統一郎・民事訴訟法重要問題講義（上・中・下）（成文堂，1992 年～1993 年）
木川＝中村	木川統一郎＝中村英郎・民事訴訟法〔新版〕（青林書院，1998 年）
菊井・上下	菊井維大・民事訴訟法（上・下）〔補正版〕（弘文堂，1968 年）
旧・中野ほか	中野貞一郎＝松浦馨＝鈴木正裕編・民事訴訟法講義〔補訂第 2 版〕（有斐閣，1991 年）
草野・和解	草野芳郎・和解技術論〔第 2 版〕（信山社，2003 年）
計量分析 　〔執筆者〕	民事訴訟実態調査研究会編・民事訴訟の計量分析（商事法務研究会，2000 年）
研究会・新民訴	竹下守夫＝青山善充＝伊藤眞編集代表・研究会新民事訴訟法―立法・解釈・運用―〈ジュリスト増刊〉（有斐閣，1999 年）
検討事項	法務省民事局参事官室・民事訴訟手続に関する検討事項（1991 年）〔民事訴訟手続に関する検討課題（別冊 NBL 23 号）・ジュリスト 1023 号所収〕

検討事項補足説明	法務省民事局参事官室・民事訴訟手続に関する検討事項補足説明（1991年）〔民事訴訟手続に関する検討課題（別冊 NBL 23 号）所収〕
小島・裁判運営	小島武司・裁判運営の理論（有斐閣，1974年）
小島・課題	小島武司・民事訴訟の新しい課題（法学書院，1975年）
小島・制度改革	小島武司・訴訟制度改革の理論（弘文堂，1977年）
小島・要論	小島武司・要論民事訴訟法〔再訂版〕（中央大学出版部，1982年）
小島編・100講	小島武司編・民事訴訟法100講（学陽書房，1984年）
小島・仲裁・苦情	小島武司・仲裁・苦情処理の比較法的研究（中央大学出版部，1985年）
小島・迅速	小島武司・迅速な裁判（中央大学出版部，1987年）
小島編・現代裁判	小島武司編・現代裁判法（山嶺書房，1987年）
小島・基礎法理	小島武司・民事訴訟の基礎法理（有斐閣，1988年）
小島・調停	小島武司・調停と法（中央大学出版部，1989年）
小島ほか編・交渉	小島武司ほか編・法交渉学入門（商事法務研究会，1991年）
小島・弁護士	小島武司・弁護士〔新装補訂版〕（学陽書房，1994年）
小島＝伊藤編・裁判外	小島武司＝伊藤眞編・裁判外紛争処理法（有斐閣，1998年）
小島・プレ	小島武司・プレップ新民事訴訟法（弘文堂，1999年）
小島・仲裁	小島武司・仲裁法（青林書院，2000年）
小島・支配	小島武司・裁判外紛争処理と法の支配（有斐閣，2000年）
小島編・キー	小島武司編・裁判キーワード〔新版補正版〕（有斐閣，2000年）
小島・教室	小島武司・ADR・仲裁法教室（有斐閣，2001年）
小島編・ADR Ⅰ・Ⅱ	小島武司編・ADR の実際と理論Ⅰ（中央大学出版部，2003年），Ⅱ（中央大学出版部，

	2005年)
小島＝小林・基本講義	小島武司＝小林学・基本講義民事訴訟法〔新装補訂版〕（信山社, 2009年）
小島＝高桑編・仲裁法	小島武司＝高桑昭・注釈と論点　仲裁法（青林書院, 2007年）
後藤＝藤田編・和解	後藤勇=藤田耕三編・訴訟法上の和解の理論と実務（西神田編集室, 1987年）
小林編・解説	小林秀之編・新民事訴訟法の解説（新日本法規, 1997年）
小林・新証拠	小林秀之・新証拠法〔第2版〕（弘文堂, 2003年）
小林・審理	小林秀之・民事裁判の審理（有斐閣, 1987年）
小林・プロ	小林秀之・プロブレムメソッド新民事訴訟法〔補訂版〕（判例タイムズ社, 1999年）
小林編・判例講義	小林秀之編・判例講義民事訴訟法（悠々社, 2001年）
小林編著・平成16年施行要点	小林秀之編著・Q＆A平成16年4月1日施行民事訴訟法の要点〔新版〕（新日本法規, 2004年）
小林編著・平成16年改正要点	小林秀之編著・Q＆A平成16年改正　民事訴訟法・民事執行法の要点（新日本法規, 2004年）
小室・上訴	小室直人・上訴制度の研究（有斐閣, 1961年）
小室・訴訟物	小室直人・訴訟物と既判力（信山社, 1999年）
小室編著	小室直人編著・民事訴訟法講義〔改訂版〕（法律文化社, 1982年）
小室監修	小室直人監修〔小室直人＝若林安雄＝三谷忠之＝波多野雅子〕・新民事訴訟法講義（法律文化社, 1998年）
小山	小山昇・民事訴訟法〔五訂版〕（青林書院, 1989年）
小山・仲裁	小山昇・仲裁法〔新版〕（有斐閣, 1983年）
小山・著作集 (1)—(13)	小山昇著作集第一巻～第一三巻（信山社, 1991年～1994年）
近藤＝浅沼Ⅰ・Ⅱ・Ⅲ・Ⅳ	近藤完爾＝浅沼武編・民事法の諸問題Ⅰ～Ⅳ（判例タイムズ社, 1965年～1970年）
宮川＝中野Ⅴ	宮川種一郎＝中野貞一郎編・民事法の諸問題Ⅴ（判例タイムズ社, 1972年）

斎藤・概論	斎藤秀夫・民事訴訟法概論〔新版〕（有斐閣，1982年）
斎藤・新	斎藤秀夫・新民事訴訟法（第一法規，1998年）
坂原・既判力	坂原正夫・民事訴訟法における既判力の研究（慶応義塾大学法学研究会，1993年）
佐上	佐上善和・民事訴訟法〔第二版〕（法律文化社，1998年）
新堂編著・特別	新堂幸司編・特別講義民事訴訟法（有斐閣，1988年）
新堂・旧	新堂幸司・民事訴訟法〔第2版補正版〕（弘文堂，1990年）
新堂・争点効 上・下	新堂幸司・訴訟物と争点効（上・下）（有斐閣，1988年・1991年）
新堂・役割	新堂幸司・民事訴訟制度の役割（有斐閣，1993年）
新堂・判例	新堂幸司・判例民事手続法（弘文堂，1994年）
新堂・基礎	新堂幸司・民事訴訟法学の基礎（有斐閣，1998年）
新堂・展開	新堂幸司・民事訴訟法学の展開（有斐閣，2000年）
新堂	新堂幸司・新民事訴訟法〔第4版〕（弘文堂，2008年）
高橋・論考	高橋宏志・新民事訴訟法論考（信山社，1998年）
高橋・重点講義上	高橋宏志・重点講義民事訴訟法・上巻（有斐閣，2005年）
高橋・重点講義下	高橋宏志・重点講義民事訴訟法・下巻〔補訂第2版〕（有斐閣，2010年）
竹下＝谷口編・学ぶ	竹下守夫＝谷口安平編・民事訴訟法を学ぶ〔第2版〕（有斐閣，1981年）
田中・現代	田中成明・現代社会と裁判（弘文堂，1996年）
谷口	谷口安平・口述民事訴訟法（成文堂，1987年）
谷口・論集(1)―(3)	谷口安平・民事手続論集第一巻～第三巻（信山社，1999年～2000年）
徳田・複雑	徳田和幸・複雑訴訟の基礎理論（信山社，2008年）
中島・日本民訴上・下	中島弘道・日本民事訴訟法　第1編（呼称上），第2編乃至第5編（呼称下）（松華堂書店，

	1934 年）
中田・講義上	中田淳一・民事訴訟法講義〔上巻〕（有信堂，1954 年）
中田・判例	中田淳一・民事訴訟法判例研究（有斐閣，1972 年）
中野・民執	中野貞一郎・民事執行法〔増補新訂六版〕（青林書院，2010 年）
中野・現在問題	中野貞一郎・民事手続の現在問題（判例タイムズ社，1989 年）
中野・論点Ⅰ・Ⅱ	中野貞一郎・民事訴訟法の論点ⅠⅡ（判例タイムズ社，1994 年・2001 年）
中野・解説	中野貞一郎・解説新民事訴訟法（有斐閣，1997 年）
中野・推認	中野貞一郎・過失の推認（弘文堂，1978 年）
中野・訴訟関係	中野貞一郎・訴訟関係と訴訟行為（弘文堂，1961 年）
中野ほか	中野貞一郎＝松浦馨＝鈴木正裕編・新民事訴訟法講義〔第二版〕（有斐閣，2004 年）
中野ほか旧	中野貞一郎＝松浦馨＝鈴木正裕編・民事訴訟法講義〔第三版〕（有斐閣，1995 年）
中村	中村英郎・新民事訴訟法（成文堂，1999 年）
日弁連・ポイント	日本弁護士連合会民事訴訟法改正問題委員会編・改正のポイント新民事訴訟法（別冊NBL 42 号）
林屋	林屋礼二・民事訴訟法概要（有斐閣，1991 年）
林屋＝河野編	林屋礼二＝河野正憲編・民事訴訟法（青林書院，1999 年）
林屋＝小島編	林屋礼二＝小島武司編・民事訴訟法ゼミナール（有斐閣，1985 年）
福永・当事者	福永有利・民事訴訟当事者論（有斐閣，2004 年）
藤田・講義	藤田広美・講義民事訴訟〔第 2 版〕（東京大学出版会，2011 年）
藤田・解析	藤田広美・解析民事訴訟（東京大学出版会，2009 年）
細野・要義Ⅰ～Ⅴ	細野長良・民事訴訟法要義　第 1 巻～第 5 巻（巌松堂書店，1934～1938 年）
松本＝上野	松本博之＝上野泰男・民事訴訟法〔第 6 版〕

〔執筆者〕	（弘文堂，2010 年）
松本・自白	松本博之・民事自白法（弘文堂，1994 年）
松本・証明	松本博之・証明責任の分配〔新版〕（信山社，1996 年）
松本・相殺	松本博之・訴訟における相殺（商事法務，2008 年）
二弁マニュアル	第二東京弁護士会民事訴訟改善研究委員会・新民事訴訟法実務マニュアル（判例タイムズ社，1997 年）
三ケ月・全集	三ケ月章・民事訴訟法〈法律学全集〉（有斐閣，1959 年）
三ケ月・研究(1)―(10)	三ケ月章・民事訴訟法研究第一巻〜第一〇巻（有斐閣，1962 年〜1989 年）
三ケ月・双書	三ケ月章・民事訴訟法〈法律学講座双書〉〔第三版〕（弘文堂，1992 年）
村上・証明	村上博己・民事裁判における証明責任（判例タイムズ社，1980 年）
村松・雑考	村松俊夫・民訴雑考（日本評論新社，1959 年）
山木戸・研究	山木戸克己・民事訴訟理論の基礎的研究（有斐閣，1961 年）
山木戸・人訴	山木戸克己・人事訴訟手続法〈法律学全集〉（有斐閣，1958 年）
山木戸・論集	山木戸克己・民事訴訟法論集（有斐閣，1990 年）
山木戸・判例	山木戸克己・民事訴訟法判例研究（有斐閣，1996 年）
山本・構造論	山本和彦・民事訴訟審理構造論（信山社，1995 年）
山本・基本	山本和彦・民事訴訟法の基本問題（判例タイムズ社，2002 年）
吉野・トピークス	吉野正三郎・民事訴訟のトピークス（晃洋書房，2007 年）
吉村ほか	吉村徳重＝竹下守夫＝谷口安平・講義民事訴訟法（青林書院，2001 年）
立法資料全集(10)―(14)	松本博之＝河野正憲＝徳田和幸編著・日本立法資料全集 10〜14〔民事訴訟法（大正改正編）〕（信山社，1993 年）
竜嵜・証明	竜嵜喜助・証明責任論―訴訟理論と市民―（信

	山社,1987年)
理論と実務上・下	塚原朋一＝柳田幸三＝園尾隆司＝加藤新太郎編・新民事訴訟法の理論と実践（上・下）（ぎょうせい，1997年）

(2) 注釈書

秋山ほかⅠ・Ⅱ・Ⅲ・Ⅳ	秋山幹男＝高田裕成＝伊藤眞＝福田剛久＝加藤新太郎＝山本和彦・コンメンタール民事訴訟法Ⅰ〔第2版〕・Ⅱ〔第2版〕・Ⅲ・Ⅳ（日本評論社，2006年〜2010年）
笠井＝越山〔執筆者〕	笠井正俊＝越山和広編・新・コンメンタール民事訴訟法（日本評論社，2010年）
菊井＝村松Ⅰ・Ⅱ・Ⅲ	菊井維大＝村松俊夫・全訂民事訴訟法Ⅰ〔補訂版〕・Ⅱ・Ⅲ（日本評論社，1986年〜1993年）
基本コンメ新民訴(1)—(3)〔執筆者〕	賀集唱＝松本博之＝加藤新太郎編・基本コンメンタール新民事訴訟法〔第3版〕第1巻〜第3巻（日本評論社，2007年〜2009年）
斎藤ほか編(1)—(12)〔執筆者〕	斎藤秀夫＝小室直人＝西村宏一＝林屋礼二編著・注解民事訴訟法〔第二版〕（第一法規，1991年〜1996年）
条 解〔執筆者〕	兼子一＝松浦馨＝新堂幸司＝竹下守夫・条解民事訴訟法（弘文堂，1986年）
条解2版〔執筆者〕	兼子一＝松浦馨＝新堂幸司＝竹下守夫＝高橋宏志＝加藤新太郎＝上原敏夫＝高田裕成・条解民事訴訟法〔第2版〕（弘文堂，2011年）
条解規則	最高裁判所事務総局民事局監修・条解民事訴訟規則（司法協会，1997年）
注解民訴Ⅰ・Ⅱ〔執筆者〕	三宅省三＝塩崎勤＝小林秀之編集代表・注解民事訴訟法〔Ⅰ〕〔Ⅱ〕（青林書院，2002年）
注釈会社法(1)—(15)〔執筆者〕	上柳克郎＝鴻常夫＝竹内昭夫編集代表・新版注釈会社法第1巻〜第15巻（有斐閣，1985年〜1991年）
注釈会社法・補一補(4)〔執筆者〕	上柳克郎＝鴻常夫＝竹内昭夫編集代表・新版注釈会社法補巻〜第4補巻（有斐閣，1992年〜2000年）
注釈民訴(1)—(9)〔執筆者〕	新堂幸司＝鈴木正裕＝竹下守夫編集代表・注釈民事訴訟法第1巻〜第9巻（有斐閣，1991

	年～1998年）
新判例コンメ(1)―(6)〔執筆者〕	谷口安平＝井上治典編・新判例コンメンタール民事訴訟法第1巻～第6巻（三省堂，1993年～1995年）

(3) 講 座

基本法学(1)―(8)	芦部信喜＝星野英一＝竹内昭夫＝新堂幸司＝松尾浩也＝塩野宏編・基本法学〈岩波講座〉第一巻～第八巻（岩波書店，1983年～1985年）
講座民訴①―⑦	新堂幸司編集代表・講座民事訴訟法 第1巻～第7巻（弘文堂，1983年～1985年）
講座新民訴Ⅰ・Ⅱ・Ⅲ	竹下守夫編集代表・講座新民事訴訟法 第1巻～第3巻（弘文堂，1998年～1999年）
裁判実務大系(1)―(30)	裁判実務大系 第1巻～第30巻（青林書院，1984年～2000年）
実務民訴(1)―(10)	鈴木忠一＝三ヶ月章監修・実務民事訴訟講座 第1巻～第10巻（日本評論社，1969年～1971年）
証拠大系(1)―(5)	門口正人編集代表・民事証拠法大系 第1巻～第5巻（青林書院，2003年～2006年）
新裁判実務大系(1)―(29)	裁判実務大系 第1巻～第29巻（青林書院，2000年～2009年）
新実務民訴(1)―(14)	鈴木忠一＝三ヶ月章監修・新実務民事訴訟講座 第一巻～第一四巻（日本評論社，1981年～1984年）
新民訴大系(1)―(4)	三宅省三＝塩崎勤＝小林秀之編・新民事訴訟法大系第一巻～第四巻（青林書院，1997年）
法律実務(1)―(6)	岩松三郎＝兼子一編・法律実務講座民事訴訟編第一巻～第六巻（有斐閣，1958年～1963年）
民訴講座(1)―(5)	民事訴訟法学会編・民事訴訟法講座第一巻～第五巻（有斐閣，1954年～1956年）

(4) 記念論集

青山古稀	青山善充先生古稀祝賀・民事手続法学の新たな地平（有斐閣，2009年）
岩松還暦	岩松裁判官還暦記念・訴訟と裁判（有斐閣，1956年）
伊藤（滋）喜寿	伊藤滋夫先生喜寿記念・要件事実・事実認定論

l　凡　例

	と基礎法学の新たな展開（青林書院，2009年）
伊東古稀	伊東乾教授古稀記念論文集・民事訴訟の理論と実践（慶応通信，1991年）
伊東喜寿	伊東乾教授喜寿記念論文集・現時法学の理論と実践（慶応義塾大学出版会，2000年）
井上追悼	井上治典先生追悼論文集・民事紛争と手続理論の現在（法律文化社，2008年）
内田古稀	内田武吉教授古稀祝賀・民事訴訟制度の一側面（成文堂，1999年）
兼子還暦上・中・下	兼子博士還暦記念・裁判法の諸問題（上・中・下）（有斐閣，1969年～1970年）
木川古稀上・中・下	木川統一郎博士古稀祝賀・民事裁判の充実と促進（上・中・下）（判例タイムズ社，1994年）
菊井献呈上・下	菊井維大先生献呈論集・裁判と法（上・下）（有斐閣，1967年）
吉川追悼上・下	吉川大二郎博士追悼論集・手続法の理論と実践（上・下）（法律文化社，1980年～1981年）
小島古稀上・下	小島武司先生古稀祝賀・民事司法の法理と政策（商事法務，2008年）
小島古稀続	小島武司先生古稀祝賀続・権利実効化のための法政策と司法改革（商事法務，2009年）
小室＝小山還暦上・中・下	小室直人＝小山昇先生還暦記念・裁判と上訴（上・中・下）（有斐閣，1980年）
佐々木追悼	佐々木吉男先生追悼論集・民事紛争の解決と手続（信山社，2000年）
白川古稀	白川和雄先生古稀記念論文集・民事紛争をめぐる法的諸問題（信山社，1999年）
新堂古稀上・下	新堂幸司先生古稀祝賀・民事訴訟理論の新たな構築（上・下）（有斐閣，2001年）
末川古稀上・中・下	末川博先生古稀記念・権利の濫用（上・中・下）（有斐閣，1962年）
末川追悼(1)・(2)・(3)	末川博先生追悼論集・法と権利1・2・3（民商法雑誌78巻臨時増刊号(1)・(2)・(3)）（1978年）
鈴木（正）古稀	鈴木正裕先生古稀祝賀・民事訴訟法の史的展開（有斐閣，2002年）

凡　例　li

染野古稀	染野義信博士古稀記念論文集・民事訴訟法の現代的構築（勁草書房，1990年）
谷口古稀	谷口安平先生古稀祝賀・現代民事司法の諸相（成文堂，2005年）
中田還暦上・下	中田淳一先生還暦記念・民事訴訟の理論（上・下）（有斐閣，1969年～1970年）
中野古稀上・下	中野貞一郎先生古稀祝賀・判例民事訴訟法の理論（上・下）（有斐閣，1995年）
中村（英）古稀	中村英郎教授古稀祝賀・民事訴訟法学の新たな展開（成文堂，1996年）
中村（宗）還暦	中村宗雄教授還暦祝賀論集・訴訟法学と実体法学（早稲田大学法学会，1955年）
中村（宗）古稀	中村宗雄先生古稀祝賀記念論集・民事訴訟の法理（敬文堂，1965年）
原井古稀	原井龍一郎先生古稀祝賀・改革期の民事手続法（法律文化社，2000年）
三ヶ月古稀上・中・下	三ヶ月章先生古稀祝賀・民事手続法学の革新（上・中・下）（有斐閣，1991年）
山木戸還暦上・下	山木戸克己教授還暦記念・実体法と手続法の交錯（上・下）（有斐閣，1978年）
竜嵜還暦	竜嵜喜助先生還暦記念・紛争処理と正義（有斐閣出版サービス，1988年）
我妻還暦上・中・下	我妻栄先生還暦記念・損害賠償責任の研究（上・中・下）（有斐閣，1957年～1965年）
我妻追悼	我妻栄先生追悼論文集・私法学の新たな展開（有斐閣，1975年）

(5)　訳　書

チーサム	E. E. チーサム著〔渥美東洋＝小島武司＝外間寛共訳〕・必要とされるときの弁護士——現代社会における弁護士の使命と役割——（中央大学出版部，1974年）
カペレッティ＝ガース	M・カペレッティ＝B・ガース著〔小島武司訳〕・正義へのアクセス（有斐閣，1981年）
カペレッティ・手続	M・カペレッティ著〔小島武司＝大村雅彦共訳〕・手続保障の比較法的研究（中央大学出版部，1982年）
P・カラマンドレーイ	P・カラマンドレーイ著〔小島武司＝森征一共

凡　例

	訳〕・訟法と民主主義（中央大学出版部，1976年）
M・グリーン	M・グリーン著〔小島武司＝椎橋邦雄＝大村雅彦共訳〕・体系アメリカ民事訴訟法（学陽書房，1985年）

(6)　演習書

演習民訴上・下	小山昇＝中野貞一郎＝松浦馨＝竹下守夫編・演習民事訴訟法（上）（下）（青林書院新社，1979年・1981年）
演習民訴〔新版〕	小山昇＝中野貞一郎＝松浦馨＝竹下守夫編・演習民事訴訟法〔新版〕（青林書院，1987年）
小島＝小林・基礎演習	小島武司＝小林学・基本演習民事訴訟法（信山社，2007年）
新版民訴演習(1)―(2)	三ヶ月章＝中野貞一郎＝竹下守夫編・新版民事訴訟法演習1・2（有斐閣，1983年）
鈴木ほか・演習	鈴木正裕＝井上治典＝上田徹一郎＝谷口安平＝吉村德重・演習民事訴訟法（有斐閣，1982年）
民訴演習Ⅰ・Ⅱ	中田淳一＝三ヶ月章編・民事訴訟法演習Ⅰ・Ⅱ（有斐閣，1963年・1964年）

(7)　判例百選・争点など

重判解	重要判例解説（ジュリスト臨時増刊）
主判解	主要民事判例解説（判例タイムズ臨時増刊）
争点	三ヶ月章＝青山善充編・〈法律学の争点シリーズ5〉民事訴訟法の争点（有斐閣，1979年）
争点〔新版〕	三ヶ月章＝青山善充編・〈法律学の争点シリーズ5〉民事訴訟法の争点〔新版〕（有斐閣，1988年）
争点〔3版〕	三ヶ月章＝青山善充編・〈法律学の争点シリーズ5〉民事訴訟法の争点〔第三版〕（有斐閣，1998年）
新争点	伊藤眞＝山本和彦編・〈新・法律学の争点シリーズ4〉民事訴訟法の争点（有斐閣，2009年）
百選	民事訴訟法判例百選（有斐閣，1965年）
続百選	続民事訴訟法判例百選（有斐閣，1972年）
百選2版	民事訴訟法判例百選〔第2版〕（有斐閣，1982年）
百選Ⅰ・Ⅱ	民事訴訟法判例百選〔新法対応補正版〕（有斐閣，1998年）Ⅰ Ⅱ

百選 3 版　　　　民事訴訟法判例百選〔第 3 版〕（有斐閣，2003 年）
　　百選 4 版　　　　民事訴訟法判例百選〔第 4 版〕（有斐閣，2010 年）
　　リマークス　　　私法判例リマークス（法律時報別冊）

(8)　雑　　誌
　　愛学　　　　　　愛知学院大学論叢法学研究
　　愛大　　　　　　愛知大学法学部法経論集
　　青法　　　　　　青山法学論集
　　朝日　　　　　　朝日法学論集
　　亜大　　　　　　亜細亜法学
　　一論　　　　　　一橋論叢
　　愛媛　　　　　　愛媛法学会雑誌
　　岡法　　　　　　岡山大学法学会雑誌
　　沖大　　　　　　沖大法学
　　香川　　　　　　香川法学
　　学習院　　　　　学習院大学法学会雑誌
　　神奈　　　　　　神奈川法学
　　金沢　　　　　　金沢法学
　　関学　　　　　　法と政治
　　関法　　　　　　法学論集
　　関東学院　　　　関東学院法学
　　北九州　　　　　北九州大学法政論集
　　近法　　　　　　近畿大学法学
　　金判　　　　　　金融・商事判例
　　金法　　　　　　旬刊金融法務事情
　　銀法　　　　　　銀行法務 21
　　神戸　　　　　　神戸法学雑誌
　　甲法　　　　　　甲南法学
　　国学院　　　　　國學院法学
　　国士舘　　　　　國士舘法学
　　駒論　　　　　　法学論集
　　際商　　　　　　国際商事法務
　　札院　　　　　　札幌学院法学
　　札大　　　　　　札幌法学
　　司研　　　　　　司法研修所論集
　　自正　　　　　　自由と正義
　　島法　　　　　　島大法学
　　修道　　　　　　修道法学

ジュリ	ジュリスト
書研所報	書記官研修所報
商事	商事法務
上法	上智法学論集
資商事	資料版商事法務
新報	法学新報
成蹊	成蹊法学
成城	成城法学
専法	専修法学論集
曹時	法曹時報
早法	早稲田法学
速判解	速報判例解説
高岡	高岡法学
桐蔭	桐蔭法学
東海	東海法学
同法	同志社法学
独協	獨協法学
都法	東京都立大学法学会雑誌
奈良産	奈良法学会雑誌
白鴎	白鴎法学
判時	判例時報
判タ	判例タイムズ
判評	判例評論
阪経法	大阪経済法科大学論集
阪法	阪大法学
ひろば	法律のひろば
広法	広島法学
法セ	法学セミナー
法教	法学教室
法協	法学協会雑誌
法研	法学研究
法雑	大阪市立大学法学雑誌
法時	法律時報
法政	法政研究
法論	法律論叢
北園	北海学園大学法学研究
北法	北大法学論集
民商	民商法雑誌

民訴	民事訴訟雑誌
民手	民事手続法研究
名城	名城法学
名法	名古屋大学法政論集
山院	山梨学院大学法学論集
洋法	東洋法学
立教	立教法学
立命	立命館法学
論叢	法学論叢

本書のコピー, スキャン, デジタル化等の無断複製は著作権法上での例外を除き禁じられています。本書を代行業者等の第三者に依頼してスキャンやデジタル化することは, たとえ個人や家庭内での利用でも著作権法違反です。

第1章　民事紛争の解決と民事訴訟

はじめに

　民事訴訟法ないし民事訴訟法学を眺めていく出発点となる本章では，まず，その対象である民事紛争を取り上げ，つぎに，民事紛争を処理する諸制度を概観することで，民事訴訟の位置付けを行う。そのうえで，民事訴訟に焦点を合わせて，法典や法制史，制度目的，そして，信義則といった全体にかかわるテーマを扱う。

第1節　民事紛争

　社会あるところに，紛争がある。民事訴訟は，紛争[1]のうち，私人間の利害対立から生じる「民事紛争」をその対象とする。この民事紛争の解決を当事者の一方的な自力救済に委ねるのでは，現実の結果は，当事者間の力関係などに左右されて不公正なものとなり，暴力抗争をさえ誘発しかねない。そこで，こうした事態に陥らないよう，平穏かつ公正に民事紛争を解決するための公的諸方法を整備する必要がある。

　これらの方法は，究極的には，紛争の絶滅を想定しているとみるべきではない。確かに，諸方法のうち最もフォーマルな裁判によって明確となった法的基準がインフォーマルな手続にも浸透していき[2]，ひいては社会規範として定着した暁には，紛争の減少が招来されるであろう[3]。しかし，それは，部分的現

---

[1]　紛争の概念につき，千葉正士『法と紛争』（三省堂，1980年）84頁以下，廣田尚久『紛争解決学講義』（信山社，2010年）17頁以下など。なお，レビン小林久子訳・編『紛争管理論——新たな視点と方向性——』（日本加除出版，2005年）に掲載の諸文献も参照。

[2]　この影響は，事実上のものであるが，波及効とよぶことができよう。小島・調停13頁など参照。

[3]　これを弁護士業務との関係で一般化したのが「流星型盛衰モデル」である。それによると，新しい事件群の開拓活動が行われるフェイズⅠ，すでに開拓された伝統的な法的サーヴィスの拡充が行われるフェイズⅡ，法的サーヴィスのルーティン化が行われるフェイズⅢを経て，そうした法的サーヴィスの需要，すなわち，事件が減少するに至るという一連の流れがある（小島・弁護士39頁，小島・プレ80頁等参照）。この推移の一典型をなすのが民事交通事故訴訟である（マーク・ラムザイヤー『法と経済学——日本法の経済分析——』〔弘文堂，1990年〕28-45頁参照）。

象であって，一時的な現象にとどまる。人間社会は，全体として動的なものである。社会の発展にともない，いまだ直面したことのない利害の対立が生じ，新たな紛争が発生することは避けられない。結局，紛争のない社会という目標は，達成不可能なものであって，紛争のない無風状態では，かえって社会は衰退しかねない。当事者間の利害対立の過程で公正な基準を創造し，それを新たな社会規範として定着させていくという紛争解決制度は，社会の活力を保持するのに役立つのである。これまでの行政による不透明で過剰な事前規制から司法による公正な事後処理へと国家社会の政策の重点が移行しつつあり，ようやく法の支配の精神が社会の各方面に浸透する方向が定着しつつある現在，紛争それ自体は，自主・自律の個人が自由かつ平等の立場で理性的な対論を積み重ね，公正で透明度の高い社会を構築していくうえで，とりわけ重要な意義をもつものとみるべきであろう[4]。

そこで，公私の紛争解決方法は，時とともにその比重を変じるものの，社会システムのなかで静脈と動脈の双方の役割を担っている。民事紛争解決の諸方法の位置付けは，裁判を中心に形成される法的基準が社会規範として浸透していき，ある種の紛争を減少させていく一方で，社会に生起する新たな紛争がつぎつぎと取り込まれ，法的基準が生成していくという法化社会のダイナミクスのなかでとらえられる。紛争の発生は，社会的には，病理現象としてのマイナスの面と，生理現象としてのプラスの面を併せもつのである。そこで目指すべきは，不断に変化して生起する民事紛争を実体法的にも手続法的にも当事者の納得を得られる合理的な仕方で解決し，社会的公正度を高めていくことであろう[5]。

なお，紛争「解決」ではなく，紛争「処理」ということばの方がプロセス思考に適するとする見方もあるが，本書では敢えて「解決」ということばを用いることにしたい。なぜなら，紛争が生じた場合，当事者はその解決を望んで労

---

[4] カントも紛争が社会発展に寄与することを指摘している（村上淳一「争いと社会発展」『平野龍一先生古稀祝賀論文集 下巻』〔有斐閣，1991年〕3頁参照）。各事件ごとに紛争をその防止の資源として有効活用すべきとするのは，たとえば，松代隆「訴状等の印紙貼用と法律扶助」自正43巻9号（1992年）85頁。

[5] 小島・プレ6頁以下。かっての地中海貿易において覇権がマグリブからジェノヴァに移った経緯は日本社会の現在にとっても教訓的であろう。公正な司法制度の整備は，帝国主義的秩序の確立と比べて，取引費用は増えるが「機会費用」を低くし，貿易の拡大の要因として働くのである。その選択の底には，個人主義的メンタリティが存した可能性があり，法文化論のあり方や内向き心理の克服は日本の未来と深くかかわっているのではないか。岸俊男＝吉開範章『ネット評判社会』（NTT出版，2000年）48頁以下参照。

力を傾けるのが通常であり，そうしたニーズに応答するために，少なくとも民事訴訟は，法的な「解決」を目指すことになるからである。さらに，こうした法的な解決のさきに，社会的に真の解決が期待されていることを見据える意味でも，「解決」ということばの重量感が伝わるのではなかろうか。

第2節　民事紛争解決の諸方法

1　総　説

民事紛争に際して当事者の有する主な選択肢には，回避（avoidance），交渉（negotiation），調停（mediation），仲裁（arbitration），訴訟（litigation），そして，闘争（fight）がある。しかし，本書では，回避と闘争を除いた，交渉，ADR（主に調停と仲裁），そして，訴訟について眺めることにする。回避は，統計にはあらわれないものの，社会経済的には最大のプレゼンスをもっているともみられるが，紛争解決の積極的な手段とはいえないこと，また，闘争は，自力救済禁止の原則に反するうえ，その手段自体が違法である場合も少なくないことがその理由である。

そこで，交渉，ADR，裁判手続に焦点を合わせると，交渉は，相対交渉ともよばれるように，紛争当事者が自らまたは代理人を通じて二面的な構造のなかで行われる話合いである[6]。これに対して，裁判とADRは，中立第三者の関与する三面的な関係のなかで紛争解決を目指すものである。これらを紛争解決の基盤からみると，裁判手続は司法権の発動により民事紛争を強制的に解決する点で強行的方法であるのに対し，交渉とADRは，当事者間における合意がどこかの時点で成立していることを要する任意的方法であるといえる[7]。

---

6) 弁護士が当事者の代理人ないし助言者として加わることもあるが，手続構造の二面性は変わらない。小島ほか編・交渉3頁以下〔小島武司〕。

7) この点は，とくにADRのネックである。仲裁については，たとえば，片面的仲裁など（小島・制度改革247頁，小島・仲裁・苦情処理82頁など），合意調達のための工夫が考案されている（後掲・第1章注30）参照）。また，調停については，かつての強制調停，すなわち，当事者間の合意なくとも裁判所が調停に代わる決定をなし得，それに対しては即時抗告しか認めないという制度（金銭債務臨時調停法〔昭和7年法律第27号〕，戦時民事特別法〔昭和17年法律第63号〕）は，第二次大戦後，裁判を受ける権利（憲32条）を侵害するとして違憲とされた（最大決昭35・7・6民集14巻9号1657頁）。そこで，手続利用に関する当事者間の意思の合致は，その時期に差はあれ，終局的には確保されなければならない。なお，現行の調停に代わる決定（民調17条）は，異議申立てにより当然に効力を失うことから（民調18条2項），強制調停とは異なる（伊藤4頁注5，新堂17頁注(1)など参照）。

社会に生起する紛争の数は必ずしも明らかでない（暗数の存在）[8]。まずは当事者間で話合いが行われるのが通常であり，相対交渉は，民事紛争解決の原則的方法であって，その領域は少なくとも潜在的にはきわめて広大である。相対交渉によっても紛争が解決しないときは，第三者が関与する裁判またはADRの方法が用いられることになる。

ところで，裁判とADRのいずれを選ぶかは，当事者がその意思によって決するのが原則である。この場合，当事者の一方に選択権を与えるか，双方の意思の一致を要するとするかは，各方法いかんで異なる。たとえば，民事訴訟については，原則として当事者の一方的意思で始動が可能であるが，少額訴訟手続の場合は，相手方が通常の手続を選ぶならば，これを利用することができない（373条1項参照）。

多種多様な民事紛争解決方法が存在すること，すなわち，正義へのアクセス・ルートが多元的であることは，「正義の総量」の増大に寄与し，同時に，各ルートの個性や相互連携などによる解決内容の質的向上ないし豊穣化をもたらす[9][10]。

こうした観点から，司法制度改革審議会意見書（2001年6月12日）においても，ADRが国民にとって裁判と並ぶ魅力的な選択肢となるよう，その拡充・活性化を図るべきであるとの指針が表明され，ADRに関する共通の制度基盤の整備の一環として，国際連合国際商取引法委員会（UNCITRAL）における検討等の国際的動向を睨みながら仲裁法制を早期に整備すべきであるなどの提言がなされた。これを受けて，司法制度改革推進本部事務局に設置された「仲裁検討会」および「ADR検討会」における議論の積み重ねを経て，それぞれの成果として，2003年の新「仲裁法」（平成15年法律第138号）の制定，そして，2004年の「裁判外紛争解決手続の利用の促進に関する法律（以下，「ADR促進法」という）」（平成16年法律第151号）の制定に至った。前者は，国際連合国際商取引法委員会の国際商事仲裁模範法（UNCITRAL Model Law on International Commercial Arbitration）に基づいて国際標準に合致した内容にリニューアルしたものであり，後者は，ADRに関する基本理念および国等の責務を定めるとともに，民間機

---

[8] 交通事故，離婚事件などは，ある程度まで調査により推計することが可能である。

[9] 小島武司「正義の総合システムを考える」民商78巻臨時増刊号(3)〔末川博先生追悼論集〕(1987年)1頁，同「紛争処理制度の全体構造」講座民訴①355頁，中野貞一郎「裁判の合理化」阪法145＝146号（1988年）1-14頁，小島武司「正義の総合システム再考」曹時41巻7号（1989年）1805頁〔同・法の支配1頁以下所収〕など参照。

[10] ADRの拡充・活性化は司法制度改革の一つの大きな柱であり，民事裁判とADRは，車の両輪ともいうべき関係にある。かつての裁判偏重志向（川島武宜『日本人の法意識』〔岩波書店，1967年〕125頁以下など参照）には問題があるが，これに対する反動から，過度のADR依存に陥ることにも警戒が必要である。

関が行う和解の仲介（調停，あっせんなど）の業務に関して，法務大臣による認証の制度を創設することにより，紛争解決手続の選択の目安の提供，弁護士でない専門家の活動の規制緩和，時効中断効の付与などを行い，ADR の利用促進を企図したものである[11]。

以下では，相対交渉，ADR である調停や仲裁，それに，裁判を順次にみていくことにする。

2 相対交渉

交渉は，民事紛争解決手続の基底にあるが，手続局面が二面的か三面的かにより様相を異にする。すなわち，三面的構造における交渉（調停等）では，第三者は中立の視点から当事者間の交渉にかかわり，第三者と当事者とが異なる平面から多角的かつ複眼的に交渉して紛争解決の可能性を高める。これに対し，二面的構造における交渉（＝相対交渉）は，利害の対立する当事者同士が同一平面上で話合いを進めるものであり，弁護士が加わる場合であっても，代理人として参加する以上，二面的である。

近時，交渉過程について詳細な分析が進み，その理論的発展も著しい[12]。すなわち，従来は，ゼロサム的な結果に至る論争主義的な交渉モデルないし競争的交渉モデルが一般的であったが，これに加えて，統合的交渉モデルないし協調的問題解決交渉モデルの有用性が認識されてきている。これは，利益状況をプラス・サム的なものに再構成ないし転換するという観点から，当事者の真のニーズを掘り起こして調整可能な共通基盤を見出し，それぞれをより深いレヴェルで組み合わせることによって調和的な解決をもたらし，当事者の満足度を総体として高めようとする動きである。もっとも，統合的交渉モ

---

11) ADR 促進法の施行日である 2007 年 4 月 1 日より，民間紛争解決手続業務の認証制度がスタートし，「日本スポーツ仲裁機構（JSAA）」が認証第 1 号となった。なお，ADR 促進法は，その施行後 5 年経過時に見直しが予定されているが（同法附則 2 条），ADR 検討会で先送りにされた「執行力の付与」と「法律扶助の対象化」の問題が注目される。山本和彦「ADR 法とは何か」法セ 631 号（2007 年）24 頁，同「ADR 和解の執行力（上）（下）」NBL 867 号（2007 年）9 頁・868 号（2007 年）24 頁〔小島古稀下 603 頁以下に所収〕，郭美松＝小林学「執行力問題にみる ADR 理論と ADR 政策」桐蔭 16 巻 2 号（2010 年）1 頁など。

12) 太田勝造「交渉・和解・法学教育」法政論集 126 号（1989 年）145 頁〔同『民事紛争解決手続論——交渉・和解・調停・裁判の理論分析——』（信山社，1990 年）220 頁以下所収〕，小島ほか編・交渉 5 頁，フィッシャー・R・ロジャーほか『新版ハーバード流交渉術』（阪急コミュニケーションズ，1998 年），小島編・キーワード 212 頁〔猪股孝史〕，和田仁孝＝太田勝造＝阿部昌樹編『交渉と紛争処理』（日本評論社，2002 年）10-26 頁〔和田〕，ハーバード・マネジメント・コミュニケーション・レター編集部編著〔DIAMOND ハーバード・ビジネス・レビュー編集部訳〕『交渉力』（ダイヤモンド社，2006 年），太田勝造＝草野芳郎編著『ロースクール交渉学〔第 2 版〕』（白桃書房，2007 年）16-27 頁，デービッド・A・ラックス＝ジェームズ・K・セベニウス〔斉藤裕一訳〕『最新ハーバード流交渉術』（阪急コミュニケーションズ，2007 年）など参照。

デルは，伝統的な論争主義的交渉モデルに全面的に代わるものではなく，段階的に利益状況に応じ，または主体の選択にともない，相互に使い分けられる[13]。

相対交渉は，示談とよばれて一律に問題視されていた時期もあるが，合理的なシステムの一部を構成するものとして把握されるべきであり，いまやその理論的深化や法曹倫理の高揚を含めて総合的な位置付けが要請されるに至っているといえよう。

3 ADR

ADRは，Alternative Dispute Resolutionに由来し，中立の第三者が関与する三面的な手続構造をもつ紛争解決方法のうち，訴訟を除いたものをさし，裁判外紛争解決（処理）方法ないし代替的紛争解決（処理）方法などと表現される[14]。ADRは，裁判所外に限らず，裁判所内でも行われ，これには，民事調停（民調2条），家事調停（家審17条）があり，裁判上の和解（89条・267条・275条）をこれに含めることができよう。裁判所外のADRには，行政機関，弁護士会，民間機関などの設営する調停，あっせん，仲裁，裁定などがある。

ADRの各方法には，最終的な解決案について両当事者間で合意がなされる調整型手続と，第三者の示す解決内容（判定・裁定）にしたがうことを両当事者間で合意する裁断型手続があり，調停とあっせんは前者であり，仲裁と裁定は後者に属する。

ADRの設営機関についてみると，かつての村落共同体社会における権威ある者による個別的な紛争解決から，現代社会におけるさまざまなタイプの事件に対処することのできる紛争処理の専門家を擁する常設機関へと，その主な形態が様変わりを遂げている。ADR機関の常設化をもたらす要因としては，共同体社会の衰退に加え，規範と事実の複雑化，社会変革の加速，迅速な処理に対する当事者ニーズの高まり，ビジネス社会における納期の観念の浸透，家族関係を含む人間関係の変容，そしてグローバリゼイションの進展などがあろう。

---

13) 小島ほか編・交渉6頁。
14) 「裁判外」と「代替的」はほぼ同義とみてよいが，「解決」と「処理」はつぎのように使い分けることにする。すなわち，中立の第三者がある程度整備された手続構造において直接に紛争解決を行う過程に対し裁判外紛争「解決」の語をあて，これよりインフォーマルな手続をも含める場合に裁判外紛争「処理」の語を用いる。そうすると，調停や仲裁が裁判外紛争解決であるのに対し，相談・苦情処理などのように中立の第三者がアドヴァイスや事実調査など紛争処理に要する多様な側面的支援を行う非定型手続は，裁判外紛争処理とよぶこともできよう（小島・調停24頁参照）。もっとも，両者の間に本質的な違いがあるわけでなく，整理のための概念上の区別にすぎない。なお，「コンフリクト・マネジメント」ないし「紛争管理」という言葉ないしコンセプトが，「非法・非法律家型ADR」であるミディエイション（自律型ADR，対話促進型調停，自主交渉援助型調停など呼称さまざま）との関係で言及されることがある。

現在，常設機関には，裁判所系（司法調停）のほか，行政機関系として，建設工事紛争審査会，公害等調整委員会，労働委員会などが，民間型機関系として，弁護士会仲裁センターなどの弁護士会，公益法人（たとえば，「一般社団法人 日本商事仲裁協会」，「財団法人 交通事故紛争処理センター」，「国際商業会議所（ICC）」など），各種PLセンターなどの業界機関，そして「世界貿易機関（WTO）」，「世界知的所有権機関（WIPO）」などの国際機関，そして，ADR促進法による認証ADR機関やこれを前提とする事業再生ADR[15]の認定ADR機関，金融ADR[16]の指定紛争解決機関などがある。このようなトレンドにもかかわらず，アド・ホックな紛争解決が依然その役割を果たしていることも見逃してはならない[17]。

(1) 調停とミディエイション

調停とは，当事者間に紛争解決の合意（和解）を成立させるために，第三者が仲介ないし支援をすることをいう。

わが国の調停文化において，長い歴史と実績を誇るのは裁判所における「司法調停」であるが，その他の機関，たとえば，公害等調整委員会（公害紛争3条・13条・14条・24条・31条以下）などの行政機関，各種PLセンター，弁護士会などで行われている調停も，実は，基本的には司法調停のスタイルを模したものであった。これに対して，近時，そうした法的な紛争解決からは距離を置いた新たなタイプの調停がそのスキル取得のためのトレーニング・プログラムとともに紹介される例が増えており[18]，この新たな調停を中心としたADRサー

---

15) 事業再生ADRについては，第1章注75）を参照。
16) 2009年の金融商品取引法の改正により，業態ごとに金融庁が紛争解決機関を指定する「指定紛争解決制度」が新たに構築された。金融商品のトラブルに関しては，これまで各業界団体による苦情相談窓口の開設や紛争解決サーヴィスの提供などといった自主的取組みが行われてきたが，統一性の欠如からくる使い勝手の悪さやたらい回しのきらいがあったなどの利用者の声に応えるべく，統一的で中立・公正な紛争処理のスキームが新設されたのである。この金融ADRは，銀行法，金商法，保険業法，貸金業法等の金融関連16業法に導入され，2010年10月より運用を開始した。すべての金融機関に，指定紛争解決機関との契約締結義務や指定紛争解決機関の提示する特別調停案を受諾する義務が課されるなど，消費者保護に傾斜するが，それにより業界全体の利益を追求したものである。この点の影響が実際にどのように及ぶかは甚だ興味深い。
17) 紛争を予め未然に防ぐための予防法的活動（小島武司「法的予防システム」基本法学(8)269頁以下参照）は，紛争に対する事前の対処であり，民事紛争処理制度のあり方と密接にかかわる。それは，法令や契約の遵守を確保しつつ，紛争解決の実効性を高めるのに寄与するであろう（たとえば，訴訟を仲裁に代える仲裁合意条項など）。
18) レビン小林久子『調停者ハンドブック——調停の理念と技法——』（信山社，1998年），大澤恒夫『法的対話論』（信山社，2004年）240頁以下，〈著作〉経済産業省，〈制作〉㈳日本商事仲裁協会・㈳日本仲裁人協会『調停人養成教材』，小島武司＝小林学「ADRの新たな『魅力』——ミディエーション・モデルの可能性——」月刊日本行政422号（2008年）13頁など。トレーニング・プログラムの実施主体としては，九州大学大学院法学研究院付属紛争管理研究センター，早稲田総研コンフリクト・マネジメント講座，桐蔭横浜大学ミディエイション交渉研究所，

ヴィスの提供を構想している ADR 機関もある[19]。この新たな調停は，欧米諸国の影響による面が多分にあるが，とりわけ，アメリカで 1960 年代に始まったコミュニティ調停運動にともなって広まった「対話促進型調停 (facilitative mediation)」[20]や近時の「トランスフォーマティヴ・ミディエイション (transformative mediation)」[21]などに由来する。これは，その特徴を説明的に表現して，「(対話) 促進型調停」，「自律型調停」，あるいは，「自主交渉援助型調停」などの語が用いられているが[22]，本書では，従来の司法調停との異質性に着目して，ミディエイションとよぶことにする。

① 司法調停

司法調停には，家事事件について家庭裁判所で行われる「家事調停」(家審 17 条) と，家事事件を除く民事事件一般について簡易裁判所または地方裁判所で行われる「民事調停」(民調 3 条) がある。紛争の解決にあたる中立第三者は，いずれも，原則として裁判官と民間人で構成される調停委員会である (民調 5 条・6 条・7 条 1 項・23 条の 3 第 2 項，家審 3 条 2 項)。2006 年に運用を開始した労働審判手続[23]も，地方裁判所内に設けられた委員会が調停を試みる点で司法調停に含まれる。

調停による解決内容は，条理にかない実情に即したものであることが必要である (民調 1 条)。調停手続においては，調停委員会が当事者からの事情聴取に基づいて調停案を作成し，当事者双方がこれに合意することによって，調停は成立する (民調 16 条，

「NPO 法人 日本ミディエーションセンター (JMC)」やシヴィルプロネット関西「しみん調停センター」などがある。

19) たとえば，認証 ADR 機関 (かいけつサポート) としては，神奈川県司法書士会調停センター，社団法人日本産業カウンセラー協会 ADR センター，東京司法書士会調停センターなどがあり，非認証のものとしては，JMC (前掲・注 18) 参照) などがある。現状については，仲裁と ADR 5 号 (2010 年) に掲載の諸論考やひろば 63 巻 9 号 (2010 年) の特集を参照。

20) E・シャーマン〔大村雅彦訳〕「ADR と民事訴訟」(中央大学出版部，1997 年) 3 頁以下，大澤恒夫「紛争解決における合意形成過程の一断面」小島武司編『ADR の実際と理論 I』(中央大学出版部，2003 年) 234 頁など参照。

21) Robert A. Baruck Bush & Joseph P. Folger, The Promise of Mediation, (Jossey-Bass, San Francisco, 1994.) これにつき，レビン・前掲注 1) 269-274 頁〔レビン〕，和田仁孝「自律型 ADR モデルの新たな展開——紛争交渉論とトランスフォーマティヴ・アプローチ——」小島武司編『ADR の実際と理論 II』(中央大学出版部，2005 年) 36 頁など参照。なお，中国の調停 (調解) を日米との比較を通じて，紹介するものとして，韓寧『中国の調停制度』(信山社，2008 年) がある。

22) 棚瀬孝雄「法化社会の調停モデル」論叢 126 巻 4 = 5 = 6 号 (1990 年) 122 頁以下，和田仁孝「自律型 ADR モデルの新たな展開——紛争交渉論とトランスフォーマティヴ・アプローチ——」小島武司編『ADR の実際と理論 II』(中央大学出版部，2005 年) 24 頁以下など参照。

23) 労働審判手続については，本書 27 頁を参照。

家審 21 条 1 項）。調停委員会は，事実関係を十分に把握したうえで，条理[24]に照らして，調停案の作成にあたる。調停においては，裁判上の和解と同じく，解決基準として実体法の厳格な適用が要求されるわけではなく，手続の進め方も柔軟である。すなわち，法を適用した一刀両断的な解決を強制する訴訟と異なり，当事者双方が納得して具体的に妥当な解決に至ることを目指すのが調停である。そのため，調停の効用がよく発揮されてきたのは，私的利益の調整・統合が望ましい継続的生活関係（たとえば，家庭関係，相隣関係，借地借家関係）などに関する紛争である[25]。そうした調整機能を支払不能に陥るおそれのある債務者の経済的再生において発揮させることを狙いとして，近時，特定債務等の調整の促進のための特定調停に関する法律が制定され（平成 11 年法律第 158 号），その後，この種の事件が統計上多数を占めるという状況が続いた。なお，ある種のかの事件類型については，訴訟の前に調停を試みることを強制する調停前置が法定されている（民調 24 条の 2，家審 18 条・19 条）。

　調整型紛争解決である調停では，裁断型紛争解決である仲裁と異なり，調停委員会の解決案は勧告にすぎず，当事者双方がこれを受け容れて合意が成立するのでなければ，紛争の解決は得られない。裁判所の関与の下に，当事者間に合意が成立したときは，訴訟と同様の効果を認めるのが合理的であることから，合意調書は確定判決と同一の効力を有するとする規定が置かれている（267 条，民調 16 条・24 条の 3 第 2 項，家審 21 条）[26]。

　ところで，当事者間の話合いの場が確保されること自体は望ましいことから，調停による旨の合意ないし相手方の同意がなくとも，申立てによって調停手続を開始することができ，当事者は，不出頭の場合，過料の制裁を科される（民調 34 条，家審 27 条）。

　調停手続の進展によって，解決まであと一歩手前のところまで当事者が歩み寄っている場合には，調停委員会の定める調停条項に服する旨の書面による合意が両当事者間にあれば，調停委員会は調停条項を定めることができ（民調 24 条の 3 第 1 項），これにより調停が成立したものとみなされる（同条 2 項）。

　これに対し，調停が成立する見込みのない場合には，裁判所は，調停委員の意見を聴いたうえで，職権で事件の解決に必要な決定・審判をすることができるとされており（民調 17 条，特定調停 20 条，家審 24 条 1 項），受調停裁判所による「調停に代わる裁断（決定・審判）」が規定されている。

---

[24] 条理とは，道徳，常識，社会一般の規範意識などを総合したものである。小山昇『民事調停法〔新版〕』（有斐閣，1977 年）105 頁など参照。

[25] 調停に振り分ける基準につき，小島武司「調停適合事件の選別基準」竜嵜還暦 385 頁〔小島・法の支配 131 頁所収〕）。

[26] もっとも，執行力はあるが，既判力には疑問がある。調停においても解決内容を強制的に実現することは最低限必要である。しかし，既判力により権利義務を確定するだけの基礎はない。

② ミディエイション

ミディエイションは，当事者間の自主的な対話と交渉を援助・促進することで当事者が自律的に解決に至るプロセスに重点を置くものである。主役はあくまで当事者であり，ミディエイター（調停人）は，当事者双方が納得のいく合意を形成するために本音・利益ベースでの対話・交渉を主体的に展開することができるように援助・促進する「ファシリテーター（facilitator）」としての役割に徹する。そのため，ミディエイターは，当事者双方の主張を傾聴（active listening）すること，円滑なコミュニケーションを成立させること，当事者双方がお互いに相手方の立場を理解し得るようにすること，人間関係を再構築することなどを目指して，話合いのプロセスを管理・援助することが求められる。したがって，ミディエイターは，事実認定と法的評価に通じていればよいわけではなく，カウンセリングの技法を中心としたさまざまなミディエイション・スキルを駆使しなければならない。

ミディエイションは，本来，人間には自己解決能力ないし人間関係調整能力が備わっているという肯定的な人間観に根ざすものであり，そこにカール・R・ロジャースのカウンセリング理論に通じる哲学ないし理論があるといえよう[27]。ミディエイターもカウンセラーも，エンパワーメント（empowerment），すなわち，当事者ないしクライアントの自己解決能力や人間関係調整能力を引き出す役割を担うのである。

こうしたミディエイションによる紛争解決は，権利義務や法的利益といった紛争の表層に焦点を合わせる訴訟，仲裁，そして，司法調停とは異なり，紛争というものを当事者間の人間関係を含めて双方の内面，内奥にまで掘り下げてトータルにとらえ，基底のレヴェルにおける人間の相互関係の修復やより良き人間関係の構築をも目指すのである。

(2) 仲　　裁

仲裁とは，私人間で生じた，または，生じるおそれのある紛争の解決のために，当事者双方が裁判官でない第三者（裁判官が仲裁人になることのできる法制もある）に審判させることを合意（これを「仲裁合意」または「仲裁契約」という。仲裁2条1項）し，第三者がこれに基づいて審理・判断を行う手続をいう。第三者，すなわち，仲裁人が法的紛争について審理・判断すること，および，当事者が仲裁判断に終局的に服する旨の合意をしていることが仲裁概念の中核的要素である。そのため，仲裁は，当事者が紛争解決のために創設した私設裁判である

---

[27] 大澤・前掲注18）86頁注160，小林学「ミディエーション・モデルに関する予備的考察」桐蔭14巻2号（2008年）62頁など参照。なお，小島・教室63-66頁も参照。ちなみに，人間の潜在的可能性をめぐる二つの対立する見方（XY理論）に関して，D・マグレガー〔高橋達男訳〕『企業の人間的側面——統合と自己統制による経営——』（産業能率短期大学，1966年）を参照。

ということができる[28]。

　仲裁の利点としては，手続の非公開，迅速，廉価，国際的中正，専門事件への対応可能や仲裁人の自主選定（個人的信頼）などが挙げられる[29]。仲裁がよく利用されている領域には，建設工事事件，海事事件，国際商事事件あるいは，知的財産関連事件などがある。

　当事者間に仲裁合意がなければ，原則として仲裁を利用することはできない[30]。仲裁合意があるのに，訴えが提起された場合は，相手方当事者が仲裁合意の存在を抗弁として主張すれば，訴えは，訴訟要件を欠くものとして却下される（仲裁14条1項本文）。当事者間の合意は仲裁手続における仲裁人の判断にしたがうことを内容とするから，仲裁合意を締結した両当事者は，その判断内容いかんを問わず，最終的に下される仲裁判断にしたがわなければならない。仲裁は，手続内で解決内容そのものについて当事者が合意することが必要である調停とは異なり，訴訟と同様の裁断型手続に属する[31]。

　他面において，仲裁は，任意的解決方法であって，訴訟と異なる面をもつ。仲裁においては，当事者はその合意によって手続および解決基準を柔軟に定めることができる（仲裁26条1項）。手続については，個々の事件に適した手続運営，たとえば言語，法

---

[28]　小島・仲裁3頁。なお，仲裁は，裁判所において行われる手続ではないが，証拠調べの実施に関しては，裁判所に協力を求めることが認められている（仲裁35条）。

[29]　小島・仲裁4頁以下，小島＝伊藤編・裁判外25頁〔河野正憲〕，小島＝高桑編・仲裁法9-13頁〔谷口安平〕。

[30]　合意調達の困難性が仲裁のネックの一つであり，とくに仲裁を設営する組織が一方当事者に近く（業界型機関など），相手方がその公正さに懸念を抱きやすいとき，障害は大きい。これを克服する工夫として，消費者仲裁などの分野において，企業側は仲裁判断に拘束される一方で消費者側は拘束されないという片面的仲裁がある。交通事故裁定委員会がこれを導入している（小島武司「裁判外紛争処理機関の理論的法政策的検討」判タ728号（1990年）11頁，太田勝造「裁判外紛争解決制度のシステム設計と運用——日本の制度の調査から——」木川古稀上97頁注38，倉田卓次「報告2：交通事故紛争の仲裁による処理について」交通法研究23号〔1995年〕19頁など）。2003年の新仲裁法では，消費者と事業者との間の将来に生じる民事上の紛争を対象とする消費者仲裁合意は消費者側で解除し得るものとされており（仲裁附則3条2項），片面的仲裁に近い結果になっている。なお，新仲裁法施行後に成立した仲裁合意で，将来に生ずる個別の労働関係紛争を対象とする仲裁合意は無効とされている（仲裁附則4条）。また，仲裁合意は，その存否や効力いかんをめぐって争いを生むことがあり，その場合の審理のあり方（仲裁23条・44条以下など）の問題点を検討したものとして，猪股孝史「訴訟と仲裁合意」小島古稀下305頁，中村達也「仲裁権限をめぐる紛争の解決」続・小島古稀525頁など参照。

[31]　たとえば，裁判官とその立場が類似することから，裁判官同様に仲裁人にも忌避事由が定められている（仲裁18条1項）。仲裁人の忌避につき，小島武司「仲裁人の公正確保」判時911号（1979年）11頁，小島・仲裁179頁以下，小島武司＝高桑昭編『注解仲裁法』（青林書院，1988年）106頁〔森勇〕，貝瀬幸雄「仲裁人の忌避」松浦馨＝青山善充編『現代仲裁法の論点』（有斐閣，1998年）210頁，豊田博昭「仲裁人の忌避（上）（下）」JCAジャーナル53巻9号（2006年）2頁・10号（2006年）10頁，小島武司＝高桑昭編『注釈と論点仲裁法』（青林書院，2007年）108頁以下〔森勇〕，猪股孝史「仲裁人の忌避手続」新報113巻9=10号（2007年）1頁など参照。

延地などを柔軟に取り決めることができる[32]。解決基準についても，必ずしも実体法を厳格に適用する必要はなく，当事者の合意または仲裁人の選択に基づき，慣習法や取引慣行によることも，「善と衡平」によることもできる[33][34]。

仲裁人による仲裁判断は，当事者を拘束するばかりでなく，確定判決と同一の効力をもち（仲裁45条1項）[35]，執行決定を得て，これを債務名義として強制執行が可能である（仲裁46条1項，民執22条6号の2）[36]。なお，仲裁手続における請求は，当該手続が仲裁判断によって終了した場合には，時効中断効を生じる（仲裁29条2項）。

4 裁判手続

裁判とは，民事訴訟法上の厳密な概念としては判決，決定，命令という裁判所の訴訟行為をいい，ここにいう裁判手続は，中立の第三者である裁判官が主宰者となって，当事者の権利義務に関する手続を進めてゆくことを広く観念する。

裁判手続には，身分関係の形成またはその存否の確認を目的とする人事訴訟や公益性の強い事件を対象とする行政訴訟，さらに裁判所が直接に民事関係に対する後見作用ないし民事行政作用を及ぼす非訟事件手続などがある。これらのうち，民事紛争処理制度の中心をなすのは，通常の民事訴訟である。

民事訴訟の特徴を眺めると，まず，裁判所は中立的な紛争解決機関として手

---

[32] 出前仲裁や夜間仲裁なども行われている。国際商事仲裁システム高度化研究会・報告書〔JCAジャーナル増刊43巻8号〕（国際商事仲裁協会，1996年）13頁参照。

[33] 小島・仲裁8頁。

[34] 仲裁手続においては，職権探知主義が妥当する（仲裁34条1項）。もっとも，仲裁においても当事者主義が基調にあることからは，本条の趣旨が弁論主義による技術的な拘束力が仲裁人の自由な活動を阻害しない点にあるものと解すべきであり，仲裁における当事者の闊達な主張・立証が本条の存在により抑制されてはならない（小島・仲裁227頁）。公示催告仲裁法の下でも，仲裁人は，必要である限り，紛争の原因である事実関係を探知すべきものとされており（同794条1項），仲裁人は，当事者の申立てがなくとも鑑定を実施することができると解されていた。近藤昌昭ほか『仲裁法コンメンタール』（商事法務，2003年）179頁など参照。

[35] この拘束力の根拠は，主として仲裁合意に由来すると解される。小山昇『仲裁法〔新版〕』（有斐閣，1983年）193頁，小島武司＝高桑昭編『注解仲裁法』（青林書院，1988年）158頁〔福永有利〕，小島・仲裁314頁など。

[36] 調停調書には執行力が当然に認められるのに対し，仲裁判断は執行決定を経て執行力を獲得する（仲裁46条1項）。仲裁判断に執行力を認めるには，執行裁判所による補完的審査を要するということである。仲裁人は，裁判官のように裁判権を行使する国家機関ではなく，また，仲裁判断は，調停調書のようにその内容について両当事者の合意を得ているわけではない。なお，執行決定は，仲裁判断の執行力を確認するのか，あるいは，形成するのかについては争いがある。伊藤6頁注11参照。

続を主宰し，訴訟物（訴訟上の請求）に対する判断の責務を負い，真偽不明（ノンリケット）であっても裁判を拒絶することは許されない。つぎに，解決基準としては実体法が厳格に適用されるため，民事訴訟の対象となるのは，実体法の適用によって解決可能な「法律上の争訟」（裁3条1項）に限られる。さらに，訴え提起があると，被告は応訴拒絶を許されず，名宛人として判決を受けざるを得ないことになる。この判決は，確定すると，既判力や執行力などを有する。

5　「正義の総合システム」と司法制度改革

　社会の潮流のなかにあって，民事訴訟はいかなる機能を果たさなければならないのであろうか。制度としてのあり方が問われるわけであるが，これについては静態的な把握とともに動態的な把握が必要とされよう。

　わが国における民事訴訟法学の展開をみると，まずは，ドイツ法などの継受，摂取ないし移植（reception/implantation）を前提にして，ドイツ法理の選別・受容による体系的理論整備が進められた（その頂点をなすものとして，兼子一『民事訴訟法体系』）。ついで，比較法的考察の結果を一種の社会的実験として援用しつつ試論を展開し，また，改革を推進するという学問的作業が行われた。その一例に，1970年代のフィレンツェ・プロジェクトにより世界的潮流となった「正義へのアクセス」運動がある。「正義へのアクセス」は，歴史的には，三段階を経て，生成・発展してきたものである。すなわち，第一の波は貧困者のためのリーガル・エイド，第二の波は拡散利益の救済，第三の波は法的救済のための一段と包括的な機構である[37]。さらに，欧米の制度的発展が契機となって，さまざまな理論的試みがなされてきた。たとえば，鑑定をめぐる制度と法理の深化[38]，多数当事者法理の展開[39]，訴訟遅延の解消[40]，審理の計画的進行などがあり[41]，また，これと並行してADR[42]や弁護士制度[43]をめぐって理論的発展が著しい。こうした個々の提言を綜合しながら，裁判・仲裁・調停・交渉・相談など多様なルートを包摂し，裁判とADRの間に働く規範の相互交流のダイナミズムを明らかにしようとしたのが「正義の総合システム」の理論であ

---

37)　カペレッティ＝ガース27頁以下など参照。
38)　木川統一郎『比較民事訴訟政策の研究』（有斐閣，1972年），同編著『民事鑑定の研究』（判例タイムズ社，2003年）など。
39)　さしあたり，小島・制度改革117頁以下など。
40)　さしあたり，小島・迅速など。
41)　さしあたり，小島・裁判運営233頁以下など。
42)　小島・調停，小島・支配，小島編・ADR I，IIなど。
43)　小島・弁護士など。

る[44]。

　これまでの理論面における蓄積のうえに，1990年代に入り，日本弁護士連合会や市民による法改革運動やグローバリゼイションを踏まえての経済界の要望を受けて，司法制度改革論議が現実味を帯びてきて本格的軌道に乗った。この動きは，1996年の新民事訴訟法の制定も契機の一つとなり，司法制度全体にわたる改革論議が国民的な広がりをみせた。その成果は司法制度改革審議会意見書（2001年6月12日）にまとめられた後，立法作業など具体的施策が司法制度改革推進本部[45]によって進められ，順次立法化が行われた[46]。

　かくしてさまざまの制度が動き出す基盤が整えられつつあるが，今後はいかなる方向へ成長の歩みが進められるべきであろうか。正義のアクセスという文脈からすれば，これまでの第一の波（リーガル・エイド），第二の波（大量少額被害の救済），第三の波（総合的アプローチ）につぐさらなる波の展開として，何を想定するかを見定める必要があろう。

　この点については，法曹人口の大幅増，法科大学院の創設，裁判の充実・迅速化，司法参加の推進，ADRの充実，情報公開，公益通報者制度など，さまざまな領域における取組みが行われているところであり，それらは，すべての人にあまねく正義へのアクセスの途が開かれた社会，すなわち，正義へのユビキタス・アクセスないしユニヴァーサル・アクセスが保障された社会を目指すものといえる。そうした観点からの動きとして，情報技術（IT）その他の先端テクノロジーを積極的に導入・活用する試みなどもあげることができようが[47]，

---

[44] 小島・前掲注9)「正義の総合システムを考える」1頁，同「紛争解決機構の多元制と二元制の選択―正義の総合システムの諸相 [1]」判タ419号（1980年）12頁，同・前掲注9)「正義の総合システム再考」〔小島・支配3頁以下に所収〕，Takeshi Kojima, "A Planetary System of Justice―Conceptualizing the Relationship between Ligitagion and ADR―" in STORIA E METODOLOGIA E PRINCIPI GENERAL (Studi in Onore di Vittorio Denti), Vol. 1 (CEDAM 1994) 449-466〔T. Kojima, *CIVIL PROCEDURE and ADR in JAPAN*, Tokyo, Chuo Univ. Pres, 3-18 (2004).〕など参照。

[45] これは，2001年12月1日に内閣に設置され（設置期限は，2004年11月30日まで），顧問会議と11の検討会（労働検討会，司法アクセス検討会，ADR検討会，仲裁検討会，行政訴訟検討会，裁判員制度・刑事検討会，公的弁護制度検討会，国際化検討会，法曹養成検討会，法曹制度検討会，知的財産訴訟検討会）からなる。

[46] 別冊NBL 91号（NBL Plus『司法制度改革関連法律集〈平成16年通常国会提出分〉』（商事法務，2004年）など参照。

[47] 司法制度改革と先端テクノロジィ研究会『司法制度改革と先端テクノロジィの導入・活用に係る提言』(2004年)，小島武司「《特集 情報技術と司法制度改革――正義へのユビキタス・アクセスとIT革命》思想的理念的基盤をめぐって――法へのアクセス(1)」法時76巻3号（2004年）24頁以下など。

相対交渉に焦点をあわせて，その刷新を図るといった方向も見落とせない。

　相対交渉は，任意的紛争解決であるADR，とりわけその中心をなす調停やあっせんなどの調整型ADRとの関連において，その基底をなすものとして，重要性が認められるが，強行的紛争解決である民事訴訟においても，やはり交渉がしばしば鍵を握ることは，判決手続の対論過程に交渉のファクターが認められることからも，肯認することができよう。相対交渉の核心は，当事者間の話合いにあり，紛争解決の場面だけでなく，予防法務やコンプライアンス態勢の場面においても，その深化が期待されよう。

　そうした展開にあって，交渉スキルの向上を目指す場としては，法科大学院（ロースクール）などの専門職大学院が重要な役割を果たすはずであり，学部教育においても交渉実習などが注目されている。たとえば，法科大学院においては，少人数制による討論中心の教育スタイルであるソクラティック・メソッドが重用され，教育改革の先端を切り拓いている。そこでは，具体的な事例をめぐって，学生同士，あるいは，学生と教員が双方向的，多方向的に討論を進め，「無知の知」の哲学を基本に探求的・創造的思考が試みられる。こうした環境のなかでは，学生と教員との関係はコペルニクス的転換を遂げ，両者は，ともに学究の途にある永遠のステューデントであり，専門知を超えて知恵を見出していかなければならない。この土俵が活力をもつには，学生と教員の間に対等性が根付き，知識の量による支配はそのグリップを失うであろう。よき人材の育成を通じて，どれだけ社会に貢献できるかにより，「第三世代の大学」の評価は定まることになろう。

　司法制度改革の文脈において，日本が今後の世界で果たすべき役割については，ややもすれば，日本文化の独自性が強調されやすいが，この点については謙抑的姿勢も重要である。たとえば，調停に関して，和の文化を唱える見方はもはや往時のような意味をもち得ない[48]。確かに独自性は結果としては生まれてこようが，それは，出発点において定立すべきものではない。今後それは，世界共通の司法制度を構想する過程における文化的要因の一つとして考慮されるにすぎないものになってこよう。これに関連して，訴訟率をめぐる国際比較の結果[49]や訴訟意識の調査データ[50]などから，日本における訴訟件数が諸外国

---

[48]　田中成明『現代社会と裁判』（弘文堂，1996年）1－44頁，小島武司「現代社会は司法調停を必要としているか(1)」白門56巻9号（2004年）8頁以下など。

[49]　たとえば，クリスチャン・ヴェールシュレーガーは，1990年時点で，日本の民事訴訟率はアメリカ合衆国のアリゾナ州のそれの10分の1にすぎないとの調査結果を明らかにした（Chris-

と比べて少ないことの原因は，日本人の「裁判嫌い」という意識の問題であるのか，それとも，弁護士数の不足，閉鎖的業務モデルや訴訟遅延，提訴コストといった制度の問題であるのかが議論されているが[51]，民事訴訟法学の観点からは，司法アクセスを整備することが大前提であり，そのための理論的分析および政策的工夫に心血を注がなくてはならない[52]。もっとも，裁判がアクセシブルなものとなっても，現実に裁判制度利用が進むとは限らず，その要因としては，実体法上の問題のほかに，紛争をどのように把握するかといった紛争観や社会において法がどうとらえられるかという法律観が関係しており，法の支配という視座からは，さらに多面的な取組みを要する。

第3節　訴訟事件と非訟事件

1　非訟事件

民事訴訟と同じく私人間の法律関係にかかわる裁判の手続に，非訟事件手続がある。非訟事件は，私人間の生活関係に関して，裁判所が通常の訴訟手続に

---

tian Wöllschläger, "Historical Trends of Civil Litigation in Japan, Arizona, Sweden, and Germany: Japanese Legal Culture in the Light of Judicial Statistics," in *Japan: Economic Success and Legal System* 89, Harald Baum ed. Walter de Gruyter, 1997.)。その後のわが国の訴訟率は増加傾向にあるものの，諸外国と比べると，「日本は訴訟がまだかなり少ない社会」である（ダニエル・H・フット『裁判と社会——司法の「常識」再考——』〔NTT出版，2006年〕31頁）。

50) たとえば，法意識国際比較研究会（代表：加藤雅信）による法意識調査が日米中で実施された（加藤雅信「『所有・契約・社会』研究について——まとめにかえて——」加藤雅信＝河合隼雄編著『人間の心と法』（有斐閣，2003年）281頁など参照）。この調査結果は，おおむね日本人の「訴訟嫌い」というイメージはおよそ支持することができず，訴訟意識という点で日本の独自性は認められないというものであった（フット・前掲注49）45頁参照）。

51) たとえば，権利義務関係を明確にする訴訟を好まない日本人の法意識に原因を求め，制度的側面はそうした法意識の結果であるとした川島武宜（同・前掲注10））に対するものとして，制度的問題が原因であるとしたジョン・O・ヘイリー（同〔加藤新太郎 訳〕「裁判嫌いの神話（上）（下）」判時902号〔1978年〕14頁・判時907号〔1979年〕13頁），J・マーク・ラムザイヤー（J. Mark Ramseyer & Minoru Nakazato, "The Rational Litigant: Settlement Amounts and Verdict Rates in Japan," 18 *J.Leg Stud.* 263, 1989.），棚瀬孝雄（Takao Tanase, "The Management of Dispute: Automobile Accident Compensation in Japan," 24 *Law & Soc'y Rev.* 641, 1990.），ダニエル・H・フット（同・前掲注49）56頁・61頁以下）らのほか，法文化にも着目した六本佳平（同『日本の法と社会』（有斐閣，2004年）34頁以下）。

52) 民事訴訟法学の立場からは，訴訟率の低さの口実として，とりわけ日本人の法意識を持ち出すことがあってはならない。法律家は，専門家としてアクセス障害の克服に取り組むことを要請されよう。この点，ブランケンブルクによるドイツとオランダの提訴率の比較研究が興味深い。

よることなく簡易かつ柔軟な手続で処理するものである。私人間の生活関係は，各自の意思によって決するのが原則であるが，裁判所による後見的介入が必要となる事項もあり，これらの事項を対象とする手続として非訟事件手続がある。

非訟事件とされるものとしては，非訟事件手続法が規定する事件[53]に加えて，家事審判法9条1項が定める事件[54]，借地借家法による借地非訟事件[55]，各種の調停事件などがある。

非訟事件とされるものの範囲や訴訟事件との実質的区別の基準については，学説が錯綜しており[56]，理論的区別を断念し，立法者の政策的判断によるとする見解もある。

訴訟手続と非訟手続との異同については，共通の理解が生じつつある。手続を通じてそれぞれの手続の特徴を正確に認識したうえで，それぞれにふさわしい事件を選別することも考察方法として有益である[57]。そうした観点からも，訴訟手続と非訟手続の相違を確認しておくべきであろう。

2 訴訟手続と非訟手続の異同

まず，訴訟手続は，原告の訴え提起（133条）によって開始される。そして，公開の口頭弁論が開かれ（憲82条1項），対立する当事者双方に主張立証の機会が平等に与えられ，原則としてそこにあらわれた資料のみを裁判の資料とする建前（弁論主義）がとられている。審理が終結すると，裁判のうちで最も重厚な形式である判決によって，原告の主張する権利関係（訴訟物）の存否の判断および裁判要求の認否が示される。これに対しては，控訴（事実審）・上告（法律審）という二度の不服申立てが認められる。

---

[53] たとえば，法人の解散・清算に関する監督，信託事務に関する監督，裁判上の代位の許可，株式会社の検査役の選任，株主総会招集の許可，会社の清算人の選任・解任などがある。なお，その他の非訟事件にも，非訟事件手続法の総則規定が準用されることが多い（民調22条，家審7条，借地借家42条など）。

[54] たとえば，甲類事件としては，成年後見の開始や後見人・後見監督人の選任などがあり，乙類事件としては，遺産分割や推定相続人の廃除などがある。

[55] たとえば，借地条件の変更，増改築の許可，借地権の譲渡・転貸に関する賃貸人の承諾に代わる裁判などがある。

[56] 有力な学説としては，訴訟事件と非訟事件の区別基準を国家作用の性質に求め，訴訟は法を適用して紛争を解決する「民事司法」であるのに対し，非訟は国家が端的に私人間の生活関係に介入して命令処分を下す「民事行政」とみる見解（兼子・体系140頁，斎藤・概論27頁など）や，民事訴訟法を準用するとされているか非訟事件手続法の適用・準用を受けるかという規定の仕方を基準とする見解（新争点12頁〔高田裕成〕およびそこに掲載の諸文献）などがある。

[57] 小島武司「非訟化の限界について」『中央大学八十周年記念論文集』（中央大学，1965年）340頁，小島・要論11頁，三ケ月章「訴訟事件の非訟化とその限界」実務民訴(7)3頁〔同・研究(5)49頁所収〕，鈴木正裕「訴訟と非訟」演習民訴・28頁，争点〔3版〕12頁〔新堂幸司〕など。

これに対し，非訟手続においては，当事者の申立てなしに開始される場合がある。そして，口頭弁論という方式はとられず，公開・対審の構造もとられていない（非訟13条）。裁判の基礎資料も，必要があれば職権で探知することができる（非訟11条）。審理が終結すると，決定という簡略な形式で裁判が行われ（非訟17条），それに対する不服申立ても抗告（非訟20条）という形式による。裁判内容に対する裁判所の裁量は相当に広く，実体法の規律に服する訴訟事件の判決の場合と異なり，一度なされた裁判であっても，不当であると認められれば，取消し・変更することができる（非訟19条）。

以上のように，非訟手続と訴訟手続では，当事者の地位と手続規整に相当の違いがある。

3 訴訟の非訟化
(1) 訴訟事件の非訟化現象

近代の自由主義国家観の下では，私人間の生活関係に対する国家の介入は最小限にとどめられ，非訟事件の範囲は限定的であった。しかし，福祉国家観の浸透などもあって国家の役割の積極化が進む現代では，私人間の生活関係に対する国家の後見的関与の度合いが一段と高まってきて，新たに非訟事件となる領域が拡がり，また，従来は訴訟手続で処理されてきた事件が非訟事件として扱われることが多くなる。これを訴訟事件の非訟化現象という。

社会生活の複雑化，組織構造の高度化，各人の価値観の多様化などによって，予め画一的に立法された要件事実に法を適用して一刀両断的な処理を行うよりも，具体的事件における当事者双方の諸事情を勘案した公平な利益配分を図ることなどが必要になる（一般条項化など，実体法の権利義務の規定方式が変容）。紛争の個別的・非定型的処理の要請は，訴訟手続の伝統的な枠組みや約束ごとに対する不満もあって強まり，裁判官の裁量に対する警戒心の低下とも相俟って，訴訟の非訟化を推し進めることになる[58]。

ドイツにおいては，二つの大戦を契機に非訟化傾向が強まった[59]。わが国でも，第

---

58) 新堂23-24頁。
59) 訴訟事件の性質をもつものまでが非訟化されてしまったことから，典型的な非訟事件と区別されて，真正争訟事件（echte Streitsachen）とよばれる，訴訟事件に近い扱いがなされる事件類型が現れているといわれる。石川明「非訟事件の定型分類」法研31巻4号（1958年）236頁，鈴木忠一「非訟事件の裁判及び訴訟上の和解の既判力」曹時11巻2号（1959年）173頁以下，飯倉一郎「所謂真正訴訟事件について」志林58巻2号（1960年）136頁など。なお，最近ドイツでは，旧来の非訟事件手続法（1900年1月1日施行）を全面的に改正するとともに，民事訴訟法典中に規定されていた婚姻事件や親子関係事件などの家事事件に関する手続規律を非訟事件手続の領域に移行させた単独法として，「家庭事件および非訟事件の手続に関する法律」（家庭非

二次世界大戦後，家事審判法が制定され（昭和22年法律第152号），それまで通常訴訟とされていた夫婦共有財産の分割，親族間の扶養，遺産分割や，人事訴訟とされていた夫婦の同居，推定相続人の廃除などが，家庭裁判所の審判事項とされた（家審9条1項乙類1号・2号・8号・9号・10号）。

(2) 非訟化の限界

裁判を受ける権利を保障する憲法32条および裁判の対審・判決を公開法廷で行うとする憲法82条との関係において，いわゆる「非訟化の限界」が論じられている。

判例によると，権利義務の存否の確定（確認的裁判）は純然たる訴訟事件であり，公開の対審・判決の保障を要するのに対し，権利義務の具体的内容の形成（裁量的形成的裁判）は非訟事件である。たとえば，最高裁判所は，家屋明渡し・占有回収の訴えにつき旧金銭債務臨時調停法7条によりなされた調停に代わる裁判を違憲とする一方で，債権債務を前提にその利息，期限等を形成的に変更することは非訟事件であると判示している（最大決昭35・7・6民集14巻9号1657頁）。この区別の基準を前提とすれば，非訟手続において権利義務の存否自体が前提問題として判断されても，既判力は生じず，訴訟の途が閉ざされることはない。

そこで，非訟裁判所が権利義務の存否とその具体的内容を一挙に判断しても違憲のおそれはない。たとえば，家庭裁判所は，夫婦同居義務の具体的内容を定める前提として，同居義務の存否自体を審査することもできるが，この点については公開の法廷における対審および判決を求める途が閉ざされるわけではない（最大決昭40・6・30民集19巻4号1089頁〔百選3版1事件〕）[60]。

訟事件手続改革法）〔BGBl. I 2586〕が制定された（2008年12月17日）。この点につき，東京大学・非訟事件手続法研究会『『家庭事件及び非訟事件の手続に関する法律』仮訳』法制審議会非訟事件手続法家事審判法部会第一回会議（平成21年3月13日開催）参考資料5-1参照。

[60] その他の判例としては，婚姻費用分担審判事件に関する最大決昭40・6・30民集19巻4号1114頁〔続百選85事件〕，遺産分割審判に関する最大決昭41・3・2民集20巻3号3604頁，過料（民84条）の裁判に関する最大決昭41・12・27民集20巻10号2279頁〔百選Ⅰ5事件〕，借地条件変更の裁判に関する最決昭45・5・19民集24巻5号377頁，破産宣告決定に関する最大決昭45・6・24民集24巻6号610頁，更生計画認否の裁判に関する最大決昭45・12・16民集24巻13号2099頁，親権者変更審判に関する最決昭46・7・8判時642号21頁，株式買取価格の決定（商245条ノ3〔現行会社117条〕）に関する最決昭48・3・1民集27巻2号161頁，賃借権譲渡の許可の裁判に関する最決昭56・3・26金融619号50頁，強制執行停止申立てに関する最決昭59・2・10判時1109号91頁，相続人廃除審判に関する最決昭59・3・22判時1112号51頁，国選弁護人の報酬額の決定（刑訴費8条）に関する最決昭61・9・8訟月33巻7号1920頁などがある。

最高裁の示した基準は，抽象度が高く，その具体的帰結は必ずしも明らかではないため，具体的な事件のなかでより明確な基準が形成されていく必要がある[61]。事件の類型に即して，裁判の効果の重大さと訴訟手続による場合の不都合とのバランスを考えながら非訟化の限界を個別的に判断していくこと[62]が重要な課題となろう。対審構造をとらない理由，非公開の理由，判決の形式をとらないことの理由は個別に検討されるべきであり，その理由いかんによっては，事件の類型的性質に対応して，判決の形式をとらないが公開したり，当事者双方に対する審問を義務づけ，相手方に対する審問に立ち会う権利を認めるなどの柔軟な組合せにより，合理的な手続ミックスを考案し手続保障のあり方を深化させることで，憲法の要請に応える中間的手続形態[63]を考えていくことが可能になろう[64]。

第4節　裁判所による民事紛争解決手続

1　民事紛争解決の手続

(1) 判決手続

判決手続は，原告が訴えをもって主張する権利義務の存否を被告との関係で確定する手続である。これは，審級の別などにより，第一審，控訴審，上告審，再審の各手続に分かれる。

第一審手続は，地方裁判所におけるほか，訴額が140万円を超えない比較的少額の事件については簡易裁判所においても行われる。後者にあっては，手続が簡略化され（270条以下），60万円以下の金銭支払を請求する事件については，一段と簡略化が徹底している（少額訴訟手続，368条以下）。

なお，大規模訴訟については，裁判所内での受命裁判官による証人尋問，地方裁判所における5人の合議体による裁判などの特則がある（268条・269条）。

(2) 非訟事件手続

前述のように，これは非訟事件手続法に規律されている。さらに，調停手続や家事審判手続なども，手続の形式からすると，非訟事件手続に属するとみる

---

61) 小島・要論11頁以下，新堂26頁など。
62) 新堂・前掲注57）12頁以下，新堂30頁以下。
63) その例として，借地借家法41条以下の借地非訟手続が挙げられる。
64) 小島・前掲注57）340頁，中野ほか11頁〔中野貞一郎〕，新堂28頁，鈴木・前掲注57）28頁以下など。

ことができる[65]。

(3) 民事執行手続

　民事執行手続は，民事執行法（昭和54年法律第4号）によって規律される。これには，判決手続などにより給付請求権の存在が公証されたにもかかわらず，債務者が任意に履行しない場合に，債権者のために当該請求権を満足させる状態を強制的に事実上作り出す強制執行手続，担保権の実行としての競売手続，民法その他の法律による換価のための形式的競売の手続，そして，裁判所が債務者に対してその財産の開示を命ずる財産開示手続がある（民執1条）。

　強制執行がその機能を十分に発揮しなければ，民事訴訟によって権利を確定することの意味が損なわれ，ひいては民事訴訟の紛争解決機能も阻害されてしまう。司法制度改革審議会意見書は，そうした観点から，「民事執行制度の強化——権利実現の実効性確保——」を掲げ，そのための具体的な方策として，Ⓐ民事執行制度を改善するための新たな方策，たとえば，債務者の履行促進のための方策，債務者の財産を把握するための方策，「占有屋」等による不動産執行妨害への対策などを導入すべきであること，および，Ⓑ家事審判・調停により定められた義務など少額定期給付債務の履行確保のための制度を整備すべきであることを指摘した。これを承けた立法作業の結果，2003年7月25日に「担保物権及び民事執行制度の改善のための民法等の一部を改正する法律」（平成15年法律第134号）が成立し，民法（担保物権法）等とともに民事執行法の改正が行われた[66]。

　その主な改正事項としては，(1)不動産競売手続の改善として，①債務者・占有者に対する各種保全処分の強化（民執55条1項・55条の2第1項・68条の2・77条・187条・204条1号など）[67]，②執行官による不動産内覧制度の創設（民執64条の2第1項以下），執行妨害対策の一環である(2)不動産明渡執行の改正として，③承継執行文の承継人の特定の緩和（民執27条3項・4項・5項，民保25条の2），④明渡催告の成文化（民執168条の2第1項以下），⑤執行妨害に対する罰則の強化（民執204条以下，民保66条以下，刑96条以下），(3)民事執行の実効性向上のための改正として，⑥間接強制の拡張（民執173条）[68]，⑦財産開示手続の導入（民執196条以下），⑧少額定期金給付債務の履行確保（民執151条の2）[69]などが挙げられる。

---

65) 新堂29頁など。
66) 改正民事執行規則が2003年10月29日に成立し，改正民事執行法と同じく2004年4月1日より施行されている。菅野雅之「改正民事執行規則の概要」判タ1135号（2004年）14頁以下など参照。
67) これは，発令要件や相手方の特定性を緩和することなどにより，各種保全処分の強化を企図したものである。
68) これは，それまで対象とされていなかった「物の引渡債務」や「代替的作為・不作為債務」を間接強制の対象に含めるというものである（補充性の否定）。
69) これは，子の養育費その他の扶養料や夫婦間の婚姻費用の分担などの家事に関する少額定期

さらに，法制審議会（民事訴訟・民事執行法部会）のまとめた「民事訴訟法及び民事執行法の改正に関する要綱」に基づいて，2004年11月26日に「民事関係手続の改善のための民事訴訟法等の一部を改正する法律」が成立し，民事関係手続の一層の迅速化・効率化を目指して，国民により利用しやすい手続を実現するための改正が行われた。民事執行法関係については，(1)少額訴訟債権執行制度の創設（民執167条の2以下）[70]，(2)最低売却価額制度（民執60条）の見直し[71]などの不動産競売手続の改善[72]，(3)扶養義務等に係る金銭債権についての間接強制（民執167条の15），(4)裁判所内部の職務分担の合理化[73]などが掲げられている。

(4) 民事保全手続

民事保全手続は，民事保全法（平成元年法律第91号）によって規律される。判決をまっていたのでは権利が実現されないおそれがある場合，判決言渡しまでの暫定措置として，現状の変更を禁止したり，一定の法律関係を形成したり，または，訴訟で求めている救済を判決以前に与えてしまうといった処分を行う

　　　金給付債務の履行確保のために，ドイツ法の予備的差押えに類似した制度を導入したものである。なお，2003年改正法は，養育費等の重要性にかんがみ，差押禁止債権の範囲について特例を設け，請求債権が扶養義務等（民執151条の2第1項各号の義務）に係る金銭債権（定期金債権に限らない）である場合は，債務者の給料債権等に対する差押え禁止の範囲を通常の4分の3から2分の1に縮減するものとした（民執152条3項）。

70) これは，少額訴訟に係る債務名義により，特別の簡易な手続により金銭債権に対する強制執行をすることができるという制度であり，地方裁判所のほか，簡易裁判所でも債権執行（たとえば，預金債権を差し押さえて，取立てを可能とすることなど）を行うことを可能とする。なお，ニューヨーク市における実践を踏まえた少額執行の法理に関する考察として，小島・制度改革198頁を参照。

71) その狙いは，競売不動産の不当な廉価での売却を防止し，所有者や債権者の利益を保護するという最低売却価額制度の趣旨を確保しつつ，より円滑に競売不動産の売却を可能にするために，「最低売却価額」を「売却基準価額」（不動産の売却の額の基準となるべき価額）に改めるとともに（民執60条1項），買受け申出の価額は買受け可能価額（売却基準価額からその10分の2に相当する額を控除した価額）以上でなければならないものとした（民執60条3項）ところにある。

72) その他，内覧制度の拡充（民執64条の2）などが行われた。

73) 裁判所内部の職務分担の合理化としては，「裁判所書記官の権限拡大」と「執行官の援助請求制度の改善」が挙げられる。前者は，執行裁判所の権限とされている事項のうち，以下のような裁量的判断要素が比較的少ない一定の職務が裁判所書記官の権限とされた。すなわち，①費用の予納を命ずる処分（民執14条1項），②配当要求の終期を定め，または延期する処分（民執47条3項，49条1項・3項），③物件明細書の作成およびその備置き（民執62条1項・2項），④競売不動産の売却方法等を定めて，執行官に売却させる旨の処分および売却決定期日を指定する処分（民執64条1項・3項・4項），⑤競売不動産の代金の納付期限を定める処分（民執78条1項）である。後者は，民事執行のために必要がある場合に，従来は，執行裁判所のみとされていた官庁または公署に対して援助を求めることができる権限を執行官にも認めたものである（民執18条）。

ものである（仮差押え，仮処分）。

仮差押えは，もっぱら金銭債権のための保全手続であり，それ以外は仮処分である。仮処分のうち，物を目的とする請求権の執行保全を目的とする手続を係争物に関する仮処分（民保23条1項）といい，その他を仮の地位を定める仮処分（同条2項）という。このうち，訴訟で求めている権利の全部または一部を認めてしまうのが，満足的仮処分である。

民事保全手続は，その性質上，とくに迅速性が要求されることから，この手続においては，審理は書面のみ，または審尋ないし任意的口頭弁論によるなど略式的方式によって行い，また，保全手続に関する裁判はすべて決定手続で行う（民保3条）。

民事保全法は，民事訴訟法および民事執行法のなかに点在する保全に関する規定を取り出して編成し，単行法としたものである。その際，仮差押えや仮処分の効力の範囲が明確となるなど，それまで実務の運用に委ねられて曖昧であった部分が明文規定によって整理された。前述のオール決定主義（民保3条）の採用が特筆に値する。

(5) 倒産処理手続

倒産処理手続は，特定の債務者に対して複数の債権者が競合し，かつ，債務者の財産がすべての債権者に対して満足を与えるには不足している場合に，総債権者に対して公平な満足を与えるための手続である。

倒産処理手続は，その目的から，債務者の資産を換価処分して債権者に平等配分する清算型手続と，債務者の経済活動を再建して収益をあげて，それを債権者の配当の原資とする再建型手続とに分けられる。また，手続態様に着目すると，手続開始によって債務者がその財産の管理処分権を喪失し，その管理等を担当する第三者を選任する管理型手続と，手続開始後も債務者自身が管理処分権を保持するDIP型手続とに分けられる。現行の倒産処理手続をみると，清算型・管理型の破産手続，再建型・管理型の会社更生手続，および，再建型・DIP型の民事再生手続を中心として，特殊なDIP型の手続である特別清算手続，そして，特定調停[74]や事業再生ADRなどの倒産ADRとよばれるものなどがある[75]。なお，破産手続を定める破産法は，1922年に制定された旧法がい

---

[74] 1999年12月，支払不能に陥るおそれのある債務者等（個人，法人を問わない）の金銭債務に係る利害関係の調整を促進し，こうした債務者等の経済的再生に資することを企図して，民事調停法の特例である「特定債務者等の調整の促進のための特定調停に関する法律（平成11年法律第158号）」が制定された。司法統計によると，特定調停は一時期民事調停の大半を占めていたが，現在は減少傾向にある（2003年度は民事調停の新受件数約62万件のうち，特定調停は約53万件であったが，2008年度は民事調停15万件のうち，特定調停が約10万件であった）。

[75] 2007年，事業再生の円滑化を目指して，産業活力の再生及び産業活動の革新に関する特別措置法（平成11年法律第131号）［いわゆる産活法］が改正され，ADR法による認証ADRのしくみを利用することで，私的整理の機動性・柔軟性と公的整理（民事再生・会社更生）の公正性・信頼性の双方を備えた新たな再建型手続として，事業再生ADRが設けられた。その基本的スキームは，法務大臣の認証を受けた民間ADR機関のうち，さらに法定の特別な要件を満たし

よいよ経済社会の実態に適合しないということから，2004年に全面改正された（平成16年法律第75号）。

倒産処理手続においては，公平な満足を確保するために，否認および相殺制限などの特別の実体規定が置かれ，また，迅速な清算または債務者の更生を実現するための手続規定も置かれている。これらの手続は，公開対審構造をとらず，決定手続で進行させるものであり，理論的には，非訟事件と位置付けられている。運用いかんでは，憲法32条・82条の裁判を受ける権利を侵害しないかが問題となる部分が残る。

2 判決手続に関する特別手続

簡易迅速を旨とする略式手続や特定の事件類型のみを対象とする事件限定的な手続などが，通常の判決手続に関する特別の手続として，民事訴訟法の内（以下の(1)から(3)まで）や外（以下の(4)以降）に規定されている。

(1) 手形・小切手訴訟手続

これは，手形・小切手による金銭の支払請求権のために簡易迅速に債務名義を取得させる手続であり，1964年の改正で新設された（350条以下）。口頭弁論の方式により債務者に反論の機会を与える点は判決手続と共通するが，証拠調べの対象となる証拠方法が手形などの文書に限定されており（352条），迅速性の徹底が図られている。

もっとも，手続保障への配慮からして，当事者は，終局判決に対する異議申立ての権利を有し，これによってこの手続は通常の判決手続に移行する。この点は，督促手続と同様であり，通常の判決手続の代用手続であるとともに，その先駆手続であるともみられている[76]。

(2) 少額訴訟手続

これは，60万円以下の金銭の支払を求める訴えについて，簡易裁判所が原則として一期日に審理を終えて判決を言い渡すという簡易迅速な手続であり，1996年の改正で新設された（368条以下，規222条以下）[77]。訴え提起の際に原告が少額訴訟手続による審理裁判を求める旨を述べることにより開始され，また，

たものとして経済産業大臣の認定を受けた事業者（認定ADR）の手続実施者の関与によって，金融債権者・債務者の調整，債務免除に伴う税負担の軽減（損失の無税償却），つなぎ資金の融資の円滑化などを行うことである。取引先に対する商取引債権などに影響を及ぼすことなく，事業を継続しながら過剰債務問題に取り組むという再生のルートが開かれたわけである。

76) 新堂31頁。
77) 1996年の導入当初の対象事件は，30万円以下の金銭支払請求事件であったが（2003年改正前368条1項），その簡易迅速性などのゆえに，ほぼ期待通り利用者があったことから，訴額の上限が60万円に引き上げられた（法務省民事局参事官室「民事訴訟法改正要綱中間試案の補足説明」）。その他の背景につき，小林編著・要点163頁〔河村基予〕など参照。

被告に通常手続への移行を求める権利を認めることで被告の手続保障を考慮している。控訴禁止などにより手続の簡略化が徹底している。

なお，一部の者によって多数の事件が持ち込まれ，行き届いた審理に支障が生じることがないよう，この手続の利用回数が一裁判所で一人あたり，年間10回に限定されている。

先行立法は，アメリカの州法にあるものの，立法政策的には大胆な決断がなされた，といえよう。

(3) 督 促 手 続

これは，金銭その他の一定数量の給付を目的とする請求権について，債務者がその債務を争わない場合に対象を絞って，債権者が通常の判決手続によるよりも格段に簡易迅速に，つまり審理をほぼ省略して債務名義を得られるようにする手続である（382条以下）。その性質は，裁判ではなく，処分である。旧法下では，簡易裁判所の裁判官が支払命令および仮執行宣言の発付を行っていたが（旧法431条・438条1項），確定した支払命令には既判力が生じず，執行力のみが認められるのであり，債務者の異議によって督促手続が訴訟手続に移行し，裁判官の判断を得ることができるという手続実質を考慮して，新法は，支払命令および仮執行宣言の発付権限を裁判所書記官に付与するとともに，その名称を支払命令から支払督促に改めた[78]。こうした裁判官から裁判所書記官への権限委譲[79]は，司法補助官的な発想（ドイツ）の延長において理解できるほか，弁護士による督促などの新たな創意工夫の可能性を開くものとして注目に値しよう。

請求権の特質にかんがみ，手続の第一段階としての裁判所書記官による支払督促に関しては，債務者に対する審尋はなされない（386条1項）。支払督促に対して債務者が異議を申し立てないときは，仮執行宣言が付与され（391条），仮執行宣言付支払督促を債務名義として，債権者は強制執行を申し立てることができる。

仮執行宣言付支払督促に対しても，一定期間内に債務者からの異議がなければ，確定した給付判決と同一の効力が生じる。もっとも，これには既判力はない（民執35条2項の改正）。この場合，督促手続は，判決手続の代用として機能するが，他方，債務者の異議申立てがあれば，手続が通常の判決手続に移行す

---

78) 一問一答 434-436 頁。
79) なお，民事執行手続における執行裁判所と裁判所書記官の職務分担の合理化を企図した裁判所書記官への権限委譲については，前掲注 73) を参照。

ることから（395条），判決手続の先駆的役割を果たすとみることもできる[80]）。

(4) 人事訴訟手続

これは，婚姻・親子などの身分関係に関する訴訟について，真実発見の要請，当事者間の私的自治の限界，また，画一的確定の必要などにかんがみ，職権証拠探知主義（人訴20条）[81]）や判決効の拡張（同24条）などの特別規定を備えた手続である。

人事訴訟手続は，これまで人事訴訟手続法によって定められていたが，単一の家事事件が家庭裁判所の調停手続と地方裁判所の訴訟手続に分断され，それらの連携も図られていないなどの問題点が司法制度改革審議会意見書によって指摘されたことを受け，2003年7月，新たに人事訴訟法（平成15年法律第109号）が制定された。これにより，人事訴訟事件の家庭裁判所への移管（人訴4条2項），離婚訴訟等への参与員制度の導入（同9条），双面的な職権探知主義の採用（同20条），厳格な要件の下における尋問の公開停止（同22条），家庭裁判所調査官制度の拡充（同34条）などのほか，文言の口語化・平仮名化を含む全面的な見直しが行われている。

(5) 行政訴訟手続

これは，行政庁による行政処分の効力を争う訴訟などの行政訴訟について，争点となる法律関係が公益にかかわることにかんがみ，職権証拠調べ（行訴24条）や判決効の拡張（行訴32条1項）などの特別規定を備えた手続である。

行政事件訴訟法は，2004年6月に一部改正され（平成16年法律第84号），国民の権利救済手続をより実効的なものに整備するために，義務付け訴訟や差止訴訟を法定し（同法3条6項・7項），取消訴訟の原告適格を拡大する（同法9条2項）などの措置が講じられた。それにしても，法の支配の見地からして行政訴訟事件数が少ないことは，さらなる検討を要しよう。

(6) 労働審判手続

労働審判手続は，司法制度改革の成果の一つとして，不当解雇や時間外賃金の不払いなどの個別労働紛争（個々の労働者と事業主との間の労働関係をめぐる紛争）の増加に対処すべく，そうした紛争の実情に即した迅速，適正かつ実効的な解決を目的とした特別の手続として，労働審判法（平成16年法律第45号）および労働審判規則（平成17年最高規2号）の制定によって創設され，2006年4月より運用を開始している。

---

[80] 新堂32頁。
[81] 人事訴訟法（平成15年法律109号）は，それまで婚姻・縁組を維持する方向でのみ職権探知主義が認められるとされてきた片面的職権探知主義の部分（旧人事訴訟手続法14・26条）を合理性に乏しいとして，これを削除した。

労働審判手続の概略を眺めると，地方裁判所内に組織された労働審判委員会（裁判官である労働審判官 1 名および労働関係に関する専門的な知識経験を有する労働審判員 2 名によって構成される）が（労働審判 7-10 条），当事者の申立てにより（同 5 条），原則として非公開の審判を開始し（同 16 条本文），3 回以内の期日において（同 15 条 2 項）調停の成立による解決の見込みがある場合にはこれを試み，その解決に至らない場合には，労働審判を行う（同 20 条 1 項以下）というものである。

労働審判は，適法な異議申立てによりその効力を失い（同 21 条 3 項），労働審判申立ての時に，労働審判事件の係属していた地方裁判所への提訴が擬制される（同 22 条 1 項）。適法な異議申立てがなければ，労働審判は，裁判上の和解と同一の効力を有する（同 21 条 4 項）。労働審判手続は，一般の民事訴訟手続との連関において，個別労働紛争の適正かつ迅速な解決を目指す特別の手続であるところにその特質を見出すことができる[82]。

(7) 刑事訴訟手続に伴う損害賠償請求手続

犯罪被害者等は，刑事被告事件とは別個に，民事上，不法行為に基づく損害賠償請求訴訟を提起して自らの損害の塡補を求め得ることは理論上当然であるが，事実上は，訴訟追行上の困難が種々存在する。そこで，犯罪被害者等の権利利益の保護を図るための刑事訴訟法等の一部を改正する法律（平成 19 年法律第 95 号）によって，犯罪被害者等の権利利益の保護を図るための刑事手続に付随する措置に関する法律（平成 12 年法律第 75 号）を改正し，刑事訴訟手続に伴って犯罪被害者等による損害賠償命令の申立てが認められるようになった。これによると，故意の犯罪行為により人を死傷させるなどの特定の罪にかかる刑事被告事件の被害者またはその一般承継人は，当該被告事件の係属する地方裁判所に対し，その弁論の終結までに，当該被告事件にかかる訴因として特定された事実を原因とする不法行為に基づく損害賠償請求を申し立てることができる（同 17 条 1 項）。その審理および裁判は，刑事被告事件について終局裁判の告知を待って行われ（同 20 条 1 項），原則 4 回以内の期日で審理は終結し，裁判は決定による（同 23 条 1 項・24 条 3 項）。裁判に不服のある当事者は，2 週間の不変期間内に異議申立てをすることができる（同 27 条 1 項）。異議申立てがなければ，裁判は確定判決と同一の効力を有し（同 27 条 5 項），適法な異議申立てがあれば，

---

[82] 労働審判手続の利用状況は，きわめて盛況であることが報告されている（たとえば，渡辺弘「労働審判制度の運用の実際——簡易迅速な民事紛争解決への示唆——」民訴 56 号〔2010 年〕208 頁以下など）。ちなみに，申立て件数は，導入 4 年目の 2009 年には約 4 倍の 3468 件を記録した。

損害賠償命令の申立ての時に管轄のある地方裁判所または簡易裁判所に訴えの提起があったものとみなされる（同28条1項）。

3 判決手続に付随する手続

(1) 付随訴訟

民事訴訟の対象となる事件には，再審訴訟（338条），外国裁判所の判決の執行判決請求訴訟（民執24条1項以下）などのように，私法上の権利関係を訴訟物としないで，民事訴訟法上の効果を対象とし，その効果の確定や形成を目的とする訴訟事件がある。これは，本来の訴訟に付随するものであり，付随訴訟または訴訟訴訟（Prozessprozess）とよばれる[83]。

(2) 証拠保全と提訴前の証拠収集処分

証拠保全は，判決手続における正式な証拠調べの時期まで待っていたのでは，ある証拠の取調べが不可能または困難になることが予想されるときに，予め証拠調べを行い，その結果を保全するために行う手続である（234条以下）。これは，保全の必要があれば，判決手続の開始前にも利用できる[84]。

提訴前の証拠収集処分は，提訴予告通知または被告知者の返答にかかる訴えが提起された場合に，当該訴訟における立証に必要であることが明らかな証拠となるべきものについて，自ら収集することが困難であると認められるときに，提訴前に収集することを目的とする裁判所の処分である（132条の4第1項）。これは，訴訟において必要となることが明らかな資料を早期に収集することを可能にして，争点整理および証拠調べの充実・迅速化を企図して，民事訴訟法の2003年改正により導入された手続である[85]。

証拠保全も提訴前の証拠収集処分も，ともに判決手続の開始前に利用できる手続であるが，前者は当該証拠の取調べが不可能・困難になるおそれがあるという特定の状況に対処するものであるのに対し，後者は当該証拠が訴訟上必要となることが明白であり，自らの収集が困難であるという一般的な状況において証拠の構造的偏在の是正や争点・証拠の整理手続の充実・迅速化を目指すものであり[86]，両者は対応する状況の広狭に本来格段の差があるといえよう。

---

83) 新堂32頁など。
84) 証拠保全の詳細については，本書546頁参照。
85) 提訴前の証拠収集処分の詳細については，本書544頁参照。
86) 提訴前の証拠収集処分の種類は，①文書送付の嘱託，②官公署等への調査の嘱託，③専門的意見陳述の嘱託，④物の現況等の調査命令の4つである（132条の4第1項各号）。

(3) その他の付随手続

そのほかには，訴訟費用額確定手続（71条参照）や，決定，命令に対する抗告手続（328条以下）などがある。

第5節　民事訴訟法

1　民事訴訟法の意義
(1) 実質的意義の民事訴訟法

民事訴訟法とは，その実質的意義においては，民事訴訟の手続を規律する法規の総体をいう。この意味での民事訴訟法は，私法とともに，民事訴訟制度を支えている。私法とは，私人間の法律関係を律する裁判規範を提供する民法や商法・会社法などの民事実体法をさす。

実質的意義の民事訴訟法を形成するのは，形式的意義の民事訴訟法（平成8年法律第109号），憲法（32条・82条など），民事訴訟費用等に関する法律（昭和46年法律第40号），人事訴訟法（平成15年法律第109号），行政事件訴訟法（昭和37年法律第139号），民事執行法（昭和54年法律第4号），民事保全法（平成元年法律第91号），破産法（平成16年法律第75号），会社更生法（平成14年法律第154号），民事再生法（平成11年法律第225号），裁判所法（昭和22年法律第59号）などの諸法律，および，種々の裁判所規則（最高裁判所裁判事務処理規則，民事訴訟規則，人事訴訟規則，民事執行規則，民事保全規則など）である。そのほか，民法や会社法などのなかに含まれている規定もある（民202条・258条・744条，会社828-867条など）[87]。

(2) 憲法と民事訴訟法

民事訴訟法における立法論・解釈論を展開するうえで，憲法規範に反し得ないことは当然として，積極的に憲法価値を実現していくことが必要とされる。そのため，民事訴訟法の諸規定を考察するに際し，どこまでが憲法によって保障されたところであるか，また，憲法の保障する基本的価値を十分に具現化しているかなどの点を考慮しなければならない。

こうした憲法価値の実現が問題となる局面としては，とりわけ裁判へのアクセスと適正手続（デュー・プロセス）の保障が挙げられる。いずれも憲法32条と密接に関連するが，後者の保障は，さらに憲法14条・29条・31条・82条などとも結びつく[88]。

---

[87] 中野ほか17頁〔中野貞一郎〕，新堂34頁など。
[88] 新堂35-38頁など。なお，手続保障の憲法化に関する比較法的研究として，カペレッティ・手続4-20頁を参照。

(3) 公法としての民事訴訟法

民事訴訟法は、国民に対する裁判権の行使方法などの国家と国民の関係を規律することから、公法に属する。もっとも、判決手続では、対等の私人間の利害を公平に調整しようとする私法的利益衡量が重要とされることから、公法であることに過度に拘泥することは慎まなければならない[89]。

(4) 民事法としての民事訴訟法

民事訴訟法は、私人間の利益調整をする点において民法、商法・会社法などの私法と共通し、これらとともに民事法を構成する。民事訴訟において、私法は、裁判内容の基準として働き、実体法とよばれるのに対し、民事訴訟法は、裁判手続の進め方を規律し、手続法ないし形式法と称される。

もっとも、この区別は一般論であって、個別的には、私法法規も、確認の利益や当事者適格の存否の判断基準とされるときは手続法的な働きをするし、訴訟法規も、上告理由や再審事由の存否の判断基準とされるときには実体法的に機能する[90]。

(5) 訴訟法規の種類

民事訴訟法規は、遵守を要求される程度の差により、つぎのように分類される。個々の規定がいずれに属するかは、文言上明らかでないことが多く、その場合は、解釈によらざるを得ない。

(a) 訓示規定と効力規定

訓示規定とは、遵守の要求が一応のものであり、これに違反しても訴訟法上の効力に影響のない規定をいう[91]。たとえば、準備的口頭弁論終了後の攻撃防御方法提出の理由説明義務に関する民訴法167条[92]、判決言渡期日についての民訴法251条1項などがある。訓示規定に基づく義務は、制裁の点では強制力に欠けるものの、弁論の全趣旨（247条）として評価されることなどにかんがみると、間接的な強制力を伴うものともいえよう[93]。

---

89) 新堂38頁など。
90) 新堂39-40頁など。
91) その義務の違反に対して特別の制裁を設けていない規定を訓示規定とよぶこともあり（伊藤28頁）、たとえば、当事者の準備書面提出義務を定める一方、その違反に対する特別の制裁を定めていない民訴法161条1項がある。なお、判決言渡期日の遅延については、海外の立法にも減給などの制裁を定めている例がある。制裁の点は効力とは定義上平面を異にするものととらえてよいであろう。
92) 弁論準備手続終了後に関する民訴法174条、書面による準備手続に関する民訴法178条、および、第一審で準備的口頭弁論等が行われた場合における控訴審に関する民訴法298条2項も同様である。
93) 伊藤28頁など。

これに対し，効力規定とは，これに違反した行為や手続の効力に影響を及ぼす種類の規定である。これには，強行規定と任意規定がある。

(b) 強行規定と任意規定

強行規定とは，裁判所や当事者の意思・態度によってその拘束を排除できない性質の規定であり，その違反が常に無効とされるものをいう。訴訟制度の基盤の確保または当事者の基本的な手続保障をはかるものなど，厳格な遵守が要求される規定である。その違反については，裁判所は，職権をもってこれを顧慮しなければならない。具体的には，裁判所の構成，裁判官の除斥，専属管轄，審判の公開，不変期間，当事者能力，訴訟能力[94]などに関する規定がその例である。

任意規定とは，当事者の合意または異議の不提出によってその拘束がある程度緩和される規定である。当事者の意思によって規定違反の訴訟行為の効力が認められるところに，強行規定との違いがある。私法上の任意規定は，当事者の意思で異なる定めができるものであるに対し，訴訟法上は，当事者の合意により任意に訴訟手続を変えることは，多数の事件処理を混乱させるおそれがあり，許容されないのが原則である（任意訴訟禁止の原則）。しかし，管轄の合意（11条）や不控訴の合意（281条1項）など，明文上許容される場合はもちろん，当事者の処分権が認められる事項に関する合意は許される。たとえば，訴訟上の和解（267条）や自白（179条）は，この種の合意が制度化されたものであり，さらに条文上の根拠はなくとも，不起訴の合意，訴え取下げの合意，証拠契約なども訴訟上の効力が認められよう[95]。

さらに，訴訟法上，私法上の任意規定と異なる意味合いの任意規定がある。すなわち，予め異なる取扱いを取り決めることはできないが，ある規定の違背があっても，これによって不利益を受ける当事者が責問権を放棄し，または遅滞なく異議を述べないとこれを喪失し（90条，条文上は「異議権」），その違反を不問に付すことができるという規定である。責問権の行使という当事者の意思によって法規違反の行為の効力が左右されるという点に，任意規定の性質を看取することができる。たとえば，当事者の訴訟行為の方式，裁判所の呼出し・送達・証拠調べの方式，訴訟手続の中断・中止などに関する規定である。とくに訴訟法上において，この種の任意規定が存在するのは，いったん進行した手続を後に覆滅させることを防ごうとする手続安定の要請のあらわれであり，ま

---

[94] ただし，訴訟能力は，適法な追認によってその欠缺の瑕疵が治癒される。
[95] 新堂41頁。なお，訴訟上の合意ないし訴訟契約については，本書421頁参照。

た，事後に文句をつけるということに対する否定的評価を示すものでもある。

2 民事訴訟法典の沿革

(1) ドイツ法の継受

現在の民事訴訟制度は，1890年に成立公布された旧々民事訴訟法（明治23年法律第29号）に直接由来する。それ以前にも，わが国固有の民事訴訟制度は存在していたが[96]，明治政府は，近代国家としての法整備を第一義として，当時最新の法典であったドイツ民事訴訟法典（1877年）を翻訳的に継受したのである[97]。

(2) 旧々民事訴訟法制定後の改正——旧民事訴訟法——

旧々民事訴訟法の施行後，すぐに精密にすぎる規定の使いにくさに批判が集まり，検討を重ねた結果，1926年に，第一編から第五編までを全面的に改正する法律（大正15年法律第61号）が成立した。これが，1998年までの長きにわたって施行されてきた旧民事訴訟法である。

この大正の改正は，訴訟の移送および訴訟参加を拡張し，また，合議制の場合の準備手続について前置主義を採用する一方，煩雑で遅延の原因とされた欠席判決や証書訴訟を廃止し，また，職権進行主義を徹底して手続の簡易化と迅速化を狙ったものであった[98]。

第二次世界大戦中は，さらなる手続簡易化と審級省略のために，戦時民事特別法が制定された。これは戦後に廃止された。新憲法のもとで，法制度が一新され，行政訴訟も民事訴訟手続の一部として司法裁判所の管轄となったが（行政事件訴訟特例法），民事訴訟法自体は，1945年に若干の改正を受けたものの，存続することになった。

すなわち，アメリカ法の影響を受けて，簡易裁判所手続の特則の制定（旧352条以下），違憲問題に対する特別上告・特別抗告制度の創設（旧409条ノ2・419条ノ2），判決の変更制度の採用（旧193条ノ2），職権証拠調べの廃止（旧々261条削除），交互尋問制の導入（旧294条・295条），上訴濫用に対する制裁規定の新設（旧384条ノ2）などが

---

[96] 園尾隆司『民事訴訟・執行・破産の近現代史』（弘文堂，2009年）1-205頁など参照。

[97] 兼子・研究(2) 1頁以下参照。なお，ドイツ法継受の過程を詳細に分析した貴重な研究成果として，鈴木正裕『近代民事訴訟法史・日本』（有斐閣，2004年）および同『近代民事訴訟法史・日本2』（有斐閣，2006年）がある。なお，レオンハルトの事跡に言及しつつ，1877年ドイツ民事訴訟法の前史については，鈴木正裕『近代民事訴訟法史・ドイツ』（信山社，2011年）を参照。また，異なる視角から当時の司法に光をあてたものとして，川嶋四郎『日本人と裁判』（法律文化社，2010年）97頁以下がある。

[98] 染野義信「わが国民事訴訟制度における転回点」中田還暦上1頁以下参照。

行われた。

さらに，1950年には，準備手続，期日の変更に関する規定（旧249条・152条）の改正があり，同時に継続審理規則（昭和25年最高裁規則第27号）の制定により，アメリカ法に倣った継続的審理方式の導入を図ろうとしたが，実務への定着をみるには至らなかった[99]。1964年には，かつての証書訴訟に類する手形・小切手訴訟制度が導入された（旧444条以下）。

なお，大正の改正において手つかずであった旧々民事訴訟法第六編の強制執行は，1979年に全面改正となり，旧競売法の改正と併せて単独の民事執行法（昭和54年法律第4号）が制定された。さらに，平成元年には，民事保全法（平成元年法律第91号）が成立し，旧民事訴訟法第六編と民事執行法第三章に分散していた諸規定を整備統合した。

(3) 新民事訴訟法の成立

1926年の全面改正（大正15年改正）から70年が経過し，その間の社会経済の劇的な変化により，民事紛争も複雑・多様化し，従来の法制がこれに十分応答的であるかに疑問が提示されるようになった。また，裁判手続は使いにくいうえに時間と費用がかかりすぎるという国民各層からの批判が起こり，裁判所や弁護士層においても国民の司法に対する信頼の失墜を危惧する声が高まった。歴史の逆行ともいえる，いわゆる「訴訟離れ」の現象も危機感を高めていった。

こうした各層の動きが共鳴して国民に「利用しやすく，分かりやすい民事訴訟を」という法改正への原動力となった。

立法の経過を追うと，まず1990年に法務省法制審議会民事訴訟法部会が改正作業に着手し，ついで，1991年12月の「民事訴訟手続に関する検討事項」，1993年12月の「民事訴訟手続に関する改正要綱案」，そして1996年2月の「民事訴訟手続に関する改正要綱」が法制審議会から法務大臣に答申され，これに基づいて民事訴訟法案が立案された。これは，1996年6月の第136回国会において，公務員の職務上の秘密記載文書に関する部分が一部修正された以外は，原案通りに可決され，平成8年法律第109号として同年6月12日に公布され，1998年1月1日より施行の運びとなった。これに併せて，新たな民事訴訟規則（平成8年最高裁規則第5号）も制定された。

とりわけ注目される改正内容としては，争点・証拠の整理手続の整備（準備

---

[99] ドイツ法の基盤をもつわが国の民事訴訟法にアメリカ法の制度をどこまで取り入れ，いかなる混合法制を確立するかは，グローバル化の進行する社会における法継受（reception）のあり方を考えるうえで，きわめて意義深い課題の一つであるといえよう。ジェフリー・C・ハザード・Jr〔三木浩一訳〕「手続法における国際的調和」民訴44号（1998年）70頁，河野34頁など参照。

的口頭弁論〔164条以下〕，弁論準備手続〔168条以下〕，書面による準備手続〔175条以下〕），および，証拠収集手続の拡充（当事者照会〔163条〕，文書提出義務の一般義務化〔220条〕，文書の特定の困難の救済〔222条〕，文書提出拒絶事由に関するインカメラ手続〔223条6項〕，文書提出命令違反に対する制裁の強化〔224条・225条〕など）により，早期に争点・証拠の整理を行って立証対象を明確にし，効率的な集中証拠調べの実現を目指したこと（182条），請求額30万円以下（その後，60万円以下に引き上げ）の金銭請求について，原則1回の期日で迅速に判決が得られる少額訴訟手続を創設したこと（368条以下），最高裁判所に対する上告について，最高裁判所の負担を軽減し，憲法問題や法令の重要な解釈などの判断に専念できるようにするため，上告理由を憲法違反と絶対的上告理由に限定する（312条）とともに，法令違反に対して上告受理の制度を導入し，法令の解釈に関する重要な事項を含まない事件に対して，最高裁判所は決定で上告を受理しないことができるようにしたこと（318条）などが挙げられる。

　当事者およびその代理人（弁護士）に対して，新法は，各種の訴訟進行協力義務を新たに課することになったが（156条・167条・174条・178条・224条3項・301条，規53条-55条・79条-83条・102条・181条-183条），それらの履行の確保については，強力な失権によるのではなく，裁判所と当事者，および当事者間のコミュニケーションを濃密にすることを通じての，当事者の自律的・自発的な協力による方針がとられている。この狙いが現実に達成されるか否かは，当事者，とくに代理人（弁護士）の協力にかかっており，新民事訴訟法の冒頭に揚げられる，裁判所の責務および代理人を含めた当事者の信義誠実の原則は，その意義を問われることになろう[100]。

　新法施行後には審理期間短縮の傾向がみられ[101]，訴訟迅速化の取組みがある程度奏効したことは確かである。しかし，司法制度改革審議会における審議が進むにつれ，より一層の審理の充実と迅速を求める声が高まり，とりわけ医事関係事件，建築関係事件または知的財産権関係事件などの専門的知見を要する事件に関して，審理の長期化が共通の問題点として意識されることになった。その結果，司法制度改革審議会意見書は，新法の成果を一応評価しつつも，なお課題は少なくないとして，審理期間のおおむね半

---

100) 新堂51頁など。なお，改正内容全般について，中野・解説5頁以下，中野貞一郎「新民事訴訟法の成立に寄せて」基金設立記念講演集（第2集）『企業活動と紛争』（財団法人民事紛争処理研究基金，2001年）194頁など参照。

101) たとえば，第一審民事訴訟事件全体の平均審理期間をみると，1996年-10.2月（21.3月），1997年-10.0月（20.8月），1998年-9.3月（20.8月），1999年-9.2月（20.5月），2000年-8.8月（19.7月），2001年-8.5月（19.2月）である（カッコ内は人証調べを行った事件についてのデータ）。小林編著・平成16年施行要点113頁参照。

減を目指し，民事裁判の充実・迅速化（計画審理の推進，証拠収集手続の拡充），および，専門的知見を要する事件への対応強化（専門委員制度の導入，鑑定制度の改善，法曹の専門性強化），そして，知的財産権関係事件への多角的な対応強化などを掲げた。

これを承けて，2003年，「裁判の迅速化に関する法律」（平成15年法律第107号）[102]および「民事訴訟法等の一部を改正する法律」（平成15年法律第108号）が成立した。これにより，争点が多岐にわたる複雑な事件や専門的知見を要する事件に実効的に対処し，充実しかつ迅速な審理を実現すべく，特許権等の訴えの専属管轄化（6条1項以下），専門委員制度の導入（92条の2第1項以下），提訴前の証拠収集処分等（132条の2第1項以下），計画審理の推進（147条の2以下），鑑定手続の改善（215条2項・216条1項以下），和解に代わる決定の導入（275条の2第1項以下），少額訴訟手続の拡充（368条1項）などの措置が講じられた。

なお，旧々民事訴訟法以来の第七編および第八編は，形式的な調整を施しただけで，そのまま独立させ，「公示催告手続及ビ仲裁手続ニ関スル法律」（明治23年法律第29号）と名付けられた（新民訴附則2条）。その後，仲裁手続の部分が仲裁法（平成15年法律第138号）として分離独立したことを受けて，「公示催告手続ニ関スル法律」（平成15年律第138号）となったが，さらにその後，公示催告手続をより合理的かつ迅速なものとすべく，これを新たに非訟事件手続法に加える旨の改正がなされ，「公示催告手続ニ関スル法律」は廃止されるに至った（平成16年法律第152号）。

同じく2003年，「司法制度改革のための裁判所法の一部を改正する法律」（平成15年法律第128号）によって裁判所法の改正も行われ，簡易裁判所の事物管轄が90万円から140万円に拡充され（裁33条1項1号），訴額の算定が不可能またはきわめて困難であるときは，その価額は140万円を超えるものとみなすものとされ（民訴8条2項），また，財産権上の請求でない請求に係る訴えの訴額が95万円から160万円に引き上げられた（民訴費4条）。そのほか，裁判所へのアクセス拡充の見地から，提訴等の手数料額の低額化・合理化（別表第1など），現金納付の許容（民訴費8条），費用額算定方法の簡易化（同2条4号以下）などが行われた。

2004年には，「民事関係手続の改善のための民事訴訟法等の一部を改正する

---

[102] これは，すべての裁判について第一審判決を提訴後2年以内のできるだけ短い期間内にすることを目標とする法律であり，それを訴訟手続等の整備，法曹人口の大幅増加，裁判所・検察庁の人的体制の充実，弁護士の体制整備等によって行うものとする（同法2条）。なお，最高裁判所には，長期化した裁判を調査して，その結果を2年ごとに公表するよう要求している（同法8条1項）。

法律」（平成16年法律第152号）が成立し，民事訴訟手続および督促手続において，インターネットを利用したオンラインによる申立て等が実現した（132条の10・397条以下）。これは，司法制度改革審議会意見書にいう裁判所へのIT技術の導入に呼応したものであり，また，電子政府（e-Japan）構想の一環をなすものであり，行政手続のオンライン化などと呼応している。そのほか，管轄の合意および不控訴の合意について，これが電磁的記録でなされても書面でなされたものとみなされるようになった（11条3項）。これは，社会的ニーズの強まっている電子商取引について，その利便性が損なわれないように，電子商取引のなかで有効な管轄合意を行うことができるようにしたものである[103]。

なお，検討課題とされていた弁護士報酬敗訴者負担制度の導入[104]および公文書提出命令制度の見直し[105]は，2004年改正では見送られた。

3　民事訴訟法の指導理念

民事訴訟における当事者や裁判所の訴訟行為を規律するうえでの指導理念には，つぎのものがある。なお，これらは，訴訟法の解釈論においても意味をもち得る。

〔1〕　当事者の意思の尊重

これは，民事訴訟における審判の対象が原則として私的自治の妥当する権利義務関係であることにかかわる。当事者意思の尊重は，訴訟手続においては訴訟物に関する処分権主義および主張・立証に関する弁論主義としてあらわれる。さらに，訴訟手続の運営に関する具体的な問題の解決に際しても，裁判所の終局的判断を留保しつつ，当事者の意思を，それが合理的なものと認められる限り，尊重すべきとされている（協同的訴訟運営[106]）。

---

103) 小林編著・平成16年改正要点12頁〔小林秀之〕。ちなみに，2003年に成立した仲裁法においては，電磁的記録による仲裁合意の有効性を認める規定が置かれている（同13条4項）。
104) これは弁護士報酬の一部を民事訴訟費用の一部にするということから，民事訴訟費用等に関する法律の一部改正という形をとり，具体的には，当事者双方が訴訟代理人（弁護士，司法書士または弁理士）を選任している場合に当事者双方の共同申立てがあるときに限り，代理人の報酬を訴訟費用として敗訴者負担とすると同時に，その負担額を訴訟の目的の価額に応じて算出するというものであった（民訴費法改正案28条の3第1項）。この改正案は，第159回通常国会に提出され，継続審議とされていたが，第161回臨時国会の閉会とともに廃案となった。
105) これは2001年の民訴法改正が公文書提出命令制度を導入した際に，刑事事件記録・少年事件記録およびこれらの事件において押収されている書類が一律提出除外とされたことに批判が集中したため，施行後3年を目途として再検討することとされていた点である。
106) 新しい審理39頁参照。

(2) 手続の透明と安定

　民事訴訟は，当事者および裁判所の各行為が，裁判という共通の目標を目指して順次積み重ねられていくという点で，連続的な手続現象ということができる。そのため，先行行為の効力が否定されると，後の行為はその前提を欠き，すべて無駄となってしまうことになる。これでは訴訟経済上も，当事者間の公平からも好ましいとはいえないため，すでに行われた手続の効力はなるべく尊重すべきであるとの理念が強調されることになる。これが手続安定の要請である。

　そこで，訴訟上は，未成年者の訴訟行為については，取消し（民5条）ではなく，はじめから無効とすることによって，取消権の行使によって徒労となりかねない訴訟行為が積み重ねられることを防ぐようにしている。また，責問権の喪失（90条）の規定も手続安定の要請による。強行規定違背の効力についても，手続安定の要請から，手続段階との関連で相対的に考察されるべきものとされており，具体的には，いったん終局判決が出たのであれば，それ以前の手続違背は上訴の理由としてしか主張できず，さらに判決が確定すれば，再審事由（338条）にあたらない限りは，もはや問題とすることができなくなる。

　法律の規定に基づく場合以外に，当事者間の合意に基づいて訴訟手続を自由に変更することは，原則として許されない（任意訴訟禁止の原則）。これも手続安定の要請から導かれるもので，したがって，訴訟の開始・終了や証拠の提出の各場面については，手続の安定を害するおそれがなく，むしろ，処分権主義や弁論主義の趣旨にかなうことから，不起訴合意，訴え取下げ合意，上訴取下げ合意，あるいは，証拠契約などの効力が認められている。

(3) 真実発見——事案の解明——

　民事訴訟における審判の対象は，私的自治の原則の妥当する私人間の権利義務関係であるのが原則であることから，訴訟資料の収集と提出は，当事者の職責および権能であるとされる（弁論主義の採用）。このことから，当事者間に争いのない事実については，それが真実か否かに関係なく[107]，裁判所を拘束することになる（自白の拘束力，179条）。これに対し，当事者間で争われている事実については，裁判所は，その真偽を明らかにしなければならない。この真実発見の要請は，裁判所にとってのみならず，当事者にとっても審理の目標とされるべきものである。争いのある事実については，当事者が主張・立証を尽く

---

107) 公知の事実に反する自白の効力については，本書451頁参照。

し，裁判官がそれらを突き合わせることで真実を明らかにしていくという公明正大なプロセスは，国民の司法に対する信頼を確保し，また，法廷での対論機能を高めていくうえで中核的な価値をもつ。そこで，当事者および裁判所に真実を発見するための手段をできる限り与えることは，民事訴訟の理念の一つとされる。新法が文書提出義務の一般化に踏み切ったのも（220条4号），真実発見のための手段を強化したという側面があるといえよう。

(4) 手続保障

これは，当事者に対して主張・立証の機会を十分に与えることを意味し，民事訴訟制度の目的に掲げられることもあり[108]，また，憲法上の適正手続（デュー・プロセス）の要請としても論じられる[109]。すなわち，当事者双方に主張・立証の機会を与えないままに認定された事実は，たとえ真実であったとしても，適正なものとして受け入れられがたい[110]。両当事者の手続保障を充足し，真実の発見に努めることがよき制度運用の要諦なのである。

なお，手続保障は，審理の原則から判決効までを貫く理念であるものの[111]，他の原則や価値との調整も時には必要となる理念として創造的進化の可能性を秘めたコンセプトであるととらえるべきであり，これを硬直的にとらえることに対しては警戒を要しよう[112]。

4 手続運営の理想

民事訴訟の指導理念に沿った手続運営を実現するために何を遵守しなければならないかは，不断に考え続けていくべきテーマである。これについては，対立当事者間の私的紛争の法的解決を目指すという民事訴訟の機能からして，適正，公平，迅速，経済（廉価）という4つの理想を掲げ，それぞれの実現を可及的に追求すべきであると説かれるのが一般である[113]。

---

[108] 手続保障を目的に掲げるのは，手続保障説および多元説である。本書50頁参照。
[109] 新堂42-43頁。
[110] 伊藤22頁。
[111] 伊藤眞「学説史からみた手続保障」新堂編・特別講義51頁以下，カペレッティ・手続4頁以下など。
[112] 新堂43頁。なお，手続保障の概念についての理論的進展として，たとえば，既判力による遮断効の有無を平等な当事者権保障（抽象的手続保障）の充足により現実化する法的安定要求と実体法との関係で客観的に決定される実体関係的手続保障要求との緊張関係のなかで調和点を求める形で検討すべきであるとする実体関係的手続保障説（上田471頁）や，手続保障概念を最低限度の保障として手続参加機会の手続保障（形式的手続保障）と手続参加を実質化し得るような制度的保障（実質的手続保障）を段階的に配慮した訴訟手続の多様化を提唱する見解（山本和彦「手続保障再考——実質的手続保障と迅速訴訟手続」井上追悼146頁以下）などがみられるが，いずれも有意義な指摘を含むものである。

(1) 公　　平

　裁判制度は，公平なものでなければ，国民の信頼を得られず，その利用が敬遠されかねない。そのため，中立公平な裁判官が審理および判決を担当し，当事者双方に対して主張・立証の機会を対等に与えることが必要とされる。

　裁判の公開（憲82条），裁判官の独立・身分保障（憲76条3項・78条），中立公平性に疑問のある裁判官を排除し得る除斥・忌避・回避（23条・24条，規12条），当事者双方に主張・立証の機会を対等に与えるべきとする双方審尋主義などは，公平な裁判の実現に寄与しようとするものである。

　複雑でしがらみの多い現代社会においては，完全に中立を保つことは難しい面もあるが，公平は各主体が手続的に可能な限り追求すべき理想であり，そのための具体的な方法は，時代状況のなかで不断に進化していくことを要請される。

(2) 適　　正

　裁判の内容は，正しく誤りのないものでなければならない。そのためには，裁判官が事実認定を正確に行い，かつ，法規の解釈適用を適切にすることが必要である。判決を言い渡す裁判官が自ら審理にあたることを要求する直接主義（249条），証拠調べにおける交互尋問制（202条1項），裁判に対する上訴や再審などの不服申立て制度（281条1項・311条1項・338条1項等）などは，主に適正の理想とかかわる。

(3) 迅　　速

　訴訟があまりにも遅延すると，当事者および裁判所に対する負担が過大になるばかりか，判決が出されても，その紛争解決の実効性に欠け，その結果，当事者の裁判を受ける権利（憲32条）が事実上奪われること（いわゆる権利の空洞化現象）にもなりかねない。また，そのように機能を喪失した訴訟を国民がはじめから利用しないという事態（いわゆる訴訟離れ現象）も起こり得る。さらに，遅延した訴訟は他の訴訟の審理時間（ジャッジ・タイム）を奪うことになる。遅延は，司法制度全体が機能不全を招き，ひいては納税者としての国民の負担をも増大させてしまう。

　そこで，迅速な審理という要請は民事訴訟の理念として欠くことのできない要素となる。迅速な審理のためには，まず，当事者間における争点が何かを明確にする争点整理と審理計画を早期に進める必要がある。すなわち，争点整理

---

113) 小島・要論7頁、上田37頁、梅本6頁、林屋11頁など。

によって，当事者間の和解交渉が促進され，訴訟上の和解が成立すれば紛争は早期に解決される一方，和解が成立しなくとも，集中的な証拠調べが可能となり，さらに新鮮な心証に基づいた判決を迅速に行うことができるようになる[114]。

ところで，通常の判決手続においては，適正ということと迅速ということは一見相対立するようにみえて，究極にはしくみいかんでは相互補完の関係にある[115]。すなわち，迅速な審理を可能にするための争点整理によって，当事者は本当に必要な主張・立証活動に的を絞って心血を注ぐことができるようになる結果，裁判所の事実認定が容易となり，審理の公平も確保されるようになる。これに対して，迅速性を特に重んじた少額訴訟手続は，反訴・控訴の禁止（369条・377条）や一期日審理の原則（370条）など，手続の簡略化が徹底しているが，これは通常訴訟への移行の途が確保されていることにより（373条），審理の適正と迅速との調和が図られているといえる。

裁判の迅速と適正の関係は，より深く掘り下げて考えるとき，本来的矛盾関係というよりは，内奥において不可離の結合連動関係にある。迅速の確保は，証拠の質の劣化を防ぎ，緊迫した濃密な審理を確保する前提条件であり，裁判の要諦である[116]。

(4) 経　　済（廉価）

経済的合理性の観点，すなわち，訴訟当事者の負担軽減および国家予算の有効活用のためには，当事者が訴訟追行に要する費用や裁判所の審理に要する経費をできる限り抑制し，廉価な裁判を目指すことが肝要となる。追認・補正（34条1項2項）や異議権の喪失（90条）などのように個々の事件処理の効率化を企図するだけでなく，一つの手続で複数の事件を一挙に審判する複雑訴訟の工夫なども，訴訟経済を一つの狙いとするものである。

訴訟経済は，どのレヴェルからまたはどの方向から接近するかによって異なり，新たな目線からイノヴェイションを重ねていく必要があろう。たとえば，法律扶助や権利保護保険などの仕掛けについて創造的な取組みが求められよう。

---

114) 具体的な訴訟遅延策については，後掲「**6**　訴訟遅延とその解消」（本書43頁）も参照。なお，2007年以降，最高裁判所は，迅速化法8条1項に基づいて，『裁判の迅速化に係る検証に関する報告書』を公表している。
115) 伊藤24頁，梅本435頁など。
116) 小島・プレ19頁。

(5) 各理想の関係

　時として種々の制約を免れない現実の裁判運営のなかで4つの理想を同時に達成することは難しいばかりでなく，これらは理論的にも矛盾衝突の契機を内包している場合もある。とりわけ，適正公平の要請と迅速経済の要請との間の相剋が生じやすい[117]。

　そこで，個々の手続運営というミクロレヴェルから，手続全体の制度設計というマクロレヴェルに至るまで，それぞれの局面に応じた最善の調和の追求を図る複眼的なアプローチが必要である。

5　自己責任の貫徹──制裁型スキームの評価──

　民事裁判による紛争解決をめぐっては，実体的真実を明らかにして，正しい者，勝つべき者を勝たすべきであるとの視点（いわゆる「大岡裁き」）と，（とりわけ弁護士の）訴訟追行，訴訟戦略の巧拙によって勝敗が決せられるのは仕方がないという視点とがある。そして，わが国の裁判実務においては，裁判は実体的正義を実現すべきであるとの観念が強く，結論が代理人等の訴訟活動の巧拙によって決せられることのないように，十分な争点整理や釈明等に努め，当事者の時機に後れた訴訟行為の却下には慎重を期するなど，当事者をバックアップする後見的活動を重くみる傾きがある（パターナリズム）[118]。

　しかしながら，近時，訴訟手続においては当事者の活動によって結論が左右されることがあってよいという，いわば手続的正義を重視する見解からの問題提起がなされている。その背景には，裁判官の後見的役割重視の志向が弁護士間における切磋琢磨の機会を奪い，弁護士全体のスキル向上の阻害要因となりかねないこと[119]，また，期限後の主張・立証を失権させるなどの制裁措置の

---

[117] 小島・プレ8頁，上田37頁など。
[118] 国際シンポジウム「現代の民事訴訟における裁判官および弁護士の多重的な役割とその相互関係」民訴50号（2004年）184頁以下〔須藤典明　発言〕参照。なお，民事調停の本質に関する調停裁判説（公権的判断論）の主張，たとえば，「調停の本質が民事紛争解決のための調停機関の公権的判断にあり，その強制的通用力の発生が紛争当事者の意思によって阻止せられず制度的にその公正が担保せられたものとして調書に記載された以上，それが執行力はもとより，名実ともに確定判決と同じく既判力をも有すべきことは，むしろ当然である」との主張も（佐々木吉男『増補 民事調停の研究』（法律文化社，1967年）168頁），コンテクストは異なるが，これと呼応している面があるといえよう。
[119] 三木浩一「[報告]日本の民事訴訟における裁判官および弁護士の役割と非制裁型スキーム」民訴50号（2004年）109頁，論争186頁〔山本和彦　発言〕など。つぎの藤林益三最高裁判事の反対意見は，深く考えさせるものを含んでいる。「もとより，いわゆる古典的弁論主義への反省はされなければならないが，本件事案の如きにおいては，弁論主義本来の意味において，訴訟代理人の努力にまつべきものがあったのであるから，私は，裁判所がそこまで介入する義務を負

発動を裁判官が躊躇することにより，訴訟追行が間延びしたものとなり，当事者に対する時間的・経済的コストの増大を招来すること[120]などの危惧がある。

そこで，事件管理の場面において，失権効を伴わない非制裁型スキームは，現状のように，裁判所の後見的な介入と当事者の自律的な訴訟活動とを調整する巧妙な装置とみることもできようが，他方で，勤勉な当事者の努力が正当に反映されず，手続の公平性，客観性，透明性を損なうおそれもある。また，証拠収集の場面（当事者照会など）における非制裁型スキームは，証拠の提出をしぶる当事者を説得する立場にある弁護士に何のレバレッジも与えない結果，当事者の利益擁護者としての党派的な立場と司法権の一翼を担い社会正義を実現する公共的な立場との対立を解消する契機とならず，結局は，弁護士倫理の問題として，各弁護士に困難な選択を迫ることになりかねない。したがって，こうした問題を孕んだ非制裁型スキームは，一種の過渡的形態であって，今後は，弁護士の質量の拡充により，当事者に付与される権限や法的手段が拡充するにつれ（高いレベルで自治的権限），裁判官の事件管理の権限も拡大されていき，次第に制裁型スキームへの移行が生じていくことになる（高いレベルでの管理権限）のではないか，というのである（「高ー高モデル」）[121]。

確かに，社会では「正義必勝」の信念も侮りがたく，裁判官としては勝つべき者を勝たせるということに意を用いざるを得ない現実があるが，社会のしくみやビジネス・モデルなどが高度化・複雑化している現今では，裁判官が審理過程における限られた証拠から事案の真相を発見しいずれの当事者に理があるかを見抜き，釈明権を行使するなどして，当事者間の勝敗に深く分け入ることは場当りの対応になりかねない。理想を達成するためのより効果的な手段としては，当事者に効果的な訴訟準備や証拠収集の手段を制度的に整えることが本筋であり，裁判官の後見的活動については，その限界を冷静に見極めておく必要があろう。

それに，釈明権の積極的な行使などによって適正な裁判が可能になる事件類

　　担すべきものとは思わないのである。訴訟代理人は，裁判所によりかかるべきものではない。けだし，訴訟代理人の受任事件に対する熱意と研究努力とが裁判の結果に現われてこそ，在野法曹の訴訟活動の進歩に伴う裁判本来の姿の出現が期待できるからである」（最判昭51・6・17民集30巻6号592頁〔百選2版74事件〕）。

120）国際シンポジウム・前掲注118）192-194頁〔森脇純夫　発言〕参照。
121）三木・前掲注119）112-115頁。基本的に同旨のものとして，国際シンポジウム・前掲注118）235-237頁〔小島武司　発言〕，千葉勝美「裁判における真実の発見・正義の実現について」自正54巻11号（2003年）25-34頁。

型は，現代社会では限られてきている。裁判官の後見的活動が奏功するのは，少額事件や消費者金融事件のように，一方当事者が投入し得るリソースに制約があり，当事者間に著しい力の不均衡が生ずるがゆえに後見的介入の必要が大きく，また，介入の成果も期待できる比較的定型的な事件に絞られてくるであろう。いうなれば，裁判官が審理の根底にあるものを見通し，その洞察によって司法の威信を高めようとしても，その成果を期待し得る領域は実際には限られており，司法的援助に対する過剰な期待は，かえって訴訟審理とそれを支える装置の改善に対するブレーキとなりかねないであろうし，変幻自在の後見的活動は，裁判の公正についてその可視性を損ないかねないリスクも無視できない（傍目八目の限界）。事案解明の制度水準の向上こそが現代司法が熟慮すべき根本問題であり，この重い問いに答えるためには，さらなる論議の深まりが必要となろう。

6　訴訟遅延とその解消

民事訴訟法が制定されて以来，常に訴訟遅延という問題は存在しており，その対策の必要が叫ばれてきた。とりわけ，昨今の司法制度改革論議は，この問題への本格的取組みを促し，その成果があらわれつつある。

司法制度改革審議会意見書（2001年6月12日）は，国民の期待に応える司法制度を構築するために必要な民事司法制度の改革項目の筆頭に「民事裁判の充実・迅速化」を掲げ，民事訴訟事件の審理期間のおおむね半減を目標として，具体的施策の提言をした。これを承け，2003年7月9日，「民事訴訟法等の一部を改正する法律」（平成15年法律第108号）および「裁判の迅速化に関する法律（いわゆる，裁判迅速化法）」（平成15年法律第107号）が成立した。前者は，計画審理の推進，提訴前における証拠収集等の手続の導入，専門委員制度の創設，鑑定手続の改善，知的財産権関係事件への対応強化[122]，および，簡易裁判所の機能充実などを柱として，民事裁判の充実・迅速化を目指すものであり，後者は，端的に第一審判決を2年以内に出すことを目標とするものである。

訴訟遅延対策において重要なのは，訴訟促進にばかり目を向けるのではなく，訴訟遅延とはどういうことか，その正体を見定めることである。訴訟遅延には複合的な側面が存するがゆえに，それに対して多角度的な対策を立てることが要請される。訴訟遅延は，手続のあらゆる局面で発生する全身病的な現象であ

---

[122] これに先立ち1999年の特許法の改正により，計算鑑定人制度が導入された（特許105条の2）。これは，知的財産権侵害訴訟における損害立証の迅速化と効率化を目指して，当事者の申立てにより，会計専門家であり中立第三者である公認会計士等の鑑定人に対して，裁判所が当該侵害の行為による損害の計算をするため必要な事項について鑑定を命じるものである。杉山悦子『民事訴訟と専門家』（有斐閣，2007年）395頁，髙部眞規子「計算鑑定人制度活用の実情について」判タ1225号（2007年）51頁以下など参照。

り，しかも，手続の外部に訴訟遅延を増悪させる力が働いており，これに対する対策も総合的なものでなければならない。すなわち，訴訟遅延は，手続運営を超えた法律関係全体からくる根深い問題なのであり，これに対しては多角的かつ持続的な努力が要求されるのである[123]。

そこで，訴訟遅延については，これを組織的遅延（system delay）と個別的遅延（individual delay）に分けて，それぞれの対策を別個に考えることが有効である[124]。組織的遅延は，裁判官の人員と事件の量的不均等に起因するのに対し，個別的遅延は，訴訟当事者側の事情や事件の難易などの個別の原因に基づくのであり，両者は相互に独立したもので，その原因や対策は別個に考えなければならない。組織的遅延への対策としては，裁判官を増員して，裁判官一人当たりの事件数を減らすのが最も単純な手法であるが，手続の効率化のためには多彩な装置や工夫が考えられる。裁判迅速化法など近時の司法制度改革によって講じられている対策は，組織的遅延の問題に重点を置いているが，こうした焦点の合わせ方は基本的に適切なものといえよう。

わが国において訴訟遅延による司法の危機が叫ばれてきた顕著な例としては，長期未済の難件があり，そこで主として意識されたのは個別的遅延の問題であった[125]。しかし，訴訟遅延の問題の核心をなすのは，組織的遅延なのであって，それに向けた対応策に力が注がれるべきであろう[126]。

123）「司法改革は息切れしやすい人間には相応しくない」というアメリカ・ニュージャージ州最高裁のヴァンダビルト長官のことばが想起されてしかるべきであろう。Arthur T. Vanderbilt, The Challenge of Law Reform (1955); Arthur T. Vanderbilt, Men and Measures in the Law (1949).

124）小島・迅速 70 頁以下，小島・裁判運営 342-343 頁。

125）たとえば，田中耕太郎「訴訟促進の論理」曹時 41 巻 1 号（1952 年）1 頁。濫上訴の提起も訴訟遅延の原因であった。

126）アメリカ合衆国で議論の的となった訴訟遅延対策の若干を以下に掲げる。なお，これらは，その後わが国の立法や訴訟運営において活用されたものもある。
　(1) 個別的遅延対策
　①優先審理　これは，訴訟遅延がきわめて苛酷な状況を招来する可能性の強い訴訟事件群について，他の事件に優先して審理・判断をするという特別扱いを認めるものである（小島・裁判運営 341 頁以下）。その狙いは，訴訟遅延から生じる当事者に対する損害を最小限にとどめようとするところにある。優先審理の許容という方策が慎重かつ適正に運用されるならば，訴訟遅延自体を解消するわけではないものの，その弊害の発生を抑止するうえで威力を発揮するといえよう。もっとも，この方策は，他の事件の犠牲のうえにのみ成立するものであり，そこに限界のあることも認識しておかなければなるまい（小島・迅速 224-225 頁，小島・裁判運営 341 頁以下など）。なお，対象事件の設定については，法律によって事件類型を詳細かつ個別的に特定するよりは，弾力的な内容の裁判所規則によるのが望ましいであろう（小島・迅速 225 頁）。
　②審理計画の実践　審理計画の破綻によるロスを防止するための方法としては，まず，端的

に延期を許さないことが挙げられる。これは，たとえば，トライアル・リストの登載前は，両当事者の合意があれば，適時に延期の申立てをした場合に限って3回まで延期を許し，トライアル・リストの登載後は，正当な理由がない限り，延期を許さないとする（迅速434頁以下とそこに掲載の諸文献など参照）。つぎに，トライアルの日程表に登載される前の段階で事件をチェックするために，「準備完了の告知」(notice of readiness) や，「準備完了の証明書」(certificate of readiness) の提出を要求することが挙げられる（迅速431頁以下。ちなみに，「準備完了の告知」はニューヨーク州，「準備完了の証明書」はコロンビア地区においてみられる）。こうした方法によって，トライアルのスケジュールを立てやすくなり，また，進行の停止した事件を日程表から除くことで裁判所は心理的負担を免れ，より多くの和解が早期に成立する可能性が高まる。さらに，裁判所が予めその審理能力を上回る事件を日程表に過剰掲載するというオーヴァーローディングもある。これによって，裁判所は，延期を自由に許してもトライアルの時間を無駄にしないで済むことになる。なお，これらには，組織的遅延対策としての意味もある。

　③訴訟手続の運営上および立法上の改善　　期日の延期・続行に対して厳格な制限を加えるなど，手続主宰者としての裁判所の訴訟指揮権を強化して，円滑かつ迅速な手続進行を実現しようとする試みは，当然の方策ではあるが，忘れられてはならない。たとえば，ニュージャージ州において，延期を安易に許容する実務慣行に対し，厳重な制限を加えることで，訴訟遅延の解消に大いに役立った旨の報告がなされている（小島・迅速226頁参照）。そのように強化された訴訟指揮権をもって計画審理を実効的に推進することができよう。この視点は，わが国の最近の改革にも活かされている。また，濫訴や濫上訴などの訴訟引延ばし戦略に対する実効的な制裁を設けたり，訴訟手続の弾力的な運営により技巧的な異議申立ての余地を封じたりすることも検討に値しよう。

　④弁護士活動の改善　　まず，弁護士は，訴訟遅延に随伴する弊害を最小限にとどめるべく，依頼者に絶えず事件の進行状況を報告するように努めるなど依頼者との連絡を緊密化する必要がある（小島・迅速229頁）。これは弁護士倫理からも当然に要請される（日本弁護士連合会の弁護士職務基本規程35条・36条参照）。そして，依頼者自身が訴訟展開に十分な見通しをもつことができるよう訴訟手続を平易に説いた説明文書を配布するなど，依頼者にとって透明度の高い訴訟活動が重要である（小島・迅速229頁）。弁護士が期間遵守に協力するよう，弁護士を名宛人とする制裁（たとえば，金銭的な制裁を加えたり，裁判所が当事者本人と直接接触して間接的な圧力を弁護士に及ぼしたりすること）をより実効的なものにすることも一考に値しよう（小島・迅速230頁）。

　(2) 組織的遅延対策

　⑤分割審理　　これは，事実審理を二段階に分割したうえで，まず被告の有責性を審理し，これが肯定された場合にのみ，損害の数額に関する審理を行うという工夫である（小島・迅速227頁，小島・裁判運営234頁以下など）。わが国における原因判決の規定（245条）は，段階的な分割審理の訴訟運営と相俟って，その効果をよりよく発揮しよう。医師などの専門家証人を法廷に呼び出すことはなかなか難しく，そのために延期が重なって訴訟が遅延しがちであることに加えて，専門家証人の尋問に要する時間はとりわけ専門的知見を要する事件において大きな割合を占めていることからすると，責任と損害という分離可能な争点を分離して，前者が否定された場合には後者の立証を不要にする取扱いの合理性はきわめて大きい。分割審理方式の提案者は，分割審理方式により期待できる諸点として，Ⓐ証拠提出の合理化およびそれによる争点の整理・圧縮，Ⓑトライアルの負担の大幅減，Ⓒ被告の責任が肯定された場合に生じる和解の気運の上昇，Ⓓニューサンス・ケース（被告の責任の存在がきわめて疑わしい事件）の減少，Ⓔ弁護士によるトライアルの準備不足の解消，Ⓕ専門家証人の中立化の効果的実現を挙げるが（Julius H. Min-

7 民事訴訟法における判例の役割
(1) 法源としての判例法

裁判官は「憲法及び法律にのみ」拘束される以上（憲76条3項），民事訴訟手続についての法源は，憲法，法律（民法や民事訴訟法など），そして，最高裁判所規則（民事訴訟規則など）に限定されることになり，裁判所の判例が法源とされることはない。民事訴訟法の解釈については，手続の安定・明確性や画一的処理の要請があるため，判例法の形成には抑制が働く。

しかし，あらゆる事態に備えた無矛盾無欠陥の手続法規をあらかじめ定めておくことは現実的ではない。時には，具体的事件に応じた個別の裁判官の柔軟な判断に期待して，あえて抽象的な規定を設ける場合もある[127]。このような

---

er, Court Congestion: A New Approach, 45 A. B. A. J. pp. 1265-1268, 1959.），訴訟運営のしくみを異にするわが国にとっても参考になるものとみられる。さらに，審理内容ないし争点から眺めて審理手続を再構築するという発想を推し進めて，民事訴訟手続内部だけでなく，民事裁判とADRの連携という観点から，ADRの審理結果を一定の場合に利用するということも検討に値しよう（争点整理の局面におけるADRとの連携を提唱するものとして，山本和彦「争点整理におけるADRの利用」判タ1134号（2004年）27頁以下など）。ちなみに，アメリカでは，合議制の仲裁人や準裁判官の活用，強制仲裁の導入（小島・裁判運営127頁以下）やオーディター（auditor）の復活（小島・裁判運営84頁以下）など，前審的な裁判機関の設置という方向での対策が試みられている（小島・迅速226頁）。なお，オーディター制度とは，訴訟事件の審理を裁判所の代わりに弁護士に行わせ，その判断に対して訴訟当事者に裁判所における再審理を求める権利を留保するというものである（小島・裁判運営85頁）。

⑥モデル訴訟　これは，典型的な事件を取り上げて審理ないし判断し，その成果を他の同種の事件において利用するという集約的処理の工夫であり，集団大量訴訟に関する裁判運営上の工夫として実務の賢慮に裏打ちされたものといえよう。たとえば，1880年のイギリスの裁判所に，投資した資金が会社の取締役によって不当に流用されているとして，38件の訴訟が係属したところ，原告の申立てによって，38件目の事件のトライアルが終了するまで他の37件の事件の進行を停止し，共通の争点に関する限りすべての原告が38番目の事件での審理の結果に拘束されるとしたケースがある（Bennet v. Bury, 5 C. P. D. 399（1880）. 小島・迅速507頁参照）。わが国においても，8次にわたる計10件の新潟水俣病訴訟が係属していた新潟地方裁判所は，ピックアップ訴訟という工夫をして，一部についてまず審理を進め，その他の事件の期日を「追って指定する」としたうえで，証拠調べの終わりの段階で他の全事件を併合して，結局，合計10件につき一括して判決を下した（東孝行『公害訴訟の理論と実務』（有信堂，1971年）245頁参照）。この工夫は，特別の立法的手当てがなくても，当事者の協力さえあれば実施することができ，大量不法行為訴訟などにおいてとりわけ有用であろう。なお，この方策は，さまざまな用い方によって広がりをみせるものと期待され，たとえば，争点ごとにモデル訴訟を各地で起こし，それらが各争点を分担することなどの方法も考えられる。

⑦その他　裁判所の開廷期間の延長（具体的には，裁判所の夏期休廷の廃止・制限や夜間開廷の実施）などがある（小島・迅速225頁）。ちなみに，シンガポールの裁判所は，夜間裁判によって迅速な訴訟処理の実現に成功した例として注目される（http://www.clair.or.jp/j/forum/forum/jimusyo/110SING/INDEX.HTM）。

127）たとえば，民訴法40条1項の「合一にのみ確定すべき場合」などがある。

場合には，具体的な要件の定立は解釈に委ねられ，具体的な事件についての裁判を通じて基準の具体化を進めていくことが裁判所に期待される。こうして，民事訴訟法においても，判例が一定の役割を演じていくことになる。

(2) 判例の限界

判例の示す結論は，法律などとは異なり，一般的拘束性を有しない。もっとも，上級審の判断は，当該事件につき下級審を拘束するとの規定（325条3項後段，裁4条）があり，また，最高裁判所が上告審として下した判例については，他の事件においても同様の問題について同一の法的結論が示されるであろうと予測するのは自然であり，判例の統一性について制度的に一定の装置が用意されている（318条1項）。

それにしても，裁判本来の任務は，具体的事件の解決にある。そして，このことは上告審の場合でも変わりはない。

8 民事訴訟法の適用範囲

民事訴訟法の適用範囲および効力については，時間的，地域的な限界，および，人的，物的な限界がある。ここでは，前二者の時間的限界と地域的限界を取り上げ，人的・物的限界は第2章「裁判所」でみることにする。日本の民事訴訟法が適用される人または事件の範囲は，民事裁判権の人的・物的限界の問題として議論されるのが通常だからである。

(1) 時間的限界

これは，民事訴訟法が改正された場合に，新旧いずれの法規を適用すべきかという問題であり，これを定める規定を時際民事訴訟法とよぶ。実体法上は，新法適用の予測可能性を欠くことから，旧法の下での生活関係を覆すべきではないとして法律不遡及の原則がとられている。これに対し，訴訟法上は，実体法と異なり，画一的に新法を適用する方が明確であり，またより進化した手続による方が合理的でもあることから，旧法時より引き続いて係属している事件にも，原則として新法を適用するものとする（遡及原則，民訴附則3条本文）。

もっとも，立法により経過措置が定められることがある。たとえば，送達や証拠調べなどの訴訟行為が，旧法が施行されている時点において，すでに完結しているときには，旧法にしたがって効力が認められる（民訴附則3条但書）。この効力を否定すると，新法によって手続を繰り返さなければならず，当事者の期待に反するばかりか，手続を不安定にし，訴訟経済上も好ましくないからである。また，旧法においてすでに認められていた救済申立権を行使しない間に，その種の申立権を認めない新法に改正された場合には，当事者の利益を害さな

いようにとの配慮から，従前の申立ては，許容されるものとする（民訴附則20条参照）。

(2) 地域的限界

民事訴訟手続は，司法権という国家権力の一作用に基づくことから，裁判所所在地の法律，すなわち法廷地法に支配されるのが原則である（「手続は法廷地法による」との原則）。そうすると，民事訴訟事件は，当事者や訴訟物とは関係なく，わが国の裁判所に係属する限り，すべて日本の民事訴訟法が適用されることになる。また，わが国の裁判所が外国の司法機関の嘱託を受けて民事訴訟事件の送達や証拠調べをする場合も，日本の民事訴訟法が適用される[128]。他方，外国の民事訴訟法は，日本の裁判所に係属する民事訴訟事件には適用されない。なお，わが国の民事訴訟法がその規定内容を実体法に譲っていることから，国際私法による準拠法として外国法が間接的に適用される場合はある[129]。

外国の裁判所に係属する民事訴訟事件については，その法廷地法により，そこでの訴訟行為が日本国内でいかなる効力を認められるかは，日本の民事訴訟法によって判定される（118条，民執24条）。また，日本の裁判所に係属する民事訴訟事件であっても，わが国の裁判所から外国の機関に嘱託して送達や証拠調べをしてもらうときは，当該国の民事訴訟法によることになるが，それらの訴訟行為がその法廷地法に違背していても，日本の民事訴訟法によれば適法であるならば，その効力が認められる（184条2項参照）。

第6節　民事訴訟制度の目的および訴権論

1　民事訴訟制度の目的論

民事訴訟制度は，何のために存在するのか。この目的論は，訴権論とともに古くから論じられている。戦前は，権利保護説と私法秩序維持説が対立していたが，兼子博士（後説を支持していた）が，戦後になって，紛争解決説を唱導するに至り，これがわが国の通説となった。紛争解決説に対しては，紛争を解決しさえすれば目的が達せられるというのでは，法による裁判という法治国家の理念に反するとの強力な反論が出て[130]，その後，さまざまな論議が展開され

---

[128] 外国裁判所ノ嘱託ニ因ル共助法3条，民事訴訟手続に関する条約等の実施に伴う民事訴訟手続の特例等に関する法律5条・26条。
[129] 外国人の訴訟能力については，本書146頁を参照。
[130] 山木戸・研究1頁以下，藤田宙靖「現代裁判本質論雑考」社会科学の方法34号（1972年）（同『行政法学の思考形式』〔木鐸社，1978年〕275頁所収）。

るに至っている[131]。
 (1) 伝統的な見解
 (a) 権利保護説
　国家が私人に対して自力救済を禁止したことの代償として，その権利の保護にあたるものとして設けられたのが民事訴訟制度であるとする見解である。わが国で最初に通説的地位を占めていたが，その後，私法秩序維持説にその地位を奪われた。もっとも，近時，再び有力に主張されるに至っている[132]。また，社会生活上の実質的価値（「実質権」）ないし法的利益を救済・保護することを制度目的とみる新権利保護説なども提唱されている[133]。
 (b) 私法秩序維持説
　国家はみずから制定した私法法規の実効性を確保するために，民事訴訟制度を設けたとする見解である[134]。第二次世界大戦前においては，権利保護説を凌駕し，通説的地位を占めていた。
 (c) 紛争解決説
　私人間の生活関係上の紛争を解決することが制度目的であるとする見解である。私法秩序維持説であった兼子博士が[135]，戦後に従来の立場を変えて唱導するに至ったものである[136]。
　これは，歴史的には民事裁判の存在が私法に先行しており，裁判例の蓄積によって私法が発達したという認識に立って，私法秩序維持説は私法法規と民事裁判との前後関係を取り違えており，民事訴訟の目的は紛争解決の必要性という前法律的な要請であるというのである。
 (2) 近時の展開
 (a) 法的紛争解決説
　紛争の法的解決を制度目的に据えようとする見解である。従前の紛争解決説に対して，近代裁判の基本理念である「法による裁判」に抵触する要因を内在しており，訴訟と

---

131) 学説の状況につき，竹下守夫「民事訴訟の目的と機能」争点〔第3版〕4頁など参照。
132) 木川統一郎「訴訟制度の目的と機能」講座民訴①29頁以下，中村英郎「民事訴訟制度の目的について」木川古稀上1頁〔中村・論集(6)111頁以下に所収〕，松本＝上野9頁〔松本〕など。自然権や主体性論からしても，この考え方には草の根的な支持が幅広くあると思われる。
133) 山本和彦『民事訴訟審理構造論』（信山社，1995年）1頁以下，同「民事訴訟における法的利益の保護」一橋117巻1号（1997年）64頁。なお，権利保障説（竹下守夫「民事訴訟の目的と司法の役割」民訴40号〔1994年〕1頁）も，新権利保護説に含めて考えてよいという（竹下・前掲注124）4頁）。
134) 斎藤・概論5頁。
135) 兼子一『民事訴訟法概論』（岩波書店，1938年）1頁。
136) 兼子一「民事訴訟の出発点に立返って」法協65巻2号（1947年）76頁・89頁〔兼子・研究1巻475頁以下に所収〕，同『實體法と訴訟法』（有斐閣，1957年）12頁以下，三ヶ月「民事訴訟の機能的考察と現象的考察」法協75巻2号（1958年）〔三ヶ月・研究(1)251頁以下〕など。

調停・和解との理論的区別を不明確なものとしていたとの批判[137]に応えて，紛争解決説を修正したものである[138]。

(b) 多元説

民事訴訟の目的を一つに集約しようとすると，単一の目的を絶対視して，個々の解釈論をそこから短絡的に演繹するという一種の概念法学的方法へと退行するおそれがあるとの認識に立って，紛争解決，私法秩序維持，権利保護，および手続保障のいずれもが制度目的であるとする見解である[139]。

(c) 手続保障説

手続過程における両当事者の実質的対等化をはかりながら，それぞれの役割分担ルールに基づいて対論を実現し得る手続を保障することが，制度目的であるとする見解である[140]。

(d) 目的論棚上げ論

民事訴訟の目的論は，ものの見方や考え方の一つとして有意義であり，また，首尾一貫性の検証などによって学説の整備に役立つものの，抽象度が高く，優劣の基準も明確ではないことから，非生産的な論争を呼び起こしやすいとして，目的論に関する自己の態度決定は棚上げにしておくのがよいとする見解である[141]。

(3) 検　討

多種多様な紛争を扱う民事訴訟において，高次の単一的な制度目的を基準と

---

137) 小室直人「訴訟対象と既判力対象」法雑9巻3=4号（1963年）348頁，伊東乾『民事訴訟法の基礎理論』（日本評論社，1972年）6頁，斎藤・概説6頁など。なお，紛争解決説を契機に，裁判本質論をめぐる権利保護説と法創造説の対立ないし訴訟法学者から実体法学者への問題提起とその回答という形で議論が展開された（これにつき，藤田宙靖「現代裁判本質論雑考――所謂"紛争の公権的解決"なる視点を中心として――」社会科学の方法34号（1972年）1頁以下〔同『行政法学の思考形成』（木鐸社，1978年）275頁〕，三ケ月章「私法の構造と民事裁判の論理――藤田宙靖氏『現代裁判本質論雑考』に答える」社会科学の方法40号（1972年）1頁以下〔三ケ月・研究(7)341頁〕，広中俊雄「論争"裁判本質論"おぼえがき」社会科学の方法57号（1974年）1頁以下，中村雅麿「民事訴訟制度目的論序説（一）――裁判の限界と成文法の限界――」法学論集10巻3号（1975年）57頁以下など参照）。
138) 伊東乾「異説訴訟物論」民商55巻6号（1967年）〔同『民事訴訟法研究』（酒井書店，1968年）1頁所収〕，伊藤15-16頁。なお，中野貞一郎教授は，旧・中野ほか20頁で法的紛争解決説に依拠していたが，中野ほか12頁において結論を留保する。
139) 新堂幸司「民事訴訟の目的論からなにを学ぶか(1)～(5)」法教1号（1980年）～5号（1981年）〔同・役割101頁以下所収〕，新堂6頁以下，小林秀之「民事訴訟の目的と構造」判タ801号（1993年）32頁，上田30頁，小島武司「民事裁判は何のためにあるのか――正義へのアクセスへの創造的接近を目指して」法セ514号（1997年）69頁，小島・プレ85頁など。
140) 井上正三「訴訟内における紛争当事者の役割分担」民訴27号（1981年）185頁，井上治典「手続保障の第三の波」法教28号・29号（1983年）〔同・手続29頁〕など。
141) 高橋・重点講義上22頁。

して個別問題への対処を演繹的に導き出すことには疑問があるとする点で多元説と棚上げ論は共通である。

問題は，制度目的論に一つの達成目標としての役割を期待すべきか否かである。この点については，平成8年改正による追加的選定当事者（30条3項）や少額訴訟手続（368条以下）の創設について，国民の権利保護の理念なしに実現できたかは疑わしいとの指摘もあり[142]，より大局的に制度目的が立法論的，解釈論的に民事訴訟制度改革の方向付けに及ぼす影響は否定しがたい。棚上げ論が指摘するように目的論が陥りやすい不毛な抽象論には警戒の要はあるものの，目的論の意義は，とりわけ制度の改革，そして法律の解釈，制度の運用にあたっては大きいといえよう。

このような観点からは，制度目的を多元的にとらえたうえ，個々の事件群ごとに，有効な方向性を推進するための手法を探り，また，民事訴訟を横断的に貫く共通目的が何かを考えていくべきであり，このような複眼的な思考枠組みは適切なものである。

もっとも，多元的目的を併列的な関係に置くことで足りず，複数の目的は階層を異にする立体的な構造において把握すべきであろう[143]。すなわち，適正手続に則った紛争解決が民事訴訟制度を貫く横断的かつ基盤的な目的であり，そのうえに，現代の法治国家となれば，法の適用を通じての権利の保護と時として実体私法の実効性確保ということがある（たとえば，株主代表訴訟，団体訴訟，集合訴訟の導入など）。注意すべきは，ここにいう法は固定的な存在ではなく，「成長する法」であり正義と通い合う動的な存在である。

民事紛争解決制度としての民事裁判とADRとの関係をいかに把握すべきかを今一度考えると，民事訴訟が法の厳格な適用により紛争の強行的解決を図り，対等な当事者による対論の機会を保障する手続であるのに対し，裁判外紛争解決は，当事者の合意に基づく代替的ルートとしてのインフォーマリティーと柔軟性を具有する。いずれを選択するかについては，弁護士等の専門家の助言を要することも少なくない。手続の自在度に差はあるものの，独自の仕方で法の支配にかかわるものであり，筋の通った紛争解決を担うものとしていずれも共通性をもつ。

2 訴権論

個人が訴えを提起して裁判を受けることができるという関係を個人の権能と

---

142) 争点〔3版〕7頁〔竹下守夫〕。
143) 小島・プレ85-87頁。

とらえた概念を訴権という。訴権の内容や要件，さらにはその実益などをめぐり，議論が展開されてきた（訴権論）。その出発点は，請求権の概念が裁判所への訴求から独立していった（アクチオの分解）のに伴って，訴訟を離れて観念されるに至った私権と，この私権について訴えを提起し判決を求める権能とを，いかに理論上関係付けるかという点であった。

(1) 私法的訴権説

まず，ドイツ普通法時代において，サヴィニーやヴィントシャイトなどによって，私権は訴訟とは無関係に存在するという「権利既存」の考え方を背景に，そうした私権を侵害された者に対して救済を与えるのが国家の任務であるという訴訟観を前提として，民事訴訟は私権を裁判上行使するプロセスであるとみて，訴権を私権，とりわけ請求権の侵害によって生じる変形物ないし派生物，いわば私権の属性の一つとみる見解（私法的訴権説とよばれる）が唱えられた。

しかし，給付訴訟以外に訴訟類型が認められるようになると，民事訴訟が既存の私権を行使する過程であるとしたのでは説明に窮する場合が生じてきた。たとえば，債務不存在確認訴訟においては，実現すべき権利が存在しないため，この見解では，訴権の存在を説明することができない。そうしたことから，次第に支持者を減らしていった。

(2) 公法的訴権説

代わって，訴権を私権とは別個独立の公法上の権利として把握する見解（公法的訴権説とよばれる）が支配的となった。これは，19世紀後半のドイツ法治国家思想を背景に，訴権を私人の国家に対する公権の観念と結びつけ，訴権を私権から独立させたのである。

そうした枠組みのなかで，訴権の内容としていかなる種類の判決を求めるかに応じて，さまざまな訴権論が主張された。なお，民事訴訟という舞台の幕を開ける訴え提起は，まさに民事訴訟制度の目的を具現化する機会をもたらすものであることから，訴権論の展開は，民事訴訟制度目的論との関連においてなされてきた。

① 抽象的訴権説

これは，請求に理由があるか否かを判断内容とする本案判決だけでなく，門前払いの訴え却下判決を含む何らかの判決を得られることを訴権の内容ととらえる見解である。

このように訴権の内容を抽象的に判決を求める権利と説明するのでは，訴え提起の権利があるというに等しく，訴権という概念を構成する意味がないとの批判を受けた。

② 具体的訴権説[144]

これは，勝訴判決を請求する権利として訴権を構成する見解である。権利既存の観念および私法的訴権説の考え方に依拠しながら，確認訴訟でも説明が可能なようにさらなる発展を遂げた見解であり[145]，目的論における権利保護請求権説や新権利保護説（権

---

144) 木川統一郎「訴訟制度の目的と機能」講座民訴①48頁。

利保障請求権説)[146]によって支持される。この見解によると，勝訴判決の要件には，実体的要件として，原告の主張どおりの私法上の権利関係の存在または不存在のほかに，訴訟的権利保護要件として，当事者が訴訟追行権（当事者適格）をもつこと，訴訟物が判決による確定に適すること（権利保護の資格），そして，原告が当該訴訟物について判決を求める具体的な法的利益をもつこと（権利保護の必要または利益）が必要であるという。

この見解に対しては，相手方に対してさえ，自己の主張を押し付ける権威のない個人が裁判所に対して自己の主張通りの勝訴判決を要求することのできる権利として訴権の内容を把握するのは行き過ぎであるとの批判がある[147]。

③ **本案判決請求権説**（紛争解決請求権説)[148]

これは，本案判決を請求し得る権利として訴権の内容を措定する見解であり，抽象的訴権説と具体的訴権説との中間をいくものとして唱えられた。本案判決は紛争解決の実質的基準を示すものであることから，目的論における紛争解決説との親和性が認められる[149]。すなわち，訴訟制度が私人による訴え提起をまってはじめて機能することから，訴権の本質は，訴訟の制度目的と私人の利用目的との相関点に求められるとしたうえで，訴訟制度の目的を紛争解決に求め，この目的を達することのできる権能としての訴権の内容を国家に対する紛争解決請求権であるとする。

この見解に対しては，主観的利益の要素を本来帯有すべき私人の訴権の内容に紛争解決という客観的な制度目的を持ち込むことによって，請求棄却判決を受けても訴権は満足するという奇妙なことになり，結局，抽象的訴権説の場合と同様の無理がひそむとの批判がある[150]。

④ **訴権否定説**[151]

これは，訴権を「19世紀の過剰な権利意識の産物」ないし「誇張された権利意識の生み出した幻想」であるとして，その概念を否定する。この見解は，訴訟制度を国家がその関心から営為するものであって，国民が裁判権に服しているという事実の反映にす

---

145) 富樫貞夫「権利保護請求権説の形成」熊本法学4号（1965年）15頁以下。
146) 本書49頁参照。
147) たとえば，兼子・体系33頁によると，具体的訴権説の主張は，「あたかも，受験生が試験官に対して，自分には学力があるから，合格させろとの請求権があるというのと同様非常識である」という。
148) 兼子一「民事訴訟の出発点に立返って」法協65巻2号（1947年）76頁・88頁〔兼子・研究1巻475頁以下に所収〕，同・前掲注136)『實體法と訴訟法』108頁・112-113頁，兼子・体系152頁，条解763頁〔新堂〕，新堂235頁など。本案判決請求権は，紛争解決請求権ともよばれる（兼子・体系29頁）。
149) ちなみに，兼子博士は，紛争解決説の立場から本案判決請求権説を採用し，訴権の要件として，とりわけ訴えの利益と当事者適格を挙げる（兼子・体系152頁）。
150) 三ケ月・全集11頁。
151) 三ケ月・全集13頁。

ぎないとの認識に立ち，訴権とは訴訟の制度目的の主観的な投影にすぎないとみて，それを訴訟理論の中核に据えることを意識的に否定するのである。

⑤　司法行為請求権説[152]

　これは，具体的な状況と段階に応じて法律上必要な行為をすべて裁判所に対して要求することのできる権利として，訴権の内容をとらえる見解である。目的論における私法秩序維持説に支えられ，判決行為のみならず，法にしたがって期日指定や訴状送達を求める権利などもすべて含まれる。ドイツでは，権利保護請求権説とともに，有力な学説として支持者を集めている。論者によると，訴権に理論的価値と実際的効用を発揮させるには，これを憲法と訴訟法を結合させる概念とみたうえ，憲法32条は訴権を保障したものであるとして，受益権的性質を訴権の内容に盛り込むには，司法行為請求権説によるのが適切であるという[153]。

(3)　検　　討

　訴権論は，講学上の一大テーマであったが，その本義は，民事訴訟制度を当事者の権利という側面から基礎付けるというところにある。これは，憲法32条の「裁判を受ける権利」によって十分明確化されており，国民の権利性を重視する点を除けば，民事訴訟制度の目的論によって論ずべき点は，そこで尽くされた観がある。確かに，訴権論争から多くの副産物が生じることは事実であるが，裁判を要求できる地位と私権は，別個のものとして区別されるべきである。もっとも，両者の間には密接な関連性が存することも事実であるが，訴訟理論の次元では，訴えの利益や当事者適格という概念が確立された現在，訴権論は，訴訟要件論のなかに発展的に解消せしめられており，もはや訴権なる観念を用いる実益は薄弱になってきているといえよう[154]。

　とはいえ，裁判を受ける権利に基づいて，国民のために訴権という概念を措定することによって，国民が自らの自由な意思に基づいて自発的に裁判所を利用することができる法的根拠が築かれるのであって[155]，訴権はその歴史的意義を依然として失ってはいない。すなわち，裁判を受ける権利との接続におい

---

152) 斎藤秀夫「訴権と憲法の架橋」石田文次郎先生古稀記念論文集刊行会編『石田文次郎先生古稀記念論文集』(1962年) 263頁以下〔同『民事訴訟法理論の生成と展開』(有斐閣，1985年) 71頁以下に所収〕，斎藤・概論42頁，林屋8頁，梅本308頁など。

153) 斎藤・概論42頁。なお，中野貞一郎「訴権」法セ64号 (1961年) 58頁によると，訴権は，憲法と訴訟法を結合する概念として理論的価値を有するという。

154) 三ケ月・全集14頁。強行可能性を欠いては権利性の有存感が薄く，現にそのような権利はごく例外である。

155) 谷口74頁，梅本308頁など。

て訴権の機能はいまだ生き続けていると把握すべきであり，司法行為請求権説の立場は評価されてよいといえよう。そして，司法行為請求権説のように具体的状況・段階に応じて訴権の内容を多元的にとらえることは，民事訴訟制度の目的を多元的に把握する本書の立場とも整合的である。ここに，憲法的価値を汲み取って裁判のアクセス機能を高める豊穣な足掛りを裁判所は獲得することになろう。

第7節　民事訴訟における信義則

1　総　説

　私法行為，すなわち，権利の行使および義務の履行は，信義にしたがい誠実にこれをなすことが要求されるが（民1条2項），この信義誠実の原則（信義則）は訴訟行為についても適用され，当事者は信義にしたがい誠実に民事訴訟を追行しなければならないとされる（2条）。もっとも，このように明文規定をもって訴訟手続における信義則の妥当性を肯定したのは新法になってからのことであり，規定のない旧法下においては私法行為と訴訟行為の相違を強調して後者における信義則の一般的な適用を否定する見解もみられた。しかし，次第に手続法の領域においても信義則が当事者その他の関係人を規律する一般的な規範として働くことが承認されるようになり，訴訟行為における一般的な妥当性を肯定する見解が判例および通説の支持するところとなった[156]。こうした理論状況が新法によって立法化されるに至ったのである[157]。

　訴訟行為に対する信義則の適用は，他の明文規定ないし具体的な法理論が存在しない場合にはじめて検討されるものである。私法行為においても，この補充性は信義則の属性であるが，訴訟行為の場合には，明確な要件をもたない一般条項であることにより適用が恣意に流れて訴訟手続の不安定を招来するおそれがあることから，民訴法2条の存在にもかかわらず，その適用はあくまで例

---

[156] 判例としては，たとえば，提訴後，訴状送達前に被告が死亡した場合，相続人が訴訟承継の手続をとり，異議を述べずに第一審，第二審を通じて訴訟行為をしたときは，相続人が訴訟の被告は死者であるとして上告審で自らの訴訟行為の無効を主張することは信義則上許されないとした最判昭41・7・14民集20巻6号1173頁〔百選Ⅰ13事件〕などがある。学説については，中野・推認117頁，中野・訴訟関係38頁以下，中野ほか26頁〔中野貞一郎〕，争点〔3版〕18頁〔栂善夫〕などを参照。なお，信義則に基づく法的推論という視座から実体法と手続法に対する総合的な研究として，平田勇人『信義則とその基層にあるもの』（成文堂，2006年）がある。

[157] 一問一答29頁，研究会・新民訴21頁など。

外的であり，慎重を期さなくてはならない。そうしたことから，民事訴訟法における信義則については，類型化の努力がなされている[158]。以下，裁判例にあらわれた事例を中心に状況を眺めてみたい。

2 訴訟状態の不当形成の排除

当事者の一方が自己に有利な訴訟法規の要件に該当する状態を故意に作出して法規の不当な適用をはかり，あるいは，相手方に有利な訴訟法規の要件に該当する状態の成立を妨害して法規の適用を不当に免れようとする訴訟戦略の下に行われた訴訟行為は，信義則によりその効果が否定される。その典型例として，管轄選択権の濫用が挙げられる。

裁判例をみると，約束手形の所持人が自己の住所地を管轄する釧路地方裁判所に他の請求（これは振出人と第1裏書人に対する請求であり，その住所地および手形の支払地により盛岡地方裁判所のみに本来管轄がある〔5条2号〕）をも併せ管轄させる目的をもって第2裏書人に対する請求を併せて提起すること（第2裏書人に対する請求は第1回口頭弁論期日に訴状の陳述もしないまま取り下げられた）は，本来管轄権のない請求について自己に便利な裁判所への管轄を生じさせるためだけの目的で，本来訴訟を追行する意思のない裁判所の管轄に属する請求を併せてしたものと認められ，管轄選択権の濫用として，これを許容することができないとした下級審決定がある（札幌高決昭41・9・19高民集19巻5号428頁〔百選4版Ａ3事件〕）。

訴訟状態の不当形成の排除に対しては，当該法規の脱法行為にあたることから，信義則という一般条項によるのではなく，当該法規の解釈を軸にして考えた方が要件の明確性という点で優れているとの主張がある[159]。上記の裁判例についても，管轄権濫用の法理より，①遅滞を避ける等のための裁量移送（17条），②民訴法7条の適用を手形上の記載から共同被告となり得ることが明確である範囲の裏書人に制限する方法（名古屋地決昭55・10・18判時1016号87頁），あるいは，③特別に共通の裁判籍がある場合には民訴法7条の適用を否定するという手段の方に，比重を置くべきではあるまいかとの指摘がある[160]。もっとも，こうした信義則の適用を回避しようとする見解に対しては，行為の反倫理性を無視することになるとの批判がある[161]。

3 訴訟上の禁反言（矛盾挙動の禁止）

訴訟上または訴訟外で一定方向の態度をとってきた当事者が，その後にそうした方向と矛盾する訴訟行為をした場合に，相手方が先行の態度を信頼し，そ

[158) 争点〔3版〕18頁〔梅善夫〕など参照。
[159) この主張につき，松浦馨「当事者行為の規制原理としての信義則」講座民訴④276頁を参照。
[160) 条解60頁〔新堂〕，百選〔2版〕24頁〔新堂幸司＝太田勝造〕。
[161) 中野ほか27頁注8〔中野貞一郎〕。

れに基づいて自己の訴訟上の地位をすでに築いており，仮に後行の矛盾行為の効力をそのまま容認したのでは，先行行為を信頼した相手方の利益を不当に害する結果となるときは，後行の矛盾行為の効力は，信義則により否定される。

　この法理は，最高裁判所によっても認められており，たとえば，自己への訴状送達がないにもかかわらず（訴状送達時に前主はすでに死亡），自ら進んで訴訟行為をした者（訴訟承継人）が自らの訴訟行為の無効を主張することは，信義則のうえから許されないものと解するのが相当であるとした判決がある（最判昭41・7・14民集20巻6号1173頁〔百選Ⅰ13事件〕）。また，先にある事実に基づいて訴えを提起し，その事実の存在を極力主張・立証した者が，相手方からその事実を前提とする別訴を提起されると，一転して当該事実の存在を否認するがごときは，訴訟上の信義則に著しく反するとした判決もある（最判昭48・7・20民集27巻7号890頁〔百選Ⅰ12事件〕[162]）。

　学説においては，訴訟上の禁反言の適用要件として，①矛盾行為，②相手方の信頼，および，③相手方の不利益の3点が掲げられているが[163]，これらの該当性を形式的に判断するのではなく，各事案における総合的な利益考量に基づく価値判断が重要であるとの指摘がある[164]。訴訟手続の安定を害さない範囲で，個々のケースにおける具体的に妥当な結論を導くためには，微妙なバランスの確保に腐心するのは，訴訟における信義則の適用に共通する難題である。

4　訴訟上の権能の失効

　当事者の一方が訴訟上の権能を長期間行使せずに放置したため，それが行使されないであろうという正当な期待を抱いた相手方がそれに基づいて行動している場合には，後にその権能を行使しようとしても，信義則により，すでにその権能は失効したものとして許されない。この失効の原則が適用される例として，通常抗告や異議などの期間の定めのない各種の申立てが挙げられてい

---

[162]　もっとも，本判決の事案，すなわち，義理の父の有体動産に対する執行（501万円の手形債権に基づく）について，すでに義理の父からの営業譲渡を受けており，執行物件は自己の所有であるとして第三者異議訴訟（以下，前訴）を提起した者が，その後，営業譲受・商号続用で商法26条により営業上の責任が認められるとして，債権者から手形金支払請求訴訟（本訴）を提起されると，前訴での主張たる営業譲渡の事実を否認することは，それが真実に合致した主張であり，しかも，前訴は（本訴の提起後半年ほどとして）すでに休止満了によって訴えの取下げとみなされているといった事実関係の下において，最高裁は，信義則に反せず有効であると解するのが相当であるとして，信義則違反を認めなかった。この結論の背後にある要因の一つとして，両主張間の経済的実価の隔絶ということも考えられる。

[163]　争点〔3版〕19頁〔栂善夫〕に掲載の諸文献参照。

[164]　争点〔3版〕19頁〔栂善夫〕。

る[165]。

　問題となるのは訴権についての失効であり，判例はこれを肯定する傾向にある。すなわち，原告が 35 年余にわたり訴訟進行の措置をとらなかった場合に，信義則により訴えを不適法却下した最高裁判所の判決がある（最判昭 63・4・14 判タ 683 号 62 頁〔百選ⅠA25 事件〕）。また，免職解雇後数年以上を経てはじめて解雇の効力を争い，解雇無効確認等の訴えを提起することが信義則に反し許されないとする下級審判決も多い（福岡高判昭 38・9・26 労民集 14 巻 5 号 1255 頁，水戸地判昭 39・2・18 行集 15 巻 2 号 289 頁，大阪高判昭 41・4・22 労民集 17 巻 2 号 613 頁，東京地判昭 45・6・30 判時 606 号 92 頁など。反対，福岡地直方支判昭 40・4・14 労民集 16 巻 2 号 220 頁，静岡地判昭 41・9・20 行集 17 巻 9 号 1060 頁など）。

　学説上は，訴権の失効を認めるのは，訴えによる権利救済の途を閉ざし，憲法上問題があるとして，これを否定する見解が多い[166]。これに対し，基本的人権としての訴権の重要性を十分に踏まえて，その失効という重大な不利益を正当化する事情を要求するなどして厳格な判断の下に信義則の適用可能性を肯定する見解も有力となっている[167]。

　基本的人権といえども絶対無制約ではあり得ず（憲 13 条参照），信義則による訴権の喪失を一切否定して具体的妥当性を追求し得る道具立ての一つを捨て去る必要はないであろうが，第一次的には実体法領域における消滅時効，除斥期間，または，権利失効の原則によって妥当性が図られるべきであり，実体法上存在する権利を訴訟上行使できないというのはきわめて限られた場面であることは忘れてはならないであろう。

　なお，信義則に基づく訴訟上の権能の失効を根拠として，訴え提起が許されないと判示したものと理解される最高裁判所の判決があるが（最判昭 51・9・30 民集 30 巻 8 号 799 頁〔百選 3 版 88 事件〕[168]），これは争点効との関係で論じられている[169]。

---

[165]　山木戸克己「民事訴訟と信義則」末川古稀中 278 頁〔山木戸・論集 65 頁以下に所収〕，注釈民訴(3)47 頁〔伊藤眞〕，中野ほか 28 頁〔中野貞一郎〕，松本＝上野 132 頁〔松本〕，伊藤 297 頁など。

[166]　争点 42 頁〔中野貞一郎〕，竹下守夫「訴訟行為と信義則」小室直人編『判例演習講座民事訴訟法』（世界思想社，1973 年）150 頁など。

[167]　松浦・前掲注 159）266 頁・275 頁，注釈民訴(3)47 頁〔伊藤眞〕，百選Ⅰ16 頁〔山本和彦　解説〕，秋山ほかⅠ46-47 頁，伊藤 298 頁など。

[168]　判旨は要するに，前訴と後訴が訴訟物を異にする場合でも，後訴が実質的には前訴の蒸し返しといえ，前訴において後訴請求をすることに支障がなかったにもかかわらず，後訴を提起することは，信義則に照らして許されないというものである。

[169]　本書 656 頁参照。

5　訴訟上の権能の濫用禁止

　訴訟上の権能も，その濫用は認められない。たとえば，忌避権の濫用，期日申立権の濫用，または，上訴権の濫用などがその例である。

　判例をみると，旧経営者が会社支配の回復を不当にはかる意図の下に総会決議不存在確認の訴えを提起することは，甚しく信義を欠き道義上是認し得ず，訴権の濫用にあたるとして，訴えを不適却下した最高裁判所の判決がある（最判昭 53・7・10 民集 32 巻 5 号 888 頁〔百選 I 7 事件〕170)）。また，特許出願の拒絶査定を是認する審決に対する取消訴訟において，自らの行為（原告の請求を棄却した原判決の言渡し後に特許出願を取り下げること）によって訴えの利益を消滅させた原告が原判決を破棄して訴えを却下することを求める上告は上訴権の濫用にあたるとして，上告を不適法却下した判決もある（最判平 6・4・19 判時 1504 号 119 頁）。

　訴えの提起が違法であり不法行為を構成するのは，いかなる場合であろうか。不当訴訟が不法行為に該当することは大審院時代から認められているが171)，最高裁判所は，提訴者の主張した権利が事実的，法律的根拠を欠くものであるうえ，提訴者がそのことを知りながらまたは通常人であれば容易にそのことを知り得たといえるのに敢えて提訴したなど，訴えの提起が裁判制度の趣旨目的に照らして著しく相当性を欠くときに限り，その訴え提起が相手方に対する違法な行為となると判示した（最判昭 63・1・26 民集 42 巻 1 号 1 頁〔百選 3 版 43 事件〕）。

　訴訟上の権能の濫用として，その行使を禁止するには，それ以外に救済方法がない場合に限られることは，他の信義則適用の場合と変わらず，とりわけ訴

---

170)　本件訴えは，経営難の Y 有限会社から手を引くために，同社の経営者 X が社員らの持分総計 220 口のうち 200 口を訴外 CD 夫婦に譲渡して Y 社に取締役辞任届けを提出したことにより，Y 社の社員総会において社員持分譲渡の承認，C の取締役選任および D の代表取締役選任等の決議がなされ，取締役変更の登記がなされたところ，その 3 年後に X が Y 社に対して提起した社員総会決議不存在確認訴訟である。Y 会社への支配的地位を有する X が社員総会の承認を受けるよう努めることは，①当然果たすべき義務であり，②きわめて容易であるにもかかわらず，③相当長年月それをせずに，利益を得ておきながら，会社の経営状態が好転するや一転して，決議不存在確認の訴えを提起することは，自己が作出した状態を不当に利用するものであるといえる。そのため，訴え却下という最高裁判所の結論自体に異論はない。ただし，その理論構成には若干の問題がないわけではない。本判決は，本訴提起が CD に対する著しい信義則違反の行為であること，および，請求認容判決が第三者である CD に対しても効力を有することにかんがみて，本訴提起が訴権の濫用にあたると判示するのであるが，信義則違反は，X と CD 間にあるが，XY 間の訴訟でそれがどのように影響するというのであろうか。Y は法人であり，形式的な存在にすぎないことを直視して，ストレートに訴権の濫用として処理してもよいと思われ，そうすると，対世効の点に言及するまでもないといえよう。

171)　たとえば，大連判昭 18・11・2 民集 22 巻 1179 頁は，不当訴訟は公序良俗違反であるがゆえに不法行為を構成するとした。

権の濫用については，訴権の失効と同様に，裁判を受ける権利（憲32条）との関係で慎重な吟味が要求されよう[172]。

---

[172] この点，訴えの利益の判断（却下）や実体法上の権利濫用（棄却）としての処理がまず検討されるべきであろう（中野ほか28頁注11〔中野貞一郎〕）。

第2章 裁判所

はじめに

　裁判所は，当事者とともに民事訴訟手続を動かしていく訴訟主体であり，訴訟手続を主宰してその進行をつかさどると同時に，訴訟要件および本案についての審理判断をするところに，その固有の役割がある。
　具体的な個々の訴訟事件において，こうした役割を担う裁判所を，受訴裁判所という。本章では，この受訴裁判所に着目して，裁判所の組織系統，裁判権，管轄権，そして，裁判機関の構成のそれぞれについて眺めることにする。

第1節　裁判所の組織・系統

1　裁判機関としての裁判所

　憲法76条1項は，司法権が裁判所に専属する旨を定めている。法律上の争訟（裁3条1項），すなわち，具体的な権利義務の存否をめぐる紛争について，その解決を最高裁判所を頂点とする裁判所の専権としたものである。この裁判機関としての裁判所は，現行法下では，最高裁判所，高等裁判所[1]，地方裁判所，簡易裁判所，および，家庭裁判所の六種類である。憲法上は，最高裁判所とそれ以外の下級裁判所の設置が要求されているにすぎず，下級裁判所のあり方は法律事項なので（憲76条1項），新たな下級裁判所を立法上設けることも可能である。たとえば，2003年に制定された人事訴訟法は，人事訴訟事件を家庭裁判所に移管し（人訴4条1項以下，裁31条の3第1項参照）[2]，その結果，訴訟事件を扱う下級裁判所として家庭裁判所が新たに加わった。

2　合議制と単独制

　裁判機関としての裁判所には，その構成する裁判官が複数の場合の合議体と，1人の場合の単独体がある。最高裁判所および高等裁判所は，合議制をとるのに対して，地方裁判所および簡易裁判所は，単独制を原則とする。すなわち，最高裁判所では，大法廷は15人の裁判官，小法廷は5人の裁判官から，それ

---

[1] 知的財産高等裁判所を含む。
[2] 2003年の人事訴訟法制定前において，家庭裁判所は，非訟事件のみを管轄していた。

それ構成される（裁9条，最事規2条）。高等裁判所では，3人の合議体によるのが原則である（裁18条）[3]。他方，地方裁判所では，単独制が原則とされ（裁26条1項），例外的に，合議制で裁判する旨の決定がなされた場合（裁26条2項1号，民訴269条1項・269条の2第1項）または法律が特に定める場合（裁26条2項3号[4]・4号）に限り，3人または5人の合議制[5]がとられる。家庭裁判所においても，単独制が原則とされ（裁31条の4第1項），例外的に合議制で裁判する旨の決定がなされた場合または法律が特に定める場合に限り（同条2項1号・2号），3人の合議制がとられる（同条3項）。簡易裁判所は，常に単独制である（裁35条）[6]。

　合議制の場合，判決は裁判官全員の評議に基づいて言い渡されるが，その他の訴訟運営に関する事項については，手続の円滑・効率の観点から，合議体を構成する裁判官の1人に訴訟行為をさせるしくみが用意されている。たとえば，構成員の1人である裁判長が訴訟指揮権を行使したり（148条など），構成員の1人である受命裁判官（これに対し，他の裁判所に属する裁判官で，受訴裁判所から証拠調べなどを嘱託される裁判官を受託裁判官という）に一定の事項を委ねたり（89条・185条・195条・206条など）している。裁判長以外の裁判官は陪席裁判官とよばれ，さらに3人の合議体の場合には右陪席，左陪席の区別があり，最も経験の浅い裁判官を左陪席とする慣行がある。なお，判事補は，裁判長になることができず，また，合議体の構成員中に1人に限られる（裁27条2項）。ただし，大規模訴訟における5人合議体では，判事補は同時に2人まで加わることが許される（269条2項）。もっとも，これらの制限は，判事補としての職務経験が5年以上あり，最高裁判所による指名を受けた，いわゆる特例判事補については，解除されている（判事補の職権の特例等に関する法律［昭和23年法律146号］）。

　こうした合議制には，複数の裁判官が知識経験を相互に補完し合い多角的視点からする吟味ができて合理的判断が期待されるというメリットがある一方，効率性に欠けるという評価もあり，これは法律家の数に限界があるところでは，問題はとりわけ深刻となる。これに対し，単独制は，限りある人的リソースを

---

3) 5人合議制の場合もある（310条の2本文，特許182条の2参照）。
4) 簡易裁判所の判決に対する控訴事件ならびに簡易裁判所の決定・命令に対する抗告事件は，合議制で審判される。
5) 大規模訴訟と特許権等に関する訴訟（6条1項参照）の場合は5人合議制（269条1項・269条の2第1項），それ以外の場合は3人合議制（裁26条3項）である。
6) なお，2人合議制が提案されたことがあるが，法理上難点があり，また法政策的にも疑問がある。

効率的に用いることができること，個人としての全人格的な統一的判断を期待できることなどのメリットがある。単独制は，法曹一元制（英米法系諸国）の下では自然な選択であるが，キャリア裁判官制においても，裁判官の給源の多様化，教育や研修の改善に伴い，その比重を高めていくであろう。合議制か単独制かの選択は，さまざまな状況を睨みながら総合的に判断すべき立法政策上の重要な課題である[7]。

第2節　民事裁判権

1　民事裁判権と管轄権

裁判所が，特定の民事事件を審判する責務を負う受訴裁判所となるには，当該事件に関し民事裁判権と管轄権の双方を有することを要する。

民事裁判権は，裁判所が私人間の法律関係をめぐる紛争を解決するために行使する権能の総体であり，その内容としては，関係人に対する訴訟関係書類の送達，証拠の提出命令，口頭弁論期日の呼出し，判決言渡しなどがある。わが国の民事裁判権が及ぶか否かについては，対人的制約と対物的制約がある。

管轄権は，民事裁判権の存在を前提に，それをいずれの裁判所が行使することができるのかという事務分担を決定するものであり，個々の受訴裁判所が実際に民事裁判権を行使できる具体的な権能をいう。

2　民事裁判権の対人的制約

民事裁判権は国家主権の一部をなすことから，その範囲は主権のそれに一致する。そうすると，日本国の領域内にいるすべての人に対して日本の民事裁判権が及ぶのが，原則となる。外国人および外国法人に対しては，裁判権が制約を受けるかどうかに問題がある。この点，判例は，被告が外国に本店を有する外国法人である場合には，当該法人が進んで服するのでない限り，日本の裁判権は及ばないとしている（最判昭56・10・16民集35巻7号1224頁［マレーシア航空事件］〔百選3版123事件〕）。しかし，日本国の領域内に住所・営業所などを有するなど，日本国と何らかのつながりがあるものについては，原則として裁判権を肯定するのが妥当である[8]。

---

[7]　岩松三郎『民事裁判の研究』（弘文堂，1961年）7-8頁，兼子＝竹下・裁判法305頁，伊藤34頁など。なお，新堂76頁注(1)参照。

[8]　新堂89頁，伊藤36頁，松本＝上野76頁〔松本〕，河野43頁，石黒一憲『国際私法〔新版〕』（新世社，1990年）198頁など。

民事裁判権については，例外としてその免除が認められる場合がある。

まず，国内法上のものとしては，天皇について，判例は，天皇が日本国および日本国民統合の象徴であることを理由に民事裁判権の免除を認める（最判平元・11・20民集43巻10号1160頁〔百選Ⅰ6事件〕9））。学説は分かれ，象徴という天皇の特殊性に加えて，免除を認めても実際上の不都合が予想されないことを根拠として判例に賛成する見解10)もあるが，免除を認めない見解がむしろ多数説11)である。国のあり様にかかわる考察を要する問題といえよう。

つぎに，国際法上の免除については，第一に，外国国家が問題となる。従来，外国国家は，条約に規定がある場合や免除を放棄する場合などの例外を除いて，裁判権が免除されるという絶対的免除主義の考え方が支配的であった。わが国においても，絶対的免除主義に立つ大審院決定（大決昭3・12・28民集7巻1128頁〔百選Ⅰ18事件〕）が長らく先例とされてきた。しかしながら，近時，国家活動の多様な展開が進むにつれて，実質的には商業的活動といえるものにまで拡がっていることもあり，こうした背景の中で，国家の私法的行為については裁判権免除を認めないとする制限免除主義に立つ国家が大勢を占めるに至った。わが国においても，制限免除主義を妥当とする考え方が学界で支配的となり，そして，実務もこの動きに呼応して12)，ついには判例変更がなされ，制限免除主義が採用されるに至った。すなわち，外国国家はその私法的ないし業務管理的行為については，わが国による民事裁判権の行使が外国国家の主権を侵害するおそれがあるなどの特段の事情のない限り，わが国の裁判権から免除されないと解するのが相当である旨が判示された（最判平18・7・21民集60巻6号2542頁〔パキスタン・イスラム共和国貸金返還請求事件最高裁判決〕。最判平21・10・16裁時1493号7頁もこれを前提とする）。その後，制限免除主義を採用し，外国がわが国の民事裁

---

9) 本判決は，天皇を被告とする訴状を却下すべきものとしつつ，訴えを不適法却下した第一審判決を維持した原判決について，これを違法として破棄するまでもないと判示した。
10) 斎藤・概論55頁，斎藤ほか(1)210頁〔斎藤秀夫〕，伊藤36頁，梅本36頁，河野44頁など。
11) 兼子・体系65頁，菊井＝村松Ⅰ40頁，三ケ月・全集244頁，新堂89頁，注釈民訴(1)416頁〔高見進〕など。
12) たとえば，最判平14・4・12民集56巻4号729頁〔横田基地最高裁判決〕〔国際私法判例百選初版79事件〕は，主権的行為について民事裁判権の免除が認められるとしつつ，制限免除主義に理解を示していた（東京地判平15・7・31判時1850号84頁〔ナウル共和国外債事件判決〕は，横田基地最高裁判決を実質的に判例変更したものと理解すべきであるという）。なお，外国に対して応訴意思の有無を照会する手続を定めた通達の廃止を制限免除主義への流れを示すものとみるのは，林潤「『外国を相手方とする民事事件に関する応訴意思の有無等の照会について』と題する通達の廃止について」民事法情報167号（2000年）43頁。

判権に服するのはいかなる場合かに関する規律を定めた「外国等に対する我が国の民事裁判権に関する法律（いわゆる主権免除法）」（平成21年法律第24号）が制定された[13]。

第二に，外交使節，領事館，国際機関などの免除がある。これは，任務の効果的な遂行などの職務遂行上の必要性から認められるもので，たとえば，「外交関係に関するウィーン条約」（1964年発効）では，外交官やその家族は，個人としての活動に基づく一定の訴訟（接受国の領域内にある外交官等の個人の不動産に関する訴訟，個人として関係している相続に関する訴訟，および接受国内で公務の範囲外で行う職業・商業活動に関する訴訟）を除いて，裁判権が免除される（同条約31条1項）。この場合に，派遣国の意思表示ないし条約によって，免除を放棄することができる（主権免除法5条，ウィーン条約32条1項・2項・4項）。これらの者が自ら進んで提訴した場合も免除の放棄となる（主権免除法6条1項，ウィーン条約32条3項参照。最判平18・7・21民集60巻2号2542頁，東京地判昭30・12・23下民集6巻12号2679頁）。外交使節も同様であり，その派遣国は免除を放棄することができる（交通事故による損害賠償請求訴訟について免除の放棄が求められることが多いといわれる）。

3 民事裁判権の対物的制約

具体的事件を前提に，その当事者および訴訟物の観点から民事裁判権を制限するのが，対物的制約である。これは，外国人を当事者とする事件や外国にある物もしくは外国法上の事項に関する事件といった渉外事件について，とりわけ問題となる。

(1) 対物的制約と国際裁判管轄

渉外事件についてどの国の裁判所が裁判権を行使するべきかという国際裁判管轄の問題と裁判権の対物的制約との関係については，若干の対立がある。すなわち，国際裁判管轄を対物的制約の具体化ととらえる見解[14]とそうではなく，外在的・国際法的制約と内在的・国際民事訴訟的制約を分けて考える見解[15]がある。民事裁判権の限界には，理論的に確定しがたい面があり，アプリオリに設定することには困難があって，また，国際法的制約によらざるを得ないところもあれば，国内的な内在的制約もある。そうとすれば，後者の見解のように

---

13) これにつき，小林秀之＝村上正子『国際民事訴訟法』（弘文堂，2009年）88-90頁，川尻恵理子ほか「対外国民事裁判権法（主権免除法）の制定」時の法令1841号（2009年）6頁など参照。
14) 伊藤37頁。
15) 条解27頁〔新堂幸司〕，石黒・前掲注8) 202頁。

対物的制約と国際裁判管轄の問題を別次元でとらえるのが実際的であろう。各国の裁判権は，重層的に重なり合う面があり，しかも，その限界は流動的な状況にあるので，多元的な考察を要しよう。

(2) 国際裁判管轄

当事者の一方が外国に居住する場合に，いずれの国の裁判所に訴えを提起することができるのかといったように，トランスナショナルな民事事件についてどの国が裁判を行うことができるのかを決するのが国際裁判管轄の問題である。国際裁判管轄については，これを直接規定する法規もなく，また，よるべき条約も，一般に承認された明確な国際法上の原則も，いまだ確立していないことから議論がある[16]。

従来，日本法には国際裁判管轄を直接規定した条項はないと解されていた[17]。そこで，かつての通説的見解は，国内土地管轄規定（民訴 4 条以下）から逆に推知して，日本の裁判所に国内土地管轄が認められるときは，日本国に国際裁判管轄権があるとした（逆推知説）[18]。これに対して，国際裁判管轄の問題は，国際的な民事訴訟について当事者間の公平，裁判の適正・迅速等の民事訴訟法の理念に基づく国際的な規模での裁判管轄配分の問題であり，わが国にはこれに関する直接の規定がないので，条理により判断すべきであり，そのための具体的基準としては，民事訴訟法の国内土地管轄の規定を国際民事事件の特性に応じて，適宜修正しつつ類推ないし参酌すべきであるとする有力な主張があった（管轄配分説［修正類推説ともいう］）[19]。

---

[16] 高橋宏志「国際裁判管轄」澤木敬郎＝青山善充編『国際民事訴訟法の理論』（有斐閣，1987年）31頁以下，小島＝小林・基本演習 30頁以下など参照。なお，国際法上，一国の裁判所が事件と自国との間に何らかの関連性を認める場合にのみ裁判権行使が許されるとされているだけであり，具体的にどの程度の関連性を要求するかなどは各国の司法政策に委ねられている。例外として，不動産を直接目的とする権利関係の訴訟は，その所在地国の裁判権に専属するというルールがある。ブリュッセル規則Ⅰ Ⅱ参照。

[17] 兼子・体系66頁，新堂83頁，本間靖規ほか『国際民事手続法』（有斐閣，2005年）35頁〔中野俊一郎〕など。反対，竹下守夫「判批」金判637号（1982年）49頁。なお，ドイツでは，ZPO の土地管轄規定は，国内・国際の両裁判管轄をともに定めるという二重の機能を有する。わが国においても，1926（大正15）年の旧民事訴訟法の制定に際して国際裁判管轄をも想定した規定の創設が試みられたことがあり，1996（平成8）年の新民事訴訟法の立法過程において国際裁判管轄は検討課題とされていたが，立法化には至らなかった（講座新民訴Ⅲ396頁〔小林秀之〕など参照）。しかし，2008年秋より法制審議会において国際裁判管轄の立法化に向けた議論が本格始動し，2011年に民事訴訟法及び民事保全法の一部を改正する法律（平成23年法律第36号）によって立法化された。なお，国際裁判管轄の立法化の重要性を国際知的財産権訴訟の観点からコメントしたものとして，東北アジア民事訴訟法国際学会報告書『多元化する紛争解決方法――日中韓の対話――』（桐蔭横浜大学，2009年）211頁以下〔小林学〕がある。

[18] 兼子・体系66頁など。

[19] 池原季雄「国際裁判管轄権」新実務民訴(7)18頁など。

こうした学説の対立状況のなか、この問題に関するリーディング・ケースとなる最高裁判所判決が登場した。事案は、日本人Aがマレーシアへの出張中に同国内で同国法人Y（マレーシア航空）の運航する国内航空路線の航空券を購入して旅客運送契約を締結し、Yの国内線旅客機に搭乗中、墜落事故に遭遇し死亡したので、Aの遺族であるX（日本在住）がYを被告として旅客運送契約不履行に基づく損害賠償請求訴訟を日本の裁判所に提起したところ、Yが日本の国際裁判管轄権の存在を争ったというものである（マレーシア航空事件）。最高裁判所は、「国の裁判権はその主権の一作用としてされるものであり、裁判権の及ぶ範囲は原則として主権の及ぶ範囲と同一であるから」、外国法人には日本の裁判権は及ばないのが原則であるが、例外の場合もあるところ、「この例外的扱いの範囲については、この点に関する国際裁判管轄を直接規定する法規もなく、また、よるべき条約も一般に承認された明確な国際法上の原則もいまだ確立していない現状のもとにおいては、当事者間の公平、裁判の適正・迅速を期するという理念により条理にしたがつて決定するのが相当であり、わが民訴法の国内の土地管轄に関する規定」、たとえば、被告の居所（4条2項）、法人その他の団体の事務所または営業所（4条4項5項）、義務履行地（5条1号）、被告の財産所在地（5条4号）、不法行為地（5条9号）、その他民訴法の規定する裁判籍のいずれかがわが国内にあるときは、「これらに関する訴訟事件につき、被告をわが国の裁判権に服させるのが右条理に適うものというべきである」と判示した（最判昭56・10・16民集35巻7号1224頁〔百選3版123事件〕）。

　本判決に対する学説の反応をみると、前半部分は管轄配分説に、後半部分は逆推知説に、それぞれ依拠しているように読めることから、論理一貫性に欠ける旨の批判があったが、結論自体には賛成する意見が大勢を占めた。また、本判決以後の下級審裁判例は、本判決は逆推知説を原則とするという理解に立ち、国内土地管轄規定を基準としつつも、当事者間の公平、裁判の適正・迅速という理念に反する特段の事情がある場合には修正を加えるという修正逆推知説ともいうべき方向に変容した[20]。

　下級審裁判例は、マレーシア航空事件最高裁判決を原則として維持しながら、「特段の事情のない限り」という文言を加えることで弾力化を図り、具体的に妥当な結果を導く解釈手法であるなどと受け止められ[21]、学説は概ね好意的であった[22]。そうしたなか、最高裁判所は、特段の事情による修正を認めるに至

---

20) 東京地判昭61・6・20判タ604号138頁［遠東航空事件］など。
21) 民訴百選Ⅰ19事件解説〔渡辺惺之〕。
22) 修正逆推知説を支持するものとして、竹下守夫「判例からみた国際裁判管轄」NBL 386号

った。すなわち，「我が国の民訴法の規定する裁判籍のいずれかが我が国内にあるときは，原則として，我が国の裁判所に提起された訴訟事件につき，被告を我が国の裁判権に服させるのが相当であるが，我が国で裁判を行うことが当事者間の公平，裁判の適正・迅速を期するという理念に反する特段の事情があると認められる場合には，我が国の国際裁判管轄を否定すべきである」という（最判平 9・11・11 判時 1626 号 74 頁［ドイツ車預託金請求事件判決]）。

　この判決の出現によって，判例上，原則として国内土地管轄規定を基準としつつも，特段の事情による修正を認めるという修正逆推知説の判断枠組みが定着した。すなわち，マレーシア航空事件判決は「原則」により，ドイツ車預託金請求事件判決は「例外」により，それぞれ結論を導いており，原則・例外双方の判断が示されたとみることが許されよう。このような判例理論は，土地管轄規定からの逆推知によって管轄規整の明確性（法的安定性）を担保するとともに，「特段の事情」という限定的な利益衡量の枠組みを設けることにより，具体的妥当性をも企図したものといえ，可視性において相対的に高いスキームとして妥当なものと解されよう[23]。

　そうすると，解釈論としては，自国と（人的物的に）何ら関係のない事件に対する裁判権行使は回避すべきであり，他国の領土主権，対人主権に係わる事件，もっぱら他国の利害に関する事件については，他国の裁判権を尊重すべきであるとの方針が導かれよう。たとえば，外国人間の婚姻事件は，日本の裁判権が認められるとしても，当該外国人の本国の対人主権を尊重すべきであることから，その国の裁判権を否定すべきではないということになる[24]。また，ある人

　　(1987年) 19 頁・32 頁，小島武司「国際裁判管轄」中野貞一郎先生古稀祝賀下『判例民事訴訟法の理論』（有斐閣，1995 年）421 頁など。その他の学説としては，(i) 渉外事件の内容は複雑多岐であるから，抽象的な管轄規定のあてはめに終始することなく，裁判を受けるについての原告の利益，被告の応訴の便宜，当事者の対等性，事件ごとに個別的な利益衡量が必要であるとする「利益衡量説」，(ii) 類型的利益衡量によって国際裁判管轄ルールを設定し，その際に考慮されなかったか，具体的事件ではその前提と異なっている事情を「特段の事情」として考慮すべきとする「新類型説」（注釈民訴(1) 106 頁［道垣内正人］）があり，また，(iii) 民事訴訟法の土地管轄規定は，国際裁判管轄も定めており，そのいずれかに該当すれば国際裁判管轄もあることになるとする「二重機能説」（藤田泰弘『日／米国際訴訟の実務と論点』〔日本評論社，1998 年〕3 頁，安達栄司『国際民事訴訟法の展開』〔成文堂，2000 年〕96 頁など）もある。

23) 本間ほか・前掲注 17) 40 頁［中野俊一郎］など。
24) 外国人間の離婚訴訟に関する判例の立場は，最大判昭 39・3・25 民集 18 巻 3 号 486 頁によって確立された。被告住所地に国際裁判管轄権を認めるのを原則として，遺棄，行方不明，その他これに準じる場合には，原告の住所が日本にあることを条件として，日本の国際裁判管轄権を例外的に認めるというものである。これに対して，内外人夫婦の離婚訴訟に関して，最判平 8・6・24 民集 50 巻 7 号 1451 頁〔百選 3 版 A 53 事件〕は，日本に離婚訴訟を提起する以外に方法

がある国の国籍を有するか否かは，その国の利害に関する事項ゆえに，その国の裁判権に専属することになる[25]。さらに，国際的規模での管轄権の場所的分配の問題であるという側面もあることから，国内民事訴訟法の土地管轄の規定を類推して考えることも許されよう。

以上のような判例・学説の展開を踏まえつつ，国際裁判管轄法制を整備すべきであるとの指摘はかねてよりなされており，法整備へ向けた具体的な動きもみられたが[26]，2011年にようやく立法化に至った[27]。主要な規定を概観すると，まず，訴えの類型にかかわらない一般的な規律として，原告・被告間の衡平を図るべく，国内土地管轄に関する民訴法4条1項と同じ趣旨から，自然人を被告とする訴えについて，当該被告の住所等が日本国内にあるときは，日本の裁判所が管轄権を有するものとし（3条の2第1項），また，法人その他の社団または財団を被告とする訴えについては，主たる事務所または営業所が日本国内にあるときなどは，日本の裁判所が管轄権を有するものと定められている（同条3項）。

つぎに，訴えの類型に応じて，概ね以下のような規定が置かれている[28]。契約上の債務の履行を請求する訴えについて，①契約において定められた債務履行地が日本国内にあるとき，または，②契約において選択された地の法によれば当該債務の履行地が日本国内にあるときは，日本の裁判所が管轄権を有する

がないと考えられる場合に，日本の国際裁判管轄権を認めるのが条理にかなうと判示した（これは，緊急管轄を認める一事例にすぎないとみるのが学説上多数である）。

25) アメリカ国籍について，最判昭24・12・20民集3巻12号507頁。
26) 1996年の新民事訴訟法制定に際しての検討事項には，財産権上の訴えに関する国際裁判管轄の規律も掲げられていたが，その当時，ヘーグ国際私法会議において国際裁判管轄に関する一般的かつ広範な多国間条約の作成が検討中であったことなどにより，国内法制の整備は見送られた。しかし，条約交渉は，当初の目的を達成することなく，2005年に管轄合意に関する小規模な条約が採択されるにとどまり，国際裁判管轄に関する一般的かつ広範な条約が作成される見込みは失われた。そこで，国際裁判管轄の立法化は，国内法の整備に委ねられることになったため，法務省において，財産権上の訴えおよび保全命令事件の国際裁判管轄に関する法整備に着手するとし，国際裁判管轄法制部会の「国際裁判管轄法制の整備に関する要綱案」を踏まえて，法務省は2010年3月2日に法律案を第174回国会（常会）に提出したが，審議未了により廃案となった。
27) 民事訴訟法及び民事保全法の一部を改正する法律（平成23年法律第36号）による。これは，上掲（注26）の廃案となった法律案と同一内容の法律案を第176回国会（臨時会）に再提出して，第177回国会（常会）で可決・成立し，2011年5月2日に公布されたものである。
28) 新設された国際裁判管轄規定の概説として，一問一答・平23改正，高桑昭『国際民事訴訟法・国際私法論集』（東信堂，2011年）40頁以下，日本弁護士連合会国際裁判管轄規則の法令化に関する検討会議編『新しい国際裁判管轄法制——実務家の視点から——（別冊NBL 138号）』（商事法務，2012年），青山善充「新しい国際裁判管轄法について」明治大学法科大学院論集10号〔淺生重機教授・河邉義正教授古稀記念論文集〕（2012年）345頁などを参照。

(3条の3第1号)。これは，当事者の意思に適うであろうとの理由による。同様の趣旨から，契約上の債務に関して行われた事務管理または生じた不当利得に関する請求，契約上の債務不履行による損害賠償の請求その他契約上の債務に関する請求を目的とする訴えについても，上記①②の場合には，日本の裁判所に提訴し得るものとされた (同条2号)。

　財産権上の訴えで金銭支払を請求するものについて，被告の差押え可能財産が日本国内にあるときは，日本の裁判所が管轄権を有する (同条3号)。これは，たとえば，被告である外国の企業が日本国内に預金などの差押え可能な財産を有する場合に，原告が債務名義を得て，当該財産に対して強制執行し得るようにする必要が認められることに基づく。

　日本国内に営業所等を有する者に対する訴えで，当該営業所等における業務に関するものについては，当該営業所はその業務に関しては住所に準ずる機能を果たす (業務の本拠地) とみられ，証拠の収集にも便宜であることから，日本の裁判所に管轄権が認められる (同条4号)。たとえば，日本の営業所が，日本国内だけでなく，アジア地域の統括支店として諸外国における業務をも担当している場合，当該営業所の業務である限り，それが外国で行われたものであっても，本条4号により，日本の裁判所に提訴することができる[29]。ところで，日本の法人については，通常，日本国内に本店等の主たる営業所等が存在するのに対し (会社27条3号，一般法人11条1項3号など)，日本において取引を継続しようとする外国法人については，営業所の設置義務の廃止[30]により，日本国内に営業所等を有するものとそうでないものが存在することになるが，本条4号は前者にしか適用されない。そうすると，営業所を設置していない外国会社，その他の社団・財団，または，外国人であって，日本において事業を行う者には，本条4号の適用が認められないことになるが，その者の日本における業務に関する訴えについては，その者が日本での業務展開によって収益を上げていることとの均衡から，取引の相手方の提訴の便宜をはかるべく，日本の裁判所の管轄権を認めるのが相当である。そこで，日本で事業を行う者に対する訴えについて，当該訴えがその者の日本における業務に関するものであるときには，日本の裁判所の管轄権を認めることとした (同条5号)。たとえば，被告が日本

---

29) 一問一答・平23改正56頁。
30) これは，2002年の商法改正による。なお，これを承継した会社法817条1項によると，日本で取引を継続しようとする外国会社は，営業所の存否にかかわらず，日本における代表者 (少なくとも一人は日本に住所を有する者) を定めなければならないとされる。

国内に営業所を設置せずにインターネット・ビジネスを日本で展開している場合には，当該訴えが日本の業務に関するものであるときは，本条5号により，日本の裁判所に提訴することができる[31]。この規定は，被告が州内において事業を行っているだけで管轄権を肯定するアメリカ法における Doing Business 法理とは異なり，日本における業務に関する訴えについてのみ管轄権を生じさせるにすぎない[32]。なお，本条4号と5号の関係については，相互に排他的でもなく，いずれかが優先的に適用されるわけでもなく，たとえば，日本に営業所を設置して事業を行う者に対する訴えで，当該営業所における業務に関するものについて，原告は，いずれの規定によっても，日本の裁判所に提訴することができる[33]。

そのほか，不法行為に関する訴え[34]については，不法行為があった地（加害行為地および結果発生地をいう）が日本国内にあるときは，原則として，日本の裁判所の管轄権が認められる（同条8号）。これは，通常，日本国内に証拠方法が存在し，被害者たる原告にとって便宜であることに基づく。ただし，日本国内における結果発生が通常予見し得ない場合にまで日本の裁判所の管轄権を認めると，被告にとって応訴の負担が大きく，当事者間の公平を確保できないことから，加害行為が外国にあり，結果発生地が日本国内にある場合において，日本国内におけるその結果の発生が通常予見することのできないものであったときには，日本の裁判所に提訴することはできない（同条8号下段の括弧書き）。また，不動産に関する訴えについて，不動産が日本国内にある場合には，不動産の所在地は係争物たる土地・建物や登記簿が存在するなどして証拠調べ等にと

---

31) 一問一答・平23改正56頁。同書57頁によると，本条5号の適用に際し，日本国内に営業所を設置していない外国の事業者と日本の法人または個人との間の直接の取引に係る訴えについて，日本の裁判所が管轄権を有するかについては，①当該外国の事業者が「日本において事業を行う者」か否か，②「当該訴えが，その者の日本における業務に関するもの」か否かを裁判所が事案ごとに個別に判断することになるとして，以下のようなケースを検討している。すなわち，外国の事業者が，日本からアクセス可能なインターネット上のウェッブサイトを開設するなどして，日本の法人または個人に対して製品等を販売した場合，当該製品の代金支払や引渡しに係る訴えについて，「当該ウェッブサイトが日本語で記載されているかどうか，ウェッブサイトを通じて日本から申込みをすることが可能かどうか，当該事業者を日本の法人又は個人の取引実態等の事情」を考慮して，上記要件①②を充足するかが判断されることになるという。

32) 一問一答・平23改正54頁注，条解2版56頁〔新堂幸司＝高橋宏志＝高田裕成〕など。

33) 一問一答・平23改正56頁。

34) 不法行為に関する訴えとは，民法709条以下に規定された不法行為概念と同一のものではなく，民訴法5条9号と同様に，民法以外の法令に規定される不法行為も含む概念である。たとえば，知的財産権の侵害に基づく損害賠償請求ならびに差止請求もこれに含まれる。

って便宜であり，また，利害関係者が付近に居住することも多いため，日本の裁判所に管轄権が認められる（同条11号）。

　さらに，消費者契約および労働関係に関する訴えについては，経済力や交渉力などの点において当事者間（消費者・事業者間または労働者・事業主間）に格差が存在し，また，消費者や労働者にとって外国の裁判所における訴訟追行は困難であり，国内事案に比べて裁判所へのアクセスを保障すべき必要性が高いことなどから，国際裁判管轄権について特則が設けられ，消費者および労働者の権利保護が企図されている。まず，消費者契約に関する訴えにつき，消費者が事業者を提訴する場合は，消費者契約締結時または提訴時に消費者が日本国内に住所を有していれば，日本の裁判所に管轄権が認められるが（3条の4第1項），事業者が消費者を提訴する場合には，国内土地管轄における特別裁判籍に相当する民訴法3条の3の規定は適用されない（同条3項）。そのため，外国の事業者が日本国内に住所を有する消費者を提訴する場合には，原則として日本の裁判所で訴えを提起することになる。つぎに，労働関係に関する訴えについては，解雇の効力を争ったり，賃金や退職金の支払を求めたりする個別労働関係民事紛争に関して国際裁判管轄権についての特則が設けられており，労働者が事業主を提訴する場合は，労務提供の地が日本国内にあれば，日本の裁判所に管轄権が認められるが（同条2項），事業主が労働者を提訴する場合には，国内土地管轄における特別裁判籍に相当する民訴法第3条の3の規定は適用されない（同条3項）。そのため，外国の事業主が日本国内に住所を有する労働者を提訴する場合には，原則として日本の裁判所で訴えを提起することになる。

　そのほか，一定の類型の訴えの管轄権については，日本の裁判所に専属するとされ（3条の5）[35]，また，国際裁判管轄の合意については，原則として有効であるが（3条の7第1項），外国の裁判所のみに提訴することができる旨の合意は，当該外国の裁判所が法律上または事実上の原因により裁判権を行使することができないときは，その援用は認められない（同条4項）。さらに，将来において生ずる消費者契約に関する紛争を対象とする事前の国際裁判管轄の合意は，消費者保護の観点から，原則として無効とされており（同条5項）[36]，同じく将

---

35) すなわち，会社の組織に関する訴え（会社828条以下）などの管轄権は，日本の裁判所に専属する（3条の5第1項）。登記・登録に関する訴えの管轄権は，登記・登録すべき地が日本国内にあるときは，日本の裁判所に専属する（3条の5第2項）。設定の登録により発生する知的財産権（特許権，実用新案権，意匠権，商標権，育成者権）で，日本で登録されたものの存否または効力に関する訴えの管轄権は，日本の裁判所に専属する（3条の5第3項）。

36) もっとも，以下二つの場合には，例外的に有効となる。第一に，事業者と消費者が，消費者

来において生ずる個別労働関係民事紛争を対象とする事前の国際裁判管轄の合意も，労働者保護のために，原則として無効とされている（同条6項)[37]。

以上の国際裁判管轄に関する規定の適用によって日本の裁判所に管轄権が認められることとなる場合であっても，事案の性質，応訴による被告の負担の程度，証拠の所在地その他の事情を考慮して，日本の裁判所が審理および裁判をすることが当事者間の衡平を害し，または適正かつ迅速な審理を妨げることとなる特別の事情があると認めるときは，その訴えの全部または一部を却下することができる（3条の9)[38]。これは，従前の判例法理（最判平9・11・11民集51巻10号4055頁［ファミリー事件]）を立法化したものである。

なお，民事保全手続についての国際裁判管轄についても規定が置かれ，日本の裁判所に本案の訴えを提起することができるとき，または，仮に差し押さえるべき物もしくは係争物が日本国内にあるときは，日本の裁判所に保全命令の申立てをすることができるものとされた（民保11条)[39]。

そのほか，国際裁判管轄の発生を根拠づけるための管轄原因事実については，たとえば，不法行為地の場合のように，それが請求を実体法上理由あらしめるための請求原因事実と符合することから，その証明の対象および程度をいかに考えるかが問題となる。ちなみに，同様の問題が生じる国内管轄においては，不法行為がなされたと仮定して管轄を肯定し，後は本案審理によるとする見

　　契約締結時の消費者の住所のある国の裁判所に提訴しうる旨の合意は有効である（3条の7第5項1号）。なお，その合意が専属的であっても，付加的合意とみなされる。第二に，消費者が合意に基づいて合意された国の裁判所に提訴したとき，または，事業者の提訴に対して消費者が合意を援用したときは，当該合意は有効となる（同条同項2号）。消費者の利益を損なうとはいえないことが，その理由である。

[37]　もっとも，以下二つの場合には，例外的に有効となる。第一に，労働契約終了時の合意であり，最後の労務提供地のある国の裁判所に提訴しうる旨の合意は，有効である（3条の7第6項1号）。労働契約終了時には労働者と事業主の格差は縮小しており，もはや合意を無効とするほどのパターナリスティックな介入を要しないわけである。なお，その合意が専属的であっても，付加的合意とみなされる点は，消費者契約の場合と同じである。第二に，労働者が合意に基づいて合意国の裁判所に提訴したとき，または，事業主の提訴に対して労働者が合意を援用したときは，当該合意は有効となる（同条同項2号）。消費者契約の場合と同様に，労働者の利益を損なうとはいえないことが，その理由である。

[38]　ただし，民訴法3条の9は，日本の裁判所にのみ訴えを提起しうる旨の専属的な国際裁判管轄の合意に基づく訴えには適用されない。具体的事情いかんにより専属的な合意の効力を事後的に否定してしまうことを認めると，国際裁判管轄の合意をすることにより管轄の有無をめぐる紛争を防止しようとした当事者の意思に反することになるからである。

[39]　人事に関する訴えおよび人事訴訟を本案とする保全命令事件については，民訴法3条の2以下の国際裁判管轄に関する規定は適用されない（「民事訴訟法及び民事保全法の一部を改正する法律」附則5条）。

解[40]と管轄原因事実についても一応の立証を要するが，その結果は本案の判断を拘束するものではないとする見解[41]が主張されており，国際裁判管轄における議論もそれを踏まえて展開されている[42]。

まず，審理重複による無駄を回避するために，原告の主張に有理性があれば，すなわち，主張自体に理由がない，あるいは，何らの根拠もないことが明らかである場合でない限り，原告の主張する事実が存在すると仮定して管轄原因の判断を行うべきであるとの見解（管轄原因仮定説）[43]がある。これに対して，原告の主張のみによって日本に居住しない被告に応訴負担を課すのは合理性と衡平に欠けるとして，管轄原因事実があったらしいとの確信をもてるような証明，すなわち，一応の証明を要するとの見解（一応の証明説）[44]が主張され，これが多数説となっている。さらに，近時，不法行為の評価につながる客観的な事象経過ないしこれによる損害の発生という事実が証明されればよいとの有力な見解（客観的事実証明説）[45]が提唱されている。これは，国際裁判管轄の審理において，真に不法行為に該当するか否か（違法性や過失の有無など）を確定する必要はなく，不法行為と主張されている行為または損害が当該管轄区域内に存在することが確定することができればよしとすとする主張である。

こうした議論状況のなか，最高裁判所は，「不法行為に該当すると主張されている行為が，当該管轄区域内で行われ，その行為に基づく損害が生じたとい

---

40) 兼子・体系93頁，条解51・74頁〔新堂幸司〕，新堂116頁など。
41) 菊井=村松I 91頁，注釈民訴(1)193頁〔上北武男〕など。
42) 理論状況につき，高橋宏志「国際裁判管轄における原因符合」原井古稀312，山田恒久「渉外的要素を含む不法行為訴訟の管轄の主張と立証」伊東古稀285頁，同「国際裁判管轄の管轄原因の主張と立証」慶應義塾創立150年記念法学部論文集『慶應の法律学 民事手続法』（慶應義塾大学法学部，2008年）225頁，国際私法判例百選〔第2版〕191頁〔高橋宏志〕など参照。
43) 昭59重判解293頁〔渡辺惺之〕，平8重判解286頁〔岡野祐子〕，安達栄司「民訴法200条1号の意義と審査方法——特に管轄原因事実と請求原因事実が符合する場合について——」中村（英）古稀上835頁など。下級審判例として，東京地判平元・3・27判時1318号82頁。
44) 道垣内正人「判批」判評310号（1984年）41頁〔判時1129号203頁〕，松岡博「判批」リマークス1号（1990年）274頁，昭49重判解230頁〔平塚真〕，後藤明史「判批」ジュリ580号（1975年）142頁など。下級審判例として，東京地中間判決49・7・24判時745号58頁，東京地中間判昭59・3・27判時1113号26頁，東京地判平7・3・17判時1569号83頁，東京地判平7・4・25判時1561号84頁。
45) 注解民訴(5)449頁〔山本和彦〕，神前禎「判批」ジュリ1118号（1997年）133頁，森勇「土地管轄および国際裁判管轄原因が請求原因と符合する場合における管轄審査——義務履行地・不法行為地裁判籍を中心に——」中村（英）古稀343頁，高橋・前掲注37）原井古稀324頁，国際私法判例百選〔第2版〕191頁〔高橋宏志〕，越山和広「判批」判評456号（1997年）45頁〔判時1585号204頁〕など。

う，客観的な事実についてのみ証明を必要とする」と判示して，いわゆる客観的事実証明説に立つことを明らかにした（最判平13・6・8民集55巻4号727頁［ウルトラマン事件］[46]）。

　管轄原因仮定説は，原告の主張のみによって日本に居住しない被告に応訴負担を課すことになる点で合理性を欠く[47]。一応の証明説は，「一応の証明」の程度に関して，「疎明程度の一応の証明」[48]，または，「被告を当該法廷まで審理のために呼び出しても，被告にとって不当な負担を強いることにならない程度」[49]，あるいは，「応訴を強制することによって被告のこうむる不便・不公正とを事件の具体的事情に照らして比較考慮して判断される」[50]など，さまざまに説明されるが，依然としていかなる程度の立証が必要かについては不明確なままである。さらに，そのような曖昧な証明を管轄原因事実のすべてに求める結果，管轄原因の審理と本案審理の相違が明確とならず，被告の利益を損ないかねない[51]。これらの説に対して，客観的事実説は，管轄原因事実の立証につき，その程度を本案審理と同様とすることではっきりとさせており，しかも，その対象を客観的事実に絞り込むことで審理範囲を限定して，被告の利益に配慮する理論構成であるといえ，この見解を採用した最高裁判所の判断は基本的に妥当であろう。もっとも，本案審理で要求される証明度に関して証拠の優越で足りるとする本書の考え方からすると[52]，管轄原因事実に関しても同じく証拠の優越で足りると解することになる。ところで，客観的事実説が不法行為事件すべてに妥当するかは別論である。この点，事件類型に応じた検討の必要も

---

[46]　本判決の評釈として，高部眞規子「判批」ジュリ1220号（2002年）107頁，渡辺惺之「判批」ジュリ1223号（2002年）106頁，木棚照一「判批」リマークス25号（2002年）146頁，松岡博「判批」ジュリ1224号（2002年）325頁，佐藤鉄男「判批」知財管理52巻4号（2002年）503頁，安達栄司「判批」NBL 735号（2002年）91頁，村上正子「判批」法教257号（2002年）135頁，横溝大「判批」法協119巻10号（2002年）203頁，早川吉尚「判批」民商131巻3号（2004年）440頁，齋藤哲「不法行為を根拠とする国際裁判管轄を肯定するために証明すべき事項と証明の程度」法セ565号（2002年）111頁，平13年度主判解228頁〔花村良一〕，国際私法判例百選〔第2版〕190頁〔髙橋宏志〕などがある。

[47]　高橋・前掲注42）320頁など。

[48]　小林秀之「外国判決の承認・執行についての一考察──米国判決を例として──」判タ467号（1982年）21頁。なお，この学説にいう「疎明」について，証明度をいうのではなく，「解明度」を指すと解する余地のあることにつき，高橋・前掲注42）325頁注12を参照。

[49]　道垣内・前掲注44）判評310号41頁，後藤・前掲注44）142頁。

[50]　松岡・前掲注44）274頁。

[51]　管轄原因仮定説から同様の指摘をするものとして，昭59重判解293頁〔渡辺惺之〕。

[52]　本書438頁・472頁。

説かれているところであり[53]，今後の判例の累積が待たれる。

(3) 世界的なハーモナイゼイションに向けて

急激な進展を見せるグローバリゼイションは，未曾有のICT革命と相俟ち，社会経済のボーダーレス化を一層推し進め，国境を越えた多様な形での私人間の法律関係の展開をもたらしており，その結果，トランスナショナルな民事紛争を激増させ，素早く幅広い反響を招いている。

そうした事態を見据えて，渉外民事紛争手続に関する国際的なルール作りへの努力が各所で進んでいる。この点，国連国際商取引法委員会（UNCITRAL）を中心とする国際商事仲裁・調停の領域における成果が目覚しいが[54]，ここでは，もう一つの重要な領域である国際民事訴訟に関する主要な取組みを概観しておく。

まず，国際条約によるものとしては，国際民事訴訟の全般にわたる包括的な内容のものはないが，民事および商事に関する裁判管轄および外国判決の承認・執行に関するハーグ国際私法会議における作業がある。そこでは，ヨーロッパ民事訴訟条約[EuGVÜ]，いわゆるブリュッセル条約[55]に基づく1999年10月草案が，*forum non conveniens* の理論や *doing business* の理論を欠くとしてアメリカの反対を受け，その後，アメリカの意向に配慮した2001年6月草案がヨーロッパ諸国の反対にあうなどの困難な状況に陥った。そこで，検討対象を裁判管轄の合意および管轄合意された裁判所で言い渡された条約締結国の判決の承認・執行に関する条約に絞り込んだ形で作業を継続している[56]。

つぎに，モデル法を提示することで，ハーモナイゼイションへ向けた各国の

---

53) 国際私法判例百選〔第2版〕191頁〔高橋宏志〕。

54) たとえば，UNCITRAL国際商事仲裁モデル法（UNCITRAL Model law on International Commercial Arbitration）の採択（1985年12月11日）や，UNCITRAL国際商事調停モデル法（UNCITRAL Model law on International Commercial Conciliation）の採択（2002年6月28日）など。そのほか，仲裁に関する条約として，「外国仲裁判断の執行に関する条約（いわゆるジュネーブ条約）」（1927年）や「外国仲裁判断の承認及び執行に関する条約（いわゆるニューヨーク条約）」（1958年）などがある。

55) 1987年にEEC構成国間で締結されたヨーロッパ民事訴訟条約は，1997年のアムステルダム条約により認められたECの「域内における民事司法協力に関する共同体法制定権限」に基づいて，ヨーロッパ民事訴訟規則（EuGVVO，いわゆるブリュッセルI規則）へと変わり，原則として，EU構成国に直接適用されるものとなっている。本間学「ヨーロッパ民事訴訟法における核心理論について──ドイツ法の視点からのその素描──」立命館法学304号（2005年）288頁の注10など参照。

56) 以上につき，ペーター・ゴットヴァルト〔出口雅久＝本間学共訳〕「国際民事訴訟法の現状について」立命館法学299号（2005年）649-650頁。この作業の一環として，日本でも国際会議が開催された。

自主的な国内法の整備を後押しするといった現実的な取組みについては，アメリカ法律協会（American Law Institute〔以下，ALI〕）および私法統一国際協会（UNIDROIT〔以下，ユニドロワ〕）の作業が代表的である[57]。ALI は，アメリカ国内における州法のハーモナイゼイションの経験と実績を踏まえて世界的なハーモナイゼイションに向けた活動に乗り出し，民事訴訟のトランスナショナル・ルール（Transnational Rules of Civil Procedure）に関する草案を G・ハザード Jr. および M・タルフォーの主導によって提示し，ユニドロワの参加を得て，これを民事訴訟に関するトランスナショナル原則・ルールとして発展させ，さらなる修正を加えたうえで，これを 2004 年に公式に採択した（ALI/UNIDROIT Principles of Transnational Civil Procedure）[58]。この原則・ルールは，商事紛争に限定されることから，とりわけアメリカによる不法行為訴訟などへの対応や司法摩擦の解消に直接全面的に結びつくものではないが，世界的なハーモナイゼイションの中での異なる法文化の接近の確かな動きとして各国の国内法の整備に対し一定のインパクトをもつであろう。

4　民事裁判権欠缺の効果

民事裁判権の対人的制約により免除の対象となる者は，訴訟当事者や執行当事者とすることはできず，また，証人や鑑定人となる義務を負わせることもできない（外交関係に関するウィーン条約 31 条 2 項・3 項参照）。免除特権者を名宛人とする送達の取扱いについては，免除特権を放棄しない限り，裁判権の行使としての送達も不可能であり，訴訟係属なども生じないのが原則である（大決昭3・12・28 民集 7 巻 1128 頁〔百選 I 18 事件〕）。そうすると，免除特権者に放棄の意思がないことが判明すれば，裁判所としては，民訴法 140 条により訴え却下判決をすることになろう[59]。実際には，訴状を被告に送達し，これが受領されることもあり得るが，この場合の送達は訴状提出を事実上通知するだけであり，免除特権放棄の効果が生じて訴訟係属が発生するわけではない。なお，免除特権が放棄されている場合における送達の方法に関しては争いがある。免除を放棄し

---

57) このほか，マルセル・シュトルメ教授らによるヨーロッパ統一民事訴訟法に向けた取組（マルセル・シュトルメ〔田尻泰之 訳〕「ヨーロッパにおける法の統一――ヨーロッパ統一民事訴訟法のための意見表明――」比較法学 26 巻 2 号〔1993 年〕143 頁以下など），ロルフ・シュテュルナーのヨーロッパ民事訴訟法学の展開（貝瀬幸雄『普遍比較法学の復権』〔信山社，2008 年〕1-51 頁など）がある。

58) 小島武司＝清水宏「ALI/UNIDROIT 渉外民事訴訟手続の策定」小島武司編著『日本法制の改革：立法と実務の最前線』（中央大学出版部，2007 年）816 頁以下，ペーター・ゴットヴァルト・前掲注 56）651 頁など参照。

59) 伊藤 38 頁。

ている者であっても，その一身または居宅の不可侵権は別個に尊重しなければならないとして，差置送達は無効であり，民訴法108条類推による嘱託送達をすべきであるとの見解がある[60]。しかし，裁判権に服するのであるから，裁判権行使としての送達について，その方法をあれこれ制限する理由は薄弱であろう[61]。

　民事裁判権の存在は訴訟要件であり，裁判所が職権で調査し（職権調査事項），その判断資料の収集も職権によって行う（職権探知主義）。こうした調査の結果，民事裁判権の欠缺が判明した場合，裁判所は，訴え却下判決をすることになる。裁判権欠缺を看過して本案判決をしてしまった場合には，上訴による取消しは可能であるが，再審は認められない。もっとも，裁判権に服さない者に対する判決は当然に無効であって（無効の判決），既判力や執行力を生じないので，再審によって取り消す実益もない（こう断じてよいかには疑いがある）。

第3節　管　　轄

　管轄は，わが国の裁判所が特定の事件に関して審判を行うことができるという民事裁判権の存在を前提として，この民事裁判権を実際に行使できるのは，具体的にはどの裁判所なのかという問題である。これは，どのような民事事件をいかなる裁判所に分掌させるのが合理的であるかという政策的観点から決せられる。もっとも，管轄がいずれの裁判所に認められるかについて，当該事件の当事者双方は重大な利害を有する。このことは，とりわけ土地管轄に妥当するところ，法は，裁判権の合理的分担および当事者間の公平といった趣旨から管轄の定めを置き，さらに当事者の意思や裁判所の裁量に基づいて管轄を変更する余地を認めることにしている。

1　管轄の意義

　管轄とは，各裁判所間の事件分担の定めをいい，各裁判所からみると，裁判権を行使できる範囲を意味することから，管轄権ともよばれる。管轄は，官署としての裁判所（国法上の意味の裁判所）間における分担の問題であり，その同一裁判所内における数個の裁判機関相互間の事務分配の定めとは区別される。

　管轄の存在は，訴訟要件の一つであり，裁判所はその有無を職権で調査しなければならず（職権調査事項），その判断資料の収集も職権によって行う（職権探

60）　新堂93頁注(1)。
61）　同旨，伊藤38頁注16など。

知主義。ただし，任意管轄については弁論主義が妥当する)。そして，その不存在が判明した場合，裁判所は，手続の進行を止め，それ以上本案審理を行ってはならず，他の管轄裁判所に属する事件であれば，職権で移送する旨の決定 (16条1項) をするが，そうでない限り，訴え却下判決をすることになる。管轄権の存在が認められる場合には，本案審理を進めることができるが，被告の移送申立てがあるときは，即時抗告の機会を与えるために，すみやかに却下決定をすべきである。被告が管轄違いを主張して争うときも，決定を下して即時抗告の機会を与えるしくみがある (16条1項・21条)。

　管轄は，いくつかの視点から分類することができる。すなわち，①その目的からみて，職分管轄，事物管轄，土地管轄，②その発生根拠からして，法定管轄，指定管轄，合意管轄，応訴管轄，そして，③強制力の有無によって，専属管轄と任意管轄に，各々分類することができる。そこで，以下では，これらを順に検討する。

2　目的による分類——職分管轄・事物管轄・土地管轄——

　その他の分類 (②③) との関係を考えると，まず，職分管轄は，裁判権の合理的分担という公益性の観点から一義的に決定されることから，法定管轄であると同時に，当事者意思による変更を許さない専属管轄である。つぎに，事物管轄は，比較的少額の事件を簡易迅速に処理するために簡易裁判所に分担させる目的で定められた法定管轄である一方，当事者意思を尊重する余地を認めるために，任意管轄とされている。それゆえ，管轄の合意によって，事物管轄が変更されることもあり (11条)，また，応訴管轄も発生し得る (12条)。また，事物管轄の規定にもかかわらず，地方裁判所は自ら審理・裁判をすることができる場合もある (16条2項・18条)。ただし，専属管轄である旨が法定されている事物管轄もある (340条)。さらに，土地管轄は，主に当事者間の公平という観点から規定された法定管轄であり，当事者間の自主的合意を尊重すべく，原則として任意管轄とされている (例外，会社835条1項，人訴4条)。

(1)　職分管轄

　職分管轄は，種々の裁判権をいずれの裁判所に分担させるのが適当かという目的から決定される事務分担の定めである。たとえば，判決裁判所と執行裁判所 (民執3条) の管轄権，第一審と上訴審に関する審級管轄，簡易迅速を要する事件についての簡易裁判所の職分管轄 (少額訴訟 [368条以下]，起訴前和解 [275条]，公示催告手続 [非訟142条] など) がある。

　職分管轄のなかでとくに重要なのが，審級管轄である。これは，いかなる種

類の裁判所が第一審の受訴裁判所となり，その判決に対する上訴をいずれの種類の裁判所の管轄とするかの定めである。第一審は，簡易裁判所，家庭裁判所または地方裁判所であり（裁33条1項1号・31条の3第1項2号・24条1号），控訴審は，第一審が簡易裁判所の場合は地方裁判所（裁24条3号），その他の場合には高等裁判所（裁16条1号）であり，そして，上告審はこの順に，高等裁判所（裁16条3号，民訴311条1項）または最高裁判所（裁7条1号，民訴311条1項）に審級管轄が認められる。高等裁判所が上告審としてした判決に対しては，最高裁判所への特別上告が認められる（327条）。なお，第一審が高等裁判所となる選挙訴訟（公選203条・204条）や第一審が東京高等裁判所となる特別の行政事件（独禁85条・86条）もあり，その判決に対しては最高裁判所への上告が認められる。

　審級管轄は，職分管轄の一つであり，専属管轄である。この点，飛躍（飛越）上告の合意が認められていることから（281条1項但書），その限りで任意管轄としての性質をもつと説明されることがある[62]。もっとも，飛躍上告の合意は控訴審を省略する旨の合意であり，控訴審，上告審という審級構造に変容をきたすものではないといえよう[63]。審級管轄は，各審級の役割および各審級の関係を定めているものであり，その審級秩序を当事者間の合意によって任意に変更することは職分管轄の性質上困難である。これに対し，飛躍上告の合意は，こうした審級秩序自体を変えるのではなく，その一部である控訴審を合意によって利用しないとするにすぎない。

(2) 事物管轄

(a) 意　義

　事物管轄は，第一審裁判所としての裁判権行使を同一地域を管轄する地方裁判所と簡易裁判所との間で分担させる定めである。事件（事物）の性質を基準とすることから，その名がある。

　現在，訴訟の目的物の価額，すなわち，訴額が140万円を超えない請求は簡易裁判所，それ以外の請求は地方裁判所の管轄とする（裁33条1項1号・24条1号）。この基準額は，時代を経るごとに引き上げられ，簡易裁判所は，その事物管轄を拡大してきたという歴史がある。これはドイツ，フランス，イギリスなどにもみられ，世界的趨勢といえる。こうした基準額の引き上げは，簡易裁

---

[62] 新堂98頁など。
[63] なお，伊藤41頁注21も，飛躍上告は「上告審の性質を控訴審に変更するものではないから，このような説明は認められない」という。

判所に期待される少額裁判所としての側面を希釈化しかねないという問題を惹起する[64]。この点は少額訴訟手続の創設（368条1項以下）によって別途対処される面もある。2003年の改正による簡易裁判所の訴額上限の引き上げ（90万円から140万円に），および，少額訴訟手続の訴額上限の引き上げ（30万円から60万円に）は，それぞれ社会経済と生活感覚の変容など合理的根拠に基づくものであったと受け止められよう。国民に利用しやすい司法制度の基盤を構築すべく，今後も，時代状況を睨みながらその利用状況を不断に検討していく姿勢が肝要であろう。

事物管轄は，専属管轄ではないので，合意管轄（11条）や応訴管轄（12条）によって変更され得る。そのほか，当事者の申立てと相手方の同意があれば，第一審裁判所は，その管轄に属する訴訟であっても，原則として申立てにかかる地方裁判所または簡易裁判所に移送しなければならない（必要的移送［19条1項本文］）。さらに，地方裁判所は，その管轄区域内の簡易裁判所の管轄に属する事件を受理した場合でも，相当と認めるときは，管轄裁判所に移送することなく，自ら審判することができる（16条2項）。また，簡易裁判所は，その管轄に属する訴訟についても，相当と認めるときは，申立てまたは職権によってその所在地を管轄する地方裁判所に移送することができ（裁量移送［18条］），不動産に関する訴訟については，被告の本案の弁論前の申立てがあれば地方裁判所に移送しなければならない（必要的移送［19条2項］）。

(b) 訴訟の目的物の価額（訴額）の算定

事物管轄の基準とされる訴額（管轄訴額）は，原告が訴えによって保護を求める権利義務その他の法的地位，すなわち，請求が認容されたときに原告が直接享受する利益を金銭で評価した額である（8条1項）。その論理からすれば，事件の複雑さや審判の難易とは関係ない。評価の基準時は，訴え提起の時である（15条参照）。評価の対象は，訴訟物ではなく，請求認容判決により原告の受ける利益である。それは，株主代表訴訟（会社847条［旧商267条］）の訴額につき，株主の請求が非財産権上の請求とみなされるのに対し（同条6項），会社が同一の訴訟物について請求を立てるときは，被告取締役に対する損害賠償請求権の金額が訴額とされることにあらわれていよう[65]。

この種の訴訟の構造を代位訴訟的に把握するにせよ，代表訴訟的にとらえるにせよ，本来の適格者以外の者に提訴権限を付与する立法政策を前提とする限

---

64) 小島・制度改革148頁。
65) 伊藤42頁注24。

り，提訴を現実にフィージブルなものとする手数料を設定するのでなければ，その制度は内在的背理をはらむものになるであろう。

　現行法上，訴額の算定方法に関する規定は存在しない[66]。そのため，訴額は，受訴裁判所の最終的判断によって決められることになるが，実務上の指針である最高裁民事局長通知として，昭和31年と昭和39年に「訴訟物の価額の算定基準」（昭和31・12・12民事甲第412号・裁判所時報221号2頁，昭和39・6・18最高裁民2第389号・裁判所時報404号2頁）が，そして平成6年に「土地を目的とする訴訟の訴訟物の価額の算定基準について」（平成6・3・28最高裁民2第79号・裁判所時報1119号2頁）が出された。これらの基準は，訴額算定の明確性，効率性それに公平性を確保するためのものであって，個々の裁判所はそれに拘束されることなく，当然に裁量権を行使することができる[67]。民事局長通知を算定の基準として採用し得るものと判示した判例（最判昭44・6・24民集23巻7号1109頁〔続百選2事件〕）もあるが，民事局長通知自体に拘束力があるわけではない。

　当事者が定められた訴額を争う方法としては，訴額に基づく事物管轄が問題となっている場合には，移送の裁判に対する不服申立て（21条）になり，提訴手数料の額が問題となっている場合には，訴状却下命令（137条2項）に対する不服申立てとなる。

　旧法下において，訴額の算定が困難な場合に算定不能としての扱いをしてよいか争いがあった。多数説は，訴額の算定が困難であっても，財産権上の請求である以上，裁判所は，算定上重要なファクターに基づいて訴額を決定する裁量を有するとして，算定不能の場合を定めた旧22条2項の適用を否定していた。判例は，この考え方を前提としながらも[68]，原告の受ける利益を算定することがきわめて困難である場合については，非財産権上の請求と同様の取扱いを認める（最判昭49・2・5民集28巻1号27頁〔百選3版5事件〕など）。たとえば，会社設立や総会決議の効力に関する請求等は，基本的には財産権上の請求であり，訴えによって主張される利益は本来経済的であるものの，訴額算定上は非財産権の請求とされるのである。また，住民訴訟については，訴えをもって主張される利益は地方公共団体の損害を回復することで住民全体の享受する利益

---

66)　これに対し，大正15年改正前の旧々民事訴訟法5条は，一応の規定を置いていた。
67)　中野・論点I 69頁，伊藤43頁注26。
68)　たとえば，最判昭33・8・8民集12巻12号1921頁〔百選3事件〕は，特定の新聞紙への謝罪広告の掲載を求める訴訟の訴額について，掲載に要する通常の広告費によって算定する。最判昭49・2・5民集28巻1号27頁〔百選3版5事件〕は，訴額を特定企業の将来の営業収益を基礎として算定する。

であり，これは勝訴判決によって地方公共団体が直接受ける利益，すなわち請求にかかる賠償額と同一ではなく，他にその価額を算定する合理的基準を見出すことはきわめて困難であるとして，非財産権上の請求と同様の扱いが認められている（最判昭 53・3・30 民集 32 巻 2 号 485 頁）。さらに，株主代表訴訟については，訴えをもって主張する利益は会社に損害賠償されることによって原告株主を含む全株主の享受する利益であり，これは勝訴判決によって会社が直接受ける利益とは同一ではなく，その価格を具体的に算定する客観的かつ合理的な基準を見出すこともきわめて困難であるとして，非財産権上の請求と同様の扱いをした原審（東京高判平 5・3・30 判タ 823 号 131 頁）が最高裁判所によって支持され（最判平 6・3・10 資料版商事法務 121 号 149 頁[69]），その理は 1996 年の新法において立法化されている（8 条 2 項）。

訴額の算定不能とは，経済的評価によって訴額を算定することができない請求，すなわち，非財産権上の請求の場合をいう。たとえば，身分法上の法律関係，人格権，あるいは，団体の決議の効力に関する請求などがある。

ところで，民訴法 8 条 2 項は，訴額の算定が「不能」ないし「極めて困難」である場合，訴額は 140 万円（2003〔平成 15〕年改正前は 90 万円）を超えるものとみなす旨を規定する。その結果，この種の請求に関する事物管轄は地方裁判所に認められることになる。本条項の解釈も，前述した旧法下の判例の延長線上に行われることになろう。住民訴訟，会社設立や株主総会決議の効力に関する訴訟などは，訴額の算定が「極めて困難」なケースに該当しようが，何らかの基準によりながら裁量に基づいて訴額を算定してきたケース（謝罪広告掲載請求など）については，新法の下でもその解釈が維持されるであろう[70]。

この問題の根底には，司法アクセスというコンセプトが働いており，経済的合理性ということが個々の訴訟の文脈で表面化しているとみられ，訴えを実質的観点から再吟味する契機として把握するべきであろう。

ちなみに，上記の管轄訴額と区別して，提訴手数料の基準となる訴額は，手数料訴額と呼ばれ，別途に定められる場合がある。算定方法はいずれも共通するが（民訴費 4 条 1 項），訴額の算定が不能（非財産権上の請求）ないしきわめて困難な請求について，その管轄訴額が 140 万円（2003 年改正前は 90 万円）を超えるとされる（8 条 2 項）のに対し，手数料訴額は 160 万円（2003 年改正前は 95 万円）とみなされる（民訴費 4 条 2 項）。手数料訴額の算定基準時も提訴時とされ，その後に請求を減額しても，貼用印紙額は減

---

69) なお，原判決（東京高判平 5・3・30）直後に，株主代表訴訟を非財産権上の請求にかかる訴えとみなす旨を規定した旧商法 267 条 4 項（現行会社 847 条 6 項）が置かれた。

70) 新堂 94 頁注 3，伊藤 43 頁注 27 など。

額されない（最判昭47・12・26判時722号62頁）。

(c) 請求の併合

一つの訴えで，別個の経済的利益を追求する数個の請求をする場合（請求の併合），それぞれの訴額を合算するものとされている（9条1項本文）。たとえば，80万円の貸金返還請求と70万円の売買代金請求が併合されている場合の訴額は，150万円となる結果，地方裁判所に事物管轄を生じる。この場合の請求の併合とは，訴えの客観的併合（136条）と主観的併合（＝共同訴訟）の双方を含む。訴えの追加的変更（143条）や中間確認の訴え（145条）が提起された場合も同様である[71]。

もっとも，複数の請求が目的とする経済的利益を「共通」とするのであれば，訴額は合算されずに，単一の経済的利益として算定される（9条1項但書）。これには，たとえば，物の引渡しと代償請求の場合，または，保証人と主債務者もしくは複数の連帯債務者に対する請求の併合などがある。本条項但書は，新法によってはじめて導入されたもので，その改正要綱試案の段階では，利益の「同一」性が要求されていたが，法文上は「共通」とされた。共通とは，単に請求の目的が同一であることにとどまらず，請求相互間に実体法上の関連性があることを意味する。そうすると，上記の物の引渡しと代償請求などの間では，そうした関係が認められるのに対して，多数原告による公共施設建設差止請求のような場合には，請求の目的は同一であるが，請求相互間に実体法上の関連性がなく，「共通」とはいえない。それゆえ，こうした場合には，新法の下でも単一の経済的利益として算定することはできないことになる。これは，旧法下において問題視された実務上の取扱いが新法下でも維持されることを意味する。たとえば，旧法時代（湾岸戦争当時）に原告571名が被告国に対して湾岸平和基金への90億ドル支出および自衛隊派遣の差止めと1人当たり各1万円の慰謝料支払を請求する訴訟において，当該差止請求の手数料訴額を95万円として印紙を貼用した原告に対し，東京地方裁判所は，本件差止請求は原告らの個々人の人格権を根拠とするものゆえ，国に対して同一の行為の差止めを求めるものであっても，その差止めによって原告の享受する利益は個々の原告ごとに別個独立に存在することを理由に，各原告ごとの訴訟の目的の価額を合算した額に応じた印紙額を算定すべきであるとして，印紙の追徴を命じた（東京地命平3・5・27判時1391号156頁）が，これは新法下でも変わらない[72]。実際に，

---

71) その新訴提起としての性質から，再度事物管轄が判断し直され，手数料の追加納付を求められ得る。

新法下のケースとして，周辺住民多数の提起した林地開発行為処分取消請求訴訟の控訴手数料につき，本件処分の取消しによって回復される各原告の享受しうる利益は，水利権，人格権，不動産所有権等の一部をなす利益であり，その価額の算定は「極めて困難」であることから，訴額は 95 万円（当時）とみなされ，かつ，これらの利益は各原告に「共通」であるとはいえないので，各原告ごとの訴額を合算した額に応じた手数料を算出すべきものとした判例がある（最決平 12・10・13 判時 1731 号 3 頁）。

また，主たる請求に対して，果実，損害賠償，違約金，または，費用請求などが附帯している場合には，訴額算定を簡素に行う趣旨から，それらの附帯請求を訴額に算入しないものとされている（9 条 2 項）。なお，本条項にいう「損害賠償」は，主請求に関する遅延賠償のことであり，履行に代わる損害賠償や不法行為に基づく損害賠償は含まれない。

(3) 土地管轄

(a) 意 義

土地管轄とは，所在地を異にする同種の裁判所間で同種の職分を分担するための定めである。すなわち，ある事件について職分管轄と事物管轄をもつ裁判所が所在地を異にして複数存在する場合に，いずれの地に存在する裁判所に管轄権を認めるかという分配を規律するものである。日本全国を同種の裁判所の数の地域に分割し，その一つひとつを各裁判所の管轄地域として割り振ったうえ（下級裁判所の設立及び管轄区域に関する法律〔昭和 22 年法律第 63 号〕），具体的には，事件がどの裁判所の管轄区域と密接な関係にあるかを標準として決定される。各種の職分について生じる土地管轄であるが，基本となるのは第一審裁判所間の土地管轄であり，法もそれを中心に規定している。

土地管轄は，法廷に出向いていかなければならない当事者の利害関係に重大な影響を与える。そこで，法は，両当事者の利益の公平を考慮して土地管轄の発生原因を規定すると同時に，当事者意思による土地管轄の変更をも認めている。

各種の裁判籍によって，土地管轄が定められている。裁判籍とは，事件と特定地域との連結点のことである。すなわち，第一審の土地管轄において事件の当事者または訴訟物に密接な特定の地点を示す概念（被告の住所や訴訟物の義務履行地など）であって，事件を特定の裁判所の管轄区域と結び付け，当該裁判所

---

72) 新堂 102 頁など参照。

に土地管轄を発生させる原因（連結原因）となるものである。そうすると、土地管轄は、当該事件の裁判籍の所在地を管轄区域内にもつ裁判所に生じるということができる。

　さまざまな裁判籍が存在することにより、一つの事件をめぐって土地管轄が競合して、管轄裁判所が複数生じることがある。その場合、土地管轄の定めを個別的に指示するために、通常は、裁判籍の種類を特定表示して、たとえば、「不法行為地の裁判籍」と呼ぶ。この裁判籍の種別としては、普通裁判籍と特別裁判籍があり、後者はさらに、独立裁判籍と関連裁判籍に分けられる。そのほか、当事者との関係で認められる人的裁判籍と、訴訟物との関係で認められる物的裁判籍という分類もある。

(b)　普通裁判籍

　普通裁判籍とは、事件の内容、種類を問わず一般的に認められる裁判籍である。より具体的には、いかなる事件であろうとも、ある法主体が被告になった場合に常に管轄権を発生させる原因となる（4条1項）、その者の生活の根拠地を普通裁判籍という。その根底には、訴えを提起される被告の生活の根拠地に原告が出向いていくのが公平であるとする判断がある（「原告は被告の法廷にしたがう」のがローマ法以来の原則である）。

　法は、いかにして生活の根拠地を定めるかについて、法主体ごとに規定している。

　Ⓐ　自然人の普通裁判籍　　自然人の普通裁判籍は、第1次的に日本国内の住所による。日本国内に住所がないとき、または、住所の知れないときは、居所による。日本国内に居所がないとき、または、居所の知れないときは、最後に日本国内にもっていた住所による（以上、4条2項）。

　なお、大使、公使、その他外国にあって裁判権免除の特権を享有する日本人については、日本において訴えられるようにしなければならないので、前述の基準で普通裁判籍が定まらない場合に備えて、補充的に東京都千代田区が指定されている（4条3項、規6条）。

　Ⓑ　法人その他の団体の普通裁判籍　　日本の法人その他の社団・財団の普通裁判籍は、その主たる事務所または営業所により、これらがなければ、代表者その他の主たる業務担当者の住所により定まる（4条4項）。外国の社団・財団については、日本における主たる事務所または営業所により、これらがなければ、主たる業務担当者の住所（なければ居所）によって定まる（4条5項）。

　Ⓒ　国の普通裁判籍　　国が民事訴訟（行政訴訟を除く[73]）の当事者（被告）になった場合に国を代表する官庁は、法務大臣であることから、国の普通裁判籍

は，法務省のある東京都千代田区となる（4条6項。なお，国の利害に関係のある訴訟についての法務大臣の権限等に関する法律1条参照）。

(c) 特別裁判籍

特別裁判籍とは，特定の種類内容の事件についてのみ定められる裁判籍である。普通裁判籍と競合するものと，それに代わるもの（専属管轄原因）がある。また，他の事件と無関係に認められる独立裁判籍（5条・6条）と，他の事件との関連によって認められる関連裁判籍（7条）がある。

Ⓐ 独立裁判籍　民訴法5条に掲げられている独立裁判籍は，当事者の便宜を考慮して定められたものであり，いずれも普通裁判籍と競合しており，任意管轄ということになる。

財産権上の訴えについては，義務履行地に裁判籍が認められる（5条1号）。これは，債務者は履行地で任意履行の提供をする義務を負う以上，その地において応訴を強制されても公平を害さないという趣旨に基づく。たとえば，引渡地の特約のある特定物売買の買主が目的物の引渡しを訴求する場合には，その引渡地の裁判籍が認められる。判例は，この買主が目的物の引渡義務の不履行に基づく損害賠償請求訴訟をする場合にも，引渡地の裁判籍を認める（大判昭11・11・8民集15巻2149頁）。もっとも，持参債務の原則（民484条）から，裁判籍は義務履行地である原告（債権者）の住所地となり，それを管轄区域にもつ裁判所に土地管轄が認められることになるが，これでは被告の住所地に普通裁判籍を認めた民訴法4条の趣旨に反するのではないかとの問題がある。そのため，新法の制定過程では，履行地の特約がある場合にのみ義務履行地の裁判籍の発生を認めることが，とりわけ消費者保護の観点から検討されたが[74]，消費者に限定することに関する立法技術上の困難性もあって実現されず，移送（17条）の積極的活用によって問題の解消を図るべきものとされた。また，プロバイダーに対する発信情報開示請求訴訟（プロバイダー責任制限法4条）は，経済的利益を目的とするものではなく，財産権上の訴えに該当しないため，被告の普通裁判籍によることになる[75]。

手形・小切手の支払地に裁判籍が認められるが（5条2号），これは義務履行地と同様の趣旨に基づくものである。

船員に対する財産権上の訴えについては，船籍所在地に裁判籍が認められる

---

73) 行政訴訟については，行訴法12条を参照。
74) 改正要綱試案参照。
75) 梅本59頁以下とそこに掲載の文献を参照。

(5条3号)。

　日本国内に住所（法人の場合は事務所または営業所）を有しない者または住所が知れない者に対する財産権上の訴えについては，財産所在地に裁判籍が認められる（5条4号）。

　事務所または営業所を有する者に対する訴えで，その事務所または営業所における業務に関するものについては，当該事務所または営業所の所在地に裁判籍が認められる（5条5号）。その趣旨は，事務所・営業所を開設して活動を展開している自然人・法人がその事務所・営業所での業務に関して被告となる場合については，普通裁判籍のほかに業務の場所である事務所・営業所を基準とする裁判籍を認めることが，被告の利益に適うことが通常であるとともに訴訟資料収集の便宜等，審理手続上も都合がよく，しかも当事者間の公平に適うことに求められる。そのため，「業務に関する」訴えは，業務[76]遂行から派生する一切の紛争を広く含み，財産権上の請求に限定されない。また，本号にいう「事務所又は営業所」であるためには，一定の独立性と継続性を満たす必要がある。この独立性とは，本社からの完全な独立までを要求するものではなく，契約締結や金銭支払に関して一定の判断権限を認められている程度で足りる。この点，支社の独立性に否定的な裁判例がある（福岡高決昭50・9・12判時805号76頁〔生命保険判例百選77事件〕）。しかし，支社であるからという理由によって形式的に判断するのではなく，事件ごとに当該支社の具体的な業務内容と訴訟物との関連に注目しながら本号の趣旨に照らして考量するといった実質的な判断によるべきであろう。

　船舶所有者その他船舶を利用する者に対する船舶または航海に関する訴えについては，当該船舶の船籍所在地に裁判籍が認められる（5条6号）。これは，被告に限定して定められていることから，人的裁判籍である。

　船舶債権者その他船舶を担保とする債権に基づく訴えについては，当該船舶の所在地に裁判籍が認められる（5条7号）。これは，被告の限定がなく，物的裁判籍である。

　会社その他の社団・財団に関する訴えのうち，社員・役員が当事者となる一定の場合について，当該社員・役員との関係においても，団体の普通裁判籍の所在地に裁判籍が認められる（5条8号）。審理の便宜をはかる趣旨である。

　不法行為訴訟では，不法行為地に裁判籍が認められる（5条9号）。これは，

76）これは営利・非営利を問わない。

証拠資料収集の便宜といった審理手続上の都合を重視しており，被害者である原告の利益も考慮されているが，訴訟物の性質に着目する規定のしかたからして，物的裁判籍である。本号の「不法行為」は，民法上の不法行為のみならず，国家賠償・鉱害賠償・自動車損害賠償など違法行為に対する特別法上の救済を含み，また目的も金銭支払だけでなく，謝罪広告・差止め・原状回復などを含む。不法行為の加害者とされる者が原告として提起する損害賠償債務不存在確認の訴えについても，本号の趣旨から，不法行為地の裁判籍を認めてよい（東京地判昭40・5・27下民16巻5号923頁）。債務不履行による損害賠償請求訴訟についても，本号の類推適用が認められるであろうか。安全配慮義務違反などのように債務不履行と不法行為が競合するケースでは，債務不履行に不法行為の実質が備わることから，本号の趣旨が妥当し，その類推適用を認めてよいであろう[77]。不法行為地とは，不法行為を構成する法律要件事実の発生した場所であり，加害行為地と損害発生地を含む（大判昭3・10・20新聞2921号11頁）。

　船舶の衝突その他海上の事故に基づく損害賠償の訴えについては，損害を受けた船舶が最初に到達した地に裁判籍が認められる（5条10号）。これは，民訴法5条9号と同趣旨であり，船舶の事故は不法行為地が海上であるという特殊性に基づいて設けられた同号の特別規定である。

　海難救助に関する訴えについては，海難救助があった地または救助された船舶が最初に到達した地に裁判籍が認められる（5条11号）。これも，民訴法5条9号と同趣旨の特別規定である。海難救助に関する訴えとしては，救助料債権の支払請求訴訟などがある。

　不動産に関する訴えについては，不動産の所在地に裁判籍が認められる（5条12号）。これは，証拠資料収集の便宜を企図して設けられた物的裁判籍である。不動産に関する訴えとしては，所有権確認訴訟，所有権に基づく明渡請求訴訟，共有不動産分割訴訟，境界確定訴訟などの物権関係の訴訟と，賃貸借契約終了に基づく引渡請求訴訟などの債権関係の訴訟がある。不動産の売買代金や賃料についての支払請求訴訟は該当しない。また，不動産譲渡を対象とする詐害行為取消訴訟も，譲渡時における債務者の財産状態などが主要な争点であって，不動産自体とは直接かかわりのないことから，本号の適用はない（東京地中間判昭2・1・19新聞2665号14頁）。

　登記または登録に関する訴えについては，登記・登録をすべき地に裁判籍が

---

77) 伊藤51頁は，債務不履行と不法行為の差異がないとして，一般的に類推適用を肯定する。

認められる（5条13号）。これは，原告の便宜のために設けられた。

相続権もしくは遺留分に関する訴えまたは遺贈その他死亡によって効力を生ずべき行為に関する訴えについては，相続開始時における被相続人の普通裁判籍の所在地に裁判籍が認められる（5条14号）。これは，相続権等をめぐる訴訟を被相続人の死亡時の住所地の裁判所で審理することで，証拠資料収集の便宜など審理手続上の便益を得ようとしたものであり，当事者とは関係のない物的裁判籍である。

相続債権その他相続財産の負担に関する訴えで，民訴法5条14号以外のものについても，同条号と同じ地に裁判籍が認められる（5条15号）。これは，相続債権の履行を求める訴えなど，相続人等を被告とする訴えに限定される人的裁判籍である。

民訴法6条に掲げられている独立裁判籍は，特許権等に関する訴えについて，東京地方裁判所と大阪地方裁判所に管轄を認めるものである。専門訴訟のうち，知的財産関係訴訟については，その専門的処理体制を整備・強化することが喫緊の課題とされてきた。すなわち，高度のテクノロジーの発達に伴い企業活動における知的財産権の地位が急速に高まった昨今，この知的財産権をめぐる紛争解決のあり方が個々の企業活動のみならず，わが国の産業経済全体の活力や国際競争力に大きな影響を与えるという認識が共有され，知的財産関係訴訟の充実・強化のための方策が検討されてきた。こうしたなか，新法（2003年改正前）は，特許権，実用新案権，回路配置利用権，または，プログラムの著作物についての著作者の権利に関する訴え（以下，特許権等に関する訴え）について，専門性の強化された東京・大阪両地方裁判所にも競合的土地管轄を認めるものとし，当事者の便宜や迅速かつ充実した審理の実現を企図した。また，この種の訴訟の帰趨が与える影響にかんがみて，東京・大阪地方裁判所では，5人の裁判官による合議体での審理・裁判をすることができるものとした（269条の2第1項）。その後，この両地方裁判所における専門部の体制をより強化して[78]，実質上「特許裁判所」として機能させるべく，この種の事件を両地方裁判所の専属管轄とすることが検討され[79]，2003年に民事訴訟法の改正が行われるに

---

78) 東京地方裁判所では三つの専門部に15人の裁判官と7人の裁判所調査官，大阪地方裁判所では一つの専門部に5人の裁判官と3人の裁判所調査官をそれぞれ配する。

79) いわゆる「知財立国構想」という国家政策的な見地から，「司法制度改革審議会意見書」（2001年6月）は，知的財産関係訴訟の審理期間をおおむね半減することを目標として，①計画審理の推進，②証拠収集手続の拡充，③特許権，実用新案権をめぐる訴訟の東京・大阪地方裁判所への専属管轄化など，専門処理体制の一層の強化を掲げた。その後，政府内に設置された知的

至った。

① 特許権等に関する訴えの専属管轄化

2003年改正法は，特許権等に関する訴えの管轄について，第一審では東京・大阪地方裁判所に，控訴審では東京高等裁判所[80]に，それぞれ専属化して，管轄権を特定の裁判所に集中させた（6条1項3号本文[81]）。もっとも，簡易裁判所が管轄権をもつ事件については，本来の管轄裁判所である簡易裁判所にも，また，その簡易裁判所の所在地に応じて，東京・大阪地方裁判所にも訴えを提起することができる（6条2項）。これは，訴訟の目的の価額が140万円を超えない比較的軽微な事件（裁33条1項1号）についてまで，常に東京・大阪地方裁判所への提訴を要求するとなれば，当事者に事件の規模に見合わない負担を課すことになりかねないからである。なお，特許権等に関する訴えを本案とする保全命令事件については，そこで専門的審理が必要とされることは本案審理と変わりないので，その管轄も，本案の管轄裁判所である東京・大阪地方裁判所の専属であるとされた（民保12条2項）。

特許権等に関する訴えについては，本来の専属管轄と異なり，併合請求の管轄（7条），合意管轄（11条）および応訴管轄（12条）が認められ（13条2項），また，遅滞を避ける等のための移送（17条），簡易裁判所の裁量移送（18条）および必要的移送（19条1項）も認められる（20条2項）。さらに，東京・大阪地方裁判所は，審理すべき専門的事項を欠くことその他の事情により著しい損害または遅滞を避けるために必要があ

財産戦略会議は，「知的財産戦略大綱」（2002年7月）において，①特許権，実用新案権等に関する訴訟の東京高等裁判所段階での管轄の集中化，②裁判所の人的基盤の拡充，③証拠収集手続の拡充，④損害賠償制度の強化，⑤営業秘密の保護強化などを掲げた。さらに，その後に政府内に設置された知的財産戦略本部は，「知的財産戦略推進計画」（2003年7月）を公表し，知的財産関係訴訟の充実および迅速化のための体制の整備の必要性を指摘した。また，司法制度改革推進本部の知的財産訴訟検討会においても，知的財産高等裁判所のあり方などについての詳細な検討がなされた結果，2004年6月に知的財産高等裁判所設置法が制定され，東京高等裁判所内の特別支部として知的財産高等裁判所を設けるものとした（同法2条）。

80) なお，改正の過程では，大阪高等裁判所にも専属管轄を認めることも検討されたが，改正法は，重要な法律問題等が主たる争点となることの多い控訴事件を東京高等裁判所（四つの専門部に16人の裁判官と11人の裁判所調査官を擁する）に専属させることで，専門的裁判官や裁判所調査官といった人的資源を集中的に投入することなどが可能となり，そこでの処理体制が一段と強化される結果，より一層充実かつ迅速な審理が実現されることを企図したのである。同時に，控訴審レベルにおける事実上の判断統一機能も期待されている。この点，東京高等裁判所においては，裁判官5人による合議体による審理が可能であるところ（310条の2），この5人合議体からなる部を設けるといった運用がなされれば，判断統一への期待は一層高まることになる（小野瀬厚＝畑瑞穂＝武智克典「民事訴訟法等の一部を改正する法律の概要（3・完）」NBL 771号〔2003年〕65頁）。なお，これに基づいて本文に掲げた「知的財産高等裁判所」が構想された。篠原勝美「知財高裁大合議部について」ジュリ1316号（2006年）8頁など参照。

81) なお，第一審において専門技術的事項の審理を要しないなどの事情により東京・大阪地方裁判所以外の地方裁判所に移送された事件の控訴審は，東京高等裁判所ではなく，当該事件の審判をした各地方裁判所の所在地を管轄する高等裁判所の管轄に属する（6条3項但書）。

ると認めるときは，申立てによりまたは職権で，一般原則により管轄の認められる地方裁判所または移送を受けるべき地方裁判所に移送することができる（20条の2第1項）。これは，特許権等に関する訴えのなかには，特許の有効性や実施については争いがなく，たとえば，ライセンス契約の成否，解釈等が争われているにすぎないなど，専門技術的事項の審理を要しない事件もあり，そうした場合に当事者の利便性を優先させても不都合はないとして規定されたものである。

同様の趣旨から，東京高等裁判所においても，大阪地方裁判所を第一審とする控訴事件について，審理すべき専門的事項を欠くことその他の事情により，著しい損害または遅滞を避けるために必要があると認めるときは，申立てによりまたは職権で，大阪高等裁判所に移送することができる（20条の2第2項）[82]。

いずれも，本来の専属管轄に比べ，当事者の利益を重視するものとなっている（ソフトな専属化）が，これは専属管轄化の一方で司法へのアクセスにも配慮した結果であるといえよう。

② 意匠権等に関する訴えの競合管轄化

意匠権等に関する訴え（意匠権のほか，商標権，著作者の権利〔プログラムの著作者の権利を除く〕，出版権，著作隣接権もしくは育成者権に関する訴え，または，不正競争による営業上の利益の侵害にかかる訴え）について，2003年改正法は，通常の管轄裁判所のほか，東日本の事件は東京地方裁判所との，西日本の事件は大阪地方裁判所との，各々競合管轄を認めた（6条の2）。専属管轄ではなく競合管轄とされたのは，意匠権等に関する訴えについて，専門部のある東京・大阪地方裁判所での充実した審理を受ける途を開くとともに，特許権等に関する訴えほどには，取り扱う事項の専門性・技術性が高度であるとはいえず，専門部での審理を必須とするまでもないとの判断によるものである。

Ⓑ 関連裁判籍　一個の訴えで数個の請求をする場合には，そのなかの一個の請求について民訴法4条ないし6条までの規定に基づいて管轄権を有する裁判所に，その訴えを提起することができる（7条）。これは，原告の利益であるとともに，相互に訴訟資料を利用しあうことで合理的な審理にも資する。

被告の利益については，まず，客観的併合の場合，一個の請求をある管轄裁判所で応訴しなければならない被告としては，併合されている他の請求について同一の裁判所で応訴を強いられても，格別の不利益であるとはいえず，民訴法7条の適用を認めてよい（原始的併合のみならず，訴えの追加的併合〔143条〕でもよい）。

つぎに，被告が複数である主観的併合，すなわち，共同訴訟の場合にはどうであろうか。ある被告についての裁判籍に基づく管轄裁判所において他の共同

---

[82] これは，たとえば，専門技術的事項の争いは第一審判決によって決着したが，損害額のみが控訴審で争われるような場合である。

被告が応訴を強いられることになると，なかには一方的に共同被告とされ，また，自己の請求とは無関係で，しかも著しく不便な場所に出向かなければならない被告が生じることを否定することはできず，その者の裁判を受ける権利（憲32条）が損なわれるおそれがある。しかし，そうであるからといって，他の共同被告の裁判籍を一切認めないとすれば，共同訴訟の成立はきわめて限定されたものになってしまう。そこで，共同被告の利益と共同訴訟による必要性とを合理的に調和させることが要求されるが，この点，民訴法7条に相当する旧21条には何らの定めがなく解釈に委ねられていたところ，旧法下の判例は，共同被告各自の請求相互間における実質的関連性の有無を基準として，そうした関連性のある場合には旧21条を適用し，それ以外の場合には適用しないとの取扱いをしていた（大決昭9・8・22新聞3746号11頁）。この判例の考え方は，学説によって，共同訴訟のうち，旧59条（現38条）前段についてだけ旧21条が適用され，旧59条後段については旧21条の適用はないと整理されていた（折衷説)[83]。新法は，この見解にしたがい，共同訴訟のうち，訴訟の目的または発生原因について具体的関連性の認められる場合，すなわち民訴法38条前段の場合に限り民訴法7条が適用され併合請求の裁判籍が認められることを明らかにした（7条但書）。また，民訴法7条但書は，「数人からの又は数人に対する訴え」として，被告側の共同訴訟のみならず，原告側の共同訴訟の場合においても，被告の土地管轄上の利益保護の必要性に変わりないことから，民訴法7条の適用対象であることを明定した。

民訴法7条の適用が認められるケースとしては，為替手形の裏書人と引受人が共同被告であるとき（大決昭6・9・25民集10巻839頁），主債務者と保証人が共同被告であるとき，約束手形の振出人と裏書人が共同被告であるとき[84]などがある。このように民訴法7条によって関連裁判籍が肯定される場合でも，共同被告の不利益が顕著であれば，他の管轄裁判所に移送（17条）することも許される（千葉地決昭62・4・14判時1267号133頁）。なお，請求の一部について法定専属管轄の定めがあるときは，民訴法7条の適用はない（13条）。

(4) 指定管轄

管轄裁判所が明らかでない場合に，当事者の裁判を受ける権利（憲32条）を害さないよう，当事者の申立てに基づき，関係ある裁判所に共通する直近の上級裁判所が管轄裁判所を定める決定をするものとされている（10条）。この決

---

[83] 三ケ月・全集252頁，条解59頁〔新堂幸司〕，斎藤ほか編(1)213頁〔斎藤秀夫〕など。
[84] 研究会・新民訴30頁以下〔松浦馨　発言・竹下守夫　発言〕，伊藤55頁注58。

定によって定められる管轄を指定管轄ないし裁定管轄という。

管轄を指定すべき場合としては，第一に，本来の管轄裁判所が法律上または事実上の理由により裁判権を行使できないときがある (10条1項)。たとえば，法律上の理由によるものとしては，除斥によって管轄裁判所の裁判官の職務遂行ができない場合などがあり，事実上の理由によるものとしては，天災によって管轄裁判所の裁判官の職務遂行が妨げられる場合などがある。

第二に，裁判所の管轄区域が明確でないために管轄裁判所が定まらないときがある (10条2項)。管轄区域の境界が明確でない場合と，境界は明確でも，土地管轄原因の裁判籍の所在が明確でない場合のいずれも含まれる。

民訴法10条が共同訴訟にも適用があるかには争いがある。共同訴訟における共通の管轄裁判所が認められるかどうかは，関連裁判籍を定める民訴法7条の解釈を通じて判断されるのであって，本条は適用されないと考えられる[85]。最高裁判所も，裁判籍を異にする養父母（すでに離婚して名古屋と大津に別居している）を共同被告とする養子縁組無効確認訴訟を提起しようとした養子が，本件訴えは固有必要的共同訴訟であるのに養親に共通する裁判籍（人訴24条参照）がないとして，管轄指定の申立てをしたケースにおいて，養父母いずれの普通裁判籍所在地にも専属管轄が認められ，申立人はどちらの地でも提訴できるとして，管轄指定の申立てを却下している（最決昭31・10・31民集10巻10号1398頁）。

指定をするのは，関係のある裁判所に共通する直近上級裁判所である。これは，10条2項の場合，たとえば，関係裁判所が横浜地裁と千葉地裁であれば東京高裁となるが，関係裁判所が横浜地裁と大阪地裁であれば最高裁となる。指定は，当事者の申立てをまって，決定の形式で行われる。この決定に対する不服申立ては認められないが (10条3項)，指定申立てを却下する決定に対しては抗告が許される (328条1項)。

(5) 合意管轄

(a) 意　義

合意管轄とは，当事者間の合意によって生じる管轄であり，法定管轄と異なった管轄をいう。法定管轄であっても，専属管轄でない限りは，訴訟追行の便宜および公平といった当事者の利益を考慮して定められたものであることから，具体的な事件における当事者双方の合意した管轄を認めたとしても，法定管轄の趣旨に反することはなく，むしろ，当事者の利益を最も尊重する結果となることから認められている (11条)。

---

85) 伊藤55頁注60。

管轄の合意は，法定管轄の変更という訴訟法上の効果を生じさせる訴訟行為（一種の訴訟契約）である。訴訟行為であることから，訴訟法上の制約を受けることは当然であるが，これは意思表示に関する私法規定の適用を排除することを意味しない。このことは，私法上の契約と一体としてなされる管轄の合意については理解しやすいが，単独になされた管轄の合意についても，訴訟外で紛争が現実化する前に一般的に合意されているのであれば，私法規定が適用されると考えられる。私法規定の適否は，訴訟行為か否かという性質から直ちに決まるものではなく，合意の場面などの具体的状況を考慮して決せられるべきものである[86]。

(b) 合意の要件

管轄の合意は，第一審の管轄裁判所に関するものに限られる（11条1項）。第一審裁判所は，簡易裁判所と地方裁判所の職分とされ，合意の対象は事物管轄と土地管轄である。

合意は，一定の法律関係について行うことを要する。そのため，当事者間に生じる一切の紛争を対象とするような管轄の合意は認められないが，売買契約や消費貸借契約などのように法律関係を特定すれば足り，そこから生じ得る個別的な紛争を特定する必要はない。

合意は，書面によらなければならない（11条2項）。管轄の決定という効果の重大性から要式行為とされたのである。合意といっても，両当事者の意思が同一書面に表示されている必要はない（大判大10・3・15民録27輯434頁〔百選4事件〕）。

合意は，起訴前になされる必要がある（15条参照）。訴えが法定管轄のない裁判所に提起された後，移送前にその裁判所を管轄裁判所とする旨の合意がなされたような場合には，合意の効力を認めてよいであろう[87]。

合意は，管轄裁判所を特定するものでなければならない。一つに限定する必要はなく，法定管轄の一部を排除するというものでもよいが，すべての裁判所を管轄裁判所とする旨の合意は，たとえ被告の同意があろうとも，その管轄の利益を奪うことから許されない。反対に，すべての裁判所の管轄を排除する旨の合意は，不起訴の合意ないし外国裁判所の管轄に服する旨の一般管轄権についての合意と解釈される。

---

[86] 新堂113頁注(1)，伊藤56頁注61など参照。
[87] 伊藤57頁注63。

(c) 合意の内容

　管轄の合意は，その内容にしたがって，専属的合意と付加的合意に分けられる。他の法定管轄を排除して特定の裁判所にだけ専属的に管轄権を生じさせる合意を専属的合意といい，法定管轄に付け加えて特定の裁判所にも管轄権を生じさせる合意を付加的合意という。

　ある合意が，専属的合意と付加的合意のいずれに属するかは，その合意の意思解釈の問題とされている（大阪高決昭45・8・26判時613号62頁〔続百選3事件〕）。まず，管轄の合意のなかに特定の裁判所のみを管轄裁判所とする旨の意思が明示されている場合は，専属的合意と解される。つぎに，複数の法定管轄のなかからその一つを管轄裁判所とする場合も，それ以外を排除する意思が読み取れ，専属的合意とみるのが理論的には筋が通っている。ただし，そもそもの前提として複数の法定管轄の存在について当事者間に認識があると速断してよい状況が存するか疑問がある場合も生じよう。

　ところで，法定管轄裁判所以外の裁判所を管轄裁判所とする場合については，争いがある。従来の通説は，当事者間に他の法定管轄を排除する意思までは認められないとして，付加的合意と解する[88]。これに対して，近時の有力説は，敢えて特定の裁判所を管轄裁判所とする旨の合意をした当事者の合理的意思は，その裁判所における訴訟追行だけであり，他の法定管轄裁判所における訴訟は予定していないとして，専属的合意とみる[89]。このような微妙な場面においては，社会生活上法定管轄についての認識が存するか否か必ずしも明確でない場合もあり，情報格差への配慮も閑却できないことから，他の法定管轄を排除するには，原則として明確な意思を要求すべきであり，それがない以上は付加的合意と解するほかないであろう。

　さらに，約款のなかで管轄の合意がなされ，約款を作成した企業の本店所在地の裁判所が管轄裁判所とされた場合に，その相手方となる消費者の利益をいかにして保護すべきかという問題がある。この点，裁判例にあらわれたものには，約款による合意を「書面」による合意と認めないとする方向（大阪高決昭40・6・29下民16巻6号1154頁），付加的合意と解釈する方向（札幌高決昭45・4・20下民21巻3＝4号603頁〔百選[2版]9事件〕，東京高決昭58・1・19判時1076号65頁〔百選Ⅰ30事件〕），公序良俗違反として無効（民90条）とする方向（高松高決昭62・

---

[88] 兼子・体系90頁，三ケ月・全集254頁など。
[89] 奈良次郎「合意管轄（その2）」金法559号（1969年）40頁，新堂112頁注(1)，伊藤57-58頁など。

10・13高民40巻3号198頁）がある。

　学説上は，当事者間の公平，とりわけ消費者保護の観点から，付加的合意と解する方向[90]，当事者が本店所在地以外の場所で裁判外の交渉をしている場合には信義則により専属的合意管轄の主張を排除するという方向[91]などが唱えられている。新法の改正要綱試案では，商人間に限って合意の効力を認めるといった方向も掲げられたが，立法的解決には至らなかった。

　消費者保護の観点からは，合意を原則無効とするのがよいであろう。そこで，約款による管轄の合意は無効であるとして，民訴法17条移送ではなく管轄違いの移送申立て（16条1項）をすることになる。

　なお，一方当事者が自己に有利な管轄原因を人為的に作出する場合を管轄の不当取得とよぶ。たとえば，約束手形の振出人を訴えようとした原告が，被告とするつもりのない裏書人に対する請求を併合することで自己に便利な裁判所に関連裁判籍を得ようとした場合に，民訴法7条の適用を前提に管轄選択権の濫用として関連裁判籍を否定した裁判例がある（札幌高決昭41・9・19高民19巻5号428頁〔百選4版Ａ3事件8〕）。

　(d)　合意の効力

　合意により法定管轄が変更され，その結果，合意された裁判所に管轄権が生じる。この場合，専属的合意であっても，法定の専属管轄ではないので，応訴管轄（12条）を生じ，また，その違背は控訴審で主張することができない（299条1項但書）。

　専属的合意に基づく管轄裁判所に提訴された場合に，裁判所が17条移送をなし得るかが旧法下では争われていたが（通説は，旧31条の「損害」という被告の利益は移送の理由とならないが，同条の「遅滞」という公的利益は移送の理由となり，その限りで専属的合意の効力が否定されるとしていた），新法は，これを一律に可能とした（20条括弧書き）。また，専属的合意にもかかわらず原告が他の裁判所に提訴した場合，管轄違いの移送（16条）をするのが通常であるが，訴訟の著しい遅滞の回避ないし当事者間の衡平の見地から民訴法17条の類推によって移送しない措置も許されよう[92]。

　(e)　合意管轄の効力の主観的範囲

　合意管轄の効力は，合意の主体である当事者のほか，いかなる者に及ぶので

---

90)　新堂112頁注(1)など。
91)　奈良次郎「専属的合意管轄は終焉か(出)」判時1497号（1994年）148頁。
92)　大阪高決昭55・5・1判時975号45頁，続百選3事件解説〔竹下守夫〕，高島義郎「管轄合意をめぐる問題点」新実務民訴(1)（日本評論社，1984年）225頁，伊藤58頁など。

あろうか。まず，当事者の一般承継人に及ぶ。これは，相続人や合併会社など，当事者の権利義務を包括的に承継する者であることから，管轄の合意に基づく義務も承継する。つぎに，破産者による管轄の合意は，破産管財人に及ぶ。

また，訴訟物たる権利関係の特定承継人については，その権利関係の実体法上の性質いかんにより，合意の効力は異なる。たとえば，債権のように当事者間で権利の内容を自由に変更し得る場合には，管轄の合意を内容として含む権利の承継があったものとみて，合意の効力は及ぶのに対して，物権のように当事者間で権利の内容を変更し得ない場合には，合意の効力は及ばない。手形債権については，その内容が定型化されており，承継人に合意の効力は及ばない。

(6) 応訴管轄

(a) 意　義

応訴管轄とは，管轄のない裁判所に訴えが提起されたにもかかわらず，被告が異議を唱えることなく応訴したことによって生じる管轄である（12条）。その趣旨は合意管轄と同じであり，被告の応訴によって事後的に管轄の合意がなされたのと同じ扱いをしたものである。したがって，応訴管轄は，任意管轄である事物管轄と土地管轄に関して認められ，専属管轄（専属的合意管轄ではない）には生じない（13条）。

(b) 要　件

応訴管轄は，第一審の土地管轄および事物管轄に限って認められる（12条）。この場合，他に法定の専属管轄裁判所が存在しないことを要する（13条）。そこで，被告が第一審裁判所で管轄違いの抗弁を提出せずに，本案について弁論をし，または，弁論準備手続において申述したときに，応訴管轄が生じる（12条）。管轄違いの抗弁は，本案審理を妨げる妨訴抗弁ではないので，それが提出されても本案審理は可能であるが，管轄違いの抗弁をして管轄を争う姿勢を明らかにしたうえで，本案の弁論をしても，応訴管轄は生じない。

本案の弁論とは，訴訟物たる法律関係についての被告の口頭陳述をさす。弁論の延期，裁判官の忌避，訴訟要件の欠缺などは本案に属さない。期日に口頭でしなければならず，準備書面の提出は含まれない[93]。期日欠席による陳述擬制（158条・170条5項・277条）も，応訴管轄を生じさせる「弁論」に該当しない（静岡地浜松支決昭36・1・30下民12巻1号145頁）。応訴管轄は，被告の積極的な応訴行為を前提とするものであって，準備書面等の記載事項を陳述したものとみ

---

93) 書面による準備手続における応訴（175条）についても同様である。

なす陳述擬制は，そうした積極的な応訴行為とはいえないからである。他方，相手方の主張する管轄原因事実について欠席当事者に擬制自白（159条）の成立する余地はある[94]。

それでは，「原告の請求を棄却するとの判決を求める」旨の被告の陳述は，応訴管轄を生じさせるか。被告は実質的に本案審理に応じたといえないとして否定する見解[95]と本案の弁論に属するとして肯定する見解（通説）に分かれる。請求棄却判決を求める陳述は純理としては本案に関する弁論であるものの，実質においては本案審理に応じたか否かの境界は明確でなく，訴え却下と請求棄却というのはテクニカルな法理上の言い回しなので，当事者が実際に用いた言葉に拘泥することなく，本案を争っているか否かを実質的に吟味し応訴管轄を認めるには慎重であるべきである。

3 管轄権の調査
(1) 意　義

管轄権の存在は，訴訟要件の一つであり，原則として職権調査が妥当する。そのため，当事者の主張の有無にかかわらず，裁判所は，自ら進んで管轄権の存否を取り上げ，職権によって顧慮しなければならない。もっとも，任意管轄の場合には，被告が管轄を争わなければ応訴管轄が成立するので，裁判所の判断は不要となる。任意管轄は第一審においてのみ調査の対象となるが，専属管轄は上訴審においても調査される（299条1項但書・312条2項3号）。

管轄権の存否を判断するための資料収集に関して，職権証拠調べが規定されているが（14条），そうであるからといって，管轄全般について職権探知が行われるわけではなく，任意管轄については弁論主義が妥当する。これに対し，専属管轄については，その公益性にかんがみて職権探知主義が妥当するかが争われ，これを肯定するのが通説であるが，後述するように，資料の収集・提出は当事者に委ねられるものの，自白等の弁論主義の効果は排除されるという第三の範疇（職権審査）によるとする有力説の主張に合理性を見出し得よう[96]。

そうすると，任意管轄の存否を判断するための資料の提出責任は当事者に委ねられ，自白が成立する可能性もある。合意管轄の存在は，この結論の妥当性と整合する。また，管轄を基礎付ける事実についての自白も認められる。問題は，事物管轄の基礎となる訴額についてであるが，訴訟費用（印紙代）に関連

---

94)　伊藤60頁注73。
95)　大判大9・10・14民録26輯1495頁，小山64頁，伊藤61頁など。
96)　本書221頁。

することにかんがみ，状況に応じて別個に考察する必要があろう[97]。他方，専属管轄については，職権証拠調べが可能であるといっても，実際にはコスト等の関係で，当事者に資料の提出を求める運用がなされることになろう[98]。

(2) 管轄原因事実と本案

　管轄権の存否は，本案の審理を行う前に決定されなければならない。管轄原因事実が同時に本案の請求を理由あらしめる事実であるときは，管轄原因についての審理をどの程度まで行うかについて考え方が分かれる。

　判例は，一応の証拠調べをしたうえで，管轄権の存否を判断すべきであるとする[99]。他方，学説上は，実質的審理に入らず，原告の主張のみに基づいて判断するというのが多数説である[100]。

　多数説は，請求認容判決の場合には管轄原因事実と請求原因事実が符合し，また，請求棄却判決の場合には，被告が勝訴するのであるから，原告の主張のみに基づいて管轄を判断しても，結局，被告に不利益を与えないことを理由とする。しかし，手続過程における利益状況を結果から振り返って判断するのは適切であるとはいいがたい。判決にいたるまでの被告の応訴負担には看過できないものもあり得るので，裁判所による一応の判断によって一定の救済を図る判例の考え方が妥当ではなかろうか[101]。こうした救済の必要性は国際裁判管轄では非常に大きいといえよう[102]。ここにいう一応の判断の内容ないし前提としての審理の度合いは，応訴負担の大きさとの関係と連動して，裁判所の合理的裁量によることになろう[103]。なお，管轄原因をめぐる一応の判断は，本案の審判を拘束することはない。

---

97) 伊藤62頁注77は，自白の効力を否定する。ちなみに，訴訟物の価額の算定が著しく困難な場合には，裁判所はその算定にとって重要な諸要素を確定したうえで，これを基礎として裁量によって算定し得ると判示した最高裁判決がある（最判昭49・2・5民集28巻1号27頁〔ヒルトン・インターナショナル・カンパニー対東京急行電鉄株式会社事件〕）。
98) 菊井＝村松 I 157頁，伊藤62頁，秋山ほか I 192頁など参照。
99) 大判大11・4・6民集1巻169頁，東京地判昭49・7・24下民25巻5＝8号639頁など。不法行為地の裁判籍につき，東京地中間判昭59・3・27下民35巻1＝4号110頁など。なお，大判大4・10・23民録21輯1761頁は，これに反対である。
100) 条解74頁〔新堂幸司〕，新堂116頁，松本＝上野260頁〔松本〕など。なお，三ケ月・全集258頁。
101) 同旨，中島・日本民訴上198頁，伊藤63頁など。
102) 最判平13・6・8民集55巻4号727頁は，国際裁判管轄権が問題となった事案において，不法行為地の裁判籍につき，「客観的な不法行為の事実」の証明を要すると判示した。
103) 石川明＝小島武司編『国際民事訴訟法』（青林書院，1994年）41頁〔小島武司＝猪股孝史〕，注釈民訴(1)141頁〔道垣内正人〕。

(3) 管轄決定の方式

　管轄違いの抗弁は，その実質において，移送申立てと同一に帰する。そのため，管轄違いが認められると，民訴法 16 条 1 項による移送決定がなされる。

　管轄権の存在が認められたときの処理については考え方が分かれるが，この場合にも管轄違いの抗弁の実質に着目して，移送申立て却下決定をするのがよいであろう[104]。なぜなら，この却下決定に対しては，即時抗告（21 条）が認められるので，管轄権の存否に関する争いを速やかに終結することができるからである。これに対して，管轄権の存否に関する紛争を「中間の争い」に該当するとして，中間判決（245 条）をしたり，終局判決の理由中で管轄の存在を判示したりすべきであるとする反対説があるが[105]，それでは本案審理の前提である管轄権の存否をめぐる争いの決着が遅れることになる。

(4) 管轄決定の時期

　管轄は，訴え提起の時を標準として決定される（15 条）。通常，訴訟要件は，口頭弁論終結時を基準に判断されるが，本条は，管轄を早期に固定化することで手続安定を図るために設けられた例外である。

　「訴え提起の時」とは，訴訟係属の発生時点とは異なり，原告の訴状提出時（133 条）や簡易裁判所での口頭起訴時（271 条）などである。この時点を標準として，管轄がいったん認められると，その後の裁判籍の変動は土地管轄に影響せず，あるいは，併合請求の一部が取り下げられても関連裁判籍には何の変化もない。請求の減縮も管轄訴額の算定に変更を迫るものではなく（最判昭 47・12・26 判時 722 号 62 頁），不法行為地の裁判所に提訴された後に請求原因が不法行為から不当利得へ変更されても，管轄に変動を生じない[106]。こうした取扱いは，効果的な審理運営という点からは，原則として是認される。ただし，管轄を生じさせる狙いで A 請求を掲げた後に B 請求に変えて有利な管轄を取得しようとする計略的意図が認められるならば，B 請求について管轄の不当取得として扱うべき場合もあり得よう。なお，その場合 B 請求の管轄はなくなるが，訴え却下ではなく，移送の措置がとられよう。

　他方，訴えの変更，中間確認の訴え，そして反訴の場合には，新訴提起とし

---

[104] 倉田卓次『民事実務と証明論』（日本評論社，1987 年）5 頁，菊井＝村松 I 141 頁，注釈民訴(1)267 頁〔栂善夫〕，斎藤ほか編(1)362 頁〔小室直人＝松山恒昭，注解民訴 I 180 頁〔星野雅紀〕，伊藤 63 頁，秋山ほか I 192 頁など。
[105] 三ケ月・全集 259 頁。
[106] 伊藤 64 頁注 83。

ての実質から，事物管轄が再度判断し直される（274条参照）。

4 訴訟の移送

(1) 意　義

移送とは，ある裁判所にいったん係属した訴訟をその裁判所の裁判によって他の裁判所に係属せしめることをいう。移送の裁判を行う受訴裁判所を移送裁判所，移送先の裁判所を受移送裁判所と称する。

移送は，官署としての裁判所間で訴訟係属を移転させるものであり，本庁・支部間や支部相互間における事件の回付とは異なる。また，他の裁判所が事件の係属する裁判所から事件を引き取る事件送致命令（人保22条1項，人保規43条・44条）や事件の係属する裁判所に対して移送を求める会社更生法上の移送（同7条）とも違う。他方，上級審から原審への事件の差戻し（307条・308条・325条）は，その性質からして移送とみられる。

(2) 移送の目的

まず，移送は，管轄違いの訴えに対する救済の措置である。管轄違いの訴えを却下すると，原告は，手数料の再納付を要求されたり，時効中断・期間遵守の利益を失ったり（民149条），さらには再訴しても間に合わないおそれもあり，こうした不利益から利用者である原告を救済しようとしたのである。被告の利益については，適正な管轄地での審判を可能にすればよいのであって，訴え却下するまでもない。

つぎに，複数の裁判所に管轄権が認められ，そのうち原告の選択した裁判所で審理することが当事者および裁判所にとって著しく不都合である場合に，適切な審理を実現することも移送の機能である。たとえば，民訴法17条の規定はこれを狙っており，土地管轄をめぐる具体的妥当性のある柔軟な処理が可能となる。

さらに，移送には，地方裁判所・簡易裁判所間の事物管轄の弾力化およびそれら相互間における土地管轄の弾力化という目的もある。一定の基準によって事物管轄が定められているものの，個別に眺めると，地方裁判所で審理するのが適当な事件もあれば，当事者がそれを望む場合もある。そのようなときに簡易裁判所から地方裁判所への移送を可能にするのである（18条・19条・16条2項）。さらに，新法によって，ある簡易裁判所から他の簡易裁判所への移送や，ある地方裁判所から他の地方裁判所への移送が認められ（19条），当事者意思を尊重して土地管轄の弾力化が推し進められている。

(3) 管轄違いに基づく移送

　管轄違いに基づく移送には，訴えを提起すべき第一審裁判所を誤った場合（16条）と上訴すべき上訴審裁判所を誤った場合（324条・325条）がある。

① 移送原因

　事物管轄違背の場合（地方裁判所に提起すべき訴えを簡易裁判所に提起してしまったなど）や土地管轄違背の場合には，民訴法16条1項の移送決定によって管轄裁判所に事件が移送される。もっとも，一定の場合には移送せずにそのまま地方裁判所が審判することもある（16条2項本文）。これは，事物管轄の弾力化のあらわれである。同様の趣旨から，地方裁判所にその管轄区域内の簡易裁判所の管轄に属する訴訟が提起され，被告による同簡易裁判所への移送の申立てが却下された事案について，最高裁判所も，移送申立てを却下する旨の判断は地方裁判所の合理的な裁量に委ねられ，そのことは簡易裁判所の管轄が専属的管轄の合意によって生じた場合でも異ならないとして，そのまま地方裁判所で審判することを認めた（最決平20・7・18民集62巻7号2013頁）。

　職分管轄違背の場合（地方裁判所を第一審として提起すべき訴えを高等裁判所に提起してしまったなど）にも，民訴法16条1項の移送決定がなされる。これは，高等裁判所を第一審裁判所とする場合も同じである（最決昭22・9・15裁判集民1号1頁，最決昭23・7・22裁判集民1号273頁）。

　審級管轄違背，すなわち，管轄権のない上訴審裁判所に誤って上訴提起した場合には，民訴法16条1項が（類推）適用されるであろうか。判例はこれを肯定している（大決昭8・4・14民集12巻629頁，最決昭23・5・13民集2巻5号112頁，最判昭25・11・17民集4巻11号603頁〔百選Ⅰ32事件〕）。学説上は，かつては否定説[107]が有力であったが，現在の通説は肯定している[108]。否定説は，管轄違いの裁判所への上訴によっては移審効を生じないので，その裁判所による移送はあり得ないことを理由とする。しかしながら，受移送裁判所における訴訟係属の効果を遡及的に認める民訴法22条3項の趣旨を，管轄権のある裁判所への

---

107) 兼子・体系97頁，菊井・上80頁，溝呂木商太郎「判批」判例研究4巻2号（1954年）100頁，古館清吾「審級管轄裁判所への上訴の効力についての一考察」司法研修所10周年記念論文集（上）（1958年）573頁など。

108) 小室直人「判批」民商32巻4号（1956年）151頁，三ヶ月・全集260頁，条解77頁〔新堂幸司〕，新堂118頁，伊藤66頁，注釈民訴(1)276頁〔花村治郎〕，斎藤ほか編(1)375頁〔小室＝井上〕，注解民訴Ⅰ188頁〔星野雅紀〕，など。なお，新民訴法の下では，控訴状の提出先が第一審裁判所とされたので（286条1項），上訴裁判所を誤るという問題は事実上解消したとみられる（新堂118頁注(1)など参照）。

上訴の効果を管轄権のない裁判所への上訴の時点まで遡らせるという形で類推できるので，管轄違いの上訴についても，こうした移審・確定防止の効果の遡及的発生を目的とした「移送」の観念を想定できないわけではない[109]。理論構成いかんは措くとして，当事者の救済の見地から，移送を肯定すべきであろう。上訴は，一度開始された第一審手続の延長線上に控えているワンステップであり，上訴裁判所の管轄は当然のこととして予定されているもので，これを誤った場合に移送によって手続リスクを抑え当事者を救済する必要は，第一審の管轄違いの場合と比べて異なるものではない。判決裁判所は，管轄違いが生じないよう，手続リスクの予防という見地から，具体的なケースごとに手続教示（なお，少額訴訟手続につき民訴規222条参照）を行う責務を負うと解すべきである。上訴の手続は，枝分かれのない一本道であって，裁判所は，手続教示をしても，偏頗の誹りを受けることもないであろう。民事訴訟は，紛争解決を必要とする当事者のための司法サーヴィスの一種であって，当事者が手続の危険から紛争の解決に達し得ない事態に陥ることを避ける配慮は，司法活動に内在する基本的責務なのである。裁判所は，管轄違い等から生じる不利益を取り除くための移送などの事後的措置（事後救済）を行うばかりでなく，それに先立って，事前に手続に関する教示を当事者のために示してリスクの回避を図るべきである。

② 訴訟事件と非訟事件との間の移送

この点については，人事訴訟事件と家事審判事件との間の移送が問題とされた。とりわけ，人事訴訟事件を家庭裁判所の専属管轄とした現行人事訴訟法（同4条）の判定前において，離婚訴訟を家庭裁判所に提起したり，後見開始の審判の取消し事件を訴訟事件として地方裁判所に提訴したりした場合における移送の可否が議論された。

判例は，否定的であった（最判昭38・11・15民集17巻11号1364頁〔百選5事件〕，最判昭44・2・20民集23巻2号399頁〔百選2版10事件〕，最判昭58・2・3民集37巻1号45頁〔百選I 33事件〕）。異種の事件相互間で移送が許されるには特別の規定（民調4条，家審規129条の2など）を要するが，この場合にはそのような規定がないということがその理由であった。

人事訴訟法の制定によって，この問題の多くは解消されたものの，家事審判の申立てを訴訟事件として地方裁判所に対して行った場合の家庭裁判所への移

---

[109] 三ケ月・全集260頁，新堂・旧101頁注(1)など。

送の可否については，依然として議論の余地がある。思うに，事件が訴訟事件か非訟事件かが明確でない場合があり，そのことによって生じる不利益を無視すべきではあるまい。そして，訴訟といい非訟というも，基本的には裁判所が行う司法サーヴィスという点では共通し（裁3条1項），裁判所が当事者の手続リスクを必要最小限度に抑え，実効的な法的サーヴィスを当事者に提供するという基本的要請には，全く異なるところはない。現に，人事訴訟法の制定により家庭裁判所も人事訴訟事件を担当するに至っていることはすでにみた。地方裁判所と家庭裁判所との間には，司法サーヴィスとしての基本的同一性が存在するのであり，両者の峻別は本質的なものではない。そこで，移送の根拠は理論上肯定されよう。また，移送によって時効中断・期間遵守（民149条）の利益が得られることも，政策的に考慮して然るべきであろう。したがって，甲類審判事件のような非訟事件か，いわゆる真正争訟事件かを問うことなく，移送（16条1項）を認めるのが妥当である[110]。なお，非訟と訴訟の区別に関する理論については，今後法制度比較の理論的深化を含む根本的な見直しが求められよう。

(4) 遅滞を避ける等のための移送

第一審の受訴裁判所は，訴訟がその管轄に属する場合であっても，当事者や証人の住所，検証物の所在地その他の事情を考慮して，訴訟の著しい遅滞を避け，または，当事者間の衡平を図るために必要があると認めるときは，申立てまたは職権によって，当該訴訟を他の裁判所へ移送することができる（17条）。

「遅滞」とは，証拠調べの手間などに起因する審理の遅滞をいい，公益的な側面に関するものであるのに対し，「当事者間の衡平」とは，原告・被告の訴訟追行の負担のバランスを意味し，私的利益にかかわるものである。後者の衡平は，本条の前身である旧法31条では，「損害」と規定され，その内容として証人の住所等が考慮されてきたところ（下級審裁判例），新法はそれらのファクターを明文化すると同時に，移送による被告の利益のみならず，原告の被る不利益にも配慮して，両者間のバランスを図らなければならないとして，当事者間の衡平をも掲げたのである（旧法下においても，原告・被告間の利益衡量を示した裁判例として，大阪高決昭54・2・28判時923号89頁〔百選Ⅰ34事件〕，仙台地決平元・6・28判時1350号133頁，東京地決平元・12・21判時1332号107頁など）。

受訴裁判所が唯一の専属管轄裁判所である場合には，遅滞を避ける等のため

---

[110] 新堂118頁，伊藤67頁，注釈民訴(1)278頁〔花村治郎〕，松本＝上野273頁〔松本〕，山木戸・判例6頁など。反対，斎藤ほか(1)373頁〔小室直人＝井上繁規〕。

の移送をすることはできない（20条。例外として，会更7条など）。専属管轄裁判所が競合する場合には，専属管轄裁判所間における移送が認められる（最決昭31・10・31民集10巻10号1398頁[111]）。専属的合意管轄に属する事件については，その合意の効力を否定して本来の法定の管轄裁判所に移送することができる（20条）。これは，新法が旧31条下での有力説[112]を立法化したものであるが，その背景には，一般消費者保護等の見地から，附合契約の一部としてなされたような管轄の合意についての問題を移送のレベルで対処しようとしたという事情がある。

特許権等に関する訴えは，専属管轄の集中（6条1項・3項）による輻輳のおそれから，遅滞回避等のための移送を特別に認める必要がある。そこで，民訴法は，特許権等に関する訴えであっても，たとえば，相続による特許権の帰属争いや経済的理由によるライセンス料の不払など，専門的知見を要する事件でなければ，著しい損害または遅滞を避けるために必要があると認めるときは，当事者の申立てまたは職権により，訴訟の全部または一部を，第一審の場合には一般原則により管轄の認められる地方裁判所に，控訴審の場合には大阪高等裁判所に，移送することができるものとした（20条の2第1項・2項）。

(5) 簡易裁判所から地方裁判所への移送

簡易裁判所は，訴訟がその管轄に属する場合においても，相当と認めるときは，申立てまたは職権により，その所在地を管轄する地方裁判所に当該訴訟を移送することができる（18条）。これは，事物管轄の弾力化という点で，簡易裁判所の事物管轄に属する事件を地方裁判所において審理することを認める民訴法16条2項と共通し，相互に表裏の関係にある。

簡易裁判所に専属管轄の認められる訴訟については，民訴法18条による移送をすることはできない。専属的合意管轄があるときについては，前述の遅滞を避ける等のための移送（17条）の場合と同じく，旧法下での多数説にしたがい，新法によって移送を肯定する立法措置がとられた（20条）。また，簡易裁判所は，その管轄に属する不動産に関する訴訟（5条12号と同義と解される）について，本案前に被告の申立てがあるときは，当該訴訟を地方裁判所に移送しなければならない（19条2項必要的移送。）。これは，一般に複雑な審理を要する不動産に関する訴訟は，地方裁判所へ係属させるのに適しているとして，被告の事物管轄選択権を認めたものである。

---

111) これを明文化したのが人事訴訟手続法1条の2（現行人訴7条）である。
112) 兼子・体系98頁，三ケ月・全集261頁など。

移送が相当か否かについては，簡易裁判所の裁量が認められており，両当事者に異議がないこと，事件が複雑であること，関連事件が地方裁判所に係属していることなどが相当性の判断基準とされている[113]。

簡易裁判所は，その係属事件における被告が反訴によって地方裁判所の管轄に属する請求をした場合，相手方の申立てがあるときは，決定により，本訴および反訴を地方裁判所に移送しなければならない（274条1項。必要的移送）。反訴についての事物管轄の利益を尊重するとともに，本訴と反訴の併合審理を実現しようとする趣旨である。この移送決定に対して不服を申し立てることはできない（274条2項）。

(6) 申立てと同意による第一審裁判所の移送

第一審の受訴裁判所は，訴訟がその管轄に属する場合においても，当事者の申立ておよび相手方の同意があるときは，当該訴訟を地方裁判所または簡易裁判所に移送しなければならない（19条1項本文。必要的移送）。合意管轄と同様に，当事者意思を尊重して移送を認めたものである。ただし，審理の円滑な進行との兼ね合いから，移送により著しく訴訟手続を遅滞させることとなるときは許されず，また，簡易裁判所からその所在地を管轄する地方裁判所へ移送する申立てでない限り，被告が本案について弁論をした後，または，弁論準備手続で申述をした後における移送は認められない（19条1項但書）。なお，この場合も，専属管轄の移送は認められないが，それに専属的合意管轄は含まれない（20条）。

(7) 移送の手続

管轄違いの移送と反訴提起に基づく移送を除く移送（16条2項・17条・18条・19条）は，職権によるほか，当事者の申立てによってもなされ，その移送決定および申立却下決定のいずれに対しても当事者の即時抗告が認められる（21条）。

他方，管轄違いによる移送（16条1項）については，旧30条下で当事者の申立権の有無が争われていたところ，新法は，当事者の利益や管轄をめぐる紛争の迅速な解決を理由として有力に唱えられていた肯定説[114]を採用して当事者の申立権を明定した。これにより移送決定および申立却下決定に対する即時抗告も認められる（21条）。

また，反訴提起に基づく移送（274条1項）については，地方裁判所の審理によって反訴原告（＝本訴被告）の利益が害されないよう，移送決定に対する不服

---

113) 伊藤69頁注95。
114) 新堂・旧103頁注(1)など。反対，三ヶ月262頁など。

申立てが禁止される（274条2項）。

移送決定に対して即時抗告がなされると，執行停止の効力（334条1項）として，訴訟係属が受移送裁判所に移転しなくなるが，移送裁判所も，自らの移送決定に拘束され，本案審理を進めることができない[115]。これに対し，移送申立却下決定に対する即時抗告がなされて，却下決定の効力が停止しても受訴裁判所の本案審理に支障を来さない[116]。

移送は，相手方の利益にも重大な影響を与える。そのため，民訴法17条または民訴法18条による移送申立てがなされたときは，裁判所は相手方の意見を聴かなければならず，または，これらの移送が職権によってなされたときは，裁判所は当事者の意見を聴くことができる（規8条1項）。

(8) 移送の裁判とその効果

移送決定が確定すると，受移送裁判所はそれに拘束され（22条1項），事件をさらに他の裁判所に転送することができなくなる（22条2項）。受移送裁判所の返送・転送によって，訴訟遅延が惹起され，当事者の利益が害されることを防止しようとしたものである。任意管轄の場合には，管轄の基礎となる考慮がそれほど強くなく，むしろ管轄をめぐる争いの決着がつかず，たらい回しになってしまうことの方がより有害であるとの判断から，こうした拘束力の規定が設けられたのである。問題は，移送裁判所が専属管轄の判断を誤って移送してしまった場合でも，受移送裁判所を拘束するのかどうかである。専属管轄の場合には，管轄の基盤が任意管轄よりも強固であることにかんがみると，拘束力を否定する合理性もあるが，議論の大勢は，迅速に本案審理を受ける当事者の利益を重くみて，拘束力を認めている[117]。専属管轄といえども，基本的には司法機関として同質の裁判所をめぐる職務分配の問題なのであって，そうした管轄の問題よりも本案審理の円滑な実施に高いプライオリティーを認めることが，大局的にはより説得力があるといえよう。なお，そのように考えると，この場合に，専属管轄違背を原判決の取消事由とする民訴法299条1項但書・312条2項3号の適用は排除されることになる[118]。

---

115) 最高裁判所事務総局民事部編『改正民事訴訟法詳説（民事裁判資料9号）』（最高裁判所事務総局民事部，1948年）15頁，注釈民訴(1) 305頁〔中森宏〕，伊藤71頁など。

116) 最高裁判所事務総局民事部編・上掲注115) 15頁，注釈民訴(1) 305頁〔中森〕，伊藤92頁など。もっとも，訴訟手続を進めるのが妥当か否かについては別途考慮の余地がある（最高裁判所事務総局民事部編・前掲注98) 15頁，注釈民訴(1) 305頁〔中森〕）。事実上の審理停止の余地もある（伊藤72頁注98）。

117) 東京高決昭31・10・24下民7巻10号2976頁，伊藤72頁など。

この受移送裁判所に対する拘束力も，移送決定確定後に新事由が発生したときは，もはや維持されず，受移送裁判所はその事由に基づく再移送をすることができる[119]。裁判例としては，管轄違いの移送を受けた受移送裁判所が再度，簡易裁判所へ裁量移送（18条）したケース（東京高決昭47・10・25判タ289号331頁）や管轄違いにより移送された行政処分の取消訴訟が，その後に移送裁判所に当該行政処分の無効確認訴訟が提起されたため，移送裁判所にも応訴管轄が生じたとして，再度，移送裁判所に移送（行訴13条）したケース（東京地決平2・6・13判時1367号16頁）がある。

移送決定が確定すると，最初から受移送裁判所に訴訟係属が発生していたものとみなされる（22条3項）。その結果，訴え提起による時効中断・期間遵守の効果（民149条）が維持されることになる。

移送前になされた当事者や裁判所の訴訟行為の効力が受移送裁判所においても維持されるか否かに関しては，管轄違いの移送の場合に議論があるが，その他の移送については維持されることに問題はない。管轄違いの移送については，従前の移送裁判所には管轄権がなく，そこでは本案審理の前提に欠けるのであるから，移送以前の移送裁判所での訴訟手続は移送決定によって取り消される（308条2項・309条類推）とするのが通説的見解である[120]。これに対し，その公共的な側面から，専属管轄違いの場合には通説のように従前の訴訟行為の効力を否定するのが妥当であるが，任意管轄違いの場合には，当事者が任意管轄違いの主張をせずにした訴訟行為の効力まで当然に失われるというのは行きすぎであるとして，その効力が維持されるという有力見解がある[121]。考え方が分かれるのは，任意管轄違背の場合についての取扱いである。任意管轄の規定は展望的にこれからいずれの裁判所で審理するかをめぐる裁判所間の職務分担の定めであるに対し，任意管轄違背の局面では，移送決定までに行われた訴訟手続を覆すほどの実質が存しないと考えられる。効力の維持を肯定する説が妥当であろう。

移送裁判所の裁判所書記官は，受移送裁判所での審理が円滑に進行するように，同裁判所の裁判所書記官に訴訟記録等を送付する（規9条）。

第4節　裁判機関の構成

紛争解決機関としての裁判所は，争いある事実関係を認定し，法適用の結果

---

118)　伊藤72頁注99。
119)　兼子・体系99頁，新堂121頁，伊藤72頁など。
120)　新堂120頁など。専属管轄のケースにつき，新潟地判昭29・5・12下民5巻5号690頁。
121)　東京控判昭15・5・8法律新報584号21頁，中島・日本民訴上192頁，伊藤73頁など。

を宣言することにより法的紛争の解決を企図する。この裁判機関としての裁判所をいかなる者から構成するかは立法政策の問題であり，現行制度は，裁判官を中心に構成している[122]。

　資格がないのに誤って任命された者を裁判官として構成する裁判所の行った裁判は，上訴・再審によって取り消される（312条2項1号・338条1項1号）。ところで，裁判官ではあっても，具体的事件との関係において公正・中立な第三者といえない場合がある。そこで，そのような裁判官を裁判所の構成員から排除することが必要となり，そのための手段として，裁判官の除斥・忌避・回避の各制度が置かれている。いずれも，人的側面での公平な裁判所構成を保障することで，当事者間の公平と国民の裁判に対する信頼を維持するための制度である。こうした趣旨は，旧法下に比して権限の拡大した裁判所書記官にも妥当するため，除斥・忌避・回避の規定が準用されるようになった（27条，規13条）。また，これは判決手続以外にも準用されている（民執20条，民保7条，破13条，会更13条，民再18条，人訴10条1項，非訟5条，家審4条，行訴7条，労審11条など）[123]。

1　裁判官の除斥

　除斥は，法定された事由（除斥原因）がある場合に，裁判官を職務執行から当然に除外することである（23条）。

(1) 除斥原因

　除斥原因は，民訴法23条に列挙されている。1号ないし3号は，裁判官と当事者との関係についての事由，4号ないし6号は，裁判官と事件との関係についての事由である。なお，1号ないし3号は自然人を想定しているが，その実質を考慮して法人にも類推すべき場合はあると考えられる[124]。もっとも，実際には忌避申立てのなかで扱われることが多いであろう。

　これらのうち，6号の「前審」関与については問題がある。「前審の裁判」とは，当該事件についての直接または間接の下級審の裁判を指す（最判昭30・3・29民集9巻3号395頁，最判昭36・4・7民集15巻4号706頁）。たとえば，上告審からみて，直接の下級審は控訴審，間接の下級審は第一審ということになる。

---

[122]　そのほか，司法委員，参与員，専門委員，裁判員（刑事裁判）などの関与もみられる。

[123]　そのほか，専門委員の除斥・忌避（92条の6），知財事件の裁判所調査官の除斥・忌避（92条の9），鑑定人の忌避（214条），仲裁人の忌避（仲裁18条），執行官の除斥（執行官3条）などもある。

[124]　新法の立法作業における検討事項の背景に法人問題があったことにつき，伊藤75頁注105など参照。

これが除斥原因とされているのは，上訴審をすでに原審の裁判に関与した裁判官によって行うのでは，公正・中立な審判を期待することができず，審判主体を変えることで適正な裁判を担保しようとする審級制度の趣旨にもそぐわないことになるからである。そうすると，「前審の裁判」には，原審の終局判決のみならず，中間判決や終局判決前の裁判（不服申立ての対象となることを要する。283条参照）も含まれることになる。

他方，同一訴訟手続に属しない裁判は，予断のおそれが完全にないとはいえないものの，直接または間接に審級が問題となっているわけではないので，「前審の裁判」に含まれない。たとえば，再審申立手続における確定判決，請求異議訴訟における債務名義の裁判，本案訴訟における仮差押え・仮処分命令，異議申立て後の通常訴訟手続における手形・小切手訴訟などがある。また，裁判所におけるADR手続に関与した裁判官がその後の訴訟手続に関与することもできる（家事調停につき前掲・最判昭30・3・29，労働審判につき最判平22・5・25判時2085号160頁）。なお，上告審の差戻判決または移送判決に基づいて（325条1項），原審または受訴裁判所が審判をすることも，下級審ではなく同等の裁判所による判断であるので，「前審」関与にあたらないが，予断をもった判決のなされる蓋然性が高いことにかんがみ，特別に原判決に関与した裁判官の排除を規定している（325条4項）。

裁判への「関与」とは，裁判の評決および裁判書の作成といった判断作用そのものに関与することである。それゆえ，判決言渡し，弁論準備手続，証拠調べ，あるいは，訴訟指揮のみについての関与は，これに含まれない[125]。もっとも，これらの場合における忌避の成否は別問題である。

(2) 除斥の効果

除斥原因のある裁判官は，民訴法23条1項但書の場合を除いて，当然にその職務執行から排除される。除斥原因がある場合には，裁判所は，当事者の申立てによりまたは職権で，除斥の裁判をする（23条2項）。この裁判は，忌避のそれとは異なり，確認的なものと考えられる。したがって，除斥裁判前であっても，除斥原因のある裁判官の訴訟行為は無効であり，それに基づく終局判決には絶対上告理由（312条2項2号）および再審事由（338条1項2号）の瑕疵が認められる。

---

125) 最判昭28・6・26民集7巻6号783頁〔百選2版12事件〕は，前審の「口頭弁論を指揮して証拠調べをすること」は本号にあたらないとし，また，最判昭39・10・13民集18巻8号1619頁〔百選I 35事件〕は，前審の「準備手続」に関与することは本号にあたらないとする。

ただし，前述の6号の前審関与の場合，原審の審判に関与した裁判官が上級審の判決言渡しのみを行っても，上級審判決の内容形成には携わっておらず，取り消されるべき判決とはいえない[126]。

(3) 除斥の裁判

通常，除斥原因が認められると，民事訴訟規則12条に基づいて裁判官自身が裁判を回避するが，そうしない場合には，除斥の裁判をする(23条2項)。除斥申立却下決定に対する即時抗告は認められるが(25条5項)，除斥決定に対する不服申立ては許されない(25条4項)。当事者が特定の裁判官を裁判から排除することは認められるが，反対に特定の裁判官を求めることができないからである。

2 裁判官の忌避

忌避とは，公正な裁判を妨げるおそれのある一定の事由がある場合に，当事者の申立てに基づく裁判によって，裁判官を職務執行から排除することである。確認的な除斥の裁判と異なり，忌避の裁判は形成的であり，遡及効は認められない。

(1) 忌 避 原 因

忌避原因は，「裁判官について裁判の公正を妨げるべき事情」(24条1項)である。これは，当事者が裁判の公平に疑念を抱くのがもっともであるといえる，裁判官と事件との特殊な結合を示す客観的事情をいう。限定的な除斥原因を具体的事例に即して補充する役割を担うものであり，その文言は包括的である。

たとえば，裁判官が一方当事者と親友または仇敵である場合[127]，事件について経済的な特別の利害をもっている場合，または，事件について鑑定をしたことがある場合(正式の鑑定人となった場合には除斥事由〔23条1項4号〕)などである。これに対し，同種の事件について判決をしたことは，忌避原因ではない。

---

[126] 大判昭5・12・18民集9巻440頁，大判昭6・2・20新聞3243号14頁，兼子・判例民訴9頁，村松俊夫ほか編『判例コンメンタール民事訴訟法〔増補版〕I』(日本評論社，1984年) 94頁〔高島義郎〕，伊藤77頁，注釈民訴(1)328頁〔大村雅彦〕など。

[127] 特別懇意や仇敵などの個人的な人間関係については，当事者の感情などの主観面を反映して，その受け取り方に相当の振幅があるものと予想される。たとえば，かつて当事者の一方またはその代理人と同じ判例研究会に所属し，同人の著作物に書評や推薦文を掲載した裁判官などの場合が問題となる。不公平感がもたれ，司法への信頼が揺らぐことのないよう，裁判官はグレーゾーンの状況を開示し，忌避申立ての機会を与える（忌避事由開示義務）を検討すべきである(後掲・注138)に掲載の諸文献参照)。このように考えるとき，事件の性質を考慮すべきか否か，二当事者対立構造の違い(たとえば，非訟事件)を加味すべきか否かなどの課題もあろう。また，弁護士任官制度の拡大，さらには，法曹一元制度の導入を検討するのであれば，裁判官と社会との近接を前提とした忌避制度のあり方がさらに吟味されることになろう。

判断の分かれる微妙なケースとしては，(a)一方当事者と裁判官が別件訴訟での対立当事者である場合，(b)裁判官が一方当事者の訴訟代理人の女婿である場合，(c)国家賠償事件の担当裁判官が法務局訟務部付検事として国の代理人となったことがある場合，(d)裁判官が一方当事者の顧問弁護士の事務所に所属していた場合などがある。裁判例はいずれについても忌避原因はないとする（(a)について神戸地決昭58・10・28判時1109号126頁，(b)について最判昭30・1・28民集9巻1号83頁〔百選I36事件〕，(c)について名古屋高決昭63・7・5判タ669号270頁，(d)について東京地決平7・11・29判タ901号254頁）。(a)の場合は，通常は忌避事由に該当するであろうが，別件訴訟の存在が当該裁判官による公正な裁判に対する信頼を損なわない特段の事情があるときは，例外として忌避事由はないといえよう[128]。(b)の場合は，確かに訴訟代理人との関係が心情的に特別であり，弁護士にとって訴訟の結果はその利害と深くかかわることにかんがみ，裁判官の公正を疑わしめるに足りる客観的事情があるといえ，忌避事由に該当しよう[129]。(c)の場合は，当該事件だけでなく，同一の内容をもつ事件について訟務検事として国の代理人となったことは，公正な判断を妨げる客観的事情といえるので，忌避事由にあたるとみられる[130]。(d)の場合も，相手方および第三者からみて，裁判の公正に対する疑念を抱くことがあり，原則として忌避事由があると考えられる[131]。いずれにせよ，当事者が公正について疑惑を抱くか否かは，社会状況や法曹のあり様によって左右されるところがある。

裁判官の訴訟指揮の内容自体が忌避事由となることはないとされている（期日変更申立ての却下について，大決明39・6・28民録12輯1043頁，証拠申出の却下について，大決大2・1・16民録19輯1頁など）。個別の訴訟指揮に対しては異議権（150条）もあり，裁判官自体について忌避申立てを認めるまでのことはない。なお，極端に偏頗な訴訟指揮がなされた場合，忌避事由に該当するかは問題であり[132]，これを肯定する見解がある。訴訟指揮の偏頗性がその程度において極端であり，裁判官の措置が外形的にその背後に偏頗事由の存在を推認させるならば，忌避事由ありとされよう。

---

128) 同旨，伊藤78頁など。
129) 同旨，三ケ月・双書306頁，菊井＝村松I207頁，条解93頁〔新堂幸司〕，新堂84頁，伊藤78頁など。
130) 同旨，伊藤78頁など。もっとも，裁判官が過去に一方当事者の訴訟代理人であったというだけでは，多くの場合は忌避事由に当たらないであろう。
131) 新堂84頁など。
132) 伊藤77頁。

(2) 忌避の申立て

　忌避の手続は，除斥と異なり，当事者の申立てのみによって開始される（24条1項，規10条1項）。忌避申立権者は当事者に限られる。補助参加人には独自の申立権は認められないが，被参加人である当事者の申立権を助っ人として行使することができると解される[133]。当事者が弁論または弁論準備手続での申述をしたときは，忌避事由の存在を知らなかったなどの場合を除き，忌避申立権は失われる。これは申立権放棄の意思が認められることによる。ここでの弁論とは，口頭弁論におけるそれだけでなく，忌避事由のある裁判官による審理判決を容認するとみなされる一切の訴訟行為をいう。

　忌避申立ては，当該裁判官の所属する裁判所に対して，忌避事由を明示した書面によってなされる（規10条1項2項）。その明示した忌避事由については，申立てから3日以内に疎明しなければならず（規10条3項），3日をすぎると申立ては不適法として却下される。なお，疎明とは，忌避事由が一応あるらしいという程度の心証を裁判官に与える証明活動であり，その形式を問わないが，証拠方法は直ちに取り調べることができるもの（在廷証人など）に限られる（180条）。

　地方裁判所以上の裁判官の忌避は，当該裁判官が所属する裁判所の合議体で，簡易裁判所の裁判官の忌避は，その裁判所の所在地を管轄する地方裁判所の合議体で，それぞれ決定で裁判をする（25条1項2項）。忌避の裁判は決定の方式で行われ，口頭弁論は任意的であり，必要があれば裁判所は関係人の審尋を行う（87条2項）。当該裁判官は，忌避の裁判に関与することはできないが（25条3項），意見陳述が許される（規11条）。忌避申立ての却下決定に対しては即時抗告が許される（25条5項）が，忌避決定に対する不服申立ては認められない。除斥の場合と同じであり，その理由も共通する（当事者には，特定の裁判官を排除する権利は認められても，特定の裁判官を求める権利は認められない）。なお，忌避申立ての却下決定に対する即時抗告権（25条5項）が相手方当事者にも認められるかについては争いがある。肯定説は少数であり[134]，相手方に即時抗告権を認める必要はないとする否定説が多数となっている[135]。後説が妥当であり，忌避申立てはその性質上申立てをしていない相手方に抗告を認める必要はない。

　除斥または忌避申立てがなされると，それに対する裁判が確定するまで，訴訟手続は停止する（26条本文）。ただし，証拠保全，民事保全などの迅速を旨とする手続は停止されない（26条但書）。これらの行為は，その後に忌避決定がなされた場合でも，有効であることに変わりはない。また，裁判官が申立審理中に急速を要しない行為をすることは違法と評価される。しかし，その後に忌避

---

133) 伊藤79頁注115。
134) 条解97頁〔新堂幸司〕，注釈民訴(1)368頁〔三上威彦〕など。
135) 菊井＝村松Ⅰ207頁，伊藤80頁注119など。

申立ての却下決定がなされたときは，その瑕疵は治癒されて有効となる（最判昭29・10・26民集8巻10号1979頁）。もっとも，このように有効となるのは忌避申立人が十分な訴訟活動をした場合に限られよう[136]。忌避申立てには根拠のないものや訴訟引延ばしの戦術に用いられるものがあることから，瑕疵が治癒されると考えることは，現実的対処としては是認される側面があるものの，一定の歯止めも必要であり，当事者が忌避に固執して訴訟活動を拒んでいる場合にまで瑕疵の治癒を認めると審理の充実と公正が損なわれるおそれがある。もっとも，瑕疵の治癒を認めた場合にも不十分な訴訟行為を追完する措置を認めることは必要であろう。

(a) 忌避申立ての濫用・簡易却下

忌避申立てによる審理停止効を利用して訴訟手続を遅延させるために，理由のない忌避申立てを繰り返すことを忌避申立ての濫用という。

それの対処としては，まず，権利濫用の一般原則により，申立てを却下することが考えられる。つぎに，明らかに理由のない濫用的申立てには，民訴法26条を適用せずに訴訟手続の停止措置をとらないことも一つの方策である（東京高決昭39・1・16下民15巻1号4頁，京都地判昭59・3・1判時1131号120頁など）。さらに，民訴法25条の適用を排除して，当該裁判官自身が申立てを却下することも可能である（大阪高決昭38・11・28下民14巻11号2346頁，東京高判昭57・5・25下民33巻5＝8号868頁など）。これは簡易却下とよばれる（刑訴24条参照）。この場合の申立却下決定に対しては即時抗告が可能であり，当事者の利益に配慮し得ることを前提としての，例外的な取扱いである[137]。

(b) 忌避申立てがなされなかった場合の取扱い

忌避決定は形成的なもので，終局判決がなされたときは，当事者は上訴などによって忌避事由の存在を主張することができない。民訴法24条2項但書の適用も，当該審級において終局判決がなされるまでの間のことである。そうすると，当事者が裁判官について公正を妨げるべき事情を容易に認識できない場合には，忌避申立ての可能性が事実上制限されることになる。そこで，裁判官に対して忌避事由開示義務を負わせることが検討されてよい[138]。こうした開

---

136) 新堂85頁，中野ほか68頁〔長谷部由紀子〕など。
137) 三ケ月・双書307頁，菊井＝村松Ⅰ220頁，新堂85頁，伊藤80頁など。反対，斎藤・概論79頁，上田78頁，注釈民訴(1)366頁〔三上威彦〕など。
138) 小島武司「忌避制度再考」吉川追悼下16頁，大村雅彦「公平な裁判所」中央大学比較法研究所40周年記念論集（中央大学出版部，1988年）928頁など。

示義務の導入は手続の透明性を増大して裁判所への信頼を確保するという高次の政策として意義があり，少なくとも倫理上の要請としては自覚しておくべきであろう。ちなみに，事実上の回避は，日本の裁判官の良識・美風を示す面もあるが，翻ってその意味を冷厳に評価することも大事である。「自然裁判官」ということに思いを馳せると，除斥や忌避の事由がない限り，担当裁判官が職務上の基準にしたがって事件を担当するという姿勢は，より毅然とした職責の自覚のあらわれであり司法への信頼向上につながるものであろう。

3 裁判官の回避

回避とは，裁判官みずからが，除斥または忌避の事由があると認めて職務執行から身を引くことである。回避をするためには，司法行政上の監督権の裁判所（裁80条）の許可を要する（規12条）。この許可は，行政上の処分であって，裁判ではないので，除斥・忌避原因を確定する効果はない。そのため，回避した裁判官がその後たまたま職務執行をしても，訴訟法上違法とはならない。また，回避は義務ではないので，法的強制になじまないが，裁判官としての職業倫理上の責務および裁判運営の透明性の見地から求められよう。この局面は，裁判官の給源の多様化に伴い，一段と拡大すると思われる。

4 裁判所書記官の除斥・忌避・回避

裁判所書記官の職務も，裁判権の行使に密接に関連するので，除斥・忌避・回避の規定が準用される（27条，規13条）。もっとも，その職務の性質上，前審関与（23条1項6号）は準用がない（最判昭34・7・17民集13巻8号1095頁）。また，裁判所書記官は裁判の内容である判断作用そのものには関与しないことから，除斥事由の存在によって排除されるべき裁判所書記官の関与は，絶対的上告理由にも再審事由にもならない。忌避などの裁判は，当該裁判所書記官の所属する裁判所が行う。

除斥・忌避の申立てがなされると，それに対する裁判が行われるまで，裁判所は，他の裁判所書記官を立ち会わせて手続を進行させることができる。これも判断機関としての裁判所を構成する裁判官と異なる点である。

第3章 当 事 者

はじめに

　民事訴訟は，私人間の紛争を解決する手続である。そこでは，紛争当事者の存在が前提とされる。この紛争当事者の一方が訴えを提起することにより，民事訴訟手続が開始され，紛争当事者は，訴訟当事者とよばれることになる。
　第3章では，訴訟当事者を単に当事者と表記し，序論においてその一般的説明をしたうえで，各論として，当事者の確定，当事者能力，訴訟能力，弁論能力，そして，訴訟当事者本人に代わって訴訟行為を行う訴訟上の代理人を扱う。

第1節　序　論

第1款　当事者の概念

　当事者とは，ある事件において，自己の名で裁判所に裁判（判決や執行）を求める者およびこれと対立する関係にある相手方をいう。民事訴訟の判決手続においては，訴えまたは訴えられることによって，判決の名宛人となる者をいう。
　この当事者概念は，訴訟物たる実体法上の権利関係から切り離されたものであって，請求の定立者とその相手方，または判決の名宛人という訴訟関係上の地位を指すことから，形式的当事者概念とよばれる。これに対し，訴訟物たる権利関係の主体を訴訟上も当事者とする考え方を実質的当事者概念というが，これによると，第三者の訴訟担当や他人間の権利関係の確認訴訟などの説明に窮することから，形式的当事者概念が支配的となっている[1]。
　当事者の呼称は，審級ごとに異なり，第一審では，原告・被告[2]，控訴審では，控訴

---

1) もっとも，形式的当事者概念は無内容であり，問題を当事者適格など，当事者概念以外の領域に転嫁しているとして，当事者概念の再構成を目指す見解もある。伊東乾「訴訟当事者の概念と確定」中田還暦上61頁，松原弘信「民事訴訟法における当事者概念の成立とその展開(1)～(4・完)」熊本法学51-55号（1987-1988年），同「民事手続における『手続主体』概念についての一考察」熊本大学法学部創立十周年記念『法学と政治学の諸相』（1989年）313頁，上田・判決効2頁・126頁など。二次的にこの概念を用いることが講学上便利なこともあろう。
2) 被告にあたる当事者が，刑事訴訟手続において「被告人」とよばれること（刑訴256条2項1号）との関係で，「被告」という呼称が民事裁判に対する心理的障害を招いているとして，これを変更すべきであるとの議論がある。そこには，単なる用語にとどまらない実質（心理）の問題

人・被控訴人，上告審では，上告人・被上告人である（なお，督促手続，民事執行・保全の手続では，債権者・債務者，和解手続や証拠保全手続では，申立人・相手方とよばれる）。

第2款　二当事者対立構造

　非訟事件の場合と異なり，民事訴訟の対象となる紛争は，通常，私人間の利害対立から生じる。そこで，訴訟手続においては，相対立する二者に当事者たる地位を与えて，両者に訴訟の主体として関与対峙し，訴訟追行の十分な機会が保障される仕組みがとられている。当事者の地位につく者が三人以上いるときでも，原告と被告のいずれかの地位につくという形で二分されるのが原則である（共同訴訟）。ただし，三当事者が対立・牽制し合うという紛争の実態が存すれば，それを訴訟手続に反映させるのが筋であり，二当事者対立構造に分解することなく，三ないしそれ以上の複数当事者間の紛争を一挙一律に解決する多面訴訟も例外的ではあるが認められている（47条）。もっとも，これは応用的な形態であり，二当事者対立構造が原則である。

　二当事者対立構造の下では，当事者双方に攻撃防御方法の対等な機会が保障される必要がある（武器平等ないし武器対等の原則）。この場合，両当事者は，形式的平等であればよいというものではなく[3]，弁論権，立会権，記録閲覧権および異議権などの付与により，実質的な平等を確保されていなければならない[4]。

　相対立する二当事者の存在は，訴訟要件の一つである。裁判所は，その有無を職権で調査し，これを欠けば訴えを却下する。訴訟が成立した後に，当事者の一方が死亡または合併によって消滅すると，訴訟は中断し（124条），承継人による受継をまって続行される。また，相続や合併により，当事者の一方が相手方の承継人になると，二当事者対立構造は解消し，訴訟は消滅する[5]。また，一身専属の権利を請求していた当事者が死亡し，対立関係が解消された場合にも，訴訟は当然に終了する[6]。

　　も存することを認識する必要があろう。
3) 上田・平等2頁。
4) 山木戸・研究59頁。
5) たとえば，最判昭51・7・27民集30巻7号724頁は，養親が養子に対して提起した年長養子の禁止に違反する縁組の取消請求訴訟は，養親の死亡により当然に終了するとする（なお，井上・法理404頁，新堂・判例131頁）。また，最判平元・10・13家月42巻2号159頁は，夫婦間における婚姻無効確認訴訟は，訴えを提起した一方の死亡により当然に終了するとする。
6) たとえば，最大判昭42・5・24民集21巻5号1043頁［朝日訴訟］〔百選ⅡA 46事件〕は，原告に対する生活扶助の打切り等の処分に対する不服申立てを却下した知事および厚生大臣（当

なお，人事訴訟においては，当事者の地位につく者がいなくなっても，法律関係の確定は必要であることから，訴訟承継人の法定という手法により訴訟の維持が図られている[7]。

第3款　当事者権および審問請求権

訴訟手続における当事者の地位は，終局的には，請求について審判を受けることに帰着されるものの，審判の適正，公平を確保するために，当事者には訴訟手続上のさまざまな権能が認められており，その手続保障は事件の特質に応じてある程度の変容を示す。これらの権能，すなわち，人が訴訟の主体（当事者）たる地位につくことによってその手続上認められるべき諸権利を「当事者権」という[8]。

当事者権には，移送申立権（16条以下），除斥・忌避申立権（23条・24条・27条），訴訟代理人選任権（54条），訴状・判決の送達を受ける権利（138条1項・255条），期日指定の申立権（93条1項），期日の呼出しを受ける権利（94条），審判の対象を定める権利（246条），弁論権（87条），求問権（149条3項），訴訟記録閲覧権（91条），訴え取下げ，請求の放棄・認諾，和解など訴訟の処分権（261条・267条），控訴，上告，抗告などの不服申立権（281条・311条・328条1項等）などがある[9]。

当事者権は，手続保障の核心をなすものであり，その核心的部分，たとえば，裁判を受ける権利（憲32条），平等原則（憲14条），対審・判決の公開（憲82条）などは，憲法上の保障を受ける。当事者権のうち，どこまでが憲法で保障され，どこからが立法政策または民事訴訟法の解釈論であるのかということは，慎重な検討を要する問題である。また，裁判を受ける権利の内容を，手続法レベル

　　時）の裁決取消しを求める訴訟は，原告の死亡により終了するとしたが，その理由として，生活保護受給権が一身専属権であることを挙げた。なお，最判平元・9・22判時1356号145頁は，労働者の提起した労働契約上の地位確認請求訴訟は，労働者の死亡により終了するとした。
7)　人訴12条3項・26条2項・42条1項2項・43条2項3項。なお，原告が死亡した場合には，訴訟は終了する（人訴27条1項）。
8)　その提唱が非訟事件においてなされたのが発端である。山木戸・研究60頁。
9)　ドイツでは，裁判手続一般における手続関与者に与えられるべき最小限の手続的権利として，「審問請求権」が認められるが（ドイツ連邦共和国基本法103条1項），その内容は，当事者権のうち弁論権とこれを保障するための手続上の諸権利を包含し，個々の手続法規の補完作用を営む。審問請求権の侵害に対しては，上訴が認められ，これが尽きても，連邦憲法裁判所への憲法訴願ができ，それが認容されると原判決が取り消され，事件は差戻しになる。このように，個別の事例ごとに憲法裁判所の判断によりその権利内容が具体的に明らかにされ，精緻な解釈論を発達させる機会が存することから，審問請求権は豊穣な内実を有し，当事者権保障をめぐる立法論，解釈論にとって示唆に富む。新堂124頁注(1)，山本克己「当事者権――弁論権を中心に――」鈴木（正）古稀61頁など参照。

において，事件の類型ごとに明確にしていくことも必要で，いまだ検討半ばの課題である[10]。

第4款　当事者に関する概念とその相互関係

　当事者に関する基本的概念には，当事者の確定，当事者適格，当事者能力，訴訟能力，弁論能力などがあり，これらは相互に密接に関連する。

　まず，誰が，誰に対して請求を立てているのかを確定しなければならない（形式的当事者概念）が，これが当事者の確定である。これに伴い，当事者間の訴訟関係，当事者権，さらには判決の効力が決せられることになる。

　ついで，当事者間において，その請求に対する本案判決をすることが許されるか否かが検討される。たとえば，当事者能力，訴訟能力，当事者適格などの訴訟要件の有無が審理される。当事者能力は，民事訴訟の当事者となることのできる一般的資格であるのに対し，訴訟能力は，自ら単独で有効に訴訟行為をなし，または，受けるために必要な能力を意味する[11]。なお，当事者適格は，当事者能力や訴訟能力とは異なり，当該訴訟における具体的な請求との関係で，当事者として訴訟追行し，本案判決を受ける資格の有無を問う概念である。

第2節　当事者の確定

第1款　当事者の確定とその必要性

　当事者の確定とは，訴訟において誰が当事者の地位にあるのかを明らかにすることをいう。これが訴訟において必要な作業であることは，裁判所が期日に当事者を呼び出し（94条），弁論の機会（87条）を保障して審理をする場合のほか，訴状や判決書などの送達における名宛人，管轄における裁判籍（4条以下），裁判官の除斥原因（23条1項），当事者能力（28条・29条），訴訟能力（28条・31条-33条），当事者適格，訴訟手続の中断・受継（124条以下），中止（131条），判

---

10) 憲法上の原則と訴訟法規との関係について中野貞一郎博士は，憲法上の要請として，審尋請求権の保障，手続上平等の原則，適時審判の原則，そして，公開審判の原則を挙げ，これらを具体化した訴訟法規のない場合は，上記の憲法上の原則自体が訴訟関係人に対する行為規範ないし評価規範となるとされる（中野貞一郎「民事裁判と憲法」講座民訴①1頁〔中野・現在問題12頁所収〕）。なお，新争点8頁〔福永有利〕も参照。

11) 弁護士強制主義をとらないわが国においては，原則として，訴訟能力のある当事者本人に弁論能力が認められ，訴訟能力と弁論能力は連動するが，訴訟能力を有する当事者に弁論能力が認められない場合もある（155条）。

決効の主観的範囲（115条1項），重複訴訟の禁止（142条），証人能力などの判定において，当事者が誰であるかが前提とされることからも，明らかであろう。

第2款　当事者確定の基準

当事者の確定は，さほど意識されることなく行われるのが通常であり，実際に争われる場合は，むしろ例外的である。判例上，当事者の確定が問題となるのは，主として氏名冒用訴訟，死者名義訴訟，そして，法人格否認の事案である。

大局的にみると，判例は，いずれのケースにおいても，明確な確定基準を示すことなく，具体的事件ごとに妥当な結論を導く。意思説ないし行動説を採用したものと評価されるものもあるが，判例法理は必ずしも明確とはいえない。

そこで，まず，学説の展開を概観し，つぎに，それぞれの事件類型ごとに判例および学説の状況を眺める[12]。

1　学説の展開

(1)　伝統的な学説

従来からの伝統的な学説として，意思説，行動説，および表示説が存在する。

Ⓐ意思説は，原告の意思に基づいて当事者を定めようとする見解である[13]。意思説に対しては，内心の意思は確定困難であるとか，原告の確定には役立たないといった批判があるが，それぞれについて反論もある。すなわち，原則として内心の意思は訴訟行為における基準とはならない以上，内心の意思を問題とするものとして意思説をとらえるべきでない[14]，または，訴状その他の事情から推断される意思によって原告の確定を行うことも不可能ではないとされる[15]。

Ⓑ行動説は，当事者らしく行動し，または扱われた者を当事者とする見解である[16]。

---

12) 理論状況につき，小島＝小林・基本演習30頁以下，新争点56頁〔松原弘信〕など参照。なお，近時の研究として，坂原正夫「当事者の確定——新行動説の提唱——」石川古稀下171頁以下，松原弘信「死者名義訴訟・氏名冒用訴訟の判決確定後の取扱いとその理論的基礎」青山古稀427頁などがある。

13) わが国では，純粋な意思説の論者は存在せず，表示説に近い意思説（井上直三郎『破産・訴訟の基本問題』〔有斐閣，1971年〕20頁）がみられるにすぎない。

14) なお，「意思」を裁判所のそれとみることは処分権主義に反するであろう（中野ほか87頁〔本間靖規〕，高橋・重点講義上136頁など）。

15) 松本＝上野96頁〔松本〕。同書は，それゆえ，表示説と意思説は決して矛盾するものではないと指摘する。

16) 山田正三『民事訴訟法　第二巻』（弘文堂書房，1922年）262頁など。なお，井上直三郎・前掲注13）20頁は，原告の確定について行動説をとる。

行動説に対しては，現実に訴えを提起する者は原告本人に限られるわけではないので（訴訟代理人など），いかなる行動が当事者としての行動であるのか一義的に明確でないとの批判がある。

ⓒ表示説は，訴状における表示を基準として当事者を定めようとする見解である。この説は，訴え提起の段階から明確な基準を提示することができ，しかも前二説に比して理論上の難点も少ないことから，わが国において現在，通説の地位にあるとみられる[17]。表示説には，訴状の当事者欄に記載された名称のみを基準とするもの（形式的表示説）から，当事者欄の記載のみならず，請求の趣旨・原因など訴状全体の記載から合理的に解釈して当事者を決するもの（実質的表示説ないし修正された表示説）までがあり，訴状の記載のとらえ方に幅がみられる[18]。

(2) 近時の展開

表示説の帰結が紛争実態に適合しないきらいがある一方，意思説および行動説からも，説得的な立論が難しいことから，近時，適格説，併用説，規範分類説，および，紛争主体特定責任説などが主張されるに至っている。

ⓓ適格説は，「当該訴訟で解決されるべき実体法上の紛争の主体として訴訟に登場する者」という当事者概念[19]を前提として，訴訟上に与えられた徴表の限りで，かつその一切を斟酌して，解決を与えることが最も適切と認められる実体法上の紛争主体を当事者と確定する見解である[20]。解決を与えることが適切であると認められる者を当事者と確定することから，当事者適格の類推で適格説の名がある[21]。

ⓔ併用説は，原告の確定については行動説，被告の確定については，第一に原告の意思，第二に適格，第三に訴状の表示の順で判断すべきであるとして，種々の基準を併用する見解である[22]。

ⓕ規範分類説は，手続をこれから進めるにあたって誰を当事者として扱うかという行為規範からする観点と，すでに進行した手続を振り返って当事者は誰であったのかを考える評価規範からする観点を区別することを前提に，前者については，単純明快な基準を提供する表示説を採用し，後者については，手続の遡及的覆滅を可及的に防止すべく，手続の結果を誰に帰せしめるのが紛争解決にとって有効であるのか，および，手続の結

---

17) 中務俊昌「当事者の確定」民訴講座(1)73頁以下参照。
18) 続百選24頁〔鈴木重勝 解説〕参照。
19) これには，形式的当事者概念との距離が含まれていよう。形式的当事者概念と当事者確定の理論との内的連関について，中務・前掲注17) 37頁参照。
20) 伊東乾「訴訟当事者の概念と確定」中田還暦上61頁。
21) もっとも，適格説に立っても，常に当事者適格者が当事者と確定されるわけではない。たとえば，氏名冒用訴訟では，当事者適格を有する者（その多くは被冒用者）ではなく，冒用者を当事者としている。福永・当事者436頁以下，高橋・重点講義上137頁注3およびそこに掲載の文献参照。
22) 石川明「当事者の確定と当事者適格の交錯」法教二期（1974年）66頁。

果を帰せしめても構わない程度に利益主張の機会が与えられていたか，という観点を中心として当事者を確定する見解である[23]。

⑥紛争主体特定責任説は，当事者確定を紛争主体の特定に関する原告被告間の責任分配の問題と位置づけ，さしあたり表示を基準に被告を特定し，その後は変化していく紛争実態に即して当事者を定めようとする見解である[24]。この見解によると，紛争主体特定責任は，通常は原告にあるが，交渉相手としていた者の周辺に被告と紛らわしい者がいたり，原告からの照会に被告が応じないような場合には，紛争主体特定責任は被告に移る結果，原告は被告を多少不正確な形にしたままで提訴することができ，事後的に被告の表示を訂正することが許されるとする。

なお，確定基準を模索する以上の諸説と異なり，当事者確定理論の機能ないし守備範囲を見直し，それを訴え提起時（第一回口頭弁論期日まで）に限定することで，当事者の調整を別途行おうとする考え方として，確定機能縮小説とよばれる考え方がある[25]。具体的には，当事者確定の基準として表示説によりつつ，表示説による不都合が批判される局面，すなわち氏名冒用訴訟や死者名義訴訟などの例外的な場合の処理を任意的当事者変更の理論や判決効の理論などに委ねようとするものである。当事者の確定についての論理の硬さに対処する狙いをもつ。この考え方をさらに進めて，当事者の確定概念自体の不要化を提唱する見解もある[26]。

2　各事件類型における判例・学説の処理

(1)　氏名冒用訴訟

(a)　判例の状況

まず，原告側冒用のケースで，被冒用者は当事者ではなく，この者に既判力は及ばないとした大審院時代の判例がある。事案は，訴外AがX名義の委任状を偽造して弁護士Bを訴訟代理人に選任し，Yに対して抵当権設定登記の抹消を求める訴えを提起したところ，弁護士Bは口頭弁論期日を懈怠し，訴

---

23) 新堂幸司「訴訟当事者の確定基準の再構成」石井照久先生追悼論文集『商事法の諸問題』（有斐閣，1974年）255頁〔新堂・基礎163頁所収〕，新堂127頁以下，高橋・重点講義上142頁，河野98-99頁など。なお，規範を「分類」するわけではないので，二重規範説（谷口401頁）ないし規範分割説とよぶ方が適切であるとの指摘がある。ちなみに，規範分類説の名称は新堂教授によるものではないという。以上，高橋・重点講義上138頁注6を参照。

24) 佐上善和「当事者確定理論再編の試み」立命館法学150-154号（1981年）531頁，同「当事者確定の機能と方法」講座民訴③71頁など。

25) 伊藤・当事者155頁，納谷廣美「当事者確定の理論と実務」新実務民訴(1)239頁・250頁，上野泰男「当事者確定基準の機能――死者名義訴訟の場合」名城大学三十周年記念論文集法学編（1977年）135頁など。なお，新行動説も，当事者の確定の役割を死者名義訴訟や氏名冒用訴訟などの場合に限定すべきであるとして確定機能の縮小を説く（坂原・前掲注12）171頁以下）。

26) 井上治典「当事者論の外延と内実」民訴51号（2005年）14頁。なお，松本＝上野93頁〔松本〕も，誰が当事者かは「当事者の確定」の問題ではなく，「当事者の特定」の問題であるとする。

え却下判決（旧々法247条）が言い渡され，その送達によってXは本訴提起および判決言渡しの事実を知るに至り，故障を申し立てたというものである。大審院は，民事訴訟の当事者として確定判決の効力に服する者は，単に訴状または判決に当事者として表示された者でなく，現に原告として訴えを提起しもしくは被告として相手取られたのでない者に対しては，判決の効力は生じないとしたうえ，訴外者のため自己の名義を冒用せられたにとどまるXは，当初より訴訟の当事者ではなく，また，欠席判決の送達を受け故障の申立てをしたがために当事者たる地位を取得すべきものでもないとして，当事者でないXの故障申立てを不適法却下した（①大判大4・6・30民録21輯1165頁）。

つぎに，被告側冒用のケースでは，被冒用者が当事者となり，この者に既判力が及ぶということを前提に，被冒用者からの再審の訴えを許容した大審院時代の判例がある。事案は，つぎのとおりである。Yは，Xを相手どり，Xは訴外A社（大日本漁業株式会社）の株主であると称し，株金払込請求訴訟を提起したところ，請求認容判決が言い渡され確定した。Yが，この確定判決を債務名義としてX所有の動産に対する強制執行に及んだため，Xは，これを受けてYの提訴と自己の敗訴判決をはじめて知るに至った。そこで，Xは，自らのあずかり知らぬところで訴外BがXの委任状を偽造し，Xの氏名を冒用してC弁護士を訴訟代理人に選任したのであり，法律の規定にしたがって代理されていないとして再審の訴えを提起した。大審院は，訴訟行為が冒用者の行為としてなされ，判決が冒用者に対して言い渡されたときは，その効力は冒用者にのみ及び，被冒用者に及ぶことはないといえども，当事者の氏名を冒用し，当事者名義の委任状を偽造して訴訟代理人を選任し，被冒用者名義をもって訴訟行為をなさしめ，裁判所がこれに気付かずに判決を言い渡したときは，被冒用者が当事者となるので，判決の既判力は冒用者に及ばず，被冒用者に及ぶといわざるを得ず，したがって，被冒用者は，上訴・再審により判決の取消しを求めることができるとして，原判決[27]を破棄差戻した（②大判昭10・10・28民集14巻1785頁〔百選3版10事件〕）。

これらに対しては，首尾一貫性に欠けるとの批判[28]もある一方，被冒用者を名宛人とする判決があるという事実に着目して，再審を認めるのが被冒用者の

---

27) 原判決（東京控訴院）は，当事者ではないXに対して判決の効力が及ばないので，Xは訴訟手続上の救済を講ずる必要がなく，民事訴訟法も氏名冒用を再審事由としていないとして，Xの再審請求を棄却した。

28) 兼子・判例民訴14頁。

利益にかなった処理であるとする見解が有力である[29]。また，原告側冒用のケースも同様に，判決効が被冒用者に及ぶことは否定される（大判昭2・2・3民集6巻13頁〔百選8事件〕）。なお，被告側に冒用があったところ，被冒用者が第一審の敗訴判決の送達を受けてはじめて提訴を知り，訴訟代理人を選任して控訴を提起した場合に，第一審における訴訟行為の瑕疵についての追認があったものとして，原審における補正を認めた判例がある（最判平2・12・4判時1398号66頁）。

(b) 学説の処理

学説の処理をみると，まず，表示説では，被冒用者が当事者となり，判決効を受けることになる。これに対しては，何ら手続関与の機会が与えられていない者に判決効を及ぼす根拠に欠けるという問題がある。意思説では，原告の意思を被冒用者を相手とするものとみれば，被冒用者が被告となるが[30]，原告がそうした意思を有しないとみれば，当該訴えは不適法却下される[31]。行動説では，冒用者が当事者となる。規範分類説によると，行為規範としては被冒用者が当事者となり，冒用者の手続関与は排除される一方，評価規範としては訴訟に関与していた冒用者を当事者と確定することになる[32]。確定機能縮小説では，被冒用者が当事者とされ[33]，不都合は任意的当事者変更の理論などによることになる。

(2) 死者名義訴訟

(a) 判例の状況

まず，死者を被告とする訴えとして，意思説を採用したとみられる大審院時代の判例がある。事案は，広島株式取引所取引員であったBがAからの委託による株式取引による28円余の損害を立替払いしていたが，Bが破産宣告を受け，その破産管財人Xがその立替金の支払いを求めて，被告をAと表示して訴えを提起したところ，その2年ほど前にAはすでに死亡し，Yが家督相続をなしており，訴状等は，Yが未成年者であることから，その親権者C（＝Aの妻）が「同居人」として受領していたため，A死亡の事実が手続上判明せず，被告欠席のままX勝訴の一審判決が言い渡され，これが送達されたことにより，A死亡の事実が手続上明らかとなったというものである。大審院は，本件における実質上の被告は相続人Yであるから，訴状における被告の表示

---

29) 新堂130頁，高橋・重点講義上145頁など。
30) 中野ほか89頁〔本間靖規〕。
31) 松本＝上野97頁〔松本〕。
32) 新堂129頁，高橋・重点講義上144頁など。
33) 小林・プロ112頁など。

をAからYに訂正するとともに，同人は未成年者なので，その法定代理人を記載しなければならないとした（③大判昭11・3・11民集15巻977頁〔百選3版11事件〕）34)。

そのほか，主な判例として，死者を被告とする訴状が公示送達され，相続人が訴訟係属を知らないまま，被告敗訴の判決が確定してしまった後に，相続人が再審の訴えを提起したケースについて，訴状が相続人に受領されるなど相続人が訴訟係属を覚知し得る事情のない限り，死者を被告とする判決の効力は相続人には及ばないから，相続人の再審の訴えは不適法であるとした大審院時代の判例がある（④大判昭16・3・15民集20巻191頁）35)。また，訴状送達時に被告が死亡していたため，自ら訴訟代理人を選任して受継申立てをした相続人が，後に死者に対する訴えであるとして上告したケースについて，上告を信義則に反するとして退けた最高裁判例がある（⑤最判昭41・7・14民集20巻6号1173頁）。

つぎに，死者を原告とする訴えに関する判例は，つぎのようなケースについてのものである。すなわち，原告が訴訟代理人を選任した後に死亡し，これを知らずに訴訟代理人が訴えを提起し，相続人等による訴訟承継が認められて第一審判決が言い渡された後，控訴審において，遺産分割により権利を承継しなかった者の訴え取下げについて被告が同意しているという事情がある場合に，最高裁判所は，訴訟承継の規定（124条〔旧58条〕）の類推により，訴え提起は適法であり，相続人が本件訴訟を承継することを認めた（⑥最判昭51・3・15判時814号114頁）。

(b) 学説の処理

学説の処理をみると，まず，表示説では，死者が当事者となり，当事者変更の手続がとられることになる36)。意思説では，原告が被告の死亡を知っているときは，相続人

---

34) 本判決は，意思説によるものとの評価が一般的であるが（菊井＝村松Ⅰ241頁，条解104頁〔新堂幸司〕，中野ほか90頁〔本間靖規〕など），評価規範の観点から評価するものもある（百選Ⅰ80頁〔上野泰男 解説〕）。なお，厳密には，XがA死亡の事実を知っていたとしたらYを被告としたであろうとの意思の擬制を介在させていることになるとの指摘がある（中務・前掲注17）37頁）。

35) 本判決は表示説に立つものと理解されている（中野ほか90頁〔本間靖規〕）。なお，本判決は，再審の訴えを不適法としつつも，訴えの本旨は判決の無効確認等にあるので，請求原因について適切な釈明を行わずに却下するのは違法であるとの判断も示している。

36) 死者を当事者とする訴えは，二当事者対立構造ないし当事者能力を欠き，不適法却下されるべきものであるが，時効中断の維持や貼用印紙の節約，さらには訴訟経済の要請から，相続人に受継させることが考えられる（相続人が手続関与していた場合に，訴訟係属後の死亡に準じて，訴訟承継を前提とする黙示の受継を認めるのは，上野・前掲注25）161頁，伊藤89頁など）。さらに，訴状の補正や民訴法140条の補正なども許されよう（高橋・重点講義上145頁）。

を被告とする意思であることが通常であるといえ，相続人が被告となり，原告が被告の死亡を知らないときは，死者が被告となる[37]。規範分類説では，行為規範としては表示説により，死者を当事者と確定する一方，評価規範としては二つあり，第一に相続人が当事者として活動していた場合にはその相続人が当事者と確定され，第二に相続人が当該訴訟を知らなかった場合には死者が当事者と確定され，内容上無効の判決となる。紛争主体特定責任説では，当事者死亡の事実を明らかにできなかったことの責任がどちらにあるのかが問題とされる。行動説では，その結論は訴状の送達受領行為の評価によることになる。確定機能縮小説では，当事者の確定の問題として処理せず，死者が当事者であることの不都合を任意的当事者変更，黙示の受継に基づく当然承継の類推，信義則，判決効論により克服しようとする[38]。

(3) 法人格否認
(a) 判例の状況

法人格がまったくの形骸にすぎない場合，または，それが法律の適用を回避するために濫用されているような場合には，その法人格を否認することができるという法人格否認の法理は，確立した判例理論であることに争いはないが[39]，これを当事者の確定をめぐる事案に適用できるかは問題である[40]。

この点に関し，最高裁判所の判例がある。事案は，つぎのようなものである。Xホテルはその1室をN株式会社に貸していたが，1967年12月，賃料不払いを理由にN株式会社に対して，居室の明渡しと延滞賃料などの支払を求めて訴えを提起した。N株式会社は，同年11月に商号をI株式会社に変更すると同時に，もとの会社と同名のN株式会社という新会社を設立していた。Xの訴状には，「N株式会社」を被告と表示していた。最高裁判所は，新会社を当事者としたうえで[41]，実体法上の法人格否認の法理[42]に基づき，新旧両会社の実質は前後同一であり，新会社の設立は旧会社の債務の免脱を目的としてなされた会社制度の濫用であって，会社は取引の相手方に対し，信義則上，新旧両会社が別人格であることを主張できないとして，新会社も，旧会社のXに対

---

37) 松本＝上野97-98頁〔松本〕参照。
38) 争点〔3版〕65頁〔松原弘信〕，新争点57頁〔松原弘信〕など参照。
39) 最判昭44・2・27民集23巻2号511頁など。
40) 上田徹一郎「法人格否認と訴訟主体」私法33号（1971年）31頁参照。
41) もっとも，当初から新会社が当事者であったのか，あるいは，控訴審で商号変更が判明した時点で当事者変更があったのかは，問題であるという。中野ほか91頁〔本問靖規〕。
42) 法人格否認の法理とは，法人格の利用が濫用ないし形骸とみなされる場合に，会社の存在を全面的に否定するのではなく，特定の事案についてのみ，法人格という形式を度外視して背後にある実体をとらえる考え方であり，判例の認めるところである（最判昭44・2・27民集23巻2号511頁）。

する本件居室明渡し，延滞賃料支払等の債務について旧会社とならんで責任を負わなければならないと判示し，さらに，訴訟手続上，旧会社（の代表者）のなした自白に新会社も拘束される（撤回できない）としている（⑦最判昭48・10・26民集29巻9号1240頁〔百選4版7事件〕）。

なお，旧会社への動産執行に対する第三者異議訴訟において，新会社は，強制執行回避のために，自己が執行債務者とは別人格である旨を主張することは許されないと判示する最高裁判決もある（最判平17・7・15民集59巻6号1742頁）。

(b) 学説の処理

意思説では旧会社が被告であったことになる[43]。規範分類説では，当事者の確定において法人格否認の法理を適用し，新旧両会社を実質的に一体のものとみて，形式上は旧会社の名によってなされた訴訟追行の効果を全面的に新会社に及ぼし，新会社への執行を可能とする[44]。確定機能縮小説では，当事者の確定における法人格否認の法理の適用を否定し，任意的当事者変更，訴訟承継[45]の類推，そして信義則などによって処理されることになる。

3 検　討

(1) 新たな確定基準——紛争解決の実効性と手続保障の充足度——

表示説の基準とする表示は，原告の意思のあらわれであることからすると，表示説と意思説は多くの部分において重なり合うであろうが，しかし，表示説が意思を表示の拘束のなかで厳格に解するのに対し，意思説はそうした拘束なしにより柔軟に解釈し得るという点で両説は決定的に異なる。現実的に眺めると，民事訴訟における主たる関心事は，当事者の主観よりも，訴訟物たる権利の満足という財産的利益にあることが通常であり，当事者の意思は財産確保との関係で問題となることなどからすると，当事者の確定基準としては，当事者の意思によるよりも，訴状の記載を中心にするのがより明確であり制度の本旨に適合的であると考える。当事者の意思を尊重しつつ，その趣旨を訴状全体の

---

43) 中野ほか91頁〔本間靖規〕など。
44) 当事者確定のレベルで法人格否認を用いる見解にあっても，当事者のとらえ方により，実体として新旧両会社を包み込んだ一つの法人（小山昇・昭48重判解118頁にいう「双頭の鷲」とする考え（高橋・重点講義上147頁），法人特有の複合的当事者とする考え（住吉博「判批」民商71巻3号（1974年）558頁）などに分かれる。前者のように一つの法人と構成するメリットは，一方に対する強制執行に対して他方が第三者異議訴訟を提起することを封じ込め得る点（債務名義の当事者となるため）にあるという（高橋・重点講義上147頁）。
45) 当事者確定のレベルで法人格否認を用いることを否定する福永有利教授は，訴訟承継（49条・50条）の問題として処理すべきとする。同「法人格否認の法理に関する訴訟法上の諸問題」関法25巻5＝6号（1975年）1102頁以下。

合理的解釈によって追求すべく，実質的表示説を基本として，法的安定性と具体的妥当性の調和を目指すべきであろう。

　行政事件訴訟では，明文で当事者の変更が認められている（行訴15条）ことからすると，当事者の確定は，訴訟制度をどのように運営するのかという政策的考慮とは無縁ではあり得ない。当事者の確定については，司法へのアクセスの不効率を除き，当事者の目的をより効果的に達成できるようにするため，通常の民事訴訟の場合にもある程度の弾力性をもって臨むべきことは，訴訟制度の実効性確保という視点からも正当化されよう（紛争解決の実効性確保の見地からの第一基準）。形式的表示説から実質的表示説への移行は，そうした流れに沿うものである。

　このように表示説の枠は緩和されるのであるが，この趣旨をさらに推し進めようとすれば，別個の道具立てを要しよう。これは手続保障の観点からの第二基準ともいうべきもので，その者が通知を受けるか（送達），それを契機として応訴活動を開始したか，あるいは，訴訟代理人を選任して本格的に応訴したかなどを吟味することが必要となる。

　以上の二つの枠組み，すなわち，第一基準と第二基準を組み合わせるのであれば，当事者の確定は，より緩やかに行ってもよい。これらは，実のところ単一の規範であって，訴訟の各局面によって現象の仕方が異なるにすぎないとみられよう。

(2) 検　　証

　このような観点から眺めるならば，前述の判例にあらわれた三つの問題局面は，統一的な理解が可能なものである。

　まず，氏名冒用の事案では，被冒用者が当事者になることは基本的にあり得ない。しかし，判決等の外観が作出され，そのこと自体が被冒用者にとって不利益を与えてしまうような事態となれば，被冒用者の利益を顧慮し，その救済を認めるべきであろう。たとえ無効な判決でも，被冒用者に上訴（312条2項4号）・再審（338条1項3号）による取消しの機会を与えるべきである。

　前述の判例①は，行動説的な内容であるのに対し，判例②は表示説を採用したものとみることも可能である[46]。そうすると，一方で判例理論としての首尾一貫性に欠けるとの批判もあるが[47]，他方で両事案の具体的状況の相違に着目して妥当な結論を導いているとの評価も有力である。すなわち，判例①では冒

---

46) 百選Ⅰ78-79頁〔佐上善和　解説〕など。
47) 兼子・判例民訴14頁。確かに，文言上は，判例変更の色彩が濃厚であるともみられよう。

用者の訴えが却下されているにすぎず，被冒用者に対し救済手段を講じる必要性に乏しいのに対し，判例②では被冒用者を名宛人とする本案判決があり，これに基づいて現に被冒用者の動産に対する強制執行が開始されており，被冒用者を救済すべき必要性がきわめて高いというように，それぞれの状況が異なっている。判例②の場合には，強制執行を排除するために，再審の訴えが一つの有効な方法であり，これを認めるのが被冒用者の利益に適った処理であるとみられる[48)49)]。大審院は，当該訴訟のなかで最も適切な法的救済が可能となるよう，個別具体的な見地から状況適合的に当事者確定の作業を行ったのであって，当事者確定理論に抱泥することに疑問を抱き，これを論理のワナに陥らないようにさりげなく回避を行ったとみることができよう。

つぎに，死者名義の事案では，当事者の意思からして，相続人が被相続人の利益にかなう行為としての訴訟を始動させている場合に，そのイニシアティヴを活かすべきか否かが問題となっている。そこで，訴訟を実効的なものとする手段として，訴訟係属の実質的な始点を早めて，(i)訴訟承継の可能な範囲を広げること，(ii)信義則によって訴訟の無効を主張できなくさせること，または，(iii)個別的手段を講じないで，相続人を当事者であると確定してしまうこと，の三つが考えられる。(iii)の当事者確定の問題としたときは，第二次的に，相続人が訴訟活動を展開していたか，手続保障を充足していたかを考慮すべきである。訴訟経済上，死者を当事者とする不毛の結論をできるだけ避けるために，実質的表示説によって相続人を当事者と確定し得る余地を広げる一方で[50)]，死者を当事者と確定する場合の処理としては，当事者変更などが想定されるのではなかろうか。

判例⑤は，被告は当初から死者であり，それが相続人に承継されたといえば十分であるのに，信義則を持ち出すことで当事者の確定に不明確さを残してしまったともいえる。また，一審判決言渡し後に死亡の事実が判明した事案で相

---

48) 新堂130頁，高橋・重点講義上145頁など
49) そのほか，被告側冒用の判例として，被冒用者が第一審の敗訴判決の送達を受けてはじめて提訴を知り，訴訟代理人を選任して控訴を提起したときは，第一審における訴訟行為の瑕疵についての追認があったものとして，原審における補正を認めた判例がある（最判平2・12・4判時1398号66頁）。
50) 伊藤眞教授によると，訴状全体の記載から，相続人を当事者とする趣旨が合理的に推認されるときは，相続人を当事者と確定すべきであり，そのうえで，表示の訂正や死者を名宛人とする判決の更正を許し，また，相続人を当事者と認めることができないときでも，相続人が死者に代わって訴訟行為を行っていれば訴訟承継を前提とする黙示の受継がなされたものとみなし，相続人に判決効が及ぶという（伊藤88-89頁）。

続人を実質上の被告とする判例③は，たとえ紛争解決の実効性確保の点から相続人Yを被告とするのが望ましいとしても，Yが未成年者であることや死亡したAの妻CがAを被告として表示する訴状を受領していたことなどにかんがみると，Yに十分な手続関与の機会が与えられていたとはいいがたい。判決確定後に死亡の事実が判明した事案に関する④は，死者を当事者とする点に異論はないものの，死者である被相続人に対する判決の存在が相続人に事実上の不利益を及ぼす可能性はあり，これを払拭する機会を相続人に認めるべきであるから，再審の訴えを適法としてよいであろう[51]。さらに，弁護士に訴訟委任した後では，訴訟とのかかわり方が間接的とならざるを得ない点では被告側死亡の場合と異ならないといえ，原告死亡に関する⑥は，被告死亡のケースと同様の発想で処理している点は妥当であるが，訴訟承継を持ち出さずに直截に相続人を当事者と確定することもできたのではないか。

また，法人格否認の事案では，第一基準である紛争解決の実効性確保および第二基準である手続関与の機会保障という観点からして，当事者を新・旧両会社を包括した単一の法人であるとして確定するのがより簡明であると考えられる。

判例⑦は，新会社のみを当事者とするが，そうすると，債務名義は新会社に対してしか存在しないことから，強制執行に際して旧会社から第三者異議訴訟を提起されかねない[52]。旧会社・新会社の二つを区別することなく，一つの実体としての会社が当事者であると確定してよいであろう[53]。

いずれにせよ，各コンテクストにおいてどのような理論をもって対処するかが問われているのであって，当事者の確定というのは，純粋理論と実践知の狭間で展開される作業である。

そもそも，原告による訴状の記載によって当事者が誰であるかは明らかになっているのが通常であって，裁判所が当事者を確定するという作業をしなければならない事態に陥ることは実務上例外的である。しかし，当事者の特定をそのような当事者の責任に委ねるだけでは，実質的な紛争当事者と特定された当事者の間に乖離が生じうることも避けられないのであり，その場合には裁判所

---

51) 同旨・注釈民訴(1)400頁〔納谷廣美〕など。
52) 高橋・重点講義上146頁。なお，最高裁自身は，第三者異議訴訟において新会社が旧会社と別人格であることを主張できないことにつき，前掲・最判平17・7・15（本書125頁）を参照。
53) 新堂135頁，百選2版42頁〔谷口安平〕，注釈民訴(1)400頁〔納谷廣美〕，高橋・重点講義上147頁など。

はどのようにして当事者を確定していくかという課題に直面する。

　一方で通説的な形式的当事者概念的な見方によりつつも，他方で紛争の実効的解決という観点から実質的当事者概念に象徴されるような実質を視野におさめるべきであるとの考慮も働かすという両にらみの姿勢が必要になろう。そうした対立する二つの要請の緊張関係のなかで，裁判所は，訴訟係属前，訴訟係属中，判決言渡し後といった各訴訟段階に応じて最も適切な調和点を探るべきである。各段階にふさわしい確定のしかたを併用することが望ましいのであって，ここに統一的な基準を設定し，これを頑なに貫こうとするのは，必ずしも賢明ではないであろう。そして，手続の各局面において当事者の確定を行う際には，①訴訟手続をできるだけ無駄にしないこと（手続安定や訴訟経済），②当事者とされる者の手続関与の機会を損なわないこと（手続保障），③紛争解決の実効性を確保することなどに留意する必要がある。

　そうすると，たとえば，訴訟手続の序盤においては，表示説，とりわけ実質的表示説の基準によって当事者を確定し，その結果，当事者と確定された者に手続関与の機会が与えられていないとなれば，手続をやり直すなどしてその者の手続上の救済措置を講じるべきであろう（被告の氏名冒用の事例など）。訴訟手続の中盤においては，表示説に固執するのは疑問であり，むしろ当事者の意思や行動などを考慮し，実質的な紛争解決にとって望ましい者は誰であるかの探索が求められよう（死者を当事者とする事例など）。さらに，判決言渡し後においては，判決のなかで当事者の確定作業は終わっているのであるから，当事者が誰かという問題設定から離れて，実質において，当該判決の存在によって不利益を被る者を見定め，判決確定前であれば上訴，判決確定後であれば再審による判決取消しの機会を用意して判決を是正することが肝要である。また，いずれの局面においても，当事者が審理に関与するよう適切な措置を講じることができない場合には，任意的当事者変更などの可能性を探ることになろう。

　結局のところ，以上のような手続フェーズ複合考量ともいうべき考え方が妥当ではないかと思われる。

第3款　表示の訂正と任意的当事者変更

1　表示の訂正

　当事者の表示の訂正とは，確定された当事者と訴状や判決などの当事者欄の記載の表記との間に齟齬がある場合に，前者の方に合せた訂正をすることをいう。当事者の同一性に変更がなく，単なる表記上の問題であるから，表示の訂

正はいつでもすることができ，その前後で訴訟状態に断絶が生じることはない[54]。

2 任意的当事者変更

任意的当事者変更とは，訴訟主体を別の法人格に変えることであり，新旧当事者間に同一性はない。これは，明文規定を欠くうえ[55]，新当事者に対する手続保障の点で問題を生じることから，その許容性ないし法的性質や要件・効果をいかに解するかをめぐって，従来より議論がある[56]。

通説は，新当事者によるまたは新当事者に対する新訴提起と，旧当事者によるまたは旧当事者に対する訴えの取下げという二つの訴訟行為が複合されたものとみる考え方であり，複合説または新訴提起・旧訴取下げ説などとよばれている[57]。しかし，この見解には，任意的当事者変更の許容性が極めて限定されてしまう[58]，また，従来の訴訟追行の結果を利用できないのでは任意的当事者変更を認めた意義が損なわれる[59]といった問題がある。そこで，通説の構成に依拠しつつも，従来の訴訟追行の結果を利用すべく，旧訴状を補正して利用したり，旧訴と訴訟物の価値が符合する限り印紙を流用したり，時効中断効を受け継ぐことを認めたり，あるいは，従来の弁論や証拠調べの結果を一括援用することにつき，新当事者ないし相手方に一定のイニシアティヴを認めるほか，新当事者またはその代理人が旧訴に実質的に関与していた場合[60]には，従来の訴訟状態はそのまま利用されることになるといった見解が唱えられている[61]。この考えによっても，新訴が訴え提起の性質を有する以上，任意的当事者変更は第一審に限定されることになる。

---

54) 表示の訂正は，判決の更正（257条）における誤記の記載に類した行為といえる。高橋・重点講義上148頁参照。

55) 当事者変更には，法律の規定による法定当事者変更（当然承継と引受・参加承継がある）と特別の規定はなく，当事者の意思に基づく任意的当事者変更がある。

56) かつては，任意的当事者変更を訴え変更の一種ととらえる見解があった（ドイツでは現在も有力である）。学説の詳細については，納谷廣美「当事者変更の理論について」法論63巻1号（1990年）1頁以下参照。

57) 兼子・研究1巻16頁，同・体系420頁，菊井維大「訴の変更」民訴講座1巻185頁，三ヶ月・全集230頁など。同旨の裁判例として，大阪高判昭29・10・29下民5巻10号1787頁，福岡高決昭34・10・13下民10巻10号2171頁，奈良地判昭39・3・23下民15巻3号586頁，名古屋地豊橋支判昭49・8・13判時777号80頁など。

58) 新訴提起であることから第一審に限られ，旧訴の取下げには相手方の同意（261条2項）などが必要とされる。

59) 旧訴の裁判資料を新訴の審理に流用し得る弁論の併合は裁判所の裁量に委ねられており，また，時効中断や期間遵守などの実体法上の効果の点でも，新旧両訴の間に連続性が認められない。

60) たとえば，法人とその代表者のように，新旧当事者間に密接な関係がある場合には，裁判所は，新旧両訴訟の弁論の併合を義務づけられる。伊藤91頁および同頁注16を参照。

61) 福永有利「任意的当事者変更」実務民訴1巻108頁，新堂803頁，高橋・重点講義上149頁注16など。

以上に対して，任意的当事者変更を当事者の変更を目的とする特殊な訴訟行為とみる見解があり，特殊行為説とよばれる[62]。これは，当事者（とくに被告）変更の申立ての要件として，新旧訴訟物の間の密接な関連性の存在，旧被告の同意，控訴審では新被告の同意を挙げ，これらが満たされると，旧訴の係属が消滅し，新当事者に対する訴訟係属が発生すると構成する（上告審では許されないという）。

当事者の変更も，実際に必要とされる場合があることから，新当事者の手続保障の要請と従前の訴訟追行の結果を利用する必要性との合理的調和を図りつつ，要件および効果を可及的に手続の連続性を保持する方向で整序し，個別事件の要請に応えていくことが理論上許容されよう[63]。

3 表示の訂正か任意的当事者変更か

表示の訂正も，任意的当事者変更も，当事者が確定された後の問題であるが，具体的な事例のなかで当事者を変更することが表示の訂正，任意的当事者変更のいずれであるかは，当事者確定の基準いかんとかかわる。

裁判例としては，表示説を前提としつつ，振出人「株式会社栗田商店代表取締役栗田末太郎」の記名捺印のある約束手形の所持人が，株式会社栗田商店の本店移転と商号変更（「栗江興業株式会社」に変更）を了知せず，同会社は存在しないものと錯覚して訴状被告欄に「株式会社栗田商店こと栗田末太郎」と表示して訴えを提起したところ，後に「株式会社栗江興業株式会社右代表取締役栗田末太郎」に訂正する旨の申立てをした事例において，当事者の表示自体からは当事者の同一性を欠くようにもみられるにもかかわらず，同一性は維持されているとして，表示の訂正にとどまるとした大阪地判昭和29年6月26日下民5巻6号949頁〔百選3版12事件〕がある[64]。その一方，被告の表示を「豊商事株式会社」から「株式会社豊商事」に変更することは，外形上は単なる表示の訂正のようにもみえるが，当事者の変更であるとした大阪高判昭和29年10月26日下民5巻10号1787頁がある。これは，訴訟物の記載や訴状の記載以外の事情から，名称の異なる別個の会社が実在し，原告の取引の相手方が「株式会社豊商事」であることが判明した事案である。

後者の裁判例において，訴状の記載以外の事情をどれほど重視したかにより，

---

62) 鈴木重勝「任意的当事者変更の許容根拠」早法36巻3=4号（1959年）165頁，斎藤・概論519頁など。
63) 新堂802頁など参照。
64) そのほか，当事者の同一性が維持されているとして表示の訂正が認められたケースとして，通称・別名から本名への訂正（名古屋高判昭50・11・26判時812号72頁），権利能力なき社団についての表示の訂正（東京地判平6・12・6判時1558号5頁）がある。

第3節　当事者能力

第1款　当事者能力の意義

　当事者能力とは，民事訴訟において当事者となることのできる一般的な資格をいう。実体法上の権利義務の帰属主体たり得る地位である権利能力に照応し，訴訟手続上の主体として訴訟追行の効果を受け，判決の名宛人として判決効の帰属主体となることのできる資格を指す。

　当事者能力は，請求の内容性質とは無関係に一般的に認められる資格であり，特定の請求との関係で本案判決を求めることのできる資格を問う当事者適格とは区別される。しかしながら，当事者能力も，本案判決をしても有効適切な解決を得られないような当事者をスクリーニングする訴訟要件であり，その働きにおいて当事者適格との重なり合いがみられる[66]。両者の区別には，この点で相対的な面があるといえよう。たとえば，一定の請求権との関係でのみ権利能力を与えられる胎児（民721条・886条・965条）や差止請求権を認められる適格消費者団体[67]（消費契約12条，景表11条の2，特商58条の4以下）など，特定の請求や相手方との関係でのみ当事者能力が認められる場合があることにかんがみると，当事者能力と当事者適格が交錯する局面があり，理論的な分析を要する。

　当事者能力の有無は，民法の権利能力を基準として決定されるのが原則である（28条）。訴訟当事者になるということは，訴え提起，請求の放棄・認諾，あるいは訴訟上の和解などにより訴訟物たる権利義務関係を処分することを意味するため，訴訟物たる権利義務の帰属主体である権利能力者に当事者能力を認めることにしたのである。

　なお，当事者能力は，訴訟当事者のみならず，補助参加人にも必要である。

---

65) 中野ほか93頁〔本間靖規〕。ちなみに，紛争主体特定責任説は，表示の訂正と任意的当事者変更を流動的にとらえ，両者の区別は，手続をやり直す必要の有無によることになる。すなわち，当事者が同一でなくとも，手続をやり直す必要がなく，そのまま引き継がせてよい場合は，表示の訂正であるとする（佐上・前掲注24）講座民訴③75頁）。なお，裁判例につき，秋山ほかⅠ274頁以下参照。

66) 伊藤・当事者20頁以下。

67) わが国の団体訴訟においては，適格消費者団体に団体固有の差止請求権が付与され，それに基づいて同団体に差止訴訟の当事者適格が認められるものと解する（いわゆる，固有権的構成）のが通説である。新争点32頁〔高田昌宏〕など参照。

第2款　当事者能力者

1　権利能力者——自然人・法人——

民法上，権利能力が認められるのは，自然人と法人である（民3条・34条）から，これらは，当事者能力を有する（28条）。

天皇も，裁判権の及ぶ限り当事者能力をもつ[68]。外国人も，権利能力を有する限度（民3条2項）において，当事者能力を認められる[69]。胎児は，不法行為に基づく損害賠償請求権，相続，受遺贈に限っては，すでに生まれたものとみなされるため（民721条・886条1項・965条），その限度において権利能力および当事者能力をもつことになる。胎児の当事者能力は，証拠保全や民事保全において現実に必要とされるが[70]，胎児には訴訟能力がないので，その生後に法定代理人となる者を訴訟上の代理人として当事者となる。死産の場合は，権利能力が認められない結果（886条2項・965条），係属中の訴えは当事者能力を欠くことになって却下され[71]，また，確定した判決は内容上の効力をもたない無効の判決となる。

民法721条等の認める胎児の権利能力について，判例は，停止条件付きのものと構成するが（大判昭7・10・6民集11巻2023頁〔阪神電鉄事件〕），学説はこれを解除条件的に構成するものが多い。いずれにせよ，胎児に当事者能力を認め，死産の場合に当事者能力を失わせるという構成をとっている。これは，権利保護に関する規定を訴訟上に反映させることを基本としつつも，訴訟空間の独自性に合わせて，当事者能力に関する別個の枠組みを設定したものと把握される。いずれにせよ，民法解釈のいかんで必ずしも訴訟上の取扱いに違いを生じるものではなく，訴訟法理と実体法理の間の分離と照応のあり様を示す一例である。なお，自然人は，死亡により当事者能力を失うが，破産によりこれを失うこと

---

[68]　もっとも，天皇に民事裁判権は及ばないとするのが判例である（最判平元・11・20民集43巻10号1160頁）。

[69]　外国人のみならず，外国法人，外国の法人格なき社団・財団については，当事者能力の判断基準を法廷地法（日本法）に求めるのか，人の能力に関する抵触法の原則（法適用通則4条1項）により本国法に求めるのかという問題がある。通説は，「手続は法廷地法による」との原則を根拠に日本法を準拠法とする（青山善充「外国人の当事者能力および訴訟能力」澤木敬郎＝青山善充『国際民事訴訟法の理論』（有斐閣，1987年）209頁，中野俊一郎「外国人の訴訟上の地位」争点〔3版〕280頁など参照）。

[70]　兼子・体系109頁。

[71]　当事者能力の欠缺が生じ（高橋・重点講義上152頁），また，当事者は不存在となり（新堂137頁，伊藤93頁注19など），その結果，二当事者対立構造が瓦解することになる。

はない。

　法人の当事者能力は，設立の登記（一般法人22条・163条，会社49条・579条）などによって発生する。解散法人も，清算目的の範囲内で存続するものとみなされ（一般法人207条，会社476条・645条，破35条），または，**継続し得るので**（一般法人150条・204条，会社473条・642条），清算結了登記までは当事者能力が認められる[72]。外国法人も，権利能力を有する限度（民35条2項）において，当事者能力を有する。

　国も，実体法上の権利義務の主体となり，また，国家賠償責任の主体ともなるので，当事者能力をもつ[73]。ただし，一定の紛争に関する被告適格は国の機関である行政庁にあるとされ（行訴11条1項・38条），その限りで行政庁に当事者能力が認められる[74]。外国も，同様に当事者能力を有する[75]。地方公共団体も，当事者能力が認められる（自治2条1項）。

2　法人でない社団または財団で代表者または管理人の定めのあるもの

　法人格の取得には一定の要件をクリアーする必要があるため（民33条1項・2項，会社26条1項以下・575条1項以下など），法人格のない団体や財産の集合体による社会的活動や取引行為の存在を避けることはできない。その結果，第三者と法人格のない団体や財産の集合体との間に紛争が起こり，それを解決する必要に迫られることが少なくない。権利能力を有しない以上，当事者能力も認められないとの原則論を貫いて，訴訟による解決の途を閉ざすことは法政策的にみて望ましくない。こうした団体等に当事者能力を認めないと，団体の構成員や財産の帰属主体自身は，共同訴訟などの方法により訴えを提起せざるを得ず，

---

72) したがって，清算結了登記後の法人を被告とする訴えは不適法となる（大判昭8・12・13法学3巻5号563頁）。ただし，清算結了登記後であっても，解散決議をした株主総会決議不存在確認訴訟においては，決議が不存在であれば清算は無効で，清算結了登記にもかかわらず法人格は消滅していないことになるので，会社の当事者能力を認めざるを得ない（東京高判昭57・12・23判時1067号131頁）。

73) 国の普通裁判籍を定める4条6項は，これを前提とした規定である。新堂137頁，伊藤93頁注21など。なお，国立大学は，国立大学法人法（平成15年法律112号）6条により，法人格を与えられ，その結果，当事者能力が認められることとなった。

74) もっとも，これは通常の民事訴訟ではなく，行政事件訴訟（抗告訴訟）である。

75) 新堂137頁，伊藤93頁など。なお，有名な光華寮事件では，日本国政府が中華人民共和国を中国の唯一の合法政府であると承認した1972年9月29日以後に，中華民国（台湾）の提起した家屋明渡請求訴訟における中華民国の当事者能力が肯定された（大阪高判昭57・4・14高民35巻1号70頁〔百選Ⅰ23事件〕）。もっとも，承認によって中華民国駐日本国特命全権大使の有していた代表権は消滅し，訴訟が中断することにつき，最判平19・3・27民集61巻2号711頁〔光華寮事件〕を参照。

また，第三者としても，訴えを提起する相手方として団体の構成員などを探索する負担を免れず，いずれにとっても煩雑で，紛争解決の停滞を招きやすい。すでに統一体ないし有機的結合体として社会的活動を営んでいる団体等については，その活動から生じた紛争を解決するには，権利能力の有無にかかわらず，訴訟上も当事者として扱うことが，構成員や寄付者の意思にも合致し，また，実態に即した処理に資するといえよう。そこで，民事訴訟法は，法人格のない社団または財団であっても，代表者または管理人の定めのあるものについては，当事者能力を認めることにしたのである（29条）[76]。

こうした立法的対応は，理論的に筋を通したというよりは，むしろ，リアリズムに即した政策的選択という意味合いを強くもつことに留意すべきであろう。法人の紛争を解決するための法的スキームを借りて，非法人のかかわる紛争の解決を効果的に行おうとするのがその基本にある考え方であり，完全ではなく次善の対応でもよしとする柔軟な姿勢をもってのぞむことが肝要であろう。

(1) 法人でない社団

社団とは，個々の構成員から独立した固有の目的をもつ，単一体として認められる人の集合体をいう。判例は，民訴法29条の法人でない「社団」といえるためには，団体としての組織を備えていること，多数決の原則が行われていること，団体が構成員から独立していること，そして，代表の方法，総会の運営，財産の管理など団体としての主要な点が確定していることが必要であるとする（最判昭39・10・15民集18巻8号1671頁など）。これらの要件は，学説によって，①対内的独立性，②財産的独立性，③対外的独立性，④内部組織性の4点に整理されている[77]。これらの要件を満たす「社団」の具体例としては，学会，

---

76) もっとも，「中間法人法（平成13年法律第49号）」，そして，それがヴァージョンアップした「一般社団法人及び一般財団法人に関する法律（平成18年法律第48号）」の施行を経て，営利や公益を目的としない団体の法人格取得が促進されることになれば，民訴法29条の機能場面は，それだけ狭められるものとみられる。伊藤94頁など参照。

77) 伊藤95頁など参照。なお，②財産的独立性の要件については，金銭給付訴訟の被告側においてのみ，他の要件と相俟って団体の独立性を認定する補助的要件にすぎない，あるいは，団体の債務について無限責任を負う構成員がいない場合に限って要求されるといった主張が近時有力である（伊藤・当事者71頁，長谷部由起子「法人でない団体の当事者能力」成蹊法学25号（1987年）120頁，争点80頁〔菅野孝久〕，高橋・重点講義上156頁・159頁注5など）。これに対して，団体の継続的活動に必要な限りでは，財産的基礎が確保されなければ，団体としての訴訟活動自体も不可能であるとして，②財産的独立性を独立の要件として位置付ける見解がある（新堂139頁注(1)，高橋宏志「紛争解決過程における団体」基本法学(2)291頁〔高橋旧説〕など）。この点，最判平14・6・7民集56巻5号899頁〔百選3版13事件〕〔預託金会員制ゴルフクラブ事件判決〕は，ゴルフクラブXとゴルフ場を経営しているY社との間に，①XはYの健全な経営に協

同窓会, 交友会, 町会[78], 同業者団体, 未登記の労働組合 (労組 11 条 1 項参照), 設立中の会社, 青年団, 氏子団体, 認許されない外国法人などがある[79]。

民法上の組合は,「社団」に含まれるか。判例はこれを肯定するが[80], 学説は否定説[81]と肯定説[82]に分かれる。

典型的な民法上の組合を念頭に置くのであれば, 否定すべきであろう。なぜなら, 民法の想定する組合は, 個々の組合員の契約関係 (民 667 条) に基づいて共同事業を営むに過ぎず, 組合員から独立した一つの社会的実在として観念することができないからである[83]。しかしながら, 現実の社会を前提とする以上, 典型的な組合と社団の狭間にあって双方の要素を併せもつ中間的存在を無視して議論すべきではない。そして, この中間的存在を組合ないし社団のいずれかの範疇に封じ込めるべきではなく[84], 訴訟手続上も中間的な色彩という実態を直視して, 民法上の組合であっても, 前述の要件 (①～④) を満たす限り, 民

力する義務を, Y は X の会員の快適なプレーに支障を来さないようにする義務を, それぞれ負うこと, ② X は①の目的達成のために必要な範囲で Y の経理内容を調査し得ること, ③会員の年会費や使用料等はすべて Y の収入となり, Y はこれをもってゴルフ場等の施設の整備運営に当てるほか, X の運営に要する通常経費を負担することなどを内容とする協約書が取り交わされている事案において, X の当事者能力の有無について,「固定資産ないし基本的財産を有することは不可欠の要件ではなく, そのような資産を有していなくても, 団体として, 内部的に運営し, 対外的に活動するのに必要な収入を得る仕組みが確保され, かつ, その収支を管理する体制が備わっているなど, 他の諸事情と併せ, 総合的に観察して」当事者能力が認められる場合があると判示した。この判例の立場に賛同する。

78) 任意の地域住民団体に当事者能力を認めたものとして, 最判昭 42・10・19 民集 21 巻 8 号 2078 頁〔続百選 I 10 事件〕がある。なお, 自治 260 条の 2 によって町内会が法人格を取得する途が開かれた。

79) 注釈民訴(1)428 頁〔高見進〕など参照。

80) 原告側につき最判昭 37・12・18 民集 16 巻 12 号 2422 頁〔百選 3 版 A 5 事件〕, 被告側につき大判昭 10・5・28 民集 14 巻 1191 頁〔百選 9 事件〕。ちなみに, ドイツの連邦通常裁判所判決は, 組合の当事者能力をその権利能力を認めることにより肯定する (BGH Urteil v. 29. 1. 2001; BGHZ 146, 341. この点につき, 高田裕成「民法上の組合の当事者能力」福永古稀 3 頁は「日本法に置き直せば, 29 条ではなく, 28 条に基づいて組合の当事者能力が肯定されている」とする)。

81) 兼子・体系 110 頁, 我妻栄『民法講義〔債権各論中二巻〕』(岩波書店, 1962 年) 797 頁, 三ヶ月・全集 181 頁, 小山 88 頁, 松本 = 上野 224 頁〔松本〕など。

82) 来栖三郎「民法上の組合と訴訟当事者能力」菊井献呈 331 頁, 富樫貞夫「民法上の組合と当事者能力」争点 76 頁, 新堂 138-139 頁, 高橋・重点講義上 158 頁, 伊藤 96 頁, 名津井吉裕「民法上の組合の当事者能力について」谷口古稀 77 頁以下など。なお, 梅本 110 頁, 河野 108 頁。

83) 新争点 59 頁〔中島弘雅〕。さらに, 組合の当事者能力を否定しても, 組合を当事者とする訴えを直ちに不適法却下するのではなく, 控訴審で当事者能力が問題となったときも含め, 任意的当事者変更の特殊な場合として, 相手方の同意を要せずして適法な形態への訴えの変更を認めることにより, 当事者の便宜を図ることが考えられよう (争点〔3 版〕69 頁〔高見進〕)。

84) 星野英一『民法論集 第一巻』(有斐閣, 1970 年) 227 頁参照。

訴法29条の「社団」に含まれると解すべきであろう。なお，民訴法29条の適用が否定された場合には，全組合員が当事者となる共同訴訟，組合員のうち一定の者を当事者とする選定当事者訴訟，または，業務執行組合員による任意的訴訟担当（最大判昭45・11・11民集24巻12号1854頁〔百選3版19事件〕）のいずれかによることとなる[85]。

公害や消費者問題などの拡散利益に関わる活動をする住民団体や消費者団体についても，上記の基準にしたがって民訴法29条の適用が判断されることになる。こうした領域の訴訟との関係では，確固たる当事者能力をもつ集団を見出しがたいことがしばしばであるので，紛争解決の主体として相応しい（当事者適格）集団については，可及的に当事者能力を肯定する方向で理論構築を図るのが適切であり，当該訴訟物の拡散的性格を顧慮して当事者能力の判定に際してより柔軟な判断基準がとられてよいであろう[86]。

当事者たる法人格なき社団に判決効が及ぶのは当然であるが（115条1項1号），その構成員に対する判決効の拡張については議論がある。通説はこれを否定するものの，団体は実体法上構成員全員に総有的に帰属する権利義務について訴訟担当者として当事者となると考えれば，民訴法115条1項2号により判決効が被担当者である構成員全員に拡張されることになる。さらに，反射効[87]を認めることを前提とすれば，構成員が団体の債務を争えなくなる場合を認めることができる[88]。いずれにせよ，判決効を及ぼすことが提訴許容との関係で一貫した扱いであるといえよう。

(2) 法人でない財団

財団とは，個人の帰属を離れて一定の目的のために独立の存在として管理運用されている財産の集合体をいう。民訴法29条にいう法人でない「財団」は，寄付者の帰属を離れた独立の財産が管理人により管理運用されているにもかかわらず，主務官庁の認可がない財団をいう。主務官庁の認可のない育英団体，

---

[85] 組合が原告のときは任意的訴訟担当が利用されるので，その当事者能力を肯定すべきなのは組合が被告のときであるとするのは，中野貞一郎「判批」民商65巻4号（1972年）626頁。なお，ドイツ法では，法人格のない社団・財団の当事者能力は被告側でしか認められていない（名津井吉裕「ドイツにおける当事者能力概念の生成」民商119巻2号〔1999年〕233頁，3号〔1999年〕390頁参照）。

[86] 小島武司「住民団体・消費者団体の当事者能力」新実務民訴(1)279頁，高橋宏志「紛争過程における団体」基本法学(2)287頁，福永有利「住民団体・消費者団体の当事者能力」民商93巻臨増Ⅰ（1986年）201頁〔福永・当事者480頁以下に所収〕，大村雅彦「消費者被害の回復と原告適格」民訴51号（2005年）106頁，中野ほか98頁〔本間靖規〕など参照。

[87] 反射効については，本書685頁以下を参照。

[88] 新堂142頁など参照。

倶楽部財産，設立中の財団（最判昭44・6・26民集23巻7号1175頁）などが含まれる。

(3) 法人でない社団・財団の登記請求権

法人でない社団・財団は，その資産である不動産が構成員全員に総有的に帰属し，その登記申請人に社団・財団がなることが認められていないことから（不動産登記令3条1号～3号〔旧不登36条1項2号・3号〕），登記請求権を有せず，代表者が構成員全員の受託者たる地位において個人名義で登記するしかないとするのが判例である（最判昭47・6・2民集26巻5号957頁〔百選4版9事件〕)[89]。

もっとも，法人格のない社団に登記請求権がないとしても，登記手続の申請資格までも認められないかは別個の問題であり，これを認めると[90]，社団は代表者個人を登記権利者とする登記手続を第三者に対して求めることになる[91]。

(4) 法人でない社団・財団の権利能力

民訴法29条により，法人でない社団・財団に当事者能力が認められると，これらの社団・財団が判決の名宛人となる。すなわち，法人でない社団・財団に権利義務が帰属する旨の判決を下すことができ，その限度において権利能力が個別の訴訟を通じて認められることになると解される[92]。

しかし，判例は，法人でない社団に権利能力は認められないとの法理を貫く[93]。すなわち，法人でない社団にあたる沖縄古来の血縁団体である「門中」がその構成員の総有に属する不動産（「門中」が祠堂の敷地として代表者4名の共有名義で保存登記してきた土地）について，「門中」の代表者が構成員から信託的に与えられた財産管理権限に基づいて，総有権確認請求をなすことは，総有権そのものを失わせてしまう実体上の処分行為と同視すべきものであり，本来，構成員全員の特別の合意がなければこれをなすことができず，仮に代表者にその行為をする権限が委ねられているとしても，代表者4名全員の合意に基づくのでなければこれをなすことができないものと解するのが相当であるという（最判昭55・2・8民集34巻2号138頁〔蔡氏門中事件〕）。また，入会団体が当事者となっ

---

[89] 本判決は，法人でない社団の代表者が登記請求権の主体であることを理由として，代表者の原告適格を肯定するのに対し，次頁の最判平6・5・31は，任意的訴訟担当を根拠として代表者の原告適格を認めている（百選4版9事件23頁〔田邊誠 解説〕）。なお，本判決によると，代表者である旨の肩書を付した代表者名義の登記も許されないという。

[90] 認めた裁判例として，大阪高判昭48・11・16高民26巻5号475頁がある。

[91] 松本博之「非法人社団の当事者能力と実体関係」民商93巻臨増Ⅱ（1986年）88頁。

[92] 兼子・体系111頁，三ケ月・全集182頁，小山87頁，上田93頁，新堂142頁，高橋・重点講義上162頁，伊藤94頁など。

[93] 高橋・重点講義上164頁参照。なお，これは当事者適格の問題である。

た入会権確認訴訟においても，当該団体は構成員の総有に属する不動産の総有権確認の原告適格を有し，代表者が訴訟行為をするには当該不動産を処分するのに必要な総会決議等による授権を要するという（最判平6・5・31民集48巻4号1065頁〔百選4版11事件〕）。

　法人でない社団・財団に訴訟における当事者能力を認めた以上，訴訟を介して当該事件の範囲で実体法上の権利能力を付与するのが論理的であろうし[94]，訴訟による紛争の解決機能を高めることになろう。

　(5) 権利能力なき社団の財産に関する訴訟の当事者適格

　権利能力なき社団の財産にかかわる訴訟における当事者適格に関しては[95]，当該社団自体に固有の適格が認められるとするか（固有適格説）[96]，あるいは，当該社団に訴訟担当者としての適格を認め，本来の権利義務の帰属主体を構成員全員とみるか（訴訟担当説）[97]について争いがある。どのように考えるべきだろうか。

　この点の関連判例としては，入会権確認訴訟について，入会権が権利者である一定の部落民に総有的に帰属することから，権利者全員が共同してのみ提起し得る固有必要的共同訴訟であると判示したものがある（最判昭41・11・25民集20巻9号1921頁〔続百選17事件〕）。また，上掲・最判平6・5・31は，その最判昭41・11・25を踏襲しつつ，権利能力なき社団にあたる入会団体は，構成員全員の総有に属する不動産についての総有権確認請求訴訟を追行する原告適格を有するとしたうえで，当該入会団体の代表者が原告の代表者として訴訟追行するには，当該入会団体の規約等において当該不動産を処分するのに必要とされる総会の議決等の手続による授権を要するとした[98]。もっとも，この判決自体は，総有権（入会権）の確認請求訴訟について，権利能力なき社団である入

---

94) 松本・前掲注91）84頁。
95) この問題につき，名津井吉裕「法人でない団体の当事者適格の訴訟担当構成について」民訴55号（2009年）202頁以下を参照。
96) 兼子・体系110頁など。
97) 高橋・重点講義上164頁注12, 山本弘「権利能力なき社団の当事者能力と当事者適格」新堂幸司先生古稀祝賀『民事訴訟法理論の新たな構築（上）』（有斐閣，2001年）875頁，山本克己「入会地管理団体の当事者能力・原告適格」法教305号（2006年）110頁，長井秀典「総有的所有権に基づく登記請求権」判タ650号（1988年）26頁など。
98) これに対して，前掲・最判昭55・2・8（本書141頁）が，入会の事例ではないものの，権利能力なき社団の財産は構成員全員の総有に属するとしたうえで，構成員全員の合意がなければ，社団の代表者が総有権確認の訴えを提起する権限を有しないと判示した点と比べると，授権の要件に相違がみられ，両判決の整合性が問題とされる（松本＝上野225頁〔松本〕，中野ほか97頁〔本間靖規〕など）。

会団体自体に当事者適格を認めたのであるが，それが固有適格であるのか，または，訴訟担当であるのかは，判旨から明らかではない[99]。

　権利能力なき社団の財産は，その構成員全員に総有的に帰属するものとされているが，総有または合有であっても，民訴法29条の要件を充足する限りは，権利能力なき社団の固有適格に基づいて業務執行者が代表者として提訴し得ることについては，理論上の障害はなく，また，構成員からの授権に基づいて業務執行者が訴訟担当者[100]として訴えを提起することも可能であり，これら二つのアプローチは択一関係にはないと考えられる。確かに，権利能力なき社団に当事者能力を認める民訴法29条の規定は，母法であるドイツ法が権利能力なき社団の被告適格のみを認める（ZPO 50条2項）のと異なり，原告・被告を問わずに当事者能力を包括的に認める立法の下では，固有適格を認めるのが自然ではあろうが，訴訟担当構成が理論的に不可能というわけではない。また，構成員に対する執行の容易さから訴訟担当構成によることも考えられるが，固有適格によっても，執行上の障害はさほどのものではない。固有適格構成または訴訟担当構成のいずれかを選択するかは，具体的状況に応じた訴訟追行上の判断に委ねられる。そうすると，権利能力なき社団の財産にかかわる訴訟の当事者適格をいかに考えるかは，実質問題というよりは，理論構成の問題に帰着することになろう。

第3款　当事者能力の訴訟上の取扱い

1　当事者能力の調査と欠缺の措置

　当事者能力の存在は訴訟要件[101]であり，その存否は訴訟中いつでも裁判所

---

99)　本判決が総有権（入会権）は個々の構成員が持分権を有しない団体的色彩の濃い共同所有権の権利形態であると判示していることから，入会団体固有の適格を認めた（固有適格構成）とする見解（田中豊「判批」ジュリ1052号〔1994年〕108頁など）と，総有権（入会権）が構成員全員に帰属することから，入会団体に自己に帰属しない権利についての適格を認めた，すなわち，第三者の訴訟担当である（訴訟担当構成）とみる見解（松本＝上野225頁〔松本〕，高橋宏志「権利能力なき入会団体は，入会権確認請求訴訟で原告適格を有する」法教174号　別冊付録『判例セレクト'94』（1995年）75頁，小島武司「総有権確認請求訴訟等における原告適格」リマークス11号（1995年）132頁，百選3版15事件〔上野泰男解説〕など）がある。なお，名津井・前掲注95）202頁以下も参照。

100)　財産処分に準ずる手続（たとえば，団体の設立行為，組合契約，その他の基本合意）のなかに訴訟担当の許容を読み取るならば，訴訟担当の基礎を任意に求めることができるし，さらには，法定訴訟担当ととらえることもできよう。

101)　訴訟要件については，本書219頁を参照。

により職権で調査される[102]。その結果，裁判所が当事者能力の欠缺を認めるに至ったときは，訴えを不適法なものとして却下しなければならない。原告の当事者能力欠缺を理由に訴えを却下するときは，事実上，代表者または管理人として訴えを提起した者に訴訟費用を負担させる（70条類推）のがよいであろう[103]。

当事者能力は個々の訴訟行為の有効要件（訴訟行為要件）でもある。当事者能力を欠く訴訟行為は無効であるが，追認により有効となる。当事者能力の有無について争いがある場合，当該当事者は当事者能力を有するものと扱われるべきであり，また，判決により当事者能力を否定された者の上訴は，当事者能力を有する者の上訴と同じく適法と扱うべきである。

当事者能力の有無は，口頭弁論終結時を基準とする。そのため，訴訟係属の発生時に当事者能力を欠いていても，口頭弁論終結時までに具備されれば，訴えは却下されず，それまでの訴訟行為も追認により有効となる。反対に，係属中に当事者能力を喪失すると，中断・受継の問題が生じる。

2　当事者能力の欠缺を看過してなされた本案判決

当事者能力の欠缺を看過して本案判決がなされた場合，これを控訴または上告により取り消すことができる（312条3項・318条）が，再審事由（338条）にあたらないため，確定後に取り消すことはできない[104]。もっとも，この確定判決の効力については，議論がある。すなわち，従来の通説は，こうした判決も有効であるとして，確定後は当該事件に限って当事者能力があるものとして扱うべきであるという[105]。これは，当事者能力の存否について判例と学説が一致しない状況を踏まえ，判決確定後に当事者能力の欠如を争う余地を封じようとした政策的意図に基づくものと考えられている[106]。もっとも，かかる判決は，当事者となり得る一般的資格に欠ける者を誤って当事者としたものであり，紛争解決にとって法律上意味をもたない内容上無効の判決としてよいであろう[107]。

それにしても，このような判決の存在は当事者にとっては社会生活上支障と

---

102) 大判昭3・11・7評論18号6頁〔民訴205〕。なお，当事者能力の調査資料の収集も裁判所の職権によるか（職権探知）については，争いがあり，通説は肯定する（反対，松本＝上野226頁〔松本〕）。
103) 新堂143頁，伊藤98頁など。
104) 兼子・体系112頁，三ケ月・双書227頁，菊井＝村松Ⅰ262頁，斎藤・概論94頁など。
105) 新堂143頁など。
106) 小山89頁，新堂143頁注(1)，中野ほか100頁〔本間靖規〕，伊藤98頁など。
107) 伊藤98頁，松本＝上野213頁〔松本〕など。

なることもあり，民訴法338条1項3号類推による再審の訴えを認め，再審の訴えを提起する余地を認めるべきであろう。

第4節 訴訟能力
第1款 意 義

　訴訟能力とは，自ら単独で有効に訴訟行為をなし，または受けるために必要な能力をいう。訴訟当事者のほか，補助参加人についても要求される。当事者能力者は，訴訟の主体として判決の名宛人となり得るが，実際に有効な訴訟追行をするには，さらに訴訟能力が必要とされる。このことから，たとえば，幼児は当事者能力があり判決の名宛人となるが，訴訟能力を有しないため，法定代理人が訴訟行為をすることになる。

　訴訟手続の各段階に応じて積み重ねられる訴訟行為は，複雑で見通しもつきにくく，最終的には判決という重大な結果に至るのであるから，取引行為よりも困難をともなうことから，無能力者保護の要請が働く。そこで，訴訟行為を行う者に訴訟能力を要求することで，無能力者を保護しようとしたのである。

　かくして，訴訟能力は民法の行為能力に対応する（当事者能力は民法の権利能力に対応する[108]）。もっとも，取引行為と異なり，手続安定の要請が働くことから，訴訟能力による規律ははじめから有効か無効かだけであり，行為能力のように取り消し得るといった浮動的な効果は用意されていない。

　訴訟能力は，当事者または補助参加人として訴訟行為をする場合に要求され，他人の訴訟代理人として訴訟行為をする場合には不要であるとされる（民102条参照）[109]。代理人の訴訟行為の効果は本人に帰せしめられる以上，無能力者保護という訴訟能力制度の趣旨には反せず，しかも無能力者を代理人とするかは本人の判断に委ねられるべき事柄といえるからである。判例も，未成年者が簡易裁判所の許可を得て訴訟代理人となることを認めた（大判昭7・9・17民集11巻1979頁）[110]。これに対し，法定代理人として訴訟行為をする場合には訴訟能力が必要とされる[111]。また，証人尋問（201条2項参

---

108) 本書135頁参照。
109) 新堂145頁，中野ほか101頁〔本間靖規〕など通説。
110) これに対し，当事者権保障の実質化と対等化の見地から，簡易裁判所における代理人には，（弁護士資格までは要求されないにせよ）訴訟能力を要求すべきであろうとの主張がある（上田徹一郎「訴訟追行能力と弁論能力」三ケ月古稀中98頁以下，上田95-96頁）。
111) 正確には，訴訟能力のない未成年者は，民法847条1号で後見人の欠格者とされることから，法定代理人には訴訟能力が要求されていると解される。高橋・重点講義上166頁，伊藤99頁注34など参照。反対，新堂145頁など。

照)や当事者尋問(210条・211条),あるいは,検証の対象として取調べを受ける場合のように,訴訟行為の主体としての行為でないものには,訴訟能力を要しない。反対に,訴訟行為の主体としての行為であれば,訴訟手続内の行為のみならず,訴訟外または訴訟前に行われる管轄の合意や訴訟代理権の授与などにも訴訟能力が必要とされる[112]。もっとも,具体的にいかなる行為にまで訴訟能力を要求するかは,訴訟能力の制度趣旨および当該行為の効果などとの関係で個別的に検討していくほかない[113]。

第2款 訴訟能力者

訴訟能力の有無は,別段の定めのない限り,民法等の法令によるとされ(28条),民法の行為能力を基準に判断される。そのため,行為能力者は,訴訟能力を有する[114]。

外国人については,行為能力の準拠法が本国法によることから(法適用通則4条1項),訴訟能力も本国法を基準とするものと考えることができる(属人法説)。これによると,日本法上は無能力者であっても本国法が訴訟能力を認めていれば訴訟能力を有することになる。外国人を日本人以上に保護する必要はなく,日本法を基準とすることでよいであろう(法廷地法説)[115]。なお,本国法では訴訟能力を有しない外国人でも,日本法によれば訴訟能力を有すべきときは,特別に訴訟能力が認められる(33条)[116]。

法人の訴訟能力については,従来より法人実在説と擬制説のかかわりで論じられてきた。実在説によれば訴訟能力が認められ,擬制説によれば訴訟能力を有しないというのである。しかし,こうした議論の実益はさしてない[117]。いずれにせよ,法人は代表者

---

[112] 新堂145頁注(1),上田97頁など。反対,河野111頁など。

[113] 訴訟能力の要求される代表的な訴訟行為としては,訴えなどの裁判を求める申立て行為,裁判のための資料提出行為,訴訟上の効果の発生を目的とした行為(自白,訴え取下げ,請求の放棄・認諾,訴訟上の和解)などが挙げられる(新堂145頁)。

[114] もっとも,行為能力者であっても,意思能力を欠いた状態での訴訟行為は無効となる。判例も,精神薄弱であるが準禁治産宣告を受けていない成年者の控訴取下げを無効としつつ,控訴自体は有効とした(最判昭29・6・11民集8巻6号1055頁〔百選3版21事件〕)。

[115] 民事訴訟法学における多数説である。これに対し,国際私法学上の多数説である属人法説は,民訴法33条が本国法を基準とする原則を前提としたうえで,その修正を施していること(手続的抵触規定)を拠り所とする。しかし,法廷地法の立場からは,同条は行為能力についてだけ本国法を基準とする考えを前提としているとし,「本国法によれば『行為能力がない結果,28条により』訴訟能力を有しない場合」と読み込むことも不可能ではないとの反論がある(青山善充「外国人の当事者能力及び訴訟能力」澤木敬郎=青山善充『国際民事訴訟法の理論』(有斐閣,1987年)226頁,争点(3版)281頁〔中野俊一郎〕など)。

[116] 民訴法33条は,「この法律に特別の定めのある場合」(28条)の一例である。

[117] 斎藤ほか(2)37頁〔小室直人=大谷種臣〕。

によって訴訟追行するのであり，両者の関係は本人と代理人との関係に準じて扱われる（37条）ためである。

第3款　訴訟能力を欠く者および制限される者

1　訴訟能力を欠く者——未成年者，成年被後見人——

　未成年者と成年被後見人は，いずれも訴訟能力を欠き，法定代理人によらなければ，訴訟行為をすることができない（31条本文）。手続安定の要請される訴訟行為については，法定代理人によってのみ行うことができ[118]，未成年者・成年被後見人のなした，また，これに対してなされた訴訟行為は，無効となる。実体法上の行為と異なり，無能力者の行為は取り消し得るとされることはなく，法定代理人の同意によって無能力者の行為が有効とされることもない。訴訟能力を欠き無効とされる訴訟行為を追認することは，手続を覆滅させず，訴訟経済に役立ち，手続安定を害しないことから，可能であるとされる（34条2項）。そのため，過去の訴訟行為を一括して追認すべきであり，一部のみの部分的追認は，手続を混乱させることになり，許されないであろう（最判昭55・9・26判時985号76頁）[119]。

　もっとも，未成年者は，例外的に訴訟能力が認められることがある。婚姻によって成年に擬制された場合（民753条），あるいは，法定代理人から営業すること（民6条1項）や会社の無限責任社員となること（会社584条）を許可されて，独立して法律行為をすることができる場合（31条但書）である。しかし，包括的に行為能力が認められるこれらの場合に対し，法定代理人が目的を定めて個別的に財産の処分を許した場合（民5条3項）は，原則どおり法定代理人だけが訴訟行為をすることができると解される[120]。

　未成年者は，みずから労働契約を締結し，賃金請求をすることができる（労基58条・59条）が，そこから派生する訴訟における訴訟能力の有無については，議論がある。訴訟能力を否定する見解は，労働契約を締結していても，訴訟手続における保護の要請は他の未成年者と変わらないとする[121]。しかし，労働契約の締結には法定代理人の許可があり，みずからの判断で行動することが許されている点で他の未成年者と異なり，

---

118)　訴訟無能力者に対する送達も法定代理人に対して行う（102条1項）。
119)　もっとも，訴訟経済に資する場合に部分的追認が許されることもある。たとえば，訴訟無能力者による訴訟が控訴審まで進んだ場合，控訴提起のみを追認し，第一審を無効とすることが許されてよい。第一審も含めた全体の追認を要求すると，無能力者側は追認を断念し，再審の訴えを提起することになりかねないからである（菊井＝村松Ⅰ317頁，高橋・重点講義上173頁注14など）。
120)　新堂147頁，上田97頁，中野ほか102頁〔本間靖規〕など。
121)　小山108頁。

訴訟能力を認めるのが実状に即しており，妥当であろう[122]。

　法定代理人が後見人であって，後見監督人が選任されている場合，後見人の訴訟行為には後見監督人の同意が必要とされる（民864条）。この同意は，少なくとも審級ごとに包括的に与えられなければならず，また，書面による証明を要する（規15条）。後見監督人の同意を欠く訴訟行為の効果も，手続安定の要請から無効となる。もっとも，相手方の提起した訴えまたは上訴に対して後見人が訴訟行為をする場合には，後見監督人の同意は要求されない（32条1項）[123]。相手方の訴権や上訴権を一方的に奪わないための措置である。他方，法定代理人が，訴え取下げ，和解，請求の放棄・認諾，脱退，控訴，上告または上告受理の申立ての取下げなど，訴訟終了効をもつ重大な処分行為をする場合には，後見監督人による特別の授権（同意）が必要とされる（32条2項）。当事者の利益に対する影響の大きさにかんがみて，法が実体法上の包括的同意をさらに加重したものとみられている[124]。

2　制限的訴訟能力者──被保佐人，被補助人──

　被保佐人と被補助人は，訴訟能力を欠くものの（28条），法定代理人が訴訟行為をするのではなく，自ら行うことができるが，その場合，保佐人または補助人の同意もしくはこれに代わる家庭裁判所の許可が必要となる（民13条1項4号・3項，17条1項但書・3項）。実体法における行為能力の程度に応じた取扱いの違いを訴訟上にも反映させたものであり，被保佐人等は制限的ないし不完全訴訟能力者とよばれる。

　保佐人や補助人の同意は，訴訟行為全般に対し包括的に与えられなければならず，訴え提起の同意により訴訟追行全体に対する同意が与えられたことになる。審級ごとの同意は可能であるが，とくに審級を限定しないときは，上訴審についても同意したものとみなされる。また，同意は書面による証明を要する（規15条）。

　保佐人・補助人の同意または家庭裁判所の許可を得ると，被保佐人・被補助人は，訴訟追行に必要な一切の訴訟行為をすることができる。もっとも，訴え取下げ，和解，請求の放棄・認諾，脱退，控訴，上告または上告受理の申立ての取下げなどの，判決によらず訴訟を終了させる行為は，その重大性から，さ

---

[122]　名古屋高決昭35・12・27高民13巻9号849頁，兼子・体系115頁，三ケ月・双書237頁，新堂147頁，中野ほか102頁〔本間靖規〕など。

[123]　被告である無能力者の法定代理人（後見人）が，その実質が訴え提起であるとされる反訴（146条）の提起には，後見監督人の同意を要するが，相手方の上訴に附随する附帯控訴（293条）をするには，後見監督人の同意を要しないと解される（注釈民訴(1)465頁〔紺谷浩司〕，伊藤100頁注39参照）。

[124]　伊藤101頁。

らに保佐人・補助人による特別の授権（同意）を要する（32条2項）。また，被保佐人・被補助人の訴訟行為が保佐人・補助人と利益相反する場合は，保佐監督人・補助監督人の同意が必要となる（民876条の3第2項・851条4号・876条の8第2項）。

訴訟係属中に当事者が保佐開始の審判（民11条）または補助人の同意を要する旨の審判（民16条）を受けた場合は，後見開始の審判（民7条）のとき（124条1項3号）とは異なり，訴訟手続は中断せず，被保佐人・被補助人は保佐人・補助人の同意なしに訴訟行為をすることができる（ただし，民訴法32条2項各号の特別授権事項を除く）。

以上に対し，被保佐人・被補助人が相手方の提起した訴えまたは上訴に対して訴訟行為を行う場合には，保佐人・補助人の同意を要しない（32条1項）。これも，相手方の訴権や上訴権を保護する趣旨に基づく。この点に関して，被保佐人等が被告として上訴する場合にも保佐人等の同意を要するかが問われる。応訴に同意を要しないことの延長として同意を不要とすることも考えられようが[125]，上訴には，時間や労力などの点で，不利益変更禁止の原則（304条）ではカヴァーしきれないリスクもあり，さらに相手方の訴権等の保護という趣旨も妥当せず，単なる応訴とは局面を異にする。したがって，被保佐人等の保護の見地から，保佐人等の同意を要求すべきであろう[126]。なお，被保佐人等が共同訴訟人の一員であり，他の共同訴訟人が上訴したときは，共同訴訟人間の足並みを揃えさせるべく，保佐人等の同意なくして，被保佐人等も上訴人となり（40条1項），上訴審での訴訟行為が可能となる（40条4項）。

3　人事訴訟の特則

人事訴訟手続においては，本人の意思を尊重する趣旨から，未成年者も意思能力のある限り，訴訟能力を認められ，制限訴訟能力者（被保佐人・被補助人）も完全な訴訟能力をもつとされる（人訴13条1項）。もっとも，これらの者の訴訟追行能力が十分でない場合に配慮して，法は，申立てまたは職権に基づいて，裁判所が弁護士を訴訟代理人に選任できる旨を規定する（人訴13条2項・3項）。

成年被後見人についても，意思能力を有する限り，訴訟能力を認めるべきであるとの見解もあるが[127]，未成年者と異なる精神状態の不安定性が手続の安定を害することにかんがみれば，成年被後見人の訴訟能力は否定すべきであろう[128]。この趣旨は，規定のある場合のほか，親子関係確認訴訟等，解釈上人事訴訟として扱う場合にも類推され

---

125)　条解130頁〔新堂幸司〕。
126)　高橋・重点講義上173頁注15。
127)　菊井・上93頁，三ケ月・全集193頁，小山108頁など。
128)　兼子・体系116頁，菊井＝村松Ⅰ297頁，斎藤・概論98頁，新堂150頁注(1)など。

る（大判昭11・6・30民集15巻1281頁）。訴訟能力を有しない成年被後見人のために，法定代理人（後見人または後見監督人）が職務上の当事者（訴訟担当）として訴訟追行にあたる旨の規定があるが（人訴14条1項2項），規定のない人事訴訟についても同様に解されよう[129]。また，これらは，意思能力を欠く未成年者にも妥当する。

第4款　訴訟能力を欠く場合の措置

1　追認と補正

　訴訟能力は個々の訴訟行為の有効要件であり，訴訟能力のない者の訴訟行為またはこれに対する相手方および裁判所の訴訟行為は，無効である（ただし，32条1項により制限的訴訟能力者の応訴は有効である）。民法上の行為無能力者の法律行為のように取り消されるまで有効とするならば，その後に積み重ねられた手続が覆滅してしまい手続の安定を害するために，当初から一律に無効としたのである。この無効というのは，訴訟行為が不存在ということを意味しない。そのため，裁判所の行為を求める申立て行為であるときは，裁判所は応答しなければならず，また，その後に能力を獲得した当事者ないし法定代理人の追認により遡及的に有効とすることができる（34条2項）。

　このように追認が認められるのは，相手方や裁判所の信頼に背かず，訴訟経済にも役立ち，しかも無能力者保護に欠けるところがないためである。追認は，上告審，さらには再審においても，その対象である欠缺のある行為が確定的に排斥されるまで，可能である[130]。追認は，裁判所または相手方に対し，明示または黙示[131]の意思表示により行う。なお，保佐人・補助人は，法定代理人ではないが，その同意を欠く被保佐人・被補助人の訴訟行為を追認できると解すべきであろう[132]。

　裁判所は，職権で訴訟能力の有無を調査するが，訴訟能力の欠缺が判明した場合には，

---

129)　小山108頁など。判例は，この法定代理人を職務上の当事者と解するもの（最判昭33・7・25民集12巻12号1823頁〔百選3版22事件〕）と成年被後見人の代理人とするもの（大判昭10・10・31民集14巻1805頁）とに分かれている。中川善之助ほか編『注釈民法（22）Ⅰ』（有斐閣，1971年）143頁〔岡垣学〕参照。

130)　上告審における追認につき，大判昭16・5・3判決全集8輯18号617頁，再審における追認につき，大判昭13・3・19判決全集5輯8号362頁など。もっとも，最命昭46・3・23判時628号49頁は，原審で代表権限欠缺ゆえに訴えを却下されたのちに，上告審で追認するための特別代理人の選任は許されないとする。

131)　たとえば，未成年者の訴え提起の補正は，法定代理人が追認すると同時に，法定代理人の記載を訴状に追加するための訂正状を提出する。新堂152頁。

132)　新堂151頁。

直ちに排斥せず，期間を定めて補正を命じなければならない（34条1項前段）。補正とは，過去の行為を一括して追認し，かつ，将来に向かって瑕疵のない訴訟追行をすることができる方法を講じることである。補正を命ずる相手は，訴訟能力を欠く本人でよい[133]。さらに，補正をまっていたのでは，遅滞により無能力者に損害を与えてしまうおそれのあるとき，裁判所は，追認を見越して，一時必要な訴訟行為をさせることができる（34条1項後段）[134]。もっとも，追認を得られなければ，結局，無効となる。

2 訴訟能力の欠缺が手続に及ぼす影響

(1) 訴訟成立過程に訴訟能力の欠缺がある場合

これは，訴訟能力のない者が訴えを提起し，または，訴状を受領した場合であるが，訴訟係属が適法でないため，裁判所は本案判決をすることができず，訴訟能力の欠缺が治癒されない限り，訴えを却下しなければならない（訴訟成立過程における訴訟能力の具備は訴訟要件である）。この場合の訴訟費用は，訴えを提起した者が負担する（61条）。かかる却下判決に対して，無能力者本人は，適法に上訴することができる。なぜなら，上訴のみを能力欠缺を理由に却下すると，原判決が確定してしまい，訴訟能力の有無を上訴で争う機会が奪われてしまうからである[135]。その後の控訴審において，訴訟能力ありとの結論が出れば，第一審の却下判決は取り消され，事件は第一審に差し戻される（必要的差戻し，307条）。他方，訴訟能力がないとの結論に達した控訴審は，第一審判決が同様の結論から却下しているのであれば，無能力者本人の控訴を理由なしとして棄却することになろう[136]。

訴訟成立過程における訴訟能力の欠缺を看過してなされた本案判決の効力については，争いがある。すなわち，既判力などの内容上の効力を生じない無効

---

133) 中野・論点I 83頁。
134) たとえば，無能力者が証拠保全の申立てをした場合に，一時，証拠調べをすることを許すことができる。
135) 柏木邦良「訴訟要件と訴訟内紛争」民訴19号（1973年）66頁以下は，訴訟要件に関する紛争は，本案に関する紛争とは別のミクロコスモスの紛争であり，そこでは当事者に訴訟能力が要求されないとする。
136) 新堂153頁，高橋・重点講義上170頁など。新堂153頁注(1)によると，第一審と同様に訴訟要件の欠缺を認めた控訴審が，補正の可能性を考慮せずに，直ちに訴え却下しているときは，上告を容認して訴え却下の原判決を取り消し，原審に差し戻して補正の機会を与えるべきであるという。判例も，補正の機会を与える取扱いをする。すなわち，被告会社の代表取締役でない者を代表者とする訴えにおいて，第一審は請求を認容したが，第二審はこれを代表権限欠缺の看過を理由に取り消し，訴えを却下したのに対し，上告審は訴えをいきなり却下した第二審判決を破棄するとともに第一審判決をも取り消して事件を第一審に差し戻した（最判昭45・12・15民集24巻13号2072頁）。

の判決とみる有力説[137]と，訴訟法上違法であるが無効な判決ではないとする通説[138]とが対立する。いずれも，こうした判決が上訴（312条2項4号）・再審（338条1項3号）の対象となり，確定することは認めるが，再審を経ずに執行文の付与をいきなり争うなど，確定後の救済手段を再審に限定しない点で，有力説の方が訴訟能力の欠缺を看過された当事者の救済に厚い。

ところで，例外的に無能力者からの上訴提起を有効と認めることとの関係上，無能力者に対する送達も有効とされて，上訴期間も進行し，その徒過によって判決が確定するのであるから，無能力者の保護には上訴・再審で十分であり[139]，また，判決は確定するが内容上の効力を生じないという有力説の構成にも明確でないところがある[140]。通説にしたがうのが理論上より整合的であろう。

なお，この上訴・再審は，訴訟能力のない当事者側が敗訴しているときに認められるのであり，訴訟能力のない当事者側が勝訴しているときに相手方に上訴・再審を提起させる必要はない。訴訟能力は無能力者保護の制度だからである。また，勝訴した訴訟能力欠缺者の上訴・再審は，その利益を欠き，許容されない。

(2) 訴訟成立過程以外に訴訟能力の欠缺がある場合

この場合，訴訟要件は具備されているため，訴え却下とならず，ただ訴訟能力のない状態における訴訟行為が個別に無効となるにとどまる。この有効を前提とするその後の訴訟行為はすることができない（ただし，34条1項後段）。たとえば，期日の呼出状を無能力者に対して送達した場合，送達は無効となり，期日を実施することができなくなる。これに対し，判決の送達が無能力者に対し

---

137) 新堂153頁など。
138) 伊藤104頁，松本＝上野231頁〔松本〕など。
139) この点，再審提起の負担を課すのは無能力者保護という制度趣旨に反するとの批判があるが（坂原正夫「訴訟能力の欠缺を看過した判決の効力」慶應義塾大学法学部法律学科開設一〇〇年記念論文集法律学科篇（1990年）121頁以下），無能力者保護も他の利益とのバランスのなかで追求されるべき相対的な要請であり，たとえ違法でも裁判所の判決が存在し，それに対する信頼などの影響などをも考慮すれば，上訴・再審の負担を課すことが，訴訟能力を要求した法の趣旨に反するとまではいえないであろう。
140) 坂原・前掲注139)は，無効の判決が確定するのは素直でないとして，訴訟能力の欠缺を看過した判決は確定しないとする。大決昭8・7・4民集12巻1745頁も，訴訟無能力者に対する送達は無効ゆえ上訴期間が進行せず，判決は確定しないとする。これに対し，高橋教授は，判決が確定しても内容上の効力を生じないことは，債権者代位訴訟で原告が債権者ではなかったときにも起こり，決して背理ではないと反論する。もっとも，確定しないとする坂原説の方が，被告が無能力者のときに原告に補正の機会を付与し得る点で，有力説よりも分があることを示唆している。以上，高橋・重点講義上176頁注22参照。

てなされたときは，送達だけが無効となり，あらためて法定代理人に送達しなければ，上訴期間は進行せず，判決も確定しない[141]。

訴訟係属中に，たとえば成年被後見人開始がなされたり，未成年者の営業許可が取り消されたりして，当事者が訴訟能力を喪失すると，法定代理人の受継まで，訴訟手続は中断する（124条1項3号）。ただし，訴訟代理人がいれば，中断しない（124条2項）。また，訴訟係属中に保佐人・補助人が選任されても，訴訟手続は本人がすることから中断せず，上訴に際して保佐人・補助人の同意を要するにとどまる[142]。

第5節 弁論能力

弁論能力とは，法廷において現実に訴訟行為とくに弁論をするための資格をいう。これは，訴訟手続の進行を円滑で迅速なものとし，司法制度の健全性を確保するために必要とされ[143]，訴訟能力が無能力の当事者を保護するために要求されるのとは異なる。そのため，弁論能力は，訴訟当事者や補助参加人のみならず，代理人や保佐人・補助人についても問題とされる。

ドイツのように弁護士強制主義を採用すると，弁論能力をもつ者は弁護士に限定され，当事者本人の弁論能力は認められない。これに対し，弁護士強制主義をとらないわが国においては，訴訟能力を有する当事者は，原則として弁論能力をもつ。なお，現行法上，地方裁判所以上における弁護士代理の原則が規定されているが（54条1項），これは訴訟代理人としての弁論能力を弁護士に限定したものとされている[144]。裁判所は，当事者または代理人が十分な弁論をすることができず，事案の解明や手続の進行に支障をきたすと判断したときは，これらの者の陳述を禁止する裁判をすることができる（155条1項）[145]。

---

141) 新堂154頁注(2)。
142) 新堂155頁，高橋・重点講義上171頁など。
143) 新堂156頁，中野ほか106頁〔本間靖規〕など通説。もっとも，釈明に応じることのできない者に弁護士を提供することで，結果的に弁論能力のない者が保護されることはある。しかし，弁論能力を訴訟能力と同じ当事者の利益保護の制度であるとし，弁論能力の欠缺を上告・再審事由と考える（上田105頁）のは，理論上無理があり，弁論能力のない者の訴訟行為は有効としてよいであろう（高橋・重点講義上177頁注23）。
144) 兼子・体系122頁，三ケ月・全集195頁，伊藤106頁など。これに対して，新堂157頁は，弁護士代理の原則を当事者保護を含めた制度として理解すべきことから，弁論能力と別に考察すべきであるとする。
145) 陳述禁止の裁判の対象となり得る訴訟代理人に弁護士が含まれるかについては議論がある。

この裁判を受けた者は，弁論能力を失うことになる。また，裁判所は，必要と認めるときは弁護士の付添いを命じることができる（155条2項）。この場合の弁護士報酬は訴訟費用となり（民訴費2条10号），敗訴者が負担することになる[146]。なお，弁護士の付添いが命じられた場合や訴訟代理人の陳述が禁止された場合，その旨が当事者に通知される（規65条）。

第6節 訴訟上の代理人

第1款 総　説

1 意　義

民事訴訟法上の代理人とは，当事者本人の名で，本人に代わって，自己の意思に基づいて，相手方や裁判所に対する訴訟行為をしたり，あるいは，相手方や裁判所の訴訟行為を受ける者をいう。ここにいう当事者には，訴訟当事者のほか，補助参加人も含まれるため，補助参加人も自己のために弁護士に訴訟委任をすることができる。

訴訟代理人は，みずからの意思決定によって訴訟行為を行う点で使者（たとえば，送達受領補助者〔106条〕など）とは異なる。また，第三者の訴訟担当[147]は，判決効が本人に及ぶ点は訴訟上の代理人と同じであるが，自己の名で，すなわち，当事者として訴訟追行をする点で異なる。同様に，必要的共同訴訟人（40条）や補助参加人（42条・45条）も，訴訟に関与して当事者に影響を与えるが，自己の名で訴訟行為をするもので，訴訟上の代理人とは区別される。

訴訟上も代理が認められるのは，実体法上の代理と同じく，本人の利益のためであるとともに，さらに訴訟運営上の要請でもある。すなわち，単独では訴訟行為のできない訴訟無能力者（未成年者・成年被後見人，31条）に代わって訴訟活動を行い，本人の能力を補充したり（法定代理人），あるいは，みずから単独で有効に訴訟行為ができる者の法的知識の欠如や労力不足を補うために訴訟行為をなすことで，本人の負担を軽減し，その取引活動を拡充したり（任意代理

　　否定説は，弁護士が職務を行えない事件は弁護士法25条によって規定されていることを理由とする。しかし，同条は一般的な規律であるのに対し，陳述禁止の裁判は個別的な措置であることから，この否定説の理由は成立しない。弁護士を除外した旧々法127条4項のような規定が現行法にみられないことから，肯定説が妥当であろう（注釈民訴(3)224頁〔宮里節子〕，新堂156頁，高橋・重点講義上177頁，伊藤107頁注53など）。

146) 弁護士報酬を依頼者が負担するという通常の場合とは異なる扱いになる。
147) 第三者の訴訟担当については，本書241頁を参照。

人）することが可能になる。

こうした訴訟上の代理の趣旨からは，ドイツ法のように，本人訴訟を禁止し，弁護士による代理を義務づける法制が国民の権利保護の質的水準を保持するうえで望ましいといえよう。もっとも，この弁護士強制主義を採用する前提として，弁護士へのアクセスを十分に保障する体制を整えておかないと，国民の裁判を受ける権利（憲32条）を奪うことになりかねない。弁護士強制主義の採否は，弁護士人口の増加や偏在の是正，あるいは，法律扶助制度の充実[148]などのインフラ整備の問題とともに議論されるべき将来の課題である。わが国では，弁護士の受任を得られない局面において本人訴訟が重要な判例を生み出したり，社会変革の契機を提供したりする場合の存することなどを考えると，当事者本人の訴訟追行権は少なくとも当面は裁判を受ける権利の一角に位置づけられてよいのではなかろうか。実際のところ，本人訴訟により法律家の発想に縛られず，その盲点をつくような問題意識が法廷に持ち込まれ，その結果，意義ある判例が形成されたり，法の成長が促進されたりすることもある[149]。より根本的には，当事者本人には訴訟の主役として，自ら手続展開を制御する機会が与えられて然るべきであるとの考え方もありえよう。

このこととは別に，訴訟代理人を選任する場合は，原則として弁護士資格のある者を選任しなければならない（弁護士代理の原則。54条1項本文）[150]。

2 訴訟上の代理人の種類

訴訟上の代理人は，民法上の代理人と同じく，本人の意思に基づかないで選任される法定代理人と，本人の意思に基づいて選任される任意代理人とに大別される。そして，法定代理人は，さらに実体法上の法定代理人（28条参照）と訴訟法上の特別代理人（35条・236条）に分かれ，任意代理人も，法令による訴訟代理人と訴訟委任による訴訟代理人に分かれる[151]。法律または裁判によっ

---

148) 1952年1月に日本弁護士連合会によって設立された「財団法人 法律扶助協会」は，2000年4月に成立した民事法律扶助法（平成12年法律第55号）の下で指定法人となり（同年10月），民事法律扶助事業を拡充したが，その事業は，2004年6月に制定された総合法律支援法（平成16年法律第74号）のもとで設立された「日本司法支援センター」（通称，法テラス）に承継され（2006年10月），法律扶助協会は2007年3月をもって解散した。
149) この点につき，小島武司ほか編『テキストブック現代の法曹倫理』（法律文化社，2007年）1頁〔小島武司＝大澤恒夫〕。
150) 本書170頁参照。なお，判決手続以外の法律事務でも，特定事件のための委任に基づく代理人は，弁護士または弁護士法人でなければならないのが原則であるが（弁護72条参照），具体的な弁護士代理の原則の適用範囲については後述する（本書173頁）。
151) 訴訟代理人という概念は，狭義においては，任意代理人のうち，訴訟委任に基づく訴訟代理

て選任が要求される場合（155条2項，人訴13条など）であっても，本人または本人に代わって裁判長が選任する代理人は，任意代理人である。

　訴訟上の代理人は，原則として包括的な代理権を有し，訴訟追行全般にわたって代理人となるのが一般的であるが，例外的に個々の訴訟行為のみの代理が認められることもある。たとえば，送達受領行為だけの代理人として，刑事施設収用者のための刑事施設の長（102条3項）[152]，送達受取人（104条1項，規41条1項）[153]，補佐人（60条）がある。

第2款　訴訟上の代理権

1　特　徴

　代理人による，または代理人に対する訴訟行為の効果が当事者本人に帰属するには，民法の代理と同じく，代理人が訴訟上の代理権を有していなければならない。もっとも，代理権をめぐる争いにより，審理の円滑と手続の安定が損なわれないよう，民法の代理に比べ，代理権の存否・範囲に関しては一層の明確性および画一性が要求される。

　たとえば，訴訟上の代理権の存在は書面で証明しなければならず（規15条・23条），その消滅は本人または代理人から相手方に通知しなければ効力を生じない（36条1項・59条，規17条）[154]。また，訴訟委任による代理権の範囲は法定されている（55条・56条）。

人のみをさし，広義においては，訴訟上の代理人のうち，訴訟追行の包括的代理権を有する任意代理人を意味する。狭義の用法が一般的である。なぜなら，法令による訴訟代理人は，その選任が本人の意思によることを除き，訴訟委任に基づく訴訟代理人より，むしろ法定代理人に類似するからである。また，現行法上，法定代理は無能力者保護の制度であることから，訴訟能力と一緒に規定され，訴訟代理は別途に民訴法54条以下で規定されている（もっとも，代理権欠缺の効果などは，民訴法59条による準用の結果，両者はほぼ同じになる）。

152）　刑事施設の長は法定代理人である。
153）　送達受取人は任意代理人である。
154）　中華民国が日本国内に所有する建物の入居者に対して明渡請求訴訟を提起した後にわが国が中華人民共和国を中国唯一の合法政府として承認したことから，原告は中華民国と中華人民共和国のいずれであるのかが問題となった事案において，最高裁判所は，中華人民共和国に国名が変更された中国国家を原告であるとしたうえで，日本国の承認により中華民国政府から派遣されていた中華民国駐日本国特命全権大使が有していた中国国家の日本における代表権が消滅したとみて，そのように代表権の消滅が公知の事実である場合には，民訴法37条で準用される同法36条1項所定の通知があったものと解し，代表権の消滅は直ちにその効力を生じ，その時点で訴訟手続は中断するとして，それ以後，原告となるべき中国国家が訴訟行為をするのに必要な授権を欠いていたと判示して，原判決を破棄して事件を第一審に差し戻した（前掲・注75）最判平19・3・27）。

2　訴訟上の代理権欠缺の効果

　裁判所は，職権で代理権の有無を調査しなければならず（職権調査事項），代理権をもたない無権代理人を訴訟手続から排斥しなければならない。無権代理人の訴訟行為は，当事者本人に効力が生じないことから，訴訟無能力者の行為と同視され無効であるが，追認の余地があるとされる（34条2項・59条）[155]。そのため，裁判所は，補正が可能である無権代理人の行為を直ちに排除せずに，期間を定めて補正命令を出し，遅滞のために損害を生じるおそれのあるときは，一時必要な訴訟行為をさせることができる（34条1項・59条）。

　訴訟成立過程における代理権の存在は訴訟要件であり[156]，代理権欠缺を看過した本案判決の効力をめぐる議論も，訴訟能力の場合と同じである[157]。すなわち，かかる判決は本人にとって無効であるが不存在ではなく，手続終結の効果をもち，上訴（312条2項4号）・再審（338条1項3号・342条3項）も認められるとする見解[158]と，判決は本人に対して有効であり，上訴・再審によって取り消され得るとする見解[159]とが対立する。訴訟上の代理は，本人保護の制度である点で訴訟能力と重なることから，ここでも，訴訟能力の欠缺を看過した場合と同様に判決を有効と解してよいであろう[160]。

3　双方代理の禁止

　民事訴訟手続においても，当事者の一方が相手方を代理したり，同一人が当事者双方の代理人を兼ねることは許されない（民108条参照）。なぜなら，実体法上の取引行為と同様に当事者双方の利害が対立するおそれがあり，加えて訴訟における二当事者対立構造を実質的に崩壊させてしまうからである。

　この点，法定代理人については，双方代理の禁止に該当する場合のほとんどが法定代理権の制限としてすでに実体法上に規定されており（民826条・860条，会社595条1項〔商旧75条〕・386条1項2号〔商旧275条ノ4〕），訴訟法上もこれらの規定によって処理され，その違反は無権代理行為となる。訴訟法上の特別代理人も，その権限が法定代理人に準じるので同様となる。

　任意代理人のうち，法令による訴訟代理人については，その代理権が実体法に基づく

---

155) たとえば，控訴審ではじめて真正な代表者が本案の弁論をすれば，追認したことになる（最判昭34・8・27民集13巻10号1293頁）。
156) 訴状受領を含めて訴訟成立過程に無権代理人が関与したときは，訴えを不適法却下すべきことになる。高橋・重点講義上180頁。
157) 本書151頁参照。
158) 新堂160頁，梅本129頁。
159) 兼子・体系125頁，上田108頁，伊藤108頁，吉村ほか139頁〔佐上善和〕など通説。
160) 中野ほか112頁〔坂原正夫〕。

ため，民法108条によって処理される。他方，訴訟委任による訴訟代理人については，原則として弁護士がその地位に付くことから弁護士法の問題を生じるが，この点は後述する[161]。

第3款　法定代理人

1　意義と種類

　法定代理人とは，本人の意思に基づかないで選任される訴訟上の代理人をいう。その趣旨は，みずから単独で有効に訴訟行為をなし得ない者の能力を補充し，訴訟において無能力者を保護することにある。法定代理人には，実体法上の法定代理人（28条），訴訟法上の特別代理人（35条・236条），そして，個々の訴訟行為の法定代理人（102条3項）の三種類がある。

(1)　実体法上の法定代理人

　無能力者の法定代理は，民法その他の法令にしたがうのを原則とすることから（28条），実体法上，法定代理人の地位にある者は，訴訟上も法定代理人となる。それゆえ，未成年者の親権者（民824条）または後見人（民838条1号），成年被後見人の後見人（民838条2号）が訴訟上も法定代理人となる。

　民法上の特別代理人も訴訟上の法定代理人となるが，これには，利益相反のゆえに裁判所の選任する特別代理人[162]，嫡出否認の訴えにおいて親権を行う母がいない場合の特別代理人（民775条），不在者の財産管理人（民25条以下）[163]，相続財産管理人（民918条3項・926条2項・936条・943条・952条，家審規106条1項）[164]などがある。

　これらに対し，遺言執行者については，見解の対立がある。判例は，法定代理人ではなく，訴訟担当者であるとするが（最判昭31・9・18民集10巻9号1160頁，最判昭43・5・31民集22巻5号1137頁），妥当であろう。確かに，遺言執行者を相

---

161)　本書183頁参照。
162)　親権者と子の間（民826条），および，後見人と被後見人の間（民860条）における利益相反行為につき，それぞれ，子，被後見人のために特別代理人が選任される。
163)　上訴につき最判昭47・9・1民集26巻7号1289頁，応訴につき大判昭15・7・16民集19巻1185頁。
164)　民法918条3項・926条2項・936条3項・943条2項・953条が民法28条を準用していることから，相続財産管理人も相続人全員ないし相続財産法人の法定代理人と解される（同旨，最判昭47・11・9民集26巻9号1566頁〔百選3版A6事件〕，最判昭47・7・6民集26巻6号1133頁）。これに対して，相続財産管理人を独自の管理処分権に基づく訴訟担当者とする見解もあるが（梅本吉彦「代理と訴訟担当との交錯」講座民訴③148頁など），相続財産管理人の職務は，相続人のために，これに代わって一切の管理行為をすることゆえ（民936条2項），法定代理人としてよいであろう（伊藤110頁注61参照）。

続人の代理人とみなすとする民法1015条の文理や，遺言執行者も相続人の意思に基づかない相続人の代理人であるという点（民1006条・1010条・1015条）からは，訴訟上の法定代理人と解する[165]のが自然である。しかし，遺言執行者は，すべての利害関係人から中立の立場において遺贈義務の履行を考慮することを要し（民1013条参照），相続人の利益のために行動するのではないので，法定代理人とすべきでない。そして，民法1012条1項により遺言執行者に相続財産などに関する管理処分権が与えられる反面，民法1013条により相続人の管理処分権が奪われており，遺言執行者に当事者適格が認められるため，これを当事者本人とする訴訟担当と構成するのが適切であろう[166]。被保佐人・被補助人（民12条・16条）のために訴訟上の代理権を与えられる保佐人・補助人（民876条の4第1項・876条の9第1項）については，法定代理人として訴訟行為をすることが認められる（124条5項参照）。

なお，法定代理人とすべき者を当事者とした場合や，反対に当事者とすべき者を法定代理人とした場合の救済手段としては，表示の訂正や任意的当事者変更によることが考えられる[167]。

(2) 訴訟法上の特別代理人

訴訟法上の特別代理人は，個々の訴訟またはこれに付随する手続のために，裁判所によって選任される法定代理人である。

具体例としては，証拠保全手続における特別代理人（236条）や強制執行手続における相続人のための特別代理人（民執41条2項）を挙げることができるが，重要なのは訴訟無能力者の特別代理人（35条）である。これは，訴訟無能力者に法定代理人がいない場合や，法定代理人が代理権を行使できない場合（たとえば利益相反など）に，相手方が権利行使の途を閉ざされてしまうことを防ぐために設けられた。相手方は，遅滞による損害のおそれを疎明して，受訴裁判所の裁判長に特別代理人の選任を申し立て，この者に対する訴訟行為が可能となる（35条1項）。この特別代理人の制度は，事理弁識能力を欠く状況にありながら後見開始の審判がなされていない場合[168]，相続人不明の相

---

165) 兼子・体系127頁，新堂164頁など。
166) 松本＝上野221頁〔松本〕，伊藤110頁，高橋・重点講義上241頁・184頁注1，高橋宏志「遺言執行者の当事者適格」福永古稀99頁など。
167) 伊藤110頁など。
168) もっとも，民訴法35条は離婚訴訟に適用されないと解するのが通説である（反対，高橋・重点講義上187頁）。最判昭33・7・25民集12巻12号1823頁〔百選3版22事件〕も，離婚訴訟は代理に親しまないうえに，無能力者側で反訴や人訴法32条の申立をする必要があり，臨時の法定代理人では本人保護に不十分であるとして，民訴法35条の適用を否定する（訴訟追行は，万般の監護を任務とする常置機関である後見監督人ないし後見人によるべきとする）。同様の趣旨から，15歳未満の者が当事者となる離縁の訴えにも，民訴法35条は適用されず，後見人

続財産につき相続財産管理人が選任されていない場合（大決昭 5・6・28 民集 9 巻 640 頁，大決昭 6・12・9 民集 10 巻 1197 頁），法人その他の団体に代表者または管理人が欠けている場合（大判昭 11・7・15 新聞 4022 号 8 頁）にも利用することができる。

　それでは，この特別代理人を無能力者の側で選任することは可能であろうか。判例はこれを肯定する（大判昭 9・1・23 民集 13 巻 47 頁，大判昭 17・4・1 新聞 4772 号 15 頁，法人について最判昭 41・7・28 民集 20 巻 6 号 1265 頁）。民訴法 35 条 1 項の文言やその趣旨である無能力者の相手方救済という点からは，否定する見解[169]に理がある。しかし，事件によっては実体法上の法定代理人を家庭裁判所に選任してもらうだけの時間的余裕がない場合もあり，遅滞による損害を避けるべく，受訴裁判所において機動的に選任される特別代理人を利用する合理的な必要性を否定し去るべきではない。したがって，判例と同じく，無能力者側の利用を認めてよいであろう[170]。もっとも，代表権限欠缺のゆえに原審がすでに訴えを却下しているときは，追認をさせるために上告審で原告たる法人側が特別代理人の選任を求めることはできない（最命昭 46・3・23 判時 628 号 49 頁〔続百選 93 事件〕）。この場合の法人側に特別代理人を利用する合理的必要性が認められないからである。

　訴訟法上の特別代理人の選任は，当事者の申立てに基づいて受訴裁判所の裁判長の命令によってなされる。申立人は，遅滞のために損害を受けるおそれ[171]のあることを疎明しなければならない（35 条 1 項）。選任の基準に関する定めはなく，裁判長の裁量に委ねられる。それゆえ，選任命令に対する不服申立ては認められない[172]。選任命令は，特別代理人にも告知される（規 16 条）。選任命令に対し，一般に就任義務を生じることはないが，弁護士は，正当な理由がなければ，就任を拒み得ない（弁護 24 条）。

　裁判所は，選任した特別代理人をいつでも改任[173]することができる（35 条 2 項）。特別代理人の選任後に代理権を行使できる状態になった法定代理人を関与させる場合であっても，いったん選任された特別代理人の地位が当然に消滅するわけではなく，改任する必要がある（最判昭 36・10・31 家月 14 巻 3 号 107 頁）。

　　　　を選任（民 815 条・811 条 5 項）すべきである（新堂 165 頁注(2)など）。
169)　兼子・体系 128 頁，三ヶ月・全集 198 頁など。
170)　奈良次郎「法定代理人についての若干の考察」民訴 24 号（1978 年）33 頁，小山 120 頁，新堂・判例 139 頁，新堂 165 頁注(1)，高橋・重点講義上 187 頁，伊藤 111 頁，梅本 136 頁注 3 など。
171)　たとえば，起訴による時効中断の必要があること，証拠の散逸を防ぐ必要があること，仮差押え・仮処分の必要があること，などが挙げられる（菊井＝村松 I 327 頁，注釈民訴(1)493 頁〔松原弘信〕参照）。なお，この遅滞による損害のおそれを厳密に解するのは制度趣旨との関係で問題があるという指摘がある（新堂 166 頁）。
172)　選任申立て却下命令に対する抗告は認められる（328 条 1 項）。
173)　改任とは，従来の代理人を解任して，新たな代理人を選任することをいう。

訴訟法上の特別代理人の権限は，法定代理人のそれと同一である。ただし，未成年者または成年被後見人のための特別代理人は，後見人と同じ権限をもつことから，後見人と同様の授権を得る必要がある（35条3項）。そのため，訴え取下げなどの民訴法32条2項列挙事項については，後見監督人の同意が必要であり，後見監督人がいないときには，受訴裁判所の裁判長による特別授権をもって同意に代えることができる。特別代理人には報酬が与えられるが，その報酬や旅費などの費用は，訴訟費用の一部として（民訴費2条2号・11条1項1号），申請者に予納させ（民訴費11条2項・12条），最終的には敗訴者の負担となる（61条）。

2 法定代理権

(1) 法定代理権の範囲

法定代理権の範囲は，民事訴訟法に別段の規定のない限り，民法等の法令による（28条）。そのため，親権者は，子のために一切の訴訟行為をする権限を有する（民824条参照）。

後見人も同様であるが（民859条参照），後見監督人がいる場合には，その同意を要する（民864条）。もっとも，同意を得られないことによる相手方の不利益に対処するために，被保佐人等と同様に，相手方の提起した訴えまたは上訴に対して後見人が訴訟行為を行う場合は，後見監督人の同意を不要とする（32条1項）。なお，法定代理権または訴訟行為についての授権は，代理権の存在を明確にして手続の安定をはかる趣旨から，書面による証明を要する（規15条）。

(2) 共同代理

一人のために複数の法定代理人が存在し，代理権行使に関して共同代理の定めがあるときは（民818条3項・859条の2第1項・876条の5第2項・876条の10第1項，破76条など），訴訟行為も代理人が共同して行わなければ，本人に効果は帰属しない。そのため，代理人全員に弁論の機会を確保する必要があり，期日呼出状の送達は全員に対してなすべきである[174]。

もっとも，一部の代理人による訴訟行為であっても，その他の代理人が黙認していれば共同でしたものとみなしてよく[175]，また，相互に矛盾する共同代理人の訴訟行為に

---

[174] 期日呼出状の送達に民訴法102条2項の適用はないとするのが通説である（三ケ月・全集199頁，条解428頁〔竹下守夫〕，新堂167頁，注釈民訴(3)538頁〔近藤崇晴〕，伊藤113頁，秋山ほかⅠ327頁など。札幌地判昭46・7・20判時645号98頁も同旨）。これに対して，民訴法102条2項を類推して，一人に対する期日呼出で足りるとするのが実務上の取扱いであるという（法律実務(2)308頁，菊井＝村松Ⅰ293頁，秋山ほかⅠ327頁など参照。なお，梅本140-141頁は実務上の取扱いに賛成する）。

[175] 三ケ月・全集199頁，新堂167頁，上田111頁，伊藤113頁など。旧商法261条2項の共同

ついては，本人に有利な方の効力を認めればよい[176]。なお，これらは代理人側の行為についてであり，共同代理人は単独で相手方の訴訟行為を受領することができる（102条2項参照）。訴えおよび上訴の提起や民訴法32条2項の各行為は，重要なものであり，代理人が特別授権を要する場合との均衡を考えて，全員が明示的に共同でしなければならないと解される[177]。

(3) 法定代理権の消滅

法定代理権の消滅原因は，その発生根拠である民法等の法令による（28条）。すなわち，本人の死亡（民111条1項1号）や代理人の死亡・後見開始・破産（同条同項2号），または法定代理権の発生原因が消滅すること[178]などにより消滅する。ただし，消滅の効果は，能力を取得・回復した本人から，または代理人（新旧いずれも可）から，相手方に通知するまで生じない（36条1項）。相手方の知・不知を問わない画一的な規律により，手続の安定性と明確性を企図したものである。この趣旨からは，裁判所との関係でも代理権消滅の事実を明確にしておくべきであるところ，相手方に通知した者は，その旨を裁判所に書面で届け出ることが要求されている（規17条）[179]。もっとも，法定代理人が死亡し，または後見開始の審判を受けたときは，通知をすべき者が存在しないので，通知がなくとも，法定代理人の死亡や後見開始の審判自体により消滅の効果が発生すると解することになる[180]。

代表取締役の一人が行方不明の場合に他の代表取締役の応訴を肯定した裁判例がある（大阪高判昭45・1・30判時601号63頁）。なお，共同代表取締役の制度は，その利用がきわめて限られたうえに，登記されることはまれであったことから廃止されたが，同様の制度は現行法の下でも定款で定めれば利用することができるが，代表権の内部制限として善意の第三者に対抗し得ないこととなる（会社349条5項）。梅本148頁参照。

[176] 新堂167頁，上田111頁，伊藤113頁，中野ほか116頁〔坂原正夫〕，秋山ほかI327頁など。ちなみに，新堂167頁によると，どちらが利益であるのかを判定できないときは，いずれの訴訟行為もなかったもの（弁論の全趣旨としてのみ斟酌される）とせざるを得ないという。

[177] 兼子・体系129頁，新堂167頁，伊藤113頁など。最判昭57・11・26民集36巻11号2296頁は，共同で親権を行使すべき父母の一方が共同名義で子に代わって訴訟委任したケースにつき，取引行為でないことを理由に民法825条の適用を否定した。

[178] たとえば，本人の成年などによる能力取得・回復のほか，民法834条・835条・837条・844条・845条に規定する場合，あるいは，特別代理人の解任等の場合（35条2項，民25条2項・956条1項）がある。

[179] 判例は，訴訟において代理権消滅と新代理人選任の事実が判明すれば，通知がなくても，新代理人を判決書に表示でき，その送達によって相手方に通知がされたのと同一の効果が生じるとする（最判昭43・4・16民集22巻4号929頁〔百選3版A9事件〕）。手続の安定や当事者間の公平に配慮しており，賛成し得る（新堂169頁注(2)，伊藤115頁注77など）。また，外国国家の代表権消滅が公知の事実である場合には，判例は，現に通知がなされなくても，通知がなされたのと同視して代表権消滅の効果が直ちに生じるとする（最判平19・3・27民集61巻2号711頁）。

法定代理人の死亡・後見開始の場合を除き，通知が相手方に到達するまでになされた，当該代理人のまたはこれに対する訴訟行為は，無効となることはない。当事者死亡による代理権消滅のとき，その行為の効果は，相続人である新当事者に帰属する（最判昭28・4・23民集7巻4号396頁）。それでは，通知が到達しない限り，代理権消滅の事実を知っている相手方の訴訟行為も無効とならないのであろうか。判例は，被告の法定代理人が代理権を喪失したことを原告が知悉していたと思われるケース（原告は被告の法定代理人である継母と同居していた姉で，継母は離籍によって代理権を失った）において，通知がない以上，上訴期間の徒過により判決は確定したとして，代理権消滅の効果を認めない（大判昭16・4・5民集20巻427頁）。これに対し，有力な反対説があり，相手方が代理権消滅を知っている場合には通知がないことによる代理権存続の擬制は当該審級の終局判決の送達と同時に終了し，手続は中断する[181]，あるいは，代理権消滅の届出（規17条）を受けた裁判所が相手方に通知をしていない場合[182]は届出により手続は中断する[183]という。しかし，訴訟手続の安定性ないし明確性を企図した民訴法36条1項の法意にかんがみると，実体法上の取扱い（民112条）と異なり，相手方の知・不知を問うべきではない。また，裁判所の通知の懈怠は裁判所にその責任を問うべき局面であって，それへの対処と民訴法36条1項の規律は分けて考えるのが同条項の趣旨にかなう。したがって，判例の処理を適切とすべきであろう[184]。

訴訟係属中に法定代理権消滅の効果が生じると，訴訟代理人が存在しない限り（124条2項），能力を取得・回復した本人または新たな法定代理人が受け継ぐまで，訴訟手続は中断する（同条1項3号）。

3 法定代理人の訴訟上の地位

法定代理人は，訴訟当事者ではなく，判決の効力を受けない[185]。当事者を基準とする裁判籍（4条）や裁判官の除斥事由（23条）の判定において，法定代

---

180) 新堂168頁，高橋・重点講義上182-183頁，伊藤115頁など。
181) 新堂168頁注(1)，注釈民訴(1)499頁〔松原弘信〕など。
182) 民訴規則17条の文言上は，裁判所への届出前に相手方への通知がなされるのであるが，当事者間での直送が困難である場合には，相手方への送付を裁判所に申し出ることができる（規47条）。
183) 奈良・前掲注168) 63頁，高橋・重点講義上183頁など。
184) 菊井＝村松I 336頁，斎藤・概論107頁，小山123頁，秋山ほかI 360頁，斎藤ほか編(2)102頁〔小室直人＝大谷種臣〕，伊藤115頁，梅本142頁注6など通説。
185) もっとも，訴訟費用の償還を命じられたり（69条），判決の参加的効力（46条）の拡張を受けることがある。

理人が問題とされることはない。しかし，訴訟無能力者に代わる者であり，訴訟代理人より当事者に近いものとして取り扱われる。

　たとえば，訴状・判決書には当事者とともに表示され（133条2項1号・253条1項5号），送達を受領し（102条1項），本人に代わって出頭し（151条1項1号，規32条1項），また，証人能力を有せず[186]，当事者尋問の手続によることになる（211条）。

第4款　法人等の代表者

1　代表者の意義とその権限

　法人および当事者能力の認められる法人でない社団・財団（29条）が当事者であるとき，訴訟行為はみずからなし得ず，代表者によらざるを得ない。この点から，法人等と代表者との関係は，無能力者の法定代理人に類似するということができ，それゆえ代表者は法定代理人に準じて扱われるものとされている（37条，規18条）。代表者には，一般社団・財団法人の理事または代表理事（一般法人77条1項・197条・77条4項・90条3項），株式会社の代表取締役（会社349条）[187]・監査役（会社386条），清算中の株式会社の清算人（会社478条1項），特定非営利活動法人の理事（特定非営利活動促進16条1項），宗教法人の代表役員（宗法18条3項），民訴法29条の代表者・管理人などのほか，つぎのような特殊なものもある。すなわち，当事者がそれぞれ，国の場合の法務大臣（法務大臣権限1条）[188]，行政庁の場合[189]の長，普通地方公共団体の場合の長（自治147条），

---

[186] 誤ってした証人尋問は違法だが，その証言は弁論の全趣旨として考慮され得る（大判昭11・10・6民集15巻1789頁）。

[187] 判例は，代表取締役の職務執行停止・職務代行者選任の仮処分がなされているときの取締役選任決議無効確認を本案とした訴訟において，被告会社を代表すべき者は，職務執行を停止されている代表取締役ではなく，職務代行者であるとする（最判昭59・9・28民集38巻9号1121頁〔百選Ⅰ53事件〕）。

[188] 国を代表して訴訟追行するにあたり，法務大臣は，所部の職員または事務所管庁の職員を訴訟代理人に指定することができる（法務大臣権限2条）。この指定代理人の制度は，行政庁を当事者とする訴訟でも許され（同法5条），また，地方公共団体などの一定の公法人には，法務大臣に対して指定代理人の選任を要求することが認められている（同法7条1項）。いずれにおいても，弁護士資格が要求されない点で訴訟委任による訴訟代理人とは異なる。そこから，これを法令上の訴訟代理人の一種とする見解もあるが（注釈民訴(1)507頁〔高見進〕，伊藤128頁など），訴訟のためだけの代理人であり，事件ごとに指定される点，復代理人の選任が許されない点，また，和解権限等が制限される点（法務大臣権限8条但書参照）などにおいて法令による訴訟代理人とも相違するのであり（中野ほか119頁〔坂原正夫〕），事柄に応じて考えるべきであろう（新堂187頁注(2)）。

[189] 行政庁も国の機関であるが，その行政処分や裁決の取消しを求める訴訟では，当該行政庁が被告となる（行訴11条1項）。

そして外国の場合のその外交使節（外交約3条1項(a)）である。

代表者の権限の内容は，民法その他の法令にしたがう（37条・28条）。たとえば，一般社団法人の代表理事は，法人業務の一切に関する代表権を有し（一般法人77条4項），その制限は善意の第三者に対抗できないことから（同条5項），一切の訴訟行為をすることができるが，行政庁の長は法務大臣の指揮を受けるとされ（法務大臣権限6条1項），また普通地方公共団体の長は訴え提起に議会の議決を要求される（自治96条1項12号）。民訴法29条の代表者・管理人の権限については，実体法上の根拠に欠けるため，代表者の定めの趣旨・内容によることになる[190]。

なお，相手方の提起した訴えまたは上訴に応じる場合には，特別の授権を問題としなくてよい（32条1項・37条）。法人等の代表者であることおよび必要な授権のあることは，書面（たとえば，法人登記簿抄本や商業登記簿抄本など）による証明を要する（規15条・18条）[191]。

2 代表権を欠く場合の取扱い

(1) 追認・補正

法人等の代表者でない者が法人等を代表して訴訟行為をしたとき，訴え提起に必要な授権を欠くとき，または，代表権限もしくは特別授権を証する書面を提出しないときでも，追認または補正の余地がある（34条1項2項・37条）。

たとえば，控訴審で真の代表者の委任した訴訟代理人が本案について弁論したときは，真正に代表されていなかった第一審の訴訟行為は追認されたことになる（最判昭34・8・27民集13巻10号1293頁）。また，控訴審が代表権限の欠缺を看過した第一審判決を取り消すときは，直ちに訴えを却下せず，第一審に差し戻し，訴状を補正する機会が与えられる（最判昭45・12・15民集24巻13号2072頁〔百選3版23事件〕）。これは，訴訟におけるリスクの軽減に資する措置である。

(2) 訴訟上の代表権限と表見法理

法人を被告として訴えを提起しようとする場合，登記を基準にして代表者を判断せざるを得ない。しかし，登記が実体を反映しているとは限らず，登記を信頼して代表資格のない者に対して訴訟追行をした原告を保護すべく，訴訟行為にも表見法理の規定[192]を適用し，法人に効果を帰属させることができない

---

190) 新堂171頁など。入会団体が入会権確認訴訟を提起するに際し，代表者は総会の議決等による授権を要するとした判例がある（最判平6・5・31民集48巻4号1065頁〔百選3版15事件〕）。
191) 法人の代表者であることを証する書面は，通常，法人登記簿や商業登記簿の抄本である。
192) 表見規定としては，たとえば，理事の代表権制限（民54条），代理権授与表示（民109条），

かが問われる[193]。

判例は，取引安全を企図する表見法理は訴訟行為と異なる実体法上の取引行為のみに適用されること，表見支配人の規定が裁判上の行為に適用されないこと（商24条，会社13条）などを理由に，訴訟行為に対する表見法理の適用を否定する。たとえば，最高裁判所は，第一審における一切の訴訟行為を表見代表者に対して行い，第二審においても真正な代表者の追認がないケースについて，表見規定（私立学校法28条2項）の適用を否定し，第一審判決を取り消した（最判昭41・9・30民集20巻7号1523頁）。また，訴状副本が表見代表者に対して送達され，第1回口頭弁論において表見代表者が無権限者に対する不適法な訴えであるとして却下を主張したケースについて，表見規定（民109条，商旧262条〔現行会社354条〕）の適用を否定し，第一審判決を取り消したうえで，補正命令をさせるために事件を第一審裁判所に差し戻した（前掲・最判昭45・12・15）。

学説のなかにも，法人は真の代表者によって裁判を受ける権利（憲32条）を有すること，代表権の有無は職権探知または職権調査されるべき事項であり，その欠缺は絶対的上告理由（312条2項4号）・再審事由（338条1項3号）となること，表見法理を適用すると，訴訟行為の効力が相手方の主観的事情に左右され，また，原告は登記簿上の代表者あるいは真実の代表者いずれをも相手方とすることができ，訴訟手続の安定が害されることなどを根拠として，判例に賛成する見解が有力である[194]。しかし，むしろ現在の多数説は，表見法理の適用を肯定し，つぎのような理由を挙げる[195]。①訴訟も実体法上の権利の実現プロセスという意味で取引行為の延長とみることができ，代表権の存否も実体法によるとされていること（28条），②商法24条や会社法13条は登記までされている表見支配人には適用されないと解されること，③不実の登記を放置した帰責性のある法人側の利益に配慮して，登記を信頼した者に裁判のやり直しという不利益を課すのは不公平であり，また訴訟経済上も好ましくないこと，④登記を基準にすることにより手続の安定性・明確性が確保されること，⑤肯定すると，原告が善意の場合は

　　権限踰越（民110条），代理権消滅（民112条），商業登記（会908条1項），不実登記（会908条2項），支配人の権限制限（商21条3項），表見支配人（商24条），代表社員の権限制限（会599条5項），清算人の権限制限（会655条6項），代表取締役の権限制限（会349条5項），表見代表取締役（会354条）などが挙げられる。

193) 理論状況につき，小島＝小林・基本演習56頁以下を参照。

194) 豊水道祐「商事会社の訴訟代表と商法12条との関係」松田判事在職四十年記念『会社と訴訟（下）』（有斐閣，1968年）1103頁，続百選28頁〔納谷廣美　解説〕，小山138頁，三ヶ月・双書244頁，菊井＝村松Ⅰ343頁，秋山ほかⅠ370-371頁など。

195) 立川共生「訴訟当事者としての法人の代表者の確定と登記の機能」宮川＝中野Ｖ306頁，竹下守夫「訴訟行為と表見法理」実務民訴(1)169頁，新堂・判例181頁，新堂173頁，高橋・重点講義上208頁，伊藤117頁，谷口410頁，上田114頁，中野ほか121頁〔坂原正夫〕，松本＝上野105頁〔松本〕など。

手続が覆滅せず，かえって手続の安定をもたらすが，登記簿上の代表者に対して訴えを提起した原告は善意と推定されるため[196]，原告の悪意によって手続が覆滅する場合は限られた範囲にとどまること，⑥代理権の有無を通知という外観を基準とする旨を定める民訴法 36 条 1 項の存在は，訴訟手続に表見法理を適用する根拠となり得ること，などである。

　否定説も肯定説も，いずれもその理由付けは，決定的なものではない。訴訟行為論からしても，自ずと帰結が導かれるものではない。登記を信頼して法人に対して訴えを提起する原告の裁判を受ける権利（憲 32 条）と真実の代表者により訴訟追行されるという被告法人の手続的利益ないし裁判を受ける権利（憲 32 条）をどのように調和させるべきか，その際の真の決め手は何であるのかが問われている。

　確かに，真の代表者によって訴訟追行される被告法人およびその関係者の利益は軽視されるべきではなく，実体関係に基礎を置く審理は，訴訟における真実発見の見地から，きわめて重要である。さりとて，表見法理の適用可能性を否定して訴訟をやり直させ，その訴訟費用や弁護士報酬などの負担を法人に課すことで相手方の不利益を救済すればよいとの考えには，疑問が残る。民事訴訟における真実発見の要請は，基本的に当事者が収集・提出した訴訟資料を前提とするものであり，訴訟における真実の要請には一定の内在的制約が存在することを認めざるを得ず，それには当事者の相手方に対する自己責任ないし当事者間の公平という観点から考量すべきものがある。したがって，真実発見の要請は当事者間の公平による制約を内包すると解される。

　これを表見法理についてみると，本人が自らの責任に基づいて作出した外観について信頼（善意・無過失）を抱いた相手方を保護するという趣旨に照らし，まさに当事者の相手方に対する自己責任ないし当事者間の公平という要請によって真実の要請が限界付けられる場面があってよいと考えられる。すなわち，確かに法人は真の代表者によって訴訟追行される利益を有するが，法人側の都合，登記の変更の懈怠によって不実の登記が発生・継続している場合には，訴訟上も，表見法理によって外観に対する相手方当事者の信頼を保護するのが公平の理念に適う。より実践的にみると，正当な権限を有する者に対しあらためて訴状を送達しなおす必要があるとすると，それまでの訴訟の進行状況いかんでは，時間・労力の損失に加え，相手方は切り札となる訴訟資料を提出するな

---

[196]　この推定法理は不動産登記について古くから認められている（大判大 15・12・25 民集 5 巻 12 号 897 頁）。

ど手の内を明かしてしまったことによる取り返しのつかない不利益を被ることになりかねない。これに反して，法人およびその背後者の利益を優先すべき理は薄弱であり，むしろ，いつでも登記を改めることができたのにそれをしなかった法人側の利益よりも登記しか手がかりのない相手方の利益を保護する方が道理に適うであろう[197]。しかも，相手方がその善意・無過失などについて立証責任を負うことを考えても，やはり公平な扱いといえよう。したがって，表見法理の適用を肯定するのが妥当であろう。こうした取扱いにより，登記実務において真実と異なる登記を放置することが少なくなれば，表見法理を適用すべき場面はそもそも減少していくことにもなろう。

実際に表見法理が適用されるのは，相手方が善意・無過失[198]のときである。無過失の相手方が訴訟手続の途中から悪意となったときは，悪意となる前の訴訟行為は一括して有効と扱われる[199]。もっとも，法人（真の代表者）が訴訟係属を知りつつ，代表者を訂正しない場合は，代表権の欠缺について追認がなされたとみて，相手方の主観的事情を問わず，訴訟行為は有効となる[200]。しかし，表見法理は，法人外の第三者の信頼を保護する制度であることから，法人内部の組織に関する訴えには適用されない。また，登記簿上の代表者が死亡した場合にも表見法理の適用は否定されよう[201]。なお，相手方が真の代表者に対して訴訟追行する際には，代表者の登記がなくてもよい（最判昭43・11・1民集22巻12号2402頁）。

[197] 新堂教授は，法人側の利益と相手方の信頼とを調和させる緻密な理論構成を提唱する。すなわち，第一審判決の送達等により法人が控訴審からでも訴訟係属を知って訴訟追行できた場合には無効を主張することはできないが，まったく知らなかった場合には相手方も代表権の存在につき疑いを抱くべきであったことを証明することにより上訴期間は進行せず控訴審から真の代表者による訴訟追行が保障されるという（新堂173頁）。これに対しては，上訴の追完（97条）と表見法理を組み合わせたような立論であるが，歯切れの悪さは否めず，端的に表見法理の適用を肯定する方が明快であるとの論評がある（高橋・重点講義上208頁）。

[198] 訴訟行為は，取引行為ほどの迅速性は要請されず，むしろ真実が重視されることから，商法上の表見法理であっても，相手方の軽過失免責を認めるべきではなく，その善意かつ無過失が要求されよう。

[199] 伊藤118頁。

[200] 訴状その他を法人の主たる事務所に送達すれば，真の代表者は訴訟係属を知っているものと推定される（高橋・重点講義上206頁）。よって，法人を被告として訴える場合には，その主たる事務所に訴状を送達しておけば（103条1項但書），後に法人側から訴訟行為の無効を主張されることを防ぐことができる（注釈民訴(1)512頁〔髙見進〕）。なお，虚偽登記が登記事務官の過失に基づくなど，法人の帰責性がまったくない場合には，表見法理は適用されない（上田114頁）。

[201] 竹下・前掲注195）200頁など。

肯定説に立った場合，真実の代表者でないことが判明した時期が手続のいずれの段階であるかによって手続上の扱いに，つぎのような違いを認め得よう。第一審の段階で判明したときは（前掲・最判昭45・12・15の事案），真の代表者により訴訟追行する機会を保障するという被告法人の手続保障を考慮しての措置がとられるべきことになり，上訴審の段階で判明したときは（前掲・最判昭41・9・30の事案），上訴審における被告法人の手続保障上必要とされる限りでの手続対応がなされればよいことになり，そして，判決確定後の段階で判明したときには，もはや再審の訴えは困難ということになろう。なお，判決確定後の判明の場合には，再審に際して表見法理の要件が具備されているかが問われることになる。

3 その他

被告としようとする法人に代表者がいないとき，または，代表者が代表権を行使できないときは，訴えを提起しようとする者は，受訴裁判所の裁判長に特別代理人の選任を申請することができる（35条1項・37条）。原告側が法人である場合にも，同様の申請が許されよう[202]。

法人において共同代表が定められているときは[203]，共同法定代理[204]に準じる。

代表者の代表権が消滅した場合，その旧代表者または新代表者から相手方に通知する（本人は法人で不可）のでなければ，代表権消滅の効力を生じない（36条1項・37条）。

第5款 任意代理人

1 意義と種類

任意代理人とは，本人の意思に基づいて代理権が授与される訴訟上の代理人をいう。これには，送達受取人（104条1項，規41条）のように個々の訴訟行為のために代理権が付与される場合と訴訟追行のための包括的な代理権をもつ代理人とがある。後者は，（広義の）訴訟代理人とよばれ，さらに，法令上の訴訟代理人と訴訟委任に基づく訴訟代理人（これを狭義の訴訟代理人という）に分けられる。

---

[202] 最判昭41・7・28民集20巻6号1265頁，新堂・判例139頁，新堂165頁注(1)・176頁，梅本148頁など。本書159頁も参照。
[203] ちなみに，会社法は，株式会社の共同代表制度（旧商261条2項）を廃止した。そのため，定款によって内部的に共同代表を定めることは可能であるが，その場合には善意の第三者に対抗することはできない（会社349条5項）。
[204] 共同代理については，本書161頁参照。

2 訴訟委任に基づく訴訟代理人

これは，特定の事件ごとに訴訟追行の委任を受け，そのための包括的な代理権を授与された代理人である。本人・代理人間の契約は，民法上の委任契約（民643条以下）であるが[205]，代理権授与行為は，訴訟代理権の発生という訴訟上の効果を発生させる点で，訴訟行為の一種とみられる。

(1) 弁護士代理の原則

訴訟委任に基づく訴訟代理人は，原則として弁護士でなければならない（54条1項本文）。この弁護士代理の原則は，弁護士強制主義[206]と異なり，本人訴訟[207]を許容したうえで，他人へ訴訟委任する場合には，弁護士に対してしなければならないとするものである。三百代言などの不明朗な者を排除すると同時に，法的知識の乏しい本人の利益を確実に保障し，かつ，訴訟運営を円滑にすることなどがその趣旨である。

弁護士代理の原則には，一定の場合に例外が認められている。まず，簡易裁判所は，弁護士でない者を訴訟代理人とすることを許可することができる（54条1項但書）。軽微な事件についてまで，弁護士に委任する負担を当事者に負わせておく必要はないことによる。簡易裁判所は，この許可をいつでも取り消すことができ（同条2項），これに対する当事者の不服申立ては認められない。こうした取扱いは，民事調停（民調規8条2項・3項）および家事調停（家審規5条2項・3項）においても認められ，起訴前の和解（275条）の申立てもこれに準じる。他方，訴訟書類の送達受領などのように手続の円滑な進行という要請がなく，しかも，単純な行為については，弁護士以外の者も代理することができる。また，訴訟代理人の選任行為についても弁護士以外の者の代理が認められるが，それは選任されるのは弁護士であって，本人保護に問題を生じないためである。なお，非訟事件手続における代理人は，訴訟能力があればよく，弁護士資格は要求されない（非訟6条1項・2項）。

また，司法書士については，簡易裁判所の許可を要することなく，訴訟代理人となる

---

205) 委任契約としての性質から，訴訟代理人は民法645条の報告義務を負う（大判昭12・12・24新聞4237号7頁）。

206) ドイツなどでは弁護士強制主義が採用されており，その根拠としては，弁護士の適切な訴訟追行は当事者の利益保護および裁判所の負担軽減を結果することが挙げられる（中野貞一郎「ドイツの弁護士制度」三ケ月章ほか共編『各国弁護士制度の研究』〔有信堂，1965年〕165頁など参照）。かかる理解を背景に，平成8年の民事訴訟法改正に際して，上告審に限って弁護士強制主義を導入する立法論が検討されたが，採用には至らなかった（検討事項 第二 当事者 三 訴訟代理人及び補佐人 2 (一)(二)，改正要綱試案 第二 当事者 4 参照）。明治の立法期に弁護士代理の原則が採用された経緯につき，上田・平等112頁参照。現状における弁護士強制主義採用の問題点については，本書155頁を参照。

207) 本人訴訟率は，簡易裁判所において9割前後であり，地方裁判所でも4割を越えることがある。新堂175頁など参照。

ことができる（司法書士3条1項6号イ2項）。これは身近な法律実務家である司法書士の活用による司法へのアクセス容易化を図る2003年の司法書士法改正（平成15年法律第128号）によって実現した[208]。これにより，訴額140万円を超えない事件（裁33条1項1号）についての訴訟代理人の途が司法書士にも開かれたことになり[209]，弁護士との健全な競争や適切な役割分担が促進されよう。なお，この簡裁訴訟代理関係業務を行うことのできる司法書士は，一定時間の研修課程を修了したうえで，法務大臣の認定を受けた者（認定司法書士という）に限られる（同条2項）。

さらに，特許・実用新案・意匠・商標に関する審決等の取消請求事件については，弁理士も訴訟代理人となることができる（弁理6条）。また，弁理士は，特定侵害訴訟（＝特許・実用新案・意匠・商標もしくは回路配置に関する権利の侵害又は特定不正競争による営業上の利益の侵害に係る訴訟）に関して，弁理士が同一の依頼者から受任している事件に限り，その訴訟代理人となることができる（弁理6条の2第1項）[210]。この場合，弁理士は，原則として弁護士とともに期日に出頭しなければならないが（同条2項），裁判所が相当と認めるときは単独で出頭することができる（同条3項）。これは，専門的知見を要する事件への対応強化の取組みという文脈からも理解することができよう[211]。

弁護士代理の原則に違反する訴訟行為は違法であり，裁判所は弁護士でない者の訴訟関与を排斥しなければならず，相手方も排除を求めることができる。弁護士でない者がすでにした訴訟行為の効力，または，裁判所の看過で排斥されなかった訴訟行為の効力については，議論がある。

判例は，当事者本人の追認により有効となることを認めている（最判昭43・6・21民集22巻6号1297頁）。

---

208) 小林昭彦＝河合芳光『注釈司法書士法〔第3版〕』（ティハン，2007年）53頁など。
209) そのほか，司法書士は，一定の筆界特定手続について代理することができる（司法書士3条1項8号）。ただし，上訴の提起（自ら代理人として関与している事件の判決，決定または命令に係るものを除く），再審および強制執行（少額債権執行手続であって請求の価額が140万円を超えないものを除く）に関する事項については，代理することができない（同3条1項6号但書）。
210) 特定侵害訴訟の代理をすることのできる弁理士は，特定侵害訴訟代理業務試験（弁理士15条の2第1項）に合格し，その旨の付記（同27条の3第1項）を受けることを要する。
211) 特許権等の特定侵害訴訟事件について一定条件の下で弁理士に訴訟代理権を付与することを骨子として，2002年4月に可決成立した「弁理士法の一部を改正する法律」（平成14年法律第25号）は，高度の専門的識見が必要とされる知的財産関連訴訟において「技術的知見を有する弁理士の専門性をも活用する」との提言（司法制度改革審議会意見書）を受けて，特定侵害訴訟に関する裁判所における手続の一層の充実および迅速化を図るために，当該訴訟遂行に必要な学識および実務能力を有する弁理士に訴訟代理人として活躍できる機会を与えたものであり，知的財産権の保護強化をさらに充実させることに寄与するものと期待される。

学説は，従来，有効説[212]と無効説[213]が対立していたが，当事者の利益の保護という視点から追認説[214]が主張され，さらに，追認の可能性を当事者本人の知・不知によって区別すべきであるとする有力説[215]もみられる。この有力説によると，弁護士資格者に代理されるという当事者の利益を保護すべく，当事者本人が弁護士でないことを知らない場合は，無効であるものの，本人または正式な代理人による追認の余地が認められる一方，当事者本人が弁護士でないことを知っていた場合には，本人からの無効主張は許されないことになる。

本人の主観を顧慮する有力説の取扱いは，相手方当事者に不当な不利益を及ぼさず，当事者本人に二重のコストを強いることなく意識的な制度潜脱を封じる形で弁護士でない者の代理結果を受容する余地を残す点で，弁護士へのアクセス障害が裁判所における権利救済のルートを損ないかねない状況[216]における現実的な処理であるといえ，評価に値しよう。

(2) 訴訟代理権の授与と証明

特定の事件についての訴訟上の代理権を授与する本人の行為を訴訟委任という。これは訴訟行為の一種であって，訴訟能力が要求される[217]。訴訟委任だけを単独で行うこともできるが，本人・代理人間の委任契約の締結に付随してなされるのが通常である。もっとも，手続法上の訴訟委任と実体法上の委任契約が別個の行為であることに変わりはない[218]。代理権授与の意思表示は，原

---

[212] これは，弁護士資格を弁論能力の問題とみて，弁護士でない者を手続から排除することはできるが，その訴訟行為は当然に無効となるものではないとする見解である（兼子・体系131頁，小山127頁など）。

[213] これは，弁護士資格を代理権の発生・存続の要件とみたうえ，司法制度の根幹にかかわるために，弁護士資格のない訴訟代理人の行為を絶対的に無効であり追認も許されないとする見解である（三ケ月・判例40頁，同・双書248頁など）。

[214] これは，有効説および無効説が当事者本人の利益と無関係に有効・無効を論ずる点を批判し，効力の有無は当事者が決めるべきであるとして，追認により有効となるとする見解である（菊井＝村松Ⅰ506頁，秋山ほかⅠ504頁）。

[215] これは，本人の追認により有効となることを認めつつも，弁護士資格の欠缺を知りながら訴訟委任をした本人については，信義則上その追認が制限され得ると説く見解である（新堂178頁以下，高橋・重点講義上199頁，注釈民訴(2)343頁〔中島弘雅〕，中野ほか128頁〔坂原正夫〕，上田115頁，梅本155頁，注解民訴Ⅰ546頁〔加藤新太郎〕，基本コンメ新民訴(1)137頁〔加藤新太郎〕など）。なお，伊藤126頁。

[216] 小島武司『弁護士報酬制度の現代的課題』（鳳舎，1974年）311頁以下参照。

[217] 無能力者に代わって訴訟行為をする法定代理人も訴訟委任ができ（原告側の後見人は後見監督人の同意を要する），本人から訴訟委任をする代理権を授与された者も訴訟委任をすることができる。他方，訴訟委任に基づく訴訟代理人は，特別委任なき限り，復代理人を選任することができない（55条2項5号）。

[218] たとえば，行為無能力者が弁護士に対して人事訴訟の訴訟委任をし，報酬の約束をした場合，

則として訴訟代理人となる者に対してなすべきであるが，裁判所や相手方に対して行ってもよいとするのが，訴訟における主体間の関係からして背理とはいえず，手続の安定や画一的処理にも資するであろう[219]。

訴訟代理人は，訴訟行為に際し，代理権の存在および範囲を書面によって証明しなければならない[220]。書面を要求するのは，代理権の存否をめぐる争いによって手続の円滑性や安定性が害されることを予防するためである。それゆえ，すでになされた訴訟行為に関する代理権を争う場合には，一切の証拠方法を用いることができる（最判昭36・1・26民集15巻1号175頁）。

(3) 訴訟代理権の範囲

訴訟代理権の範囲について，法は，個別的訴訟行為に限定しない包括的なものと定める。手続進行の円滑性を損なわないためであるが，その基盤には弁護士代理の原則（54条1項本文）の前提にある弁護士への信頼がある。そのため，原則として，訴訟代理権の制限は許されないが（55条3項本文），簡易裁判所における弁護士でない訴訟代理人（54条1項但書）については，その代理権を制限することができる（55条3項但書）[221]。もっとも，代理権の範囲をあまりにも広く法定し，本人に重大な結果を与え得る行為についてまで弁護士の判断に委ねるとするならば，本人は，その意思を蔑ろにされ，不測の不利益を被りかねない。そこで，法は，代理権の範囲内の行為を例示することで，その包括性を表現する一方で，代理権の範囲外の特別委任事項として，本人の意思確認を要すべき事項を掲げるという二段構えにより，訴訟代理権の合理的な範囲をより合理的なものにしようとしている。

まず，民訴法55条1項は，訴訟代理権の範囲内の行為として，受任事件について反

人事訴訟における無能力者の訴訟行為は有効であることから，訴訟代理権授与は有効である一方，実体法によって報酬約束は取り消し得るものとなる（大判大14・10・3民集4巻481頁）。

[219] すなわち，相手方の主観的事情に効力を委ねる実体法の規律（民109条）を排して，授権の意思表示だけを基準とする画一的な取扱いを特別に認めることにより，手続の安定を目指すのである（兼子・体系131頁，三ケ月・全集201頁，条解233頁〔新堂幸司〕，新堂181頁など。反対，小山127頁，注釈民訴(2)351頁〔中島弘雅〕，斎藤ほか編(2)376頁〔伊藤彦造＝高島義郎〕，伊藤120頁注93など）。

[220] 代理権を証する書面が訴訟委任状のような私文書であれば，裁判所は，訴訟代理人に対して公証人等の認証を受けるように命ずることができる（規23条2項）。なお，旧民事訴訟法はこの書面を訴訟記録に添付する旨を規定していたが（旧52条2項・87条），通達等で定めれば足りるとして，現行法では削除された（条解民訴規則33頁参照）。

[221] 「弁護士でない訴訟代理人」には，簡易裁判所の許可を得て訴訟代理人になった弁護士でない者のほか，簡易裁判所の許可を得ずに訴訟代理人となった司法書士（司法書士3条2項）や弁理士（弁理6条・6条の2）も含まれる。秋山ほかⅠ547頁など参照。

174　第3章　当事者

訴を受けること[222]，第三者の参加に応じること[223]，強制執行や仮差押え・仮処分に関する訴訟行為を行うこと，弁済を受領することを挙げる。これらは例示であるから，当事者を勝訴させるための訴訟行為は広く含まれると解してよく，また，かかる訴訟行為の前提となる実体法上の権利行使[224]も代理権の範囲内にある。

　つぎに，民訴法55条2項は，本人からの特別の授権があってはじめてなし得る特別委任事項として，反訴・上訴の提起（いずれも本案の申立て），訴えまたは上訴の取下げ・和解・請求の放棄および認諾・訴訟脱退（いずれも終局判決によらずに訴訟を終了させる行為），そして，復代理人の選任を挙げる[225]。訴訟代理権の範囲内に含まれるのは，請求に関して勝訴判決を得るための訴訟行為であり，別個の請求を定立したり，終局判決によらずに訴訟を処分したり，または，本人を代理する復代理人（民107条参照）を選任することについては，本人のイニシアティヴによるべきことから，特別委任事項とされたものとみられる。上訴の提起については，不利益変更禁止の原則（304条）などを考えると，訴訟代理人の裁量に委ねることも考えられるが，当該審級をもって一応の結果が出されており，弁護士報酬などのさまざまな負担を覚悟してでもこれに不服を申し立てるか否かの決断は本人の意思によるべきであることから，法は，上訴の提起を特別委任事項とした（審級代理の原則）。このような趣旨からは，相手方の上訴に対して応訴する場合にも，特別委任が要求されることになる（最判昭23・12・24民集2巻14号500頁）[226]。

　ところで，和解に関する特別委任を受けた訴訟代理人が訴訟物以外の法律関係を含めてどこまで和解を行う権限を有しているかについては議論がある[227]。

---

222)　文言上は「反訴……に関する訴訟行為」であり，反訴提起と解するのが自然であるが，これは特別委任事項（55条2項）ゆえ，「相手方の反訴に対する応訴」と読むことになる。

223)　文言上は「参加……に関する訴訟行為」であり，他人間の訴訟にみずから参加することをいうとみるのが自然であるが，これは直接，委任の対象となる行為ゆえ，「第三者の参加に対する応訴」と読むことになる。

224)　たとえば，相殺（大判昭8・9・8民集12巻2124頁）・解除（大判昭8・12・2民集12巻2804号）・取消し（大判明36・6・30民録9輯824頁）といった形成権を行使することなどが，これにあたる。

225)　もっとも，実務上は訴訟委任状に特別委任事項があらかじめ印刷されており，弁護士に訴訟委任すると特別授権まで一括してなされたことになる。本文に掲げた審級代理の原則について，その空洞化が指摘されている（高橋・重点講義上193頁注16参照）。この難点への対応には硬軟さまざまの手法が考えられるが，訴訟委任の際に依頼者・弁護士間に実質を伴う協議と説明を内容とするよきコミュニケーションが交わされ適切な契約書が作成されること（弁護士職務基本規程30条1項）が実践上の要請であり，リーガル・プロフェッションにとって閑却を許されない課題であろう（本書177頁以下も参照）。

226)　これに対し，上訴の特別委任は，附帯上訴を受ける権能（大判昭11・4・8民集15巻610頁），または，これをする権能（大判昭11・7・17民集15巻1393頁，最判昭43・11・15判時542号58頁〔続百選29事件〕）を含む。なお，再審手続は，別個の事件として，新たな委任を要しよう（新堂184頁注(2)）。

227)　詳しくは注釈民訴(2)367頁以下〔中島弘雅〕など参照。なお，これは，いわば和解代理権の

判例は，①1万円の債権のうち5,000円を請求する一部請求訴訟において，訴訟代理人が1万円全額について裁判上の和解をして，1,000円を超える請求を放棄したケースにおいて，訴訟の目的となっていない部分について和解の権限がないと即断することはできないとして，債権全額について有効に和解が成立したとする（大判昭8・5・17法学3巻109頁）。

②貸金返還請求訴訟における被告の訴訟代理人の和解権限については，和解の一条項として貸金債権の担保のために被告所有の不動産について原告の抵当権設定契約をする権限も含まれるとする（最判昭38・2・21民集17巻1号182頁）。

③建物所有者Yとの間で，現実の運営にはYがあたり，その諸経費を負担するという条件の下で当該建物を保養施設として賃借する旨の契約（本件契約）を締結したXは，訴外A基金と当該保養施設の利用契約を締結したところ，XY間で諸経費の負担額等について争いが生じ，YがA基金との間で直接に本件保養施設の利用契約（本件直接契約）を締結する一方，諸経費を水増し請求されたと主張するXがYに対して提起した本件契約に基づく損害賠償請求訴訟（α請求権）において，Xから訴訟代理を委任された弁護士CはYとの間で，「XY双方の請求権の存在を認めたうえで，対等額において相殺され消滅したことを確認すると同時に，双方は，その余の権利を放棄し，双方の間になんらの権利義務がないことを確認する」ことなどを内容とする訴訟上の和解を成立させたところ，Yの本件直接契約締結を本件契約についての債務不履行ないし不法行為とみて発生する損害賠償請求権（β請求権）についてまで，訴訟代理人Cの和解権限が及ぶのかが問題とされた事案において，本件契約に基づくα請求権と本件契約の債務不履行等に基づくβ請求権とは「本件保養所の利用に関して同一当事者間に生じた一連の紛争に起因するもの」であるから，α請求権について和解の委任を受けたC弁護士は，β請求権について具体的に委任を受けていなくても，β請求権を含めて和解をする権限を有するとした（最判平12・3・24民集54巻3号1126頁）。

このように判例[228]は，訴訟代理人の和解権限について，その合理的な範囲

最大範囲の問題である。これに対し，和解代理権の範囲を当事者本人が対外的にどの程度まで制限し得るかという最小範囲の問題もある。後者につき，小林秀之＝田村陽子「訴訟代理人の和解代理権限の制限」判タ987号（1999年）37頁参照。

228) そのほか，一部請求事件における訴訟代理人の和解権限は，残部請求については及ばないとはいえなくないとした大審院時代の判例（大判昭8・5・17法学3巻109頁），訴訟代理人の和解権限には第三者との間での和解を締結する権限も含まれるとした裁判例（大阪地判昭37・9・13下民集13巻9号1831頁），また，本文の最判昭38・2・21と類似の事案で債権担保のために債

を設定することにより，当該事件の実効的な解決を目指しているかにみえる。

学説をみると，さまざまな主張が対立しており，理論的にはなお整理が必要な段階にある。

そこで，大別すると，(A) 和解権限の範囲を訴訟物に限定する見解（訴訟物限定説），(B) 和解権限の範囲を限定しない見解（非限定説ないし制限否定説），そして (C) 中間的な見解の三つに分かれる。まず，(A) 訴訟物限定説によると，訴訟代理人の和解権限は，本来訴訟物たる法律関係に限って授権されていることから，その範囲は訴訟物に限られ，それ以外についての和解はあらためて本人の特別授権を要するという[229][230]。つぎに，(B) 制限否定説によると，訴訟代理人の和解権限を制限することはできず，訴訟物によって和解権限の範囲が画されるものではないという[231]。また，(C) 中間に位する考え方としては，以下のものがある。(C-ⅰ) 訴訟代理人の和解権限の範囲は，原則として訴訟物たる法律関係に限定されるが，通常の取引観念に照らして，その法律関係についての争いを解決する和解として通常予想される範囲のものであれば特別授権を要しないとする見解（取引観念説）[232]，(C-ⅱ) 和解権限の範囲に含ませることの社会的必要性，現実的便宜性，それが当事者本人に与える利益・不利益を利益衡量して，訴訟代理人の和解権限の範囲を決定すべきであるとする見解（利益考量説）[233]，(C-ⅲ) 個々の事案における当事者・代理人間の具体的事情，相手方の善意・悪意，裁判所の知・不知などの総合考慮によって和解の効果を判定すべきであるとする見解（総合考慮説）[234]，(C-ⅳ) 和解権限の範囲に含まれるか否かを，互譲による紛争解決のために必要・有用であるか，当事者にとって紛争解決として予測可能であるかという要素を基準として判定すべきであるとする見解（紛争解決目的説）[235]である。訴訟代理人の和解権

務者所有不動産に抵当権を設定する権限を認めた裁判例（東京地判昭 42・3・14 判タ 208 号 181 頁）などがある。

[229] 法律実務(3)116 頁，石川明「訴訟代理人の和解の権限の範囲」法研 37 巻 6 号（1964 年）96 頁，同『訴訟上の和解の研究』（慶応義塾大学法学研究会，1966 年）240 頁，争点〔3 版〕83 頁〔稲葉一人〕，橋本聡「訴訟代理人の和解権限をめぐって」新堂古稀上 539 頁など。

[230] なお，訴訟代理人が訴訟物に属しない権利関係の処分を和解条項に加えることは，「それが，当該訴訟物についての攻撃防御方法に属するか，あるいは，訴訟物とその権利関係との間に実質的同一性の認められる限り，和解の特別委任に包括される」が，それ以外については当事者の授権を要するとの見解がある（中村英郎「訴訟代理人の和解の権限の範囲」民商 49 巻 4 号〔1964 年〕567 頁）。これは，実質的同一性という点では訴訟物限定説に類するかにみえるが，攻撃防御の点では訴訟物の枠を越える拡がりをみせることがあり得るので，この考え方は訴訟物限定説に納まりきれないということになろう。

[231] 斎藤ほか編(2)395 頁〔伊藤彦造＝高島義郎〕，講座民訴④329 頁〔大石忠生＝三上雅通〕。

[232] 竹下守夫「訴訟代理人の和解の権限の範囲」法協 82 巻 1 号（1966 年）138 頁。

[233] 柏木邦良「訴訟上の和解をする権限を与えられた弁護士である訴訟代理人の代理権の範囲」法学 27 巻 1 号（1963 年）104 頁。

[234] 上北武男「訴訟代理権の範囲」演習民訴〔新版〕237 頁。

[235] 加藤・弁護士 310 頁。

限の範囲に関し，以上の諸説が具体的案件に関してどの程度の違いをみせるのかはさほど明確でないが，考え方の筋を示したものとして意義がある。なお，(D) 和解代理権の範囲は限定されないが，訴訟物以外の事項については代理権行使の手続的要件として当事者の意思確認が要求されるという見解（行為規範重視説）がある[236]。この見解の帰結は，一面において限定説的であるが，他面において制限否定説的であり，結局のところ，訴訟物以外であっても当事者の意思確認があれば訴訟代理人の和解権限に含まれるとする点において，制限否定説に近いとみられる。そうすると，この見解を訴訟代理人の和解権限の範囲の問題としてみれば，前記三つの学説（A, B, C）のカテゴリーのいずれにもあてはめることは難しいといえよう。

どのように考えたらよいか。法廷に持ち込まれる紛争の内容が複雑・多様化しつつあると同時に交渉理論の発達が目覚しいこと[237]を受け，単純な互譲による妥協的解決からふくらみをもった統合的な解決へと重心を移しつつある実務の現状においては，訴訟代理人たる弁護士は，その交渉のエキスパートとしての専門的力量を十二分に発揮する役割を負っており，依頼者本人は，弁護士がそのニーズの深度ある把握を行い，十分な意思の確認につとめることに対して，依頼者の抱く期待は高まっている。このような状況にあっては，不動文字の印刷による特別授権だけでは不十分であり，訴訟代理人としての弁護士は，依頼者本人との関係で十分な説明責任を果たすことを要請される[238]。当事者は，弁護士の説明により，和解権限の付与を認識したとしても，その和解内容が合理的範囲内か否かを訴訟委任契約締結の段階で検討する機会を与えられるべきである。そこで，弁護士は，和解権限の範囲についての認識の徹底（権限授与の認識徹底）を図り（弁護士職務基本規程29条。なお，消費契約1条参照），また，和解の内容が常識的な範囲を超える場合には，とりわけ当事者は熟慮の機会を与えられるべきである（合理的判断の機会確保）。前者は民訴法55条の前提にある要請であるのに対し，後者は究極的には専門職上の責務であり，具体的には

---

[236] 百選2版65頁〔清田明夫　解説〕，垣内秀介「訴訟上の和解と訴訟代理権の範囲」新堂古稀上444頁。前者〔清田〕は，訴訟物以外の事項について当事者の意思確認をしなかった場合を無効としないと明言しているわけではないが，かりにこの場合に無効とするのであれば，同見解には賛成しかねるというのが後者〔垣内〕の理解である。

[237] ロジャー・フィッシャー＝ウィリアム・ユーリー〔金山宣夫＝浅井和子訳〕『ハーバード流交渉術』（ティビーエス・ブリタニカ，1982年），小島武司「交渉における法的基準と満足」小島ほか編・交渉5頁，猪股孝史「法的交渉」小島編・キー212-213頁，加藤新太郎ほか「〈座談会〉法律実務家のスキルとしての交渉」判タ1044号（2001年）4頁以下，和田仁孝「交渉と合意」和田ほか編『交渉と紛争処理』（日本評論社，2002年）11頁以下など。

[238] 消費者保護の観点も有意義である。なお，訴訟委任におけるインフォームド・コンセントにつき，今野昭昌「事件委任契約の諸問題」判タ495号（1983年）21頁参照。

依頼者に対する誠実義務[239]に属するといえよう[240]。

　和解における権限の範囲と当事者との協議は，相互に重なり合うものであり，一面において紛争解決の実効性と満足とを高めるために，和解権限は合理的範囲で柔軟に捉えられるべきであり[241]，他面において，和解の締結にあたっては紛争の主体である当事者の意図（意向）するところを十分に把握し，説明と意思確認，すなわち，コミュニケーションの徹底を図るべきである[242]。このような和解のあり方および依頼者・弁護士間の関係を前提とするならば，和解権限の範囲を合理的な範囲で広く捉えることと，依頼者・弁護士間の関係における依頼者中心のコミュニケーションの徹底は，相互に支えあう関係にあって，和解権限の拡大と和解内容への満足度の上昇は同時に達成されるであろう。

　このような方向で実務形成が進むならば，相手方当事者にとって不測の事態（和解無効）が抑制され，依頼者・弁護士間の関係においては，依頼者の意向が無視されその利益が損なわれるといった事態も減少しよう。弁護士が当事者との関係で期待される役割を果たさないという病理現象が生じたときは，依頼者は，弁護士倫理違反に基づいて懲戒処分を求めることができ，また，弁護過誤（マルプラクティス）として損害賠償責任を追及することもできよう。このように，訴訟代理人の和解権限の範囲は，弁護活動のあり方や交渉理論の展開を含めて，システムの総体として把握されるべきであり，民訴法55条2項2号の文理解釈として単に技術的なものとみられるべきではない。

　そこで，まず，和解権限の範囲については，中間的な考えによるべきことになり[243]，その基準については，既存の中間説のうち，少なくともいずれか一つの基準を満たせばよいとして，和解権限の射程を広くとって実質的には問題

---

239) 訴訟代理人である弁護士は，受任者として善管注意義務を負う（民644条）が，さらに法律専門職に属することから，通常の善管注意義務が加重された誠実義務（その主な内容は受任された事件を誠実に遂行すること）を負う（伊藤眞「弁護士と当事者」講座民訴③119頁）。弁護1条2項参照。

240) 伊藤・前掲注239) 123頁以下は，訴訟代理人の和解については，対外的関係において和解権限の有無・範囲が，対内的関係において和解権限の行使が，それぞれ問題となり，前者では和解の有効・無効，後者では依頼者から弁護士への損害賠償請求や弁護士に対する懲戒が，各々導かれるという段階的な考察を展開している。

241) 和解権限を広く解する根拠として，訴訟上の和解には裁判所が関与するという安全装置があることも指摘されている。秋山ほかⅠ541-542頁など参照。

242) 垣内・前掲注236) 444頁。

243) 和解権限を無限定なものととらえる立場から，弁護活動のあり方を強調して弊害の発生を防止するものとして，垣内・前掲注236) がある。なお，樋口範雄『フィデュシャリー［信認］の時代』（有斐閣，1999年），同『アメリカ代理法』（弘文堂，2002年）参照。

ないであろう。いずれの見解も合理性をもつが，どれか一つに限ると，和解による解決のふくらみをカヴァーしきれない嫌いがあるので，いずれかの基準を充たせば足りるという柔軟な発想がここでは妥当とされよう。基準としての曖昧性が残されていることも否めないが，それは弁護士の専門的判断に委ねられる事柄であり，判断のつきかねるときは依頼者と協議の機会を設けるのがよき弁護士としての基本的責務である。中間に位する各説は，それぞれ表現は異なるものの，基本的には同方向の基準設定を意図しているものと解されるのであり，各説が対立するかにみえるのは，表現の相違に帰着する面があるのではなかろうか。ここでの望ましい考え方を強いて示すとすれば，和解という方法による当事者の意向に即した深度ある包括的な統合的解決ということを端的に示す見解をよしとすることができよう。当事者と弁護士の間における説明責任および意思確認の責務ということがシステムとして定着するならば，和解の解決内容は，当初当事者が予測したものを超えるより高次の解となることについて警戒的になる必要はない。

つぎに，和解権限の行使については，個別具体的な事情に基づいて実際の和解権限の行使が本人に対する誠実義務違反と評価される例外的な場合には，弁護士は，損害賠償責任を負い，また，懲戒処分を受けることもあり得よう[244]。円滑なコミュニケーションが基調として定着されていれば，相手方との関係における効力の問題および依頼者との関係におけるプロフェッショナル・ライアビリティの問題などを含めて，重層的な構造のなかで相手方当事者の利益と依頼者本人の利益が全体的に整序されるであろう。

この視点に即して考えてみよう。あるマンション管理組合の代表者から同マンション居住の区分所有者に対する延滞管理費用の取立てを依頼された弁護士が，依頼者である代表者の意思を確認することなく成立させた「元本全額支払いおよび遅延損害金免除」という内容の和解をめぐって，依頼者と弁護士の間にトラブルが生じた[245]。弁護士は，損害金を免除しても元本を全額受領できれば実質勝訴であるという実際感覚から，本件の和解内容の妥当性に何ら疑問を抱いていなかったのに対し，依頼者の真意は，管理費用の不払いの頻度を抑制するという予防法的戦略的見地から，損害金を含めた請求全額を支払わせる途を選択していたのである。一方で，和解の効力，すなわち，当然のことながら，弁護士の和解権限の有無（和解の有効性の側面）については，元本の全額回

---

244) 誠実義務違反の例としては，不当な包括的和解などが挙げられる。
245) 小島・プレ 207 頁以下参照。

収さえ実現できれば，損害金を免除することも実務の常識からして合理的な範囲における紛争解決のあり様とみられる以上，訴訟代理人である本件弁護士は和解権限を有しているといえよう。他方で，弁護士の依頼者本人に対する誠実義務違反（弁護士倫理の側面）については，管理組合の業務運営における秩序を維持するという依頼者本人の意向，そして，当該訴訟の目的を無視したことは問題であり，弁護過誤による損害賠償責任，具体的状況いかんでは懲戒処分の可能性も否定できない。訴訟物を中心に機械的な判断をすることの危険がここに見出されるのであり，和解権限をめぐる思考の仕方枠組みそのものの限界を忘れてはならない。

　こうした観点から，先に掲げた判例に対して検討を加えてみよう。まず，前掲①大判昭8・5・17については，債権全額について訴訟代理人が行った和解締結がその権限内であるということは，金銭債権の数量的一部請求訴訟で全面敗訴した原告が残部請求の訴えを提起することは特段の事情のない限り信義則に反して許されないとする近時の判例（最判平10・6・12民集52巻4号1147頁〔百選3版89事件〕）を踏まえれば当然であり，弁護士倫理違反や弁護過誤が生じる可能性もほとんどの場合ないといえよう。他方，債務不履行ないし不法行為に基づく損害賠償請求権についての和解権限を認めた前掲③最判平12・3・24については，この損害賠償請求権は同一当事者間に生じた一連の紛争に起因するものであり，それについての和解は，本来の契約上の紛争の解決としての合理的範囲内にあるが，依頼者本人との関係で誠実義務違反と目されるような事情が認められるか否かは明らかでない（本件の争点ではない）。また，新たな担保権を設定した前掲②最判昭38・2・21については，担保権の設定は訴訟物に対する互譲の一方法としてなされたことから，原則として合理的範囲内にあるといえようが，抵当目的物を失う可能性や他の融資を受ける途を失うなどのリスクが生じかねないことから，個々の事案において慎重な考量が求められる[246]。

(4) 個別代理の原則

　同一当事者のための訴訟代理人は複数[247]であっても，各自が単独で当事者

---

[246] 損害賠償や懲戒が問題となるのは，十分な説得の時間があるにもかかわらず何もしなかったり，和解の内容が著しく本人の利益に反するという例外的な事例に限られるとするのは，伊藤・前掲注239）講座民訴③127頁。

[247] 訴訟代理人が複数選任される場合には，専門的力量を組み合わせてより効果的な法的サーヴィスの提供を可能にするなどの合理性が認められるが，相手方からの圧迫感や社会からの圧力に対する対抗手段ないし立場の強さや支持基盤の広がりを誇示する暗黙のメッセージとしての意味をもつこともある（チーサム119頁以下参照）。もっとも，特段の必要もなく多数の代理人を揃

を代理する権限を有し，また，相手方や裁判所の訴訟行為も一人に対してすれば足りる（56条1項）。これは，法定代理人における共同代理とは対照的であり，個別手続の迅速性や円滑性，さらには相手方の利益を優先させた取扱いである。そのため，共同代理ないし協議代理など，個別代理と異なる定め方をしても，それは本人と代理人との内部関係の問題であり，裁判所や相手方を拘束しない（56条2項）。

各代理人の足並みが揃わず，相互に矛盾した訴訟行為がなされた場合であっても，本人に効果が帰属するため，本人が矛盾した行為をしたのと同じになる。すなわち，矛盾した行為が同時になされたのでない限り，先行行為が取り消し得るものであれば，後の行為によって取り消され，取り消し得ないのであれば，後行行為の効力が生じないことになる[248]。

(5) 訴訟代理権の消滅

訴訟代理権の消滅事由は，民法上の任意代理権のそれを前提とするものの，民事訴訟法に特別の定め（28条）があり，より限定されている。すなわち，当事者本人の死亡・訴訟能力の喪失，合併による消滅（法人の場合），法定代理人の死亡・訴訟能力の喪失もしくは代理権の消滅・変更，または，当事者である受託者の信託の任務終了は，訴訟代理権の消滅事由ではないとされている（58条1項各号）。かかる特別が置かれたのは，原則として弁護士である訴訟代理人の訴訟行為が委任者またはその承継人の信頼を損なうおそれが少ないこと，また，訴訟手続の迅速で円滑な進行を害さないようにとの配慮による。こうした趣旨は，訴訟担当者の資格喪失の場合にも妥当するので，同様の規定が置かれている（58条2項）。さらに，復代理人の権限は，それを選任した訴訟代理人が死亡しても消滅しないと解される（最判昭36・11・9民集15巻10号2451頁）。

こうした特別事由は，訴訟手続の中断事由（124条1項）であるが，訴訟代理権が存在する限り[249]，追行者の交替があっても[250]，手続は中断しない（124条

えることには，連絡ミスや負担増大などの不都合を伴いかねない。
[248] 新堂183頁など。
[249] そのため，上訴の特別委任があれば終局判決の確定まで中断しないのに対し，かかる特別委任がなければ原審級の終局判決の送達とともに訴訟代理人が存在しないことになって中断する（大決昭6・8・8民集10巻792頁〔百選20事件〕）。
[250] 当事者が交替しても中断しなかった場合，その終局判決には承継人を当事者として表示すべきである（最判昭33・9・9民集12巻13号2062頁）。実体法上の法律関係との齟齬を避けるためである。なお，旧当事者を表示した判決に対しては，判決の更正（257条）によるべきとの主張（最判昭42・8・25判時496号43頁）と承継執行文によって新当事者を表示すべきである（民執27条2項の類推）との主張があるが，いずれも可能としてよいであろう（新堂185頁，伊

2項)。

　他方で，民法上の任意代理権にはない消滅原因として，地方裁判所以上における弁護士資格の喪失がある（54条1項参照）[251]。また，民法上の代理権と同じ消滅事由として（28条），代理人の死亡・後見開始・破産（民111条1項2号）および委任関係の終了（同条2項）[252]がある。これらの消滅原因が存在しても，相手方に通知しない限り，消滅の効果は生じない（59条・36条1項）。もっとも，訴訟代理人の死亡・後見開始・破産，弁護士資格の喪失の場合については，代理人および本人に通知を期待することが不可能ないし不適当であるとして，通知を不要とする見解がある[253]。しかし，条文に反して通知せずに代理権消滅の効果を認めると，相手方の利益や手続の安定を損ないかねず，しかも，法定代理人の場合と異なり，本人に通知を要求しても不適当といえないことから，このような例外を認める必要はなかろう[254]。なお，訴訟代理権が消滅しても代理人またはその相続人などは，本人またはその相続人などが訴訟行為をすることができるようになるまでは，必要な処分をする義務を負うため（民654条），資格の喪失や死亡の事実などを本人に通知することになろう[255]。

(6) 訴訟代理人および当事者本人の地位

　法定代理人が当事者的な立場に置かれるのに対し，訴訟代理人は，第三者たる地位に立つ。すなわち，判決の名宛人となることはなく（ただし，69条），また，証人や鑑定人になることができる。しかし，その一方で，実際に訴訟追行にあたる訴訟代理人には，訴訟の実行者としての地位も認められる。すなわち，事実の知・不知または故意・過失が訴訟手続上問題となるとき（24条2項但書・46条4号・157条1項・97条1項・167条・338条1項但書など）には，まず代理人を基準とすべきである（民101条1項参照）。もっとも，代理人の不知が本人の故意・過失に起因すると認められるときは，本人は，代理人の不知を自己の利益に援用することはできないと考えるべきである（民101条2項参照）[256]。

　訴訟代理人の選任後も，当事者本人は，依然としてみずから訴訟行為をし，

　　藤124頁注104など）。
251)　新堂185頁，伊藤125頁注105など。反対，兼子・体系138頁，小山132頁など。
252)　委任関係の終了原因は，委任事務の終了，本人の破産（民653条），委任契約の解除（民651条）などである。
253)　兼子・体系138頁，新堂185-186頁，高橋・重点講義上195頁，松本＝上野108頁〔松本〕，注解民訴I573頁〔加藤新太郎〕，基本コンメ新民訴(1)145頁〔加藤新太郎〕など。
254)　三ケ月・全集207頁，伊藤125頁，上田122頁，中野ほか126頁〔坂原正夫〕，注釈民訴(2)388頁以下〔中島弘雅〕など。
255)　伊藤125頁注105参照。
256)　兼子・体系136頁，三ケ月・全集202頁，新堂186頁，伊藤123頁注100，注釈民訴(2)379頁〔中島弘雅〕など通説。

または，受ける権能を失わない。それゆえ，訴訟代理人がいるにもかかわらず，本人に宛てられた期日の呼出状などの訴訟書類の送達も，有効であるとされている（最判昭25・6・23民集4巻6号240頁〔百選 I 57事件〕）。もっとも，本人への送達は，包括的な代理権をもつ訴訟代理人の存在意義を無視するものであり，しかも手続保障の点でも好ましくないことから，適切でないといえよう[257]。なお，代理人がいても，本人は，みずからの出頭を命じられたり（151条1項1号，規32条1項），当事者尋問を受けたり（207条以下）する。

訴訟代理人と本人は，いずれも訴訟行為ができることになるが，両者の関係について，本人の更正権が定められている（57条）。これは，訴訟代理人とともに出廷した本人が訴訟代理人の事実上の陳述を直ちに取り消し，または，更正することを内容とする権利であり，これによって，代理人の陳述の効果が失われ，本人の陳述が効力を生じることになる。訴訟代理人よりも事実関係に通じているはずの当事者本人の知識を優先させた取扱いである。それゆえ，更正権の対象は，具体的な事実関係に限られ，法律上の意見や経験則に関する陳述は含まれない。自白も対象となるが，拘束力の生じる陳述については直ちに取消しまたは更正しなければならない[258]。なお，法定代理人も当事者本人に準じて更正権が認められる。

(7) 弁護士法の規律と訴訟行為

訴訟上の代理人についても，自己契約や双方代理が禁止されることについては（28条，民108条など），すでにみた[259]。弁護士である訴訟代理人については，弁護士法が民法の規定に基づいて，さらに詳細な職務権限を規定しており，一定の類型の事件について弁護士が職務を行うことを禁止する（弁護25条）。その趣旨は，依頼者本人の利益を保護し，弁護士業務の品位と公正を保持することにある。問題は，弁護士がこの禁止規定に違反した場合の効果であり，懲戒処分のほかに，当該弁護士のした訴訟行為の効力まで否定されるかが議論されている。

判例は，絶対的無効説，追認説，そして，異議がなければ有効とみる異議説

---

[257] 新堂186頁など通説である。これに対し，本人への送達を不適法とする見解もある（伊藤・前掲注239）講座民訴③124頁，伊藤123頁注101，注釈民訴(2)379頁〔中島弘雅〕，基本コンメ新民訴(1)143頁〔加藤新太郎〕など）。

[258] 「直ちに」の意義に関して，本人が代理人に同行している期日に限られるか（伊藤123頁注102など），あるいは，本人が期日に欠席しているときは次回期日の冒頭まで含まれるのか（新堂187頁など），が争われる。更正権の行使のためには本人は同行することにより備えをすべきであり，弁護士としては事前の調査，協議の徹底が求められよう（集中審理の確保にも配慮して）。したがって，前者の見解が妥当であろう。

[259] 本書157頁参照。

の順に展開した[260]。現在の立場である異議説は，まず弁護士法25条1号違反事件において採用され（最大判昭38・10・30民集17巻9号1266頁〔百選3版26事件〕），その後，同条の他号の事件に広がった（4号に関する最判昭44・2・13民集23巻2号328頁など）。

　学説では，弁護士の職務規律である弁護士法25条は，訴訟行為の効力を規定しているわけではなく，その違反は懲戒処分を導くにすぎない（弁護56条1項）として，訴訟行為の効力を左右しないとする有効説が，かつては有力であり[261]，無効を基本とする判例に対峙していた。しかし，現在は，判例と同じく，異議説が通説であり，依頼者および相手方はいずれも弁護士法25条に違反する弁護士を将来に向かって排除するよう申し立てることができる一方，同条違反の事実を知って遅滞なく無効の主張をしなかった場合には，もはや無効主張は許されなくなるという[262]。

　弁護士法25条は，民法108条などの実体法の規律の特則であり，本人保護や公平維持を強化して弁護士業務の品位・公正を確保しようとした法意に照らすと，その違反が訴訟行為の効力に影響しないと考える（有効説）べきではない。逆に，常に無効とみる（絶対的無効説）のも，当事者間の公平や利益に問題がない場合にまで手続の安定や訴訟経済を犠牲にする点で，硬直にすぎ柔軟性に欠ける。そこで，本条違反の行為を無権代理行為として，追認あるいは双方の許諾があれば有効となると構成すること（追認説）が考えられる。しかし，そうすると，本条違反を知りつつ手続を進行させておきながら自己に不利な結果が出たときに限り無効を主張するという身勝手な訴訟戦略を許すことになり，本条の根底にある公平の理念に反することになる。したがって，こうした問題点を克服しつつ，本条の法意と手続の安定や訴訟経済などとの適切なバランスを図るには，判例・通説と同様に，依頼人または相手方の異議がない限り有効と考える（異議説）のがよいであろう[263]。

260) 新堂179頁以下注(1)，注釈民訴(2)347頁〔中島弘雅〕など参照。
261) 兼子・判例44頁。
262) 新堂179頁以下注(1)，高橋・重点講義上199頁，青山善充「弁護士法25条違反と訴訟法上の効果」ジュリ500号（1972年）315頁，注釈民訴(2)345頁〔中島弘雅〕，基本コンメ新民訴(1)138頁〔加藤新太郎〕，伊藤・前掲注239）講座民訴③134頁，伊藤126頁など。なお，伊藤126頁は，弁護士法25条3号は依頼者保護の規定であるから，その違反に対する相手方からの異議は認められないとするが，弁護士業務全体の公正さに対する信頼が損なわれることに変わりなく，それを防ぐためにも相手方の異議により訴訟行為を無効とする余地を与えてもよいであろう（高橋・重点講義上199頁注22参照）。
263) ただし，起訴前の和解のように，遅滞なく無効主張する機会がなければ，後の手続（請求異議訴訟）において無効主張の余地を認めるべきであろう（新堂179頁以下注(1)など。最判昭

また，弁護士の懲戒処分違反の訴訟行為の効力も問題となる。判例は，懲戒処分が業務停止の場合（弁護57条2号）と登録抹消，つまり退会命令（同条3号）と除名（同条4号）の場合を分けて考える。すなわち，業務停止中の弁護士については，それを将来に向けて訴訟から排除し得る反面，すでに当該弁護士のした訴訟行為は有効であるとする一方で（最大判昭42・9・27民集21巻7号1925頁〔百選Ⅱ174事件〕），登録を抹消された弁護士については，その訴訟行為を無効とする（最判昭43・6・21民集22巻6号1297頁）。懲戒の事実が公表されるものの，周知とはいいがたい状況下にあっては，手続の安定性，訴訟経済ないし当事者間の公平にかんがみ，原則として有効と解すべきであるが，弁護士資格にまで影響する登録抹消については，弁護士代理の原則（54条1項本文）との関係から，無効と考えるのが妥当であり，結局，判例の結論はことの軽重を適切に考量したものであり，肯定してよいであろう[264]。

3　法令上の訴訟代理人

これは，一定の地位につく者に法令が訴訟代理権を認めると規定するために，本人からその地位につけられると，本人の一定の範囲の業務について当然に訴訟代理権限も授与されたことになる者をいう。だれをその地位につかせるのかについては本人の意思によるので，任意代理人に分類される。もっとも，その地位につけば一定の範囲の業務について法律上当然に，しかも包括的に訴訟代理権を与えられるという点では，法定代理人に近づく[265]。それゆえ，法令上の訴訟代理人は，弁護士に訴訟委任することができるとともに[266]，事実の更正権を有し，代理人の死亡によって代理権が消滅する（58条不適用）。

(1) 法令上の訴訟代理人にあたる者

法令上の訴訟代理人の例としては，支配人（商21条1項，会社11条1項），船舶管理人（商700条1項），船長（商713条1項），協同組合の参事（農協41条3項）などを挙げることができる。前述した国等の指定代理人[267]も法令上の訴訟代理人の一種である。

法令上の訴訟代理人には弁護士資格が要求されないことから，とくに支配人に関して，その地位の濫用が問題とされる場合がある。すなわち，営業に関する包括的代理権を付与することなく，専ら訴訟追行させるだけの目的で，弁護士でない者を支配人に選任することが，弁護士代理の原則（54条1項）や非弁

32・12・24民集11巻14号2363頁参照）。
[264] 登録を抹消された弁護士の訴訟行為は無効であるが，本人からの追認は可能と考える（新堂179頁以下注(1)，高橋・重点講義上199頁）。
[265] 兼子・体系130頁など。
[266] 選任された弁護士は復代理人ではない（高橋・重点講義上201頁）。
[267] 前掲・注188）〔第3章〕参照。

護士の法律事務取扱いの禁止（弁護72条）の潜脱を招くのではないかということである。

このような「支配人」の行為を無効とし，追認も認められないとするのが下級審裁判例の立場である（札幌高判昭40・3・4高民18巻2号174頁，東京高判昭46・5・21高民24巻2号195頁，仙台高判昭59・1・20下民35巻1～4号7頁〔百選3版24事件〕など）。

学説では，営業ないし取引活動に関する包括的代理権をもたない支配人を認めるか否かという実体法上の支配人概念からアプローチする議論もあるが[268]，むしろ弁護士代理などの司法制度の問題として論ずるのが大勢である。そのなかには，かかる支配人の訴訟行為は，三百代言にあたらない限り有効であるとする見解[269]から裁判例と同様の厳格な立場まで幅広い分かれがある。

弁護士へのアクセスが容易でない現状からは，原則として有効と考える余地はあるが，弁護士代理の原則等を骨抜きにするような扱いを許容すべきではない。そもそも，本人の意思によって選任されるものの弁護士資格が要求されないという法令上の訴訟代理人が認められるのは，営業上の包括的代理権の一環として訴訟行為をする必要が生じ得ることから，その業務の範囲内では本人に準ずるものとされるのである。そうすると，営業上の包括的代理権を有しない「支配人」は，本人に準ずる地位にあるとは認められず，弁護士資格を問わないとする実質的根拠に欠けることになり，弁護士代理の原則等の脱法とみなければならない。したがって，裁判所はこの者の訴訟行為を禁止して，その訴訟関与を排斥すべきであり[270]，すでになされた訴訟行為は，相手方の無効主張により無効となると考える[271]。

---

268) すなわち，営業上の包括的代理権をもたない者は，たとえ支配人の登記あっても，商法上の「支配人」ではないとの解釈によれば，法令上の訴訟代理人として代理権をもつことはないが（百選Ⅰ112頁〔賀集唱〕），逆に，支配人と認められる肩書を付して選任された商業使用人が「支配人」であり，包括的代理権の有無は問わないと考えれば，訴訟代理権を有することになる（弥永真生「判批」ジュリ916号〔1988年〕112頁）という議論である。この議論の背後にある法的サーヴィスなどをめぐる問題点については大局に立った検討が必要であろう。なお，当該「支配人」が従業員である場合にのみ，その訴訟行為を有効とするのは，昭59重判解135頁〔住吉博〕，上田・平等152頁以下，上田125頁など。

269) 高橋・重点講義上202頁，注釈民訴(2)337頁〔中島弘雅〕，倉田卓次「反対説の要点」近藤＝浅沼Ⅲ268頁など。

270) 相手方も排斥を求めることができるであろう。高橋・重点講義上202頁など参照。

271) 伊藤127頁，菊井＝村松Ⅰ501頁，谷口419頁，基本コンメ新民訴132頁〔加藤新太郎〕，田中恒郎「非弁護士のなした訴訟代理行為の効力」近藤＝浅沼Ⅲ263頁など。なお，本人からの無効主張や追認は，信義則上，いずれも許されない（伊藤128頁注110参照）。また，弁護士資格を偽った訴訟代理行為については，本書171頁参照。

民法上の組合の業務組合執行員が組合員のための法令上の訴訟代理人といえるかについても議論がある。結論的にこれを肯定した判例があり（大判大8・9・27民録25輯1669頁），学説上も，業務組合執行員が組合員のための包括的代理権を有することを根拠に肯定する見解が有力である[272]。しかし，訴訟代理権を付与する旨の規定がないことや，業務組合執行員は全組合員のための任意的訴訟担当者または選定当事者（30条）とし得ることから，法令上の訴訟代理人にあたらないと考える[273]。なお，実質問題として考究すべき点は残る。

(2) 法令上の訴訟代理人の地位と権限

法令上の訴訟代理人の地位は，訴訟委任に基づく訴訟代理人と基本的に同じであり，判決の名宛人とならず[274]，また，証人・鑑定人となることができる。その反面で，本人から信頼されて一定範囲の業務を委ねられたことに代理権の根拠が求められる法令上の訴訟代理人には，本人に準ずる地位を認めることができ，法定代理人に類似する側面もある。すなわち，法令上の訴訟代理人は，みずから訴訟委任することができ，その場合，法定代理人に準じて，更正権（57条）を認められる。また，本人が法人である場合における法令上の代理人は，代表者の復代理人となる（37条・28条，民107条2項）。

法令上の訴訟代理人の代理権は，実体法上の地位に結びついた法定権限であり，その範囲も法令の定めるところによるが（55条4項），通常は裁判上の一切の行為を含む（商21条1項，会社11条1項，商700条1項，商713条1項など）。また，実体法上，共同代理が定められている場合（民818条3項など）には，訴訟上も共同代理が認められ，その取扱いは共同法定代理に準じる。さらに，授権者側の死亡等による訴訟代理権不消滅の規定（58条1項・2項）は，法令上の訴訟代理人に適用されないと解される。かかる規定は，弁護士代理を前提として弁護士に対する一般的信頼のうえに成り立つものであるため，弁護士資格を要求されず，本人との信頼関係に基づいてその地位につく法令上の訴訟代理人には妥当しないからである[275]。それゆえ，実体法上の地位の消滅が訴訟代理権の消滅を導くことになる。もっとも，委任契約の解除および本人の破産は，相手方への通知を要する点で訴訟委任による訴訟代理人の場合と同じである。なお，支配

---

272) 条解229頁〔新堂幸司〕，新堂188頁注(3)，注解民訴(2)338頁〔中島弘雅〕など。
273) 兼子・体系130頁，菊井＝村松Ⅰ501頁，秋山ほかⅠ523頁，伊藤128頁など。
274) ただし，民訴法69条参照。
275) 兼子・体系137頁，条解242頁〔新堂幸司〕，新堂189頁，高橋・重点講義上201頁，注釈民訴(2)384頁〔中島弘雅〕，松本＝上野109頁〔松本〕，中野ほか130頁〔坂原正夫〕，上田124頁，梅本166頁，注解民訴Ⅰ568頁以下，基本コンメ新民訴(1)144頁など通説。これに対し，代理権の範囲に関する民訴法55条4項のような適用除外規定がないことや手続の円滑性を根拠として，民訴法58条1項の適用を肯定する反対説もある（大阪高中間判昭37・10・1高民集15巻7号525頁，菊井＝村松Ⅰ551頁，斎藤ほか編(2)412頁〔伊藤彦造＝高島義郎〕など。

人の代理権が本人の死亡によって消滅しないのは，実体法の規定（商506条）によるのであって，ここでの問題とは異なる。

第6款　補　佐　人

　補佐人とは，当事者，補助参加人またはこれらの訴訟代理人とともに期日に出頭し，これらの者の陳述を補足する者をいう（60条1項）。補佐人が用いられるのは，たとえば訴訟において高度の専門的知見を要する場合や当事者本人に言語・聴力などの障害がある場合などである。また，日本語の能力に問題があって母国語の通訳が得られない場合にも（154条参照），補佐人の利用が認められよう[276]。これに対し，当事者が訴訟に日常無縁でこれに疎いとか，相手方が訴訟事務に熟達した訴訟代理人を選任しているとかいう事情だけでは，補佐人制度の利用は許されない（東京地決昭41・4・30判時445号23頁）。

　自己の意思に基づいて訴訟上の陳述をなし，その効果が本人に帰属するという点で，補佐人は代理人の一種ともいえるが，当事者などとともに出頭しなければ陳述できない点では，期日における付添人ということになる[277]。

　補佐人の資格に特別な制限はないが，出頭に際しては裁判所の許可を要し（60条1項）[278]，裁判所は，この許可をいつでも取り消すことができる（60条2項）。弁理士および税理士が補佐人となる場合には，裁判所の許可を要しない。すなわち，弁理士は，特許等に関する事項について，また，税理士は，租税に関する事項について，それぞれ補佐人として，弁護士とともに出廷して陳述をすることができる（弁理士5条1項，税理士2条の2第1項[279]）。

　補佐人は，当事者または代理人の期日における一切の陳述を代わってすることができ，その陳述は，当事者または代理人が直ちに取り消しまたは更正しない限り，当事者または代理人が自らしたものとみなされる（60条3項）。この更正権は，訴訟代理人についてのそれ（57条）と異なり，事実上の陳述に限定されない。なお，裁判所は，弁論能力

---

276)　中野ほか130-131頁〔坂原正夫〕など。

277)　補佐人の法的性質について，代理人の一種とみる通説に対し，単なる発言機関にすぎないとの主張がある（三ケ月・全集208頁，小山142頁）。通説の説明でよいが，実益のある議論ではないとみる（新堂190頁）のが正鵠を射ている。

278)　許可するか否かは裁判所の裁量に委ねられるが（大判昭9・1・13法学3巻6号673頁），許可に際して裁判所は，弁護士代理の原則が潜脱されないよう注意しなければならない（東京地決昭41・4・30判時415号23頁参照）。

279)　本条項は，2001年の税理士法改正の際に設けられた。ちなみに，弁理士は，訴訟代理人にも補佐人にもなることができ，どちらを選択するのかは，状況に応じた当事者の判断に委ねられる。たとえば，専門技術的事項が部分的争点にすぎないときは，補佐人として特定の期日への出席で足りるのに対し，訴訟全体を貫くバックボーンとして専門技術的事項がかかわり，それに関する知識が訴訟戦略と関連するときは，訴訟代理人として訴訟追行を依頼することになろう。

を欠く補佐人の発言を直ちに禁止することができる（155条1項）。

第4章 訴　え

はじめに

　前章まで，民事訴訟という舞台装置を動かしていく訴訟主体として，裁判所および当事者についてみてきた。本章からは，いよいよ舞台の幕が開くことになる。まずはその開始場面を取り上げ，法廷の場面については，次章以降で扱う。
　そこで，第4章では，訴えの概念と類型，そして，訴えの提起をみたうえで，訴え提起に際して，問題となる訴訟要件と訴訟物について検討する。手続法と実体法との交錯による，理論的な色彩が増す。

第1節　訴えの概念

　訴えとは，原告が被告に対する訴訟上の請求を定立し，裁判所に対してその請求に関する審判を申し立てる行為をいう。訴訟上の請求は，審判の対象であることから訴訟物ともよばれ，それは被告に向けられたものである。これに対し，訴えは，訴訟物の審判を要求する訴訟行為であり，その相手方は裁判所である。
　訴えによって裁判所に求められる審判は，本案（本来の案件）の審理および判決である。裁判所は，審理の結果，本案判決（実体判決ともいう），すなわち，本案に理由があれば請求容認判決，理由がなければ請求棄却判決を下す。その前提条件（審理の前提ではなく判決の前提）として訴訟要件の具備が必要であり，これを欠く場合には，訴え却下の訴訟判決をする。

第2節　訴えの類型

　訴えは，その内容として包含されている権利保護形式に着目すると，三つの類型に分類することができる。すなわち，給付の訴え，確認の訴え，および，形成の訴えである。
　これらは，近代法史のなかで歴史的に形作られたものであり，異なる訴訟類

型が存在することで，民事訴訟制度の紛争解決機能は多様になり，より実効的なものとなっている。もっとも，これら三類型を絶対視することなく，社会状況の変化に応じて求められる紛争解決にふさわしい新たな類型を発展的に取り込んでいくことは，制度機能の向上という観点から検討されてよい。

現行法は，訴訟類型の一部について個別的な規定を置くにとどまり（すなわち，証書真否確認の訴えについての民訴法134条および将来給付の訴えについての民訴法135条），この点についての統一的な規定をもたないことから[1]，既存の三類型に固定されない開かれたものとなっている。このことは民事司法に自己発展と自己改革の可能性が内在していることを意味し，われわれは閉じられたイドラに拘泥される危険に対して警戒を怠ってはならない，といえよう。法の支配という大局に立って紛争解決のニーズに適切に応えるための創意工夫を凝らされていくことが理論と実務の課題であることが銘記される必要がある。ちなみに，現在提唱されている新類型として，救済訴訟[2]や命令訴訟[3]がある。

第1款　給付の訴え

1　意　義

給付の訴えとは，原告が被告に対する特定の給付請求権の存在を主張して，当該給付を命じる判決を求める訴えをいう。貸金返還請求訴訟，土地明渡請求訴訟などがその例である。給付の訴えには，判決の基準時（＝事実審の口頭弁論終結時）までに履行期の到来する給付請求権を主張する現在の給付の訴えと基準時後に履行期の到来する給付請求権を主張する将来の給付の訴えとがある。将来給付の訴えは，「あらかじめその請求をする必要がある場合に限り」，提起することができるにすぎない（135条）。

なお，給付の訴えの一種として，切迫した権利ないし法的利益の侵害を事前に予防するために，不作為請求権を主張する差止請求の訴えがある（会社の名称・商号の不正使

---

[1]　平成8年改正の過程で統一規定が検討されたが実現しなかったことにつき，伊藤132頁注3参照。

[2]　三ケ月・研究2巻57頁以下・61頁，三ケ月・研究7巻69頁，三ケ月・双書52頁・125頁，同・執行151頁，石川明編『民事執行法』（青林書院，1981年）196頁など。

[3]　竹下守夫「第三者異議訴訟の構造——執行関係訴訟の体系的位置付けに関する一試論」曹時29巻5号（1977年）743頁以下，同『民事訴訟における実体法と手続法』（有斐閣，1990年）323頁。命令訴訟とは，確定判決や行政行為による拘束からの私人の救済を求める確認と形成の機能をあわせもつ訴訟類型である。たとえば，請求異議の訴え（民執35条），執行文与の訴え（民執34条）などの執行関係訴訟，再審の訴え（民訴338条），行政処分取消訴訟（行訴8条）がこれにあたる。なお，会社関係訴訟も含まれるという（三ケ月・双書125頁以下参照）。こうした新たな訴訟類型に対しては，賛否両論がある（消極的な評価として，中野・現在問題346頁，梅本199頁以下など）。

用の差止〔会社8条2項〕，会社に対する株式発行等の差止〔会社210条〕，株主による取締役の行為の差止〔会社360条〕，特許権等の侵害差止〔特許100条〕，商標権等の侵害差止〔商標36条〕，著作権等の侵害差止〔著作112条〕，不正競争の侵害差止〔不正競争3条〕など)[4]。

2 判決とその効力

給付の訴えを認容する判決は，給付判決とよばれ，確定すると，給付請求権の存在に既判力が，また，給付の実現のための執行力が生じる（仮執行宣言の付された給付判決には，未確定でも執行力が生じる。259条1項）。これに対し，給付の訴えを棄却する判決は，確認判決であり，給付請求権の不存在を既判力をもって確定する。

3 機　能

給付の訴えは，当事者間の係争利益の支配状態を承服し得ないとする者が相手方に対しその変更を主張して，給付，すなわち，強制的に財貨を移転することにより紛争を直截に解決する働きをもつ。現状変更を実現して権利を満足させるところに，給付訴訟による紛争解決の機能的特長がある[5]。しかも，給付請求権の存否について既判力が生じることから，支配関係が終局的に確定される。統計的にも給付訴訟の提訴件数は圧倒的に多く，その利用度の高さが際立っている。

第2款　確認の訴え

1 意　義

確認の訴えとは，原告が被告に対する特定の権利または法律関係の存在または不存在を主張して，それを確認する判決を求める訴えをいう。確認の訴えが給付の訴えとは別個独立の類型として確立されたのは，近代法の整備された

---

4) 最大判昭56・12・16民集35巻10号1369頁〔百選3版3事件〕〔大阪国際空港事件〕は，夜9時から朝8時までの航空機の離着陸差止請求を認容した原判決（大阪高判昭50・11・27判時797号36頁）を破棄し，航空機の離着陸のためにする空港の供用は，運輸大臣の空港管理権と航空行政権の2種の権限の総合的判断に基づいた不可分一体の行使の結果であるから，その取消しを求める差止請求は，通常の民事上の請求権としては認められないと判示した（破棄自判）。名古屋高判昭60・4・12判時1150号30頁〔百選Ⅰ73事件〕〔東海道新幹線訴訟〕は，騒音・振動の具体的防止策を示さない差止請求を適法とした（もっとも，新幹線の公共性にかんがみて受忍限度内であるとして請求を棄却した）。差止請求訴訟については，上村明広「差止請求訴訟の機能」講座民訴②273頁，川嶋四郎『差止救済過程の近未来展望』（日本評論社，2006年），梅本249-254頁など参照。

5) 新堂185頁以下など。

19世紀後半に至ってからのことである[6]。

権利の存在を主張する場合を積極的確認の訴えといい，土地所有権確認の訴えなどがある。他方，権利の不存在を主張する場合を消極的確認の訴えといい，これには債務不存在確認の訴えなどがある。係属中の訴訟の先決的法律関係の存否が請求や抗弁の当否に関連して争われる場合には，中間確認の訴えが認められる（145条）。中間確認の訴えは，同一訴訟過程において機能拡充的に先決的法律関係の存否をも既判力をもって確定することで，訴訟物になっている法律効果などのための確固とした基盤を固めるものである。

なお，確認の対象は，権利義務関係に限られるのが原則であるが，例外的に事実関係の確認が明文で許容される場合として，証書真否確認の訴え（134条）がある。本条の「法律関係を証する書面」とは，書面の記載から直ちに法律関係の成否を証明できるものをいい，遺言書，定款，契約書などがこれにあたる。書面の真否とは，当該文書の成立が真正なものか否か，すなわち，その文書の作成者であると主張される者の意思に基づいて作成されたものか否かをいい，書面の記載内容が実質的に客観的真実に合致するか否かまでをも包含するものではない[7]。

証書真否確認についての訴えの利益は，原告の法的地位の不安定が専ら書面の真否から生じている場合，すなわち，証書真否確認の訴えが原告の権利または法律関係について現に存する不安ないし危険を除去するために有効かつ適切である場合に認められる[8]。判例は，貸金返還請求訴訟の原告が，その係属中に，貸金債権を担保すべく売渡担保に供された土地の「土地売渡書」の真否を確認する別訴を提起した事案について，貸金返還請求を認容する判決が確定したとしても，原告が本件書面による権利主張をする可能性があるとして，確認の利益を認めている（最判昭41・9・22判時464号28頁〔百選2版45事件〕）。これに対し，理由中で「官有林下戻申請書およびその副本に添付した図面」の真正を認めた判決（不当利得返還等請求訴訟）が確定した後は，改めてこれらの書面について真否確認の訴えを提起する利益は認められないとする（大判昭19・1・20民集23巻1頁）。また，訴訟代理権の有無はそれが問題となる当該訴訟において審判すべきであるとして，「訴訟委任状」の真否を確認する別訴を提起する利益についても，これを否定するのが判例である（最判昭30・5・20民集9巻6号718頁〔百選3版35事件〕）。

---

6) 確認の訴えは，1877年のドイツ民事訴訟法典231条（現行256条）において，はじめて独立の訴えとして規定された。岡徹「訴えの類型論の意義」講座民訴②217-218頁参照。

7) 最判昭27・11・20民集6巻10号1004頁。伊藤149頁注27など参照。

8) 梅本360頁など参照。

2 判決とその効力

確認の訴えに対する本案判決は，認容判決，棄却判決を問わず，常に確認判決であり，当該権利関係の存否が既判力によって確定される。

3 機　　能

確認の訴えは，紛争の根幹にある権利義務の存否を既判力をもって確定することで紛争を根本的に解決する働きが期待される。この働きのなかには，いまだ現実の権利侵害は生じていないものの，そのおそれが大きい場合に，事前にそうした権利侵害を防止することも含まれる。この紛争予防の働きは，紛争の抜本的解決という確認訴訟の機能の一側面を指摘したものであって，必ずしも確認訴訟に固有のものとはいえない[9]。たとえば，給付判決にも給付請求権の確認（確定）作用が含まれており，相手方がその請求権を尊重して任意履行する意味での予防効果が認められるのである。とりわけテスト訴訟の場合は，給付訴訟でも予防的機能が顕著である。給付判決においては，その執行が前面に出ており，紛争予防機能が背後に退いているのである。形成訴訟についても，同じことがいえ，たとえば，夫婦関係の解消という効果を生じさせる離婚判決には，夫婦でないことの確認（確定）作用も伴っており，将来のトラブルを予防する効果が認められる。形成判決においても，その形成力が前面に出て，予防機能が目立たない。

このようにして，紛争予防機能は，全ての類型の訴えに共通するところ，その前面にある執行力や形成力のない確認判決において，提訴可能範囲が広いこともあって，際立ってくる（顕在化）。もっとも，この予防機能は，事件ごとに強弱があり，確認訴訟でも微弱な例もある。

第3款　形成の訴え

1 意　　義

形成の訴えとは，原告が法定された形成原因に基づいて被告に対する特定の法律関係の変動を求め得る法的地位を主張して，その変動を宣言する判決を求

---

[9] なお，判例にあらわれた確認訴訟の緻密な検討を通じて，確認の訴えには，①紛争の根本的解決を目的とするもの，②給付訴訟の代替的目的をもつもの，③法制度上紛争の全面的解決が保障されたもの，④裁判の波及的効果を求めるもの，⑤予防的目的をもつもの，⑥包括的解決を目的とするもの，⑦個人的利益よりも社会的利益の実現を目的とするもの，⑧団体の内部紛争の解決を目的とするものがあるとして，確認の訴えの機能を類型化する試みがある（伊藤眞「確認訴訟の機能」判タ339号（1976年）28頁，伊藤133頁）。このことを認識しておくことは有益であろう。

める訴えをいう。私法上の権利関係において私的自治の原則であるにもかかわらず，法律関係の変動に裁判所の介入を要するいくつかの領域が存する。法は，人事関係や社団関係のように，多数の利害関係人に対して明確かつ画一的に法律関係の変動を定め，法的安定性を図る必要のある場合について，個別的に形成の訴えを許容している。法の文言は明確でなくても，解釈によって形成訴訟が認められる場合もある（本款3参照）。

なお，形成の訴えが独立の類型として市民権を得たのは，確認の訴えよりも遅く，19世紀末から20世紀初頭にかけてのことであり[10]，いまだ他の類型との境界が曖昧な部分もある。

2 判決とその効力

形成の訴えを容認する判決は，形成判決とよばれ，形成原因の存在を既判力をもって確定するとともに[11]，形成力をもって法律関係を変動させる。形成力による法律関係の変動は，形成判決の確定時から将来に向かってのみ生じる場合と過去に遡及して生じる場合がある。棄却判決は，形成原因の不存在を既判力をもって確定する確認判決である。

認容判決のすべてと，棄却判決の一部については，その効力が当事者以外の第三者に及ぶものとされている。これを対世効とよぶ。

3 種 類

形成の訴えは，実体法上の形成の訴え，訴訟法上の形成の訴え，および，形式的形成の訴えに分けることができる。このうち，形式的形成の訴えは第4款で扱うこととし，以下においては，前二者についてみていく。

(1) 実体法上の形成の訴え

これは，実体法上の法律関係の変動を求める訴えであり，人事関係訴訟や会社関係訴訟によくみられる。

(a) 人事関係訴訟

人事訴訟（人訴2条参照）のうち，婚姻の取消し（民743条），離婚（民770条），離縁（民814条），離婚・離縁の取消し（民764条・803条），嫡出否認（民775条），認知（民787条）など，そのほとんどは実体法上の形成の訴えとされている。社

---

[10] 学説史については，とりわけ，鈴木正裕「形成訴訟の訴訟物」民訴5号（1959年）112頁以下，田頭章一「形成訴訟および訴訟類型論の歴史と展望」鈴木（正）古稀243頁以下，河野128頁注8など参照。

[11] 三ケ月・全集49頁は，形成力こそ紛争解決機能の本体であるとして，「形成判決については既判力は，――機能的にみるならば――問題とする余地がない」という。

会生活の基本単位である人事法律関係の変動は，その影響が広く社会生活全般に及ぶため，判決による明確かつ画一的な処理によらしめる必要があることから，形成訴訟とされている。

婚姻・縁組の無効の訴え（民742条・802条，人訴2条）が形成訴訟といえるかについては，見解が分かれる[12]。

判例をみると，戦前は，婚姻無効を形成訴訟とし（大判明37・10・8民録10輯1319頁），離婚無効を確認訴訟としていたが（大判大11・2・25民集1巻69頁），戦後の裁判例は，確認訴訟説（新潟地判昭29・11・30下民5巻11号1968頁）と形成訴訟説（千葉地判昭37・7・12判タ134号96頁，盛岡地判昭41・4・19下民17巻3＝4号314頁）に分かれている。

学説は，確認訴訟とみる見解[13]，形成訴訟とみる見解[14]，そして，当事者の意思の欠缺を原因とする無効の訴え（民742条1号・802条1号）は形成訴訟，婚姻の届出がないなど婚姻が有効に成立しなかったことによる無効の訴え（民742条2号・802条2号）は確認訴訟とみる見解[15]に分かれる。

婚姻・縁組の無効についても，届出といった形式的な手続事項のみならず，当事者の意思といった実質的な事項も画一的に決する必要のあることは，形成訴訟とされる他の人事訴訟（とりわけ婚姻・縁組の取消し訴訟）と異ならない点を考慮すれば，文言のみを根拠に単純に確認訴訟とするのは，適当ではあるまい。

---

[12] これは，具体的には，別訴の先決問題として婚姻等の無効を主張し得るかという形で問題とされる。たとえば，子が亡父の後妻の相続権を争う訴訟において，先決問題として父と後妻との婚姻の無効を主張し得るか，それとも，形成判決をまたなければ主張できないのかという対立である（新堂199頁注(1)，上田133頁など参照）。

[13] その根拠として，民法上，婚姻・縁組の取消しは訴えによるべきものとされている（民744条1項・747条1項など）のに対し，無効については特別の定めがないこと，実質的にも，届出が形式的にできる建前であり，届出がある以上，つねに訴えで無効を主張しなければならないとするのは適切ではないことなどが主張されている。谷口知平『日本親族法』（弘文堂書房，1935年）258頁，我妻栄『親族法』（有斐閣，1961年）55頁・284頁，中川善之助『新訂親族法』（青林書院，1965年）437頁，新堂200頁，松本博之『人事訴訟法〔第2版〕』（弘文堂，2007年）280頁など。

[14] その根拠として，婚姻・縁組の無効は，それを宣言する判決のない限り，何人も無効を主張することができず，他の訴訟の前提問題としては有効として扱わなければならないことが主張されている。兼子一『実体法と訴訟法〔復刻版〕』（有斐閣，2003年）160頁，兼子・体系146頁，小室直人「婚姻の無効・取消訴訟」谷口知平先生追悼論文集1巻〈家族法〉（信山社，1992年）80頁，梅本197頁など。

[15] 婚姻無効の訴えに関するものとして，山木戸克己『人事訴訟手続法』（有斐閣，1958年）15頁。なお，この見解に基本的に賛成しつつも，後者の婚姻不成立の場合（民742条2号）は，夫婦関係不存在確認の訴えを提起して，その確認判決に基づいて戸籍の訂正をすることができるという見解もある（鈴木禄弥『親族法』〔創文社，1988年〕24頁・185頁）。

したがって，いずれの場合も，婚姻・縁組の無効の訴えは形成訴訟に近いサブスキームに取り込む解釈上の配慮が必要であろう。

　(b)　会社関係訴訟

　会社関係訴訟のうち，会社の設立無効（会社828条1項1号〔旧商136条・428条〕）・設立取消し（会社832条〔旧商140条，旧有75条1項〕），合併無効（会社828条1項7号8号〔旧商104条・415条，旧有63条〕），株主総会決議取消し（会社831条〔旧商247条〕），取締役解任（会社854条〔旧商257条3項・4項〕），新株発行無効（会社828条1項2号〔旧商280条ノ15〕）など，そのほとんどは実体法上の形成の訴えとされている[16]。会社の機関による意思決定や会社組織の発生・変更・消滅は，その影響が構成員はもちろんのこと，取引の相手方や会社債権者など広く第三者に及ぶため，判決による明確かつ画一的な処理によらしめる必要があることから，形成訴訟とされている。

　株主総会決議無効・不存在確認の訴え（会社830条〔旧商252条〕）および社員総会等の決議不存在確認の訴え・無効確認の訴え（一般法人265条）については，形成の訴えか否かが争われる。

　総会決議の無効原因の主張は，必ずしも訴えによる必要はなく，訴訟上の抗弁その他いかなる方法によってもよいとして，本件訴えを確認訴訟であるとする裁判例（東京地判昭30・11・11下民6巻11号2365頁）がある。学説には，確認訴訟とみる見解[17]のほか，形成訴訟とみる見解[18]や特殊型確認訴訟とみる見解[19]がある。

　形成訴訟一般についていえば，要件（形成原因）が確定してはじめて効果を生ずるというその特殊性から，当事者が一方的に既成事実を作出することを阻止しやすくなり（たとえば，離婚訴訟），また，無効確認判決をまって形成要件が確

---

16)　これは，一般社団法人等の組織に関する行為の無効の訴え（一般法人264条）や一般社団法人における社員総会決議取消しの訴え（同266条）などにおいても同様である。

17)　岩原紳作「株主総会決議を争う訴訟の構造（一）」法協96巻6号（1979年）669頁以下，同「株主総会決議を争う訴訟の構造」私法2号（1980年）176頁など。ちなみに，岩原論文は，システムである株主総会決議を争う訴訟のうち，決議取消訴訟は，①対象，②原告法定，③不可争性，④弁論の一元化，⑤公告，⑥片面的対世効，⑦被告法定，⑧排他性，⑨敗訴原告の損害賠償義務および提訴株主の担保提供義務というサブシステムを最も多く有する典型であり，決議無効・不存在確認訴訟は，決議取消訴訟のサブシステムの一部が欠け，形成訴訟とみることはできないとする。新たな分析の視角を示し，示唆に富むものといえよう（岡徹「訴えの類型論の意義」講座民訴②234頁注61。なお，梅本197頁）。

18)　兼子・体系146頁，三ケ月・双書62頁，西原寛一『商事法研究2巻』（有斐閣，1963年）183頁以下，松田二郎「いわゆる株主総会決議無効確認の訴について」岩松還暦194頁以下など。

19)　中田淳一「確認訴訟の二つの類型」論叢60巻1＝2号（1954年）188頁以下（同『訴と判決の法理』〔有斐閣，1972年〕29頁以下に所収）。

定されて効果を生じることから対世効を定めやすい。株主総会決議無効・不存在確認の訴えについては，現に請求容認判決の対世効が定められていることから（会社830条1項2項・838条），形成の訴えとしての側面がある[20]。しかし，これを形成の訴えとしてしまい，そのスキームの一貫性にこだわると，不都合を呼び込むおそれがある。具体的には，株主総会決議の無効を主張するには常に判決を要することになり，他の訴えにおける前提問題としての主張も認められなくなる。

そこで，形成訴訟か通常の無効確認訴訟かという名付けによって画一的に決するよりも[21]，問題群の特殊性を踏まえて対世効や原告適格の法定などを個別に考え，変化をもたせる余地もあろう。

(c) 財産関係訴訟

身分法や組織法とは異なる純粋な財産法上の訴訟のうち，実体法上の形成の訴えか否かが問題とされるのは，短期賃貸借制度の廃止後[22]においては，債権者取消訴訟（詐害行為取消訴訟〔民424条〕）を挙げ得るにすぎない。

判例は，債権者取消権を詐害行為の取消請求と逸失財産の取戻請求とが合体した請求権とみて，債権者取消訴訟については，形成訴訟と給付訴訟をもって構成されるとして（大判明44・3・24民録17輯117頁〔百選Ⅰ46事件〕，大判明44・10・19民録17輯593頁，大判大6・3・31民録23輯596頁），受益者または転得者に対する給付請求ないし確認請求の先決問題として取消しを主張することは許されないとする（最判昭39・6・12民集18巻5号764頁）。

学説は，(i)判例の立場を支持する見解[23]のほか，(ii)取消しの結果である責任財産の復元が確定されなければ目的を達成しないことから，取消しに基づく受益者または転得

---

[20] 高橋・重点講義上69頁は，その実質が形成の訴えに近い面もあるということ自体，形成の訴えの定義・分類に拘泥することが生産的でないことの一例であると指摘する。

[21] 新堂200頁は，ここでの「無効」は独立の訴えをもってその確認を求め得る点で通常の「無効」とは異なっており，形成の訴えほどではないにしろ，対世効により法律関係の画一的処理がある程度可能な訴訟形態であるとする。

[22] 2003年7月25日に成立した「担保物権及び民事執行制度の改善のための民法等の一部を改正する法律」（平成15年法律第134号）によって短期賃貸借制度が廃止される以前は，形成訴訟とみられるものとして，抵当権者による短期賃貸借解除請求の訴え（旧民395条但書）があった。兼子・体系146頁など参照。

[23] 我妻栄『新訂債権総論』（岩波書店，1964年）175頁，於保不二雄『債権総論〔新版〕』（有斐閣，1972年）108頁，奥田昌道『債権総論〔増補版〕』（悠々社，1997年）285頁，梅本186頁など。これは，債権者取消権行使の結果，訴訟の相手方に対しては無効となるが，訴訟に関与しない者に対しては依然として有効であるとする相対的取消理論に立つ。なお，三ケ月・双書63頁は，形成宣言があることから形成訴訟とみるとしても，擬似形成訴訟にすぎないとする。

者に対する給付または確認の訴えとみる見解[24]，(iii)取消権者は責任法的無効（すなわち，強制執行法上のみの無効）という形成的効果をもつ取消判決を得たうえで，これに基づく執行を忍容すべき旨の判決（責任判決）を得てから執行すべきとする見解[25]，(iv)取消権の実体権的性質（形成権か請求権か）いかんにとらわれることなく，訴権法的構成をとり，債権者取消訴訟は取消権者が受益者を被告として訴えて得た判決により受益者名義のままで逸失財産に強制執行ができる旨の訴え，すなわち，強制執行執行忍容訴訟であるとする見解[26]などがある[27]。

詐害的な行為がなされた場合には，債権者に救済の途を確保することが必要になる。この方法として詐害行為取消訴訟が用意されているのであり（民424条），このためには，詐害的法律行為の効果を一定の限度で否定すること，および，財産を回復する措置を講じることが必要である。そこで，これらの効果をもたらすための構成としては，前者を形成訴訟，後者を給付訴訟ととらえるのが簡明であり，判例は，このような構成（併合的ないし重層的）をとっている。しかし，理論的筋を通せば，取消権は抗弁権としても行使できる点で形成訴訟とするのは異例であり，この点を重視すれば，給付訴訟の構成になる。法律行為の効果の否定は債権者のために執行可能の状態（責任法的無効）を作り出すにとどまるという限定的性格を直視すれば，責任に焦点を合わせて執行受忍の面からとらえることができるのであり，これは，目的・手段の照応という点では，最も整合的で明快な構成である。しかし，このような独自の概念は状況によく即応するとはいえ，そこまで独自な理論をこの局面に用意することのメリットについて疑問がないわけではない。そこで，理論としては取消しを前提とした給付訴訟ととらえる非重層的な構成で足りるのではないだろうか。ただ，判例のように形成訴訟と給付訴訟を組み合わせた把握をあえて否定するまでのこともない。いずれの理論をとるかにこだわることなく，独自の内実をもつ訴訟類型としてとらえれば足り，既存の訴訟類型に押し込んで構成する必要はないの

---

24) 兼子・体系146頁，新堂・判例64頁・71頁，新堂200頁注(2)，伊藤135頁など。その理由として，債権者取消権と同種の権能である否認権の行使が抗弁によっても可能とされていること（破160条，会更95条1項，民再135条3項）からして，先決問題として主張できると解すべきことを挙げる。
25) 中野貞一郎「債権者取消訴訟と強制執行」民訴6号（1964年）〔中野・訴訟関係187頁所収〕，下森定「債権者取消権に関する一考察」法学志林57巻2号（1959年）3＝4号（1960年）。なお，奥田昌道『債権総論〔増補版〕』（悠々社，1992年）284頁。
26) 佐藤岩昭「詐害行為取消権に関する一試論（四・完）——その効果論を中心として」法協105巻3号（1988年）261頁以下，平井宜雄『債権総論〔第2版〕』（弘文堂，1994年）280頁。
27) 学説の整理として，飯原一乗『詐害行為取消訴訟』（悠々社，2006年）20頁以下など参照。

ではないか。

(2) 手続法上の形成の訴え

手続法上の形成の訴えは，手続法上の法律関係の変動を求める局面であり，定期金賠償を命じる確定判決の変更を求める訴え（117条），再審の訴え（338条），仲裁判断取消の訴え（仲裁44条）などがある。

請求異議の訴え（民執35条）や第三者異議の訴え（民執38条）などの執行関係訴訟については，判例は，形成訴訟としているものとみられる（請求異議の訴えにつき，大判昭7・11・30民集11巻2216頁，東京高判昭39・12・18東高民時報15巻12号255頁，大阪高判昭55・5・28高民33巻2号73頁など。第三者異議の訴えにつき，大判大6・3・20民録23輯502頁，大判昭10・6・15新聞3859号9頁，大判昭14・5・28評論28巻民訴353頁，最判昭38・11・28民集17巻11号1554頁など）。

学説には，(i)ある債務名義に基づく強制執行の不許を宣言して当該債務名義の執行力を排除する判決を求める形成の訴えであるとする見解[28]，(ii)債務名義に表示された実体法上の給付義務の不存在確認の訴えとみる見解[29]，(iii)給付訴訟とみる見解[30]のほか，新たに，特殊な救済訴訟とする見解[31]，さらに，命令訴訟とみる見解[32]がある。

---

[28] 菊井維大『強制執行総論』（有斐閣，1976年）219頁，浦野雄幸『条解民事執行法』（商事法務研究会，1985年）150頁，原田和徳＝富越和厚・司法研究報告書37輯2号〔執行関係等訴訟に関する実務上の諸問題〕(1988年) 26頁，田中康久『新民事執行法の解説〔増補改訂版〕』（金融財政事情研究会，1980年）93頁など。なお，中野貞一郎博士は，伝統的な形成訴訟説は基本的に正当であるとしたうえで，「ただし，訴訟物を特定の債務名義につき執行力の排除を求める地位であるとの法的主張と構成して一本化するとともに，請求異議訴訟における請求棄却判決の既判力が債務者の事後的な不当利得返還請求等に及ぶことを容認することによって，維持されるべきである」として新形成訴訟説を提唱する（中野・民執231頁）。

[29] 兼子一『増補強制執行法』（酒井書店，1955年）95頁以下，山木戸克己『民事執行法・保全法講義〔補訂2版〕』（有斐閣，1999年）90頁以下など。

[30] 吉川大二郎『強制執行法〔改版〕』（法律文化社，1958年）211頁，小室直人・判評240号〔判時909号〕(1979年) 140頁以下，上村明広「請求異議訴訟の訴訟物」吉川追悼下423頁以下，同「第三者異議訴訟の法的性質と訴訟物」岡山大学創立三十周年記念論文集『法学と政治学の現代的展開』（有斐閣，1982年）252頁など。

[31] 三ケ月・研究2巻57頁，同『民事執行法』（弘文堂，1981年）93頁，石川明『強制執行法〈総論〉概論』（鳳舎，1967年）157頁，住吉博『民事執行法入門』（法学書院，1980年）65頁以下など。この見解は，債務名義の存在による執行の可能性を覆すためには，私人だけの力では十分でなく，執行不許の形成宣言およびその論理的前提としての実体権の不存在の確定が不可分に結合せざるを得ず，請求異議訴訟等は，そうした確認機能と形成機能を併有する特殊類型としての救済訴訟であり，これは上訴・再審や抗告訴訟と共通する特質をもつとする（三ケ月・研究2巻57頁以下参照）。

[32] 竹下守夫「第三者異議訴訟の構造」曹時29巻5号748頁以下。これによると，執行関係訴訟は判決手続によって確定された実体関係を執行手続に反映させる手段であるとして，そこでの判決は判決機関から執行機関に対する指示ないし命令であるとみたうえで，請求異議訴訟は，執行

理論的厳密さを追求すること自体は学問的営為として評価されようが，その多様性を織り込んだうえで，形成訴訟説を基本とすることでさしたる支障は生じないであろう。

(3) 形成の訴えの基準

形成訴訟は，法定された個々の訴訟の集合体を指す点で，一般的な訴訟類型である給付訴訟および確認訴訟とは大きく異なる。いかなる訴訟が形成訴訟に該当するかについては，紛争文脈の特質に適合した司法サーヴィスの提供を目指す営為の一環としてある訴訟に対してどのような要件効果を与えるかという立法技術ないし法政策上の課題として位置付けられる。たとえば，日本では建物収去土地明渡請求訴訟は給付訴訟とされているが，ドイツではこれに相当する廃棄訴訟が形成訴訟として位置付けられている例[33]にみられるように，いずれの訴訟類型を選択するかは，立法的選択の問題なのであって，アプリオリに決定される性質のものではない。また，離婚訴訟についても，形成訴訟という方式は絶対のものではなく，別の選択肢をとることも可能であり，さらに，裁判上の行使が法律上要求されている債権者取消権（民424条）について，それが形成の訴えか否かについて争いのあることはすでにみた。

形成訴訟化の当否は，制度の合理性ということから，政策ないし理論を加味して決すべきである。会社関係の形成訴訟などに典型的に見出されるメルクマールは，法律関係の画一的確定にあるが，これは必ずしも明確とはいいがたく，たとえば，離婚訴訟（民770条）では，係累のない夫婦の場合には，画一的確定を要する主体的要請は定かでなく，債権者取消訴訟（民424条）では，債務者に判決効が及ばないという結論[34]がとられるのであれば，画一的確定の意義は分野いかんで異なる。結局，法律関係の画一的確定というメルクマールに重きを置けば，社団関係訴訟においては形成訴訟が自然の帰結であろうが，離婚訴訟などの場合には，弱者保護などの要素を加味することが必要となり，さらに債

債権をめぐる実体関係を確定し，その結果を執行関係のコントロールという目的に適した形で執行機関に対して宣言（命令）するという二重構造を有し，請求認容判決は，実体関係を確定する既判力とともに，執行不許の宣言により執行機関に対して行訴法33条所定の他の行政庁に対する拘束力に類似する特殊な効力を生ずるという。

33) ドイツの賃借人保護法の下では，賃貸借関係の廃棄（Aufhebung）は，訴訟を通じて一定の廃棄事由（Aufhebungsgründe）を主張し（裁判外の告知は不許），廃棄判決という形成判決を得ることによってのみ実現される（1条1項）。鈴木禄弥『借地・借家法の研究Ⅱ』（創文社，1984年）156頁以下・307頁など参照。

34) これは債権者取消権行使の効果を相対的無効とする判例（折衷説）および請求権説のとる結論である。

権者取消訴訟などでは，形成訴訟とすることの意義は必ずしも定かではないということになろう。

いずれにせよ，形成訴訟は，法律関係の司法的変動の画一性（たとえば，社団関係訴訟）ないし明確性[35]（たとえば，離婚訴訟のほか，婚姻・養子縁組の取消訴訟，同無効訴訟）の確保の点では共通するものの，単一のモデルでとらえるには無理があり，定型分類を試みる必要がある。形成判決に遡及効を認めるか否か，形成原因がどのような形で法定されているかなどを考慮すれば，なおさまざまな分類が可能であり，また，無効か取消かということは形成訴訟か否かを決する絶対の基準ではなく，無効の形成ということもあってよい。さらに，形成判決の確定以前に法律関係の変動の主張を許す形成訴訟を認めることの可否も問題となろう[36]。

形成訴訟というカテゴリーの内部とその周辺にある個別の訴訟について，各々の訴訟の本質や法律上の要請からどのように扱ったらよいかを考えると，形成訴訟にも，完全型から不完全型までさまざまなパターンがある。それぞれにおいて適切な処理を指向することが肝要であり，形成訴訟をどの範囲でとらえるかは，多角的に考えるべきであろう。リスト（別表）から窺われるように，形成訴訟の姿は多様であり，実質思考の幅は広い。

4 機　能

判決によって法律関係を変動させることを目的とする形成の訴えは，当事者以外の第三者に広く影響の及ぶ社団法律関係については，画一的処理によって，そうした第三者の保護ないし法的安定性に資する機能を発揮し，また，私的自治に委ねていたのでは弱者保護に欠ける人事法律関係については，その変動を明確に宣言して，無用な紛争の芽を摘みとる働きをしている。そこには，司法の役割の拡大や積極化がみられ，また，社会組織の複雑性や法政策の変容がその背景にはあるといえよう。

---

[35]　明確性の背景には，判決による権利変動を通して弱い当事者（たとえば，離婚訴訟における妻）または影響を受ける者（たとえば，債権者取消訴訟における債務者）を保護するという要請のある場合も存在する。この点，ドイツにおける賃貸借関係の廃棄判決（前掲・注33））が参考になる。

[36]　新堂198頁は，「形成の訴えに共通のメルクマールとしては，形成判決の確定がないかぎり，訴えの目的たるその法律関係の変動を何人も主張しえない（他の訴えの前提問題としても主張しえない）という点に求めることができる」とする。しかも，対世効や原告適格の法定を形成訴訟のメルクマールとすることは，学説上一般に否定的である（高橋・重点講義上68頁）。

第4章 訴　え

【形成訴訟とその周辺】

	訴　訟	訴えの不可欠性	形成原因	判決前の主張の可否	遡及効の有無	対世効の有無
完全型	婚姻取消の訴え（民743条）	有	有	不可	無	有
	離婚の訴え（民770条）	有	有	不可	無	有
	離縁の訴え（民814条）	有	有	不可	無	有
	離婚・離縁取消しの訴え（民764条・803条）	有	有	不可	無	有
	総会決議取消しの訴え（会831条1項）	有	有	不可	無	有（会838条）
	株式会社役員解任の訴え（会854条1項）	有	有	不可	無	有
	定期金賠償判決変更の訴え（民訴117条）	有	有	不可	無	無
中間型	認知の訴え（民787条）	有	無	不可	無	有
不完全型	嫡出否認の訴え（民775条）	有	無	不可	有（?）	有
	会社設立無効の訴え（会828条1項1号）	有	無	不可	無（会839条）	有（会838条）
	合併無効の訴え〔会828条1項7号8号〕	有	無	不可	無（会839条）	有（会838条）
争いあり	婚姻・縁組無効の訴え（民724条・802条）	無	無	不可	有（?）	有（人訴24条）
	債権者取消訴訟（民424条）	有	無	不可	有	無
	総会決議不存在・無効確認訴訟（会830条）	有	無	?	有	有（会838条）
	請求異議訴訟（民執35条）	?	無	不可	有	無
	第三者異議訴訟（民執38条）	?	無	不可	有	無
	再審の訴え（民訴338条）	有	有	不可	有	無
	仲裁判断取消しの申立て（仲裁44条）	有	有	不可	有	無

第4款　形式的形成訴訟

1　意　義

　形式的形成訴訟は，形成訴訟と同じく法律関係の変動を目的とする訴訟であるが，訴訟物たる形成原因または形成権は法定されていない。これには，共有物分割の訴え（民258条），父を定める訴え（民773条，人訴2条2号）[37]，法定地上権の地代確定の訴え（民388条）があるほか，土地境界確定の訴えもこれにあたるとするのが判例である[38]。

　形式的形成訴訟においては，本案について基準の不明確や立証の不十分を理由に請求棄却判決をすることは許されず[39]，裁判所は，その合理的裁量に基づく何らかの実体的判断をすることが求められる。また，基本的に審理・判決は行われるものの，法技術的な観念としての当事者主義，すなわち，処分権主義や弁論主義もそのままは妥当しない。

2　土地境界確定訴訟

(1)　意　義

　形式的形成訴訟か否かをめぐって争われるものとして，土地境界確定訴訟がある。これは，つぎのような事情から，わが国の判例実務において長く定着してきた訴訟形態である。日本の土地取引においては，公簿上の仕切られた土地を一筆とよび，その全部または一部を単位として取引が行われることが多い。

---

[37] 父を定める訴えは，二重に嫡出推定（民722条）を受ける子の父を定めることを求める訴えである。これに対し，実親子関係の存否の確認の訴えは，子の否認，認知，父を定める訴えなど固有の人事訴訟の原因である事由以外の事由によって，特定人間の法律上の実親子関係そのものの存否の確定を目的とする訴えであり，父を定める訴えなど固有の人事訴訟の目的と抵触しない限度においてのみ存在意義が認められる（兼子一「親子関係の確認」民事法研究1巻353頁，斎藤秀夫「身分関係不存在確認の訴」中川善之助教授還暦記念家族法大系刊行委員会編『家族法大系Ⅰ』〔有斐閣，1952年〕185頁など）。以上につき，村重慶一＝梶村太市編著『人事訴訟の実務〔新版〕』（新日本法規，1991年）381頁〔加藤謙一〕・413頁〔山崎勉〕参照。

[38] 本書206頁参照。

[39] たとえば，父を定める訴えでは，嫡出推定の競合する者のいずれかを父であるか裁判所が決定する（原告適格につき人訴43条1項，被告適格につき同条2項を参照）。この訴えでは，請求棄却判決の余地はないが，前夫・後夫のいずれも父親でないという心証を得た裁判所は，いずれも父でない旨の判決をすべき（我妻栄＝立石芳枝『親族法・相続法』〔日本評論社，1952年〕161頁，梅本203頁）か，二重に嫡出推定が及ぶ場合には，嫡出子の否認の訴えが併合されていない限り，前夫・後夫のいずれかを父としなければならない（山木戸克己『人事訴訟手続法』〔有斐閣，1958年〕65頁注2）かは，争われる。嫡出推定の趣旨からすれば，後者の見解が一般に妥当であろうが，法廷において裁判所が第三者が父であるとの心証に達したときは，その旨の判決を言い渡す方向で手当てを考えるのが制度の趣旨にむしろ合致するであろう。

A土地とB土地の境界は，公図のラインで仕切られる[40]。しかし，公図は不正確で現実の境界線とずれていることが少なくない。その原因としては，①測量が不正確なこと，②税金の負担軽減のために図面上面積を小さめにする傾向が古くからあったこと，③洪水や長年の自然力により自然の境界線が移動することなどがある。そのため，住宅地や山林について，境界線の争いが生ずることが少なくない。その争いは実質的には，所有権の範囲の争いであるが，その解決にあたっては，公図上の境界線が現実の土地にどう引かれるかが判断の決め手になることが多い[41]。

この種の訴訟（「不動産ノ経界ノミニ関ル訴訟」）を区裁判所の事物管轄に属すると定めていた裁判所構成法（明治23年法律第6号）14条および不動産の所在地の裁判所が専属管轄権を有するとしていた旧々民事訴訟法22条が，日本国憲法および裁判所法（昭和22年法律第59号）の施行（1947年5月3日）とともに廃止されて以来，土地境界確定訴訟についての明文規定は存在しなくなった。もっとも，かかる管轄規定が廃止されても，不動産に関する訴えについて総括的な特別裁判籍を定める規定（5条12号）が現行法に置かれていることも，土地境界確定訴訟にとって，成文法上の支えとなっており，この種の訴訟が社会上重要な役割を果たしている[42]。

(2) 訴訟構造の分析

土地境界確定訴訟が形式的形成訴訟であるか否かをめぐっては，これを土地所有権の範囲の確認を求める訴えであるとみて否定する見解と，公図上の境界の決定を求める訴えであり，その実質は非訟事件であるととらえて肯定する見解に，これまで大きく二分されてきた[43]。

(a) 判例の考え方とその具体的帰結

判例には，この分野において相当の蓄積があり，そこからは形式的形成訴訟とみる基本枠組みが定着している。すなわち，

---

40) 土地の境界は一筆の土地と土地との境を指すが，これは公法上の境界であり，筆界ともいわれる。これは，表題登記がある一筆の土地とこれに隣接する他の土地との間において，当該一筆の土地が登記された時にその境を構成するものとされた二以上の点およびこれらを結ぶ直線をいう（不登123条1項1号）。

41) 村松俊夫『境界確定の訴え〔増補版〕』（有斐閣，1977年）63頁，佐々木茂美編著『民事訴訟運営の実務』（新日本法規，2003年）207頁以下など参照。なお，国有地と民有地との境界を確定する行政的手続として，境界確定協議手続（国財31条の3），境界決定手続（同法31条の4・31条の5）がある（佐々木編著・上掲231頁以下など参照）。

42) 斎藤ほか編(6)96頁〔斎藤秀夫＝加茂紀久男〕。なお，慣習法として土地境界確定訴訟が認められているとの主張もある（菊井＝村松 I 95頁）。

43) 理論状況の整理として，小島＝小林・基本演習64頁以下など参照。

①　原告は，特定の境界線の存在を主張しなくてもよく（最判昭41・5・20裁判集民83号579頁），当事者が仮に主張したとしても，裁判所は拘束されない（大連判大12・6・2民集2巻345頁〔百選ⅠA20事件〕）。これらは，土地境界確定訴訟において処分権主義（246条）が制限されることを示す。

②　裁判所は，取得時効の成否を審判しない（最判昭43・2・22民集22巻2号270頁）。土地所有権に基づく被告占有部分の明渡請求訴訟と境界確定訴訟が併合審理された場合に，原告の所有権が認められないとして明渡請求が棄却されたときは，原告主張の境界が確定されたとしても，被告占有部分について取得時効中断の効力は生じない（最判平元・3・28判時1393号91頁）。

③　当事者適格は，境界に争いがある隣接土地の所有者に認められるので，隣接土地の所有者（被告の前主）が原告の所有地のうち境界の一部に接続する部分を時効取得した場合にも，当事者適格は失われず（最判昭58・10・18民集37巻8号1121頁〔百選3版42事件〕），また，隣接土地の所有者（被告）が原告の所有地のうち境界の全部に接続する部分を時効取得した場合でも，当事者適格は認められる（最判平7・3・7民集49巻3号919頁）。他方で，隣接土地の所有者（被告）が原告の所有地全部を時効取得した場合には，当事者適格は失われる（最判平7・7・18裁時1151号3頁）。

④　相隣地間において境界に関する合意が成立したという事実は，境界確定の一資料となるものの，これのみによって境界を画定することは許されない（最判昭42・12・26民集21巻10号2627頁〔続百選55事件〕）。境界線に関する自白は裁判所を拘束せず，また，境界の確定に関する和解（89条）や請求の認諾（266条1項）の余地もない。これらは，土地境界確定訴訟における弁論主義や処分権主義の制限ないし変容を意味する。

⑤　境界確定は土地所有権確認と異なり，土地所有権に基づく土地明渡訴訟の先決関係に立つ法律関係にあたるものと解することはできないから，同訴訟中の境界確定を求める中間確認の訴え（145条1項）は，不適法として却下すべきものである（最判昭57・12・2判時1065号139頁）。

⑥　裁判所は，請求棄却判決をすることを許されず，境界線を合目的的な判断によって確定しなければならない（大判昭11・3・10民集15巻695頁）。判決主文には，係争の隣接土地相互間の境界を表示すれば足り，土地所有者が誰であるかを示すことを要しない（最判昭37・10・30民集16巻10号2170頁）。

⑦　一定の境界線を定めた第一審判決に対して不服のある当事者が控訴を提起した場合，控訴審においては不利益変更禁止の原則（304条）は適用されない

(最判昭 38・10・15 民集 17 巻 9 号 1220 頁〔百選 I A 19 事件〕)。

⑧ 境界確定訴訟の提起によって、係争地の所有権の取得時効は中断される(最判昭 38・1・18 民集 17 巻 1 号 1 頁)。この帰結は、時効中断に関する判例法理の動向[44]とは整合しないきらいがあるが、境界確定訴訟の実際的機能を考慮したものであろう。境界確定訴訟において時効中断効が生じないとした場合の不都合を参酌したものとみられる。

以上は、おおむね境界線の確定という法理を用いて、処分権主義、弁論主義、証明責任などによる理論上の制約を巧みにクリアーしつつ、隣接地間の範囲をめぐる争いを効果的に解決するという目的を達しようとするものといえよう。もっとも、紛争実態の違いを踏まえて訴訟形態を柔軟かつ実効的にとらえているとはいえないきらいがあり、また、理論的には技巧的にすぎる部分もあり、そこに難点があることは否めない。

(b) 学説の状況
(i) 形式的形成訴訟説

これは、判例と同じく、土地境界確定訴訟を形式的形成訴訟とする見解であり、学説上は、通説的地位にある[45]。これによると、境界確定訴訟は、土地の公法上の境界を定めるもので、所有権の範囲とは別の法律関係にかかわり、その実質は非訟事件であり、

---

[44] 判例は、時効中断の範囲を訴訟物の範囲によって確定するもの(たとえば、明示の一部請求による中断効は当該一部にのみ及ぶとする最判昭 45・7・24 民集 24 巻 7 号 1177 頁〔百選 3 版 44 事件〕など)があるものの、それを超えて中断効を認める場合もある。たとえば、所有権に基づく所有権移転登記抹消請求訴訟において、被告が自己の所有権を主張して争ったところ、裁判所が被告の所有権を認めるという場合、原告の所有権の取得時効は、被告がその所有権(これは訴訟物ではない)を主張したときに中断するとした判例(最大判昭 43・11・13 民集 22 巻 12 号 2510 頁〔百選 3 版 44 事件〕)、手形金請求訴訟の提起によって原因債権の消滅時効が中断するとした判例(最判昭 62・10・16 民集 41 巻 7 号 1497 頁)などである。なお、高橋・重点講義上 79 頁は、判例は、時効中断と当事者適格については若干のゆらぎがあるものの、基本的に境界確定訴訟を土地所有権と切断する方向で考えているが、まさにこの点への批判が絶えないと指摘している。

[45] 兼子・体系 164 頁、奥村正策「土地境界確定訴訟の諸問題」実務民訴(4)179 頁、畑郁夫「境界確定訴訟」新堂編著・特別 204 頁、奈良次郎「境界確定訴訟に関する若干の考察(上)～(下)」判評 338 号(1987 年)2 頁・339 号(1987 年)2 頁・340 号(1987 年)2 頁、伊藤 137 頁、河野 129 頁など。なお、日本でのみ所有権と切り離し公簿上の境界線(筆界)のみの確定という考え方が通説・判例となったのは、所有権を対象とする訴訟だとすると、当時の裁判所構成法が境界確定の訴えを常に区裁判所の管轄としていたことと整合しない(所有権確認であれば、訴額によっては地裁の管轄もあり得るとしなければならない)と雉本説が解したからのようであり、この所有権との切断が兼子理論に受け継がれ、判例・通説となって独り歩きを始めたとの指摘がある(高橋・重点講義上 80 頁)。この経緯の根底には、訴訟理論の純化とその貫徹という法文化がもたらす問題点への認識があったともみられよう。

公法上の要請から独自に確定する必要がある一方，土地所有権の確認を求めたい当事者は，所有権確認の訴えを併合（被告側は反訴）提起することでその必要を満たせるので，不都合はないという。

なお，形式的形成訴訟説によりつつも，その特殊性は必要最小限の範囲（証明責任不適用）に限るべきであるとして，申立事項の制限（246条）および控訴審における不利益変更禁止（304条）の適用は否定されないとする主張がある[46]。

(ii) 所有権確認訴訟説

これは，境界確定訴訟は，あくまで土地所有権の効力の及ぶ範囲をめぐる私人間の紛争を解決するために，裁判所に土地所有権の範囲の確認を求めるものとみる，有力な見解である[47]。判例・通説のように境界確定訴訟を境界確定だけを求めるものとして，所有権の範囲の確認は別問題としてその争いを後に残すような構成は，この場合の紛争の実態に即した解決を確保するものとはいえないとするのである。

この見解では，境界確定訴訟は通常の民事訴訟なので，訴訟上の和解を制限するといった特別な措置を要しないことになるが，つぎのような例外的な扱いを認めている。

①土地所有権の範囲を証拠に基づいて判断するのは困難なことがあり，私人である当事者に対する証明責任によって勝敗を決するわけにいかず，その認定は裁判官の総合的判断によらざるを得ない[48]。②当該土地の上に他の権利者（抵当権者など）が利害をもつ場合には，その者にも確定した境界を適用せしめるのが妥当であるから，これらの者に共同訴訟的補助参加の機会を保障する必要があるが，実際に参加しなければ土地所有者がいわばこれらの者の代表者として訴訟追行にあたることになるので，この場合には，

---

46) 高橋・重点講義上83頁。この見解に対しては，①筆界の確定のみならず，所有権の境界についても証明責任の例外が認められて然るべきである，②通説に依拠しつつ処分権主義を維持することは論理的に問題がある，つまり，処分権主義の承認は筆界を合意で定めることにつながるのではないかといった批判がある（山本・基本62頁）。

47) 新堂202頁注(1)，宮崎福二「経界確定訴訟の性質について」判タ49号（1955年）1頁，花田政道「土地境界確定訴訟の機能」西村宏一ほか編・不動産法大系6巻（青林書院，1970年）116頁，宮川種一郎「境界確定訴訟の再評価」判タ270号（1972年）49頁，同「境界確定手続の純化について」吉川追悼93頁，飯塚重男「境界確定訴訟」新版民訴演習(1)120頁，林伸太郎「境界確定訴訟に関する一考察（1）～（3・完）」法学48巻3号（1984年）65頁，48巻4号（1984年）77頁，49巻2号（1985年）139頁，同「境界確定訴訟の再生・序説——その性質論および和解について——」東北学院大学論集［法律学］46号（1995年）93頁，同「境界確定訴訟の再生のために」民訴42号（1996年）261頁，玉城勲「境界確定訴訟について」民訴34号（1988年）174頁，同「境界確定訴訟の対象たる境界とは何か（1）～（4・完）」琉大法学45号（1990年）103頁，46号（1991年）1頁，47号（1991年）1頁，48号（1992年）151頁，同「境界確定訴訟において原告の主張する境界線を越えて境界を確定することができるか——戦前の学説と判例——」法政論集147号（1993年）43頁，同「境界確定訴訟において原告の主張する境界線を越えて境界を確定することができるか——戦後の学説と判例，論点の整理——」琉大法学51号（1993年）27頁など。

48) 新堂203頁。

裁判所としても，所有権者の詐害的な訴訟追行を抑制する必要がでてくる[49]。

(iii) 複合（併合）訴訟説

境界確定訴訟は，特定の土地について，その公法上の境界の確定と所有権の確定を同時に行うとみる見解がある。これは，その主張内容に違いがあるものの，形式的形成訴訟説と所有権確認訴訟説との対立の止揚を目指す方向性において共通するといえる。

(a) 土地の境界線の非訟的形成を先決関係とし，所有権の範囲確認請求を順位的に併合する複合訴訟であると構成する見解がある[50]。

(b) 公簿上の地番境界と所有権の境界が一致しない場合の説明が困難となり，また，当事者が非訟事件的処理による地番境界の確定のみを求める場合にまで，所有権確認訴訟を押し付けるべきではないと批判したうえで，独立の境界確定訴訟を認めつつ，所有権の確認をも求める当事者の意思が認められる場合には，釈明によって請求の併合ないし反訴の要件を具備させて併合審理を実現すべきであるとの見解がある[51]。

(c) 公簿上の境界と所有権範囲の境界は，両方とも訴訟における確定の対象たり得るとし，前者に関する筆界確定訴訟および後者に関する所有権範囲確定訴訟という二つのタイプが境界確定訴訟のなかに含まれることを前提として，つぎのように説く見解がある[52]。Ⓐまず，筆界確定訴訟（判例・通説はこれを境界確定訴訟とよぶ）につき，これを通常の民事訴訟と性質をことにする「公法上の法律関係に関する訴訟」とし，実質的当事者訴訟（行訴4条）にあたるとする（その法的性質を確認訴訟と形成訴訟の結合体とみる）。そのため，抗告訴訟の規定が一部準用され（同41条），具体的には，裁判所による行政庁（具体的には登記官）の訴訟参加命令（同23条），職権証拠調べ（同24条），判決の拘束力（同33条），そして，請求併合（同16条以下）に関する規定が準用される。さらに，処分権主義・弁論主義を否定し，判決の対世効を肯定する（行訴32条は明文上，当事者訴訟に準用されていないが，解釈でこれを認める）。Ⓑつぎに，所有権範囲確定訴訟は，これは所有権者が誰かが争われる通常の所有権確認訴訟とは異なり，隣接地の所有者同士の争いに起因する特殊な訴訟類型であるとみる。そして，特有なのは証明責任の

---

49) 新堂203頁。
50) 小室直人「境界確定訴訟の再検討」中村（宗）古稀144頁（同『訴訟物と既判力〔民事訴訟法論集上巻〕』〔信山社，1999年〕121頁以下に所収）。
51) 上田徹一郎「取得時効の成否は境界確定と関係があるか」判時522号〔判評115号〕（1968年）124頁，上田136頁。なお，林屋礼二「判批」判時1151号〔判評317号〕（1985年）49頁は，当然に単純併合されたようなものとして構成する。
52) 以上につき，山本・基本63-78頁。この見解に対しては，①通常の民事訴訟の枠組みで議論すべきであり，問題を民事訴訟という土俵の外に持ち出す必要はない，②紛争実態を観察するならば，通常の民事訴訟としての境界確定訴訟を基本として考え，境界確定によっては土地所有権の範囲に起因するトラブルを解決できない例外的な場合に限り，所有権確認訴訟を併合すればよいのであるが，この例外的な場合を中心として理論を組み立てようとするのは，技巧的ではないか，また，③私人間の紛争という実態から離れすぎているのではないか，との批判があり得よう。

不適用であるとして，裁判所は，ノンリケットでも請求を棄却せず，民訴法248条を類推適用して，「相当な境界線を認定することができる」という。その他の面では，通常の訴訟と同一の扱い（たとえば，処分権主義・弁論主義の適用など）がなされる。ⓒ最後に，筆界確定訴訟と所有権範囲確定訴訟の関係について，両者は「異種の手続」であるが，行訴法上の「関連請求」として併合可能であるという。なお，将来の立法論として，筆界確定につき公法上の境界線を査定する行政処分を構想し，それを訴訟で争うような制度を整備すべきであり，その場合には，隣接地所有者間の訴訟は所有権範囲確定訴訟に一元化されるという。

　(d)　境界確定訴訟の手続を直列的な二段階構造として構成する見解がある[53]。すなわち，所有権境界を確定するための確認訴訟を第一段階とし，地番境界の非訟手続を第二段階とする。こうした構成は，当事者が自己の所有権の範囲についてまず主張・立証をする実務を反映したものであり，裁判所の非訟手続による境界確定は非常手段であり，通常の訴訟手続が尽きたところ，すなわち，当事者の主張・立証活動によっては境界線について真偽不明である場合に至って，はじめて開始されることを明らかにしているという。

　(c)　検　　討

　以上論じたところから明らかなように，判例は，非訟事件と訴訟事件とを手続的に二つのカテゴリーに峻別し，訴訟手続については厳格法理を，非訟手続については非厳格法理を，という形で手続を二分するオーソドックスな理論に立脚して，いわゆる土地境界確定訴訟を形式的形成訴訟の枠に入れ込み，訴訟手続の常道とは異なる例外的な取扱いを正当化している。しかしながら，こうした二分法は，手続の柔構造化の流れのなかでは，もはや維持されるべきものではなく，訴訟事件においても，争点の実質にしたがい，柔軟に審理する手続法理が用意されるべきであろう。すなわち，公図上の境界の確定という争点が決め手となる紛争状況が存するならば，その状況からして証明責任の法理は修正を要し，処分権主義や弁論主義も修正されてよいのであり，不利益変更禁止の原則の弾力化も要請されるのである。当事者の主張は，基本となるべき資料として有益となり得るものの，訴訟において不可欠のものではなく，裁判所がこれに拘束されるとしなければならないものでもない。要するに，いわゆる土地境界確定訴訟は，土地所有権の範囲を確定するための訴訟であり，事件によっては時効や売買などの権利移転をめぐる争点で決着する場合には，通常の訴訟法理にしたがった訴訟運営が適合的であるが，これらの争点では決着しなかったり，もともと公図上の境界線の確定によって決着をつけざるを得ない場合

---

53)　坂原正夫「境界確定訴訟について」法研72巻12号（1999年）40頁。

には，争点の特性からする訴訟運営上の要請にかんがみ，形式的形成訴訟という法理をもって正当化される柔軟な手続法理の接合が必要となってくるのである。このように解すれば，土地境界確定ということは，土地所有権確認訴訟における争点の一つとなり，両者を訴訟物として組み合わせるという特殊な理論操作は不要になるであろう[54]。

いわゆる土地境界確定訴訟に関する理論は，訴訟そのものが非訟事件手続的処理の可能性を内包する柔軟なものであって，その争いの性質いかんでは生じ得る包摂的仕組みであると把握して，訴訟法理はそのうちに非訟的扱いを包含していると解すべきものである。このような理論的立場から，判例は以下のように評価されよう。

原告が自己の主張する境界線を立証できなかった（ノンリケット）としても，裁判所は，請求棄却の判決をすることなく，必ず境界線を引かなければならないという証明責任不適用の点については（大判昭11・3・10民集15巻695頁は，裁判所は，請求棄却判決をすることは許されず，境界線を合目的的な決断によって確定しなければならないとする），境界線の位置が決まることで所有権の範囲が定まる場合には，法制全体のあり様からして当然に認められてよい。原告は，特定の境界線の存在を主張する必要がないとする判例（前掲・最判昭41・5・20），および，当事者が特定の境界線を主張しても，裁判所はこれに拘束されないとする判例（前掲・大連判大12・6・2）についても，同様である。

当事者適格は，隣地の所有者に認められ，被告が境界部分を時効取得しても，当事者適格は失われない（境界線の一部に接する部分の時効取得につき，前掲・最判昭58・10・18，境界線の全部に接する部分の時効取得につき，最判平7・3・7民集49巻3号919頁）。境界確定訴訟の訴訟物を所有権の範囲とみても，隣接地の所有者に当事者適格を認めることは可能であり，また，その結論は，紛争解決上の必要が存する限り，隣接地についての取得時効が成立した場合にも維持されるであろう。この点，当事者の一方（被告）が隣接地の全部を時効取得した場合（隣接関係の喪失），時効取得された隣接地の所有者であった他方の当事者（原告）は，当事者適格（原告適格）を失い，当該境界確定訴訟は不適法な訴えとして却下を免れないとする最高裁判決があるが若干疑問がないわけではない（前掲・最判平7・7・18）。

---

54) 裁判実務の現場でも，訴えの性質についてある一面の考え方だけから出発して実務の妥当性を曲げて混乱を招くような議論を懸念する向きがある。岡村旦「境界確定訴訟雑感」判時977号（1980年）7頁以下など参照。

土地所有権に基づく土地明渡請求訴訟中に境界確定を求める中間確認の訴え（145条1項）を提起し得るかについて，判例は，境界確定は土地所有権確認と異なり，土地所有権に基づく土地明渡訴訟の先決関係にあたらないので，不適法であるという（前掲・最判昭57・12・2）が，訴訟についてのソフトな制度理解からすれば，理論上は肯定的に解されることになる。実際上も，境界の確定により所有権の範囲が定まり，これにより土地紛争が包括的に解決される場合も少なくないのであって，こうした紛争実態を直視すれば，形式論理を推し進めることにどれほどの意味があるか疑わしい。

処分権主義や弁論主義の適用について，判例は，相隣地間において境界に関する合意が成立したという事実は，境界確定の一資料となるものの，これのみによって境界を画定することは許されないし（前掲・最判昭42・12・26），また，境界線に関する自白は裁判所を拘束しないし，境界の確定に関する和解（89条）や請求の認諾（266条1項）の余地もないという。自白や和解の可否や処分権主義ないし弁論主義の適否は，争点に限っての特性に対応する部分的制約であるといえよう。

境界確定訴訟の提起と時効中断の関係について，土地境界確定訴訟の提起によって，係争地の所有権の取得時効が中断されるとする判例（前掲・最判昭38・1・18）は，土地所有権の範囲確定が訴訟物をなすとすれば，時効中断効が生じるのは当然であり，妥当である。これに対し，土地境界確定訴訟においては，取得時効の成否を審判しないとする判例（前掲・最判昭43・2・22）は問題であり，所有権の範囲にかかわる取得時効の成否については必要に応じ審理・判断すべきであろう。また，相隣接地の一方の所有者Yが境界を越えた隣接地の一部（Y占有部分）に対する時効取得を主張している場合において，当該隣接地の所有者XがYに対して時効完成前に境界確定訴訟とともに，土地所有権に基づくY占有部分に対する明渡請求訴訟を提起して，これらが併合審理されたところ，判決において，Xの所有権が否定され（取得時効が成立しているというYの仮定抗弁を容れた），XのYに対する明渡請求が棄却されたときは，たとえ，これと同時にXの主張するとおりの境界が確定したとしても，Y占有部分については所有権に関する取得時効の中断の効力は生じないとする判例（前掲・最判平元・3・28）は，境界確定訴訟の提起による中断効の限界を明らかにしている[55]。境界確定訴訟の提起により時効中断効が生じるという考え方と本判決の

---

55) 佐々木編著・前掲注41) 218頁。

結論は両立しがたいようにもみえるが，本件では取得時効がすでに完成していることから，原告は所期の目的を達し得なかった事例であると読むべきであろう。本判決は，上記の結論を導いた根拠として，Xの土地所有権に基づく明渡請求訴訟の提起によって生ずる当該明渡請求部分に関する時効中断効は，当該部分に関するXの土地所有権が否定されて明渡請求が棄却されたことによって，結果的に生じなかったものとされるのであり，上記訴訟において当該部分の所有権のXへの帰属に関する消極的判断が明示的にされた以上，これと併合審理された境界確定訴訟の関係においても，当該部分に関するXの所有権の主張は否定され，結局，取得時効中断の効力は生じないものと解するのが，境界確定訴訟の特殊性に照らして相当であることを挙げている。そうすると，本件のような場合においても，時効が未完成のときは，境界確定訴訟の提起によって時効中断効が生じるはずであり，本件ではたまたま時効が完成しており，原告が当初の目的を達せられることから，例外的に中断効が生じないと扱われたケースであると考えられよう。

　請求棄却判決を許さず，合目的的な判断によって境界線を確定しなければならないとする判例（前掲・大判昭11・3・10）の取扱いは，証明責任についての例外的取扱いを前提とするものであるところ，この取扱いを通説は境界確定訴訟と構成することで基礎付けようとしているが，それは所有権確認訴訟と把握しても可能であろう。損害額の認定に関する民訴法248条にその例をみるように，争点の内実いかんでは証明責任ルールを直ちに適用するのでは適切な紛争解決という目的を達成できない場合には，裁判官の判断により適切な帰結を導くことが訴訟制度の内在的要請からして例外的にではあるが許されるはずである。

　土地の共有者のうちに境界確定の訴えを提起することに同調しない者がいる場合において，その余の共有者は，隣接する土地の所有者と訴え提起に同調しない共有者とを被告にして当該訴えを提起することができるとする判例（最判平11・11・9民集53巻8号1421頁〔百選3版102事件〕）は，土地境界確定訴訟においては十分な根拠をもつ。これを一歩進めれば，原告が提訴の際に，紛争当事者を，被告として固定するのではなく，紛争の当事者という包括的な形で裁判所に表示すれば，裁判所がその判断で当事者の地位を適合的な形に整序することも認めるべきであるといえよう。原告により当事者とされた者は，いずれの方向でも攻撃防御を尽くす機会が与えられるのであり，それによって判決効を正当化するだけの手続保障が充足されるのである。

　境界線を定めた第一審判決に対して不服のある当事者が控訴を提起した場合，

控訴審においては不利益変更禁止の原則（304条）は適用されないとした判例（最判昭38・10・15民集17巻9号1220頁〔百選ⅠA19事件〕）は，境界確定訴訟においては常に同原則が排除されると判断したのであれば，左袒(さたん)しがたい。確かに，境界確定訴訟において，公図上の境界線を決め手としてなされた原判決に対して上訴する場合には，民訴法304条は適用されないとしてよいが，たとえば，被告から取得時効の抗弁が出され，取得時効の基礎となる占有の範囲に争いがあるといった，土地所有権の得喪のみが争点となっている場合には，同条の適用を認めてしかるべきであろう。

(3) 土地境界確定訴訟に関する裁判運営の改善

土地境界確定訴訟の審理が長期化傾向にある原因として，証拠資料収集の困難性などが指摘されており[56]，そうした状況を踏まえ，実務は，基本的な事実関係を確定するうえでの準備作業に共通のパターンがみられることに注目し，適正かつ効率的な審理モデルの模索と試行の努力を積み重ねている[57]。

具体的な審理モデルの一例として，大阪地方裁判所のそれをみると，第一段階「第一回口頭弁論期日前の準備」，第二段階「当事者の主張境界線の確定」（原告主張境界線および被告主張境界線の現地復元性のある共通の実測図面における確定などを行う），第三段階「個別事案における境界確定の判断基準の検討」（原告および被告の主張を境界確定のために考慮すべき要素ごとに整理し，そのうちポイントとなる争点についての認識を裁判所と当事者双方との間で共通化する），第四段階「ポイントとなる争点についての主張・立証の検討，人証申出の採否決定」，第五段階「集中証拠調べの実施」，そして，第六段階「事件の終了」という全六工程からなっている[58]。

こうした審理モデルに基づいて手続を進めていくには，両当事者および裁判所が早期に争点についての認識を共有している必要があるところ，そのためにとりわけ重要となるのが計画審理の遂行であり，その前提として，裁判官と裁判所書記官の協働による審理計画の策定などのケース・マネージメントを主導的に行うべきである[59]。このような見地から，計画審理が2003年の民事訴訟

---

56) 村松・前掲注41）95頁以下，佐々木編著・前掲注41）236頁など。
57) 東京地方裁判所プラクティス委員会「訴訟類型別審理計画の指針」判タ1067号（2001年）48頁，小佐田潔ほか（大阪地方裁判所民事訴訟実務検討委員会計画審理検討小委員会）「訴訟類型に着目した訴訟運営」判タ1077号（2002年）4頁など。
58) 小佐田ほか・前掲注57）4頁，佐々木編著・前掲注41）238頁以下。
59) 佐々木編著・前掲注41）237-238頁。

法の一部改正で立法化されている（147 条の 2・147 条の 3）[60]。裁判運営の透明化と手続・判断の柔軟化は相呼応すべきであり，こうした運営努力があってこそ適正な裁判が確保されるのである。

(4) 筆界特定手続

前述した土地境界確定訴訟の法的性質をめぐる議論は，いわば理論的な限界線において展開されているとみることもできるが，そうしたなか，訴訟とは異なるアプローチとして，専門家の知見を活用して筆界を簡易迅速に明らかにする「筆界特定手続」が創設された[61]。

「筆界特定手続」とは，筆界（境界）に争いがある当事者の申立てにより，筆界特定登記官が筆界調査委員[62]の調査を経て筆界を特定するというものである（不登123 条 1 項以下）。その主な特色としては，当事者対立構造の不採用や情報・資料収集に関する行政庁の職権行使の容認を挙げることができる[63]。筆界特定は，新たに筆界を形成するのではなく，過去に登記された土地の真実の筆界を特定するのであり，いわば行政機関の意見であって，行政処分としての効力をもたず，事実上の効力を有するにとどまる[64]。その狙いは，土地の筆界の迅速かつ適正な特定を図り，筆界をめぐる紛争の解決に資するところにある。筆界が連鎖的に関連し合って浮動状態にある地域においては訴訟の手段には厳しい限界があり，代替手法の果たし得る役割は大きいであろう。

この筆界特定手続と土地境界確定訴訟との関係について，まず，手続選択の点では，いずれを利用するかは全面的に当事者の選択に委ねられ，したがって，筆界特定手続を経ることなく，土地境界確定訴訟を提起して筆界の確定を求めることももちろん可能である。なお，土地境界確定訴訟の判決確定後になされた筆界特定の申請は却下される（不登132 条 1 項 6 号）。また，効果の点においては，筆界特定登記官は事実の確認（特定）を行うのであって，これに形成的な

---

60) なお，提訴前の証拠収集処分（132 条の 4）の活用などもあわせて検討に値しよう。
61) 2005 年 4 月の不動産登記法の一部改正（平成 17 年法律第 29 号）による。ちなみに，当初は，境界確定訴訟の制度を廃止し，行政型の境界紛争制度を創設して，行政処分として行うもの（不服がある場合は行政訴訟による）とすべきとする意見が出されていたが，行政作用が強大化する一方で，その利便性がそれほど高まるわけでもないことなどから，最終的には，従来型の土地境界確定訴訟が存置された。なお，ADR 法の施行に伴い，境界問題に特化した民間 ADR 機関（土地家屋調査士会と弁護士会の共同運営）が設置され，当事者の合意を基礎とした手続を提供している（松岡直武「境界問題相談センター（土地家屋調査士会 ADR）の現状と若干の事例」仲裁と ADR 2 号〔2007 年〕50 頁など参照）。
62) 不登127 条 1 項。筆界調査委員には，土地家屋調査士を中心として，弁護士や司法書士等が任命される。新争点 126 頁〔伊東俊明〕参照。
63) 清水響編著『Q & A 不動産登記法』（商事法務，2007 年）363 頁。
64) すなわち，特定された筆界と異なる判断は，事実上困難になる。清水編著・前掲注 63）357 頁など参照。

効力はなく，最終的に筆界を法的に確定するには，従来どおり土地境界確定訴訟によらなければならない[65]。特定された筆界に不服のある隣接地所有者は，土地境界確定訴訟を提起することができ，その判決と抵触する範囲で筆界特定はその効力を失う（不登 148 条）。

第5款　訴えの三類型の相互関係

給付・確認・形成の三類型の相互関係について，従来より確認訴訟原型観とよばれる理解が示されている[66]。これによると，いずれの類型のいかなる本案判決（認容・棄却）についても既判力が生じることから，判決効のなかで既判力が基本であり，訴えの形式としても既判力のみを対象とする確認判決こそが三類型のプロトタイプであると位置付けられる。

これに対しては，各訴えの独自性を軽視するおそれがあり，また，給付訴訟が確認訴訟に先行していた歴史的経緯および量的にも突出しているという現実を無視するものであるとの批判がある[67]。

歴史的には，給付訴訟は，訴訟の起源をなすものであり，現在も，数の上では圧倒的に多い。しかし，理論的には，権利関係を確定する既判力は給付訴訟を含むすべての訴えに認められるのであり，それゆえ，権利関係の確定を目指す確認訴訟は各類型に共通の要素であるといえよう。すなわち，確認訴訟という内実は，歴史的に先行する給付訴訟のなかにすでに内在していたのである。これら二つの見方は基本的には対立的なものと把握すべきではなく，前者が純理論上の分析であり，後者は歴史的機能的記述であり，訴訟類型の理解にはともに有用である。

なお，三つの訴訟類型は，大陸法系諸国での分類であり，英米法系諸国ではこの分類

---

65) 土地境界確定訴訟において，先に開始された筆界特定手続の記録を釈明処分としての送付嘱託により利用することができ（不登 147 条〔民訴 151 条 1 項の特則〕），また，文書送付嘱託を行うこともできる（262 条）。これらのことから，筆界特定手続は，土地境界確定訴訟における情報・証拠の収集手続としての機能を果たすとの見方も出されている（新争点 127 頁〔伊東俊明〕）。なお，登記記録には，土地の位置や区画などを特定する地図が備え付けられており，不動産登記法 14 条 1 項によれば，この地図（公図）は，国家基準点を基礎として隣接土地との境界である各土地の筆界を測量した高精度のものであるべきである。しかし，これは現代のような優れた測量機器の存在しない明治時代中期より作成されたものであり，土地の境界や面積が正確でないものもあり，不動産の取引や表示登記申請などに不都合を生じることも少なくない。そこで，そうした現状を打開するために，現在，新しい地図の作成作業が進行中であり，この作業が完成することにより，境界紛争の減少が見込まれよう。
66) 兼子・体系 144 頁，中田淳一『民事訴訟法講義上』（有信堂，1964 年）62 頁。
67) 三ヶ月・研究 1 巻 249 頁。

法を用いての訴訟類型の仕分けは鮮明になってはいない[68]。

第3節 訴え提起の態様と時期

第1款 訴え提起の態様

訴えの内容である訴訟上の請求は，基本的形態としては，一人の原告から一人の被告に対する一つの請求である。もっとも，訴訟上の請求は，単一の当事者間ないし複数の原告または被告の間において複数存在する場合もある。これらの場合，一つの訴訟手続のなかでその内容である請求が複数となるのであり，そこに，手続の単一性に由来する独自のメリットが存する。前者は訴えの客観的併合，後者は訴えの主観的併合（または共同訴訟）とよばれる。

第2款 訴訟係属とその時期

裁判所が原告の訴え提起に基づいて訴状を被告に送達すると（138条1項），訴訟係属が生じる。訴訟係属とは，訴訟事件が裁判所によって審判されている状態をいう。訴訟係属の発生時期については議論の余地があるが，被告へ訴状を送達することによって訴訟主体が揃い，二当事者対立の構造も成立することから，被告への訴状送達時と考えてよいであろう[69]。

訴訟係属がすでに生じていることを前提に同一手続内で併合審判を求めて請求を定立する場合がある（判決も一個）。これは，新たに訴訟係属を生じさせる独立の訴えとは区別され，訴訟中の訴えとよばれる。たとえば，原告による訴えの変更（143条），中間確認の訴え（145条），被告による反訴（146条），第三者による独立当事者参加（47条），共同訴訟参加（52条），選定者にかかる請求の追加（30条3項・144条）などがその例である。

---

68) 高橋・重点講義上67頁。なお，M・グリーン158頁参照。
69) 井上直三郎「新民事訴訟法雑題――訴訟係属時點――」論叢23巻1号（1930年）158頁，同「新民事訴訟法雑題――再び訴訟係属時點に付いて――」論叢23巻6号（1930年）898，兼子・体系173頁，三ケ月・全集332頁，伊藤138頁，松本＝上野208頁〔松本〕，上田143頁，梅本268頁注1など多数説。被告の関与という点を重視する多数説は，提訴予告通知（132条の2第1項以下）により被告が提訴前に訴訟係属を予測し得る場合であっても，提訴を確定的に了知するのは，やはり訴状送達時なので，その結論を維持してよいであろう。そのほか，起訴時，すなわち，訴状提出時とする説（かつての有力説）や裁判長が訴状を受理し，口頭弁論期日を指定した時とする説（山田正三『日本民事訴訟法論第2巻』〔弘文堂書房，1931年〕68頁）などがある。なお，起訴に結び付けられる個々の効果から帰結して訴訟係属の発生時期を個別に論じるべきであり，抽象的一般的に論じる実益は少ないであろう（新堂214頁注(1)参照）。

第4節　訴訟要件

第1款　訴訟要件の概念

　本案判決をするための要件を，訴訟要件という。この訴訟要件が口頭弁論終結時までに具備されないと，裁判所は，訴え却下の判決（訴訟判決）をする。ただし，訴状の補正命令（137条）や訴訟移送（16条1項）などにより，訴訟要件が備われば，本案判決が可能になる。

　訴訟要件には多種多様なものがあり，いくつかの観点から分類することができる[70]。ここでは，主体，行為および対象という視点からの分類を掲げる。

1　主体に関する訴訟要件

　裁判主体には，裁判所および当事者があるので，順に眺めると，裁判所に関する訴訟要件として，①わが国の裁判権（国際裁判管轄権），②裁判所の管轄権がある。当事者に関する訴訟要件としては，①両当事者の実在（二当事者対立の原則），②当事者能力，③当事者適格がある。

2　訴訟行為に関する訴訟要件

　これには，①被告の抗弁事項とされるものとして，原告による訴訟費用の担保提供の抗弁（75条），仲裁合意の抗弁（仲裁法14条1項），不起訴合意の抗弁，そして，調停前置の定めがある場合（民調24条の2第1項，家審18条）の調停の申立てがある。②訴訟成立にかかわる訴訟要件として，訴え提起および訴状送達の有効性がある。そして，③訴訟係属後は個々の訴訟行為の有効要件とされるものとして，訴訟成立過程における訴訟能力および代理権がある。

3　対象（訴訟物）に関する訴訟要件

　これには，①重複訴訟禁止（142条），再訴禁止（262条2項），または，別訴禁止（人訴25条）に触れないこと，②訴えの利益，③請求の併合（38条・136条）や訴訟中の新訴提起（47条・143条・145条・146条）の場合には，それぞれの要件を具備することがある。

---

[70]　積極的訴訟要件（国際裁判管轄権，当事者能力，訴えの利益などのようにその存在が本案判決の要件となるもの）と消極的訴訟要件（重複訴訟や仲裁契約などのようにその不存在が本案判決の要件となるもの〔これを「訴訟障害」ともいう〕）という分類や，職権調査事項と抗弁事項という分類もある。高橋・重点講義下5頁参照。

第2款　訴訟要件の審判

1　調査の開始——職権調査事項と抗弁事項——

当事者の申立てがなくとも，裁判所が職権でこれを顧慮し取り上げて調査しなければならない事項を職権調査事項という。訴訟要件の大部分は，職権調査事項である。訴訟要件は，本案判決の前提条件であり，その存否に疑義を生じた場合には，職権によってでもその点を明白にする必要があるからである。

もっとも，被告の利益のためにのみ要求される訴訟要件については，被告の申立て（抗弁）がない限り，問題としない。これを抗弁事項といい，原告の訴訟費用の担保提供の抗弁（75条），仲裁合意の抗弁（仲裁14条1項），不起訴合意の抗弁などがその例である。なお，管轄違いの抗弁（12条）は，抗弁という用語が用いられているにもかかわらず，真の抗弁ではなく，職権の発動を促すにとどまる[71]。

2　調査資料の収集——職権探知主義と弁論主義——

職権調査事項か抗弁事項かという分類は，当該事項の調査を職権によってでも開始しなければならないのか，あるいは，当事者の申立てをまって開始すればよいのかという視点によるのであって，開始された調査に要する資料をいかに収集するかは問題としていない。そこで，訴訟要件の存否を基礎付ける資料を収集するイニシアティヴを裁判所に認めるか（職権探知主義），または，当事者に認めるか（弁論主義）を考えなければならないが，個々の訴訟要件について，いずれが妥当するかについては議論がある。

通説的な見解は，訴訟要件の公益性の度合に応じて二分すべきであるとして，つぎのように説く。すなわち，まず，裁判権，専属管轄，当事者の実在，当事者能力，訴訟能力，代理権など公益性の高い訴訟要件については，職権探知主義が妥当するとして，裁判所は，事実関係を探知し，職権証拠調べをすることができ，また，自白は裁判所を拘束しない。つぎに，抗弁事項はもとより，職権調査事項であっても，任意管轄，訴えの利益，対世効のない当事者適格など公益性の低いないし本案審理と密接に関連する訴訟要件については，弁論主義が妥当し，資料の収集は当事者に委ねられるという[72]。

これに対して，通説によるこうした職権探知型と弁論主義型の二分論を批判し，第三の範疇としての「職権審査型」の導入を提唱する有力説がある[73]。職権審査方式とは，

---

71)　梅本295頁。

72)　兼子・体系205頁，新堂227頁・425頁，伊藤272頁，梅本295-296頁など。

73)　鈴木正裕「〈演習〉民事訴訟法1」法教1号（1980年）94頁（同「訴訟要件の調査」鈴木ほか・演習25頁以下に所収），高島義郎「訴訟要件の類型化と審理方法」講座民訴②105頁，染野義信＝森勇「職権調査」演習民訴〔新版〕399頁，松本博之「訴訟要件に関する職権調査と裁判

弁論主義型と同じく当事者の提出した資料に限定する一方，自白（擬制自白を含む）の拘束力を認めないという折衷的な方式をいう[74]。具体的にいかなる訴訟要件が職権審査型になるのかについては，この方式を最初に提唱した見解によると，ドイツにおける議論を踏まえて，わが国の通説が弁論主義型とみる訴えの利益や対世効のない当事者適格，および，職権探知型とみる専属管轄，当事者能力，訴訟能力，代理権，そして，わが国の文献ではほとんど触れられていない訴訟中の訴え提起（訴えの変更・反訴など）の要件，重複訴訟禁止について，職権審査型の可能性が示唆されている[75]。

　通説によると，裁判所は，公益性の強い訴訟要件について，その判断資料を職権探知することになるが，そのような負担を裁判所に強いることが合理的かは疑問なしとしない。むしろ，有力説のように，たとえば，専属管轄は，一方で職権探知主義が妥当するとするのは適切ではなく，他方で弁論主義によって裁判所の審判権を排除する余地を認めるのも，その公益性とは馴染まないことから，資料の収集・提出を当事者の専権としつつ，自白等の弁論主義の効果を否定するにとどめるという第三のカテゴリーを置くのが妥当ではなかろうか。この場合，裁判所は，当事者の提出した資料で認定するか，さらなる提出を促すかの判断を迫られることになるが，それはまさに公益性の強い訴訟要件に関して裁判所に期待される役割であるといえよう。換言すると，職権探知主義か弁論主義かといった割り切りは無理であり，裁判所と当事者の役割分担に関してきめ細かな判断を可能とする第三カテゴリーを認めることに，裁判所の審理の仕方として合理性を見出し得るのである。

　審理の実態分析からすると，有力説の三分法は理論的に考慮に値するものといえよう。すなわち，資料提出の主導権を当事者に委ねつつも，自白の拘束力を認めずに証拠調べによって裁判官の心証に適った事実認定を可能とする中間的な審理方式は，理論上の仕切りとしてはあり得ると考えられる。もっとも，職権調査事項という概念自体が裁判所による職権探知レヴェルの介入を予定しているとみることもできないわけではない。しかしながら，有力説の理論提言

　　上の自白」法雑35巻3＝4号（1989年）（松本・自白115頁以下に所収），松本＝上野280頁〔松本〕など。なお，松本説は結論同旨であるが，異なる推論を展開する。

[74]　これは，従来，「職権調査」と訳されてきた審理方式としてのドイツ型「職権調査（Prüfung von Amts wegen）」をわが国の用法による「職権調査」（＝当事者の態度いかんにかかわらず，裁判所が職権で顧慮すべきであるとの意味の職権調査）と区別するために，鈴木・前掲注73）法教1号94頁によって提唱された呼称である（高島・前掲注73）115-116頁）。ちなみに，ドイツでは，訴訟要件の存否に疑義が生ずると，裁判所は，一方で釈明などによって当事者に資料提出を促すが（職権による収集が許されない点で弁論主義に通ずる），他方で自白に拘束されることなく，証拠調べをして自白事実と異なる事実を認定してよく，また，提出された資料が時機に後れた攻撃防御方法として却下されることもない（これらは職権探知主義に通ずる）。以上につき，高橋・重点講義下7頁参照。

[75]　鈴木・前掲注73）法教1号94頁。なお，上田204頁。

において注目すべきは，職権探知型の訴訟要件の審理に際して，裁判所の職権を抑制しようとしている点である。裁判における職権探知というものの実態を考えると，転じてその違和感は小さいのであって，この提言の実践的意義は案外に大きいことに気付かされる。残された課題は，具体的にどの訴訟要件がいずれに該当するかであり，この点は今後さらなる検討を要しよう[76]。

3 訴訟要件の審判と本案の審判

訴訟要件の審理は，本案審理に併行して行われるが，訴訟要件は本案判決の前提である以上，訴訟要件の判断は本案判決に先行しなければならない（審理要件ではなく判決要件）。そのため，裁判所は，原告の請求に理由があると認めるときでも，訴訟要件の具備を審理・判断しない限り，請求認容判決をすることは許されない。

それでは，審理の途中で訴訟要件の存否の判断よりも先に原告の請求に理由がないことが判明した場合にも，訴訟要件の審理を続行しなければならないのか。あるいは，直ちに請求棄却の本案判決をすることができるのであろうか。

判例によれば，自称債権者間での債権帰属の確認訴訟において，債務者から原告への弁済による債権消滅が明らかとなった事案で，訴訟要件の審理を続行した場合，仮に訴訟要件の欠缺が判明し却下判決をすることになれば，被告は原告の再訴に応じなければならない状況に陥るところ，被告のこうした無用の負担を除き，原告の無意味な再訴を防ぐために，原告敗訴の本案判決をし，抜本的な解決を図るべきであるとされている（大判昭10・12・17民集14巻23号2053頁〔百選25事件〕）。

この問題に関して，学説における考え方は，四つに大別される。第一は，訴訟要件が本案判決の要件であるとの理論を動かせないものとして，訴訟要件の判断を省略して請求棄却の本案判決をすることはできず，あくまでも訴え却下の判決をなすべきであるとする見解[77]である。これは，かつて支配的地位を占めた考え方であり，現在でも通説といえる。

第二は，訴訟要件の法理上の位置づけという概念的区分の相対化を認め，個々の訴訟要件の趣旨を合目的性の考慮から個別的に吟味して本案判決を先行させる余地を認めようとする有力説である。もっとも，そうした例外的な取扱いをいかなる訴訟要件について認めるかは，論者によって異なる。たとえば，その主たる目的が被告の利益保護にあ

---

76) 高橋・重点講義下7頁。
77) 兼子・判例民訴59頁，兼子・体系150頁，三ヶ月章「権利保護の資格と利益」民訴講座(1) 119頁以下・156頁〔三ヶ月・研究1巻1頁に所収（42頁）〕，三ヶ月・双書342頁，上村明広「上告審における訴訟要件」小室＝小山還暦中206頁，梅本297頁注2など。

る訴訟要件，具体的には，任意管轄，当事者能力，訴えの利益，再訴禁止（262条2項），重複訴訟禁止（142条），訴えの併合要件（38条・136条），訴訟中の訴えの要件（47条・143条・145条・146条），仲裁合意などの抗弁事項などについては，それらの判断をバイパスして請求棄却判決をする余地を認める見解[78]，さらに本案請求と密接な関連を有する当事者適格についても例外的にその判断を省略して請求棄却判決をなし得るとの見解[79]，あるいは，被告の利益保護を主たる目的とする訴訟要件の判断を省略すると上訴された場合に却って被告の利益を害することがあるとして，被告の利益保護は一審限りでなく，訴訟全体を通じて考慮すべきであると上記二説を批判したうえで，無駄な訴訟の排除を目的とする訴訟要件，すなわち，権利保護の利益や判決効が対世的効力を有しない場合の当事者適格に限って例外的にその判断を省略して請求棄却判決を行ってもよいとする見解[80]が主張されている。

第三は，原則として通説の立場に依拠しつつも，訴えの利益についてのみ上記有力説と同様の例外的な取扱いを認め，その有無を判断せずとも，請求棄却判決が可能であるとする見解である[81]。これは，通説の立場を基本的に正当として是認しつつも，訴えの利益に限っては，その趣旨にかんがみて無意味な訴訟を排斥するという訴訟要件の趣旨を理由に例外的な扱いを認めるものである。

第四は，本案判決をする以前にその存在が明らかにされるべきものではなく，その不存在が明らかになってはじめて本案判決を阻却するという訴訟要件一般の本質を説き，そこから，訴訟要件の不存在が明らかにならないうちに本案判決（請求認容・棄却不問）をすることは可能であると帰結する見解[82]である。

訴訟要件の理論的位置付けそのもののなかに，合目的性の考慮が内在していたものとみるのが民事訴訟理論としては本筋であると考えるべきであり，このような考え方からすれば，通説は，論理への過剰な拘泥の疑いがあるといわざるを得ないし，裁判所が昭和の初期にこの道理を喝破して下した判決には，実

---

78) 鈴木正裕「訴訟要件と本案審理との審理順序」民商57巻4号（1968年）507頁以下・522頁注17，中野ほか旧450頁〔鈴木正裕〕。なお，宮川聡「訴訟要件の審理」鈴木（正）古稀163頁も，仲裁合意の抗弁と訴え取下げ後の再訴（262条2項）について例外取扱いを肯定する。

79) 新堂227頁。

80) その詳細な論証として，竹下守夫「訴訟要件をめぐる二，三の問題」司研65号（1980年）16頁。なお，条解474頁〔竹下守夫〕では，当事者適格についての例外的取扱いを認めていない。

81) 中野ほか428頁〔松本博之〕，松本＝上野275頁〔松本〕。

82) 坂口裕英「訴訟要件論と訴訟阻却（抗弁）事由」兼子還暦中223頁，同「訴訟要件論と訴訟抗弁」民訴16号（1970年）380頁，同「訴訟要件の判断の基準時」演習民訴上341頁，同「訴え却下判決と請求棄却判決」講座民訴⑥89頁。なお，上北武男「訴えの利益に関する一考察——訴訟要件としての訴えの利益試論——」民訴21号（1975年）154頁は，訴えの利益を請求認容判決の要件と位置付けるので，その欠缺が判明すれば，直ちに請求棄却判決は可能であるという。

務的感覚の重みを感じさせるものがあり，これを基調として実践的に方向を探ろうとするものとして，有力説の立場が妥当である。訴えの利益のみに例外を限定するのは，徹底しないきらいがあって，その根拠も十分でない。そこで，問題は，いかなる範囲で例外的取扱いを許容すべきかであり，訴訟要件ごとにその趣旨に照らして実質的な検討を個別的に行う必要がある。原則的には，無益訴訟の排除を目的とする訴えの利益のほか，被告の利益保護を目的とする訴訟要件については，これらの判断を省略して請求棄却判決をすることができるとしてよいであろう。もっとも，被告の利益保護を目的とする訴訟要件であっても，上訴審をも視野に入れると，そうした例外的措置がかえって手続の停滞を招くことがあり被告保護の利益を損ないかねない場合もあることから[83]，審級全体を見据えた吟味の必要がある。なお，このような扱いによる請求棄却判決が常に紛争の抜本的解決に結びつくとは限らないが[84]，これはいずれが全体として効果的かという較量の問題であり，判例形成のなかで個別的に決定が積み重ねられていくことに期待したい[85]。

第5節 訴えの利益

第1款 訴えの利益の意義

　訴えの利益とは，訴訟上の請求の当否について本案判決をする正当な利益をいう。これには，救済の①資格と②必要性・適切性がある。①救済の資格とは，本案判決による保護を受けるに適した権利としての性質を備えていることをいい，「権利保護の資格」とも表現される。②救済の必要性・適切性とは，救済の資格があることを前提に，具体的な事件において本案判決によって訴訟物に関する争いを解決する必要があり，訴訟がその解決の手段として適切であることをいい，「権利保護の利益」ともよばれる。

　もっとも，これらの区別は，一義的に明確であるとはいいがたいが[86]，一般的には，前者は請求の内容が本案判決の対象たり得る性質をもつか否かを抽象的レベルで問題と

---

83) たとえば，管轄違いの抗弁を無視して請求棄却判決をすると，原告の控訴によって，被告は，本来管轄のなかった遠隔地の控訴審裁判所での応訴を余儀なくされるという指摘（条解474頁〔竹下守夫〕参照）の存在。

84) とりわけ，竹下・前掲注80) 司研65号1頁以下の分析が精緻である。

85) 伊藤140頁。なお，同書は，訴訟担当の場合に請求棄却判決の効力が第三者に不利に及ぶことになる当事者適格については，除外すべきであるとする。

86) 三ケ月・研究1巻1頁以下など参照。

するのに対し，後者は当該訴訟における具体的事実関係に照らし，本案判決をすることが紛争解決に適するか否かを問うものである。

第2款　各種の訴えに共通の利益

1　救済の資格——法律上の争訟と審判権の限界——

　救済の資格は，当事者や訴訟の具体的事情いかんにかかわらず，請求の内容が本案判決の対象となり得るか否かにかかわり，実定法上は裁判所法3条1項の「法律上の争訟」にあたるか否かの問題であり，これにあたらない事件は裁判所の審判権の外に置かれる。

　「法律上の争訟」の意義について，判例上，二つの基準が示されている。すなわち，①訴訟物のレヴェルにおいて当事者間の具体的権利義務または法律関係にかかわるものであること，②訴訟物に関する攻撃防御方法のレヴェルにおいて法の適用に適すること，である。

　まず，基準①を満たさないケースとして，警察予備隊の設置・維持に関する一切の行為の無効確認を請求した事件（最大判昭27・10・8民集6巻9号783頁），住職など宗教上の地位の確認を請求した事件（最判昭44・7・10民集23巻8号1423頁〔百選3版20事件〕〔銀閣寺事件〕）などがある。宗教団体の内部紛争であっても，訴訟物に世俗的な法律上の権利義務を掲げる訴えは，基準①を満たす。たとえば，宗教法人法上の代表役員等の地位の確認を求める訴えなどが典型である。この点，檀徒の地位確認についても，檀徒は，本来，宗教上の地位であるものの，それが宗教法人の代表役員を補佐する機関である総代に選任されるための要件とされるなど，法律上の地位としての性質を併有するときには，基準①を満たすとして，原判決（訴えの利益が認められないとする却下判決）を破棄差戻した最高裁判決がある（最判平7・7・18民集49巻7号2717頁〔満徳寺事件〕）。法律上の請求の当否を決する前提となる特定人の宗教上の地位の存否については，基準①を満たすが，そうした前提問題の判断が教義の解釈にかかわるなど宗教上の自由への介入にわたる場合には，そのうえ基準②を検討する必要がある。

　そこで，基準②を満たさないケースをみると，「板まんだら」が偽物ゆえ，その安置のための正本堂建立に対する寄付金の贈与は錯誤に基づき無効である（民95条）と主張して，その不当利得返還（民703条）が求められた事件（最判昭56・4・7民集35巻3号443頁〔百選2版1事件〕〔板まんだら事件〕），擯斥処分（僧籍剝奪）を受けた者に対する寺院建物の明渡しが求められた事件（最判平元・9・8民集43巻8号889頁〔百選Ⅰ1事件〕〔蓮華寺事件〕，最判平5・7・20判時1503号3頁①事件

［白蓮院事件］，最判平5・9・10判時1503号3頁②事件［妙真寺事件］，最判平5・11・25判時1503号3頁③事件［小田原教会事件］，最判平14・1・29判時1779号22頁②事件［常説寺事件］，最判平14・2・22判時1779号22頁①事件［大経寺事件］，最判平21・9・15判時2058号62頁［玉龍寺事件］），宗教法人である宗教団体の代表役員の地位確認が求められた事件（最判平5・9・7民集47巻7号4667頁［日蓮正宗管長事件］）などがある。

　こうした宗教団体の自律的決定をめぐる裁判のあり方に関し，たとえば，一般人には直接認識不可能な宗教上の事実（宗教上の秘義）を判断しないと請求の当否を決するうえでの前提問題（たとえば，選任手続の適法性など）をも判断することができない事件については，以下の見解がある。(i)当該団体の自律的決定があったという事実の存在の証明を通して選任の適法性・有効性を判断する立場（自律的決定受容論）[87]，(ii)当該団体の自律権行使が実体的・手続的要件を具備することが認定できるならば，自律的処分を有効として本案判決をすることができるし，要件具備が認定できないならば，その要件事実に主張責任・証明責任を適用して本案判決をすべきであるとする立場[88]，(iii)紛争の中核を団体内部における教義上の抗争，宗教紛争とみて，事件全体を「法律上の争訟」にあたらないとして，訴え却下する立場[89]がある[90]。判例・通説は，(iii)の立場であるといえるが，(i)の見解も有力である。日蓮正宗管長事件判決には(i)の立場からの反対意見が付されており，その後の判例は安定しておらず[91]，なお流動的であるといえよう[92]。

---

87) 新堂幸司「審判権の限界」講座民訴②22頁〔新堂・研究2巻281頁以下所収〕，新堂242頁注(1)，伊藤眞「宗教団体の内部紛争と裁判所の審判権」判タ710号（1989年）4頁，松浦馨「民事訴訟による司法審査の限界」竜嵜還暦1頁，伊藤143頁など。

88) 中野貞一郎「司法審判権の限界と画定基準」民商103巻1号（1990年）1頁，中野・論点Ⅱ334頁など。

89) 本間靖規「判批」龍谷18巻1号（1985年）77頁。

90) そのほか，団体内部の手続運営のあり方に目を向けたり，争点形成プロセスの規律を裁判所に求めたりすることを提唱する見解がある（安西明子「宗教団体紛争における本案審理の方法」福岡43巻4号（1999年）331頁，同「公正な争点形成のための審理・判決手法」民訴48号〔2002年〕214頁）。

91) たとえば，宗教法人の代表役員および責任役員の地位確認訴訟を「法律上の争訟」にあたらないとして，訴えを却下した最判平11・9・28判時1689号78頁［仏世寺事件］がある一方，宗教法人の代表者として寺院建物の所持開始後に僧籍剥奪処分を受けた者が建物所持を奪った当該宗教法人に対する占有回収の訴えを本案審理して請求容認した最判平12・1・31判時1708号94頁がある。

92) 近時，最高裁判所は，宗教法人による懲戒処分の効力が請求（土地明渡等）の当否を決する前提として争われた事案で「宗制に違反して甚だしく本派の秩序を紊した」という剥職事由を問題とするのであれば，「必ずしも宗教上の教義ないし信仰の内容に立ち入って審理，判断する必

紛争解決の必要性と宗教団体の自律性との調和を実現しようとする点からすると，(i)の考え方が基本的に妥当であると考えられる。これによると，宗教上の地位の取得が証明主題である場合，それは団体内部において地位の取得が承認されている事実によって基礎付けられ，その承認の事実は経験則による事実認定になじむので，裁判所はこれに法令を適用して本案の判断をすることができる[93]。

　これに対し，(ii)の立場は，民事訴訟法内のコンセプトを使って，理論構成をしており，しかも，本案判決を下すことにより事件の実質的解決をもたらす見解であり，「裁判を受ける権利」(憲32条)の保障とも馴染む。しかしながら，ここでの問題は，審判権の限界に関するのであって，司法の本質にかかわること，または，信仰ないし教義上の抗争に中核的意義を認めるべきことから出発して，前者は本案判決，後者は訴え却下判決といった帰結を導くものであるが，審判権の限界が紛争の分岐点に存することからすれば，その点を事件全体の命運を左右するものとしてとらえて，事件そのものについての本案判決そのものを回避するのが本筋であるといえよう。換言すれば，決勝的争点について判断を避けながら，紛争の本体について判断を下すというのは，事件処理の内部に矛盾をはらむ対応であるというべきなのではなかろうか。教義上の問題を回避しながら，宗教の茂みに片足を踏み入れる結果になるのであって，その法理がいかに適切なものであっても，裁判所は，究極において宗教的紛争にまみれることになりかねない[94]。

2　救済の必要性・適切性

　救済の必要性・適切性は，個別具体的な検討を要するが，四項目に分けて眺めることにする。

　① 起訴が禁止されていないこと

　重複訴訟禁止(142条)，再訴禁止(262条2項)または別訴禁止(人訴25条)に該当するとき，訴えの利益は認められない。これらの場合には，別個の手続に

　　要はなかった」が，宗旨または教義に異議を唱え宗門の秩序を紊したという「擯斥事由に該当する旨主張している」以上，「宗教上の教義ないし信仰の内容に立ち入って審理，判断することを避けることはできないから」，法律上の争訟にあたらないとして，訴えを却下した(最判平21・9・15判時2058号62頁)。本判決が争点形成の主導権を当事者に託すものとみて，そこに今後の判例における宗教団体の自律の尊重と紛争解決の必要性との調整に関する一つの可能性を指摘するものとして，平成22年重判解142頁〔小林学〕がある。

93)　伊藤143頁参照。
94)　芦部信喜〔高橋和之補訂〕『憲法〔第3版〕』(岩波書店，2002年)，佐藤幸治＝木下毅編『現代国家と宗教団体紛争処理の比較法的検討』(岩波書店，1992年)など参照。

おいて本案判決を求めるより適切な機会が当事者にあり，これを活用するのがベターであるからである。

② 訴訟によることに障害となる事由のないこと

訴訟費用償還請求の額（71条）や訴訟代理権の存否（最判昭28・12・24民集7巻13号1644頁，最判昭30・5・20民集9巻6号718頁〔百選3版35事件〕）などのように，訴訟法上の考慮から法律が特に別途の手続によるべきことを定めている場合にも，訴えの利益が否定される。

原告が同一の請求に関してすでに請求容認の確定判決を得ているときは，裁判所は，訴えの利益を欠くものとして，訴えを却下すべきである（職権調査事項）。

③ 当事者間に訴訟によらない旨の合意のないこと

不起訴の合意や仲裁合意がある場合は，訴え提起されても被告がこれらの存在を主張・立証すれば，訴えの利益を欠くことになる（いわゆる抗弁事項）。

④ 訴えの提起（訴権の行使）が濫用とならないこと

訴権の行使が濫用と評価される場合には，訴えの利益が認められず，訴えは却下される。もっとも，この取扱いに対しては，裁判を受ける権利を侵害するとの批判がある[95]。しかし，憲法上の権利であっても濫用的行為は許されないはずであり，また，特定の事件における特定の相手方との関係で訴権行使を否定しても，正当な根拠が存する以上，不合理な制約であるとはいえない。問題は，いかなる場合に訴権の濫用として訴えを却下するかであり，実態に即して具体的に判断すべきであろう。

第3款　給付の訴えの利益

1　現在給付の訴えの利益

「現在給付の訴え」とは，その訴訟物が事実審の口頭弁論終結時までに履行期の到来する給付請求権である場合をいう。これについては，訴えの利益がとくに問題となることはない。すでに給付を請求できる地位にある原告が現に給付を受けていないと主張する訴えであるので，本案判決の必要性は明らかだからである（ただし，自然債務を除く）。

なお，当該給付請求権を強制執行により実現することが法律上または事実上不可能もしくは困難であったとしても，訴えの利益を否定するものではない。確定した給付判決

[95) 中野貞一郎「民事訴訟と信義則」日本弁護士連合会編『国民のための司法をめざして』（日本評論社，1974年）11頁参照。

を得た債権者が重ねて訴えを提起しても，当然訴えの利益は認められないが，判決原本が滅失したときや時効中断の必要があるときには，訴えの利益が認められる[96]。また，口頭弁論終結後に訴訟物たる権利関係を譲り受けた第三者は，執行文付与の訴え（民執33条）を提起することができるが，当該訴訟物について既判力をもって確定する必要があるといえるので，訴えの利益が認められる。執行決定ないし執行判決を求める訴えを提起し得る場合（仲裁46条，民執24条）も同様であり，さらに簡易な債務名義の取得方法が認められている場合も，訴えの利益が認められる（仮執行宣言につき，最判昭29・3・9民集8巻3号637頁，最判昭39・5・29民集18巻4号725頁）。

2 将来給付の訴えの利益

「将来給付の訴え」とは，口頭弁論終結時までに履行すべき状態にない給付請求権を訴訟物とする訴えをいう。履行すべき状態にない請求権には，期限未到来の請求権のみならず，停止条件付請求権，または，いまだ発生していなくても保証人の求償権のようにその基礎関係がすでに成立しているものなどがある。請求認容判決の主文には，履行期が示される。強制執行は，履行期の到来を待たなければならない（民執27条1項・30条1項）。

将来の給付の訴えの利益は，「あらかじめその請求をする必要がある場合」にのみ認められる（135条）。いまだ履行すべき状態にないにもかかわらず給付判決を得ておこうとする訴えであるため，原告にそれを正当化するに足りる利益が存しなければならない。この「あらかじめその請求をする必要がある場合」には，二つの類型がある。

一つは，履行期が到来しても履行が合理的に期待できない事情のある場合である。たとえば，債務者が現在すでに義務の存在や内容を争っているときには，履行期における任意履行は通常期待できず，また，継続的・反復的給付義務の不履行があったときには，将来の部分の履行も期待できない。元本の支払請求に併せて元本完済に至るまでの遅延利息や損害金を請求したり，土地建物の明渡時までの賃料相当額の損害金を請求したりすることが実務上よく行われている（口頭弁論終結後の部分が将来の給付請求）。本来の給付請求にその執行不能を慮って代償請求を併合する場合，代償請求の部分はその履行（損害賠償請求）が将来の履行不能または執行不能という条件にかかっており，将来給付の訴えとなるが，本来給付が争われることによって代替給付である代償請求についても将来の履行が期待できないことから，訴えの利益が認められる（大連判昭15・3・

---

[96] 大判昭6・11・24民集10巻1096頁，新堂254頁など通説。

13民集19巻530頁〔百選26事件〕，最判昭30・1・21民集9巻1号22頁）。

　いま一つは，給付の性質上，履行期における即時の給付がない限り，債務の本旨に適った請求とならない場合である。たとえば，定期売買（民542条）に基づく履行請求，債務者の生活保護のための扶養料請求，または，公演や講演のように一定の日時に行わなければ債務の本旨に合致しない作為義務の履行請求などがある。

　この点，継続的不法行為に基づく将来の損害賠償請求については，議論がある。不動産の不法占拠者に対する明渡請求に併合される明渡時までの将来の賃料相当額の賠償請求については，訴えの利益を肯定することに争いはないが，大阪国際空港事件では訴えの利益が争われた。すなわち，周辺住民が国に対して空港の夜間使用差止等が実現されるまでの間，毎月各人1万円の慰謝料を支払うよう求めて訴えを提起したところ，最高裁大法廷（多数意見）は，継続的不法行為に基づく将来の損害賠償請求の訴えが認められるためには，①「右請求権の基礎となるべき事実関係及び法律関係が既に存在し，その継続が予測されるとともに」，②「右請求権の成否及びその内容につき債務者に有利な影響を生ずるような将来における事情の変動としては，債務者による占有の廃止，新たな占有権原の取得等のあらかじめ明確に予測しうる事由に限られ，しかもこれについては請求異議の訴えによりその発生を証明してのみ執行を阻止しうるという負担を債務者に課しても格別不当とはいえない点において前記の期限付債権等と同視しうるような場合」には，「これにつき将来の給付の訴えを許しても格別支障があるとはいえない」としたうえで，本件については，①が認められても，不法行為の成否および損害の範囲が流動性をもつ今後の複雑な事実関係の展開とそれらに対する法的評価に左右されることなどにより，②を満たすとはいえず，将来の給付の訴えにおける請求権としての適格を欠くとして，訴えは却下されるべきであると判示した（最大判昭56・12・16民集35巻10号1369頁〔百選3版28事件〕）。

　本判決には，団藤重光裁判官の少数意見が付されている。これによると，将来の損害賠償請求の訴えが認められるのは，当該請求権発生の基礎となるべき事実関係が継続的な態様においてすでに存在し，将来にわたり確実に継続することが認定される場合であるとしたうえ，本件訴えもこれにあたる（訴えの利益が認められる）とし，その継続が確実と認められる期間を控えめに見積もることで終期を定めて将来の賠償請求を命じるのであれば，その期間内における事情の変動の立証責任を債務者に課しても不当ではないとしている。

学説上は，団藤少数意見と同様に，一定期間に限定するなどして訴えの利益を肯定する余地を認める見解が多い[97]。

その後の横田基地訴訟事件でも最高裁判所は，大阪国際空港事件最高裁判決を踏襲したが（最判平19・5・29判時1978号7頁），多くの補足意見や反対意見が付されており，今後の判例変更に向けた議論の契機を提供している（とりわけ，田原裁判官の反対意見）。

第4款　確認の訴えの利益

給付訴訟および形成訴訟ではその対象が限定されるのに対し，確認の対象は論理的に無制限であることから，確認訴訟において，訴えの利益の果たす役割は，とりわけ大きい。確認の訴えの利益については，救済の資格を法律上の争訟性の点から判断しつつ，救済の必要性・適切性を具体的事情に照らして判断するという二段の判定が行われる。前者の資格を「確認の対象」，後者の必要性・適切性を「確認の利益」という。

法律関係が現在のものか過去のものかについては，「確認の対象」ではなく「確認の利益」の問題として扱う方向に向けて理論的転換が行われたこともあって，救済の資格は，各種の訴えに共通の「法律上の争訟」性（裁3条1項）の問題を除けば，その独自の意味を減少しつつある。そこで，「確認の対象」の問題は，「確認の利益」のなかで統一的に論じられることになる。なお，資格の問題として残るのは，法律関係か事実関係かである。

1　対象選択の適否

確認の訴えの訴訟物は，実体法との関係で制限を受けることがなく，確認の対象は無限定であるので，とくに救済の資格の有無を法律上の争訟との関係で吟味する必要がある。

まず，確認の対象となる訴訟物は，権利義務ないし法律関係に限られるのが原則である[98]。法律関係以外の事実関係ないし社会関係（宗教上の地位の存否など）は，原則として確認の対象とはならない。たとえば，具体的相続分は，遺

---

[97]　中野・論点Ⅰ139頁以下，松浦馨「将来の不法行為による損害賠償請求のための給付の訴えの適否」中野古稀上187頁など。

[98]　この「法律関係」は，他人間の法律関係でも，その確認が原告の法的地位の安定に資するならば，構わない。たとえば，土地の転借人が土地所有者から当該土地の使用権を取得したと主張する者に対して，土地使用権の確認を求める場合（大判昭5・7・14民集9巻730頁）や，原告である登記簿上の二番抵当権者が一番抵当権者を被告として一番抵当権の被担保債権消滅の確認を求める場合（大判昭15・5・14民集19巻840頁）などの例がある。

産分割手続における分配の前提となるべき計算上の価額またはその価額の遺産総額に対する割合を意味するのであって，それ自体は実体的な権利または法律関係ということはできず，確認の対象とはならない（最判平 12・2・24 民集 54 巻 2 号 523 頁〔百選 4 版 25 事件〕）。もっとも，法は，法律関係を証する書面（たとえば，契約書，遺言書，定款，有価証券など）の真否（名義人の意思に基づいて作成されたか否か）については，その書面により証明される法律関係が原告の権利または地位に関係があり，これについての危険や不安が専らその書面の真否にかかっている場合に限り，「事実関係」であっても確認の対象として認めている（証書真否確認の訴え。134 条）。証書の真否だけでなく，たとえば，当該書面でなされた法律行為の効力につき争いがある場合には，権利または法律関係自体の確認訴訟によるべきである（最判昭 42・12・21 判時 510 号 45 頁〔続百選 34 事件〕）。

つぎに問題となるのは，現在の法律関係に限られるか否かである。「過去」の法律関係についても，その確認が現在の法律関係をめぐる紛争の解決にとって有効・適切である場合には，確認の利益が認められる。婚姻無効確認の訴え（人訴 2 条 1 号），養子縁組の無効確認の訴え（人訴 2 条 3 号），行政処分無効確認の訴え（行訴 36 条）などがその例である（なお，確認の訴えかにつき争いあるものとして，株主総会決議不存在・無効確認の訴え〔会社 830 条 1 項〔旧商 252 条〕〕，社員総会等の決議不存在確認の訴え・無効確認の訴え〔一般法人 265 条〕99)）。

判例によって「過去」の法律関係について確認の利益が認められたケースとしては，検察官を相手に実母が提起したすでに死亡した子との親子関係確認の訴え（最大判昭 45・7・15 民集 24 巻 7 号 861 頁〔百選 4 版 A10 事件〕），遺言無効確認の訴え（最判昭 47・2・15 民集 26 巻 1 号 30 頁〔百選 4 版 23 事件〕），遺産確認の訴え（最判昭 61・3・13 民集 40 巻 2 号 389 頁〔百選 4 版 24 事件〕），検察官を相手とする死亡した認知者に対する認知無効の訴え（最判平元・4・6 民集 43 巻 4 号 193 頁），学校法人の理事会の決議無効確認の訴え（最判昭 47・11・9 民集 26 巻 9 号 1513 頁），医療法人社員総会決議不存在確認の訴え（最判平 16・12・24 判時 1890 号 46 頁），新株発行不存在確認の訴え（最判平 9・1・28 民集 51 巻 1 号 40 頁）などがある。

また，「過去の」「事実関係」であっても，その確認が現在の法律関係をめぐる紛争の抜本的解決にとって有効，適切であるような場合には，確認の対象としてよい。判例は，日本国籍の取得が自己の意思によるものではなく，日本人を父とする出生によるという過去の事実について，アメリカ国籍の回復を求め

99）本書 198 頁参照。

得る地位の有無という現在の法律関係をめぐる紛争の解決にとって不可欠であるとして，確認の対象となるものとしている（最大判昭32・7・20民集11巻7号1314頁［国籍訴訟］）。

2 方法選択の適否

つぎに，紛争の解決手段として確認訴訟を選択することの適否が問われる。

(1) 訴えの三類型との関係

給付訴訟や形成訴訟によることができる場合には，原則として確認の利益は認められない。すなわち，給付の訴えが可能な請求権や形成の訴えが可能な形成権について，その存在を確認する利益は存在しない。この確認訴訟の補充性は，訴えの三類型の相互関係と密接に関連している。例外的に請求権の存在を確認する利益が認められる場合としては，差し押えられた請求権に関する給付の訴えの利益を否定する代わりに確認の利益を肯定したり，将来の給付請求権の原因判決的な確認の訴えを認める主張がある[100]。さらに，ある法律関係から個別の請求権が派生し，それらについての給付訴訟が可能である場合でも，給付の抜本的解決の必要性から，基本となる法律関係を確認する利益が認められる（大判大13・5・31民集3巻260頁，最判昭29・12・16民集8巻12号2158頁〔百選24事件〕，最判昭33・3・25民集12巻4号589頁）。もっとも，給付訴訟がすでに係属中であれば，その先決関係にある基本的法律関係の確認は，重複訴訟の禁止（142条）を回避すべく，中間確認によることになる[101]。また，債務不存在確認訴訟の係属中に給付訴訟の反訴が提起されると，本訴は確認の利益を欠き，不適法却下される（最判平16・3・25民集58巻3号753頁〔百選4版29事件〕）。

(2) 前提の手続問題

本案判決の前提をなす手続問題の確認を別訴で求める利益も，原則として認められない。たとえば，訴訟代理権の存否は，別訴ではなく，当該訴訟手続内で確認すれば足りる[102]。同じく，訴えの取下げの効果，訴訟要件の存否，中断・承継の有無などについても，別訴での確認の利益は認められない[103]。

もっとも，係属中に疑義の生じた被告適格を別訴で確認する利益を認めた判例がある

---

100) 高橋・重点講義上327頁参照。なお，将来の法律関係の確定を求める訴えについては，高田裕成「将来の法律関係の確定を求める訴えとその判決の既判力」青山古稀175頁を参照。
101) 新堂260頁など参照。
102) したがって，訴訟代理権の不存在確認訴訟や訴訟代理権を証する書面の証書真否確認訴訟は，認められない（前者につき，最判昭28・12・24民集7巻13号1644頁，後者につき，最判昭30・5・20民集9巻6号718頁〔百選3版35事件〕）。
103) 条解812頁〔竹下守夫〕，高橋・重点講義上328頁など。

が（大判昭10・12・10民集14巻2077頁[104]）、これに対しては、別訴でなく当該手続内で調査判定すべきであるとするのが筋であろう[105]。

3 即時確定の利益

確認の利益は、原告の権利または法的地位に現に不安が存在し、かつ、その不安を除去する方法として原被告間で当該権利等の存否を確認する判決をすることが必要かつ適切である場合に認められる。これはさまざまな側面から説明することができるが、その中心は、即時確定の（現実的）利益ないし紛争の成熟性である。これは、当事者間の具体的事情を考慮して、紛争解決のために確認判決が必要かつ適切であることを意味する。

原告の法的地位を被告が否定したり、それと抵触する法的地位を被告が主張したりする場合に、確認判決の必要性が基礎づけられる。たとえば、被告が権利者は第三者であると吹聴する場合に確認の利益が認められる（最判昭35・3・11民集14巻3号418頁、最判昭40・9・17判時422号30頁）。また、被告が原告の法的地位を争っていないときでも、時効中断や公簿記載の訂正のために確定判決が必要であるという特別の場合にも確認の利益が認められる（最判昭25・12・28民集4巻13号701頁、最判昭31・1・26民集10巻6号748頁、最判昭62・7・17民集4巻15号1381頁）。

確認判決が適切かが問題となるのは、第一に、積極的確認と消極的確認のいずれも可能であるときにおける消極的確認の訴えである。この場合、原則として即時確定の利益を欠く。たとえば、原告の使用権限の有無が争われている場合には、原告は、被告の所有権不存在確認ではなく、自己の使用権限の確認を求めるべきである（最判昭54・11・1判時952号55頁）。

第二に、将来の権利関係の確認を求める訴えも問題となる。これは、事後の変動可能性を考慮すれば、即時確定の利益を欠くことになる。原告の法的地位は、法的保護に値するほどに具体的・現実的であることを要するのである。被相続人の生存中に推定相続人が被相続人と第三者の間の売買契約の無効確認を求めること（最判昭30・12・26民集9巻14号2082頁〔百選Ⅰ63事件〕）、被相続人の死亡後、相続財産分与の審判前に特別縁故者（民958条の3）にあたると主張す

---

[104]　その事案は、土地境界確定訴訟係属中に相隣地の所有者である被告が当該土地を第三者に売却して移転登記も了したので、原告が被告と譲受人たる第三者を相手として当該売買契約は虚偽表示であると主張して、相隣地の所有者は被告であることの確認を求める別訴を提起したというものであった。

[105]　新堂260頁注(1)。

る者が遺言の無効確認を求めること（最判平6・10・13家月47巻9号52頁）について，確認の利益は否定される。遺言無効確認を生存中の遺言者が自ら求めること（最判昭31・10・4民集10巻10号1229頁），遺言者が心神喪失の状態にあるときに推定相続人が遺言無効確認を求めること（最判平11・6・11家月52巻1号81頁〔百選4版26事件〕）についても，確認の利益は否定される[106]。これに対し，条件付法律関係の確認は，現在の法律関係として確認の利益が肯定される。たとえば，建物賃貸借期間中に賃借人が賃貸人に対して提起した敷金返還請求権存在確認の訴えについて，判例は，当該請求権を「条件付きの権利であると解されるから，現在の権利又は法律関係であ」り，「確認の対象としての適格に欠けるところはない」としたうえで，こうした「条件付きの権利の存否を確定すれば」，賃借人の「法律上の地位に現に生じている不安ないし危険は除去されるといえる」として，即時確定の利益を認める（最判平11・1・21民集53巻1号1項〔百選4版27事件〕）。

第5款　形成の訴えの利益

　形成の訴えは，その必要に応じて実体法上，個別に定められており，その救済の資格（形成の対象）が問題となることはなく，救済の必要性・適切性（形成の利益）も，法定の要件を具備している限り，当然に訴えの利益が認められるのが原則である。

　しかしながら，判例上，訴えの利益が問題となる事例も少なくない。それは，形成の利益が訴訟係属の前後に事情の変化によって消滅する場合である。これについては，当該形成判決が遡及効をもたないときは，訴えの利益が消滅する傾向にある[107]のに対し，遡及効をもつときは，訴訟を続けることに伴う効果はその分大きくなることから，訴えの利益を肯定する方向に傾きやすい。そこで，以下では，形成判決の遡及効の有無という点から，二つに分けて判例を眺めることにする。

　まず，(a)形成判決に遡及効がない場合についてみると，事情の変化により形成の利益が消滅することがある。形成判決により実現しようとした原告の目的が事情の変化により，形成判決を得ても達成できなくなった場合には，特段の事情のない限り，訴えの利益は失われる。たとえば，メーデーのために皇居外

---

106)　中野貞一郎「遺言者生存中の遺言無効確認の訴え」奈良法学会雑誌7巻3＝4号（1995年）51頁・65頁，中野・論点Ⅱ56頁。
107)　伊藤152頁注36参照。

苑使用不許可処分の取消訴訟係属中にメーデーの日が経過した事案（最大判昭28・12・23民集7巻13号1561頁〔百選3版37事件〕），株主以外の者に新株引受権を与える旨の株主総会の決議取消訴訟係属中に新株が発行されてしまった事案（最判昭37・1・19民集16巻1号76頁），商工組合創立総会の定款承認決議取消訴訟の係属中に設立が認可され設立登記がなされてしまった事案（最判昭49・9・26民集28巻6号1283頁），ある役員に退職慰労金を与える旨の株主総会の決議取消訴訟係属中に同一内容の議案の再決議がなされた事案（最判平4・10・29民集46巻7号2580頁〔百選IA16事件〕［ブリヂストン事件］）などがあり，いずれも形成の利益を欠くに至るとされている。

つぎに，(b)形成判決が遡及効を有する場合についてみると，事情の変化によっても形成の利益は失われないことが多い（行訴9条括弧書き参照）。たとえば，決議取消判決の確定により，当該決議が遡及的に無効となると，その瑕疵は後行決議に継承されて，先行決議取消しの利益は依然存すると考えることができる（最判昭58・6・7民集37巻5号517頁[108]参照）。他方，決議取消事由は比較的軽微なうえ，出訴期間も限られているとして，先行決議の瑕疵は後行決議に影響しないと考えることも可能である。たとえば，取締役等役員選任の株主総会決議の取消訴訟[109]の係属中に，当該役員が任期満了によって退任し，別の株主総会で新たに役員に選任された事案で，取消しを求める選任決議に基づく役員がもはや現存せず，特別の事情のない限り，訴えの利益を欠くに至るとする判例がある（最判昭45・4・2民集24巻4号223頁〔百選4版30事件〕）。

学説をみると，(i)すでに退任した役員の選任決議を取り消す具体的実益はないとして，判旨に賛成する見解（実益説）が多い[110]。他方，(ii)会社運営に関する最重要の意思決定である株主総会決議を取り消す訴え（会831条1項）は，経営の適正確保のための手段であり，選任された役員が退任したとしても，決議の瑕疵が治癒されることはなく，依然として原告株主にはルール（法令および定款）にしたがった遵法会社経営を求める実益が認められるので，訴えの利益は消滅しないとして，判旨に反対する見解（適法性

---

108) 本判決は，計算書類等の承認決議が取り消されたときは，その決議は既往に遡って無効となり，当該計算書類等は未確定となるから，それを前提とする次期以降の計算書類等の記載内容も不確定なものとなるとして，特別の事情がない限り，訴えの利益が失われることはないという。
109) 株主総会決議取消判決の遡及効については，これを否定する少数説もあるが（上柳克郎ほか編集代表『新版注釈会社法 (5)』〔有斐閣，1986年〕349頁〔岩原紳作〕参照），本判決（最判昭45・4・2）は，これを肯定する通説の立場を理論的前提としている（後藤静思「最判解」曹時23巻9号〔1971年〕215頁，小林編・判例講義144頁〔萩澤達彦〕，百選4版30事件〔田頭章一 解説〕など）。なお，会社法839条参照。
110) 竹内昭夫『判例商法I』（弘文堂，1976年）179頁，会社判例百選〔新版〕111頁〔鴻常夫〕など。

確保説）もある[111]。さらに，(iii)折衷的な考え方として，訴えの利益の有無を手続の具体的展開に応じて動態的に把握することを前提に，当事者間での攻撃防御が相当に積み上げられた段階（たとえば控訴審の結審間際）では，訴えを却下すると訴訟経済および当事者の利益にとって好ましからざる結果をもたらすとともに，選任決議を取り消しておく事実上の利益も認められる（取締役責任追及訴訟などの立証に有利）ので，訴えの利益を肯定するが，手続がそれほど積み上げられていない段階では，訴えの利益を否定して訴え却下判決をすべきとする見解（折衷説）がある[112]。

(i)説（実益説）および(iii)説（折衷説）は，その広狭に違いはあれ，決議を取り消す法的な利益を認めない点で共通する。しかし，法の支配が隅々にまで行き渡った社会，すなわち法的ルールに規律する透明で公正な社会に移行しようとする今日の解釈論としては，会社がコンプライアンスの精神に基づいてルールを遵守して運営されるよう求めること自体を株主の法的利益と認める必要があるといえ，(ii)説（適法性確保説）に賛成したい。決議取消訴訟には，特定の決議を対象として，その効力を消滅させるという構造をとることで，かえって確認訴訟的構造をとるよりも，その紛争把握が限定され，また，判決効も限られてくるという機能的制約の問題に直面しやすいが，そうすると，形成訴訟制度を立法者が設けた趣旨を裏切る結果になりかねない。このことを考えると，組織的適法性確保のために設けられた決議取消訴訟は，遵法的組織運営という目的に合致した特別の理論構造を与えられてしかるべきであり，その一環として形成の利益の事後的消滅は可及的に回避されるべきであり，その意味で(ii)説（適法性確保説）が妥当であると解される。

この状況におけるもう一つの問題点として，取消対象とされる決議と同一内容の決議が訴訟係属中に繰り返された場合の処理がある。この点，判例は，前述のように，先行した決議に関する形成の利益は消滅するとしている（前掲・最判平4・10・29）。この場合，(i)説（実益説）では，取消対象の決議に代わる効力をもつ同一内容の再決議が存在するので，最初の決議を取り消す実益を欠くに至り，訴えの利益は認められない。(iii)説（折衷説）では，具体的な手続段階いかんによって判断される。問題となるのは，(ii)説（適法性確保説）であり，結

---

111) 谷口安平「判批」民商54巻2号（1966年）61頁，中島弘雅「株主総会決議訴訟の機能と訴えの利益」民商99巻6号（1989年）804頁，伊藤153頁など。
112) 新堂幸司「株主総会決議の取消の訴え」上柳克郎ほか編『会社法演習Ⅱ』（有斐閣，1983年）82頁〔新堂・基礎405頁所収〕，新堂269頁，高橋・重点講義上351頁。なお，小島武司「訴えの利益」新版民訴演習(1)102頁。

論が分かれる。再決議によって最初の瑕疵が治癒され，訴えの利益は消滅するに至るという立論[113]もあるが，具体的な決議の瑕疵という次元ではなく，会社の経営体質自体の健全性・遵守性を維持向上させることに決議取消訴訟の実益を見出すという適法性確保説の基底にある発想からすれば，この場合にも訴えの利益を認めるべきであろう[114]。

第6節 当事者適格

第1款 当事者適格の意義

　当事者適格とは，特定の請求について当事者として訴訟を追行し，本案判決を求めることのできる資格をいう。当事者が原告・被告に分かれるのに応じて，原告適格と被告適格に分けられる。これを当事者の権能という面からみれば，「訴訟追行権」であり，この資格ないし機能を有する者を「正当な当事者」という。

　訴えの利益との関係では，まず，具体的事件とかかわりのない救済の資格については，当事者適格と重なり合うところがない。つぎに，救済の必要性・適切性についてみると，これは，請求の方から眺め，その請求について本案判決をする必要性・適切性を問うのに対し，この当事者適格は，特定の請求を前提にして，いかなる者が当事者となったときに本案判決をするのが必要かつ適切であるのかを問うものである。確認の利益と当事者適格は，この意味において，密接不可分の関係にある。

　当事者適格は，このように特定の請求との関係で判断される点で，個々の事件を離れた一般的な人格的能力である当事者能力や訴訟能力とは異なる。当事者適格の有無は，当事者ごとに個別的に判断されるのが原則である。もっとも，固有必要的共同訴訟の場合には，当事者適格は，管理処分権能の合有的帰属という考え方[115]にしたがえば，全員が当事者となってはじめて認められる。

第2款 当事者適格の判断基準

1　一般の場合

　特定の請求について，有効適切な解決をもたらす正当な当事者を選別する基

---

[113]　中島弘雅「判批」商事法務 1180 号（1992 年）2 頁。
[114]　伊藤 153 頁。
[115]　本書 759 頁参照。

準は，当該請求の当否について最も強い利害と関心があるか否かである。このような者であれば十分な訴訟追行を期待することができ，紛争解決の実効性が確保されるとともに，たとえ敗訴したとしても当事者として十分な手続関与の機会が与えられて，その者の「裁判を受ける権利」（憲32条）を害することはないからである。では，いかなる者が当該請求の当否について法律的に利害対立するのであろうか。

この点，従来は，訴訟物たる権利関係の存否の確定について法律上の利害の対立する者に当事者適格を認めるという考え方が支配的であった[116]。しかし，近時は，請求認容判決によって保護されるべき実体的利益の帰属主体が正当な原告であり，その者を被告として請求認容判決を得た場合に原告の法的利益が保護される関係にある者が正当な被告であるとする主張[117]や，当該請求についての判決結果いかんにより享受できるかが決まる法的利益であって，それが独立の訴訟を許容してでも保護すべき程度に重大な利益（「訴訟の結果に係る重大な利益」）を有する者に当事者適格を認めるべきとする主張[118]が有力となっている。

訴えの類型ごとに検討すると，まず，給付の訴えでは，訴訟物たる給付請求権を主張する者が正当な原告であり，原告によってその義務者と主張される者が正当な被告となる。特定の者から特定の者に対する給付請求権を訴訟物とする給付の訴えの構造からすると，当事者適格の判断は，常に原告の給付請求が存在するか否かという本案の判断に吸収されてしまうことになろう[119]。たとえば，部屋の所有権に基づいてある設備の撤去を請求した訴訟について，被告とされた者には本件設備を撤去する権限がないから，被告適格を欠く不適法な訴えであるとした原審に対して，最高裁判所は，「給付の訴えにおいては，その訴えを提起する者が給付義務者であると主張している者に被告適格があり，その者が当該給付義務を負担するかどうかは本案請求の当否にかかわる事柄であると解すべきである」から，本件訴えは適法であるとした（最判昭61・7・10

---

116) 兼子・体系159頁など。
117) 注釈民訴(1)407頁〔新堂幸司〕，上田227頁など。
118) 福永有利「当事者適格理論の再構成」山木戸還暦上52頁以下，同「当事者適格論・再考」新堂古稀上769頁以下，中野ほか148頁〔福永有利〕など。中野貞一郎教授は，この見解を「訴訟の結果に係る重要な利益の主体＝正当な当事者」説とよび，そのメリット（たとえば，各種の訴えにおける当事者適格の基準の統一化や当事者と補助参加人の相互的地位の措定）を「評価し，さらなる精緻化を期待しつつ，これに従っておきたいと思う」という（中野・論点Ⅰ98頁以下）。
119) こうした通説的な理解に対して異議を唱えるものとして，徳田和幸「給付訴訟における当事者適格の機能について」福永古稀103頁を参照。

判時1213号83頁）。

　確認の訴えでは，訴訟物である権利義務の主体であると主張する者に当事者適格が認められる[120]。ただし，他人間の権利関係の確認の訴えのように，訴訟物である権利義務の主体でない者でも，その権利関係の確認によって，自らの実体法的地位の不安を除去できるという関係にあれば，当事者適格が認められる（大判昭5・7・14民集9巻730頁）。たとえば，後順位抵当権者が先順位抵当権者による抵当権の実行を防ぐために先順位抵当権の不存在確認を求める訴えなどがその例である。これに対し，遺言無効確認の訴えにおいて特別縁故者（民958条の3第1項）は，当事者適格を有しない（前掲・最判平6・10・13）。もっとも，確認の訴えの場合，すでに確認の利益の判断において当該原告・被告間の紛争を確認判決によって解決する必要性と適切性が問われており，そこで当事者の正当性も判断されることから，確認の利益があるときは，当事者適格も認められるのが原則である（例外は，対世効ある確認判決）。

　形成の訴えでは，その根拠法文に原告，被告となるべき者が明定されているのが通常であり（たとえば，民744条・774条・775条・787条・803-808条，人訴12条・14条・42条・43条，会社828条2項・831-834条・855条，一般法人264条2項・266-269条・273条・285条など），それらの者が正当な当事者となる。もっとも，明文規定を欠く場合[121]や不明確な場合[122]もあり，さらには，立法の妥当性を問う

---

120) たとえば，被告は，家屋明渡請求訴訟であれば，原告の所有権等を争って，自己の占有権限を主張したり，貸金返還請求訴訟であれば，契約の成立を争い，または弁済を主張したりする。

121) 旧商法下では，①株主総会決議取消訴訟（旧商247条〔会社831条1項〕）の被告，②新株発行無効・不存在確認訴訟（旧商280条ノ15〔会社828条1項2号〕）の被告（なお，原告については会社828条2項2号参照），③取締役解任訴訟の被告について明文規定を欠いていた（現行法上は会社834条）。ちなみに，判例は，①取締役等の選任に係る株主総会決議取消訴訟について，会社の意思決定である株主総会決議の処分権を有するのはその会社であることから，被告適格は会社に限られるとし（最判昭36・11・24民集15巻10号2583頁〔百選3版111事件〕），②新株発行無効・不存在確認訴訟についても被告適格は会社に認められるとする（最判平9・1・28民集51巻1号40頁）のに対して，③取締役解任訴訟については，会社と取締役の会社法上の法律関係の解消を目的とする形成訴訟であることに加えて，とりわけ取締役の手続保障を図る必要性から，会社と取締役の双方を被告とする固有必要的共同訴訟であるとする（最判平10・3・27民集52巻2号661頁〔百選3版A7事件〕。なお，この取扱いは，会社法855条として立法化された。学説は，①および②について，判例同様に会社を被告とみるのが通説的見解である（中田・判例321頁，大隅健一郎＝今井宏『会社法論中巻〔第3版〕』〔有斐閣，1992年〕123頁，梅本396-397頁など）のに対して，実質的な利害関係を有する者を当事者とすべきであるとの見地から，①につき，会社のほか，代表取締役と当該被選任取締役を共同被告とする固有必要的共同訴訟であり，②につき，代表取締役を被告とすべきであるとする有力説がある（谷口安平「会社訴訟と訴えの利益」論叢82巻2＝3＝4号〔1968年〕322頁，同「判決効の拡張と手続権の保障」中田還暦下60頁，新堂287頁注(1)など）。③については，判例同様に会社と取締役を

必要のある場合もあるところ，こうした際には，当該形成判決によって保護される原告の利益や判決効を受ける第三者の手続的利益などを考慮して，誰が正当な当事者であるのかを判断することとなる[123]。

形式的形成訴訟の当事者適格は，個別に検討する必要がある。たとえば，共有物分割訴訟（民258条）においては，共有者であると主張し，または，主張される者に当事者適格が認められ，分割を主張する者が原告側に立つことになる。共有者全員が当事者とならなければならないかにつき，判例は，共有物分割訴訟を固有必要的共同訴訟であるとして，これを肯定している（最判昭43・12・20民集22巻13号3017頁）。また，父を定める訴え（民773条）の当事者適格は，人事訴訟法に定められており，それによると，原告適格は，子，母，母の配偶者またはその前配偶者に認められ（人訴43条1項），被告適格は，原告が子または母のときは母の配偶者またはその前配偶者に，原告が母の配偶者のときは母の前配偶者に，そして，原告が母の前配偶者のときは母の配偶者に，それぞれ認められ，これら被告となるべきものが死亡したときは，検察官を被告とするものと定められている（同条2項）。なお，判例によると，形式的形成訴訟とされる土地境界確定訴訟の当事者適格については，すでに述べた[124]。

2 例外の場合

(1) 第三者の訴訟担当

第三者の訴訟担当は，一般原則による実質的な適格者（実質的利益帰属主体）に代わり，または，これと並んで，当事者として訴訟追行し本案判決を受ける資格，すなわち当事者適格が権利義務の帰属主体以外の第三者に認められる場合である。この第三者の受けた判決の効力は，実質的利益帰属主体（本人）に対しても及ぶ（115条1項2号）。

共同被告とみる多数説（上柳克郎ほか編『新版 注釈会社法(6)』〔有斐閣，1987年〕77頁〔今井宏〕など）のほか，会社のみを被告とする説（鴻常夫「取締役解任の訴」松田二郎判事在職四十年記念『会社と訴訟(上)』〔有斐閣，1968年〕381頁〔鴻常夫『会社法の諸問題Ⅱ』〔有斐閣，1989年〕69頁所収〕，宍戸達徳「取締役解任の訴の当事者」実務民訴(5)70頁など。なお，会社を被告としたうえで，取締役は共同訴訟的補助参加で足りるとするのは，本間靖規「会社内部紛争における当事者適格について」原井古稀632頁），取締役のみを被告とする説（大隈健一郎＝大森忠夫『逐条改正会社法概説』〔有斐閣，1951年〕249頁，松田二郎＝鈴木忠一『条解株式会社法（上巻）』〔弘文堂，1951年〕271頁など）がある。

122) たとえば，行政事件訴訟法9条など。いずれにせよ，法的構造を形式的に貫徹することに意義はあるが，実質的な対論と手続的に保障しようとする配慮も欠いてはなるまい。

123) 中野ほか150頁〔福永有利〕。なお，判決効の拡張と当事者適格については，本書251頁を参照。

124) 本書212頁参照。

この点で，第三者の訴訟担当は，第三者による他人間の権利義務関係の確認の訴えと異なり，むしろ，訴訟代理と共通する構造をもつといえる。もっとも，被担当者たる本人は当事者でなく，担当者が当事者となる点で代理とも異なる。

第三者の訴訟担当には，第三者が本人の意思に基づかず，法律の規定により当然に訴訟追行権を与えられる法定訴訟担当と，第三者が本人の授権によって訴訟追行権を与えられる任意的訴訟担当とがある。詳細については，後述する(本節・第3款および第4款)。

(2) 固有必要的共同訴訟

これは，一定の法律関係をめぐる紛争を利害関係人全員について一挙一律に解決する必要があることから，その全員が共同で訴えまたは，訴えられないかぎり，本案判決を受けることのできない訴訟をいう。全員が共同して当事者となって，はじめて当事者適格が認められる。

(3) 判決効が第三者に拡張される場合

これは，画一的処理の要求される社団関係や人事法律関係などにおいて，相対的解決による個別的対処では法的安定性の点で望ましくないことから，一般第三者または一定範囲の利害関係人に判決効が拡張される場合である。勝敗に関係なく拡張される場合(人訴24条1項など)と請求認容判決に限って拡張される場合(会社838条など)がある。いずれの場合も，判決効を受ける第三者の手続的利益を確保するための配慮がなされており[125]，その一環として，最も強い利害関係を有する者が当事者適格者として法定されている。

(4) 民 衆 訴 訟

民衆訴訟は，国または，公共団体の機関による法規に適合しない行為の是正を求める訴訟であり，第三者は選挙人たる資格その他自己の法律上の利益にかかわらない資格に基づいて提起することができる(行訴5条)。選挙訴訟・当選訴訟(公選203条・204条・207条・208条)，住民訴訟(自治242条の2)などがこれにあたる。これらは，原告適格がその者の法的利益とは無関係に認められる客観訴訟の一つであり，法律に定めのある場合に限って許される(行訴42条)[126]。

---

[125] たとえば，職権探知主義の採用(人訴20条)，訴訟係属の通知(人訴28条)などがある。なお，会社関係訴訟が提起された場合の公告(旧商105条4項・136条3項・142条・247条2項・252条)は，実効性を認め得ないとして，2004年に廃止された(この点につき，始関正光編著『Q＆A平成16年改正会社法——電子公告・株券不発行制度——』〔商事法務，2005年〕82頁など参照)。

[126] 山本(和)理論にいう筆界確定訴訟は，公法上の法律関係に関する訴訟として，実質的当事者訴訟(行訴4条)に該当するという(山本・基本問題63頁以下)。

第3款　法定訴訟担当

　法が第三者に訴訟追行権を認める場合は，大別して二つある。一つは管理処分権を付与されている第三者による訴訟担当であり，もう一つは職務上の当事者による訴訟担当である。後者は，本来の意味における訴訟担当と区別して，特別の訴訟追行者制度として位置付けるのが適切である。特別の状況の下で，財産管理処分権を付与して，管理者にその権能の一部として訴訟追行権を与えるのが，船長，相続財産管理人，遺言執行者であり，また，検察官・弁護士の訴訟担当は，その公益的職務の一環である。

　法定訴訟担当は，その名称の示すとおり，法が定立する訴訟担当であり，法が達成しようとする目的がいかなるものかによって，その担当者の地位も異なる。この点で，鮮明なのは，職務上の当事者であり，法によって与えられた職務に基づいて，専ら利益帰属主体のために訴訟を追行するのであり，訴訟担当者本人の利益なるものは想定できない。

　問題は，職務上の当事者以外の訴訟担当について，どのような把握を行うかである。代位債権者や質権者などは，債権者平等の原則との関係で割り切れない部分が存在するものの，債権者の利益が支配的であり，債務者の利益はマージナルなものである。これに対して，代表訴訟を提起する株主の利益は，財産上は相対的に小さなものであり，他の株主や会社の利益が圧倒的に大きいのである。そこで，前者は，これを一つのカテゴリーとしてとらえれば，訴訟担当者のために法が特別に与えた訴訟追行権に基づいて訴訟を追行するものであり，訴訟担当者のための法定訴訟担当であり，後者は，利益帰属主体のためでもなく，また，担当者本人のためでもなく，担当者との間に特別の関係（忠実義務や利益共同など）にある第三者や特別の保護を要する一般第三者の利益を守ることを主眼にした法定訴訟担当である[127]。

　結局のところ，法定訴訟担当は，①訴訟担当者のための法定訴訟担当，②特別関係者のための法定訴訟担当，そして，③職務上の当事者，に分類されている。

1　訴訟担当者のための法定訴訟担当

　これは，第三者が自己の利益または自己が代表するものの利益のために訴訟物たる権利義務について訴訟担当が許される場合である。たとえば，差押権者の取立訴訟（民執157条），債権者の代位訴訟（民423条），債権質権者の取立訴訟（民366条）などがある。

---

[127]　本文の考え方については，梅本403頁注1参照。なお，同書は，「代表」関係に言及するが，法律が認める特別の関係ということが外延という点で適切であろう。

債権者代位訴訟を訴訟担当とみるか否かについては，従来より争いがある。

従来の判例・通説は，債務者の第三債務者に対する権利が訴訟物であり，その管理権を与えられた債権者が訴訟追行する法定訴訟担当であるとみて，代位債権者の受けた判決の効果は被担当者である債務者に有利にも及ぶとしていた[128]。これに対し，担当者と被担当者の関係がさまざまであるにもかかわらず，同じ訴訟担当であると一括して，判決効を考える点に疑問を抱き，担当者たる債権者が被担当者である債務者の財産管理に介入していく債権者代位訴訟のように両者の利害が対立抗争する訴訟担当（対立ないし拮抗型）の場合には，担当者の得た判決は被担当者に有利なものに限って被担当者にその効力が及ぶとする見解が主張された[129]。その後，自己の利益を守るために提訴する代位債権者は，その固有の当事者適格を持つのであり，債権者代位訴訟は訴訟担当ではないとの見解があらわれた[130]。これによると，債権者代位訴訟の提起後も，債務者は当事者適格を失わないため，債権者の受けた自己に不利な判決の効力に服すいわれはなく，債権者の敗訴後には訴えを提起できることになるが，それでは，第三債務者に二重応訴の不利益を生ぜしめることから，第三債務者に債務者を当事者として引き込むことを認める（民執157条1項類推）。これに対して，債権者代位訴訟はやはり訴訟担当であるとして，債務者・第三債務者の利益を債務者への訴訟告知（非訟76条1項参照）または債務者への権利催告（債務者の第三債務者に対する権利を行使するよう債務者に催告すること）によって保護する一方で，判決効が債務者の有利にも及ぶとする見解がある[131]。

従来の判例・通説に対する三ケ月説の批判は学問的にも重要な意義を認められようが，第三債務者は，勝訴してもその判決効を被担当者である債務者に及ぼすことができず，債務者からの再訴の危険にさらされるというネックがあり，この点は看過できない。また，この再訴リスク回避のためであるからといって，引込申立てという形で第三債務者に負担を強いる福永説も，問題なしとしない[132]。そうすると，債権者代位訴訟を訴訟担当の枠でとらえつつ，訴訟告知ないし権利催告を介在させることで三者間の利益調整を目指す考え方に分があるのではなかろうか[133]。

128) 大判昭15・3・15民集19巻586頁，兼子・体系160頁など。
129) 三ケ月・研究6巻48頁。
130) 福永有利「当事者適格理論の再構成」山木戸還暦上34頁。
131) 新堂281頁，池田辰夫『債権者代位訴訟の構造』（信山社，1995年）82頁，吉村徳重「判決効の拡張と手続権保障」山木戸還暦下144頁注23，上原敏夫『債権執行手続の研究』（有斐閣，1994年）160頁など。
132) 伊藤156頁注42，高橋・重点講義上227頁など参照。
133) 高橋・重点講義上227頁参照。そのほか，新堂説や池田説の考え方に依拠しつつ，それをさらに進めて，債務者は，自己の債権を審理される以上，当事者（被告）として扱われるものとして（したがって，自己への給付を求めることができるという），これに対する訴訟告知ではなく，

2 特別関係者のための法定訴訟担当

これは，担当者との間に忠実義務や利益共同といった特別の関係の存する第三者の利益を守るために認められた法定訴訟担当である[134]。たとえば，株式会社の株主または一般社団法人の社員による責任追及等の訴訟（会社847条，一般法人278条）[135]，破産管財人による破産財団に関する訴訟（破78条2項10号・80条）[136]，または，民事再生手続における管財人による再生債務者の財産関係の訴訟（民再67条）などがある[137]。

3 職務上の担当者

これは，権利義務の帰属主体である本人の訴訟追行が不可能，困難または不適当であるときに，その権利義務に関する紛争を解決する必要から，その本人

訴状送達をすべきであるという見解もある（坂原・既判力278頁以下，同「債権者代位訴訟と既判力の主観的範囲」中野古稀下179頁）。ちなみに，坂原説によると，代位債権者の第三債務者に対する代位訴訟と代位債権者の債務者に対する訴訟（これは被保全債権の確認訴訟であるという）は民訴法40条の準用される共同訴訟になり，債務者は自己に対する訴状と第三債務者に対する訴状，合計2通の送達を受けることになる（坂原・既判力309頁・315頁）。

134) 梅本404頁は，「(ⅱ)自己が代表する者の利益を目的とする場合」とする。

135) 株主代表訴訟の構造については，代位訴訟と代表訴訟の二つの側面のいずれに光をあてるかによって争いがある。たとえば，株主は会社全体の利益のために訴訟追行権を認められたことにかんがみて，その構造は法定訴訟担当の一つとして担当者のための訴訟担当であるとする見解（高田裕成「株主代表訴訟における原告株主の地位」民商115巻4＝5号〔1997年〕540頁，伊藤眞「法定訴訟担当訴訟の構造——株主代表訴訟を材料として」司研〔創立50周年記念特集号 第1巻 民事編Ⅰ〕〔1997年〕394頁，梅本405頁など），一種のクラス・アクションと把握して，全株主の利益を擁護するとともに，会社経営の違法是正の観点から構成員の一人としての監督権の行使であるとして，担当者のための訴訟担当とは別個の類型の訴訟担当であると位置づける見解（小林秀之「株主代表訴訟の手続法的考察」木川古稀上609頁）などがある。以上につき，小林学「株主代表訴訟と訴訟上の和解——手続法上の諸問題——」（中央大学）大学院研究年報〔法学研究科篇〕29号（2000年）139頁以下など参照。

136) 破産財団に関する訴訟とは，破産財団に属する財産に関する訴訟のほか，財団債権や破産債権に関する訴訟をいう（梅本405頁など）。こうした破産財団に関する訴えについて当事者適格を認められた破産管財人（破80条）の地位については，破産者の一般的承継人としての側面および差押債権者としての側面という両面があり（伊藤眞「破産管財人の第三者性」民商〔創刊五十周年記念〕93巻臨時増刊(2)〔1986年〕93頁），さまざまな角度から種々の考え方がなされている。たとえば，破産財団の機関または代表とみる破産財団代表説（兼子一『新版 強制執行法・破産法』〔弘文堂，1964年〕184頁，兼子・研究1巻428頁）や破産財団の管理機構とみる管財人管理機構人格説（山木戸克己『破産法』〔青林書院新社，1974年〕80頁，谷口安平『倒産処理法〔第2版〕』〔筑摩書房，1982年〕59頁，伊藤眞『破産法〔第4版補訂版〕』〔有斐閣，2006年〕139頁）などがある。

137) 会社更生手続における更生管財人（会更72条1項・74条）については争いがあり，これを破産管財人等と同様に扱ってよいとする見解（梅本405頁）とこれに反対する見解（千葉勝美「更生管財人の第三者的地位」司研71号（1983年）4頁）に分かれる。

を法律上一般的に保護すべき職務にあたる者に，訴訟担当が認められる場合である。

たとえば，人事訴訟（婚姻事件，養子縁組事件，親子関係事件）において本人の死亡後にその者に代わって当事者となる検察官（人訴12条3項・26条2項・42条1項・43条2項），不適法婚姻取消しの訴えにおける検察官（民744条1項本文），成年被後見人の離婚訴訟および嫡出否認の訴えにおける成年被後見人および後見監督人（人訴14条1項・2項），海難救助料請求訴訟における被救助船の船長（商811条2項）などがある。

これらの第三者は，訴訟物たる権利関係について独自の実体法上の地位を有するわけではなく，一定の職務にあることに基づいて，担当者としての適格が法定されたのである。

第4款　任意的訴訟担当

任意的訴訟担当とは，権利義務の帰属主体である本人の授権によって，第三者が当事者適格を取得する場合をいう。法定のものとしては，手形の取立委任裏書（手18条），区分所有建物の管理人（建物区分26条4項），サービサー（債権管理回収業に関する特別措置法11条1項），および選定当事者（30条）などを挙げることができる。こうした明文規定のない場合に任意的訴訟担当が認められるかについては，後述するように議論がある（本款2参照）。

1　選定当事者——明文ある場合の一例——

(1) 選定当事者の意義

権利関係の主体である多数人の間に共同の利益が認められる場合，その中から全員のために訴訟追行する者を選定し，その者に全員のための訴訟追行権を授与することができる（30条1項）。選定する者を選定者，選定される者を選定当事者という。選定当事者に全員のための訴訟追行権を付与することになる選定行為は，選定者単独の訴訟行為であり，選定当事者となるべき者の承諾を要しない。

選定当事者訴訟には，簡便化をはかる方策としての意義が認められるが，さらに，追加的選定を創設した新法（30条3項・144条1項以下）の下では，社会に散在する大量少額被害をまとめあげて一挙に救済する代表型訴訟としての機能も期待される[138]。

---

138) 清水正憲＝滝澤功治「選定当事者制度の拡充——クラス・アクションの代替策としての可能性——」自正43巻12号（1997年）23頁，高橋・重点講義下324頁注13，山本和彦「選定当事者について」判タ999号（1999年）60頁，川嶋四郎「新たな選定当事者制度の救済構造につい

選定当事者訴訟の起源は，英国法の「濫訴防止訴状（bill of peace）」や「代表訴訟（representative action）」に求められ[139]，それらはクラス・アクションの起源でもあるため，選定当事者訴訟とクラス・アクションは同根であるということになる[140]。こうした沿革から，選定当事者訴訟に大量少額被害の救済機能を期待することに正当性が認められよう。

　新法制定の際，選定者募集の広告制度を創設することが検討されたが，これは，①広告費用の問題，②当事者の濫用のおそれ，③裁判所の許可に委ねるとその中立性・公正性が害されるおそれがあることなどを理由に見送られた。弁護士広告の規制もその障害とされたが，これについては，2000 年にルールの改正が行われており（弁護士の業務広告に関する規程［会規第 44 号］の採択），選定当事者訴訟の機能の向上に寄与しよう。

(2)　選定の要件

　まず，共同訴訟人として原告または被告になり得る者が複数存在することを要する。法文上，「多数」として相当数を予定しているが（30 条 1 項），最低限，選定者と選定当事者のポストが埋まればよいので，現実にはまれであろうが，二人以上いればよい。

　つぎに，これら多数者が「共同の利益」を有する必要がある（30 条 1 項）。共同の利益は，多数者各人のまたはこれに対する各請求が主要な攻撃防御方法を共通にすることにより，社会通念上，相手方に対して一団として対立していると考えられる場合に認められる。訴訟資料の重要な部分で共通し，訴訟の簡素化・迅速化そして費用負担の軽減に資するからである。

　具体的には，同一の事故に基づいて損害賠償請求をする多数の被害者，地震約款を無効とする多数の保険金請求権者，土地所有者からの明渡請求を受けている家屋の所有者と家屋の賃借人（大判昭 15・4・9 民集 19 巻 695 頁〔百選 12 事件〕），同種の売掛代金債権を有する多数の者の代理人が各債権につき一括して締結した連帯保証契約の履行を請求する場合の債権者（最判昭 33・4・17 民集 12 巻 6 号 873 頁〔百選 I 44 事件〕）などについて，共同の利益が認められる。

　なお，多数者が社団を構成し，共同の利益が社団の目的とするところと認められる場合には，社団自体が当事者となり（29 条），選定は認められない（30 条 1 項）。もっとも，民法上の組合財産に関する訴訟を組合員がする場合などについては，社団としての当事者能力の存在に確信を持てない事態がむしろ通常であり，そうした局面では，選定行為

　　て」法政 66 巻 2 号（1999 年）565 頁など参照。
139) 小島・制度改革 127 頁。
140) 藪口康夫「現代型訴訟における当事者の拡大——選定当事者制度の再構成——」上法 41 巻 2 号（1997 年）156 頁以下など参照。

の効力を否定すべきではなかろう[141]。

そして，選定当事者は，共同の利益を有する多数の者の「中から」選定されなければならない（30条1項）。これは，弁護士代理の原則（54条1項）の潜脱を防止するための要件である。

(3) 選 定 行 為

自己の権利について訴訟追行権を授与する選定行為は，代理権授与に類する効果を有することから，訴訟能力が要求される。また，方式の定めはないが，選定当事者はその資格を書面で証明しなければならないことから（規15条後段），選定書を作成するのが通常である。なお，選定行為の瑕疵には，補正・追認の余地がある（34条3項）。

選定は，選定者各人が自己の権利に関する訴訟追行権を個別的に授与する行為であることから，多数決による選定はあり得ない。また，選定は単独行為なので，選定者はいつでも選定を取り消すことが可能である（30条4項）が，取消しの効力は，相手方に通知しない限り生じない（36条2項）。選定の取消しの効果として，選定者の当事者適格が復活し，当然に共同訴訟人としての地位を取得する。これらの者は，あらためて他の者を選定することも，もちろん可能である。

選定の時期については，訴訟係属の前でも（30条1項），後でも（30条2項3項）よい。係属後の選定については，従来，全員について訴訟係属が生じた後に選定が行われ，選定者は，選定当事者を残して訴訟から自動的に脱退する方法が認められていたにすぎない（旧47条2項〔現30条2項〕）が，新法は，それらに加えて，当事者でないものもすでに係属している訴訟の原告または被告を選定するという追加的選定の制度を導入した（30条3項）。その実質的な意義は，選定の促進が図られることで，選定者集団の規模が拡大し，大量拡散利益の実効的救済が期待されることにある。

なお，追加的選定は，法が認めた主観的追加的併合の一態様であると解される。主観的追加的併合とは，二当事者間における訴訟係属を前提として，第三者に共同訴訟人としての地位を取得させる手続をいい，当事者の申立てによる場合と第三者の申立てによる場合に分けられる。このうち，後者の許否が問題とされるが，追加的選定の場合には，選定当事者による請求の定立がなされ（30条3項・144条），選定者はいわば潜在的当事者としての地位を取得すると考えられるので（いつでも選定を取り消して当事者としての地位を顕在化できるため），主観的追加的併合の一場合と考えられているのである[142]。

---

141) 新堂756頁，伊藤159頁注50など参照。
142) 伊藤160頁注54など参照。

(4) 選定当事者の地位

選定当事者は，選定者全員および自己の訴訟について当事者として訴訟追行する資格を有する。そのため，請求放棄・認諾，訴訟上の和解など訴訟に関する一切の訴訟行為をすることができ，訴訟委任による代理人のような制限（55条2項）はない（訴訟上の和解について，最判昭43・8・27判時534号48頁がある）。

もっとも，近時は，選定当事者の和解制限を認めつつも，選定者の利益保護の見地から裁判所の監督にかからしめるべき旨の提言がみられる[143]。

選定当事者は，死亡または選定の取消しによって，その資格を喪失する。他方，選定者の死亡，能力喪失，または共同利益の喪失（たとえば係争権利の譲渡）は，選定当事者の資格に影響しない（58条類推）。複数の選定当事者がいる場合にそのうち一部の者が死亡その他の事由で資格喪失したときは，その者の訴訟追行権は残りの選定当事者に吸収されるため（信託50条2項参照），それらの者が全訴訟を続行できる（30条5項）が，全員が資格を喪失したときは，選定者総員または選定当事者において訴訟を承継し，これらの者が受継するまで訴訟手続は中断する（124条1項6号）。もっとも，訴訟代理人のいる場合は，この限りでない（124条2項・58条3項）。

(5) 選定者の地位

訴訟係属後に選定がなされ，その事由が書面によって証明されると，選定者は，訴訟から脱退する（30条2項）。三面訴訟の脱退（48条）と異なり，当事者の脱退行為を要せず，当然に当事者の地位が消滅する。

追加的選定（30条3項）の場合は，選定者のための，またはこれに対する請求が既存の請求に付加される必要があることから，訴えの変更（143条）に準じて，口頭弁論の終結までに，選定当事者またはその相手方が請求を追加することが認められる（144条1項・2項）。この請求の拡張は，訴訟手続を著しく遅滞させる場合や裁判所が不当であると認める場合には許されない（144条3項・143条1項但書・4項）。

ところで，控訴審における請求の追加には，相手方の審級の利益を考慮して反訴の規定が準用される（300条3項）ため，相手方の同意（300条1項），または，相手方が異議を述べないで弁論をすること（300条2項）が必要となる。もっとも，相手方の同意等を求めることが適切ではない場合には同意等を不要とする主張がある[144]。

---

143) 小林秀之「今後の検討課題」新民訴大系(1)53頁，長谷部由起子「選定当事者制度の改革」講座新民訴I 117頁，山本・前掲注138) 60頁，小林学「選定当事者訴訟と訴訟上の和解」新報107巻5＝6号（2000年）161頁など。

144) 研究会・新民訴55頁〔鈴木正裕・竹下守夫発言〕，争点〔3版〕77頁〔坂本恵三〕など。

2 明文のない場合における任意的訴訟担当の許否

　法律上の規定がない場合にも，任意的訴訟担当は認められるであろうか。任意的訴訟担当は，それを基礎付ける本人の授権がある限り無条件に認められるとも思えるが，そうすると弁護士代理の原則（54条1項）を定めた趣旨が潜脱され，また，訴訟行為をさせるために財産の管理処分権を移転することを禁じた，いわゆる訴訟信託の禁止（信託10条）に反してしまう。そこで，法定の場合以外については，その範囲を制限する必要があり，その基準をどのように設定するかが問題となる。

(1) 判　　例

　判例は，無尽講関係の債権債務に関する訴訟において，講元（世話人，議長，会主，総代などともよばれる）に講の構成員全員のための任意的訴訟担当者としての資格が認められるとし（大判昭 11・1・14 民集 15 巻 1 頁など），民法上の組合の業務執行組合員についても，組合規約に基づいて自己の名で組合財産に関する訴訟を追行する権限が授与されている場合には，任意的訴訟担当者たり得るとする（最大判昭 45・11・11 民集 24 巻 12 号 1854 頁〔百選 4 版 13 事件〕）。最高裁は，この後者の判断に際し，①任意的訴訟担当が弁護士代理および訴訟信託禁止の原則の潜脱のおそれがなく，かつ，②これを認める合理的必要がある場合には，許容されるという一般的基準を示した。

(2) 学　　説

　従来の通説は，原則として任意的訴訟担当を許さず，権利の帰属主体たる本人が管理処分権を他人に授与するにつき正当な業務上の必要がある場合に限り許されるとする[145]。

　しかし，これでは狭きに失するとして，任意的訴訟担当の許容範囲を拡げる主張が次第に有力となっている。これは，法定訴訟担当と同様に「担当者のための任意的訴訟担当」と「本人のための任意的訴訟担当」に分けて論じる（実質関係説）[146]。

　まず，「担当者のための任意的訴訟担当」は，担当者が他人の権利関係に関する訴訟追行に関して自己固有の利益を有する場合に許容される。具体的には，債権の譲渡人が当該債権について訴訟追行する場合（担保責任を負う譲渡人はこの訴訟に固有の利益を有する）や建物譲渡人が不法占拠者に対して明渡請求する場合などである。

　他方，「本人のための任意的訴訟担当」は，権利主体たる本人と同程度あるいはそれ

---

145) 正当業務説。兼子・体系 161 頁。
146) 福永有利「任意的訴訟担当の許容性」中田還暦上 75 頁。なお，任意的訴訟担当に関する判例・学説における議論が新民事訴訟法の立法過程に与えた影響を分析したものとして，伊藤眞「任意的訴訟担当概念をめぐる解釈と立法——平成民事訴訟法改正の一断面——」鈴木（正）古稀 89 頁以下を参照。

以上に当該権利関係につき知識を有する程度までその権利関係に関与していることを要件として認められる。たとえば，労働契約違反の使用者に対して協約に基づいて労働者の権利を行使する労働組合，民法上の業務執行組合員，権利能力なき社団の不動産登記名義人たる代表者，建物賃貸借の管理人などに任意的訴訟担当たる資格が認められることになる（しかし，上記労働組合の例につき，最大決昭27・4・2民集6巻4号387頁および最判昭35・10・21民集14巻12号2651頁〔百選11事件〕は，当事者適格を否定した）。

もっとも，このような任意的訴訟担当を拡大する学説の大勢に対しては批判的な主張もある。すなわち，弁護士代理の原則や訴訟信託禁止の原則が不当に弛緩され，また，当事者との関係で決定される訴訟上の事項（土地管轄，除斥，訴訟費用の負担，手続の中断など）が本来の権利義務の帰属主体とは別の訴訟担当者を基準に決められ，実体関係と訴訟関係が一致しないという問題点を指摘し，明文なき任意的訴訟担当は，これを認めないと実際上訴訟の提起ないし追行が困難であり，実効的な権利保護が期待し得ない場合に限られるべきであるという[147]。

(3) 検　　討

具体的なケースごとに検討すると，上記の批判説も，無尽講の講元，民法上の組合の業務執行組合員，担保責任を負う譲渡人について，任意的訴訟担当を肯定する。実質関係の例としては，労働組合と家屋賃貸借の管理人がある。そこで，労働組合について考えると，労働組合と組合員との関係からすると，労働組合が一方的に組合員に授権を強いる事態に警戒しつつも，労働組合との実質的関係からして任意的訴訟担当は肯定されよう。家屋賃貸借の管理人については，その実質的関係からして三百代言の弊害を懸念する必要はなく，距離的に遠隔の地にある場合などは，利便性を無視できないことから，任意的訴訟担当を許す実益がある。こうしてみると，任意的訴訟担当は，権利保護にとって唯一の途でなくとも，実効的な訴訟追行を容易にする相当の実質関係が有すれば肯定してよいと考えられる[148]。

第5款　判決効の拡張と当事者適格

1　対世効ある判決の場合

人事訴訟や社団関係訴訟において，判決に対世効が認められる場合があるが，こうした第三者への判決効拡張が正当化されるためには，紛争解決の実効性を確保するという必要性のほか，第三者の保護が手続上いかに保障されているかという許容性を満たしていなければならない。その場合の多くは，会社関係訴

---

[147]　中野・論点I 120頁。
[148]　高橋・重点講義上270頁参照。

訟や人事訴訟などの形成訴訟である（なお，株主総会決議不存在・無効確認の訴え〔会社830条1項2項〕）。

　この場合，判決効を受ける第三者の手続保障をいかにして充足するかが問題であるが，この点については，①当該紛争にとって最も強い利害をもつ者を当事者とし（当事者適格の限定），その充実した訴訟追行に期待することで対処するのを基本として，②第三者に対して訴訟告知を行い，その訴訟参加の機会を付与したり（会社849条3項4項，人訴24条2項・28条参照），③詐害的な判決に対する第三者の再審を許容したり（会社853条，行訴34条参照），といった方策を挙げることができる。さらに，会社関係訴訟では，第三者に手続保障を及ぼす最も効果的な方法として，④請求認容判決，すなわち，第三者に有利な判決にのみ片面的に対世効を認める（会社843条など参照），あるいは，⑤固有必要的共同訴訟と構成することで判決効を受ける第三者を必要的当事者とする（会社855条参照）[149]などの多様な措置が可能である。そうすると，人事訴訟などでは，第三者が不利な判決にも服さざるを得ないという双面的対世効を正当化するに足るだけの手続保障が第三者に及んでいなければならない。そこで，現行法は，⑥弁論主義を制限して職権探知主義を採用し（人訴20条，行訴24条など），また，⑦検察官の積極的な関与を認めている（人訴23条1項2項など）。

　もっとも，これだけでは第三者の手続保障に問題がないとはいえず[150]，しかも，ドイツやフランスにおける議論[151]の影響もあって，新たな提言がなされるに至っている[152]。これによると，まず，係争身分関係に密接または重大な利害関係を有する者（たとえば，母子関係不存在確認訴訟の認容判決により嫡出性を失う父親，父子間の嫡出否認訴訟の認容判決により非嫡出母となる母親，非嫡出父子間の父子関係確認訴訟や認知取消・無効訴訟〔人訴27条〕における子供の母親など）に対しては，当事者による呼出しが必要であり（必要的呼出し），それがない限り，その者への対世効は生じないとする（人訴18条2項類推）。この場合，第三者は新訴を提起することができ，その判決に対世効が認められることになるので，先の判決と

---

149) たとえば，取締役解任の訴えについて，株式会社と解任を求める取締役の双方を被告とする（前掲注121）最判平10・3・27参照）。会社法855条は，こうした取扱いを明文化したものである。
150) 奈良次郎「検察官を当事者とする人事訴訟と手続保障(1)～(3)」ジュリ856号（1986年）94頁，857号（1986年）78頁，858号（1986年）101頁参照。
151) これにつき，髙橋・重点講義上287頁以下参照。
152) 吉村徳重「判決効の拡張と手続権保障」山木戸還暦下118頁，髙田裕成「身分訴訟における対世効論のゆくえ」新堂編著・特別361頁。

の関係では第三者再審の実質が備わることになる。第三者再審の形式をとるか，独立の訴えによるかは，当事者の選択に委ねられる。つぎに，係争身分関係に相続・扶養などの副次的な利害を有するにすぎない者（たとえば，父子間の認知判決により相続権を害される妻など）に対しては，当事者による訴訟告知を義務化して，訴訟参加（共同訴訟的補助参加ないし独立当事者参加）の機会を保障すべきものとする。これらの第三者は，前訴判決で確定された身分関係を対世的に否定するまでの利益を有せず，独立の訴えや第三者再審は認められないものの，自己の財産権上の請求の先決事項として相対的に身分判決の効力を争うことは可能である。要するに，判決効を受ける第三者の手続保障を考える場合には，以上の諸方策を総合的に検討する視点が重要であるといえよう[153]。

2 法人の内部紛争の場合

株主総会決議や社員総会決議など法人の内部の決議の効力を訴訟で争う場合の原告適格は，法定されていたり（会社831条1項・828条2項，一般法人266条1項・264条2項など），決議の効力に法律上の利害関係をもつ者に認められたりするので特段の問題はない。また，株主総会決議不存在・無効確認の訴えや株主総会決議取消の訴えの被告適格も法定されている（会社834条各号，一般法人269条各号）。これらに対して，取締役会や理事会などの決議の効力を訴訟で争う場合の被告適格については，明文規定を欠き，それを誰に認めるべきかが問題となる。

判例は，法人に被告適格を認めるべきであるとする（最判昭43・12・24裁判集民93号859頁，最判昭44・7・10民集23巻8号1423頁〔百選4版15事件〕）[154]。

法人を被告としなければ，法人に判決効が及ばない結果，学説上も，法人に被告適格を認めると，法人の構成員によって選任された代表者が訴訟追行することにより，法人構成員全体の利益が訴訟法上適切に代表され得るなどとして，判例に賛成するのが通説的見解である[155]。

これに対し，法人外部からみれば，「コップの中の嵐」にすぎない内部紛争の被告適

---

153) 新堂286-287頁，谷口安平「会社訴訟における訴えの利益」論叢82巻2＝3＝4号（1968年）315頁以下，高橋・重点講義上292頁など。なお，小島武司「民訴法における opposizione di terzo の構造と機能」新報71巻6号（1964年）39頁参照。
154) 合資会社の社員が他の社員を被告として，その者が無限責任社員でないことの確認を求める訴えの利益を否定した最判昭42・2・10民集21巻1号112頁は，会社が原告・被告のどちらかに加われば確認の利益があるとし，自称無限責任社員の被告適格を認める。なお，前掲注121)最判平10・3・27は，形成訴訟である取締役解任訴訟では，会社と当該取締役の双方を被告としなければならない（固有必要的共同訴訟）とする。
155) 伊藤165頁，松本＝上野240頁〔松本〕など。

格について，対外的関係を規律する法技術である法人という形式に拘泥する必要はなく，紛争の実質を直視するべきであるとして，原告との利害が最も鮮明に対立する者（たとえば，無効と主張される決議によって選任された理事など）を被告とすべきであるとの見解（谷口説）がある[156]。

また，法人と利害関係人のいずれにも被告適格が認められるとする主張があり，これはさらに二つに分かれる。第一は，本来は構成員全員を相手にすべきところ，現実的な取扱いとしては，構成員全員の意見を代表することのできる法人を被告とすべきであるが，一般構成員としての地位を越えるとくに重大な利害関係を有する者については，法人とは別個独立に被告適格が認められ，両者は固有必要的共同訴訟になるとする見解である[157]。第二は，谷口説の発想から出発して，対立派を代表する者を被告とするが，これだけでは中立ないし無関心の一般構成員の手続保障に問題があるとして，それらを代表する法人にも被告適格を認め，両者は類似必要的共同訴訟になるとする見解である[158]。

構成員全体の利益にかんがみると，判例・通説のように法人に被告適格を認めるべきであるが，同時に，具体的な利害関係人を当事者とする方が，より充実した訴訟追行と適切な裁判の実現が期待できるという実質的な考慮からは，これらの者をも被告にすべきことになる。そうすると，両者に被告適格を認めることになるが，これは確かに法人というものの構想にそぐわない面がある。しかし，法人は実在するものではあっても常にフィクションの面をもっており，誰が権利主張をすべきかについては局面に応じて柔軟に対処する必要がある[159]。

要するに，この問題は，組織法的な側面と紛争実態の側面を視野に入れて，いわば複合的な考察を行うのが実際的であり，法人という仕組みのなかで実質的な利害対立者が争うという現実をそのまま受け止め，強い利害関係を有する

---

156) 谷口安平「判決効の拡張と当事者適格」中田還暦下51頁，同「団体をめぐる紛争と当事者適格」ジュリ500号（1972年）322頁。なお，この考え方を発展させたものとして，法人も訴訟を適法に成立させるために必要とされる被告であるが，その訴訟追行・当事者活動は許されず，それは事件について具体的な利害関係を有する構成員等に認められ，原告はこれらの者に訴訟告知をしなければならないとする見解がある（山本克己「批判」民商95巻6号〔1987年〕924頁）。
157) 福永有利「法人の内部紛争の当事者適格」新実務民訴(1)321頁，福永・当事者384頁以下，高橋・重点講義上282頁。なお，新堂288頁。
158) 中島弘雅「法人の内部紛争における被告適格について（1）〜（6・完）」判タ524巻35頁・531号15頁・538号31頁・544号20頁・553号32頁・566号20頁（1984年〜1985年）。なお，法曹倫理における利益相反をめぐる実例と理論の展開を参照。
159) なお，2005年に制定された会社法は，「会社の組織に関する訴え」の被告を法定し，株主総会決議取消訴訟および同不存在・無効確認訴訟の被告を株式会社であるとした（会社834条16号17号）。

者を当事者とし，判決内容を法人の仕組みのなかに反映させる意味で，法人をも当事者とするのが適切であろう。なお，法人は法律の観点から設定された法的構造ないし仕組みであり，社会的実在とは切り離された存在であり，このような意味では，法人擬制説か法人実在説かの対立は，具体的な解釈論とは異なるレヴェルの議論に解消さると解してよいのではなかろうか。

3　拡散的利益の救済——当事者適格各論の新たな意義——

環境問題や消費者問題などさまざまの多数の人々がかかわる紛争が近時ますます多発する傾向にあり，不特定多数人が共同で享受する拡散的利益の救済については新しいスキームが制度，実務および法理の各局面で開発推進されなければならない状況が生まれていて，法律上の利益が認められるか，また，誰に当事者適格が認められるかが問題となっている。この場合，利益主体たる個々の住民や消費者に当事者適格を認めるだけでは，多数の個別訴訟が提起されることになり，あるいは原告数が膨大になるなどして，裁判所や被告の負担もいたずらに増大していくおそれがあるばかりか，大量少額被害については提訴のインセンティブが著しく低いことから，そもそも訴訟による救済の機会は事実上封じられることになりかねない[160]。

こうした難点を打開する工夫として，アメリカのクラス・アクション（class action）やドイツの団体訴訟（Verbandsklage）が注目されるが[161]，司法制度改革審議会意見書は，前者を将来の課題としつつ，後者を検討事項としたこともあり，消費者契約法の一部改正（平成18年法律第56号）によって消費者団体訴訟制度が創設された。これは，内閣総理大臣の認定を受けた一定の消費者団体（適格消費者団体）に，事業者の不当な行為（消費者契約法の定める不当勧誘行為や不当条項使用行為）に対する実体法上の差止請求権を付与し，訴訟法上も当事者適格を認めるものである（消費契約12条）[162]。この消費者団体訴訟に対しては，適格消費者団体という主体の絞り込み[163]や差止請求権への限定（損害賠償請求などの

---

160)　大量少額被害の救済手段として，つとに選定当事者訴訟を活用しようという提言はなされていた。たとえば，小島武司『訴訟制度改革の理論』（弘文堂，1977年）126頁など。
161)　これらにつき，上原敏夫『団体訴訟・クラスアクションの研究』（商事法務，2001年）3頁以下，宗田貴行『団体訴訟の新展開』（慶應義塾大学出版会，2006年）3頁以下など参照。
162)　内閣府国民生活局消費者企画課編『逐条解説消費者契約法〔新版〕』（商事法務，2007年）235頁以下など。
163)　認定された適格消費者団体は，消費者庁のホームページ「消費者の窓」（http://www.consumer.go.jp/seisaku/caa/soken/tekikaku/zenkoku/zenkoku.html#pagetop）で一覧することができる。

除外[164]) から，その実効性に疑念を呈する向きもある。しかし消費者問題に関する個別訴訟に関与している弁護士が消費者団体訴訟を受任するなどして連動的に活動を展開していくならば，弁護士の集中的事件受任が行われ，団体訴訟の実効は差止めの領域を越えて連なっていくであろう。実際にそうした状況になれば，消費者団体訴訟は，事実上クラス・アクションに代替する機能をもつことも期待されよう[165]。

なお，クラス・アクションについては，追加的選定が1996年新法によって設けられ，選定当事者訴訟が拡散的利益の救済に一定の機能を発揮するのではないかとの期待もある。解釈論としても，訴訟物たる権利について個別的授権がなされたか否かを問わずに，訴えを提起する前に紛争解決のために行為をしている者に当事者適格を認めるという紛争管理権概念も提唱されている[166]これは実体法上の差止請求権を付与されることになる消費者団体訴訟制度と異なる理論構成であるが，いずれも拡散的利益について訴訟上の救済を目指す点で共通しており[167]，実質的な重なり合いを見逃してはなるまい（消費契約13条参照）。

第6款　当事者適格の訴訟上の意義

1　当事者適格の存在とその判断

当事者適格は訴訟要件であることから，それを欠くときは，本案判決ではなく，訴え却下の訴訟判決をする。当事者適格の存否の調査は，裁判所が職権で行うが（職権調査），判断の資料については当事者が収集するのが原則である（弁論主義〔判決が対世効をもつときは職権探知主義〕）。

当事者適格を有しない者に対して本案判決がなされたときは，上訴で取り消し得るが，確定すると，原則として再審は認められない（338条参照）。しかし，

---

164) この点につき，宗田貴行「消費者団体訴訟と損害賠償請求」小島古稀上507頁以下など参照。
165) 消費者団体訴訟の判決確定後に個々の消費者が事業者に対して個別訴訟を提起した場合における消費者団体訴訟の判決効の拡張の点につき，渡部美由紀「消費者団体訴訟における判決の効力について」名法223号（2008年）419頁以下など参照。
166) 伊藤・当事者118頁以下，同「紛争管理権再論」竜嵜還暦203頁以下など。これに対して，最高裁判所は，法律上の規定ないし当事者からの授権なくして訴訟追行権を取得するとする根拠に乏しいとして紛争管理権説を否定した（最判昭60・12・20判時1181号77頁）。この理解は「紛争管理権」というネイミングに抵抗感を生ずるきらいがあったかもしれないが，抽象的権利よりも現実的活動に着目する思考法の例として重要であり，今後の制度改革にとって意義ある思考回路を開くものといえよう。なお，同様の論法を差止請求訴訟について展開するものとして，堀野出「団体の任意的訴訟担当について」同法47巻2号（1995年）206頁がある。
167) 伊藤163頁注65とそこに掲載の諸文献を参照。

訴訟担当の場合には，権利義務の帰属主体たる本人に判決効が及ぶ（115条1項2号）のは，真の担当者（当事者適格者）による場合だけであることから，本人は，訴訟担当者が当事者適格を欠いていたと主張して，その判決効が自己に及ぶことを争い得る[168]。また，固有必要的共同訴訟の場合や判決効を一般第三者に及ぼすべき場合において，当事者適格の欠缺を看過してなされた本案判決は，既判力や形成力を生じないという意味で無効な判決となる。

2 訴訟係属中における当事者適格の喪失

訴訟係属中に当事者がその適格を喪失したときは，その当事者に本案判決をする意味がなくなるが，従来の訴訟追行権の結果を承継すべき第三者がいる場合には，訴訟承継の問題となる（49条以下）。

第7節 訴え提起の方法と訴訟物

原告が訴えを提起することによってはじめて民事訴訟は開始される（「訴えなければ裁判なし」）。これは，訴訟の開始，審判範囲の特定，訴訟の終結を当事者の意思に委ねるとする処分権主義のあらわれである。

訴えの提起は，裁判所に訴状を提出することによって行われる（133条1項）。訴状には，必要的記載事項として「当事者及び法定代理人」（同条2項1号），「請求の趣旨及び請求の原因」（同条項2号）を，任意的記載事項として請求を理由付ける具体的事実（規53条1項）を記載したうえ，提訴手数料に相当する印紙を貼付し（民訴費用3条・4条・8条），被告に送達する副本を添えて提出しなければならない（138条1項，規58条1項）。

なお，請求の趣旨とは，審判要求の表示であり，請求認容判決の主文に対応する（たとえば，「原告は被告に金100万円を支払え，との判決を求める」との表示）。請求の原因とは，請求の趣旨だけでは訴訟物を特定できない場合に備えて記載の要求される事実である（記載の程度について，通説は訴訟物である権利義務を特定できる程度の記載事実で足りるとする〔同一識別説〕）。

これに対し，簡易裁判所では，手続の簡易化の一環として（270条），口頭による訴え提起が認められている（271条・273条）。提起を容易にすることがその

---

[168] 土地賃借人が土地賃貸人に代位して土地占有者を被告として提起した土地所有権に基づく建物収去土地明渡請求訴訟に対して，賃貸借契約解除を主張して賃貸人が独立当事者参加を申し立てた事案につき，最高裁は重複訴訟に該当せず，適法であると判示する（最判昭48・4・24民集27巻3号596頁〔百選4版A34事件〕）。

狙いであり，原告は紛争の要点を明らかにして（272条），裁判所書記官の面前で陳述すればよい。

　これを承けて裁判所書記官の作成した起訴調書（規1条2項）が訴状に代わるものとなる。たとえば，申立て手数料の納付は，調書に印紙を貼付して行われる（民訴費8条）。なお，簡易裁判所への起訴前和解の申立て（275条2項）および督促異議の申立て（395条）は，通常訴訟へ移行した場合に，申立て時に遡って訴えの提起があったものとみなされる。

第1款　訴状の記載事項

　訴状に記載される事項は，その欠缺が訴状却下（137条2項）を帰結する必要的記載事項とそれ以外の任意的記載事項からなる。このうち，必要的記載事項とされるのは，訴えを構成する最も基本的なファクターである原告・被告および訴訟物であり，具体的には，当事者およびその法定代理人（133条2項1号）と請求の趣旨および原因（133条2項2号）である。法は，訴え提起という訴訟手続の開始段階で，誰の誰に対するどのような請求かを訴状によって特定しようとしたのである。裁判長による訴状調査の結果，必要的記載事項が欠けていれば，訴状の不備として相当の期間を定めて補正を命じ（137条1項），それに応じない原告は起訴却下命令を受けることになる（137条2項）。なお，裁判長は，必要な補正を裁判所書記官に命じて行わせることができる（規56条。「訴状の補正の促し」という）。

　さらに，争点整理の促進による審理の充実を目指す新法下では，請求を理由付ける事実（広義の請求原因事実）を具体的に記載し，かつ，立証を要する事由ごとに，当該事実に関連する事実（間接事実）で重要なものおよび証拠を記載することが要求される（規53条1項）。これらの記載のある訴状は，準備書面を兼ねることになる（規53条3項）。この記載を欠いた訴状は却下されることはないが，争点整理の早期実現の見地から弁護士業務としてこの種の記載を慣行化することが訴訟運営のよきプラクティスの形成という見地から期待されている[169]。

1　当事者および法定代理人の表示

　当事者は，原告および被告が特定の人物であることを示すのに十分な程度に記載のあることを要する。通常は，氏名（または名称）とその住所によって特定

---

169)　新堂209頁など参照。

するが，氏名の代わりに商号，雅号，芸名などによってもよい（規2条1項1号）。それでも不十分な場合には，職業や年齢で補充する。単なる「Aの相続人」や「B番地の所有者」というのでは特定されず，当事者の表示とはいえない。また，訴訟担当などの資格当事者は，判決効が被担当者などにも拡張されることを明確にするために，「破産者C破産管財人X」や「D丸船長Y」のようにその資格まで表示する必要がある。

　当事者が法定代理人（31条）によって代理されている場合または法人である場合については，当事者とともに法定代理人または代表者（37条）を表示しなければならない。これは，送達（102条1項）などとの関係で訴訟行為をする者を明らかにするためであると説明されるのが一般である[170]。確かに，実際の訴訟追行者である法定代理人等が特定できなければ，手続進行上の不都合が生じることは明らかであるが，訴訟主体である当事者との結びつきを完全に断ち切った説明では不十分であろう。民訴法133条2項は，1号で訴訟主体（当事者）を，2号で訴訟物を掲げており，それらの構造とパラレルに把握することが求められる。そうすると，訴訟物については，まず請求の趣旨で特定しさらに請求の原因で一層明確にするといった二段構えになっていることもあり，当事者についても内実を異にするとはいえ，まず当事者本人の記載で特定し，さらに法定代理人の記載によって当事者の特定を補完しているとみられよう。要するに，法定代理人の記載により，当事者の特定について付加的事項を整え，現に訴訟を追行する者についての情報を共有するものである。ちなみに，訴訟代理人についても，記載が要求されるものの（規2条1項1号参照），その不記載は訴状却下を結果しない。

　訴状には，原告またはその代理人の郵便番号および電話番号（ファクシミリの番号を含む）を記載することも要求されるが（規53条4項），これは，送達の必要，電話連絡，ファクシミリによる書面の提出や書類の送付などが行われていること（規47条1項）に加え，電話会議システムによる弁論準備手続（170条3項）や書面による準備手続（176条3項）などの実施に配慮したものである。この場合も，その不記載が訴状却下の原因となるわけではない。

2　請求の趣旨の表示

　請求の趣旨とは，訴求する審判内容の簡潔かつ確定的な表示であり，通常，請求認容判決の主文に対応する。たとえば，給付訴訟では「被告は，原告に対

170）　伊藤167頁，松本＝上野203頁〔松本〕など参照。

し，金3億円を支払えとの判決を求める」，確認訴訟では「〇番地の土地は原告の所有に属することを確認するとの判決を求める」，形成訴訟では「原告と被告とを離婚するとの判決を求める」などと記載される。いずれにおいても，請求の趣旨は，訴訟物（請求）を特定し，それに対応する被告の防御の目標を定める働きがある。この点，給付訴訟について，抽象的不作為請求の適法性が問題とされる。これは，たとえば，公害訴訟などの請求の趣旨として，「被告は，原告の住居内に〇〇デシベル以上の騒音を到達させてはならないとの判決を求める」と記載するように，禁止されるべき結末だけを掲げ，その原因となる被告の行為が具体的に示されていない場合をいう。不作為請求も給付請求であり，禁止の求められる被告の行為が請求の趣旨によって特定される必要があるが，その行為が明示的に掲げられていなければならないわけではなく，禁止される行為の結果が特定されることによって具体的不作為義務の範囲が合理的に限定される場合には，適法であると解される[171]。その結果，原告はその実質的狙いを達成しやすく，また，被告は対応措置について自由度を保有することになろう。抽象的不作為請求を認容する判決を債務名義とする強制執行は，間接強制によるが，この際に不作為義務違反の有無を調査できるので不都合はない[172]。

　確認訴訟の場合には，請求の趣旨の中に，確認すべき権利関係とその範囲の主張，および，その確認判決の要求が掲げられることで，それだけで訴訟物が特定されてしまう。これに対し，給付訴訟および形成訴訟の場合には，請求の趣旨のみで訴訟物が特定されることは通常なく（ただし，特定物の給付を求める訴えを除く），さらに請求の原因による特定を要する。

　なお，請求の趣旨に期限・条件を付することができる場合がある。訴訟物となるのは，現在の権利関係であるのが通常であり，請求の趣旨に期限を付することは原則として許されない。将来給付の訴え（135条）がその例外となる。他方，条件は，それによって訴訟物の特定が妨げられるときは許されないが，予備的申立てや代償請求のように訴訟物の特定を妨げるおそれのない場合には付することができる。

---

[171] 最判平5・2・25判時1456頁53頁［横田基地訴訟］，名古屋高判昭60・4・12下民集34巻1=4号461頁［百選I 73事件］［東海道新幹線訴訟］，伊藤167頁注70，松本＝上野205頁〔松本〕など。

[172] 前掲・注171)名古屋高判昭60・4・12，松本博之「抽象的不作為命令を求める差止請求の適法性」自正34巻4号（1983年）29頁以下，松本＝上野205頁〔松本〕参照。

3 請求の原因の表示

　請求の原因とは，請求の趣旨に示された権利関係を成立させる事実である。これは，請求の趣旨のみでは訴訟物を特定できない場合に備えて訴状の必要的記載事項とされた。前述のように，給付訴訟・形成訴訟では請求原因事実による特定が必要とされるが，それは，請求の趣旨に掲げられる請求が請求原因事実ごとに個別のものとして発生する給付請求権・形成権に基礎をもつことによる。この訴訟物の特定に必要な事実は，「狭義の請求原因」ともよばれる。これに対して，請求を理由付ける事実のことを「広義の請求原因」とよぶが，単に請求の原因といえば，それは狭義の請求原因を指すのが通常である。

　この点，旧民事訴訟規則8条は「請求の原因」を請求を理由付ける事実と同義に用いており，混乱を招きかねなかったので，新規則は，これを「請求を理由付ける事実」と表現すると同時に，「請求の原因」という言葉を訴訟物の特定に必要な事実という狭義の意味に限定して用いることとした（53条1項）。なお，訴えの変更とされる「請求の原因」の変更（143条1項）は，狭義の請求原因を意味している。ちなみに，広義の請求原因である請求を理由付ける事実は，抗弁を理由付ける事実，再抗弁を理由付ける事実と併せて，主要事実と把握され，間接事実はこの主要事実に関連する事実である。訴状，答弁書，準備書面の記載に際し，これらの主要事実と間接事実をできるだけ区別することを要求し（規53条2項・79条2項），紛争の整理と事実把握の明確化を図っている。

　請求の原因をどの程度詳細に記載すべきかについては（同一）識別説と理由記載説の争いがある[173]。識別説は，請求の原因は訴訟物の特定のために要求されるという考えを前提として，訴訟物を他の権利関係から識別させるのに必要な事実を記載すれば足りるとするのに対し，理由記載説は，原告の請求の正当性を基礎付けるのに必要な事実を記載すべきであるとする。学説上，訴状は審判対象である請求を明確にするだけでよく，それを正当化する事実はその後の手続において必要に応じて提出すればよいとして，識別説が支持を受けている[174]。この争いには，訴訟物の特定と権利の根拠付けという二つの作業段階的整序に関する政策問題が手続の沿革とからみ合って無用な理論的混乱を生じたきらいがある。

　訴訟物が特定されていると，被告の請求認諾または原告の請求放棄（266条1

---

173) ドイツの論議につき，小山・著作集1巻2頁以下参照。
174) 旧訴訟物理論との親和性も指摘される。なお，ドイツでは，新訴訟物理論が有力になるにつれ，紛争の基礎をなす社会的な事実関係の記載が請求の特定のために必要であるという形で事実記載説が再生したという。三ケ月・全集104頁注2，新堂210頁注(1)参照。

項)がそのまま可能となる。また，必要最小限の請求原因事実が弁論に上程されると，被告欠席の場合における擬制自白（159条3項）の成立が可能となり，裁判所は請求認容判決をすることができる。

第2款　訴え提起に対する裁判所の行為

　原告が訴状を提出して訴えを提起すると，それを受けた裁判所は，事務分配の定めにより，訴状を特定の部に配点する。

　その部が単独体であればその裁判官が，合議体であればその部の裁判長が，訴状の必要的記載事項（133条2項）および提訴手数料の納付（印紙貼用）といった形式的要件を審査し，欠缺があれば補正を命じ（137条1項，規56条），原告がこれに応じなければ訴状を命令で却下するが（137条2項），そうでない限り，訴状の副本を被告に送達する。訴状自体から訴訟要件の欠缺が明白である場合も，訴状を受理したうえで訴え却下判決（140条）をするが（東京高決昭38・9・16東高民時報14巻9号251頁），訴状を被告に送達する必要はない（最判平8・5・28判時1569号48頁）。なお，訴状却下命令に対し，原告は即時抗告をすることができる（137条3項）。

　裁判長の審査を経た訴状は，その副本が被告へ送達される（138条，規58条1項）。裁判所書記官が送達事務を担う（98条2項）。訴状記載の被告の住所に誤りがあるなどの理由で訴状を送達できないとき（なお，公示送達〔110条〕），裁判長は補正を命じ，原告がこれに応じなければ訴状を命令で却下する。送達費用の予納がないときも，予納命令によって同様の措置をとる（138条2項）。

　訴状が被告に送達されると，原告と裁判所に被告が加わり，訴訟の主体が揃うことから，訴訟係属が発生することになる。これにより，裁判所は，訴訟手続を進行する責務を負い，第1回口頭弁論期日を指定し，当事者双方を呼び出さなければならない（139条，規60条1項本文）。

　期日の呼出しは，呼出状の送達など相当と認められる方法によって行う（94条1項）。裁判長は，裁判所書記官をして被告への訴状送達を行うとともに，第1回口頭弁論期日を指定して当事者双方を呼び出すのが通常である。原告が呼出費用を予納しない場合，被告に異議がない限り，裁判所は決定により訴えを却下することができる（141条1項）。裁判所は，原則として訴え提起から30日以内の日に第1回口頭弁論期日を指定しなければならない（規60条2項）。ただし，口頭弁論を指定せず，直ちに事件を弁論準備手続に付すことも可能である（規60条1項但書）。

第3款　訴訟物論

　訴訟物とは，裁判所の審判の対象となる権利関係である。先述したように，訴訟物は，訴状の請求の趣旨および原因（133条2項2号）によって特定される。

　訴訟物が訴訟法上における種々の問題を統一的に判定する決定的な基準として働くか否かを検証する試金石となる場面として，請求の併合（136条），重複訴訟の禁止（142条），訴えの変更（143条），時効の中断効（147条），再訴禁止（262条2項）および既判力の客観的範囲（114条）などがある。もっとも，これらのうち，訴訟物の基準性が揺らいでいる場面も多く，基準として機能する場面としては，請求の併合と再訴禁止が挙げられるにすぎない。

　では，こうした訴訟サイズの基本単位である訴訟物の枠をどのように画するべきであろうか。この点をめぐる争いが訴訟物論争であり，わが国では昭和30年代に活発な議論が展開され，いまだ決着をみてはいない[175]。

1　判例における訴訟物

　審判の最小単位である訴訟物の同一性判定基準を実体権，すなわち，実体法上の権利の同一性に求めようとするのが判例の立場であり，そして，この基準は，確認訴訟，給付訴訟および形成訴訟に共通するものとされている。民事訴訟法は，訴訟物を定める基準について一義的な基準を示しているわけではなく，また，実体法も権利の単位を明示的に定めているわけではないため，実体権の個数については判例の展開を待たなければならない。

　訴訟物としての実体権は，民法などの各法律関係について判例を個別的に検討して把握する必要がある。

　①　不法行為による損害賠償請求権と債務不履行による損害賠償請求権については，複数の領域にまたがる複数の実体権であり，別個の訴訟物をなす（最判昭38・11・5民集17巻11号1510頁）。

　②　民法709条・715条，自賠法3条に基づく各損害賠償請求権については，複数の法条が適用になるが，損害賠償請求権は一個であり（最判昭48・4・5民集27巻3号419頁〔百選4版75事件〕。なお，古い判例は複数の実体権の存在を認めていた），

---

[175]　第二次世界大戦前のわが国における訴訟物概念をまとめたものとして，高橋宏志「訴訟物——戦前の学説の素描——」鈴木（正）古稀167頁以下がある。現在の理論状況につき，小島＝小林・基本演習75頁以下，論争32頁以下〔山本和彦発言〕，新争点108頁以下〔山本克己〕などを参照。なお，家事審判における審判物という概念につき，大橋眞弓「家事審判手続と『審判物』概念について」青山古稀21頁参照。

訴訟物も一つである。

　③　手形債権と原因債権（売買代金債権，貸金請求権など）は，別個の実体権である（最判昭39・4・7民集18巻4号520頁）。この判決は，選択的に併合された手形債権と原因債権のうち，後者を認容した第一審判決後に控訴審で予備的併合に改められ，控訴審が第一次請求である手形金債権のみを認容する判決（第一審判決と同じ主文の判決）をする際に，原因債権を認容した第一審判決は当然に失効するから，これを取り消す必要はないと判示したものである[176]（なお，大阪高判昭62・7・16判時1258号130頁は，手形債務不存在確認訴訟が提起されているときに，手形訴訟の反訴を提起し得るとする）。

　④　同一の賃貸借契約について終了原因が複数ある場合の明渡請求権は，債権的請求権として一個であり（東京地判平元・9・29判タ730号240頁），訴訟物も一つである。賃貸借の終了原因には，正当事由による解約，債務不履行による解約，合意に基づく解約などがあるが，いずれも契約関係の終了という枠に括れるからである。

　⑤　一個の不法行為から生じた異なる法益の侵害に対する損害賠償請求権について，判例はかつて複数の実体権が存在するとしていたが，現在では，同一の事故により生じた同一の身体傷害を理由とする財産上の損害と精神上の損害による損害賠償請求権は一個であるとするに至っている（最判昭48・4・5民集27巻3号419頁）。

　⑥　離婚原因を異にする離婚請求権については，民法770条に定められている各種離婚原因ごとに別個の訴訟物となる（最判昭36・4・25民集15巻4号891頁〔百選63事件〕）。

　これらの判例は，実体権の異同を訴訟物の同一性を判定する基準としている点では一貫しているものの，時の経過とともに，実体権をより包括的なものに把握する方向に動いてきている。これは，民法などにおいて複数の法条があるというだけで別個の権利として把握することがあまりにも形式的にすぎる場合について，実体権を統合しようとする努力のあらわれである。より包括的な訴訟物を主張する新しい学説の登場がこのような動きに影響を及ぼすといえよう。

2　訴訟物論争——学説における訴訟物拡大の動き——

(1)　実体法説（旧訴訟物理論）

　これは，すでに見てきた判例の基本とする考え方であり，給付訴訟の訴訟物

---

[176]　新訴訟物理論では，控訴棄却となる。新堂724頁注(1)参照。

を実体法上の請求権ごとに把握し，形成訴訟の訴訟物は形成権・形成原因ごとに異なるとする。学説上，訴訟物論争が顕在化する以前は，わが国の通説的見解であったが，現在では少数説にとどまる[177]。これによると，同一の給付を目的とする実体法上の請求権が複数存在するときは，その数だけの訴訟が認められることになる。たとえば，同一建物に関して，所有権に基づく明渡請求を主張する場合と賃貸借契約終了に基づく明渡請求を主張する場合では訴訟物を異にし，それらを同時に主張すれば請求の併合（136条）となり，一方から他方へ変更すれば訴えの変更（143条）となる。

実体法説は，実体法上一個の給付しか是認されない場合にも複数の請求が主張されているとして数個の債務名義を認めるのは不当であるとの批判を受けて，選択的併合という概念構成を呈示した。すなわち，原告は複数の請求のうちどれか一つが認容されることを解除条件として他の請求を併合提起しているのであって，裁判所が一つの請求を認容することで他の請求について審判する余地はなくなり，数個の債務名義を付与することもないというのである[178]。さらに，これに対して，選択的併合を求める原告の意思は，実体法上の請求権に拘泥せずに給付を求めるものと認めることになり，そうすると，実体法上の請求権は，訴訟物の基準ではなく，それを基礎付ける攻撃防御方法にすぎないことに帰し，選択的併合の概念は実体法説自体の出発点そのものを否定するものにほかならないとの批判がなされた[179]。確かに，どちらでもよいというのが原告の意思であれば，訴訟物を一つとすべきであるという批判は，十分に成り立つ。もっとも，実体法説の核心は，同一の給付であっても法的根拠が異なる場合には，その法的根拠ごとに権利者たる原告に債務名義を認めようとするところにあるとすれば，この批判は必ずしも妥当でない。なお，選択的併合それ自体は，訴訟物論争を離れて一般に容認すべき概念である[180]。

(2) 訴訟法説（新訴訟物理論）

この見解は，確認訴訟では訴訟物の枠を実体権に求めるが，給付訴訟および

---

[177] 兼子・体系162-163頁，民事訴訟法学会編『民事訴訟法講座1巻』（有斐閣，1954年）178頁〔中田淳一〕，木川・重要問題中280頁以下，伊藤172頁，大久保邦彦「請求権競合問題について」神戸学院法学24巻3=4号（1994年）593頁など。

[178] 兼子・体系166頁。

[179] 三ヶ月・全集93頁以下，新堂308頁など。

[180] たとえば，選択債務など。なお，最判平元・9・18判時1328号38頁〔百選Ⅰ74事件〕は，相続人による遺産確認請求と遺産の共有持分確認請求を選択的併合の関係にあるとする（反対，百選Ⅰ74事件解説〔松村和徳〕）。

形成訴訟では，給付の獲得や形成の招来にその機能があることに着目し，その過程で問題となる手段的な権利の確定は二次的なものであるとして，訴訟物の範囲をより包括的なものとしてとらえる。そこで，給付訴訟では，訴訟物の枠は，一定の給付を求める法的地位ないし受給権（生活利益）をもって画され，訴訟物を決定する手がかりは，訴状における原告の申立てに求められる。訴訟法説によると，実体法説による実体権（実体法上の請求権）は，訴訟物を特定する基準ではなく，請求を理由あらしめる攻撃防御方法（法的観点）として一段階下位に位置付けられることになる。この基準は形成訴訟にも用いられ，離婚訴訟における個々の離婚原因（民770条1項1号ないし5号），株主総会決議取消訴訟における個々の取消事由（会社831条1項1号ないし3号），再審訴訟における個々の再審事由（338条1項1号ないし10号）はいずれも，攻撃防御方法にすぎず，訴訟物の基準は離婚，決議取消しないし再審を求める法的地位に求められる。また，既判力の客観的範囲も包括的な訴訟物に照応して広くなる[181]。

このような訴訟物および既判力を前提とするとき，一回の訴訟で法的紛争が解決されることになり，訴訟のもつ紛争解決機能は高まる。しかし，このような広汎な審理対象について当事者がすべての法的観点について攻撃防御方法を提出し充実した審理が行われるためには，当事者は周到な訴訟準備を行う必要があり，また，裁判所も積極的に釈明を行わなければならない（149条1項）。そこで，当事者と裁判所の負担増大と個別訴訟の決着の長期化を避けるためには，訴訟手続の改善への取組みが一段と重要な課題となってくるのである。

(3) 新実体法説

この見解は，訴訟物の枠は実体権によって設定されるべきであるとする実体法説によりつつも，複数の請求権や形成権を一定の範囲で統合しようとするものである。これによると，請求権競合の場合，実体法上も一個の請求権しか成立せず，訴訟法説が包括的な訴訟物を定立して解決しようとした問題が再び実体法のレベルに移し替えて解決されることになる[182]。具体的には，不法行為に基づく請求権と債務不履行に基づく請求権とは，一個の統一的な実体権であり，物権的請求権と債権的請求権も単一の取戻請求権として再編成される。これに対し，手形債権と原因債権はその手続的特質を内にもつ別個の実体権で

---

181) 三ヶ月・全集86頁以下，小山152頁，斎藤・概論129頁，新堂301頁，高橋・重点講義上27頁など。
182) 上村明広「請求権と訴訟物」民訴17号（1971年）189頁以下，旧中野ほか145頁以下〔上村明広〕参照。

あるとされる。このような統一のためのメルクマールについては種々の理論があるが，権利の処分対象としての単一性に着目して別個に処分することができるか否かを尺度にしようとの主張が有力である。

(4) 二 分 肢 説

これは，原告が裁判所に提出する判決申立てと事実関係という二つの対等な要素によって訴訟物の枠を限界付けようとする見解であり，ドイツの通説であり，条文の文言も手がかりがあり，しかも判例の採用するところにもなっており，わが国にも支持者が存在する[183]。これによると，申立てが一つでも，それを理由付ける事実関係が複数あれば，訴訟物も複数存在することになる。同一の事実関係（Sachverhalt）を基礎としている数個の請求権について数個の訴訟物を観念することに何ら問題はないことを理由とする。

3 検　　討

訴訟法説も新実体法説もともに，程度に差はあれ，より包括的な訴訟物を設定して，審判単位としての訴訟物の拡大をはかる点では共通である。ただ，両者の間には基準の立て方に違いがあり，訴訟法説は，その尺度を訴訟法に求め，具体的には訴えにおける申立てを基準とするのに対し，新実体法説は，実体法における権利の再編成によって実体権の統合化をはかるのである。実体法における権利の統合については多様な考え方があり，しかも，統合的権利の枠組みについても帰一しない現段階（一人一説的状況）においては，複数の実体権が融合過程にあることを認識して要件・効果ごとに審理を進め，訴訟物の枠は主として訴訟法上のメルクマールに求めるのが制度適合的でありかつ実際的であるといえよう。

訴訟法説の根拠とされる紛争の一回的解決は，それ自体望ましく，効率的で，しかも問題点については手続的な補完措置を講じることの可能な方向性にあるものといえよう。問題は，いかなるところに合理性ある最適バランス点を見出すかである。その合理性を測るにあたっては，その前提として，訴訟法説のように大きな訴訟物を想定し得る諸条件がわが国の司法環境のなかでどこまで整っているかを検討する必要がある。この点，ドイツ型審理のように裁判官の積極的な活動が制度的に保障されているわけでもなく，また，アメリカ型審理のように当事者の主体的な行動によって可及的に広汎な事実関係を明らかにしていく手続的な装置（ディスカバリー，ディスクロージャーなど）も十分には整ってお

---

183) 中野・論点 I 45 頁以下，松本＝上野 186 頁以下〔松本〕など。

らず，しかも，弁護士人口に増加傾向がみられるとはいえ，到底欧米の比ではないといった現状を踏まえると，確かに，大きな訴訟物を想定するに必要な現実的条件にはいまだ脆弱なところがあるとの指摘[184]には，それなりの重みがある。しかし，現在のところ，少なくとも日常的な訴訟に焦点を絞れば，訴訟法説的に訴訟物を大きくとらえていく合理的基盤は整いつつあるとみられる。そこで，基本的には今後，制度的基盤を考慮しつつも，訴訟物を枠組みをしてより大きなものにしていく政策と理論の展開が求められる。審理の枠組みの固まっていない場面では，大きな訴訟物を前提としつつも，再訴の途を開く柔軟さを残しておくこと，すなわち，後訴を許容して条件未整備の下に置かれた当事者の救済を図る補完的な途を設け手障保障確保のための非常の回路を開いておくのが訴訟運営上賢明な発想であるといえよう。

　紛争の一回的解決を目指す合理性の有無という当初の問題に戻ると，給付が一つであれば，法的根拠が複数であっても，要件の相当部分が共通であり，審査内容は法律上も事実上も重なるところが多い。法的根拠が複数ある場合，当事者ないし代理人弁護士，少なくとも裁判所は，それらの存在に気付くものと期待されるのであり，もし，この点に認識の欠落があれば弁護過誤（弁護士責任の追及）や上訴，再審などによる救済も可能となろう。こうした考えが定着していくことで，司法機能の向上が進み，当事者，さらには国民一般の裁判に対する信頼もさらに高まるものと期待される。民事裁判は社会生活上の日常的トゥールとして常識的期待に合ったしくみとして生成していくべきであろう。

　ところで，実体法の分野では，請求権を統合する動きが生じており[185]，この背景には要件事実の共通性[186]，そして，徒に交渉の場の錯綜を抑制しようとする考慮もあろう。実体法理の動きには，訴訟法説を支えるのと共通の意識が働いているともみられよう。また，審理に1年以上（上訴審を入れて3年以上）要する事件もあり，審理期間をかけながら，不法行為責任（民709条）と債務不履行責任（民415条）のいずれかを見逃すというのは納得しがたく，当事者としては弁護過誤ないし国家賠償を考えたくもなるであろう。

　一回的給付を基礎付ける複数の請求権が競合する場合に関心がこれまで集中

---

184)　木川・重要問題中280頁以下。
185)　法条競合論につき，奥田昌道『債権総論〔増補版〕』（悠々社，1992年）618頁，加藤雅信『現代民法学の展開』（有斐閣，1993年）559頁以下など。
186)　前掲・最判昭48・4・5は，同一事故による同一の身体傷害を理由とする財産上の損害と精神上の損害の賠償請求権を1個とする。同旨，田辺公二「裁判上の自白」民訴演習Ⅰ130頁・135頁。

してきたが，それ以外の局面を見渡したうえで全体として調和ある発想をすることも必要であろう。たとえば，所有権確認訴訟において売買契約の主張に対して取得時効を主張し忘れたり，相続の主張に対して限定承認の主張を怠ったりした場合に，再訴を許さないとする一方で，不法行為による損害賠償請求訴訟で敗訴した者に債務不履行責任による損害賠償請求の後訴を許すという扱いに，一体いかなる意味でのバランスがあるというのであろうか。法的議論としては，より多面的に社会の常識に目配りした応答が求められよう。いずれにせよ法律専門家は高度知識基盤社会において正義公正の意識が日々の生活の場でも問われる時代状況において権利譲渡など取引の現場からして納得しやすい平明な理論を用意することも求められよう。

また，実体法説および新実体法説のいう実体法上の請求権をいかに構成するかについてもさらなる検討の要がある。たとえば，賃貸借契約の終了事由ごとに訴訟物が異なるのか，不法行為による被侵害利益ごとに訴訟物が異なるのか，あるいは，離婚原因ごとに訴訟物が異なるのかという問題がある。これについては，終了事由，被侵害利益，あるいは，離婚原因は単一の存在として一つの請求権を発生させる法律要件であり，これらによって訴訟物の分断を招かず一つの請求権が発生するかを決するのは実体法であるとする有力な見解がある[187]。これは，訴訟物とその要件の次元の相違に着目した指摘であるが，終了事由，被侵害利益，離婚原因について訴訟サイズのあり様を想定して包括化を行うのであれば，「実体法上の請求権の発生原因」[188]に着目して訴訟物の個数を観念するという出発点とはそぐわないことになろう。

さらに，訴訟法説に対しては，主張される請求権の法的性質によって判断される問題，たとえば，不法行為と債務不履行に基づく損害賠償請求権の競合の場合における反対債権による相殺の可否，または，所有権に基づく返還請求権と賃貸借契約終了に基づく返還請求権の競合の場合における造作買取請求権の許否と整合しないとの難点が指摘される。実体法説からは，訴訟物特定の要素として実体権の法的性質も含まれていることから，実体法上の規律にしたがうだけで足りるが，訴訟法説でもそれなりの筋の通った説明が必要であり，実体権の属性（不法行為加害者からの相殺禁止〔民509条〕など）はその訴訟で請求認容判決がなされた後の請求異議訴訟（民執35条）ではじめて判定する機会を設ける

---

187) 山木戸克己「離婚原因の相対化と離婚訴訟」北村五良編『神戸経済大学創立五十周年記念論文集〈法学編Ⅱ〉』（有斐閣，1953年）93頁，伊藤178頁など。
188) 伊藤172頁。

ことで対処しようとする試みもある(これを「法的評価の再施」という)[189]。法的評価の再施に対しては，紛争解決の一回性という訴訟法説の理念に背馳するという批判があるが[190]，実際には実体法上の属性がこのような場面で問題となることはまれであり，損害賠償の給付の可否の決着だけで紛争は終息しやすいこと[191]などにかんがみると，訴訟法説に対する批判としてはさほど手強いものではない。もっとも，実体法説にも問題があり，債務不履行に基づく損害賠償請求権を相殺されて敗訴した者がさらに不法行為に基づく後訴を提起できるというのであろうか。実体法説からは，前訴で被告が不法行為に基づく損害賠償義務を負わないことの確認を求める反訴を提起すること，または，信義則によって後訴を排斥することなどにより不都合を回避できるとの反論がある[192]。しかし，当事者の行動に期待したり，一般原則による処理に委ねるのでは，問題に正面から答えるものではないという疑問も残るであろう。

　なお，訴訟法説が紛争の一回的解決という積極的な根拠を掲げているのに対して，実体法説は，その不都合の打開策(選択的併合という観念，民訴法142条の「事件」を訴訟物より広い観念とみる解釈論，釈明権の行使，信義則による処理)に関しては場当たり感があり，訴訟物の枠組みをバランスを欠く実体権の範囲にとどめることの合理性を必ずしも十分に示していない。

　ところで，手形債権と原因債権についてみると，実体法説は訴訟物別個，訴訟法説は訴訟物一個とするのが素直である。もっとも，訴訟法説のなかには訴訟物が別個となる余地を認める論者もある[193]。すなわち，原告が一つの訴えにおいて手形債権と原因債権の両方を主張する場合は，それらは法的観点(攻撃防御方法)にすぎず，訴訟物は一個となるが，いずれか一方のみを主張する場合にはその債権が訴訟物となるというのである。その意図は，手形要件の欠缺だけで敗訴した原告から原因債権を後訴で主張する機会を奪ってしまうのは酷だというところにある[194]。

　手形債権と原因債権が無因性によって峻別されているという実体法上の相違に加えて，手形債権の迅速な行使のために特別の略式訴訟手続が設けられてい

---

189)　三ケ月・研究1巻129頁，高橋・重点講義上35頁など。
190)　木川統一郎『比較民事訴訟政策の研究』(有斐閣，1972年) 319頁など。
191)　三ケ月・研究1巻129頁，高橋・重点講義上35頁。
192)　事実は異なるが，伊藤175頁注81を参照。
193)　三ケ月・全集110頁。なお，二分肢説からも訴訟物が別個となることにつき，松本＝上野189頁〔松本〕。
194)　三ケ月・双書118頁。

るといった訴訟法上の特徴からして，訴訟物は別個とするのが適切であるかにみえるのは事実である。

　訴訟物を単一と扱うことに由来する問題点への対処法としては，上訴や釈明の可能性があり，また，手形訴訟は異議によって通常訴訟に戻るので，手形要件欠缺だけで敗訴した原告にも，同一手続内で原因債権を主張することができる[195]。さらに，手形債権と原因債権を隔てる手形の無因性自体も，振出人・受取人間では実体法上徹底してはいない。そこで，両者をまとめて一つの訴訟物とし，原因債権での再訴を封じておくのがよいであろう[196]。

　このほか，占有権と本権との関係が問題となる。訴訟法説は，実体法上の性質を捨象した引渡しを求める地位という一つの訴訟物を想定することになる（これは，請求の趣旨の定型文である「被告は，原告に対し，○○を引き渡せ，との判決を求める」に照応する）。この考え方に対しては，占有の「訴え」と本権の「訴え」とが互いに妨げられることがない旨を規定する民法202条1項に反し，同条項は訴訟物を一個とすることの障害となるとの批判が旧実体法説から加えられた。しかし，同条項の「訴え」とは請求権の意味であることが立法史の分析から明らかにされ，実体法上の請求権競合を認めれば十分であるとして，争いはほぼ終焉している[197]。なお，別個の権利である占有権と本権は，それぞれ独自の要件が定められていることから，占有権について結論が先に出ることもあり，その場合には後で判決に基づく将来給付の訴え（135条）で被告のもとに戻すという判決をしてもよい（権利の特性を睨んだ取扱い）。当事者と裁判所が紛争実態を見据えて臨機応変な対処をすれば，手続上の無用の交錯は避けることができよう。

　これに関連して，占有の訴えに対して本権に基づく反訴を提起することができるかという問題がある。民法202条2項は，占有の訴えで本権を抗弁とすることを禁止しているが，反訴という形で本権を出せるか否かということである。これを認めるのが判例（最判昭40・3・4民集19巻2号197頁〔百選4版34事件〕）・通説である[198]。そうすると，さらなる問題として，本訴と反訴をともに認容し

---

195) 高橋・重点講義上51-52頁。
196) 小山昇『訴訟物論集』（有斐閣1966年）6頁，小山・著作集1巻5頁，新堂302頁注(1)，高橋・重点講義上51-52頁など。
197) 三ケ月・研究3巻3頁以下，新堂304頁注(2)，伊藤177頁注85など。なお，その後の若干の議論につき，高橋・重点講義上45-46頁を参照。
198) 勅使川原和彦「民法202条の訴訟法的考察」早法70巻1号（1994年）1頁以下，その他，学説については民訴百選4版34事件解説〔西澤宗英〕に掲載の諸文献参照。なお，木川・重要

なければならない場合の判決をどうするかを考える必要がある。これについては，本訴を請求認容とし，反訴は将来給付の訴え（135条）の限度で認めるという対処[199]や双方を請求認容（反訴も現在給付訴訟として）し，その内容上の矛盾は執行法・実体法の領域で本権を優先させることにより解消すればよいという対処[200]が示されている。

　訴訟物が一つで実体権が複数競合するとき，一個の訴訟のなかでどういう枠組みを設定するのかについて自由度を高めようという考え方は，権利の特性に応じた臨機な対処を許すものであり，訴訟構造の組み換えや柔軟化に積極的である。これによると，訴訟物理論の一局面として，強制反訴を認めることも，決して不可能ではなくなってくる。ここに，従来の訴訟物理論という枠組みそのものの再構成も検討されてこよう。現行法では，反訴提起は被告の自由に委ねられているが，原告の複数の実体権の主張を単一の法的地位とするか，さらに被告の反訴をもまとめて相互複合構造とするかは，紛争解決の場における制度的合理性をめぐる設計上の問題であり，原告側にのみ訴訟枠決定の権限を与えるのはアクチオ中心思考の残滓という面があって，旧実体法説的思考に根差す構造的な限界がそこに存するといえよう。大切なのは，実体法に従属するのではなく，実体法の基盤に立ちつつも，訴訟法理の力で手続構造の合理的改造を独自の発想で展開していくことである。

　いずれにせよ，実体法説に立つ判例も統合に向けて流動的な状態にあり，新実体法説はもちろん，訴訟法説も移行期にあることを考えると，訴訟物の枠は大きくとらえて，裁判所および当事者はその枠内で充実した審理を行うようつとめ，このような目的を達成できるだけの制度基盤を整えていくことが，大局において望ましい方向であるといえよう。

　こうした方向に向けての移行段階においては，審理の充実と適切な救済の確保が損なわれることのないように，状況適合的な理論的枠組みを用意しておくことが重要である。たとえば，訴訟物と既判力はその範囲において一致すべきものであるとの原則に依拠しつつも，当事者の力量などからして審理の充実に欠けるところがあった場合には，その限りにおいて既判力の減縮をはかるなどして当事者が不測の不利益を受けないように配慮すべきであろう。

　　問題中348頁以下も参照。
199)　三ケ月・研究3巻61頁注四。
200)　青山善充「占有の訴えと本権との関係」民法の争点Ⅰ132頁，鈴木禄弥『物権法講義〔二訂版〕』（創文社，1979年）45頁。

訴訟物理論と要件事実論との間に論理的関係があるであろうか。旧訴訟物理論と要件事実論は，しばしば連結してとらえられやすい面がある。しかし，両者の間に必然的な結びつきはなく，別個のものとして位置付けるべきであり，新訴訟物理論と要件事実論との間に何ら矛盾するところはない。要件事実論は，訴訟での攻撃防御に備えて，実体法のプリズムを通して，事実をとらえたものであり，争点を立体的に浮き彫りにし，攻防の焦点を設定するのに有効である。大切なのは，要件事実論の背後にある考え方であり，訴訟というコンテクストにおける実体法の働きに関する実務感覚の喚起機能である。司法研修所，そして，法科大学院における要件事実教育は，主体ごとに実体法理の再整理を行う作業の契機として働いている。このように考えれば，要件事実の総論は民事訴訟法学の延長線上にある課題であり，各論は民法学等の課題である。各権利義務ごとにする精緻な要件事実の検討は，実務用マニュアルのレヴェルに位置付けられるべきものであり，法科大学院の教科のなかで法律要件を総当たり的に分析し記憶しようとしてエネルギーを割く（知識偏重）のは，要件事実論の過剰であり，各分野の適切な例を取り上げ，そこに流れる思考法を身に付けることこそ肝要といえよう。

第8節　訴訟物についての処分権主義

第1款　処分権主義の意義

　当事者は，訴訟の開始，訴訟対象の特定，訴訟の終了に関し処分権を有し，また，訴訟対象の実体的内容について決定する処分権能を有する。このように処分権能を当事者に認める原則を，処分権主義という。これは，民事訴訟の対象である私法上の権利義務について私的自治の原則が認められていることと照応する。その意味において，処分権主義は，民事訴訟の本質的な原則である。

　処分権主義の下では，裁判所の任務は，原告が求める事項について適正な審理を経て判決を言い渡すことに尽きる。原告は，審判対象を画定する権能を有する（第一機能）。そこで，裁判所は，原告の申立ての趣旨を把握した上で判決すべきことになる。そして，原告は，自己の意思により審判の対象を決定することができ，それ以外の事項については判決効を受けることはなく，また，被告も，原告が審判の対象とした事項以外について判決効を受けることはない。そこで，当事者は，申立て事項に焦点を合わせて攻撃防御を展開すればよく，予想外の事項について判決による拘束を受けるといった不意打ちの裁判が回避されることになる（第二機能）。

　この処分権主義の具体的内容として，以下のものがある。
　① 民事訴訟は，当事者の訴えによって開始する（133条1項）。

② 当事者は，審判の対象とその範囲を決定する。裁判所は，当事者の申し立てない事項について，判決をすることができない（246条）。これは，訴訟物についての処分権主義である。
③ 原告は，その訴えを取り下げることによって，訴訟を終了させることができる（261条1項。相手方の同意の必要につき261条2項。控訴，上告の取下げにつき292条・313条，不上訴の合意につき281条1項但書・284条・313条）。
④ 当事者は，審判対象である請求の放棄または認諾をし（266条），あるいは，それについて和解（264条・265条）をすることにより，判決によらないで訴訟を終了することができる（267条）。

処分権主義は，民事訴訟について本質的な原則ではあるが，一定の制限に服する。まず，①当事者の自由な処分が制限されている権利義務については，処分権主義も制限を受ける。たとえば，婚姻，親子関係などに関する人事訴訟事件においては，請求の放棄や訴訟上の和解が認められない場合がある（人訴19条2項。37条1項参照）。つぎに，②訴訟費用の裁判については，処分権主義は妥当しない（67条1項・258条2項・359条）。これは，裁判制度のあり方に関する公共の政策に基づくことによる。そして，③土地境界確定訴訟は，判例・通説の考え方によると，公図を確定するという公共的性格を有することから，裁判所が当事者の申立てに拘束されないなど処分権主義の制限が説かれる[201]。

第2款　申立て事項と判決事項

1　申立て事項

裁判所は，当事者の申し立てた事項を量的に超える判決をすることはできないし，また，これと質的に異なる事項につき判決をすることもできない（246条）。この点に違反がある判決は，不適法であることから，控訴・上告により是正され得る。ただし，上訴審において当事者が申立てを変更して，その瑕疵を治癒することができる。

原告は給付，確認，形成の審判形式を特定しなければならず，これに裁判所は拘束される。たとえば，原告が給付判決を求めているにもかかわらず，期限未到来を理由に裁判所が当該請求権の確認判決をすることは処分権主義違背となる（大判大8・2・6民録25輯276頁）。他方，現在の給付判決の要求に対して将来の給付判決をすることは，請求の一部認容と同視でき，原告の通常の意思に合致するといえるので，不意打ちとならず，許されよう[202]。反対に，将来の

---

201) 本書206頁以下参照。
202) 同旨，東京地判昭30・12・7下民6巻12号2569頁，新堂317頁，伊藤181頁，争点193頁

給付判決の要求に対して現在の給付判決をすることは，通常は申立て事項を超えるものとして許されない。ただし，訴訟係属中に履行期が到来しまたは条件が成就すれば現在の給付判決を求めるという趣旨が原告の主張から明らかに読み取れる場合には，不意打ちのおそれがないので，現在の給付判決をすることが認められよう[203]。

原告が予備的併合をして，申立てに条件を付している場合にも，裁判所はそれに拘束され，主たる請求を審判せずに予備的請求について判断することは許されない。もっとも，たとえば，引渡請求にそれが不能の場合に備えて代償請求を予備的に併合するなど，原告に予備的併合の意思があっても，両請求がともに実体法上認容できる関係にあるときは，原告の意思を合理的に解釈して，裁判所は，単純併合として扱うことが許されよう[204]。

いかなる手続によるべきかについて，原告に選択権が認められている場合にも，裁判所は原告の選択に拘束される。それゆえ，手形訴訟（350条以下）や少額訴訟（368条以下）による審判が求められているのに通常訴訟手続によることはできず，その逆も許されない。

2　訴訟物の異同——判決事項——

裁判所は，申立て事項に包含される訴訟物の範囲を超えて判決をすることはできない（246条）。訴訟物の範囲については，訴訟物理論のいかんで変容が生じ，訴訟物の範囲を実体法上の権利に基づいて狭く画する旧実体法説からは246条違反となる判決でも，より広くとらえる訴訟法説によれば違反しないことが多い。

この点，判例（実体法説）にあらわれた246条違反の判決を眺めると，①売買契約の法定解除に基づく前渡金返還請求（民545条）の申立てに対し，合意解除による不当利得返還請求（民703条）として認容すること（最判昭32・12・24民集11巻14号2322頁），②振出人に対する手形金請求の申立てに対し，手形保証を理由として手形金請求を認容すること（最判昭35・4・12民集14巻5号825頁），③

〔大石忠生〕など。なお，最判昭40・7・23民集19巻5号1292頁は，借地権確認請求訴訟において，原告が，土地区画整理法の適用上施行者による本件借地権の目的となるべき宅地の指定通知があるまではその権利行使を制限されるにとどまる場合には，当該指定通知を受けた時に土地の引渡しを求める限度で請求を認容するのが相当であるとして請求を一部認容した原判決を支持した（上告棄却）。反対，大判大9・3・29民録26輯411頁，三ケ月・全集155頁，村松俊夫『民事裁判の研究』（有信堂，1955年）174頁以下，中野・論点Ⅰ146頁，松本＝上野511頁〔松本〕など。なお，折衷的な見解として，鈴木重勝「申立事項と判決事項」新実務民訴(3)370頁。

203)　新堂317頁など参照。
204)　新堂317頁など参照。

賃貸借に基づく妨害排除請求の申立てに対し，占有権を理由に認容すること（最判昭36・3・24民集15巻3号542頁），④不法行為に基づく損害賠償請求の申立てに対し，債務不履行を理由に認容すること（最判昭53・6・23判時897号59頁），⑤当事者の主張する離婚原因とは別の原因事実に基づいて離婚を認容すること（前掲・最判昭36・4・25）などがある。新訴訟物理論によれば，いずれも民訴法246条違反とならないが，弁論主義により，認容する請求権を基礎付ける事実が弁論に顕出されている必要がある[205]。

民訴法246条違反となるか否かは，申立て事項と判決事項を比較して，その内容となっている権利関係について後者が前者の範囲内かどうかが基準とされる。権利関係の細部，たとえば賃料額などにおいて申立てと判決内容に食い違いがあっても，直ちに民訴法246条違反となるわけではない（最判昭32・1・31民集11巻1号133頁）。また，判決内容が当事者の申立ての形式的表示と一致しなくても，その申立ての趣旨の合理的範囲内に含まれると解される限り，処分権主義に反しない。たとえば，共同の登記義務の履行に代えて単独の登記義務の履行を命じること（大判明39・11・2民録12輯1419頁），現実の引渡しに代えて指図による占有移転を命じること（最判昭36・2・28民集15巻2号324頁），被告の所有権取得無効確認に代えて原告の所有権を確認すること（最判昭40・4・16民集19巻3号658頁），抹消登記に代えて更正登記を命じること（最判昭44・5・29判時560号44頁），否認に基づく抹消登記に代えて建物退去土地明渡しを命じること（最判昭49・6・27民集28巻5号641頁〔新倒産百選45事件〕）などは，246条違反とはならない。ここでも，根本さえ押えていれば，実質思考をもって判断すればよいといえよう。

申立て事項と判決事項の比較は，相当に微妙な場合もあるので，裁判所としては，必要に応じて釈明権（149条）を行使するなどして，当事者の意思を確認して，不意打ちの裁判とならないように審理を進めることが必要とされよう。

そうした慎重な審理を前提としたとしても，訴訟物の範囲が問題となる場合として，一部認容判決の許容範囲があり，この点については項を改めて検討することにしたい。

3　一部認容判決

原告は，判決によって求める救済の量的な上限を明示しなければならず，それを超えた判決は処分権主義違背となる。これに対し，原告の明示した上限を

---

[205]　新堂318頁参照。

超えない範囲内での判決は，処分権主義になんら抵触するものではない。これが一部認容判決とよばれるものである。一部認容判決は，量的一部の場合のみならず質的一部の場合でもよい。たとえば，量的一部の例としては，100万円の給付請求に対して50万円を認容することなどが挙げられ，また，質的一部の例としては，家屋の全部明渡請求に対して一部明渡しを命じること（最判昭24・8・2民集3巻9号291頁〔これは，原告と被告が同居するという実質をもつ場合には申立事項とは異質なものを認容することになりかねないが，終戦直後で住宅が払底していたという時代状況にかんがみると，妥当な判断であるといえよう〕），一筆の土地の移転登記請求に対して建物退去・土地明渡しを命じること（最判昭36・2・28民集15巻2号324頁），登記の全部抹消請求に対して一部抹消を命じること（最判昭38・2・22民集17巻1号235頁）などがある。さらに，遺産債権者が相続人に対して債権の弁済を請求する訴訟において，限定承認の抗弁が出されたときに，相続財産の限度での支払いを命じる判決も質的一部の例である（大判昭7・6・2民集11巻1099頁〔百選65事件〕）。このように，一部認容判決として処分権主義に反しないといえるか否かは，結局のところ，当事者の意思解釈によることになり，全部認容でなくても原告の欲する内容の判決かどうか，被告への不意打ちではないかを合理的に判断して決すべきである。

では，条件付給付判決や引換給付判決は，どうであろうか。家屋明渡請求訴訟の原告が正当事由を補完する事情（借地借家28条）として一定額の立退料の支払を申し出た場合に，相当と認める額まで立退料を増額して明渡しを命じることは，原告の請求内容を一部減縮するとみることができるので，質的一部認容判決として許容されよう（最判昭46・11・25民集25巻8号1343号〔百選4版76事件〕）。反対に立退料を減額して明渡しを命じることは，原告の請求内容の上限を超えるものとして，基本的に処分権主義違背となろう。また，原告が立退料の支払を条件に明渡しを求めている場合に，無条件の明渡しを命じることも，原告の申立てを超え，処分権主義に反する（最判昭38・3・1民集17巻2号290頁）。原告が無条件に明渡しを求めている場合に立退料の支払を条件として明渡しを命じることについては争いがある[206]。申立事項と判決事項の質的同一性が認

---

[206] そもそも立退料には処分権主義の適用がないとするものとして，坂田宏「立退料判決と民訴法186条」奥田先生還暦記念『民事法理論の諸問題(上)』（成文堂，1993年）356頁など参照。これに対し，立退料支払の申出を正当事由という不確定概念を構成する具体的事実のうちの基本的な事実，すなわち主要事実であるとみて，その主張がないのにこれを判決の基礎とすることは，弁論主義違背にあたるとの見解がある（鈴木重勝「申立事項と判決事項」新実務民訴(3)366頁，加茂紀久男「借家法1条12の『正当事由』と立退料」判タ281号（1972年）22頁など）。

められないとして不適法とする見解もあるが[207]，通常は条件の有無が請求の質的同一性を否定すると考えるべきではなく，無条件の給付請求を求めるという原告の意思が明らかとならない限りは，質的一部請求として適法とみられよう（立退料については強制執行は不可）[208]。この点，無条件の土地引渡請求に対し，「原告が市長より賃借権の目的となるべき土地としての指定通知を受けたときは，右土地の引渡をせよ」との判決をした例がある（最判昭 40・7・23 民集 19 巻 5 号 1292 頁）。そのほか，原告の給付請求に対して被告が同時履行（民 533 条）や留置権（民 295 条）の抗弁を出した場合になされる引換給付判決も，原告の欲する内容であると合理的に判断されるので，処分権主義に反しない（同時履行につき大判明 44・12・11 民録 17 輯 772 頁，大判大 7・4・15 民録 24 輯 687 頁。留置権につき最判昭 33・3・13 民集 12 巻 3 号 524 頁）。また，建物収去土地明渡請求訴訟で被告が建物買取請求権を行使してその代金支払があるまで建物の引渡しを拒むという抗弁を提出した場合，裁判所は，建物の時価を確定したうえ，被告に対して原告がその代金を支払うのと引換えに建物の引渡しを命ずる判決も，処分権主義違反ではない（最判昭 33・6・6 民集 12 巻 9 号 1384 頁）。

　債務不存在確認訴訟における一部認容判決についても検討すべき問題があるが，その前提として債務不存在確認請求における訴訟物の特定について考えることからはじめる。金銭債務の特定は，発生原因と金額によって行われることから，原告は，これによって債務を特定したうえで，その全部または一部が存在しないことの確認を求めることになる。金額については，通常，被告が原告に対して債務の存在を主張しているので（それゆえに確認の利益も認められる），被告の主張する債務額に基づいて特定すればよい。しかしながら，損害賠償請求など，被告が債務額を明らかにしない場合は，原告に金額の特定を要求するのは酷であることから，提訴段階での金額の特定を要しないとする債務不存在確認の訴えを認めざるを得ない。訴訟係属後は，被告の主張などに基づいて請求の趣旨を訂正するなどして，金額を特定することになる。そこで，このように金額の特定された債務不存在確認の訴えについて，一部認容判決の問題を検討する。たとえば，1000 万円の債務全額についての不存在確認請求に対し，裁判所がその一部である 100 万円の債務の存在を認めるときは，その余の請求を棄却する。また，1000 万円の債務のうち 100 万円の債務の存在を原告が自認し，それを超える債務の不存在確認の請求に対し，裁判所が 200 万円の債務が

---

207) 伊藤 183 頁注 98。
208) 新堂 327 頁など参照。

存在すると認めるときは，1000万円の債務のうち200万円を超える債務の不存在を確認するとともに，その余の請求を棄却する。いずれの場合も，不存在が求められている部分が訴訟物となり，それと判決内容を比べると，量的一部認容にあたることがわかる。さらに，原告が債務の上限（上記の例では1000万円）を示さずに100万円を超える債務の不存在確認を求めた場合には，請求原因などから不存在確認を求められる債務の総額を明らかにしたうえで，たとえば，200万円の債務が存在すると認められるときは，明らかになった債務総額のうち200万円を超える債務の不存在を確認するとともに，その余の請求を棄却することになる（最判昭40・9・17民集19巻6号1533頁〔百選4版77事件〕[209]）。

第3款　一部請求

1　一部請求論

(1)　問題の所在

一部請求とは，原告が数量的に可分な債権の一部のみの給付を申し立てる行為である。裁判所が限定された数量以上を認容することは，処分権主義違背として許されない。問題とされるのは，こうした一部請求訴訟において下された判決が，残額の請求を既判力によって遮断するのか否かという点である。これを認めれば，一部請求をした原告は，訴訟による残債権の請求を放棄したという結果になる。

(2)　理論状況[210]

判例は，たとえば，1000万円中100万円を請求するというように，数量的に一部の請求であることが明示されているときは，既判力は，その一部についてのみ生じ，残部には及ばないとする（最判昭37・8・10民集16巻8号1720頁〔百選Ⅱ147事件〕）。明示の有無は，請求の趣旨・原因の記載を統合して決せられ[211]，

---

[209]　不法行為に基づく損害賠償債務の一部不存在確認訴訟において，東京地判平4・1・31判時1418号109頁は，損害額の算定に裁判所にかなりの裁量が認められるなどの特質から，「貸金債務の一部不存在確認訴訟とは異なり，被告の対応に応じて原告の主張する不存在額を超える損害が生じているかどうかだけを判断し，損害が原告の主張する損害を下回っているときはその請求を認容し，超えているときは請求を棄却することで足りるものと解すべきである」と判示する。

[210]　小島＝小林・基本演習90頁以下，新争点120頁以下〔畑瑞穂〕なども参照。

[211]　実際には明示的一部請求なのかの判断が困難な場合もある。たとえば，公害事件等における損害賠償請求訴訟において，精神的苦痛や人格権侵害を主張して，一律の損害賠償額を請求する形で訴訟が行われる場合がある。これは，逸失利益を含む全部請求とみてよいであろう。現に明示の有無が争われた最判平20・7・10判時2020号71頁は，前訴（反訴）において不法行為（違法な仮差押命令の申立て）に基づく損害賠償として請求した弁護士費用相当額とこれに対する遅

明示がなければ債権全額が訴訟物となり，残額請求は既判力によって遮断される（最判昭32・6・7民集11巻6号948頁〔百選4版A27事件〕）。

この判例理論（明示説と呼ばれる）に基づいて，判例は，一部請求による時効中断効は，明示の範囲内に限られ（最判昭34・2・20民集13巻2号209頁〔百選36事件〕），明示がなければ債権全部に及ぶとする（最判昭45・7・24民集24巻7号1177頁）。さらに，明示の数量的一部請求を全部または一部棄却する判決の確定後における残債務額請求は，特段の事情のない限り，信義則上許されないとする（最判平10・6・12民集52巻4号1147頁〔百選4版81②事件〕[212]）。

学説上，残部請求を肯定する見解（一部請求全面肯定説）[213]もあるが，むしろ，これを否定するのが多数説（一部請求全面否定説）であり，その理論構成において，常に債権全体が訴訟物となり，残部請求は既判力の遮断効によって許されないとする見解（訴訟物＝既判力説）[214]と，残部請求は既判力ではなく，信義則上の失権的作用によって却

延損害金のうち（訴状には一部請求であることが明確に示されてはいなかった），弁護士費用相当額の一部とこれに対する遅延損害金の支払を認める限度で請求が認容（確定）された後に，上記不法行為に基づく他の損害金（違法な仮差押命令による仮差押執行により土地を更地にできなくなった結果，買収金の支払が遅れたとして，遅延損害金相当額）の支払いを求める本訴が提起された場合において，前訴（反訴）で弁護士費用損害が不法行為による損害の一部であることを明示していたとは認めがたく，本訴は前訴の確定判決の既判力に拘束されるとした原判決（福岡高宮崎支平19・9・28）を破棄して，費目を特定した請求であったことや他の損害の賠償請求に対する原告の期待可能性，他の損害の発生に対する被告の認識などの諸ファクターを挙げて，訴状への記載という文字通りの明示がなくても，前訴（反訴）が弁護士費用損害のみを請求する旨の一部請求であったことを認定した（平20重判解154頁〔佐瀬裕史〕参照）。

[212] 本判決の位置付けについては，従来の判例の修正であるとみるもの（佐上善和「判批」法教220号〔1999年〕133頁など），従来の判例とは抵触しないが，実質的に大きく踏み出したとみるもの（山本和彦「批判」民商120巻6号〔1999年〕1025頁以下。ちなみに，山本和彦教授は，その分析から，さらに従来の判例準則を抜本的に見直すべきであるとの提言に至る），あるいは，重要なターニングポイントをなすとみるもの（新堂幸司「審理方式からみた一部請求論の展開——最高裁平成一〇年六月一二日判決の分析と展望——」佐々木追悼3頁以下〔新堂幸司『権利実行法の基礎』〔有斐閣，2001年〕277頁以下に所収・295頁注2〕）などがある。

[213] 村松俊夫『民訴雑考』（日本評論新社，1959年）80頁，木川・重要問題中306頁，伊東・研究521頁など。

[214] 兼子・体系342頁，新堂323頁，高橋・重点講義上98頁など。なお，一部請求訴訟の勝敗によって分けるものとして，三ケ月，伊藤，松本などの各説がある。まず，三ケ月説によると，単一の請求権を法律上区別し得る標識のない数量的な分割訴求の場合には全部の請求が「潜在的な訴訟物」となり，既判力は勝訴・敗訴の場合を通じて常にその全額におよび，原告側としては，勝訴すれば前訴判決の既判力を利用しつつ残額を請求し得る反面，敗訴すれば残部訴求はその既判力にふれて却下されるとする（三ケ月・双書114頁以下）。つぎに，伊藤説によると，敗訴のときは，債権全部の不存在が確認され，残部請求は既判力によって遮断される。他方，勝訴のときは，債権全部の存在が確定されるが，残部請求の行使は，一部の明示がなければ，給付を求めた額をもって債権額が確定されたとみて，既判力の双面性に反するので許されず，また，明示があれば，既判力によって遮断されることはないが，原告は前訴において一部請求で足りる旨の意

下されるという見解（失権効説）215)に分かれる。さらに，折衷的な立場として，判例と同じく明示説を支持する見解216)や，前訴過程を信義則的に評価して残額請求の余地を認める見解（信義則説）217)，あるいは，前訴過程における具体的な手続保障の程度を実質的に判断して残部訴求の可否を決する見解（手続保障説）218)などがある。

(3) 検　　討

残部請求の可否については，肯定説と否定説のいずれも極端にすぎるきらいがある。一方，テスト訴訟の自由や提訴手数料・弁護士報酬の節約といった残部請求を認めることによる原告の利便があり，他方，同一の権利に関する再度の応訴・審判を迫られる被告および裁判所の負担があり，いかにしてバランスをとるのかが問われる。そこで，前訴過程を信義則的に評価して残額請求の余地を認める見解は，それなりのメリットが認められるものの，信義則の類型化をどのように行うか，いかなる場合に提出責任効が認められるのかといった，結果予測の困難があり，不測の不利益が生じかねないことから，訴訟理論としての明解さに欠け不都合がある。これに対し，判例のとる明示説は，残部請求の可否を明示という簡明な基準によって画そうとするものであり，残部請求の余地を残して原告の立場に配慮する一方で，残部請求のリスクを被告に知らせることで，残債務不存在確認の反訴の提起や裁判手続内外での交渉のための契機を用意するなど，訴訟戦略上の選択の機会を被告に与え，さらに結果として

思を明らかにしていた以上，訴えの利益が認められる場合に限って，許されるという（伊藤187頁）。そして，松本説によると，隠れた一部請求と公然の一部請求との分類を前提として，まず前者（隠れた一部請求）の場合，原告が勝訴すると既判力は訴訟物たる一部に限定され，残部訴求は許されるのに対し，原告が敗訴すると既判力は全体に及び，残部訴求は不適法となる。つぎに後者（公然の一部請求）の場合，原告が全部または一部を棄却する確定判決を受けると，その既判力は全体に及び，残部訴求は不適法となるのに対し，原告が認容判決を受けると，その既判力は残部には及ばないとする（松本＝上野553頁以下〔松本〕）。

215) 小松良正「一部請求理論の再構成――必要的併合の理論による解決――」中村（英）古稀174頁以下。なお，山本・基本121頁は，併合提訴禁止規定（婚姻無効・取消し・離婚訴訟の併合強制を定める旧人訴9条〔新人訴25条〕，執行文付与異議・請求異議訴訟等の併合強制を定める民執34条2項・35条2項など）の類推適用によって失権効を導く。これら小松説と山本（和）説は，その説くところはほぼ共通すると思われるが，前者にいう請求併合義務が信義則上の義務とされることから，小松説は，むしろ信義則説に近いと位置付けられる（中野・論点Ⅱ117頁）のに対し，山本（和）説は，請求失権効を画一的に導く傾向にあるとみられ，両者は，残部訴求を認める場合の広狭において相当の差があるとも考えられる。
216) 斎藤・概論378頁，小山396頁，林屋67頁，梅本932-933頁など。
217) 条解611頁〔竹下守夫〕，中野・現在問題106頁以下，中野・論点Ⅱ113頁以下など。
218) 井上正三「一部請求の許否をめぐる利益考量と理論構成」法教Ⅱ期8号（1971年）79頁，吉村徳重「一部請求」竹下＝谷口編・学ぶ103頁，井上治典「確定判決後の残額請求」争点183頁など。

同一債権をめぐる紛争を一回的に解決する可能性の増大により、訴訟運営の効率化に寄与するものといえる。なお、明示説に対しては、明示さえすれば何度でも分割請求することが可能で非効率・不経済を招くとの批判があるが[219]、前述のように被告の対応次第で問題の解消が期待でき、残るごく一部の病理的事例については訴権の濫用などによる対処も可能であるとの反論もできよう。それに、前訴の敗訴判決確定後の残額請求は、特段の事情のない限り、信義則上許されないとした近時の判決（前掲・最判平10・6・12）は、従来の明示説の下での紛争解決機能の拡大を図ったものであり、前訴（一部請求訴訟）で、たとえ一部でも請求棄却の判断を示されれば、被告は、後訴の応訴負担から解放されるのであり、一部請求訴訟における原告の便宜から、被告の立場、さらには訴訟経済へと、その内実のシフトが生じているといえよう。いずれにせよ、本判決は、明示説の立場からでも、前訴における判断の影響が訴訟物の枠を超えて債権全体に及ぶ場合があることを示した点で意義がある。従来の判決と本判決を総合してみれば、最高裁判所は一部請求否定説の方向への接近を図ったものとみられ、その意味するところはかなり大きい[220]。

2 付属する諸問題——後遺症損害、時効中断、そして、過失相殺——

(1) 一部請求と後遺症損害

一部請求論と関連して、不法行為に基づく後遺症損害に対する賠償請求についての理論構成いかんが問題となる。ある不法行為に基づく損害賠償請求訴訟で勝訴した原告がその口頭弁論終結後に判明した後遺症損害の賠償を請求する場合、同一の不法行為に基づく損害賠償請求権は1個であるとして、前訴を一部請求、後訴を残部請求とみると、全面否定説のみならず、明示説に立っても、通常の意味で一部であることの明示は認識できない場合であることから、後訴は許されないという結論になりかねない。

そこで、こうした後遺症損害の賠償を求める後訴を認める結論に辿り着くための理論構成を一部請求論のなかで行うか、あるいは、一部請求の問題とはせず、別個に行うかをめぐって議論がある。

判例をみると、前訴で被告保管の瓶から流出した硫酸による火傷の治療費を

---

219) 高橋・重点講義上97頁。
220) 判例理論の変遷は、既判力は明示された一部に限られ、残部には及ばないとする判決（前掲・最判昭37・8・10）までの「明示理論」未確立期（第1フェーズ）と、それ以降の「明示理論」確立期（第2フェーズ）、そして、前訴の敗訴判決確定後の残額請求は、特段の事情ない限り、信義則上許されないとする近時の判決（前掲・最判平10・6・12）以降の「明示理論」修正期（第3フェーズ）と整理することもできよう。

損害として賠償請求したところ，当該治療費は生活保護法に基づく医療扶助により支出されたもので，損害は認められないとして，請求棄却の確定判決を受けた原告が，その後に発生した歩行困難という後遺症に対する再手術を余儀なくされ，それに要した費用の支払を後訴で訴求した事案について，最高裁判所は，明示説の先例である判例（前掲・最判昭37・8・10）を引用しつつも，前訴における明示を何ら認定することなく[221]，「前訴と後訴は訴訟物を異にするから，前訴の確定判決の既判力は後訴に及ばない」として，請求を認容した（最判昭42・7・18民集21巻6号1559頁〔交通事故百選2版73事件〕）。他方，母親の受傷による子の慰謝料請求に関する調停成立後に母親が死亡し，子がその慰謝料を訴求した事案において，最高裁判所は，調停当時母親の死亡が「全く予想されなかったものとすれば，身体傷害を理由とする慰藉料請求権と生命侵害を理由とする慰藉料請求権とは，被侵害利益を異にするから」，同一の原因事実に基づく場合であっても，両慰謝料求権は同一性を有しないとして，子の訴えを許容した（最判昭43・4・11民集22巻4号862頁〔百選Ⅱ149事件〕）[222]。

　学説をみると，後遺症損害の賠償請求の許否を一部請求の問題とする見解と，一部請求の問題としない見解に分かれる。まず，一部請求論の枠組みで議論する前者は，一部請求論に関する独自の理論（実体関係的手続保障説）[223]を前提として，前訴において原

---

[221]　本判決はその事案を前訴で明示があった場合であると認定しているとみられているが（条解612頁・615頁〔竹下守夫〕，新堂324頁注(2)，上田193頁など），これは，判旨の後半で，後遺症損害に関する賠償請求権の消滅時効は，原告の予見可能性にかんがみて，その治療を受けるまでは進行しないと述べており，問題点が残る。

[222]　そのほか，最高裁判所は，将来給付判決後の増額請求について一部請求論を用いている。すなわち，土地の不法占拠者に対する明渡しまでの賃料相当額の損害賠償請求訴訟（口頭弁論終結後に発生する損害金については将来給付の訴えとなる）における請求認容判決の確定後に，公租公課の増大や土価の高騰などの事情によって判決の認容額が不相当となった場合，所有者は，新訴を提起して前訴認容額と適正賃料額との差額に相当する損害金を請求することができる。なぜなら，その認容額が不相当となるに至った場合の請求は一部請求であったことに帰し，前訴判決の既判力は上記差額に相当する損害金の請求には及ばないと考えられるからである（最判昭61・7・17民集40巻5号941頁〔百選3版90事件〕）。なお，本判決に対しては，前訴の口頭弁論終結時において考慮された将来発生すると予測される事由に基づく損害の態様と，基準時後に現実に発生するそれとは符合しており，同じ損害に対する損害額の算定基準が異なるにすぎないのであるから，一部請求概念の濫用であるなどの批判がある（山本弘「将来の損害の拡大・縮小または損害額の算定基準の変動と損害賠償請求訴訟」民研42号（1996年）30頁）。

　なお，新法の導入した「定期金賠償を命じる確定判決の変更を求める訴（117条）」は，口頭弁論終結前に生じた損害の賠償を命じる判決のみを対象としており，将来生ずべき損害について定期金支払を命じる判決には適用されない。もっとも，同条の類推適用を認める見解として，伊藤470頁など。

[223]　上田196頁。

告が未発生の後遺症損害につき免除等で残部請求権不行使について信頼を生じさせたと解する余地のない限り，基準時後はもとより，基準時前の後遺症損害についても，後訴での残部請求を遮断することは原告の法的地位にふさわしい実体関係的手続保障要求に反するとして，これを許容すべきであるという[224]。

むしろ，学説の大勢は，一部請求の問題としないで後訴の適法性を導くのであるが，その内容は多岐に分かれる。第一に，後遺症損害を既判力の基準時後に生じた事由とみて，後訴の提起を認める見解[225]がある。これに対しては，後遺症の原因は事故当時から存在し，ただ当事者が気づいていなかったにすぎないのであるところ，これを基準時後の新事由であるとするには無理があるとの批判がある[226]。

第二に，前訴での後遺症損害の主張については，期待可能性がないので，既判力により遮断されることはないとする見解[227]がある。前訴において後遺症の点に既判力を及ぼすことを正当化するだけの手続保障が与えられていたとは認められないことから，同一訴訟物（同一権利）であっても，前訴判決の効力は縮減されて後遺症の主張には既判力による遮断効は及ばないとして，後訴を許容するのである。既判力の客観的範囲の視点から，確定判決後の再訴の適否と同様の問題として処理している。これに対しては，紛争処理後の後発的損害発生に対する措置である後遺症に基づく損害賠償請求の場合と原告が自覚的に行う一部請求の場合とは，基本的に異なるにもかかわらず，底流に共通性を見出そうとする発想に疑問があるとの批判がある[228]。

第三に，後遺症も同一の不法行為から生じた損害であるが，被侵害利益は異なり，実体法上別個の権利であるから，訴訟物は別個となり，後訴が許容されるとする見解[229]

---

224) 上田196頁。同書は，判例が後遺症損害の賠償請求訴訟を明示的一部請求の残部請求として適法としていると理解したうえ，後遺症損害が発生してはじめて回顧的に損害額の一部のみが請求されたことが明らかとなるのが典型例であり，明示の一部請求ではないとして，そこに判例理論の限界性を指摘する。これは後遺症損害の場合を超えて広く一部請求の問題における明示説に向けられた批判であるが，後遺症損害の問題を一部請求論と切り離して議論する場合には，妥当しない批判である。

225) 時的限界説とよばれる。平井宜雄「判批」法協85巻7号（1968年）1087頁，飯塚重男「判決の既判力と後遺症」新実務民訴(4)156頁，梅本922頁など。なお，伊藤189頁。

226) 高橋・重点講義上555頁。

227) 客観的範囲説とよばれる。新堂・争点効上200頁，新堂688-689頁，高橋・重点講義上555頁，谷口334頁など。

228) 梅本923頁。なお，客観的範囲説は一部請求の問題として処理する見解とは別個のものと位置付けられよう（高橋・重点講義上555頁参照）。

229) 別権利説とよばれる。小山昇「確定判決後の追加賠償請求について」吉川追悼上〔小山・著作集5巻257頁以下に所収〕，松本＝上野184頁〔松本〕など。ちなみに，松本教授は，新訴訟物理論が訴訟物から事実関係を放擲してしまったために，後遺症損害について一部請求論によらざるを得なくなったとして，事実関係を訴訟物の要素とするべきであるとの立場から，後遺症による追加賠償請求は前訴と全面的に同一の事実関係に基づくものとは言いがたいのであるから，後遺症による損害賠償請求の訴訟物は前訴確定判決の訴訟物とは異なるとみなければならないという（松本＝上野171頁〔松本〕）。

がある。これに対しては、時的限界説の論者から、結局は遮断効の及ばない場合という処理に落ち着くのであるから、追加請求という枠組みを設けて処理すべきことではないとの批判が加えられている[230]。

　それでは、いかに考えるべきであろうか。後訴を認めるという結論自体には妥当性があり、そのための理論構成に重点がある。一部請求論に関して明示説をとる立場からすると、後遺症に基づく損害賠償請求は明示を要求する前提を欠き、一部請求論の射程外にあるとみるべきであろう[231]。すなわち、明示説は、前訴基準時において、債権全体が顕在化していることを前提として原告に明示を要求する理論であって、前訴基準時に未だ潜在的である後遺症のような損害の賠償請求については、明示を要求することはできないはずである。明示説は明示をして残額請求の余地を確保する責任（明示責任）を原告自身に負わせることで、その負担を余儀なくされる被告との間で地位の均衡を図ろうとするものであるが、前訴基準時までに損害全体を認識することのできない原告にとって、そもそも明示責任が問われるべき前提状況が欠けているとみられる。そこで、後遺症損害については、すでにみたように、訴訟物が別であること、基準時後の請求であること、あるいは、既判力が縮減されることが理論構成として提示されるのである。

　この点、後遺症損害に基づく賠償請求は当初の損害に基づく賠償請求とは別個の給付を求めるものであって、そこには社会的に異別の紛争を看取し得るのであり、実体法的にも両者は別個の請求権であるととらえることも明快であるが、その基礎理論の点で疑問がある[232]。また、基準時後の損害であるとの構成には前掲のような理論上の難点がある。

　以上の検討からして、第二の見解が手続保障の観点から状況に適した結果を導ける点で、理論的にも実際的にも妥当であるといえよう。訴訟物という概念

---

230) 梅本923頁。
231) この場合についても、明示の一部請求であるとして後遺症に基づく損害賠償請求の後訴を許容するのであれば、常に前訴での明示を擬制するというフィクションを入れざるを得ないことになるが、それでは一部請求理論自体が破綻することになろう。伊藤189頁、高橋・重点講義上104頁・555頁など参照。
232) このように考えるのが、前掲・最判昭42・7・18および最判昭43・4・11（本書283頁）のほか、つぎの判例にも適合的であろう。すなわち、交通事故による全損害を正確に把握しがたい状況下で早急に少額の賠償金をもって示談がなされた場合、その示談によって被害者が放棄した損害賠償請求は、示談当時予想していた損害についてのみであり、予想できなかった後遺症等については、被害者は、後日その損害の賠償を請求することができるという（最判昭43・3・15民集22巻3号587頁〔民法判例百選Ⅱ［第5版］206頁〕）。

は，訴訟手続における諸問題を操作するための道具概念であって，その機能は，請求権競合（法的根拠の相違による異別性），一部請求（原告による請求分割），そして，後遺症損害（紛争の再発）の各場面において理論境界を別個に認定すべきであろう。

(2) 一部請求と時効中断

一部請求訴訟の提起により，当該債権の消滅時効が中断（147条，民147条1号）される範囲をいかに考えるべきであろうか。

判例は，明示的一部請求の場合には明示された一部のみが訴訟物となり，中断効もその範囲について生じ（最判昭34・2・20民集13巻2号209頁〔百選36事件〕。同旨，前掲・最判昭42・7・18，最判昭43・6・27訟月14巻9号1003頁），一部の明示がないときは，請求の同一性の範囲内において，その全部に時効中断効が及ぶとする（最判昭45・7・24民集24巻7号1177頁〔百選3版44事件〕）[233]。

確かに，この判例理論は理屈の上では一見きわめて順当であるかに思われる。しかし，その帰結は残部請求の途を開くために明示を要求した趣旨とは矛盾する結果を導くきらいがあり，とくにテスト訴訟など一部請求の実益の多い不法行為に基づく損害賠償請求について短期消滅時効の定めがあることにかんがみると，その妥当性に疑問を禁じ得ない[234]。

そこで，明示によって画される訴訟物の枠を超えて時効中断効は債権全体について生じると解するのが妥当であると考えられる。債権全体について時効中断効が生じるという結論は，明示の有無にかかわらず債権全体を訴訟物ととらえる見解からストレートに導かれることは確かであり，現にそのように考える見解もある[235]。また，それは明示説の立場と必ずしも矛盾するわけではない[236]。明示的一部請求訴訟であってもその審理は債権全部に及ぶことからも

---

[233] 最判昭53・4・13訟月24巻6号1265頁は，明示の一部請求訴訟の残部債権についても，原告が「債権存在の主張を維持し，債務の履行を欲する意思を表明し続けたと認められる場合には，右主張に，残部債権に対する『裁判上の催告』の効力があるから」，訴訟終了後6カ月内の残部請求訴訟の提起は，残部債権の時効中断事由になるとする。また，高松高判平19・2・22判時1960号40頁は，数量的な一部を明示して損害賠償を求める訴訟の係属中に請求が拡張された場合において，損害賠償債権の残部について民法153条の催告が継続していたものと解するのが相当であると判示した。

[234] 高橋・重点講義上105頁など。

[235] たとえば，伊藤196頁など。

[236] 明示説に立つ梅本教授（梅本240頁）も，金銭債権の明示的一部請求についての「既判力はその請求部分についてのみ生じるが，裁判上の請求としての時効中断の効力は，一部請求の基盤となった債権全体に生じる」とする（梅本288頁）。

(前掲・最判平10・6・12)債権全部について法律関係が吟味されるのであり，また，原告は残部についてもすでに眠れる者ではなく，その権利主張をしないという事実状態を保護する必要はもはやないのである。被告は，後日，残部請求が原告によって提起され得るという警告メッセージを受け取っているはずであり，原告は一部請求の基盤について立証の努力をし，法廷における審理も債権全体に及んでいる点を直視すれば，時効制度の趣旨からして，債権全体について時効中断効が生じると解することにも合理性を見出し得るのではないであろうか。

(3) 一部請求と過失相殺

一部請求訴訟において過失相殺が行われるべきときに，その控除部分をどこに求めるかをめぐって見解の対立がある。すなわち，まず残債権の部分に求める外側説，一部請求の部分に求める内側説，そして，両方の部分を按分する説がある。判例は，外側説によるが(最判昭48・4・5民集27巻3号419頁〔百選3版83事件〕)，これに対しては，明示的一部請求の訴訟物はその一部に限られるとする明示説との首尾一貫性に問題があるとの批判がある[237]。しかし，一部請求訴訟は存在する請求について明示的一部を請求するものであると解され，外側説はこうした当事者の意向に即し，実務感覚に適うものであるといえる。

(4) 一部請求と包括請求

公害訴訟や薬害訴訟などのような多数の被害者による損害賠償請求訴訟において，集団としての足並みを揃えるために，金額にバラツキのある逸失利益を訴求せずに，慰謝料等の金額を一律に揃え訴訟戦略が用いられることがある。原告側の団結や共同歩調の乱れを防ぐことがその狙いである。この場合，一部請求とみるか全部請求とみるかにかかわらず，原告勝訴の判決確定後になされる一部の原告による逸失利益の差額請求は，前訴における訴訟追行の形態からして，信義則により許されないものと解される。

第9節　訴え提起の効果

原告が訴状を裁判所に提出し，その適法性を審査した裁判所が被告にその訴状の副本を送達することで，特定の事件が特定の裁判所で審判される状態，すなわち，訴訟係属が生じる。その発生時期を訴状提出時に求める見解もあるが，

---

[237] 高橋・重点講義上106頁など。

被告への送達時とみるべきである[238]。この時点で，原告，裁判所，そして，被告という訴訟の主体が揃い，あるいは，二当事者対立構造が成立するからである。

訴訟係属によって，訴訟参加・引受け（42条・47条・49条・52条）や訴訟告知（53条）が可能になり，関連した請求の裁判籍が生ずる（47条・145条・146条）など，種々の法律効果が発生するが，そのなかでもとりわけ重要な重複訴訟の禁止からまず取り上げることにしたい。

第1款 重複訴訟（二重起訴）の禁止

1 重複訴訟禁止の意義

裁判所に係属する事件については，当事者は，さらに訴えを提起することはできない（142条）。これを許せば，同一事件について異なる複数の訴訟手続が併行して進むことになり，被告の応訴の煩や，審理の重複による訴訟不経済，さらには矛盾判断による混乱を招くことから，係属中の同一事件を重ねて起訴することを禁止して，これらの不都合を回避しようとしたのである。

2 重複訴訟禁止の要件

禁止されるのは，係属中の訴訟と同一の事件に関する訴えである。問題は，事件が同一といえるか否かである。それは重複訴訟禁止の制度趣旨に照らして判断すべきであり，当事者および事件の双方について同一性が肯定されるときに，重複訴訟として禁止されることになる。

(1) 当事者の同一性

民事訴訟の事件は，特定の当事者間の私的紛争であり，これを相対的に解決することを目指すのが民事裁判であることから，判決効は原則として当事者間にしか及ばない（115条1項1号参照）。そのため，重複訴訟として禁止される要件としては，当事者の同一性が必要となる。原告と被告の立場が逆転していてもよく，また，訴訟担当の場合には，権利帰属主体たる被担当者は担当者と同一当事者とみられる（債権者代位訴訟につき，大判昭14・5・16民集18巻557頁〔百選 I 47事件〕）。

(2) 事件の同一性

訴訟物が同一の場合に事件の同一性が認められることについて争いはない。問題は，この場合に限定して事件の同一性を認めるとするのかである。かつて

---

238) 本書第4章・注69)を参照。

の通説的見解は,この点,訴訟物たる権利関係が同一の場合に限られるとしていた[239]。しかし,近時は,訴訟物が同一でなくても,主要な争点を共通にすれば事件の同一性を認めようとする見解が有力である[240]。

訴訟物に限定する通説では,審判の重複と矛盾を避けるという民訴法142条の法意に応えることはできない。そこで,訴訟物の枠を超えて事件の同一性をとらえる立場が有力になっており,妥当であるといえよう。判例は,賃借権に基づく引渡請求訴訟と賃借権の確認訴訟について,重複訴訟に該当しないとする(最判昭33・3・25民集12巻4号589頁)。しかし,審判の矛盾・重複のおそれが避けられないので,事件の同一性を認めるべきである。通説の立場から,矛盾審判等の弊害を避ける必要のある場合に裁判所の裁量的判断に委ねる弁論の併合では十分でない。なお,弁論の併合には,官署としての同一裁判所に係属する事件の間でしか許されない制約がある[241]。また,所有権に基づく引渡請求訴訟と所有権確認訴訟についても,事件の同一性が認められよう[242]。債務不存在確認訴訟と同一債権(債務)の給付訴訟は,当該債権の存否につき既判力の抵触を生じるおそれがあり,事件の同一性が認められるものの,給付訴訟は債権の積極的確認を包摂するとともに,執行力を求める点で,確認訴訟よりも要求内容が大きいことから,別訴禁止として審判の矛盾・抵触を防ぎながら,反訴強制により,紛争解決機能をより一層高めることができる[243]。この場合,先に提起されていた債務不存在確認訴訟は,確認の利益を欠き,不適法却下されるとするのが判例である(最判平16・3・25民集58巻3号753頁〔百選4版29事件〕)。

3 重複訴訟禁止の効果

重複訴訟禁止に反する訴えは,訴訟要件を欠くものとして,訴え却下になる

---

239) 兼子・体系175頁,加藤・要論390頁,条解847頁〔竹下守夫〕,斎藤ほか編(6)270頁〔斎藤秀夫=加茂紀久男〕,松本=上野210頁以下〔松本〕など。

240) 新堂216頁,三木浩一「重複訴訟論の再構築」法研68巻12号(1997年)165頁など。同旨,住吉博『民事訴訟法論集1巻』(法学書院,1978年)255頁以下(「請求の基礎」の同一性を基準とする),伊藤191頁(「訴訟物たる権利関係の基礎となる社会生活関係が同一であり,主要な法律要件事実を共通にする場合」に同一性があるとする)。なお,訴訟物の枠から解き放ちつつも,請求の基礎を基準に据えるのは広きに失するとして,「紛争の核心」という実質的基準から絞りをかけるべきとの見解(核心理論)も提唱されている(酒井一「重複訴訟論——訴訟物論の試金石からの脱皮——」鈴木(正)古稀265頁以下)。

241) 伊藤192頁注116。

242) 同旨,新堂216頁,伊藤192頁など。

243) 新堂215頁,民訴百選4版29事件解説〔小林秀之〕など参照。

のが本則である。重複訴訟禁止は，当事者の利益だけでなく，訴訟経済や司法の信頼といった公益的利益にかかわることから，職権調査事項であって，職権探知主義が妥当する。禁止に触れると認められる場合，裁判所は，被告の抗弁をまたずに後訴を不適法として却下しなければならず，これを看過した本案判決は上訴で取り消され得る。もっとも，確定してしまうと，再審で争うことはできず，むしろ，係属中の前訴においてその確定判決と抵触する判決をすることができなくなる[244]。

　もっとも，訴え却下は，請求の趣旨が同一の場合の取扱いであって，同一の事件であっても請求の趣旨が異なり，かつ，訴えの利益が認められる場合には，却下に代えて併合審理にもっていくことが望ましい[245]。請求の趣旨が全く同一でない場合には，後訴提起について原告または被告の関係で合理的な利益を認めることができ，弁論の併合が認められれば，矛盾審判等の弊害も生じないのみならず，訴えの変更や反訴を改めてする必要もなく，原告または被告の便宜にも適うからである。なお，前訴が上告審に係属するなど併合が困難である場合には，後訴の手続を前訴判決の確定まで中止し，確定後はそれを前提として後訴を進めるという訴訟運営が提言されており[246]，根拠規定の欠缺（ただし，旧々121条参照）という難点があるものの，これを認めるだけの合理性を有することが多いであろう。

4　相殺の抗弁と重複訴訟の禁止

　同一当事者間においてすでに請求中の債権を別訴で自働債権として相殺に供すること（別訴先行型），あるいは，同一当事者間においてすでに相殺の抗弁として主張された自働債権を別訴で訴求すること（抗弁先行型）は，重複訴訟禁止に触れないのであろうか。相殺の抗弁は，判決理由中で判断されるにもかかわらず既判力を生じる（114条2項）ことから，この問題が生じる[247]。

　判例をみると，別訴先行型については重複訴訟禁止に触れるとするのが最高裁判例であるが（最判昭63・3・15民集42巻3号170頁〔百選Ⅰ80事件〕，最判平3・12・17民集45巻9号1435頁〔百選4版38①事件〕〔以下，平成3年最判という〕），抗弁先行型に関する最高裁判例はいまだ存しない。そこで，下級審裁判例は，かつ

---

244) 抵触すれば上訴・再審で取り消されることになる（338条1項10号）。
245) 新堂219頁，伊藤193頁など。ちなみに，伊藤192頁は，訴訟物が同一でないのに重複訴訟とされる場合および訴訟物が同一で重複訴訟となるが後訴に訴えの利益が認められる場合に併合すべきであるという。
246) 新堂219頁。
247) 理論状況につき，小島＝小林・基本演習92頁以下，新争点94頁以下〔山本弘〕など参照。

て別訴提起を許容する傾向にあったが（たとえば，東京地判昭32・7・25下民8巻7号1337頁など），近時はこれを不許とする裁判例があらわれ（たとえば，大阪地判平8・1・26判時1570号85頁，東京高判平8・4・8判タ937号262頁など），いまだ流動的な状況にある[248]。

学説をみると，状況は流動的であり，抗弁の先行・後行を問わずに重複訴訟として禁止されるとする不適法説[249]が多数を占めるものの，逆に重複訴訟にあたらず禁止されないとする適法説[250]も有力に主張されているほか，折衷説として，重複訴訟禁止に触れるのは別訴先行型の場合だけであるとする見解[251]と抗弁先行型の場合だけであるとする見解[252]もみられる。さらに近時は，前訴と後訴というように異別の手続間ではなく，同一手続内において一つの債権を相殺の抗弁に供しつつ反訴で請求する場合（同一手続型——さらに抗弁先行型と抗弁後行型に分かれる）については特段の考慮を要するとの見解が有力になっており，さらに，係属する複数の訴訟において同一の債権を自働債権とする相殺の抗弁をそれぞれ主張するという特殊な局面（抗弁並存型と称される）の存在も指摘されるに至っている。

---

[248] 判例について，河野・行為77頁，小山昇『民訴判例漫策』（判例タイムズ社，1982年）171頁など参照。なお，抗弁先行型における裁判例は，別訴不適法説をとる傾向にあるとの分析がある（本間靖規「判批」リマークス16号〔1998年〕127頁，梅本276頁など）。なお，ドイツにおいては，連邦通常裁判所が相殺の抗弁によって相殺債権の訴訟係属は生ぜず，別訴で請求する債権を本訴で相殺のために利用することは重複起訴にはならないと判示し（BGHZ 57, 244 f.），これを支持する学説が多数を占める一方，批判説も有力である（松本博之「相殺の抗弁と重複起訴」福永古稀523頁以下，松本・相殺124頁以下など参照）。

[249] 小山・前掲注[248] 80頁以下，住吉・前掲注[240] 294頁，梅本吉彦「相殺の抗弁と二重訴訟の禁止」新実務民訴(1)381頁，上田149頁，梅本277頁，加藤哲夫「二重起訴の禁止」新版民訴演習(1)150頁，伊藤193頁以下，納谷廣美『講義民事訴訟法』（創成社，2004年）99頁，林屋114頁，河野・行為112頁以下など。

[250] 中野貞一郎「相殺の抗弁」判タ893号（1996年）8頁（中野・論点Ⅱ161頁以下所収），中野・訴訟関係120頁，条解844頁〔竹下守夫〕，三木・前掲注[240] 法研68巻12号68頁12号186頁，松本・相殺138頁以下，松本＝上野304頁〔松本〕，栗原良扶「相殺の抗弁と重複起訴の禁止」阪学7巻1＝2号（1982年）85頁以下など。なお，河野教授は，別訴先行型の相殺の抗弁を不許，抗弁先行型の別訴を原則として不許とするものの，提起された別訴を直ちに却下せずに中止（前訴の判決まで）すべきであるという（河野303-304頁）。また，主に別訴先行型の場合を念頭に適法説に立ちつつも，相殺の抗弁ではなく，それが出された本訴（後訴）自体が重複訴訟として却下されるとの取扱いを原則とすべきである旨の主張もみられる（岡田幸宏「重複起訴禁止規定と相殺の抗弁により排斥される対象——別訴において訴訟物となっている債権を自働債権とする相殺の抗弁を中心として——」福永古稀301頁以下）。

[251] 菊井＝村松Ⅱ157，上田145頁，流矢大士「二重起訴と相殺の抗弁」伊東古稀469頁以下など。

[252] 中野貞一郎＝酒井一「批判」民商107巻2号（1992年）255頁以下〔酒井〕，佐野裕志「相殺の抗弁と二重起訴禁止」一論117巻1号（1997年）52頁以下，高橋・重点講義上125頁以下，新争点97頁〔山本弘〕，田中誠人「訴訟上の相殺の抗弁と重複訴訟の禁止——最高裁平成18年4月14日判決を素材として——」小島古稀上597頁以下など。

問題は，要するに，同一の債権を一方で相殺の抗弁に供しつつ，他方で別訴で訴求することに関して，審理重複および矛盾判断のリスクを防止するために重複訴訟禁止の規律を及ぼす必要性と，相殺の機能を訴訟上も尊重すべきであるとの要請の双方を合理的に調和し得る方途が問われているが，利益衡量によって一定の均衡に至るような問題のとらえ方が適切であろう。また，大局的な位置付けとしては，関連紛争を訴訟運営上いかに扱うかという問題の一環であり，とりわけ，訴訟物以外の事項に判決効の及ぶ一局面である点において争点効とかかわる面もある。民事訴訟法上の関連装置を作動させて，訴訟政策的考慮を総体的に貫徹することが求められており，訴訟法理論を構築するうえで重要な考察の場であるということができよう。

以下では，別訴先行型，抗弁先行型，抗弁並存型の各場合，そして，同一手続の局面に即して考察を行うことにする。

(1) 別訴先行型

事案としては，Yとの間で継続的取引契約を締結していたXが商品代金等の残額の支払を求める訴訟（本訴）を提起したところ，Yが既にXY間に係属中の別訴（原告はY）における訴求債権を自働債権とする相殺の抗弁を提出した場合[253]について考えてみよう。本訴原告Xの側が新たな訴訟（本訴）を提起したのであるから，相殺の抗弁を不適法とするのは，本訴被告Yにあまりに酷であって，著しく公平に欠けるかにみえる。しかし，同一の債権に関する審判が別訴と本訴に重複するという事態を招くうえ，相殺の抗弁に関する判断には既判力を生じることから（114条2項），既判力の抵触を中核とした判決の矛盾[254]といった弊害を生じるおそれがあり，これを防ぐために重複訴訟禁止の規定（142条）を用いて相殺の抗弁を不適法とするのがむしろ自然であろう。相殺の抗弁を不適法却下して，併合強制に近い形で訴訟運営を行い，同一手続内における相殺へと導けば，相殺の諸機能[255]を訴訟上も尊重すべきであるとい

---

253) これは平成3年最判の事案である（実際に相殺の抗弁が出されたのは控訴審においてであり，その際，別訴と本訴は併合されていたが，その後に弁論の分離が行われた）。

254) 同一当事者間で同一債権（反対債権）が別個の訴訟手続で審理されることになっても，両訴訟の受訴裁判所がそれぞれの訴訟の存在を知らずに判決に至ることは通常は考えられず，したがって，現実に既判力の抵触が生じるのは，前後両訴の判決が同時に確定するというような稀有な事態に限られることになるとの指摘がある（三木・前掲注240）68頁12号144頁，松本＝上野304頁〔松本〕，新争点94頁〔山本弘〕など）。確かに，稀有な事態であっても，理論上，既判力の抵触のおそれを否定できない以上，これを最も重大な弊害として掲げつつ，実際には既判力の及ばない事項に関する判断の矛盾抵触のおそれを懸念して，民訴法142条の規律に服せしめるべきであろう。

う反対説（適法説）の主張にも応えることができる。訴訟手続を集中させる関連装置としては，反訴の許容（反訴要件の緩和），反訴へと導く釈明権の行使，当事者による併合の申出（上申），職権による併合[256]などが考えられよう[257]。

相殺の抗弁に関する判断に例外的に既判力が生じることを定める民訴法114条2項は，訴訟手続を一つに集約するうえで存外の威力を発揮する可能性を秘めており，それを活かすよう努めるべきである[258]。

なお，近時の最高裁判決は，訴訟上も相殺の諸機能を重視するスタンスに立ち，そこに平成3年最判との整合性に腐心する姿勢が見出されるとの指摘があ

---

[255] 相殺の機能には，簡易決済機能，担保的機能，公平保持機能などがある。簡易決済機能は，相殺の抗弁によって当事者間の権利義務を訴訟上清算することで，執行手続を介さず直截に紛争の抜本的解決を実現し得る点をとらえたものであるが，これは当事者の私的利益のみならず，制度設置者側の経済効率を高めるという公的利益に適う面もある。担保的機能は，その肯否について実体法学上の議論があるものの（最大判昭45・6・24民集24巻6号587頁は肯定する。深川裕佳『相殺の担保的機能』〔信山社，2008年〕43頁以下など参照），肯定したうえで相殺の抗弁の適法性を導くまでの必要があるか否かに関して，たとえば，抗弁後行型の場合に，相殺の抗弁を提出できなくても，後訴で請求認容となり前訴原告が敗訴した直後に前訴原告が前訴の訴求債権で訴訟外の相殺をすれば，後訴の請求認容判決に対して債務消滅を理由とする請求異議訴訟を提起して強制執行を阻止し得るので，相殺の抗弁を不適法としても担保的機能に欠けるわけではないとの指摘があるが（河野信夫「判解」曹時45巻12号〔1993年〕174頁），本訴判決の確定をまって請求異議訴訟を提起しなければならないとすると，執行停止のためには異議事由の疎明や担保提供を要するため（民執36条参照），後訴債権による強制執行を常に阻止できるとは限らない（高橋宏志「判批」リマークス19号〔1999年〕131頁，高橋・重点講義上132頁注29，争点〔3版〕123頁注15〔山本弘〕，新争点95頁〔山本弘〕など）。さらに，相殺の公平保持機能の点からも，自ら二重防御の危険を招いた前訴原告の保護の下に，請求異議訴訟による疎明や担保の負担を前訴被告に課すことは望ましくないであろう。

[256] 併合強制を認める解釈は，法が弁論の併合を命じる場合のあること（人訴8条2項，会社837条）や，一定の場合（必要的共同訴訟や独立当事者参加訴訟など）に弁論の分離を許さないと解釈されていること（新堂490頁など）などから可能としてよいであろう。

[257] この点，両事件の併合審理や同一の裁判体での並行審理などの司法行政上の実際的な措置の必要性についての指摘はすでにみられる（最判平10・6・30民集52巻4号1225頁〔百選4版38②事件〕における園部逸夫裁判官の補足意見，中野・論点Ⅱ164頁，松本＝上野304頁〔松本〕など）。なお，適法説をとる松本教授から，ドイツの学説を参考にいずれかの手続を中止して（松本教授は後行訴訟中止説を支持），矛盾判決等のリスクを回避すべき旨の主張がなされている（松本・相殺145頁）。適法説に立ちつつ中止によるケアを施す松本教授の理論構成と不適法説に立ちつつ併合によって一本化するという本書の理論構成は，矛盾判断や重複審理といった弊害の防止を目指すべきであるという方向において共通性がみられる。もっとも，先行する別訴が請求棄却として結審する間際であるような場合には，適法説によりつつ後行訴訟を中止するという扱いが優れているようにも思えるが，不適法説によっても，後行訴訟に関して「期日を追って指定する」として相殺の抗弁の適否を留保しておけば，重複訴訟禁止の問題を顕在化させることもない。

[258] 信義則や争点効にも同様の側面があろう。

る[259]。すなわち，最判平10年6月30日民集52巻4号1225頁〔百選3版46事件〕は，一部請求論（明示説）との関係で，残債権を相殺の抗弁に供することは重複訴訟禁止に触れないとするが，これは前訴（一部）と後訴（残部）で訴訟物が異なるために既判力の抵触を生じないとして相殺の抗弁を許容することで先例との整合性を保とうとしたのであるが，審理重複による訴訟不経済や応訴の煩，そして，矛盾判決（事実上の判断抵触）のリスクに変わりがないにもかかわらず，相殺の抗弁は「訴えの提起と異なり，相手方の提訴を契機として防御の手段として提出されるものであり，相手方の訴求する債権と簡易迅速かつ確実な決済を図るという機能を有する」として，これを適法として許容したのは，最高裁が訴訟上における相殺に内在する機能をその弊害防止の要請に優先して尊重すべきであるとの価値判断に立つからであるとして，適法説へと実質的にシフトしたとの見方も示されているが[260]，今後の動向には注視を要する[261]。

(2) 抗弁先行型

相殺の抗弁が先行しており，前訴被告はすでに相殺の利益を享受していることから，自働債権とした債権について同人に重ねて別訴（後訴）提起を認める正当な理由があるかを検討することになる。

この点については，相殺の抗弁の予備的性質等から自働債権の存否についての裁判所の判断が得られないこともあり，既判力ある判断を確実に得るために別訴を提起する必要があるとの指摘がある[262]。これに対し，そうであれば前訴のなかで抗弁に関連させて反訴（146条1項）を提起すればよいとの批判が加えられるが[263]，もっともな指摘であろう。前訴被告が強制執行による権利実

---

259) 松本・相殺118-119頁，小林学「判批」新報106巻11＝12号（2000年）300頁など。
260) 上野泰男「判批」平10重判解122頁，高橋・前掲注255）リマークス19号131頁，新争点95頁〔山本弘〕など。
261) たとえば，明示的一部請求訴訟の棄却判決確定後の残額請求を「実質的には前訴で認められなかった請求および主張を蒸し返すものであり，……被告に二重の応訴の負担を強いる」として，「信義則に反して許されない」とした前掲・最判平10・6・12は，紛争の統一的解決を重視する点において平成3年最判に共鳴するところがあろう。なお，手形債務不存在確認訴訟の係属中に債権者の提起した手形金支払を求める手形訴訟は，重複訴訟の禁止に該当せずに適法であると判示した下級審判決があるが（東京地判平3・9・2判時1417号124頁），これは手形訴訟の存在意義を考慮して重複訴訟禁止の規律を後退させた例外的な取扱いであり，平成3年最判とは何ら矛盾しない（なお，松本・相殺139頁）。そのほか，高見進「一部の債権による相殺の抗弁と判決の効力」青山古稀225頁を参照。
262) 中野・訴訟関係121頁以下，中野貞一郎「相殺の抗弁と二重起訴の禁止」奈良法学会雑誌5巻3号（1992年）12頁以下，松本・相殺107頁以下など。
263) 高橋・重点講義上127頁，新争点97頁〔山本弘〕，田中・前掲注252）小島古稀上622頁など。

現の見地から可及的速やかに債務名義を得たいのであれば，前訴における相殺の抗弁を撤回して後訴一本に絞ればよく，前訴被告が相殺の担保的利益を享受したいのであれば，早急に債務名義を獲得することを断念してもよく，後訴の提起に意味はなかろう。そこで，後訴を提起せずに相殺の抗弁を維持するか，または，相殺の抗弁を撤回して後訴を提起するかについての選択権が前訴被告には保有されており，その前提条件として必要であれば裁判官による釈明でその選択の余地を告知しておくのが周当であろう。そこで，相殺の抗弁を維持しつつ後訴提起をも認めることは，重複訴訟禁止の趣旨から許されないと考える。理論上も，別訴（後訴）提起を認める必要はなく，これを不適法却下するとの結論を認める論拠は別訴先行型の場合に比してより強いであろう。

不適法説を採用する判決が散見されようになったという近時の下級審裁判例の動向は，裁判運営全体からみた重複訴訟禁止理論の展開として妥当な方向にあるといえよう。

(3) 抗弁並存型

同一の原被告間に，二つの訴訟が係属している場合に，各訴訟において被告が同一の債権をもって相殺を主張することが許されるだろうか。同一債権に関して重複審理の危険が生じることから，重複訴訟禁止に触れるか否かが問題とされる。

この場合，同一人に対する複数の債権をもつ者に対して，当該債権相互に何らかの関連性が認められないにもかかわらず，債権ごとに別個の訴訟を提起することを禁ずる法理は存せず，基本的には原告側の自由である。そして，公平上，同じ原告から異なる債権について複数の訴訟を提起される被告に対して，被告の原告に対する債権を自働債権とする予備的相殺の抗弁をいずれかの訴訟だけで提出するように制限する法理上の根拠はない。そこで，この局面では，相殺の抗弁は適法であると解される。なお，原告が一つの手続に両請求を併合した場合（136条），両債権に対して予備的に相殺の抗弁を提出することが許容されるのであり，この点も先の結論の補強となろう[264]。

(4) 同一手続の場面

反訴提起後に反訴原告が反訴請求債権を自働債権として本訴請求債権を受働債権とする相殺の抗弁を提出するという場合（抗弁後行）について，最判平18年4月14日民集60巻4号1497頁は，反訴原告が異なる意思表示をしない限

---

264) 同旨，中野＝酒井・前掲注252) 257頁〔酒井〕，佐野・前掲注252) 56頁，注釈民訴(5)232頁〔佐野裕志〕，高橋・重点講義上129頁など。

り，反訴は，反訴請求債権につき本訴において相殺の自働債権として既判力ある判断が示された場合にはその部分については反訴請求としない趣旨の予備的反訴に変更されることになると解するのが相当であって，このように解すれば重複起訴の問題は生じないと判示した。これは，単純反訴は弁論の分離や一部判決の余地から審理重複や矛盾判決のおそれを招くため，予備的反訴への黙示的変更という特殊な法律構成により平成3年最判との整合性を保とうとしたのであろうが，この点に対しては，単純反訴において弁論の分離等を制限する解釈論によれば，そのような技巧を凝らす必要はなかったのではないかとの批判がある[265]。また，そもそも不自然を強いる先例の呪縛を解くことが根本的な解決であり，改められるべきは平成3年最判の方であるとの指摘もある[266]。

他方，相殺の抗弁の自働債権として主張されている債権を同一訴訟において反訴として請求するという場合（抗弁先行）について，大阪地判平18年7月7日判タ1248号314頁は，平成3年・18年の両最高裁判決を引用したうえで，「重複起訴の問題が生じないようにするためには，本訴について，本訴請求債権につき反訴において相殺の自働債権として既判力ある判断が示された場合にはその部分については本訴請求としない趣旨の条件付き訴えの取下げがされることになるとみるほかないが，本訴の取下げにこのような条件を付すことは，性質上許されないと解すべきである」として，相殺の抗弁を不適法とした。この帰結は，予備的反訴への黙示的変更という平成18年最判を前提として，平成3年最判の先例拘束性を認める限り避けがたいものとみられるが，この点に対しては，相殺の趣旨である公平の理念に反し，合理性を見出しがたいとの批判がある[267]。

いずれの場合においても，平成3年最判との整合性への拘泥が却って同判決の問題点を浮かび上がらせる結果となっており，このことはその先例としての価値を否定する方向に作用するとみられるとの指摘があるが[268]，ここで問題

---

265) 三木浩一「判批」平18重判解128頁，二羽和彦「判批」リマークス35号（2008年）115頁，和田吉弘「判批」法セ621号（2006年）112頁，徳田和幸「判批」判評584号（2007年）15頁〔判時1974号193頁〕，杉本和士「判批」早法83巻2号（2008年）158頁，松本＝上野306頁〔松本〕など。

266) 三木・前掲注265）128頁，石田理「判批」法政74巻3号（2007年）708頁，松本・相殺119-120頁，新争点97頁〔山本弘〕など。

267) 我妻学「判批」リマークス37号（2008年）119頁，杉本・前掲注265）159頁など。なお，和田吉弘「判批」法セ637号（2008年）117頁。反対，増森珠美「判解」曹時59巻9号371頁。

268) 三木・前掲注265）128頁，松本＝上野306頁〔松本〕，酒井一「判批」民商138巻3号85頁，石田・前掲注266）708頁，新争点97頁〔山本弘〕など。

となっているのは，平成3年最判の事案と異なり，同一手続の局面であることを忘れてはなるまい。同一手続においては，そのままでは審理重複や矛盾判決のおそれは避けられることから，この点を考慮すれば，その危険を惹起させるような措置（弁論の分離や一部判決など）は適切な裁判運営ではないとの前提に立ち，同一手続という局面の特性からして，技巧的構成を論じるまでもなく，重複訴訟禁止の法理が作動する範囲の外にあると考えるのが制度の内在的筋に適うというべきである。

第2款　その他の効果

1　一般論

訴え提起に法律上特別の効果が付与される場合がある。たとえば，時効中断（民147条1号・149条），悪意占有の擬制（民189条2項），手形上の償還請求権の消滅時効の進行（手70条3項），出訴期間その他の除斥期間の遵守（民201条・747条2項・777条，行訴14条1項）などがある。これらの場合，その効果の発生・消滅の時期は，明文規定がなければ，その効果を認めた趣旨から判断すべきであって，訴訟係属に一致するとは限らない。

2　時効中断効[269]

訴え提起時に時効中断の効果が生じる（147条）。訴え提起とは，原告が訴状を提出した時（133条1項）または簡易裁判所の書記官に対する口頭起訴の陳述時（271条）をいう。支払督促または和解申立てがのちに訴え提起とみなされるときは（395条・275条2項），時効中断も訴え提起によるものとして維持される（民150条・151条参照）。訴え提起による中断効の根拠は，権利関係の存否が判決によって確定されることで永続事実状態が法的に否定されることに求められる[270]。中断効の発生原因を訴状送達時ではなく，起訴時に中断効が生じるのは，訴訟進行の状況いかんにより，訴訟中に時効が完成してしまうことを防ごうとしてのことである。

訴え提起による時効中断は，訴えの取下げや却下によって消滅する（民149条）。訴え提起によって一度時効が中断すると，訴訟係属中に時効が進行することはないが，訴訟係属の消滅する判決の確定時から再び進行を開始する（民157条2項。なお民174条の2）。

時効を中断させる訴えは，給付の訴えに限られず，権利関係の積極的確認の

---

269)　一部請求訴訟の提起による時効中断効の範囲については，本書286頁を参照。
270)　新堂220頁など参照。

訴えでもよい（大判昭5・6・27民集9巻619頁）。債務不存在確認の訴えで被告たる債権者がその権利を主張して請求棄却判決を得れば，請求棄却の答弁書提出時ないし権利主張時に中断効が生じる。

　時効中断は，訴訟物たる権利関係のみならず，その有無を判断するために主要な争点となった権利関係にも生じると考えられる。たとえば，所有権に基づいて所有権移転登記の抹消を求める訴えで，裁判所が被告に所有権があると判断するときは，原告の所有権の取得時効が中断するのは，被告が所有権を主張したときである（最大判昭43・11・13民集22巻12号2510頁〔百選3版44事件〕）。被告の所有権は訴訟物ではないものの，本件請求を判断するための主要な争点といえるからである。同時に，請求異議訴訟の被告がその存在を主張する債権（最大判昭17・1・28民集21巻37頁），動産の引渡請求訴訟の被告が留置権の抗弁を出し，その存在を主張する被担保債権（最大判昭38・10・30民集17巻9号1252頁），所有権に基づく登記手続請求訴訟の被告が目的物について主張する自己の所有権（前掲・最大判昭43・11・13），根抵当権設定登記の抹消を求める訴えの被告が弁論で主張した被担保債権（最判昭44・11・27民集23巻11号2251頁）などについて，中断効が生じる。

　連帯債務者に対する請求は，主たる債務の消滅時効を中断する（民458条・434条。主たる債務が手形債務である場合につき，最判昭48・9・7判時718号48頁）。また，手形金請求訴訟の提起は原因債権の消滅時効を中断する（最判昭62・10・16民集41巻7号1497頁）。自作農創設特別措置法に基づく土地買収計画および買収処分について被買収者が行政庁を被告としてその取消訴訟を提起しただけでは，売渡しを受けて占有している者の取得時効は中断されない（最判昭47・12・12民集26巻10号1850頁）。

第5章　口頭弁論

はじめに

　民事訴訟における審理は，判決によって訴訟物たる権利義務の存否を宣言することを目指して，その権利義務の発生・変更・消滅を法律効果とする法律要件に該当する事実の有無を認定していく手続であり，そこには裁判所と当事者がそれぞれに役割を担いながら主体的にかかわる。
　第5章は，そのような審理の場面を扱う。具体的には，訴訟手続の進行に関する職権進行主義，口頭弁論とその準備，訴訟資料の収集提出に関する弁論主義や釈明，訴訟行為などを取り上げる。

第1節　総説——審理および審理原則——

　原告の提出した訴状（およびその副本）（133条1項）を裁判長が審査し（137条），その副本を被告に送達することによって（138条，規58条1項），訴訟係属が発生する。こうして，訴訟法律関係が当事者双方および裁判所の間に成立し，裁判所は，そのことを前提として訴えについての適法性ならびに請求についての理由の有無を判断することになる。
　判断資料の形成のために，当事者および裁判所が行う行為の総体を審理という。審理は，判決をするための資料を収集するプロセスであり，当事者および裁判所の行為は，相互に他を前提としあう行為の連鎖としてなされることから，手続としての性質を有する。
　審理手続において形成される判断資料のうち，主要なものは，事件に関する事実と証拠である。主張と立証は，①口頭弁論の準備，②弁論，および，③証拠調べの各手続過程を経て行われるところ，これらの審理手続について，一方で当事者の「裁判を受ける権利」（憲32条）を保障する（手続的保障）ため，他方で裁判所の適正かつ迅速な判断を可能にするため，法は基本原則を定めている。
　最も基本的な審理原則としては，審理手続の運営について，当事者に主導権を認める「当事者主義」，および，これを裁判所に認める「職権主義」がある。現行法は，大枠として，(1)手続の進行面については職権主義をとり，手続を主

宰してその迅速な進行をはかる権能を裁判所に認めるとともに，(2)審理の内容面については，当事者主義により，裁判の基礎となる訴訟資料の供給を当事者の職責と権能とみる[1]。民事訴訟の目的を実現するためには，これら二つの審理原則を適切かつ柔軟に組み合わせることが肝要である[2]。

第2節　審理手続の進行と裁判所の訴訟指揮権

第1款　訴訟指揮権の意義

　審理を迅速かつ完全に進行するために裁判所に認められる訴訟の主宰権能を，訴訟指揮権という。後にみるように，期日指定などの審理の進行そのものに関する行為や釈明権の行使など審理の内容を整序する行為についての権能がその例である。

　このように訴訟の主宰権能を裁判所に認める趣旨としては，争点の整理に基づき審理の適正・迅速を実現し，適切な訴訟上の和解または判決による紛争の解決を可能とすることや[3]，機械的な段階を設けない訴訟手続について，訴訟指揮権によって各場合に応じて運用できる機動性と融通性とを確保すること[4]が挙げられる。しかしながら，訴訟手続は，判決を志向するものとして本来構築されており，判決へ向かう訴訟手続を進めるうちに和解の機運が醸成されてくるのである。そこで，判決と和解は手続構造を異にするので，両者は意識的に手続に組み合されることはあるものの，和解を目標に設定することには疑問が残るといえよう。

---

1)　もっとも，手続の進行面においても，当事者に督促もしくは異議を申し立てる権能を与えるし，他方，事案の解明面についても，裁判所に整理の職責を認めることとしている。兼子・体系192頁参照。

2)　民訴法2条の定める裁判所および当事者の責務もこのことを前提としたものとみられる。伊藤197頁など参照。

3)　伊藤198頁。

4)　兼子・体系193頁。訴訟指揮権行使の巧拙は，個々の訴訟の解決にとどまらず，訴訟制度の運営を左右する事柄である。そこで，訴訟指揮には，裁判運営（judicial administration）という角度から接近を試みるべきであり，事件と当事者の特性に応じて柔軟であってよいものである。この意味で，裁判官はマイ・コートという感覚をもってよいであろう。東京地方裁判所の民事交通部において吉岡コートや倉田コートなどの語が一時期盛んにジャーナリズムで用いられたことがあるが，それは当時の裁判運営の創意工夫に触発されたものといえよう。なお，アメリカ合衆国との比較から日本の裁判運営の特徴を浮き彫りにした意義深い文献として，ダニエル・H・フット〔溜箭将之訳〕『名もない顔もない司法——日本の裁判は変わるのか——』（NTT出版，2007年）がある。

第2款　訴訟指揮権の主体

　訴訟指揮権の主体となり得るのは，原則として受訴裁判所である（89条・151-155条）。もっとも，受訴裁判所が合議体のときは，裁判長が訴訟指揮権を行使する（148条・149条・202条1項・203条，規118-122条など）。さらに，裁判官自身の地位に基づいて，すなわち，裁判長が自身の権限として（93条1項・137条），または，受命・受託裁判官が授権された範囲内で（206条，規35条），訴訟指揮権を行使することも認められる。

第3款　訴訟指揮権の分類

　訴訟指揮権は，裁判所もしくは裁判長の事実行為または訴訟行為としてなされるが，その目的からして，つぎのような分類が可能である。

　大枠として，手続面に関する行為と実体面に関する行為に分けることができる。前者がメインであり，後者は補充的なものとなる。

　まず，手続面に関する行為をみると，(a)審理の進行に関する行為として，①期日の指定・変更（93条），②期間の伸縮（96条），中断手続の続行命令（129条）などが，(b)審理の整序に関する行為として，④弁論の制限・分離・併合（152条），⑤弁論の再開（153条），⑥裁量移送（17条・18条），⑦時機に後れた攻撃防御方法の却下（157条）などが，(c)期日における当事者の訴訟行為の整理に関する行為として，⑧裁判長による口頭弁論の指揮（148条）などがある。

　つぎに，実体面に関する行為については，(d)訴訟関係を明瞭にするための行為として，①期日における釈明権（149条），②釈明処分（151条）などが挙げられる。

第4款　訴訟指揮権の行使方法

　訴訟指揮権は，事実行為によってなされる場合と裁判（決定・命令）の形式によって行われる場合がある。たとえば，裁判長による口頭弁論の指揮（148条）は，事実行為による訴訟指揮権の行使であり，また，裁判所による訴訟手続の続行命令（129条）は，裁判の形式をとる訴訟指揮権の行使である。

　裁判によって訴訟指揮権が行使される場合，その形式には決定と命令がある。裁判所による裁判は決定の方式をとり，裁判長等の裁判官による裁判は命令の方式をとる。訴訟指揮権の行使に機動性をもたせるため，これらの決定・命令は，いずれも裁判機関に対する自己拘束力をもたず，いつでも取り消され得るものである（120条）。

　訴訟指揮権は，裁判所の職権によってなされることから，当事者が訴訟指揮権の発動

を申し立てても、基本的に裁判所はいちいち応答せずともよい。ただし、当事者の利害に重大な影響をもつ場合には、当事者の申立権が認められており、裁判所は、申立てに対して裁判の形で許否の判断をしなければならない。その例として、移送の申立て（17条・18条）、攻撃防御方法の却下（157条）、期日の指定変更（93条1項3項）、中断手続の受継（124条以下）などがある。

第3節　期日、期間および送達

第1款　期　日

1　意　義

期日とは、当事者および訴訟関係人ならびに裁判所が会合して訴訟行為をなすための日時をいう。審理は、審理原則、とりわけ口頭主義や直接主義に基づいて、期日を中心として進められる。法廷とは、この期日が開かれる場所のことをいい、通常は裁判所またはその支部である（裁69条1項）。

期日の指定は、職権進行主義の下、合議体の手続では裁判長が、その他の手続ではこれを主宰する裁判官が命令の方式で行う（93条1項、規35条）。さらに、当事者も期日指定の申立権を有する（93条1項）。当事者が期日指定の申立てをした場合、申立てを認めるときは、それに基づいて裁判長などが期日を指定し、申立てを却下するときは、裁判所が却下決定を行う[5]。

期日を指定するに際しては、予め年月日、開始時刻および場所を特定することになる。ただし、止むを得ない場合を除いて、日曜日その他の一般の休日を避けなければならない（93条2項）。期日の指定に関する実務の現状は、旧法下では、午前と午後の枠だけを設けて、午前または午後の当事者を一律に開始時刻〔たとえば、10時または13時〕に出頭させるというやり方が一般的であったが、国民に身近で使いやすい民事訴訟を標榜する現行法においては、事件ごとに時間を区切って当事者の出頭時刻を個別に設定するという運営が多くなり当事者の立場が重視されるようになっている。

訴え取下げや訴訟上の和解により手続が終了している場合に、当事者がそれらの訴訟行為の無効を主張し、訴訟が係属中であるという前提に立って期日指定の申立てをする場合がある。このような場合、訴訟手続終了の法律効果の有無を判断する必要があり、裁判所は、口頭弁論を開き、判決の形式で判断を下すことになる[6]。

---

[5] この却下決定に対し、抗告による不服申立て（328条1項）が許されることがある（263条）。
[6] 訴え取下げにつき、大決昭8・7・11民集12巻2040頁、訴訟上の和解につき、大決昭6・4・22民集10巻380頁〔百選78事件〕。

2 期日の呼出しおよび実施

(1) 期日の呼出し

指定された期日を関係人に告知し，その出頭を命ずる裁判所の訴訟行為を，期日の呼出しという。呼出しを受けた関係人には，期日に出頭すべき義務が生じる。他方，呼出しには，期日における訴訟行為についての手続的関与の機会を関係人に与えるという意義もある。そこで，呼出しのないまま開催された期日の実施は違法となる[7]。

呼出しの方法としては，呼出状の送達，当該事件について出頭した者に対する期日の告知[8]，その他相当と認める方法がある（94条1項）。旧法時代には呼出状の送達が原則であり，相当な方法による呼出しが例外であるとされていたが（旧154条1項2項），現行法では，簡易呼出しと称される方法が一般化されている。相当と認める方法としては，通常，郵便または電話など，裁判所書記官が適当と認めるものが選択される。相当と認められる方法が規定された背景としては，電話の普及や郵便の発達がある。

呼出状の送達および出頭者に対する告知以外の方法による呼出しの場合，呼出しを受けた旨を記載した書面が当事者等から提出されない限り，当事者等に対して法律上の制裁[9]その他期日の不遵守による不利益[10]を帰すことはできない（94条2項）。

(2) 期日の開始・終了

口頭弁論期日は，指定された日時および場所において裁判長その他手続を主宰する裁判官が呼び上げることにより[11]，開始する（規62条）。開始された期日は，その目的たる事項（弁論，証拠調べ，判決言渡しなど）が終了すれば，裁判長などの終了宣言[12]により終了する。

期日の終了と似た概念に，延期と続行がある。期日の延期とは，期日を開いた後，たとえば，証人の欠席などにより，目的たる事項に立ち入らずに期日を終了することであり，期日の続行とは，期日に一定の訴訟行為がなされたものの，目的たる事項の審理が完了しないので，次回期日に持ち越すことをいう。いずれの場合も次回期日を告知してなされるのが通常である。なお，法は，期日の延期・続行に関して特別の要件を定めていないが，遅延を招きかねない延期については，つぎにみる期日の変更に準じた要件設

---

[7] 責問権の喪失により治癒され得るが，治癒されないときは上訴・再審事由となる（312条2項4号・338条1項3号類推）。
[8] 告知とは，裁判長または裁判所書記官が期日指定の内容を口頭で関係人に伝達することをいう。
[9] 制裁としては，当事者や証人などに対する訴訟費用の負担（63条・192条），証人に対する過料または罰金（192条・193条）などがある。
[10] 不利益としては，釈明すべき攻撃防御方法の却下（157条2項）や擬制自白（159条3項）などがある。
[11] 呼上げは，実務上，廷吏によって代行されている。
[12] 終了宣言は，明示・黙示を問わない。

定がなされてよいであろう[13]。

3 期日の変更

(1) 意　義

期日の変更とは，指定期日の実施前にその指定を取り消し，これに代わる期日を指定する裁判所の決定をいう。期日変更の申立ては，期日の変更を必要とする事由を明らかにして行う（規36条）。

(2) 要　件

法は，当事者の事情・都合に配慮する一方で，訴訟遅延を招かないように，期日の変更についての要件を，最初の期日の変更と続行期日の変更に分けて定めている。

なお，変更の要件が満たされなければ，裁判所は，決定をもって変更申立てを却下し，これに対する当事者の不服申立ては許されない[14]。これは，審理の進行面に対する裁判所の職権を尊重する趣旨である。同じ理由で，変更決定に対する不服申立ても否定される。

(a) 最初の期日の変更

最初の期日，すなわち，弁論準備手続における最初の期日[15]および弁論準備手続を経ていない口頭弁論における最初の期日を変更する場合は，両当事者の合意に基づく変更申立てにより，無条件で変更が認められる（93条3項但書）。これは，最初の期日が審理が開始される前に当事者の意向や都合をきかずに指定されることによる。

両当事者の合意がなくても，顕著な事由があれば，期日変更の申立てを許容する判例がある（最判昭24・5・21裁判集民事2号265頁）。当事者の都合をきかずに指定された最初の期日については，続行期日よりも「顕著な事由」を緩やかに認めてよい[16]。

(b) 続行期日の変更

続行期日の変更については，弁論準備手続を経ていない場合は，「顕著な事由」の存在が要求される（93条3項本文）のに対し，弁論準備手続を経ている場

---

13) 確かに期日の開始を前提とするか否かで延期・続行と変更は区別されるが，審理の遅延を結果しかねない点で延期と変更は共通することから，延期の要件を変更に準じて考えてもよいといえよう。注釈民訴(3)476頁〔荒木隆男〕，伊藤202頁注8など参照。
14) 大決昭5・8・9民集9巻777頁。
15) これは，最初に指定された口頭弁論期日を指す（最判昭25・10・31民集4巻10号516頁）。したがって，変更などを前提とした実際の第1回期日ではない。
16) 注釈民訴(3)446頁〔萩原金美〕，条解〔第2版〕421頁など。

合は,「やむを得ない事由」が必要とされる（93条4項）。最初の期日の変更と異なり，両当事者の合意（＝相手方の同意）は要件とされていないものの，当事者の一方に出頭して弁論できない事由が存することを要し，その具体的な内容として，弁論準備手続を経ていない続行期日の変更では「顕著な事由」が，弁論準備手続を経た期日の変更では，計画的で迅速な審理を実現する趣旨から[17]，より厳格な要件として「やむを得ない事由」が要求される。

　それでは，「顕著な事由」とは，どのような事由をいうのであろうか。この点，規則37条は，「顕著な事由」にあたらない例として，「(1)当事者の一方につき訴訟代理人が数人ある場合において，その一部の代理人について変更の事由が生じたこと。(2)期日指定後にその期日と同じ日時が他の事件の期日に指定されたこと。」を掲げる。ここから，「顕著な事由」とは，期日に出頭して訴訟行為をなすことが困難であるという事情があり，かつ，その事情に基づいて期日の変更を認めないことが当事者の弁論権を不当に制限すると認められることであるとみられている[18]。具体的には，①訴訟代理人や本人の病気による出頭不能の場合（大判昭9・3・9民集13巻249頁〔百選82事件〕)[19]，②同日時に他の民事事件の期日指定を受けている場合[20]，または，③主張や証拠提出の準備が間に合わないことについて正当の事由がある場合[21]などがある。なお，出張のための出頭不能は，顕著な事由にあたらない（最判昭50・7・21判時791号76頁）。

　また，このような「顕著な事由」より狭いとされる「やむを得ない事由」とは，いかなる事由であろうか。これは審理の計画性を犠牲にしてでも一方当事者の手続関与の機会を保障すべき場合，すなわち，当事者または代理人の出頭が合理的にみて不能と評価される事情をさす。たとえば，訴訟代理人の急病や代理人が選任されていない場合の本人の急病などがこれにあたる。

　なお，弁論準備手続を経ていなくても，争点整理が完了したときは，事実・証拠の調査が十分でないことを理由とする期日の変更は許されない（規64条）。

---

17) 集中審理（182条）を目指して争点・証拠の整理を行い，計画的審理の実現に寄与する弁論準備手続を経ている以上，その計画性と矛盾するおそれのある期日の変更については，厳格な要件が課されてしかるべきであろう。
18) 注釈民訴(3)449頁以下〔萩原金美〕，伊藤203頁注11など参照。
19) ただし，病気が出頭不能の程度であるとの疎明がなければ変更は認められない。最判昭24・8・2民集3巻9号312頁〔百選2版63事件〕。
20) ただし，この旨を明らかにする資料の提出がなければ変更は認められない。最判昭43・11・15判時546号69頁〔続百選62事件〕。
21) 上田280頁参照。

4 期日の種類

期日においてなされる訴訟行為の内容に注目すると、期日は、つぎのように分類される。判決手続においては、本格的審理に位置するところの①口頭弁論期日（149条・159条3項・139条）、②証拠調べ期日（240条）、および、③判決言渡し期日（規156条）があり、また、準備段階に位置するところの④弁論準備手続期日（170条）がある。さらに、手続進行上のものとして、⑤進行協議期日（規95条）がある。そのほか、解決へのバイパスとして位置付けられる⑥和解期日（261条3項・275条2項3項）もある。

第2款　期　　間

1 意　　義

期間とは、訴訟法上の効果を付与される一定の時間の経過をいう。審理の適正かつ迅速な進行のために各種の訴訟行為について期間が定められている。もっとも、法廷実務においては、法定された期間の機械的運用だけでは、当事者に酷な場合もあることから、その不利益を個別に救済するために期間の伸縮および追完が認められる場合がある。

このような期間は、法が想定する本来的なものであることから、これを真正期間（ないし固有期間）という。これに対して、法律効果の生じない職務期間や期間の伸縮・追完の余地のない除斥期間は、本来的期間とは性質が異なるので、不真正期間とよばれる。

真正期間には、①行為期間・猶予期間、②法定期間・裁定期間、そして、③通常期間・不変期間があるので、以下順に眺める。

2 行為期間・猶予期間

これらは、期間のねらいによる分類である。行為期間は、当事者が訴訟行為をなすべき期間である。審理の適正・迅速を実現するための期間であることから、その期間内に訴訟行為がなされないと、期間の懈怠とみなされ、失権の効果[22]または少なくともこれに基づいて不利益な取扱い[23]を受けることになる。行為期間の例としては、訴状の補正期間（137条1項）、準備書面提出期間（162条）、期日指定申立て期間（263条）、上訴期間（285条・313条・332条）、控訴審における攻撃防御方法提出期間（301条）などがある。

---

22) たとえば、上訴期間・再審期間などの懈怠がこれにあたる。
23) たとえば、担保不提供に基づく訴え却下、準備書面の不提出による準備手続の終結などがこれにあたる。

これに対し，猶予期間（中間期間）とは，当事者の利益保護の見地から，行為をなす前提として認められる，猶予のための一定時間をいう。その例としては，公示送達の効力発生までの掲示期間（112条1項2項）[24]，金銭債権の差押債権者がその債権の取立て可能となる期間（民執155条1項）などが挙げられる。

3 法定期間・裁定期間

これらは，期間の長さを何によって定めるかによる分類である。法律が定める場合，すなわち，法律上一定の長さの定められている期間を法定期間という。たとえば，除斥・忌避原因の疎明期間（規10条3項），公示送達発送の猶予期間（112条1項2項），控訴期間（285条）などがある。法定期間の開始時期は，法定の事由が生じた時である。

これに対し，裁判等によって長さの決められる期間を裁定期間という。たとえば，訴訟能力などの補正期間（34条1項），訴訟費用計算書等の提出期間（規25条1項），担保提供期間（75条5項），訴状の補正期間（137条1項），準備書面提出期間（162条），控訴審における攻撃防御方法提出期間（301条）などがある。裁定期間の開始時期は，それを定めた裁判で始期が決められていればそれにしたがい，定められていなければその裁判が効力を生じた時（119条）である（95条2項）。たとえば，訴状の補正命令（137条1項）を何日内とだけ定めて，始期を定めなかった場合，この命令は原告に対する告知によってその効力を生じるから（119条），その期間は告知時より進行する。なお，裁定期間は，その伸縮が認められる（規38条）。

4 不変期間・通常期間

これらは，期間の短縮が認められるか否かによる分類である。不変期間とは，法定期間のうち，裁判所がその期間を短縮できないものをいう（96条1項）。これは，主として裁判に対する不服申立て期間について定められている（285条・332条・342条・357条・378条・393条など）。もっとも，裁判所は，遠方に居住する者のために付加期間を定めることができ（96条2項），その場合には，付加期間と本来の期間を合算した期間が不変期間となる。

通常期間とは，不変期間以外の法定期間をいい，原則として伸縮が認められる。職権進行主義の見地から，期間の伸縮は裁判所の職権によるものとし，当事者の申立権は認められない。

---

[24] 争いがあるが，猶予期間にあたるとするのが通説である。条解376頁〔竹下守夫〕，上田281頁，伊藤204頁注14など。

5 期間の計算

期間の計算は，民法の例による (95条1項)。そのため，期間の起算日がその日の午前零時に始まる場合を除き，初日不参入の原則がとられる (民140条)。開始した期間は，その末日をもって満了するが (民141条)，その末日が土日その他「国民の祝日に関する法律」に規定する休日等にあたるときは，その翌日をもって期間が満了する (95条3項)。

期間の進行は，訴訟手続の中断・中止の間は停止し，その解消とともに，さらに全期間の進行が開始する (132条2項)。

6 期間の懈怠とその救済——不変期間の追完——

(1) 救済の必要性

期間の懈怠とは，当事者その他の関係人が，本来の行為期間中に定められた行為をしないことをいう。これにより，当事者は，当該行為をする機会を失うが，当事者の帰責性がない場合には，救済の必要が認められる。もっとも，通常期間の懈怠の場合には，依然として訴訟が係属しているので，当事者はその後の手続において何らかの救済を求める余地がある。

これに対し，不変期間の懈怠の場合には，当然に裁判の確定や訴権の喪失 (116条・285条・313条・342条1項など) という当事者にとって重大かつ終局的な結果がもたらされる。しかも，不変期間は訴訟の迅速化のために短い期間として定められていることから，救済の必要性は高い。

(2) 追完の意義および要件

そこで，法は，不変期間の追完という措置を認めることにした。これは，当事者の責めに帰すことのできない事由によって不変期間が徒過された場合に，その事由が消滅してから1週間 (外国にいる当事者は2ヵ月) 以内に限り，訴訟行為を行うことを許すとするものである (97条1項)。ここにいう当事者の責めに帰すことのできない事由とは，訴訟追行の際，通常人なら払うであろう注意をしても回避し得ないと認められる事由をいう。具体的には，①予期し得ない天災地変[25]その他通常人の合理的な判断を超える事由[26]，②積雪による汽車の延着 (大判大7・7・11民録24輯1197頁)，③関東大震災による通信の途絶 (大判大

---

25) 天災地変があっても，期間遵守のための他の方法があれば，責めに帰すことのできない事由とはいえない。もっとも，他の方法の存在が事由発生後にはじめて知り得るもので，発生前には知り得ないときは，追完が許される (大判明43・10・19民録16輯713頁)。

26) たとえば，郵便局員の争議行為など通常人の合理的予測の範囲を逸脱する事由により書面の提出が遅れたことなどが挙げられる (伊藤206頁)。

13・6・13新聞 2335 号 15 頁），④汽船の暴風避難により生じた郵便物の遅延（大判昭 10・12・11 新聞 3928 号 12 頁）などがある。

公示送達の不知は，上記の①通常人の合理的な判断を超え，当事者の責めに帰すことのできない事由にあたるとして，追完が許されるであろうか。これを当然に肯定するならば，公示送達制度の意義が失われかねないので[27]，被告が原告から訴えを提起される可能性につき予想できない状況にあったかどうかをさらに調査すべきであり，その結果いかんによっては公示送達の不知も追完事由となり得よう[28]。

追完は，本人に過失がなくても，訴訟代理人に過失があれば，許されない（最判昭 24・4・12 民集 3 巻 4 号 97 頁）。代理人の過失は，相手方との関係では，本人の帰責事由と同視されることからすると，当然の帰結であろう。訴訟代理人の補助者の過失による場合，すなわち，弁護士の事務員が送達を受領しながら弁護士に渡すのを忘れた場合も，同様に解されよう（前掲・最判昭 24・4・12，大判昭 9・5・12 民集 13 巻 1051 頁）[29]。

(3) 追完の手続

追完は，障害が止んでから 1 週間（外国にいる当事者は 2 ヵ月〔97 条 1 項但書〕）以内にしなければならない。この追完期間は伸縮できない（97 条 2 項）。追完は，懈怠した行為をその方式にしたがってすればよい。追完事由は，その行為の適法要件となるので，当該訴訟手続内で調査される。主張・立証責任は，追完者が負う。

上訴の追完の場合，不変期間の徒過による判決の形式的確定は解消しないので，確定裁判に基づく執行に対しては，再審の訴えに準じて，再審にともなう執行停止（403 条 1 項 1 号）を認めるべきであるとされている[30]。

---

[27] この点，判例は，外国でなすべき送達ができないため，被告の最後の住所地を管轄する裁判所で公示送達がなされ，現住地を管轄する裁判所でなされなかったというだけで，その不知を追完事由とするが（最判昭 36・5・26 民集 15 巻 5 号 1425 頁），これに対しては，やや緩やかにすぎるとの評価がある。新堂 370 頁注(1)参照。

[28] 兼子・判例民訴 139 頁，伊藤 206 頁など。公示送達の実施が受送達者側の合理的期待に反するとして追完の認められる例としては，被告が住民票記載の住所に居住しており，そのことを知りながら原告が公示送達の申立てをした場合（最判昭 42・2・24 民集 21 巻 1 号 209 頁〔百選 3 版 49 事件〕）が挙げられる（伊藤 206 頁注 18）。反対に，追完の認められない例としては，被告が自らの住所を明確にしないために第一審判決の公示送達がなされた場合が挙げられる（最判昭 54・7・31 判時 944 号 53 頁）。

[29] これに対し，批判的な学説もある（高見進「訴訟代理人の補助者の過失と上訴の追完」小室＝小山還暦上 344 頁など）が，弁護士の執務体制の問題であり，代理人・本人間の内部関係で解決すべきであろう（伊藤 207 頁注 19 など）。

[30] 新堂 372 頁，伊藤 207 頁など通説。もっとも，伊藤 207 頁注 21 は，立法論としては，刑訴法

第3款 送 達

1 意 義

　当事者その他の訴訟関係人に対し，訴訟上の書類の内容を知らせる機会を与えるために行う，法定の方式に従った通知行為を，送達という。送達は，裁判権の一作用として行われる。

　送達の目的は，その名宛人に対して訴訟書類の内容を了知させ，または，了知する機会を与えるところにある。そうした文脈から，送達は，当事者等の訴訟関係人に対して手続関与の機会を保障する制度であるといえる。

　訴訟法上，送達と類似した概念として，通知と公告がある。通知は無方式である（127条，規65条・104条など）のに対し，送達は法定の方式を踏む必要があり，また，公告はその対象が不特定人である（民執64条5項，民執規4条，破10条など）のに対し，送達（公示送達を含む）は特定人を名宛人とするといった点で，それぞれ異なる。

　送達をすべき場合について，現行法は，これに従前より絞りをかけるとともに，民事訴訟規則において「送付」の方式に合理化のディヴァイスを取り込む規定を置いた。送付の方式は，送付すべき書類の写しを交付またはファクシミリ送信することによる（規47条1項）。裁判所が行う送付事務は，裁判所書記官が取り扱う（同条2項）。なお，当事者が提出した資料を裁判所が相手方に送付しなければならない場合に，当事者が相手方に対し直接交付する「直送」という方式を認め，裁判所は改めて送付しなくてもよいものとした（同条3項）。とりわけ準備書面については，直送を受けた相手方は，その準備書面を受領した旨を記載した書面を送付当事者に直送するとともに，当該書面を裁判所に提出するか，または，直送により受領した旨を相手方が記載した準備書面を裁判所に提出するものとして，裁判所が直送の有無を確認することができることとされた（規83条2項3項）。このように訴訟におけるコミュニケーション事務をめぐっては，形式性重視の厳格な態度から合理性重視の柔軟な姿勢へと変容しつつある動向が看取される。

2 職権送達主義

　送達は裁判所の訴訟行為であり，送達を要する場合は法定されているが，具体的な送達について当事者の申立てを要するか否かは，立法的選択に委ねられ

　362条ないし365条の上訴権回復手続が参考になるという。

る問題[31]であるところ，現行法は，原則として職権で行われるものとして，職権送達主義を採用している（98条）。これは，審理手続全体についての指導原理である職権進行主義のあらわれであり，より実践的には，送達事務の迅速・確実を期すべく，当事者の申立てをまたず，また，その実施も当事者にまかせないものとしたと説明されよう。

ただし，公示送達に限っては，当事者がその要件の立証責任を負うことから，当事者の申立てによるものとして（110条1項），当事者申立主義によっている。

3 送達機関

(1) 送達担当機関

送達は，裁判所の訴訟行為であり，送達事務にあたる送達担当機関は，裁判所書記官である（98条2項）。裁判所書記官の行う送達事務は，送達すべき書類（101条，規40条）を作成，認証または受領し，その書類を送達実施機関に付して送達を実施させ（受送達者，送達実施機関，送達方法および送達場所を決定したうえで実施させる），その後に送達実施機関から送達報告書を受領し（109条参照），これを記録に添付して保管することなどである。

これらの送達事務につき，裁判所書記官は，自己の独立の職務行為として行う。ただし，例外的に裁判官が命令する権限をもつ場合がある（110条2項・108条，規45条）。なお，受訴裁判所の書記官は，送達事務を送達地の裁判所の書記官に嘱託することができる（規39条）。

(2) 送達実施機関

送達担当機関である裁判所書記官から送達すべき書類を受け，送達の実施にあたる送達実施機関（これを吏員ともいう）は，原則として，執行官[32]または郵便の業務に従事する者[33]である（99条1項2項）。

---

31) 送達をなすのに当事者の申立てを要求する考え方を当事者申立主義といい，さらに，送達の実施そのものを当事者に委ねる考え方を当事者送達主義という。本文で述べたように，現行法上，当事者申立主義は公示送達の場合にのみ認められ，当事者送達主義は予定されていない（伊藤209頁注25など参照）。ちなみに，アメリカでは，原告本人やその代理人弁護士，弁護士事務所の事務員，または，それらの者から依頼された送達業者（process server）などが，被告本人に直接に訴状および召喚状（summons）を手渡す交付送達ないし直接送達（personal service）が原則とされてきた（M・グリーン54頁，浅香・民事手続51頁など参照）。

32) 執行官とは，地方裁判所に置かれ，主に裁判の執行を行う司法機関である（裁62条）。最高裁判所の定める資格（執行官規1条・2条）にしたがい，地方裁判所が任命・監督する。その収入は，国からの俸給・手当てではなく，当事者からの手数料という形をとる。

33) この者によって行われる送達を「郵便による送達」という。これは，送達の実施機関からみた送達の種類であり，実施方法の一つである「郵便に付する送達」と異なり，送達を受けるべき者に現実に交付されなければ効力を生じないのが原則である。もっとも，補充送達および差置送

ただし，例外として，執行官を用いることができない場合の廷吏（裁63条3項），出頭者に対する簡易送達の場合の裁判所書記官（100条），または，外国における送達の場合の日本の外交使節（108条，規45条）[34]などが送達実施機関となることも認められている。

送達実施機関は，送達に関する事項を記載した送達報告書を作成して裁判所へ提出しなければならない（109条）。これは，送達をめぐるトラブル予防のための単なる証明手段にすぎないので，その作成を怠っても，送達の効力は左右されない[35]。送達報告書は，送達が適式になされたかについての唯一の証明方法ではなく，その記載事項を別の証拠で証明することができれば，送達は有効なものとして扱われる（大判昭8・6・16民集12巻1519頁）。

4 受送達者

送達の名宛人，すなわち，その者を名宛人として送達を行うべき者を受送達者という。これに対し，実際に送達書類を受領する者を送達受領者といい，これは必ずしも受送達者と一致するわけではない。

だれを受送達者として扱うかは，送達書類の内容ごとに法定されているが，法定された者本人が訴訟無能力者であるときは，その法定代理人が名宛人となる（102条1項）[36]。同様に，法人については，その代表者が名宛人となる（37条）。訴訟代理人が選任されているときは，訴訟代理人が名宛人となるが，本人への送達を行っても違法とまではいえず，有効な送達とするのが判例である（呼出状の送達につき，最判昭25・6・23民集4巻6号240頁〔百選Ⅰ57事件〕）。しかし，確かに本人は訴訟能力者であることから，本人への告知機能に欠けるところがないのが通例であろうが，送達書類の内容や送達方法などの具体的事情によっては，告知におけるコミュニケーションの円滑化を図り弁護士の法的サーヴィスルートを設定した当事者本人の選択を重視する観点から送達を無効とする余地もあるのではなかろうか[37]。

達は可能である。また，送達をすべき場所で，送達名宛人にも補充送達受領資格者（＝就業場所以外の送達場所における使用人等書類の受領について相当のわきまえのある者）にも出会わない場合には，その書類を郵便局に持ち帰って一定期間保管し，その間に郵便局の窓口で，受送達者または補充送達受領資格者にその書類を交付する方法がとられる（106条1項後段参照）。

34) 受訴裁判所の裁判長が，当該外国の管轄官庁（通常は裁判所）またはその国に駐在する日本の大使，公使もしくは領事に，送達の実施を嘱託する（108条）。

35) 条解451頁〔竹下守夫〕，伊藤209頁，松本＝上野357頁〔松本〕，梅本592頁など。反対，兼子・体系188頁。

36) 法定代理人によって代理される被保佐人も，同じようにその法定代理人が名宛人となる。伊藤210頁。

37) 手続保障重視の観点から，当事者本人に対する送達は，特別の事情のない限り不適法であるとする見解がある（伊藤眞「弁護士と当事者」講座民訴③124頁）。もっとも，訴訟代理人が選任されている場合における当事者本人に対する送達は，適法かつ有効であるものの，妥当性に欠けるとするのが学説・実務の大方の見方である（百選Ⅰ117頁〔椎橋邦男解説〕，梅本592頁な

数人の代理人による共同代理の場合における送達は，そのうち一人に対して行えば足りる（102条2項）。また，在監者に対する送達は，刑事施設の長を名宛人として行うものとされている（102条3項）。

5 送達の方法

送達書類の内容を名宛人に了知させる機会を与える行為である送達の方法としては，さまざまなものがあり得ようが，法は，名宛人に対して手続関与の機会を保障するという送達制度の趣旨にかんがみて，交付送達，すなわち，送達すべき書類を受送達者に実際に交付するという最もストレートな方法を原則としている（101条）。もっとも，一方当事者側の手続的利益を重視するあまり，訴訟手続を進めることが不可能となるのでは，相手方との公平を失するばかりでなく，紛争解決機能が果たされないことになってしまい問題がある。そこで，法は，次善の策として，付郵便送達および公示送達という方法を定めている[38]。

(1) 交付送達――原則

交付送達は，名宛人に対して送達書類の謄本または副本を現実に直接交付するという送達方法である。交付をすべき場所は，送達を受けるべき者の住所，居所，営業所または事務所（103条1項）であり，さらに，法定代理人に対する送達は，無能力者本人（法人その他の団体も含む）の営業所・事務所でもよい（103条1項但書）。これらの送達場所が手続中に変更されると，それと連動して送達場所も変更される[39]。

交付送達は，こうした送達場所のほか，送達受領者，送達実施機関などによって，さらに分類することができる。それらの類型を以下にみていく。

(a) 就業場所における送達

送達場所が知れないとき，送達場所での送達に支障があるとき，または，名宛人が就業場所における送達を申し出たときは，名宛人の就業場所[40]における送達が認められる（103条2項・106条2項）。これは就業場所における送達とよばれ，送達場所による交付送達の分類の一つである。

これは，核家族化や共働きの増加などライフスタイルの変化によって，週日の昼間を留守にする家庭も増えてきて，住所等における送達が困難な場合も少

ど）。
38) 各送達方法の実施率は，交付送達が約90％，付郵便送達が約2％，そして，公示送達が約8％であるという。計量分析116頁〔加波眞一〕参照。
39) 当事者に新たな送達場所についての届出義務を課して，裁判所書記官の調査負担を回避するとともに，その懈怠に対しては一定の不利益を課すなどの制裁を設けている。
40) 就業場所とは，名宛人が現実に勤務する場所である。最判昭60・9・17判時1173号59頁。

なくないという状況を踏まえ，1982年の民事訴訟法の一部改正によって導入された送達方法である。

就業場所という人目のあるところに訴訟書類を送ることから，名宛人のプライヴァシーなどの利益に配慮すべきである。そこで，就業場所における送達は，つぎの三つの場合に限り，補充的に認められるにすぎない。第一に，住所等の本来の送達場所が知れないとき，第二に，本来の送達場所において送達をするのに支障があるとき[41]，第三に，名宛人が就業場所において送達を受ける旨の申述をしたとき，である。これらの場合に該当するか否かの判断は，送達担当機関である裁判所書記官が行う。

就業場所における送達においても，補充送達や名宛人に対する差置送達が認められるが[42]，就業場所における補充送達の相手方は受領義務を負わないので，この者が受領を拒絶した場合には，相手方の受領義務を前提とする差置送達は許されない（106条2項3項）。

(b) 出会送達

本来の送達場所に代えて，送達実施機関がこの者に出会った場所における送達が認められる場合がある。これを出会送達といい，送達場所による交付送達の分類の一つである。

本来の送達場所が明らかでないとき，すなわち，送達を受けるべき者が日本に住所，居所，営業所または事務所を有することが明らかでないときに，出会送達が認められる（105条前段）ほか，日本国内に送達場所を有することが明らかであるか，または，送達場所の届出をしている場合であっても，この者が拒まなければ出会送達が許される（同条後段）。後者の場合，受領義務がないので，それを前提とする差置送達は認められない。

(c) 裁判所書記官送達（簡易送達）

裁判所書記官は，その所属する裁判所の事件について出頭した者に対しては，自ら送達をすることができる（100条）。これは，書記官が送達すべき書類を所持している場合に当該書類の送達名宛人とすべき者がその裁判所に出頭したときには，書記官自らが交付し，送達を実施することができるとしたものであり，裁判所書記官送達または簡易送達とよばれる。これは，郵便または執行官によって送達する（99条1項）のは煩瑣であることから，その煩を避ける趣旨である。

旧法下では，当該事件について出頭した者に限定されていたが（旧163条），現行法

---

[41] たとえば，昼間不在，長期不在，あるいは，名宛人が受領拒絶して，かつ，差置送達も行うことができないといった事情のある場合である（伊藤212頁など）。

[42] 本来の送達場所とは異なり，補充送達の代人と名宛人との関係が密接とは限らないことから，就業場所での補充送達を実施したときは，裁判所書記官から名宛人に対する通知を要求し（規43条），名宛人の保護を図っている。

は，その合理性から当該裁判所の事件について出頭した者にまで拡げ，積極的活用を目ざしている。なお，この場合に下記の差置送達は許される。

(d) 補 充 送 達

送達場所において名宛人に出会わないときには，使用人その他の従業者，または，同居者で，送達の受領について相当のわきまえのある者（「代人」とよばれる）に対し，送達実施機関は，送達書類を交付することができる（106条1項）。これは，補充送達とよばれ，送達受領者による交付送達の分類の一つである。

補充送達は，訴訟手続が遅滞に陥ることを避けるべく，送達の実施を円滑に行うために認められた方法であるが，送達書類の受領義務を送達の受領について相当のわきまえのある者，すなわち，代人に限定することで名宛人保護にも配慮している。代人は，送達受領について法定代理人としての性格をもつ。もっとも，就業場所における送達の場合は，代人に受領義務は課されず，その者が任意に受領する限りにおいて補充送達が可能となる（106条2項）。

(e) 差 置 送 達

送達の名宛人や代人は，一定の場合[43]を除き，送達書類の受領義務を負っているところ，送達名宛人または補充送達受領資格者が，正当な理由がないのに送達書類の受領を拒絶した場合に，送達実施機関が送達を試みた場所に送達書類を差し置くことによって，送達の効力を生じさせる送達方法が認められている（106条3項）。これは，差置送達とよばれ，送達場所による交付送達の分類の一つである。

差置送達は，補充送達と同じく，送達の円滑かつ迅速な実施を目的とするが，名宛人等の保護の見地から，受領義務を負う相手方が受領を拒む正当な理由がないことが要求されている。ここにいう正当な理由としては，たとえば，名宛人の表示が異なること，名宛人が在監中であるのにその住所に送達がなされること（102条2項参照），または，代人の資格のない者に補充送達がなされるといったように送達が適式に行われていないことなどが挙げられる[44]。

(2) 付郵便送達（書留郵便に付する送達）——例外（その1）

付郵便送達とは，裁判所書記官が送達書類を本来の送達場所に宛てて，書留郵便によって発送すれば，発送時に送達の効力が生じるとする送達方法であり（107条1項），書留郵便に付する送達ともよばれる。この場合，裁判所書記官は，

---

[43] すでに述べたように民訴法105条後段や同法106条2項の場合である。
[44] 伊藤214頁など。

送達担当機関と送達実施機関の両地位を兼ねる[45]。

交付送達の場合は，送達書類を名宛人の支配圏内に置くことによって送達の効力を生じさせているのに対し，付郵便送達の場合には，書類の到達とはかかわりなく，発送時に直ちに効力を生じる（107条3項）とする点で，送達の円滑かつ迅速な実施により重きを置いた方法といえる。しかし，その反面で，名宛人に送達書類の内容を了知させて手続保障を確保するという送達制度の趣旨からは，この付郵便送達は，交付送達のできない場合の補充的な手段として認められるにすぎない。なお，新法により送達場所の届出制度が導入されたこと（104条）により，就業場所に対する付郵便送達は許されないことになった。

具体的に，付郵便送達が認められる場合としては，第一に本来の送達場所および就業場所における交付送達，補充送達および差置送達（以下，交付送達等）ができなかった場合（107条1項1号），第二に届け出られた送達場所における交付送達等ができなかった場合（同条同項2号），第三に送達場所届出義務が懈怠され，かつ，民訴法104条3項各号に定める場所における交付送達等ができなかった場合（同条同項3号）がある。なお，第二および第三の場合は，その後に送達すべき書類も引き続き付郵便送達によることができる（107条2項）。

なお，これら三つの場合のいずれかにあたるか否か，そして，実際に付郵便送達を行うか否かは，送達担当機関である裁判所書記官の判断に委ねられることになる[46]。

(3) 公示送達——例外（その2）

公示送達とは，出頭すれば送達すべき書類を保管し，いつでも送達を受けるべき者に交付する旨を裁判所の掲示場に掲示することにより行う送達方法である（111条）。呼出状については，その原本を掲示場に掲示して行う。

なお，私法上の意思表示については，その相手方を知ることができず，または，その

---

[45] 付郵便送達は，郵便の業務に従事する者が送達実施機関となって交付送達を行う場合とは，送達実施機関および送達の効力発生時において相違する。前掲注33）参照。

[46] 交付送達が不能になったからといって，直ちに付郵便送達を実施するのではなく，特別送達を試みてから付郵便送達を実施したり，あるいは，付郵便送達を実施するとしても，書留郵便と郵便送達を併用するなど，できるだけ送達による告知機能を実効化しようとする運用がなされてきたが，それを受けて，新民事訴訟規則は，付郵便送達をした場合に発送時に送達があったものとみなされることを受送達者に通知しなければならないものとした（規44条）。また，本来の送達場所における送達が不送達に終わった場合，裁判所書記官は，申立人に就業場所における送達の可能性に関して資料の提出を求めたうえで，付郵便送達の実施について判断することになる。なお，判例は，裁判所書記官が原告からの誤回答に基づいて被告の就業場所が不明であるとして訴状等の付郵便送達を実施した事案について，受送達者の就業場所の存在が事後に判明したとしても，その認定資料の収集に関する裁量権の範囲の逸脱や，これに基づく判断の合理性の欠如などの事情がない限り，当該付郵便送達は適法であるとする（最判平10・9・10判時1661号81頁〔百選3版48事件〕）。以上につき，伊藤214頁注37とそこに掲載の諸文献を参照。

所在が不明の場合に，公示送達の方法を用いることができる（民 98 条）。旧法下では，管轄裁判所および公示の手続が異なることから，訴状に解除や相殺などの意思表示を記載し，これを公示送達の方法によって送達するときでも，意思表示到達の効力を発生させるためには，別個に手続をとる必要があったが，新法は，訴訟関係書類の公示送達の手続をとることによって，意思表示到達の効力を認めることとした（113 条）。

(a) 公示送達の趣旨

送達場所が不明であると，交付送達や付郵便送達は不可能となり，名宛人が裁判所に出頭しなければ，裁判所書記官送達も不可能となり，また，名宛人の所在が不明であれば，出会送達も不可能となる，といったように送達不能の場合が生じてしまう。そうすると，訴訟手続を進めることができないので，法は，掲示の方法により名宛人が送達書類を了知する機会を与えられたものとみなし，これにより送達の効力を発生させるものとした。紛争解決のために訴訟手続を進めるという現実的要請との兼ね合いから，送達の告知機能を手続保障充足の限界ぎりぎりまで譲歩した法の決断がここに読み取られよう。

(b) 公示送達の要件

こうした文脈からも分かるとおり，公示送達は，他の送達方法が不可能な場合の最後の手段として認められることになる（110 条 1 項各号）。

そのような場合としては，①当事者の住所，居所，その他の送達場所が不明[47]のとき（110 条 1 項 1 号），②107 条 1 項に基づく付郵便送達ができないとき（同条同項 2 号）[48]，③外国における送達について，108 条に基づく嘱託が不可能な場合または嘱託しても送達の目的を達成する見込みがないと認められるとき（同条同項 3 号），そして，④外国の管轄官庁に嘱託がなされた後 6 カ月を経過しても送達報告書の送付がないとき（同条同項 4 号）がある。

(c) 公示送達の手続

公示送達は，原則として当事者の申立てにより，裁判所書記官によって行われる（110 条 1 項）。申立人は，その要件（とりわけ，送達を受けるべき当事者の住居所の不明）を証明（疎明ではない）しなければならず，裁判所書記官は，送達場所が

---

[47] 不明とは，申立人が主観的に不知というだけでは足りず，出会い送達のための所在も含め，通常の調査方法によっては送達場所が判明しないことを意味する。

[48] 新法は，送達場所，送達受取人の制度（104 条）を導入して，付郵便送達をすべき場合を拡張している（107 条）ことから，本号の適用場面は限られることになる。具体的には，民訴法 103 条 2 項による就業場所送達をしたが不在・補充送達受領資格者の受領拒否がされた場合，および，当初同条項による当該就業場所送達が奏功したが，その後奏功しない場合が挙げられる。注解民訴 II 397 頁〔伊藤眞〕。

知れないかなどについて慎重に判断をする。

いったん公示送達が認められると，同一の審級においては，110条1項4号の場合を除いて，同一の名宛人に対する第2回目以降の公示送達は，職権ですることが許される（110条3項）。

当事者双方が所在不明となるなど訴訟の遅滞を避けるために必要があると認められるときは，例外的に申立てを前提とせず，裁判所が職権で（受訴裁判所の決定），書記官に公示送達を命じることができる（110条2項）。

(d) 公示送達の方法

公示送達は，裁判所書記官が送達実施機関として，送達書類を保管するとともに，裁判所の掲示場にいつでも書類を送達名宛人に交付する旨を記載した呼出状を掲示して行う（規46条1項)[49]。裁判所書記官は，送達名宛人が書類交付を要求すれば，本人確認のうえ，これに応じなければならない。なお，裁判所書記官は，記録に公示送達によったものであることを明確にすることを要する（109条）。

名宛人に公示送達の事実を知る機会を与えるために，裁判所書記官は，公示送達の事実を官報または新聞紙に掲載することができる（規46条2項前段)[50]。外国居住者に対する公示送達（110条1項3号）は，必要があると認めるときは，裁判所書記官は，官報・新聞紙に掲載する代わりに，送達名宛人に対して公示送達があったことを通知することができる（規46条2項後段）。

(e) 公示送達の効力と名宛人の救済

公示送達の効力は，掲示または貼付がなされてから2週間を経過することによって生じるのが原則である（112条1項本文）。ただし，同一当事者に対する2回目以降職権によってなされる公示送達については，2週間の猶予期間を与える必要がないので，掲示等をなした日の翌日に効力が生じる（同条項但書）。他方，外国にいる者に対する公示送達については，6週間の猶予期間が定められている（112条2項）。

これらの猶予期間は，裁定期間の一種であるが，短縮は許されず，延長のみが可能である（112条3項）。その他の救済方法については，後述する[51]。

---

49) 旧々法157条2項は，送達書類そのものを掲示（貼付）するものとしていたが，風雨などによる破損の危険から，旧法から本文のように改められたという。秋山ほかⅡ421頁など参照。

50) この措置は，実際にはほとんど行われていないという。伊藤217頁，秋山ほかⅡ422頁など参照。

51) 本書320頁。

6　送達場所の届出制度

　送達場所の不便を克服する手段として，旧法の下では，当事者または代理人から特定の事件に関して送達受領のための権限を授与された送達受取人を届け出させる制度があった（旧170条）。これは，受訴裁判所の所在地内の送達受取人を届け出なければならないことから分かるとおり，受訴裁判所の所在地内に住所等の送達場所を有しない者に対する送達を迅速で確実に行う狙いをもっていたが，情報通信手段が格段に整備された現在において，この送達受取人の制度はほとんど利用されていなかった。

　そこで，新法は，これを廃止するとともに，受訴裁判所の所在地における送達場所の有無にかかわらず，一般的に当事者，法定代理人または訴訟代理人（以下，当事者等）に対して，送達書類を受け取りやすく，しかも，送達が確実にできる場所（日本国内に限る）を受訴裁判所に届け出させる義務を負わせた（104条1項）[52]。これは送達場所の届出制度とよばれるが，その目的は，送達の円滑な実施による迅速な手続運営および送達の告知機能による手続保障の充足という通常は相反する二つの要請を同時に満たすところにある。この届出があった場合，民訴法103条の規定にかかわらず，届出された場所において送達をする（「届出送達場所宛送達の原則」という。104条2項）。この場所で受送達者に出会わなかったときは，その場所において補充送達，差置送達ができる（106条）。送達場所の届出の際に，送達受取人を届け出ると，この送達受取人を基準として，補充送達や差置送達が可能となる。なお，届出がなされていても，送達をした者が拒まなければ，出会送達を実施することができる（105条）。

　届出場所において交付送達ができなかったときは，それ以上住所や就業場所を探したり，それらに送達を試みたりすることなく，届出場所宛に付郵便送達をすることができるものとされている（107条1項2号）。

　当事者等が送達場所の届出をしない場合，最初の送達は，本来の送達場所（103条1項）において実施されるが，2回目以降の送達は，その直前の送達をした場所においてすれば足り，その場所での送達ができなかったときは，その場所に宛てた付郵便送達が可能となる（104条3項・107条1項3号）。分析的にみていくと，ⓐ直前の送達場所が住所等の本来の送達場所（103条1項）ないし就業場所（同条2項）であった場合は，その場所（住所等，就業場所[53]）に宛てて送達を実施すればよい（104条3項1号）。これ

---

[52]　送達受取人の届出制度から送達場所の届出制度への変化は，書類単位の送達から事件単位の送達への転換であると説明されている。研究会・新民訴106頁〔福田剛久発言〕参照。

[53]　就業場所での送達の場合は，補充送達受領資格者が送達書類の受領義務を負わないので，その後の送達が不奏功の場合には，訴訟記録にあらわれた住所等が付郵便送達の宛先となる。

には，直前に送達を受けた場所を送達場所とする届出があったものと同視して，送達場所の固定化を図るものである。ⓑ直前の送達が郵便局の窓口送達，すなわち，郵便業務に従事する者が郵便局においてする送達（99条2項）であった場合は，それが住所等に宛てて実施された場合には住所等が，就業場所に宛てて実施された場合には就業場所が，それぞれ2回目以降の送達場所となる（104条3項2号）。郵便局の窓口送達は一種の出会送達と解されている。ⓒ直前の送達が付郵便送達であった場合は，2回目の送達は，その宛先とされた場所に宛てて付郵便送達をする（104条3項3号）。ⓓ直前の送達が裁判所書記官送達（100条），出会送達（105条），または，公示送達（110条1項）であった場合には，明文規定はなく，解釈によることになる。前記の三つの場合と同じように考えれば，裁判所書記官送達および出会送達の場合は，103条の規定による送達場所が2回目以降の送達場所となり，公示送達の場合も，最初にした方法で送達すれば足りる（110条3項参照）と解されよう[54]。さらに，その後の手続において同一の当事者等に対しては，その他の送達書類も付郵便送達によることができる（107条2項）[55]。既述した送達場所の届出制度の目的を達するために，このような不利な扱いが届出を懈怠した当事者に対してなされるのである。

7 送達の瑕疵とその救済方法

法定の方式に違背した送達は無効であり，送達はなかったことになる。ただし，送達制度の趣旨は，送達書類の内容を了知させ，または，手続関与の機会を与えて，当事者等に対して手続保障を確保することであるから，強行規定の要素が見出される場合[56]を除いては，異議権（責問権）の放棄・喪失により，その無効を主張し得なくなるものと解される。たとえば，判例は，誤って第三者に送達された判決正本を受送達者が現実に入手すれば，その時点で送達は完成し，上訴期間の進行が開始するという（最判昭38・4・12民集17巻3号468頁〔百選3版A47事件〕）。

送達を受けるべきでない者を誤って送達を受けるべき者として送達した場合や，送達を受けるべき当事者に宛てて適式に送達がなされたものの，相手方においてこれを現実に了知することを妨げられた場合には，当該送達は無効と解され，たとえ言い渡された判決が上訴期間の経過によって形式的に確定したとしても，実質的には無効の判決となる。前者の例として，法定代理人に対して

---

54) 注解民訴Ⅱ352頁〔石田賢一〕。
55) 旧法下では，付郵便送達は，具体的な個々の送達ごとにその要件を充足すべきであると解されており，一度付郵便送達によった場合でも，その後に行われる別個の送達は，訴訟書類の性質によって通常の交付送達を試みるべきであるとするのが実務であった。名古屋高判昭44・10・31判タ242号184頁。
56) 不変期間の起算点にかかわる場合には，責問権の放棄は許されない。新堂381頁など参照。

送達すべきであるのに，本人に対して送達してしまった場合，後者の例として，故意に被告の住所を不明と偽って公示送達によって訴えた場合や夫が妻に対する離婚訴訟の提起を秘し，訴状，呼出状，判決の送達をすべて夫の使用人に受領させて妻に了知させなかった場合などが挙げられる[57]。このような判決は確かに無効ではあるが，外形上は有効な判決の外形が残っているので，送達名宛人のためにさらに特段の救済措置として，上訴の追完 (97条)[58]または再審による判決の取消し (338条1項3号5号[59]) を当事者が選択することが認められてよいであろう。判例上も，これらの救済手段が認められている（上訴の追完を認めたものとして，大判昭 16・7・18 民集 20 巻 988 頁，最判昭 36・5・26 民集 15 巻 5 号 1425 頁，最判昭 42・2・24 民集 21 巻 1 号 209 頁[60] などがあり[61]，再審を許したものとして，最決

---

57) 新堂 381 頁参照。
58) 上訴の追完を主張する送達名宛人は，送達の瑕疵が自己の責めに帰すべき事由によるものではないという特別の事情（たとえば，申立人が名宛人の住所を知りながら公示送達の申立てをしたなど）を主張・立証することを要する。なお，公示送達は，受送達者が書類の内容を了知することを必ずしも期待しておらず，送達の効果を擬制する制度であるから，追完の要件としては，公示送達がなされたというだけでは足りない。公示送達の申立人と受送達者の双方の具体的事情を考慮すべきであるところ，申立人側の悪意や，相手方の住所を十分に調査せずに公示送達を申し立てたという過失の有無のほか，受送達者側にも公示送達に至ったこと自体に批判されるべき事情がなかったかどうかを斟酌するのが一般的傾向であり，これは均衡ある調和点を探るものであろう。裁判例につき，秋山ほかⅡ 328 頁以下など参照。
59) 公示送達の要件に欠けるところがあっても，判決が直ちに無効となるわけではないが，確定判決の騙取にみられるように，原告が裁判所書記官を欺いて公示送達をなさしめた場合には，民訴法 338 条 1 項 5 号の再審事由に該当し得る。なお，同条同項 3 号につき，山本弘「送達の瑕疵と民訴法 338 条 1 項 3 号に関する最近の最高裁判例の検討」青山古稀 513 頁以下を参照。
60) 本判決は，被告とその法定代理人が住民登録をした場所に居住し，原告が訴提起直前に同居住の場所に被告の法定代理人を訪ね，訴えの目的である債務の履行につき折衝したことがあったにもかかわらず，原告から訴状の受送達者の住所が不明であるとして公示送達の申立てがされ，よって被告の法定代理人に対する第一審判決正本の送達にいたるまでのすべての書類の送達が公示送達により行われたという事案において，被告の法定代理人が控訴期間の経過後はじめて判決正本の公示送達の事実を知り，ただちに控訴を提起したときは，民訴法 97 条にいう「その責めに帰することができない事由により不変期間を遵守することができなかった場合」にあたるとして，当該控訴は適法であると判示した。
61) これに対して，上訴の追完を認めなかった裁判例として，東京高判平 19・9・26 判時 1994 号 48 頁がある。これは，抹消登記等請求訴訟の被告会社に対する訴状副本等が当初，被告会社の本店所在地宛に送付されるなどしたが，「宛所尋ね当たらず」等の事情によって不送達となったため，被告会社代表者宛に送付して，札幌北郵便局窓口において送達が完了したのであるが，その際，被告会社の従業員が訴状副本および第 3 回口頭弁論期日の呼出状等を受領したところ，同従業者の被告会社代表者に対する個人的怨恨から期日呼出状等を隠匿・廃棄したために，同社は期日呼出しや判決言渡しの事実を知らないまま控訴期間を徒過したとして，被告会社が控訴の追完を主張した事案において，被告会社の代表者が訴訟係属自体を認識しており，裁判所に問い合わせる等すれば，訴訟手続の状況を知ることが容易に可能であったことを根拠として，被告会社

平19・3・20民集61巻2号586頁[62]) がある)。

第4節　訴訟手続の停止

第1款　総　説

　訴訟係属中に訴訟手続が法律上進行しない状態になることを訴訟手続の中止という。裁判所は，訴訟手続を進行させなければならない責務を担うが，一定の事由が発生した場合には，むしろ手続を進行させることが禁じられるのであり，これは裁判所や当事者の訴訟行為がなされずに，事実上手続が停滞している場合とは異なる。訴訟手続の迅速な進行を犠牲にしかねない訴訟手続の停止制度が設けられたのは，当事者の一方に訴訟行為をすることについて不能または著しく困難な事情がある場合に訴訟手続を進行させてしまうと，当事者間の公平や手続的公正の理念に反するおそれがあることによる。

　現行法上，訴訟手続の停止には，中断（124条）および中止（130条・131条）のほか，除斥・忌避の申立てに基づく停止（26条）[63]も含まれる。中断は，当事者が交代すべき事情を生じた場合における停止であり，中止は，裁判所・当事者に障害がある等の場合の停止である。なお，現行法は，当事者の合意による訴訟の休止（旧々法188条）を認めていない[64]。

　　　が控訴期間を徒過したことについて，同社の責めに帰することができない事由があるとはいえないとして，追完を認めず，控訴を不適法として却下した。
　62)　本判決は，自己の氏名と印章を同居する義父に冒用され，同人の貸金債務についての連帯保証契約を締結された者が，自己および義父に対する貸金返還請求訴訟の訴状および第1回口頭弁論期日の呼出状などについて，義父が自らへの送達書類の交付を受けるとともに，同居者であるとして自己宛の送達書類の交付を受けるのは，補充送達として無効であると主張した事案において，同居者であって，受送達者との間に事実上の利害対立が存し，受送達者による了知を期待し得ない場合であっても，補充送達は有効であるが，受送達者に対する手続関与の機会が与えられていたかという観点から判断すると，受送達者との間に事実上の利害対立があるため，同居者等から受送達者に対する訴訟関係書類の速やかな交付が期待し得ない場合において，実際にもその交付がなされなかったときは，受送達者はその訴訟手続に関与する機会を与えられたことにはならないとして，当事者の代理人として訴訟行為をした者が代理権を欠いた場合と別異に扱う理由はなく，民訴法338条1項3号の再審事由があると解するのが相当であると判示した。本判決に対しては，一方で，このような場合での補充送達を有効とすることで従来の送達実務を追認しつつ，他方で，再審事由を拡張・明確化して事後的救済の道を広げたとの評価がある（川嶋四郎「判批」法セ634号〔2007年〕114頁）。
　63)　これは絶対的な停止原因ではなく，また，性質上終局判決後には生じないものであることから，中断・中止の場合とは異なる。
　64)　立法論として，休止の制度を復活させることは検討に値しよう。これに対しては，訴訟遅延を惹起するものであり，計画審理を導入した法の趣旨に反するとして，否定的な反応が予想され

第 2 款　訴訟手続の中断

 訴訟手続の中断とは，訴訟係属中に一方の当事者側の訴訟追行者が交代すべき事由が発生した場合，当該当事者側に手続関与の機会を現実に保障するために，新追行者が訴訟に関与できるようになるまで手続進行を停止することをいう。

1　中 断 事 由

 中断は，法定の中断事由が発生すれば，裁判所や当事者の知不知とは無関係に，当然に発生する。そして，新追行者もしくは相手方からの申立てに基づく受継決定，または，裁判所の続行命令によって解消する。法定の中断事由は，大きく分けて，Ⓐ当事者能力の消滅（当事者の消滅），Ⓑ訴訟能力の喪失，法定代理人の死亡，法定代理権の消滅，Ⓒ当事者適格の喪失の三つがある。

 (1)　当事者能力の消滅（当事者の消滅）

 訴訟は，従来の当事者の当事者能力が消滅し，別の当事者が前者の当事者適格を承継した場合に中断する。具体的には，当事者たる自然人の死亡（124条1項1号）[65]や法人の合併による消滅（同条項2号）[66]がある。

 (2)　訴訟能力の喪失，法定代理人の死亡，法定代理権の消滅

 訴訟能力の喪失[67]，法定代理人の死亡や代理権の消滅のとき，本人自身が訴訟行為をすることができず，かつ，本人自身のために訴訟行為をする者が存在しないので，訴訟手続が中断する（124条1項3号）。ただし，保佐人や補助人が法定代理人である場合は，中断を生じないことがある（後述「2　中断が生じない場合」を参照）。

 ちなみに，訴訟代理権の消滅は，本人が直ちに訴訟行為を行えるので，中断事由にはならない。

　　るが，両当事者の合意による手続休止は，具体的な紛争の状況を当事者自身が判断して行うリプランニングであるといえ，一定の場合にこれを許すような柔軟な態度は，手続運営として一定の合理性があるのではなかろうか。休止の制度には，とりわけ ADR と訴訟の相互乗り入れの制度的基盤を整備するうえでの土壌形成としての機能が内包されることは意識しておいてよいであろう。
 [65]　自然人死亡の場合に，一身専属権が訴訟物であれば，中断ではなく，訴訟終了効が生ずる。
 [66]　合併以外の解散事由の場合には，当然には中断しない。清算が終了して，法人格が消滅した場合は，中断ではなく，訴訟終了効が生じる。
 [67]　たとえば，後見開始の審判や未成年者に対する営業許可の取消などの事由により当事者が訴訟能力を失う場合である。

(3) 当事者適格の喪失

　第三者が権利義務の帰属主体に代わって，訴訟担当者たる当事者として訴訟行為をなす資格をもつ場合に，その資格を喪失すると，有効に訴訟行為をなすことができなくなり，また，権利義務の帰属主体も直ちには訴訟行為を行うことができないので，訴訟手続は中断する。

　具体的には，①信託財産に関する訴訟の当事者である受託者の任務が終了した場合（124条1項4号），②一定の資格に基づいて当事者とされた者が死亡その他の事由により資格を喪失した場合（同条同項5号），③選定当事者全員[68]の資格喪失（同条同項6号），そして，④破産財団に関する訴訟において破産宣告および破産の解止がなされた場合がある。

　②の「一定の資格に基づいて当事者とされた者」としては，救助料支払請求訴訟の船長（商811条2項），破産財団に関する訴訟の破産管財人（破80条），成年被後見人の離婚訴訟についての成年後見人（人訴14条），遺言執行者（民1012条）などが挙げられる[69]。これに対し，債権者代位権による代位債権者（民423条），取立訴訟の差押債権者（民執157条），責任追及等訴訟における株式会社の株主・一般社団法人の社員（会847条，一般法人278条）など，自己の権利に基づいて訴訟追行する場合は含まれない。

　④の「破産財団に関する訴訟」には，破産財団に属する財産に関する訴訟と破産債権に関する訴訟があり[70]，前者において破産宣告があると破産管財人が受継し（破44条2項・127条2項），後者において破産宣告があると債権調査で異議を述べた者との間で受継が行われる（破127条1項・129条2項）。これらの訴訟は，破産手続の解止があったときも中断し，その場合には破産者が受継することになる。なお，債権者代位権または債権者取消権に基づく訴訟において，債務者が破産した場合も中断する（破45条1項）。

2　中断が生じない場合

　中断事由の発生にもかかわらず，訴訟手続停止の効果が生じない場合がある。まず，破産財団に関する訴訟の場合（破44条1項）を除き，中断事由が発生した当事者に訴訟代理人が存在する間は，中断しない（124条2項）[71]。なぜなら，訴訟代理権は，中断事由の発生によっては消滅せず（58条1項2項），訴訟代理

---

[68] 一部の者が資格喪失しても，残余者による訴訟追行が可能なので（30条5項），中断しない。

[69] 不在者の財産管理人が提起した訴えについて，不在者の帰来によりその選任処分が取り消されたときは，中断し，破産手続終了の場合の規定（破44条4項以下）を類推し，不在者が訴訟手続を受継することができると解される。東京地判平元・3・28判時1342号88頁。

[70] 兼子一「訴訟承継論」法協49巻2号（1931年）109頁〔同・研究1巻98頁以下所収〕。

[71] この場合，訴訟代理人は，実際に中断すると否とにかかわらず，中断事由の発生を裁判所に書面で届け出なければならない（規52条）。これは，実体上の権利義務の承継者と手続上の実質的な当事者を一致させるべく，旧法下の実務にみられた「事実上の承継の手続」に明文上の根拠を与えたものであるという。条解民訴規則113頁など。

人は，新当事者のために訴訟行為をすることができ，手続を停止させる必要がないうえ，訴訟手続を続行させる方が迅速な審理にとって望ましいからである。これに対し，破産財団に関する訴訟の場合には，破産管財人と破産者の間に利害関係の対立があるので，民訴法124条2項は適用されない。

つぎに，被保佐人や被補助人の訴訟行為について保佐人等の同意を得た，または，同意が不要の場合（124条5項）にも，中断しない[72]。なぜなら，保佐人等が法定代理人となっている場合であっても（民876条の4第1項・876条の9第1項），被保佐人等が直ちに訴訟行為をなし得るときは，この場合も，訴訟追行上の断絶はなく，手続を停止させる必要がないからである。

なお，当事者（能力）の消滅や当事者適格の喪失の場合において，相手方がたまたま承継人であることによって，対立当事者の地位の混同を生じるか，あるいは，訴訟物たる権利義務の性質上承継人の存在しないときは，訴訟自体が終了し，中断の余地はない。

3 中断の解消

中断事由に基づく停止の効果は，当事者の申立てに基づく受継決定または裁判所の続行命令によって消滅し，手続は再び進行することになる。

(1) 受　　継

受継とは，中断事由の発生により停止している訴訟手続を新追行者が続行させるための申立てである。受継申立ての手続は，当事者としての地位を取得するための手続ではなく，裁判所が手続を続行し，新追行者が有効に訴訟行為をなし得るための前提となる手続である。この点で，訴訟承継（49条・50条）における手続とは異なる。

受継申立権者は，中断事由ある当事者側の新追行者および相手方である（126条）。中断事由ごとに新追行者は法定されており，中断事由が同時に当然承継を生じるときは，承継人である新当事者が受継申立権者となる。相手方は，

---

[72] なお，民訴法124条4項は，合併をもって相手方に対抗できない場合にも中断しない旨を規定する。その由来となった旧民訴法209条2項は，制定当時（大正15年）の商法79条・225条（明治32年法）に対応しており，それによれば合併に異議を述べた債権者に対して弁済・担保提供をしなかったときは当該債権者に合併を対抗できないとするものであったが，その後の商法改正により，債権者は合併無効の訴えを提起し得るにとどまり（旧商法100条・104条・415条・416条），合併自体は有効であることになったので，旧民訴法209条2項の意味は失われていた（菊井＝村松Ⅰ1362頁，注釈民訴(4)557頁〔佐藤鉄男〕など）。新法がこれを削除しなかったのは，合併無効の訴えのない会社以外の法人（医療法人，学校法人，社会福祉法人，宗教法人等）についても同様に扱われるかという疑問が解消されなかったためであるという。以上につき，秋山ほかⅡ478頁，基本コンメ新民訴(1)269-270頁〔越山和広〕参照。

新追行者が定まり，かつ，訴訟追行上の障害（124条3項参照）がなくなれば[73]，新追行者に対して受継申立てをすることができる。

受継申立ては，中断の発生時点が口頭弁論終結の前後を問わず，また，終局判決後であっても，中断当時に訴訟が係属した裁判所に対して行われる（128条2項参照）。旧法下では，終局判決の言渡し後に中断し，上訴が提起された場合，受継申立ては，原裁判所または上級審裁判所のいずれに対してすべきかが議論されていた。判例は，判決をした裁判所と明定している条文どおり原裁判所に行うとするもの（大判大 8・6・6 民録 25 輯 1191 頁），上訴とともにする受継申立ては，上訴審裁判所に対してなすことができるとするもの（大民連明 35・4・2 民録 8 輯 4 巻 8 頁，大判大 8・6・9 民録 25 輯 992 頁）に二分されるようにもみられたが，その後，原裁判所または上訴審裁判所のいずれでもよいとするのが判例の立場であることが明らかとなった（大判昭 7・12・24 民集 11 巻 2376 頁〔百選 87 事件〕，大判昭 9・10・26 新聞 3771 号 10 頁）。学説は，中断中は移審の効果を生じないので常に原裁判所に申し立てるべきであるとする見解[74]と上訴人の便宜ないし手続安定という実質的妥当性の見地から判例に賛成する見解[75]に分かれていた。新法は，上訴状の提出先を原裁判所と定め（286条1項・314条2項・318条5項・331条），受継申立てと上訴はともに原裁判所に対してなされるべきことになった[76]。

受継申立ては，書面（「受継申立書」）でしなければならない（規51条1項）。この受継申立書には，受継する者が民訴法124条1項各号所定の者であることを明らかにする資料を添付しなければならない（同条2項）。かくして受継申立てがあったとき，裁判所は，その旨を相手方に対して，相当と認める方法により通知しなければならない（127条，規4条1項）。これは，相手方との関係で中断が解消される時期を明確にするための措置である。必要的共同訴訟では，一人について生じた中断事由は他の共同訴訟人との関係でも中断することから，共同訴訟人の一人が受継申立てをした場合，他の共同訴訟人全員に対して通知することを要する。

裁判所は，受継の申立てを職権で調査し，理由がないと認めるときは，決定で申立てを却下する（128条1項）。この場合，中断は解消しなかったことになり，再度適法な受継申立てをまつことになる。この却下決定に対しては，抗告による不服申立てが可能であり（328条），その審理の結果，裁判所が申立てに理由があると認めるときは，中断事

---

73) 障害のある間に受継を申し立てたとしても，その障害がなくなれば，中断解消の効果を認めてよいであろう。大判昭 15・2・17 民集 19 巻 413 頁，新堂 385 頁参照。
74) 兼子・判例民訴 257 頁，兼子・体系 289 頁，伊藤 223 頁など。
75) 菊井＝村松 I 1389 頁，斎藤ほか編(5)335 頁〔遠藤功＝奈良次郎＝林屋礼二〕，新堂 385 頁注(1)，松本＝上野 364 頁〔松本〕，梅本 610 頁注 2 など。
76) 秋山ほか II 572 頁，注解民訴 II 644 頁〔塩崎勤〕。なお，伊藤 223 頁注 52 は，仮に上訴裁判所に誤って受継申立てがなされた場合に問題が顕在化する可能性があるとして，その場合には，原裁判所に移送すべきであるという。新法は，理論的整序と手続手順の明確化を図ったものであり，手続の危険を増幅する趣旨ではないのであって，移送等の措置は裁判運営の本質からして当然に肯定されよう。

由の発生時点が口頭弁論終結の前か後かによって異なった取扱いがなされる。すなわち，口頭弁論終結前の中断のときは，受継の要件を充足していると判断すれば，裁判所は，期日を指定して審理を続行すればよく，受継に関する争いは終局判決に関して主張すれば足りるのに対し，口頭弁論終結後の中断のときは，独立の裁判として受継決定がなされる（128条2項）。判決の名宛人を明らかにして，不服申立ての機会を保障するための措置である。また，受継申立てとともに，上訴が提起されたときは，申立てによって中断が解消し，適法に上訴がなされていることになるので，移審の効果が生じる結果，上訴審裁判所が受継申立ての適否を判断することになる。この場合に，上訴審が受継申立てを却下すれば，中断状態が継続していることになり，上訴は遡って不適法となる。

(2) 続 行 命 令

いずれの当事者も，受継申立てを怠る場合には，裁判所は，職権で当事者に対し訴訟手続の続行を命ずる決定をして，中断を解消させ，その進行をはかることができる（129条）。この続行命令を発することができるのは，中断当時に訴訟が係属した裁判所である。中断中に上訴がなされたときは，上訴審も続行命令を発することができると考えられる[77]。

なお，続行命令後に当事者双方が欠席すれば，訴え取下げの擬制を定めた民訴法263条が適用される。

第3款　訴訟手続の中止

訴訟手続の中止とは，裁判所または当事者に障害があるなどの事由により，訴訟を進行させることができない，または，不適当である場合に，法律上当然にまたは裁判所の訴訟指揮上の処分によって，手続の進行を停止することをいう。中断と並ぶ手続の停止原因であり，裁判所または当事者が訴訟行為をすることを不可能とする事由が発生した場合に，その事由が止むまで手続が停止される。

中止事由として，①天災その他の事由によって裁判所の職務執行が不能となった場合（130条），および，②当事者に不定期間の故障がある場合（131条）が法定されている。①の中止事由の発生によって当然に手続は中止し，また，その状態が消滅すれば，中止も解消する。②の中止事由の例としては，当事者が急に精神病となった場合や天災等で交通断絶の地域にあって回復の見通しがたたず，当分出頭できない場合などが挙げられ

---

[77] 上告審につき大判昭13・2・23民集17巻259頁〔百選88事件〕，控訴審につき大判昭14・12・18民集18巻1534頁〔百選Ⅱ184事件〕など（その他の判例につき，秋山ほかⅡ582頁を参照）。同旨，新堂388頁，松本＝上野364頁〔松本〕，秋山ほかⅡ574頁など。これに対して，兼子・判例民訴247頁，三ヶ月・双書483頁，条解2版674頁〔竹下守夫＝上原敏夫〕，伊藤224頁注56などは，上訴審が続行命令を発しても，中断を解消する効力はないとして反対する。

る。この場合は，①の場合と異なり，裁判所の決定によりはじめて停止の効果が生じる（131条1項）。裁判所は，期日の延期および代理人の選任可能性などを考慮し，中止の可否を決める。故障が止んだ場合には，裁判所が中止決定を取り消し（131条2項），手続が続行される。

　なお，上記以外の中止として，他の法令上，訴訟の続行は不適当だとして裁判所が中止できる場合がある。たとえば，離婚事件において和解の見込みがある場合（人訴37条1項），当該事件について調停が行われている場合（民調規5条，家審規130条），特許審判が先決関係にある場合（特許168条2項参照）などである。さらに，解釈上，他の民事事件または刑事事件が先決関係にあるときも，中止を命ずることができるとすべきであろう[78]。

第5節　口頭弁論およびその準備

第1款　総　　説

　訴訟係属が発生すると，裁判所は，請求の当否について判断することになるが，そのための判断資料を形成するために行われる審理は，①弁論と②証拠に関する手続からなる。①弁論に関する手続は，請求の当否の判断に必要な事実を裁判所の判断資料とするための「事実主張」と，そこでの主張事実のうち，裁判所の判断対象となるべき事実を確定する「争点整理」に分けることができる。②証拠に関する手続は，証明すべき事実についての「証拠申出」および「証拠調べ」からなる。

　現行法は，①と②の相互関係について，適時提出主義および証拠結合主義の下，手続の段階的区別を設けず，一体のものとして進めるものとしている。裁判所は，証拠の申出および証拠調べの後に，当事者に弁論を行わせて争点を整理することができる。これは，弾力的な手続展開による審理の活性化を企図した立法政策上の選択によるものである。

第2款　口頭弁論

1　口頭弁論の意義

　口頭弁論とは，受訴裁判所において当事者双方が口頭で本案の申立ておよび攻撃防御方法の提出その他の陳述をすることをいう（87条・161条参照）。その射程に幅のある概念であり，広い意味では，証拠調べ期日，さらには判決言渡し

---

[78]　札幌高函館支決昭31・5・8高民9巻5号326頁，兼子・体系291頁，新堂389頁，伊藤225頁注57など多数説。反対，菊井＝村松Ⅰ395頁。

期日までを含めて口頭弁論とよぶこともあるが，厳密には，事実主張と争点整理の期日に限られる[79]。いずれにせよ，口頭弁論の本領は，当事者双方に対して手続関与の機会を公平に与えるという二当事者対立構造をとるところにある。

これに対し，こうした対立構造をとらず，無方式で個別的に書面または口頭による陳述の機会を関係人に与える審尋という手続がある。これは，決定手続（25条・44条1項・87条1項但書・223条1項・225条等参照）の審理方式の一つであり，当事者・申立人の言い分を聴く「口頭弁論に代わる審尋」（これは，さらに，必要的審尋〔50条2項・199条1項・223条2項〕と任意的審尋〔87条2項・335条〕に分かれる）と当事者等に証人としての供述をさせる「証拠調べとしての審尋」がある。これらの審尋は，受命裁判官もすることができる（88条）。

新法は，従来，口頭弁論が要求されていた一定の事項について審尋で足りるとして，機動的な手続運営の実現をはかった。すなわち，旧法下では，決定手続で証人・当事者本人から供述証拠を得るには，わざわざ口頭弁論を開いて尋問しなければならない一方で，民事執行法・保全法の領域では，すでに決定手続における簡易な証拠調べとして当事者や参考人を尋問して供述証拠が得られるようになっていた。こうしたなか，新法は，執行法等での扱いを一般化する形で，「証拠調べとしての審尋」を認めることにしたのである（187条）。

なお，旧法下において，受命・受託裁判官が職務を行う期日を「審問」期日とよんでいた（旧法152条2項）が，受命裁判官等の職務権限が拡充し，審尋もできるようになった現行法の下では，「審問」の表現は紛らわしいので，これを廃止し，「受命裁判官が行う手続の期日」などと表記することにした（規35条参照）。

2　必要的口頭弁論の原則

口頭弁論は，その開催が法律上要請されているか否かに応じて，必要的口頭弁論と任意的口頭弁論に分けられる。必要的口頭弁論とは，裁判をするうえでその開催が法律上要請されるものであり，任意的口頭弁論とは，その開催が裁判所の裁量に委ねられるものである。

法は，判決をするための審理は必要的口頭弁論によるのを原則とする（87条1項本文）。このことには，つぎの二つの内容が含まれている。すなわち，(a)裁判所は判決をするには口頭弁論を開かなければならないということ，および，(b)口頭弁論で陳述・顕出された事実・証拠だけが裁判の基礎となるということ

---

79)　視覚的な概念整理として，稲葉一人『訴訟代理人のための実践民事訴訟法』（民事法研究会，2003年）141頁が分かりやすい。なお，口頭弁論は，上記の行為と結合してなされる裁判所の訴訟指揮，証拠調べ，さらには，裁判の言渡しを含めた審理の方式を意味することもある（148条・152条・153条・160条・249条1項，規66条・67条参照）。

である[80]。

ただし、例外的に口頭弁論を開かずに判決のできる場合については、個別の規定がある（87条3項）。担保不提供による訴え却下（78条），不適法で補正することができない訴えや控訴の却下（140条・290条），上告状等から理由のないことが認められる上告の棄却（319条）などがその例である。

これに対し、決定で裁判すべき事件の審理[81]は、任意的口頭弁論による（87条1項但書）。任意的口頭弁論は、書面審理の補充として開かれるので、書面上の陳述を併用してもよい。

3 審理方式に関する諸原則

口頭弁論手続には、審理の方式に関して、Ⓐ公開主義，Ⓑ双方審尋主義，Ⓒ口頭主義，Ⓓ直接主義など、さまざまな要請が設定されている[82]。

(1) 公 開 主 義

公開主義とは、訴訟の審理および裁判を一般公衆が傍聴し得る状態でする主義（憲82条1項）をいう。傍聴席へ至る扉が広く国民一般に開かれていることにより、法廷の緊張感が保たれ，とりわけ職業法曹である裁判官や弁護士が馴れ合うすきの入る余地をふさぎ、また、法廷をガラス張り（金魚鉢）とすることにより、裁判の公正を確保し、裁判に対する国民の信頼を保持することがその狙いである[83]。

訴訟事件については、公開の口頭弁論に基づいて判決を受けられることが「裁判を受ける権利」（憲32条）の主要な内容と解されている。審理の公開原則違反は、上告理由（312条2項5号）となるが、再審事由ではない。なお、判決言渡しの公開原則違反は、言渡しなきものとして、あらためて公開法廷で言渡しをすればよい。

口頭弁論における公開主義の趣旨を徹底するために、訴訟記録についても、何人も閲覧することができるとして、公開原則がとられている（91条1項）。もっとも、裁判所

---

80) 書面上の陳述を裁判の基礎とするには、これを認める旨の特別の規定のある場合に限られる（258条・277条）。
81) かつて、仮差押え・仮処分申請に対しては、口頭弁論を経るか否かは裁判所の裁量であるが、これを開いたならば判決で裁判をしなければならないとされており（旧々法742条1項・756条），必要的口頭弁論としての位置付けがなされていたが、現行の民事保全法3条は、すべて決定によるものとして（オール決定主義），任意的口頭弁論が定着した。
82) 竹下守夫「『口頭弁論』の歴史的意義と将来の展望」講座民訴④1頁など参照。
83) 公開原則は、フランス革命以降、司法制度の近代化をめざす各国において、その旗印の一つとされてきた。P・カラマンドレーイ69頁以下など参照。なお、近時は、公開主義によるフォーラム機能なども指摘されており、市民による裁判ウォッチングなどの活動も広がっている。

書記官に対して，訴訟記録の謄写，その正本等の交付または訴訟に関する事項の証明書の交付を請求できるのは，当事者および利害関係を疎明した第三者に限られる（同条3項）。

憲法上，公開原則の例外が許容されていることには注意を要する。すなわち，裁判官の全員一致で，公の秩序または善良な風俗を害するおそれがあると判断した場合には，口頭弁論（判決言渡しを含まない）を公開しないことができるものとされている（憲82条2項）。これまでしばしば，とくに民事事件での一般公開の問題点の指摘がなされてきているところ，公開主義を絶対ドグマ視する硬直した態度には再考の余地があり，他方，口頭弁論の実質化の必要性やその社会的意義の奥深さが閑却されやすいことも自戒すべきである。新法制定時にも，営業秘密やプライヴァシーなどの観点から，当事者の実効的救済のために公開原則を制限しようという動き[84]を受けて，必要な場合には非公開審理ができる旨の規定を創設することが議論されたが，結局，明文化は見送られた。もっとも，それに代えて，訴訟記録の閲覧等を当事者にのみ限定することができるものとされた（92条)[85]。また，2003年に制定された人事訴訟法は，人事訴訟において一定の場合に裁判官の全員一致による決定により当事者尋問等の公開停止ができるものとしている（人訴22条1項）。

(2) 双方審尋主義

双方審尋主義とは，訴訟の審理において，当事者双方に，主張の機会を平等に与える建前をいい，当事者対等の原則ないし武器対等の原則ともよばれる。公平な裁判を実現することがその狙いであり，これも憲法上の要請（憲82条）であると解されている。

口頭弁論期日において，裁判所は，当事者に対して適式な呼出しをしなければならないというのが，双方審尋主義のあらわれの一つである。当事者がその責めに帰することのできない事由により出頭できず，その代理人を出頭させる

---

[84] 中野・論点Ⅱ1頁以下，梅本吉彦「営業秘密の法的保護と民事訴訟手続」法とコンピュータ10号（1992年）77頁，伊藤眞「営業秘密の保護と審理の公開原則(上)(下)」ジュリ1030号（1993年）78頁・1031号（1993年）77頁，など。なお，梅本吉彦「民事訴訟手続における個人情報保護」曹時60巻11号（2008年）1頁以下も参照。

[85] これは，公開の対象を不特定多数の国民一般とする「一般公開」と異なり，対象が当事者に限られる「当事者公開」とよばれる公開のスタイルである。そのほか，これらの中間領域に，対象を当事者以外の関係者にまで広げた「関係者公開」というスタイルもある。たとえば，弁論準備手続において，裁判所の裁量で相当と認める者の傍聴を許すことができ，当事者が申し出た関係者には，手続に支障を生ずるおそれがあると認める場合以外は，傍聴を許さなければならないとされているのが（169条2項），その例である。これにつき，本書347頁参照。

機会をも与えられないまま敗訴したときは，対審に基づく裁判を受ける権利（憲82条）を保障すべく，事案に応じ，上訴の追完（97条）または代理権欠缺を理由とする上訴（312条2項4号）・再審（338条1項3号）による救済がなされるべきであろう[86]。また，平等に与えられた攻撃防御の機会を当事者が利用しなかった場合には，一定の不利益を課されても止むを得ないということも，双方審尋主義とかかわる。責問権（異議権）の喪失（90条）などに，その趣旨があらわれているところである。

以上の訴訟手続に対して，督促手続は，まず債務者を審尋しないで支払督促を発する点で一方審尋であるが，債務者の異議があれば，双方審尋の通常訴訟手続に移行する。また，民事保全手続も，一方審尋であるが，相手方からの異議申立てがあれば，双方立会いの審尋期日が開催される（民保29条）。いずれにおいても，こうした形で双方審尋主義の趣旨が満たされている。

(3) 口頭主義

口頭主義とは，弁論および証拠調べを口頭で行う原則をいい，そのメリット・デメリットは，書面主義と表裏の関係にあり，相互補完的な関係が認められる。すなわち，口頭主義のメリットとして，①陳述の印象が鮮明で，真相の把握が容易であること，②臨機応変の釈明に便利で，争点の発見・整理に適合的であること，③双方の弁論を噛み合わせた活発な審理を実現し得ること，④公開主義・直接主義との結合が容易であることが挙げられる。これは，①書類の膨大化や②審理の緩慢化といった書面主義のデメリットを克服するものであり，また，口頭主義のデメリットとして指摘される①脱落の発生，②複雑な事実関係についての即時の把握と応答の困難，③記憶保存上の問題の諸点は，記録によって陳述の保存・再確認が可能であるという書面の併用によって避けられる。

こうした状況を踏まえ，現行法は，必要的口頭弁論の原則においてすでに表明されていること（87条1項本文）からも明らかなように，口頭主義を原則としつつ[87]，一定の場合に書面による補完を認めている（規1条1項参照）。

書面による補完の例としては，つぎのものがある。①重要な訴訟行為（訴えや裁判な

---

86) 新堂462頁など通説。
87) 口頭主義と書面主義の両者は，歴史上，交互に尊重されてきたが，フランス革命後は，公開主義の要請と結びつきやすい点から，近代の訴訟法典では，口頭主義の原則が採用されている。小室直人「口頭主義の限界」民訴7号（1961年）57頁参照。なお，ドイツおよびわが国における審理方式の変遷を辿ったうえで，口頭主義の原則からあるべき口頭弁論を模索するものとして，中島弘雅「口頭主義の原則と口頭弁論の在り方」鈴木（正）古稀311頁がある。

ど）について，その確実性を期して書面が要求される場合（訴えの提起〔133条1項〕，訴えの変更〔143条2項〕，中間確認の訴えの提起〔145条3項〕，反訴の提起〔146条3項〕，訴えの取下げ〔261条3項〕，控訴の提起〔286条1項〕，上告の提起〔314条1項〕，および，特別上告の提起〔327条2項〕）。②事実上および法律上の主張を整理するために，準備書面（161条1項）ないし上告理由書（315条1項）が要求される場合，③陳述の結果を保存すべく調書の作成が義務付けられる場合（160条，規1条2項），④上級審の審査の適正を担保するために，判決書または判決言渡調書が要求される場合（252-254条），⑤口頭弁論を開くまでもないとして，口頭弁論によらない判決が認められる場合（78条・140条・290条），⑥法律審という特質に由来する上告審における書面審理の原則（319条），⑦一方当事者の欠席により審理が進まない事態を回避するために，書面に基づいて欠席者の口頭陳述の擬制する場合（158条・277条）などである。

証人尋問については，口頭主義の要請が強烈であり，書面を見ながら陳述することも許されない（203条）。ただし，裁判長の許可があれば，書面に基づく陳述は許される。さらに，裁判所が相当と認める場合[88]には，当事者に異議がなければ，尋問に代えて書面を提出させることができる（205条，規124条）。なお，新法は，テレビ会議により証人・当事者本人を尋問することを可能とした（204条・210条）。

ちなみに，鑑定人は，口頭または書面で意見を述べることができ（215条），どちらが原則ということはない。なお，2003年改正法により，鑑定人についてもテレビ会議による尋問が認められた（215条の3）。

(4) 直接主義

直接主義とは，弁論の聴取や証拠調べを，事件について判決をする裁判官が自ら行う原則をいう。これは，口頭主義と結びつき，裁判官が弁論の内容を理解し，自らの五感の作用によって事実認定を行うことによって，事案の真相を把握することができる点で優れている。この直接主義は，キーパーソンが当事者とフェイス・トゥ・フェイスで向き合うことで，責任の所在が明らかになり，制度の信頼性を確保するのに役立つ。直接主義に対する原則が他の裁判官の審理の結果の報告に基づいて裁判をする間接主義である。現行法は，直接主義を原則としている（249条1項）が，一定の例外も認められている。

まず，①受命・受託裁判官等による証拠調べが認められている（185条，規104条・

---

[88] たとえば，遠隔地居住や入院などにより証人の出頭は期待できないが，書面の提出は可能であり，相手方による反対尋問を経なくとも真実の陳述が期待できる見込みがある場合などが該当する。新堂464頁など参照。

105条)89)。これは，常に受訴裁判所の法廷で行うことができるとは限らない証拠調べについて，合理的な訴訟運営確保の見地から許容される例外である。もっとも，裁判官が五感の作用をフルに活用する証人尋問ないし当事者尋問については，直接審理による心証形成を重視して，受命・受託裁判官等に嘱託できる場合を限定している（195条各号・210条）。大規模訴訟においては，さらに限定的となり，当事者に異議のないときにのみ，受命裁判官に裁判所内での証人・当事者尋問をさせることができる（268条）。

つぎに，②弁論の更新という手続が認められている。これは，裁判官が交代した場合に，新裁判官の前で当事者に従前の弁論の結果を報告させて，直接主義の形式を満たす措置である（249条2項）。裁判官の転勤などという司法行政上の現実を見据えて，経済的な訴訟運営を実現するために，従前の弁論の結果の報告という形で直接主義の要請にかろうじて応えたものである。弁論の更新を怠って，新裁判官が判決をしたときは，口頭弁論に関与しない裁判官の判決として絶対的上告理由（312条2項1号）となる（最判昭33・11・4民集12巻15号3247頁）。地方裁判所で審理中の単独事件を合議体に移した場合（裁26条2項1号）にも，弁論の更新を要するが，反対に合議体の事件を構成員の一人の単独体に移行した場合には，弁論の更新を要しない（最判昭26・3・29民集5巻5号177頁）。弁論の更新においても，証人尋問については90)，直接審理による心証形成の重要性から，特別の配慮がみられる。すなわち，単独裁判官または合議体の過半数の裁判官が交代した場合も，当事者の申出があれば，新裁判機関による再尋問を行うものとされている（249条3項）。なお，当事者を異にする事件について弁論の併合が命じられた場合，その前に尋問した証人につき，尋問の機会のなかった当事者は，尋問を申し出ることができ，裁判官は，その尋問を行わなければならない（152条2項）。

なお，③受命裁判官によって弁論準備手続が行われた場合の例外もある。すなわち，裁判所は，弁論準備手続を受命裁判官に行わせることができる（171条1項）が，そこでの攻撃防御方法の提出は，口頭弁論を改めてやり直さないかぎり，裁判の基礎とならないはずであるが，「結果の陳述」で足りるとされる（173条）。

4 審理における選択肢
(1) 集中審理（継続審理）主義と併行審理主義
集中審理（継続審理）主義とは，一つの事件を集中的に審理し，判決まで終え

---

89) 外国で証拠調べをする必要があるときも嘱託することができる（184条）。
90) 民訴法249条3項（旧法187条3項）は，当事者本人尋問には適用されないとするのが判例である（最判昭42・3・31民集21巻2号502頁）。

てからつぎの事件を審理するという原則をいい，同時に多数の事件を併行して審理する併行審理主義に対立する。いずれをとるべきかについて，日本の民事訴訟法は，理想と現実のギャップを埋める作業に長い年月を要してきた。すなわち，第二次大戦以前の慣行は，大陸法系の伝統である併行審理方式であったが，それによると，どの事件も受理後比較的早くに審理が開始され，多数の事件の審理が一様に進められるメリットがある反面，つぎのようなデメリットもあった。①一つの事件に関して期日と期日の間隔が長くなるため，裁判官の記憶が薄れがちとなり，期日の度に予習を強いられる点で労力と時間の損失となり，結果的に訴訟遅延を招く。②記録に頼る裁判となり，直接主義・口頭主義・公開主義を空洞化させる傾向がある。③審理の途中で裁判官が交代する事件が多くなり，②の傾向に拍車をかける。そうしたことから，第二次大戦後は，アメリカ法の影響の下，訴訟遅延対策として，継続審理の原則が強く推し進められた[91]。新鮮な印象に基づく裁判を可能にし，口頭弁論に盛り込まれた諸要請に応え，その本来の機能を発揮させ得るという継続審理のメリットが魅力的に映ったのである。しかしながら，実務では，依然として併行審理が支配的であり，裁判官や弁護士の熱意と実行力に対する期待にも限界があった。そこで，新法は，争点・証拠の整理手続の充実を前提として，その整理終了後に証人および当事者の尋問ができるかぎり集中して行われることを期待し（182条〔集中証拠調べ〕，規100条-102条参照），その実現をサポートするための各種規定を整備している。

　たとえば，①訴状・答弁書の記載事項として，主要事実のほか，重要な間接事実および証拠を掲げ，また，書証の写しで重要なものを添付するよう要求している（規53条-55条・79条-81条）。②当事者照会制度を新設し（163条），情報の収集手段に配慮しつつ，主張・立証を尽くすべく，あらかじめ証拠に関する事実関係の調査義務を明記している（規85条）。③期日外での釈明権能（規63条）など，裁判所側からの働きかけも規定されている。

　集中審理については，現行法の制定をはじめとして，これまでさまざまな法改正が繰り返され，また，それに連動し，あるいは，独自に実務上の努力や工夫が積み重ねられてきたことは周知のところである。

　そうした漸進的な歩みを過小評価してはならないことはもちろんであるが，法曹のメンタリティをドラスティックに転換しない限り，わが国の裁判実務に

---

91) たとえば，1950年の継続審理規則（昭25年最高裁規27号）や，1955年の旧規則（昭30年最高裁規2号）の制定などがある。

集中審理が定着するのは難しい。すなわち，弁論準備手続等の争点・証拠整理手続を充実させたり（164条以下），釈明の機会を期日外にまで広げたりして（149条1項），裁判官が両当事者とのコミュニケーションをとって集中証拠調べを実施し得る環境は整えられているが（182条），こうした本番の舞台をセットアップする局面において，積極的に当事者とのコミュニケーションを試みるといった境地に達するのは必ずしも容易でない。

一般的には裁判官としては，当事者の主張に不明な点を残したまま，証拠調べを実施することになり，その結果，弁論終結後も裁判官の心証は，訴訟記録を読み返すうちに心証が固まってくるのであるが，はっきりしない部分を繕って判決の作成に着手しなければならない場合も少なくないことは想像にかたくない。このような場合にも裁判官が判決を書くことができるのは，主として証明責任の分配のゆえである。しかし，そもそも証明責任は裁判所が審理を尽くしても真偽が不明であるという究極的な局面において判決を可能とするツールなのであって，審理が不十分なままに判決を可能とする方便ではないことに留意する必要がある。

分からないことがあれば，臆せず当事者に質問するなど，当事者とのコミュニケーションを積極的にはかるといった姿勢が求められよう[92]。こうした訴訟運営は，当事者サイドには，職権主義な訴訟指揮であると映じるかもしれないが，協働主義的訴訟観を持ち出すまでもなく，紛争をきちんと解決するために事案をしっかり把握しておこうとする親身な姿勢であるともいえよう[93]。

事案解明のために当事者との双方向的なコミュニケーションを展開しようとする努力とそのための工夫がわが国の裁判実務に共通の財産となることは，集中審理をわが国の実務に定着させるうえでの基盤条件のひとつであるといえよ

---

[92] 高木新二郎「私が実施した審理充実促進方策——ある弁護士出身裁判官の試み——」木川古稀上477頁・483頁は，集中審理の実践報告として，裁判官としてのコミュニケーション手段をフルに活用し（たとえば，ファクシミリによる期日外釈明など），人証調べ前に新様式判決書の「争点に対する判断」欄を除く部分を書き上げておくことで，人証調べによって解明すべき点を鮮明にしておき，当事者ないし訴訟代理人がその点を明らかにしないことがあれば，補充尋問を重ねて解明への労を厭わないといった指摘がある。なお，そうした大胆かつ創意あふれる裁判実践の原動力となったのは，裁判運営に対する弁護士としての問題意識であったというのであり，ここに弁護士任官制度の存在意義のひとつを確認し得るとともに，いうまでもなく，それはまた法曹一元を考える際の手がかりでもある。

[93] 現に弁護士側からあまりに職権主義的であるとの批判を受けたとのことである。これに対する反論として，「一方的に聞き役だけに徹したのでは，どうしても疑問が残ってしまうのである。事実を知ろうとすればするほど，疑問点が生ずるが，それを釈明や補充尋問により究明してはならない筈がない」との指摘がある。前掲・注92）高木486頁。

う[94]。そして，こうしたプラクティスの形成には，裁判官と弁護士一人ひとりがその責務を共有する必要がある。

(2) 職権進行主義と当事者進行主義

手続進行についての権能を裁判所に認めるか，または，当事者に与えるかによって，職権進行主義と当事者進行主義に分かれる。現行法は，手続進行についての権能を裁判所に認める職権進行主義を採用している。それは，対立する二当事者の主張を前提に，裁判所が中立の立場から判断を示すという民事訴訟の基本構造からしても，判断資料を得るための審理の進行については，判断機関である裁判所の手続運営権を中心に置くのが合理的であることによる。

もっとも，当事者進行主義をまったく排除していると考える必要はなく，裁判所は，合理的範囲内で当事者意思を尊重し，円滑な審理の実現を図るべきことはもちろんである。たとえば，当事者による最初の期日の変更可能性（93条3項）や当事者の意見を聴いて審理事項を決定すること（168条・175条・202条2項・207条2項など）が行われている。

(3) 適時提出主義と法定序列主義

旧法の採用していた随時提出主義（旧137条）とは，訴訟資料を口頭弁論終結時まで随時に提出できるという原則であり，訴訟資料の提出に法定の順序もしくは時期の制限を設ける法定序列主義に対立する概念である。これらを弁論と証拠調べとの関係という視角から眺めると，法定序列主義の下では，弁論と証拠調べは手続上区分される（これを証拠分離主義という）のに対し，随時提出主義の下では，弁論と証拠調べを手続上隔てる壁は取り払われることになる（これを証拠結合主義という）。

現行法は，それまでの随時提出主義を適時提出主義に改め，攻撃防御方法を訴訟の進行状況に応じて適切な時期に提出しなければならないとした（156条）。

これは，立法政策上の選択の問題である。法定序列主義と随時提出主義とでは，前者によると，失権をおそれた当事者による仮定的主張の膨張が争点整理を困難なものとするおそれは致命的であり，随時提出主義に軍配があがる。しかしながら，随時提出主義の下では，準備の程度や訴訟戦術上の考慮から提出順序が決定されることにより，審理のペースダウンは避けられない。そこで，現行法は，争点整理を前提とした効率的かつ円滑な審理を企図して，適時提出主義という新概念を設けたのである。

---

94) 新民事訴訟法の理念にも反して，かつての漂流型審理に近い運用もみられるとの指摘として，田原睦夫「民事裁判の再活性化に向けて」金法1913号（2011年）1頁。

適時提出主義の下では，一定の場合に訴訟資料の提出が制限されることがある。たとえば，時機に後れた攻撃防御方法の却下（157条1項）[95]，釈明に応じない攻撃防御方法の却下（157条2項），準備書面等の提出期間（162条），中間判決（245条）にともなう攻撃防御方法提出の制限（157条1項），争点整理手続終了後の攻撃防御方法についての説明義務（167条・174条・178条）[96]などがこれである。

なお，攻撃防御方法の適時提出は，集中証拠調べを実現するための前提条件となる[97]。

(4) 裁判所の裁量規律と新たな審理モデル──審理契約論と手続裁量論──

手続進行の現場を仕切る裁判所に一定の裁量が認められることは当然であるが，その一方で，裁判所の裁量権行使は司法権行使の一環としての側面をもち，さらに，裁判所のする実体的な判断内容に関わる場合もあることから，そうした裁判所の裁量の規律ないし統制の必要性がある。問題は，その理論構成であるが，この点に関しては，「審理契約論」と「手続裁量論」の対立がみられる。

---

95) 時機に後れたとして却下された攻撃防御方法の例としては，つぎのようなものがある（すべて旧法事件）。

① 控訴審の第3回口頭弁論期日に至り初めて「相殺の抗弁」が提出された場合において，当該期日までに当事者双方の主張・立証がほぼ尽くされており，また，相殺にかかる自働債権の存在や額に争いがありさらなる主張・立証を要する等判示の事情があるときは，本件抗弁の提出は，時機に後れた攻撃防御方法として却下すべきである（大阪高判平7・11・30判タ910号227頁）。

② 請負契約に基づく請負残代金請求訴訟の第9回口頭弁論期日で初めて「仲裁契約の存在を理由とする本案前の主張」が行われた場合であっても，従前の期日で行われた主張の整理や請負契約の成立に関する証拠調べが本件仲裁契約の存否の判断とも関連するなどの事情があるときは，当該本案前の主張を時機に後れた攻撃防御方法ということはできない（名古屋地判平5・1・26判タ859号251頁）。

③ 手形金請求訴訟において，主張整理を経た証拠調べ手続がほぼ終了した段階で，原因関係消滅に基づく「相殺の抗弁」が予備的に主張されるに至った場合，その内容が従前の争点と全く異なり，新たな主張整理，証拠調べを要し，しかも，すでに他の裁判所における同一当事者間の訴訟で上記と同内容の抗弁が主張されているときは，本件抗弁の提出は，時機に後れた攻撃防御方法として却下すべきである（東京地判平3・11・11判タ773号257頁）。

④ 訴え提起後5年余を経て訴訟が控訴審に係属し，証人尋問も終えて口頭弁論の終結の間近い最終段階における，新たな主張（＝「返還すべき現存利益の不存在」）の提出は，故意または重過失による時機に後れた攻撃防御方法として却下すべきである（東京高判昭62・11・26判時1259号65頁）。

96) これに関して，高田裕成「争点および証拠の整理手続終了後の新たな攻撃防御方法の提出」鈴木（正）古稀359頁を参照。

97) 集中証拠調べは，弁論と証拠調べ，とりわけ証人尋問を手続的に区別するものであるが，これは柔軟な審理に譲る一応の区別にすぎず，決して法定序列主義への回帰を志向するものではない。

審理契約論は，裁判所と当事者との合意（審理契約）による規律を説くものであり，この規律は要件効果型とは異なり要因列挙型の新たな規範類型の規律（要因規範論）である[98]。審理契約は，一種の訴訟契約ともいえるが，通常の訴訟契約と異なり，両当事者に加えて，裁判所も契約主体となる三面契約である。その狙いは，裁判所と当事者がきめ細やかに権限を分有することのできる契約的構成を中心とした審理手続の規制を実現できるところにある。審理契約とは，「民事訴訟手続の審理に関して，訴訟法上形成の余地の認められている事項について，裁判所と両当事者（訴訟代理人）との間で為される拘束力のある合意」[99]であると定義される。それは民事訴訟手続のさまざまな段階でいろいろな事項について締結することができ，その具体的態様は裁判官と弁護士との創意工夫に委ねられることになるが，新たな審理モデルを構成するうえで類型的に重要不可欠なものとしては，審理計画の合意と争点決定の合意の二つが挙げられる。それらの審理契約を柱とした新たな審理モデルは以下のような形をとる。「争点の決定及び証拠調べに関する審理計画に沿って，証拠調べが進められ，それらが計画通りにすべて終了したところで，審理計画に基づき最終弁論期日が開かれる。ここでは，両当事者（代理人）が争点に関する自らの主張の概要及び立証の成果（証拠価値等）について口頭で演述し，他方裁判所は自己の心証を開示しながら，最後の和解の機会を探ることになろう。そして，最終弁論期日をもって弁論は終結され，やはり審理計画に基づいて判決言渡期日において判決が言い渡されることになる」[100]。そして，こうした審理契約を中心とした審理モデルの意義は，「手続の一定の期間を特定して，その間にどの手続行為がどのように行われるかを予め合意し，また手続の一定の段階（証拠調べ前の段階）で関係者の合意に基づき争点を決定することにより，手続の全体的な見通しを裁判所・当事者がもてるようにして，お互いがその合意を尊重しながら，専心して自らの仕事をすることができるような環境を作る」という点にある[101]。

　手続裁量論は，職権進行主義を出発点として，裁判官の活動のあり方（状況

---

98) 山本和彦「訴訟法律関係の契約的構成（1）～（2・完）――裁判所と当事者との『審理契約』を中心に――」法学 55 巻 1 号（1991 年）34 頁以下・55 巻 2 号（1991 年）223 頁以下，同『民事訴訟審理構造論』（信山社，1995 年）342 頁以下，同「民事訴訟における裁判所の行為統制――『要因規範』による手続裁量の規制に向けて――」新堂古稀上 341 頁以下，大江ほか・手続 15 頁以下〔山本和彦〕。

99) 山本・前掲注 98) 法学 55 巻 2 号 240 頁。

100) 山本・前掲注 98) 法学 55 巻 2 号 248 頁。

101) 山本・前掲注 98) 法学 55 巻 2 号 249 頁。

適合的訴訟運営）につき，「裁判に求められる諸要素を満足させるために効率的な審理を目標として，事案の性質・争点の内容・証拠との関連性等を念頭に置き，加えて，手続の進行状況，当事者の意向，審理の便宜等を考慮し，手続保障にも配慮したうえで，当該場面に最も相応し合い目的かつ合理的な措置を講じていく」という理念を掲げて，そこで発揮されるべき裁判官の裁量を「手続裁量」として概念化するとともに，問題状況に応じた考慮要素とその優劣を抽出しガイドラインないし行動準則を設定することで，裁判官の裁量を適切に制御して有効に機能させようとする提言である[102]。

理論と実務の対話を経て，審理契約論と手続裁量論との距離は次第に縮まりつつあるが[103]，当事者意思の位置付けについては越え難い隔たりがある。すなわち，審理契約論では，当事者の具体的な意思が契約の一要素として裁判官の裁量を拘束することになるのに対し，手続裁量論では，当事者の意思は重要であるにしても，なお一般的なものとして位置付けられる[104]。

もっとも，この隔たりを埋める努力こそが理論と実務の対話にほかならず，そうした対話のプロセスを断念してはならないのではないか[105]。そのようなスタンスに立ちつつ，「当事者の意思」から「裁判官と両当事者の意思疎通」に焦点をずらしてみると（動態把握ないしプロセス志向），手続主宰者たる裁判官は，当事者双方との十分なコミュニケーションをとりながら，柔軟かつ最終的な判断の下に手続進行のイニシアティヴを発揮すべきことになろう。両者は現行法の制定前になされたものであるが，集中審理を掲げる現行法が争点整理手続を整備したほか（164条以下），期日外釈明（149条1項）や進行協議期日を設け（規95条1項以下），その後の2003年改正が計画審理を導入したことからすれば（147条の2以下），このような裁判官と当事者双方との間におけるコミュニケーション・ツールの整備によって，裁判官と両当事者がより一層の意思疎通をはかるという協働審理モデルへの流れのなかで，意思疎通の度合いに応じて裁判官の裁量統制が，審理契約論的に当事者意思に基づく拘束として正当化される場

---

102) 加藤新太郎「民事訴訟の運営における手続裁量」新堂古稀上195頁，大江ほか・手続7-8頁〔加藤新太郎〕。そのほか，手続裁量論については，加藤・手続63頁，注釈民訴(3)190頁〔加藤新太郎〕，加藤新太郎「争点整理手続の整備」塚原朋一ほか編『新民事訴訟法の理論と実務』（ぎょうせい，1997年）207頁，同「協働的訴訟運営とマネジメント」原井古稀148頁など参照。
103) 大江ほか・手続8頁。
104) 大江ほか・手続8頁。
105) たとえば，田中成明「司法の機能拡大と裁判官の役割」司研2002-Ⅰ97頁は，審理契約論と手続裁量論との論争を「基本的に相互補完的な理論構成を試み」ており，生産的であると評価したうえで，両者の架橋を提唱する。

合もあれば，手続裁量論的に一般的な当事者意思を一要素として加味したガイドラインないし行動準則によって説明される場合もあろう。なお，審理契約による裁量統制の場合，事前の合意による拘束が実際の手続進行の状況に適合するよう，手続主宰者である裁判官は，審理契約の締結にあたって手続運営の効率とフレキシビリティに意を用いなければならない。また，審理契約のベースには，当事者相互間における意思疎通と納得があるため，当事者の約束遵守が期待され（2条参照），円滑な訴訟審理の確保がより円滑になろう。

第3款　口頭弁論の準備

　口頭弁論をめざして，法は，その準備のための制度を設けているが，近時の法改正や訴訟運営上の工夫をみると，その充実には，目覚しいものがある。口頭弁論の開始前から，審理の中身や手続スケジュールに至るまでのさまざまの段階にわたり準備万全を期し，いざ口頭弁論となれば一気呵成の集中審理を実行しようとするのがその狙いである（182条参照）。

　個別具体的には，準備書面，争点・証拠の整理手続（これには準備的口頭弁論，弁論準備手続，書面による準備手続がある），当事者照会制度，進行協議期日，そして，2003年改正によって導入された計画審理がある。

1　準 備 書 面

(1)　準備書面の意義

　口頭弁論は，準備書面によって準備される。これは，口頭弁論に先立ち，弁論内容を相手方に予告する書面で，攻撃防御方法および相手方の攻撃防御方法に対する応答内容を記載したものである。準備書面には，①攻撃または防御の方法，②相手方の請求および攻撃または防御の方法に対する陳述を記載する（161条2項）[106]。

　現行法は，訴状・控訴状や答弁書にも準備書面としての性格をもたせ（規53条3項・175条・79条1項。なお，民訴158条），早期の争点整理を達成しようとしている。

(2)　準備書面の交換

　口頭弁論の準備の具体的方法は，準備書面の交換である（161条3項）。そのため，準備書面は，期日前に相手方がこれを受けてから準備するのに必要な期間をおいて直送するとともに（規83条），裁判所に提出すべきである（規55条・

---

106)　準備書面の実際について，瀬木・焦点209頁以下など参照。

80条2項・81条後段)。

(3) 準備書面の提出・不提出の効果

提出された準備書面に記載された事項は，相手方の出欠を問わず，口頭弁論期日において陳述することができ（161条3項の反対解釈），その陳述によって，訴訟資料となる。相手方が欠席した場合は，その事項について，相手方は争っていないといえ，擬制自白が成立する（159条3項）。準備書面を提出した者が最初の期日に欠席した場合，その記載事項は陳述されたものとみなされる（158条）。この陳述擬制は，弁論準備手続においても認められる（170条5項）。また，簡易裁判所における訴訟手続では，続行期日の欠席であっても陳述擬制を生じる（277条）。

相手方が在廷していない口頭弁論においては，準備書面に記載した事実でなければ，主張することができない（161条3項）。これは，準備書面に記載されていない事実については，相手方に応答の機会が与えられていないという手続的利益に配慮したものであるが，そうすると，記載がなくとも，相手方が十分に予想し得た場合には，主張を許してよいであろう[107]。

相手方が出頭すれば，準備書面に不記載の事実も主張できるが，これに対し相手方が即答できずに続行期日を要した場合には，その当事者は，勝訴しても，これにかかった訴訟費用の負担を命じられることがある（63条）。

2 争点・証拠の整理手続

旧々民事訴訟法においては，計算事件等についてだけ受命裁判官による準備手続が認められていたが（旧々法208条・266条以下），1926（大正15）年の旧法制定の際に，これを地方裁判所の第一審事件（当時，合議制）すべてに拡大するとともに，必ず行うべきものとして，合議体の負担軽減と能率化を期した。しかし，こうした準備手続の一般化は，第二次大戦後の，裁判所法の制定により，地裁が単独制を原則とするに至ったことを受け，挫折を余儀なくされ，準備手続はその存在感をいったん失うこととなった。しかし，その後，訴訟遅延対策として集中審理が唱導されるに及び，再び注目されるようになり，1950年，単独制においても，原則として準備手続を経ることを要するという建前がとられることになった（旧法249条の改正および「民事訴訟の継続審理に関する規則」〔昭和25年最高裁規27号〕の制定）。

しかし，この改正によっても，準備手続の活用はほとんどみられず[108]，

---

[107] 書証につき，最判昭27・6・17民集6巻6号595頁参照。
[108] 準備手続の失敗原因として，つぎのような分析がなされており（新堂458頁以下），示唆に

1956年制定の旧民事訴訟規則は，準備手続を複雑な事件に限るとともに，口頭弁論のなかに本格的審理の準備をするための準備的口頭弁論という段階を設けるという新たな方向を打ち出した（旧規26条－29条）。

他方，裁判運営における実務上の工夫として，弁論兼和解ないし和解兼弁論という手続が考案試行された。これは，裁判官，当事者，そして訴訟代理人が法廷以外の準備室などで，争点整理をするとともに，和解を試みる手続である[109]。その性質や手続的公正などの問題点が論議された[110]。

そうしたなか，現行法は，弁論兼和解が公開法廷での審理でないことから，弁論自体ではなく，その準備であると位置付け，弁論への上程行為が必要となる「弁論準備手続」として新設した（168条以下）[111]。また，最高裁判所規則事項であった「準備的口頭弁論」を民事訴訟法で定める（164条以下）とともに，書面の活用を期待して「書面による準備手続」を創設した（175条以下）。

(1) 準備的口頭弁論

準備的口頭弁論は，口頭弁論を本格的審理の段階とその準備の段階に分けて

富む。
① 人的原因：準備手続を成功させるには，裁判官に訴状・答弁書等から早期に事件の核心をつかむ力量が備わっている必要があるが，そのような裁判官を本格的な審理の場でない準備手続に配する人的余裕がなく，往々にして実務経験の浅い裁判官に担当させていた。
② 証拠調べの不在：準備手続では，証拠調べが一切できない結果，裁判官が自信をもった整理をすることができず，結局，準備手続に強い失権効を結びつけること（旧法255条）に躊躇せざるを得なかった。
③ 手続の厳格性：書記官が立ち会って調書を作成する（旧法250条）などの手続の重さも，利用を見合わせる要因として作用した。
④ 弁護士側の事情：集中審理の要請が利用者の権利救済の実質を向上させるという点から明確に裏付けられたものではないため，従来の併行審理によって培われた五月雨式準備の習慣を打破せんとするような弁護士側の協力を得られなかった

109) 弁論兼和解が初めて紹介された昭和50年代には（小島武司ほか「〈シンポジウム〉民事訴訟の促進について」民訴30号（1984年）135頁〔三宅弘人発言〕など），すでに弁論兼和解は地方裁判所において相当利用されていたという（新堂462頁注(1)参照）。

110) たとえば，弁論兼和解においては，裁断型手続（判決手続）と調整型手続（和解手続）が混在することから，前者における手続的公正に問題があるとして，強い非難を浴びせるものとして，早川吉尚「日本のADRの批判的考察——米国の視点から」立教法学54号（2000年）174頁以下。この問題は，日本における法情報の浸透度や個人の自己決定の態様などの社会環境を十分に踏まえながら熟考されるべきである点において，裁判官の和解勧試のあり方や調整型ADRにおける評価型か対話促進型か，同席か別席かなどの難題とかかわるものがあろう。

111) この弁論準備手続が積極的に活用されるのか，あるいは，相変わらず弁論兼和解が事実上横行するのか，実務状況を注視していく必要があろう。なお，新法下における弁論兼和解を適法とみる見解もあるが（西野喜一「争点整理と弁論兼和解の将来」判時1583号〔1997年〕19頁），立法者意思には反するというのが一般的理解である（新堂476頁など）。

運用する場合の，準備の手続である（164条以下）。

　これは，旧法時代において，口頭弁論と切断された準備手続における問題点を反省し，練達の裁判官がある程度証拠調べにも入りながら，争点・証拠の整理を実質的に行い，また，いつまでも立証しない場合には，訴訟を終結して判決をなし得るようにするために構想されたものである（旧規26条）。

　しかし，この規定は，準備手続を経ない口頭弁論において争点・証拠の整理が完了したときは，その旨を調書に記載しなければならないと定めるにすぎず，しかも，これによる調書への記載がほとんど行われていなかったことからも分かるとおり，準備的口頭弁論は，実務において争点・証拠の整理手続としては明瞭には意識されていなかった[112]。

　そこで，新法は，規則事項ではなく法律事項とし，争点・証拠の整理手続の一つとして位置付け，これによって効率的に争点・証拠の整理が行えるよう，必要な規定整備をした（164-168条，規86・87条）。

　準備的口頭弁論は，社会的注目を集めている事件や多数の当事者がいる事件について，争点・証拠の整理をする場合に適しているが[113]，実際にそれを行うか否かは，受訴裁判所の裁量に委ねられる。準備的口頭弁論においては，準備手続と異なり，争点・証拠の整理に必要な行為は，電話会議の方法を除いて[114]，すべて行うことができる。

　当事者が準備的口頭弁論の期日に出頭せず，または，裁判長によって定められた期間内（162条）に準備書面の提出もしくは証拠の申出をしないとき，裁判所は，準備的口頭弁論を終了することができる（166条）。裁判所は，準備的口頭弁論を終了するにあたり，その後の証拠調べにより証明すべき事実を当事者との間で確認しなければならない（165条1項）。

　準備的口頭弁論終了後に攻撃防御方法を提出する当事者は，終了前に提出できなかった理由を説明しなければならない（167条）。当然失権という厳格な制裁によるサンクションがなされないのは，相手方に対する弁明を要求すること

---

112) 一問一答174頁。なお，1958年，東京地裁において，特定の部（通称「新件部」といわれた）がもっぱら準備的口頭弁論のみを担当するという試みが行われたことがある点につき，古関敏正「新件部の設置——その理論と実状——」曹時11巻9号（1959年）1202頁以下参照。
113) 一問一答174頁。なお，ラウンドテーブル法廷を利用すれば，公開の場でも，裁判所と両当事者の率直な意見交換により，効率的な争点等の整理が実現し得るので，弁論準備手続との適切な使い分けがなされるであろう（最高裁事務総局民事局編・民事訴訟手続の改正関係資料(3)404頁参照）。
114) 弁論準備手続および書面による準備手続では，電話会議の方法が可能である。

で，訴訟代理人を含む当事者相互の牽制および訴訟代理人たる弁護士のプロフェッションとしての自覚による自発的な協力を期待したものとみられる[115]。

(2) 弁論準備手続

弁論準備手続は，口頭弁論期日外の期日において受訴裁判所または受命裁判官が主宰し，当事者双方が立ち会って行われる争点整理手続である（168条以下）。

この手続によれば，厳格な法廷ではなく，円卓での打ち解けた雰囲気の中で行われる対話によって事案の内容を把握し，争点・証拠の整理を効果的に行われるものと期待される。

弁論準備手続は，口頭弁論自体ではないので，争点・証拠の整理の結果は，口頭弁論に上程される必要がある。また，書証の取調べなども可能なので，ある程度の心証を得ながら，争点を絞り込むことができる。

裁判所は，訴訟指揮権の作用として，必要があれば，当事者の意見を聞いて，決定により，弁論準備手続に付することができる（168条）[116]。いったん弁論準備手続に付したとしても，裁判所が相当と認めるときは，申立てによりまたは職権で，上記の決定を取り消すことができ，さらに，当事者双方の申立てがあれば，取り消さなければならない（172条）。これは，弁論兼和解における経験から，裁判所の強圧的な訴訟指揮や強引な和解勧試に対する弁護士の危惧に応え，当事者双方の弁論準備手続によらないことを求める権利を付与したものとみられる。そこには，協調的姿勢への配慮がみられるが，その運用いかんでは単に象徴的なものにとどまるか定かでない[117]。

(a) 弁論準備手続における行為

弁論準備手続の期日において，裁判所は，当事者との対話や文書の証拠調べを通じ，ある程度の心証を形成しながら，適切な法律構成を選択し，双方の主張をかみ合わせて争点を絞り込み，その判断に適切と思われる証拠を選び出す。そのための具体的な行為を受訴裁判所と受命裁判官という各主体ごとに分類すると，つぎのようになる。

弁論準備手続で行われる行為のうち，受訴裁判所が主体となるのは，①当事者に対して準備書面を提出させ，事前の準備をさせること（170条1項），②民

---

115) 新堂463頁。
116) 実務上，ほとんどの事件が弁論準備手続に移行しているという。稲葉一人『訴訟代理人のための実践民事訴訟法』（民事法研究会，2003年）192頁を参照。なお，萩澤達彦「弁論準備手続きについて」石川古稀上631頁も参照。
117) 新堂464頁。

訴法170条5項の準用する口頭弁論手続における一定の行為[118]をすること，③証拠申出に関する裁判その他の口頭弁論期日外ですることができる裁判[119]および文書等の証拠調べをすること（170条2項）[120]である。

受命裁判官が主体となる行為は，①調査の嘱託（186条），②鑑定の嘱託（218条），③文書を提出してする書証の申出（219条），および，④文書送付の嘱託についての裁判（226条・229条2項・232条）である（171条3項）。それ以外の上記受訴裁判所が行うことのできる諸裁判や文書等の証拠調べを受命裁判官が行うことは許されない（171条2項）。

多くの事件で弁論準備手続が実施されているが，そこでの実情は，当事者間の直接の対話によって争点を絞り込んでいくという立法趣旨に反して，準備書面の交換で終わるなど当事者間のやり取りの形骸化が散見されるといった指摘があり[121]，これまでの慣行やメンタリティの文化的な根深さを窺わせる。

弁論準備手続が当事者間の直接のやり取りを想定した狙いは，裁判所も交えた三面的コミュニケーションを一挙に行うことで，多方向的な協議を直線的かつ重層的に積み重ねることにある。そして，当事者間の口頭による活発な深度のあるやり取りを通じて，自ずと争点が浮き彫りになり，争点に特化した集中的な証拠調べによるメリハリのある審理が実施され，さらには，争点中心の判決書の作成に連なることになるわけである。弁論準備手続における口頭のコミ

---

118) 具体的には，訴訟指揮権の行使（148条），期日内または期日外の釈明権の行使（149条以下），弁論の整序の裁判とその取消し（152条1項），弁論の再開（153条），通訳人の立会い（154条），弁論能力を欠く者に対する措置（155条），時機に後れた攻撃防御方法の却下（157条1項），欠席者等の陳述擬制（158条），自白の擬制（159条）がある。なお，欠席者の口頭弁論の陳述をわざわざ擬制する必要はないので，民訴法158条・159条の準用も，最初の期日に限定せず，書面の記載内容が斟酌されると解されている（たとえば，林道晴ほか「改正民事訴訟法の10年とこれから(1)」ジュリ1366号（2008年）128頁〔矢尾渉発言〕など）。

119) たとえば，文書提出命令の申立てや検証物提示命令の申立てについての裁判（223条1項，232条1項）訴訟引受の決定（50条1項），補助参加の許否の決定（44条1項），受継申立ての却下の決定（128条1項），訴えの変更申立て許否の裁判（143条4項）などである。

120) これは，実効的な争点・証拠の整理にとって，ある程度の心証が必要となることから，従来の準備手続では法律上認められなかった文書等の取調べを可能としたものとされる（加藤新太郎「争点整理手続の整備」理論と実務上224頁，条解2版994頁〔上原敏夫〕など）。この場合の文書の取調べは準備という文脈でのことがらである点で限定的意義をもつにとどまり，また，公開の法廷における交互尋問などの活動から生み出されるものではなく内容に恒定性があることから，先行的取調べを許容しても手続的に弊害を生じないと考えてよいであろう。

121) 林道晴ほか「改正民事訴訟法の10年とこれから(1)」ジュリ1366号（2008年）128頁〔矢尾渉〕，田原睦夫「民事裁判の再活性化に向けて」金法1913号（2011年）1頁，笠井正俊「口頭弁論の現状と課題」法時83巻7号（2011年）29頁など。

ュニケーションは，裁判官を挟んで必然的に三面的となり，その深まりを通じて重要な争点が絞り込まれてくる。このため当事者も，無理に争点が絞り込まれたという圧迫感を抱かずにすむのである。事件適合的な運用がなされれば，口頭による争点整理が最もよくその効果を発揮するといえる[122]。

弁論準備手続が実施されるのが一般的であるが，必ずしもその所期の目的は達成されていないとの指摘がある。そのことに対して，当事者の非協力や準備不足といった病理現象の存在も否定できないが，弁論準備手続は，事件の特性に応じて運用されるのが本来である。たとえば，最初から見通しのよい事案もあれば，深掘りをして初めて争点が見えてくるといった事案もある。弁論準備手続の評価は，表面的な論評に陥ることなく，しかと腰を据えて時間の経過のなかで成長していかなければなるまい。

(b) 電話会議の方法による期日

当事者の一方が遠隔地に居住するなど，裁判所が相当と認めるときは，当事者の意見を聴いて，電話会議の方法によって，期日の手続を行うことができる（170条3項）。ただし，当事者の一方が期日に出頭した場合に限られる。

2003年改正前は，電話会議に関与した当事者は，訴え取下げ，和解，請求の放棄・認諾をすることができない（ただし，放棄・認諾は，書面を提出していれば可能）とされていたが（1996年法170条5項），この規定は2003年改正によって削除された結果，電話会議に関与した当事者は，訴え取下げ，和解ならびに請求の放棄・認諾をすることができることとなった。訴え取下げは，弁論準備手続でなくとも，書面により可能である（261条4項5項）。

(c) 弁論準備手続における当事者の手続保障

弁論準備手続は，口頭弁論手続ではないが，当事者の手続保障は汎用的原則であることからして貫徹されることにかわりはない。

具体的には，①手続選択権の保障として，当事者双方が弁論準備手続に付する決定の取消しを申し立てれば，裁判所は決定を取り消さなければならないとされている（172条但書）。また，②立会権の保障として，弁論準備手続は，当事者双方の立ち会うことのできる期日に行うものとされている（169条1項）。そして，③傍聴権の保障として，裁判所は，その裁量で相当と認める者の傍聴を許すことができるが，当事者が申し出た者は，手続に支障があると認められる場合以外は，その者の傍聴を許可しなければならない（169条2項）。これは，関係者公開とよばれるタイプの公開のあり方である。なお，弁論準備手続調書を作成しなければならない（規88条）。

---

[122] これは2003年改正法による。

(d) 弁論準備手続の終了

争点・証拠の整理という目的の達成により，弁論準備手続は終了することになるが，当事者の怠慢でこの目的を達成できないときは，手続を打ち切ることができる（170条5項による166条の準用）。裁判所は，その後の攻撃防御方法の提出に対して弁明を求め（174条）[123]，適切な弁明がなければ，時機に後れた攻撃防御方法の却下（157条）の要件である故意・重過失を立証する資料として用いることが可能となろう[124]。

当事者は，弁論準備手続の終了後の口頭弁論において，弁論準備手続の結果を陳述しなければならず（173条），また，その後の証拠調べによって証明すべき事実を明らかにしなければならない（規89条）。これにより，集中証拠調べを実効的に行うことが期待されるのである。

(3) 書面による準備手続

書面による準備手続は，当事者双方が，裁判所に出頭することなく，書面の提出・交換などにより争点・証拠を整理する手続である（175条以下）。

当事者の出頭を要求しない書面による準備手続は，とくに当事者が遠隔地に居住するなど，裁判所への出頭を要求すると時間等の関係で審理の遅延が惹起されるような場合に，早期の争点・証拠の整理を可能にするために設けられた。

書面による準備手続は，高等裁判所以外では裁判長が行い（176条1項），必要があれば電話会議システムが利用される（176条3項）。一見，まったく異なるようにみえる書面の交換と電話会議（トリフォン）であるが，当事者双方の出頭を要しないという共通性，および，相手の反応を直ちに認識することのできない書面による準備手続と相手の顔を見ることができない電話会議との類似性に基づき，書面による準備手続においても電話会議による方法が認められたのである。

書面による準備手続についても，結果の要約書面の提出（176条4項），証明すべき事実の確認（177条），攻撃防御方法の制限（178条）などの準備的口頭弁論と同様の規定がおかれている。

(4) 進行協議期日

口頭弁論の審理を円滑に進行させるために，口頭弁論期日外において，訴訟の進行に関する必要な事項について協議をするための特別の期日を進行協議期日という（規95条-98条）。

これは，裁判所外でも実施することができ（規97条），受命裁判官により実施したり（規98条），弁論準備手続と同様の要件で電話会議の方法により実施することもできる

---

[123] これは，準備的口頭弁論の場合と同じである。
[124] 新堂483頁，伊藤247頁および同頁注93に掲載の諸文献を参照。

（規 96 条）。

　裁判所は，両当事者の意見を公平に聴いて，審理計画を立て，一度決められた計画を遵守するようにする。

(5) 計 画 審 理[125]

　訴訟手続について時間的な制約を具体的に設けることは，最初の口頭弁論期日の開催時期（規60条2項）および判決言渡し時期（251条1項）以外には，みられなかった。そこで，2003年改正法は，裁判所および当事者は適正かつ迅速な審理の実現のため，訴訟手続の計画的な進行をはからなければならないとして（147条の2），計画審理の推進を定めるに至った。これを受けて，裁判所は，事件が複雑であること等の事情によりその適正かつ迅速な審理の実現のために審理の計画を定める必要があると認められるときは，当事者双方との間で審理の計画を定めるための協議をし，その結果を踏まえて審理の計画を定めなければならない（147条の3第1項）。

　審理計画の策定にあたって，裁判所は，必要的計画事項として，①争点および証拠の整理を行う期間，②証人および当事者本人の尋問を行う期間，③口頭弁論の終結および判決の言渡しの予定時期を定めなければならない（147条の3第2項）ほか，任意的計画事項として，特定の事項についての攻撃防御の方法を提出すべき期間その他の訴訟手続の計画的な進行上必要な事項を定めることもできる（同条3項）。柔軟な処理の要求される攻撃防御方法の提出期間については，裁判所のほか，裁判長もこれを定めることができ（156条の2），その不遵守には，通常の対応（157条）よりも厳格な制裁が課されることとなった（157条の2）。計画審理を遂行すべく当事者の協議を経ていることがその根拠となっている。

　こうして定められた審理の計画は，絶対不変のものではなく，新しい事実や証拠が提出されたり，当事者側の支障や裁判官の交代などにより，当初の計画どおりに進行しない状況が生じた場合には，裁判所は，当事者双方と協議をして，その結果を踏まえたうえで，審理の計画を変更することができる（147条の3第4項）。

　裁判所は，審理計画の策定・変更に際して，当事者との協議をしなければならないが，当事者の同意までは要せず，たとえ当事者が反対しても，職権によって審理計画を策定・変更することができる（職権進行主義の維持）。もっとも，当事者の協力を得られないままに計画審理を遂行することは不可能に近いことから，実務上，裁判所は当事者を説得し，その同意を得られるよう努力すべきであろう[126]。

---

125) 本書43頁以下も参照。
126) 中野ほか223頁〔鈴木正裕〕。

(6) 当事者照会

当事者照会は，事件に関する情報等を，裁判所を介さずに当事者間で自主的に直接やり取りする手続である（163条）。

争点整理について，当事者間だけでのコミュニケーションの回路を創設するとともに，裁判所の負担を軽減することがその狙いである。

当事者照会の具体的な方法は，訴訟の係属中，当事者の一方が相手方に対し，主張・立証を準備するために必要な事項について，相当の期間を定めて，書面で回答するよう，書面で照会するというものである（163条本文）。その際，具体的または個別的でない照会等はしてはならないとされている（同条但書）。他方，不当な回答拒絶をしてはならないが，制裁による強制は予定されておらず[127]，裁判所の釈明権行使などによることになろう。

2003年改正法は，提訴予告通知制度を前提として，訴えの提起前における照会の規定を設けた。すなわち，予告通知者（これは，訴えの提起をしようとする者で，被告となるべき者に提訴の予告通知を書面でした者をいう）は，相手方（これは，その予告通知を受けた者である）に対し，訴え提起前に，訴えが提起された場合の主張または立証を準備するために必要であることが明らかである事項について，相当の期間を定めて，書面で回答するよう，書面で照会をすることができる（132条の2）。

第6節　口頭弁論の実施と懈怠

第1款　口頭弁論の実施

1　口頭弁論の実施——開始から終結まで——

(1) 最初の期日

口頭弁論は，裁判長がその訴訟指揮権に基づいて指定した一定の期日において（93条1項，規60条），裁判長の弁論指揮権の下に進められる（148条1項）。最初の期日（第1回口頭弁論期日）は，訴えが提起された日から原則として30日以内の日をもって裁判長により指定され（規60条2項），そこでは，原告が訴状に基づいて本案の申立てを陳述することにより弁論が開始され，その後に，両当事者による請求原因事実などの主張が続くことになる。口頭主義，公開主義，

---

[127] 制裁規定を置かなかったのは，同じく制裁を予定していない裁判所からの嘱託（186条・226条）や捜査機関からの照会（刑訴197条2項）との均衡をはかったことに加え，制裁措置の発動をめぐって訴訟が遅延することを危惧したことによるものとされている（一問一答166頁など）。なお，回答拒絶が裁判官の心証に影響を及ぼしたり，当事者に課される信義誠実訴訟追行義務（2条）に違反したり，また，代理人弁護士の弁護士倫理違反の問題（弁護士職務基本規程5条・74条・76条）を生じさせ得ることは別論である。新民訴大系(2)188頁〔竹田真一朗〕参照。

さらに直接主義[128]の要請により，当事者の主張は，口頭弁論期日において陳述されなければ判決の基礎となる訴訟資料として扱われない（87条1項本文参照）。

そのため，弁論準備手続を経た場合には，当事者が弁論準備手続調書（規88条），または，これに代わる準備書面（170条5項・165条2項）に基づいて，その結果を口頭弁論において陳述することを要する（173条，規89条）。もっとも，公開主義の形式を満足させるうえでは，結果の陳述を両当事者がする必要はなく，いずれか一方がすれば足り，したがって，相手方が期日に欠席している場合でも陳述は妨げられない。

(2) 続行期日

口頭弁論の開始後は，訴訟が裁判をするのに熟するまで（243条1項），期日を重ね（第2回以降の口頭弁論期日を「続行期日」という），審理が続けられる。証拠調べも，裁判所以外でする場合を除き，口頭弁論期日で行われる。

口頭弁論の続行中に裁判官の交代が生じたときは，それまでの口頭弁論の結果を当事者に陳述させたうえで，弁論を続行する（249条2項3項）。これを弁論の更新という。

(3) 口頭弁論の終結

口頭弁論期日を重ね，訴訟が裁判をするのに熟した[129]と認めると，裁判所は，口頭弁論の終結（結審）を宣言する（243条1項）。ただし，訴訟が裁判をするのに熟していなくても，当事者の一方または双方が期日に欠席するなど，審理の現状および当事者の訴訟追行の状況を考慮して相当と認めるときは，裁判所は，口頭弁論を終結させて，終局判決をすることができる（244条）。

一度終結しても，弁論・証拠調べが不十分であったときその他必要があると認めるときは，終局判決を言い渡すまでは，職権で弁論の再開を命じることができる（153条)[130]。

---

128) 受命裁判官の弁論準備手続の場合などで問題となる。
129)「訴訟が裁判をするのに熟したとき」（243条1項）の判断については，裁判所と当事者の双方の観点から行われるべきであるとの指摘がある（太田勝造『「訴訟カ裁判ヲ為スニ熟スルトキ」について』法教58号（1985年）〔新堂編著・特別437頁以下に所収〕）。すなわち，①審理の結果，終局判決をするのに必要な情報を裁判所が十分に獲得できた状態，および，②適切な釈明権行使にも支えられ，当事者がその攻撃防御の機会を十分に活用し尽くしたといえる状態という二つの側面から判断されるという。これにつき，新堂488頁注(1)，梅本563頁注1など参照。
130) 当事者には弁論再開の申立権がなく，たとえ当事者が再開を申し立てても，裁判所による職権の発動を促す意味しかなく，再開の許否はあくまで裁判所の専権に属する（最大判昭35・12・7民集14巻13号2964頁，最大判昭42・9・27民集21巻7号1955頁〔百選3版A10事件〕）。そのため，裁判所は許否の決定をする必要はなく（最判昭23・11・25民集2巻12号422

2 口頭弁論の整序——弁論の制限・分離・併合——

　適正かつ迅速な審理を実現するうえで，口頭弁論手続を整理して行うことが重要となる。そのためには，請求または争点ごとに審理の範囲を制限したり，審理を分離したり，あるいは，別個の手続を一つに併合したりすることを裁判所の判断で行うことを認める必要があり，法は，そうした観点から，裁判所が弁論の制限・分離・併合を命じることができるものとする（152条1項）。これらの裁判は，決定の方式によってなされ，いずれも訴訟指揮権の行使として職権によって行われるのであり，当事者の申立権は認められない。なお，当事者の申立てがなされた場合に，裁判所は，裁判の形式以外で判断を示すことになる[131]。

　なお，裁判所は，予め弁論の整理に役立てるために，最初にすべき口頭弁論期日の前に当事者から訴訟進行に関して参考とすべき事項を聴取することができる（規61条)[132]。

(1) 弁論の制限

　弁論が多岐にわたって錯雑することを整理するため，さしあたって弁論すべき事項を限定する処置を弁論の制限という。不法行為訴訟において，過失や因果関係の有無についてのみ審理をし，それが終わった後に損害額の審理をする場合などがその例である。限定された審理対象に関して，弁論および証拠調べ

　　頁)，また，これを採用せずとも弁論を不当に制限したことにはならず（最判昭23・4・17民集2巻4号104頁)，このことは再開の申出にかかる証拠が唯一の証拠方法である場合でも変わらない（最判昭45・5・21判時595号55頁)。こうした判例の取扱いは，弁論再開を許さないことで当事者に対して勤勉な訴訟進行を期待することによるが（前掲・最判昭23・11・25参照)，例外的に，弁論を再開して当事者に主張・立証の機会を与えることが訴訟における手続的正義の要求するところであると認められる特段の事情がある場合には，弁論を再開しないで判決をすることが違法となり得よう。たとえば，無権代理を理由とする土地所有権移転登記の抹消登記手続請求訴訟の原告Xが控訴審の口頭弁論終結前に死亡し，無権代理人X'がXを相続したためX自ら法律行為をしたのと同様の法律関係を生じた場合において，Xに訴訟代理人があって受継手続を経由せず相手方YがX死亡の事実を知らないまま口頭弁論が終結されたため当該法律関係等を主張することができず，かつ，これらの主張をすればYが勝訴する可能性があり，また，後訴でこの事実を主張することができない場合には，Yからの弁論再開申請を認めないのは違法である（最判昭56・9・24民集35巻6号1088頁〔百選3版51事件〕)。当事者の手続保障の観点から，例外的に弁論再開の途を確保する判例理論は，妥当であるが，特段の事情の解釈次第では，適時提出主義の理念と反するおそれは否定できず（梅本564頁注3参照)，さらに計画審理推進の要請がある現行法の下では，一層厳格な運用が求められよう。

131) 伊藤4版279頁注99。
132) この際，従来の相対交渉・ADRの経過や和解の希望等まで聴くか否かは，地域の実情に応じた各裁判所ごとのローカル・ルールを定めるのが適当であり（条解規則135頁)，また，第1回期日において調書判決（254条）の準備を整えることもできよう（新堂490頁)。

が集中される結果，中間判決に熟すれば中間判決（245条）をすることができ，これによって審理の整序が期待されようが，場合に応じて裁判をせずに弁論の制限を取り消し，他の事項の審理に移行してもよい。さらに，弁論の制限の結果，終局判決に熟すれば弁論を終結して終局判決をすることも可能である（243条1項）[133]。

なお，弁論の分離と異なり，制限対象とされた事項とそれ以外の事項とは，同一の手続によって審理されることに変わりなく，訴訟資料，証拠資料および弁論の全趣旨（247条）は共通となり，判決も一個となる。

(2) 弁論の分離

訴訟の一部を別個の訴訟手続に分けて審判することとする処置を弁論の分離という。これは，訴えの併合，反訴，または，弁論の併合などによって数個の請求が審判対象とされている場合に，口頭弁論を整理する必要から行われる。弁論の分離後は，弁論および証拠調べだけでなく，判決も別々となる。そのため，必要的共同訴訟（40条），同時審判申出共同訴訟（41条），独立当事者参加訴訟（47条），請求の追加された選定当事者訴訟（144条1項2項），または，**離婚訴訟の本訴と反訴**など同時に審判しなければならない場合には，**弁論の分離は許されない**[134]。

管轄は，分離による影響を受けず（15条），分離前の訴訟資料・証拠資料は，そのまま分離後の両手続における資料となる[135]。

(3) 弁論の併合

官署としての同一裁判所（担当の合議体や裁判官が異なってもよい）に別々の訴訟手続として係属している数個の訴訟を，同一の手続に併合して審判することとする処置を弁論の併合という。訴えの客観的併合や共同訴訟などが数個の請求に対する審判を一つの手続で行う状態を当事者のイニシアティヴによって生じさせるのに対し，弁論の併合は，裁判所のイニシアティヴ，すなわち，併合決定による。併合決定を行う裁判所は，数個の請求のいずれかの受訴裁判所でよ

---

133) たとえば，訴訟能力の存否の点に制限して審理した結果，能力の欠缺により訴えを却下すべき場合や，国際裁判管轄権の存否の点に制限して審理した結果，その欠缺により訴えを却下すべき場合などに，訴え却下の終局判決をする。兼子・体系229頁，新堂490頁など参照。

134) 伊藤252頁など参照。

135) たとえば，Y₁ Y₂を共同被告する共同訴訟が分離され，Y₁に対する請求とY₂に対する請求とを別個の手続で審判するようになった場合，その分離前におけるY₁に対する本人尋問は，分離後のY₂を被告とする訴訟手続においても，本人尋問として証拠となる（大判昭10・4・30民集14巻1175頁）。

い。弁論の併合をするか否かは，基本的には，裁判所の裁量によるが[136]，請求の併合が許されない場合（136条参照[137]）には弁論の併合も許されない（人訴17条1項参照）。他方，法が弁論の併合を命じている場合には（会社837条など），併合しなければならず，併合しないでなされた判決は違法となる。

各手続の併合前の証拠資料を併合後において判決の基礎に用いることができるかについては，見解の対立がある。客観的併合にあっては，これを肯定するのに支障はないが，主観的併合の場合には，併合の申立てをなさず，当該証拠資料の形成に関与しなかった当事者の手続的利益を損なうおそれも否定できない。これは，弁論の併合に内在する合理的要請と弁論主義および手続保障をどのように調和させるかの問題である[138]。現行法は，論議の絶えなかったこの問題について，手続保障の観点から徹底した安全措置を定めるとともに，弁論主義に由来する技術的要請には譲歩を求める形で問題の解決をはかっている。

この点，旧法の下では，上記の当事者の援用の要否という形で論じられてきた。すなわち，当事者の援用を要するという援用必要説[139]と併合の合理性を優先させて当事者の援用なしに判決の基礎に用いることができるという援用不要説[140]が対立していた。この点，最高裁判所は，併合前になされた証拠調べの結果はそのままの性質で併合後の事件においても証拠資料となる[141]と判示しているが，援用の要否には明言していない（最判昭41・4・12民集20巻4号560頁〔百選Ⅱ117事件〕）。

この問題について現行法は，併合前の証人尋問に関して，尋問の機会がなか

---

136) そのプラクティスとしては，当事者から弁論の併合を希望する旨の上申（「併合上申」とよばれる）があった旨の連絡を受けた担当裁判官（事件番号の古い事件の担当裁判官が併合事件を引き取ることが通常であるという）が併合するか否かを判断するという流れが一般的であるという。なお，その判断に際して担当裁判官双方の間で話合いの機会がもたれることもあるようである。当事者意思の尊重と事件の機械的割振りを基本に据えた裁判官同士のケース・マネジメントの一例として，特筆に値しよう。

137) 同種の訴訟手続でなくても請求の併合を許す例外的な取扱いとして，人訴法17条および行訴法16条以下を参照。

138) 共同訴訟の場合における議論については，本書769頁参照。

139) 条解342頁〔新堂幸司〕，新堂・旧325頁，中村英郎「判批」民商55巻5号（1967年）107頁など。なお，村松俊夫「併合事件についての若干の問題」民訴雑考49号は，援用を要するが，承認の供述検証調書などは，別件への援用として，書証として提出すべきであるとする。

140) 斎藤ほか編(3)435頁，法律実務(3)291頁，実例民訴上294頁〔井口牧郎〕，昭41最判解137頁〔奈良次郎〕，林順碧「判批」法協84巻3号（1967年）408頁，注釈民訴(3)206頁〔加藤新太郎〕。

141) たとえば，併合前の証人尋問は，証拠調べ調書を書証として援用するのではなく，証言そのものを証拠資料とする（新堂491頁注(1)）。

った当事者は，あらためて尋問の申出をすることができ，裁判所は，その尋問を行わなければならないとして（152条2項），防御権の保障を定めている。これは，併合前に立会いの機会をもたない当事者にとって最も不利になりやすい局面である証人尋問に関して，併合後も基本的には証拠資料となるとして併合の合理性を正面から確保すると同時に，再尋問の機会を保障して当事者に対する手続保障の要請にも応えていこうとする決断を現行法がしたことを示している[142]。同様のことは，証人尋問以外の証拠資料についても，妥当するといえよう[143]。

現行法は，複数の当事者が関与する一つの手続の中で証拠調べが行われる場合には，証拠資料が複数の当事者について共通に利用される取扱いが制度として合理的であるという手続政策的観点に立ち，尋問の機会のなかった当事者が望むときは，再尋問の機会を与えるべきであるとしており，この場合，その当事者の援用は不要であるという前提がとられているものとみられよう（複数当事者の異時関与）。なお，併合の場合にこのような取扱いが認められたことで，共同訴訟の場合には，証拠共通の原則が妥当するものとして共同訴訟人は反対尋問権等を保障されるべきことになろう（複数当事者の同時関与）。

複数の当事者が異時的に関与する場合である弁論の併合にあっては，再尋問の機会の保障が必要的であり，複数の当事者が同時的に関与する場合である共同訴訟にあっては，尋問（時として反対尋問）の機会等を与えることが要請される。これは手続保障の観点から要請される。

このような安全弁を用意しているのであれば，弁論主義に由来する要請であるとみられる援用は，併合審理の趣旨を達成するという観点から審理の多面的充実を進めて弁論主義の実質の徹底を図る以上形式を踏まないでも，弁論主義が損なわれることはないであろう。

(4) 判決の併合

併合すべき事件が同一の受訴裁判所で別々に審理され，終局判決に熟している場合に，一個の判決で両方を処理することを，弁論の併合に準じて，判決の併合とよび，明文規定はないものの，認めるべきであるとの主張がある[144]。

---

142) こうした新法の下では，従来の援用の要否をめぐる対立の原因のほとんどは解消されたといえよう（新堂491頁注(1)など。なお，伊藤253頁以下）。

143) たとえば，鑑定（215条）などがある。

144) 新堂492頁，伊藤254頁，注釈民訴(3)207頁〔加藤新太郎〕など多数説。これに対して，梅本578頁は，便宜的事由に踏み込みすぎ，当事者意思に合致しているか疑問があり，上訴の利益の有無の判断基準をどこに求めるか不明確であるとして，「判決の併合」という概念を認めるこ

その後の上訴審手続が同一となって，審理の重複や判断の矛盾を回避し得ることに，そのメリットがあるという。たとえば，第三者異議訴訟とその先決関係に立つ詐害行為取消訴訟が別々に提起され，弁論の併合がなされていない場合には，審判の重複・矛盾を避けるには，両訴訟は同一期日に弁論を終結し，同一期日に判決を言い渡すべき関係にある[145]。そうした効果は弁論を再開したうえで併合決定を行うことで得られるが，それでは迂遠であり，しかも判決段階からの併合を禁止すべき理由もない以上，判決の併合を認めてよい。この措置による利便もあり，審理の実質が確保されている以上，訴訟運営の工夫としてむしろ望ましいといえよう。

3 口頭弁論調書

(1) 口頭弁論調書の意義

口頭弁論調書は，口頭弁論の経過を明確に記録し保存するために，裁判所書記官が作成する文書である。証拠調べの行われた口頭弁論期日の調書は，とくに証拠調べ調書（証人尋問調書，検証調書など）といわれる。口頭弁論調書は，立ち会った裁判所書記官によって[146]，期日ごとに作成され（160条1項)[147]，訴訟記録に綴り込まれて保存される。

裁判官とは別個の機関である裁判所書記官が作成する口頭弁論調書は，口頭弁論における諸原則（公開主義など）の遵守および公正な訴訟手続の保障を確保し，また，それを公証する機能を担う（160条3項参照)。期日ごとに作成するのは，調書の形式的証明力（160条3項）の重複・矛盾を防止するとともに，期日ごとに調書の内容の一覧性をもたせるためである[148]。

なお，口頭弁論調書に関する規定は，口頭弁論期日以外の期日（審尋期日など）にも準用される（規78条)[149]。

とに異を唱える。
[145] 最判昭43・11・15民集22巻12号2659頁〔百選2版110事件〕の事案であり，その評釈等として，百選2版253頁〔中務俊昌解説〕のほか，新堂幸司「判批」法協82巻6号（1966年）865頁，同「判批」法協87巻4号（1970年）515頁，同「争点効を否定した最高裁判決の残したもの」中田還暦下69頁（新堂・争点効上269頁以下に所収)，新堂・判例78頁，本間義信「判批」民商61巻3号（1969年）441頁など参照。
[146] 調書完成後，立会い書記官以外の者によって従前の口頭弁論の結果を陳述した旨の記載がなされても，適法に弁論の更新が行われたと認めることはできない（前掲・最判昭33・11・4)。
[147] 実務上，「一期日一調書の原則」とよばれる。
[148] 裁判所書記官実務研究報告書『新民事訴訟法における書記官実務の研究Ⅰ』（司法協会，1998年）85頁，梅本578頁など参照。
[149] 裁判資料の収集手続でないことから，和解期日は除かれ，和解期日調書（和解調書ではない）は作成されない。注釈民訴(3)343頁〔三宅弘人＝中島肇〕，伊藤262頁注125など参照。

(2) 口頭弁論調書の記載事項

調書の記載事項には，必ず記載すべき形式的記載事項と当該期日における弁論の経過を内容とする実質的記載事項がある。

(a) 形式的記載事項

口頭弁論調書には，常に①事件の表示，②裁判官および裁判所書記官の氏名，③立ち会った検察官の氏名，④出頭当事者および代理人などの氏名，⑤弁論の日時および場所，⑥弁論公開の事実，または，非公開の事実およびその理由を記載したうえで（規66条1項各号），作成者である書記官が記名押印し[150]，あわせて裁判長が認印しなければならない（同条2項）。裁判長に支障があるときは，陪席裁判官が事由を付記して認印しなければならないが，裁判官全員に支障があるときは，裁判所書記官がその旨を記載すれば足りる（同条3項）。

(b) 実質的記載事項

口頭弁論調書には，上記の(a)形式的記載事項のほかに，当事者の弁論の要領を記載し，とくに，①訴え取下げ，和解，請求の放棄および認諾ならびに自白，②証人，当事者本人および鑑定人の陳述，③証人，当事者本人および鑑定人の宣誓の有無ならびに証人および鑑定人に宣誓をさせなかった理由，④検証の結果，⑤裁判長が記載を命じた事項および当事者の請求により記載を許した事項，⑥書面を作成しないでした裁判，⑦裁判の言渡しの各事項を明確にしなければならない（規67条1項）。なお，弁論についてその要約を記載するのは，弁論自体が裁判官によって判決事実に整理要約されるべきであることによる（253条2項参照）。

訴訟が裁判によらずに完結した場合には，裁判長の許可を得て，証人，当事者本人および鑑定人の陳述ならびに検証の結果の記載を省略することができる（規67条2項本文）。ただし，当事者が訴訟の完結を知った日から1週間以内にその記載をすべき旨の申出をしたときは，省略できない（同条同項但書）。

口頭弁論調書には，書面，写真，録音テープ，ビデオテープその他裁判所において適当と認めるものを引用し，訴訟記録に添付して調書の一部とすることができる（規69条）。さらに，調書の作成に時間を要し，次回期日に影響を与えかねない場合に備え，新法は，裁判所書記官が裁判長の許可を得て，証人等の陳述を録音テープやビデオテープなどに記録し，これをもって調書に代えることを認めた（規68条1項）。集中証拠調べ（182条）が実現すれば，調書をみて証拠調べの準備をする必要がなくなることを考

---

[150] 裁判所書記官の押印のない調書は，手続の方式遵守に関する証明力（160条3項）を欠くとする判例がある（大判昭6・5・28民集10巻268頁）。

慮して，手続の迅速化と合理化を目指した取扱いである[151]。もっとも，当事者の上訴準備のため，または，上訴裁判所の審理のために，録音内容を確認する必要がある場合もあることから，訴訟の完結までに当事者の申出がなされたとき，または，上訴審の審理に必要なときには，書記官は，証人等の陳述を記載した書面を作成しなければならないとされる（規68条2項）。

　裁判所は，必要があると認めるときは，申立てによりまたは職権で，裁判所速記官またはその他の速記者に口頭弁論における陳述の全部または一部を速記させることができる（規70条）。この場合，裁判所速記官は，速やかに速記原本を反訳して速記録を作成し（規71条前段），これを調書に引用し，訴訟記録に添付して調書の一部とすることができる（規72条）。もっとも，証人・当事者本人・鑑定人の尋問については，裁判所が相当と認め，かつ，当事者が同意したときは，裁判所速記官が作成した速記原本を引用し，訴訟記録に添付して調書の一部とすることができる（規73条）[152]。

(3) 関係人への開示

　口頭弁論調書は，訴訟記録の一部として，何人も，裁判所書記官に対して，その閲覧を請求することが原則として可能であり（91条1項），公開の禁じられた口頭弁論の調書については，当事者および利害関係を疎明した第三者に限り，閲覧請求することができる（同条2項）。

　旧法下では，期日において当事者その他の関係人の申立てがあれば，調書の記載を読み聞かせ，または，その法廷で調書を閲覧させなければならず，その旨を記載すべきとされていたが（旧146条1項），当該期日中に調書を作成することは困難であり，当事者の申立てもほとんどなかった。そこで，新法は，これを廃止するとともに，関係人が調書の記載について異議を述べたときは，その旨を記載しなければならないものとした（160条2項）。これは，調書の記載内容の正確性に疑問をもった関係人に対し，その内容を開示し，異議申立ての機会を与えるものであり，書記官が異議を正当と認めれば，記載を訂正することになる。

---

[151] そのほか，調書の記録の正確性を担保すべく，裁判所は，口頭弁論における陳述の全部または一部を録音することができ，相当と認める場合には，録音テープを反訳した調書の作成が必要とされる（規76条）。これは，旧規則上も認められており（旧規10条），調書作成のための便宜的措置であるので，録音テープ等を調書の一部とすることはできない。

[152] この場合，速記官は，速やかに反訳する必要はないが，①訴訟記録の閲覧等を請求する者が反訳を請求したとき，②裁判官が代わったとき，③上訴提起または上告受理申立てがあったとき，④その他必要があると認めるときにおいて，裁判所は速記原本の反訳をさせなければならない（規74条1項）。反訳された速記録は，訴訟記録に添付し，調書の一部とされた速記原本に代わって調書の一部となるので，その旨を当事者その他の関係人に通知することになる（規74条2項3項）。

(4) 調書の証明力

　口頭弁論の方式に関する事項については，調書を証拠方法とする証明のみが許される（160条3項本文）。他の証拠方法で補充したり，反証を挙げて争ったりすることは許されず，こうした特別の扱いは，自由心証主義（247条）の例外としての法定証拠主義に属する。調書のみに証拠能力・証明力を限定することで，手続をめぐる紛争の派生により，本来の審理が遅延紛糾してしまう事態を回避しようとするものである。

　口頭弁論の方式とは，弁論の外部的形式をいい，具体的には，裁判所の構成，出頭当事者などの氏名，および，弁論の公開などを指し，おおむね口頭弁論調書の形式的記載事項（規66条1項各号）に対応する。これに対し，当事者の攻撃防御方法，自白，証人の陳述といった弁論の内容については，当事者が調書以外の証拠方法をもって証明を試みることが許され，裁判所は，自由心証（247条）によって内容を判断する[153]。

第2款　口頭弁論の懈怠

1　攻撃防御方法の提出時期

(1) 口頭弁論の一体性

　口頭弁論は数期日にわたって行われるのが通常であり，後の期日は前回の期日までの弁論を前提として続行すればよく，また，当事者の弁論や証拠調べも，どの段階でなされても，判決の資料として同一の効果をもつ。このように，口頭弁論が始終一体をなすことを口頭弁論の一体性という。これにより，口頭弁論のどの段階において提出された資料でも，撤回または却下されたものを除いて，終結当時に並列的に同時に提出されたものと同様にみられることになる。

(2) 適時提出主義

　口頭弁論の一体性を当事者側からみると，攻撃防御方法はいつでも提出できることになるところ，旧法は，それを積極的に評価して随時提出主義を採用し（旧137条），提出時期を当事者の自由に委ねることで活気ある臨機応変の審理の実現を期待していた。

　しかし実際には，当事者が攻撃防御方法を小出しにして，審理が散漫化するほか，引延ばし戦術などの濫用が目立つようになった。そこで，新法は，適正かつ迅速な審理を実現すべく，随時提出主義を適時提出主義に改め，攻撃防御方法は訴訟の進行状況に応じた適切な時期に提出しなければならないものとし

---

153) もっとも，弁論内容についても調書の記載は事実上の推定力が認められる（最判昭30・11・22民集9巻12号1818頁）。

た (156条)。適時提出主義は，審理手続を「争点・証拠の整理段階」と「証人・当事者本人の尋問段階」を区分して，前者において当事者が攻撃防御方法の提出を尽くしたうえで，後者において集中証拠調べ（182条）を実現しようとする新法の目指す審理構造を支えるものといえる。

適時提出主義を実効化するための手段として位置付けられるものに，攻撃防御方法提出の懈怠に対する措置および当事者の欠席に対する措置があるので，以下順に眺める[154]。

2 攻撃防御方法提出の懈怠に対する措置

攻撃防御方法の提出に関する制約として，①時機に後れた攻撃防御方法の却下 (157条1項)，②釈明に応じない攻撃防御方法の却下 (157条2項)，そして，③準備的口頭弁論，弁論準備手続または書面による準備手続を経た場合の新主張の制限などがある。なお，弁論の制限がなされると，制限された弁論は一部留保され，また，中間判決がなされると，その判断事項に関する攻撃防御方法は，当該審級での提出が制限される[155]。

(1) 時機に後れた攻撃防御方法の却下

当事者の故意または重大な過失によって時機に後れて提出された攻撃防御方法について，これによって訴訟の完結が遅延することになると認めるときは，裁判所は，相手方当事者の申立てによりまたは職権で，却下することができる (157条1項)。裁判所に審理を打ち切る権能を与えることにより，緊張感と活気のある弁論活動を担保し，活発な審理の促進を企図したものである[156]。

裁判所が却下をするための要件として，①当該攻撃防御方法が時機に後れて提出されたこと，②後れたことが当事者の故意または重大な過失に基づくこと，③その審理により訴訟の完結が遅延することが必要である。

---

154) ここで眺める攻撃防御方法提出の懈怠に対する措置などは，随時提出主義の旧法下でもみられたが（旧法137条・255条），実務上はそれらを積極的に活用することに躊躇がみられ，反面，学説上は失権効を強化する方向での主張（同時提出主義の再生）がなされていた。そうしたなか，新法は，弁論兼和解などの審理方式をあみ出した実務に照らして，失権効強化の方向ではなく，裁判所および両当事者間の意思疎通を充実させて，十分な争点整理に基づく集中証拠調べの実現という方向をとった。それゆえ，攻撃防御方法提出の懈怠に対する措置などは，こうした新法の方向に沿うものとして運用される必要があろう。新堂445頁注(1)参照。

155) なお，会社法831条1項（旧商248条）は，他の決議取消事由の追加を制限する点において，適時提出主義の発展とみられている。新堂・争点効下151頁など。

156) なお，特許権等の侵害に係る訴訟においては，特許権等の無効の抗弁（特許104条の3第1項）は時機に後れたものではなくても，審理を不当に遅延する目的で提出されたものと認められる場合には却下される（同条2項）。

①に関して，ここでの攻撃防御方法とは，事実主張，証拠申出のほか，否認，自白の撤回など，それに基づいて審理の必要を生じさせる当事者の訴訟行為を含む157)。「時機に後れた」か否かは，審理の進行状況からみて，より早く，かつ，適切な時機に，その提出を期待することができたかによって判断される。控訴審での提出は，続審制をとる現行法の下では，第一審以来の手続全体の経過を通じて判定される158)。なお，争点等の整理手続（弁論準備手続など）が行われた場合にそこで提出されなかった攻撃防御方法については，特段の事情の認められない限り，時機に後れたものとされよう。また，訴状や答弁書の記載事項である重要な間接事実や証拠について（規53条1項），これを記載せずにその後に提出すると，時機に後れたものと判断され得るし，提出期間が定められた場合（162条・301条）における当該期間経過後の提出についても，時機に後れたものとみられよう。さらに，2003年改正民事訴訟法は，計画審理を推進する手段として時機に後れた攻撃防御方法の却下を組み込み，同法147条の3第3項または156条の2（弁論準備手続に準用されている場合を含む）の規定により，特定の事項に関する攻撃防御方法の提出期間が定められている場合において，当事者が当該期間経過後に提出した攻撃防御方法については，これにより審理計画にしたがった訴訟手続の進行に著しい支障を生ずるおそれがあると認めたときは，裁判所は，申立てによりまたは職権で，却下の決定をすることができるものとした（157条の2本文）。この場合，当事者が期間内に提出できなかったことについて「相当の理由」があることを疎明したときは，却下を免れることができる（同条但書）。

②の故意・重過失は，本人の法的知識の程度や攻撃防御方法の種類などを勘案して，その有無を判断する必要がある。一般的には，後れて提出されたことについて合理的根拠が認められなければ，重過失が推定されよう。とりわけ，後れて提出したことについての理由説明義務が懈怠されたときは，合理的根拠

---

157) 伊藤256頁など参照。そのため，訴えの変更や反訴の提起は，民訴法157条1項の適用を受けない（もっとも，著しく訴訟手続を遅滞させる場合には許されないとする独自の規定がある〔143条1項但書，146条1項2号〕）。なお，ここにいう審理が訴訟要件の審理も含むかにつき，判例は，訴訟要件が職権調査事項であることを根拠にこれを否定する（最判昭42・9・14民集21巻7号1807頁）。これに賛成する見解もあるが（菊井＝村松I 788頁，条解355頁注5〔新堂幸司〕），職権調査事項でも判断の基礎となる証拠に弁論主義が適用されることはあるので，一律に否定すべきいわれはないとして，反対する見解も有力である（伊藤眞「判批」法協85巻3号〔1968年〕1216頁以下，伊藤256頁注108，注釈民訴(3)274頁〔山本克己〕など）。

158) 旧法下の判例として，大判昭8・2・7民集12巻159頁，最判昭30・4・5民集9巻4号439頁がある。

を欠くものとしてよい。これに対し，たとえば，本人訴訟の場合には重過失の認定は慎重になされるであろうし，仮定的抗弁（相殺の抗弁や建物買取請求権など）についても，故意・重過失は容易には認められないであろう[159]。

③にいう「訴訟の完結を遅延させる」か否かを判断する基準については，学説の対立がある。却下した場合に予想される訴訟完結時点よりも，却下せずに審理した場合に見込まれる訴訟完結時点が後であれば，遅延といえるとの考え方（絶対的遅延概念という）と，適時に提出された場合の訴訟完結時点より，後れて提出された場合の訴訟完結時点が後であれば，遅延とみる考え方（相対的遅延概念という）がある。この点について，判例は，明示的な判断を示しておらず，種々の裁判例から，絶対的遅延概念によるものと推測されており[160]，学説上も，絶対的遅延概念によるのが通説的見解である[161]。相対的遅延概念の前提

---

[159] 新堂444頁，梅本569頁など参照。もっとも，実際の裁判例をみると，仮定的抗弁等であっても，さまざまな事情を総合的に勘案して，却下決定をする場合もある。そこで，旧法下（随時提出主義）の裁判例をいくつか眺める。①控訴審の第3回口頭弁論期日で初めて相殺（以下，本件相殺という）の抗弁が提出された事案において，当該期日までに当事者双方の主張・立証はほぼ尽くされており，また，本件相殺にかかる自働債権の存在や額に争いがあり，さらに主張・立証を要するなどの事情があるときは，本件相殺の抗弁の提出は，時機に後れた攻撃防御方法として却下すべきであるという（前掲注95）・大阪高判平7・11・30）。②手形金請求訴訟において，主張整理を経た証拠調べ手続がほぼ終了した段階で，原因関係消滅に基づく相殺の抗弁が予備的に主張されるに至った事案において，その内容が従前の争点と全く異なり，新たな主張整理，証拠調べを要し，しかも，既に他の裁判所における同一当事者間の訴訟で同内容の抗弁が主張されているときは，当該抗弁の提出は，時機に後れた攻撃防御方法として却下すべきであるという（前掲注95）・東京地判平3・11・11）。③請負契約に基づく請負残代金請求訴訟の第9回口頭弁論期日で初めて仲裁契約の存在を理由とする本案前の主張が行われた事案において，従前の期日で行われた主張の整理や請負契約の成立に関する証拠調べが仲裁契約の存否の判断とも関連するなどの事情があるときは，当該本案前の主張を時機に後れた攻撃防御方法ということはできないという（前掲注95）・名古屋地判平5・1・26）。④建物収去土地明渡請求訴訟の第一審の期日に欠席して敗訴した被告が，控訴審で賃貸人の承諾を経て賃借権を譲り受けた旨を主張した後，その第11回期日に提出した建物買取請求権行使の主張は，時機に後れたものであり，建物の時価に関する証拠調べの必要上，訴訟の完結を遅延させるものであるという（最判昭46・4・23判時631号55頁〔百選3版54事件〕）。⑤訴え提起後5年余を経て訴訟が控訴審に係属し，証人尋問も終えて口頭弁論の終結の間近い最終段階における，新たな主張（＝返還すべき現存利益の不存在）の提出は，故意または重過失による時機に後れた攻撃防御方法として却下すべきであるという（前掲注95）・東京高判昭62・11・26）。

[160] 注釈民訴(3)284頁〔山本克己〕参照。

[161] 条解354頁〔新堂幸司〕，菊井＝村松I794頁，法律実務(3)57頁，伊藤257頁，梅本570頁など。なお，相対的遅延概念によるものとして，石渡哲「時機に後れた攻撃・防御方法の却下の要件である『訴訟の完結の遅延』の概念について」法研52巻4号（1979年）61頁以下，同「時機に後れた攻撃防禦方法の失権(上)——現行失権規定の解釈論を中心として」判タ551号（1985年）31頁など。

とする「適時に提出された場合の訴訟完結時点」の確定には困難が伴うこともあり，現実の遅れに着目する方が実際的であり，絶対的遅延概念で適切であろう[162]。

　以上の要件を充足するとして却下するには，口頭弁論に基づいて独立の決定で行うか，または，終局判決の理由中の判断によって行う。いずれの場合でも，不服申立ては終局判決に対する上訴によって行われ，独立の抗告は許されない（283条参照）。却下は，当事者の申立てによりまたは職権でなされるところ，当事者の申立てが却下された場合，それに対する不服申立ては，時機に後れた攻撃防御方法の却下が裁判所の訴訟指揮権に属することから，認められないと解する[163]。

　攻撃防御方法が時機に後れたものとして却下されなくても，その提出によって訴訟遅延を招来したと認められるときは，提出者が勝訴当事者であっても，そのために生じた訴訟費用の負担を命じられることがある（63条）。

　時機に後れたとして却下される攻撃防御方法は，弁論主義の適用のあるものに限られるのであろうか。これは，職権探知主義の構造をいかにとらえるかという問題とかかわる。これまで，職権探知主義の下では，事案解明に関して裁判所が責任を負うこと[164]や，弁論主義と比べ強度の真実発見の要請が働くこと[165]などを理由として，民訴法157条1項の排除を導く[166]のが一般的である（人訴19条1項参照）。しかしながら，適時提出主義を採用し（156条），また，控訴審での継続的審理に歯止めをかける（301条1項2項参照）といった審理原則が導入されていることからして，失権を一律に否定する扱いは，整合的でないきらいがある[167][168]。職権探知主義の下でも，適切で迅速な訴訟運営を目指すべ

---

162) 絶対的遅延概念を前提としつつ，さらに要件として，却下によって直ちに結審が可能となることを要求する見解がある（条解354頁〔新堂幸司〕など。反対，注釈民訴(3)285頁〔山本克己〕）。

163) 新堂444頁，注釈民訴(3)290頁〔山本克己〕，伊藤257頁，梅本570頁など。反対，菊井＝村松I796頁以下，法律実務(3)62頁。なお，大判昭12・3・23判決全集4輯6号29頁は，申立て却下の当否の判断をする。

164) 兼子・体系231-232頁など。

165) 新堂424頁，松本博之『人事訴訟法〔第3版〕』（弘文堂，2012年）73頁。

166) このように考えると，訴訟上の職権探知事項に関しても，同様に，民訴法157条1項の適用が排除されることになるし，また，訴えの利益などの職権調査事項に関する当事者の主張についても，同条は適用されないことになる（条解2版943頁〔新堂幸司＝上原敏夫〕など。随時提出主義の下における旧法139条の適用排除については，最判昭42・9・14民集21巻7号1807頁）。

167) この点，高橋宏志〔司会〕ほか「〈研究会〉人事訴訟法の基本構造」ジュリ1259号（2003年）58頁〔高田裕成　発言〕は，訴訟の迅速化ないし計画審理の推進という観点からではあるが，人事訴訟法における民訴法157条の適用排除規定（人訴19条1項）に疑問を呈し，何らかの失権（通常訴訟とは異なる緩やかな規律）の必要性を示唆する点が注目される。

168) 上告との関係については，上告審が高等裁判所である場合には，判決に影響を及ぼすことが

き制度的要請があり（2条，人訴19条参照），そのような手続運営の必要からは，失権の余地を否定すべきではない。裁判所が判決の基礎とすべき事実の確定について責任を負うことを勘案すると，弁論主義訴訟では却下すべきであっても（157条1項参照），当該訴訟資料が不足することにより判断に不都合が生ずるおそれがある場合には，裁判所は，却下を控えるべきであり[169]，失権はその範囲に広狭の差があるものの，基本的には肯定の方向に解するのが妥当であろう。

(2) 釈明に応じない攻撃防御方法の却下

その趣旨が明確でない攻撃防御方法に対しては，裁判官は釈明を行うが（149条1項），この場合に当事者が必要な釈明をせず，または，釈明すべき期日に出頭しないときは，裁判所は，時機に後れた攻撃防御方法（157条1項）と同じく[170]，当該攻撃防御方法を却下することができる（157条2項）。

(3) 争点等整理手続を経た場合の新主張の制約

集中審理（182条参照）の実現のためには，争点・証拠の整理段階において，原則としてすべての攻撃防御方法を提出するように期待されており，争点等整理手続，すなわち準備的口頭弁論，弁論準備手続または書面による準備手続を経た場合，当該手続の終了に際し，その後の証拠調べにより証明すべき事実を確認するものとされている（165条・170条5項・177条）。そして，その後の新主張について失権効は規定されていないものの，整理段階で提出できなかった理由を相手方の求め（＝詰問権）に応じて説明しなければならない（167条・174条・178条，規87条・90条・94条）。この効果は控訴審にも及ぶ（298条2項，規180条）。

3 弁論の懈怠（当事者の欠席）に対する措置

口頭弁論期日に当事者の双方または一方が欠席したり，出頭しても弁論を行わずに退廷したりすると，当該期日において，裁判所は，訴訟資料を得られないことになる。そこで，法は，こうした弁論の懈怠に対して，特別の取扱いをしている。

　　明らかな法令違反があるとして上告は可能であり（312条3項），また，上告審が最高裁判所である場合には，法令の解釈に関する重要事項を含むとして上告を受理することができる（318条1項）のであり，これらにより相当程度絞りがかけられるであろう。
169）ここでは当事者が訴訟資料を提出した場合を念頭において論じているが，裁判所が自ら探知した場合には，取り上げるか否かということになり，形式は異なるものの，実質には差がない。
170）もっとも，証拠の申出については，その趣旨が不明確であれば不採用となることから（180条・181条1項），民訴法157条2項で却下される攻撃防御方法は事実主張に限られる。伊藤258頁など参照。

(1) 当事者双方の欠席

当事者双方が期日に出頭せず，または，出頭しても弁論をしないで退廷した場合，当該期日は目的を達成することなく，終了する[171]。期日終了とともに，裁判所は，相当と認めるときは，弁論を終結して終局判決をすることができる（244条本文）[172]。これは，旧法下での裁判実務（最判昭41・11・22民集20巻9号1914頁〔百選Ⅰ91事件〕）を新法が明文化したものである[173]。終局判決をしないときは，どちらかの当事者が新期日指定の申立てをすれば，それに基づいて新期日を指定すればよいが，新期日指定の申立てのないまま1ヵ月を経過した場合には，訴え取下げがあったものとみなされ（263条前段），訴訟係属が遡及的に消滅する（262条1項）。当事者双方が連続して2回，口頭弁論期日に出頭せず，または，弁論をしないで退廷したときも，訴え取下げが擬制される（263条後段）。

こうした取扱いは，弁論準備手続においても同様である（263条前段後段）。もっとも，証拠調べを受命裁判官または受託裁判官によって行う旨の決定がなされると，その完了まで受訴裁判所における口頭弁論が中止されるから，当事者双方がその間に開いた口頭

---

[171] ただし，証拠調べおよび判決言渡しは，当事者の在廷を要しないので，当事者双方が欠席しても行うことができる（183条・251条2項）。

[172] 民訴法244条の意義は，実際に提出された裁判資料によっては裁判をなすに熟したと認められない場合でも，欠席の事実と併せて判断することで，終局判決を可能にしたところにあるという（一問一答286頁，伊藤259頁）。なお，本条は，一方当事者の欠席の場合にも適用されるが，双方欠席の場合には，取下げ擬制（263条）を原則として，本条による場合は限定されるべきとの主張がある（宇野聡「審理の現状に基づく判決についての一考察」香川16巻2号〔1996年〕218頁，加藤新太郎「不熱心訴訟追行に対する措置②」新民訴大系(3)316頁など）。

[173] 旧々法は，当事者間の合意による手続の休止（1年間に限る）を認め，双方欠席のときは，休止の合意があったものとして手続を休止し，1年内に期日指定申立てがなければ訴え取下げを擬制していたが（旧々民訴188条），旧法も新法も，訴訟手続の休止の制度を採用していないので，当事者双方の欠席後に裁判所が職権で新期日を指定することは妨げない（大判昭12・12・18民集16巻2012頁）。もっとも，そうすると，双方欠席と期日指定申立てを繰り返せば，訴え取下げの効果を免れることができてしまう点で問題が生じるとの指摘があり，旧法下での立法論として，正面から休止を認めるとともに，休止になったら一定期間は棚上げにして期日指定の申立てが許されなくなるとする取扱いの提唱（兼子・体系234頁。なお，ZPO 251条参照）や，すでにある程度弁論が進行した後の続行期日における双方欠席の場合において対席判決をする裁量権を裁判所に与えることも考慮すべきとの提言（三ケ月・双書351頁）がみられた。最高裁は，解釈論として，後者に対応し，双方欠席でも口頭弁論を終結でき，旧法238条が適用になるのは，弁論を終結せずかつ新期日も指定しないで当該期日を終了した場合であるとした（最判昭41・11・22民集20巻9号1914頁）。こうした状況を踏まえて，新法は，この最高裁判決を立法化し（244条），さらに，当事者双方が弁論期日を2回連続して懈怠した場合にも訴え取下げを擬制する（263条）ことにしたのである。

弁論期日に欠席しても，本条は適用されない[174]。

1ヵ月の期間満了前に管轄違いによる移送決定およびその送達がなされた場合も，移送決定に不服がなければ移送裁判所に期日指定の申立てをせずに受送裁判所の新期日指定を待つのが当事者の合理的態度であるといえることから，本条の適用はないとしてよいであろう[175]。なお，本条は，控訴審手続にも準用され，控訴取下げが擬制される（292条2項）。

(2) 一方当事者の欠席

当事者の一方が期日に出頭せず，または，出頭しても弁論をしないで退廷した場合に，これによって期日が無駄となれば，そのための時間や費用の浪費を受忍しなければならない出席当事者との関係で不公平であり，その者の裁判を受ける権利の保障にとっても望ましくなく，訴訟不経済でもある。他面，口頭主義を貫くと，第一回期日に原告が欠席した場合，出席した被告に弁論させようにも主題がなく，弁論手続を進めることができない[176]。そこで，法は，手続進行の必要性と口頭主義の要請との調和の観点から，最初の期日において陳述擬制を行い，続行期日においては特別の扱いをしないものとした。

(a) 最初の期日の懈怠

原告が最初の弁論期日を懈怠すると，訴状の陳述がなされない結果，請求が定立されず，審判対象が定まらないので，裁判所は審理を進めることができないので，訴状等の陳述を擬制する必要性が認められる。さらに，原告・被告間の公平の観点から，被告欠席の場合にも答弁書等の陳述擬制を認めなければならない。そこで，法は，原告または被告が最初にすべき口頭弁論の期日に出頭せず，または，出頭したが本案の弁論をしないときは，裁判所は，その者が提出した訴状または答弁書その他の準備書面に記載した事項を陳述したものとみなすこととして，出頭した相手方に弁論をさせることができるとした（158条）。本条にいう「最初にすべき口頭弁論の期日」とは，第一回の指定期日に限られず，弁論が実際に行われる最初の期日をいう。本条は，控訴審にも準用されるが（297条），その場合，控訴審での最初の口頭弁論が行われる期日において陳述擬制が行われる（最判昭25・10・31民集4巻10号516頁）。差戻しがなされると，陳述擬制が行われるのは，差戻し後の控訴審における最初の口頭弁論が行われ

---

[174] 旧法238条に関し，大決昭8・5・8民集12巻1084頁。
[175] 旧法238条に関し，最判昭38・10・1民集17巻11号1301頁。
[176] もっとも，弁論準備手続において争点整理を終えている場合は，出席当事者がその結果を陳述すれば，手続を進めることができる（173条）。

る期日となる（大判昭12・3・20民集16巻320頁）。また，本条は弁論準備手続にも準用されており（170条5項），弁論準備手続の最初の期日において準備書面の陳述擬制が行われる。

陳述擬制が行われると，裁判所は，擬制された陳述内容と出席当事者の弁論をつき合わせて審理を進めることになる。この場合，出席当事者の主張は，事前に提出された準備書面に記載された事実に限定される（161条3項）。そして，出席当事者の主張事実を欠席当事者が事前に提出した準備書面のなかで明らかに争っていない限り[177]，自白したものとみなされる（159条3項）。これを擬制自白という。争われている場合には，審理が続行され，出席当事者の証拠調べを行い，その結果，当該期日で裁判に熟したと判断されれば，弁論は終結され，そうでなければ次回期日が指定されることになる。このように，現行法は，欠席当事者の陳述擬制のほかは，欠席者が出席しているのと同様に扱っている（これを対席判決主義[178]という）。

(b) 続行期日の懈怠

当事者の一方が続行期日を懈怠した場合に，法は，特別の取扱いをすることなく，欠席当事者の従前の弁論と出席当事者の弁論をつき合わせて審理し，その結果，裁判に熟すれば，弁論を終結することができ，そうでなければ，続行期日を指定する。続行期日の懈怠の場合は，最初の期日のそれとは異なり，手続を進行させることができ，また，この場合にまで陳述擬制を認めると口頭主義が形骸化してしまうことによる。ただし，新法は，当事者双方の欠席の場合と同様に，審理の現状および当事者の訴訟追行の状況を考慮して相当と認めるときに，裁判所が，出席当事者の申出に基づいて終局判決をすることができる

---

177) 積極的に認めていれば，擬制自白ではなく，通常の自白が成立する。
178) これに対し，旧々法は，当時のドイツ法にならい，欠席判決主義を採用していた。これは，欠席という事実に基づいて欠席当事者敗訴の判決（欠席判決）をして手続を打ち切ることができるとともに，敗訴判決に対して，上訴ではなく，同一審級への申立て（故障申立て）により敗訴判決以前の状態から改めて審理することを求め得る建前をいう。これによると，従来の弁論のいきさつが考慮されず，形式的にすぎる点や，欠席と故障申立ての繰り返しによる訴訟引延ばしを許容してしまう点で問題があることから，旧法は，対席判決主義へと方向を転換し，これは新法に受け継がれている。なお，旧法下において，故障申立ての方式の改革（厳格化），欠席判決の時期的制限（イギリス，フランス，イタリア，オーストリアでは第1回期日のみ），対席判決との選択可能性（ドイツでは，対席判決の一種である「記録による裁判」と欠席判決の選択が可能）などを考え合わせながら，合理的な欠席判決制度を導入すべきとの立法論があったが（三ケ月・全集350頁），新法は，これを採用せず，むしろドイツ法の「記録による裁判」（Entscheidung nach Aktenlage）に類した審理の現状に基づく判決の制度を設けた（244条）。以上につき，新堂451頁注(1)参照。

ものとした（244条）。

なお，簡易裁判所では，続行期日の懈怠の場合でも，その期日までに当事者が提出した書面の内容を陳述したものとみなされる（277条）。訴額が少額[179]である簡易裁判所の手続においては，書面で済ませることにより，出頭のための負担（時間・費用・労力）を軽減することが合理的であると考えられたことによる。

第7節　事案の解明——弁論主義と釈明権——

口頭弁論は，訴訟物たる権利義務ないし法律関係の存否を判断するための裁判資料（訴訟資料および証拠資料）を審理する手続であるが，本節では，この裁判資料の収集・提出をめぐる役割分担について眺めることにする。

第1款　弁論主義

1　弁論主義の意義

口頭弁論において判決の基礎をなす事実の確定に必要な裁判資料を収集し提出する職責と権能について，これを当事者に認める建前を弁論主義といい[180]，これを裁判所に委ねる建前を職権探知主義という。

現行法がその一般原則として弁論主義を採用していることは，弁論主義を前提とする諸規定の存在から明らかである（159条・179条，人訴19条・20条，行訴24条など参照）。もっとも，判決の内容を当事者の意思のみで左右することが許されない場合には，弁論主義ではなく，職権探知主義が採用される（一定の訴訟要件や人訴20条など）。

(1)　弁論主義の根拠

民事訴訟法が弁論主義を採用する根拠をいかにとらえるかについて，学説上，さまざまの議論がある。

(i)通説的見解は，本質説とよばれ，訴訟物たる私人間の権利関係は，私的自治の原則の下，当事者の自由な処理に委ねられるべきであり，訴訟における解決内容についても当事者意思を尊重することが望ましく，そのために，弁論主義を採用して，訴訟資料の

---

[179]　簡易裁判所の事物管轄は，2003年に訴額の上限が90万円から140万円に引き上げられた（裁33条1項1号）。

[180]　さらに，弁論主義を本来的弁論主義（訴訟資料の収集を当事者の責任と権能とする側面）と機能的弁論主義（当事者の主張しない事実を裁判所が認定できないという側面）とに二分する提案がある（小林・審理27頁以下）。なお，笠井正俊「弁論主義の意義」鈴木（正）古稀383頁参照。

収集の権能と責任を当事者に認めたと説く[181]。これに対し,(ii)弁論主義は,真実発見のための手段として合目的的政策的考慮から採用されたとする見解(手段説)がある[182]。これは,私益をめぐる紛争に最も強く利害を感ずる当事者の利己心を利用して,自己に有利な資料の提出の責めを負わせるなら,客観的にも十分な資料の収集が期待でき,労少なくして真実を発見しやすいと主張する。しかし,真実発見の点では,弁論主義より職権探知主義の方が優れているとの批判がある。また,(iii)不意打ち防止を弁論主義の根拠とみる見解(不意打ち防止説)もある[183]。これに対しては,不意打ち防止は,弁論主義の根拠ではなく,機能であるとの批判がある。さらに,(iv)弁論主義の根拠は,いずれか一つの根拠で割り切って説くことは不可能で,本質説,手段説のそれぞれ説く根拠のほか,不意打ちの防止,公平な裁判への信頼の確保などの根拠も加えて,多元的な根拠に基づいてできあがった一個の歴史的所産であるとみる見解(多元説)がある[184]。これに対しては,(ii)手段説および(iii)不意打ち防止説に対する批判が妥当しよう。そのほか,近時は,(v)本来的弁論主義は真実発見に適するとともに当事者の主体的地位を尊重してその手続保障を充足することから認められると説く手続保障説[185]や(vi)紛争解決を目的とする民事訴訟において,法探索の主体性を当事者に保障することで訴訟資料に対する当事者支配を確立することに弁論主義の根拠を求める法探索主体説[186]なども提唱されている。

　どのように考えるべきか。民事訴訟法は,二当事者対立構造をとってお

---

181) 兼子・体系197-198頁,兼子・研究1巻475頁,新堂410頁,中野ほか192頁〔鈴木正裕〕,注釈民訴(3)52頁以下〔伊藤眞〕,伊藤266頁,高橋・重点講義上349頁以下,松本=上野43頁〔松本〕,梅本472頁,河野224頁,山本・基本127頁以下,山本克己「弁論主義論のための予備的考察」民訴39号(1993年)170頁,新争点133頁〔上野泰男〕など。なお,高橋・重点講義上368頁。ちなみに,伊藤説は,従前の本質説では明確にされていなかった根拠である私的自治原則と弁論主義の多様な内容との関係を整理し,第1テーゼ(主張責任)は法律関係について認められる私的自治の反映であり,第2テーゼ(自白の拘束力)はいかなる主要事実について裁判所の判断を求めるかという対象決定についての当事者の支配権に基づき,さらに,第3テーゼ(職権証拠調べの禁止)は私的自治に服する権利関係存否の判断を当事者の提出する証拠に基づいて行えば足りるとする点で,やはり私的自治を理念的基礎とするという(伊藤266頁)。また,山本(和)説は,弁論主義の適用領域を自己に有利な事実等を提出しない自由に限定し,不利な事実等を提出しない自由は含まれないとする(山本・基本133頁,山本和彦「狭義の一般条項と弁論主義の適用」広中俊雄先生古稀祝賀論集『民法秩序の生成と展開』(創文社,1996年)77頁)。
182) 村松俊夫『民事裁判の研究』(有信堂,1955年)151頁,菊井・上161頁,三ケ月・全集157頁〔旧三ケ月説〕,斎藤・概論204頁など。
183) 田辺公二「反対論として——契約が代理人によって成立したことの主張を要するか」判タ71号(1957年)46頁〔近沼=浅沼I82頁以下所収〕。
184) 竹下守夫「弁論主義」演習民訴〔新版〕375頁,三ケ月・双書197頁[新三ケ月説],上田322-323頁など。
185) 小林・審理27頁以下,小林・プロ209頁以下。
186) 伊東・弁論主義62頁。

り[187]，原告と被告が対立し，それぞれ自己に有利な主張・立証を行い，証明責任の分配のルールにしたがって，証明責任を負う側が本証を，その相手方が反証を，それぞれ提出するという形で審理が展開される。すなわち，二当事者対立構造の下では，原告・被告がそれぞれ主張および証拠を提出する権能を有しているのであって，この限りにおいて，弁論主義の下でも職権探知主義の下でも，当事者の活動が基盤となる点では違いがない。

問題は，原告または被告の主張や立証に不十分な点があり，そのまま放置すれば，主張責任の原則や証明責任の原則にしたがって敗訴する可能性が生じている場合である。弁論主義の適用される訴訟であっても，裁判所は，その主張・立証の不十分な当事者に対してそのまま敗訴判決を下すのではなく，一定の範囲で釈明権を行使し，適正な判決に近づくための活動を行うべきものとされている。この局面において，職権探知主義の適用される訴訟では，裁判所は，職権で自ら主張を取り上げたり，証拠を取り調べたりすることができ，また，そうしなければならない法的義務を負う。

両者の相違は，弁論主義の下では，裁判所の釈明権行使に対して，これに応じて主張・立証するか否かは当事者の権限であり，釈明に応じる場合は各当事者が自ら主張や証拠を提出しなければならないのに対し，職権探知主義の下では，裁判所も自ら主張を取り上げ，証拠を取り調べることができる。この相違は大きいようにみえる。しかし，実際には，当事者としては裁判所の釈明に応じ主張・立証を行うのが通常である。いずれの主義をとるかで審理の場に上程される主張事実や証拠の範囲にさほどの違いは生じないであろう[188]。

それにしても，①リスクの多い決定的な証拠[189]となると，本証としても，反証としても，いずれの当事者からも提出されないという事態が生ずることもある。その頻度は限られているにしても，この局面で，裁判所がそのイニシア

---

[187] 歴史上，二当事者対立構造を前提としない裁判制度も，ときおりみられた（動物裁判や独裁国家の刑事訴訟など）。P・カラマンドレーイ106頁以下参照。

[188] 職権探知主義の下での当事者の役割いかんは，必ずしも明らかでない。この点，兼子・体系205頁によると，「職権探知においては，事実関係の解明についての責任の主客が転倒し，当事者の弁論も裁判所の職権探知の責任を補助するものになる」という。しかしながら，職権探知主義の下では，訴訟資料の収集および提出について，これを当事者の本来的な権能とするだけでなく，裁判所もその役割を分担することが期待されるのであって（梅本516頁参照），裁判所と当事者は，併存的に協働の責任を負うとみるのが適切であるといえよう。この問題は，訴訟における根本的な手続観とかかわるが，責務は併存をするものの，むしろ裁判所が補完的な役割を担うと把握するのが本来の司法観とよりよく適合するのではなかろうか。

[189] たとえば，企業秘密やプライバシーなどを内容とする証拠などがあろう。

ティヴで法廷の場において証拠をその独自の判断で取り調べることの意味は，原理的には決して無視できないであろう。②釈明権の積極的行使を前提としても，その範囲は，弁論主義の下と比べて，職権探知主義の下では，より広いものとなろう。そこに，裁判所のイニシアティヴで事案が解明される範囲について両主義の間で相当の差異が生ずるといってよいであろう。③事実審における主張・立証が十分でなかった場合，職権探知主義の下における上訴の範囲は，弁論主義におけるのと比べて広くなり，控訴・上告が可能な範囲とその頻度は格段に増すであろう（312条3項・318条1項参照）。

　もっとも，現実の訴訟においては，弁論主義型審理と職権探知主義型審理との間の違いは程度の差であり，微妙なものである。そうすると，訴訟の類型や事項いかんで，いずれの主義をとるべきかについて，いかなる考慮から決せられるかが問題となる。この選択の基準は，絶対的なものではなく，むしろいずれがより適切かという適合性の観点から判断すべきである。通常の民事事件について，職権探知主義を採用することも不可能ではないが，その選択は，多くの場合，制度としての合理性を欠くであろう[190]。他方，家事事件については，当事者の主張・立証活動が十分でなければ，裁判所がイニシアティヴをとって，事実調査をするのが審理の進め方として実際的であり，したがって，職権探知主義がより適合的であろう。この場合にも，主張・立証を行う当事者の権利が否定されるわけではなく，訴訟運営の合目的的考慮から職権行使の度合いが異なるにとどまる。なお，事実の探求を重視する場合にも，職権探知の定めを置くだけでなく，裁判所の権限行使を支える制度的な手当てが考えられなければならない[191]。制度的違いの意味は主としてここにあるといえよう。

　そこで，民事訴訟法において，弁論主義がとられる根拠は何かといえば，それは弁論主義がより適合的であることに求められよう。その理由としては，以下の点を指摘することができよう。①訴訟物について利害関係をもつ各当事者が積極的に主張・立証活動をするのが通常であり，その活動が不十分な場合であっても，裁判所の釈明があれば，訴訟資料や証拠資料の充実へ向けて当事者が動くであろうこと，②そもそも権利主体である当事者が訴訟追行の仕方につ

---

[190]　プロイセンの民事訴訟法の失敗例につき，鈴木正裕「18世紀のプロイセン民事訴訟法——職権主義訴訟法の構造（1）～（3・完）」神戸法学雑誌23巻3＝4号（1974年）115頁以下・24巻2号（1974年）109頁以下・24巻4号（1975年）333頁以下を参照。

[191]　こうした角度から，人事訴訟法によって，参与員の関与（同9条1項）および家庭裁判所調査官による事実調査（34条1項）が人事訴訟においても認められたことを評価することができよう。

いて最終決定権をもつ反面，その決定にしたがって自ら追行した訴訟行為の結果として，たとえ敗訴判決であっても，当事者はそれを甘受すべき自己責任を負うべきであり，それが当事者の主体的判断を重んずる民主制の下での訴訟のあり方として正統性をもつこと[192]，③当事者が主体的な判断に基づいて攻撃防御方法を展開し，積極的関与を行うのであれば，手続上不意打ちなどを受けるリスクが少なくなり，手続上の公正感も増すことがある。加えて，④社会の根本にある法の支配に裏打ちされた信頼のシステムにとって決め手ともいえる重要訴訟事件に着目すると，当事者が事前の調査と法廷内外の攻撃防御の主体的活動を通じて法廷審理の基調を認定し，その有するエネルギーのすべてを傾け事案の真相を解明するアドヴァーサリ・システムの価値はいよいよ痛切に認識されているところである。

　不意打ち防止は，弁論主義であると職権探知主義であるとにかかわらず，公正な手続として要請される事柄であり，両者に共通する。ただ，弁論主義の下では，当事者が主張・立証に主体的にかかわることから，そのプロセスのなかで当然に不意打ち防止機能が手続のしくみに内在しているのに対し，職権探知主義の下では，当事者が主張しない事実を斟酌し，職権で証拠調べをする場合には，裁判所が当該事実および証拠調べの結果について当事者の意見を聴くという措置が別途に意識されなければならない（人訴20条[193]参照）。そこで，その保障の仕方に差異はあるものの，不意打ちが防止されなければならない点では，いずれの主義をとっても同様である。すなわち，不意打ち防止は，弁論主義か職権探知主義かにかかわらず，手続一般の普遍的要請であり（手続保障も同じ），弁論主義の適用される訴訟においては，訴訟手続の基本構造のなかにその機能がビルトインされているのである[194]。

　民事訴訟において，弁論主義が基本原則とされているのは，このように複合的な根拠によるのであるが，ただし，これは一体のものではなく，一定の事項（たとえば，訴訟要件の一部）については，職権探知主義をとってもよい。鑑定人に関して職権証拠調べの可否をめぐって意見が分かれるのは，自然のことである。そうすると，人事訴訟では，職権探知主義がとられているが，主張・立証

---

192)　この点を鮮明なタッチで活写した特筆すべき講演集としてP・カラマンドレーイ108-114頁を参照。

193)　人訴20条は，当事者を尋問すべきとしていた旧人訴法（人事訴訟手続法14条但書）の趣旨を明確化したものである。吉岡睦子＝長谷部由紀子編『Q＆A人事訴訟法解説』（三省堂，2004年）95頁〔山本和彦〕など。

194)　本書369頁参照。

活動を促進するためのしくみや弁護士による法的サーヴィスの充実ということも制度上念頭におかれて然るべきである。

　この適合性という判断尺度からすれば，弁論主義か職権探知主義かの選択には，より政策的な考慮が選択基準に入り込んでくるであろう。このように考えると，弁論主義の根拠をめぐる従来の対立についても，択一的に論じるのではなく，適合性尺度に即して統合的に考えていくという発想への転換が肝要である[195]。そこで，法政策的な考慮を中心に据えるならば，弁論主義をとりながら，裁判所の後見的権能を強化したり，弁護士の関与を促進したり（場合によっては，弁護士強制主義の部分的採用）することで，いわば第三の審理モデルである混合審理方式の導入も検討に値しよう（特殊分野での専門裁判官制の導入。弁論主義と職権探知主義の相対化としての職権証拠調べなど）。

(2) 弁論主義と処分権主義との関係

　弁論主義と処分権主義は，いずれも民事訴訟における当事者主義のあらわれであるが，当事者の意思に委ねられる事柄が，弁論主義においては請求の判断の基礎資料（事実および証拠）の収集および提出であるのに対し，処分権主義においては審判の開始および終結（判決以外）や審判対象の特定であり，両者は，次元を異にする。それゆえ，職権探知主義と処分権主義は矛盾するわけではなく，たとえば，職権探知主義をとる人事訴訟（人訴20条）において，審判の開始（訴えなければ裁判なし）や審判対象の特定は当事者の権能とされ，また，訴え取下げも認められている。

　もっとも，処分権主義の内容をなす請求の放棄・認諾および訴訟上の和解については，単なる審判の終結ではなく，当事者意思に基づいて紛争解決基準を定立するという実態をもつことから，紛争の解決内容を当事者意思のみに委ねることをしない職権探知主義の下では，許されない場合もある。たとえば，人事訴訟では，原則として，請求の放棄・認諾および訴訟上の和解は認められない（人訴19条2項）[196]。この点からすると，処分権主義は，当事者の自主的解決に近い形での解決内容を導くために解決過程において当事者意思を尊重するという側面において，弁論主義と相呼応するものといえよう。さらに，いずれも審判対象を特定ないし限定する機能を有する点でも共通する（処分権主義は請求

---

195) 小島・要論141頁。
196) 婚姻関係訴訟の特例として，請求の放棄・認諾および訴訟上の和解をすることが認められている（人訴37条）。

面での特定，弁論主義は事実面からの限定)197)。

2 弁論主義の内容（三つのテーゼ）

判決の基礎とすべき裁判資料の収集および提出を当事者の職責と権能とする原則である弁論主義について，その内容を正面から定めた明文規定はなく，職権探知主義に関する規定（人訴20条）から導き出すほかない。裁判資料の提出活動は，(a)事実を主張する場面と(c)証拠の申出を行う場面から成り立つが，それらにおける当事者の主導権を認めたのが弁論主義である。なお，証拠の申出を要するのは主張事実が当事者間で争われている場合であり，(b)争われていなければ証拠による認定を要しない（自白）。

そうすると，弁論主義の内容は，(1)主張責任（第1テーゼ），(2)自白の拘束力（第2テーゼ），そして，(3)職権証拠調べの禁止（第3テーゼ）の三つからなる。

(1) 主 張 責 任

(a) 主張責任の意義

訴訟物たる権利関係を基礎付ける事実，すなわち主要事実は，当事者が口頭弁論で陳述しない限り，裁判所は，これを判決の基礎として採用することができない。そのため，当事者は，自己に有利な主要事実については，これを主張しない限り，それを判決の基礎とすることができず，不利な裁判を受けるおそれがあり，この不利益を主張責任という。主張責任は，原告の主張する請求原因事実のみならず，被告の主張する抗弁事実，原告の主張する再抗弁事実，さらに被告の主張する再々抗弁事実についても認められる。主張責任の分配は，原則として証明責任の分配に従うが，職権探知主義の下でも考えられる証明責任と異なり，主張責任は弁論主義においてのみ観念し得る概念である。

(b) 主張責任の機能

主張責任の働きとして，①当事者意思に基づいて争点形成を行い，判決によって解決すべき紛争の外縁を事実面において限定すること，②主張・立証活動の指針を当事者に与えること198)，③両当事者に対して，事実面での攻撃防御の目標を明示するとともに，不意打ちのおそれを排除して，防御の機会を実質的に保障すること（手続保障の機能），が挙げられる199)。

争点を明確にするために，原告は，訴状に請求の趣旨および原因を記載する（133条

---

197) 新堂412頁，梅本472頁など参照。
198) 具体的には，原告は，請求を理由付ける主要事実，抗弁事実に対する認否，および，再抗弁事実等を主張するよう促され（規53条1項・81条参照），被告は，訴状に記載された事実に対する抗弁事実等を主張するよう導かれる（規81条参照）。
199) 新堂413頁，梅本484頁など参照。

2項2号）ほか，請求を理由付ける事実を具体的に記載し，立証を要する事由ごとに当該事実に関連する事実で重要なものおよび証拠を記載しなければならず（規53条1項），被告も同様に，訴状の記載事項に対応した答弁書の記載を要求される（規80条1項）。

(c) 訴訟資料と証拠資料の峻別

主張責任を認めたことのコロラリーとして，当事者が弁論に提出しない主要事実は，たとえ証拠調べから心証を得たとしても，それを採用することは許されない（「証拠資料によって訴訟資料を補えない」）という帰結が導かれる[200]。たとえば，証人がたまたま証言した弁済の事実について，裁判所がこれをいくら信用できると認めたとしても，当事者が弁済の事実を主張しない限り，裁判所は，弁済の事実を認定することが許されないのである。訴訟資料と証拠資料を峻別せずに，証拠資料によって訴訟資料を補うと，そこで認定された事実について，相手方の防御の機会を奪い，不意打ちのおそれを惹起するからである。もっとも，訴訟資料と証拠資料の峻別は，裁判所に対して，心証を得ている主要事実が弁論に顕出されない場合に，それを放置すべきことを要請するのではなく，こうした場合には，事案解明の見地から，裁判所には釈明権の行使が求められよう。

なお，弁論終結後において，回顧的に弁論事実と認定事実の食い違いの有無を検討する際には，その認定事実が不利益に働く当事者にその事実を争う機会が現実にあったか，または，あったとみてよいか，要するに不意打ちのおそれ[201]の有無を中心として，社会通念に照らして判断されることになる。たとえば，契約の成立日時などに食い違いがあっても，弁論主義違反とまでいえないのが通常であろう[202]。また，注射によって皮下腫瘍が生じたという医事関係訴訟において，「注射器の消毒不完全」という原告の主張事実に代えて，裁判所が「注射液の不良または注射器の消毒不完全」のいずれかの過失があったという選択的認定をすることも，医学的知識の乏しい原告に具体的な事実を特

---

200) 法定代理人を証人として尋問した供述を訴訟資料に転換して採用することを妨げないとする判例があるが（大判昭11・10・6民集15巻1789頁〔百選52事件〕），学説では反対が多い（兼子・判例222頁，百選112頁〔上田徹一郎解説〕，梅本488頁注4など）。
201) 新堂418頁によると，「不意打ちのおそれ」は，行為規範および評価規範という二重の意味で弁論主義の適用を限定するというが，本文での「不意打ちのおそれ」は評価規範としての作用が認められよう。
202) 大判大9・3・13民録26輯317頁。ちなみに，その日時が15日または16日であったという当事者の択一的主張も，裁判所の択一的認定も，金銭授受に関する心証が確かであれば，問題はないのに対し，たとえば，消滅時効との関係で15日か16日かが重要であるような場合には，択一的認定は許されない（伊藤滋・基礎223頁以下）。

定して主張させることが酷となる医事関係訴訟にあっては，実質的公平の観点から，原則的には許されるとしてよいであろう[203]。いずれにせよ，過度に厳密な一致を求めると，弁論主義の本義から逸脱するおそれがあることを忘れてはならない。

　(d)　主張の証拠による補充

　ある事実について主張責任を負う当事者がその事実を積極的に主張していなくても，証拠調べの結果からそれを認定することが許されるであろうか。この問題は，一律に決するよりは，証拠方法とそれに関連する状況とを考え合わせて，証拠によって代用できるかを各局面に応じて決すべきである。

　①証拠全般についてであるが，立証事項との関係で主要事実が明らかである場合には，相手方としても，その事実が審理対象となっていることについて認識可能であり，当事者双方の間に了解があるとみられる。この場合は，原則として主要事実の主張があるものとしてよいであろう[204]。②人証についてみると，交互尋問制度の下では，当事者の主体的な証拠資料顕出の努力がなされ，当事者間に主要事実が意識され，不意打ちのおそれがないことが多いので，この場合も，原則として主要事実の主張があるとしてよいであろう[205]。③当事者本人尋問や法定代理人など当事者に準ずる者の証言については，当然に主張ありとみるのが妥当とされる場合が多いであろう。

　以上のように解しても，弁論主義の本旨に反するものではないといえよう。事実主張の提出を要求している弁論主義の狙いは，当事者間の充実した審理を行おうとするところにあり，当事者の利益主張という意味合いは背後に退いているのである。弁論主義においては，不意打ち防止がミクロ的には鍵となるのであって，主張と認定事実の厳密な照応を求めて形式的な批判をするための道具に堕してはならない[206]。

　(e)　弁論主義の適用対象となる事実——主要事実と間接事実の区別——

　主張責任が認められるのは，主要事実に限られ，間接事実や補助事実[207]で

---

203)　最判昭32・5・10民集11巻5号715頁〔百選3版68事件〕，高橋・重点講義上390頁，百選3版140-141頁〔新堂幸司解説〕（これによると，注射のあとが化膿した場合，それは十中八九，注射をした者が当然なすべき注意を怠ったことによるという蓋然性のきわめて高い経験則を基礎にした「一応の推定」を採用したものとみて，本判決の結論の妥当性を認める）など。反対，伊藤270頁。

204)　菊井＝村松Ⅰ799頁。

205)　この点，交互尋問制のないドイツ法とは，前提を異にすることに留意すべきである。

206)　審理の充足を確保することが重要であり，主張と認定事実の形式的一致に拘泥することに疑問がある。菊井＝村松Ⅰ800頁参照。

は問題とされない。そのため、当事者が弁論として陳述したものではない間接事実であっても、証言などにより弁論に顕出されていれば、裁判所は、それを判決の基礎に採用することができる[208]。また、当事者間に争いのある間接事実は証明の対象となるが、裁判所は、当事者の主張する事実と異なる事実を認定することも許される。間接事実から推認される主要事実が弁論にあらわれない限り、その間接事実は無意味となる。そこで、弁論主義の適否を決する基準となる主要事実と間接事実等の区別は、どのように行うべきであろうか。

この点、判例は、「権利の発生消滅等具体的法律効果を判断するにつき直接必要な事実（いわゆる直接事実又は主要事実）は、たとえ裁判所に顕著であつても、当事者の主張がない限り、判決の基礎とすることを得ないのは勿論であるけれども、主要事実につき主張がある以上、該事実の存否を推測させるに足る間接的な事実（いわゆる間接事実又は補助事実）の如きは、当事者の陳述がないに拘らず、裁判所においてこれを顕著な事実と認め、主要事実存否判断の資料とすることを妨げないものと解するのが相当である」とする（最判昭28・9・11裁判集民9号901頁）。

こうした主要事実と間接事実の区別を弁論主義適用上の基準とする考え方は、学説における通説的見解と軌を一にするといえるが、判例のなかには、この基準によらないものもみられる。たとえば、斡旋料支払請求訴訟において、原告が自己と被告との間の斡旋契約を主張したのに対し、裁判所が、被告の代理人と原告の間で斡旋契約が成立したと認定しても、その法律効果に変わりはないのであるから、弁論主義に反しない[209]（最判昭33・7・8民集12巻11号1740頁〔百選3版56事件〕）。また、公序良俗違反による無効（民90条）の主張をしなくても、同条違反に該当する事実の陳述さえあれば、裁判所が無効か否かの判断をしても弁論主義に反しない（最判昭36・4・27民集15巻4号901頁〔百選3版57事件〕）。

学説をみると、主要事実[210]とは、訴訟物たる権利または法律関係の発生・消滅・障害などの法律効果を直接基礎付ける事実であり、間接事実とは、経験則によって主要事実の存否を推認させる事実であるとするのが通説的見解である[211]。主要事実を一義的

---

207) 補助事実とは、証拠の信憑性を覆すための事実をいう。
208) 新堂414頁など。反対、竹下・前掲注184)演習民訴〔新版〕377頁。
209) 代理人による意思表示か本人の意思表示かは、法律効果の発生に直接必要な事実であり、主要事実である。そこから、本判決の場合は、弁論主義違反とする見解（近藤＝浅沼Ⅰ73頁〔坂井芳雄〕）が主張される一方、不意打ち防止という点で問題なく、弁論主義に反しないとの見解（近藤＝浅沼Ⅰ85頁〔田辺公二〕）もある。
210) 主要事実の代わりに要件事実という語が用いられることもある。
211) 兼子・体系198頁、三ケ月・全集195頁、小山249頁、司法研修所編『増補民事訴訟における要件事実第1巻』（法曹会、1986年）30頁、青山善充「主要事実・間接事実の区別と主張責

に明確に断定しがたい面のある一般条項や不特定概念の場合においても，通説は，その考え方を貫いて，不特定概念自体が主要事実であり，それを導く個々の具体的事実は間接事実であって，主張責任の適用はないという[212]。

　こうした通説の形式的な区別に対して批判が強まり[213]，有力な見解がつぎつぎに主張されるに至った。すなわち，先例の集積によって経験的に具体化された事実を主要事実とするかについては，(i)多義的な価値概念を具体化した事実も主要事実といえるとする見解[214]，(ii)主張責任は，訴訟政策上の理由から導かれるとし，主要事実・間接事実を問わず，訴訟の勝敗に影響する重要な事実，つまり，真の争点を構成している事実に適用されるとする見解[215]，(iii)主張責任は，主要事実のみならず間接事実にも適用され，いずれの事実も判決の基礎とするには，原則として当事者の主張を要するという見解[216]，(iv)一般条項の場合には，それを導く具体的事実を「準主要事実」と構成して，主張責任にはこの準主要事実も含むとする見解[217]，(v)一般条項について，主張責任を充たす限度としての抽象的・包括的な主要事実に含まれるより具体的な事実は，主要事実の存否を推認（補充）させるものであるが，依然として主要事実（補充的主要事実）というべきであるとする見解[218]，(vi)主要事実は，①裁判所にとって手続の明確な目標となり，手続を混乱せしめない程度に具体的であり，②当事者にとっても防御活動が十分に行え，不意打ちのおそれのない程度に具体的でなければならないとして，当該法条の立法目的，当事者の攻撃防御目標としての明確性，および，認定すべき事実の範囲が審理の整理・促進という観点からみて明確であるかという配慮に基づいて，何が主要事実であるかを具体的事案の類型ごとに帰納的に定めていくべきであり，結局は，判例・学説の積み重ねにより，次第に明確な基準が確立されることを期待する以外にないとい

　　　　任」講座民訴④403頁，梅本487頁など。
212) 法律実務講座(2)116頁，法律実務講座(4)146頁，村松俊夫『民訴雑考』（日本評論社，1959年）108頁など。
213) たとえば，ある法律効果の要件事実として一般条項（「過失」や「正当事由」など）が規定されている場合に，たとえば，弁論として「過失がある」と主張されていれば，「酒を飲んでいたから過失がある」と認定してよいか，「酒を飲んでいた」という主張がなければ「酒を飲んでいた」という事実を認定してはいけないかは，曖昧であり，要するに，通説は，どの程度の抽象度の事実を主要事実とすべきかについて何も答えていないという（新堂415頁）。
214) 山内敏彦「一般条項ないし抽象的概念と要件事実・立証責任」判タ210号（1967年）42頁（本井巽＝賀集唱編『民事実務ノート3巻』〔判例タイムズ社，1969年〕6頁以下所収）。
215) 田尾桃二「主要事実と間接事実に関する二，三の疑問」兼子還暦中271頁以下。
216) 竹下・前掲注184)378頁，伊東・弁論主義107頁など。
217) 倉田卓次「一般条項と証明責任」法教2期5号（1974年）71頁，同『民事実務と証明論』（日本評論社，1987年）259頁。なお，山本和彦「総合判断型一般条項と要件事実」伊藤（滋）喜寿65頁は，総合判断型一般条項の審理における証明責任の対象を主要事実，弁論主義の対象を準主要事実であるとして，証明責任と弁論主義のそれぞれの対象を分離する道具概念として「準主要事実」を再構成する。
218) 山木戸・論集49頁，青山善充「主要事実・間接事実の区別と主張責任」講座民訴④397頁，伊藤268-269頁など。

う見解219), (ⅷ)主張責任は，訴訟の個別的事情に基づく実質的・動態的な問題であり，主要事実・間接事実の区別は，訴訟の局面ごとに検討すべきであるが，その区別の意味としては，実体法規の適用のための最小限の事実を明らかにする働きがあるにとどまり，弁論主義との関係では，主要事実のみならず，重要な間接事実・補助事実も当事者の主張を要するという見解220), (ⅷ) 重要な間接事実には弁論主義が及ぶが，主要事実のうちでも重要でないものには弁論主義が及ばないというように，不意打ち防止によって調整していくべきという見解221)などがある。

　近時の批判説がいずれも指摘するとおり，通説には払拭しがたい疑問があり，その立論を維持することはもはや困難であろう。まず，信義誠実，権利濫用，公序良俗，正当事由，過失などの一般条項や抽象的概念の場合において，通説のように法律の規定に寄せて考えると，主要事実の抽象性が極度に高まり，間接事実をめぐって実質的な争点が形成されるにもかかわらず，その点が弁論主義の要請から抜け落ちると，審理の充実を損ない不意打ちのおそれが生じることは否めない。つぎに，通説は主要事実と間接事実の区別に当事者の主張の要否を直結させるが，主要事実よりも間接事実の重要性が低いと一概にいうことはできず，ときに決定打となるような間接事実もあるという訴訟の現実とそぐわないであろう。たとえば，家屋税支払いの事実は，家屋所有権の存在を推定させる間接事実であるが，これは，放置すれば訴訟の勝敗を逆転させる重要な事実ともなり得る222)。また，複雑多様化する社会生活から生じた訴訟にあっては，法規の構成要件該当事実の存否を直接に証明することが難しく，間接事実の積み重ねに頼らなければならないケースが次第に増加しつつあるというトレンドも見過ごしてはならない223)。たとえば，公害訴訟における被害と加害者側の放出物質との間の因果関係は，これが争われる場合には，因果関係の直接の証明が困難なので，疫学的証明などにみられるように，間接事実を積み重ねて因果関係を推認するという方法がとられるのが通常であるが，その場合には，間接事実が重要な役割を担い，主要事実に代わる機能を果たしているとい

---

219) 石田穣「立証責任論の現状と将来」法協90号8号（1973年）26頁以下（同『民法と民事訴訟法の交錯』〔東京大学出版会，1979年〕3頁以下に所収），新堂417頁など。
220) 小林秀之「民事訴訟における訴訟資料・証拠資料(3)」法協97巻8号（1980年）1163頁〔小林・審理156頁以下に所収〕。
221) 高橋・重点講義上381頁。
222) 大判大5・12・23民録22輯2480頁〔百選ⅠA29事件〕は，家屋税の負担に関し契約の存する事実を当事者が主張しないのに，その契約の存在する事実を推認したのは違法であるとした。
223) 竹下・前掲注184)演習民訴〔新版〕350頁。

える[224]。

そこで、問題は、通説に代わる基準を何に求めるかである。この点、大局的にみて、区別基準を法規の構造に求める通説を基本的に維持しつつも、勝敗に直結するような重要な事実は当事者の主張を要するとして修正を加えるという方向と、区別基準を重要性の有無に求め、法規との直接関連を遮断するという方向へ転換があるところ、前者が実践的には手堅いと解される[225]。過失などの一般条項の場合に、スピード違反や前方不注意などのより具体的な事実について主要事実としての扱い（「準主要事実」ないし「補充的主要事実」）を認めることは、通説の枠組みを大きく踏み出すことなく目標を達する堅実な構成である。当事者の主張が要求される根拠を考えるならば、攻撃防御を展開するうえで主要事実に劣らない重要性をもつ間接事実についても、当事者による主張を要するとすべきであり、そう考えるのが訴状等の記載事項の詳細をはかった新民事訴訟規則の規定（53条1項・80条1項）などとも平仄が合う。

重要でない主要事実については、その主張を要しないという取扱い、すなわち、主張されていない主要事実について、これを認定し、あるいは、自白の成立を認めるのは、訴訟の構造からして困難である。主要事実については、重要度と無関係にその主張を要すると解するのが整然とした審理という観点から相当であろう。ただ、主張されていなくても、争いのない主要事実であれば、黙示の主張があり、相手方もその事実を自白しているとみられる場合が多いので、この点をことさら論ずるまでもなかろう。また、公序良俗違反や権利濫用などの公共性の強い一般条項については、それに包摂される主要事実に関する当事者の主張がなくても、それを証拠から認定する[226]よりは、裁判所は、審理充実の観点に立って、問題の所在を指摘して審理を進めるべきであろう。

(f) 権利抗弁

権利抗弁とは、抗弁の基礎となる事実関係の主張のみならず、権利行使の意思表示をも要する訴訟上の抗弁であり、事実関係の主張で足りる事実抗弁（錯誤・弁済・免除など）と区別される。具体的には、留置権や同時履行の抗弁権な

---

224) 中野ほか198頁〔鈴木正裕〕。
225) 同旨、中野ほか200頁〔鈴木正裕〕。
226) 村松俊夫「訴訟に現われた権利濫用」末川古稀中289頁、田尾桃二「主要事実と間接事実にかんする二、三の問題」兼子還暦中278頁、篠田省二「権利濫用・公序良俗違反の主張の要否」新実務民訴(2)35頁、青山・前掲注205）403頁など。なお、公序良俗違反に限って認めるのは、竹下・前掲注184）377頁、注釈民訴(3)66頁〔伊藤眞〕、伊藤269頁など。反対、松本＝上野47頁〔松本〕。

どがこれにあたるが[227]，かかる権利抗弁を裁判所が斟酌するには，訴訟において，権利抗弁の存在を基礎付ける客観的事実の主張だけでなく，当事者が当該権利を行使する旨の意思表示をしている必要がある（最判昭27・11・27民集6巻10号1062頁〔百選3版59事件〕）。訴訟手続上，権利抗弁の基礎となる事実の主張のみがなされており，権利行使の意思表示が明示的になされていない場合，裁判所としては，弁論の全趣旨（247条）から抗弁権行使の黙示的意思表示があると認定するか[228]，または，釈明権を行使するかを考えるべきである。

なお，過失相殺（民418条・722条2項）は，権利抗弁ではなく，債務者（加害者）によって過失相殺をする旨の意思が表明されなくても，職権でこれを行い，裁判所は，それを判決の基礎にすることができる[229]。もっとも，債権者（被害者）の過失を構成する主要事実には，弁論主義が適用され，弁論に顕出される必要がある[230]。実務上は，相殺されるべき両方の過失を構成する事実は，相互に密接な関連をもち，債務者（加害者）の過失の主張を債務者（加害者）が争う過程のなかで，債権者（被害者）の過失を構成する事実も弁論に顕出されてこよう[231]。

(g) 法的観点指摘義務

法令の解釈・適用は裁判所の専権事項であるので，法規については弁論主義

---

227) 権利抗弁といわれているものを分類すると，第1類型として，訴訟上の抗弁としての形成権（取消権，解除権，相殺権など），第2類型として，実体法上の抗弁権（催告・検索の抗弁権〔民452条・453条〕，同時履行の抗弁権〔民533条〕，留置権の抗弁〔民295条〕），そして，第3類型として，対抗要件に関する抗弁がある。これを踏まえて，訴訟外の権利行使という事実を相手方が主張すれば判決の基礎となし得る第1類型は事実抗弁であり，権利抗弁から除外すべきであるとするものとして，坂田宏「権利抗弁概念の再評価（二・完）」民商110巻6号（1994年）982頁，百選3版123頁〔坂田宏解説〕などがある。これによると，権利抗弁には主張共通の原則が適用されないことになる（坂田宏『民事訴訟における処分権主義』〔有斐閣，2001年〕251頁以下）。なお，上田319頁は，第1類型を含めて主張共通の非適用を説く。

228) たとえば，最判昭36・2・28民集15巻2号324頁は，弁論の全趣旨から留置権行使の意思表示を認定している。

229) 債務不履行につき最判昭43・12・24民集22巻13号3454頁〔百選3版A19事件〕，不法行為につき大判昭3・8・1民集7巻648頁，最判昭41・6・21民集20巻5号1078頁。判例に賛成するものとして，倉田卓次『交通事故賠償の諸相』（日本評論社，1976年）220頁，梅本502頁など。

230) 大江・中704頁，注釈民訴(3)68頁〔伊藤眞〕，伊藤269頁注142など。

231) 新堂413頁注(1)。同様の判例として，①権利濫用を職権で取り上げた最判昭43・12・25民集22巻13号3548頁，②権利濫用の主張は必要だが，明示することまでを要しないとした最判昭39・10・13民集18巻8号1578頁，③民法90条による無効主張しなくても，同条違反に該当する事実の陳述があれば，裁判所は有効・無効の判断をできるとした最判昭36・4・27民集15巻4号901頁，④信義則違反を職権で取り上げた最判昭42・4・7民集21巻3号551頁および最判昭56・10・30判時1022号55頁などがある。

の適用はない。もっとも，裁判手続においては，事実を法規にあてはめて結論を導き出す作業が行われるところ，法的観点が異なれば，それにあてはまる事実も異なることから，法的観点は，事実の主張と不可分の関係にある。当事者がある法的観点を前提に事実主張している場合に，裁判所が同一事実に基づき別個の法的観点を採用することは，直ちに弁論主義に違反するわけではないが，そのことによる当事者および相手方の攻撃防御方法に少なからぬ影響を及ぼしかねない。

そこで，裁判所は釈明権を行使して，法的観点の内容を当事者に指摘しなければならず，それを怠った場合には釈明義務違反として処置すべきとする主張[232]や，新たな概念として，法的観点指摘義務ないし法律問題摘示義務（これは「裁判所が当事者の主張しているのとは異なる法律問題または主張されていない法律問題を判決の基礎とするとき，裁判所はその点について指摘して当事者に攻防の機会を与えねばならない旨の義務」をいう）を裁判所に負わせるべきとの主張[233]がなされている。

裁判例にあらわれた具体的事件をみると，まず，①建物収去土地明渡請求訴訟において，裁判所の認定した事実関係から直ちに請求が権利濫用に該当するかどうかは疑問であるのに，被告からその旨の抗弁の主張のないまま，請求を権利濫用として排斥するのは弁論主義に反すると判示した例がある（名古屋高判昭52・3・28下民集28巻1＝4号318頁）。これについて，前記の学説は，積極的に評価している[234]。つぎに，②共有持分権に基づく移転登記請求訴訟における被告の主張と裁判所の認定を比べると，被告の夫がその買受資金を親から提供されて購入した土地の所有権とその登記名義が被告の夫からその相続人である被告へ至ったという客観的事実は共通であるのに対し，贈与の法的構成について，資金の生前贈与であるとする被告の主張と土地の死因贈与であるとした原審の認定に齟齬が生じた場合について，最高裁判所は，弁論主義に違反するも

---

232) 小林・審理31頁（小林・プロ229頁は，法的観点指摘義務違反として処理すべきという），上田347頁など。なお，梅本500頁は，釈明義務ではなく，釈明権の局面で処理するのが妥当であるという。

233) 徳田和幸「法領域権における手続保障」吉川追悼上125頁以下，山本克己「民事訴訟におけるいわゆるRechtsgesprächについて(4)」論叢120巻1号32頁，山本・構造論169頁（一般的には釈明義務の一態様だが，上級審が原審と異なる法的観点を職権で取り上げる場合等について憲法上の審問請求権によって根拠付けられるという），納谷廣美「法的観点指摘義務」石川古稀上575頁（当事者が主導権をもつ処分権主義や弁論主義と切り離して，独自の役割のあることを指摘する），高橋・重点講義上402頁など。なお，ドイツ法およびフランス法における法的観点指摘義務につき，梅本498頁注6とそこに掲載の諸文献を参照。

234) 小林秀之「判批」リマークス5号（1992年）142頁，小林・審理31頁など。

のとした (最判昭 55・2・7 民集 34 巻 2 号 123 頁〔百選 3 版 55 事件〕[山下家事件])。これについては，裁判所が当事者の主張・立証している事実からは異なる法的構成の可能性があることを釈明し，当事者とその法的構成の適否について議論した後で，当事者間の攻撃防御の焦点をそこに合わせるようすべきであったとの指摘がある[235]。そして，③土地所有権を主張する原告 X が Y_1・Y_2 に対して提起した，X→Y_1→Y_2 とされている所有権移転登記の抹消請求訴訟において，Y_2 から出た金員で Y_1 から X ないし Y_2 側に本件土地が移転しているという生の事実は，弁論には十分にあらわれており，その生の事実に対する法律構成として，X は「その金員で自己の元へ買い戻した」と主張し，Y_1 は「X のところへ売渡特約付で Y_1 から Y_2 に譲渡された」と主張していたところ，原判決は「Y_1 から X に買い戻され直ちに Y_2 への譲渡担保に供された」と認定した場合について，最高裁判所は，原判決を当事者の主張のない事実を認定した違法（弁論主義違背）があるとして，破棄差戻しをした (最判昭 41・4・12 民集 20 巻 4 号 548 頁〔百選 3 版 A 21 事件〕)。これに対しては，3 通りの法的評価を受けうる生の事実は，弁論に出ていたといえるので，裁判所の認定は，弁論主義違反ではないとする批判的評価[236]もあるが，多くは判旨に賛成して弁論主義違反を認める方向にあり，さらに釈明義務違反ないし法的観点指摘義務違反として処理すべきであったとする評価もある[237]。

　法の解釈・適用に関する最終的な判断権は裁判所にあること，さらに，当事者の判断の下に収集・提出される事実は適用法規いかんに応じて可変的で幅があることにかんがみると，裁判所が釈明の一環として法的観点について指摘を要請されるとすることは，訴訟運営上適切であり，この帰結は，ことさら特定の法理を持ち出すまでもなく導かれるであろう。当事者の攻撃防御方法は，適用される法規とその解釈，そして，事実認定のいかんによって変動しズレを生じるところ，これらについての判断権を有する裁判所は，当事者に対して法規等についての情報を提示しなければならないと考えられる。裁判所による法的情報ないし法的観点の提示は，とりわけ事実関係が複雑な事件や法解釈にゆらぎが生じ得る事件において強く要請されることから，一定の事件との関係における特定の法理との関係でとりわけ注目される傾向がある。しかし，法の解釈

---

235) 小林・プロ 228-229 頁。
236) 高橋・重点講義上 400 頁。
237) 釈明義務違反とするものとして，新堂幸司「判批」法協 84 巻 3 号 (1967 年) 394 頁。法的観点指摘義務違反として処理すべきとするものとして，小林・プロ 229 頁。

と適用は当事者の攻撃防御と離れた聖域ではなく，手続保障という観点から法廷における対話の充実は事実と法の両面にわたって確保されなくてはならない。これは裁判制度に内在する基本原理から導かれる自然の帰結であるが，法的観点は裁判官の専門知見内に存することから情報的に釈明が容易であることが認識されて然るべきであろう。

(h) 主張共通の原則

主要事実が弁論に上程されるには，主張責任を負う当事者による主張のみならず，主張責任を負わない当事者による主張によってもよい。このように，主要事実を判決の基礎とするには，主張責任の所在にかかわらず，当事者のいずれかによって主張されれば足りるということを「主張共通の原則」とよぶ。

この原則を対立当事者間[238]で認めるべきかについては議論があるが，判例は，当事者がした自己に不利な事実（不利益陳述）の陳述は，相手方の援用がなくても，裁判所において斟酌すべきものとして，主張共通の原則を認める立場を明らかにしている。たとえば，所有権に基づく土地明渡請求訴訟において，原告の主張に基づいて土地を相手方に使用させた事実を確定したときは，相手方が当該事実を援用しなくても，裁判所はこれを請求の当否の判断に斟酌すべきであるという（最判昭41・9・8民集20巻7号1314頁〔百選Ⅰ108事件〕）。また，売買に基づく所有権確認請求訴訟において，原告の相続による持分取得の請求原因となる事実を被告が主張したときは，原告が当該事実を自己の利益に援用しなくても，裁判所はこれを斟酌すべきであるという（最判平9・7・17判時1614号72頁）。

学説においては，不利益陳述は，相手方の援用がない限り，判決の基礎とすることはできないとする主張もなされたが[239]，相手方の援用を要せずに，当事者間に争いがある限り，証拠に基づいてその事実を確定すべきものとする見解が通説の立場である[240]。

---

238) なお，共同訴訟人間における主張共通の原則については，本書747頁参照。
239) 山田正三「判批」論叢27巻1号（1932年）161頁，井上・手続51頁。なお，ドイツでは，自己に不利な陳述がなされたときは，裁判所は，証拠による事実確定をせず，直ちにこれを判断の基礎としなければならないとする主張がなされている（Rosenberg/Schwab, ZPR., 14. Aufl., §106Ⅲ., S.632）。ドイツでは原告の主張に有理性（Schlüssigkeit）が要求されるので，これを欠けば請求棄却となるが，被告側に不利益陳述があり，原告がこれを援用しない場合には裁判所は証拠調べを経ずに原告の請求を認容することができるという（これは「等価値主張の理論」とよばれる。演習民訴〔新版〕103頁〔鈴木正裕〕，木川統一郎『訴訟促進政策の新展開』〔日本評論社，1987年〕72頁・158頁）。
240) 兼子・研究1巻213頁，三ケ月・全集159頁，小山265頁，梅本480頁など。

主張責任を負う当事者からの主張がない限り，これを判決の基礎に採用できないとすれば，審理が円滑に進められず，手続運営が不自然で，事実認定にも無理が生じるおそれがあるほか，訴訟資料の収集に関する裁判所と当事者の役割分担について定めたのが弁論主義であって，これは両当事者間の利益主張を規律するわけでないことからすれば，主張共通の原則を認めても弁論主義に反することはない。主張責任の原則は，いずれの当事者からも主要事実が提出されない場合における不利益をどちらの当事者に帰すべきかという問題であり，主張がなされている場合についてまで関知するところではない。したがって，対立当事者間における主張共通の原則を認めてさしつかえないであろう。

(2) 自白の拘束力

当事者間に争いのない事実（自白事実または自白したとみなされる事実）は，証拠によって認定する必要がなく（179条・159条），これをそのまま認定し，判決の基礎としなければならない。これにより，弁論主義は，当事者に対し，事実についての審判の範囲を限定する権能のみならず，審判の内容をも決定する権能を認める方向に働くということができる。

(3) 職権証拠調べの禁止

争いのある事実は，証拠により認定するが，その証拠は，当事者が申請したものに限定される（旧々法261条削除）。どちらの当事者が申請したかは，問わない。そのため，当事者は，自己の申請した証拠によって利益を受けるばかりでなく，相手方に利益を与えてしまうこともある。かような証拠資料の作用を「証拠共通の原則」[241]という。これは，自由心証主義（247条）から導かれるのであって，弁論主義の領域の外にある問題である。

3 弁論主義と真実義務

(1) 真実義務の意義

真実義務とは，ある事実が真実に反することを知っていながら，それを真実である，または，真実であるかのように主張したり，相手方の主張する事実が真実であると知っていながら，それを争ったりすることを禁ずる訴訟上の義務をいう。その根拠は，訴訟上の信義則に求められる[242]。旧法下では，真実義務を直接定める明文規定は存しなかったが，それを前提とするものとして，故意または重過失により真実に反して文書の成立の真正を争った者に対する過料

---

241) 共同訴訟人間における証拠共通の原則については，本書749頁参照。
242) 兼子・研究1巻492頁，中野・訴訟関係38頁以下，同「真実義務」末川古稀中300頁，中野・推認153頁など。

を定める旧法331条（現230条）および当事者尋問において虚偽の陳述をした宣誓当事者に対する過料を定める旧法339条（現209条）の存在が指摘されていた。訴訟上の信義則を正面から認めた規定（2条）を置いた新法の下では，この規定が真実義務の根拠として挙げられる[243]。

事案解明のための訴訟資料の収集・提出を当事者の職責と権能とする弁論主義と当事者に真実義務を課すこととの関係が問題とされるが，真実義務は当事者の主張が客観的真実に合致することまで要求しておらず，主観的真実のレヴェルでその主張の責任を誠実に果たすことを当事者に求めているのであって，これは弁論主義と矛盾抵触するどころか，むしろ，弁論主義の健全な作動を実質的に確保しようとするものといえる[244]。

(2) 完全陳述義務

真実義務に関連して，完全陳述義務を当事者に課すべきであるとの主張がなされている。完全陳述義務とは，当事者は，知っている事実を有利不利にかかわらず，完全に陳述しなければならないという訴訟上の義務をいう[245]。その根拠は，訴訟上の信義則（2条）に求められる。

ここにいう「完全」とは，真実義務の場合と同様に，主観的な認識に基づくものであり，客観的に存在するすべての事実の陳述を義務付けるわけではなく，弁論主義との矛盾は生じない。完全陳述義務は，主観的に認識している事実を当事者が隠すことにより，裁判が実体的真実に反してしまう事態を防ぐことを狙いとするのであって，むしろ，弁論主義を実質的に保障する働きをもつ[246]。実践的には，裁判長が釈明権（149条）を行使した場合および当事者照会（163条）のなされた場合において，自己に不利な事実・証拠を隠さずに，完全な回答を義務付ける拠り所としての意義が認められよう[247]。

(3) 事案解明義務——証明責任を負わない当事者による事案の解明——

弁論主義の下，当事者は，事実・証拠の提出責任を負うが，特定の事実について原告・被告のいずれが提出責任を負うかという主張責任の分配は，基本的

---

243) 新堂422頁，伊藤267頁注136，松本＝上野134頁〔松本〕など。なお，真実義務に否定的なものとして，伊東乾「信義則に代わるもの」民商78巻臨時増刊号(3)（1978年）38頁以下。
244) 中野・推認166頁，梅本474頁参照。
245) 真実義務の沿革につき，梅本476頁注2とそこに掲載の諸文献を参照。
246) 中野・前掲注(238) 156頁，加藤・弁護士279頁注8，高橋・重点講義上414頁，伊藤267頁，梅本475頁など。なお，山木戸・論集19頁は，完全陳述義務が弁論主義との関係で問題となるのは主要事実に限られ，主張責任の原則に撞着するという。
247) 伊藤眞「開示手続の理念と意義(下)」判タ787号（1992年）27頁，梅本475頁など。

には証明責任の分配によって決められる。そうすると，ある事実・証拠の提出責任を負う当事者が，当該事実・証拠にアクセスする機会に乏しい反面，相手方当事者がその機会をもつ場合，証明責任を負う当事者に事案の解明が期待できないことから，一定の要件の下に証明責任を負っていない相手方当事者に，事案解明義務を負わせ，その違反に対して何らかの制裁を課すべきであるとの提言がなされている[248]。

こうした考え方に対する学説の反応は，さまざまであり，大きく分けて，積極的に肯定するする見解[249]，事案解明義務の方向性自体は妥当であるとしながら，理論的に未解明のところもあるとして，将来の理論的深化に期待する見解[250]，そして，事案解明義務を否定する見解[251]に分かれる。

事案解明義務が問題になるのは，証拠調べ手続が開始されたばかりの審理の初期段階において，証明責任を負う当事者が立証に難渋している場合，たとえば，重要な証拠は相手方の下にあって，それが法廷に顕出することができず，ただ周辺的な証拠を出すにとどまっている場合である。訴訟促進の観点からすると，証明責任を負わない当事者に裁判所が立証を促すことは，訴訟指揮上適切であり，これを事案解明義務ととらえるか否かは別として，この程度の要請を裁判所が行うことは許されて然るべきであろう。証明責任を負う当事者は，審理途中で立証困難な状況になったときは，相手方に対して文書提出命令を申し立てたり，第三者に対する証人尋問を求めたりして，事案解明のための資料を法廷に上程することが，規定の範囲内でできるのであり（180条1項・221条1項2項・220条・190条参照），しかも，この範囲は近時拡大の傾向にある。さらに，当事者照会が導入され，当事者に一定の協力義務を課して，開示を促す途も開かれている（163条）。こうした訴訟構造の変容ということを考慮した場合，事

---

[248] 春日偉知郎「証拠の蒐集および提出過程における当事者行為の規律——事実解明義務の要件を中心として」民訴28号（1982年）60頁以下〔春日・証拠研究233頁以下所収〕，同「民事裁判における事案解明（論）について」司研95号（1996年）39頁以下〔春日・証拠法論27頁以下所収〕。ドイツ法における事案解明義務につき，松本幸一「真実発見をめぐる裁判官と当事者の役割の交錯——ドイツの証明責任を負わない当事者の事案解明義務をめぐって」民訴39号（1993年）194頁以下など参照。

[249] 上田・平等49頁など。

[250] 加藤・弁護士285頁，谷口243頁，竹下守夫「伊方原発訴訟最高裁判決と事案解明義務」木川古稀中1頁以下，上田393頁，高橋・重点講義上510頁など。

[251] 石川明「証拠に関する当事者権——証拠へのアクセス」講座民訴⑤15頁（事案解明義務を認めると，証明責任の転換が生じてしまうと批判する），小林・新証拠141頁（事案解明義務により，主張責任・証明責任の区別が曖昧となり，両当事者が裁判所に対する情報提供者に堕し，その主体的地位を失うおそれがあると批判する），梅本476頁など。

案解明義務ということは別の手法によって相当程度までシステムとして推し進められているとみられるのであって，敢えて事案解明義務という独自の理論を導入しなくてよいかもしれない。審理促進という観点からも，裁判所はことさら特別の理論にこだわらずともかかる措置を講じていけるであろう。もっとも，民事裁判の充実および迅速化を目標とする審理構造の中では，事案解明義務は，事案解明のための当事者の行動規範を鮮明にする理論的支えとして意義をもつことは確かである。

ところで，原被告間における事実・証拠へのアクセス格差が顕著な訴訟，具体的には，原子炉設置許可処分についての取消訴訟において，最高裁判所は，被告行政庁の原子炉設置許可処分の判断に不合理な点があることの主張・立証責任は，「本来，原告が負うべきものと解されるが，当該原子炉施設の安全審査に関する資料をすべて被告行政庁の側が保持していることなどの点を考慮すると，被告行政庁の側において……被告行政庁の判断に不都合な点のないことを相当の根拠，資料に基づき主張，立証する必要があり，被告行政庁が右主張，立証を尽くさない場合には被告行政庁がした右判断に不合理な点があることが事実上推認される」と判示して，原告に主張・立証責任があっても，被告の側で主張・立証を尽くさなければ，原告主張の事実の存在が事実上推認される場合のあることを明らかにした（最判平4・10・29民集46巻7号1174頁〔伊方原発訴訟〕）。本判決に対しては，事案解明義務の理論によって最もよく説明可能であるとの評価があり[252]，また「第二次主張・立証責任」の理論の文脈から本判決の枠組みを評価する主張もみられる[253]。ドイツの判例・学説によって形成された「第二次主張・立証責任」の理論は，客観的主張・立証責任である第一次主張・立証責任を負う当事者の相手方に対し，個別具体的な訴訟のなかで信義則を根拠にある事実の詳細を証拠とともに開示させる責任を課すというものであるが[254]，事案解明義務同様，裁判運営の指針を示す枠組みとして実務上一定の役割を果たし得るものと期待されよう。

---

252) 竹下・前掲注250）木川古稀中1頁以下，山本隆司「日独行政法シンポジウム報告④——日本における裁量論の変容」判時1933号（2006年）17頁，春日偉知郎「事案解明義務——伊方原発訴訟上告審判決（最高裁平成4年10月29日第1小法廷判決）に即して——」ジュリ増刊『〈判例から学ぶ〉民事事実認定』（有斐閣，2006年）96頁〔春日・証拠法論9頁以下所収〕など。

253) 木川統一郎「第2次主張・立証責任について——医療過誤訴訟を中心として——」判タ1270号（2008年）5頁以下。

254) 木川・前掲注253）判タ1270号6頁。

4 弁論主義の適用範囲

弁論主義の適否について，とくに問題となる場面としては，通常訴訟における訴訟要件と，人事訴訟その他の特別訴訟が挙げられる。

(1) 訴 訟 要 件

訴訟要件の多くは，公益的要請に基づくものであるが，その度合いはさまざまである。弁論主義の適用の態様は，この公益性の程度に応じて異なる。すなわち，高度の公益性のある訴訟要件は，私的自治に馴染むものではなく，弁論主義は全面的に排除される。その他の訴訟要件は，主張責任（第一テーゼ）および自白の拘束力（第二テーゼ）は排除されるものの，職権証拠調べの禁止（第三テーゼ）は維持される[255]）。さらに，任意管轄や仲裁契約など，当事者の利益保護を目的とする訴訟要件は，私的自治に馴染むので，弁論主義の三つのテーゼのすべてが適用される[256]）。

(2) 人事訴訟その他の特別訴訟

(a) 人事訴訟と弁論主義

まず，当事者のみならず，第三者との間における画一的処理をも必要とされる人事法律関係を扱う人事訴訟においては，弁論主義の適用が制限ないし排除される。

たとえば，①時機に後れた攻撃防御方法の却下（157条)[257]，②審理計画に基づく提出期間徒過による攻撃防御方法の却下（157条の2），③自白（179条）および擬制自白（159条1項），④当事者本人の不出頭に基づく真実擬制（208条），⑤文書提出命令違反に基づく真実擬制（224条），⑥筆跡等の対照用文字筆記命令不服従に基づく真実擬制（229条4項），そして，⑦審理の現状に基づく裁判（244条）の各規定は，人事訴訟においては適用されない旨の規定がある（人訴19条1項）。

さらに，裁判所は，当事者が主張しない事実を斟酌し，かつ，職権で証拠調べをすることができるものとされている（人訴20条前段)[258]）。もっとも，この場

---

[255] 職権審査型については，本書220頁参照。
[256] 高島義郎「訴訟要件の類型化と審理方法」講座民訴②110頁以下，伊藤272頁など。
[257] 職権探知主義訴訟における時機に後れた攻撃防御方法の取扱いについては，本書363頁参照。
[258] 旧人事訴訟手続法においては，個別に，すなわち，婚姻事件および養子縁組事件について片面的職権探知（婚姻等を維持する方向での職権探知）を（同14条・26条），親子関係事件について双面的職権探知を（同31条2項），それぞれ規定していた。なお，旧法下の片面的職権探知主義は，合意による離婚を禁じていたドイツ法においてその潜脱を防ぐために設けられた規定をそのまま継受したにすぎないとして，わが国における合理性に疑問が呈されていたことから，廃止された（吉岡睦子＝長谷部由紀子編『Q＆A人事訴訟法解説』〔三省堂，2004年〕96頁〔山本和彦〕）。

合，裁判所は，その事実および証拠調べの結果について当事者の意見を聴かなければならないとして（同条後段），当事者の手続保障にも配慮している。

(b) 行政事件訴訟と弁論主義

民事訴訟法の規定が準用される行政事件訴訟においては（行訴7条），基本的には弁論主義が妥当する。もっとも，裁判所は，必要があると認めるときは，職権で証拠調べをすることができ，この場合，その証拠調べの結果について当事者の意見をきかなければならないとされている（行訴24条）。これは，職権探知主義を採用したものではなく，弁論主義を職権証拠調べによって補充するものであるといわれており[259]，そのため，行政事件訴訟においても，主張責任および自白の拘束力は認められる。

(c) 会社法上の決議の効力を争う訴訟と弁論主義

株主総会決議取消訴訟等の会社法上の決議の効力を争う訴訟については，弁論主義の適否をめぐって争いがある。

この点，かかる訴訟によって扱われる団体的法律関係が，通常の私的法律関係と異なり，画一的処理を要し，それゆえ判決の対世効が認められているなどの特殊性から，(i)職権探知主義を採用すべきであるとの見解[260]，(ii)弁論主義の適用を制限し，自白の効力を否定するなどの帰結を導く見解[261]，そして，(iii)団体的法律関係といえども，その発生・変更・消滅は基本的に当事者意思に委ねられており，また，訴訟参加など，対世効を受ける利害関係人の利益を守る方法が存在するとして，弁論主義の適用を原則として肯定すべきであるとする見解[262]が対立している。

帰するところ，問題はii説，iii説の考え方とi説とのいずれが妥当かということになる。この点，弁論主義と職権探知主義の関係を見直して，法政策的な観点から，弁論主義をとりつつも，裁判所の後見的権能を強化したり，弁護士の関与を促進しようとする制度的基盤を強化したりする審理方式を重視し，弁論主義をベースとすることで対処するのがよいといえよう。

若干の検討を試みると，判決に対世効が生じる場面にもいくつかあり，それ

---

259) 杉本良吉『行政事件訴訟法の解説』（法曹会，1967年）83頁，園部逸夫編『注解行政事件訴訟法』（有斐閣，1989年）93頁〔春日偉知郎〕，中込秀樹ほか『改訂・行政事件訴訟法の一般的問題に関する実務的研究』（法曹会，2000年）215頁，南博方＝高橋滋編『条解行政事件訴訟法〔第3版〕』（弘文堂，2006年）746頁〔鈴木庸夫〕など。

260) 加藤・要論127頁，松田二郎『会社法概論』（岩波書店，1951年）51頁，小室直人「形成訴訟における処分権主義・弁論主義の制限」西原寛一先生追悼論文集『企業と法（上）』（有斐閣，1977年）364頁，小室・訴訟物227頁，注釈会社法(5)345頁〔岩原紳作〕など。

261) 兼子・体系347頁，小山268頁，菊井＝村松I 806頁など。

262) 伊藤273頁，梅本517頁など。

らの実質的な状況には違いがみられる。たとえば，父子関係をめぐる訴訟においては，客観的な事実に近い判決を確保するために自白などを排除し，できるだけ多角的な証拠を提出させることが必要である。他方，団体法律関係をめぐる訴訟においては，関係する多数人の利害を反映する形で統一的な決着をはかる必要があることから，対世効の規定が存する。前者と後者は異質な面があり，団体法律関係の場合には，利害関係人が当事者として参加できる機会が保障されていれば，対世効の前提は一応満たされるのであって，多数当事者間の規律（類似必要的共同訴訟）で足りるのであって，他の当事者との関係で弁論主義を排除するまでのことはない。

第2款　釈明権

1　釈明権の意義

釈明権とは，訴訟関係を明瞭にするために事実上および法律上の事項に関して，当事者に問いを発し，または，立証を促すことのできる裁判所の権能をいう（149条）。

弁論主義を採用する民事訴訟手続において，事案の解明は，当事者の弁論に委ねられることになるが，それは裁判所の補完的関与を排斥するものではなく，法は，できるだけ完全な弁論を受け取れるようにするため，裁判所側の訴訟指揮の形式で行われる当事者への働きかけとして，釈明権を認めている。釈明権が裁判所の権能であることは確かであるが，その適切な行使によって弁論主義の形式的な適用による不合理を修正し，適正にして公平な裁判を可能にすることは裁判所の責務でもあり，そのような場合には，釈明義務が強調されることになる。

新法が審理の充実・促進を目指して争点・証拠の整理手続を整備し，さらにその後の改正で，民事裁判のより一層の充実・迅速を期するために，提訴前の証拠収集処分等や計画審理などについての規定を置き，また，専門的知見を要する事件への対応強化のために，専門委員制度を導入するなどして，事案解明のためのデヴァイスの拡充をはかる方向にあるが，釈明権・釈明義務は，従来から存在する制度ではあるものの，こうした装置を実際に活かしていくうえで独自の働きを担うという点で新たな面をもつ[263]。

263）　新法制定時におけるものとして，奈良次郎「新民事訴訟法と釈明権をめぐる若干の問題」判時1613号（1997年）3頁など，新法施行後10年ほどの実務状況について，加藤新太郎「釈明の構造と実務」青山古稀103頁など参照。

このように考えると，釈明は，単に弁論主義の補完ではなく，職権探知主義の場合も含め，当事者間の資源の格差を解消して実質的な公平を確保すると同時に，審理の充実・迅速および専門訴訟への対応強化のための裁判所側の利器と位置付けられるであろう[264]。

なお，さまざまな局面における議論とのかかわりで，不都合な結果は釈明によって避ければよいとして，特定の見解の採否について釈明に依拠することがある。しかし，釈明に過度に依存して望ましい結果を確保するよりは，より公正な手続保障という観点からは，当事者が用いることのできる選択肢ないし道具を予め用意しておく発想が，手続理論の明確化の見地から望ましいのではないか。釈明によらなくても，当事者の想定内に辿るべき道筋が具体的な姿として示されていれば，当事者は予め措置を講じておくことができ，当事者のその主体的活動が促進されるであろう。釈明以前の措置いかんが理論構築との関係で重要な課題である。

2 釈明権の行使

釈明権は，訴訟指揮権の一環として裁判所に帰属するところ，その行使主体は，合議体では裁判長であり（149条1項），必要があれば，陪席裁判官も裁判長に告げたうえで行使することができる（同条2項）。当事者は，釈明権の主体ではないので，相手方に直接問いただすことはできないが，裁判長を通じて発問してもらうことができる（149条3項）。これを求問権または求釈明という。もっとも，当事者が求問権を行使したとしても，釈明権が訴訟指揮権の一環となっていることから，裁判所がこれに応じるか否かは，裁判所の裁量に委ねられる。

釈明権は，期日においてだけでなく，期日外においても行使することができる。この期日外釈明は，期日における審理の充実および促進を期して，新法によって認められた制度であるが[265]，どのような釈明がなされたのかを当然には知り得ない相手方に対し

---

264) このように釈明権を弁論主義から相対的に切断する主張としては，新堂428頁，百選2版169頁〔竹下守夫 解説〕，山木戸・論集22頁，高橋・重点講義上397頁注39など。これに対して，釈明権を弁論主義の補完・修正と位置付けるのが通説的理解である（三ケ月・全集162頁，奈良次郎「訴訟資料収集に関する裁判所の権限と責任」講座民訴④131頁，上田339頁，梅本505頁，藤田・講義162頁など）。

265) 旧法下では，釈明準備命令という制度に基づき，期日前に裁判所が予め釈明事項を指示し，その準備を命じるものとされていたが（旧128条），これは，決定という厳格な形式が敬遠されるなどして，あまり利用されず，実務上は書記官を通じての電話・ファクシミリにより補充説明を求めることが行われていた。新法は，そのような実務慣行を明文で認める一方で，釈明準備命令の制度を廃止したのである。

不意打ちまたは釈然としない印象を与えてしまうおそれがあることから，攻撃防御方法に重要な変更を生じさせるような釈明をした場合には，書記官がその内容を訴訟記録上明らかにするとともに（規 63 条 2 項），これを相手方に通知しなければならないとした（149 条 4 項）。なお，期日外釈明は，裁判所書記官に命じて行わせることもでき（規 63 条 1 項），また，基本的には口頭弁論終結後に行われることはない[266]。

釈明権の行使方法をみると，発問による釈明と立証を促す釈明が一般的であるが，文書による釈明[267]という方法もある。期日外釈明の場合には，ファクシミリや電話会議等の相当な方法による釈明も可能とされる。釈明権の行使に対して，当事者が異議を述べたときは，裁判所（合議体）が決定で裁判をする（150 条）[268]。

当事者は，釈明に応じなければならないという義務の拘束を受けるわけではないが，それに応じないために，不利な裁判を受ける可能性がある。ある攻撃防御方法について釈明を促されたのに必要な釈明をしない（欠席を含む）と，裁判所は，その攻撃防御方法を却下して，審理を打ち切ることができる（157 条 2 項）。

3　釈明権の対象と範囲

(1)　釈明権の対象

釈明権は，訴訟関係にかかわる事実上および法律上の事項を対象として行使される。訴訟関係とは，当事者による請求，主張，および，証拠に関連するすべての事項を意味し，いわゆる訴訟法律関係とは異なる[269]。裁判官は，訴訟関係を明瞭にするために，事実上および法律上の事項について問いを発し，または，立証を促すことができる。問いを発するとは，事実および法規の両面から当事者の主張を検討して，その不明瞭・不完全・矛盾を指摘するとともに，これを訂正・補充する機会を与えることであり，立証を促すとは，要証事実について証明責任を負う当事者が証拠を提出していない場合にその注意を喚起し

---

[266]　弁論終結後に，判決起案中の裁判所が，当事者の弁論に要件事実の主張が欠け，しかも，それを根拠づける証拠が存していることに気付いた場合，弁論を再開するのが本則であるが，その点に関する相手方の新たな攻撃防御方法が考えられない事案においては，訴訟経済の観点から，弁論を再開せずに判決書の事実摘示欄に逸脱した主張を記載し，理由欄でその事実を証拠によって認定することが実務上行われているが，これを「判決釈明」という（坂井芳雄『裁判手形法〔再増補〕』（一粒社，1988 年）10 頁，梅本 508 頁注 3 など）。また，この判決釈明でカヴァーしきれないほど，事案解明の要請がある場合には，弁論終結後においても期日外釈明が行われることもあるという（園尾隆司「裁判所の釈明権と訴訟指揮」講座新民訴 I 239 頁）。

[267]　文書による釈明の効用を説くものとして，木川統一郎「文書による釈明の著効」判タ 506 号（1983 年）8 頁〔同『民事訴訟法改正問題』〔成文堂，1992 年〕271 頁以下に所収〕，奈良・前掲注 259）53 頁など。

[268]　単独制のときは，こうした問題は生じないという。新堂 428 頁など参照。

[269]　兼子・条解上 328 頁，伊藤 273 頁，梅本 508 頁など。

たり，提出されている証拠を適切に整理したりすることをいう[270]）。

　裁判官の釈明権行使が期待される場面としては，その対象が一般条項など裁判官の裁量のウェイトが大きい事項や当事者の主張の明確性がとくに求められる事項（所有権移転の来歴・経過や代理権など）である場合がある。また，釈明権の対象は，職権調査事項にも及び，たとえば，訴訟要件の存否が訴訟資料からは不明瞭である場合に，裁判官は，釈明権を行使することができる（大判昭11・1・17 裁判例 10 民事 3 頁）。

　釈明権を行使すべきかが問題とされるものに，時効の援用（民145条）がある。判例は，裁判所には当事者に対して時効援用を確かめる職責がなく，釈明権を行使しなくても違法ではないとする[271]）。たとえば，山林の不法伐採禁止を請求した訴訟において，被告が伐採箇所は隣接する長男所有地の境界内の土地であって，約25年間継続して占有し，植林，刈払いの手入れをしてきたといった主張をして不法伐採の事実を争った場合，当該土地に対する取得時効の有無を問うことなく，請求を認容しても，釈明権不行使の違法があるということはできないとする（最判昭31・12・28民集10巻12号1639頁）。

　学説をみると，時効利益を享受する当事者の自由な意思に委ねる民法145条の趣旨からして，その釈明には消極であるべきとするのが伝統的な考え方[272]）であるが，近時は，一般的に釈明義務を認めるわけではないが，時効を根拠づける要件事実が弁論にあらわれている場合には，釈明する義務を裁判所に認めるのも妥当であるとの主張もみられる[273]）。また，昨今の簡易裁判所においては，消費者信用事件における当事者間の顕著な情報格差を解消して，実質的対等を確保するために，裁判所が積極的に時効援用に関する釈明を行ってもよいと解されるようになっているという指摘もある[274]）。

---

270) 兼子・条解上329頁，賀集唱「民事訴訟における訴訟指揮──とくに運用上の具体的方策」曹時24巻4号（1972年）676頁，梅本509頁など。
271) 取得時効につき，大判昭16・11・18判決全集9輯5号3頁（本人訴訟），最判昭31・12・28民集10巻12号1639頁（本人訴訟）など。消滅時効につき，最判昭39・7・16判タ165号73頁（本人訴訟）など。なお，時効を釈明しなくても義務違反でないとする判例の背後には，道義的な社会観念との衝突を内在する時効制度による解決を回避しようとする傾向が指摘されている（奈良次郎「釈明権と釈明義務の範囲」実務民訴(1)222頁，小島武司「釈明権行使の基準」新堂編著・特別348頁注16など）。その他の判例の分析として，たとえば，小島＝小林・基本演習137頁以下など参照。
272) 奈良・前掲注264)講座民訴④154頁，武藤春光「民事訴訟における訴訟指揮」加藤編・審理25頁など。なお，高橋・重点講義上396頁は，釈明しないのも「実務の知恵」であろうと評する。ちなみに，実務の知恵としては，和解期日に原告訴訟代理人だけに質問したり（武藤春光「民事訴訟における訴訟指揮について」司研56号〔1975年〕84頁），ことさら日付や時間を確認したりすることがあるという。
273) 梅本510頁注6など。なお，山本和彦「判批」法協103巻8号（1986年）1674頁参照。

時効の援用についての釈明は，個々の訴訟における具体的状況に応じて，現場の裁判官が裁量[275]の枠内で妥当性を追求していくことになろう。時効の援用ということに対する社会的評価は援用主体いかんで微妙に異なる部分があり，また，組織内部における統制原理（コンプライアンスなど）の変化も見逃せない。

(2) 釈明権の範囲

釈明権は，その行使を怠れば，事案の真相解明が十分になされず，また，当事者間の公平が実質的には保障されない結果に陥る場合があるが，他方で過度の行使は，かえって事案の真相を曲げたり，訴訟利用者の間に不公平感を醸成したりして，裁判制度に対する国民の信頼喪失を招来しかねない。そのため，釈明権は，適切な範囲で行使されることが要求されるが，具体的な事案のなかでバランスを保っていくのは，なかなかに難しい。

そこで，釈明権の行使に関する判例の動向をながめ，なんらかの手がかりが得られるかを検討することにしたい。これまで判例は，積極と消極の間で振幅を繰り返してきている。すなわち，まず，①昭和初期から昭和10年頃までの大審院時代においては，釈明権不行使（釈明義務違反）を理由として原判決を破棄した大審院判決が相次いだ[276]。②終戦後から昭和30年頃までの最高裁判所発足当初は，それまでの積極的姿勢を一転して，釈明義務をまったく否定するかのような消極的態度がとられた[277]。その後，③最高裁判所発足後10年を経た昭和30年前後に至ると，釈明義務不存在を明言する判例が姿を消す一方で，釈明権不行使に基づく破棄判決が再び散見されるようになり[278]，昭和40年以

---

274) 加藤新太郎「釈明における義務と裁量の間」ジュリ1254号（2003年）209-210頁。

275) なお，梅本510頁注6によると，裁判官の意見ないし方針としては，義務ではないとしたうえで，①示唆的な表現（「他に主張することはないか」，「本件は大分時間が経過しているが」など）を用いて釈明権を行使する，②現状肯定的な「取得時効については積極的な釈明権の行使が許されるが，もともと債務を負っている消滅時効については釈明権行使は一切許されない，③本人訴訟の場合には，相手方の訴訟代理人に断ったうえで，本人に対して明確に発問する，などがあるという。

276) 村松俊夫「釈明義務の不履行」法曹会雑誌11巻12号〔同・民事裁判の研究3頁以下に所収〕。

277) たとえば，留置権の権利抗弁について，抗弁権取得の事実関係ですでに弁論にあらわれていても，裁判所はその権利行使の意思を確かめ，その権利行使を促す責務はないとして，上告を棄却した判例（最判昭27・11・27民集6巻10号1062頁）などがある。

278) 昭和40年頃までは，不明瞭ながら当事者の主張がある消極的釈明義務違背の例にとどまるが，昭和40年代以降は，当事者の主張がない積極的釈明義務違背の例がみられるようになった。なお，三ケ月・研究1巻49頁以下は，その背景として，裁判所の役割が再認識されたことを挙げる。

降には，さらにこうした積極的な姿勢への方向が明確になっている[279]。

この判例の変遷に対して，さまざまな見方が可能であるが，ここでは，つぎのような分析を試みることにする。すなわち，①大審院時代における職権主義的な手続運営（職権証拠調べ〔旧法 261 条〕や裁判官尋問の原則〔旧々法 299 条〕など）と当時の権威主義的社会思潮が釈明権行使に対する積極的態度を支えていたところ，②最高裁判所発足とともに，英米法の影響による当事者主義の導入（職権証拠調べの廃止〔旧法 261 条削除〕や交互尋問制の導入〔旧法 294 条〕など）が釈明権行使に関する裁判所の姿勢を消極的方向へと一転させた[280]。しかし，その後の③昭和 30 年頃以降の最高裁判所が再び積極的姿勢に転じたのは，もちろん職権主義的な訴訟運営に回帰したからではなく，あくまで当事者主義を制度基盤としながら，当事者間に真の対等性を回復せんとする理念や情報格差を克服した活力ある対論こそが適正な手続の中核的要素であるという実質的な手続保障の理念が浸透した結果の成長現象であるとみられる。要するに，釈明をめぐる判例の変遷は，①職権主義的積極釈明モデル，②古典弁論主義的消極釈明モデル，③手続保障志向積極釈明モデルへとらせんの階梯を上昇するごとくの展開を遂げているといえよう[281]。

これからの方向としては，振幅の規模が縮小し，それに応じて議論がより精緻になり制度論的対応に結びついていくことが望ましい。具体的には，③の釈明モデルは，当事者間の情報格差などを是正して裁判官と両当事者との間における十分なコミュニケーションを実現し，対論の実をあげようとするものであり，実質的手続保障という民事訴訟制度の理念から導かれるものとして，そこに普遍的価値を見出すことが許されよう[282]。そのうえで，計画審理の導入などを規定した 2003 年の民事訴訟法の改正後も追及されるべき目標としての審理（とくに専門訴訟における審理）の充実および迅速化という要請と，訴訟制度をその根幹から支える当事者間の公平という永続的な理念とを具体的事案に即して調和させるにあたり，ある程度の振幅が生じることは避けがたい。

学説上，釈明権の行使が適切な範囲でなされているかを判断する道具立てと

---

279) 判例の変遷につき，奈良・前掲注 271) 219 頁以下，小島・前掲注 271) 新堂編・特別 333 - 334 頁など参照。
280) 中野貞一郎「弁論主義の動向と釈明権」ジュリ 500 号（1952 年）348 頁〔同・過失の推認 215 頁以下所収〕。そのほかの背景として，最高裁判所における未処理事件の滞積も指摘されている（旧・中野ほか 214 頁〔鈴木正裕〕）。なお，三ヶ月・研究 8 巻 83 頁。
281) 小島・前掲注 271) 新堂編・特別 334 - 335 頁参照。
282) 小島・前掲注 271) 新堂編・特別 335 頁。

して，消極的釈明と積極的釈明という概念が提唱されている[283]。消極的釈明とは，当事者が積極的に特定の申立て・主張等を提出しているが，それらに不明瞭・矛盾・欠陥・不用意がある場合に行う補充的な釈明をいい，積極的釈明とは，当事者が適当な申立て・主張等をしない場合に，裁判所が積極的にそれを示唆，指摘してさせる，是正的釈明をいう。

釈明権行使の積極性の程度を反映するこの分類は，釈明権不行使ないし釈明義務違反の違法を理由とする上告の局面において，破棄（312条3項・325条1項後段・2項）判断の指標を提供する。釈明権は一度行使されると，たとえそれが行きすぎであったとしても，釈明に応じた当事者の裁判所に対する信頼保護のため，その訴訟行為を無効とすることはできないと解されるので，当事者の主張がない場合の積極的釈明権の行使については，公平の見地から，とりわけ慎重になされるべきことが要求される。そうしたことから，積極的釈明をさらに「統制的釈明」と「助成的釈明」に分類することが考えられる[284]。統制的釈明とは，不当不要の申立ておよび主張を除去することにより，審理の重点を明らかにして，審理の無駄を省き審理の混乱を防ぐための釈明をいい，助成的釈明とは，適切必要な申立て，主張および立証を補充・提出することによって事案の真相に合致し当事者の真意に即した審理展開を図るための釈明をいう。統制的釈明がきちんと行使されたうえであれば，助成的釈明が審理の拡散を招くことにならないであろう。

戦後のヨーロッパから広まった手続保障の「憲法化」，すなわち，手続法理を所与のものとして考えるのではなく，憲法を起点として重層的に再構築を試みようとする動き[285]は，釈明の範囲いかんという問題に関して，裁判の理想と深くかかわるところで議論を深化させる契機となった。この点，消極的釈明と積極的釈明という二分法は，釈明についての理論を展開するうえで，確かに有意義であった。このことを前提として裁判の場面において判断基準をさらに明らかにする必要性が指摘されており[286]，憲法的思考は，本人訴訟か否かのほか，マルプラクティスの責任追及や権利保護保険の普及の度合いいかんなどを含めて総合的な考察を進めるうえでテコとなろう。ところで，裁判官が終始，

---

283) 中野・前掲注280) ジュリ500号350頁。
284) 小島・前掲注271) 新堂編・特別339頁。
285) マウロ・カペレッティ著〔小島武司＝大村雅彦訳〕『手続保障の比較法的研究』（中央大学出版部，1982年）4頁以下など参照。
286) 伊藤ほか・論争192頁〔加藤新太郎発言〕など。

釈明に身を乗り出すとなると，裁判官ごとに釈明の程度にバラツキが生じかねず，裁判に対する国民の信頼という点で問題を生じかねない。すなわち，裁判官の釈明にあまりに依存しがちな制度運営は，パターナリスティックに傾きすぎ，裁判の安定感ないし信頼感を損なうおそれがある。当事者間の活動のしくみ（手続およびプラクティス）が調っており，当事者双方が充実した攻撃防御を展開することができれば，裁判官の釈明活動は，自ずと謙抑的なものとなり，そのうえ弊害も減じることになろう。そして，そういう状況の作出に寄与するのが，法テラスの拡充や法科大学院による法曹教育の刷新に伴う司法アクセスの拡大と法的サーヴィスの向上を目指す司法制度改革の不断の取組みである。裁判が当事者主義的であっても，弁護過誤の防止や権利保護保険といった装置が重層的に用意されていれば，司法の水準は総体として維持されるであろう。

判決内容が納得し得るものであることは国民の期待であり，そこに裁判官の担うべき役割が存することは確かである。裁判官の職権行使と当事者活動の充実は，排他的な関係にではなく，相互補完的な関係にある。積極的な釈明についていえば伝家の宝刀として，まさかのときに発動されるというのが司法本来の姿ではなかろうか。当事者による事案解明度が高まるにつれ，全体として釈明の頻度は低化することになろう。

4 釈明の基準

(1) 問題となる局面

釈明権の行使範囲に関する判断基準を探るには，行為規範および評価規範という二つの局面での考察を行う必要がある。行為規範においては，事実審の裁判官がどこまで釈明権を行使するのが適切・妥当かが問題とされ，評価規範においては，上告審[287]が釈明義務の不履行を理由として原判決を破棄すべきか否かが検討される。上告審の判例で直接問題となるのは後者の評価規範であり，前者の行為規範は上告審判決の判例研究ではカバーしきれない課題である[288]。

そこで以下，事実審における釈明と上告審における釈明を各別にみていくことにする。

(2) 事実審における釈明

事実審の裁判官は，いかなる事項および内容についても，また，あらゆる方法によって，釈明をすることができ，消極的釈明と積極的釈明のいずれも行っ

---

287) 控訴審は，事実審かつ続審であるので，その過程で釈明権を行使すればよく，釈明義務違反で第一審判決を取り消す必要はない。
288) 新堂430頁参照。

てよい。控訴審は事実審なので，第一審の釈明権不行使の違法が明らかになっても，原判決を破棄（取消し）・差戻しする上告審と異なり，控訴審の審理過程で自ら釈明権を行使すればよい。これも上告審の釈明と異なる点であるが，釈明権行使によってより適正な判断が得られる可能性があればよく，そのような蓋然性までは要求されない[289]。

釈明のあり方という点において第一審と控訴審を比べてみると，いずれも事実審であることから，本質的な違いはないものの，主張や証拠がいったん整理された後の控訴審においては，事実上，釈明のポイントがより明確になっている。また，新たな資料を提出させる釈明は，控訴審の結審が近づくにつれ，著しい訴訟遅延を招来しかねない。そこで，集中審理を基調としつつ，第一審重視の政策を釈明のあり方においても貫徹しようとするならば，控訴審での釈明には，第一審におけるのに比し，おおむね抑制的であることが望まれよう[290]。

(3) 上告審における釈明

上告審においては，上告審の裁判官による釈明に際しての行為規範および事実審である原審の裁判官による釈明に対する評価規範という二つの局面が問題となるが，その中心は後者である。ちなみに，前者は，法律審である上告審では書面審理が通常であること（319条参照）から，釈明は，そうした書面の記載の意味に関するものがほとんどであり，さしたる問題を生じない。

これに対して，後者の評価規範がここでの問題の中核をなす。具体的にいかなる釈明権の不行使が違法と評価されやすいかをみると，まず，不明瞭を正す釈明権および立証についての釈明権の不行使が最も違法と評価されやすく，資料補完の釈明権の不行使がこれにつぎ，資料新提出の釈明権の不行使が最も違法と評価されにくい[291]。

上告審は，いかなる範囲で釈明権の不行使（釈明義務違反）を理由として事実審の原判決を破棄し得るのであろうか。消極的釈明の場合には，その不行使が裁判の結果に影響するときに原判決の破棄理由（312条3項）となるが，積極的釈明の場合には議論がある。すなわち，積極的釈明権の不行使が裁判に影響する蓋然性が高く，釈明権の行使なしには当事者に適切な申立て・主張が期待できないと認められるときに限り，判決に影響を及ぼすことが明らかな法令違背

---

[289] 小島・前掲注271) 新堂編・特別340頁。
[290] 小島・前掲注271) 新堂編・特別341頁およびそこに掲載の千種秀夫判事（当時）の指摘を参照。
[291] 奈良・前掲注264) 159頁，小島・前掲注271) 新堂編・特別341頁。

として，上告審による破棄理由（＝上告理由または上告受理申立て理由）（312条3項・325条1項後段・2項）となるものと考えられるが，その合理的範囲をいかにとらえるかは，なかなかに困難な作業である[292]。積極的釈明権の不行使を理由とする原判決の破棄を決断するに際しては，複合的なファクターを考量する必要があり，破棄の基準には，柔軟性が要求される。積極的釈明は，これを強調すれば，適正で迅速な裁判に資する反面で，当事者責任を稀釈化し，さらには当事者間の公平を害しかねないといった両刃の剣であり，訴訟審理に禍福いずれをももたらしうるからである[293]。結局は，さまざまなファクターの多面的な比較衡量に基づいた判例や審理工夫の積み重ねをまつほかなかろう。そうしたファクターとして指摘されている以下の諸点[294]は，破棄の是非を考察する際の目安として参考になる。①弁論の全趣旨からみて，釈明権が適切に行使されていれば，裁判の結果が重大な変更を受けたであろうという蓋然性が高い場合は，釈明権の不行使によって不公正な裁判がなされたとの評価を受けることになろう。②釈明権の行使をまたずに当事者による適切な申立て・主張を期待できる場合に，釈明権不行使による原判決を破棄するとすれば，勝訴者に不公平な結果となろう。③釈明がより抜本的な紛争解決をもたらしたであろうという事情は，原判決の結果が変わる蓋然性が高くないかぎり，事実審理を終えた段階である上告審においては重視すべきでなく，むしろ，原判決破棄による訴訟遅延の方を重く受け取るべきであろう[295]。④当事者間に証拠の偏在がみられるときは，事実・証拠を有する当事者に事実の解明を促す釈明義務も，公平の見地から認められるべきであろう[296]。

　以上の諸要素を前提として，判断基準の定立を試みるならば，つぎのような一般ルールと特別ルールの組合せによるべきことになろう。一般ルールとして，Ⓐ釈明権行使により判決において原審の勝敗が逆転しまたは重要な変更を生ずる蓋然性の有無，および，釈明権行使によってもたらされる適正な解決が当該事件における当事者の真意ないし合理的期待の範囲内にあったか否か[297]の二

---

292) 学説の状況については，小島・前掲注271）新堂編・特別342頁以下を参照。
293) 小島・前掲注271）新堂編・特別342頁。
294) 中野貞一郎「釈明権」演習民訴上345-346頁，鈴木重勝「口頭弁論における攻撃防禦」新版民訴演習(1)192頁，新堂431頁など。
295) 中野・前掲注280）ジュリ500号348頁以下。なお，山本・審理310頁以下。
296) 新堂432頁。
297) 当事者が何らかの主張をしているなどの手がかりの存在を新たな一般ルールとして定立すべきかという問題があるが，これは一般ルールⒷのなかで考慮すれば足りよう（小島・前掲注271）新堂編・特別348頁注15）。

つが挙げられる。特別ルールとして，特別の破棄理由が付加される。これは，手続保障を基盤とするもので，事案解明を当事者に期待できないような事情が存する場合に，当事者に主張・立証の合理的機会を付与すべく，裁判所は適切な釈明権を行使しなければならないとするルールである[298]。特別ルールの適用になる場合の多くは，広範な適用範囲をもつ一般ルールによっても是正されることになるが，それでも敢えて特別ルールを別個に設けるのは，手続保障の観点から，他のファクターとの比較衡量によらず，絶対的に破棄すべき場合に備えてのことである[299]。

5 釈明処分

裁判所は，訴訟関係を明瞭にするため，①当事者本人またはその法定代理人に出頭を命じ，②口頭弁論期日において，当事者のため事務を処理しまたは補助する者で，裁判所が相当と認めるものに陳述をさせ，③訴訟書類または訴訟において引用した文書その他の物件で当事者の所持するものを提出させ，④当事者または第三者の提出した文書その他の物件を裁判所に留め置き，⑤検証し，または，鑑定を命じ，⑥調査嘱託をすることができる（151条1項6号）。

こうした釈明処分のうち，検証，鑑定および調査嘱託には，証拠調べに関する規定が準用される（同条2項）。もっとも，釈明処分によって得られた資料は，証拠資料ではなく，せいぜい弁論の全趣旨として事実認定に役立つにすぎない。なぜなら，釈明処分は，事実の存否を確定するためではなく，あくまで訴訟関係を明瞭にするために行われるからである。

第3款　職権探知主義

1 職権探知主義の意義

訴訟資料の提出について，これを当事者の権能と責任のみに委ねる弁論主義と異なり，裁判所の職責をも認めようとする原則が職権探知主義である。これは，たとえば，判決効が当事者間にとどまらず，第三者にまで及ぶ場合に，採

---

[298] たとえば，代物弁済などについて新しい法理を裁判所が導入する際には，その法理を示して当事者に十分な訴訟活動の機会を付与すべきである（最判昭42・11・16民集21巻9号2430頁，最判昭43・3・7民集22巻3号509頁，最判昭45・3・26民集24巻3号209頁，最判昭45・9・24民集24巻10号1450頁，最判昭46・3・25民集25巻2号208頁など）。また，立木の不法伐採による損害賠償請求訴訟において，当該地域の一部のみが原告の所有に属するとの心証を得た裁判所は，釈明権の行使によって，その部分の土地上に生立する立木で伐採されたものの数量等を立証する機会を当事者に付与すべきである（最判昭39・6・26民集18巻5号954頁）。

[299] 小島・前掲注271) 新堂編・特別346頁。

用されている。なぜなら，当事者以外の第三者に対しても判決効を画一的に及ぼす必要のある場合は，判決内容を当事者の主張・立証にかからしめる弁論主義によるのであれば，訴訟に関与する機会のない第三者の利益を害するおそれがあるからである。このような場合には，事実関係を探知し，その判断に必要な証拠を収集する職責を裁判所にも認めるのが望ましく，職権探知主義がとられることになるのである。

具体的に，いかなる訴訟において職権探知が行われるかをみると[300]，まず，広く第三者の利害にかかわり，法体系の基底にある身分関係を扱う人事訴訟が挙げられる（人訴20条）[301]。つぎに，公権力の行使との関係において提起される行政事件訴訟においても証拠調べは一般に職権でできるとされている（行訴24条・38条・41条・43条）。さらに，通常民事訴訟においても，公益に関する訴訟上の事項の判断については，職権探知によるべきかが問題とされる。この点，訴訟要件については，抗弁事項とされるものを除き，裁判所は，職権で顧慮しなければならないとともに，その判断資料も職権探知すべきであると解される[302]。

2 職権探知主義における当事者の地位

職権探知主義のとられる手続においても，あくまで当事者活動が基本とされるべきであって[303]，訴訟手続において当事者が主体的な役割を果たすことに変わりはない。もっとも，職権探知主義の下では，当事者だけでなく，裁判所も，訴訟資料の収集・提出についての役割を分担することから，当事者の権能は，一定範囲の制約を被ることになる。たとえば，自白により裁判所の証拠による事実認定を排斥することは，許されない（179条・159条不適用）。また，請求の放棄・認諾および訴訟上の和解について，制約を受ける場合がある。これらはいずれも裁判の内容を当事者意思のみによって左右する結果をもたらす行為であるので，事案解明について裁判所も役割を分担する職権探知主義の下に

---

300) この問題は，弁論主義の適用範囲（本書389頁以下参照）と表裏をなす。
301) 旧人事訴訟手続法は，婚姻事件と養子縁組事件については，職権探知が婚姻等を維持するためだけのいわば片面的にとられていた（同法14条・26条）のに対し，親子関係事件では職権探知が双面的にとられていた（同法31条2項）。しかし，現行の人事訴訟法は，本文にあるように，人事訴訟全般にわたって双面的な職権探知を規定したのである（同法20条）。
302) 訴訟要件のうち，任意管轄，訴えの利益，当事者適格については，弁論主義が適用され，当事者の提出した資料のみに基づいて判断しなければならない。
303) 河野221頁注12，本間靖規「職権探知主義について――人事訴訟手続を中心に――」井上追悼121頁以下など参照。なお，山田文「職権探知主義における手続規律・序論」論叢157巻3号（2005年）1頁以下。

おいては，その基本的要請からして歯止めがかけられるのである。

職権探知主義のとられる訴訟において，当事者は，上記のような権能の制約を受けながらも，手続主体としての地位，とりわけ訴訟追行の地位と機会の保障を一般的に失うわけではない。当事者には，「訴えを提起するか，何について裁判を求めるか」を決定する権能（訴え取下げの権能も含まれる）が認められ，処分権主義のうち主な内容は，この場合にも妥当する。また，両当事者に対し，その利益主張のために攻撃防御を尽くす十分な機会と地位を平等に与え，不意打ちとならないようにしなければならないことも，弁論主義の妥当する訴訟手続と同様である。

ただし，職権探知主義では，裁判所が当事者の知らないところで事実・証拠を探索，収集するおそれがあることから，当事者に対する不意打ちを防いで，その反駁の機会を保障すべく，事実および証拠調べの結果について当事者に意見を述べる機会を付与するなどの措置を講じるべきであろう（人訴20条但書，行訴24条但書参照）。このような弁論の機会を与えなかった事実認定は，法令違反として上告審の破棄理由となるものと解される[304]。

3　職権探知主義と職権調査事項

職権調査事項とは，当事者からの申立てや異議がなくても，裁判所が自ら進んで取り上げ，事柄に応じた処置をとらなければならない事項をいう。当事者が合意や放棄によって，職権調査事項について裁判所の処置を不要とすることは許されず，その反面，職権による処置を促す申立てや主張は，他の攻撃防御方法と異なり，提出時期の制約（157条・322条）を受けない。

このようにしてみると，職権探知と職権調査は，裁判所が能動的な役割を果たす点では，共通した面もみられるが，職権調査事項か否かの問題は，ある事項を職権でも顧慮しなければならないかに関するものであって，職権探知か否か，すなわち，ある事項を判断するための資料の収集および提出の権限を誰に認めるかという問題とは，次元を異にする[305]。たとえば，請求の当否の裁判については，当事者の訴え提起がない限り問題となり得ないことから，職権調査事項ではないが，請求の当否のための資料の収集については，弁論主義と職

---

304)　新堂425頁参照。
305)　兼子・体系205頁，斎藤・概論209-210頁，小山257頁，小室・訴訟物234頁，新堂425頁，梅本518頁など。反対，三ケ月・全集167頁（職権調査を弁論主義と職権探知主義の中間にあるとして，すべて同じ次元に位置付ける），高島義郎「訴訟要件の類型化と審理方法」講座民訴②115頁以下など。

権探知主義のいずれによることも理論上は可能である。また，訴訟要件についても，抗弁事項以外は職権調査事項であるが，そのうち任意管轄や訴えの利益の有無は，弁論主義の適用がある。このように，職権調査事項であることと，その存否を判断するための資料を職権探知すべき職責を裁判所が負うこととは，別個の問題である。

第4款　専門訴訟

1　背景と方向

　科学技術の革新，社会・経済関係の高度化・国際化は，法廷に持ち込まれる訴訟事件のうちに占める，専門訴訟，すなわち，争点の理解や処理に専門的知見が要求される訴訟事件（たとえば，知的財産権訴訟，医事関係訴訟，あるいは，建築関係訴訟など）の割合を急増させるに至るが，それにもかかわらず，特別の対策を講ずることなく，専門家の適切な協力を得られなければ，専門的知見の欠如によって事案の解明に手間取るなどして，審理の円滑な遂行に支障をきたす。たとえば，医事関係訴訟事件（民事通常第一審）の平均審理期間は，他の通常の事件に比べて極端に長期化するといった事態が生じやすい。

　ここに，専門訴訟における審理の充実および促進のために，さまざまな形態による専門家の紛争解決手続への関与を確保するなど特別の手段を講じることが現代民事司法にとっての重要かつ喫緊の課題であることが認識されてこよう。

　そうした見地から，司法制度改革審議会意見書は，専門的知見を要する事件の審理期間をおおむね半減することを目標に掲げ，そのためには，計画審理の推進，証拠収集手続の拡充等のほか，専門委員制度の導入，鑑定制度の改善，法曹の専門性の強化といった諸方策を円滑に実施に移すことが必要であり，さらに，医事・建築関係紛争の予防，事件の適正・迅速な解決を実現していくためには，関係機関（関係省庁，裁判所を含む）の協力・連携が不可欠であるとした。とりわけ，知的財産権関係訴訟事件については，東京・大阪両地方裁判所の専門部に専門性の強化された裁判官や技術専門家である裁判所調査官を集中的に投入して，これらを実質的に「特許裁判所」としての機能をもたせたり，特許権および実用新案権等に関する訴訟事件について東京・大阪両地方裁判所の専属管轄とするなど，裁判所の専門的処理体制の強化という方向が示された。

　こうした指針を踏まえて，2003年改正法は，専門訴訟全般への対応強化策として，専門委員制度の創設（92条の2第1項以下），鑑定手続の改善（215条1項以下)[306]，そして，提訴前証拠収集処分としての専門家による意見陳述の嘱託

の導入（132条の4第1項3号）[307]を行ったうえ，知的財産権関係事件への対応強化として，特許権等の訴えについて専属管轄化[308]などを実現した。

ここでは，専門委員制度についてみることにする。

2 専門委員制度

(1) 意　義

専門訴訟の審理を充実・促進させるためには，争点整理をはじめ手続の各段階において専門家が関与し，その専門的な知識経験を供給することが行われている。たとえば，争点整理手続において釈明処分としての鑑定（151条1項5号）を利用して，専門的知見の補充が行われるが，この方法については，鑑定人の選任が容易でなく，意見陳述の方法が証拠調べの規定によるとされ，臨機応変に対応することができず，争点整理手続の遅延を招くなどの問題点が指摘されている。また，専門家を調停委員に任命して，調整手続を利用することも行われるが，合意による解決を目指す調停制度の趣旨との関係で疑問も呈されている。そのほか，専門家（特許庁や国税庁の職員など）を裁判所調査官（裁57条）に任命することも行われるが，その意見が当事者に対して明らかとされず，審理プロセスが不透明になるとの問題点が指摘されていた[309]。

こうしたなか，2003年改正法は，裁判所が，当事者の意見を聴いたうえで，専門委員を手続に関与させる旨の決定をすることができるという専門委員制度を設けた（92条の2）。これにより，専門委員からその専門的な知識経験に基づく意見や説明を両当事者をまじえて聴くことが可能になり，当事者の手続保障に配慮しながら，専門訴訟の審理を充実かつ迅速に行うことが期待される[310]。

(2) 専門委員が関与する場面

専門委員の関与を求めることができるのは，つぎの三つの場面においてであ

---

306) 本書514頁参照。
307) 本書545頁参照。
308) 本書91頁参照。
309) 以上につき，中野ほか275頁〔上原敏夫〕，松本＝上野87-88頁〔松本〕など参照。なお，知的財産高等裁判所においては，裁判所調査官の透明性を拡大すべく，裁判所調査官が当事者に対して問いを発し，または，立証を促すなどの権限（92条の8）を行使する際に，必要に応じて技術的事項等についての自らの理解・認識を裁判官の面前で当事者に示すことで，裁判所調査官と当事者との間で事件全体についての理解・認識の共通化を図るような運用をすべきであるということで，司法制度改革推進本部・知的財産訴訟検討会での意見が一致したという。近藤昌昭＝坂口智康＝小田真治「知的財産高等裁判所設置法および裁判所法の一部を改正する法律について」NBL 788号（2004年）55頁を参照。
310) 中野ほか275頁〔上原敏夫〕など。

る。なお，これらの場面において，裁判所は，決定により，専門委員を関与させることができるが，この決定は，包括的に専門委員を所定の手続に関与させるとするものであり，具体的に，どの期日に，いかなる事項について説明を求めるのかは，裁判長がその訴訟指揮権（148条参照）に基づいて判断する。さらに，裁判所は，相当と認めるときは，申立てによりまたは職権で，この関与の決定を取り消すことができ，当事者双方の申立てがあるときは，これを取り消さなければならない（92条の4）。裁判官の心証形成が専門委員の説明に依存するおそれがあることにかんがみて，当事者の意向を尊重した扱いをしようという趣旨である。

なお，専門委員は，裁判長が指定した期日において，口頭での説明を行うのが原則であるが，争点・証拠整理または進行協議の手続においては（以下の(a)），例外的に，裁判長が書面による説明または口頭での説明のいずれかを決定することができる（92条の2第1項後段）。

(a) 争点・証拠の整理または進行協議の手続への関与

裁判所は，争点・証拠の整理または進行協議をするに際し，当事者の主張等を明確にし，または，円滑な進行協議を図る必要があると認めるときは，当事者の意見を聴いて，専門委員を手続に関与させる旨の決定をすることができる（92条の2第1項）。

争点整理・進行協議の段階での専門的知見の補充は，争点の整理・限定にきわめて実効的であり，計画的で効率的な審理の実現に寄与するところが大きく，しかも，最終的な心証形成が行われるわけではないので専門家の関与による弊害を懸念するに及ばないということから，争点整理等の手続における専門委員の関与が認められたのである。

(b) 証拠調べの手続への関与

証拠調べをするに際し，裁判所は，訴訟関係または証拠調べの結果の趣旨を明瞭にするため必要があると認めるときは，当事者の意見を聴いて，専門委員を手続に関与させる旨の決定をすることができる（92条の2第2項）。この場合，裁判所は，当事者の同意を得て，訴訟関係または証拠調べの結果の趣旨を明瞭にするために必要な事項について，専門委員が証人，当事者本人または鑑定人に対して直接に問いを発することを許可することができる。

証拠調べの局面においても，専門委員によって専門的知見が補充されることは，事案を解明し事実を認定していくうえではきわめて有益であることから，証拠調べ手続における専門委員の関与が認められた。

もっとも，上記の(a)争点整理手続等への関与と異なり，裁判官の最終的な心証形成に影響を与え得ることは懸念されてしかるべきであり，また，専門委員から鑑定人に対する発問権を認めることにより，専門委員と鑑定人がその意見を異にした場合，専門家間のバトルをいかに処理するのかという疑問も呈されている[311]。確かに，そうした問題の存在は否定できないが，両者の立ち位置の違いを考え，専門委員による専門的知見の補充による効用の方を選択した現行法の趣旨を尊重しつつ，裁判官の適切な訴訟指揮などにより対応すべきであろう[312]。また，証人等尋問または鑑定人質問の期日に専門委員の発問権を許す場合に，当事者の同意を要件としていることも2003年改正法の対処の一つであるとみられる[313]。

(c) 和解の手続への関与

　裁判所は，和解勧試（89条）に際し，必要があると認めるときは，当事者の同意を得て，当事者双方が立ち会い可能な和解を試みる期日において，専門委員を手続に関与させる旨の決定をすることができる（92条の2第3項）。

　当事者間に和解の機運が芽生え，和解手続に移行した場合，とりわけ和解内容の細部を具体的につめていく段になって，専門委員による専門的知見の補充があれば，より円滑に和解交渉が進展し，適切な和解内容が得られるものと期待され，和解手続における専門委員の関与が認められた。もっとも，裁判官が専門委員の意見を重視するあまり，当事者の意思を蔑ろにして強引な和解勧試を行うのではないかとの懸念も存する[314]。この場合も，裁判官の適切な訴訟運営いかんによることになろう。当事者の同意が要件とされており，表明された懸念に対しての配慮がみられる[315]。

(3) 専門委員の指定と除斥・忌避

　裁判所は，当事者の意見を聴いて，各事件について1人以上の専門委員を指定する（92条の5第1項2項）。専門委員の選任に当事者の意向を反映させることにより，その専門性ゆえに裁判官の心証形成への決定打となり得る専門的知見を補充する専門委員について，その中立性や専門的能力に対する当事者の信頼を確保しようとしたものである。

---

311) 笠井正俊「専門訴訟への対応」法時74巻11号（2002年）37頁など。
312) 小林編著・要点123頁〔村上正子〕。
313) 高橋・重点講義下554頁は，立法における妥協とみる。
314) 笠井・前掲注311) 37頁など。
315) 高橋・重点講義下554頁など参照。

そうした事前の措置に加え，いったん選任された専門委員でもその公正さに問題があれば，事後的に除斥および忌避によって排除されるものとして（92条の6第1項），専門委員の中立性や公正性の確保に留意している。

なお，専門委員に対して忌避の申立てがなされても，訴訟手続は停止しないが（26条は準用されていない），当該申立てについての決定が確定するまでは，忌避申立ての対象となっている専門委員は，手続に関与することができない（92条の6第2項）。

第8節　口頭弁論における当事者の訴訟行為

第1款　訴訟行為の意義

現に係属するまたは将来係属する訴訟に関しては，訴訟当事者の行為が手続上主導的な役割を果たす。そこで，訴訟行為という観念を設定して，その要件・効果等についての法的規律のあり方が論じられることになる。訴訟法上の規律は限定的であるため，その空白部分について民法の規定をどのように働かせるべきか論じられる。

当事者の行為は，訴訟において審理される権利義務とのかかわりで展開されるが，その多くは裁判所における口頭弁論期日を中心とした訴訟手続内で裁判所の面前において行われる。具体的には，申立て，主張，立証などがこれにあたる。そのほかにも，訴訟前に，または，訴訟外で行われる訴訟に関する行為もあり，訴訟当事者の行為の展開場面は広汎である。

訴訟に関する当事者の行為については，裁判所とのかかわりからくる公法的性格や終局判決を目指すものとしての流動的性質（ダイナミズム）などを意識して，その体系的整序を行おうとする理論的志向がドイツ法学を中心に濃厚であり，私法行為との峻別，民法規制の排除，取効的訴訟行為概念の定立などが論じられる過程において，訴訟行為論の高度化・精緻化が進み，私法行為との峻別ないし訴訟行為の独自性が過度に強調される傾向も否定できない[316]。

このような展開のなかで，個々の訴訟行為のリアルな吟味や具体的規律よりも，私法行為と訴訟行為のいずれに属するかの分類から民法理論の排除を帰結する志向が強まってきたが，訴訟行為論自体の効用やその副作用についての反省の余地があろう。

当事者の訴訟関連的な行為を全体として見渡し，そのあるべき法的規律を吟

---

316) 河野・行為3頁以下，河野267-268頁など。

味するにあたっても、訴訟行為というコンセプトを定立しその射程を設定考察すること自体には意義が認められてよいであろう。

まず、その要件および効果がともに訴訟法によって規律される行為を訴訟行為としてとらえること（要件・効果説[317]）も考えられるが、要件規制そのもののあり様がここでは問われているのであって、民法の規定が適用されることが妥当な場合を概念規定から除けば、それだけ訴訟行為の範囲は縮小し、結果的には視野狭さくが生じるという関係があり[318]、検討の出発点であるコンセプトをこのような仕方で定立することでは問題を的確にとらえられないことになろう。そこで、行為によって生ずる効果に着眼して訴訟行為のコンセプトを設定する考え方が一般化していき、そのなかで主要（本来的）な効果が訴訟法上のものを訴訟行為とする見解が有力になっている（主要効果説[319]）。もっとも、実体法上の効果と訴訟法上の効果のいずれが主要であるかが一義的に決しがたい行為もあり、その効果の重みが拮抗し、いずれが主要とも判断しがたいか、あるいは、いずれも主要なものと認めざるを得ない行為も存在する。そうすると、訴訟行為とは、その重要な効果が訴訟法上のものである行為ととらえ、一応訴訟行為を広くとらえて法的規律をめぐる議論の出発点としておくのが合理的であろう[320]。

訴訟行為は外延において広く、全体について一義的な要件（効果）規制を行うことには問題があり、各行為の実質とその局面に即して分類を行い、検討を具体的に進めていくべきことになろう。訴訟行為については、手続法上の規制と実体法上の規制との双方を勘案し、その規制のあり方を探るべきであり、民法との対比でいえば、そこには共通の面と異質な面がともに存し、それをどのように仕切るかが問題の核心をなすのであり、形式論理的に割り切れないものといえよう。

---

317) たとえば、右田 216 頁、斎藤 244 頁、梅本 441 頁など。これに対して、三ケ月・全集 266 頁は、訴訟法上の効果を伴う行為を訴訟行為としてとらえることを基本とすべき旨を主張する（効果説）。

318) 要件・効果説によると、たとえば、訴訟法上「効果」についての規定しか存しない請求の放棄・認諾（267 条参照）は訴訟行為でないことになり、訴訟行為の範囲が狭くなりすぎる（林屋 364 頁）といった疑問も出てくる。

319) 伊藤 285 頁、松本＝上野 120 頁〔松本〕、中野ほか 239 頁〔池田辰夫〕、上田 289 頁、林屋 365 頁、吉村ほか 216 頁〔坂原正夫〕など。

320) 主要効果説にいう「主要」なる概念は相対であり、また、その法領域が異なれば排斥しあう関係にあるととらえる必要はない。同説が「最も主要な効果」としていないことは、その根拠といえよう。

当事者の訴訟行為は，訴訟手続の展開に沿ってみれば，訴え提起，本案の申立て，訴訟上の申立て，主張，立証，自白，上訴提起などからなり，手続展開の推進力となっていくものであり，それらの多くは当事者の意思に基づき裁判所に向けられた一方的行為として行われる。これらの行為にあってその内実を成すものは，当事者の意思であり，より具体的には訴訟戦術的な決断を含むのである。その機能は，プロスペクティヴな判決に向けての活動であり，裁判所の判決との関係では，その効果は予測的かつ流動的である。このような意味合いからして，当事者には，その行為を変更ないし修正し，さらには追加する余地が手続的合理性の枠内に留保されている。このことは，主張において撤回の自由として妥当し，訴えや上訴をめぐる変更の可能性として許容され，また，自白について独自の規整の下での撤回許容性が認められる。こうした局面においては，当事者の意思も，法律行為にいう効果意思とは異なる性格をもち，活発で合理的な攻撃防御方法の展開ということに狙いを定めて政策的な考慮のなかで変容許容のスキームが定められており，民法にいう意思表示の瑕疵が顧慮される場合であっても，間接的にとどまる（たとえば，錯誤）。このようなスキームには，裁判所に無用の負担を及ぼすことなく活発な訴訟展開をするための訴訟政策的考慮の所産の面があるといえよう。これに対し，①訴訟を終了させるための訴訟上の和解については，むしろ実体法的な意思表示の瑕疵にかかわる規定が準用されていくのであり，②訴訟手続外における管轄の合意などについても，民法の法的規制が働くことになる。訴訟手続外の訴訟行為としての訴訟契約は，これまでの訴訟行為論で論じられてきたところを超えて，新たな展開が行われるべき領域であり，たとえば，仲裁合意はもとより，③モデル訴訟ないしテスト訴訟の合意が実務上の重要な意義をもつことは，つとに知られているところであり[321]，このような展開は訴訟制度が社会に定着し，日常生活やビジネスにとって重要な意味をもつようになるにつれて，さらなる展開を遂げていくであろう[322]。

第2款　訴訟行為の分類

訴訟行為については，その特徴を明らかにするため，さまざまな視点からの

---

321)　小島・基礎法理163頁以下およびそこに掲載の諸文献を参照。
322)　なお，審理計画の協議（147条の3第1項参照）や審理契約論（山本・構造論342頁以下）などは局面は異なるものの，モデル訴訟やテスト訴訟の合意との関連において検討される価値があろう。

分類がなされている。以下では，そのうち主要なものを概観する[323)]。なお，これらの分類方法から，いかなる訴訟行為が実体法規制と異なった独自の規制に服するかが直ちに導き出されるわけではないことには注意を要する[324)]。

1 行為の時期および場所からみた分類

訴訟行為は，本案の申立てや攻撃防御方法の提出など，訴訟手続内の期日において行われるものだけではなく，訴訟係属前に行われるものもある。たとえば，管轄の合意（18条）や不起訴の合意などがこれであり，訴訟委任契約や仲裁契約（仲裁13条1項）も係属前に行われることが多い。2003年改正により導入された提訴予告通知やそれを前提とする提訴前の照会および証拠収集処分（132条の2第1項，132条の3第1項・132条の4第1項各号）も，訴訟係属前に行われる。また，訴訟係属前後に期日外で行われるものもあり，選定当事者の選定（30条1項3項）などがその例である。さらに，訴訟手続とかかわりなく行われる訴訟行為として，執行認諾行為（民執22条5号）がある。

2 行為の内容および性質からみた分類

訴訟行為の内容はさまざまであるが，大きく分けると，まず，当事者が裁判所に対して一定の行為をなすことを求めるという内容の訴訟行為がある。たとえば，訴えおよび上訴などの本案の申立て，期日指定の申立て（93条1項），および証拠の申出（180条）などの訴訟上の申立てがその例である。この場合，裁判所は何らかの行為をしなければならないが，それは当事者の申立ての内容を実現するものとは限らないので，当事者の訴訟行為は意思表示よりも意思の通知に近い性質を有する。

つぎに，当事者が裁判資料を提出するという内容の訴訟行為がある。その例としては，陳述（これには「事実上の陳述」と「法律上の陳述」がある）があり，これは観念の通知としての性質をもつとされる。

さらに，当事者が訴訟終了などの法律効果を発生させることを目的とする内容の訴訟行為があり，これには，訴えの取下げ（261条），上訴の取下げ（292条・313条），請求の放棄・認諾（266条），そして，訴訟上の和解（267条）などがある。これらは，意思表示の性質をもつ。

---

323) 本文に掲げた従来の分類に対し，①訴え提起を目的とする行為，②裁判所の審判を得ることを目的とする行為，そして，③裁判所に対する審判の要求を撤回することを目的とする行為という3分類を提唱するものとして，梅本447頁がある。論者によると，従来の単線的視点による分類に代えて，当事者による訴訟行為の目的という視点と審判機関による判断という視点の両者を融合した複線的視点からの分類が可能になるという。

324) 河野271-272頁。

なお，職権進行主義の下，当事者の合意に基づいて手続を自由に変更することは，原則として認められない（任意訴訟禁止の原則）。ただし，訴え提起，訴訟の終了，あるいは，証拠の提出など手続の安定を害せず，職権進行主義の趣旨に反しない局面についてまで，当事者の合意を否定する必要はない。そこで，不起訴の合意，訴え取下げの合意，上訴取下げの合意，あるいは，証拠契約などの効力が認められている[325]。

3 行為の目的からみた分類——取効的訴訟行為と与効的訴訟行為——

訴訟行為には，裁判所に対して裁判その他の特定の行為を求めるという目的の下に行われるものと，直接に訴訟上の効果の発生を目的として行われるものとがある。前者は取効的訴訟行為，後者は与効的訴訟行為とよばれる[326]。各種の申立て，陳述，証拠の提出などが取効的訴訟行為の例であり，訴えの取下げ（261条），上訴の取下げ（292条・313条），請求の放棄・認諾（266条），訴訟上の和解（267条），あるいは，自白や証拠契約などが与効的訴訟行為の例である。

しかしながら，理論的な整理ないし講学上の興味喚起は別とすれば，自白を与効的訴訟行為に入れるかのように問題の複雑化を招くという問題を伴い，そのような分類を必要とする実益は必ずしも定かでない[327]。

なお，訴訟法上の効果の発生を目的とする当事者の意思表示をとくに訴訟法律行為とよぶことがある。これには，単独行為[328]，訴訟上の合意（訴訟契約）[329]，そして，合同行為[330]がある。

第3款　訴訟手続における訴訟行為

訴訟手続における訴訟行為には，裁判所への審判要求を目的とする行為とし

---

325) 竹下守夫「訴訟契約の研究(1)」法協80巻1号（1963年）63頁，青山善充「訴訟法における契約」基本法学(4)253頁など。
326) 取効的訴訟行為（Erwirkungshandlung）と与効的訴訟行為（Berwirkungshandlung）の区別は，ゴールドシュミットの提唱によるもので（Goldschmidt, J., Der Prozess als Rechtslage, 1925, S. 364 ff.），日本では三ケ月博士の評価を得た（三ケ月・全集267頁以下参照）。
327) 河野272頁など。なお，こうした観念区分と離れて，訴訟上の行為を主張・立証などの訴訟活動の中心をなす行為が訴訟行為の典型であるとみて，立法者は，政策の観点に基づいてその撤回や行為時期などに関する合理的規制についての規定を置いている。政策的考慮とのかかわりで法解釈上の対立があるものとして，自白の撤回要件をめぐる議論などがある。
328) 単独行為の例としては，訴えの取下げ（261条），上訴の取下げ（292条・313条），訴え取下げに対する同意（261条2項），責問権の放棄（90条），上訴権の放棄（284条・313条）などがある。
329) 訴訟上の合意の例としては，管轄の合意（11条），担保提供方法に関する合意（76条但書），飛越上告の合意（281条1項但書）などがある。
330) 合同行為の例としては，選定当事者の選定（30条）などがある。

て，申立ておよび主張・立証があり，裁判所への審判要求の撤回を目的とする行為として，訴え取下げ，請求の放棄・認諾，そして訴訟上の和解がある。

1 申立て

申立てとは，裁判所に対して，特定の行為（判決や証拠調べなど）を求める当事者その他の訴訟関係人の訴訟行為をいう。法規の上では，申出や申述，申請と表現されることもある（43条・180条・219条・68条，規1条・106条・150条など）。申立ては，特別の規定がない限り，書面または口頭のいずれの方式によってもよい（規1条1項）。申立てには，本案の申立てと訴訟上の申立ての二種がある。

なお，民事訴訟手続等のオンライン化の一環として，2004年改正民事訴訟法は，申立て等のうち，法令上書面をもってすることとされていて，最高裁判所が定める特定の裁判所に対してするものについては，最高裁判所規則で定めるところにより，電子情報処理組織を用いてこれをすることができるものとした（132条の10）。これにより，インターネットを利用して，訴え提起（133条1項）や反訴提起（146条1項），証人尋問の申出（規106条）や当事者本人尋問の申出（207条1項），鑑定の申出（規134条），検証の申出（規150条），文書送付嘱託の申出（226条），文書提出命令の申立て（211条1項），訴え取下げ（261条1項3項），控訴提起（286条），支払督促の申立て（382条）などを行うことが可能となった。

(1) 本案の申立て

本案の申立てとは，訴訟物について審判を求める申立てをいう。原告の本案の申立ては，訴状における請求の趣旨の記載を口頭弁論において陳述することによって行われる。これに対する被告の反対の申立て，すなわち，請求の棄却を求める申立てが被告の本案の申立てである。訴訟費用の裁判の申立て（67条1項）および仮執行宣言の申立て（295条）のいずれも，終局判決の中でなされるものであり，本案の申立てである。また，上訴に関する両当事者の申立ても，本案の申立てにあたる。

本案の申立ては，口頭主義の要請により，口頭弁論において当事者により陳述される。なお，被告の請求棄却の申立ておよび被上訴人の上訴棄却の申立てについては，すでに審判の対象が定立されていることから，それらが欠けていても，本案判決が許される[331]。

(2) 訴訟上の申立て

訴訟上の申立てとは，訴訟手続上の派生的または付随的事項についての申立てをいう。

---

331) 伊藤288頁など。

管轄の指定 (10条1項2項), 移送 (16条・17条), 除斥・忌避 (23条・24条), 特別代理人の選任 (35条1項), 訴訟引受け (50条1項・51条), 期日指定 (93条1項), 受継 (126条), 時機に後れた攻撃防御方法の却下 (157条1項), 証拠の申出 (180条) などについての申立てがその例である。

2 主張・立証——判断資料提出行為——

主張とは, 申立てを基礎付けるための訴訟行為をいい, 立証とは, 係争事実に関して証拠によって裁判官が確信を抱く状態に達するために行う訴訟行為をいう。主張は, 陳述ともいい, 立証は, 挙証ないし証明と表現されることもある。主張は, その内容に応じて, 法律上の主張と事実上の主張に分けられるが, いずれも観念の通知としての性質をもつ。

(1) 法律上の主張

法律上の主張とは, 要件事実に対する法規適用の効果としての権利義務の発生・変更・消滅の主張をいう。たとえば, 目的物についての所有権取得や弁済による債権消滅の主張などである。相手方が法律上の主張を認める旨の陳述をすると, 権利自白となる。

なお, 法律上の主張には, 法規 (外国法を含む) の存否, 内容, 解釈および適用についての主張を含む場合があるが, 法規の発見, 解釈および適用は, 裁判所の専権に属することから, 当事者の主張は裁判所に対して参考資料を提供するものにすぎない。もっとも, 当事者に対する手続保障という観点からは, 事実主張の前提となる法的観点を当事者に対して明らかにすることが望ましい。

(2) 事実上の主張

事実上の主張とは, 法律上の主張を基礎付ける具体的な事実の存否の主張をいう。事実上の主張は, その内容が論旨一貫していないと無意義となるが, ある主張事実が認められない場合に備えて, 他の事実を仮定的ないし予備的に主張することは許される[332]。この場合, 裁判所は, 基本的にどの事実を取り上げてもよい。なぜなら, いずれの主張事実を認めるかは判決理由中で判断される事項であって, 原則として既判力を生じない (114条1項) からである。これに対し, 相殺の抗弁は, 例外的に既判力を生じ (同条2項), また, 被告にとって実質的敗訴に等しい結果ともなり得ることから, 他の事実が認められない場

---

[332] たとえば, 原告が, その所有権取得原因として, 売買契約の存在が認められないことに備えて, 取得時効を主張したり (仮定主張), 被告が, 貸金返還債務の不存在の原因として, 消費貸借契約の不存在 (借りた事実はない) が認められないことに備えて, 仮に借りたとしてもすでに返済したと主張したり (仮定抗弁) する場合などがある。新堂403頁参照。

合にはじめて取り上げるべきものである。

　事実上の主張に対する相手方の態度には，否認，不知，自白，そして，沈黙がある。

　(イ)　否認とは，相手方の主張事実を否定する陳述をいう。否定のしかたに応じ，直接に当該事実の存在を否定する単純否認と，当該事実と両立しない別個の事実の存在を主張して間接的に否定する積極否認（理由付き否認または間接否認）に分かれる。たとえば，貸金返還請求訴訟の被告による金銭授受の事実を認めるが，贈与として受け取った旨の陳述などが積極否認の例である。新民事訴訟規則は，積極否認を励行すべく，準備書面において相手方の主張事実を否認する場合には，その理由を併せて記載しなければならないものとしている（規79条3項）[333]。同じく，文書の成立を否認するに際しても，理由を明示しなければならない（規145条）。

　(ロ)　不知とは，相手方の主張事実を知らない旨の陳述をいう。不知の陳述は，否認と推定される（159条2項）。

　(ハ)　自白とは，自己に不利益な相手方の主張事実を真実と認める旨の陳述をいう。自白事実は，証明を要せずに，そのまま認定される（179条）。

　(ニ)　沈黙とは，相手方の主張事実に対して何も陳述しないことをいう。沈黙は，他の陳述から相手方の主張事実を争うと認められない限り，自白とみなされる（159条1項）。これを擬制自白という。

　(3)　立証（挙証または証明）

　立証とは，事実上の主張を証明するための訴訟行為をいう。証拠の申請（180条）のほか，証拠調べに協力ないし関与する行為，たとえば，証人に対する尋問（202条1項）や当事者本人尋問に対する陳述なども含まれる。

3　訴え取下げなどの自主的手続終了行為[334]

　民事訴訟では，処分権主義が採用され，その開始のみならず，終了についても，当事者の自由な判断に委ねられる。そのため，審判要求の撤回を裁判所に求める訴訟行為が当事者に認められる。具体的には，訴えの取下げ（261条），請求の放棄・認諾（266条），そして，訴訟上の和解（89条・264条・265条）がある。これらは，いずれも裁判所に対する意思表示であり，裁判所の判断を要しないが，請求の放棄・認諾および訴訟上の和解は，調書の記載によってその効力，すなわち，訴訟終了効および確定判決と同一の効力を生じる（267条）。

---

[333]　条解規則173頁。
[334]　河野276頁参照。

第4款　訴訟行為と私法法理

1　訴訟行為の撤回・取消し

　まず第一に，訴え提起を目的とする訴訟行為については，提訴前に訴訟外においてなされることから，手続の安定など訴訟手続上の配慮を要せず，その撤回・取消しは，私法行為の場合と同じく，自由にすることができる。

　第二に，申立てについては，これが裁判所への意思の通知であることから，裁判所の判断があるまでは，原則として任意に撤回することができる。申立てが撤回されると，裁判所は当該申立てを判断する義務から解放される。裁判所の判断行為後は，もはや撤回することはできない[335]。

　第三に，主張については，これが申立てを基礎付けるための行為であることから，原則として任意に撤回することができる。主張が撤回されると，当該主張はなかったこととなるので，裁判所の判断の対象とはならないが，撤回の事実自体が弁論の全趣旨として斟酌される余地はある。なお，職権探知主義の適用がある場合においては，いったん主張された事実は職権により収集された事実と同じ扱いを受け，撤回の効力を生じないとする見解[336]と，職権探知主義の内容が訴訟資料の収集・提出を当事者のみに任せず，裁判所もその職責を担うものとして理解する限り，これに賛成しがたいとする見解[337]がある。いずれの見解によっても結果的には違いがない。当事者による撤回は，事実上意味があるにとどまり，その扱いは裁判所の判断によるが，その行為は審理に影響を及ぼす資料となり得よう。

　第四に，立証については，裁判所が証拠を調べるまでは，任意の撤回が許されるが，証拠調べ後は，裁判所の心証形成を妨げることになるので，撤回は許されない。

　最後に，訴え取下げなどの裁判所への審判要求の撤回を目的とする訴訟行為については，訴訟係属状態を著しく不安定にすることから，許されないのが本則である。ただし，その意思表示に瑕疵・欠缺があった場合には，取消しが許され得ると考えるべきであろう[338]。

---

335) 伊藤290頁，中野ほか241頁〔池田辰夫〕，河野284頁など。なお，証人尋問の申出につき，最判昭32・6・25民集11巻6号1143頁〔百選4版A22事件〕。
336) 小山189頁，伊藤291頁など。
337) 梅本459頁など。
338) 本書560頁参照。

2 訴訟行為と条件

　訴訟行為に条件・期限を付けることは，当事者間の合意が原則としてすべてに優先する私法上の法律行為の場合と異なり，無条件に許されるわけではない。訴訟行為には，手続安定のほか，訴訟経済や手続の迅速化などの要請が働くことから，条件・期限を付すことの可否については，そうした要請に反しないかを検討しなければならない。

　第一に，訴訟手続外で行われる訴訟行為のうち，管轄の合意（11条）など，訴え提起に向けられた積極的な行為については，それに付された条件の成就や期限の到来は，提訴時において判断すれば足り，訴訟手続の安定を害するおそれもないことから，許されるとして差し支えない。たとえば，管轄の合意に条件を付した場合，提訴時に条件成就の有無を判断すれば，管轄は固定され（15条），訴訟手続の安定を損ないはしないので，当事者間の合意を尊重してこれを許してもよい。他方，訴え提起を抑止しようとする消極的な行為については，これは直接に訴訟上の効果を生じるわけではなく，したがって私法行為であることから，条件・期限を付けることは許される。たとえば，仲裁契約の効力の発生に条件を付したり，仲裁契約が効力を持つ期限を設けたりすることも可能であり，また，仲裁人が仲裁判断をなすべき期限を設定することも許される[339]。

　第二に，申立てについては，訴訟手続の安定性の見地から，原則として条件・期限を付すことは許されない。たとえば，訴えや上訴の提起に対して条件が付されると，裁判所による審判状態が不確定となるとともに，相手方当事者の地位を著しく不安定なものとしてしまい，許されない。もっとも，明文上または解釈上，例外的に申立てに条件を付すことが許される場合がある。法が認める場合として，本案請求についてその認容判決が下されることを停止条件とする仮執行宣言の申立て（259条），原審の本案判決の変更を停止条件とする仮執行宣言の失効による原状回復の申立て（260条）などがある。これらは，本案請求の成否が論理的前提とされる場面であり，訴訟内で条件成就が明らかとなり，訴訟手続の安定性が損なわれないことから，例外として法が許容したのである。また，請求の客観的併合のうち[340]，主位請求の認容を解除条件として予備的に他の請求を併合すること（予備的併合）は，解釈上認められる例外であ

---

339) 小山・仲裁158頁，小島・仲裁120頁，梅本455頁など。
340) 共同訴訟の場合（訴えの主観的予備的併合）についての議論は，本書753頁参照。

る[341]。この場合には，訴訟内で条件成就が明白となり，裁判所の審判および相手方の攻撃防御の対象を不明確にするおそれがなく，手続安定の要請に反しないことによる。

　第三に，主張については，手続安定の要請から，条件・期限を付すことは許されない。特定の法律効果の発生ないし法的判断に関する陳述であるところの法律上の主張，および，これを基礎付ける具体的事実の存否に関する認識を報告する陳述であるところの事実上の主張，これらいずれについても，その内容について条件を付すことは，その行為の性質に反する。もっとも，ある請求を理由付ける複数の請求に対して順位を付すことは，攻撃防御方法の提出に条件を付すことであるが，裁判所はこの順位に拘束されることはなく，なんらその審理活動の妨げとならないうえ，相手方の攻撃防御の対象を不安定にするおそれもないので認められる。これに対し，相殺については，被告の実質的敗訴であり，理由中の判断であっても既判力を生じる（114条2項）ことから，裁判所は，予備的抗弁として扱い，その審判は最後に行うべきである。

　第四に，立証については，条件・期限を付すことはできない。裁判官の心証形成を不当に阻害しかねないからである。

　最後に，裁判所への審判要求の撤回を目的とする訴訟行為についてみると，訴え取下げおよび請求の放棄・認諾は，訴訟終了を生じさせる行為であり，条件・期限を付すことは，訴訟係属状態を不安定にすることから，許されないと解される。この点，最高裁判所は，土地の賃借権確認およびその引渡しを求める訴訟において，係争地が原告の主張と異なり，第三者に所有権および占有権がすでに移転しているのであれば，訴えを取り下げる旨の原告の陳述は，条件付き訴え取下げであって，訴訟係属を不明確にするもので許されないと判示した（最判昭50・2・14金法754号29頁）。なお，訴訟上の和解については，相手方の不履行を解除条件とすることは許される[342]。

3　訴訟行為と私法行為

　訴訟行為の要件・効果が問題となる主要な局面としては，①事実主張，証拠提出などの一方的訴訟行為，②訴訟内の形成権の行使，そして，③訴訟上の合意（訴訟契約）がある。もっとも，このうち，①については，撤回の自由が認め

---

341) さらに，旧訴訟物理論を前提とすると，選択的併合，すなわち，どれか一つが認容されることを解除条件として複数の請求を同位的に併合する場合についても，同様の趣旨から許容されることになる。中野・論点 I 54頁注42，中野ほか506頁〔栗田隆〕，梅本456頁など参照。
342) 梅本吉彦「訴訟上の和解の効力について」三ケ月古稀582頁以下，梅本458頁など参照。

られ、その効果は判決の資料になるという意味で訴訟上のものであり、すべては判決待ちの状態にあり、私法上の効果を独自に問題とする必要はない。これに対し、②と③については、それらの訴訟行為が訴訟手続の内外で行われる結果、私法行為としての効果を独自に論ずべき場合があり、その際の両者の関係が問われることになる。順に眺めることにする。

(1) 訴訟内の形成権の行使

取消権、解除権および相殺権などの形成権を行使する旨の意思表示とその陳述が口頭弁論において一体の行為としてなされた場合、私法行為たる形成権行使と訴訟行為たる形成権行使の事実の陳述との関係をいかに考えるべきであろうか。具体的には、本案判決に至らず、訴訟行為としての効果喪失後における私法上の効果の有無が問われる。

判例をみると、訴状の送達によってなされた契約解除の意思表示について、訴え取下げによってはその効力は失われないとしたものがある（大判昭5・1・28評論19巻民法343頁、大判昭8・1・24法学2巻9号1129頁）。また、相殺の抗弁については、訴訟行為であると同時に私法上の法律行為としての性質を有する一個の行為であり、判決において原告の債権が他の抗弁に基づいて否定され、もしくは、当該訴訟が取下その他判決によらないで完結した場合には、裁判上の相殺は、訴訟行為としてその効力を生じないと同時に私法上の行為としてもまたその効力を失うと判示したものもある（大判昭9・7・11法学4巻2号227頁）。他方、訴訟上の相殺の主張がなされ、受働債権について債務承認が行われた後に、その相殺の主張が撤回された場合において、すでに効力の生じた承認が無に帰することはないとして、訴訟法上の効果が消滅しても、私法上の効果が残ることを認めた（最判昭35・12・23民集14巻14号3166頁）。このように、判例は、必ずしも両性説に立つわけではなく、個々のケースにおける具体的状況に応じた妥当な解決を目指しているかにみえる。

学説は、訴訟上なされた形成権行使は、訴訟上の攻撃防御方法として主張されることから、純然たる訴訟行為であるとする訴訟行為説[343]、私法行為と訴訟行為という二つの行為が併存しており、その要件・効果はそれぞれ実体法・訴訟法によるとする併存説（私法行為説）[344]、私法行為と訴訟行為の両方の性質を具備した密接不可分な一個の行為であり、実体法と訴訟法の双方の要件を満たすことを要するという両性説[345]、そし

---

343) 三ケ月・全集280頁、中野・訴訟関係105頁〔中野旧説〕など。
344) 兼子一『実体法と訴訟法〔OD版〕』（有斐閣、2003年）87頁、兼子・体系212頁、小山164頁、石川明『訴訟行為の研究』（酒井書店、1971年）67頁以下など。
345) 加藤・要論222頁、法律実務(3)92頁、梅本吉彦「相殺の抗弁」演習民訴〔新版〕319頁、梅

て，併存説を前提としつつ，訴訟行為の効力が失われれば私法行為も撤回されるとみる新併存説（新私法行為説）[346]がある。

そこで，常識的ですわりのよい帰結を導くうえで有効な目安ともいうべき理論ないし基準であれば，複数のそれが並び立つものとして併用されても差し支えない。法廷の場において訴訟行為と同時になされる私法行為は，その場の特質からして法廷外におけるそれとでは，その実質が確保される以上は要件や効果に変容があってもよいであろう。訴訟上形成権を行使する当事者は，訴訟行為が失効すれば私法上の効果も生じないと考えるのが自然であり，私法上の効果もその発生の性質からして訴訟行為とその命運をともにするのが原則である。ただし，私法上の効果を残すべき事情があり，当事者のそのような意思が，暗黙にであれ，相手方に了解される状況があれば，例外も認められてよいであろう。すなわち，訴訟上の形成権行使には，私法行為と訴訟行為が併存しており，その要件および効果はそれぞれ実体法，訴訟法の定めるところによるが，訴訟行為の効力が失われれば私法行為も効果を生じないとみるのが状況適合的であり，本案判決に至らず，訴訟行為としての効果が失われた後における私法上の効果については，すでにみたように，原則として私法行為もその効果が失われるが，私法上は当事者の意思に即して合理的であると認められる場合には例外的に私法上の効果は残ることもあってよいであろう。たとえば，前掲判例（最判昭35・12・23）の事案のように，相殺の抗弁としての意味を失っても，私法上の効果を残さないと相手方に不公平である場合には，訴訟行為としての効力が失われても，実体私法上の効果は残存するものとして例外的な扱いをすべきであろう[347]。このように当事者の合理的意思を基準とすることで，適切な帰結を導くことが可能になる。やや技巧的なきらいはあるものの，新併存説に即して，解除条件付意思表示などの理論構成を用意することも一つの分かりやすい説明であろう[348]。

これに対して，併存説（私法行為説）は，実体法上の要件を充たしている私法

本444頁など。
346) 新堂406頁注(2)，中野・論点Ⅱ142頁以下〔中野新説〕，伊藤293頁など。
347) 新堂407頁，河野正憲「相殺の抗弁とその実体法上の効果」法政39巻1号（1972年）117頁以下，河野・行為44頁以下，山木戸・研究54頁，伊藤293頁など。
348) これを条件説という（林屋385頁など）。そのほか，①一部無効は全部無効となり，私法上の効果もないと構成する無効説や，②衡平などの相殺の制度趣旨から自動的に相殺の意思表示が撤回されるという撤回説がある。中野ほか249頁〔池田辰夫〕参照。いずれも説明としては筋が通っている。

行為が訴訟上主張されるという論理的前提を素直に一貫させており，いくつかの難点（欠席や公示送達の場合などの説明）も一応克服している。しかし，訴訟行為と私法行為とが効果において別個の運命を辿るという帰結は，通常は適切ではない。私法行為と訴訟行為が訴訟という場において攻撃防御として行われているというコンテクストへの配慮に欠けるところに問題がある。

この点，両性説は，コンテクストの特殊性を素直に理論に取り込み，効果を同一の運命に委ねるという帰結を導き出そうとする点では理解できるものの，一つの行為が両性質を具備するというだけで，なぜ，双方の要件を満たさずとも，訴訟法上および実体法上の効果を生じるかの説明にはいま一つ割り切れない問題が残る。

さらに，訴訟行為説は，効果を生み出す要件は実体法が定めているにもかかわらず，訴訟行為があれば私法上の要件を充足することなしに，訴訟法上の効果が生ずるとするが，その根拠が充分ではなく，たとえば，形成権行使との関係では，「隠れた形成判決」といった独自の理論を持ち出さざるを得ないところに難があろう[349]。

ところで，理論上の問題として，相手方が欠席した場合に私法上の意思表示の到達がないのではないかという点がある。新併存説によるとき，私法行為について実体法規範によるので，形成権行使の意思表示が相手方へ到達することを要求するのが筋であろうが[350]，相手方は在廷して形成権行使を知ることができる地位にある以上，相手方としては予知可能な状況にあり，私法行為の効力の発生を認めるのに法律上無理はないであろう。なお，瑕疵ある意思表示の訴訟行為に対する影響については，意思表示の瑕疵に関する私法規定の適否という形で問題となるが，これについては後述する[351]。

(2) 訴訟上の合意

訴訟手続に関する当事者間の合意，たとえば，管轄の合意（11条），不起訴の合意，訴え取下げの合意，飛越上告の合意（281条1項但書），訴訟上の和解

---

[349] これは，訴訟行為説によると，相殺の抗弁を認めて原告の請求を棄却する判決は形成判決の性質をもち得るが，相殺は本来当事者の一方的意思表示によって権利関係を形成的に変化させるのであって，判決によって権利関係を変動するという形成判決の構成は立法における想定を超えており，また，私法上の効果を生じない相殺の抗弁が裁判資料となる根拠は見当たらないといった批判である（中野ほか249頁〔池田辰夫〕など参照）。なお，中野説もその後改められた（訴訟行為説〔中野・訴訟関係105頁〕から新併存説〔中野・論点Ⅱ142頁〕へ）。

[350] 伊藤293頁注174参照。これに対し，両性説は，相手方が在廷しなくても有効であるとする（梅本444頁）。

[351] 本書423頁参照。

(267条)および証拠契約[352]などについては，その性質および効果をめぐり，私法契約説と訴訟契約説との対立がある。

　私法契約説が通説であり[353]，判例もこれを支持するが[354]，近時は訴訟契約説も有力となっている[355]。たとえば，訴え取下げの合意についてみると，原告がこの合意に基づく訴え取下げを履行しないとき，私法契約説によると，裁判所は，訴えの利益を欠くとして当該訴訟を却下すべきことになるが，訴訟契約説によると，被告が取下げ合意の事実を主張・立証すれば，裁判所は，訴訟係属が消滅したものとして訴訟終了宣言をすることになる[356]。これらに対し，訴訟上の合意の法的性質は一義的に決めることはできないとしながらも，基本的には，訴訟法に具体的な規定があれば訴訟行為であると解し，それ以外については直接に訴訟上の効果を生じさせるという当事者の効果意思の有無によって決せられるとする折衷的見解もみられる[357]。

　私法行為か訴訟行為かを抽象的に論じ，そのうえで効果を導き出すといった発想から離れて，個別の場面ごとにどういった処理が妥当なのかを検討して，効果を決すべきであり，私法行為か訴訟行為かは，一定の結論を出したうえでの説明の道筋の問題にすぎないのではなかろうか。そうすると，訴訟上の合意ごとに，その効果を中心として，裁判所の関与の有無などの諸要素を個別具体的に検討する柔軟なアプローチがその契約機能の多様性からして適切なものといえよう。

　訴訟上の合意について，意思表示の瑕疵に関する私法法規の適用があるかが問題となる。訴訟外で締結される訴訟上の合意は，具体的な訴訟が切迫した時点で締結されるわけでもなく，典型的な訴訟行為とは文脈的に異なる。そこで，主要な効果が訴訟法にあるとしても，この場合には，要件・効果の規制は，私法に近づけて行うべきである。かくして，要件効果の規制は，どのようなコンテクストで締結されたかを重視して決すべきであろう。

　具体的には，訴訟能力は不要であり，意思表示の瑕疵・欠缺についても私法規定の適用がある。訴訟上の効果であっても，当事者の意思に基づくものとして予定されていることから，意思の瑕疵が効果に影響することは，むしろ当然

---

352) これには，自白契約，証明責任を定める合意，証拠制限契約および仲裁鑑定契約などが含まれる。
353) 新堂330頁注(1)，小山218頁，菊井＝村松Ⅱ238頁など。
354) 訴え取下げの合意につき，最判昭44・10・17民集23巻10号1825頁〔百選Ⅰ83事件〕。
355) 三ケ月・全集434頁，竹下守夫「訴取下契約」立教2号（1961年）74頁，青山善充「訴訟法における契約」基本法学(4)257頁など。
356) 伊藤294頁注177参照。
357) 梅本464頁。

の帰結である。また，権利能力や行為能力などについては，現に私法規定の準用が定められている（28条）。管轄の合意，不起訴の合意，訴え取下げの合意，飛越上告の合意，訴訟上の和解および証拠契約は，効果からして訴訟行為と評価してよいが，当該行為の実質に照らして，実体法の規定を適用する場合も認められよう。

また，訴訟外の合意のなかにも，主たる効果が訴訟法か私法か断じられない両領域にまたがる境界型の行為も存するのであり，主たる効果が訴訟上のものであっても，コンテクストによっては，私法規定の適用がある場合があり，さらには，これらの行為が法廷において裁判官の関与の勧試の下に行われた場合であっても，私法規定の適用が肯定される場合があり，結局のところ，効果とコンテクストのいずれもが決定的なメルクマールとはいいがたく，私法規定の適用は，行為の実態いかんにかかわるという扱いの一歩手前に近づいているのではなかろうか。

私法規定の適用については，訴訟に関する行為のうち，実体法上の効果のみを生じるもの以外を訴訟行為としてとらえると，訴訟行為は，訴訟法の規律によって適切な扱いがなされ得るものと実体法の規律によって合理的な処理がなされ得るものに分かれ，前者には，たとえば，主張・立証や自白がこれに含まれるが，訴訟法独自の規律（明文または解釈）によることになり，後者には，たとえば，管轄の合意や訴訟上の和解，請求の放棄・認諾があるが，当事者の意思に即した効果との関係では，私法規定が適用されよう。なお，争点整理審理計画に関する契約など，訴訟主体間で係属中の訴訟に関して訴訟上の効果の発生を目的として行われる訴訟上の合意については，前者と同様，訴訟法独自の規律にしたがうのが合理的であろう。

なお，表見法理の適否や既判力の有無（訴訟上の和解や請求の放棄・認諾）などの問題についても，実質的な観点から個別に検討がなされるべきであろう。

私法行為か訴訟行為かによって一刀両断に結論を導く発想としての訴訟行為理論は，その肥大化によって却って問題処理を厄介にするおそれがあり，体系的整序という観点からの整理作業についてはより謙抑的であるべきであろう。大文字のドグマティクは決せられない部分が拡がっているというのが基本認識になろう。

(3) 訴訟行為に対する私法規定の適用可能性

訴訟行為のうち，とくに意思表示としての性質を有するものについては，民法上の意思表示の瑕疵に関する規定（民95条・96条）などの私法規定の適用を

めぐって議論がある。

　最高裁判所は，執行受諾の意思表示について民法95条の適用を認めた（最判昭44・9・18民集23巻9号1675頁）。その根拠としては，「なるほど，一般に訴訟行為に関しては意思の欠缺その他意思表示の瑕疵に関する規定の適用がない」と解されるのは，「主として，訴訟手続を組成する個々の行為について意思表示の瑕疵に関する主張を許すときは訴訟手続の安定を害することとなることから，訴訟手続を安定させるための表示主義・外観主義の要請に基づくものである以上，訴訟行為であってもそのような考慮を必要としない場合については，これを同一に論ずることはできない」としたうえで，「執行受諾の意思表示は，訴訟行為ではあるが，右のように訴訟手続を組成する一連の訴訟行為の一環として行なわれるものではなく，私人が，任意に訴訟外において，債務名義を形成するために公証人に対し直ちに強制執行を受くべき旨の意思を表示する一方的行為であるからには，その意思表示に対して民法の意思表示の瑕疵に関する規定を適用することは妨げないものと解すべき」ことを挙げる。これに対し，強迫によって訴え取下げの合意がなされた事案に関して，最高裁判所は，刑事上罰すべき他人の行為によって判決に影響を及ぼすべき攻撃防御方法の提出が妨げられたことが再審事由とされていること（338条1項5号）に照らし，訴え取下げ行為は無効であると判示した（最判昭46・6・25民集25巻4号640頁〔百選3版97事件〕）[358]。

　学説上は，私法規定の適用を否定し，再審事由の認められる場合にのみ無効とするのが通説である[359]。手続の安定性や再審事由（とくに338条1項3号または5号）の類推適用による救済可能性などがその理由である。しかし，近時は，私法規定の適用を肯定する見解も有力となりつつある[360]。意思表示の瑕疵・欠缺の場合に常に刑事上罰すべき他人の行為が介在するとはいえず，とりわけ，錯誤について再審事由の類推適用が認められる可能性に乏しいことがその理由である。さらに，訴訟行為のうち，管轄合意や証拠契約のように当事者や裁判所の訴訟行為の前提となるものについては，手続安定の要請にかんがみて，再審事由の認められる場合にのみ無効とし，他方で，訴え取下げ，請求の放棄・認諾，または，訴訟上の和解のように，訴訟係属を消滅させるものについては，手続安定の要請よりも当事者の利益を重視してよく，私法規定の類推適用を認め

---

[358] 本判決は，さらに，無効主張に際して有罪判決の確定などの要件（338条2項）は不要であるとしている。

[359] 兼子・体系213頁，三ヶ月・全集281頁，菊井＝村松Ⅱ223頁，争点〔3版〕172頁〔永井博史解説〕など。

[360] 訴え取下げ合意につき，新堂・判例354頁以下，条解877頁〔竹下守夫〕，河野・行為203頁，など。

てよいとする折衷的見解もある[361]。

　訴訟行為に対する私法規定の適用の有無を一般的に考える従来の議論に比べ，手続安定の要請や当事者の利益などといった実質面から訴訟行為ごとに個別的に吟味するアプローチの方がより適切であるといえよう。こうした発想は，訴訟手続を組成する一連の訴訟行為の一つとして行われるものではない訴訟行為に対する私法規定の適用を手続安定の要請が働かないがゆえに肯定する上記の最判昭44・9・18にもあらわれており，また，私法規定の適用を肯定する近時の有力説のなかにも，訴え取下げ合意のみを念頭に置いた議論の展開が多いことから，必ずしもその射程範囲は明らかでなく，実際には折衷的な立場である可能性もある。なお，手続安定の要請が働き，再審事由の認められる場合にのみ無効（再審事由の訴訟内顧慮）とされる訴訟行為については，再審の訴えとは異なり，有罪判決もしくは過料の裁判の確定，または，これらが証拠不存在以外の理由で得られないこと（338条2項）は必要とされないとするのが判例（前掲・最判昭46・6・25）であるが，これに賛同してよいであろう。これに対し，訴訟行為の撤回の許容範囲が再審による場合のそれを超えてしまい，類推の範囲を逸脱するとして，有罪判決の確定等を必要とする反対説がある[362]。再審事由の訴訟内顧慮の場合にまで有罪判決の確定等の厳格な要件を課すと，深刻な訴訟遅延を招来するか，あるいは，反対に訴訟行為について意思表示の瑕疵を問題とすることが事実上不可能となり，問題があるので，これらの要件を不要としたうえで，私法規定の適用要件（たとえば，錯誤における表意者の重過失など）を厳格に解することで，再審の訴えの場合とのバランスを図るのがよいであろう。

　要するに，訴えの取下げ，上訴の取下げ，請求の放棄・認諾，訴訟契約など意思表示としての性質を有する訴訟行為のうち，効果意思が基本にあるものについては，基本的には私法規定の適用を排除しがたいのに対し，訴え提起や上訴提起，攻撃防御方法の提出など，訴訟運営上の考慮が優位に立つものについては，訴訟法のなかに必要な規定がスペシフィクに置かれている。すなわち，当該訴訟行為の効果と当該行為のなされた局面などを考慮して適切な法的規整を置くことになり，効果意思を尊重すべきか，それが上回る訴訟運営上の要請を働かせるかが状況適合的に判断されることになる。求められているのは，このように個別に実質的考慮をめぐらすという柔軟な判断枠組みなのであって，

---

361) 中野ほか246頁〔池田辰夫〕，伊藤295頁など。
362) 松本博之「当事者の訴訟行為と意思の瑕疵」講座民訴④283頁以下，松本＝上野129頁〔松本〕。

統一理論の構築に拘泥する意義に乏しい。なお，訴訟上の相殺についても，訴訟行為か否かや訴訟行為と私法行為の関係いかんといった理論的な問題について精緻を競うよりも，相殺の特質を認めてそれに相応しい合理的な取扱いをするという方向でよいであろう[363]。

(4) 訴訟行為と信義則

訴訟行為に対して信義則が妥当する場面については，確かに訴訟行為に対する私法規定（民1条2項）の適用場面として，ここで論じることもできるが[364]，信義則が規定された新法（2条）下では，私法規定の適用という形は後退することになっており，また，信義則の適用場面は広範にわたることから，民事訴訟における信義則として，第1章（第7節）で取り上げるものとする[365]。

---

363) 本書418頁以下も参照。
364) そうした位置付けとして，たとえば，伊藤295頁以下などがある。
365) 本書55頁。

第6章　証拠と証拠調べ

はじめに

　事実に法規をあてはめて結論を導き出すという形で紛争を解決する民事訴訟においては，なによりもまず，いかなる事実があったのかを，裁判所は認定しなければならない。この事実認定は証拠によって行うものとされ，手続の適正・公平が客観的に担保されている。

　本章では，この証拠による事実認定に焦点を合わせ，まず，証拠や証明といった基本的概念を論じたうえ，つぎに，理論的な課題として，自由心証主義と証明責任をとりあげ，そして，証拠調べの手続諸相を眺めることにしたい。さらに，訴え提起前の情報・証拠の収集手段として，証拠保全と提訴前における証拠収集の処分等に触れる。

第1節　審理総論

第1款　訴訟審理の全体構造

　弁論主義の下では，各当事者による主張の応酬があり，その攻防のなかで核心的な争点が浮き彫りになり，争点に焦点を合わせて，各当事者による立証活動が展開されていく。そして，証明の尽きたところで，裁判所は，要証事実に関して存否の認定を行う。当該要証事実の存否がいずれとも認定しがたい場合に，裁判所がいかなる仕方で判決を下すべきかを定めるのが証明責任という人工のコンセプトないし政策的意味あいの濃い基本選択である[1]。

---

1) 主張責任の分配が意識されていないために審理の枠組みが骨なしで審理の焦点が動揺するきらいのあった戦前の実務を反省して，当初，司法研修所では，主張・立証責任を機械的に分配し，要件事実を中心として訴訟が展開していくことを理想とする実務家教育が行われていた（中野貞一郎「〈特別講義〉要件事実の主張責任と証明責任」法教282号〔2004年〕34頁）。しかし，国民に身近な司法を目指す動きなどによって，実務においては，次第に争点中心の訴訟運営が目標とされるようになり（たとえば，「新様式判決」など），新法の制定に際して，本文に掲げたように，要件事実とその主張・立証責任の分配という形式的骨組みを軸に据えるのではなく，争点を中心とすることで個々の具体的な紛争の実態に即した訴訟展開が志向されている（253条2項も参照）。なお，新様式判決については，「《座談会》民事判決書の新しい様式をめぐって」ジュリ958号（1990年）15頁，「〔ミニ・シンポジウム〕民事判決書の新様式について」判タ741号

訴訟審理においていかなる形で主張レヴェルでの対論ないし論争を展開すべきかについては，複数のしくみが存在し，各国の法制間には違いがあり，また，同一法制の下でも，時代とともに変容する。日本においては，原告と被告ができるだけ早期にまとめてそれぞれの主張を提出し[2]，包括的な攻防を通じて主張全体のなかから決め手となる争点を主張の対立という形で浮き彫りにしようとするのが新法下での方針である。このようなしくみのなかでは，主要事実や間接事実，さらには重要な事情などが法廷に総体として提示され，これによって，裁判所，原告および被告は，紛争の全貌を把握していくのである。

こうした攻防の過程において，各主体が冷静かつ的確に事案の解明を行うための有用なトゥールとなるものとして，主要事実と間接事実の区分け，主張責任の分配いかん，原告の訴状言及責任[3]の有無，あるいは，各主張の有理性の吟味などがある。裁判所は，訴訟指揮，とりわけ釈明を通じて審理の整序を進め，また，原告と被告は節目ごとに自己の主張について法律的な再吟味を重ねていく[4]。この法律的な吟味は，主張の応酬の全体をいわば法律上の論理のメスを使って整理する作業であり，その整理の過程で原告の主張（請求原因事実），被告の認否，主張（抗弁事実），原告の認否，主張（再抗弁事実）などという形で整理がなされ，当該事案の焦点となっている核心的な主要事実および間接事実は明確になってくる。このような過程において，主観的主張責任は鮮明でなく，たとえば，弁済の事実の不存在や履行遅滞の事実の存在などは，自然の流れとして原告によって主張がなされ，むしろ被告がこれを否定し，弁済の事実の存在や履行遅滞の事実の不存在を主張するという展開が現実であろう。当事者間の攻防の過程には，現実の主張展開と客観的な主張責任の間に離齬が生じることが少なくないが，理論的整理をいかに精緻に行うかは別として[5]，その点は常識的な論議の流れとして受け止めてよいであろう。なお，当事者の主張が不

　　　(1991年) 4頁，西野喜一『裁判の過程』(判例タイムズ社，1995年) 439頁など参照。
2)　訴状につき民訴規53条1項，答弁書につき同80条1項を参照。
3)　研究会「証明責任論の現状と課題」判タ679号 (1988年) 23頁〔倉田卓次附記〕。
4)　本書430頁。
5)　そのような精緻な立論としては，たとえば，債務不履行の事実について，原告は立証責任を負わないが主張責任は負うという前田説（前田達明「続・主張責任と立証責任」判タ640号 (1987年) 66頁，同「続々・主張責任と立証責任」判タ694号〔1989年〕30頁）や，訴えの有理性の観点から原告の主張責任を認める中野説（中野貞一郎「主張責任と立証責任」判タ668号〔1988年〕6頁など）などが挙げられる。これに対して，通説および実務は，不履行の事実の不存在を抗弁事実として被告にその主張責任・証明責任を負わせる（司法研修所編『増補 民事訴訟における要件事実 第1巻』〔法曹会，1986年〕22頁・255頁など）。

十分である場合には，客観的主張責任を指針として裁判所が釈明等を行う。とりわけ，被告欠席の場合には，原告の主張事実について擬制自白が成立する結果，原告の主張事実によって判決の内容が決せられる。

さらに，証明活動の局面においても，原告と被告がそれぞれの角度から，いわば逆方向からさまざまな証拠を提出することになる[6]。その意味で主観的証明責任は，前面には出てこないことが多い。審理の過程で客観的証明責任を負う当事者の提出した証拠が脆弱であれば，裁判官は，証拠の提出を促し，また，それに当事者が応じなければ審理を打ち切ることもあり得よう。その場合には，客観的証明責任の所在が前面に出て働いてくることになろう。

そして，原告または被告による各種証拠が出揃ったところで，裁判所が証拠評価を行い，事実認定をし，その事実認定を基礎として，請求について認容ないし棄却の判決がなされることになる。

問題は，事実が真偽不明（non liquet）という事態が生じた場合であるが，この場合にも，裁判所は真偽不明のゆえに判決を回避することは許されないというのが大前提である。真偽不明の場合には，実体法の適用ないし不適用の結論が論理的に直ちに導かれる（法規不適用説）のではなく，民事訴訟における根幹的な選択として証明責任規範ともいうべき判断枠組みがそこに介在してくる。この規範は，訴訟制度における究極の選択を定めるものであり，法制的にはさまざまな選択肢が存在し得る。真偽不明の領域も必ずしも一義的ではなく，その範囲は，事実認定に必要とさる証明度の高低いかんによって左右される。高度の蓋然性の程度の証明度を要するところでは，真偽不明の範囲は広く，証拠の優越をもって足りるとするところでは，きわめて狭い。いずれの方針を選択するかというところに，灰色の事実に対処すべき独自の基本政策があらわれてくる。

いずれにせよ，真偽不明の場合にも，黒白を決する判決がなされることになるのが原則である。真偽不明の領域の広狭はおくとして，真偽不明の事態への対処の仕方については，立法的に，または，実務的に例外的な局面においてどのような調整を行うか選択の余地が存在する。若干の例を挙げると，低い解明度[7]が避けがたい局面として，少額請求事件がある。これについては事案の経緯や全体状況をも考慮して，衡平による判断を下すとする立法例もあり，これ

---

[6] このことは，法が定めた集中証拠調べの規定（182条）や，書証の申出期間を定めた場合に同期間内に書証の写しの提出を要求する規定（規139条）とも整合するといえよう。

[7] 解明度については，太田勝造『裁判における証明論の基礎』（弘文堂，1982年）105頁を参照。

に近い実務的な処理がなされる場合もないわけではない。また、損害賠償額のように評価基準のなかに公平の要素が入り込む場合などでは、心証度を認定額に反映させる実務上の工夫（割合的認定）もみられ[8]、理論的にもそれを認めることができないわけではない[9][10]。

第2款　訴訟審理と要件事実

1 法律要件による審理の整序——主張責任と証明責任の関係——

弁論主義の下では、裁判所は、口頭弁論において主張されない主要事実を認定することが許されないので、ある主要事実についての主張がないと当該事実に基づく法律効果の発生は認められないことになる。この法律効果を自己に有利に援用しようとする当事者の負う不利益、すなわち、主張責任をいずれの当事者が負うかは、一般的には、当該事実についての証明責任の所在によって決定される。そのため、弁論主義によって事実の提出自体が当事者の責任とされる結果、その事実について証明責任を負う当事者が主張責任も負うということになる。

こうした証明責任と主張責任の一致という原則に対する例外を認めるか否かについては、これを否定する通説[11]と肯定する有力説[12]との対立がある。たと

---

8) 東京地判昭45・6・29判時615号38頁〔百選Ⅱ123事件〕。ちなみに、同事件の裁判長は、倉田卓次判事である。
9) 新堂531頁注(1)など。なお、一定の評価をするものとして、谷口241頁、賀集唱「損害賠償訴訟における因果関係の証明」講座民訴⑤188頁、本井巽「因果関係の認定と証拠」判タ669号(1988年)14頁など。反対、伊藤滋・認定192頁、山木戸・論集47頁、小林・証拠78頁、高橋・重点講義上513頁など。
10) なお、土地境界確定訴訟における判例の取扱いについては、本書207-208頁を参照。
11) 兼子・体系262頁、三ケ月・全集410頁、司法研修所編・前掲注5)20頁以下、伊藤滋夫「要件事実と実体法断想(下)」ジュリ946号(1989年)102頁以下、伊藤滋・基礎81頁以下、伊藤271-272頁、梅本783頁など。
12) 前田達明「続・主張責任と立証責任」判タ640号(1987年)66頁、村上博巳『民事裁判における証明責任』(判例タイムズ社、1988年)204頁、中野・現在問題213頁以下、吉野正三郎「民事訴訟における主張責任と証明責任——前田達明教授の所説の検討を中心として——」鈴木禄弥先生古稀記念『民事法学の新展開』(有斐閣、1993年)577頁以下〔吉野正三郎『民事訴訟法のトピックス』(晃洋書房、2007年)21頁以下所収・39頁〕、松本・証明343頁、同「要件事実論と法学教育(1)」自正54巻12号(2003年)110頁以下、萩原金美「民事証明論覚之書」民訴44号(1998年)1頁、並木茂『要件事実原論』(悠々社、2003年)104-106頁、畑瑞穂「主張責任と立証責任に関する覚書」伊藤(滋)喜寿46頁など。ちなみに、主張責任と証明責任の不一致を認める理由として、被告である債務者が証明責任を負う履行の事実は不履行の事実と正反対の事実であって、主張責任の対象事項と全く異なる事実ではないこと(松本・証明343頁)や、訴えの有理性の要請(中野・現在問題216頁以下)などが指摘されている。

えば，履行遅滞に基づく損害賠償請求訴訟（民415条）において，通説は，被告たる債務者が「履行期に履行があること（履行の事実）」について証明責任および主張責任を負うとするのに対し，有力説は，被告たる債務者が「履行期に履行があること（履行の事実）」について証明責任を負い，原告たる債権者が「履行期に履行がないこと（不履行の事実）」について主張責任を負うとする。

いかに考えるべきであろうか。証明と主張は，各々の役割が異なるので，それらの分配には，理論上当然にズレが生じる。たとえば，自動車損害賠償保障法（いわゆる自賠法）などにみられる証明責任の転換により，被告が証明責任を負う場合であっても，訴え提起に際して原告が法律上意味のある主張をすることも許されてよく，また，それが望ましい場合もある（訴訟におけるディスコース）。すなわち，主張責任と証明責任が切断されるのが適切な場面があるのである。

もっとも，そうすると，当事者が無関係な主張をすることによる弊害発生のおそれがあるが，これを回避するための手法として主張責任を位置付けることができる。ここにいう主張責任は，いわば行為規範的な主観的主張責任ということができ，主張が不十分であることによる不利益（消極的判断）を受けるという客観的主張責任[13]とは異なる（ただし，重なることは多い）。こうした主張責任についての主観・客観二分論は，証明責任における主観・客観二分論に対応するものであり，証明責任を専ら客観的証明責任として認める立場からは，主張責任も専ら客観的主張責任の意味で用いられ[14]，反対に，証明責任を専ら主観的証明責任として認める立場からは，主張責任も専ら主観的主張責任としてとらえられ[15]，そして，証明責任を主観的証明責任と客観的証明責任に二分する立場からは，それぞれ主観的主張責任および客観的主張責任を認めることができる[16]。このうち，主観的主張責任がとりわけ意識されるのは，複雑ないし流動的な事案において，法論理を新たに構成して，これを裁判所に認めさせることが必要となる場面である（新法理設定説得活動）。こうした説得活動の責務を負うのが法廷実務家たる弁護士であり，研究者による新理論（中間理論）も，こうした弁護士の法廷弁論を通して形成されていくことが重要であり，そこに，実務と理論の連携のあるべき姿の一端を見出すことが許されよう。

---

13) 客観的主張責任については，伊藤265頁注132など参照。
14) 兼子・体系262頁。
15) 中島弘道『挙証責任の研究〔第3版〕』（有斐閣，1950年）20頁。
16) 三ヶ月・全集410頁。

主観的主張責任を具体的に把握するために，自賠法を例にして考えてみよう。自賠法3条但書は，自動車による人身事故に基づく損害賠償請求訴訟において，被害者保護の観点から，被告に過失の不存在について証明責任を負わせているところ（証明責任の転換），過失の不存在について被告が主張責任を負うが，過失の存在について原告も一定の限度で主張を展開することが要請されるとしてよいであろう。確かに，過失の存在は要件事実ではないが，過失の不存在という要件事実にかかわる事実であって，訴訟において審理の充実と効率を高めるには，こうした要件事実に関連する事実の提出が要求されることがあってもよいからである。積極否認の要請（規79条3項）にもその一端があらわれているように，訴訟というのは，対立する当事者双方が主張を出し合って事案を解明していく場であり（訴訟におけるディスコース），とりわけ適時提出主義（156条）の下，緊迫感のある審理を確保するには，被告の「過失の不存在」の主張と原告の「過失の存在」の主張を同時に行わせるのが望ましい。かくして，要件事実は，当事者間の対論を実質化するものとして把握されるのである[17]。

　そもそも，主張責任は，概念的に，弁論過程において早期に主張を出すべきであるという行為責任（主観的主張責任）と，主張されない結果として，それを前提とする法律効果の発生が認められない不利益という結果責任（客観的主張責任）を内包している。これに対し，主張責任を負わない相手方当事者は，いかに行動すべきか。相手方は，その主張に反論し，却って当該事実が存在しないことを主張することは可能なはずである。問題は，さらにそのような主張を進んでなすべきことを要求することが可能か否かである。こうした要求が法的なものとして定められている場合として，前述の積極否認の場合がある（規79条3項）。これは，典型的な場合を例示したものであり，基本的には一般的な手続上の要請として肯定されるべきものであり，それは訴訟における当事者の協力義務に基づくものであるといえよう。

　このような責任は，訴状や答弁書の記載事項において，原告・被告の責務として，請求を理由付ける事実や抗弁事実を具体的に記載し，かつ，立証を要す

17）この点について，「合理的理由さえあれば，証明責任と主張責任が一致しない例外も認めてよいことになろう」としつつも（高橋・重点講義上471頁），審理の迅速・充実の点からは当事者から訴訟の初期にできるだけ多くの事実が提出されることが望ましく，また，客観的主張責任の対象事実よりも広い事実を主張すべきだとの考えもあり得るところ，これについては，別の概念（たとえば，事案説明責任の概念，訴えの有理性ないし訴状言及責任の概念など）で論じ，主張責任を証明責任と対応させておく方が生産的であるように思われる（規53条）という指摘がある（同書473頁）。

る事由ごとに，当該事実に関連する事実で重要なものおよび証拠を記載しなければならないとされているが（規53条1項・80条1項），この責務は一般的なものと解される。そして，このような実質化の責務は，当事者双方がともに負うべきものであり，主張責任の有無にかかわらず，妥当するものと解すべきである。このような責務を基礎付けるものは，当事者間の協力義務であるといえよう。主張責任を負う場合には，もし実質化の責任を果たさなければ，不利益（敗訴）を甘受しなければならない。これに対し，主張責任を負わない当事者の場合には，その実質化のための具体的な主張をしなかったとしても，それ自体により不利益（敗訴など）を受けるわけではない。両者の責務は，この点で異なるが，その懈怠によって訴訟遅延を招くなどの結果を生じた場合には，訴訟費用の負担などの不利益を課せられることがあり（63条），まったく不利益が生じないというわけではない。要するに，当事者は，適時提出主義（156条）の下，相互にその主張の実質化の責任を負うべきものであり，その責務は，主張の局面においても，否認の局面においても等しく妥当するものと解されるのである（規79条3項参照）。

2 法律要件の機能

(1) 一般的機能——主張事実を整序する機能——

司法研修所教育の誇る「要件事実論」[18]は，批判もあるが，基本的には，重要な争点を確定し，証拠調べを集約的に行うことを可能とすることで，審理とその準備について訴訟関係主体が共通の認識をもって活動するための有効なツールの一つとして位置付けられるであろう。そこで，要件事実論に基づいて展開される審理に期待されるメリットには，無用な争点を除いて真の争点を明らかにして，審理が軌道を外れることを防ぎ，活気ある質の高い審理を確保したり，審理計画を定めたりすることがある。そのため，通常の民事訴訟において，「要件事実論」に基づく審理をきちんと行うことが重要となる[19]。

---

18) 公刊されたものとして，司法研修所編・前掲注5），同編『民事訴訟における要件事実 第2巻』（法曹会，1992年），同編『紛争類型別の要件事実』（法曹界，1999年），同編『問題研究 要件事実』（法曹会，2003年）などがある。

19) 司法研修所における「要件事実」教育についてみると，司法修習生にオーソドックスな見解を学ばせることに力点が置かれているが，それは修習課程という限定された局面における優先順位の設定ということからくるものである。しかし，訴訟実務の現場では，要件事実の見直しを迫る事例が数多く発生するのであり，裁判官や弁護士は，要件事実論の柔軟な運用やその見直しに十分な注意を払うべきであり，また，こうした要件事実の動態的な側面を意識していくべきである。こうした点から，司法研修所での教科書である「要件事実第一巻がいうなれば要件事実の国定教科書の役割を果たすことによって，要件事実について不自由・均質教育が行われ」はしない

(2) 特別な機能——権利生成を促す機能——

　定型的訴訟における要件事実については，実務上共通認識が相当程度存することから，それに則って審理計画が定まってくる。しかし，生成中の権利，政策形成にかかわる訴訟，または，実体法理の変容など法律要件の見直しがある分野の訴訟においては，要件の具体像について十分な討論の機会を用意する必要がある（「はじめに要件ありき」ではない）。こうした局面において，要件事実は，関連性の有無を決するふるいではなく，広く関連する事実をすくい上げ，法理を新たな観点から吟味する場を設定し，その筋道ないし羅針盤として働く。そこで，裁判官および弁護士は，要件事実について，慎重な考量をめぐらす責務を自覚しなければならない。この点では，訴訟代理人は，要件事実を意識して効率的な審理の推進に努めると同時に，法律要件のあり様に着目し，創造的な主張・立証を生み出すための触媒の役割を担うべきであろう。

　こうして，裁判官と弁護士がそれぞれの理想的な役割を演じれば，迅速・適正にしてかつ法の成長に応答的な訴訟運営が実現するであろう[20]。

3　要件事実教育における二つの視点——導入教育と継続教育（OJT）——

　要件事実教育[21]に関しては，これから実務の現場に赴く初学者（法科大学院生や司法修習生）に対する導入教育とすでに実務の現場にいる法曹に対する継続教育（継続的教育）とを分けて考えるべきである。

　まず，導入教育において用いられる要件事実は，明解な考えを示す必要がある。なぜなら，前述したように，主張事実を整序するという要件事実の一般的機能は，明確な要件事実の整理にあるのであり，導入教育において，主張整理の技術を身につけることが大事である。漂流型審理に陥り，攻撃防御の焦点が見失われ，審理の混迷と不意打ちが生じることを防ぐためにも，このことは，しかと認識されなければならない。ここで注意しなければならないのは，要件事実論はリアリズムを呼び込む実務的思考法として意義がある（かつての法学部

　　かとの危惧を指摘するものとし，並木茂「要件事実離れ?!」判タ756号（1991年）32頁参照。なお，伊藤滋・基礎23頁以下など。

20)　ちなみに，ダニエル・H・フット〔溜箭将之訳〕『裁判と社会——司法の「常識」再考——』（NTT出版，2006年）209頁は，「均質性や安定性が強調され，法学教育では政策問題が回避されるにもかかわらず，日本の裁判所には，……法理を創造してきた歴史がある。この過程で，日本の裁判官は政策形成を行っており，それもときにはかなり意識的になされている」と指摘する。

21)　要件事実教育に関する文献は数多いが，さしあたり，佐藤歳二「勝つべき者が勝つ民事裁判を目指して——事実認定における法曹の心構え——」伊藤（滋）喜寿106頁，河野信夫「要件事実教育雑感」伊藤（滋）喜寿901頁，高橋順一「民事弁護教育と要件事実」伊藤（滋）喜寿942頁など参照。

法理に対するアンチテーゼ）が，法科大学院の教育では，受験対策的な意味もあって，これが要件事実論の過剰を招きやすいことに対しては警戒を要する。要件事実は，網羅的に記憶ないし習得すべきものではなく，学習効果に富むいくつかの具体例に即して実習するという節度が望ましいのである。

つぎに，継続教育における要件事実をみると，社会の進展に応じて，要件事実も絶えず変動していくことを踏まえて，実務法曹は，こうした要件事実のあり方を実態に即して吟味し，社会変化のなかで，公正と権利の保護という観点から見直しのプロセスに参加し，工夫を凝らしていくべきである。ディスティングウィッシュの手法を用いた漸進的な法成長の作業は，民事裁判の社会からの遊離を招かないためにも重要であり，既存の要件事実論との間に距離を保った不断の再吟味の姿勢が肝要であろう。

第2節 証　　拠

第1款　証拠の機能

民事訴訟は，事実に法を適用して訴訟物たる権利義務の存否について判断することによって，紛争を解決するしくみである。そこで，法を適用すべき「事実」の存否が明らかにされなければならない。

法は，事実の存否を明らかにする方法として，当事者間に争いのない事実および顕著な事実は，そのまま存在するものとして判決の基礎とするほか，それ以外の事実については，弁論の全趣旨および証拠調べの結果に基づいて認定するものとしている（179条・247条）。

この証拠を収集感得する手続を，「証拠調べ手続」とよぶ。事実認定の公正を確保するためには，第三者による検証が可能な認定プロセスの客観化が必要である。そこで，法は，事実認定の手がかりとなる証拠を公開法廷の場に提出させて，両当事者にその証拠に対する評価を述べる対等の機会を与えるものとして証拠調べ手続を整備しているのである。その手続において，事実をいかに認定するかは，裁判官の自由な心証に委ねられる（247条）。

この証明は，当事者の視点からすると，自己に有利な事実の認定を導くために裁判官を説得するための重要な足場であり，ひいては，訴訟の勝敗を握る対決の舞台であるということになる[22]。貸金返還請求訴訟を例にとると，原告は，

---

22) 新堂498頁など参照。

被告が金銭を受け取ったという事実（主要事実）を裁判官に認定してもらうために，その存在を推認させるのに役立つ具体的な事実として，被告の金回りがよくなったという事実（間接事実）を証明しようとして，たとえば，被告が高級車を購入していた場合に，原告は，その売買契約書を書証として提出することになる。この契約書という証拠などの提出によって，被告の金銭授受の事実が認定され，ひいては原告の勝訴に傾くかもしれない。これに対して，被告が，確かに高級車を購入したが，それは宝くじに当選したことによって資金を得られたためであると主張して，宝くじの高額当選証明書を書証として提出すると，どうであろうか。一気に形勢逆転して，原告の勝訴は遠ざかったように感じられるのではないか。裁判官は，原告・被告双方の主張の間を揺れ動きながら事実認定を行い，最終的な結論に達するのである。当事者にとっては，証拠，すなわち，自己の主張事実を認定してもらうための証拠および相手方の主張事実の認定を妨げる方向に働く証拠が，訴訟の勝敗の鍵をなすものとして作用する。

第2款 証拠の概念

　証拠とは，基本的には，事実認定における裁判所の判断の基礎を確定するための手がかりである。これには，テクニカルな意味では種々の用法がある。まず，取調べの対象となる有形物を「証拠方法」といい，取調べの結果として裁判所が感得した内容を「証拠資料」といい，さらに，証拠資料のなかで当該事実について裁判官が心証形成する原因となったものを「証拠原因」という。

1 証拠方法

　証拠方法とは，裁判官がその五感によって取り調べることのできる有形物をいう。五つの方法が法定されている。すなわち，人が証拠方法となる人証として，証人，鑑定人および当事者本人が，また，物が証拠方法となる物証として，文書および検証物がある。それぞれのタイプに応じた取調べ手続が定められている（190条以下）。

　なお，有形物が証拠方法として用いることのできる資格ないし適性を「証拠能力」という。自由心証主義（247条）の下では，この証拠能力に関する制限はないのが原則である[23]。

2 証拠資料

　証拠資料とは，証拠方法を取り調べた結果として感得された内容をいい，具

---

23) 違法収集証拠などの例外については，本書460頁以下を参照。

体的には，証言，鑑定意見，文書の記載内容，検証の結果，それに，官庁その他の施設の調査報告（186条）などがこれにあたる。証拠資料は，事実認定の資料であり，認定すべき事実を意味する「訴訟資料」とは区別される。弁論主義のもとでは，証拠資料をもって訴訟資料の欠缺を補うことは許されない。たとえば，当事者尋問に対する本人の供述をもってして事実の主張に代えることはできない。ただし，事実認定の資料として弁論の全趣旨が認められていることから（247条），訴訟資料が同時に証拠資料に類する働きをすることはある。

　証拠資料が事実認定の資料として働く場面には，証拠資料が直接に主要事実に関する資料となる場合と間接事実・補助事実に関する資料となる場合があり[24]，前者を直接証拠，後者を間接証拠という。

　なお，証拠資料が証明対象とされた事実の認定についての心証形成に実際に寄与する度合を「証拠価値」，「証拠力」ないし「証明力」という。たとえば，証言内容や文書記載内容の真実らしさがその例である。自由心証主義（247条）のもとでは，この証拠価値の判断は裁判官の裁量に委ねられる。

第3節　証　　明

第1款　証明と疎明

1　証明および疎明の意義

　ある事項の存否を証拠によって明らかにすることを一般的に広く証明という。訴訟法上，裁判官の心証の程度等を基準とする概念区分に，証明と疎明がある。

　証明とは，裁判の基礎として認定すべき事実の存否について裁判官が真実であると確信する程度に心証を形成した状態，または，その状態に達するように証拠を提出して裁判官に働きかける当事者の行為をいう。判決の基礎となる事実を認定するには，証明によらなければならない。そこで，証明は，勝訴を目指す当事者にとっての立証活動の目標であるといえる。

　疎明とは，証拠によって裁判官が一応確からしいとの推測を行ってよい状態，または，そのような状態に達するように証拠を提出して裁判官に働きかける当事者の行為をいう。疎明の対象とされるのは，判決の基礎となる事実以外の迅速な処理を要する事項や派生的な手続事項である[25]。このような事項について

---

24) 主要事実，間接事実，補助事実の概念については，本書376頁以下を参照。
25) たとえば，特別代理人選任のための要件である「遅滞のため損害を受けるおそれがあること」の疎明（35条1項），補助参加の許否の裁判における「参加の理由」の疎明（44条1項），公開

は，簡易・迅速な処理を目指して，証明に比べ，心証の程度，すなわち，証明度が軽減され（最判昭29・2・18裁判集民12号693頁），また，証拠方法も即時に取り調べられるものに限られる[26]。

なお，旧法は，利用できる証拠方法が皆無になることを懸念し，当事者または法定代理人に保証金を供託させ，または，その主張の真実性について宣誓させることにより，疎明があったものと扱い（旧267条2項。ただし，旧民保13条3項），後日虚偽の申述をしたことが判明したときは，保証金の没収または過料の制裁を受けるものとしていたが，これは実務上ほとんど用いられることはなかった。そのため，新法は，この疎明代用保証・宣誓の制度を廃止した（旧268-270条）。

2 証明度——裁判官の確信の程度——

(1) 問題の所在

証明度とは，裁判官が判決の基礎とすべき事実を認定することが許される心証の度合いをいう。心証とは，裁判官の内心に形成される主張事実の存否についての認識である。自由心証主義によって裁判官の自由な証拠評価が認められているが，そのことは事実認定に際して裁判官に求められる心証のレヴェルについてまで自由であることを意味せず，裁判官がある事実を証明されたとして認定するには，当該事実についての心証が一定の程度に達することを要する。事実認定に際して裁判官に要求される心証の程度が証明度であり[27]，その基準をめぐっては，比較法的にみて大きく二つの立場に分かれる。すなわち，大陸法系諸国においては，「高度の蓋然性」による証明が要求されるのに対して，英米法系諸国においては，要証事実の不存在より存在の可能性が高ければよい，つまり「証拠の優越（preponderance of the evidence/überwiegende Wahrscheinlichkeit）」で足りるという[28]。

禁止された口頭弁論にかかる訴訟記録の閲覧請求のための第三者による「利害関係」の疎明（91条2項），証人による「証言拒絶の理由」の疎明（198条），「除斥又は忌避の原因」の疎明（規10条3項），訴訟または和解の「費用額」の疎明（規24条2項・25条1項2項），「訴訟上の救助の事由」の疎明（規30条），「忌避の原因」の疎明（規130条2項），「証拠保全の事由」の疎明（規153条3項），「保全すべき権利又は権利関係及び保全の必要性」の疎明（民保13条2項）がある。

26) たとえば，在廷する証人に尋問を求めたり，自己の所持する文書物件の検証を求めるような場合である。

27) なお，裁判官が主張事実を真実であると認識するに至る程度を心証度と表現する場合がある。倉田卓次『交通事故訴訟の課題』（日本評論社，1970年）130頁，伊藤滋・認定156頁など参照。

28) 証明度に関する日米比較について，T. Kojima (ed.), *Perspectives on Civil Justice and ADR: Japan and the U.S.A.*, Tokyo, Chuo Univ. Pres, 307-308 (1990)，ケヴィン・M・クラーモント〔三木浩一訳〕「民事訴訟の証明度における日米比較」大村雅彦＝三木浩一編『アメ

(2) 理論状況

わが国の民事訴訟上の証明度については，明文規定が置かれていないこともあり，見解の対立がある[29]。

判例は，因果関係の証明について，これは「特定の事実が特定の結果発生を招来した関係を是認しうる高度の蓋然性を証明することであり，その判定は，通常人が疑いを差し挾まない程度に真実性の確信をもちうるものであることを必要とし，かつ，それで足りる」と判示した（最判昭50・10・24民集29巻9号1417頁〔百選3版65事件〕［ルンバール事件］）。この判決は，因果関係についての証明度のみならず，要証事実一般についての証明度に関して，高度の蓋然性が要求されることを示した先例として位置付けられている[30]。なお，同判決は，裁判における証明について，これを一点の疑義も許されない「自然科学的証明」ではなく，真実の蓋然性の認識を目標とする「歴史的証明」であることを前提としており，そこから真実性の確信とは，具体的には，十中八九確からしいと信じ得ることで足りることになる[31]。

学説では，判例と同様に，「高度の蓋然性」が要求されるという考え方が多数を占めるが[32]，英米法的に「証拠の優越」，換言すると，相当程度の蓋然性ないし優越的蓋然

リカ民事訴訟法の理論』（商事法務，2006年）142頁以下など参照。
29) わが国における議論を詳細に検討したものとして，加藤新太郎「確信と証明度」鈴木（正）古稀549頁以下を参照。なお，合議制の場合には，裁判官の過半数について証明度を満たせば，当該事実の認定をしてよい。
30) このように本判決を高度の蓋然性説と同様の高い証明度を要求されるものと判示したものと理解するのが一般的であるが（中野・推認124頁，森島昭夫「判批」評論209号〔判時813号〕〔1976年〕130頁，百選3版135頁〔笠井正俊解説〕など），証明度を低く設定したものとみるものもあり（医事判例百選128頁〔野村好弘解説〕），一様ではない（高橋・重点講義下39頁注18参照）。ちなみに，その後の最高裁判決をみると，最判平9・2・25民集51巻2号502頁は，訴訟上の証明一般の問題として高度の蓋然性による証明が必要とされるものと判示し，また，最判平12・7・18判時1724号29頁〔長崎原爆訴訟〕も，相当程度の蓋然性では足りず，高度の蓋然性が要求されるとする。もっとも，後者の最判平12・7・18は，形式的には相当程度の蓋然性という低い証明度で足りるとする原審を覆して高度の蓋然性を要するとしてルンバール事件判決との整合性を保ちつつも，原審の結論を維持していることから，「高度の蓋然性」といっても，基準としては相当幅があると解される（伊藤ほか・論争146頁以下など参照）。なお，この点につき，高度の蓋然性基準は建前であり，実質的には優越的蓋然性基準によって置き換えられたとの指摘もある（伊藤眞「証明度をめぐる諸問題——手続的正義と実体的真実の調和を求めて——」判タ1098号（2002年）4頁，同『法律学への誘い〔第2版〕』〔有斐閣，2006年〕211頁）。
31) 林屋298頁など参照。
32) 兼子一「立証責任」民訴講座(2)568頁〔兼子・研究3巻128頁所収〕，松本博之「民事証拠法の領域における武器対等の原則」講座新民訴Ⅱ24頁，松本＝上野366頁〔松本〕，林屋298頁，伊藤滋・前掲注11）ジュリ946号173頁，加藤・手続145頁，加藤・前掲注29）549頁，高橋・重点講義下40頁注19など。

性で足りるとする見解もあり，注目に値する[33]。このように二つの考え方が対立しているが，仔細に眺めると，多数説のなかには，高度の蓋然性を原則としつつも，原告側に高度の証明度を求めることが被害者救済等の障害になるなどの政策的な理由に基づいて例外的に証明度の引下げを認めるべきであるとの主張もあり[34]，また，優越的蓋然性説のなかにも，原則として証明度は証拠の優越を基準とすべきであるが，例外的に実体法の趣旨や解釈度によって対応すべき場合があるとの主張もある[35]。したがって，学説は，個別具体的な利益状況を汲み取ってきめ細かな対応をする方向へと進展しつつあるということができよう。いずれの原則に立脚するかの違いによって向かうベクトルが異なるものの，相互に接近へと向かうトレンドが認められるのである[36]。

(3) 検　討

判例が裁判における証明は自然科学的証明ではなく歴史的証明であり，高度の蓋然性が要求されるとするのには，合理性がある。すなわち，制約された時間や条件のなかで権利義務の存否を確定しなければならない民事訴訟においては，立証のための時間や証拠の量が限られていることから，一方において，自然科学的証明のような万人が疑いを差し挟む余地のない確信の形成を要求することは，裁判所および当事者に不可能を強いるに等しく，他方においては，単なる蓋然性を基礎として確信を形成する程度で足りるとすれば，裁判所の事実認定に対する国民一般の信頼を確保することが困難になるからである。通常人の合理的疑いを差し挟まない程度の高度の蓋然性を基礎として事実認定を行うことを要求することにより，裁判所の事実認定は当事者および社会一般人の納得を得られる程度に真実に即したものとなり，ひいては裁判に対する国民一般の信頼が確保されるとみるのである。もちろん，証明の仕方は，証明主題とされる事項の性質や用いられる証拠の範囲などの影響を受ける結果，多様であろう。たとえば，公害事件や独占禁止法違反事件に基づく損害賠償請求訴訟など

---

[33] 中島弘道『挙証責任の研究〔第3版〕』（有斐閣，1950年）95頁，田中和夫『証拠法〔増補3版〕』（有斐閣，1955年）35頁，石井良三『民事法廷覚え書』（一粒社，1962年）161頁以下，太田・前掲注7）147頁，石田穣『証拠法の再構成』（東京大学出版会，1980年）143頁，村上・証明8頁，伊藤眞「証明・証明度および証明責任」法教254号（2001年）33頁，加藤新太郎〔司会〕「〈座談会〉民事訴訟における証明度」判タ1086号（2002年）4頁〔伊藤眞発言〕，伊藤・前掲注30）判タ1098号4頁，遠藤直哉『取締役分割責任論』（信山社，2002年）など。

[34] 石井・前掲注33）161頁，加藤・手続145頁，注釈民訴(4)55頁〔加藤新太郎〕，伊藤滋・前掲注11）ジュリ946号188頁，高橋・重点講義下40頁注19など。

[35] 伊藤・前掲注30）判タ1098号12頁（ちなみに，「嫡出推定を覆すための証明」を例とする），太田・前掲注7）147頁など。

[36] この点に関して，「ある種の類型の訴訟においては，結論的に一致する可能性がありますが，基本的なものの考え方では，かなり差があるように思います」とのコメントがある（伊藤ほか・論争150頁〔伊藤眞発言〕）。

において，行為と結果（損害）との因果関係を立証する場合に，疫学的証明[37]や統計学的証明[38]の手法が導入されて高度の蓋然性の程度の確信が形成される道筋に前進の跡がみられる。

　法政策的見地から，事実認定に際してどの程度の証明度が必要かを考えてみると，そこに民事訴訟法の機能を左右する重要な要因が介在していることに気付く。すなわち，低い証明度で足りるとすれば，当事者は少ない証明努力をもって主張事実の証明を果たし得ることになり，おのずと裁判所の利用度は上昇の方向に傾くのに対し，高い証明度を要求すれば逆の方向に傾くであろう。この点，日本の判例は，基本的には高い証明度を要求しているが，それなりに静止社会的な基盤とかかわるといえる。立法的選択の理由として大陸法系に属するという歴史的系譜のほかに，事案の真相を解明する法廷において生み出される判決の適正に対する高い信頼を確保しなければ，裁判所への信頼が揺らぐという危惧の念が法律専門家の間に存すること，また，訴訟は既存の法律関係に何らかの変化を生じさせるものである以上，それに値するだけの十分な基礎（正当性）が確認されなければならないという素朴な感覚などがある。これらに加えて，民事訴訟が日常生活から離れた特別の事柄であるという感情が社会に幅広く存在しているという事情があることや，証明に敢えて挑戦する原告の提訴行動に対する消極的見方がかなり存することなども，法廷における事実認定に独特の厳格さを求める方向に作用しているであろう。事実認定の現場において厳密性と高い心証度を求めるプラクティス（精密司法の況状に呼応）の生成には，このように複雑な要因が関わっているとみられる。

---

37)　疫学的証明は，集団的疾病が生じた場合に，個々の被害者について原因物質と損害発生との間の因果関係を立証することが困難な場合に用いられる方法である。すなわち，疫学上，疾病の原因とその発生との因果関係の存否を判断するために，つぎの四つの条件を吟味する必要がある。①当該因子が発病の一定期間前に作用するものであること，②当該因子の作用する程度が著しいほどその疾病の罹患率が高まること，③当該因子が除去されたところでは罹患率が低下すること，④当該因子が原因として作用するメカニズムが生物学的に矛盾なく説明できること，である。小林・新証拠法75頁，吉田克己「疫学的因果関係論と法的因果関係論」ジュリ440号（1969年）107頁など参照。なお，証明度を高度の蓋然性から相当の蓋然性に引き下げることの検討を説くものとして，伊藤・前掲注33）法教254号（2001年）33頁参照。

38)　たとえば，石油の価格協定が独占禁止法違反として問題とされた鶴岡灯油訴訟（最判平元・12・8民集43巻11号1259頁〔百選Ⅱ111事件〕）では，価格協定の事実がなかったとすれば，その他の経済的変動要因を考慮した場合，いかなる市場価格が形成されるかという形で因果関係が問題となったが，これは，統計学的証明によらなければ，裁判官に高度の蓋然性についての確信を抱かせることは困難であろう。伊藤眞「独占禁止法違反損害賠償請求訴訟(上)(下)」ジュリ963号（1990年）54頁・965号（1990年）53頁参照。

しかしながら，証明度を引き下げるべきであるとの主張が，理論家のなかだけでなく[39]，わが国の裁判実務の側からも出ていること[40]を考えると，この問題は，いま一度冷徹な理性の光が当てられて然るべき事柄であり，また，比較法的な動向にも目配りして検討する必要があるといえよう。たとえば，大陸法系諸国においても事実によって証明度の高低を可変的とすべきとの主張が有力であり[41]，さらに，2006年にドイツで制定された一般機会均等法[42]は，不当な差別理由に基づいて不利益を受けた者が差止め等の請求をする場合の証明責任について特別規定を置いたところ（同法22条），これは労働者の請求権に関する請求根拠事実の証明度を優越的蓋然性で足りるとするEU法に適合するように解釈されるべきであるとの前提に立つと[43]，不利益な扱いか否かが蓋然性の意味で推定され，したがって，一般機会均等法22条は証明度の引き下げの規定であるという見解がある[44]。このように不当差別のような社会的に重大な事件の要証事実については，優越的蓋然性の程度の証明で決着をつけるという傾向を大陸法系諸国においても目にすることができる。

このような状況を踏まえると，わが国の民事訴訟理論としても，すべての立証事項について一律に高度の蓋然性の程度の心証を要するとするのはやはり問題であり，争点の社会的重大性から裁判所にその判断が迫られているような場合には，高度の蓋然性の手前まで証明した者を敗訴させるのではなく，その証明が優越的蓋然性の程度に達していれば足りるとしてよいのではなかろうか。問題は，いかなる文脈において，そのような例外的取扱いが許されるかである。この点，立法措置の存する場合に限定されるとの立場にも一理あるが，立法を待つだけでは，流動的な社会状況に対応する司法運営は難しい局面もあることから，成長する法という基本命題に即して，優越的蓋然性の程度の心証によっ

---

[39] たとえば，外国の研究者が高度の蓋然性説に立つ日本の裁判実務を批判的に検討したものとして，ケヴィン・前掲注28）142頁以下などがある。

[40] 石井・前掲注33）161頁以下など。

[41] こうした考え方は，ドイツでは有力説であり，スウェーデンでは通説であるという。ロルフ・ベンダー「証明度」〔森勇＝豊田博昭訳〕P・アーレンス編〔小島武司編訳〕『西独民事訴訟法の現在』（中央大学出版部，1988年）264頁，萩原金美『訴訟における主張・立証の法理』（信山社，2002年）259頁など参照。

[42] Allgemeine Gleichbehandlungsgesetz; BGB1. 2006 I. S. 1897.

[43] Münchener Kommentar zum BGB/Thüsing, 5. Aufl, § 22 AGG Rdnr. 2.

[44] ディター・ライポルト教授の講演録「Neuere Entwicklungen der Beweislast und der Beweiserleichterungen nach deutschem und europäischem Zivilprozessrecht（ドイツ法およびヨーロッパ法における証明責任および証明軽減の新たなトレンド）」19頁（2007年10月20日，〔於〕中央大学市ヶ谷キャンパス）参照。

ても事実認定を行うことが許される場合のあることをより広く認めて然るべきであり，それがいかなる場合であるかは個別判例の累積によって明らかにされると考えてよいであろう[45]。

第2款　厳格な証明と自由な証明

証明は，法定された証拠調べ手続（179条以下）によって行われるか否かで，厳格な証明と自由な証明に分かれる[46]。いずれも証明であり，裁判官に要求される確信の度合いに違いはない。

厳格な証明は，法定された証拠調べ手続による。当事者から申出のあった証拠について裁判所がその採否を決定し，採用された証拠について当事者双方が対席する公開の法廷で所定の方式にしたがって取り調べる。厳格な証明は事実認定の公正を担保すべく証拠の価値（信憑性）を手続上保障するものであるから，判決の基礎となる主要事実およびこれに関連する事実については，これによるべきである。

もっとも，それ以外の事実についてまですべて厳格な証明によるとするならば，迅速な手続進行にとっての障害となりかねない。そこで，一定の場合に自由な証明によるべきことになる。

問題は，いかなる事実が自由な証明で足りるのかである。

この点については，(i)職権調査事項の前提事実を認定する際に自由な証明によるものとする見解[47]，(ii)決定手続について自由な証明を活用しようとする見解[48]，(iii)訴訟要

---

45) 加藤・手続144頁は，例外的に証明度を引き下げる場合の要件として，①必要性（事実の証明が事柄の性質上困難であること），②相当性（証明困難である結果，実体法の規範目的・趣旨に照らして著しい不正義が生じること），③補充性（原則的証明度と等価値の立証が可能な代替手段を想定することができないこと）の三つを掲げる。これは一つの指標として評価されようが，これらの場合に限らず，判例法理の形成が進められてよいであろう。ちなみに，村上・証明1頁および小林・新証拠69頁も，証明度を一律に設定することに疑問を提起する。なお，損害額の立証について，控え目な認定が行われたり（248条），逸失利益の算定についても心証度の調整がある程度なされていることもある。この点に関し，高橋・重点講義下41頁は，「証明度軽減はそれで証明ありとしてよいということであるから，損害額でいえば全額の賠償を命ずべきことになる。賠償額を心証に応じて割合的に減額して支払いを命ずる割合的認定とは，同じでないことに注意すべきである（ただし，加藤・裁量145頁は，減額する場合のあることを認める。多少の違和感がないではない）。」という。理論としてはそのとおりであろうが，いずれにせよ，さらなる検討の余地がある。

46) 厳格な証明と自由な証明の区別概念は，民事訴訟に比べて証拠能力の制限が厳格である刑事訴訟法の領域において，元来発展してきたものである。小野清一郎『犯罪構成要件の理論』（有斐閣，1953年）449頁。

47) 村松俊夫『民事裁判の理論と実務』（有信堂，1967年）142頁，三ケ月・全集382頁。なお，

件の調査に関する限り自由な証明でよいとする見解[49]，(iv)訴訟の結果に重要な影響を及ぼし得る事実は厳格な証明によるが，それ以外の事実については自由な証明の可能性を残すべきであるとの見解[50]，(v)内外国の官庁・公署，大学・研究所等に対する調査の嘱託を行う場合に限り，自由な証明でよいとするとの見解[51]などがある。

厳格な方式から解放された自由な証明は，柔軟かつ迅速な審理を実現し得る一方で，証拠調べに立ち会うなどの当事者の手続的利益を損なう面もあるところから，当事者は予め意見陳述の機会を与えられ，当事者が予め対応できるようにすべきであり，職権調査事項か決定手続か，訴訟要件かなどは，一律に働く指標とはなしがたく(i)(ii)(iii)の各説には疑問があり，また，(v)説は問題の次元を異にし，(iv)説には実務上の曖昧さがある。結局のところ，自由な証明というその領域を定める基準を立てることがむずかしく，この観念を独自に認める実益は乏しいことになる。

第3款　証明の対象と不要証事項

1　証明の対象

証明の対象は，(1)事実，(2)経験則，(3)法規である。

(1) 事　　実

訴訟物たる権利の存否を判断するには，その発生・変更・消滅を規定する法規の要件に該当する具体的事実が存在したか否かを知る必要があり，そのため，事実の存否が証明の対象となる。弁論主義の下では，当事者から主張された主要事実は，裁判所に顕著である場合および相手方が争わない場合（自白）を除き，常に証明の対象となるが（179条），間接事実と補助事実は，主要事実を証明する手段として必要な限りにおいて証明の対象となるにすぎない。

(2) 経　験　則

経験則とは，経験から帰納された事物に関する法則をいい，その範囲は広範であり，日常生活上の常識的な論理法則から専門科学上の法則にまでわたる[52]。

　　　ほぼ同様の主張内容であるが，自由な証明を職権調査事項全般に広げることには反対するものとして，岩松三郎『民事裁判の研究』（弘文堂，1961年）136頁。
48)　菊井維大「自由な証明」北大法学部十周年記念『法学政治学論集』（有斐閣，1960年）361頁以下，野田宏「自由な証明」実務民訴(1)293頁，梅本755頁など。
49)　新堂504頁。
50)　髙田昌宏「民事訴訟における自由証明の存在と限界」早法65巻1号（1989年）109頁〔同『自由証明の研究』（有斐閣，2008年）1頁以下に所収［115頁］〕。
51)　松本＝上野373頁〔松本〕。なお，文書の成立（228条1項）などについての言及は，伊藤303頁。

経験則は，事実ではなく，人が論理的に事物を判断する際に前提とする法則である。裁判官は，複数の間接事実から推論の段階を経て主要事実についての判断に到達するという事実認定に臨み，これを用いる。裁判官は，当事者の主張の理解，証拠の評価，そして，事実の推論に至るところの事実認定の全過程を通じて経験則を働かせるのである。

　問題は，経験則が証明の対象となるのかである。この点，その法則としての側面から眺め，事実そのものとは区別されるとみれば，経験則は，証明の対象から除かれることになる。これに対し，事実認定の過程において働くもので，法規とも異なるという別の側面からすれば，経験則も当事者による証明の対象となるということができる。その要点は，事実認定にあたって当該経験則が事実の証明と同様の手続的吟味を経ることが適切か否かである。このような観点からすると，通常人が当然に知り得る常識的な経験則であれば，公知の事実（179条）に準じ，それを証明する必要はないし，また，法規の内容として裁判官がその職責上知ることが要求される経験則についても，その証明は不要であると解される[53]。他方，通常の裁判官が知っていると期待することができないような特殊の専門的経験則については，証明が必要であり，こうした専門的経験則を裁判官がたまたま知っていたとしても，鑑定人とその意見の採否を決する裁判官が同一人であることを禁止する民訴法23条1項4号の法意にかんがみ，証明を必要とする[54]。そこで，証明の要否を決する基準は，経験則の専門性いかんとなる。この判断は，基本的には，裁判官の合理的判断に委ねられる。しかし，その判断が著しく合理性を欠くときは，上訴によって取り消すことができると解されよう[55]。なお，経験則は自白の対象には含まれない[56]。

(3) 法　規

　国内法規は，裁判官である以上，その職責上探知すべきであり，当事者の主張や証明なくして，法規を適用してよいのが原則である。ただし，地方の条例，慣習法，事実たる慣習についてまで裁判官が当然に知り得べきであるとするのは妥当ではなく，その適用を欲する当事者が証明をすべきである。

　準拠法として適用すべき外国法規については，国内法規と同様に裁判所の職

---

52) 後藤勇『民事裁判における経験則』（判例タイムズ社，1991年）9頁など参照。
53) 新堂507頁など参照。
54) 新堂507頁など参照。
55) 兼子・体系244頁，伊藤306頁など。
56) 大判昭8・1・31民集12巻51頁〔百選45事件・49事件〕，伊藤308頁など。

権探知とするか，または，事実の一種として当事者の証明に委ねるかに争いがある[57]。確かに，日本の「抵触法である法の適用に関する通則法」を適用した結果として外国法規が適用されることになれば，外国法規も国内法規と同じく職権探知とすべきであるとするのが適切であろう。しかし，日本の裁判官に外国法規についての知識を有することを期待することは現実的ではなく，あくまでも職権探知によるとするのは実効的か合理的かについても問題がある。そこで，外国法規については，当事者としては鑑定・書証等の証拠調べ手続によって証明[58]する必要があり，また，裁判所としても職権探知に努めるべきであるものの，こうした解明努力が実を結ばず，外国法規の内容が判明しないときは，裁判所は，証明責任によるのではなく，国内法規を適用すべきであると解される[59]。その理由は，国際私法の機能的限界ということからして，外国法の内容が不分明であるときは，次善の策として国内法規の適用が望ましいことに求められよう。外国法不明の事態が生じることは，国際交流やグローバリゼイションの進展からして少なくなってきている。それにしても，個々の条文だけでなく，全体にわたる理解が必要となるなど，外国法の正確な適用はそれほど容易なことではないことを忘れてはならない。

なお，法規は自白の対象には含まれない[60]。

2 不要証事項

弁論主義のもと，証明の対象となる事実は，当事者の弁論にあらわれた事実であることを要する。しかし，弁論にあらわれた事実であっても，当事者間に争いのない事実および裁判所に顕著な事実は，証明を要しない（179 条）。

当事者間に争いのない事実には，当事者が自白した事実および自白したとみなされる事実（159 条）があり，当事者間に一致した認識が存する事実は，これについてまで裁判所が介入するのは弁論主義を採用して当事者の意思を尊重した紛争解決を目指す法の趣旨とは相容れないことから，証明を要せずにそのまま認定することとするのである。また，裁判所に顕著な事実には，公知の事実および裁判所が職務上知り得た事実があり，それが不要証とされるのは，証明

---

57) 三ケ月章「外国法の適用と裁判所」澤木敬郎＝青山善充編『国際民事訴訟法の理論』（有斐閣，1987 年）239 頁以下など参照。
58) この場合には，自由な証明で足りることが多いであろう。
59) 石川＝小島編・国際民訴 31 頁以下〔小島武司＝猪股孝史〕。この点について，国際私法上，条理説，近似法説，法廷地実質法適用説，補助的連結説などがある。石黒一憲「外国法の適用と裁判所」三ケ月古稀上 458 頁など参照。
60) 大判昭 16・11・13 法学 11 巻 6 号 626 頁。

を要せずとも，裁判所の恣意的判断のおそれがなく，事実認定の公正さが損なわれないからである。

(1) 裁判上の自白

自白とは，相手方の主張する，自己に不利益な事実を争わない旨の意思を表明する，弁論としての陳述である。自白の対象は，権利ないし法律関係を基礎付ける具体的な事実に限られるのが原則である[61]。

(a) 自白の成立要件

① 自己に不利益な事実の陳述であること

裁判上の自白が成立するためには，まず，①自己に不利益な事実を認める旨の陳述がなされることを要する。不利益の意味については争いがある。

判例は，その事実についての証明責任が相手方にあることをいうものとしている[62]。

学説では，判例の考え方に賛成する見解[63]，自白された事実が判決の基礎として採用されることにより自白者が敗訴する可能性があればよいとする見解[64]，近時はさらに，不利益性の要件を不要とする見解[65]もある。

問題は，撤回の自由を制限する場合に，証明責任説と敗訴可能性説のいずれ

---

61) したがって，経験則や法規については，自白は成立しない。経験則につき前掲注56) 大判昭8・1・31，法規につき前掲注60) 大判昭16・11・13, 法律の解釈適用に関する主張につき最判昭31・7・19民集10巻7号915頁（投票の効力についての主張を自白の対象外と判示），最判昭42・11・16民集21巻9号2430頁（停止条件付代物弁済予約の締結に関する主張を自白の対象外と判示）。なお，権利自白については，本書454頁参照。

62) 大判昭8・2・9民集12巻397頁，大判昭8・9・12民集12巻2139頁，大判昭11・6・9民集15巻1328頁，最判昭54・7・31判タ399号125頁。いずれも傍論にすぎず，また，反対説をとっても結論に差異のない事案であった。なお，最高裁の立場は明らかではない。以上につき，竹下守夫「裁判上の自白」民商44巻3号（1961年）461頁，小林・新証拠245頁，梅本763頁など参照。

63) 証明責任説ないし挙証責任説とよばれる。岩松・前掲注47) 120頁，三ケ月・全集388頁など。

64) 敗訴可能性説とよばれる。兼子・体系246頁，兼子・研究1巻204頁，斎藤・概論268頁，小山320頁，条解949頁〔松浦馨〕，春日・証拠論集169頁，新堂509頁，高橋・重点講義上430頁注7，小林・新証拠245頁など。

65) 松本博之「裁判上の自白法理の再検討」民訴20号（1974年）67頁以下〔松本・自白26頁以下所収〕，池田辰夫「裁判上の自白」新版民訴演習(1)243頁。上記の松本説は，有利・不利の判断が手続の進展によって変化するため，不利益要件は機能しないことや，手続の迅速化をもたらす自白の成立を広く認めるべきことから，不利益性の要件を不要とすると一方で，自白の撤回は反真実の証明だけで緩やかに行うことができるとする。ちなみに，不利益要件を外すと，事実の陳述が一致した場合，当事者双方について自白が成立することになる。なお，自白は訴訟審理における特別のルールであり，契約ないし合意とは区別して考える必要がある。

がより適切かである。撤回限定の基礎をどこに求めるかについては、陳述者が自己にとってマイナスの事実を敢えて認めた範囲に限定して撤回不可とするところに、手続規整としての合理性が見出される。陳述者が敗訴に結び付くリスクのある事実を認めるについては慎重を期して陳述するのが当然であり、証明責任が相手方にあることはその一場合にほかならないとみられ、敗訴可能性説がより適切であろう。

　自己が証明責任を負う事実についての不利益陳述の例として、要物契約に基づいて請求をする原告が物を引き渡していないと陳述する場合や書面をもって締結すべき契約に基づく請求をする原告が契約は口頭でなされたと陳述する場合などがあり、これら一貫しない主張については、証明責任説は、自白を成立させてその拘束力を認めるのは適切ではなく、裁判所はその釈明によって原告に訂正を促し、自白の成立を否定すべきであると説く。しかし、証明責任の帰結をこの場面にまで用いるのは技巧的にすぎ、訴訟運営の実態とそぐわないきらいがある。たとえば、債務者である被告が弁済のなかったことを認めつつ、契約の成立を積極否認や抗弁で争うような場合には、弁済は被告が証明責任を負う事実であるが、弁済がなかったとする陳述を被告の自白として扱うのが、争点を限定し、審理を迅速化し、また、審理を当事者間の争いに即して展開するのに役立つであろう[66]。この結論をとるには、敗訴可能性による見解または不利益要件を不要とする見解であるが、いずれが妥当であろうか。

　所有権に基づく家屋明渡請求訴訟において被告が占有権原として使用貸借の存在を主張し、その後に原告がこれを援用したところ、被告が使用貸借の主張を撤回して賃貸借を主張したという事案において、不利益要件を不要とする見解からは自白の成立が認められようが、判例は、原告が被告の使用貸借を認めることは原告にとっては自白であるが、被告にとっての自白とならないとして、被告による撤回は許されるとしている（最判昭35・2・12民集14巻2号223頁〔百選Ⅰ103事件〕）。このケースでは、権利自白の点はおくとして、撤回を認めて攻撃防御にあたって当事者に戦術変更の自由をこの限度で与えるのが妥当であるという立場がとられて、不利益要件不要説[67]は否定された。

　② 相手方の主張と一致する陳述であること

　裁判上の自白が成立するためには、その陳述が相手方の主張と一致すること

---

66) なお、高橋・重点講義上430頁注7参照。
67) もっとも、松本説のように不利益性を自白の要件から外す見解では、使用貸借が真実に反することを立証すれば、使用貸借の撤回が認められる（高橋・重点講義上427-428頁）。

が必要である。一致しさえすれば，主張の先後関係は問わず，当事者がみずから進んで不利な陳述をした場合であっても，のちに相手方が援用すれば自白が成立する。これを先行自白という（大判昭8・2・9民集12巻397頁）。相手方が援用する前に撤回すれば，自白は成立しないが（大判昭8・9・12民集12巻2139頁），撤回自体が弁論の全趣旨として斟酌されることはある。相手方が援用をせずに争う場合には，訴訟資料として請求の当否の判断の際に斟酌され得る（最判昭41・9・8民集20巻7号1314頁[68]）。

相手方の主張と一致する部分とそうでない部分がある場合，どの部分を判決の基礎として認める意思であるかは，解釈によって決せられる。その例としては，金銭の受領は認めるが，借りたのではなく，代金として受け取ったというように，相手方の主張事実を争いながらも，その中の一部について一致した陳述をする場合，または，金は借りたが返したというように，相手方の主張を認めながら，これと関連する別個の事実を防御方法として提出する場合があり，いずれの場合も，一致した部分についての自白が成立する。前者の場合を「理由付否認」といい，相手方に証明責任があれば，不一致の部分の証明責任は相手方に残される。後者の場合を「制限付自白」といい，付加事実についての証明責任は自白者の側にある。

③　口頭弁論または弁論準備手続における弁論としての陳述であること

裁判上の自白は，「裁判所において」（179条）なされることを要する。これは，口頭弁論または弁論準備手続における弁論としての陳述を意味する。そのため，準備書面に記載しただけでは自白とはいえず，書面による準備手続において自白は成立しない。こうした口頭弁論または弁論準備手続の外でなされた自白を裁判外の自白といい，たとえ相手方が援用しても，自白された事実がその対象である事実を認定するための資料となることがあるにすぎない。

他の訴訟の口頭弁論でした陳述も，裁判外の自白となる。これに対し，同一訴訟手続内であれば，数個の請求が審理されており，それらの共通の争点となる同一の事実の主張が一方の請求については有利となり，他方については不利となる場合に，一方がその事実を主張して他方がこれを認めるときは，不利にはたらく請求について自白が成立する[69]。

---

68) 兼子・研究1巻201頁，新堂・判例271頁。
69) たとえば，XがYに対して土地明渡請求訴訟を提起したところ，Yが当該土地の時効取得を理由とする土地所有権確認の反訴を提起した場合において，XがYに当該土地を賃貸したという事実は，Xの請求についてはXに不利に，Yの請求については時効取得の成立の障害になる

当事者尋問において供述した事実は、弁論としての陳述ではないので、自白とならない。訴訟代理人の陳述は、当事者が直ちに取り消せば、自白は成立しない (57 条)。

(b) 自白の効果

裁判上の自白が成立すると、まず、裁判所は、自白された事実をそのまま判決の基礎としなければならない（審判権排除効）。そのため、自白事実について、証明責任を負う者は、それを証明する必要から解放される (179 条)。この不要証効は、弁論主義に基づく効果である[70]。すなわち、当事者双方が一致して認める事実については、その当事者意思を事実認定においても尊重し、裁判所の介入を排除することにより、私的自治の原則に基づいて想定内の解決内容を導くことができるのである。

つぎに、自白者に対しては、自白を自由に撤回してはならないという不可撤回効が生じる。これは、その後の上級審にも及ぶ。自白が成立すると、自白事実がそのまま判決の基礎として採用されるところ、その根拠は、自白者がこれを信頼した相手方との関係で禁反言ないし自己責任を負うことにある[71]。それは、上述の対裁判所拘束力（審判権排除効）を前提とするが、別個のものである。自白者は、この不可撤回効により、自己の内容に矛盾する別個の事実を主張することが許されない。

(c) 自白の対象

自白の対象は、その効果である裁判所に対する拘束力が弁論主義に依拠することから、弁論主義の適用対象[72]の範囲内にあるべきものと考えられる[73]。そこで、主要事実が対象となることに争いはないが、①間接事実および補助事実については議論があり、また、②訴訟物となる法律関係の前提となる権利や法

事実としてXに有利に働く事実であるから、これについての争いがなければ、Xの請求についてはXの自白が、Yの反訴請求についてはYの自白が成立する。前掲・最判昭 41・9・8 参照。以上については、新堂 510 頁注(1)。

70) 職権探知主義の行われる事件ないし事項に関しては、自白が裁判所を拘束することはなく、自由心証 (247 条) による事実認定が行われる。人訴 19 条 1 項参照。

71) 兼子・体系 248 頁、三ケ月・判例 252 頁、上田 358 頁、小林・新証拠 221 頁など。なお、より究極に遡ると、裁判所に対する拘束力の根拠である弁論主義と不撤回効の根拠である禁反言ないし自己責任原理は、それぞれ異なるものとみるべきではなく、それらは、いずれも私的自治の妥当する法領域を貫く人格的自律の理念を、自己決定権の側から眺めるか、あるいは、自己責任の側から眺めるかという視点の違いにすぎないのではなかろうか。

72) 弁論主義の適用対象については、本書 376 頁参照。

73) もっとも、自白者に対する不撤回効は、その根拠のずれからすると、弁論主義の適用対象と必ずしもパラレルに考える必要はないとも考えられよう。

律効果が対象となるかについても見解が分かれる。

　主要事実に関する自白であっても，その内容が公知の事実に反する場合にまで，自白の成立を認めてよいかについては問題がある[74]。形式的には自白の成立要件を満たしている以上，自白は成立するであろうし，そのように解するのが当事者意思に合致するともいえる。しかしながら，判決の内容が公知の事実に反する主張を基礎とするならば，それは裁判所の判断としては常識的ではないものを含み，司法制度に対する国民一般の信頼がゆらぐおそれがある。誰もが知り得る，公知性に争いがない事実に反する主張については，たとえ相手方が認めようとも，自白は成立しないと考えるべきであろう。このような制約は当事者主義に内在するものであろう。

　Ⓐ　間接事実・補助事実の自白[75]

　最高裁判所の判例は，大審院時代[76]と異なり，間接事実や補助事実の自白について，その拘束力を否定する立場をとっている。

　まず，間接事実についてみると，①土地所有権を争う原告および被告が互いに同一人から買い受けたと主張している訴訟において，原告は被告の父から11万円を受け取ったことを当初認めていたが，その後に「幾何かを受け取った」との陳述に改めた事案について，最高裁判所は，間接事実の自白の拘束力を否定し，訂正前の原告の自白に拘束されずに，訂正後の自白に基づいて買受人を原告と認定することは違法ではないと判示した（最判昭31・5・25民集10巻5号577頁[77]）。②30万円の貸金債権を相続した原告がその債務者を被告として支払請求訴訟を提起したところ，被告は被相続人が訴外Aから買戻約款付で買い受けた建物の代金70万円の支払の一部として本件債権は訴外Aに譲渡されたと主張したのに対し，一審で被相続人が訴外Aから建物を買い受けたことを自白した原告は，二審でその自白を撤回し，建物は40万円の債権の売渡担保として移転登記されたにすぎないと主張したという事案について，最高裁判所は，「建物の売買」は主要事実である「債権の譲渡」の有無を推認させる間

---

74)　自白の成立を認める見解（兼子・体系248頁など）と，原則として認めない見解（新堂512頁など）が対立する。

75)　理論状況につき，小島＝小林・基本演習146頁以下などを参照。

76)　たとえば，無断転貸を理由とする土地明渡請求訴訟における第三者によって賃料の取立てを行っていたという間接事実について，大判昭6・4・17評論20巻民訴319頁，書証の成立の真正という補助事実について，大判大元・12・14民録18輯1035頁，大判大13・3・3民集3巻105頁，大判昭2・11・5新聞2777号16頁，大判昭5・11・15新聞3205号6頁がある。

77)　本件の評釈として，兼子一「間接事実についての自白の効力」法協74巻3号（1957年）168頁，小山昇「いわゆる間接事実についての自白の拘束力」民商34巻6号（1957年）163頁など。

接事実にすぎず，間接事実の自白は裁判所と自白当事者のいずれも拘束しないとし，原告の自白の撤回を認めなかった原判決を破棄した（最判昭41・9・22民集20巻7号1392頁〔百選Ⅰ104事件〕）。

つぎに，補助事実についてみると，③被告所有の土地に関する代物弁済予約が原告と被告（代理人A）との間で締結されたが，Aの代理権の有無が争点となり，原告がAの代理権を立証するために書証として白地が補充された被告の委任状を提出したところ，被告は勝手に白地が補充されたと主張しつつも成立の真正を認めたという事案について，最高裁判所は，被告による書証の成立の真正性に対する自白の拘束力を否定した原判決を支持した（最判昭52・4・15民集31巻3号371頁〔百選Ⅰ105事件〕）。④地上権設定契約書や地代領収書の成立の真正についての自白の拘束力を否定した判例もある（最判昭55・4・22判タ419号78頁）。

こうした戦後の判例に影響を与えたとみられるのは，50年代の有力説であり，弁論主義の適用範囲が主要事実に限定されるというその前提から，いわば論理上必然の帰結として間接事実・補助事実の自白の拘束力を否定する[78]。その実質的な根拠としては，争いのある主要事実を自由な心証によって決する場合に，主要事実の存否を導く間接事実・補助事実についての自白に拘束されつつ心証形成しなければならないとするならば，事実認定における大原則である自由心証主義と相容れない事態が生じることなどが指摘されている[79]。これに対し，弁論主義の適用対象が主要事実に限られるという前提自体に対する疑問[80]もさることながら，自白の根拠論からしても主要事実に限られるいわれはなく，拘束力を認めないと，自白と異なる裁判所の認定による不意打ちを当事者に与えかねず，また，徒労に帰しかねない自白事実に関する証拠の収集・確

---

78) 兼子・研究1巻492頁，兼子・体系248頁，菊井＝村松Ⅱ397頁・652頁など。なお，近時の論者として，竹下・前掲注62) 447頁，条解954頁〔松浦馨〕，伊藤310頁，丹野達「間接事実と補助事実とについての若干の考察」司研・創立50周年記念特集号第2巻（1997年）1頁以下，百選Ⅱ213頁〔飯倉一郎解説〕などがある。

79) そのほかの根拠として，間接事実の自白を認めると，弁論主義に基づいて主要事実についての相手方の証明の負担を免除し，争点を圧縮するという自白制度の趣旨が没却されてしまうことなども指摘されている（伊藤310頁）。なお，否定説は，間接事実における相手方の主張と一致する自己に不利益な陳述に何らの効果を認めないわけではなく，そのような陳述があれば，裁判所は証拠調べを経ないで認定してよいという効果は認められる。

80) 主要事実に劣らぬほど，重要性の高い間接事実や補助事実があることなどが主張されている。田尾桃二「主要事実と間接事実にかんする二，三の疑問」兼子・還暦中269頁，中野ほか198頁〔鈴木正裕〕など。

保を相手方に強いるなど，審理の不安定・不効率を招きかねないとして，間接事実・補助事実の自白の拘束力を肯定する見解がその数を増している[81]。なお，間接事実・補助事実の自白について，弁論主義を根拠とする裁判所に対する拘束力（審判権排除効）を否定する一方で，当事者との関係では禁反言に基づく不撤回効を認める見解もある[82]。

　この問題については，以下のように考えられよう。裁判所拘束力の根拠である弁論主義も，不可撤回効の根拠である禁反言も，いずれも私的自治の妥当する法領域を貫く人格的自律の理念のなかに収斂されるものであり，そこでは主要事実か否かは必ずしも分水嶺とはならない。そうすると，裁判所拘束力と不撤回効も結論において連動しており，いずれにおいても，間接事実・補助事実の自白について，主要事実の自白と同じく，その拘束力は基本的には肯定されよう。否定説が自由心証主義を根拠とする点については，自白された間接事実等の存在を前提として主要事実の存否を判断することを裁判官に求めたとしても，他の間接事実等によって自白された間接事実等の推認力を否定することも可能であり[83]，裁判官にさほど不自然な事実認定を強いることにはならないであろう。とりわけ書証の成立の真正の場合には，形式的証拠力について裁判所拘束力が生じるとしても，実質的証拠力は依然として裁判官の自由心証に委ねられており，自由心証主義との関係での問題は限定的である[84]。

　こうした見地から先の判例をみると，間接事実に関する前掲①・最判昭31・5・25の事案は，問題とされる間接事実のいずれを認定しても買受人が原告か否かの判断にとってあまり意味がなく，結論を左右するものではないので，

---

81)　百選 2 版 171 頁以下〔山木戸克己解説〕，新堂 511 頁，高橋・重点講義上 435 頁，上田 363 頁，春日・証拠論集 159 頁以下，中野ほか 291 頁〔春日偉知郎〕，松本・自白 91 頁以下，松本＝上野 283-284 頁〔松本〕，小林・新証拠 238 頁，新争点 163 頁〔佐藤鉄男〕，河野 410 頁（補助事実については私見を示していない）など。

82)　仙田富士夫「補助事実の自白」司法研修所報 23 号（1959 年）99 頁以下，三ヶ月・判例 246 頁，村上博己『証明責任の研究〔新版〕』（有斐閣，1986 年）301 頁など。

83)　新堂 511 頁，小林・新証拠 234-235 頁など。もっとも，この場合，禁反言により，自白者は，自白事実に実質的に反する内容の主張をすることが許されず，実際に自白された間接事実等による主要事実の推認力を否定するのは相当に困難な作業であろうが，具体的状況に応じてその程度を変ずる困難さを受け入れることが，まさに自白者にとっての個別的な自己責任の取り方であるとみることができよう。

84)　小林・新証拠 237 頁参照。さらに，同書は，母法国ドイツでは書証の成立の真正について裁判上の自白の成立を認めたものと解される規定のあること（ZPO 439 条）を指摘している。なお，反対説のなかには，書証の成立の真正については，単なる補助事実とは異なり，むしろ主要事実に準じた扱いをすべきであるとの指摘がある（百選 2 版 174 頁〔田尾桃二解説〕）。

間接事実の自白に関する裁判所拘束力の有無という一般論を持ち出すのに適していなかった[85]のであり，むしろ前掲②・最判昭41・9・22の方が先例的価値が大きい。この事案において，建物の売買という重要な事実について自白の拘束力が生ぜず，当事者がいつでも自由に撤回できるとするのは，相手方の信頼を一方的に損なう公平感に反する取扱いであり，私的自治原則の妥当する法領域における自己責任原理を損なうおそれがあるので，自白の拘束力を認めるのが妥当であろう。補助事実についての前掲③・最判昭52・4・15の事案については，委任状の白地欄が勝手に補充されたとしてAの代理権を争っている被告に，その委任状の成立の真正に関する自白があったとする扱いがそもそも疑問であったのであり，また，前掲④・最判昭55・4・22についても，地上権設定契約の成立を争っている当事者の主張からして，地上権設定契約書の成立の真正についての自白を認めることに無理があった事案であり，いずれにしても，訴訟の勝敗に直結し得る文書の成立の真正に関する自白については，釈明権を行使するなどして，当事者の真意を丁寧に確認することが適切であった。それゆえ，いずれも補助事実の自白としての一般論を展開するに不適なケースであったといえよう。

　Ⓑ　権利自白

　訴訟物たる法律関係の前提となる権利や法律効果を認める旨の陳述が，自白としての効力を認められるのかについては，争いがある。これがいわゆる権利自白の問題であり，たとえば，所有権侵害に基づく賠償請求訴訟において，原告に所有権があることを認める被告の陳述などである。過失や正当事由などの不確定概念についての陳述も，具体的事実が過失や正当事由に該当するという法的判断の結論にあたる陳述であり，権利自白と同視してよい[86]。なお，請求自体についての存否を認める旨の陳述は，請求の放棄・認諾となる。

　権利自白に自白としての効力が認められるのかについて，最高裁判所は，消費貸借の借主が貸主の主張する金額で消費貸借契約が成立したことを認める陳述をしつつも，賃貸の際に利息の天引きが行われたことを主張している事案について，消費貸借契約の成立した金額についての法律上の意見を陳述したにすぎず，自白は成立しないと判示した（最判昭30・7・5民集9巻9号985頁）。

　学説上は，否定説[87]もあるが，権利自白によって相手方は一応その権利主張を理由

---

85) 小林・新証拠236頁。
86) 演習民訴上425頁〔柏木邦良〕，松本・前掲注65) 67頁，松本・自白162頁，新堂515頁など。

付ける必要がなくなるが，裁判所の判断が確定的に排除されるわけではなく，裁判所は，弁論に現れたその他の事実に基づいて，これに反する判断をしてもよいとする主張が有力である[87]。

自白の拘束力が当事者意思を最優先したことに根拠を有することからすれば，権利自白の場合であっても，当事者の意思どおりに自白の成立を認めるべきかにみえる。しかし，処分権主義がストレートに妥当する請求の放棄・認諾とは異なり，結論である相手方の主張する法律関係を争いながらも，その前提となる権利または法的効果を認めるという権利自白の場合には，自白された権利または法的効果をただちに判決の基礎として採用してよいというのが自白者の真意であるか否かは，にわかに決しがたい。これを肯定するには，自白者が自白された権利または法的効果の内容を訴訟物たる法律関係および事実との関連において十分に理解している必要があり，そのためには法律的な能力を要求するのが通常である。とりわけ本人訴訟の場合には，この点について厳しい吟味がなされる必要があろう。したがって，権利自白の場合，自白者が自白された権利または法的効果の内容を十分に理解したうえで，それを争わない意思が十分な基礎を有する場合に限って，自白としての効力が認められる[89]。上記の判例の事案でも，利息が天引きされた場合にいくらの額について消費貸借契約が成立するかは法的判断であるが，自白者の理解力いかんにより権利自白の成立は認められる[90]。

(d) 自白の撤回

自白は成立した時点で不撤回効を生じるので，撤回は不可能になるのが原則

---

[87] 伊藤 308 頁，中野ほか 294 頁〔春日偉知郎〕など。なお，論者によると，権利の成否の基礎となる具体的事実がすでに相手方から主張され，権利自白がそれらの事実を包括的に認める趣旨であれば，事実自白に解消することができ，自白が成立するという。

[88] 制限的否定説とよばれる（兼子・体系 246 頁，菊井＝村松 II 396 頁など）。論者は，売買などの日常的な法律概念であるときは具体的な事実関係の表現と認められるのであれば事実自白として扱うべきであるとする。

[89] 新堂 516 頁，高橋・重点講義上 449 頁，谷口 221 頁，松本・自白 197 頁，松本＝上野 282 頁〔松本〕，小林・新証拠 223 頁，河野 411 頁，新争点 163 頁〔佐藤鉄男〕など。なお，三ケ月・全集 387 頁は，小前提たる法律関係については自白が成立するとして，権利自白を肯定する。

[90] 貸主の主張する金額について消費貸借が成立したと陳述した借主が，他方で，天引きの事実を主張している場合には，金額に関する借主の理解は十分であるとはいえず，権利自白は成立しないことになる（新堂 516-517 頁）。債務整理の場面では，制限利率に引き直した後の債務残高，過払い金請求を考えての債務額の推計などの操作が必要であって，弁護士が関与していても弁護過誤すれすれの事態が生じることがあるという現実があること（内藤満「債務整理の方針選択」リーガル・エイド 2005 年号 18 頁参照）なども無視できまい。

である。ただし、不撤回効の根拠である禁反言ないし自己責任を問えないような場合には、撤回が認められることになる。具体的には、つぎの三つの場合である。

まず、①相手方の同意がある場合には、自白の撤回が許される。不撤回効は自白の成立によって利益を得る相手方を保護するために生じることからすると、相手方の同意があれば、もはや自白の効力を認める根拠に欠けるからである。自白事実の内容が真実か否かとは無関係である。

つぎに、②第三者の刑事上罰すべき行為によってなされた自白も、自白者の自発的かつ自由な意思決定に基づいてなされたものではなく、それゆえ、自白者の自己責任を問うこともできないことから、不撤回効が生じることはない。真実に反するか否かは、この場合も問題とならない。こうした自白はデュー・プロセスの要請から無効とされるが[91]、形として残っている自白を取り除く必要があることから撤回が認められる。その際、有罪判決の確定など民訴法338条2項の要件を満たす必要はない（最判昭36・10・5民集15巻9号2271頁）。

さらに、③真実に反する自白が錯誤に基づいてなされた場合には、撤回が認められ（大判大11・2・20民集1巻52頁）、また、真実に反することの証明があれば、その自白は錯誤に出たものと認めてよいとされる（最判昭25・7・11民集4巻7号316頁等）。これは、学説上も多数説となっており、説明としてより平明である[92]。なお、これに対しては、自白の内容が真実か否かは、錯誤を認定するファクターの一つにすぎないなどとして、独立の要件とみるべきではないとの反対説がある[93]。

(e) 自白の擬制

当事者が口頭弁論または弁論準備手続で相手方の主張する事実を明らかに争

---

91) 詐欺行為について、最判昭33・3・7民集12巻3号469頁。
92) 新堂513頁、伊藤312-313頁、高橋・重点講義上442頁、中野ほか289頁〔春日偉知郎〕など。なお、兼子・体系249頁は、判例が反真実かつ錯誤を撤回の要件とすることに賛成しつつも、反真実の証明から錯誤を推定する点に異を唱える（大判大11・2・20民集1巻52頁〔百選47事件〕も、錯誤の立証を要求する）。これに対し、反真実の証明のみを要求する見解（松本・自白60頁以下、松本＝上野286頁〔松本〕、条解956頁〔松浦馨〕など）、錯誤の主張を重視する見解（伊東・弁論主義145頁）、あるいは、自白の撤回制限を禁反言によって基礎づけ、自白者が正確に認否をし得る客観的状況になかったことなどを撤回の要件とすべきであるとの見解（池田辰夫「訴訟追行行為における自己責任」新堂編著・特別319頁以下〔池田・新世代160頁以下に所収〕）などがある。
93) たとえば、反真実の証明を錯誤の立証の代替として要求する見解（鈴木ほか・演習18頁〔井上治典〕）や、反真実を錯誤の間接事実として位置付ける見解（谷口218頁）などがある。

わないときは，法は，その事実について自白したものとみなし（159条・170条5項），証明を不要とする。こうした擬制自白は，事実自白について認められ，権利自白は擬制されない。法律的能力を前提に自白者の十分な理解の求められる権利自白は，積極的な陳述があることを前提とすべきであるからである。

明らかに争わないとは，口頭弁論または弁論準備手続に出席して相手方の主張事実を争わないこと（159条1項本文）のほか，欠席していても，出頭した相手方の準備書面によって予告されている事実（161条3項参照）については，争わないものとみなされる（159条3項本文）。これらはいずれも，争う機会を利用しなかったことが相手方の主張と一致する陳述をしたことと同様の評価を受けることによる[94]。そのため，欠席者が予め提出した準備書面に争う旨の記載をし，この書面が口頭弁論で陳述されたとみなされる場合（158条・277条）には，争ったことになり，擬制自白は成立しない。また，欠席者が公示送達によって呼出しを受けていても，争う機会が現実にあったとはいえないから，擬制自白は成立しない（159条3項但書）。

擬制自白の成否は，口頭弁論の一体性からして，口頭弁論終結時を基準に判定される。当初は明らかに争わない場合でも，口頭弁論終結時までに争うことが明らかとなれば，自白は擬制されない（159条1項但書）。

(2) 顕著な事実

不要証とされる顕著な事実（179条）には，Ⓐ公知の事実およびⒷ裁判所が職務上知り得た事実がある。これらについては，証拠によらずに認定しても裁判所の恣意的判断のおそれがなく，その公正さに疑いが生じることもないからである。

(a) 公知の事実

これは，世間一般の人が信じて疑わない程度に知れわたっているため，裁判所にも明白である事実をいう。たとえば，歴史的に著名な事件，天災，大事故，戦争，テロ，恐慌などがある。どの程度知れわたっていれば公知性を認め得るかは，その事実の存在の確からしさを保証するに足りる程度に知れわたり，広く信じて疑われないかどうかによって判断されることになる。訴訟上，公知性の有無が問題とされれば，公知性の証明が必要になり，最終的には裁判所が認定する[95]。

---

94) 大連判昭19・12・22民集23巻621頁。
95) 判例は，公知性の有無の判断を事実問題とみて，その当否が上告審で争われることはないとする（最判昭25・7・14民集4巻8号353頁）。これに対して，学説上は，公知の認定に至る筋

(b) 裁判所が職務上知り得た事実

判決すべき裁判所の裁判官が知っている事実は，公知のものでない限り，判決の基礎にできないのが原則である。しかし，裁判官としての職務の遂行上当然に知ることができる事実であって，明白に記憶に残っているもの[96]については，その事実の確実性が担保されており，例外的に判決の基礎とすることが認められる。その例としては，自ら裁判官として関与した判決の内容（最判昭57・3・30判時1038号288頁），裁判官の職務上注意すべき公告に記載された破産宣告や後見開始の審判などが挙げられる。

裁判官がその職務の遂行と関係なく，たまたま知ることのできた事実は，私知として排斥され，不要証とはならない。その事実の確実性について担保がない以上，証人とその証言の真偽を評価する裁判官とは同一人であってはならないという法（23条1項4号）の趣旨に反するからである。

第4節　証拠による事実認定

裁判官は，証拠から事実の存否を推認する過程において，個々の証拠について，その利用可能性や証明力を吟味しながら，事実認定を行う。このうち，証明力の判断を行う際の原則が自由心証主義である。また，証拠に限りがある以上，事実の存否が明らかとならない事態も当然生じ得るところから，その場合に判決の前提となる事実の存否をどのようにして決めるかに関し，証明責任のおよびその分配がコンセプトとして重要である。

第1款　自由心証主義

1　自由心証主義の意義

認定した事実に法を適用して，その結果を判決という形で宣言することによって私人間における法的紛争を解決する民事訴訟の過程にあっては，まずもっ

道が通常一般人によって納得できる程度でなければならず，そうでない限りは，適法な事実の確定（321条1項）とはいえないので，判決の法令違背として上告審の審査を受けることができるとする見解が有力である。三ケ月・全集395頁，菊井＝村松Ⅱ406頁，新堂518頁，注釈民訴(6) 131頁〔佐上善和〕など。

96) このように裁判官の記憶を要するか，記録等を調査のうえ認識できることで足りるかは争われる。当該事実の確実性を担保する趣旨から，記録を要すると解すべきであるが，記録等の調査による細部の補充は許容されよう（伊藤317頁）。なお，合議体の場合には，過半数の裁判官が明白な記憶をとどめていることを要する（最判昭28・9・11裁判集民9号901頁，最判昭31・7・20民集10巻8号947頁）。

て，いかなる事実が存在したのかという事実認定が出発点となる。この事実認定は，裁判官が自らは直接経験したことのない過去の事実の存否を判断するプロセスであり，そこでは原則として当事者の提出したさまざまな証拠資料についてその証拠価値が吟味されて，過去の事実関係が推論されることになる。このプロセスを裁判官の内心から眺めると，証拠価値の検討に基づく証拠資料の取捨選択が行われるにつれ，当該事実の存否についての判断が形成されていき，ついには確信をもつ段階に至る。こうした裁判官の心の動きをとらえて「心証」と表現し，確信をもつ状態に至ることを「心証形成」という。

　この心証形成の過程で用いられる証拠方法や経験則を法定するか否かによって，比較法的にみて二つの方法がある。一つは，証拠方法を限定したうえ，事実を推認する法則を法定して，裁判官がこれに拘束されるという法定証拠主義，いま一つは，証拠方法や経験則を法がとくに限定せず，裁判官の自由な選択に任せるという自由心証主義である。前者は英米法系諸国にあり，大陸法系諸国は後者を基本とする。民事裁判において認定すべき事実も複雑化し，その認定に用いられる証拠方法や経験則も多様化すると同時に，裁判官の素質も向上し，一定の水準をクリアしている現代では，事実認定にあたる裁判官を機械的に拘束することなく，その力量を信頼して，柔軟かつ自由な事実認定に委ねて自由心証主義を基本とすべきであるというのが，日本の民事訴訟法の選択である（247条）[97]。

　裁判官が一定の事実の認定には一定の証拠を用いなければならないという証拠方法の法定や，一定の証拠が揃えば一定の事実を認定しなければならないという証明力の法定を行うという意味での，法定証拠主義は，特定の手続側面（調書の証明力の法定〔160条3項〕など）に限っては政策的に採用されることはあるものの，一般的には採用されていない。それにしても，合理的な目安を提供するルールは，裁判官の拠り所として共有されてよいであろう。たとえば，違法収集証拠の扱いや証明力の判定などについて，経験則に即した実践知が累積されていることは重要である。法定証拠主義は陪審制に特有なもの，あるいは，中世の裁判においてのみ妥当した過去の遺物であるとして切り捨てないで，そのエッセンスや根底にある見方には参考にすべきものがあろう。自由心証主義と法定証拠主義の選択とは別の次元においてではあるが，透明性の見地からは

---

[97]　春日偉知郎「自由心証主義の現代的意義」講座民訴⑤55頁以下など参照。なお，刑事訴訟法では，自由心証主義の定めはあるものの（刑訴318条），相当の証拠法則も定められている。裁判員制度の導入は，この点になにがしかの影響を及ぼすかもしれない。

より洗練された形で経験則の適用のあり方を真剣に検討し，事実認定の可視性を高めるべきである。

2　自由心証主義の内容

(1)　証拠原因たり得る資料

裁判官は，その心証形成のために適法に訴訟手続に顕出された一切の資料や状況を用いることができるが，こうした証拠原因となる資格のある資料には，「証拠調べの結果」および「弁論の全趣旨」がある（247条）。

(a)　証拠調べの結果

Ⓐ　証拠能力の制限

証拠調べの結果とは，適法に行われた証拠調べから得られた証拠資料のすべてをいい，法律上特段の定めがある場合を除き，原則として，これらについての証拠能力に制限はない。したがって，あらゆる人，物を証拠とすることができ，伝聞証拠であっても証拠能力に制限はないとされている（最判昭27・12・5民集6巻11号1117頁）[98]。また，訴訟開始後に挙証者自身が作成した文書や第三者が証人としての尋問回避のために作成した文書のいずれにも証拠能力は認められる[99]。証拠方法が制限される場合としては，たとえば，代理権の証明は書面によるものとしたり（規15条・23条），口頭弁論の方式に関する事項の証明を調書によって行うものとしたり（160条3項），疎明のための証拠に即時性を要求したり（188条），手形・小切手訴訟または少額訴訟において証拠方法を制限したり（352条・367条2項・371条）するなどの規定がある。また，適法な証拠制限契約によって，証拠方法を制限することもできる。

証拠能力無制限の原則に対する例外としては，忌避理由ありとされた鑑定人（214条1項2項）が法定されているほか，解釈上，違法収集証拠の問題がある。違法収集証拠とは，たとえば，特許権侵害の事実を立証するために産業スパイを用いて被告会社の内部資料を持ち出す[100]などのように違法に収集された証拠をいい，その証拠能力の有無が争われている。

この点に関する最高裁判所の判断はいまだ示されてはいないが[101]，無断録

---

[98]　止むを得ない事由により反対尋問の機会が得られなかった臨床尋問であっても，証拠能力は認められる（最判昭32・2・8民集11巻2号258頁）。なお，刑事訴訟においては，刑事司法権の謙抑性の見地から，伝聞証拠の証拠能力は制限されている（刑訴320条以下）。

[99]　挙証者自身が作成した文書につき，最判昭24・2・1民集3巻2号21頁。第三者が作成した文書につき，大判昭14・11・21民集18巻1545頁。なお，供述等に先立って陳述書を提出するという扱いが，最近，実務上広く行われている。

[100]　中野ほか354頁〔青山善充〕参照。

音テープの証拠能力が問題となった事案について，東京高等裁判所は，著しく反社会的な手段を用いて，人の精神的肉体的自由を拘束する等の人格権侵害を伴う方法によって採集された証拠は，それ自体違法の評価を受け，証拠能力を否定されるとの一般論を展開したうえで，話者の同意を得ずに録音されたテープは，通常話者の一般的人格権の侵害となり得ることは明らかであり，その証拠能力の有無の判定は録音の方法が著しく反社会的と認められるか否かを基準として行われると述べたうえで，本件の録音は，酒席における訴外人らの発言供述を単に同人らの不知の間に録取したものであるにとどまり，いまだ同人らの人格権を著しく反社会的な手段方法で侵害したものということはできないとして，証拠能力を認めている（東京地判昭 52・7・15 判時 867 号 60 頁)[102]。

学説では，違法収集証拠は，民事上の損害賠償責任を生じたり刑事訴追の原因となることは格別，その証拠能力自体に何ら影響を与えるものではないとする見解がかつては一般的であった[103]。しかし，証拠能力を認めたのでは違法収集証拠の続発を抑止する効果に乏しく，手続の公正さに対する信頼を確保することが困難となり，また，実体法上違法とされる証拠を訴訟上は適格ありとするのでは法秩序の統一性が損なわれることから，近時は，一定の場合に証拠能力を否定する考え方が潮流となっている。しかし，その基準ないし判断枠組みについては，見解が分かれる。すなわち，①単なる違法行為により収集された証拠については証拠能力を肯定するが，憲法で定める人格権を侵害して違法に収集された証拠については原則として証拠能力が否定され，例外的に違法性阻却事由が挙証者によって立証された場合に限って，証拠能力が肯定されるとする見解[104]，②より厳格に，「裁判を受ける権利」(憲 32 条）の一内容としての証拠に関する

---

101) 大審院時代の先例として，侮辱の事実を立証するために原告が無断で提出した被告作成の日記に証拠能力を肯定した大判昭 18・7・2 民集 22 巻 574 頁がある。
102) その他の下級審判例でも，ほとんどが無断録音テープの事案であり（個々の事案については百選Ⅱ 272-273 頁〔小島武司解説〕参照)，証拠能力の有無の基準としては，手段方法が著しく反社会的と認められるか否か（本文の東京高判昭 52・7・15）のほか，公益保護のためまたは著しく優越する正当利益の擁護のためなどの事情があるか否か（大分地判昭 46・11・8 判時 658 号 82 頁)，公序良俗に反し違法に収集されたか否か（東京地判昭 46・4・26 下民 22 巻 3＝4 号 454 頁）などが用いられており，なかには，将来の違法行為の抑制，訴訟における真実発見，会話の内容が個人的秘密として保護に値するかあるいは公共の利益に関するか，当該証拠の重要性等を総合考慮して決するという比較衡量のアプローチを提唱するものもある（盛岡地判昭 59・8・10 判タ 532 号 253 頁)。
103) 法律実務(4)154 頁。
104) 中野ほか 354 頁〔青山善充〕，春日偉知郎「録音テープ等の証拠調べ」新実務民訴(2)191 頁〔春日・証拠研究 167 頁所収〕，森勇「民事訴訟における違法収集証拠の取扱い」判タ 507 号 (1983 年) 18 頁以下など。なお，梅本 775 頁は，第一に裁判所の公正な審理の遂行を妨げ，かつ，訴訟上著しく信義に反する行為，第二に刑事上罰すべき方法や人格権侵害を伴う方法によって収集された証拠については，特段の事情がない限り，証拠能力を否定すべきとする。

当事者権に基づき，実体法上違法とされる行為によって収集された証拠を提出する権限を当事者は有していない以上，そうした証拠の適格はすべて否定されるとする見解[105]，③当事者間に妥当する論争ルールからみて違法収集行為が止むを得なかったといえる場合には証拠能力が肯定され，それ以外の場合には否定されるとする見解[106]，④訴訟上の信義則を基準に証拠能力の有無を決する見解[107]，⑤裁判における真実発見の要請と手続の公正・法秩序の統一性や違法収集の誘発防止の調整という観点から，当該証拠の重要性・必要性や審理の対象，収集行為の態様と被侵害利益などの要素を総合的に比較衡量して決すべきであるとする見解[108]がある。

この問題については，一方において違法に収集された証拠による真実発見のメリット，他面において違法行為誘発のおそれ，手続の公正に対する信頼が損なわれてしまうことなどのデメリットとをいかに調整するべきかを事案の内実に即して検討をし，適正にして実効的な裁判運営に努めるべきであろう[109]。そうすると，証拠能力を画一的に否定する②は，硬直にすぎよう。また，③は，当事者間の論争ルールという前提自体に問題があり，基準として曖昧なきらいがある。問題は，憲法上の人格権侵害という基準をストレートに持ち込むか，私的自治の妥当する法領域における信義則ないし私的利益の比較衡量という基準によるかであるが，この文脈で取り上げられるものには，財産権（憲29条）など概念の明確なものもあるが，秘密やプライヴァシー権など人権としては生成途上にあり，その内容がいまだ明確でない部分があり，一般論としては，信義則ないし比較衡量といった私法上のアプローチによるのがよりプラグマティックであろう。そうすると，②は運用に難があり，また，信義則による判断（④）ないし総合的な比較衡量（⑤）のいずれのアプローチにおいても，基準としては不明確な部分がある。要するに，判例の集積をまつうちに実用的な基準が形成されていくものと期待される[110]。そして，この基準の運用にあたっては，根本規範たる憲法が強い影響を及ぼすことになろう。

一応の基準としては，以下のように考える[111]。すなわち，(i)人格権侵害な

---

105) 間淵清史「民事訴訟における違法収集証拠（二・完）」民商103巻4号（1990年）630頁。
106) 井上治典「手続保障の第三の波」新堂編著・特別100頁以下。
107) 山木戸克己「民事訴訟と信義則」末川古稀中265頁，上村明広「違法収集証拠の証拠適格」岡法32巻3=4号（1983年）371頁以下など。
108) 井上ほか・これから176頁以下〔伊藤眞〕，伊藤320頁，渡辺武文「証拠に関する当事者行為の規律」講座民訴⑤176頁以下，小林・新証拠137頁など。
109) 小林・新証拠136頁，梅本775頁など参照。
110) 新堂521頁注(1)など参照。
111) 百選Ⅱ273頁〔小島武司 解説〕。なお，森・前掲注104) 18頁以下参照。

ど違法な方法で収集された証拠は原則として証拠能力を欠くが，(ⅱ)①実体法上違法性が阻却される場合（正当防衛，相手方の権利濫用など）または②挙証者側の実体法上または訴訟法上の優越的利益などと収集方法の違法性の程度などとを勘案して手続の公正を損なわないと認められる場合については，例外的に証拠能力が認められ[112]，(ⅲ)違法性およびその程度の証明責任は相手方が，違法性阻却事由，優越的利益などの証明責任は挙証者が負担する，というものである。

　Ⓑ　証拠共通の原則

　当事者の主張事実を認定するための手がかりとすべき証拠は，当該事実を主張する当事者の申請にかかる必要はなく，相手方の申請にかかるものであっても，訴訟に顕出したものであればよい。これを当事者から眺めると，自己の申請した証拠であっても，一度取り調べられてしまえば，それが自己の利益に作用することもあれば，相手方の利益に資することもあるということであり，換言すれば，取調べの開始された証拠資料は，その申請をした当事者の手を離れ，いわば当事者双方ないし法廷の共用に供される証拠資料となるのである。こうした証拠資料の作用を証拠共通の原則という。証拠調べが開始されて裁判官の心証形成が始まった以上は，当事者の有利・不利といった束縛から解放された総合的な判断を可能とすることで，柔軟で真実に近い事実認定を可能にしようとするところにその狙いがある。すでに証拠は，その申請によって当事者の手を離れているので，弁論主義に基づく当事者の任務は完了しており，したがって，証拠共通の原則は弁論主義の次元を超えるものである。

　証拠共通の原則の下では，証拠申請の撤回は段階をおって，以下のように狭まっていく。まず，申請後証拠調べ開始前は，裁判官の心証形成は始まっていないので，自由に撤回することができる。つぎに，証拠調べ開始後終了前は，裁判官の心証形成は始まっており，相手方に有利な証拠資料が得られている可能性があるので，相手方の同意がない限り，撤回することはできない[113]。そして，証拠調べ終了後は，すでに心証形成のプロセスは終わっており，撤回す

---

[112] たとえば，本人の同意を得ずに裁判外で獲得されたDNA鑑定による証拠については，争いあるが（証拠能力を否定する春日偉知郎「ドイツの判例から見た『同意なくして行われたDNA鑑定』の人事訴訟における利用限界――違法収集証拠の利用禁止と個人情報保護をめぐる自己決定権――」小島古稀上271頁・302頁と，証拠能力を認める梅本776頁がある），原則として人格権侵害を伴う違法な方法で収集された証拠として証拠能力を欠くことになろうが，それが当該訴訟において占める訴訟上の価値の程度など種々のファクターを考慮して総合的に判断しない限り，証拠能力の有無を決することは妥当でない。

[113] 相手方の同意を得て撤回した場合にも，そのこと自体が弁論の全趣旨として，心証形成に影響を与えることは否定できない。

ることに意味はない。

なお、証拠共通の原則は、共同訴訟人の間において、一人の申請した証拠は他の者にも、その有利不利を問わずに作用するという意味で用いられることがある（これをとくに「共同訴訟人間における証拠共通の原則」とよんで区別する）[114]。これも、自由心証主義に基づく証拠資料の作用の一場面である。

(b) 弁論の全趣旨

事実認定においては、証拠調べの結果のほか、弁論の全趣旨が一定の役割を果たす。弁論の全趣旨とは、口頭弁論にあらわれた、証拠資料以外の、一切の資料や状況をいう。たとえば、当事者や訴訟代理人の弁論の内容、態度、攻撃防御方法の提出の有無や時期などである。

弁論の全趣旨の役割は多様であり、証拠の間隙を埋めるだけではなく、証拠評価にも影響を及ぼし、また、これを基本として事実を認定するということもある。たとえば、相手方が不知と答えた第三者作成の文書について、特段の立証がなくとも弁論の全趣旨により成立の真正を認めることができる（最判昭27・10・21民集6巻9号841頁）[115]。

なお、弁論の全趣旨による事実認定の内容を判決理由で具体的に記載しなくても、記載上明らかであれば足りる（最判昭36・4・7民集15巻4号694頁）。

(2) 証拠力の自由な評価

証拠調べの結果および弁論の全趣旨について、その証拠力を評価する際に用いられる経験則の取捨選択は、裁判官の裁量に委ねられる。それゆえ、証拠価値は法定されないのが原則であるが、例外的に、公平の見地から、相手方の立証を故意に妨げる行動に出た当事者の不利に認定してもよいとの規定がある。たとえば、当事者が文書提出命令にしたがわない場合などには、裁判所は、相手方の主張を真実と認めることができるものとされている（224条1項以下）[116]。また、調書の証明力についての規定（160条3項）も、例外として挙げられる。

形式的証拠力についての推定規定もあるが（228条2項4項5項）、これは経験則を法定したものであり、証拠による認定について裁判官の自由心証が排斥されるわけではないとされている[117]。

---

114) 本書749頁参照。
115) そのほか、自白の撤回の要件である錯誤（大判昭3・10・20民集7巻815頁）や時機に後れた攻撃防御方法の判断（大判昭16・10・8民集20巻1269頁）について、弁論の全趣旨のみから認定することを認めた判例がある。これに対して、梅本778頁は、本文に掲げた判例も含め、いずれも主要事実を直接に認定したものではなく、判例理論としての一般化に慎重な態度を示す。
116) 本条は、検証手続にも準用されている（232条1項）。

3　事実認定の違法

裁判所は，どのような事実認定をしようとも，自由心証の範囲内では，違法ということはなく，したがって，原審の事実認定の不当性を主張しても，上告審による破棄理由とはならない。もっとも，それは適法な弁論や証拠調べの結果をすべて斟酌することを前提としており，違法な弁論や証拠調べの結果を採用したり，適法な弁論や証拠調べの結果を看過した場合には，違法な事実認定となり，これは，上告審を拘束しない（321条1項）。このように事実認定が違法となる場面としては，(1)証拠説明が違法である場合，および，(2)経験則違背の場合がある。

(1)　証拠説明の違法

自由心証の範囲内であるとしても，裁判所の行う事実認定の資料とそれに基づく推論の過程は，通常人の一応の理解を得られる常識的なものでなければ，事実認定が当事者や一般人の納得が得られず，ひいては裁判に対する国民一般の信頼を損ねてしまう。そのため，裁判所は，判決理由（253条1項3号）において，通常人の一応の理解を得られる程度の説明を示さなければならない[118]。こうした証拠説明の欠缺は，それ自体が判決の法令違背として上告審による破棄理由となり得る（325条1項2項）[119]。

この場合，いかなる資料に基づいて事実を認定したかを摘示するだけでなく，証拠取捨の理由まで摘示しなければならないかについて，判例の立場はつぎの通りである。すなわち，証拠取捨の理由まで記載することは，原則として不要である（最判昭37・3・23民集16巻3号594頁）ものの，異例の取捨，すなわち，証拠の取捨の判断が通常信ずべき証拠を排斥し，逆に通常信じられないような証拠を根拠とする場合は，証拠取捨の理由を示さなければならない（最判昭32・10・31民集11巻10号1779頁）。

(2)　経験則違背の違法

証拠調べの結果および弁論の全趣旨についての証拠力を評価する際に用いら

---

[117]　新堂523頁。
[118]　兼子・体系254頁，新堂524頁など。
[119]　経験則違背は絶対的上告理由としての理由不備または理由齟齬（312条2項6号）ではなく，判決の結論へ影響する限りで上告審による破棄理由となるにすぎない。この点，経験則違反とみるべき原判決を理由不備ないし審理不尽と称して破棄する判例が散見されるが（最判昭31・10・23民集10巻10号1275頁，最判昭32・10・31民集11巻10号1779頁），いずれも判決の結論に影響することを前提としており，民訴法325条によっても破棄理由とされた事案であった。新堂525頁注(2)参照。

れる経験則に違背した事実認定も違法となり，上告審による破棄理由となり得る。もっとも，経験則違背があれば，常に上告を認めるというのでは，上告審に事実認定の不服がすべて持ち込まれ，上告審の法律審としての性格が曖昧なものとなりかねないので，一定のスクリーニングが要求されよう。その際に精緻な基準を設定して機械的なふるいわけをすればよいものではない。

これまでの主な判例を眺めると，①時価 151 万円余の家屋と敷地（昭和 20 年代半ば，東京都豊島区池袋）の借地権の売買代金が 10 万円か否かが争われた事案で，10 万円と認定するのは，一般取引通念上首肯できる特段の事情のない限り経験則上是認することができないとするもの（最判昭 36・8・8 民集 15 巻 7 号 2005 頁〔百選Ⅱ 192 事件〕），②ルンバール施術後 15 分ないし 20 分後に嘔吐が始まったなどの経緯がある場合に，施術とその後の病変との間の因果関係を否定するのは，経験則に反する（最判昭 50・10・24 民集 29 巻 9 号 1417 頁〔百選 3 版 65 事件〕）。③合意内容を記載した念書が存在するのに，特段の事情なくこれに反する事実認定をするのは，経験則違背であると判示するもの（最判昭 54・3・23 判時 924 号 51 頁）[120]がある。

学説をみると，事実認定が常識に反して論理の飛躍がある場合には，上告審への扉が開かれるが，専門的な経験則については上告審の裁判官も素人であり，これに事実審の認定を批判させることは無意義であるというのが通説的見解である[121]。これに対し，経験則が事実認定で果たす役割は，それが専門的か否かで異なるわけではないとして通説の基準を批判し，事実認定の誤りが客観的に認識され得る程度の高度の蓋然性のある経験則の無視ないし誤用の場合に限って，上告理由となり得るとの有力説がある[122]。

専門的知見を要する事件への対応が司法制度改革の一つの柱であり，今後，専門的な経験則が重要な決め手となる事件が法廷の場に持ち込まれる傾向は一段と強まるとみられる状況にかんがみると，専門的な経験則を聖域視してその違背について上告審への道を閉ざす通説は，裁判運営上適切とはいえない。経験則が専門的か否かを問わず，高度の蓋然性ある経験則に違背しているか否かを基準とする有力説の立場が妥当である[123]。その結果，高度の蓋然性を伴う経験則の動きが上告審レヴェルで透明度を高めていき，裁判の内実を支える認

---

120) 経験則違反をいう判例を整理したものとして，後藤・前掲注 52) 25 頁以下など参照。
121) 兼子・体系 244 頁，同・研究 2 巻 201 頁，山内敏彦「経験則試論」末川追悼(3)181-182 頁など
122) 中野・推認 55 頁，条解 931 頁〔松浦馨〕，中野ほか 364 頁〔青山善充〕，上田 375 頁など。
123) 専門的経験則が証明を要することにつき，前述 445 頁参照。

識がよりよく浸透するものと期待される[124]。専門領域にいかに切り込んでいくかは，現代の司法にとって生命線ともいうべき課題となってきており，この領域にかかわる鑑定などさまざまな情報導入装置の刷新が事実審において推し進められる必要がある。

4 証拠契約

判決の基礎となる事実の確定方法に関する当事者間の合意を，証拠契約という。たとえば，一定の事実を争わずに不要証とすることを約する自白契約，事実の確定を第三者の判定に任せることを約する仲裁鑑定契約，証明責任の分配を定める合意などがある。また，証拠契約は，証拠方法の提出に関する合意に限定して用いられることもあり，証拠制限契約[125]はその例である。いずれにしても，証拠契約は，訴訟上の効果発生を目的とすることから，訴訟契約としての性質を有する。

それでは，これらの証拠契約は有効と認められるであろうか。まず，自白契約についてみると，自白の対象となる事実については弁論主義の適用がある当事者の権限内のものであるから，当事者間の合意の対象となることができ，自白契約は有効である。そうであるなら，同じく弁論主義の適用のある事実の認定を第三者の判定に委ねることも，当事者の権限領域に属するので，仲裁鑑定契約も有効としてよい。なお，仲裁鑑定契約の存在が主張・立証されると，受訴裁判所は，仲裁鑑定が行われるまでの間，訴訟手続を停止することができると解される（民調規5条，家審規130条，特許168条2項参照）。さらに，証明責任を定める合意も，証明責任の分配が当事者間の公平などを基礎にして定められていることから，原則として公益的要請によるわけではない。したがって，当事者間の合意による変更は，一律に排斥すべきものではない。

証拠制限契約については，その効力を認めると，一見裁判所の自由心証を害するかにみえるが，すでに証拠の提出があってその取調べが開始された時から働くのが自由心証主義であり，その前にいかなる証拠方法を提出するかは弁論主義の領域であって，当事者の権限内にあるので，当事者間の合意の対象となりうる。したがって，証拠制限契約は有効としてよい[126]。証拠制限契約が存

---

124) 中野・推認55頁，小室直人「上告理由」講座民訴⑦262頁以下，中野ほか364頁〔青山善充〕，上田375頁など。
125) たとえば，A事実の証明は証人だけに限る，B事実の証明は書証にだけに限るなどの合意である。
126) もっとも，すでに取り調べられた証拠方法を提出されなかったものとするといった合意は，一度形成された心証を拭い去ることはできず，これを強行すれば自由心証を侵害することになる

する場合，これに違反して提出された証拠方法は，証拠能力を欠き却下される。
5 損害額の認定
　損害賠償請求訴訟において，損害の発生については証明がなされたとしても，損害額についての立証が証明度に達しなければ，結局，損害賠償請求できないことになるので，原告の請求は棄却されざるを得ない。この結論は論理的に正しいとしても，当事者間の公平の点で疑問があり，社会常識からも受け入れがたく，裁判に対する国民の信頼が損なわれかねない。このような場合，裁判所は請求の棄却と認容の狭間で揺れて判例にばらつきが生じかねず，国民一般にとって裁判は予測可能性に欠けることになる。そこで，新法は，損害額に関する認定のハードルを下げ，確信の程度に至らずとも，口頭弁論の全趣旨および証拠調べの結果に基づいて「相当な損害額」を認定できるものとした（248条）。
　248条の適用場面，すなわち，損害の発生は認められるものの，その額の立証がきわめて困難である場合としていかなるケースが想定されるかについては，本条の趣旨の把握と関連して見解の対立がみられる。具体的な局面として，①慰謝料の算定の場合，②幼児の死亡に基づく逸失利益の場合，③家屋の火災により家財道具を焼失した場合をめぐって議論があることから[127]，これらにそって検討することにする。
　第1は，立法者の見解であるが，それによると，この種の事案に限って証明度を低減する趣旨であり（証明度軽減説)[128]，本条は，①慰謝料の算定および②幼児の逸失利益の算定[129]に関して裁判所が諸般の事情を考慮して適正な金額を認定すれば足りるとする判例実務上の考え方を明文化したものであるという[130]。そこで，③焼失家財道具の損害額を当該所帯の属する所帯モデルの通常の場合の火災保険金相当額によって算定するのは，本条の射程ではないことになる[131]。第2は，証明度軽減説に立ちつつ，①慰謝料算定は，法的評価であって事実審の裁量に委ねられているため，本条の問題ではなく，②幼児の逸失利益は，判例によって実体法ルール[132]が設定された場面であって，証明度の軽減とは無関係なため，本条の問題ではないが，③焼失家財道具の算定は，個々の物に客観的に唯一の正しい価格があることを前提として，証明度を下げているのであるから，本条の問題であるとする[133]。第3は，本条を証明度軽減の規定ではなく，

から，その効力は認められない。東京地判昭42・3・28判タ208号127頁〔百選Ⅱ119事件〕。
127) 伊藤眞「損害賠償額の認定」原井古稀52頁，伊藤323-324頁など参照。
128) 一問一答287頁，中野・解説59頁など。
129) 最判昭39・6・24民集18巻5号874頁。
130) 一問一答288頁。
131) 研究会・新民訴322頁〔柳田幸三発言〕。
132) （予想年収）－（予想年間生活費）×（予想稼動年数）
133) 山本克己「自由心証主義と損害額の認定」講座新民訴Ⅱ301頁。

学　説	①慰謝料の算定	②逸失利益の算定	③焼失家財道具の算定
第1の見解	○	○	×
第2の見解	×	×	○
第3の見解	○	○	○
第4の見解	×	○	○

○民訴法248条の適用あり　　×民訴法248条の適用なし

損害額について裁量的な法的評価の権限をも裁判所に与えたものとみる（裁量評価説）[134]。本条の適用範囲については，①慰謝料も，②幼児の逸失利益も，③焼失家財道具も，その算定は専ら裁判所の裁量評価に委ねられたものであり，いずれも本条の適用対象となり得るとする[135]。第4は，本条の趣旨を証明度の軽減および裁判所の自由裁量判断双方を含むものとして，自由心証主義の例外を認めたものと理解したうえで，①慰謝料算定は通常の意味の証明の対象となるものではないので，本条の対象ではなく，裁判所の裁量的判断であるが，②幼児の逸失利益は，経験則による推認以外に立証方法がないことから，証明度軽減の規定である本条の対象であり，③焼失家財道具の算定は，存在した家財道具の品目，購入価格，購入年月日などを個別に立証して損害額を認定することは理論上不可能とはいえないが，通常人にその種の証拠方法の保存・提出を求めることは合理的期待を超えるものであり，証明手段の不足による証明度軽減の必要性が認められるといえるので，裁判所は，本条によって，所有者の生活程度などから推認して相当な損害額を認定することが許されるとする[136]。

このように考え方が錯綜するのは，民事裁判における証明の対象が多種多様なものを包摂することに由来するのであるから，民訴法248条の法意も重層的に把握すべきであり，第一段において低減した証明度によって証拠による認定を試み，それに限界があるならば，第二段に総体として合理的評価を行う余地を認めたものとして，本条の趣旨を複合的な内容をもつものとして解するのが妥当である。すなわち，本条は，証明度の軽減および裁判所の裁量の双方を含む趣旨であり，自由心証主義の運用に調整を加えたものであり，さらにはその

---

134) 研究会・新民訴320頁〔竹下守夫発言〕，春日偉知郎「『相当な損害額』の認定」ジュリ1098号（1997年）73頁，三木浩一「民事訴訟法248条の意義と機能」井上追悼412頁，坂本恵三「判決③——損害賠償額の認定」新民訴大系(3)271頁以下，高橋・重点講義下55頁など。なお，新堂532頁。

135) 三木・前掲注134）418-424頁。もっとも，裁量評価説の論者の間に完全な一致があるわけではない（高橋・重点講義下53頁）。

136) 伊藤・前掲注127）原井古稀52頁，伊藤323頁，百選3版69事件解説143頁〔勅使川原和彦〕。なお，梅本800頁注2。

根底には，衡平による裁判につらなるものがあるともみることができよう。

このように本条の趣旨をとらえる立場から，同条の対象範囲をあらためて検討すると，まず，①慰謝料の算定については，慰謝料が精神的苦痛自体の塡補ではなく，精神的苦痛を和らげるための金銭給付であることからすると，その算定は，認定された損害を証拠に基づいて金銭的価値に換算するという本条の適用場面とは本来は異なるものの，結果的には本条の作用範囲内に入ることになろう[137]。②被害者死亡による逸失利益については，被害者の年齢が低下するにつれて，推認の基礎資料に乏しくなり，仮定的部分がそれだけ多くなるので，幼児の場合には，統計学的手法によっても証明度に達する心証を得がたいことから，本条による相当額の認定を許すべきである[138]。ちなみに，旧法下の判例は，幼児の将来の職業等が定かでなく，逸失利益の認定にあたって，不確実性の度合いが高まるものの，種々の訴訟資料に基づいて経験則と良識を活用し，できる限り客観性のある額を算定すると判示し（最判昭39・6・24民集18巻5号874頁），証明度の低減で対処していた。③焼失家財道具の算定については，個々の家財を購入価格から経年減価した額や代替物の購入費用などによって算定するものとなり，その証明を通常人に要求することは酷であり，当事者間の公平に反する結果を招きかねないことから，裁判所は，本条によって，家屋所有者の収入や生活状況などから推認して相当と認められる額の損害を認定することになろう[139]。

なお，独占禁止法違反行為に基づく損害賠償請求訴訟においての損害額の認定も，上記②の範疇に属するものとして，本条の適用が認められる[140]。この点に関する旧法下の判例をみると，石油元売業者の独占禁止法違反行為（価格協定）に基づく損害賠償請求訴訟における損害額は，価格協定がなければ形成されたであろう小売価格（想定購入価格）と現実の小売価格（現実購入価格）の差額であるところ，想定購入価格の算定が寒波の襲来など当時の特殊事情との関係できわめて困難であったという事案において，(イ)直前の小売価格を原告が証明すれば，それを想定購入価格と推認するという論法により請求を認容した原

---

137) 伊藤324頁。
138) 東京高判平10・4・22判時1646号71頁，大阪高判平10・5・29判時1686号117頁，東京地判平10・9・18判タ1002号202頁など。
139) 東京地判平11・8・31判時1687号39頁〔百選3版69事件〕。なお，1999年改正後の特許法105条の3も，侵害による損害が広範囲にわたる場合などのように，主として本文①の類型による損害額を念頭に置いているとするのは，伊藤323頁注244。
140) 藪口康夫「独禁法違反民事損害賠償における損害額の証明」判タ868号（1995年）40頁。

第4節　証拠による事実認定　471

審判決（仙台高秋田支判昭和60・3・26判時1147号19頁）に対して，最高裁判所は，㈩直前の小売価格に加え，㈹価格協定の実施時から消費者の購入時までの間に商品の小売価格形成の前提となる経済的要因等にさしたる変動がないことの立証，または，㈹を立証できなければ，㈪商品の価格形成上の特性および経済的変動の内容，程度，その他の価格形成要因の立証をも原告に要求する厳格な立場を示し，これらの立証をしていない原告の請求を棄却した（前掲・最判平元・12・8）。

　新法下における本条の適用判例の主なものとしては，①建設業者の誤った説明のために適切な節税方式を工夫しなかったことにより特例（税特措37条の5第1項）の適用を受けることができず，譲渡所得税および地方税が課税されたとして，建設業者の契約締結上の過失による損害賠償を求めた訴訟において，等価交換による税の優遇は実際にはいわば課税の繰延べにすぎない旨を指摘したうえで，特例の適用を受けた場合との比較から生ずる損害の算定は困難であるとして，本条を適用して課税された取得税および地方税の3分の1を相当な損害額であると認定した事例（東京高判平10・4・22判時1646号71頁），②製造物責任訴訟において，損害保険における査定基準であるモデル家庭の標準的評価表中の家財道具の価額に依拠することを基本としながら，保険金額の上限を考慮して実施された査定評価に対して，その評価額の一割増を相当な損害額であると解するのが相当であると判断した事例（東京地判平11・8・31判時1687号39頁〔百選3版69事件〕)[141]，③特許権を目的とする質権の取得が特許庁の担当職員の過失によってできなくなった場合の損害額は，特段の事情のない限り，被担保債権が履行遅滞に陥った際に質権を実行して回収できたはずの債権額であり，仮に損害額の立証がきわめて困難であったとしても，本条によって相当な損害額が認定されなければならないと判示した事例（最判平18・1・24判時1926号65頁），④被告の採石行為によって自己の採石権を侵害された主張する原告の提起した不法行為に基づく損害賠償請求訴訟において，原告に損害が生じたことは明らかである以上，損害額の立証がきわめて困難であったとしても，本条によって相当な損害額を認定しなければならないとして，損害額を算定することができないとして請求を棄却した原判決を破棄した事例（最判平20・6・10裁時1461号15頁）などがある[142]。

---

[141]　大阪地判平15・10・3判タ1153号254頁は，焼失家財道具の購入価格の約10％を相当な損失額であると評価する。

[142]　民訴法248条に言及した裁判例につき，苗村博子「企業の損害と民訴法248条の活用」判タ

そのほか，民訴法248条に類似する扱いをする実定法上の規定として，特許法105条の3，著作権法114条の5がある。

そこで，本条は，判例が交錯し，また，証明度に関する理論に変動が生じつつある状況にあって，衡平の要請を重くみ，少なくとも損害賠償額の柔軟な算定を可能にする方向に司法判断の足並みを揃える役割を果たすことになろう。これは民事訴訟の社会的実効性を高めることに寄与するものとして少なからぬ意義をもつ。

第2款　証　明　責　任

1　総　説

(1)　真偽不明（non liquet）

原告が訴えを提起したときは，裁判所は，訴訟要件が具備されている限り，本案判決をしなければならないが，そのためには権利の発生・変更・消滅を規定した法律要件（法規の構成要件）に該当する具体的事実を認定しなければならない。この場合，いかに審理を尽くしても要証事実を証明するだけの資料が揃わず，真偽不明（non liquetともいう）に陥るという事態が時として生じることは避けがたい。そして，この真偽不明がどの程度の頻度をもって生じるかは，証拠法制のあり様いかんにより相当に異なる。

まず，証明度の高低が重要な要因であり，基本的には高度の蓋然性（80%ないし90%以上）の証明度が必要であるとされているわが国においては，「証明の優越」の程度（51%以上）の証明度で足りるとする法制に比べて，それだけ真偽不明の発生率は高くなるであろう。

つぎに，証拠提出義務の範囲も重要なファクターであり，文書提出義務の範囲については各国の法制間で広狭に相当の開きがみられるところ新法によって問題をはらみつつも一般義務化が行われたこと（220条4号）は，真偽不明の発生率に及ぼす影響の点でも無視できない。これに関連して，証拠資料の縮減を覚悟のうえで他の価値を保護しようとする法政策に基づく証拠拒絶権等[143]のあり様も，真偽不明の発生率いかんに影響を及ぼすであろう。

さらに，事案の解明度は，時として見逃されやすいが，無視できない要因である。すなわち，当事者が十分な調査能力等を有するか否か，各当事者がこれ

1299号（2009年）39頁・46頁以下を参照。

143)　わが国の民事訴訟法では，証言拒絶権の規定（196条・197条）や文書提出義務を負わない場合の規定（220条4号イロハニホ）などがある。

を支えるだけの経済的リソースまたは主体的意欲をもっているか，十分な攻撃防御の場を当事者が展開する基盤ないし装置が裁判制度のなかに整っているかなど，さまざまな要因がかかわってくるであろう。

なお，審理原則として弁論主義と職権探知主義のいずれがとられるかが真偽不明発生の頻度にどの程度の影響を及ぼすかは必ずしも明らかでない。確かに，証拠の提出を当事者の責任と権能に委ねるという弁論主義の下では，当事者の証拠収集能力に限界があることからして，真偽不明に陥りやすいことがあろうが，職権探知主義の下でも，裁判所がどれほど積極的に証拠収集活動にコミットするかは定かでなく，費用負担の手当ていかんも関連してくる。いずれによろうとも，真偽不明という事態が発生することはその頻度に差はあれ避けられないのが民事訴訟の現実である。

(2) 証明責任（客観的証明責任）の意義

真偽不明の状況に陥った場合にも，裁判所は，その故に裁判回避をすることはできず，裁判による決着を与えなければならない立場に置かれている。その強行性を特徴とする民事裁判が紛争解決の終局性を担保し得ないのであれば，相対交渉および ADR を包摂する紛争解決方法の全体が機能不全に陥りかねないのである。

そうすると，いかなるしくみによって，また，どのような内容をもつ裁判をするかが問題となる。この場合，訴訟要件の欠缺が問題となっていない以上，訴え却下判決をすることはできず，原告・被告の勝敗を決する本案判決（請求認容または請求棄却の本案判決）をしなければならない。そのため，適用すべき法律要件に該当する事実が真偽不明となった場合には，当該事実が存したか，それとも，存しなかったかのどちらかに仮定（擬制）して，法律効果の発生，不発生，または，その消滅を判断しなければならない。ここには，いずれと仮定しようとも，一方の当事者が利益を享受し，他方の当事者は不利益を負うという関係が看取される[144]。この場合の当事者の一方が負担する不利益を証明責任（客観的証明責任）という[145]。当事者の視点からすると，証明責任とは，真偽不明の事実を存在する，または，存在しないものと仮定されて裁判がなされる

---

144) 立法選択としては，証明責任を各当事者に半分ずつ負わせることもあり得る。なお，「ソロモンの審判」につき，小林・新証拠 159 頁参照。

145) ここでいう証明責任とは，証明活動をすべき行為責任ではなく，ある事実が真偽不明に陥った段階で発動される点で，いわば結果責任であるが，このことを正確に表現したのが「客観的証明責任」という語である（高橋・重点講義上 457 頁など参照）。なお，「証明責任」の代わりに，「立証責任」や「挙証責任」という表現も用いられる。

ことにより当事者の一方が負担する不利益であると説明されることになる。たとえば，貸金返還請求訴訟において金銭授受の事実が真偽不明となった場合，消費貸借契約（民587条）の成立要件を構成する事実の一つである金銭授受について証明責任を負う原告が不利益を負担するので，その請求は認められず，判決で請求が棄却されることになる。証明責任は，ある法律効果が認められるか否かを決するものであり，原告・被告のどちらか一方のみが負担するのであって，一つの事実について一方がその存在につき，他方がその不存在につき，それぞれ証明責任を負うというようなことは論理的にもまた機能的にもあり得ない[146]。

ところで，弁論主義が妥当しようが，職権探知主義が行われようが，事実が真偽不明の場合にも，裁判拒否が許されないことに変わりはなく，証明責任は，等しく問題となる。また，証明責任が作用するのは，裁判官が自由心証主義によって事実を認定しようとしたけれど，心証度に達せず真偽不明に終わった場合である。このことは，「裁判官の自由心証の働きの尽きたところから証明責任は発動する」などとよく表現される。証明責任は，自由心証主義か法定証拠主義かを問わず必要とされる概念である。

なお，証明責任は，審理の最終段階だけで働くのではなく，審理の初期段階から，さらには法律関係の発生時から作動していることに注目すべきである。すなわち，証明責任は，請求原因事実と抗弁事実の区別や本証と反証の区別に資することから，訴状・答弁書の書き方に始まり，弁論・証拠調べ，事実認定，判決言渡しに至る訴訟手続を貫く指標として機能しているのであり，このことをとらえて，「証明責任は民事訴訟の背骨（backbone）である」などといわれる。

(3) 証明責任の本質論

事実が真偽不明の場合にも判決を可能にするための法規範が独自に想定されるべきか否かが，いわば証明責任の本質論とのかかわりで論じられている。この点，ドイツにおいて，法律要件分類説とワンセットとなる形で，法律要件事実が立証されない場合に法規の適用はないとする法規不適用説がローゼンベルクなどによって唱えられ[147]，こうした考えがわが国でも通説としての地位を

---

146) 別個の請求について共通する同一の事実については，その証明責任が双方に分かれることは別論である。たとえば，売買契約成立の事実についての証明責任は，代金請求の本訴においては原告に，目的物引渡請求の反訴においては反訴原告，すなわち，本訴被告にある。新堂529頁など参照。

147) レオ・ローゼンベルク〔倉田卓次訳〕『証明責任論〔全訂版〕』（日本評論社，1987年）21頁など参照。

確立した[148]。これに対して、ライポルドの批判[149]を契機とするドイツでの議論を受けて、事実が真偽不明でも判決を可能にするための別個の法規範、すなわち、証明責任規範が存しなければならず、その規範内容としては、原則として、真偽不明の事実は不存在であるとして扱い、その事実を要件とする効果の発生を認めない判決をするように命じる証明責任規範の存在が近時わが国でも有力に主張されるに至っている[150]。これは実体法規範の性質をどのようにとらえるかにかかわる対立であり、実体法を裁判規範としてのみ把握するのが前者の法規不適用説であり、実体法の行為規範としての側面にも配慮したのが後者の証明責任規範説であるとする指摘がある[151]。

ここでの対立は説明の違いにすぎないとみられなくもないが[152]、裁判の本質をいかに把握するかといった訴訟観に通じる面があることも否めない。もっとも、証明責任規範をめぐる本格的な理論的検討は措くとして、裁判をジャスティスに向けて解き放つための問題提起としての意義も否定できない。

民法等の実体法には、社会における行為規範としての機能を果たすことが予

---

148) 兼子・体系257頁、新堂・旧347頁以下〔新堂旧説〕、司法研修所民事裁判教官室『民事訴訟における要件事実 第1巻〔増補版〕』(法曹会、1986年) 5頁、伊藤326頁など。

149) Dieter Leipold, Beweislastregeln und gesetzliche Vermutungen, insbesondere bei Verweisungen zwischen verschiedenen Rechtsgebeiten, Berlin 1966. ライポルドの主張は、わが国でも詳細に紹介されている。たとえば、春日偉知郎「証明責任の一視点——西ドイツ証明責任論からの示唆——」判タ350号 (1977年) 97頁、石田穣「立証責任の再構成——通説の批判——」判タ322号 (1975年) 2頁、同『証拠法の再構成』(東京大学出版会、1980年) 121頁以下、ディーター・ライポルド〔松本博之編訳〕『実効的権利保護』(信山社、2009年) 155頁以下〔春日偉知郎訳〕など。

150) 松本・証明191頁以下、松本=上野396頁〔松本〕、春日・証拠研究333頁以下、新堂528頁注(1)〔新堂新説〕、高橋・重点講義上458頁、注釈民訴(6)50頁〔福永有利〕、小林・証拠法166頁、吉野正三郎「民事訴訟における主張責任と証明責任」鈴木禄弥先生古稀記念論集『民事法学の新展開』(有斐閣、1993年) 577頁〔吉野・トピークス21頁以下に所収〔26頁〕〕など。

151) そのほか、証明責任規範説と同様に行為規範としての民法の存在を前提としつつ、それとは別個に「裁判規範としての民法」が定立されるという主張がある (伊藤滋夫「要件事実と実体法」ジュリ869号〔1986年〕14頁)。これに対しては、「事実の真偽不明を法律要件とする証明責任規範が指示すべき内容を『裁判規範としての民法』のなかに組み込んだものにすぎない。実体法規と証明責任規範を組み合わせるような『裁判規範としての民法』の構成により証明責任規範を否定することは、本末転倒ではなかろうか」との批判がある (松本博之「要件事実論と証明責任論」判タ679号〔1988年〕90頁。同旨、吉野・トピークス27頁)。これは妥当な指摘であるといえよう。

152) そうしたとらえ方として、伊藤326頁、伊藤ほか・論争115頁〔加藤新太郎発言 (「実務的な受け止めからしますと、これは説明の問題に尽きます。実際には、法規不適用説も証明責任規範説もノンリケットになった場合、その条文は適用しないという結果になりますから。」)〕など参照。

定されている面も確かにあるが，やはり際立っているのは裁判規範としての機能である。このように実体法には二重の機能があり，そのうち裁判規範としての機能が顕著であるとの前提に立つと，法規不適用説による「事実が証明されれば法規は適用されるが，事実が証明されなければ適用されない」という立論は，確かに一義的であり明快である。しかし，そうした二者択一的な思考によるのでは，事実認定とのかかわりで，判決のフィクション性が強まることになろう。このことは，高い証明度を要求する法制では一層際立ってくる。そこで，灰色の心証の場合に，裁判官がその帰結について思考する余地を用意しておくことが適正な裁判という観点から有意義である。証明責任規範説には存在意義があり，証明に至らない場合において必然的な帰結を強いることなく，賢慮の余地が残されるということを指し示すのが理論上のメリットなのではないか（必然の論理からの解放）[153]。

(4) 証明責任（客観的証明責任）の対象

証明責任は，裁判回避を防ぐために，法律要件の発生・消滅の判断をいわば人為的に可能なものとするために認められたテクニックであることから[154]，そうした判断が可能となる限りで認めれば足りる。そうすると，法律効果の発生・消滅を直接に規定する法規の構成要件に該当する事実，すなわち，主要事実についてのみ証明責任を定めればよい[155]。仮に，間接事実や補助事実[156]に対して証明責任の規律を及ぼしてしまうと，主要事実を認定するための資料として総合的に判断されるべき間接事実等の存否がそのいずれかに機械的に措定されてしまう結果，主要事実の認定も不自然なものになってしまうおそれがあろう。間接事実等については，他の間接事実等や弁論の全趣旨を総合考慮して，主要事実に対するきめ細かな認定をすることが可能となるのである[157]。

また，証明の対象となる経験則についても，これを証明責任の対象とする必

---

153) 証明度については，本書438頁を参照。
154) P・カラマンドレーイ6頁以下によると，「裁判官は，真偽不明（non liquet）ということで訴訟を終結させることはできない。一般の論理の方法では問題を解決できず，この方法があらゆる推論を挫折させる疑いという克服できない障害の前で立往生せざるを得ない場合こそ，裁判上の方法は，いかなる犠牲をはらってでも決定に到達するための有効な手段を用意している。……一般の理性で解決し得ない場合に備えて，国家は，訴訟上の精巧なメカニズムによって，すべての問題を訴訟上解決するための一種の『人為的な』(artificiale) もしくは『公権的な』(ufficiale) 論理を創り出すのである」という。
155) 伊藤(滋)・基礎77頁，新堂530頁，伊藤325頁など。
156) ただし，文書の真正を除く。
157) 伊藤(滋)・認定175頁，高橋・重点講義上463頁など。

要はない。証明責任はあくまで主要事実についてのみ観念すれば足り，ある経験則の存否が真偽不明であっても，その結果として導かれ得る主要事実の真偽不明として対処すれば足りるからである。

　さらに，法令（とりわけ国内の慣習法や外国法）についても，確かに証明責任の処理と同様に存否不明の場合に当該法令は適用されないことになろうが，これは法源論の問題であって，証明責任の問題ではない[158]。

　主要事実のなかにも証明責任を観念する必要のないものがあるとの見解が近時主張されている。すなわち，借地借家法 28 条の「正当事由」のような不特定概念の場合に，正当事由と評価されるような個々の具体的事実を主要事実であるととらえ，個々の主要事実が真偽不明でも，その一つひとつの存否を証明責任の規律によって仮定するのではなく，その他の主要事実をも踏まえた総合考慮をすることで，正当事由の成否の法的判断をすればよいという[159]。正当事由と評価され得る具体的事実について，これを主要事実であるとするものの，正当事由の存否を推認させる間接事実のように働くものとみるのである。

(5)　証明の必要と証明責任——主観的証明責任——

　いずれの当事者が証明責任を負うかは，訴訟前から主張事実ごとに予め定められており，立証活動などの具体的な訴訟の展開に応じて変動することはない。証明責任を負う一方当事者が証拠を提出して裁判官に十分な心証を抱かせたときは，相手方は，その心証を動揺させない限り，敗訴を免れないことになるが，それは，証明責任の転換ではなく，証明の必要の移動にすぎない。

　証明責任というルールの存在が審理過程において当事者や裁判所に対して，その活動の指針を示すなど行為規範ないし活動規範として作用する現象をどうとらえるかをめぐって，主観的証明責任という概念を定立するか否か争いがある[160]。これを肯定する見解は，真偽不明の場合のルールとされた（客観的）証

---

158)　新堂 530 頁，高橋・重点講義上 464 頁，上田 355 頁など。なお，村上・証明 223 頁は，国内の地方条例や慣習法が不明であれば証明責任分配の法則を準用してよいとする。また，三ヶ月・研究 10 巻 53 頁は，外国法が不明であれば国内法を適用すればよいとする。

159)　竜嵜喜助ほか「《研究会》証明責任論とその周辺」判タ 350 号（1977 年）47 頁以下〔賀集唱発言〕，賀集唱「判批」リマークス 5 号（1992 年）18 頁（民法 112 条の善意無過失につき同 21 頁），松本・証明 336 頁，松本博之「要件事実論と法学教育(2)」自正 55 巻 1 号（2004 年）67 頁，松本博之ほか「証明責任論の現状と課題」判タ 679 号（1988 年）10 頁〔春日偉知郎発言〕，高橋・重点講義上 463 頁など。なお，山本和彦「総合判断型一般条項と要件事実」伊藤（滋）喜寿 65 頁，本間義信「主要事実と間接事実の区別」鈴木（正）古稀 407 頁・430 頁以下。反対，条解 938 頁〔松浦馨〕。

160)　客観的証明責任についても，それを認めるか否かについての議論がある。否定説（佐藤彰一

明責任と区別して，係争事実の存否を不利益に判断される危険を回避するため立証活動を行う必要性を主観的証明責任（主観的挙証責任）とよび，客観的証明責任がどのように立証活動に作用するかを把握しやすくし，審理過程の動態をより明確で可視的なものにすることに役立てようとするのである[161]。証明責任が行為責任に反映すると解してこそ，それが民事訴訟を貫くバックボーンであるといわれる所以が理解されるのである[162]。

これに対し，主観的証明責任なるものは，自由心証の尽きたところで機能する客観的証明責任が弁論主義のプリズムを通して当事者の行為責任として投影されたものであり[163]，その所在は客観的証明責任のそれと一致するというのであるから，概念としての独自性に乏しいといわざるを得ず[164]，主観的証明責任の所在は概念の複雑化を招くだけであるとする消極的見解も有力である[165]。

ところが，近時，審理過程において証明責任が果たす行為規範としての側面の機能を独立に論ずることに意義を認める見解が再び有力になっている。これは，証拠調べを実施して無証明を避けるためには，いずれの当事者が証拠を提出しなければならないかという証拠提出責任として主観的証明責任を把握する見解である[166]。この見解によっても，主観的証明責任の所在と客観的証明責

「立証責任論における行為責任の台頭と客観的立証責任概念の意義」立命165＝166号（1982年）582頁，同「証明責任論の課題」新堂編著・特別464頁以下，井上・手続41頁以下など）は，生活行為規範に基づく行為規範としての証明責任を提唱するが，これに対しては，生活行為規範の内容が不明確である（小林・新証拠175頁），あるいは，判決による紛争解決基準の定立が実体法規範を適用して行われることを軽視している（伊藤327頁注252），といった批判がある。

161) 三ヶ月・全集406頁以下，三ヶ月・双書443頁。ちなみに，前書によると，沿革的には，証明責任を客観的な意味で用いるのは比較的最近のことであり（ドイツにおいて19世紀末より），それ以前には証明責任（挙証責任）の語は，証拠を提出すべき当事者の行為責任を示すものとして用いられていたという。中島弘道『挙証責任の研究〔第3版〕』（有斐閣，1950年）3頁，竜嵜・証明26頁以下など参照。

162) 三ヶ月・全集406頁。なお，松本・証明9頁は，これを証明責任の事前作用とする。村上・証明201頁以下も参照。これに対して，主観的証明責任の概念を否定する兼子博士がこれを証明責任の付随的機能とみること（兼子・前掲注32）570頁〔兼子・研究3巻128頁所収〕およびそれに対する批判につき，三ヶ月・全集406頁を参照。

163) 三ヶ月・全集409頁。

164) 論者自身も主観的証明責任の独自性の乏しさを自認する（三ヶ月・全集408頁）。

165) 兼子・前掲注32）570頁〔兼子・研究3巻128頁所収〕など。なお，かつて新堂教授は，主観的証明責任の所在が客観的証明責任のそれと当然に一致するかは疑問なしとしないとして，主観的証明責任を認めることに慎重な姿勢を示していた（新堂・旧351頁〔新堂旧説〕）。

166) 松本・証明11頁以下，松本＝上野395頁〔松本〕，木川・重要問題中389頁，新堂534頁〔新堂新説〕，高橋・重点講義上467頁，村上・証明6頁以下，谷口241頁，春日・証拠研究19

任のそれとは原則としてパラレルである。しかしながら，かかる意味での主観的証明責任の概念を認めることによって，証拠提出責任を負う当事者がなんら証拠の申出をしない場合，裁判所は，相手方の申請した反証について証拠調べをせずに無証明と扱えば足りることや，立証を促す場合にその相手方を証拠提出責任を負う当事者とすればよいことといった実益があるという。また，論者のなかにはさらに進んで，上記のような主観的証明責任を抽象的証拠提出責任とよび，それとは別個に，これまで法的概念の外に置かれてきた立証の現実の必要性をも包摂した具体的証拠提出責任（立証の現実的必要）という観念を提唱するものもある[167]。これは，弁論主義の下だけでなく職権探知主義の下でも働き，また，客観的証明責任を負わない当事者にも認められるとして，独自の内実を付与しようとする。

民事訴訟において判決に先立つ審理過程を構造化しようとする動きが目立ってきており，訴状・答弁書などの記載内容の充実（規53条・80条），争点・証拠整理手続の整備（164条以下），計画審理の設定（147条の2以下），適時提出主義の強調（156条・156条の2・157条・157条の2），そして，証拠開示的しくみの導入（132条の4以下）などの道具立てが揃ってきているなかで，当事者活動の動態を明確化し，その可視性を高めることの意義が大きくなっており，これに照応して主観的証明責任観念の定立に対する関心も強まっている。客観的証明責任と並んで主観的証明責任のコンセプトを立てることにも，この点で意義があろう。

どのような用語や概念を導入するかは別として，判決に際して働く客観的証明責任と連動する立証活動を各当事者は展開するのであって，それを念頭においたしくみが手続装置として着々と整備されてきている。それが最近の手続改革の流れである。

2　証明責任の分配——分配の基準——

各主要事実について当事者のいずれが証明責任を負うかの定めを，証明責任の分配という。この証明責任の分配が個々の規定により法定されている場合は例外的であって[168]，通常は法規の解釈を通じて分配を導き出すことになるが，

　　頁以下，小林・プロ314頁，小林・新証拠170頁以下など。ちなみに，新堂説の改説理由は，証明責任を負わない当事者の事実および証拠の提出義務の認知，「一応の推定」理論や「間接反証」理論が裁判所の釈明活動や当事者の主張活動・立証活動の指針として働くことを考慮すると，客観的証明責任とは別に抽象的証拠提出責任の独自の意義が認められることにあるという（新堂534頁）。

167)　松本・証明11頁，松本＝上野395頁・406頁〔松本〕。
168)　たとえば，民法117条1項・453条・949条但書，商法560条・577条・590条，手形法45

その際の解釈基準をいかに定立するかが理論上の課題となる。
(1) 理論状況
(a) 判　例
　訴訟物に関する判断は，権利関係の発生，変更，消滅等の法律効果を生じさせる法律要件事実の存在を確定し，これに各法条を適用することを通じて行われることから，各当事者は自己に有利な法律効果の発生を定める法条の要件事実について証明責任を負うべきことになる。判例は，証明責任の分配を実体法規定の解釈によって決まるものとしており，つぎのような考え方がとられている。すなわち，
　Ⓐ　権利の発生を定める規定，すなわち権利根拠規定の要件事実については，その権利を主張する者が証明責任を負う。たとえば，売買，消費貸借契約等の契約の成立要件（民555条・587条）がこれにあたる。
　Ⓑ　権利の消滅を定める規定，すなわち権利消滅規定の要件事実については，その権利を否定する者が証明責任を負う。たとえば，債務の弁済（民474条等），契約の解除（民541条等）がこれである。
　Ⓒ　法律効果の発生の障害を定める規定，すなわち権利障害規定の要件事実については，その法律効果を争う者が証明責任を負う。たとえば，契約の無効原因としての要素の錯誤（民95条），取消原因としての詐欺ないし強迫（民96条）がこれにあたる。
　Ⓓ　一つの法条が本文と但書の組合せからなっている場合には，その法律効果を主張する者が本文の要件事実について証明責任を負い，その効果を免れようとする相手方が但書の要件事実について証明責任を負う。たとえば，意思表示の取消しを主張する者は，要素の錯誤（本文）を証明すべきであり，その相手方が表意者の重大な過失（但書）を証明すべきである。なお，同じ但書であっても，「但し，……の場合に限る」という法文は本文の要件を追加するものであるから，本文の効果を主張する者に証明責任がある（たとえば，破160条1項各号）。
　このように判例は，実体法規に定められた法律効果発生の要件を分類した上で，それに基づいて証明責任の分配を行っているものといえる。以下，その配分を個々の事案に即して概観してみよう。
　①虚偽表示における善意の第三者（民94条2項）は，自らの善意を主張・立

条5項，自賠法3条，製造物責任法4条など。

証しなければならない（最判昭35・2・2民集14巻1号36頁[169]）。②錯誤は，法律行為の無効を主張する表意者が証明すべきであり，重大な過失の存在（民95条但書）は，その相手方の証明責任に属する（大判大7・12・3民録24輯2284頁）。③債務の不履行による損害賠償請求については，自己の責めに帰すべからざる事由の証明責任は，債務者が負う（最判昭34・9・17民集13巻11号1412頁）。これは，民法415条後段の文言を修正したものである。④安全配慮義務の違反に該当する事実に関する証明責任は，被害者である債権者が負う（最判昭56・2・16民集35巻1号56頁）。⑤準消費貸借における旧債務（民588条）については，債務者がその不存在につき証明責任を負う（最判昭43・2・16民集22巻2号217頁）。⑥無断譲渡・転貸に基づく解除（民612条2項）を制限する事由である「背信行為と認めるに足りない特段の事情」（判例法理）については，賃借人に証明責任がある（最判昭41・1・27民集20巻1号136頁，最判昭44・2・18民集23巻2号379頁）。

　これらの判例をみれば，原則として民商法等の規定に即して証明責任の分配が行われていること，および，若干の場合に実質的考慮から法条の文言を修正して証明責任が分配されていることが窺われる。まず，③債務の履行不能のケースにおいては，契約関係の存在を前提とすれば，債務者に自己の責めに帰すべからざる事由を証明させることが公平に適うことが実質的に考慮されているのであろう。つぎに，⑤準消費貸借契約に関するケースにおいては，準消費貸借契約の締結は債務者自身が旧債務の存在を認めたうえでのことであり，旧債務が存在する蓋然性が高いという考慮から，これを争う債務者に不存在の証明責任を負わせたものであろう。

　(b) 学　　説

　学説上は，実体法規定の解釈に手がかりを求めて，法律効果を生じさせる要件を分類したうえで，それにしたがって証明責任の分配を行うという法律要件分類説とよばれる考え方が通説的地位を占めている[170]。すでにみたとおり，判例は基本的にはこの考え方によっている。ちなみに，その背景として，ローゼンベルクの提唱した規範説（ドイツの通説）の影響を無視することはできない。ローゼンベルクは，証明責任の本質のところで触れたように真偽不明は法規不適用を帰結すること[171]を出発点として，当事者は自己に有利な法規の要件事実について証明責任を負担することになるところ，法規が有利か否かの基準を実体法規の相互の論理関係に求め，これは法規の条文の形式的構造

169）　もっとも，この判例は，直接には主張責任に関するものである。
170）　兼子・体系259頁以下，兼子・前掲注32）568頁〔兼子・研究3巻119頁所収〕，伊藤328頁，梅本785頁など。
171）　本書474頁。

に依拠して識別されると説いた[172]。もっとも，わが国の法律要件分類説は，形式論理に徹するローゼンベルクの規範説と異なり，実質的な考慮を排除しないところに特徴があり[173]，その分配基準は，細部においては曖昧さや混乱がみられるものの，大筋の方向付けを示して予測可能性を確保する点で実用的であり，しかも，実質的利益衡量による調整を容れる柔軟さも兼ね備えているとみることができる。

これに対するものとして，証拠との距離，立証の難易および事実の存否の蓋然性などの実質的ファクターを個々の実体法規ごとに利益衡量して証明責任を分配すべきであるとする利益衡量説も有力に主張されている[174]。

(2) 検　　討

基本的には，基準の明確性や思考経済などのメリットが法律要件分類説にはあり，適宜，この見解を前提として，公正の観点から必要な微調整を行いつつ具体的妥当性を追求していくのが実際的であろう[175]。

ところで，基準は，いったん公的なものとして設定されると，その合理的基礎の欠落にもかかわらず，そのまま存続し続けることが少なくない。わが国では，先例の拘束力は緩やかであり，判例変更について若干の手続的ハードルが置かれているにとどまる（裁10条3号参照）。それにしても，その硬直化への危険は十分意識しておく必要がある。そこで，この基準を社会の要請に応えて絶えず改善していくためには，利益衡量に基づいて絶えず再考を続ける力が働く必要がある。こうした観点から，法律要件分類説を批判しつつ，適切なオルタナティヴを提供する利益衡量説のもつ意義は否定できない。そこで，新法律要件分類説といった利益衡量説との架橋をはかる理論的枠組みを中間に設定することも有意義であるかもしれない。その際には，要件事実の細分化や一部分離など，さまざまな手法が活用されていくことになろう。実質的衡量の手がかりは，民商法の規定に内在している部分もあり，また，立法政策や社会思潮の変化などがこれを後押しする部分もある。法律要件分類説と利益衡量説の間の乖離はそれほど大きくはないのであって[176]，今後，実質的衡量が果たす役割が

---

172) ローゼンベルク・前掲注147）106頁以下。
173) 竜嵜・証明169頁，高橋・重点講義上480頁など。
174) 石田譲『民法と民事訴訟法との交錯』（東京大学出版会，1979年）45頁以下。なお，アメリカでは，利益衡量によって証明責任の分配がなされていることにつき，小林・新証拠法193-194頁参照。
175) 倉田卓次「証明責任分配における通説の擁護——石田説の批判——」判タ318号（1975年）57頁，竜嵜喜助「証明責任の分配」講座民訴⑤89頁以下，松本・証明79頁，春日・前掲注149）97頁，伊藤329頁，小林・新証拠184頁以下，高橋・重点講義上486頁など参照。
176) 小林・新証拠188頁など参照。なお，ちなみに，当初，利益衡量説の嚆矢であった石田説にそのまま依拠していた新堂幸司教授（同『民事訴訟法』〔筑摩書房，1974年〕351頁以下）は，

さらに大きくなっていくであろう[177]。

3 証明責任を補完する装置

証明責任の分配は，主として民商法などの実体法に基づいて一義的に割り切ることで，予測可能性が高まり，予防法的に望ましいが，各事件類型の特有の事情に対する配慮の点で不十分なところがあり，それゆえ真偽不明で証明責任によって裁判をすることが妥当とはいえない場合がないとはいえない。

そこで，以下では，前述の証明責任ルールを前提としつつ，個々の場面における具体的妥当性を実現するために，証明責任を補完するデヴァイス[178]として，まず，実定法によって認められた「証明責任の転換」および「法律上の推定」を取り上げ，つぎに，解釈論として主張されている「事実上の推定」（一応の推定，表見証明，間接反証を含む），「証明妨害」，「事案解明義務」，「割合的認定」，「疫学的証明」，「ノンリケット判決」，「証明度の引下げ」を眺めることにしたい。

(1) 証明責任の転換

証明責任の転換とは，証明責任の分配に関する一般原則とは異なり，特定の場合に，相手方に反対事実の証明責任を負わせることをいう。これは，一定の政策目的を実現する狙いをもって，実体法の定めまたは解釈によって行われる。たとえば，不法行為に基づく損害賠償請求訴訟では，原告（被害者）が被告（加害者）の過失に該当する事実についての証明責任を負担するのが原則であるが（民709条），自動車事故の場合には，被告の側が過失に該当する事実のなかったこと（反対事実）の証明責任を負うものとされている（自賠3条但書）。これは，自動車の運転という危険業務による被害者の救済を立証負担の面から促進しようとする政策目的に基づく立法措置として証明責任の転換が行われた例である。

もっとも，実定法によって証明責任の転換が明定されている場合には，とく

1996年新法制定後は，法律要件分類説的な考え方を説明したうえで，当事者間の公平などの実質的な価値判断を加えながら証明責任の分配を考えていくべきであるとの論調に変調した旨の指摘がある（伊藤ほか・論争111頁〔山本和彦 発言〕）。

177) 近時の立法（新破産法の否認をめぐる要件やプロバイダー責任法のプロバイダーに対する損害賠償請求への抗弁事実など）に際しては，証明責任の分配がかなり慎重に考慮されている点も，法律要件分類説の考え方を基礎とすべきとの立論の根拠として指摘されている（伊藤ほか・論争118頁〔山本和彦，加藤新太郎 発言〕）。

178) ドイツ民事訴訟法の立法者は，確信以下の心証を当事者の宣誓によって証明度までに格上げさせる補充宣誓の制度によって真偽不明の問題を解決していたという。竜嵩・証明38頁は，この裁判宣誓について，蓋然性すべて打ち切る現在の客観的証明責任の実質的妥当性を検討するうえで重要であるとする。

に問題はないものの，解釈論としてそれを認めることに関しては，政策的な側面はともかく，理論面での根拠が薄弱であり，それゆえ，判例の採用するところではないとの指摘がある[179]。政策論の次元においても，公害訴訟，製造物責任訴訟，医療過誤訴訟などのいわゆる現代型訴訟の場合には，当事者の間に互換性がなく，証拠の偏在が恒常的なパターンとなっているにもかかわらず，証明責任の転換には，理論的にも社会的にも障害の多いことが認識されなければならず，そうした場面にあって当事者間における対等性の回復という観点からは，証明責任とは別の次元において，さまざまな工夫を試みることが求められよう。

(2) 法律上の推定

経験則に基づいて，ある事実から他の事実の存在を推認することを「推定」という。推定は，相手方の反対証明を許す点で，「擬制（みなす）」とは異なる。推定には「法律上の推定」と「事実上の推定」がある。前者は，推定を明文化して法規の適用という形式を用いてこれを行う場合であり，後者は，裁判官の自由心証の枠内でこれを行う場合である。

法律上の推定は，さらに事実を推定する「法律上の事実推定」と，権利ないし法律関係自体を推定する「法律上の権利推定」に分かれる。

(a) 法律上の事実推定

法律上の事実推定は，「事実A（前提事実）があるときは，事実B（推定事実）があると推定される」旨が規定されており，事実Bが他の法条の要件事実となっている場合である。たとえば，破産法15条2項は，「債務者が支払を停止したときは，支払不能にあるものと推定する」と規定しており，支払停止という事実（前提事実）があれば，破産手続開始の原因である支払不能（破15条1項）の事実（推定事実）の存在が推定されるものとしている。支払不能は，資産だけでなく信用や稼働力をも内容とすることから，その証明は必ずしも容易ではないのに比べて，支払停止は，手形の不渡りなどのように債務を一般的に弁済できないことを外部に表明する債務者の行為であって，その証明は容易である。このように，法律上の事実推定は，証明困難な事実に代えて証明の容易な事実を証明することによって，証明困難な事実が真偽不明のまま証明責任で裁判されることを回避しようとする法技術である[180]。

---

179) 高橋・重点講義上499頁。
180) そのほかの例として，民186条2項・619条・629条・772条1項，手形20条2項，破47条2項・51条・60条3項・162条2項，特許103条・104条などがある。

法律上の事実推定を利用するか否かは当事者の裁量に委ねられており，当事者は，敢えて証明困難な推定事実（たとえば，支払不能）の証明に挑むことは勿論可能である。また，推定は相手方の反証を許すことからすると，前提事実（たとえば，支払停止）が存在しても，本来の主要事実である推定事実（たとえば，支払不能）の不存在を相手方が証明（本証）すれば，推定が覆るところ，これは，本来の主要事実の証明責任を相手方に転換したものである。

なお，文言上「推定」と表示されていても，法律上の事実推定でないものがある。一つは，民法136条1項による「期限の利益」にみられるような法律行為の解釈を示す規定の場合である[181]。これは，事実を推定するものではないので，法律上の事実推定ではない。いま一つは，推定の前提事実が存在しない無条件の推定であり，この場合に推定される事実を暫定真実という。たとえば，民法186条1項にいう「占有者は，所有の意思をもって，善意で，平穏に，かつ，公然と占有をするものと推定する。」がその例である。無条件に推定される暫定真実（所有の意思・善意・平穏・公然）は，他の条件（たとえば，時効取得の要件〔民162条〕）と結合することで証明責任の転換を結果し，条文を本文・但書に分けるのと同じことになる（たとえば，「他人の物を20年間占有した者はその所有権を取得する。ただし，所有の意思を持って平穏かつ公然にしないときは，この限りでない」と規定するのと同義となる[182]）。

(b) 法律上の権利推定

法律上の権利推定は，「事実Aがあるときは，権利Bがあると推定される」旨の規定であり，事実Aとして権利Bの発生原因とは異なる事実を掲げている場合である。たとえば，民法188条は，「占有者が占有物について行使する権利は，適法に有するものと推定する。」と規定しており，占有者であるという事実があれば，その占有物に対する所有権の存在が推定されるものとしている[183]。相手方が権利推定を覆滅させるには，現在の状態に至るまでの可能な

---

181) そのほか，民法420条3項などがある。
182) 新堂541頁，高橋・重点講義上501頁など。なお，法律上の推定は，別個の前提事実を規定するもので，但書の形式に書き換えることはできない。この点，被保険自動車の盗難に基づく車両保険金請求に関して，盗難という外形的事実を立証するには，「外形的・客観的にみて第三者による持ち去りと見て矛盾のない状況」が立証されれば，盗難の事実が推定されるとして，解釈によって想定した法律上の推定規定に基づいて事実認定を行った原判決を破棄・差戻して，最高裁判決は，こうした矛盾のない状況を立証するだけでは，盗難の外形的事実を合理的な疑いを超える程度までに立証したことにはならず，「被保険者以外の者が被保険者の占有に係る被保険自動車をその所在する場所から持ち去ったこと」という盗難の外形的事実を主張・立証する責任を免れないと判示した（最判平19・4・23判時1970号106頁）。これにつき，新堂541頁注(1)など参照。
183) 民法188条を権利推定の規定とみることにつき，異論を唱えるものとして，藤原弘道『時効と占有』（日本評論社，1985年）179頁以下。これに対する批判として，松本・証明203頁。

あらゆる発生原因に該当する事実の不存在または何らかの消滅原因に対する事実の存在を主張・立証しなければならない。これは相手方にとって過大な負担であることから，権利推定は例外的にしか認められるべきではないと考えられている[184]。

(3) 事実上の推定——一応の推定，表見証明，そして，間接反証——

裁判所が，当事者間に争いある主要事実を証拠から直接に認定したり（直接証明），または，間接事実に基づいて主要事実の存在を推定したりする（間接証明）。この心証形成過程において，裁判官が，経験則を利用して，ある事実から他の事実を推認することを事実上の推定という。立法者による法律上の推定と異なり，事実上の推定は，自由心証に基づく裁判官によって行われる推定であることから，証明責任の転換をもたらすものではない。事実上の推定の成否は，証拠・間接事実の証明力と経験則の蓋然性との相対的関係によって決せられる[185]。

用いられる経験則がかなりの蓋然性をもつ場合，前提事実の証明をもって推定事実の心証も一挙に証明度に近づくといえるが，このような事実上の推定は「一応の推定」とよばれる[186]。ドイツの判例によって形成された法理で，一応の推定と同義で用いられるのが「表見証明」である。これは，過失や因果関係の認定などにあたって，きわめて高度の蓋然性をもつ経験則の働く定型的事象経過に基づき，前提事実の証明をもってある事実の存在を推認する証明である。たとえば，外科手術後に腹腔内にメスが残置されていれば，医師の過失および損害との因果関係を示す定型的事象経過があるといえるし，あるいは，皮下注射した部位が腫脹して疼痛を伴うようになったという事実から，注射の際に医師に何らかの不注意・不手際があったという事実が推認される。ここで用いられている経験則は，診療行為の目的である疾病と無関係に注射後にその部位が化膿したとすれば，注射した医師に何からの不注意があったとみてまず間違いないという高度の蓋然性のある経験則であり，これによって医師の過失を推定することができるのである。これに対して，医師側が，医師として要求される

---

184) 兼子・研究1巻295頁・330頁，高橋・重点講義上499頁など。
185) たとえば，貸金返還請求訴訟において，手元不如意の状態の借主が，貸主の主張する金銭授受の日時に直後にそれに相当する金額をもって第三者に弁済を行った間接事実が認められれば，裁判所は，他に特段の事情が認められない限り，金銭授受の事実を確信することが許されるという。伊藤335頁参照。
186) 一応の推定と表見証明につき，中野・推認1頁以下，兼子・条解1012頁，中西（正）「過失の一応の推定」鈴木(正)古稀581頁参照。

注意義務を尽くしたことを積極的に立証しない限り，過失がそのまま認定されてしまうわけである（最判昭32・5・10民集11巻5号715頁，最判昭39・7・28民集18巻6号1241頁）[187]。すなわち，証明度は一般の場合と異ならないが，過失や因果関係を個別に証明しなくてもよいという限りで，立証の負担の軽減が可能になり（最判昭39・7・28民集18巻6号1241頁），この心証を覆すには，相手方は，その推認を誤りとするか，または少なくとも疑わしいとする別の事情を証明する必要がある。裁判例としては，個室で付き添い中の母親が外出中に気管内分泌物吸引装置（カニューレ）が抜けて患者が植物人間となり後日死亡したという事案において，何人かがひもをほどくことは考えられないので，その装置の接着に過失があると認定したものがある（東京地判平元・3・29判時1320号109頁）。

　間接事実の存在を証明することで主要事実の存在が推定される場合（間接証明）に，この推定を覆す相手方の立証活動のことを間接反証という。すなわち，ある間接事実(a)の存在を証明し，裁判官が経験則により主要事実(A)の存在につき確信を抱く状態（推認）にさせようとする場合に，相手方が間接事実(a)と両立し得る別個の間接事実(b)の存在を証明することにより，裁判官をして心証形成することを真偽不明の状態に至らせるのである。間接反証の理論は，ローゼンベルクによって提唱された[188]。これは，主要事実を直接証明することが困難な場合に，法律要件分類説を前提として，間接事実を証明対象とすることによって当事者間の証明活動のバランスを保つことを狙いとしたものである[189]。

　争いがあるのは，本来の反証と異なり，間接反証が間接事実(b)に関する限り，裁判官をして確信を抱く状態にまで至ることを要求する点[190]を踏まえて，本来の証明対象である主要事実(A)について証明責任の分配が一部変更ないし修正されたとみてよいかという点である。すなわち，間接反証の証明主題となる間接事実(b)については明らかに間接反証を試みる者に証明責任があるとする以上，本来の証明主題たる主要事実(A)について証明責任の分配を一部

---

187) 新堂542頁注(1)は，これを証明責任の転換ととらえ，中野・推認16頁，春日・証拠研究83頁などは，証明負担の軽減とみるのに対して，伊藤336頁は，証明負担の軽減でさえないとする。
188) ローゼンベルク・前掲注147) 233頁，法律実務(4)125頁など。
189) 梅本790頁，坂田宏「間接証明に関する一覚書」福永古稀383頁など。
190) 中野ほか381頁〔青山善充〕など。反対，伊藤滋・認定116頁以下，河村浩「契約書（処分証書）による事実認定の証明のプロセス——いわゆる保証否認の事案を念頭において」判タ1107号（2002年）59頁注11など。

変更したものというほかはないとする見解[191]と，相手方は主要事実(A)について真偽不明の状態に至らせれば足りるのであって，主要事実(A)の証明責任の分配になんら変更は生じないとする見解[192]が対立する。

間接反証を大別すると，第一に，主要事実を直接証明することが困難である原告が間接事実の存在を主張・立証する場合に，被告の対抗手段として用いられる場合，第二に，原告または被告が例外を主張するために用いる場合，そして，第三に，規範的評価の障害事実として機能する場合がある[193]。

それぞれの具体例を挙げると，第一のタイプは，たとえば，認知請求訴訟において，原告の母と被告との同棲という間接事実を証明してきた原告に対して，被告が原告の母と他の男性との性的関係という間接事実を証明して，原告が被告の子であるという主要事実の存在に関する裁判官の心証形成を真偽不明の状態に至らせるよう努める場合（「不貞の抗弁」または「多数関係者の抗弁」とよばれる）である。

第二のタイプは，たとえば，判決理由における「特段の事情」の多くがこれにあたる[194]。

第三のタイプは，たとえば，不法行為における「過失」（民709条）や表見代理における「正当な理由」（民110条）などの不特定概念を伴う規範的要件に関して用いられる場合や，不法行為に基づく損害賠償請求訴訟における損害と加害行為との因果関係の否定として機能する場合が挙げられることがある。しかし，前者については，かかる不特定概念を使用する法条における主要事実をいかに把握すべきかが問題とされ，過失や正当な理由それ自体を主要事実ととらえるかつての通説的見解に代わって，かかる不特定概念を導き出す具体的事実（たとえば，わき見運転など）を主要事実であるとみる見解が有力となった現在，間接反証が用いられる場合ではないことになる[195]。また，後者の因果関係についても，一般的にはその証明責任は被害者たる原告が負うのであるが，公害，薬害，医事関係，製造物責任事件などのように因果関係の立証が困難な場合，①被害疾患の特性とその原因（病因物質），②原因物質が被害者に到達する経路（経路汚染），③加害企業における原因物質の排出（生成・排出のメカニズム）の各事実をめぐって当事者の立証活動が展開され，これらの事実こそが弁論主義の適用のある主要事実であるととらえられ，それぞれの証明責任の分配を検討しなければならないところ，これらの三つの事実が証明されたときに因果関係の存在を肯定すべきかは，法律要件に対する事実のあてはめの問題として，法解釈にかかわる。よって，①と②の事実が証明されれば，③の事実のないこと（汚染源になり得ない事実）が積極的に証明されない限り，

---

191) 新堂544頁，高橋・重点講義上489頁など。
192) 中野ほか381頁〔青山善充〕，梅本791頁など。
193) 梅本791頁注2を参照。
194) 法律実務(4)126頁，賀集唱「事実上の推定における心証の程度」民訴14号（1968年）43頁，木川統一郎『民事訴訟法改正問題』（成文堂，1992年）195頁以下，梅本791頁注2など参照。
195) 新堂543頁，中野ほか381頁〔青山善充〕など。

因果関係を認定してよいという論法196)は，法解釈の一つということになる197)。これに対して，①②によって因果関係が事実上推定され，それを妨げるために被告が証明すべき間接反証事実が③であると把握すべきとする見解がある198)。しかし，因果関係の事実はあくまで①②であって，その証明責任は原告にあるのに対し，③は因果関係の要件事実ではなく，加害行為なのであって，やはり原告に証明責任があるのである199)。

(4) 証明妨害

証明妨害とは，証明責任を負わない当事者が故意または過失によって証明責任を負う相手方の証拠の収集や提出を妨げて，相手方の立証を失敗ないし困難にさせることをいう。たとえば，相手方に有利となる証拠を破棄・隠匿する場合であるが，それが文書提出命令の対象たり得る文書の不提出や破棄・隠匿であるときなど，協力義務のある証拠調べに対して取調べを妨害する当事者に対しては，裁判所は相手方の主張を真実と認めることができるといった訴訟上の効果が法定されているが（書証につき224条・229条2項以下，検証につき232条1項，当事者尋問につき208条），それ以外の場合にも，裁判所が事実認定に際して証明妨害を受けた当事者の有利に調整をすることを解釈論上認めることができないかが問題とされる200)。

証明妨害の場合に画一的に証明責任の転換を帰結するのは，証明妨害の態様程度等の個別具体的事情を事実認定に反映できない点で自由心証主義の趣旨にもとるおそれがある。それでは，証明妨害を自由心証のなかで考慮すればそれでよいかというと201)，「不利益な証拠または真実であるから妨害する」という経験則の適用として自由心証の一作用であるという前提が，過失による証明妨害の場合には成り立たないという難点がある。そこで，裁判所としては，他の

---

196) 新潟地判昭46・9・29下民22巻9＝10号別冊1頁〔百選Ⅱ113事件〕〔新潟水俣病判決〕によって示された。
197) この点，因果関係の立証について間接反証を論ずる分類に対して，本来法解釈の問題であるものを，立証過程の問題として自由心証の領域内に埋没させる危険があるとの批判がある（石田・前掲注174) 7頁，新堂544頁など。反対，竹下守夫「間接反証という概念の効用」法教2期5号〔1974年〕144頁）。
198) 小林・新証拠201頁，淡路剛久『不法行為法における権利保障と損害の評価』（有斐閣，1984年）235頁など。
199) 賀集・前掲注9) 206頁，百選Ⅱ113事件263頁〔賀集唱 解説〕，新堂544頁，梅本792頁など。
200) 証明妨害法理につき，注釈民訴(7)120頁以下〔野村秀敏〕，本間義信「証明妨害」民商65巻2号（1971年）181頁，渡辺武文「証拠に関する当事者行為の規律」講座民訴⑤161頁などを参照。ドイツ法については，春日・証拠191頁以下を参照。
201) 大阪高判昭55・1・30下民31巻1＝4号2頁は，自由心証の問題とする。

証拠や弁論の全趣旨からすでに得られた心証に対して，信義則の適用例として，妨害の態様，帰責の程度，妨害された証拠の重要度等から妨害に対するサンクションを勘案して，事実を認定するか否かをその裁量で判断するということになろう[202]。

裁判例をみると，保険料が事故発生前に払い込まれたか否かが争点となった保険金支払請求訴訟において，保険会社が発行した保険料受領書に受領日時が記載されていなかった場合に，それが保険会社の故意またはそれと同視し得る重大な過失によるときは，証明妨害になるとしたうえで，その効果として，裁判所は，要証事実の内容，他の証拠の確保の難易性，妨害された証拠の内容・形態・重要性等を考慮し，①挙証者の主張事実を事実上推定するか，②証明妨害の程度等に応じ，裁量的に挙証者の主張事実を真実と擬制するか，③挙証者の主張事実について証明度の軽減を認めるか，④証明責任を転換し，反対事実の証明責任を妨害者に負わせるか，を決すべきであると判示した下級審判決がある（東京高判平3・1・30判時1381号49頁）。証明妨害のさまざまな態様に応じた効果を重層的かつ柔軟に判断する枠組みを提示した点で一つの前進と評価することができよう。

(5) 事案解明義務（事実解明義務）

証明責任を負わない当事者は，相手方の本証が成功しそうになった場合に限って反証をすれば足りるとすると，当事者間の公平のみならず，事実認定の迅速・効率化の見地からも少なからぬ問題を生じかねない。そこで，ドイツの学説を参考にして，証明責任を負わない当事者に証拠の提出をさせるための理論である事案解明義務という考え方が提唱されている。

これは，①相手方に事実の解明を求める当事者の側で，自らの権利主張に合理的基礎があることを示す手がかりを示すこと，②この者が客観的に事実の解明を行えない状況にあること，③そのことについて非難可能性がないこと，④相手方はその事実を容易に解明できる立場にあること，という四つの要件を充足した場合に，証明責任を負わない相手方に事案解明義務が発生し，相手方がこれを果たさないと，証明責任を負う当事者の主張事実を真実であると擬制することができるというものである[203]。事案解明義務が発現するのは，具体的

---

[202] 新堂588頁，伊藤330頁（同書は，証明責任転換の法律効果を導くのは困難であるとして，証明妨害の効果は証明度の軽減を意味するという），松本＝上野413頁〔松本〕（同書は，証明責任の転換に至るまでの証明軽減を認めるべきであるという），上田372頁，吉村ほか251頁〔春日偉知郎〕など。

事実の主張，証明妨害，そして，訴訟前の証拠収集の各局面であるという[204]。

最高裁判所は，「原子炉設置許可処分の取消訴訟における裁判所の審理，判断は，原子力委員会若しくは原子炉安全専門審査会の専門技術的な調査審議及び判断を基にしてされた被告行政庁の判断に不合理な点があるか否かという観点から行われるべき」であって，「被告行政庁がした右判断に不合理な点があることの主張・立証責任は，本来，原告が負うべきものと解されるが，当該原子炉施設の安全審査に関する資料をすべて被告行政庁の側が保持していることなどの点を考慮すると，被告行政庁の側において，まず，その依拠した前記の具体的審査基準並びに調査審議および判断の過程等，被告行政庁」はその「判断に不合理な点のないことを相当の根拠，資料に基づき主張，立証する必要があり」，「右主張，立証を尽くさない場合には，被告行政庁がした右判断に不合理な点があることが事実上推認される」と判示しており（最判平4・10・29民集46巻7号1174頁），事案解明義務を認めた判決であると評価されている[205]。

学説上も，この義務はたとえば医事関係訴訟など証拠の偏在現象がみられる場合に有用であるとの見方がある。すなわち，証明責任を負う原告たる患者側が，被告たる医師側の過失，または，その過失と損害発生との因果関係についてある程度の手がかりを示した場合には，医師側がカルテ等を提出してその無過失や因果関係の不存在の証明活動をする義務を負い，これを果たさないときは，原告たる患者側の過失や因果関係の主張を真実だと擬制される一方，医師側が証明活動を行ってこの義務を果たしたけれど，なお真偽不明のときは，原則どおりに本来の証明責任を負っている原告たる患者側が敗訴するという[206]。

事案解明義務は，主要事実の証明責任は動かさずに証明の負担を移す理論であり，その基礎付けがきわめて難しい。事案の真相解明ということでは全体として整合しないし，また，当事者間の実質的平等の確保ということ[207]も十分に説得的ではない。さらに，主張責任・証明責任との区別が曖昧であり，当事者が裁判所に対する単なる情報提供者の地位に堕しその主体的地位を失いかね

---

203) 春日偉知郎「証拠収集および提出過程における当事者行為の規律」民訴28号（1982年）60頁以下〔春日・証拠研究233頁所収〕。その他，小林秀之「民事訴訟における訴訟資料・証拠資料の収集（4・完）」法協97巻11号（1980年）15頁以下，井上ほか・これから139頁〔佐上善和〕，上田徹一郎「当事者の訴訟上の地位——当事者平等原則の展開」講座民訴③18頁，注釈民訴(3)〔伊藤眞〕なども参照。
204) 高橋・重点講義上510頁。
205) 竹下守夫「伊方原発訴訟最高裁判決と事案解明義務」木川古稀中1頁，新堂534頁注(1)。
206) 高橋・重点講義上510頁。
207) 上田393頁。

ない[208]）。そのような詰めるべき微妙な点が依然残されているが，これらは必ずしも決定的阻害事由ではなく，大局的には有用な道具立てととらえる立場から[209]，今後の理論的進展を待ちたい。

(6) 割合的認定

交通事故などによる損害賠償請求訴訟において，因果関係の証明が困難な場合に，公平の観点から，その心証度に応じて損害額の調整を行い，被害者を救済する裁判例が一部にある。これを（確率的心証による）割合的認定ないし心証度に応じた認定という。たとえば，歩行困難が事故の後遺症かヒステリーの発作によるものかについて高度の蓋然性の程度まで証明するに至らなかった事案において，損害額の70％の限度で損害賠償の支払いが命じられた（東京地判昭45・6・29判時615号38頁)[210]）。

これは，損害額，たとえば，逸失利益の算定において通常行われている扱いに類するものの，いまだに手法として定着したものとはいえない。その利用を躊躇させているのは，心証度をどこまで下げて割合的認定をしてよいのか，審理が不十分なまま妥協的判断をしているという疑いを招きかねないなどの問題が残っていることもあろう[211]。さらに，和解と判決の境界が曖昧となることが取引実務に及ぼす影響への懸念もある。

なお，結果的に重なり合う面があるにせよ，これと区別すべきものとして，寄与度による割合的認定がある。これは，複数の原因が競合する場合に，加害者に被害者側の要因の寄与度を立証させて被害総額からその分を減額して割合的認定をする理論であり[212]，確立した判例である（最判昭63・4・21民集42巻4号243頁，最判平4・6・25民集46巻4号400頁）。これは，心証度の軽減とのかかわりはなく，損害額を各要因ごとに割り付けるものである[213]。

ところで，割合的認定を認めるべきかについては，上記の懸念から否定する見解が多

---

208) 小林・新証拠140頁。
209) 谷口243頁，高橋・重点講義上510頁など。なお，上田・前掲注202) 18頁，上田393頁は，実質的当事者平等原則の実現を目指すものとして評価できるとする。
210) 倉田・前掲注27) 130頁。
211) 上田378頁。原因相殺という理論によりこれを肯定するものとして，続百選168頁〔中野貞一郎解説〕。
212) 村上・証明66頁。
213) 倉田卓次『民事実務と証明論』（日本評論社，1987年）137頁，太田・前掲注7) 68頁，春日偉知郎「自由心証主義の現代的意義」講座民訴⑤42頁以下，小林・新証拠78-79頁，山口龍之「複数因子と因果関係の証明度——疫学的因果関係における危険要因の取扱いを契機として——」沖法18号（1996年）25頁以下など。

数を占めるが，寄与度の場合と読み替えて従来の理論に取り込もうとしたり，不法行為における損害の公平な分担を根拠とする実体法の解釈の一つとして正面からこれを認めようとする見解[214]もある。

　大局的には，証明度について証拠の優越で足りるという少数説[215]があり，これによれば，高度の蓋然性の程度まで証明するに至らないとしても，請求全額が認容され得ることにかんがみれば，高度の蓋然性を要求する通説[216]に立って，請求を全面的に棄却してしまうことについては躊躇が多分にあるのではなかろうか。確かに，確率的心証による割合的認定は，和解によってなされるべきことを判決によって行うに近く，それは判決によって黒白をつけることを求める当事者の期待に反しかねず，紛争解決システム全体における判決と和解の役割分担を動揺させるものでもある。しかし，割合的認定は，妥協ではなく，公平の実現を達成するという領域においては，一つの合理性を有しているといえるのではなかろうか。現に，新法も，損害額の立証について，それがきわめて困難である場合には，判決によって相当な損害額を認定してよい旨の規定を設けており（248条）[217]，判決による解決も限られた範囲において一定の柔軟性を有することは許容されよう。

(7) 疫学的証明

　疫学的証明は，疫学による因果関係証明の成果を利用した，経験則の組合せによる蓋然性の判断であり，裁判官による事実上の推定と本質的に同一の証明方法である。経験則の一展開であるので，これを認めることに特別の問題はない。証拠収集において不利な立場にある被害者のために因果関係証明の突破口を開いて，その救済を確保することが，水俣公害訴訟や四日市公害訴訟において行われ（新潟地判昭46・9・29下民22巻9＝10号1頁，津地四日市支判昭47・7・24判時672号30頁，最判昭44・2・6民集23巻2号195頁），ついでスモン製造物責任訴訟などに受け継がれ（金沢地判昭53・3・1判時879号26頁，東京地判昭53・8・3判時899号48頁，福岡地判昭53・11・14判時910号33頁），実務上すでに定着をみている。

　具体的には，(i)ある因子が発病の一定期間前に作用するものであること，(ii)その因子の作用する程度が著しいほど疾病の罹患率が高まること，(iii)その因子の分布と疾病の発生や程度の間に相関関係があること，および，(iv)その因子が疾病の原因として作用するメカニズムが生物学的に矛盾なく説明できること，これら疫学的四原則が充足されてい

---

214) 新堂531頁注(1)。
215) 本書439頁参照。
216) 本書439頁参照。
217) 本書468頁参照。

るかを検討する[218]。

　もっとも，将来の防疫のために集団的疾患の原因究明を行う疫学における集団的データを個人対個人の民事訴訟の場にどのように用いるか，問題は残る。この点については，事実上の推定のために客観化された基準として疫学の成果を利用することで対処できよう[219]。たとえば，一定の薬品の服用などにより，原告もまた疫学的証明によって原因とされた因子の影響を受けていたこと，原告の症状も疫学的証明の基礎とされた集団的疾患の基本的特徴を備えていることを証明すれば，被告の側から，原告の疾患はその因子とは無関係であることを推認せしめる特段の事情を立証しなければならないとするのである[220]。

(8)　ノン・リケット判決——その示唆——

　ある要件事実について審理を尽くしても真偽不明であるときは，当該事実は不存在であるとの仮定のうえに判決内容が組み立てられるのが本則である。しかし，このような制度的仕切りが不適切な事態を招来する場合がないわけではない。たとえば，婚外親子（父子）関係の証明責任はそれを主張する子の側にあるところ，父（原告）の子（被告）に対する親子（父子）関係不存在確認訴訟において，当該事実が真偽不明であるときは，親子関係不存在確認請求が認容され，親子関係は不存在であるとされてしまうはずであるが，しかし，訴訟の際には不明であっても，DNA鑑定等その後の科学技術の進展などによって，親子関係の存在が証明されるに至った場合には，著しく不都合な事態が生じる。そこで，真偽不明の要証事実は存否不明であると明示して，本案判決を言い渡すという余地も残されてよいはずである。

　ドイツでは，まず，子の父に対する婚外父子関係不存在確認請求訴訟において父子関係が真偽不明に陥ったケースについて，血縁関係確認訴訟において血縁関係が不明に終わった場合には，すべて請求棄却判決を言い渡すべきであり，その効力は父子関係を確定せずに，理由中の判断により不確かのまま残されるとする判決が1940年にあらわれた[221]。そして，こうした真偽不明のまま請求を棄却する「ノン・リケット判決」は，これを機に1969年の民法・民訴法改正によって立法化され，婚外父子関係不存在確認訴訟において父であることの事実が存在するとして請求を棄却する場合には，その旨を判決主文に明示する

---

218)　吉田克己「疫学的因果関係論と法的因果関係論」ジュリ440号（1969年）107頁。
219)　沢井裕「イタイイタイ病判決と鉱業法一〇九条」法時44巻2号（1972年）87頁注14参照。
220)　中野ほか360頁〔青山善充〕。父新堂502頁注(2)も参照。
221)　RG vom 13.7.1940. RGZ 164, 281. これにつき，竜嵜・証明48頁以下参照。

ことで，真偽不明による棄却の場合との区別を明確にした。そして，真偽不明による棄却の場合には親子関係は確定せず，新鑑定によって原状回復訴訟（再審の訴え）が許されるものとされた[222]。

ノン・リケット判決は，真偽を不明にしておくことによって，子の利益（扶養請求権など）に資するなどの政策的な機能を果たすとともに，既判力によってすべてを遮断するのではなく，将来の可能性にオープンに対応しうるとして，わが国への導入を示唆する見解もみられる[223]。ノン・リケット判決の意義を十分に踏まえて，その導入の是非を検討すべきであろう。

(9) 反証提出責任

証明責任を負う一方当事者の立証が奏功しそうな場合に，相手方当事者が裁判官の心証形成を阻止するための反証を提出しないということ自体が弁論の全趣旨（247条）として，事実認定の基礎資料となり得るし，また，経験則上，反証が困難であるなどの特段の事情のない限り，反証の必要のある当事者が反証を提出するはずであるともいえる。そこで，訴訟の具体的状況にかんがみて，相手方が反証を提出しないという事態を斟酌して，裁判所は，事実の存否について証明ありとすることができるという反証不提出の法則または反証提出責任なるコンセプトが提唱されている[224]。

しかし，反証提出責任を生じさせる要件（「反証が必要であり，かつ，困難でない場合」）が明確でなく，また，理論上の問題[225]も指摘されている。ところが，証明責任を負う当事者の証明活動の困難を緩和するという機能もあり，日常感覚に適合している面もある。当事者が自らの手持ちの証拠を提出すれば足りるということではなく，事案解明において当事者双方は互いに協力すべきであるという考え方が力を得つつあり，また新法において，当事者がともに早期に証拠を提出して審理の促進をはかっていくべきであるという手続思考が具体化し

---

222) 竜嵜・証明 48 頁，高橋・重点講義上 574 頁参照。
223) 竜嵜・証明 57 頁，高橋・重点講義上 574 頁。ちなみに，高橋・重点講義上 574 頁は，特定の事件類型での効用発揮を期待するのに対し，竜嵜・証明 195 頁は，より一般的に新証拠による再審を許容すべきであるとする。なお，新証拠の発見を再審事由とすべきかについては，本書 895 頁を参照。
224) 山木戸・論集 31 頁。
225) 証明度に達していないときに相手方にの反証の必要が生じるとする理論的根拠が不明確である（松本・証明 14 頁，太田・前掲注 7) 209 頁），核心に至らない心証の際に，相手方が反証不提出を重ねることによって必要な証明度に達したとすることは許されない（中野・推認 16 頁），証明度の問題ではなく，解明度の問題であるのかもしれない（高橋・重点講義上 507 頁注 79），などの指摘がある。

てきており，この問題について新たな展開があり得よう。

第5節　証拠調べ手続

第1款　総　論

1　証拠調べの方針

訴訟審理の順序としては，まず，争点の整理を行い，何が要証事実かを具体的に明らかにして，証拠調べの焦点を絞ったうえで，証拠調べの段階に入るのが審理の段取りとして合理的である。旧法下においても，これが合理的な審理方式であるとされていたが，現実には争点の整理と証拠調べとが併行して進み，その結果，争点が揺れ動き，これにつれて証拠調べが漂流するといった事態が少なからず生じていた。

新法の下では，争点整理をしっかりとしたうえで，整序された集中証拠調べを行うという計画審理方式が確立されようとしている。この目標は，原則を掲げるだけではなく，これを支える現実的に機能するしくみを整備することではじめて達成される。現実に実効が確保されることを確信をもって予測するだけの信頼基礎が与えられてこそ，各当事者は，将来の証拠調べの方向を予測することができるのであり，そうでなければ，争点整理システムは，砂上の楼閣となりかねない。

そこで，具体的には，①当事者照会（163条）などの開示手続を限定的であれ，導入していること，②当事者がそれぞれ，主要事実だけではなく間接事実をも明らかにし，争点整理に具体的基礎を与えること（規53条・80条），③証拠方法に関係する整理を徹底し，確かな立証計画を立てること（147条の2・147条の3，規95条以下），④文書に関係する限り，証人尋問などの証拠調べに先立っての取調べを可能にするとしていること（弁論準備手続に関しては，170条2項を参照）などの措置が講じられている。

しかしながら，これらは，集中審理を徹底するための実際的装置としては，不十分な面がある。そこで，よき民事裁判プラクティスの形成には，関係者の創意ある工夫や努力に待たなければならないのはもちろん，さらなる立法措置が不可欠である。

2　証拠調べの方法

証人および当事者本人の尋問は，できる限り争点および証拠の整理の終了後，集中的に行わなければならない（182条）。ここに，集中証拠調べの方針がはっ

きりと宣明されている。

　そこで，当事者は，証人尋問等の申出を，可及的に一括してしなければならない（規100条）。裁判所は，争点および証拠の整理手続を経た事件については，整理手続の終了または終結後における最初の口頭弁論期日において，直ちに証拠調べをすることができるようにしなければならない（規101条）。なお，証人等の尋問において使用する予定の文書は，証人等の陳述の信用性を争うための証拠として使用するものを除き，その尋問の開始時の相当期間前までに，これを提出しなければならない（規102条）。

　集中審理方式の徹底は新法の目玉の一つであり，適時提出主義（156条）と並んで，集中的証拠調べが導入されているが，これを実務に定着させるには多大の労力の投入が必要である。すなわち，①弁護士としては，複数の証人尋問等が一挙に行われるとなると，そのための準備にまとまった時間を割かなければならず，これを可能にするだけの業務態勢を整えておかなければならない。②和解の成立などによって，予定された証拠調べが突如なくなると，法廷に大きな時間的空白が生じることがある。そこで，裁判所も弁護士も，このような事態に対処する方策を予め講じておくことにより，裁判所時間（judge time）および弁護士時間の空費を避ける努力が必要である。その方策には種々のものがあるが[226]，最もドラスティックなのは，同一期日に予め複数の事件を重複して予定しておくことである。この方策が実施されれば，弁護士の業務上の負担は，きわめて重いものとなろう。このような犠牲を覚悟のうえで訴訟関係者が協力をするには，集中証拠調べの実施によって生ずるメリットの大きさについての認識が法曹の間で共有されていることが必要である。

　そこで，集中証拠調べのメリットを明らかにするだけでなく，それを引き上げていくことが肝要である。集中証拠調べが実施されても，証拠調べがそれだけで早くなるわけではないが，証人尋問等の効率化が進み，訴訟審理は制度全体としては迅速化することになろう。しかし，集中証拠調べの主眼は，訴訟の促進というよりは，むしろ審理の質的向上とその透明性の確保にある。すなわち，①裁判所は，複数の証人等が連続して尋問されることで，証人尋問調書等の記述に頼らず新鮮な印象に基づいて事件の全体像を把握することができようし（真の直接主義），②当事者はもちろん，一般市民も，訴訟審理の核心部分を生き生きと目の当たりにすることができる。裁判の透明度が著しく向上し，望

---

226)　アメリカにおける種々の試みにつき，小島・裁判運営78頁・234頁以下，法曹会編『アメリカにおける民事訴訟の実情』（法曹会，2007年）15頁以下〔古閑裕二〕など参照。

むならば裁判の実相を正確に把握することができると，国民の裁判に対する信頼は高まるに相違ない。このように，民事裁判がガラス張りの金魚鉢のなかでの出来事のように真に可視的な形で繰り広げられるということで，微妙ではあるが深いオーディエンス効果が裁判にかかわる広汎な人々に及ぼされ，その緊張感と緊迫感は裁判制度に良好な影響を及ぼすことであろう。

　証拠調べは，実務上いわゆる証拠調べ期日において行われるが，この期日は法律上口頭弁論期日の一種であり，受訴裁判所が公開の法廷で行うのが原則である。当事者は，この証拠調べ期日に立ち会い，証拠調べに関し，意見を述べることができる（なお，173条・187条）。裁判所は，この機会を保障するために，当事者を呼び出さなければならない（94条）。もっとも，証拠調べの主宰者は裁判所であって，当事者が適式の呼出しを受けて欠席したときも，証拠調べをすることができる（183条）。

　これには，いくつかの例外が存する。受訴裁判所は，相当と認めるときは，裁判所外において証拠調べをすることができ（185条1項），受命裁判官または受託裁判官により裁判所外での証拠調べを行うことができる（185条1項2項）。外国における証拠調べは，その国の日本大使等に嘱託して行うことができる（184条）。嘱託した調査結果を証拠とするには，当事者の援用は要しないが，口頭弁論に顕出して当事者に意見陳述の機会を与えなければならない（最判昭45・3・26民集24巻3号165頁）[227]。

　証拠調べにおいて裁判所書記官は，期日ごとに調書を作成し，証人等の陳述の要旨を記載しなければならない（160条1項，規67条1項）。

3　証拠の申出および採否

(1)　証拠の申出

　当事者は，特定の証拠方法を選択して，証拠調べを求める権利（証拠提出権）を有する。弁論主義の下では，原則として当事者が申し出た証拠方法についてのみ証拠調べが行われる。例外的に，証拠調べが職権でなされる場合としては，①調査の嘱託（186条），②文書の真否の問い合わせ（228条3項）のように官公署などへの調査嘱託や照会のように行為の性質を考慮したもの，③当事者尋問（207条1項），④検証にあたっての鑑定（233条），⑤訴訟係属中の証拠保全（237条）のように証拠方法の特質や状況を考慮したものがある。なお，職権による鑑定が許されるかについては，民訴法151条1項5号がとくに釈明処分として

---

227)　ここにいう証拠調べの結果の口頭弁論への顕出は，その証拠調べの申出をなし，または，その証拠調べの結果を援用する旨を陳述した当事者によってなされる必要はない（最判昭28・5・14民集7巻5号565頁）。口頭弁論において証拠に関する意見を陳述して討論する機会を当事者双方に与えれば足りるのである。以上につき，鈴木正裕「当事者による『手続結果の陳述』」石田喜久夫＝西原道雄＝高木多喜男先生還暦記念論集『金融法の課題と展望（下巻）』（日本評論社，1990年）407頁参照。

の鑑定が職権でできる旨を定めていることにかんがみ，これを否定するのが一般的である。

当事者は，証拠申出に際し証明すべき事実を特定し（180条1項），この事実と証拠との関係を具体的に明示しなければならない（規99条）。

(2) 証拠の採否

裁判所は，適法な証拠申出がなされたとき，これについて証拠調べを実施するか否かを裁量により決定する（181条1項）。証拠調べの必要性を判断する裁量権がこのように裁判所に与えられているのは，当事者の意向と相手方の負担を考慮し，合理的な裁判運営を行うためである。この場合，相手方に陳述の機会を与えるべきである。なお，証拠申出の撤回は証拠調べの着手前には許されるが，証拠調べ開始後は，証拠共通の原則からして，相手方の同意がなければ許されない。証拠調べが終了した段階では，裁判官はすでに心証を得ているので，撤回は許されない（最判昭32・6・25民集11巻6号1143頁）。

証拠申出の採否は，裁判所の裁量によるが，合理的基礎が存しなければならない。判例によれば，ある争点について当事者が申し出た証拠が唯一のものである場合には，証拠申出の却下は違法である（最判昭53・3・23判時885号118頁）。その理由は，唯一の証拠を取り調べないでその主張を排斥することは，証明の途を閉ざして証明のないのを責めるに等しいというにある。もちろん，証拠申出が時機に後れて不適法な場合（最大判昭30・4・27民集9巻5号582頁など），訴訟費用の予納がない場合（最判昭28・4・30民集7巻4号457頁。民訴費12条2項），証拠調べに不定期間の障害がある場合（最判昭30・9・9民集9巻10号1242頁。181条2項），申請者等の欠席など証拠申出が誠実でない場合（最判昭35・4・26民集14巻6号1064頁），証拠申出が争点の判断に不必要または不適切な場合（大判大3・11・18民録20輯952頁），立証の対象である主張がそれ自体理由のない場合（最判昭38・11・7民集17巻11号1330頁）などには，唯一の証拠方法であっても，取り調べなくともよいとされる。

唯一の証拠か否かは，合理的理由の有無を判断する際に，付加的ないし別途に顧慮する要素として一応の合理性があるといえよう。これは，証拠調べの必要を判断する際に考慮すべき主要な要因ではないが，双方審尋の要請や当事者権への配慮との関係で問題となる周辺的要因である[228]。証拠の採否は裁判所の裁量によるとされていることとの関係で，申出の却下を上告審で争う余地を

---

228) なお，中務俊昌「『唯一の証拠方法』と民事訴訟における証拠調の範囲」論叢60巻1＝2号（1954年）230頁。

残して，このような裁量の歯止めを置くことは適切であろう[229]。

　証拠の採否の判断は，決定による。証拠決定は相当と認める方法で告知される（119条）。証拠決定は，訴訟指揮に関する裁判であることから，いつでも取消し・変更ができる（120条）。証拠決定に対しては，独立の不服申立てをすることはできない（例外として，223条7項）。

第2款　各　　論

　証拠方法には，人証としての証人尋問，当事者尋問，および，物証としての鑑定，書証，検証がある。これらは証拠資料を獲得するための典型的な方法を定めたものであって，いずれかにあたらない証拠についても，証拠調べの途を開く必要がある。とりわけ科学技術の発達に伴ってさまざまな情報の記録・伝達のための媒体が生み出されている時代においては，そうした新種媒体をいかなる手続によって取り調べるかが問題となることが多くなるので，証拠調べの途が不当に制約されないように配慮しなければならない。

　新種媒体がいかなる証拠調べ手続によるかを論ずる際には，法廷で裁判官が媒体上の情報を容易に認識できるものとできないものを区別する必要がある。まず，録音テープ，ビデオテープ，マイクロフィルムなどの認識の容易な媒体は，裁判官がその内容を直接に認識できることから，準文書として書証による証拠調べによるべき旨が法定されている（231条，規147条・148条・149条）。他方，コンピュータ用磁気ディスクや光ディスクなどの容易に認識できない媒体については，その証拠調べは検証によるとする見解もあるが，書証によるものとして，その対象は記録媒体（可能文書）ではなくアウトプットされた印刷媒体（生成文書）であるとする見解（新書証説）[230]が支持者を増やしている[231]。

　いずれにせよ，この扱いは典型的な方法選択にすぎないものであって，証拠調べによる証拠資料獲得の確実性，証拠調べの効率，公開の要請との親和性などの観点から個々の事情があれば，証拠調べの方法に調整を加えるなど柔軟な措置を講じるべきである。大切なのは，裁判運営上の合目的性の考慮であって，理論的，抽象的に論議する意義を過大に評価すべきではない。

---

229)　千種秀夫「証拠調べをめぐる諸問題」実務民訴(1)334頁。
230)　加藤・手続227頁以下。
231)　条解1040頁〔松浦馨〕，春日・証拠論集64頁，注釈民訴(7)7頁〔吉村徳重〕，伊藤374頁など。

1 証人尋問

(1) 証人尋問の意義

証人尋問とは，第三者が過去の事実や状態について法廷で自己の認識を供述する証拠調べをいう。専門的学識経験により認識した具体的事実について供述する鑑定証人（217条）も証人である。

当事者および法定代理人以外の者は証人能力を有する。その証言能力や証言の信憑性は，別個に判定される。

判例には，1年9カ月前の遊戯中の事故に関し，9歳と8歳の児童は，証言能力を有し，その証言の信憑性もあるとしたもの（最判昭43・2・9判時510号38頁）などがある[232]。

証人能力を限定するよりも，証言事項などとの関係で証拠価値を個々具体的に判定することが重要であるとみるべきである。

(2) 証人義務

証人義務は，一般義務であり（190条），日本の裁判権に服する者はすべて法廷に出頭し，宣誓をし，かつ供述する義務（出頭義務・宣誓義務・証言義務）を負う。

　裁判所は，正当な理由なく出頭しない証人については，その勾引を命ずることができる（194条）。証人が正当な理由なく出頭しないときは，裁判所は，10万円以下の過料または罰金あるいは拘留に処する（193条）。証人を尋問する旨の決定があったときは，尋問の申出をした当事者は，証人を期日に出頭させるように努めなければならない（規109条・110条）。証人は原則として宣誓をしなければならない（201条）。宣誓した証人が虚偽の証言をした場合には，偽証罪が成立する（刑169条）。証人が正当な理由なく証言を拒む場合にも，同様の制裁がある（200条）。

公務員または公務員であった者を証人として職務上の秘密について尋問する場合は，裁判所は，当該監督官庁の承認を得なければならない（191条1項）。この場合の承認は，公共の利益を害しまたは公務の遂行に著しい支障を生じるおそれがある場合を除き，拒むことができない（191条2項）。

証人は，その理由を疎明して（198条），以下の事項について証言を拒むことができる（196条・197条）。①証人自身やその配偶者，一定範囲の親族姻族が刑事訴追を受け，または有罪判決を受けるおそれがある事項，あるいは，これらの者の名誉を害すべき事項（196条）[233]，②公務員である者またはあった者が当

---

232) もっとも，その結論は，証言対象の事項いかんによって異なろう。
233) 「証人カ主人トシテ仕フル者」（旧法280条3号）は，1996年の新法によって削除された。

該監督官庁の承認[234]を得られない場合の職務上の秘密に関する事項（197条1項1号・191条），③医師，歯科医師，薬剤師，医薬品販売業者，助産師，弁護士（外国法事務弁護士を含む），弁理士，弁護人，公証人，宗教，祈禱若しくは祭祀の職にある者またはあった者が職務上知り得た事実で黙秘すべき事項（197条1項2号），④技術または職業の秘密に関する事項（197条1項3号）である。

　証言拒絶権は，民事訴訟における真実発見ないし事案解明，さらには適正な裁判の要請を後退させてでも，倫理上の価値，職業上の守秘義務または技術職業上の秘密の保護を図る必要のある場合に，例外的に証人に付与される権利である。そのため，その境界線をどこに引くかは，なかなかに困難である。この点，営業秘密やニュースソースについて証言拒絶権を認めるべきかどうかが旧法時から議論されており，これを肯定した裁判例もある[235]。新法は，これらの点を明確化する立法措置をとるには至らなかった[236]。

　そこで，依然として解釈によらざるを得ないところ，最高裁判例および下級審裁判例は，証言拒絶権の対象を保護に値する秘密に限定されるとして（秘密該当性と要保護性の区別），保護に値するか否かを秘密の公表によって生ずる不利益と証言の拒絶によって犠牲になる真実発見および裁判の公正との比較衡量によって決定されるとの判断枠組みを採用する[237]。たとえば，NHK記者証言拒絶事件最高裁決定[238]は，報道機関のニュースソース（取材源）の秘密が保護に

---

234) 監督官庁は，「公共の利益を害し，又は公務の遂行に著しい支障を生ずるおそれがある場合を除き」承認を拒むことができない（191条2項）。

235) 企業秘密（直接労務費と販売経費）につき，大阪高決昭48・7・12下民24巻5＝8号455頁〔百選Ⅱ126事件〕，新聞記者の取材源につき，札幌高決昭54・8・31下民30巻5＝8号403頁〔百選3版77事件〕〔島田記者証言拒絶事件〕がある。なお，これらにつき，柏木邦良「企業秘密と証言拒絶」新実務民訴(2)113頁，小林秀之「証言拒絶権・秘匿特権」民商90巻4号（1984年）536頁，春日偉知郎「証言拒絶権」講座新民訴Ⅱ143-157頁など参照。

236) 「取材源に関する事項で黙秘すべき事項」（旧法281条1項2号3号関連）に関する証言拒絶権の有無が立法課題となったことにつき，検討事項「第五　証拠　二　証人尋問　2　三　証言拒絶権」，改正要綱試案「第五　証拠　二　証人尋問　2　証言拒絶権」を参照。

237) 松本＝上野425頁〔松本〕は，こうした民事裁判実務への契機として，刑事訴訟における報道機関の取材フィルムの提出命令について比較衡量の判断枠組みを示した最大判昭44・11・26刑集23巻11号1490頁の存在を指摘する。

238) 事案は，概略つぎのようである。NHK（日本放送協会）は，B企業グループの日本での販売会社であるA社の所得隠しに対する追徴課税が行われた旨およびその所得隠しによる利益がB企業グループのアメリカの関連会社に送金され，同社の役員により流用された旨の報道を行い，これを受けてアメリカ国内でも同様の報道がなされたところ，B企業グループのアメリカにおける関連会社であるXは，本件報道により株価の下落，配当の減少等の損害を被り，これはアメリカ合衆国の国税当局の職員が税務調査の際に日本の国税庁の税務官に対して，この者が日本の報道機関に漏洩することを知りながら，A社およびXの徴税に関する情報を開示したことによ

値するか否かは,「当該報道の内容,性質,そのもつ社会的な意義・価値,当該取材の態様,将来における同種の取材活動が妨げられることによって生ずる不利益の内容,程度等と,当該民事事件の内容,性質,そのもつ社会的な意義・価値,当該民事事件において当該証言を必要とする程度,代替証拠の有無等の諸事情を比較衡量して決すべきことになる」とする(最決平18・10・3民集60巻8号2647頁〔百選4版68事件〕[239])。

学説は,判例に賛成する比較衡量説が通説的見解[240]であるといえるが,事案ごとの個別具体的事情に左右される比較衡量による判断は,予測可能性を欠き,証言拒絶権の本質と調和しないとして,当該秘密の客観的性質を考慮して保護すべきか否かを判断すればよいとする見解[241]も有力である。とりわけ職業等の秘密に関する証言拒絶につい

るものであるとして,アメリカ合衆国を被告とする損害賠償請求訴訟をアリゾナ州地区連邦地方裁判所に提起した(基本事件)。本件事件において,ディスカヴァリ(証拠開示)が行われると,その後のトライアル(正式事実審理)のために日米の二国間共助の取決めに基づく国際司法共助により,アリゾナ州地区連邦地方裁判所は,2005年3月31日付で日本の裁判所に対して指定する質問事項について,上記NHK報道に関する取材を行った報道局社会部在席の記者Yに対する証人尋問の実施を嘱託した。Yは,本件NHK報道のニュースソースの特定に関する質問事項について職業の秘密に当たることを理由に証言を拒絶した。原々審および原審は,Yの証言拒絶を正当な理由があるものと認めたため,Xは最高裁判所に許可抗告の申立てを行った。

239) 本決定は,そのうえで,「当該報道が公共の利益に関するものであって,その取材の手段,方法が一般の刑罰法令に触れるとか,取材源となった者が取材源の秘密の開示を承諾しているなどの事情がなく,しかも,当該民事事件が社会的意義や影響のある重大な民事事件であるため,当該取材源の秘密の社会的価値を考慮してもなお公正な裁判を実現すべき必要性が高く,そのために当該証言を得ることが必要不可欠であるといった事情が認められない場合には,当該取材源の秘密は保護に値すると解すべきであり,証人は,原則として,当該取材源に係る証言を拒絶することができると解するのが相当である」と判示している。なお,本決定が引用する最決平12・3・10民集54巻3号1073頁〔百選4版A24事件〕は,技術または職業の秘密の意義につき,「公開されると,当該技術の有する社会的価値が下落しこれによる活動が困難になるもの又は当該職業に深刻な影響を与え以後その遂行が困難になるものをいう」として,比較衡量の判断枠組みを採用していない。これに対し,顧客の財務・業務状況等に対する金融機関の分析・評価情報につき,比較衡量によって判断するものとして,最決平20・11・25民集62巻10号2507頁がある。

240) 柏木邦良「企業秘密と証言拒絶」新実務民訴(2)113頁,小林秀之「証言拒絶権・秘匿特権」民商90巻4号(1984年)536頁,春日偉知郎「証言拒絶権」講座新民訴Ⅱ143-157頁,田辺誠「民事訴訟におけるいわゆる企業秘密の保護(上)」判タ775号(1992年)27頁,菊井=村松Ⅱ503頁,秋山ほかⅣ198頁,条解1000頁〔松浦馨〕,条解2版〔松浦馨=加藤新太郎〕,高橋・重点講義下98-99頁,注釈民訴(2)322頁〔坂田宏〕,小林・新証拠131頁,春日・証拠論集196頁,堀野出「証言拒絶権」新争点209頁など。なお,坂田宏「取材源秘匿と職業の秘密に基づく証言拒絶権について——いわゆる比較衡量論について——」ジュリ1329号(2007年)16頁は,比較衡量はニュースソースの秘密に限られるとする。

241) 伊藤眞「違法収集証拠,証言拒絶権」井上ほか・これから185頁,伊藤4版378-379頁,松本=上野426頁〔松本〕,平成18年度重判解129頁〔松本博之〕,川嶋四郎「判批」リマークス

てはその本質からして客観的内容を中心に明確に可否を決定するのが基本的には正当であろう。

(3) 尋問手続

裁判所は，期日を指定して証人に呼出状を送達して証人を呼び出し（規108条），人定尋問の上，原則として事前に宣誓させて，証人尋問を行う。当事者は，証人尋問の申出の際に尋問事項書を提出直送しなければならない。この尋問事項書は，できる限り個別的かつ具体的に記載しなければならない（規107条2項3項）。

証人尋問の方式については，アメリカ法に由来する交互尋問制が基本的には採用されている[242]。すなわち，その尋問の申出をした当事者がまず尋問し（主尋問），ついで相手方が尋問し（反対尋問），最後に裁判長が尋問する（補充尋問）という順序をとり（202条1項，規113条1項），当事者は，裁判長の許可を得て，さらに尋問をすることができる（規113条2項）。裁判長は，適当と認めるときは，当事者の意見を聴いて，この順序を変更することができる（202条2項）。このほか，裁判長は，必要と認めるときは，いつでも，自ら証人を尋問し，または当事者の尋問を許すことができる（規113条3項）。

証人尋問にあたっては，適切な関連性のある事項について尋問を行うことができる（規114条1項）。裁判長は，この範囲外にあって相当でないものは，これを制限することができる（規114条2項）。当事者の質問は，できる限り個別的かつ具体的でなければならない（規115条1項）。誘導質問，伝聞質問などは，正当な事由がある場合を除いて許されず，証人を侮辱または困惑させる質問は，常に許されない（規115条2項）。

交互尋問制，なかんずく反対尋問が適切に運用されているか否かには問題があるとされている。なかには，この制度そのものに欠陥があるとして，その廃止を求める強い批判もある[243]。しかしながら，これまでの半世紀以上の経験

36号（2008年）126頁など。

242) 旧々法（1890年〔明治23年〕民事訴訟法）では，当事者が証人に対して質問することは許されておらず，証言内容を明らかにする必要がある場合に求問権が認められていたにすぎず，旧法（1926年〔大正15年〕民事訴訟法）になっても，当事者は裁判長の許可を得て自ら発問することが可能になったが，証人尋問の主導権は依然として裁判長に属していた。そうしたなか，1948年（昭和23年）改正によって，交互尋問方式が導入され，現行の新法（1996年〔平成8年〕民事訴訟法）に至っている。アメリカの裁判制度全体とのかかわりで行った交互尋問制に関する本格的な考察として，田辺公二『民事訴訟の動態と背景』（弘文堂，1964年）25頁を参照。

243) 欠陥としては，たとえば，①誘導的な質問による不当な暗示の危険，②事前面接による汚染ないし証言歪曲のおそれ，③当事者の準備不足および尋問技術の拙劣による訴訟経済や真実発見

のなかで，交互尋問制は，日本の実務に定着しつつあり，また，実務法曹の考え方や技量も確実に向上していることから，民事訴訟にとって望ましいものとなっているという意見が，少なくとも現今では，むしろ大勢を占めている[244]。

　こうした肯定的評価の方向は説得的であり，反対尋問権を実質的に保障する努力を不断に継続していくことが重要であると考える。その理由として，①反対尋問権の存在自体が虚偽の証言に対し抑止的に働くこと，すなわち，仮に反対尋問の効果があがらない，または，反対尋問権を行使しない場合でも，反対尋問が行われれば嘘が露呈して訴訟の帰趨に決定的に不利な影響を及ぼしかねないというリスクがあること，②裁判官が尋問し総合的な評価を行うという手続構造では，対立点が曖昧となり，当事者の緊張感も薄れ，また，裁判官もその間における主観的スタンスを貫きにくいのに対し，交互尋問制においては当事者が対立構造のなかで活発な活動を展開し，複眼的な判決資料を提供するのに効果的であること，③交互尋問制の評価は，個別的にではなく，審理スタイルの選択として総体的に行うべきであり，当事者間のやり取りの透明度ということも考慮さるべきであること，などが挙げられる[245]。交互尋問廃止論は，反対尋問の拙劣さを問題点として指摘するが，その指摘するところは交互尋問制にとって本質的なものではなく，関係者の発想が変わり，弁護士の研修が充実することなどにより改善可能なはずである。確かに，裁判所が当事者の主張・立証の不十分なところを補完する活動が必要となることもあるが，それは，交互尋問制の弾力的運用などで対処することができよう。

　制度論としては，当事者が訴訟追行を十分になし得るだけの制度的基盤を築くことが，民事訴訟のあり方にとって重要である。

　裁判長は，必要があると認めるときは，後に尋問すべき証人に在廷を許すことができ（規120条），また，証人と他の証人との対質を命ずることができる（規118条）。なお，証人が特定の傍聴人の面前においては威圧されて十分な陳述をすることができないと認めるときは，その傍聴人を退廷させることができ

の阻害，④当事者と裁判官の認識のずれのおそれ，などが指摘されている。木川統一郎「戦後最大のエラー・交互尋問の導入」判タ400号（1980年）96頁，同「交互訊問制度の運用と将来」新実務民訴(2)75頁以下，同「交互尋問に関する法改正の必要性」ジュリ998号（1992年）66頁など。

244) たとえば，①新法による証拠収集手続の拡充，②集中証拠調べの実施，③適切な補充尋問および介入尋問によって，廃止論の指摘する交互尋問方式の欠陥を克服すべきことを提唱するのは，加藤新太郎編『新版・民事尋問技術』（ぎょうせい，1999年）29頁。

245) 田辺・前掲注242)123-124頁参照。

る（規121条）。

　ところで，一定の場合には，映像等の送受信による尋問および尋問に代わる書面の提出という特別の方法が許容されている。すなわち，①裁判所は，遠隔の地に居住する証人の尋問をする場合，隔地者が映像と音声の送受信により相手方の状態を相互に認識しながら通話をする方法（テレビ会議システム）による尋問をすることができる（204条）。これは遠隔性という障害をテクノロジィの活用により克服しようとする措置であり，この場合，当事者が受訴裁判所に出頭し，証人は必要な装置のある他の裁判所に出頭して尋問が行われる（規123条1項2項）[246]。また，②裁判所は，相当と認める場合において，当事者に異議がないときは，証人の尋問に代え，書面（陳述書）の提出をさせることができる（205条）。これは，状況の相当性および当事者の意向を考慮して，書面尋問の可能性を開くものである。この場合には，裁判所は，相手方当事者に対し，当該書面において回答を希望する事項を記載した書面を提出させることができる（規124条）。これが反対尋問に代わる機能を果たすことができるか否かは必ずしも明らかではないが，当事者に異議のないことが前提となっている。

　反対尋問の機会を与えない証言は，証拠資料として採用することが許されるであろうか。この点に関して最高裁判所がその判断を示したのは，建物賃貸人が賃借人とその同居人を相手取って提起した建物明渡請求訴訟（賃借人に対しては合意解除を，同居人に対しては不法占拠を理由とする）の第一審において行われた賃借人（被告本人）への臨床尋問において，被告側の主尋問が3時間にわたり行われた後，立会い医師の勧告によって尋問が打ち切られ，原告側に反対尋問の機会が与えられなかったという事案であり，第一審裁判所は，臨床尋問の結果を措信せず，原告の請求を認容して建物明渡しを命じたのに対し，控訴審裁判所は，臨床尋問の結果を採用するなどして，原告の請求を棄却した。最高裁判所は，本人尋問について病気など止むを得ない事由がある場合に反対尋問を打ち切ることができるのは，民訴法181条2項の趣旨からして当然であるとしたうえで，単に反対尋問の機会がなかったというだけで本人尋問の結果を事実認定の資料とすることができないと解すべきではなく，結局，合理的な自由心証によりその証拠力を決し得るとした（最判昭32・2・8民集11巻2号258頁〔百選3版70事件〕）。これには，反対尋問の機会を与えない供述は，その後の再尋問と相俟つか，または，反対尋問権者において積極的にその尋問権を放棄した場合で

246）ファクシミリの利用も可能である。

ない限り，主尋問による供述だけでは，一方的な尋問でいまだ完結しないとして，本件の供述はいまだ裁判の資料となし得ないとする少数意見（小谷勝重裁判官）が付されている。

判例のなかには，尋問の順序を定める民訴法202条1項は，反対尋問を証人尋問の重要なファクターの一つであるとする見方が存するとみられる[247]。もっとも，当事者が反対尋問権を放棄[248]したときは，例外的に反対尋問の機会を与えなくてもよいとされるが，本件では，第一審においてドクターストップによって反対尋問の機会を得られなかった原告は，再尋問を明示的に求めなかっただけで，反対尋問権を放棄したわけではない。最高裁判所は，不定期間の障害があるときは，証拠調べをしないことができるとする規定（181条2項）を援用してその趣旨から，病気のため臨床尋問にドクターストップがかかり，不定期間の障害がある本件では，反対尋問の機会がない証言でも証拠能力を認め得るとの結論を導いたのである。

しかしながら，反対尋問権の保障を徹底すべきであると考える立場からすると，この判決を不定期間の障害がある場合の反対尋問権の保障を一般的に不要であるという判断を示したものとみるべきではなく，その射程はあくまで限定的にとらえるべきことになろう。この点を事案に即してみると，第一審において請求認容に傾く裁判官の心証を読んでか，原告は再尋問を求めることをしないでいて勝訴したところ，控訴審では，第一審とは反対に合意解除は認定されないで，原告の請求は棄却されることになった。控訴審は，合意解除の事実を認めなかったのであるが，そこには，何らの経済的補償のない無償の立退き要求に応じる合意の存在を認定することは，とりわけ，家屋の払底した当時における社会感覚に照らせば，説得的ではないとの認識があったともみられる。被告本人の供述は，証拠能力が肯定されたところで，事実認定においてさしたる意味はもたなかったのかもしれない。最高裁判決は，このような状況の下での判断であるとすれば，その射程は限定して把握されるべきであろう。すなわち，原告は，請求原因事実たる合意解除について証明できなかったので，反証たる当該被告の本人尋問の結果は事実認定上不必要になっていた可能性もあり，結論的に影響がないという認識があったのではなかろうか。仮に，被告本人尋問の結果いかんで事実認定が分かれるケースであれば，反対尋問権行使の有無は

---

247) ちなみに，憲法37条2項の証人尋問権は，刑事被告人に対して自己に不利益な証人に対する反対尋問権を保障したものと解されている。
248) 事前放棄は許されない。

より重いものとなったであろう。それゆえ，反対尋問を欠く被告本人の供述について，本判決が決定的な証言についてまでその証拠能力を肯定したものと速断することはできないのではないか。これは推測に基づく言及であるが，事案の具体的状況などを考え併せると，本件には貴重な示唆が含まれているといえよう。

(4) 証人等の保護

証人や当事者本人は，事案解明にとってその証言や陳述の重要性が高まるほど，その分，過度の不安やストレスにさらされることになり，場合によっては，いわゆる法廷での二次的被害を受けることにもなりかねない。このことは，犯罪被害者やその遺族（相続人）による加害者に対する不法行為に基づく損害賠償請求訴訟を想起すれば，容易に理解されよう。そうした観点から，2007年の「犯罪被害者等の権利利益の保護を図るための刑事訴訟法等の一部を改正する法律」(平成19年法律第95号) は，民事訴訟における証人尋問手続に関して，付添い (203条の2)，遮へいの措置 (203条の3) およびビデオリンク (204条2号) の規定を置くとともに，これらを当事者尋問にも準用した (210条)。これらの規定は，民事訴訟一般に対して適用される。なお，付添いと遮へいは，これまで裁判長の訴訟指揮 (148条1項) の一環として行われており，それらのうち一定の要件を充足する場合における措置の内容を明文化したものであるのに対し，ビデオリンクは，直接主義との関係から，これまで遠隔地者間に限られていた例外的扱いを証人等保護の必要が認められる場合にまで拡げたものである。

付添いは，裁判長が証人の不安や緊張を緩和するのに適当な者をその証人の陳述中，証人に付き添わせるものであり，証人の年齢または心身の状態その他の事情を考慮し，証人が尋問を受ける場合に著しい不安や緊張を覚えるおそれがあると認められる場合に行われる (203条の2第1項)。付添いを認めるか否かは，裁判長の判断によるが，裁判長は付添いの措置をとる際，当事者および証人の意見を聴くことを要する (規122条の2第1項)。なお，付添いの措置に対して，当事者は裁判所へ異議申立てを行うことができ，その場合，裁判所は，決定により当該異議に関する裁判を行う (203条の2第3項)。付添者は，証人の不安や緊張を軽減する役割を担うのであって，したがって，証人の陳述を妨げたり，または，その陳述内容に不当な影響を与えるような言動をすることは許されない (同条2項)。

遮へいは，証人と当事者または法定代理人との間に衝立を置くなど，一方からまたは相互に相手方の状態を認識することができないようにするための措置

である。裁判長は，事案の性質や証人の年齢または心身の状態，証人と当事者またはその法定代理人との関係，その他の事情によって，証人が当事者またはその法定代理人の面前で陳述するときに，圧迫を受け，精神の平穏を著しく害されるおそれがあると認める場合であって，相当と認めるときに遮へいの措置をとることができる (203条の3第1項)。証人と傍聴人との間の相互遮へいについても，同様である (同条2項)。さらに，付添いの場合と同じく，遮へい措置を取る際には当事者および証人の意見を聴かなければならず (規122の3第1項)，遮へい措置に対して当事者は裁判所に異議申立てを行うことができる (203条の3第3項・203条の2第3項)。

　ビデオリンクは，映像等の送受信による通話の方法による尋問方式であり，証人等の保護の必要が認められる場合にも，その活用が認められている。具体的には，事案の性質，証人の年齢または心身の状態，証人と当事者またはその法定代理人との関係，その他の事情によって，証人が裁判長および当事者が証人を尋問するために在席する場所において陳述するときに，圧迫を受け，精神の平穏を著しく害されるおそれがあると認められる場合であって，相当と認めるときにビデオリンクの措置がとることができる (204条2号)。ビデオリンクの措置は，当事者および証人の意見を聴いたうえで，当事者を受訴裁判所に出頭させ，証人を受訴裁判所 (裁判長および当事者が証人尋問のために在席する場所以外の場所) または当該尋問に必要な装置の設置された他の裁判所に出頭させて行う (規123条2項)。

(5) 陳　述　書

　十分な争点整理と集中証拠調べによって適正・迅速な審理を実現しようとする新法下の裁判実務のなかで，民事訴訟法に規定のない陳述書とよばれる書面が広く利用されるようになった[249]。なお，一口に陳述書といっても，争点整理段階に提出されるものや人証の準備として用いられるものなどがあり，その作成名義人，提出時期，記載内容はさまざまである。

　こうした陳述書の機能については，①証言予定事項の予告機能，②効果的な人証調べを可能にする尋問補完機能 (尋問事項書の代用機能)，③主尋問の代替機能，④主張整理機能 (理解補完機能)，あるいは，⑤反対尋問のための証拠開示機能などが指摘されている[250]。

---

249) 実務の状況につき，中本和洋「陳述書のガイドライン」判タ937号 (1997年) 54頁，北尾哲郎「陳述書の運用準則」判タ937号 (1997年) 57頁など参照。

250) 伊藤359頁，那須弘平「争点整理における陳述書の機能」判タ919号 (1996年) 19頁，高

それでは，現行法上，陳述書の利用は許容されるであろうか。争点整理段階で提出される陳述書については，実質は準備書面か釈明処分に対する陳述に代わるもの（151条1項1号2号）または書証であるとみられることから，とくに問題なく許容されるのに対して，人証の準備のために提出される陳述書については議論がある。この点，訴訟代理人である弁護士の間では，陳述書に対する違和感があり，その機能を抑制的にとらえた方がよいとして，たとえば，反対尋問の準備や一部の前提事実についての尋問の省略などにとどめるべきだとの意見がある[251]。これに対して，陳述書の利用は，作文による事実の歪曲等のリスクに注意しながら，重要な事実については反対尋問権を十分に保障するならば，時間の節約，精密な尋問ができて有用である，あるいは，集中証拠調べおよび効果的な反対尋問・補充尋問のために積極的に利用されるべきである，といった肯定的な評価もみられる[252]。

確かに，陳述書は，その機能が限定されたものとしてとらえられるならば，それなりの効用を期待し得るものの，この偏重には問題（口頭性の後退など）のあることも否めず，その利用には自ずと節度を保つことが要求されよう。準備書面が提出され，緊迫した証人尋問が行われるというのが本来であり，そのような場合には，陳述書にそれほど依存せずとも，原則として効果的な弁論や証拠調べが実現できるはずである。陳述書の利用には，状況や事案の特性などを考慮すべきであり，準備書面等の本来の姿を崩してしまうほど依存しすぎないようにとの警戒が求められる[253]。

2 当事者尋問

(1) 当事者尋問の意義

当事者尋問とは，当事者本人が証拠方法として，その経験した事実について供述する証拠調べをいう。

当事者尋問は，当事者を証拠調べの対象とするものであり，事実を主張し証拠を提出する当事者の弁論とはその性質を異にする。もっとも，当事者尋問の

橋宏志「陳述書について——研究者の視点から——」判タ919号（1996年）27頁，西口元「陳述書をめぐる諸問題——研究会の報告を兼ねて——」判タ919号（1996年）36頁など。

251) 林ほか・前掲注250) 138頁〔清水正憲 発言〕など。
252) 新堂595頁，伊藤359頁，中本・前掲注244) 54頁，北尾・前掲注249) 57頁など参照。
253) 松本＝上野432-433頁〔松本〕は，陳述書で主尋問に代えて交互尋問を実質的争点に絞って迅速に進めることに関して，形式的事項については許されようが，それ以外の重要な事項については直接主義の要請等から問題があるとし，また，陳述書による尋問補完機能に関しては，当事者が充実した尋問事項書を提出することによって果たすべきであり，性格の曖昧な陳述書に依拠しなければならない十分な理由を見出すことは困難であると指摘する。

結果も弁論の全趣旨として重要な証拠原因となることがある (247条)。本人尋問は，弁護士訴訟だけではなく本人訴訟 (pro se litigation) においても行われる (大判昭16・12・16民集20巻1466頁)。

なお，本人尋問の規定は，訴訟において当事者を「代表」する法定代理人について準用されるが，この場合にも，併せて当事者本人を尋問することを妨げない (211条)。

(2) 手続上の位置付け

裁判所は，適当と認めるときは，当事者の意見を聴いて，まず当事者本人の尋問をすることができる (207条2項但書)。これは，当事者本人の尋問を行うに先立って，まず証人を尋問するという原則 (207条2項本文) に対する例外である。当事者尋問は他の証拠方法によって心証が得られない場合にのみ行うという，従前のいわゆる補充性の規定 (旧336条) について緩和措置を講じたものである。当事者尋問の規定は，旧民事訴訟法では五つの証拠方法の最後に規定されていたが，新法では，証人尋問についで規定順序が二番目に繰り上げられることになった。

当事者尋問の位置付けについては，一方において，事件について直接の利害関係を有する当事者から公正な供述を期待することは困難であることや，当事者に制裁をもって供述を強制するのは酷であることを考慮すれば，これを補充的なものと位置付ける考えは理に適っている。他方において，当事者は紛争関係に直接関与しているのが多く，最も実情に通じた重要な証拠方法であり，当事者尋問をまず行い紛争実態の全体象を把握して焦点の合った訴訟審理を行うのが得策である[254]。そこで，新法は，原則としてまず証人尋問をすることとして，補充性を維持しつつも，「ただし適当と認めるときは，当事者の意見を聴いて，まず当事者尋問をすることができる」ものとし (207条2項)，裁判所の裁量において事件ごとに柔軟な措置をとることができるようにしたのである[255]。

(3) 当事者尋問の手続

尋問手続は，原則として証人尋問の規定による (210条)。証人尋問と異なる点としては，当事者本人の尋問は職権によってもできること (207条1項本文)，宣誓させるか否かは裁判所の裁量に委ねられること (207条1項但書)，当事者尋

---

[254] 中野貞一郎「当事者尋問の補充性」判タ506号 (1983年) 14頁，中野貞一郎「当事者尋問の補充性 (補説)」判タ685号 (1989年) 25頁，吉井直昭「当事者本人の供述の役割」新実務民訴(2)110頁以下，河野正憲「当事者の尋問」講座民訴⑤310頁など参照。

[255] 福永有利「証人尋問と当事者尋問の改革」講座新民訴Ⅱ232頁以下。

問において当事者本人が正当な理由なく出頭義務，宣誓義務または陳述義務に関し拒否の態度を示したときは，裁判所は尋問事項に関する相手方の主張を真実と認めることができること（208条），宣誓した当事者が虚偽の陳述をしたとき，その制裁を偽証罪ではなく10万円以下の過料にとどめていること（209条）などである。

3 鑑　　　定
(1) 鑑定の意義

鑑定とは，学識経験ある第三者がその有する専門的知識またはそれを利用した判断や意見を報告する証拠調べをいう。

鑑定は，裁判官の判断能力を補充するためのものである[256]。専門知識等の獲得については，複数の可能性が開かれており，鑑定の方法に加えて，鑑定嘱託という方法もある。裁判所は，必要があると認めるときは，官公署や相当の設備を有する法人に鑑定を嘱託することができる（218条1項）。

この訴訟法上の鑑定に先立って用いられるものに，いわゆる私鑑定，すなわち，各当事者がそれぞれ望む専門家を私的に頼んで鑑定書を取得し，これを書証として提出する私的鑑定がある。このようなプラクティスの下では，英米法型の専門家証人（expert witness）と大陸法型の鑑定人（Sachverständige）とが重層的に用いられるような結果になる。ある種の専門的争点においては，中立的で信頼性の高い見解が得がたいなどの現実があることから，私鑑定は，訴訟上の鑑定人に対し，多角的な視点をもたらすことで鑑定人の鑑定意見形成にとって有益な手掛かりを提供しうることが期待される点で，このプラクティスは有意義なものと評価されてよいであろう[257]。

確かに，鑑定の対象は，具体的事実の争いではなく，一般通用性をもった経験則にかかわるものであるが，とりわけ専門的知見が問題となっている事件にあっては，鑑定の結果が決定打となり，訴訟の幕が下りること（判決または和解）も珍しくない。しかしながら，わが国では民事訴訟法上も裁判実務においても，鑑定それ自体の紛争決着機能を重視せず，鑑定意見を事実認定のための

---

256) 鑑定全般について，中野貞一郎編『科学裁判と鑑定』（日本評論社，1988年），木川統一郎編著『民事鑑定の研究』（判例タイムズ社，2003年），木川統一郎「民事鑑定における心証形成の構造」石川古稀下29頁などを参照。

257) 小島武司「紛争解決制度の新展開と賠償科学」賠償医学19号（1995年）3頁，加藤・手続257頁など。アメリカ法における専門家証人の問題点については，小島・裁判運営285頁以下，椎橋邦雄「アメリカ民事訴訟における裁判所の選任による専門家の現状と課題」小島古稀上455頁・460頁など参照。

手がかりのひとつととらえ，他の証拠資料と並列的にみる傾向がある。

　ところで，ドイツやフランスにおいては，鑑定の紛争解決に与える影響力を正面に据えた手続構造が用意され，判断対象を分かちながら，裁判官と鑑定人のいわば共同作業として判決が形成されていくといえる。たとえば，ドイツでは，まず，裁判所が専門的知見を要せずに認定しうる事実を鑑定人以外の証拠方法を用いて直接認定し（証拠調べの直接主義），その認定事実を鑑定決定書に掲記するなどして鑑定人に渡し，つぎに，鑑定人は裁判所の認定事実（前提事実）に専門的知見を適用して導かれた帰結を裁判所に報告する。また，フランスでは，ドイツと違い専門性の有無によって事実を区別することなく，鑑定事項の専門的知見による判断に必要な事実は，鑑定人が鑑定人面前期日を開いて認定するのである[258]。そこで，鑑定人は，法廷のような構造を有する尋問室を備えた事務所を市井に構え，鑑定ビジネス（仲裁を含む）を展開しており，ヨーロッパにおける鑑定のプレゼンスは想像以上に大きい。

　このように鑑定の機能を捉えなおすと，わが国における集中審理の実現の一環としても，鑑定結果さえ出れば事件が解決する（多くは和解成立）といえる段階まで争点・証拠の整理が行えるという，鑑定に重きを置く手続モデルも一つの選択肢となるであろう。なお，このように決定的な証拠方法としては，鑑定人のほか，文書，ときに検証物，証人が挙げられるが，弁論準備手続などの争点等整理手続における絞り込みが極めて重要であり[259]，それが集中審理の重要な布石となるであろう。

(2) 鑑定人

　鑑定人は，学識経験のある第三者のなかから裁判所が指定する（213条）。鑑定人となる適格を有するのは，当事者と密接な関係のある一定範囲の者を除く第三者に限られる（212条2項）。鑑定人は，過去の具体的事実についての経験を報告する証人と異なり，代替性があることから，誠実に鑑定をすることを妨げるべき事情があるときは，当事者は，これを忌避することができる（214条）。

　鑑定人も，証人と同じく，出頭義務，宣誓義務，鑑定意見報告義務を負うが，鑑定人には代替性があることなどから，勾引ということはない（216条）。鑑定人は，鑑定過誤

---

258) 以上につき，木川統一郎＝生田美弥子「ドイツ・フランスの民事鑑定から学ぶ」判タ841号（1994年）6頁以下〔木川統一郎編著『民事鑑定の研究』（判例タイムズ社，2003年）356頁以下所収〕。

259) 弁論準備手続はよく利用されているものの，その実態は準備書面交換の場であることが少なくなく，「3分間争点整理」との批判もある。笠井正俊「口頭弁論の現状と課題」法時83巻7号（2011年）29頁および同頁注13）掲載の諸文献を参照。

について，損害賠償責任を負う。ただし，その責任は，反対尋問などの機会もあり，故意または重過失がある場合に限定すべきであろう[260]。

(3) 鑑定の手続

鑑定手続に関して，とりわけ専門訴訟における重要性が認識されるとともに，実務上，さまざまな問題点がこれまで指摘されてきた。証人尋問の規定の準用が包括的であるため（改正前216条），具体的にどのように準用されるかが不明確であることのほか，鑑定を行うことは重責で負担が大きく，しかも，鑑定人が口頭で意見を述べる際には，交互尋問による一問一答方式によるので，専門家として十分な意見を述べることに支障を感じたり，人格攻撃ともいえる質問を浴びせられたりして，不快な思いに耐えなければならないという状況があり，多忙な時間を割いてまで鑑定を引き受ける専門家を探し出すことには困難があった[261]。

そこで，2003年改正の民訴法は，証人尋問と異なり，専門家がその学識経験に基づいて意見を述べて，裁判官の知識・判断を補充するという鑑定の性質との適合という観点から，鑑定人は，当事者等からの質問に先立ち，まず鑑定事項について意見を述べることができるとし（215条の2第1項），また，証人尋問の規定がどのように準用されるのかを明確にする（216条）などして，鑑定手続の整備・改善を行った。なお，鑑定が当事者の申出をまって行われる点は，従来と変わりない。

(a) 陳述の方式

裁判所は，鑑定人にその鑑定意見を書面または口頭で陳述させることができる（215条1項）。実務上は，裁判官および当事者が鑑定内容を正確かつ即座に理解し，鑑定人に対して適切な尋問を行うことができるようにするため，書面陳述によることが多い。書面陳述による場合，鑑定人は期日に出頭する必要がないので，提出された鑑定書の記載に不明瞭な点があっても，この点を鑑定人に対して尋問する機会は保障されないうらみがある。そのため，かつては，当事者の申出によりまたは職権で鑑定人尋問を採用することができることから，期日に鑑定人の出頭を求め，補充説明をさせる補充鑑定が実施されていた[262]。

---

[260] なお，春日・証拠論集279頁。
[261] 司法研修所編『専門的な知見を必要とする民事訴訟の運営』（法曹会，2000年）53頁以下，前田順司「医療訴訟におけるアンケート方式による鑑定の試みについて」判タ1068号（2001年）52頁，小林編著・要点134-135頁〔畑宏樹〕など。
[262] 基本コンメ新民訴(2)202頁〔信濃孝一〕，一問一答・平15改正60頁，小林編著・平成16年施行要点136頁〔畑宏樹〕など。このほか，再鑑定につき，清水宏「鑑定評価の在り方に関する

そこで，2003年改正の民訴法は，この補充鑑定を明文化し，鑑定人に意見を述べさせた場合において，その意見の内容を明瞭にし，または，その根拠を確認するために必要があると認めるときは，裁判所は，申立てによりまたは職権で鑑定人にさらに意見を述べさせることができるとした（215条2項）。

　裁判長は，鑑定人に共同してまたは各別に意見を述べさせることができる（規132条）。鑑定人は必要があるときは，審理に立ち会い，証人もしくは当事者本人に対し尋問するよう，裁判長に求め，または，裁判長の許可を得て，これらの者に対し直接に問いを発することができる（規133条）。

(b) 鑑定人質問

2003年改正の民訴法は，鑑定人が口頭で意見を陳述する際には，証人尋問の規定を包括的に準用する従来の方式（鑑定人尋問）に代えて，専門家である鑑定人の特性に応じた取扱いをすべきであるという見地から，説明会方式による鑑定人質問という手続を設けて，鑑定人の意見陳述後に，それについて鑑定人に対して質問をするものとした（215条の2第1項）。この質問は，裁判長，鑑定申出当事者，そして，相手方当事者の順序による（同条2項。従来は，鑑定申出当事者，相手方当事者，そして，裁判長の順であった）。これは，当事者の鑑定人に対する質問を制約するのではなく，むしろ当事者の鑑定人に対する質問の機会を法律上も保障するための改正である。

　鑑定意見の口頭陳述に際して，映像等の送受信による通話方法，いわゆるテレビ会議システムを利用することができる場合が拡張され，鑑定人が「遠隔の地に居住する」ときのみならず，「その他相当と認めるとき」も含む（215条の3）。多忙であることなどの事情により，専門家が鑑定の引き受けを躊躇していたことに対処するものである。

4　書　証

(1) 書証の意義

　書証とは，文書に記載された作成者の意思や認識等の意味内容を文書の閲読により証拠資料として獲得する証拠調べをいう。

　ここにいう文書とは，作成者がその意思などを記号の組合せにより言語に表現した紙片等有体物をいう。図面，写真，録音テープ，ビデオテープ，その他の情報をあらわすために作成された物件で文書でないものにも，書証の規定は準用される（231条）。その証拠調べは，文書の閲読に照応する再生や上映による。

　書証の対象となる文書に制限はなく，あらゆる文書が証拠能力を有する。訴

一考察」小島古稀上479頁・498頁を参照。

え提起後に，係争事実について作成した文書も証拠能力をもつ（当事者の作成した文書につき，最判昭24・2・1民集3巻2号21頁，第三者の作成した文書につき，大判昭14・11・21民集18巻1545頁）。

(2) 書証の証拠力

書証については，当該文書が挙証者の主張する特定の者により作成されたものか否か，すなわち，文書の成立の真正を確かめ，そのうえで，その文書の記載内容が事実の証明にどの程度役立つかを評価するという二段階の作業が必要である（最判昭46・4・22判時629号60頁参照）。前者を形式的証拠力，後者を実質的証拠力という。

(a) 形式的証拠力

文書の成立の真正について争いがあるときは，筆跡または印影の対照などによる証明がなされる（228条1項・229条1項）。この場合，公文書については，その真正が推定され（228条2項），私文書は，本人またはその代理人の署名または押印があるときは，成立の真正が推定される（228条4項）。当事者またはその代理人が故意または重大な過失により真実に反して文書の成立を争ったときは，10万円以下の過料に処せられる（230条1項）[263]。

判例によれば，私文書中の印影が本人または代理人の印章によるものであるときは，他人の手による押印であることの反証がないかぎり，その印影は本人または代理人の意思に基づくものとの事実上の推定が働くものとされている（最判昭39・5・12民集18巻4号597頁）。

(b) 実質的証拠力

特定人の意思などの意味内容を表す真正文書の記載内容が要証事項の証明にどの程度役立つかという実質的証拠力は，処分文書については特別の考慮が必要である。処分文書とは，手形，遺言状，売買契約書，契約解除の通知書などのように，法律行為がその文書によってなされるものをいうが，これが真正に成立していれば，その記載内容通りの法律行為をした事実が直接に証明されることになる。処分証書の真正に争いがある場合に備え，証書真否確認の訴え（134条）が特別に設けられているのは，その実質的証拠力の高さを考慮してのことである。

(3) 文書提出義務

文書提出義務の範囲いかんは，訴訟の行方を左右しかねない，理論的にも実

---

263) なお，その後，訴訟の係属中に文書の成立の真正を認めれば，過料の制裁は取り消すことができる（230条3項）。

務的にも重要な問題である。この点，旧法下における文書提出義務は限定義務とされていたが（旧312条），裁判実務では，解釈によって文書提出義務の範囲を拡大する傾向にあった。新法は，このトレンドを踏襲する形で，同法220条1号ないし3号において従前と同様の具体的事由を掲げるとともに，同条4号において概括的事由を掲げて，一定の除外事由に該当しない限り，文書の提出を命じることができるとして，文書提出義務を一般化した。証拠の偏在が著しい現代社会において，幅広い証拠に立脚した適切な事実認定を迅速に行い，適正・公平な解決を実現するために，新法は文書提出義務を一般義務化したのである[264]。

現代社会においては組織のプレゼンスが高まり，ITCが日常ツールとして定着，一般化している状況の下，民事紛争の決着点である法廷における書証の重みがいよいよ増大しつつあり，この点に関する法理は多くの訴訟の命運を左右するものとなっている。また，司法の果たす役割の大きさは，たじろぎを覚えるほどであり，それは，以下にみるように，個別事案の処理が及ぼす社会経済政治への影響のなかにヴィヴィトにあらわれている。

一般義務としての提出義務をめぐる争いは，結局のところ，①刑事訴追のおそれなどに基づく提出拒絶事由（196条各号参照）の有無（220条4号イ），②公務秘密文書の該当性（220条4号ロ），③医師，弁護士等の守秘義務や職業上の秘密に基づく提出拒絶事由（197条1項2号3号）の有無（220条4号ハ），④自己専利用文書の該当性（220条4号ニ），または，⑤刑事訴訟関係書類・少年保護事件記録等（220条4号ホ）にあたるか否かを中心に展開されることになる。

(a) 引用文書（220条1号）

当事者が訴訟において引用した文書を自ら所持するときは，当事者は，その提出を拒むことはできない。これは，当事者の一方が自己の主張を基礎付けるために積極的に文書の存在または内容を引用した以上，相手方当事者にも文書の内容について検討，反論，そして，利用の機会を与えることが公平に適うことから置かれている規定である。それゆえ，「引用」の意義については，争いがあるが，文書を証拠として引用する場合のみならず，自己の主張を明白にし

---

264) すでに旧法下でも利益文書・法律関係文書の範囲を拡大する方向が一般化していたが，紛争の多様化を前にして，あらゆる形態の訴訟において必要となり得る文書を予め具体的に想定し，それを網羅的に列挙することは立法技術的にも困難であったことから，新法は一般義務化に踏み切った（一問一答248頁）。なお，旧法下における文書提出義務をめぐる解釈論は，一般義務化によってその位置付けに変化をきたさざるを得ないが，とりわけ具体的な事案との関係において示された判断枠組みやそこでの考慮要素などを参考にすることは現行法下でも有用であろう。

たり，補強したり，あるいは，根拠付けるために，その存在や内容を使用する場合も含まれると解される[265]。

なお，引用文書については，その存在または内容を訴訟において引用した以上，文書を秘匿しようとする意思はないとみてよく，証言拒絶権に関する規定の類推適用はない。

(b) 引渡し・閲覧請求権のある文書（220条2号）

挙証者[266]が文書の所持者に対しその引渡しまたは閲覧を求めることができるときは，所持者は，その提出を拒むことができない。実体法上請求権が定められ，文書を確保する権限が認められていることにその基礎が求められる。

文書の引渡しまたは閲覧請求権については，物権的請求権か債権的請求権か，または，約定か法定かを問わない。現行法上，引渡請求権の例としては，共有物の分割者に対する共有物に関する証書の交付（民262条4項），弁済・代位弁済者に対する債権証書の交付（民487条・503条1項），受任者の委任者に対する受取物の引渡し（民646条1項），計算書類の交付（会442条3項2号4号）などがあり，閲覧請求権の例としては，計算書類の閲覧（会442条3項1号3号）や貸借対照表の閲覧（商539条1項）などがある[267][268]。

(c) 利益文書・法律関係文書（220条3号）

文書が挙証者の利益のために作成され[269]，または，挙証者と文書の所持者

---

265) 同旨，東京地決昭43・9・14行集19巻8＝9号1436頁，大阪地決昭45・11・6訟月17巻1号131頁，名古屋高決昭52・2・3高民30巻1号1頁，細野・要義Ⅲ460頁，中島・日本民訴下1463頁，菊井＝村松Ⅱ612頁，斎藤ほか編(8)144頁〔斎藤秀夫＝宮本聖司〕，松本＝上野449頁〔松本〕，梅本846頁など。これに対して，証拠として引用することを要すると主張するのは，条解1049頁〔松浦馨〕，法律実務(4)283頁など。

266) 挙証者とは，文書提出命令を申し立てる当事者，補助参加人，第三者の訴訟担当における訴訟担当者および本来の権利義務の帰属主体をいう（菊井＝村松Ⅱ614頁，証拠大系(4)107頁〔萩本修〕，梅本846頁など）。

267) 引渡し・閲覧請求権は，私法上のものだけでなく，公法上のものを含むかについては争いがあるが，所持者が引渡し・閲覧請求に応じなければならない点で変わりがない以上，これを肯定してよいであろう（同旨，伊藤380頁，梅本845頁など。反対，菊井＝村松Ⅱ614頁，証拠大系(4)106頁〔萩本修〕など）。

268) この種の規定の整備は，必ずしも十分ではなく，実体法において証明に関する配慮が不足しているのではないかとの疑いがある。

269) 利益文書の例としては，①診療録（福岡高決昭52・7・13高民30巻3号175頁〔百選3版93事件〕。反対，大阪高決昭53・5・17高民31巻2号187頁，東京高決昭59・9・17高民37巻3号164頁〔百選Ⅱ128事件〕）や②検診録（大阪高決平4・6・11判タ807号250頁）がある。さらに，③議事録についても，これを否定した裁判例があるものの（土地区画整理委員会の審議録につき，東京高決昭53・5・26下民32巻9＝12号1284頁），利益文書に該当するといえよう（梅本845頁注2参照）。

との間の法律関係について作成された[270]ときは，その所持者は提出を拒むことができない。利益文書および法律関係文書の意味は，旧法時代は当初狭く解されていたが，その後，利益文書との関係では，挙証者の利益は間接的なものであってもよいこと，挙証者の利益は文書外の第三者であってもよいこと[271]を，また，関係文書の関係では，挙証者と文書所持者との間の法律関係そのものが記載されていなくても，その法律関係の生成過程で作成される文書またはその法律関係に関係のある事項を記載した文書であれば足りること[272]を認めるなどして，文書提出義務の範囲を拡張する裁判例が相当数あらわれたものの，その拡張を否定し，また，縮小を意図したとも解される逆方向にある判例もあり[273]，実務上予測可能性に問題が生じていた[274]。

このような混乱の背景には，文書提出命令に関する判断が判決ではなく決定の形式でなされることから，旧法下では，最高裁判所への不服申立ての機会が

---

270) 利益文書の例としては，①タクシーの運転日報（福岡高決昭48・12・4判時739号82頁），②賃金台帳（大阪高決昭53・3・15労判295号46頁。反対，大阪高決昭54・9・5労民30巻5号908頁），③警察官の勤務実績表（大阪高決平6・7・4判タ880号295頁），④航空機事故調査報告書（東京高決昭50・8・7下民26巻5＝8号686頁〔百選3版94事件〕），⑤金融機関の貸付元帳（東京高決昭59・6・7下民35巻5＝8号336頁），⑥原子力発電所または原子炉に関連する文書（仙台高決平5・5・12判時1460号38頁），⑦（発電所の運転再開差止訴訟における）電気事業法に基づく電気事業工事計画書（東京高決平5・5・21金商934号23頁），⑧（市議会での質疑における人格権侵害等による市に対する損害賠償請求訴訟における）市議会特別委員会議事録（東京高決平10・7・7高民51巻2号25頁），⑨身体障害者更生施設入所に際して交付された判定書（横浜地決平6・10・13判時1540号89頁），⑩教科用図書検定調査審議会の判定書（もっとも，最判平12・3・10判時1711号55頁〔百選3版78事件〕は否定した）などがある。

271) たとえば，スモン薬害訴訟において，キノホルム投与を記載した第三者所持のカルテが患者・医師間の診療契約外にある第三者である製薬会社の間接的利益のためにも作成されたものであるとして，利益文書性を肯定した前掲注269）・福岡高決昭52・7・13がある。

272) 東京地決昭43・9・27判時530号12頁。そのほか，教科書検定の違法を理由とする損害賠償訴訟において，法律上作成を義務付けられている調査官の意見書，評定書，審議録等，その判定理由を構成する文書の提出を命じた東京高決昭44・10・15下民20巻9＝10号749頁，前掲注270）東京高決昭50・8・7があり，また，医療過誤訴訟において，カルテを診療契約につき作成されたものとしてその提出を命じた東京地決昭45・3・18下民23巻1＝4号130頁がある。

273) たとえば，河川等の設置，管理の瑕疵に基づく国家賠償請求訴訟において，河川計画案作成前に県が会社に委託して作成させた「昭和四六年度平作川河道計画調査報告書」は，専ら自己使用のための内部的文書であるから，法律関係文書にあたらないとして，当該報告書の提出命令申立てを却下した東京高決昭54・3・19下民32巻9＝12号1391頁〔百選Ⅱ129事件〕，大気汚染公害病患者による損害賠償請求訴訟において，健康被害の個別的立証のためのカルテなどは，診療行為の当事者以外の者にとって利益文書に該当しないとして，被告企業による当該カルテなどの提出命令申立てを却下した前掲269）東京高決昭59・9・17などがある。

274) 野村秀敏「文書提出命令」新実務民訴(2)169頁，佐藤彰一「文書提出命令」講座民訴⑤271頁以下，本間義信「文書提出義務」吉川追悼下191頁，小林・審理183頁など。

閉ざされ（旧413条参照），全国に8カ所置かれている各高等裁判所間および各高等裁判所内における複数の合議体の間で判断の不統一を解消する制度上の方途がなかったという事情もあった。

　新法においては，許可抗告制度が新たに導入された結果，最高裁判所が各高等裁判所間の判断の不統一の除去に動くことが可能となり（337条2項）[275]，法理の適合的な発展の機運が高まっている。たとえば，教科用図書検定調査審議会の作成した教科用図書についての判定内容を記載した書面等について文書提出命令の申立てがなされた事件において，最高裁判所は，法律関係文書には文書の所持者が専ら自己使用のために作成した内部文書は含まれないとしたうえで，本件文書は，「諮問機関である検定審議会が，所掌事務の一環として，専ら文部省内部において使用されることを目的として作成された内部文書というべきである」として，その提出義務を否定した（最決平12・3・10訟月47巻4号897頁〔百選3版78事件〕）。また，勾留請求の資料とされた告訴状および告訴人の供述調書について，最高裁判所は，いずれの文書も，その所持者である国と当該請求により勾留された者との間の法律関係を記載した法律関係文書に該当するもの（刑訴規148条1項3号参照）と判示した（最決平19・12・12民集61巻9号3400頁[276])）。

　(d)　一般義務文書（220条4号）

　民訴法220条1号ないし3号に該当しない文書について，以下の除外事由（提出免除事由）に該当しない限り，その所持者は提出を拒むことができない（220条4号）。1号ないし3号と異なり，文書の所持者と挙証者との間に特別の関係を要求しない本条号の新設によって，文書提出義務が一般義務とされたわけである。除外事由を分類すると，①証言拒絶該当事由記載文書（自己負罪拒否権のある事項記載の文書〔220条4号イ・196条〕，および，黙秘義務，技術または職業上の秘密に関する事項記載の文書〔220条4号ハ・197条1項2号3号〕），②公務秘密文書（220条4号ロ），③自己専利用文書（220条4号ニ），および，④刑事訴訟に関する書類・少年保護事件に関する記録等（以下，「刑事訴訟記録等」という）（220条4号ホ）の四つに分かれる[277]。除外事由の主張責任・証明責任については，4号の条

---

[275]　そのリーディング・ケースは，銀行の貸出稟議書に対する文書提出命令の申立てを却下した最決平11・11・12民集53巻8号1787頁〔百選3版79事件〕である。

[276]　本決定（最決平19・12・12）は，刑訴法47条但書との関係においても，プライヴァシーを不当に侵害するおそれや捜査・公判に不当な影響等の弊害が生じるおそれは認められないから，提出の拒絶が裁量権の範囲の逸脱または裁量権の濫用にあたるとして，告訴状等の提出義務を肯定している。

文の構造からすると，申立人が除外事由のないことについて主張責任および証明責任を負うことになる[278)279)]。

これらの除外事由は，旧法312条3号の「利益文書・法律関係文書」を拡張解釈する際の考慮要素に基づくものであるが，新法は，4号文書についてのみ除外事由を列挙していることから，条文解釈上，4号文書以外において除外事由は問題とならないと考えるのが素直であり，現にそうした主張もみられる[280)]。しかし，そうすると，たとえば，同じ技術・職業上の秘密であっても，それが4号文書に記載された場合には当該秘密は保護されるが，3号文書に記載された場合には開示しなければならないことになってしまう。しかし，その違いを説明する実質的な理由は見当たらず，4号以外の文書においても除外事由を全く排除すべきではない。4号列挙の除外事由による所持者の秘密保持利益は，文書全般について認められてしかるべきであり，4号以外の文書（実際には3号文書）に関しても除外事由を類推適用すべきである[281)]。そして，この場合の除外事由の証明責任は，類推適用によって例外的扱いをするのであるか

---

277) 220条4号の除外事由は，立法当初は，証言拒絶該当事由記載文書（2001年改正前220条4号イロ）および自己専利用文書（同条号ハ）であった（さらに，公務員または公務員であった者がその職務に関し保管し，または，所持する文書も除外されていた〔同条号柱書〕）。公務秘密文書の扱いについては，立法過程での議論が不十分であるとして，公布後2年を目途に必要な措置を講ずるものとした（附則27条）。その後，2001年に民訴法の一部改正が行われ，除外事由として，公務秘密文書（現行220条4号ロ）および刑事訴訟記録等（同条号ホ）を追加すると同時に，民訴法220条4号柱書を削除したうえで，自己専利用文書から国・地方公共団体の所持する文書で公務員が組織的に用いるものを除く旨明定した（同条号ニ）。

278) 竹下守夫「新民事訴訟法と証拠収集制度」法教196号（1997年）19頁，高橋・重点講義下149頁，伊藤386頁など。なお，竹下・前掲は，申立人が証明責任を負うといっても，裁判所にイン・カメラ手続が必要であると考える程度までに心証を形成させればよいので，証拠の優越の程度で足りるとする。また，伊藤386頁は，除外事由は文書の記載内容に関連することから，所持者に立証の負担を求めざるを得ないという（伊藤386頁注392とそこに掲載の諸文献参照）。

279) この点，厳密な意味での一般義務というには，除外事由の主張・証明責任が所持者側にある必要があり，その方が望ましい（竹下守夫＝野村秀敏「民事訴訟における文書提出命令（二・完）」判時804号〔1976年〕11頁）にもかかわらず，経済界の反対で現行法のような規定の仕方になったのであり，4号文書を一般義務文書とよぶのはやや行き過ぎであるとの指摘がある（高橋・重点講義下149頁・160頁注178）。確かにややミスリーディングなきらいは否めない。

280) 西口元「証拠収集手続(1)——文書提出命令」理論と実務・上406頁，梅本846頁，研究会・新民訴115頁〔柳田幸三 発言〕など。

281) 上野泰男「文書提出義務の範囲」講座新民訴Ⅱ52頁，三木浩一「文書提出命令の申立ておよび審理手続」講座新民訴Ⅱ86頁，研究会・新民訴280頁〔鈴木正裕 発言〕，伊藤385頁，松本＝上野466-467頁〔松本〕など。なお，3号文書に類推適用されるのが証言拒絶権に関する規定か，または，4号イ以下の規定かは，争いがある（前者として，最決平16・2・20判時1862号154頁，伊藤385頁など。後者として，上野・前掲52頁など）。

ら，所持者の側が負うことになろう[282]。

　(d-1)　証言拒絶該当事由記載文書 (220条4号イハ)

　まず，①証言拒絶事由に該当する事項を記載した文書については，除外事由のイとハに定めがある。

　イによって提出が免除されるのは，民訴法196条の証言拒絶権の対象となる記載のある文書，すなわち，自己[283]および一定の親族が刑事訴追を受けるおそれのある文書，または，それらの者の名誉を害すべき文書である。具体例として，公金を自己名義の預金口座に振り込んだ旨を記載した口座振込依頼書などが挙げられる[284]。

　ハによって提出が免除されるのは，民訴法197条1項2号3号の証言拒絶権の対象となる記載のある文書である。すなわち，他人の秘密を扱う職業にある者（医師や弁護士など）がその職務上知り得た秘密で，かつ，秘密主体によって黙秘義務が免除されていない事項が記載された文書（同条項2号），または，技術・職業上の秘密[285]を記載した文書（同条項3号）である。具体例として，前者については医師の診療録（カルテ）など，後者については電話機器の回路図[286]などが挙げられる。

　金融機関の保持する顧客に関する情報が記載された文書については，まず，金融機関と顧客との取引履歴が記載された取引明細表に関して，最高裁判所は，金融機関は個々の顧客との関係において顧客情報についての守秘義務を負うにすぎず，金融機関が訴訟外の第三者として開示を求められた顧客情報について，

---

[282]　伊藤386頁。このように解すると，4号文書では，除外事由の不存在につき申立人が主張・証明責任を負い，1-3号文書では，申立人と所持者との特別の関係を申立人が主張・立証すれば足り，除外事由の存在については所持者が証明責任を負うことになるので，申立人にとって1-3号には4号にはない立証上のメリットがあり，1-3号文書は4号に吸収されずに独自の意味をもつことになる（高橋・重点講義下149頁参照）。

[283]　ここにいう「自己」に法人を含むか否かは問題となり得るが，自然人に限定してよいとするのは，高橋・重点講義下171頁注181。

[284]　梅本848頁参照。

[285]　技術・職業上の秘密とは，公開により，当該技術の社会的価値が下がり，これによる活動が困難となるもの，または，当該職業に深刻な影響を与え，以後その遂行が困難になるものをいう。高橋・重点講義下160頁など参照。

[286]　最決平12・3・10民集54巻3号1073頁〔百選3版76事件〕。本判決は，技術・職業上の情報が記載されていれば直ちに除外事由に該当するとの抽象的・形式的に判断するのではなく，当該情報の種類，性質および開示することによる不利益を具体的に審理判断すべきであるというが，文書提出義務の範囲を拡張した法意にかんがみると，除外事由の該当性を抽象的に判断して足りるとすべきではなく，その意味で妥当な判旨であるといえよう（同旨，高橋・重点講義下172頁注184など）。

当該顧客自身が民事訴訟の当事者として開示義務を負う場合には，当該顧客は上記顧客情報につき金融機関の守秘義務により保護されるべき正当な利益を有さず，金融機関は訴訟手続において上記顧客情報を開示しても守秘義務には違反しないとして，当該顧客との取引履歴が記載された取引明細表は，民訴法197条1項3号にいう職業の秘密として保護されるべき情報が記載された文書とはいえないとして，4号ハ文書に該当しないとする[287]。つぎに，訴外 A 社

---

[287] 最決平19・12・11民集61巻9号3364頁。本決定の基本事件は，自己の被相続人の遺産に属する預貯金の支払等を求めて提起された訴訟である。原告は，被相続人名義の貯金口座が開設されている金融機関に対し，取引履歴が記載された取引明細表について文書提出命令を申し立てたところ，金融機関が民事訴訟において訴訟外の第三者として開示を求められた顧客情報について，当該顧客自身が当該民事訴訟の当事者として開示義務を負う場合には，当該顧客は上記顧客情報につき金融機関の守秘義務により保護されるべき正当な利益を有さず，金融機関は，訴訟手続において上記顧客情報を開示しても守秘義務には違反しないから，同情報は，金融機関がこれにつき職業の秘密として保護に値する独自の利益を有する場合は別として，民訴法197条1項3号にいう職業の秘密として保護されないとして，本件取引明細表は4号ハ文書に該当しないとした。

なお，本決定には，つぎのような田原睦夫裁判官の補足意見が付されている。「他方，金融機関が顧客情報につき文書提出命令を申し立てられた場合に，顧客との間の守秘義務を維持することが，金融機関の職業の秘密として保護するに値するときは，金融機関は，民訴法220条4号ハ，197条1項3号により，その文書提出命令の申立てを拒むことができる。金融機関が民訴法197条1項3号の職業上の秘密に該当するとしてその提出を拒むことができる顧客情報とは，当該顧客情報が金融機関によってその内容が公開されると，当該顧客との信頼関係に重大な影響を与え，又，そのため顧客がその後の取引を中止するに至るおそれが大きい等，その公開により金融機関としての業務の遂行が困難となり，金融機関自体にとってその秘密を保持すべき重大な利益がある場合であると解される（最高裁平成11年（許）第20号同12年3月10日第一小法廷決定・民集54巻3号1073頁参照）。当該顧客情報が上記の意味での職業の秘密に該るか否かは，当該事案ごとに守秘義務の対象たる秘密の種類，性質，内容及び秘密保持の必要性，並びに法廷に証拠として提出された場合の金融機関の業務への影響の性質，程度と，当該文書が裁判手続に証拠として提出されることによる実体的真実の解明の必要性との比較衡量により決せられるものである。ところで，金融機関は，顧客との守秘義務契約上，第三者から文書提出命令の申立てがなされた場合に，その契約上の守秘義務に基づき，当該文書が職業上の秘密に該り，文書提出命令の申立てには応じられない旨申し立てるべき義務を負う場合がある。例えば，金融機関が，Ｍ＆Ａに係る融資の申込みを受ける際に顧客との間で守秘義務契約を締結した上で提出を受けたＭ＆Ａの契約書案等の顧客情報を有しており，これにつき文書提出命令の申立てを受けた場合等には，当該金融機関は，同守秘義務契約に基づいて，当該情報が職業上の秘密に該ることを主張すべき契約上の義務があるというべきである。また，文書提出命令の申立てを受けた顧客情報に係る文書が，前記の一般的な守秘義務の範囲にとどまる文書であっても，当該文書が当該顧客において提出を拒絶することができるものであることが，金融機関において容易に認識し得るような文書である場合には，金融機関は，当該守秘義務に基づき，上記顧客情報が職業上の秘密に該ることを主張すべき義務が存するものというべきである。金融機関が上記義務が存するにもかかわらず，その主張をすることなく文書提出命令に応じて対象文書を提出した場合には，金融機関は，当該顧客に対して，債務不履行による責任を負うことがあり得るものというべきである。他方，金融

と取引関係にあったXが、A社のメインバンクであったY銀行に対して、YはA社の経営破綻の可能性が高いことを認識しながら、全面的に支援する意思がないにもかかわらず、全面的に支援する旨の虚偽の説明をしたために、XはA社との取引を継続し、A社が民事再生手続開始決定を受けた結果、売掛金債権の回収が不可能となるなどの損害を被ったと主張して、その賠償を求めた本案訴訟で、Xは、YがいつAの経営破綻の可能性を認識したかについて立証するためとして、Yが所持するA社に関する自己査定資料に対して文書提出命令を申立てた事案において、最高裁判所は、本件自己査定資料に記載された情報のうち、Yが守秘義務を負うことを前提にA社から提供された非公開の財務情報については、Yに秘匿する独自の利益はなく、また、XらがA社の民事再生手続中に同情報に接する可能性もあり、A社の業務に深刻な影響を与えるものではないから、職業の秘密にはあたらず、そして、その非公開財務情報を基礎としてY自身の行った分析評価に関する情報については、報道関係者が証人になった場合に民訴法197条1項3号に基づいて取材源にかかる証言の拒絶基準を示した最決平18・10・3民集60巻8号2647頁を引用して、文書提出命令の対象文書に職業の秘密にあたる情報が記載されていても、所持者が民訴法220条4号ハ・197条1項3号に基づき文書の提出を拒むことができるのは、当該職業の秘密が保護に値する秘密にあたる場合に限られ、当該情報が保護に値する秘密であるか否かは、その情報の内容、性質、その情報が開示されることにより所持者に与える不利益の内容、程度等と、当該民事事件の内容、性質、当該民事事件の証拠として当該文書を必要とする程度等の諸事情を比較衡量して決すべきものであるとし、「一般に、金融機関が顧客の財務状況等について分析、評価した情報は、これが開示されれば当該顧客が重大な不利益を被り、当該顧客の金融機関に対する信頼が損なわれるなど金融機関の業務に深刻な影響を与え、以後その遂行が困難になるものといえるから、金融機関の職業の秘密にあたると解される」としたうえで、A社の民事再生手続開始決定前の財務状況等に関する本件分析評価情報は、これが開示されても、A

機関がかかる主張をなしたにもかかわらず、裁判所がその主張を踏まえて検討した上で、なおその顧客情報が職業上の秘密に該らないとして文書提出命令を発したときは、金融機関は、それに応じる義務があり、またそれに応じたことによって、顧客から守秘義務違反の責任を問われることはないものというべきである。」

補足意見の指摘にあるように、通常の取引情報を逸脱した範囲にある顧客情報の取扱いについては、今後問題となろう（小林秀之「取引履歴提出命令最高裁決定と金融機関の守秘義務——最三決平成19年12月11日について——」銀法685号〔2008年〕13頁）。

社の被る不利益は小さく，Yの業務に対する影響も軽微なものと考えられる一方，本案訴訟における本件文書の証拠価値は高く，これに代わる中立的・客観的な証拠の存在は窺われないなどの事情があるから，本件分析評価情報はYの職業の秘密にはあたるが，保護に値する秘密にはあたらないとして，本件自己査定資料は4号ハ文書に該当しないとする[288]。両決定は，顧客が一方当事者か第三者かという違いはあるものの，金融機関には独自の利益がない限り，顧客自らが開示を拒めない場合には職業の秘密にあたらないとするとる点で同一の立場をとるものといえる[289]）。

(d-2) 公務秘密文書（220条4号ロ）

つぎに，②公務秘密文書とは，公務員の職務上の秘密[290]に関する文書（公務秘密文書）であって，その提出により公共の利益を害し，または，公務の遂行に著しい支障を生ずるおそれ（公務遂行支障性)[291]のある文書である。これに該当する文書の所持者は，提出義務を免れる。

公務秘密文書の所持者とは，当該文書の直接占有者のみならず，容易に文書を取得す

---

[288] 最決平20・11・25民集62巻10号2507頁。
[289] 松井雅典「文書提出命令―その現状と課題」判タ1321号（2010年）63頁参照。
[290] これは，公務員が職務上知り得た非公知の事項であって，実質的にも秘密として保護するに値すると認められるもの（いわゆる「実質秘」）である（松本=上野453頁〔松本〕参照）。
[291] これは単に文書の性格から公共の利益を害し，または，公務の遂行に著しい支障を生ずる抽象的なおそれがあると認められるだけでは足りず，当該文書の記載内容からみてそうしたおそれが存在することが具体的に認められることを要する。この点，漁業に従事するXがYに補償金の支払いを求めた事案で，XはYが所持する県が原告の所属するA漁業協同組合との間で補償交渉時の手持ち資料として作成した補償額算定調書中のXにかかる補償見積額が記載された部分について文書提出命令の申立てを行ったところ，最決平16・2・20判時1862号154頁は，本件文書が公務秘密文書にあたるとしたうえで，本件文書が開示されることにより，YとA漁協との信頼関係が失われるばかりか，今後，Yが他の漁協との間で同様の補償交渉を円滑に進める際の著しい支障ともなり得ることが明らかであるとして，公務遂行支障性を肯定し，4号ロ文書の該当性を認め，その提出義務を否定した。また，労働基準監督官作成の「災害調査復命書」の提出命令が申し立てられた事案につき，最判平17・10・14民集59巻8号2265頁は，当該文書に含まれた情報を「本件調査担当者が職務上知ることができた本件事業場の安全管理体制，本件労災事故の発生状況，発生原因等の被告会社にとっての私的な情報」（Ⓐ情報）と事故の「再発防止策，行政上の措置についての本件調査担当者の意見，署長判決及び意見等の行政内部の意思形成過程に関する情報」（Ⓑ情報）に二分したうえで，Ⓐ情報については，その記載方法および記載内容が法律上の調査権限による調査の結果に基づくことから，提出により実質的な影響が生ずるとは考えられないとして，提出義務を肯定したのに対し，Ⓑ情報については，その記載内容が行政内部の意思形成過程に関する情報であることから，その提出により行政の自由な意思決定が阻害され，公務の遂行に著しい支障を生ずるおそれが具体的に存在することは明らかであるとして，提出義務を否定した（Ⓑ情報の提出義務を否定した点に対する批判として，松本=上野454頁〔松本〕を参照）。

ることのできる間接占有者を含む。公務員が文書を保管する場合には，その任用者たる国または地方公共団体も所持者であるといえ，申立人は，公務員個人または国・地方公共団体を相手方とすることができる[292]。

　公務文書の提出命令が申し立てられると，裁判所は，その申立てに理由がないことが明らかなときを除き，ロの除外事由の有無について監督官庁の意見を聴かなければならず，その場合，当該監督官庁はロの除外事由が存する旨の意見を述べるときは，その理由を示さなければならない（223条3項）。その場合，当該文書の提出により国の安全が害される等のおそれ，または，犯罪の予防等に支障を及ぼすおそれがあることを理由とするときは，裁判所は，その意見について相当の理由があると認めるに足りない場合に限り，文書の所持者に対してその提出を命ずることができる（同条4項）。さらに，監督官庁は，文書の所持者以外の第三者の技術・職業の秘密が記載されている文書について意見を述べようとするときは，その第三者の意見を聴くものとされている（同条5項）。

(d-3)　自己専利用文書（220条4号ニ）

　③自己専利用文書（自己利用文書や自己使用文書などともよばれる）は，旧法下における利益文書・法律関係文書の解釈による拡大に対する限界設定として判例・学説が認めた概念（「自己使用文書」ないし「内部文書」）に由来する[293]。しかし，新法の自己専利用文書は一般義務の除外事由をなすものとして位置付けられているものであるため，その範囲は新たな検討を要する[294]。立法者によると，個人的な日記，備忘録のようなものや，専ら団体内部における事務処理上の便宜のために作成されるいわゆる稟議書のようなものなど，およそ外部の者に開示することが予定されていない文書についてまで，一般的に提出義務を負うものとすると，裁判所から提出を命じられるという事態を常に想定して文書を作成しなければならなくなり，文書の作成者の自由な活動を妨げるおそれがあることから，専ら文書の所持者の利用に供するための文書，すなわち，自己専利用文書を除外事由とした（220条4号ニ）。

---

292)　松本＝上野453頁〔松本〕，山本和彦「公務員の職務上の秘密と証拠調べ」講座新民訴Ⅱ182頁など。これに対し，伊藤393頁は，公務秘密文書の所持者は，当該文書の管理処分権の帰属する国または地方公共団体であるとする。

293)　たとえば，旧法下での内部文書として提出義務を否定されたものとしては，土地区画整理審議会の議事録（東京高決昭53・5・26下民32巻9＝12号1284頁）や河道計画調査報告書（前掲注273）東京高決昭54・3・19）などがある。

294)　旧法下の利益文書・法律関係文書概念の拡大に対する歯止めの必要性は，文書提出義務が一般化された現行法の下では存在せず，また，自己専利用文書の切り口は，旧法下の利益文書等とは異なり，共通文書か否かを媒介させることなく，直接およそ外部の者に対する開示を予定しているか否かであることが理由である。高橋・重点講義下152頁参照。

それでは，この自己専利用文書か否かの判断基準はどのように考えるべきであろうか。この点，最高裁判所は，「専ら内部の者の利用に供する目的で作成され，外部の者に開示することが予定されていない」こと（内部利用目的と外部非開示性）のほか，「開示によって所持者の側に看過し難い不利益が生ずるおそれがあると認められる」こと（不利益性）を要件とする立場をとり，銀行の貸出稟議書は，特段の事情がないかぎり（特段の事情の不存在），自己専利用文書に該当するとして，その提出命令の申立てを却下した（最決平 11・11・12 民集 53 巻 8 号 1787 頁〔百選 4 版 69 事件〕）[295]。不利益性を問う本決定の基準は，一般義務化の趣旨を尊重しつつも，個々の不利益を具体的に検討し得る枠組みを設定して漸進的な方向を示したとみれば，基本的には妥当なものといえよう。この事案では，イン・カメラ手続を利用して一部提出させる可能性（223 条 1 項 3 項）もあり[296]，これを通じてより適切な判断に向けての基礎情報を得る基盤が整うことになる。

　残された問題である提出義務を肯定する特段の事情とは何かという点に関して，その後の最高裁判所決定は，信用金庫の会員が理事を相手取り，理事としての善管注意義務ないし忠実義務に違反して十分な担保を徴せずにした融資によって信用金庫に損害を与えたとして，会員代表訴訟[297]を提起した事案において，「特段の事情とは，文書提出命令の申立人がその対象である貸出稟議書の利用関係において所持者である信用金庫と同一視できる立場に立つ場合をいう」として，会員代表訴訟は「会員が会員としての地位に基づいて理事の信用金庫に対する責任を追及することを許容するものにすぎず，会員として閲覧・謄写することができない書類を信用金庫と同一の立場で利用する地位を付与するものではないから」，会員代表訴訟を提起した会員は信用金庫と同一視できる立場にはないとして，特段の事情を認めずに，原則どおり自己専利用文書に

---

[295] 小島＝小林・基本演習 155 頁以下，山本和彦「銀行の貸出稟議書に対する文書提出命令」NBL 679 号（1999 年）9 頁など参照。その後の理論状況を包括的に分析するものとして，中島弘雅「文書提出義務の一般義務化と除外文書」福永古稀 409 頁，山本和彦「文書提出義務をめぐる最近の判例について」曹時 58 巻 8 号（2006 年）1 頁，伊藤眞「文書提出義務をめぐる判例法理の形成と展開」判タ 1277 号（2008 年）13 頁，新争点 194 頁〔長谷部由紀子〕など。

[296] 平 11 重判解 125 頁〔大村雅彦　解説〕，小林秀之「貸出稟議書文書提出命令最高裁決定の意義」判タ 1027 号（2000 年）20 頁など。

[297] これは，株式会社における株主代表訴訟に相当する（2005 年改正前の信用金庫法 39 条，旧商 267 条参照）。なお，現在は，会社法の制定にともない，会員代表訴訟は「役員等の責任追及の訴え」に変更された（改正信用金庫法 39 条の 4）。

該当するとして提出義務を否定した（最決平12・12・14民集54巻9号2709頁)[298]。また，経営破綻した信用金庫から営業の全部を譲り受けた株式会社整理回収機構が同信用金庫の貸付先に対する貸金債権等の回収のために提起した訴訟において，経営破綻した金融機関の作成した貸出稟議書については，「自由な意見の表明に支障を来たし，その自由な意思形成が阻害されるおそれがあると考えられない」ことから，自己専利用文書に当たるとはいえない特段の事情があるとして，提出義務を肯定した（最決平13・12・7民集55巻7号1411頁）。

　そのほか，貸出稟議書以外に自己専利用文書該当性が問題となった文書を眺めてみよう。まず，仙台市の議会の会派に所属する議員らが受領した政務調査費に相当する額の不当利得返還請求訴訟において，政務調査報告書に対して文書提出命令の申立てがなされた事案で，最高裁判所は，本件報告書が専ら会派内部にとどめて利用すべき文書とされていること，これが外部に開示されると執行機関や他の会派等の干渉などにより調査研究が阻害されるおそれのあることなどを理由として，自己専利用文書にあたるものと判示した（最決平17・11・10民集59巻9号2503頁）。つぎに，銀行の本部の担当部署から各営業店長等に宛てて発出されたいわゆる社内通達文書であって，一般的な業務遂行上の指針や客観的な業務結果報告を記載したものについて，最高裁判所は，取引先の顧客の信用情報や銀行の高度なノウハウに関する記載は含まれておらず，その作成目的は業務遂行上の指針等を銀行の各営業店長等に周知徹底することにあることからすると，当該文書は自己専利用文書にはあたらないと判示して，その提出義務を肯定した（最決平18・2・17民集60巻2号496頁)[299][300]。また，介護サービス事業者が介護給付費等の請求のために審査支払機関に伝送する情報を利用者の個人情報を除いて一覧表にまとめた文書（「サービス種類別利用チェックリスト」）について，最高裁判所は，介護給付費等を審査支払機関に請求するため

---

[298] なお，本決定には，代表訴訟では提出義務があるとする反対意見（町田裁判官による）がある。結論同旨のものとして，高橋・重点講義下167頁など。

[299] 本決定の基本事件は，当該銀行が消費貸借契約および連帯保証契約に基づいて合計11億円余りの貸金および連帯保証金の返還等を訴求したものであり，被告らは，融資一体型変額保険に係る融資契約の錯誤無効等を主張して争い，融資一体型変額保険の勧誘を原告である当該銀行が保険会社と一体となって行っていた事実を証明するためであるとして，本件社内通達文書の提出を求める申立てがなされた。

[300] 本件の社内通達文書は，企業における業務の過程において使用される社内文書である点で貸出稟議書と共通するが，記載内容の点ではより客観的であり，さらに，より多くの人目に触れることが想定されているといえ，開示による不利益は貸出稟議書の場合よりも一般的には小さいと帰結することができる。三木浩一「判批」法研79巻10号（2006年）81頁参照。

に必要な情報をコンピュータに入力することに伴って自動的に作成されるものであって，その内容も利用者の個人情報を除いたものにすぎず，審査支払機関に伝送された情報とは別の新たな情報が付加されているわけではなく，請求者側の控えというべき性質のものにほかならず，第三者への開示が予定されていたものということができ，自己専利用文書に該当しないとして，その提出義務を認めた（最決平19・8・23判タ1252号163頁[301]）。さらに，法令上，資産査定義務を負う金融機関が金融庁の定める検査マニュアルにしたがって，融資先企業の経営状況の把握，同社に対する貸出金の管理および同社の債務者区分の決定等を行う目的で作成し，保管していた自己査定資料一式について，最高裁判所は，相手方が，融資先企業について，前記検査マニュアルに沿って，同社に対して有する債権の資産査定を行う前提となる債務者区分を行うために作成し，事後的検証に備える目的もあって保存した資料であることからすると，「本件文書は，前記資産査定のために必要な資料であり，監督官庁による資産査定に関する前記検査において，資産査定の正確性を裏付ける資料として必要とされているものであるから，相手方自身による利用にとどまらず，相手方以外の者による利用が予定されているものということができる」ので，本件文書は，専ら内部の者の利用に供する目的で作成され，外部の者に開示することが予定されていない文書であるということはできず，自己専利用文書に該当しないとして，その提出義務を認めた（最決平19・11・30民集61巻8号3186頁[302]）。

---

[301] 本決定の基本事件は，介護サービス事業を経営する原告（会社）が，同じく介護サービス事業を行う会社の代表者を被告として，競業避止義務違反などを理由とする不法行為に基づく損害賠償請求訴訟である。原告側の主張によると，被告は原告の取締役であったのに，競業避止義務に違反して介護サービス事業を行う別会社を設立し，原告の従業員を違法に引き抜くとともに，原告の顧客名簿を利用し，原告に関する虚偽の風説を流布するなどして，不正に顧客を奪ったという。そこで，原告は，被告に対して奪われた顧客の特定および損害額の確定のために必要があるとの理由から，被告が所持する被告の作成に係る平成16年3月（被告会社設立時）から同年12月までの間の顧客103名に関する「サービス種類別利用チェックリスト」について文書提出命令を申し立てた。

[302] 本決定の基本事件は，金融機関が融資先企業の経営破綻の可能性の高いことを知りながら，全面的に支援する意思を有しないにもかかわらず，あたかもその意思のあるかのような説明をして融資を実行したとして，融資先企業の取引先が当該金融機関に対して，不法行為に基づく損害賠償を訴求したものであり，当該金融機関の詐欺行為および注意義務違反行為の立証のために必要があるとして，当該金融機関の所持する本件資料の提出を求める申立てが行われた。本決定に対しては，平成11年決定の判断枠組みにしたがった事例判断の一つであると位置付ける見解（林昭一「判批」リマークス38号〔2009年〕125頁）と，文書提出義務の範囲拡大を志向し，平成11年決定の妥当性を問い直す契機を含むと評する見解（越山和広「判批」速報重要判例解説2号〔2008年〕163頁，和田吉弘「判批」法セ639号〔2008年〕115頁，山本和彦「金融機関の

貸出稟議書の自己専利用文書該当性をめぐっては，学説上さまざまな主張がなされている。

まず，(i)立法者と同じく，自己専利用文書該当性を無条件に認める見解（提出義務否定説）がある[303]。つぎに，(ii)原則として自己専利用文書に当たり，その提出義務は否定されるが，例外的に提出義務が認められる場合があるとする見解（限定肯定説）がある。そのうちの第一説は，自然人ないし法人の意思形成過程の自由を保護することが自己専利用文書立法の目的であるとして，そうした意思形成過程で作成される文書か否かを法令上の作成義務等や外部への公開の予定を基準にして判断すべきであるが，ただし，例外的として，団体内部において意思形成が適式になされたか否かが争点となる場合には，稟議書は共通文書の性格を有し，自己専利用文書性が否定されるとし，また，真実発見が過度に犠牲になるおそれのある場合にも自己専利用文書性が否定されて提出義務が認められる場合があるとする[304]。第二説は，個々の事案に応じて自己専利用文書か否かを判断すべきであるとする見解であり，争点判断のための不可欠性や代替証拠の有無，組織運営の著しい障害等の諸ファクターを比較衡量して決すべきであるとする[305]。さらに，(iii)自己専利用文書該当性を否定し，その提出義務を広く肯定する見解（提出義務肯定説）がある[306]。

自己査定資料の文書提出命令——最決平成 19 年 11 月 30 日について——」銀法 685 号〔2008年〕5 頁）がある。

303) 中野・解説 53 頁，高橋・論考 205 頁〔高橋旧説〕など。
304) 新堂・展開 225 頁，並木茂「銀行の融資稟議書は文書提出命令の対象となるか(上)(下)」金法 1561 号（1999 年）38 頁・1562 号（1999 年）36 頁など。
305) 新堂 547 頁，伊藤眞「文書提出義務と自己使用文書の意義」法協 114 巻 12 号（1997 年）1453 頁，伊藤眞「自己使用文書としての訴訟等準備文書と文書提出義務」佐々木追悼 415 頁，伊藤 387 頁，高橋宏志「自己専利用文書」石川古稀下 53 頁，高橋・重点講義下 157-158 頁，梅本 853 頁，基本コンメ(2)197 頁〔春日偉知郎〕，中野ほか 332 頁〔春日偉知郎〕，三木浩一「自己使用文書」法教 221 号（1999 年）35 頁，長谷部由紀子「内部文書の提出義務——稟議書に対する文書提出命令を否定した最高裁判決の残したもの」新堂古稀下 299 頁，原強「文書提出命令①」新民訴大系(3)110 頁，村上正子「裁判例からみた文書提出拒絶権」筑波法政 30 号（2001 年）83 頁，垣内秀介「自己使用文書に対する文書提出義務免除の根拠」小島古稀上 243 頁・258 頁など。なお，山本克己「銀行の貸出稟議書と『専ら文書の所持者の利用に供するための文書』」金法 1588 号（2000 年）13 頁は，稟議書は自己専利用文書に該当しないとしつつも，その提出命令の申立ては（補充性を充たさなければ，民訴法 221 条 2 項によって却下される場合があるとして，この見解とほぼ同じ結論に至る（これにつき，高橋・重点講義下 166 頁を参照）。
306) 松本＝上野 460 頁〔松本〕。なお，山本和彦「稟議書に対する文書提出命令」NBL 661 号（1999 年）32 頁は，いかなる場合でも外部に出されないことが客観的に認定でき，かつ，それが規範的にも正当化される場合を除いて文書には提出義務があるという原則から出発して，稟議書も原則として提出義務があるとするが，その考え方を「原則積極説」と称するとともに，本文の松本説を無条件積極説とよんで一線を画するが（山本（和）・前掲注 295）NBL 679 号 6 頁，同「代表訴訟における貸出稟議書の提出義務」金法 1613 号〔2001 年〕14 頁など参照），稟議書については，「いかなる場合でも外部に出されないことが客観的に認定でき，かつ，それが規範的にも正当化される場合を除いて」という留保はまずは作動しないものと想定されていると窺われる

自己専利用文書該当性の判断に際しては，社会・経済の発展に伴って複雑・多様化する権利関係をめぐる紛争もさまざまな様相を呈するため，起こり得るあらゆる形態の訴訟において必要となり得る文書をあらかじめ具体的に想定して網羅的に決定することは困難である。そして，一般義務化に踏み切ったという新法の立法趣旨[307]にかんがみるならば，当該文書による事案解明の必要性の程度を個々の事案ごとに判断し，それとプライバシーや営業秘密など当該文書の開示により所持者の被る具体的な不利益とを比較衡量して自己専利用文書性を判断する限定肯定説の考え方が基本的に妥当である。

　利益文書や法律関係文書の概念を広げて一般義務に近づけようとする旧法下の解釈論として，代替証拠の有無などをファクターとする利益衡量によって義務の限定性を緩和しようとする主張がみられたところ[308]，一般義務が立法化された新法下においても，提出義務の範囲を限定するための自己専利用文書性についての解釈論において利益衡量が再び立ちあらわれてくることになるのである。この見解に対しては，利益衡量の一方の要因として当該文書による事案解明の必要性を掲げる点に関して，それは証拠の採否一般の問題である証拠の必要を民訴法220条4号ニの該当性の問題とする無理をおかしているとの批判が寄せられていた[309]。しかし，自己専利用文書性を判断する際の利益衡量の要素としての証拠の必要性は，証拠採否一般の問題としての証拠の必要が肯定されたうえで，さらに自己専利用文書性を否定して提出義務を認めるほどの証拠調べの必要があるか否かを問題とするものであってその平面を異にし，その内実は，代替証拠の不存在など争点解明のための不可欠性ないし必須性とするものをも含む。これを次元を異にする高度の必要性ととらえ，証拠採否一般の問題としての証拠の必要と区別することができよう。証拠採否一般の問題の場合と証拠の強制的な提出を命じる場合とでは，当該文書についての証拠調べを要求する程度に関して差があることは，むしろ当然であろう。

　　として，山本（和）説も松本説と同じ提出義務肯定説であるとみられている（高橋・重点講義下164頁）。なお，山本（和）・前掲注295）曹時58巻8号1頁を参照。
307)　一問一答248頁。
308)　旧法下において，たとえば，1942年のイタリア民事訴訟法による文書提出義務の範囲拡大の試み（C.P.C.§118, §210）を参酌して，証明必要の度合い，文書の性質，代替証拠方法の有無などを考慮して公平の見地から提出義務の範囲を決定するという柔軟な調整方式の提唱など（小島武司「判批」判時584号〔判評134号〕(1970年)14頁，同「法的思考のパラダイムの転換——学問倫理，文書提出命令，会社法務をめぐって」向上璋悦博士追悼論文集『裁判・検察・弁護士の現代的課題』（法学書院，1981年）99頁・110-111頁参照）。
309)　たとえば，山本克己「判批」金法1588号（2000年）16頁など。

以上の基本的観点から最高裁決定を眺めると，まず，貸出稟議書に関して基本的枠組みを示した前掲・最決平11・11・12は，「特段の事情」による調整に比較衡量の要素を看取し得ることから，適切な判断枠組みを指向したものと評価することができよう310)。しかし，この「特段の事情」について，前掲・最決平12・12・14は，申立人が当該文書の利用関係において所持者と同視することができる立場にある場合であるとしたが，そのように利益衡量の場を主体の側面に限定して事足れりとすべきではあるまい311)。「特段の事情」は，代替証拠の不存在などにより争点解明のために当該文書が特に必要であること，すなわち，高度の必要性と，当該文書の開示で所持者が被る不利益などとを比較衡量した結果として認められる当該訴訟に固有の具体的な事情であると解すべきである312)。自己専利用文書か否かという法律の枠組みは，事件横断的に画一的なものとしてとらえるのでは適切でない。なぜなら，事案の解明のために必要な証拠は取り調べるというのが原則的な考え方であって，その例外については総合的判断がなされるべきである。裁判所における事案解明上の不可欠性ないし必須性というコンテクストでは，当事者が開示を予定していたかどうかは，自己専利用文書性の判断とは基本的に関係が薄いというべきであり，そのことをのみもって文書提出命令の限界を画するのは立法上適切とはいえない。当事者が開示を予定していたか否かは，一応の仕切りとして，その一つの着眼点を示したものにすぎない。証拠調べの必要がある以上，より実質的な衡量が必要であり，その際に当事者が開示を予定していたということは，比較衡量の一ファクターとして考慮されるにしても，絶対的なものではなく，むしろ所持者にとっての実質的な不利益と挙証者にとっての必要性の高低とを対比しなが

---

310) 同旨，高橋・重点講義下166頁など。これに対し，前掲・最決平11・11・12は比較衡量説に立っていないとみるのは，松本博之「判批」判時1903号（2005年）203頁，山本浩美「判批」判評579号（判時1959号）（2007年）183頁。

311) 「特段の事情」とは，申立人が当該文書との利用関係で所持者と同一視することのできる立場に立つ場合であるとの本決定の判示は，特段の事情の一般的な定義ではないことは，その後に出された前掲・最決平13・12・7によって明らかにされた（平13重判解125頁〔山本和彦〕，福井章代「判解」最高裁判所判例解説民事篇平成12年度934頁以下，山本（浩）・前掲注310）184頁など）。

312) 高橋・重点講義下166頁，梅本851頁注5など。前掲・最決平12・12・14が前掲・最決平11・11・12を引用するだけで直ちに自己利用文書性を認め，「特段の事情」の検討に入っていることから，これが比較衡量説の考え方と相容れないとの指摘として，平12重判解119頁〔三木浩一〕，高地茂世「判批」法教250号（2001年）115頁，山本（浩）・前掲注310）184頁など。前掲・最決平12・12・14の事案では，結論として提出義務は肯定されよう（高橋・重点講義下166頁参照）。

ら提出義務の有無を決することになる。ここにいう必要性は，代替証拠の存在しない場合などに認められるが，具体的な場合について明確性に欠ける点があるのは否めず，今後の判例の累積のなかで適切な基準が明確になっていくものと期待される。

そのほか，各種の報告書についても，自己専利用文書該当性が問題とされている。たとえば，経営破綻した損害保険相互会社の保険管理人によって，その破綻についての旧役員等の経営責任を明らかにするために設置された弁護士と公認会計士を委員とする調査委員会の作成した調査報告書について，これは「法令上の根拠を有する命令に基づく調査の結果を記載した文書」であって，専ら当該損害保険相互会社の「内部で利用するために作成されたものではな」く，また，調査の目的からみて，当該損害保険相互会社の旧役員等の経営責任とは無関係な「個人のプライバシー等に関する事項が記載されるものではない」として，自己専利用文書にあたらないと判示した最高裁決定がある（最決平16・11・26民集58巻8号2393頁）。また，下級審決定であるが，大学病院の医療事故調査報告書について，これを「医療事故調査委員会報告書」部分と「医療事故事情聴取記録」部分に分けたうえ，後者については「調査の過程で収集された資料であり，そこでは忌憚のない意見や批判もみられるから，これを開示することにより，団体などの自由な意思形成が阻害されるなど，開示によって所持者の側に看過し難い不利益が生ずるおそれがあると認められる」として，自己専利用文書該当性を肯定する一方，前者については「委員会としての最終的な報告，提言を記載したものであり，そこにはこの間になされたであろう提言に係る議論など委員会内部の意思形成の過程のそこでの意見などが記載された箇所は存在しない」として，自己専利用文書該当性を否定してその提出を命じる裁判例がある（東京高決平15・7・15判時1842号57頁）[313]。さらに，製造者の所持する「製品に関するクレーム報告書」や「社内用の製品事故報告書」などの文書についても，自己専利用文書性が問題となるが，それらは製造者の負う製品の安全性確保義務にかかわる文書であり，製造者と製品購入者との間の法律関係にかかわる文書であるといえ，自己専利用文書にはあたらないというべ

---

313) 本決定に対しては，後者の部分（「医療事故事情聴取記録」）は，診療関係という法律関係に関する文書であり，医療事故の経過や事後処置など具体的な事件の事実に関するもので，医療過誤の説明義務の履行にかかわる重要な文書であり，所持者側の情報独占が許される性質の文書ではないこと，団体等の意思形成の事由との関係はそもそも希薄であること，そして，前者の部分（「医療事故調査委員会報告書」）の評価のためには後者の部分が必要であることから，文書全体が自己専利用文書に当たらないとする反対がある（松本＝上野462頁〔松本〕）。

きである[314]。

　仙台市議会の議員がその所属会派に交付された政務調査費によって費用を支弁して実施した調査研究の内容および経費の内訳を記載して当該会派に提出した調査研究報告書およびその添付書類について，最高裁判所は，前掲・最決平11・11・12の判断枠組みにしたがって，本件各文書は，仙台市政務調査費の交付に関する条例（平成13年仙台市条例第33号）の委任に基づいて議長が定めた「仙台市政務調査費の交付に関する要綱」にそって作成され，「各会派に提出された調査研究報告書及びその添付書類であるというのであるから，専ら所持者である相手方ら各自の内部の者利用に供する目的で作成され，外部の者に開示することが予定されていない文書であると認められ」，また，「本件各文書が開示された場合には，所持者である相手方ら及びそれに所属する議員の調査研究が執行機関，他の会派等の干渉等によって阻害されるおそれがあるものというべきである。加えて……本件各文書には調査研究に協力するなどした第三者の氏名，意見等が記載されている蓋然性があるというのであるから，これが開示されると，調査研究への協力が得られにくくなって以後の調査研究に支障が生ずるばかりか，その第三者のプライバシーが侵害されるなどのおそれもあるものというべきである」として，「本件各文書の開示によって相手方ら各自の側に看過し難い不利益が生ずるおそれがあると認められる」と判示して，自己専利用文書該当性を認めた（最決平17・11・10民集59巻9号2503頁[315]）。確かに，開示によって所持者に及ぶ不利益は判示のとおりであろうが，自己専利用文書性の判断に際しては，そうした不利益性と争点解明にとっての当該文書の必要性との比較衡量が重要であり，当該訴訟における事案解明の必要性をより具体的に検討しなければならないであろう。この点において，司法的熟慮と英知が切に求められるのであり，その内実は社会的信頼の要となろう。

　法は，公務員が公務遂行過程で自己利用のために作成した文書で，国または地方公共団体が所持するもののうち，公務員が組織的に用いるものについて，

---

314)　松本＝上野461頁〔松本〕。
315)　本決定の多数意見に対しては，本件調査研究報告書の自己専利用文書性を否定する横尾和子裁判官の反対意見が付されている。その理由として，調査研究報告書は法令により作成が義務付けられた文書であり，また，会派の外部者である議長の検査の対象となり得る文書として規定されており，専ら文書の所持者の利用に供する目的で作成され，外部の者に開示することが予定されていない文書にはあたらないことが挙げられている。なお，松本＝上野460頁〔松本〕も，本決定の多数意見は，政務調査費の使途を透明にすべく法令が報告書の作成を義務付けていることに反するといい，梅本852頁も，法令により会派の外部者である議長による検査権限の対象となっていることから，多数意見には疑問があり，横尾裁判官の意見を支持するという。

その自己専利用文書該当性は認められないことを明らかにしている（220条4号ニ括弧書き）。そうすると，国または地方公共団体が所持者である文書は，会議の議事録や調査報告書のように第三者への交付または第三者の閲覧を予定していなくとも，公務員が組織的に用いるものであれば，自己専利用文書性を否定されることになる[316]。

なお，アメリカ法のワークプロダクトの法理（訴訟準備活動成果秘匿法理）をわが国においても肯定し，それに基づく文書を自己専利用文書の亜種として位置付けるべきであるとの提言がなされているが，これは今後別個に検討すべき課題であるといえよう[317]。

(d-4) 刑事訴訟記録等（220条4号ホ）

④刑事事件に係る訴訟に関する書類もしくは少年の保護事件の記録またはこれらの事件において押収されている文書は，その提出が免除される。これを規定した2001年改正民事訴訟法は，その附則において施行後3年を目途として必要な措置を講ずるものとしていたが，修正を行うには至らなかった[318]。

本条号によって，刑事訴訟記録等が重要な証拠を提供する訴訟（たとえば，違法捜査による国家賠償請求訴訟など）の追行が不当に困難になってはならず，訴訟に関する書類の原則公開禁止を定める刑訴法47条本文に対して，「公益上の必要その他の事由があって相当と認められる場合」には，その例外が認められるとする同条但書との関係を明らかにするのが判例の課題である。この点，判例は，民事訴訟における文書提出の必要性を「公益上の必要」がある場合であると認め（最決平12・12・21刑月47巻12号3627頁），刑訴法47条は訴訟に関係する書類を公にするか否かの判断をその保管者の合理的裁量に委ねているところ，裁判所は，保管者による提出の拒絶が裁量権の範囲を逸脱し，または，裁量権の濫用に当たると判断する場合に限って，民訴法220条3号に基づいてその提出を命じることができると判示する（最決平16・5・25民集58巻5号1135頁〔百選4版70事件〕[319]，最決平17・7・22民集59巻6号1837頁[320]）。

---

316) 松本＝上野462頁〔松本〕。
317) 伊藤眞「自己使用文書としての訴訟等準備文書と文書提出義務」佐々木追悼415頁，村上正子「裁判例からみた文書提出拒絶権」筑波（2001年）79頁，高橋・重点講義下169頁など。
318) その背景につき，松本＝上野463-464頁〔松本〕を参照。
319) 本決定は，この裁量権の範囲の逸脱または濫用の判断に際して考慮すべきファクターとして，民事訴訟における当該文書を取り調べる必要性の有無，程度，当該文書が開示されることによる弊害（被告人，被疑者および関係者の名誉，プライヴァシーが侵害されたり，公序良俗が害されることになったり，または，捜査，刑事裁判が不当な影響を受けたりするなどの弊害）発生のおそれの有無等の諸般の事情を挙げる。ちなみに，本件事案は，火災保険会社XがYに対して，

(4) 文書提出命令の手続

(a) 文書提出命令の申立て——文書の特定に必要な情報の開示——

文書提出命令の申立ては，①文書の表示，②文書の趣旨，③文書の所持者，④証明すべき事実，そして，⑤文書の提出義務の原因を明らかにして（221条1項），書面で行うことを要する（規140条1項）。

もっとも，申立人は文書の内容を正確に了知しているとは限らず，①文書の表示および②文書の趣旨を明らかにすることが著しく困難であるという事態がしばしば生じ得る。そこで，そうした場合，申立人は，それらの事項に代えて，文書の所持者がその申立てにかかる文書を識別することができる事項を明らかにして文書提出命令の申立てを行うことが許される。この申立てに際して，申立人は，裁判所に対して，文書の所持者に①文書の表示および②文書の趣旨を明らかにすることを求めるよう申し出ることを要する（222条1項）。この申出があったときは，裁判所は，文書提出命令の申立てに理由がないことが明らかな場合を除き，文書の所持者に対して，①文書の表示および②文書の趣旨を明らかにすることを求めることができる（222条2項）。

(b) 4号提出免除事由の審理——イン・カメラ手続（非公開審理手続）——

裁判所は，文書提出命令申立てに理由があると認めるときは，決定で，文書の所持者に対しその提出を命じる（223条1項）。当該文書が民訴法220条4号イからニまでに掲げる文書のいずれかに該当するかどうかを判断するために必要があると認めるときは，裁判所は，文書の所持者にその提示をさせることができる（223条6項前段）。これは，裁判所が提出命令の是非について判断するための提出であることから，文書の内容が漏れないような形で審理をする必要があり，「何人も，その提示された文書の開示を求めることができない」旨の規定が置かれている（同条同項後段）[321]。これは，イン・カメラ（in camera）手続ないし非公開審理手続とよばれる。

この提示は証拠調べの方法として行われるわけではないため，提出義務が否定された

Yらが共謀して故意に交通事故を作出し，Xから保険金を詐取したと主張して，不法行為に基づく損害賠償訴訟において，Yが検察官の保管する検察官または司法警察員に対する各供述調書のうち，Yを被告人とする詐欺等被告事件の公判に提出されなかったものにつき，文書提出命令の申立てをしたというものである。

320) 本件は，警察官の行った捜索差押えが違法であることを理由として提起された国家賠償訴訟において，当該捜索差押えにかかる捜索差押令状請求書および捜索差押許可状について文書提出命令の申立てが行われたというものである。

321) これに対し，特許法上の文書提出命令（特許105条1項。特許権または専用実施権の侵害にかかる訴訟において当該侵害行為の立証または損害の計算のために必要な書類の提出を命ずる）におけるイン・カメラ手続（同条2項）の場合には，提出を拒絶する正当な理由の有無の判断に際して，当事者等に開示してその意見を聴くことができる（同条3項）。

ときは，裁判官は事実上の心証形成を行ってはならず[322]，また，提出義務が肯定されたときは，改めて書証としての取調べをしなければならない[323]。

(c) 文書提出命令の申立てに対する裁判

文書提出命令の申立てに対して，裁判所は，その適否および当否について審理・判断することを要する。民訴法221条1項各号のうち，明らかにされていない事項があれば，裁判所は，決定で申立てを却下する。また，当該文書を取り調べる必要がない場合や，提出義務が存在しない場合にも，申立ては却下される。相手方が文書の所持または提出義務の存在を争う場合，その相手方が訴訟当事者であって，口頭弁論において文書提出命令が申し立てられたのであれば，この者には口頭弁論における陳述の機会が与えられ，また，相手方が訴外の第三者であれば，この者に対する審尋を行い（223条2項），その手続関与の機会を保障することになる。

証拠調べの必要性の判断は裁判所の裁量事項であることから，取調べの必要がないとして申立てを却下する決定に対して，申立人は，不服申立てをすることができない（最決平12・3・10民集54巻3号1073頁）。これに対し，提出義務を否定して申立てを却下する決定に対しては，申立人は，即時抗告により不服を申し立てることができる（223条4項）。なお，この即時抗告前に裁判所が口頭弁論を終結した場合，最高裁判所は，申立て却下決定に対する不服申立ては控訴によるべきであり，口頭弁論終結後の即時抗告は不適法であるとする（最決平13・4・26判時1750号101頁）[324]。

裁判所は，文書提出命令の申立てに理由があると判断するときは，決定で文

---

[322] もっとも，イン・カメラ手続は，当事者に手続保障を与えずに裁判官が心証を形成するおそれを払拭することができないことから，立法の過程で提案されたように受訴裁判所の裁判官以外の裁判官または検査人がイン・カメラ手続を担当する道を用意しておくべきであるとの立法論が提唱されており（高橋・重点講義下174頁，松本＝上野469頁〔松本〕，三木浩一「文書提出命令の発令手続における文書の特定」石川古稀下139頁），傾聴に値する。また，イン・カメラ手続に先立って，ヴォーン手続（Vaughn procedure）を実施すべきであるとの提言がある（三木浩一「文書提出命令の申立ておよび審理手続」講座新民訴Ⅱ88頁，同・前掲注301）「判批」83頁，小林・新証拠308頁など参照）。ヴォーン手続は，アメリカの情報自由法に関する訴訟において確立された審理手続であり，そこでは特定の情報について非開示事由の存否が判断され，非開示とされた情報と非開示とする理由に関する項目別のインデックス（これは「ヴォーン・インデックス」とよばれる）が作成される。

[323] イン・カメラ手続による審理の例として，東京高決平10・7・16金判1055号39頁がある。伊藤眞「インカメラ手続の光と影――東京高裁平成10年7月16日決定を素材として」新堂古稀下196頁参照。

[324] 反対，松本＝上野471頁〔松本〕。

書の所持者に対してその提出を命じる（223条1項前段）。この決定に対して，所持者である当事者または第三者は，即時抗告を提起することができる（223条4項）325)。文書に取り調べる必要がないと認める部分または提出の義務があると認めることができない部分があるとき，裁判所は，その部分を除いて，一部提出の命令をすることができる（223条1項後段）。

　近時，このほかにも，文書に含まれる秘密事項が不必要に開示されないよう，裁判所の訴訟指揮によって，提出された文書を閲覧することのできる者の範囲を限定したり，文書の謄写などの方法を制限したりするなどの措置を定めることも行われている326)。

(5) 文書提出命令違反の効果

　第三者が提出命令に従わないときは，20万円以下の過料が科される（225条1項）。この決定に対して，即時抗告をすることができる（同条2項）。

　これに対し，当事者が提出命令にしたがわないとき，相手方の使用を妨げる目的で文書を滅失させたとき，その他これを使用することができないようにしたときは，裁判所は，「当該文書の記載に関する相手方の主張」，つまり，文書の内容に関する挙証者の主張を真実と認めることができる（224条1項2項）。この場合において，相手方が，当該文書の記載に関して具体的な主張をすること，および，当該文書により証明すべき事実を他の証拠により証明することが著しく困難であるときは，裁判所は，「その事実に関する相手方の主張」，つまり，要証事実に関する挙証者の主張を真実と認めることができる（224条3項）。ここで真実と認めることができるのは，文書の性質・内容についての相手方の主張に加えて，文書により証明すべき事実に関する相手方の主張までを含む。これは，後者まで認めると文書が提出された場合よりも挙証者が有利となって不合理であるとして，これを否定していた旧法下の判例（最判昭31・9・28裁判集民23号282頁）・通説327)に対して，文書提出命令の申立てを認める決定の不遵守は，いわば証明妨害であり，これに対する強力な対抗策として，当該文書により証明しようとする事実に関する主張を真実と認めるべきであるとの有力説328)が新法によって採用された。これは文書提出命令の実効性を確保すると

---

325)　第三者が所持者のとき，当事者は即時抗告をすることができない前掲・最決平12・12・14。
326)　東京高判平9・5・20判時1601号143頁，東京地決平9・7・22判時1627号141頁，東京地決平10・7・31判時1658号178頁。
327)　菊井＝村松Ⅱ631頁など。
328)　東京高判昭54・10・18下民集33巻5-8号1031頁，竹下守夫「模索的証明と文書提出命令違反の効果」吉川追悼下183頁，条解1068頁〔松浦馨〕，小林秀之「文書提出命令をめぐる最近の判例の動向（三）」判評267号（1981年）146頁など。

いう狙いから，事実認定において自由心証を制限するもので，強力である。

(6) 文書送付嘱託

訴訟当事者は，文書の所持者にその送付を嘱託することを裁判所に対して申し立てることができる（226条本文）。文書送付嘱託は，受訴裁判所が決定し，裁判所書記官が行う（規31条2項）[329]。嘱託先が私人の場合には，これに応じる義務はないが，国家機関，公務員，または，これに準じる者である場合には，公法上の義務としてこれに応じなければならないが[330]，たとえ応じなかったとしても制裁措置は設けられていない[331]。

文書送付嘱託は，文書提出義務とは異なるものであり，提出義務を負う者に対する送付嘱託申立ても可能である。もっとも，不動産登記簿や戸籍簿の謄抄本のごとく当事者が法令により文書の正本または謄本の交付を求め得る場合には，送付嘱託を求める利益を欠き，送付嘱託の申立ては許されない（226条但書）。また，受訴裁判所および受訴裁判所が属する官署としての裁判所が保管する他の事件の訴訟記録について書証の申請をする場合には，当事者は，送付嘱託の手続によることなく，受訴裁判所に対して当該記録の提出を請求すれば足りる[332]。ただし，記録の閲覧謄写が制限される場合には，その提出も制限される[333]。

送付嘱託の申立てに際しては，文書を特定し，証明すべき事実を明らかにすることを要する（221条1項類推）。送付嘱託を申し立てた当事者は，送付された文書について改めて書証の申出をする必要のないのが通常であろうが，実務上，ある程度包括的に送付嘱託を申し立て，送付された文書から必要な部分のみを書証として提出することもあ

---

329) 旧法下においては，嘱託の手続は裁判長によって行われた（旧130条2項）。

330) 東京地判昭50・2・24判時789号61頁。なお，公務員が守秘義務を負う事項（国公100条など）については嘱託に応じる必要はないが，そうでない限り，嘱託先は適切な対応をしなければならないであろう（たとえば，この点は梅本859頁に掲載の公正取引委員会の定めた要領につき，最高裁判所事務総局行政局監修『〈独占禁止法関係訴訟執務資料〉行政裁判資料76号』〔2001年〕212頁以下を，厚生労働省の通達につき，上村考由＝中澤信彦「労災関係資料の文書送付嘱託等における取扱いについて」民事法情報189号〔2002年〕25頁を，それぞれ参照）。

331) なお，文書送付嘱託などの裁判所による情報収集（その他，調査の嘱託〔186条，家審規8条〕，照会〔刑訴279条，医療観察24条3項〕，家裁調査官による事実の調査〔家審規7条の2〕）は，個人情報保護との緊張関係を生じ得るが，予め本人の同意なしに第三者に提供することができる「法令に基づく場合」（個人情報23条1項1号）に該当し，本人の同意や嘱託の目的・必要性について書面を提出する必要はない（最高裁判所事務総局総務局第一課文書総合調整係発・各府省等行政機関等個人情報保護法担当官宛「裁判所における個人情報保護に関する問題事例について（依頼）」〔平成18年7月4日〕参照）。

332) 大判昭7・4・19民集11巻671頁，法律実務(4)291頁，菊井＝村松Ⅱ636頁，注釈民訴(7)141頁〔田邊誠〕など。これに対して，他の官署としての裁判所の保管する訴訟記録については，当事者に謄本等の交付請求が許されることから，送付嘱託は認められない（伊藤400頁）。

333) 伊藤400頁など参照。

る[334]。文書送付嘱託の申立ては，期日外でもすることができる（180条2項）。

(7) 書証の手続

書証の申出は，挙証者が文書を所持する場合には，これを提出して行い，相手方当事者または第三者が所持する場合には，文書提出命令を申し立てることによって行う（219条）。

文書の提出または送付は，原本，正本または認証ある謄本でしなければならない。裁判所は，原本の提出または送付を命じることもできる（規143条1項2項）。これらの写しである認証のない謄本の提出による書証の申出も，有効であると解される[335]。

文書提出命令の申立てにおける文書の特定は，文書の表示，文書の趣旨，文書の所持者，証明すべき事実および文書提出義務の原因を明らかにすることによって行われる（221条）。

文書の表示またはその趣旨を明らかにすることが著しく困難であるときは，その申立て時においては，これらの事項に代えて，文書の所持者がその申立てにかかる文書を識別することができる事項を明らかにすれば足り，文書の所持者に対しこれらの事項を明らかにすることを求めるよう，裁判所に申し出なければならない（222条1項）。この場合，裁判所は，文書提出命令の申立てに理由がないことが明らかな場合を除き，文書の所持者に対し，これらの事項を明らかにすることを求めることできる（222条2項）。もっとも，これには強制の要素がないので，文書の所持者がこれに応じない場合，当事者としては，当該所持者を証人尋問するなどして文書特定の手がかりを得ることもあり得ようが，裁判所としては，特定の程度を緩やかに解して，文書提出命令を発することもできよう[336]。これは，文書提出命令申立て時における文書特定の水準を下げて，文書提出命令の申立てを容易にするための措置である。

(8) 準書証——新種証拠の取扱い——

文書は，文字またはこれに代わる符号の組合せによって思想を表現するもの

---

334) 最判昭45・12・4裁判集民101号627頁（申立人の期日不出頭を理由に送付された文書を取り調べなかったことを適法と判示した），菊井＝村松Ⅱ635頁，梅本863頁など。これに対して，伊藤400頁注416は，理論的には疑問があるというが，これは原則として許容範囲内であろう。

335) 東京地判平2・10・5判時1634号3頁は，「証拠調べの対象となる文書を原本ではなく写しそれ自体とする趣旨のもとに，写しそれ自体を提出して書証の申出をすることは，当該写しが民事訴訟法322条1項（現行規143条1項）所定の「原本」（いわば「手続上の原本」というべきもの）であるから，当然に許容されるべきものである。この場合は，証拠調べの対象となるのは，当該写し自体であり，当該写し自体の成立につき，当事者間に争いがない場合又は証明がある場合に，当該写しに形式的証拠力が与えられることになる。」と判示しており，通説の支持するところでもある。

336) 中野・解説54頁，新堂574頁など。

であるところ，図面，写真，録音テープ，ビデオテープ，その他情報を表すために作成された物件であって，文書でないものについては，本来検証物であるが，文書に準ずる性質を有することから，書証の手続によって取り調べるものとされる（231条，規147条）。旧法下では，録音テープやビデオテープの取調べ方法については見解の対立があったところ，新法は，これらが電磁的符号の組合せを用いて音声や映像を記録するものであり，それが思想を表現するときには，文書に準ずる性質をもつと考えられることから，文書に準じた取扱いをするものとした[337]。

こうした準文書の取調べ（準書証）の方法は，法廷におけるテープの再生ないし上映によって行う。これは，文書の閲読に相当するものであり，この方法で証拠調べを申請するには，証拠説明書に通常の記載事項（文書の標目，作成者および立証趣旨）に加え，録音の対象，日時・場所をも明記する必要がある（規149条1項）。その際，相手方に対して内容説明書面が直送され（同条2項），その説明内容について意見のあるときは，相手方は意見書を裁判所に提出しなければならない（同条3項）。録音テープ等の反訳文書を文書（原本）として申請した当事者は，当該録音テープ等の複製物を交付するよう相手方が要求した場合には，これに応じなければならない（規144条）。

コンピュータ用磁気テープ，磁気ディスク，光ディスク，フラッシュメモリ等新種記録媒体に入力された情報（コンピュータ・データ）は，裁判所において容易に再生できないものもあり，その証拠調べの方法については鑑定や検証をせざるを得ない場合もあるが，新法は規定を置いていない[338]。そこで，この点は，依然として解釈に委ねられることになり，現在，検証説と書証説が主張されている。

確かに，コンピュータ・データは，内容の改変が可能であり，その形式的証拠力を裁判官の視覚によって判断することができず，文書の真正についての推定規定も適合しないことから，検証の方法によるべきであるとも考えられるが，証拠調べの目的はあくまで記録された思想の認識にあることから，書証の方法によるべきであり，内容改変等の問題については別個に考えるのが適切であろう。書証説に立つと，文書の原本をコンピュータ・データ自体とみて，プリントアウトされた印刷媒体を謄本とするか，あるいは，印刷媒体を原本とみるかという点でさらに対立があるところ，後者の見解（新書証説）に依拠し，印刷媒

---

[337] 一問一答277頁。なお，録音された音声の性状検査は，検証手続による（松本＝上野472頁〔松本〕など）。

[338] 一問一答277頁。

体の真正が争われる場合には，情報管理者を作成名義人として証人尋問を実施したり，プリントアウトのやり直しやコンピュータ自体の検証または鑑定をしたり[339]，あるいは，記録媒体上の情報と文書の記載内容の同一性などについて，文書の実質的証拠力に影響し得る補助事実として，必要に応じて検証または鑑定を実施したり[340]といった方法がある。その媒体は，科学技術の進歩とともに絶えず変転を遂げていくが，思想の伝達という事柄は本質的に変わらないのであって，形が変化しようとも書証として扱い，その形態に応じた適切な取扱いがなされることになる。

5 検　　証

検証とは，事物や人体の性状につき，裁判所が裁判官の五感によって直接に証拠資料を獲得する証拠調べをいう[341]。たとえば，同じく文書について，その形状や筆跡を対象とするのが検証であって，その記載内容である思想を対象とするのが書証であり，また，同じく人について，その身体の形状などを対象とするのが検証であって，その認識を対象とするのが証人尋問である。検証の対象を検証物ないし「検証の目的」（232 条 1 項）というが，その提示義務は，一般義務であると解される[342]。

検証の手続は，おおむね書証のそれに準じる（232 条 1 項）[343]。検証の申出は，当事者が証明すべき事実およびこれと検証物との関係を明示したうえ（規 99 条 1 項），検証の目的を表示してこれを行う（規 150 条）。申出者が目的物を所持していない場合には，検証物の提示に代えて，所持者に対する検証物の提示，検証受忍，または，検証物送付嘱託等を申し立てる。裁判所は，検証の必要があると認めるときは，決定をもって所持者に対する検証物提示命令，検証受忍命令等を発する（232 条 1 項・223 条 1 項）。これらの命令にしたがわない所持者に対

---

339) 小林・新証拠 27 頁。
340) 伊藤 374 頁。さらに，新法制定とともに公証人法の一部改正で導入された宣誓供述書（公証 58 条の 2）の補完的機能に着目し，プリントアウトされた印刷媒体，さらに符号化した文書について，担当者が資格を明示した上で署名して宣誓供述書とすることで，刑事罰（同法 60 条の 5）に裏付けられた証拠調べ手続によるべきであるとの見解もある（「《シンポジウム》民事訴訟法改正と公証制度」公証法学 25 号（1996 年）54 頁〔梅本吉彦 報告〕，梅本 861 頁注 3）。
341) 証拠調べとしての検証のほかに，釈明処分としての検証（151 条 1 項 5 号）や証拠保全としての検証（234 条）がある。
342) 検証は，人の思想や報告ではなく，目的物の物理的状態を調べるものであることから，検証受忍義務を制限すべき合理的理由は見当たらないとして，これを証人義務に類した一般義務と解するのが通説である。注釈民訴(7)209 頁〔加藤新太郎〕，松本＝上野 474 頁〔松本〕など参照。
343) 旧法下のものであるが，検証手続については，鈴木信幸＝山田忠克『〈裁判所書記官実務研究報告書 14 巻 1 号〉民事検証の手続と調書』（法曹会，1976 年）を参照。

する制裁については，文書提出命令の場合と同様であり（232条1項・223条4項・232条2項），その際にイン・カメラ手続が用いられることも同じである（232条1項・223条3項）。

裁判所または受命裁判官もしくは受託裁判官は，検証にあたり，専門的知見や意見が必要であると認めるときは，鑑定を命ずることができる（233条）。

正当な事由なくして検証を拒んだときは，当事者は，事実認定上の不利益を受け，また，第三者は過料の制裁を受ける（232条1項2項・224条）。

第6節　訴え提起前における情報・証拠の収集

第1款　訴え提起前における証拠収集処分等

1　提訴予告通知

提訴予告通知とは，訴えを提起しようとする者（「通知者」）がその訴えの相手方となるべき者（「被通知者」）に対して，訴え提起を予告する書面による通知をいう。提訴前の照会および提訴前の証拠収集処分の要件として，この予告通知が要求されている（132条の2第1項・132条の4第1項）。その趣旨は，訴え提起の蓋然性とその準備のための証拠収集の必要性を示すことを要求して，提訴前の証拠等の収集手続の濫用防止をはかることにある。

予告通知の書面に記載すべき内容は，提起しようとする訴えにかかる請求の要旨および紛争の要点である（132条の2第3項）。訴状作成のために提訴前の証拠等の収集を行う必要もあると考えられることから，予告通知書面の記載は訴状よりも概括的でよい。その程度については運用の妙により，その精度を上げれば，相手方保護にはなるが，提訴前という意味が失われるという相関関係にあり[344]，中立の調和ということは期しがたいことから，いずれの方向を目指すかの基本姿勢の選択を意識する必要があろう。

なお，公平の見地から，提訴前の証拠収集処分等の利用は，予告通知者側だけでなく，被予告通知者側にも，書面による予告通知に対し返答することが要件とされている（132条の3第1項・132条の4第1項）。

2　訴え提起前の照会

提訴予告通知がなされると，予告通知者または被予告通知者（書面による予告通知に対する返答が前提）は，予告通知の日から4月以内に限り，訴えを提起した場合における主張・立証の準備に明らかに必要な事項について，相手方に対して，相当の期間を定めて書面で照会することができる（132条の2第1項・第4項，

---

344)　高橋・重点講義下70頁。

132条の3第1項)。この照会は，予告通知により，訴え提起前において当事者となるべき者の間に生じた関係を前提として，必要な情報の収集を適切に行うために，訴え提起後の当事者照会(163条)に準じて設けられた照会制度である。

照会が必要な限りで適切に運用されるように，照会事項は限定されている(132条の2第1項但書・第2項，132条の3第1項)。その限定は，一定の除外事由を掲げるという仕方をとっており，①訴え提起後の当事者照会の除外事由(163条各号)の存在に加えて，②相手方または第三者の私生活上の秘密に関する事項であって，回答者が社会生活を営むのに支障を生ずるおそれがあること，および，③相手方または第三者の営業秘密に関する事項(不正競争2条6項)についての照会であることが定められており，提訴後の当事者照会に比べより限定的である。これは，訴え提起前の照会手続には裁判所が関与しないため，照会を受けた者の利益が不当に害される濫用のおそれがあること，また，結果的には提訴されないといった事態もあり得ることに配慮したものである。

なお，不当な回答拒否に対する制裁や濫用的な照会に対する救済などが予定されていないことは，訴え提起後の当事者照会の場合と同じであり，訴え提起前の照会の場合も，回答の義務性は希薄にならざるを得ない[345]。

3 訴え提起前の証拠収集処分

(1) 意　義

提訴予告通知がなされると，予告通知者または被予告通知者(書面による予告通知に対する返答が前提)は，当該予告通知がなされた訴えが提起された場合，立証のために必要となることが明らかな証拠を自ら収集することが困難と認められるときは，裁判所に対して証拠収集の処分を申し立てることができる。この場合，裁判所は，相手方の意見を聴いたうえで，訴え提起前に証拠収集の処分をすることができる(132条の4第1項)。これは，あくまで証拠を収集するための処分であって，ドイツ法の「独立証拠調べ」とは異なり，提訴前に証拠調べを行うものではない。

(2) 要　件

訴え提起前の証拠収集処分を申し立てるためには，以下の要件が定められている。①申し立てられた証拠収集の処分により収集しようとしている証拠となるべきものが，将来，訴えが提起された場合の立証に必要であることが明らかであること，②申立人がその証拠となるべきものを自ら収集することが困難であること，③予告通知がされた日から4月を経過していないこと(相手方の同意があれば，この限りでない)，④証拠収集に要すべき時間または嘱託を受けるべき

---

[345] 松本＝上野 196 頁〔松本〕など。もっとも，不法行為責任など民事上の責任を問うことはもちろんである。一問一答・平15改正 38 頁など。

者の負担が不相当なものとなることその他の事情により，処分をすることが相当でないと認められる場合に該当しないこと，である（132条の4第1項）。

(3) 処分の内容

この制度は提訴前における証拠収集を一般的に認めるものではない。認められる処分は，文書送付嘱託，調査嘱託，専門家による意見陳述の嘱託，および，執行官による現況調査の四つに限られる（同条同項各号）。これらの処分によって，事実関係についての関係人の認識が深まり，訴えを提起すべきか否かの決断が容易になり，また，和解の機運が高まって，ひいては充実した迅速な審理が可能になるものと期待される。

(a) 文書送付嘱託（同条同項1号）

文書送付嘱託は，提訴後における文書送付の嘱託（226条）と同じく，裁判所が予告通知者等の申立てに基づいて，文書（写真・ビデオテープなど準文書〔231条〕を含む）の所持者に対して，その送付の嘱託を行うものである。

たとえば，医事関係事件の提訴前に，問題の治療行為の行われた後に転院した場合には，その転院先の病院に対して診療録等の送付を嘱託することができる。

(b) 調査嘱託（同条同項2号）

調査嘱託は，予告通知者等の申立てに基づいて，裁判所が内外の官公署，学校，商工会議所，取引所その他の団体に必要な調査の嘱託を行うものである。

たとえば，訴えを提起する前に，弁済の有無が争われている場合に，第三者である銀行に対して銀行振込みの有無について調査を嘱託したり，文書偽造が焦点となっている場合に，市町村に対して印鑑登録の有無について調査を嘱託したりすることができる。

(c) 専門家による意見陳述の嘱託（同条同項3号）

意見陳述の嘱託は，予告通知者等の申立てに基づいて，裁判所が専門家にその専門的な知識経験に基づく意見の陳述を嘱託するものである。その狙いは，専門家による専門的知見を補充することで，専門事件における争点整理の困難性を提訴前に予め払拭しておくことで，事件の見通しをよくして計画的審理の推進に役立てたり，和解の機運を高めたりすることにある。

たとえば，建物の瑕疵の存在に争いはないが，その修補費用について専門家の意見を求めたり，土地境界紛争において土地家屋調査士に土地の図面の作成を嘱託したりすることができる。

(d) 執行官による現況調査（同条同項4号）

現況調査は，予告通知者等の申立てに基づいて，裁判所が執行官に対し，物の形状，占有関係その他の現況について調査を命じるものである。紛争現場の

状況についての認識が関係者間で食い違って争点が拡大する事態が散見されることにかんがみ，執行官の調査によって事実認識を共通のものとすることにより，争点の拡大を防止し，さらには事件の見通しをつけることなどを狙いとする。

　たとえば，建築瑕疵をめぐる紛争において当該建物の現況調査を命じたり，境界紛争において付近の現況調査を命じたりすることができる。

　上記の提訴前証拠収集処分として認められたⒶ文書送付嘱託とⒷ調査嘱託は，従前より認められている提訴後の文書送付嘱託（226条）および調査嘱託（186条）がそのまま提訴前に前倒しになったものとみてよいかは問題である。

　Ⓐ　文書送付嘱託については，提訴後の文書送付嘱託の制度（226条）が提訴前にも前倒しになったものとみてよい。提訴前証拠収集処分は，あくまで証拠の収集手続にとどまり，証拠とするには当事者の援用を要するところ，提訴後の文書送付嘱託の場合も，送付された文書を証拠とするには，当事者が書証として提出するという扱いがなされていることがその根拠である。

　Ⓑ　調査嘱託については，提訴後の調査嘱託（186条）は異なり，これが時間的に前倒しされたものとはいえない。実務上，提訴後においては調査報告書を証拠資料とするためには，当事者の援用を要せず，裁判所が口頭弁論において顕出して当事者に意見陳述の機会を付与すれば足りるものとされているのが，その理由である（最判昭45・3・26民集24巻3号165頁）。

第2款　証 拠 保 全

1　証拠保全の意義

　あらかじめ証拠調べをしておかなければ，その証拠を使用することが困難となる事情があると認めるとき，訴え提起前または訴え提起後証拠調べ期日前に証拠調べをしておき，その結果を確保しておくための証拠調べをいう（234条）。

　これは，不法行為訴訟，医療過誤訴訟，知的財産権訴訟などにおいてよく利用されるようになっており，その訴訟戦略的な意義は，証拠の事前確保にとどまるものではない。

2　証拠保全の要件

　証拠保全を行うためには，「あらかじめ証拠調べをしておかなければその証拠を使用することが困難となる事情」があることを要する（234条）。証拠保全の申立ては書面ですることを要し，この書面には，①相手方の表示，②証明すべき事実，③証拠，④証拠保全の事由を記載しなければならない（規153条1項

2項)。証拠保全の事由については，疎明を要する（同条3項)。

証拠保全の事由には，証人等の老齢，重病，離国，文書の滅失，保存期間の経過，検証物の現状変更などが含まれる。これに加えて，証拠の毀滅や改ざんも保全の事由に含まれるかについては，争いがある。これを肯定する見解が有力になっているが，証拠保全の申立てにあたって，証拠保全の事由を具体的に疎明する必要があるか否かをめぐって争いがある。

改ざんのおそれに関して，所持者の人格，前歴などの具体的事実については，裁判例のなかには，具体的な疎明を要しないとして，緩やかに証拠保全を許すものも多い[346]。

学説には，具体的事実の疎明を求める見解[347]と，証拠がその保存に関心をもたない者の排他的支配領域内にあることが示されれば，証拠保全の事由を支えるだけの合理的基礎が存するとし，実務の傾向を是認する見解[348]がある。

基本的には，後説が妥当であり，所持者の人格や前歴などについて具体的疎明を要求することは，その事項の性質からして不毛な争いを招きやすいばかりで，その意義は少ないと思われる。証拠保全の要件について厳格な絞りをかけることなく，緩やかな運用を行うことは，当事者照会の導入（163条)，文書提出命令の申立てに際しての文書特定に関する所持者の情報提供要請（222条2項)，文書提出義務の一般化とその取調べの前倒し（220条・170条）などにみられる立法の動向とも平仄が合うといえよう。

提訴前の証拠収集の制度（132条の4以下）が導入され，限定的ながら証拠開示のための措置が講じられているが，このことは証拠保全の証拠開示的運用について抑制的な要素とはみるべきでなく，むしろその促進のための基盤が成熟しているとみるのが妥当であろう。

3 証拠保全の手続

証拠保全は，申立てにより（235条)，または，訴訟の係属中は職権（237条）で行われる。申立てに際し，相手方を指定することができない場合においては，裁判所が相手方となるべき者のため，特別代理人を選任する（236条)。裁判所の管轄については，訴え提起前後など，状況に応じた措置がとれるように配慮

---

346) 広島地決昭61・11・21判時1224号76頁〔百選3版82事件〕。
347) 条解1102頁〔松浦馨〕，加藤新太郎＝齊木教朗「診療録の証拠保全」裁判実務大系17巻470頁など。
348) 小島武司「証拠保全の再構成」自正29巻4号（1978年）34頁，新堂幸司「訴え提起前におけるカルテの閲覧・謄写について」判タ382号（1979年）10頁。

がなされている（235条1項2項3項）。

　裁判所は，保全の必要等を審査し，申立てを却下するか，証拠保全決定をする。

　証拠保全決定に基づく証拠調べ手続は，通常の証拠調べ手続による。ただし，急を要する場合には，相手方の呼出しを要しない（240条但書）。証拠保全の記録は，本案の訴訟記録がある裁判所に送付する（規154条）。証拠保全手続で尋問した証人については，当事者が口頭弁論における再尋問の申出をしたときは，裁判所は，その尋問をしなければならない。

　このように証拠保全手続においては，当事者関与のもとに証拠調べが裁判所で行われることから，この制度は，証拠の「事前確保機能」のみならず，証拠の「開示機能」も内包すると解される。このことは，むしろ根拠のない訴え提起を思いとどまらせ，当事者間において客観的な資料に基づく和解の成立を促進するところに，保全制度の実質的な意義があるとみられる[349]。

第3款　証拠獲得手段の拡充

　公害事件や医事関係事件などを扱う現代型訴訟においては，証拠の構造的偏在が顕著であるため，大企業や病院などを相手方とする当事者にとって，証拠獲得手段の拡充がきわめて切実な課題となる。

　この点，たとえば，証拠保全をその要件を緩和することで活用していこうという動きのあることはすでにみた。すなわち，証拠の保全と証拠の開示とを表裏一体として重層的な機能をもたせるのが本来的な姿であるという考えを推し進める形で，この制度は運用されるのが妥当である。現に実務のなかにそのような方向を目指す動きがみられる。

　また，新法によって導入された当事者照会（163条）についても，その効果的な運用によって証拠獲得手段の拡充としての機能を果たすことが期待されたのであり，さらに2003年の民訴改正による提訴前の照会（132条の2第1項）も，その期待を提訴前にまで及ぼすものである。今後は，説明義務を課することよる柔軟なエンフォースメントの措置がいかに効果を上げるかが注目に値する。情状いかんでは，さらなる措置が講じられる必要がある[350]。

---

349)　小島・前掲注348）34頁，井上治典「証拠保全」井上ほか・これから153頁以下，高見進「証拠保全の機能」講座民訴5巻321頁以下，小林・審理191頁以下，畔柳達雄「医療事故訴訟提起前の準備活動」新実務民訴(5)175頁など参照。

350)　井上治典「当事者照会制度の本質とその活用」講座新民訴 I 267頁以下（同『民事手続の実践と理論』〔信山社，2003年〕45頁以下所収），笠井正俊「当事者照会の可能性」谷口古稀221頁など。

同じく 2003 年改正法により新設された提訴前における証拠収集の処分についても（132 条の 4 第 1 項），その効果的な運用によって証拠獲得手段の拡充が期待される。いずれにせよ，全方位，つまり手続の前後，当事者のいずれにもわたって，解明度の引上げを中核とする民事裁判の機能向上が進むものと期待される。

さらに，解釈論上の問題としては，模索的証明を挙げることができる。これは，証明責任を負う当事者が要証事実を十分に知り得ない状況にある場合，証拠調べによって具体的な主張・立証の資料を入手することを目的として，抽象的な立証事項を掲げて行う証拠の申出をいう。とりわけ書証の申出に際し，文書の特定の程度を緩和し，ある程度抽象的な申出を許容して，文書所持者からの情報などを得て特定を行うことを可能にするため，証拠調べへの途が開かれている（222 条 1 項 2 項）。この手法の効果的な運用の[351]具体例として，自衛隊機墜落事故による損害賠償訴訟において，被害者の遺族が模索的に「事故が事故機の整備不良のため起こされたという事実」を証明するためという程度の記載の証拠申出に基づいて事故調査報告書の提出命令が発せられた裁判例がある[352]。

---

[351] 佐上善和「民事訴訟における模索的証明について——その不適法根拠の検討——」末川追悼(3)200 頁，竹下守夫「模索的証明と文書提出命令違反の効果」吉川追悼下 163 頁以下，上田徹一郎「不法行為訴訟と証拠法の展開」法セ増刊・不法行為法（1985 年）275 頁以下。なお，模索的証明に関するドイツ法上の議論については，畑瑞穂「模索的証明・事案解明義務論」鈴木(正)古稀 607 頁・610 頁などを参照。

[352] 東京高判昭 54・10・18 判時 942 号 17 頁〔百選Ⅱ131 事件〕。反対の趣旨の裁判例に，東京高決昭 47・5・22 高民 25 巻 3 号 209 頁〔百選Ⅱ134 事件〕がある。それによると，原子力委員会に対する臨界実験装置設置許可申請書は，原子炉の構造上，操業上，安全装置の欠陥による事故時の危険性に言及するだけで，その根拠となる具体的事実を記載したものではないから，「証すべき事実」を掲げた文書にはあたらないとして，同書の提出命令の申立てが却下された。

第7章　訴訟の終了

はじめに

　当事者の主張に基づいて整理された争点の一つひとつについて，当事者の提出した証拠を調べて事実認定を行うなどして，裁判をするのに熟したと判断される段階に至ると，終局判決がなされて，訴訟は終了することになる。もっとも，私的自治の原則が妥当する領域についての紛争を対象とする民事訴訟においては，判決に至る以前に当事者の意思によって，それを終わらせることが認められている。

　本章では，まず，私的自治の訴訟上のあらわれとしての処分権主義に由来する当事者意思による訴訟終了場面を取り上げる。具体的には，訴えの取下げ，請求の放棄・認諾，そして，訴訟上の和解の順に眺めることになる。ちなみに，このうち，訴訟上の和解によって訴訟が終了する場合は，提訴された訴訟事件全体のおよそ4割を占め，さらに，訴え取下げの多くが訴訟外における和解成立を背景として行われることにも目を向けると，和解のプレゼンスは相当に大きいことがうかがわれる。

　つぎに，訴訟手続の想定する終局判決によって訴訟が終了する場合を扱う。そこでは，判決効，とりわけ，既判力を中心とした理論的検討が主な作業となる。

第1節　当事者の意思による訴訟の終了

　民事訴訟がその対象とする私人間の紛争は，私的自治の原則によって支配されることから，その解決のために民事訴訟という手段を選択するか否かという訴訟開始の場面のみならず，開始された訴訟手続を判決言渡しまで継続するかどうかという訴訟終了の場面でも，当事者の意思が尊重される。すなわち，当事者は，処分権主義の内容の一つとして，判決によらずに訴訟の終了を決定することができ，その場合，裁判所は，もはや審理を続行し判決をすることはで

きない[1]。

　当事者が訴訟を終了させる方法としては，一方当事者の意思により終了させる訴えの取下げ，請求の放棄・認諾，および両当事者の合意により終了させる訴訟上の和解がある。前二者においては相手方当事者の手続的利益に，後者においては当事者双方の手続的利益に，それぞれ配慮しながら，判決によらずに訴訟手続を終了させることが求められる。

　なお，訴えの取下げは，一定の紛争解決基準を定立する請求の放棄・認諾および訴訟上の和解と異なり，訴え提起自体をなかったことにするもので，それ自体は，何らの解決基準を示すものではない。

第1款　訴えの取下げ

1　訴え取下げの意義

　訴え取下げとは，訴えによる審判要求を撤回する旨の裁判所に対する原告の意思表示をいう。訴えは，判決が確定するまで，その全部または一部を取り下げることができ（261条1項），取下げのあった部分については，訴訟係属の効果が遡及的に消滅するものとみなされ（262条1項），訴訟手続は終了する。

　訴え取下げは，原告の一方的な意思表示により訴訟を終了させる点で請求の放棄と共通するが，被告側全面勝訴を手続上確定する請求の放棄と異なり，当初から訴え自体が係属していなかったことになり，手続上は紛争解決基準を得ることができない[2]。そのため，被告の防御活動を一方的に無駄にさせるおそれがあるので，法は，公平の観点から，被告が請求棄却の本案判決を獲得するための防御の姿勢を示した後は，訴え取下げに被告の同意を要するものとする（261条2項）。なお，被告の同意が必要とされる場合でも，訴え取下げが原告の一方的意思表示であることに変わりはなく，当事者間の合意でも合同行為でもない。

　そのほか，類似の制度として上訴の取下げがあるが，これは裁判所に対する審判の申立ての撤回という点で訴え取下げと共通し，そのため訴え取下げの方式・効果に関する規定（261条3項・262条1項・263条）が準用されるが（292条2項・313条），他方で，

---
[1] 例外的に，処分権主義の限界が問題となる訴訟としては，会社関係訴訟，人事訴訟，行政訴訟などを挙げることができる。なお，従来議論があったものの，法的整備がなされたものとして，株主代表訴訟における和解（会社850条〔旧商268条6項〕），離婚訴訟における和解ならびに請求の放棄および認諾（人訴37条1項）がある。

[2] 訴え取下げは，裁判外の和解，すなわち，私法上の和解（民695条）とともになされることが少なくない。この場合，実体法レベルにおいて何らの解決基準が実際には得られることになる。

上訴審に対する審判要求のみを撤回し，上訴審における係属のみを遡及的に消滅させるにとどまる点で，審級全体の係属を遡及的に消滅させる訴え取下げと異なる[3]。

なお，当事者双方が，口頭弁論もしくは弁論準備手続の期日に出頭せず，または弁論もしくは弁論準備手続における申述をしないで退廷もしくは退席をした場合において，1月以内に期日指定の申立てをしないときは，訴えの取下げがあったものとみなされる（263条前段）。また，当事者双方が，連続して二回，口頭弁論もしくは弁論準備手続の期日に出頭せず，または弁論もしくは弁論準備手続における申述をしないで退廷もしくは退席をしたときも，同様に訴え取下げが擬制される（263条後段）[4]。

2 訴え取下げの合意

(1) 問題の所在

訴訟当事者間において訴えを取り下げる旨の合意が訴訟係属中に期日外でなされた場合，このような訴え取下げの合意または訴え取下げ契約の効力について，かつては訴訟上のみならず私法上も無効とされていた[5]。しかし，とりわけ私法上の効力を無効とすることに対する批判[6]が次第に強まるにともない，無効説はその支持者を失い，現在では訴え取下げの合意の法的性質とのかかわりのなかで議論が展開されている。

(2) 判例と理論

(a) 判　例

大審院時代には，訴訟外における訴え取下げの合意の効力が否定されていた（前掲注5）大判大12・3・10）。しかし，最高裁判所は，つぎのようなケースにおいてこれと異なる見解を示した。内縁の夫Aから建物の贈与を受けて，その所有権を取得したXが，Aの実子Yから中傷されるなどしたため，Aの意向にしたがって，その実家に戻り，そこからAの看病などにあたっていたところ，それを奇貨として，Yが本件建物を占拠したうえ，Y名義の所有権保存登

---

[3] 上訴審における上訴の取下げは，上訴期間経過後であれば，原判決の確定を帰結するが，上訴審における訴え取下げは，原判決の効力を失わせることになる。

[4] そのほか，訴え取下げが擬制される場合として，民事訴訟において受訴裁判所が事件を調停に付したところ（民調20条1項），調停が成立しまたは調停に代わる決定（同法17条）が確定したとき（同法20条2項），人事訴訟において受訴裁判所が事件を調停に付したところ（家審19条1項），調停が成立しまたは合意に相当する審判（同法23条）もしくは調停に代わる審判（同法24条1項）が確定したとき（同法19条2項），行政事件訴訟において被告変更の許可決定があるとき（従前の被告に対する関係〔行訴15条4項〕）などがある。

[5] 上告取下げの合意につき，大判大12・3・10民集2巻91頁。

[6] 末弘厳太郎「判批」法協42巻4号（1924年）701頁，加藤正治『民事訴訟法判例批評集2巻』（有斐閣，1927年）139頁など。

記手続を了したので（その後A死亡），XはYに対して本件建物の所有権確認および建物保存登記抹消を請求する訴えを提起した。第一審裁判所はXの請求を認容したが，控訴審において，Yは，その手続途中にYの代理人DとX，Xの夫Eの3名で話し合った結果，YがXに示談金22万円を提供する代わりにXが本件訴えを取り下げる旨の和解が成立し，YはXに22万円を支払ったので，Xは訴えを取り下げるべきであるとの主張をしたところ，控訴裁判所は，訴訟手続をこれ以上実施する利益を欠くとして，第一審判決を取り消し，Xの訴えを却下した。これに対し，Xは，Yが前記金員の支払を履行していない以上，本訴を取り下げる必要はないとして，上告した。最高裁判所は，「訴の取下に関する合意が成立した場合においては，右訴のXは権利保護の利益を喪失したものとみうるから，右訴を却下すべきものであ」るとして，Xの上告を棄却した（最判昭44・10・17民集23巻10号1825頁〔百選3版98事件〕）。

これは，つぎにみる学説における私法契約説を採用したものであり，その後の下級審判決もこれにしたがう[7]。

(b) 学　説
(i) 私法契約説

これは，訴え取下げの合意を原告が訴えを取り下げるべき義務を生じさせる私法上の契約であるとする見解である[8]。かかる合意の存在は，権利保護の必要性を失わせ，訴訟法上の抗弁として機能する。すなわち，原告が合意に反して訴えを取り下げず，被告が合意の存在を主張して認められると，訴えの利益を欠くとして，訴え却下判決がなされることになる。

この考え方が，現在のところ，通説の地位を占めており，判例（前掲・最判昭44・10・17）の立場である。

(ii) 訴訟契約説

これは，訴え取下げの合意を，直接に訴訟係属の遡及的消滅という訴訟上の効果の発生を目的とする訴訟契約であるとみる見解である[9]。合意に反して，原告が訴えを取り

---

[7] たとえば，名古屋地判昭46・5・11下民22巻5=6号603頁，神戸地判昭46・11・15判時661号78頁，東京高判昭54・1・17東高民時報30巻1号2頁，東京高判昭56・11・25判時1029号78頁など。なお，本判決以前においては，私法契約説に立つものとして福岡地判昭37・6・29下民13巻6号1347頁，東京地判昭38・3・6判時335号37頁などがあり，また，訴訟契約説に立つものとして大阪地判昭40・7・16下民16巻7号1247頁がある。

[8] 加藤・要論394頁，中田・講義上149頁，山木戸克己『民事訴訟法講義〔第4版〕』（三和書房，1956年）176頁，兼子一「訴訟に関する合意について」法協53巻12号（1935年），同・研究1巻281頁，同・体系293頁，菊井＝村松 II 215頁，小山218頁，新堂330頁，梅本977頁など。

[9] 三ケ月・全集434頁，三ケ月・双書501頁，竹下守夫「訴取下契約」立教2号（1961年）75

下げない場合，被告が合意の存在を主張してこれが認められると，訴訟係属が消滅する。裁判所は，この効力を確認するために，訴訟終了宣言判決を行う。さらに，訴訟係属の遡及的消滅と併せて，原告が被告に対し訴え取下げ義務を負うという訴訟上の効果をも認めるべきであるとする主張もみられる[10]。

(iii) 併 存 説

これは，訴え取下げの合意の性質を私法契約と訴訟契約が併存したものととらえる見解である[11]。これによれば，訴え取下げの合意があると，訴訟契約の効果として，訴え取下げと同様に訴訟係属の遡及的消滅が認められる。裁判所は，その効力を確認すべく，訴え取下げの合意による訴訟終了宣言判決をし，また，再訴禁止効の規定（262条2項）も類推適用される。

(3) 法的性質論の検討

裁判外の訴え取下げの合意を私法契約，訴訟契約，または，それらが併存するもののいずれと性質決定しようが，訴訟手続上，合意の効力を認めて訴訟を終了させるという基本に変わりはない。その主な対立点は，かかる訴訟終了効を導くために，合意と効果（終了効）の間に権利保護利益の喪失というワンクッションを介在させるか否かといった理論構成上のものである。もっとも，判決の形式をめぐって，訴え却下判決か訴訟終了宣言判決かの違いは残るものの，ドイツの訴訟契約説には訴え却下によるとするものもあり，判決と性質論との必然的関連には疑問があるとの指摘もある[12]。

そこで，説明としての自然さからするならば，昭和44年最高裁判決の事案でもそうであったように，訴え取下げの合意は，当事者間に成立した和解内容とかかわることが少なくない点に着目すれば，この部分だけを取り出して性質を論ずるよりは，私法上の和解契約（民695条）の一環において私法契約ととら

　頁，条解873頁〔竹下守夫〕，柏木邦良『民事訴訟法論纂』（リンパック，1994年）135頁，中野ほか390頁〔河野正憲〕，河野319頁，上田425頁，松本＝上野484頁〔松本〕など。なお，訴訟契約説は，取下げの効果が生じる時点について，訴訟終了宣言判決によりはじめて生じるという見解（三ケ月など）と，当事者が取下げ合意の存在を訴訟上主張することにより，訴訟係属は合意のときに遡って消滅するという見解（竹下など）に分かれる。

10) 柏木邦良「最近の西ドイツにおける訴訟契約論について（一）」北園6巻2号（1971年）416頁，青山善充「訴訟法における契約」岩波講座『基本法学4 契約』（岩波書店，1983年）257頁，松本博之「最近の西ドイツにおける訴訟契約論の動向——Hans-Jurgen Hellwig: Zur Systematik des zivilprozessrechtlichen Vertrages（Bonner Rechtswissenschaftliche Abhandlungen Bd. 78）1968の紹介を中心として——」民商64巻1号（1971年）145頁，中野ほか390頁〔河野正憲〕，河野319頁など。

11) 伊藤412-413頁，吉村ほか286頁〔遠藤功〕など。

12) 百選 I 169頁〔豊田博昭 解説〕。

えるのが自然であろう[13)]。

　なお，訴え取下げをなすべきことを当事者が合意した場合，直ちに訴訟上の効果が生じるとみるよりは，訴訟外において権利保護の利益が実体法上失われたことを訴訟法上いかに評価するかという観点から，原告が訴えを取り下げない場合は，訴え却下判決によるのが妥当であろう[14)]。

(4) 諸問題の検討

(a) 合意締結の能力

　訴え取下げの合意は，私法上の和解契約の一環としてなされることから，両当事者に要求される能力としては，行為能力で足り，訴訟能力までは要しないとみてよいであろう。

　これは私法契約説からは当然の帰結であるが，訴訟契約説からも導かれる[15)]。複雑でしかも勝敗に直結する訴訟上の行為をする者を保護するために訴訟能力が要求されることからすれば，訴訟係属を消滅させるにすぎない取下げの合意については，訴訟能力までは要求されないと考えられる。

(b) 特別授権

　訴訟代理人が訴え取下げ契約を締結する場合，訴え取下げ自体に要求されるような特別の授権（55条2項2号）を要するだろうか。この点，訴え取下げに関する特別授権があれば，訴え取下げ契約締結のための授権もなされているのが通常であると解される。他方，訴え取下げに関する特別授権のない場合には，取下げ契約のための授権を別個に要する。これは裁判外で締結される私法契約であることから，本人・訴訟代理人間の委任契約において事前または事後にその代理権を授与または追認することができ，表見代理などの私法規定も適用される[16)]。

---

13) 訴え取下げの合意が別訴の訴訟上の和解の一内容として行われた場合（これにつき，波多野雅子「『訴え取下を含む訴訟上の和解』についての試論——Walter Mendeの学説を中心として——」法研62巻11号〔1989年〕83頁以下を参照）であっても，かかる訴訟上の和解は取り下げられた当該訴訟外の出来事であって，訴訟上の和解の性質論に分け入ることなく，この場合にも私法行為ととらえるのに障害はない。菊井＝村松II238頁，梅本977頁など参照。

14) なお，訴え取下げの合意に基づいて訴えが取り下げられた後に，原告が訴え取下げの無効を主張して，弁論の再開と期日指定の申立てをした場合において，裁判所が訴え取下げを有効と判断したときは，実際に有効な取下げがなされている以上，裁判所は，訴え取下げによる訴訟終了宣言判決をすることになる。

15) 三ヶ月・全集287頁，条解874頁〔竹下守夫〕，豊田・前掲注12) 169頁など。これに対して，訴訟能力まで要求するのは，訴訟契約説として，青山・前掲注10) 263頁など，私法契約説として，兼子・研究1巻268頁，新堂145頁などがある。なお，松本・前掲注10) 158頁は，行為能力でも訴訟能力でもよいとする。

(c) 書面性

訴え取下げは書面でしなければならないが（261条3項），取下げ契約についても書面を要求するのが相当であろう。管轄の合意（11条2項）などの場合と同様に，さらなる紛争が惹起されることを防ぐためである[17]。

(d) 意思表示の瑕疵

取下げ契約は，裁判外で締結される私法契約であり，民法の意思表示の瑕疵に関する規定が適用され，その錯誤無効（民95条）や詐欺取消し（民96条1項）などの主張をすることが許されると解される[18]。

もっとも，原告が合意に反して訴えを取り下げないとする被告の主張が認められてなされた訴え却下判決の確定後は，もはや裁判所の判断が出された以上，無効・取消しの主張は許されず，こうした主張に基づく訴訟の続行申立ては許されない[19]。

(e) 条件・期限

取下げ契約に，条件・期限を付すことも，訴訟手続の安定を害しない限り，許されよう。たとえば，被告が一定の金員を支払うことを条件に訴えを取り下げるという停止条件付合意は許される。しかし，条件成就により取下げの効力が遡及的に無効となる，すなわち，訴えが当初から係属していたこととなる解除条件付合意は認められない[20]。

(f) 基本たる和解契約の無効・取消し・解除

取下げ契約の基本となった裁判外の和解契約に関する無効・取消し・解除は，取下げ契約自体の効力の消滅原因となる[21]。取下げ契約の合意解除も可能であり，合意に反して原告が訴えを取り下げず，被告も異議をとどめずに応訴した場合には，黙示の合意解除として取下げ契約の効力は消滅すると解される[22]。

(g) 再訴禁止効

本案の終局判決後に取下げ合意をした原告は，同一の訴えを提起することを

---

16) 同旨・竹下守夫「訴訟行為と表見法理」実務民訴(1)193頁，条解875頁〔竹下守夫〕など。
17) 同旨，前掲注7)・大阪地判昭40・7・16，条解875頁〔竹下守夫〕，新堂331頁，豊田・前掲注12) 169頁など。
18) 兼子・研究1巻268頁，条解875頁〔竹下守夫〕，豊田・前掲注12) 169頁など。
19) 条解875頁〔竹下守夫〕。原告が取下げ契約の無効・取消しを主張するには，訴え却下判決に対して上訴することになろう。
20) 青山・前掲注10) 264頁，条解875頁〔竹下守夫〕，豊田・前掲注12) 169頁など。
21) 条解875頁〔竹下守夫〕，清田明夫「訴えの取下げと裁判外の和解」講座民訴④349頁以下，豊田・前掲注12) 169頁など。
22) 竹下守夫「訴訟契約の研究——その総論的考察——（二）」法協80巻4号（1963年）490頁，条解875頁〔竹下守夫〕など。

許されないと解される（262条2項類推適用）23）。

この点，訴訟契約説からは自然な帰結であるといえようが24），私法契約説に立って取下げ合意の効果をとらえた場合でも，本案判決により得られた紛争解決の機会を自ら放棄した原告に対する制裁という同条項の制度趣旨がそのまま妥当する。

なお，終局判決前における取下げ合意の場合には，その合意の合理的意思解釈として，不起訴の合意を含むか否かによって判断され，これが肯定されると再訴は禁止されることになろう25）。

(h) 主観的範囲および客観的範囲

取下げ契約の効力が及ぶ主観的範囲としては，当事者（原告・被告）のほか，訴訟物たる権利または法律関係の一般・特定承継人まで含まれる26）。また，その客観的範囲は，訴訟物に限られる27）。

3 訴え取下げの要件

(1) 原告の意思表示

(a) 処分権

訴えは，終局判決の確定に至るまで，いつでもその全部または一部を取り下げることができるが（261条1項），その決定は原告の自由意思に委ねられている。職権探知主義の妥当する事件においても，同じく処分権主義のあらわれである請求の放棄等が許されない場合であっても，訴え取下げは認められる28）。訴訟を選択するイニシアティヴをもつ原告にその選択を最初からしなかったことにする自由を認めても，請求の放棄等と異なり，何らかの紛争解決基準が残されるわけではないので，原告の意思（処分権）を全面的に尊重しても問題がないからである。

ところで，訴え提起が原告一人の意思では決定することのできない固有必要的共同訴訟の場合には争いがある。判例および通説は，原告である共同訴訟人の一部の者が訴えを取り下げることはできず29），また，訴訟係属中にした共同

---

23) 鈴木忠一「民事訴訟に於ける当事者自治の限界と実務上の問題」新実務民訴(1)97頁，兼子・研究1巻282頁注84，新堂334頁，伊藤413頁，上田425頁，梅本978頁，河野319頁など。
24) 竹下・前掲注9）75頁，条解875頁〔竹下守夫〕，三ヶ月・全集434頁，伊藤413頁など。
25) 条解875頁〔竹下守夫〕。
26) 兼子・研究1巻282頁など。これに対し，訴訟契約説の立場からは，訴訟主体たる地位（当事者適格）の承継人に及ぶとして，既判力の主観的範囲の規定等から決せられるとの主張がある（竹下守夫「訴訟契約の研究——その総論的考察——（三）」法協81巻4号〔1965年〕377頁）。
27) そのため，合意成立後の訴え変更による新請求には及ばない（前掲注7）・福岡地判昭37・6・29）。
28) 認知請求訴訟につき，傍論として大判昭14・5・20民集18巻547頁参照。

被告の一部に対する訴えの取下げは効力を生じないとする[30]。

他方，事件の関係者が全員揃わなくても当事者適格が認められる訴訟にあっては，共同原告のうちの一人でも訴えを取り下げることができる。もっとも，株主代表訴訟においては，アメリカ法[31]を参考に，背後にいる関係者の手続的利益に配慮して，関係者への告知と裁判所の承認を要求すべきであるとの主張がみられる[32]。訴訟上の和解の局面とともに[33]，手続規整の態様等に関する政策的思慮として有意義であり，選定当事者訴訟[34]や住民訴訟においても同様の考察が必要であろう。

そのほか，訴え取下げについて，原告の処分権に特別の制限が加えられる例として，破産財団に属する訴訟を破産管財人が取り下げる場合が挙げられる。破産管財人が破産財団に関する訴えを提起するには，裁判所の許可を得なけれ

---

29) 最判平6・1・25民集48巻1号41頁，兼子・体系393頁，新堂334頁，梅本985頁など。なお，最判平6の事案は，共同相続人間における遺産確認の訴え（これは共同相続人全員が当事者として関与し，その間で合一にのみ確定することを要するいわゆる固有必要的共同訴訟であるとするのが確定した判例である）の係属中に，共同被告の一部に対して訴え取下げがなされたというものであり，最高裁判所は，かかる取下げの効力が認められない理由として，「固有必要的共同訴訟においては，共同訴訟人全員について判決による紛争の解決が矛盾なくされることが要請されるが故に，共同訴訟人全員が当事者として関与することが必要とされるのであって，このような訴訟の係属中に一部の者に対してする訴えの取下げの効力を認めることは，右訴訟の本質と相いれないからである」と判示した。こうした判例・通説に対して，一部の者による取下げによって全部の訴えが不適法になるとする見解（三ケ月・全集217頁・429頁）や，他の共同原告全員の同意を得た場合にのみ取り下げることができるとの見解（中田・判例49頁）などがある。
30) 前掲注29)・最判平6・1・25。ちなみに，かつての判例（大判昭14・4・18民集18巻460頁）は，共同被告全員の同意があれば一部の者に対する取下げを認めることを前提としていたふしが見受けられるという（梅本985頁参照）。なお，これを訴訟脱退とみたうえ，選定当事者の選定として位置付けることで，判決効を明確にすべきであるとの主張がある（平6重判解127頁〔池田辰夫〕，徳田和幸「固有必要的共同訴訟における共同被告の一部に対する訴えの取下げの効力」民商111巻2号〔1994年〕338頁，高田裕成「固有必要的共同訴訟における訴えの一部取下げ」リマークス10号〔1995年〕147頁など）。
31) 連邦民事訴訟規則（Federal Rules of Civil Procedure）第23.1条参照。
32) 竹内昭夫「株主の代表訴訟」法学協会編『法学協会百周年記念論文集第3巻』（有斐閣，1983年），同『会社法の理論Ⅲ』（有斐閣，1990年）264頁，谷口安平「株主の代表訴訟」実務民訴5巻（日本評論社，1969年）108頁など。反対，池田辰夫「株主代表訴訟における和解」小林秀之＝近藤光男編『株主代表訴訟大系』（弘文堂，1996年）250頁，梅本981頁など。
33) 高橋宏志「株主代表訴訟と訴訟上の和解」商事1368号（1994年）74頁など参照。
34) 選定当事者訴訟における訴訟上の和解について，小林秀之「今後の検討」新民訴大系(1)53頁，藪口康夫「選定当事者」新民訴大系(1)170頁，長谷部由紀子「選定当事者制度の改革」講座新民訴Ⅰ137頁，山本和彦「選定当事者について」判タ999号（1999年）62頁，小林学「選定当事者訴訟と訴訟上の和解」新報107巻5＝6号（2000年）161頁以下など参照。

ばならないところ（破78条2項10号)[35]，この訴えを取り下げると，同一の訴えを提起することが制限されたり，時効中断効が消滅したりするなどのリスクを負うので，破産管財人の取下げに際しても，裁判所の許可を要すると解される[36]。

(b) 意思表示の瑕疵

訴えを取り下げる旨の原告の意思表示に瑕疵がある場合に，その効力をいかに解すべきであろうか。

この点，判例[37]は，原告の認知請求を認容した第一審の終局判決後の控訴審係属中に被告所有の自動車が原告の法定代理人である母親によって損傷を与えられたことを理由に，訴えを取り下げなければ警察に届け出る旨を告げた被告の脅迫行為によって取り下げられたケースにおいて，訴え取下げは訴訟行為であるから，行為者の意思の瑕疵が直ちにその効力を左右するものではないとしつつも，自白等が詐欺脅迫等明らかに刑事上罰すべき他人の行為により行われたことを再審事由とする民訴法338条1項5号の趣旨にかんがみて，無効と解すべきであり，かつ，その無効主張には同条2項に定める有罪判決等の要件は不要であるとした。

学説上は，上記判例と同様に，訴え取下げが訴訟行為であることから，私法規定の適用が排除されるとして，再審事由の類推適用というアプローチをとる見解[38]がかつては通説的地位を占めていた。しかし，近時は，意思表示に関する私法規定の類推適用というアプローチをとる見解[39]が有力となっている。

判例・通説は，手続安定の要請を受ける訴訟行為が私法法規の適用によって

---

35) 2003年の大改正前の旧破産法では，破産管財人の訴え提起について，監査委員の同意（旧破197条10号）あるいは債権者集会の決議（旧破198条2項本文）または裁判所の許可（同条項但書）を要するものとされていたが，新破産法は，監査委員制度を廃止するとともに，債権者集会の決議事項を見直して，訴え提起を除外した。

36) 梅本980頁は，権利の放棄（破78条2項12号）に準じ，裁判所の許可を要するとする。旧破産法について同旨のものとして，斎藤秀夫＝麻上正彦＝林屋礼二編『注解破産法 下巻〔第3版〕』（青林書院，1999年）444頁〔上野久徳〕，司法研究報告書35輯1号（1986年）186頁など。

37) 最判昭46・6・25民集25巻4号640頁〔百選3版97事件〕。なお，大審院時代には，相手方の態度から財産の分配を受けるものと誤信した原告が訴えを取り下げた事案において，錯誤による訴え取下げの無効を認めた判決があった（大判昭13・12・28評論28巻民訴261頁）。

38) 兼子・体系294頁，三ケ月・全集281頁，菊井＝村松II 223頁など。

39) 昭和46年度重判解〔柏木邦良〕，石川明「判批」民商66巻4号（1972年）693頁，河野正憲「訴訟行為と意思表示の瑕疵」民訴20号（1974年）130頁〔同・行為203頁所収〕，条解877頁〔竹下守夫〕，新堂・判例354頁以下，新堂335頁，梅本997頁，林屋＝河野180頁〔松村和徳〕，河野・行為155頁，中野ほか392頁〔河野正憲〕，河野322頁，松本博之「当事者の訴訟行為と意思の瑕疵」講座民訴④283頁，松本＝上野480頁〔松本〕，上田421頁，伊藤414頁など。

効果を覆されるのは好ましくないという前提に立ち，訴え取下げも訴訟行為である以上，私法規定は適用されないという論理を貫こうとするのに対し，有力説は，訴え取下げは訴訟行為であっても，その後に手続が積み重ねられるわけではないとみるものであり[40]，状況に応じた実質的考察により適切な結論を導こうとしているといえよう。とりわけ，表意者たる原告の利益と相手方である被告の信頼との比較衡量的観点からすると，終局判決後の取下げの場合に，原告は，再訴禁止効（262条2項）によって実体権の放棄に等しい不利益を受けることなどを考えれば，意思表示に関する私法規定の適用の余地を認めるのが妥当であろう。

(2) 訴訟能力・授権

訴え取下げには，原告に訴訟能力があるか，または，代理人に特別授権がなされていること（32条2項1号・55条2項2号）が必要である[41]。ただし，無能力者または無権代理人であっても，追認があるまでは，自ら提起した訴えを取り下げることができると解するのが，訴訟無能力者保護の趣旨から妥当であろう[42]。

(3) 被告の同意

相手方である被告が本案，すなわち，請求の当否について準備書面を提出し，弁論準備手続において申述をし，または，口頭弁論をした後において訴えを取り下げるには，被告の同意を要する（261条2項）。これは，被告が争う態度を示した後にあっては，原告の一方的意思によって，本案，すなわち，請求棄却判決を得て，既判力をもって原告の請求に理由のないことを確定することを求める被告の利益を奪うのは，公平でないと考えられたことによる。

---

40) 新堂335頁，河野・行為203頁など。なお，訴え取下げによる訴訟終了後に係争物についての新たな法律行為がなされることは十分あり得るところ，その後に訴訟終了効が失われれば，それにより一定の法的地位を取得した者の地位に当然に影響を生じさせることになるとの指摘がある（松本・前掲注39）288頁，梅本996頁）。当事者間の実質的な利益状況を詳細に分析すれば，確かにそのとおりであるが，訴訟行為が積み重ねられていない以上，その効力を覆すことはないとしてよいであろう。

41) 新堂334頁，梅本985頁，上田422頁，伊藤414頁，中野ほか391頁〔河野正憲〕，河野321頁など。

42) 同旨，新堂334頁，梅本985頁，上田422頁，伊藤414頁など。この場合，無能力者の提起した訴えであることから，本案弁論後の被告の同意は不要である（伊藤414頁）。なお，小山219頁は，無能力者の提訴は追認があるまで無効ゆえ，その取下げも無効であって，無能力者保護の見地から追認の余地を認めるべきであるとするが，これに対しては，無能力者保護の建前からはかえって妥当ではないとの批判がある（梅本986頁など）。また，新堂335頁は，控訴の取下げについて，無能力者または本人の利益保護のために無効とされる余地があるとする。

そのため，被告が訴訟要件の欠缺を理由に訴え却下の申立てに固執している限り，たとえ予備的に請求棄却を申し立てて，本案についての陳述をしたとしても，それは確定的な主張ではないことから，訴え取下げに被告の同意を要しない[43]。

被告の同意に意思表示の瑕疵がある場合は，原告の取下げの意思表示に瑕疵がある場合と同様に考えてよいであろうか。

この点，一審で敗訴した原告が控訴審係属中に訴えを取り下げることについて，本人訴訟の被告が訴え取下げにより一審判決が確定するものと誤信して同意した事案について，「訴の取下に対する相手方の同意は，裁判所に対する相手方の一方的な意思表現であり，訴の取下に同意することによって訴訟終了という訴訟法上の効果のみを生じさせる純然たる訴訟行為と解すべきであるから，私法上の行為に適用される無効，取消の理論はそのまま適用されず，訴訟手続を安定させる必要上，一般に詐欺，強迫あるいは要素の錯誤等外部から容易に知ることのできない行為者の意思の瑕疵を理由としては，その取消無効を主張することができないものと解するのが相当である」と判示して，原告の訴え取下げを有効とした下級審判決がある[44]。

これに対しては，本人訴訟における処理としては疑問であるとして，訴え取下げに私法規定の類推適用を認める立場を前提に，原告の取下げの意思表示に瑕疵があった場合に準じた対処で足りるとする見解がある[45]。

原告の請求に理由がないということの確定を求める被告の利益保護の見地から被告の同意が要件とされた趣旨からすれば，被告の同意に意思表示の瑕疵がある場合に私法規定の適用可能性を肯定すべきであろう。

被告による反訴の取下げの場合も同様であり，反訴被告たる原告の同意は原則として必要であるが，本訴が取り下げられているときには不要である（261条2項但書）。一方で反訴を招いた本訴を取り下げた原告が，他方で反訴の取下げを拒絶するのは公平に反すると考えられるのである[46]。

(4) 時　　期

訴え取下げは，終局判決が確定するまでできる。そのため，上訴されても，判決が確定するまで取下げは可能となる。問題は，その始期であるが，被告へ

---

43) 同旨，千葉地判昭32・3・26判時108号12頁，山形地判昭35・6・27行集11巻6号1856頁，山形地鶴岡支判昭49・9・27判時765号98頁，東京高判平8・9・26判時1589号56頁，条解876頁〔竹下守夫〕，梅本986頁など。なお，上田421頁は，予備的にせよ，本案につき請求棄却を求めて争っていれば，被告の同意を要するという。
44) 高松地判昭37・5・8判時302号27頁。
45) 梅本997頁。
46) 伊藤413頁など参照。

の訴状送達時であると考える。なぜなら，その時点に被告が提訴を認識するからである[47]。したがって，訴え提起後に訴え取下書が提出されても，訴状が被告に送達されるまでは，訴状の取戻請求として扱うべきである[48]。

4 訴え取下げの範囲

(1) 数個の請求のうち一部取下げの可否

訴え取下げは，数個の請求のうちの一部のみについてもすることができる。たとえば，客観的併合における一個の請求についての取下げや，共同訴訟人の一部の者に対する請求についての取下げがこれにあたる。

なお，訴訟物である数個の請求を減少させる場合，「訴えの一部取下げ」か「請求の一部放棄」かは，原告の意思によって決まる。原告の意思が不明確なときは，釈明によってその点を明確化すべきであり[49]，それでも結局不明であれば，原告に有利な「訴えの一部取下げ」とみるべきであろう。

(2) 一個の請求のうち一部取下げの可否

請求の趣旨を減少させることを請求の減縮というが，これには数量的な減少と質的な減少がある。後者は，請求の原因と区別された請求の趣旨だけを減少させるだけであって，請求の原因を減少させるわけではないため，訴訟物である権利関係の同一性や訴訟物の個数に変更は来たさず，請求の趣旨だけの変更による訴えの変更であるということになる。

これに対して，請求の趣旨を数量的に減少させる前者の場合（請求金額のみの減縮が典型例）については，訴えの一部取下げまたは請求の一部放棄のいずれかが問題とされる。すなわち，一部請求（残部請求）の可否との関連で議論されており，一部請求を許すという立場からは訴えの一部取下げとみられ得るのに対し，一部請求を許さない立場からはそのような余地はない[50]。

判例は，買主と保証人2名に対する売買代金請求を，請求金額同一のまま，買主と保証人1名に対する請求とした場合を訴えの一部取下げであるとした（最判昭27・12・25民集6巻12号1255頁）。また，不動産の売買代金請求訴訟において，請求金額を変更せずに，目的物の範囲を縮小させた場合をも訴えの一部取下げであるとした（最判昭28・12・8裁判集民11号145頁）。さらに，2通の手形

---

47) この時点を訴訟係属の発生時期とみるのが通説である。本書218頁参照。
48) 条解876頁〔竹下守夫〕，梅本985頁など。これに対し，名古屋地決昭36・2・15下民12巻2号291頁は，訴え取下げとして扱う。
49) 梅本982頁など。なお，条件付きの訴え取下げは許されないとするのが判例である（最判昭50・2・14金法754号29頁）。
50) 新堂337頁，上田422頁など参照。

の支払請求訴訟において，そのうちの1通の手形に請求を減縮したところ，原告側の訴訟代理人に対して訴え取下げの特別授権がなされていなかったことから，一度は取下げに同意した被告が取下げを無効と主張したケースにおいて，これは訴えの一部取下げであり，無効であると判示した（最判昭30・7・5民集9巻9号1012頁）。

学説をみると，(i)金銭債権の一部行使は実体法上自由であり，したがって，一部請求をなし得るということから，可分債権に基づく請求についてなされた減縮も訴えの一部取下げとなるとみる見解[51]，(ii)一部請求を否定する立場から，請求の減縮は，訴訟物に変更を生ぜず，訴え取下げとして扱われず，請求の一部放棄と同じ効果が認められる[52]，あるいは，給付命令の上限を画するための特殊な訴訟行為[53]であるとの見解がみられる[54]。

原告の意思解釈の問題に帰着するが，一般論としては，請求の一部放棄であると解すると，減縮部分を再び請求することが当然に遮断されてしまうが，通常はそこまでの意思が原告にあるとはいえないであろうから，原則として訴えの一部取下げとみるのが相当である。

5 訴え取下げの手続

(1) 取下書の提出

訴え取下げは，書面でしなければならないとされており（261条3項本文），原告が訴えを取り下げるには，受訴裁判所に対して取下書を提出しなければならない。訴訟係属を遡及的に消滅させるという重大な効果を導く訴えの取下げについて慎重を期して手続安定の要請に応えようとしたものである。

ただし，口頭弁論，弁論準備手続[55]，または，和解の期日においては口頭で訴えを

---

51) 菊井＝村松Ⅱ97頁，中田淳一「請求の減縮,主債務者と連帯保証人とを共同被告とする訴訟の性質」論叢59巻6号（1954年）113頁，梅本983頁など。
52) 兼子・体系294頁，新堂336頁，条解871頁〔竹下守夫〕など。
53) 三ケ月・全集108頁，伊藤415頁など。
54) なお，一部請求の問題との関連を否定すべきであるとして，つぎのような主張もみられる。すなわち，実体法上における金銭債権の分割行使の自由を訴訟上どの限度で認めるかを被告の応訴の利益および裁判所の立場を含めた訴訟政策的観点から決められるのが一部請求の問題であるのに対し，ここで問題とされている請求の減縮では，請求の一部を原告により審判対象から除くことが，その部分を再び訴求しないという原告の意思に対する被告の信頼，すなわち，被告の紛争決着への利益との兼ね合いで，どこまで保障するかが問題であるとして，両者の関連性を否定するのである（条解871頁〔竹下守夫〕。ちなみに，竹下説は一部放棄とみる）。これに対しては，いずれも処分権主義に由来するものであり，両者を関連させることはむしろ自然な考え方であるとの批判がある（梅本984頁）。
55) 弁論準備手続が電話会議方式によって実施されている場合を含む（2003年民訴法改正による

取り下げることも許される（261条3項但書）[56]。

(2) 取下書の送達

訴え取下げに被告の同意を要する場合，すなわち，被告が本案について準備書面を提出し，弁論準備手続において申述をし，または，口頭弁論をした後において訴えを取り下げる場合には，取下書の副本（または取下げが口頭でなされたときは当該期日の調書の謄本）を相手方である被告に送達しなければならない（261条4項）。訴え取下げの要件となる被告の同意を促すために，取下げの意思表示を知らせるとともに，不必要な訴訟準備を防ぐことがその狙いである。

この送達は，被告の同意を要しない場合には不要であり，取下書の提出時または期日における口頭の陳述時において取下げの効力を生じる。この場合も，被告が無用な訴訟活動を準備する事態に陥ることを防ぐ必要があることから，裁判所書記官は，取下げの事実を相手方に通知しなければならない（規162条2項）。

(3) 被告の同意の方式

訴え取下げに対する被告の同意の方式に関して，特段の規定はなく，取下げの意思表示と同様に，書面または口頭で行われるものと解されている[57]。被告の同意は，確定的であることを要し，条件を付することはできない。取下げの効力は，被告の同意書の提出または期日における同意の陳述があったときに発生する。被告が同意拒絶の意思表示をしたときは，取下げは無効と確定し，その後にこれを撤回してあらためて同意しても，取下げの効力は生じない[58]。

被告が同意の意思表示を明示的に行わなくても，取下書または取下げを記載した調書の謄本の送達を受けた日から（被告が出席した期日における口頭の取下げの場合はその日から），2週間以内に被告が異議を述べないときは，取下げに同意したものとみなされる（261条5項）。その趣旨は，被告が明確な態度を示さないことで，手続の不安定や遅滞を招くことを回避するところにある[59]。黙示の同意は，たとえば，訴えの交換的変更において被告が新訴に異議なく応訴した場合などに認められる[60]。また，被告が期日の指定を申し立てたり，期日で弁論したりするときは，異議，すなわち，不同意の意思表示を黙示的にしたものと

旧170条5項の削除）。
56) この場合，取下げの陳述が調書に記載される（規67条1項1号）。
57) 新堂337頁，条解878頁〔竹下守夫〕，中野ほか393頁〔河野正憲〕，伊藤415頁，松本＝上野481頁〔松本〕，梅本987頁，河野323頁など。
58) 最判昭37・4・6民集16巻4号686頁，新堂337頁，伊藤415頁，梅本987－988頁など。
59) 同意擬制のための期間は，旧法下では，3カ月であった（旧236条6項）。
60) 最判昭41・1・21民集20巻1号94頁，伊藤415頁など。

みられよう[61]。

6　訴え取下げの効果

(1) 訴訟係属の遡及的消滅

(a) 遡 及 効

　原告が取り下げた訴えは，はじめから係属していなかったものとみなされる（262条1項）。そのため，当事者の攻撃防御方法の提出の効果，訴訟告知の効果，応訴管轄の効果などの当事者の訴訟行為の効果および証拠調べや裁判などの裁判所の訴訟行為は，すべて遡及的に効力を喪失する。そのため，請求の放棄等と異なり，訴訟上は実質的な紛争解決基準が定立されることはない。

　もっとも，訴訟記録の効力は失われず，調書などを他の訴訟で書証として用いることも可能である。また，訴え提起によって他の請求について生じた関連裁判籍（7条・47条・146条）は，管轄の判断基準となる後者の提訴時に前者の訴えが係属していれば，その後に取り下げられても消滅しない（15条）。ただし，裁判籍の騙取を目的とする提訴の場合は，その限りではない（2条参照）。

(b) 実体法上の効果

　訴え提起によって生じた実体法上の効果は，取下げによっていかなる影響を受けるか。この点，時効中断効については明文規定があり，訴え提起時に遡って消滅するとされている（民149条）[62]が，そうした規定のない場合には，どのように考えるべきであろうか。

　この点，判例は，訴え提起による履行請求に基づいて生じた履行遅滞の効力や解除権行使の効果は，取下げによって消滅しないとするが（大判大2・6・19民録19輯463頁，大判昭8・1・24法学2巻1129頁），裁判上の予備的相殺は，取下げによって効力を失うとする（大判昭9・7・11法学4巻227頁）。

　学説上は，訴訟上の攻撃防御方法の一つとして主張された私法上の形成権行使（催告，解除，取消し，相殺など）の効果は，それが訴訟行為とは別個の私法行為であることから，取下げによって何ら影響を受けないとする見解[63]や，これら私法上の形成権行使

---

61) 兼子・体系295頁，新堂337頁など。それゆえ，被告が期日の変更について同意したり，反訴を提起しただけでは，本案について期日で弁論したものとはみられない（梅本986頁など）。

62) 訴訟告知による消滅時効の中断の効果（手86条1項，小73条1項）も取下げによって消滅する。出訴期間その他の除斥期間（民201条・424条・747条・777条，会社828条1項7・8号〔旧商105条1項〕・831条1項〔旧商248条1項〕・832条〔旧商142条〕，行訴14条1項など）の遵守の効果も同様に解されている（新堂338頁，条解881頁〔竹下守夫〕など）。なお，最判昭38・1・18民集17巻1号1頁〔続百選40事件〕）は，訴えの交換的変更による旧訴取下げの場合には，旧訴提起による時効中断効は消滅しないとし，最判昭50・11・28民集29巻10号1797頁は，重複訴訟を解消する目的で訴えが取り下げられた場合には，前訴請求が維持されている限り，前訴提起によって生じた時効中断効は消滅しないとする。

は訴訟を離れて独自に私法上の効果を存続させる意思で行われたものではないので，取下げにより私法上の効果も消滅するとの見解[64]がある。これに対し，近時は，一律に決すべきではなく，私法行為ごとにその効果の趣旨に照らして個別に決せられるとする見解[65]が有力である。

この問題は，確かに訴訟行為と私法行為の関係にかかわるものの，演繹論的な発想によるのではなく，私法上の形成権行使の効果を認める趣旨に応じて，個別具体的に判断すべきであろう。そうすると，催告，解除および取消しについては，訴訟における特別の主張ではないので，紛争解決の場が訴訟外に移されても，そのまま効力を維持するとみてよい。訴え取下げと同時に私法上の和解が成立していれば，実体法上の権利関係がそれにしたがうことは勿論である。他方，予備的相殺の抗弁については，他の攻撃防御方法が奏功しなかったときに，自働債権を失うという不利益を甘受しながらも提出される訴訟上の特別な主張であることにかんがみると，その前提となる訴訟の場が解消された後には，効力が失われると考えられる。

(c) 訴訟費用の負担

訴えが取り下げられた場合の訴訟費用については，申立てにより，第一審裁判所が決定手続で裁判してその負担を命じ，その決定が執行力を生じた後に当該裁判所の裁判所書記官がその負担額を定めなければならない（73条1項）。訴えを取り下げた原告は，訴訟費用の面では，原則として敗訴者と同視される（73条2項・61条）。

もっとも，提訴時に存在した請求の理由がその後の事情変更（たとえば，裁判外の和解成立など）によって消滅し，訴訟を維持する必要がなくなった場合，権利の伸張・防御に必要であった費用を被告に負担させることが可能である（62条）。

(2) 再訴禁止効

(a) 意　義

本案の終局判決後に訴えを取り下げた者は，再び同一の訴えを提起することができない（262条2項）。これに触れる訴えは，不適法として却下される。取下げにより訴訟係属が遡及的に消滅する以上，理論的には再訴は妨げられない

---

63) 兼子・体系296頁，小山242頁など。ちなみに，この帰結は，訴訟法上の形成権行使の法的性質に関する併存説（私法行為説）から導かれ得る。

64) 三ケ月・全集280頁・432頁，争点〔3版〕177頁〔三上威彦〕。相殺につき，中野・訴訟関係90頁参照。この帰結は，訴訟行為説，両性説または新併存説から導かれ得る。

65) 新堂338頁，条解882頁〔竹下守夫〕，松本＝上野217頁〔松本〕，伊藤416頁，中野ほか394頁〔河野正憲〕，河野324頁など。

はずであるにもかかわらず，再訴を禁止するのは，相手方および裁判所との共同の結果として得られた本案判決の効力を訴え取下げによって原告が一方的に奪い，自己の望む内容の本案判決を得ようとする事態を防ぐためである。すなわち，本条項の趣旨は，紛争解決の機会を自ら放棄した原告に対して相応の責任負担を求めることにあると解される[66]。

再訴禁止は，訴訟上の効果のみを生じ，訴訟物たる権利関係について実体法上の影響を及ぼすことはない。そのため，原告は訴求債権を後訴において訴訟上の相殺に用いたり，当該権利のために担保権を実行したりすることができる。また，被告の方が当該権利の不存在確認訴訟を提起する利益も否定されるわけではない[67]。

(b) 再訴禁止の要件
① 同一の訴え

本条にいう「同一の訴え」とは，上記の立法趣旨に照らしたうえで，裁判を受ける権利にも十分配慮して解釈すべきである。こうした見地から，判例も，同一の訴えとは「単に当事者及び訴訟物を同じくするだけではなく，訴の利益又は必要性の点についても事情を一にする訴を意味」するといい（前掲注66）最判昭52・7・19)[68]，これは通説の立場でもある[69]。取下げ後に当事者および訴

---

66) 最判昭52・7・19民集31巻4号693頁〔百選3版99事件〕，三ケ月・双書498頁，新堂338頁，伊藤417頁，松本＝上野482頁〔松本〕など。本文で述べた取下濫用制裁説のほか，処分権主義により提訴後に判決以外の紛争解決方法を選択する自由が認められた原告に制裁を課すべきではないとして，取下げ後の再訴を提起する場合の訴権濫用こそがその趣旨であるとみる見解（再訴濫用防止説）（条解883頁〔竹下守夫〕，井上正三「差戻後の第一審における訴の取下と再訴禁止」立命55号〔1964年〕365頁），裁判所の利益ならびに被告の手続上の地位の保障の問題として検討すべきとする見解（昭52重判解143頁〔上田徹一郎〕），再訴禁止を原告の裁判所に対する関係からではなく，被告に対する関係でとらえるべきであるとする見解（演習民訴126頁〔井上治典〕。なお，当事者間の公平を強調する見解として，続百選44事件解説〔坂口裕英〕），あるいは，判決による事件解決の放棄または失権とみる見解（中野ほか395頁〔河野正憲〕，河野325頁）などがある。なお，立法論として，再訴禁止の趣旨が裁判所の努力を徒労に帰せしめないことにあるならば，直接に取下げを禁止する方が立法技術としても簡明であり，再訴禁止の要件をめぐる紛らわしい判断を回避できるうえ，判決を欲しない当事者には訴訟上の和解という選択肢もあるとして，取下げの自由は本案の終局判決後まで認める必要はないとの主張がある（兼子・体系296頁，新堂339頁。なお，松本＝上野482頁〔松本〕は，立法論としては被告に応訴拒絶権を付与するのが合理的であるとする）。しかし，訴訟外における紛争解決手段を選択する余地を一切認めないのは，ADRの活用促進や流動複雑な紛争状況への配慮という見地からは現実的とはいえないであろう。

67) 兼子・体系297頁など。

68) これは，いったん原告の権利を認めた被告が再びそれを争ったという事案に関するものである。なお，かつての判例は，同一の訴えといえるには，基礎となる事実関係を同じくするだけで

訟物を同じくする訴えを提起する合理的必要のある場合にまで，これを禁ずべき理由は見当たらないから，判例・通説の考え方が妥当であると解される。

まず，同一の訴えといえるには，当事者が同一であることを要する。この点で問題となるのは，訴えを取り下げた原告の承継人も当事者に含まれ，再訴禁止効が及ぶかである。

裁判例としては，取下げをした本人およびその一般承継人はもちろん，その特定承継人（売掛代金債権の譲受人）にも再訴禁止効が及ぶとした下級審判決（大阪地判昭 36・2・2 判時 253 号 34 頁など）がある。

学説には，既判力の主観的範囲に準じて，一般承継人のみならず，特定承継人にも及ぶとする見解[70]，既判力の範囲と同視すべきでなく，承継人には及ばないとする見解[71]，そして，一般承継人には及ぶが，特定承継人に及ぶのは，本条が一種の権利行使の条件と考えられることから，管轄の合意の効力と同様，その権利関係の内容が当事者の意思で自由に定められる場合に限られるとする見解[72]がみられる。

再訴禁止効と既判力とは平面を異にする別個のものであり，前者は，より限定的に解し，一般承継人およびこれに準ずる者に限って及び，特定承継人には及ばないと解すべきである。

つぎに，訴訟物が同一であることも必要とされる。問題は，請求の趣旨の同一性に加えて，請求原因も同一であることを要するか，換言すれば，取り下げた訴えの訴訟物たる権利を前提とする権利を訴訟物とする訴えも，同一の訴えとして再訴が禁止されるのか否かという点である。具体的には，元本債権を訴訟物とする訴えを取り下げた後に，その利息債権を訴訟物とする訴え，あるいは，所有権確認請求を訴訟物とする訴えを取り下げた後に，所有権の存否を先決問題とする訴えなどについて，再訴禁止効が働くかという形で問題とされる。

この点，大審院時代には，同一の訴えを基礎たる事実関係が同じであるのみならず，請求原因も同一でなければならないとしていた（大判昭 11・12・22 民集 15 巻 2278 頁[73]）。戦後は，所有権確認請求を終局判決後に取り下げた場合に所有

なく，請求原因も同一であることを要するとしていた（大判昭 11・12・22 民集 15 巻 2278 頁）。
69) 兼子・体系 297 頁，新堂 339 頁，条解 884 頁〔竹下守夫〕，伊藤 417 頁，松本＝上野 482 頁〔松本〕，梅本 991-992 頁，中野ほか 395 頁〔河野正憲〕，河野 326 頁など。
70) 菊井＝村松 II 230 頁，梅本 992 頁など。
71) 三ヶ月・全集 434 頁。そして，特定承継人に対してのみ再訴禁止効が及ぶことを否定するものとして，伊藤 418 頁，松本＝上野 483 頁〔松本〕。
72) 兼子・体系 297 頁，条解 884 頁〔竹下守夫〕，斎藤ほか編(6)406 頁〔渡部吉隆＝加茂紀久男＝西村宏一〕など。
73) 事案は，不動産の賃貸人である原告が，賃料支払を滞った賃借人を被告として，賃貸借解除

権の存否を先決問題とする再訴を提起することは妨げないとする下級審判決があるにすぎない（広島高岡山支判昭40・5・21高民18巻3号239頁）。

学説においては，取り下げられた訴えの訴訟物を先決関係とする訴えについて，同一の訴えとして再訴は許されないとする見解[74]と再訴禁止効は及ばないとする見解[75]が対立している。

再訴禁止効の法意を踏まえ，その射程を広げることには謙抑的であるべきであって，取り下げられた訴えの訴訟物を先決関係とする再訴は同一の訴えにあたらず，その提起は許されるとみるべきであろう。

② 本案の終局判決後の取下げ

同一の訴えとして再訴が禁止されるには，その取下げが本案の終局判決後になされる必要がある。第一審の本案判決が控訴審で取り消されて差し戻された場合，第一審判決はもはや存在しないのであるから，差し戻された第一審であらためて本案判決がなされるまでの訴え取下げには，再訴禁止効が生じない（最判昭38・10・1民集17巻9号1128頁）と解される。

(c) 人事訴訟と再訴禁止効

人事訴訟においても，民訴法262条2項が適用されて，再訴が禁止されるか否かについては争いがある。

判例は，養子縁組無効確認訴訟の控訴審において訴えが取り下げられた事案について，本条項の適用を肯定した（最判昭43・12・20判時546号69頁）[76]。

学説をみると，請求の放棄が許されない人事訴訟（人訴19条2項)[77]においては，公益上職権で請求の当否を確定すべきであり，その機会を奪うのは，放棄できない請求の放棄を認めるという矛盾に陥ることになるとして再訴禁止効も適用されないとする見解[78]，人事訴訟では，請求の放棄と異なり，訴え取下げが認められる以上，再訴によ

　　に基づいて賃貸不動産の明渡しおよび損害金の支払を請求した前訴において，第一審の請求認容判決を得た後に損害金の部分のみについて訴えを取り下げたところ，被告が不動産の明渡しを遅滞したので，原告が債務不履行に基づいて賃貸借終了後明渡し完了時までの賃料相当額の損害金を請求する後訴を提起したというものである。後訴が同一の訴えにあたるとする被告に対し，前訴の損害金請求は被告の不法占有を原因とするのに対し，後訴の損害金請求は賃貸借終了による返還債務の不履行を原因とするものであり，両訴は請求原因を異にするので同一の訴えには該当しないとする原告の主張が大審院によって採用された。

74) 兼子・体系297頁，小山223頁，新堂339頁，条解884頁〔竹下守夫〕など。
75) 三ケ月・全集434頁，菊井＝村松Ⅱ231頁，伊藤418頁，上田424頁，梅本992頁など。
76) 大審院も，認知請求訴訟で勝訴判決を得た原告が訴えを取り下げたケースについて，認知請求権のように実体法上放棄が許されない権利でも，訴えの取下げは許される以上，取下げに関する規定も適用されるとして肯定説を採用していた（大判昭14・5・20民集18巻547頁）。
77) ただし，離婚訴訟においては請求の放棄が許される（人訴37条1項本文）。

る裁判所の翻弄を防止する必要があるとして再訴が禁止されるとする見解[79]，または，再訴を確保しなければならないほどの公益的要請があるか否かを判断基準とすべきであるとする見解[80]などがある。

再訴禁止の趣旨である原告への制裁ないし自己責任の要請は，人事訴訟においては，その公益性が強度である場合には後退を余儀なくされ，再訴禁止効は限定的になるとするのが妥当であろう[81]。

7 訴え取下げの有無および効力

訴え取下げの有無および効力は，訴訟係属の存否に関連する問題であることから，裁判所は，職権をもって調査することができる。取下げの有無に関して当事者間に争いが生じた場合は，当該手続内で処理すべきであって，別訴で争うことは許されない。取下げが不成立または無効であるとして訴訟係属を主張する当事者は，期日指定の申立てをすることができ，その場合に裁判所は，必ず口頭弁論を再開して審理しなければならない。その結果，取下げを有効と認めるときは，訴え取下げによる訴訟終了判決をし（大決昭8・7・11民集12巻2040頁），他方，取下げを不成立または無効であると認めるときは，審理を続行し，その判断は中間判決または終局判決の理由中で示すことになる。

終局判決後に取下げの有無または効力に争いを生じた場合，取下げを有効であると主張する当事者は，上訴によって終局判決の取消しを求めるべきである[82][83]。上訴審は，取下げを有効であると判断すれば，原判決を取り消し，取下げによる原審訴訟の終了宣言判決をし，他方，取下げを不成立または無効で

---

78) 兼子・体系298頁，条解885頁〔竹下守夫〕。
79) 宮崎澄夫「訴えの取下げ」民訴講座③794頁，小山242頁など。なお，新堂340頁および伊藤418頁などは，前訴と同じ状況で再訴が提起されたか否かを慎重に判断すべきであるとして，折衷的な発想にたつ。
80) 松本＝上野483頁〔松本〕。たとえば，認知請求は公益的要請が強いので，再訴は禁止されないという。
81) 敗訴判決の潜脱をもくろむなど，明らかに再訴の合理性が疑わしい場合には，訴権の濫用など一般原則による対処も可能である。なお，梅本992-993頁は，片面的職権探知主義をとる婚姻事件については，敗訴判決潜脱のための再訴を除き，原則として再訴提起は許され，また，双面的職権探知主義の認知請求事件については再訴禁止条項の適用が否定されるとする。
82) 兼子・体系298頁，小山223頁，新堂341頁注(1)，条解879頁〔竹下守夫〕，伊藤419頁，梅本999頁など多数説である。これに対し，第一審での取下げの場合は，判決言渡し後でも，その審級の裁判所で審理し，それに対して上訴すれば足りるとする見解もある（菊井＝村松Ⅱ224頁）。
83) 上訴審の判断に委ねるという多数説を前提として，第一審判決に対する控訴の機会を被告に保障すべく，取下げの無効宣言判決の確定の日から1週間内に限り第一審判決に対する控訴の追完（97条1項）を認める見解が有力である（新堂341頁注(1)，伊藤419頁注25など）。

あると判断するときは，上訴審の審理を進め，他に上訴の理由がなければ，上訴を棄却する。

第2款　請求の放棄・認諾

1　請求の放棄・認諾の意義

請求の放棄とは，請求に理由のないことを認め，もはやこれを争わない旨の期日における原告の意思表示をいい，請求の認諾とは，請求を認めて争わない旨の期日における被告の意思表示をいう。これらの意思表示は，口頭弁論等の期日（266条1項・261条3項）になされ[84]，裁判所の確認を経て，調書に記載されることによって完成に至る。

一方当事者が相手方の主張を全面的に認めて争わない意思を表明した場合，紛争は解決されたも同然であるが，ただ，当事者がその意思表示を覆す可能性を否定できないことから，法は，その意思の陳述内容に確定判決と同様の効果を与え（267条），それを紛争解決基準として当事者間に通用させたのである。これも，当事者意思による訴訟終了であり，処分権主義のあらわれである。

請求の放棄・認諾は，一方当事者の意思表示に基づいて訴訟を終了させる点で訴え取下げと共通するが，紛争解決基準を定立する点では訴訟上の和解と共通する。もっとも，解決基準となるべき放棄・認諾の意思内容は，請求の当否についての相手方の主張を無条件に認めるものでなければならない点で，その必要性のない訴訟上の和解と異なる。たとえば，反対給付と引き換えであれば請求を認める旨の陳述は，相手方が条件を認めるのであれば，認諾ではなく，訴訟上の和解が成立する。これに対し，前述のように[85]，請求金額の分量的一部を放棄ないし認める陳述は，原告の合理的意思解釈からして，当該一部を無条件に認めるものといえ，一部放棄ないし一部認諾となると解するのが通説である[86]。そのほか，請求金額を減縮する旨の原告の陳述は，一部請求を肯定すると，訴えの一部取下げとみる余地があるが（前掲・最判昭27・12・25），一部請

---

[84]　口頭で陳述する場合のみならず，放棄・認諾する旨の書面を提出することによっても，その効力が認められる（266条2項）。

[85]　本書563頁。

[86]　兼子・体系299頁，新堂343頁，上田426頁，中野ほか397頁〔河野正憲〕，河野329頁など。これに対して，伊藤420頁は，一部請求を否定する立場から，一部放棄は請求の放棄としての意味をもたず，原告が自ら給付命令の上限を画するための陳述にすぎず，また，一部認諾は権利自白として扱われる可能性はあるものの，請求の一部について訴訟終了効や既判力が生じることはなく，訴訟上は無意味であるとする。

求を否定する立場では，減縮部分の放棄ということになる[87]。

請求の放棄・認諾がなされると，請求の当否についての審判は不要となる。この点で，さらに請求の当否を審判しなければならない自白や権利自白とは異なる。

2 請求の放棄・認諾の要件

請求の放棄・認諾が認められるためには，①当事者が訴訟物に対して処分権限を有すること，および，②訴訟物が法律上認められた権利関係であることが必要である。これに加えて，③訴訟要件の具備を要するかについては争いがある。

(1) 当事者が訴訟物に対する処分権限を有すること

当事者の意思に基づく自主的紛争解決の一方式である放棄・認諾は，係争利益を当事者間において自由に処分できる場合でなければすることができない。これは，通常，当事者が訴訟物たる権利義務の帰属主体または管理主体として，当該権利義務を自由に処分できる場合であるが，その他にも，訴訟物たる権利義務が他人に帰属し，当事者がこれを自由に処分できなくても，当該権利義務の確認により保護される利益ないし地位（他人間の権利義務の確認請求における係争利益）を自由に処分できる場合も含まれる。

他方，職権探知主義の妥当する事件の係争利益は，当事者の自由な処分が許されないので，放棄・認諾は許されない。たとえば，職権探知主義の妥当する人事訴訟では（人訴20条），原則として請求の放棄・認諾はできない（人訴19条2項）。ただし，離婚・離縁の訴えにおいては，協議による離婚・離縁が認められていることから，放棄・認諾は可能である（人訴37条1項・44条）[88]。また，形成訴訟で判決効が第三者に拡張される行政事件訴訟や会社関係訴訟においては，係争利益を当事者が自由に処分することはできず，原則として認諾は許されないと解される[89]。

(2) 訴訟物が法律上認められた権利義務であること

認諾または消極的確認請求の放棄によって認められることになる訴訟物は，

---

87) 新堂343頁。
88) 旧法（人事訴訟手続法）下では，婚姻・養子縁組を維持するために職権探知（片面的職権探知）がとられていたから，婚姻・縁組の解消をもたらす請求の認諾はできない（同10条1項）が，請求の放棄はできるとされていた（最判平6・2・10民集48巻2号388頁）。
89) 注釈民訴(4)499頁〔山本和彦〕など。学説の状況につき，小室・民訴論集上205頁参照。なお，少数株主による株式会社解散請求の訴え（会社833条1項〔旧商406条の2〕）における認諾は許されないと判示した大阪地判昭35・1・22下民11巻1号85頁も参照。

法律上存在の許容される権利義務でなければならない。たとえば，法定された物権以外の物権（民175条参照）や公序良俗違反（民90条）の契約の履行請求を認諾することはできない。

ところで，不法な原因や強行法規違反の原因に基づく請求が認諾の対象となり得るかについては，争いがある。

肯定説は，認諾があれば，裁判所は請求の当否およびその理由についての法律判断を一切しない建前であるから，請求の理由が強行法規に反するか否かは裁判所の関知しないところであるという[90]。否定説は，国家は，強行法規違反の原因に基づく請求権の行使および実現に協力すべきものではなく，訴状その他にみられる原告の主張自体から強行法規違背の原因が明らかとなる限り，裁判所は，認諾の成立を否定して，認諾調書を作成することなく，請求を棄却すべきであるとする[91]。

認諾調書は債務名義となる（民執22条7号，民訴267条）のであり，その作成を通じての裁判所による審査を認めなければ，強行法規等を定めた法の趣旨が潜脱されてしまうので，否定説が妥当であろう。

訴訟物が法律上一般に認められた権利義務であり，具体的な訴訟において，原告の主張事実から理由のないことが明らかである場合であっても，認諾は許されるであろうか。このような場合の認諾は許されないとする判例（大判昭9・11・17民集13巻2291頁）およびそれに賛成する見解[92]があるものの，請求の理由の有無にかかわらず係争利益を処分する意思があるのであれば，処分権主義の趣旨からは，それを否定するべきではなく，被告の意思を十分に確認する限り，認諾を認めるべきであろう[93]。

(3) 訴訟要件を具備すること

これについては争いがあり，判例は，訴訟要件の具備を要求する。すなわち，①確認の対象たる資格（＝確認の利益）を欠く証書の真否確認請求の認諾は，訴訟上の効果を生じない（最判昭28・10・15民集7巻10号1083頁〔百選79事件〕），②相続放棄無効確認の訴えは，いかなる具体的な権利または法律関係の存在・不存在の確認を求める趣意であるかは明確でなく，適法な「訴の対象」（＝確認の

[90) 兼子・体系300頁，中田・講義上154頁，小山438頁など。
[91) 菊井＝村松Ⅰ1164頁，新堂・役割132頁，新堂345頁，斎藤ほか編(5)200頁〔斎藤秀夫＝渡部吉隆＝小室直人〕，斎藤・概論330頁，木川統一郎「請求の放棄・認諾」講座民訴③812頁，注釈民訴(4)499頁〔山本和彦〕，松本＝上野486頁〔松本〕など。なお，上田428頁は，放棄は認められても，認諾は認められないと指摘する。
[92) 斎藤ほか編(5)201頁〔斎藤秀夫＝渡部吉隆＝小室直人〕など。
[93) 新堂345頁，伊藤423頁，上田428頁など。

利益）を欠くところ，被告が「原告請求通りの判決を求める」旨の陳述をしても，請求の認諾の効力を生じない（最判昭30・9・30民集9巻10号1491頁）とする。

学説をみると，認諾・放棄の効果論と対応した議論が伝統的になされてきた。すなわち，一方で，認諾・放棄に既判力を認める立場[94]から，判決と同様に，訴訟要件の具備を要すると説かれ[95]，他方で，既判力を否定する立場[96]からは，訴訟要件を具備する必要はないとされる[97]。これに対し，近時は，訴訟要件ごとに個別的にその具備の要否を決するべきであるとして，およそ，被告の利益保護や紛争解決の実効性を確保するための訴訟要件の具備を要しないとする見解が有力に主張されている[98]。

当事者意思に基づいて訴訟を終了させる請求の放棄・認諾においては，裁判所の裁断により強制的に訴訟を終了させる終局判決の場合と異なり，放棄・認諾の意思が明らかである限り，ことさら被告の利益を考慮する必要はなく[99]，また，当該請求をめぐる紛争が当事者意思に基づいてすでに決着している以上，紛争解決の実効性よりも当事者の意思を優先させるのが私的自治に基礎を置く訴訟制度の本旨に適う面がある。それにしても，放棄・認諾も，確定判決と同一の効力を有すること（267条）などから，訴訟制度の合理性を確保する働きのある訴訟要件の具備を一概に不要とすべきではないであろう。

そこで，訴訟要件ごとにその実質を吟味し個別的な検討をする立場が妥当であると解される。具体的には，①司法権の所管事項上の限界に由来する訴訟要件（国際裁判管轄権や法律上の争訟など）や実効的な権利保護の確保のための訴訟要件（当事者の実在や当事者能力，当事者適格，訴えの利益など）の具備は必要であるとする見解[100]，②原則として具備すべきだが，被告の意思により放棄し得る訴訟要件（任意管轄など），無益な訴訟の排除を目的とする訴訟要件（狭義の訴えの利益たる権利保護の利益，訴訟担当・判決が対世効を生ずべき場合以外の当事者適格）の具備

---

94) 制限的既判力説を含む。判決代用説をその発想の基盤にもつ見解とそうでない見解がある。
95) 兼子・体系301頁，三ケ月・双書504頁，斎藤・概論330頁，小山437頁，斎藤ほか編(5)201頁〔斎藤秀夫＝渡部吉隆＝小室直人〕，松本＝上野486頁〔松本〕，梅本1001頁など。
96) 既判力と同一の趣旨の効力を認める見解（林屋261頁）を含む。
97) 法律実務(3)175頁，林屋262頁など。なお，河野教授は，訴訟行為の要件が必要であることに問題はないが，純粋に裁判所の本案判決に必要とされる要件は不要であるという（河野・行為227頁，中野ほか398頁〔河野正憲〕，河野330頁）。
98) 中野・論点Ⅰ197頁，条解708頁〔竹下守夫〕，上田428頁，新堂345頁など。
99) 放棄の場合は，被告の全面勝訴であるので，被告の不利益はなく，認諾の場合は，訴訟要件による保護も被告が放棄しているとみることができる（新堂346頁）。
100) 中野・論点Ⅰ197頁。

は要しないとする見解[101]，③当事者の実在および専属管轄の具備を要するが，被告の利益保護や紛争解決の実効性を確保するための訴訟要件（訴えの利益や当事者適格）の具備は要しないとする見解[102]がある。いずれも基本的には当事者の意向に沿った解決結果が得られる方向を志向するものであるが，司法権の限界，専属管轄，当事者の実在，判決に対世効が認められる場合の当事者適格以外の具備は不要と解する。

なお，放棄・認諾には訴訟能力を備えていなければならず，法定代理人または訴訟代理人が放棄・認諾を行うには，特別授権・委任を要する（32条2項1号・55条2項2号）。

3 請求の放棄・認諾の手続

請求の放棄・認諾の意思表示は，口頭弁論等の期日（和解期日，弁論準備手続期日も含む）において口頭の陳述によって行われる（266条）。進行協議期日においても，電話会議の方法によるのでない限り，これを行うことができる（規95条2項・96条3項）。また，終局判決言渡し後でも確定前であれば，上告審係属中であったとしても，放棄・認諾を可能としてよいであろう[103]。

相手方欠席の場合でも，放棄・認諾の意思が裁判所に明示されていればよい。もっとも，被告が請求棄却を申し立てるまでの間は，原告の放棄は許されない。この期間は認諾（これは放棄に優先する）の余地があり，認諾するか請求棄却を申し立てるかといった被告の判断をまつ必要があるからである。

放棄・認諾の陳述は，現実にする必要がある[104]。もっとも，放棄・認諾する旨の書面を事前に提出していれば，期日に欠席しても，その旨の陳述擬制が行われる（266条2項）。放棄・認諾に相当する陳述があれば，裁判所としては，当事者の意思を確かめ，要件の有無を調査すべきである。その結果，放棄・認諾が無効であれば，審理を続行すればよく，当事者間に争いがあるときは，中間判決（245条）により宣言するのがよい。

放棄・認諾の意思表示が有効と認められると，裁判官は，当事者の真意を確かめたうえ，裁判所書記官にその陳述を調書に記載するよう命じる（規67条1項1号）。この調書作成が命じられるまで，当事者はその陳述を撤回することができる[105]。

---

101) 条解708頁〔竹下守夫〕，上田428頁など。
102) 新堂345頁など。
103) それゆえ，放棄・認諾のために期日指定申立てが終局判決後になされても，これは許されるべきことになる。新堂347頁。
104) 「放棄・認諾」という語を用いる必要はなく，「請求には理由がある」などの表現でも足りる。新堂347頁。
105) 相手方の同意の要否については，自白と異なり結果の重大性からして，これを不要とすべきであろう（新堂347頁など。反対，兼子・体系303頁）。

4 請求の放棄・認諾の効果

(1) 訴訟終了効

　請求の放棄・認諾を裁判所書記官が調書に記載すると,「確定判決と同一の効力」が生じる (267条)。その結果,判決と同じく訴訟終了効が生じ,放棄・認諾のあった限度で訴訟は当然に完結する。訴訟費用は,申立てによって第一審裁判所の決定手続で審理され,負担を命じる決定が執行力を生じた後,その額を当該裁判所の裁判所書記官が定める (73条1項)。認諾・放棄をした当事者は,原則として,敗訴者として費用を負担する (73条2項・61条。ただし,62条・63条)。

　放棄・認諾が上訴審でなされたときは,上訴の対象となっている下級審判決は,放棄・認諾の範囲で,何らの取消しの措置を講ずることなく,当然に失効する (大判昭12・12・24民集16巻2045頁,大判昭14・4・7民集18巻319頁)。

　なお,放棄・認諾がなされたのに誤って言い渡された本案判決が上訴の対象となるかについては,争いがあるが,これを肯定し,上訴によって原判決を取り消し,訴訟終了を宣言する判決を求めることができると考える[106]。

(2) 執行力・形成力

　認諾調書は,請求認容の確定判決と同一の効力が生じるので,給付訴訟の場合には執行力を (民執22条7号),形成訴訟の場合には形成力[107]を,それぞれ生じる。

(3) 既判力

　既判力が生じるかについては,放棄・認諾の意思表示に瑕疵がある場合における無効・取消主張の許否という問題と関連して,議論がある。

　この点,認諾調書について,通謀虚偽表示・錯誤・公序良俗違反等の私法上の無効事由を主張することができるとした下級審判決がある (東京高判昭41・10・13下民17巻9＝10号962頁)。これは学説における制限的既判力説によったものとされる[108]。

　学説をみると,まず,既判力を肯定するのが通説的見解である[109]。その理由として,民訴法267条の「確定判決と同一の効力」という文言や,放棄・認諾調書の記載は旧々

---

106) 新堂348頁など。反対,大判昭18・11・30民集22巻1210頁。
107) 認諾調書に形成力を認める際の諸課題について検討を加えたものとして,豊田博昭「形成訴訟における請求の認諾」修道21巻2号 (1999年) 215頁以下がある。
108) 大判大4・12・28民録21輯2312頁も,制限的既判力説に立つと評されている (伊藤427頁注43参照)。
109) 兼子・体系304頁,三ケ月・双書506頁など。

法下の放棄判決・認諾判決の代用であるという沿革などを挙げる。この見解によると，調書の成立により訴訟は終了し，放棄・認諾の意思に瑕疵があった場合にも，陳述の無効は原則として主張できないが，再審事由（338条1項2号3号5号）にあたる事由のある場合に限り，再審の訴えに準じた独立の訴えによって無効主張することが許されるという。

　他方，既判力を否定する見解も有力に主張されている[110]。その理由として，当事者意思に基づく自主的紛争解決方式である放棄・認諾に確定判決と同一の効力が認められる根拠は，瑕疵のない当事者意思に求められるところ，判決と異なり，裁判所が放棄・認諾の成立過程を調査して錯誤・強迫などの瑕疵がないことを確認するとは限らないことを挙げる。この見解によると，放棄・認諾の意思に瑕疵があった場合，再審事由に準ずるものでなくても，放棄・認諾の無効・取消しを主張し得るとし，その方法は，当事者の便宜のため，再審の訴えに準じた独立の訴えに限定する必要はなく，期日指定の申立てをして前訴を続行しても，和解無効確認の別訴を提起してもよいという。

　以上の既判力肯定・否定両説の折衷的な見解が多数説である。これは，放棄・認諾の意思に瑕疵のない場合に限って既判力を肯定し，瑕疵があれば，和解の無効・取消し主張を許して手続の続行を求め得るとする見解である（制限的既判力説とよばれる）[111]。

　民事手続法を観望すると，当事者の意思に合致がみられる場合に，その内容に強い効力を与えている場合として，請求の認諾[112]，訴訟上の和解，さらには調停，それに仲裁などがある。これらの効力については必要に応じ執行力が認められることは明らかであるが[113]，問題は既判力が認められるか否かである。その解決は，当事者意思に基づくものであることからすれば，原則として，再審事由がなければ取り消されないという固有の意味での既判力を肯定することには，その本来的基盤からして無理があり，いずれの場合にも既判力が生ずると解することはできない。法文が「確定判決と同一の効力」を認めていても（267条，仲裁45条1項，家審21条1項，民調16条参照），合意の実質をなす瑕疵なき意思の合致が存する限りで，その効力が認められると考えるほかはない。結局，確定判決と同一の効力には，広狭二つの別があると解される。このような考え方は，仲裁判断取消しの申立てが許容される仲裁判断に関する規定（仲裁44条

---

110) 新堂350頁，条解711頁〔竹下守夫〕，中野ほか400頁〔河野正則〕，河野333頁など。
111) 木川・前掲注91）講座民訴③797頁，中野・論点Ⅰ202頁以下，注釈民訴(4)506頁〔山本和彦〕，伊藤426頁，松本＝上野487頁〔松本〕，松本博之「請求の放棄・認諾と意思の瑕疵」法雑31巻1号（1984年）175頁など。
112) 請求の放棄の場合にも，被告側は棄却を求めている以上，実質的には放棄により意思の合致がみられよう。
113) 山本和彦「ADR 和解の執行力について」小島古稀下603頁以下など参照。

1項2号)とも照応し，紛争解決について横断的に妥当する基本的な枠組みとしてとらえられるものということができよう。ここに，既判力がもつ本来の効力の意義とその基盤条件が認識される。

請求の放棄・認諾についてみても，既判力がまったく生じないとするならば，たとえば，認諾という被告の単独行為によって訴訟が何ら拘束力のないまま終了する結果，原告の利益が一方的に損なわれかねず，また，公的リソースを投入した裁判手続を運営した活動の意味も失われるということになる。詐欺，強迫，錯誤などの取消・無効事由が認められるときには，瑕疵なき意思の合致という既判力発生の基盤が欠落している。同じく既判力が生じるにしても，この場合は，裁判所による公権的判断作用に基づく確定判決の場合と同じ厳格さをもって常に臨まなければならないわけではない[114]。そうしたことから，放棄・認諾の意思に瑕疵・欠缺のない場合に限り，既判力を認めるという構成が適切であろう。

第3款　訴訟上の和解

1　訴訟上の和解の意義

訴訟上の和解とは，訴訟係属中，当事者双方が訴訟物についてのそれぞれの主張を譲歩したうえ，訴訟を終わらせる旨の期日における合意をいう。その合意はその内容を裁判所が確認し，それを調書に記載することによって完成する。訴訟上の和解は，請求の放棄・認諾等と同じ自主的紛争解決方法の一種であるが，実務上，和解勧試（89条）という形で裁判所主導の下で成立することが多い。

訴訟上の和解の特徴として，①訴訟係属中の期日（これを和解期日という）になされる合意であること，②当事者双方が互譲すること，③互譲の対象が訴訟物である権利・法律関係であることが挙げられる。

①に関して，簡易裁判所における起訴前の和解（275条1項）は，裁判所の面前で行われるので，訴訟上の和解と同一の効果が認められる（債務名義となる〔民執22条7号〕）。ちなみに，この起訴前の和解と訴訟上の和解を合わせて裁判上の和解と総称する。これに対し，訴訟係属の有無にかかわらず，期日外で行われた和解（示談）は，私法上の和解契約（民695条）であり，私法上の契約としての効力が認められるにすぎず，訴訟上の効果は生じない。裁判外の和解が

---

[114]　伊藤426頁など参照。

訴訟係属後に行われる場合には，訴えが取り下げられることが多い[115]。

なお，一つの訴訟手続において他に係属する訴訟と併せて訴訟上の和解が行われること（「併合和解」という）があるが，この場合における他の訴訟手続の帰趨をめぐって，当然に終了するという見解[116]と，終了するには訴え取下げなど別個の手続を要するという見解[117]が対立している。訴訟上の和解は紛争を個別的枠組みを超えて関連的に解決するしくみである併合措置を重く受け止め，前説がより適合的であろう。

②の当事者に関して，訴訟当事者以外の第三者が訴訟上の和解に加入すること（「準併合和解」とよばれる）は可能であるとされているが[118]，その場合における当事者と第三者（加入者）との関係をいかに考えるかについて見解が分かれる。すなわち，第三者との関係では起訴前和解として扱うべきであるとする通説[119]に対し，第三者は訴訟当事者として加入したものと解すべきであるとする有力説[120]がある。訴訟上の和解は，手続フェーズにおける総合的解決のための自在な合意のしくみであって，調整のために客体だけでなく主体面でも融合可能なものとしてとらえるべきであり，後説が適切であろう。

③の互譲に関して，当事者の一方のみが譲歩する場合は請求の放棄・認諾であるが，原告が請求の全部を放棄しても，訴訟費用の負担で被告の譲歩があれば，互譲が認められる（大判昭8・2・13新聞3520号9頁）。訴訟物以外の法律関係を新たに形成することも互譲の内容となり得る。たとえば，被告が原告の主張の債務を認める代わりに，原告が分割払いを合意することや，原告が期限の猶予を認める代わりに，新たに物的担保を設定することも，互譲として認められる。互譲がこのようにことば本来の意味を超えた内容を包摂し得るとする傾向が強まっている背景の一つには，交渉の理論的発展がある[121]。他方，訴訟物

---

115) 本書552頁の注2) 参照。
116) 法律実務(3)120頁，上田432頁など。
117) 伊藤429頁など。
118) たとえば，第三者が和解による債務の保証人として参加して合意すれば，この第三者に対しても和解は債務名義となる（大判昭8・2・13新聞3520号9頁）。そのほか，大判昭13・8・9評論27巻民訴292頁，大判昭13・12・3評論27巻民訴357頁など参照。学説につき，吉戒修一「和解調書作成上の問題点」後藤＝藤田編・和解468頁以下など参照。
119) 民訴演習Ⅰ227頁〔宮脇幸彦〕，兼子・体系305頁，三ケ月・全集442頁，新堂351頁，上田432頁など。
120) 法律実務(3)111頁，石川明『訴訟上の和解の研究』（慶應義塾大学法学研究会，1966年）86頁，伊藤429頁，注釈民訴(4)479頁〔山本和彦〕，梅本1006頁注(1)など。
121) ウイン・ルーズを結果する競争的交渉モデル（ゼロサム・ゲーム）からウイン・ワインを目ざす統合的交渉モデル（プラスサム・ゲーム）へといった交渉の理論的発展につき，ロジャー・

たる権利関係にまったく触れることなく，単に訴訟を終わらせる旨の合意は，互譲の内容とは認められず，訴え取下げとこれに必要な同意と考えるのが妥当であろう[122]。

2 訴訟上の和解の法的性質

裁判所において行われる自主的紛争解決であって，訴訟手続を終了させて，確定判決と同一の効力を有するという訴訟上の和解が，いかなる法的性質のものであるかについて，かねてより議論があり，以下のような見解が主張されている。なお，新法により導入された仲裁的和解の制度（裁判所等による和解条項の裁定など）については，これを除いて考えるものとする。

(1) 判　例

大審院時代には，学説にいうところの両性説によるもの（大判昭7・11・25民集11巻2229頁）と併存説によるもの（大決昭6・4・22民集10巻380頁〔百選78事件〕，大判昭10・9・3民集14巻1886頁）が混在していたが，最高裁判所の立場は明らかでない[123]。下級審判決として注目すべきものに，代表権のない常務取締役が会社を代表して行った訴訟上の和解について，裁判上の和解は私法上の和解を含む一つの訴訟行為であり，私法上の和解に担われた存在であることから，私法上の和解が無効となれば裁判上の和解も無効となる一方，反対に裁判上の和解が訴訟法上無効となったとしても，その基礎たる私法上の和解が常に無効となるものではないとして，訴訟上の和解は訴訟行為としては無効だとしても，私法行為としては表見代表取締役の規定（会社354条）により有効となるものと判示したものがある（広島高判昭40・1・20高民18巻1号1頁〔百選I 93事件〕）。

(2) 学　説

(a) 私法行為説

訴訟上の和解は，訴訟手続内においてなされるものの，その本質は純然たる民法上の和解契約であり，その要件は民法の規律を受けるという主張である。そして，私法行為である訴訟上の和解が訴訟終了効をもつことについては，訴訟上の和解を訴訟内で裁判所の面前で締結される実体的和解および裁判所によるその確認・公証行為とからなると

フィッシャー＝ウィリアム・ユーリー著〔金山宣夫＝浅井和子訳〕『ハーバード流交渉術』（TBSブリタニカ，1982年）5頁以下，小島ほか編・交渉5頁，小島・教室61頁およびそこに掲載の諸文献を参照。

122) 兼子・体系305頁，斎藤・概論332頁，新堂351頁，松本＝上野494頁〔松本〕など。これに対して，三ケ月・双書508頁は，上訴審での訴え取下げが再訴禁止効を有することから，単なる訴訟終了の合意も和解の一種とみるのが当事者意思に合致するとして，反対する。

123) 最判昭33・6・14民集12巻9号1492頁参照。

把握したうえ，訴訟終了効は後者の確認・公証行為に基づいて生じると説明する[124]。

(b) 訴訟行為説

訴訟上の和解は，私法上の和解とは別個の訴訟上の合意であるという主張であるが，その内容については，さらにつぎの二つの見解に分かれる。一つは，訴訟上の和解を訴訟係属中になされた訴訟物に関する権利関係についての私法上の和解の内容を両当事者が一致して裁判所に陳述し，これによって訴訟終了の効果を生ぜしめる合同訴訟行為であるとみる合同行為説である[125]。いま一つは，訴訟上の和解を訴訟係属中当事者がその主張を互いに譲歩して訴訟を終了させる旨の訴訟上の合意とみる訴訟契約説である[126]。

(c) 併存説

訴訟上の和解は，私法上の和解契約と訴訟終了を目的とする訴訟上の陳述が併存したものであるとする主張である[127]。訴訟物に関する私法上の合意と訴訟終了についての訴訟上の合意との関係については，論者により，それぞれ別個独立したものとみる立場と両者の牽連性を認める立場に分かれる[128]。

(d) 両性説

訴訟上の和解を私法上の和解契約と訴訟行為の双方の性質を有する一個の行為ととらえる主張である[129]。この見解によると，実体法と訴訟法の適用が認められる結果，訴訟上の無効事由から訴訟上の和解全体が無効となり，実体的事由により訴訟上の和解が無効となるときは，訴訟終了効も失われるという。

(3) 検　討

私法行為説に対しては，なぜ単なる私法上の和解契約の確認・公証が訴訟終了効をもつのかを説明し切れておらず，訴訟終了効は当事者意思に基づくというべきであるとの批判があるが[130]，そのような指摘には理があるといえよう。

---

124) 石川・前掲注120) 24-25頁，新堂358頁など。
125) 兼子・体系304頁，兼子・研究1巻244頁，三ケ月・全集446頁，三ケ月・双書508頁，小山444頁など。
126) 中田・講義上155頁，中野ほか旧403頁〔松浦〕など。
127) 条解715頁〔竹下守夫〕，注釈民訴(4)479頁〔山本和彦〕，伊藤429頁など。
128) 両行為の牽連関係につき，山本(和)説は，両行為の切断によるメリットから，限定的にみるのに対し，竹下説および伊藤説は，一方の有効性が他の合意の前提となっているという依存関係を認める。なお，このような依存関係を認める見解を新併存説という。伊藤429頁参照。
129) 加藤・要論299頁，中村英郎「裁判上の和解」民訴講座③828頁（同『訴訟および司法制度の研究』〔成文堂，1976年〕12頁所収），松本＝上野492頁〔松本〕，梅本1007頁など。なお，中村(英)説は，中村宗雄博士の提唱による「階層構造理論」に基づく独自の理論構成（二段階説）に立脚した見解である。
130) 松本＝上野492頁〔松本〕など。

他方，訴訟行為説に対しては，両当事者による裁判所に対する陳述の面に重点が置かれており，互譲による紛争解決という訴訟上の和解の最も重要な要素が見落とされているとの批判が向けられているが[131]，手続面だけでなく実体面をも視野に入れる必要があり，そのような批判にも分があろう。

そこで，両側面に配慮したのが併存説または両性説であり，これに対する評価をみると，併存説に対しては，実体法上の効果と訴訟法上の効果を別個独立ととらえる不都合を自認したからこそ，両者の牽連性を認める主張がなされているとみられるところ，両者を架橋する方法を明らかにすることなく両者の間に依存性を認める理論が欠けているとの疑問が出されている[132]。両性説に対しても，実体法と訴訟法との体系的分離の下では，一個の行為が私法行為と訴訟行為の双方の性質を有するというのは説得的でないとの批判がある[133]。いずれの説に対する批判にも理はあるが，違いは説明の巧拙に関するものであり，決め手にはならない。結局のところ，訴訟上の和解を一個の行為とみるかはともかく，実体法上の効果と訴訟法上の効果の牽連性を認める必要があるという前提には意義があるのではなかろうか。判例の立場が両性説または併存説であるとされているが，その合理性もそこに見出されよう。そもそも性質論自体が説明の仕方を争うものにすぎない面があり，判例の理論付けということよりも，その根底にある和解意思に瑕疵が存する限り，法的救済を確保しておくべきであるとする判断に重い実質があると考えられる。性質論から訴訟上の和解をめぐる諸問題（既判力の有無など）の解決が演繹的に得られるわけではなく，筋の通った説明の仕方が問われているにすぎないところに要点があるといえよう[134]。

ところで，こうした訴訟上の和解の法的性質をめぐる議論の核心は，訴訟上の形成権行使をめぐるそれとは，その様相をいささか異にする。すなわち，訴訟上の形成権行使の場合は，形成の効果を生じさせる法的根拠が問われており，そのためには，一方において私法行為の存在を措定するのが説得的であるが，他方において私法行為が存在したならば，訴え取下げ，抗弁の却下などにより形成の効果を存続させることで不都合な結果が生じることから，理論的な対立

---

131) 梅本 1007 頁。
132) 松本＝上野 492 頁〔松本〕。
133) 条解 715 頁〔竹下守夫〕。
134) 新堂 358 頁，高橋・重点講義上 678 頁，吉村徳重「訴訟上の和解」新版民訴演習(2)65 頁，河野 342 頁など。

が生まれ、私法上の効果を消去するための理論構成が独自に考えられなければならず、これを可能にする立論として、新併存説などが唱えられることになる。

これに対し、訴訟上の和解の法的性質論に関しては、和解に私法上無効・取消し、解除などの瑕疵等が存する状況が問題の中心であり、そうした瑕疵等に基づいて訴訟行為である訴訟上の和解の無効等を理由に訴訟上の和解の効果を覆滅させる必要が生じ、そのための理論構成いかんが問われることになるのである。この点、私法行為説をとれば、和解からの解放のための理論構成は容易である。訴訟行為説によるときは、合同行為または契約のいずれとみても、訴訟上の和解の効果から解放するための理論的基礎付けは困難であり、論理を一貫させれば、既判力を覆滅するには再審の訴えによらざるを得ないことにもなろう。そこで、より妥当な理論構成を求めて両性説ないし併存説が説かれることになる。両性説によれば、訴訟上の和解の効果を否定するために瑕疵等の主張を許すことは比較的容易であるが、併存説にあっては、私法上の瑕疵等と訴訟行為の失効との牽連関係を導くことが困難になる。訴訟行為の内実をなす私法行為が瑕疵等により失効する以上、訴訟行為は私法行為の失効に随伴して、その効力を失うと考えるのが理の赴くところであり、問題は両者の帰趨牽連ということをどこまで強く認めるかにある。訴訟という対決の場における合意であることを考慮して、実質的紛争解決の安定を図ろうとすれば牽連関係を狭いものとしてとらえることになろうが、私法行為の有効性が前提条件であるととらえれば強い牽連性を認めることになる。私法行為の瑕疵等の認定には、法廷における和解ということの重みを考慮すべきであろうが（瑕疵等の事実認定）、理論的には私法行為の失効は訴訟行為の失効を招くという基本的連関があるということは承認されるべきであろう。そこで、この中間において個別的に決するとの考え方に合理性を見出し得るものの、その判別基準の設定には困難を伴わざるを得ず、この点の細部にわたる明確化は今後の検討課題である。

3 訴訟上の和解の要件

訴訟上の和解の要件は、請求の放棄・認諾の場合と同じく、①当事者が訴訟物に対して処分権限を有すること、および、②訴訟物が法律上認められた権利関係であることが挙げられ、さらに、③訴訟要件の具備を要するかについての争いもある。

(1) 係争利益に当事者の処分権限が認められること

訴訟上の和解が許されるには、当事者が係争利益を自由に処分し得る場合であることを要する。そのため、職権探知主義のとられる事件における和解は、

原則として許されないことになる。たとえば、人事訴訟事件において訴訟上の和解をすることは許されず（人訴19条2項）、ただし、離婚・離縁訴訟では例外的に認められている（人訴37条1項・44条）。これは、とくに当事者意思の尊重という観点から協議離婚・離縁が認められている婚姻・養親子関係において訴訟上の和解を許さないというのは整合的ではないからである。そして、当事者の意思確認を慎重に行う必要から、和解条項の書面による受諾（264条）および裁判所による和解条項の裁定（265条）は許されず、また、電話会議システムを用いた弁論準備手続期日に電話会議の方法で関与した当事者（170条3項4項）は和解をすることができない（人訴37条3項・44条）。

　土地境界確定訴訟における和解は、これを形式的形成訴訟とみる判例・通説からは、否定されることになる[135]。ちなみに、実務上、土地境界確定訴訟を係争部分の土地所有権確認訴訟に変更（143条1項）して和解を成立させる例や、土地境界確定訴訟のままで係争部分の土地所有権確認等の和解を成立させたうえ、和解条項中に訴訟終了を合意した旨または原告が訴えを取り下げて被告が同意をした旨を記載する例などがみられる[136]。

　団体的法律関係に関する訴訟や訴訟担当者による訴訟の場合についても、和解の許否が問題とされるが、和解のもつ紛争解決機能の重要性にかんがみて、和解内容の公正確保や手続保障の充足に配慮しながら、できるだけ和解を許容する方向が望ましい。たとえば、団体的法律関係に属する会社設立無効の訴え（会社828条1項1号〔旧商136条1項・428条1項〕）、合併無効の訴え（会社828条1項7号8号〔旧商104条1項〕）、株主総会決議取消しの訴え（会社831条1項〔旧商247条〕）、株主総会決議無効・不存在の訴え（会社830条1項2項〔旧商252条〕）などをみると、これらの請求認容判決に対世効が生じること（会社838条〔旧商109条1項〕）を理由に和解を否定する見解もあるが[137]、和解の効力を受ける者の利益（内容の公正および手続保障）に配慮しつつ、和解を肯定する方向を目指し工夫をすべきであろう[138]。

　株主代表訴訟（会社847条1項〔旧商267条1項〕）における和解の許否について

---

135) 本書207頁参照。
136) 伊藤瑩子「境界確定事件と和解」後藤＝藤田編・和解265-266頁。
137) 松田二郎『会社法概論』（岩波書店、1968年）53頁など。なお、被告側が請求を認める内容の和解は対世効との関係からできないが、請求放棄を内容とする和解は許されるとするのは、山口和男「会社・商事事件と和解」後藤＝藤田編・和解348頁以下、注釈民訴(3)234頁〔伊藤博〕。
138) 立法論としては、裁判所の関与や和解の効力を受ける者への告知などが考えられよう。注釈会社法(5)347頁〔岩原紳作〕、伊藤430頁注52など参照。

は，その訴訟構造を法定訴訟担当であるとする理解を前提に，訴訟担当者である原告株主は訴訟物である会社の損害賠償請求権についての処分権限を有していないことから[139]，議論が分かれていたものの[140]，実務上は，日本サンライズ事件[141]以後，多くの株主代表訴訟が訴訟上の和解によって終了している[142]。そうしたなか，2001年改正商法は，原告株主が和解権限を有することを前提

- 139) すなわち，和解には清算条項が置かれるのが通常であるところ，原告株主が他の株主の利益を処分したのと同様の結果を生じさせることが許されるのか，また，取締役の責任免除に総株主の同意を要求する旧商法266条5項（会社850条4項）を潜脱することにならないのかが問題とされていた。後者の点について，2001年改正商法は，和解の場合には商旧法266条5項を適用しない旨を明文で定めて対処した（旧商268条5項〔会社850条4項〕）。なお，大阪地判平15・9・24判夕1144号252頁は，改正前の和解について旧商法266条5項の適用はない旨を判示した。
- 140) 代表訴訟における和解を否定する見解として，松田二郎『会社法概説〔改訂〕』（岩波書店，1954年）136頁，大隅健一郎＝今井宏『会社法論中巻〔第三版〕』（有斐閣，1992年）277頁，田中誠二『会社法詳論（上）〔三全訂〕』（勁草書房，1993年）704頁，河本一郎「会社役員の責任と株主代表訴訟」ジュリ1040号（1994年）42頁など。肯定する余地を認める見解として，上柳克郎ほか編『注釈会社法(6)〔新版〕』（有斐閣，1987年）377頁〔北沢正啓〕，前田雅弘「株主代表訴訟と和解」論叢134巻5＝6号（1994年）257頁，遠藤直哉＝牧野茂＝村田英幸「日本サンライズ株主代表訴訟事件の一審判決と和解」商事1363号（1994年）64頁，高橋宏志「株主代表訴訟と訴訟上の和解――民事訴訟法学の観点から――」商事1368号（1994年）79頁，伊藤眞「コーポレート・ガバナンスと民事訴訟――株主代表訴訟をめぐる諸問題」商事1364号（1994年）21頁，池田辰夫＝中島雅博「株主代表訴訟における和解」ジュリ1062号（1995年）66頁，新谷勝「株主代表訴訟と訴訟上の和解」判夕883号（1995年）40頁，小林秀之＝原強『株主代表訴訟――全判例と理論を知る』（日本評論社，1996年）308頁，高田裕成「株主代表訴訟における原告株主の地位――訴訟担当論の視角から――」民商法115巻4＝5号（1997年）579頁など。なお，吉原和志「株主代表訴訟」法教172号（1995年）28頁。
- 141) 1994年3月31日に東京高等裁判所で訴訟上の和解が成立した。商事1354号（1994年）134頁。
- 142) 訴訟上の和解が成立した代表的なものとして，日本航空電子工業株主代表訴訟（大阪地裁平9・4・21〔資商事158号47頁〕），高島屋株主代表訴訟（東京高裁平9・10・22〔資商事148号64頁〕），野村證券株主代表訴訟（大阪高裁平10・10・27〔商事1508号46頁〕），味の素株主代表訴訟（東京高裁平10・10・30〔商事1520号85頁〕），大林組株主代表訴訟（大阪地裁平11・1・27〔資商事179号199頁〕），蛇の目ミシン工業株主代表訴訟（東京地裁平11・2・26〔資商事182号254頁〕），第一勧業銀行株主代表訴訟（東京地裁平12・2・25〔資商事194号206頁〕），コスモ証券株主代表訴訟（大阪地裁平12・4・7〔資商事194号204頁〕），南都銀行株主代表訴訟（大阪高裁平12・11・20〔資商事203号231頁〕），鹿島建設株主代表訴訟（東京地裁平12・12・20〔資商事203号203頁〕），住友商事株主代表訴訟（大阪地裁平13・3・15〔資商事205号162頁〕），日本航空株主代表訴訟（東京地裁平13・5・12〔資商事207号56頁〕），大和銀行株主代表訴訟（大阪高裁平13・12・11〔商事1618号44頁〕），三菱自工株主代表訴訟（東京地裁平14・12・2），日経新聞株主代表訴訟（東京地裁平16・12・20），五洋建設株主代表訴訟（東京地裁平20・5・30），神戸製鋼所橋梁談合株主代表訴訟（神戸地裁平22・2・10），三菱重工業橋梁談合株主代表訴訟（東京地裁平22・3・31）などがある。

にして，会社が和解の当事者でない場合には，裁判所は会社に対して和解内容を通知し，2週間以内に異議を述べるべき旨を催告する必要があり，この期間内に異議を述べない会社は和解を承認したものとみなすものとした（旧商 268 条6 項 7 項）。こうして，株主代表訴訟における訴訟上の和解の成立が法律上も認められることになり[143]，これらの規律は会社法によって承継され（会社 850 条 1 項以下），さらに一般社団法人における責任追及の訴えの和解にも及んでいる（一般法人 281 条）。

そのほか，訴訟上の和解の可否が問題となる訴訟類型として，選定当事者訴訟[144]，債権者代位訴訟[145]，執行関係訴訟[146]，行政訴訟，保全手続，そして，非訟事件などが挙げられる[147]。

---

143) 新谷祐子「株主代表訴訟――その現状と課題――」判タ 1150 号（2004 年）28 頁など参照。会社の利益を保護する規定は設けられたが，アメリカ法のように，和解内容の公正および他の株主の手続保障を図る規定は置かれていない。これに関しては，会社への通知を通じて他の株主も和解を知り得る状況にあり，しかも，会社を代表して通知を受けるのは監査役（委員会等設置会社では被告になっていない監査委員会の社外取締役）であるとして，一定の評価をするものと（小林秀之「コーポレート・ガバナンスと手続法的整備」小林秀之＝近藤光男編『新しい株主代表訴訟』〔弘文堂，2003 年〕134 頁），不十分であるとみるものがある（中島弘雅「株主代表訴訟と和解」上掲・小林＝近藤編 150 頁以下は，裁判所の認可を和解成立の要件とすべきであるという）。

144) 選定当事者訴訟における和解が認められること自体に異論は少ないであろうが（伊藤 431 頁は，選定当事者に対する授権が訴訟物たる権利関係についての処分権を含んでいなければ，被担当者たる本人を和解に関与させなければならないという），和解を許す基盤条件として裁判所の監督にかからしめることなどを要求すべき旨の主張がみられる（新民訴大系(1)53 頁〔小林秀之〕・170 頁〔藪口康夫〕，長谷部由紀子「選定当事者制度の改革」講座新民訴Ⅰ137 頁，山本和彦「選定当事者について」判タ 999 号〔1999 年〕62 頁，小林学「選定当事者訴訟と訴訟上の和解――拡散利益救済のための基盤条件の整備――」新報 107 巻 5＝6 号（2000 年）172 頁など）。いずれも必要な手当てを示唆するものといえよう。

145) 債権者代位訴訟における和解が認められるためには，代位債権者のみならず，本来の利益帰属主体である債務者が和解に関与しなければならず，さらに，代位債権者のほかにも債権者がいるときは，その者の関与も必要とされよう。なお，取立訴訟（民執 157 条）も同様に考えられる（伊藤 431 頁など参照）。

146) 請求異議の訴え（民執 35 条），執行文付与の訴え（同 33 条），執行文付与に対する異議の訴え（同 34 条），そして，第三者異議の訴え（同 38 条）について，これらの法的性質を判例・通説のように訴訟法上の異議権（ないし権利）であると解すれば，実体権は訴訟物とならないため，判決主文で形成されるのと同一内容の和解は認められないことになる。そのため，債務名義に表示された，あるいは，対象物件の各実体法上の権利関係の存否を確認するといった内容の和解をすることになる。佐藤歳二「執行関係事件と和解」後藤＝藤田編・和解 377 頁，注釈民訴(3)234 頁〔伊藤博〕など参照。

147) 草野芳郎「訴訟上の和解が可能である事件の限界」小島古稀上 363 頁など参照。

(2) 対象となる権利関係が法律上許容されるものであること

訴訟物および和解条項により定められる権利関係が法律上許容されるものであり，公序良俗に反しないことを要する（最判昭43・3・28民集22巻3号692頁など）。たとえば，法定されていない物権を設定する合意は認められない（民175条参照）。

(3) 訴訟要件を具備すること

請求の放棄・認諾と同じく，訴訟上の和解に訴訟要件一般の具備を要するかについては争いがある。

一方で，訴訟係属が適法であり，かつ，訴訟要件を具備していなければ，訴訟上の合意が成立しても，調書に記載すべきではなく，訴えを却下すべきであるという見解[148]があり，他方で，本案判決をしない以上，そのために要求される訴訟要件は具備されていなくてもよいとする見解[149]もあるが，多くの論者は折衷的に考えている。すなわち，請求の放棄・認諾の場合と同様に，確定判決と同一の効力を生じる以上（267条），当事者の実在および専属管轄に反しないことは必要であるが，その他の訴訟要件を具備する必要はないとする見解[150]や，その二つに加えて，当事者能力，権利保護の資格など，判決効の不可欠の前提となる訴訟要件の具備をも要するとする見解[151]などがある。

この問題についても，請求の放棄・認諾でみたように，訴訟要件ごとにその実質を吟味し個別的な検討をするとの立場が妥当であろう。訴訟上の和解は，確定判決と同一の効力を生じることにかんがみると，当事者の実在などの一部の訴訟要件については，その具備が必要と考えられるものの，解決内容は，裁判所に言い渡される判決によって与えられるのではなく，あくまで当事者間の自主的な合意によって形成されることから，むしろ，紛争解決の幅を狭めることのないよう，訴訟要件の具備を要求することには一段と抑制的な態度が望ましいであろう。

なお，上記の対立とは別に，当事者には訴訟能力が必要とされ，代理人による和解の場合には，特別の授権または委任が必要とされること（32条2項1号・55条2項）に争いはない。これは，本人への影響の重大性にかんがみて，本人

---

148) 小山442頁，梅本1010頁など。この見解は，その理由として，請求についての終局的処理は訴訟要件の欠缺の場合にはなすべきではないところ，調書の記載は，まさに請求についての終局的処理にあたることを挙げる。
149) 菊井＝村松Ⅰ768頁，注釈民訴(3)235頁〔伊藤博〕，高橋・重点講義上680頁など。
150) 兼子・体系307頁，三ケ月・全集446頁，斎藤・概論333頁，新堂352頁，上田433頁，河野345頁など。
151) 伊藤430頁，吉村ほか306頁〔遠藤功〕など。

の意思確認を要求したものである。この点に関して問題となるのが，和解に関する特別委任を受けた訴訟代理人は，訴訟物以外の法律関係を含めて和解をする権限を有するのか否か，すなわち，訴訟代理人の和解権限の範囲いかんであるが[152]，この点は項をあらためて検討する。

4 訴訟代理人の和解権限の範囲

(1) 判　例

判例をみると，まず，貸金返還請求訴訟における被告の訴訟代理人の和解権限について，和解の一条項として貸金債権の担保のために被告所有の不動産について原告の抵当権設定契約をする権限も含まれると判示したものがある（最判昭38・2・21民集17巻1号182頁〔百選3版25事件〕）。

また，建物所有者Yとの間で，現実の運営にはYがあたり，その諸経費を負担するという条件の下で当該建物を保養施設として賃借する旨の契約（以下，本件契約）を締結したXは，訴外A基金との間で当該保養施設の利用契約を締結したところ，XY間で諸経費の負担額等について争いが生じ，YがA基金との間で直接に本件保養施設の利用契約（以下，本件直接契約）を締結する一方，諸経費を水増し請求されたと主張するXがYに対して提起した本件契約に基づく損害賠償請求訴訟（α請求権）において，Xから訴訟代理を委任された弁護士CはYとの間で，「XY双方の請求権の存在を認めたうえで，対等額において相殺されて消滅したことを確認すると同時に，双方は，その余の権利を放棄し，双方の間になんらの権利義務がないことを確認する」ことなどを内容とする訴訟上の和解を成立させたものの，Yの本件直接契約締結を本件契約についての債務不履行ないし不法行為とみて発生する損害賠償請求権（β請求権）についてまで，訴訟代理人Cの和解権限が及ぶのかが問題とされた事案において，最高裁判所は，α請求権とβ請求権は「本件保養所の利用に関して同一当事者間に生じた一連の紛争に起因するもの」であるから，α請求権について和解の委任を受けたC弁護士は，β請求権について具体的に委任を受けていなくても，β請求権を含めて和解をする権限を有するものとした（最判平12・3・24民集54巻3号1126頁）。

このように判例[153]は，訴訟代理人の和解権限について，その合理的な範囲

---

152) これは，いわば和解代理権の最大範囲の問題である。これに対し，和解代理権の範囲を当事者本人が対外的にどの程度まで制限し得るかという最小範囲の問題もある。後者につき，小林秀之＝田村陽子「訴訟代理人の和解代理権限の制限」判タ987号（1999年）37頁参照。
153) そのほか，一部請求事件における訴訟代理人の和解権限は，残部請求については及ばないと

を設定することにより，当該事件の実効的な解決を目指しているといえ，これは学説における中間的な見解に相当するものとみられるが，理論的には必ずしも明らかではない面がある。

(2) 学　説

学説上，さまざまな見解があり，いまだその整理は明快ではない。ここではそれらを大きく三つに分けて眺めることにしたい。

(a) 和解権限の範囲を訴訟物に限定する見解

訴訟代理人の和解権限は，本来訴訟物たる法律関係に限って授権されていることから，その範囲は訴訟物に限られ，それ以外についての和解はあらためて本人の特別授権を要するとの見解がある[154]。なお，訴訟物たる法律関係に関する和解だけでなく，それと同一性を有する範囲でなされる和解についても，再度の特別授権を要しないとする見解[155]もあるが，これも基本的に上記の見解と同様の主張といえようか。

(b) 和解権限の範囲を限定しない見解

訴訟代理人の和解権限を制限することはできず，訴訟物によって和解権限の範囲が画されるものではないとする見解がある[156]。また，同じく和解代理権の範囲を無限定であるとしたうえで，訴訟物以外の事項については代理権行使の手続的要件として当事者の意思確認を要求する見解もある[157]。

(c) 中間的な見解

以上の(a)(b)を両極として，つぎのような中間的な考え方が提唱されている。

① 訴訟代理人の和解権限の範囲は，原則として訴訟物たる法律関係に限定されるが，通常の取引観念に照らして，その法律関係についての争いを解決する和解として通常予想される範囲のものであれば特別授権を要しない[158]。

　はいえなくないとした大審院時代の判例（大判昭8・5・17法学3巻109頁），訴訟代理人の和解権限には第三者との間での和解を締結する権限も含まれるとした裁判例（大阪地判昭37・9・13下民13巻9号1831頁），また，本文掲記の最判昭38・2・21と類似の事案で債権担保のために債務者所有不動産に抵当権を設定する権限を認めた裁判例（東京地判昭42・3・14判タ208号181頁）などがある。

154) 石川明「判批」法研37巻6号（1964年）96頁，争点〔3版〕83頁〔稲葉一人〕，橋本聡「訴訟代理人の和解権限をめぐって」新堂古稀上539頁など。

155) 中村英郎「訴訟代理人の和解の権限の範囲」民商49巻4号（1964年）561頁。

156) 斎藤ほか編(2)395頁〔伊藤彦創＝高島義郎〕，大石忠生＝三上雅通「訴訟上の和解の規整をめぐる若干の問題——実務の対応の観点から——」講座民訴④329頁など。

157) 百選2版65頁〔清田明夫　解説〕，垣内秀介「訴訟上の和解と訴訟代理権の範囲」新堂古稀上444頁。前者〔清田〕は，訴訟物以外の事項について当事者の意思確認をしなかった場合を無効としないと明言しているわけではないが，かりにこの場合に無効とするのであれば，同見解には賛成しかねるというのが後者〔垣内〕の理解である。

158) 竹下守夫「判批」法協82巻1号（1966年）138頁，吉戒修一「和解調書作成上の問題点」

② 和解権限の範囲に含ませることの社会的必要性，現実的便宜性，それが当事者本人に与える利益・不利益を利益衡量して，訴訟代理人の和解権限の範囲を決定すべきである159)。

③ 個々の事案における当事者・代理人間の具体的事情，相手方の善意・悪意，裁判所の知不知などの総合考慮によって和解の効果を判定すべきである160)。

④ 和解権限の範囲に含まれるか否かを，互譲による紛争解決のために必要・有用であるか，当事者にとって紛争解決として予測可能であるかという要素を基準として判定すべきである161)。

訴訟代理人の和解権限の範囲に関し，以上の諸説がどの程度の違いをみせるのかは必ずしも定かでない。

(3) 検　　討

法廷に持ち込まれる紛争の内容が複雑・多様化しつつあると同時に交渉理論の発達が目覚しいことを受け，和解が単純な互譲による妥協的解決からふくらみをもった統合的な解決を導くものとしてきわめて盛況になっている実務の現状においては，訴訟代理人たる弁護士によって本人の意思とは無関係に和解が締結され，その合意内容を受け容れるよう説得されるものの，本人としては直ちにそれに応じかねるといった場面も少なくないであろう。そうすると，不動文字の印刷による特別授権だけでは不十分であり，訴訟代理人としての弁護士は，依頼者本人との関係で説明責任を十分に果たす必要がある162)。弁護士の説明により，当事者が和解権限の付与を認識したとしても，その和解内容が合理的範囲内か否かを個別に検討する必要がある。その範囲についての認識（権限授与の認識）は，十分でないのが通常であろう。そこで，弁護士は和解の内容が常識的な範囲を超える場合には具体的に当事者と協議すべきである（合理的判断の機会）。前者は民訴法55条の前提とする要請であるのに対し，後者は究極的には弁護士倫理上の責務であり，具体的には依頼者に対する誠実義務163)

後藤＝藤田編・和解463頁，梅本1012頁注4など。
159) 柏木邦良「判批」法学27巻1号（1963年）104頁。
160) 上北武男「訴訟代理権の範囲」演習民訴〔新版〕237頁。
161) 加藤新太郎「和解における弁護士の権限と役割」三ケ月古稀上285頁〔加藤・弁護士310頁所収〕。
162) 消費者保護の観点をいれるべきであろう。なお，訴訟委任におけるインフォームド・コンセントにつき，今野昭昌「事件委任契約の諸問題」判タ495号（1983年）21頁参照。
163) 訴訟代理人である弁護士は，受任者として善管注意義務を負う（民644条）が，さらに法律専門職に属することから，通常の善管注意義務が加重された誠実義務（その主な内容は受任された事件を誠実に遂行すること）を負う（伊藤眞「弁護士と当事者」講座民訴③119頁）。弁護士

の帰結であるといえよう164)。

　このように考えると，和解締結の段階において依頼者本人との協議が確保されることになり，訴訟代理人の和解権限の範囲を敢えて狭く限定的にとらえる必要はないといえよう165)。反対に，一定の紛争が前提にあって委任がなされていることを考えると，和解権限を無限定なものとして理解することもできない。

　そうすると，①依頼者相手方間においては，和解権限の範囲は中間説的に考えることになり166)，その基準が問題となるが，これについては既存の中間説のうち，少なくともいずれか一つの基準を満たせば，和解権限の範囲に入るという程度にその射程を広くとってよいであろう。どの見解も合理的な判断に基づく提言であるが，どれか一つに限ると，和解による解決のふくらみをカヴァーしきれないことになるので合理的な基準を多元的に用いるという開かれた発想がここでは必要とされる。もっとも，基準としての曖昧性が残されていることも否めないが，それは弁護士の専門的判断に委ねられる事柄であり，判断のつきかねるときは依頼者と協議の機会を設けるのが弁護士としての責務である。

　そして，②依頼者弁護士間においては，個別具体的な事情に基づいて実際の和解権限の行使が本人に対する誠実義務違反と評価される場合があり，さらに本人に対する損害賠償責任が認められたり，弁護士として懲戒されることもあり得よう167)。このように，相手方との関係における効力の問題および依頼者との関係におけるプロフェッションとしての責任の問題という重層的な構造のなかで考察することにより，相手方の利益と依頼者本人の利益を三方向から調整することができるであろう。

　弁護士倫理の観点から，弁護士は依頼者の利益を考えて慎重に行動しなけれ

　　　法1条2項参照。
164)　訴訟代理人の和解については，対外的関係において和解権限の有無・範囲が，対内的関係において和解権限の行使が，それぞれ問題となるとして段階的な考察をするものとして，伊藤・前掲注163) 123頁以下がある。
165)　和解権限を広く解する根拠として，訴訟上の和解には裁判所が関与するという安全装置があることも指摘されている。秋山ほかⅠ541-542頁。
166)　和解権限を無限定なものととらえる立場から，弁護活動のあり方を強調して弊害の発生を防止するものとして，垣内・前掲注157) 444頁がある。なお，樋口範雄『フィデュシャリー［信認］の時代』（有斐閣，1999年），同『アメリカ代理法』（弘文堂，2002年）参照。
167)　誠実義務違反の例としては，不当な包括的和解などが挙げられる。これは，わが国でも弁護士の専門分化が進み，特定の弁護士への事件集中が生じるようになると，軽視できない問題となってこよう。

ばならないが，和解という多様な出口を備える局面においては，依頼者との意思疎通の緊密性がとりわけ要請される。したがって，まずは，訴訟代理人の和解権限の範囲を限定することが重要である。確かに，無制限説に立ちつつ独自の歯止めをかけること[168]も考えられるが，和解権限を限定する理論構成の方が，実務の延長線上にあるプラクティスに馴染みやすく，当事者の期待にも沿うものといえよう。そのうえで，依頼者との意思疎通の緊密性は，権限の内外を問わず，倫理上要請されることになるが，ただし，権限の内か外かその緊密性には程度の差があってしかるべきであろう。すなわち，訴訟代理人が，一方で権限外の和解を行うには，依頼者との間により濃密なコミュニケーションが必要とされるのに対し，他方で権限内の和解をするには，通常の確認程度の意義と内実において意思疎通で足りることになる。弁護士のプラクティスにとっても，このような仕切りが望ましいであろう。

　このことをつぎのような事案に即して考えてみる。あるマンション管理組合の代表者から同マンション居住の区分所有者に対する延滞管理費用の取立てを依頼された弁護士が，依頼者である代表者の意思を確認することなく成立させた「元本全額支払および遅延損害金免除」という内容の和解をめぐって，依頼者と弁護士の間にトラブルが生じた[169]。弁護士は，損害金を免除しても元本を全額受領できれば実質勝訴とみなされる実務感覚から，本件の和解内容の妥当性に何ら疑問を抱いていなかったのに対し，依頼者は，管理費用の不払いを是正し，今後そうした事態に陥らぬよう，損害金を含めた請求全額を支払わせることにこだわりをもっていたのである。まず，①和解の効力，すなわち，弁護士の和解権限の有無については，元本の全額回収さえ実現できれば，損害金を免除することも実務の常識からして合理的な範囲における紛争解決のあり様とみられる以上，訴訟代理人である本件弁護士は和解権限の範囲内で行動している。しかし，このような角度からだけでは，処理しきれない問題があり，これについては別の角度からの考察を併せて行うことがきわめて重要である。そこで，②弁護士の依頼者本人に対する誠実義務違反は，管理組合の業務運営における秩序を維持するという依頼者本人の意向，すなわち，当該訴訟の目的を無視したことに対する過誤が認められ，弁護過誤として本人に対する損害賠償責任が認められ，あるいは，場合によっては弁護士として懲戒される可能性もある。

---

168) 垣内・前掲注157) 444頁。
169) 小島・プレ 207頁以下参照。

こうした見地から，先に掲げた判例は，二つの方向から検討を加えることができる。まず，債務不履行ないし不法行為に基づく損害賠償請求権についての和解権限を認めた前掲・最判平 12・3・24 については，この損害賠償請求権は同一当事者間に生じた一連の紛争に起因するものであり，それについての和解は，本来の契約上の紛争の解決としての合理的範囲内にあり，また，依頼者本人との関係で誠実義務違反と目されるような事情は認められない。つぎに，新たな担保権を設定した前掲・最判昭 38・2・21 については，担保権の設定は訴訟物に対する互譲の一方法としてなされたことから合理的範囲内にあるといえるが，抵当目的物を失う可能性や融資を受ける途をふさぐおそれなどのリスクを依頼者本人に及ぼしかねない状況にかんがみると，場合によっては本人に対する誠実義務違反ないし懲戒処分などの問題を生じかねない[170]。

5　訴訟上の和解の手続

(1)　和解の勧試と和解観

裁判所は，訴訟がいかなる程度にあるかを問わず，和解を試み，または，受命・受託裁判官に和解を試みさせることができる（89条）。訴訟の初期段階で和解の合意が成立するような場合を除いて，この和解勧試に基づいて，裁判所の示した和解案を中心とした当事者間の調整を経たうえで，合意成立に至るというプロセスを辿ることが通例のパターンである。和解勧試がなされる期日は，口頭弁論期日のほか，その準備期日[171]や，和解交渉のために特別に定められた和解期日でもよい。さらに，民事保全手続や証拠保全手続において本案について和解することも許され，また，終局判決後であってもよく，上告審における和解も可能である。

裁判所の和解勧試は，法律上，広く認められていたのであるが，和解が判決に並ぶ紛争解決方法であるとの認識が定着し，裁判実務において積極的に行われるようになったのは，ここ四半世紀足らずのことである[172]。和解隆盛に転じた理由としては，つぎのような和解の判決に対するメリットが挙げられる。すなわち，法に基づく裁判所の一刀両断的な判断を当事者間に対して強行的に

---

170) 損害賠償や懲戒が問題となるのは，十分な説得の時間があるにもかかわらず何もしなかったり，和解の内容が著しく本人の利益に反するという例外的な事例に限られるとするのは，伊藤・前掲注163) 127頁。本文の記述はこのような認識を前提として問題の仕分け方を述べたものである。

171) ただし，電話会議システムによる弁論準備手続においては和解できない（170条5項）。

172) 草野芳郎「訴訟上の和解についての裁判官の和解観の変遷とあるべき和解運営の模索」判タ704号（1989年）28頁，草野・和解8-9頁など。

通用せしめる判決と異なり，和解は，条理・実情に適った自主的解決をもたらし，また，判決や上訴審の不要による経済・迅速化が図られることなどである[173]。こうした（とりわけ裁判所の）和解重視の姿勢に対して，当事者の意思を尊重せずに，裁判所が和解勧試に固執するあまり，当事者が不満のまま和解に応じることがあったり，無駄な和解期日を積み重ねて訴訟遅延を結果したりするなどのおそれも指摘されている[174]。たとえば，青色発光ダイオード（LED）の発明対価の一部として200億円の支払を求めた訴訟で，その全額の支払を命じた第一審判決（東京地判平16・1・30判タ1150号130頁）にもかかわらず，控訴審において被告が原告に8億4000万円を支払うという内容の訴訟上の和解が成立したところ（東京高裁平成17年1月21日），和解案に同意した原告自身が強い不満を公にして注目を集めたことがある[175]。第一審裁判所が莫大な経済的利益を原告の側に認められるとしながらも，それに比して僅かな金額で和解に応じたという事実からして，原告が相当追いつめられるという情況があったとも考えられよう。一般に，裁判所の強い和解勧告を受け，和解権限を付与された代理人弁護士を通じて，本人もこれにやむなく同意し，訴訟上の和解が成立した後に，これに納得のできない本人が弁護士に対して苦情を申し立てる例は弁護士会や司法支援センターなどにおいては散見される。このような場合，弁護士が本人を代理して和解に同意した後に本人の同意を取り付け，いわば事後的な承認を求めたり，また，本人の同意を得るために和解に応じない態度をとるにはもう遅い旨を伝えて本人の決断を促したりした場合には，弁護士倫理上の本人との協議義務や本人の意思尊重規範（弁護士職務規程17条・18条）に反するおそれもあって，この場合の問題の一端は，弁護士と本人との間のコミュニケーション不足にあるといえよう。素人と法律家との間に横たわる考え方ない

---

173) 後藤勇「民事訴訟における和解の機能」後藤＝藤田編・和解17頁，草野・和解11頁以下，伊藤433頁など。

174) 三ヶ月・双書484頁，新堂354頁，伊藤434頁，加藤雅信「訴訟上の和解とその実態」法政147号（1993年）139頁以下，那須弘平「抑制的和解論」木川古稀上692頁，大山薫「訴訟遅延と和解至上主義」NBL593号（1996年）54頁，出井直樹「裁判上の和解をどう考えるか」小島古稀上63頁など。

175) 発明者である原告は，翌日（2005年1月12日）の記者会見で「（和解内容は）100％負け。和解に追い込まれ，怒り心頭に発している……和解しなければ同じ内容の判決が出て，上告しても法律論だけの最高裁では変わる見込みがなかった……大企業中心で個人を重んじない。」などと語ったうえ，和解額の約6億円については「（裁判官は）訳の分からん額を出して『和解しろ』と言う。日本の司法制度は腐っていると思う」と憤ったという（日経新聞2005年1月13日朝刊）。

し感覚の違い，なかでも，この程度の事件はこのぐらいの金額が妥当であるといった相場感の有無が大きな影響を与えた可能性もあろう。法律家は，素人にはない相場感に依拠して結論先取りの思考に陥り，すなわち，実質的な意思疎通のプロセスを軽視しがちであることを考えると，そのような感覚のない素人にとってプロセス自体が結論正当化の重要な要素となっているともいえるのであり，法律家は常にこうした素人のメンタリティに配慮すべきことが求められる。なお，ここには，裁判所の和解運営のあり方とともに，プロフェッショナルのあり方についての根本問題が潜んでいることに気付かされる。これは，和解の局面において顕在化しやすいが，法律実務全体に貫流する共通の課題である。

そうした訴訟上の和解に関する問題点の指摘を受けて，訴訟上の和解に対する一定の規整の必要性が説かれること[176]は当然の流れであるものの，和解手続は厳格な類型化に馴染まないインフォーマリティにその妙味があるのである。結局のところは，両当事者との十分なコミュニケーションを基盤とした裁判官の適切な訴訟指揮に待たなければならないところが多分にあり，具体的な局面ごとに熟達した裁判官の判断に期待すべき部分は大きいといえよう[177]。

訴訟上の和解について，当事者間の合意成立に向けた調整を試みる調整者と合意成立に至らなかった場合に判決を言い渡す裁断者が同一人物（裁判官）であることも問題とされる。調停などの調整型手続とは異なり，裁断型手続において調整型手続が組み込まれ，かつ，いずれの手続主宰者も同一人物である和解手続の場合に，この問題は切実である。この点，裁断型である仲裁手続における和解では，仲裁廷またはその選任した仲裁人が和解を試みることができるのは当事者双方の承諾がある場合に限られるとしており（仲裁38条4項）参考になる。

訴訟上の和解においては，和解案提示者と判決作成者が同一人物であり，そこには和解への強制の契機が忍び込みやすいという問題が構造的にあり，一定の手続的配慮ないし手続的仕組みが必要とされる。裁判官が慎重な吟味に基づいて公正で対等な和解案をできるだけ明快な形で提示する努力が望まれる。た

---

176) 垣内秀介「裁判官による和解勧試の法的規律(1)(2)」法協117巻6号（2000年）751頁・118巻1号（2001年）93頁，同「裁判官による和解勧試の法的規律」民訴49号（2003年）232頁参照。なお，伊藤434頁。

177) 新堂354頁。和解手続の規整というよりは，和解手続のガイドラインないし和解スキルのカタログ（和解に際しての裁判官の心得）といった位置付けが妥当であろう。

とえば，和解に向けた意思決定を当事者が行いやすくするための情報提供という趣旨で裁判官が心証開示を行うに際しては，それをより一般的な形[178]にすることなどがその例である。もっとも，和解案が裁判官の心証を反映したものではない場合があり，そうした和解案の提示を禁止することのできないところに事態の複雑さがある。一例として，法律や判例の動向からして，順当な帰結が必ずしも社会的に許容しがたいことがあり，そこに法の成長が強く望まれるといった場合が挙げられる。そこに，正義と法のランデヴーの微妙さがある。また，当事者が表面上は和解を拒否していても，本音では和解を望んでいる場合も案外に多いところ，裁判官には当事者の本音を見抜く力量が要求される。一面では，弁護士の間に裁判官による押しつけ和解が多いという意識があり，他面では，心証を開示するに至らない段階で，低い解明度のままで一定の和解案を当事者に投げかけ，それで合意に至るのであれば，裁判所や当事者の負担を軽減することができるという考慮もあろう。究極的には，和解に謙抑であるべきか否かは一概にはいえず，裁判官の賢慮および訴訟代理人の力量が問われてこよう。

(2) 通常の和解手続

裁判所は，当事者に対して和解案を示して，和解を勧試する，すなわち，当事者との話合いを行うのが通常の和解手続の流れである。当事者本人の意思確認が重要となるため，裁判所は，訴訟代理人が選任されていても，和解のために必要があると認めるときは，とくに当事者本人または法定代理人の出頭を命ずることができる（規32条1項）。専門家中心のコミュニケーションから疎外されがちの当事者本人に対する配慮は裁判所の側の配慮によって補完されることになる。また，裁判所は，相当と認めるときは，裁判所外で和解（現地和解）をすることもできる（同条2項）。

口頭弁論期日や弁論準備手続期日における和解勧試は，両当事者対席（同席）の下に行われているが，和解期日においては対席方式ではなく，交互面接方式（両当事者，代理人を交互に和解室に招いて進行する方式）がとられることがある[179]。これに関しては，相手方に気兼ねしない各当事者の率直な意見を聞くことがで

---

[178] この点，裁判官に心証開示「義務」を認めるという方法が考えられるが（垣内・前掲注176）民訴49号232頁），心証開示「責務」という表現の方が実務に受け容れられやすく，本質を捉えているとの見方もあり（伊藤ほか・論争225頁〔加藤新太郎，伊藤眞発言〕），傾聴に値する。

[179] その結果，手続全体でみると，対席から始まり，次第に交互に移行し，最後に対席で締めるといった流れになる。注釈民訴(3)241頁〔伊藤博〕参照。

きる裁判官が当事者の真意を汲んだ和解案を作成することができる（とりわけ本人訴訟）として，積極的に評価する見解[180]がある一方で，当事者双方が基盤となる情報を共有しないまま，裁判所の主導によって合意が成立させられてしまうといった問題点も指摘されており，近時は，対席（同席）方式の提唱，試行を説く見解もみられる[181]。確かに，交互面接方式によると，裁判官がよほど慎重な姿勢で臨まない限り，当事者に不信の念を植え付けるおそれが高く，たとえ和解が成立したとしても，司法制度に対する信頼を損なうことにもなりかねず，また，当事者間の自主的解決である以上，一般論としては，両当事者が直接にコミュニケートすることのできる対席方式が望ましいということができよう。しかしながら，裁判官が仲介しても当事者間のコミュニケーションが著しく困難であるような場合にまで専ら対席方式に拘泥するべきではなく，状況に応じた柔軟な対応がなされるべきであり，交互面接方式も選択肢の一つとして併用されてよいであろう。もっとも，交互面接方式がとられた場合は，合意成立の見通しがつけば，できるだけ早い段階で対席方式にシフトさせ，和解に不満を残さないようにするべきである。

　両当事者が合意に至ると，裁判所または裁判官は，要件の有無を審査して，これを有効と認めると，裁判所書記官にその内容を調書に記載させるが（規67条1項1号・88条4項・163条3項・164条2項），不成立ないし無効と判断すれば，審理を続行することになる。当事者間の合意成立は訴訟上の和解の成立要件であり，調書への記載は効力発生要件である[182]。

---

180) 田中豊「民事第一審訴訟における和解について」民訴32号（1986年）149頁，草野・和解41頁以下など。なお，一方当事者の事情聴取中に相手方を傍聴させる（発言は認めない）という準対席方式も提案されている（草野・和解43頁）。

181) 木川統一郎「西ドイツにおける集中証拠調べとその準備」判タ489号（1983年）21頁，西口元＝太田朝陽＝河野一郎「チームワークによる汎用的訴訟運営を目指して(3)」判タ849号（1994年）18頁，小原正敏＝国谷史郎「和解手続」判タ871号（1995年）22頁，西口元「争点整理の原点に立ち返って」判タ915号（1996年）64頁，同「民事訴訟原則の揺らぎと再生――フェアネスと人間性の調和を目指して――」井上治典＝佐藤彰一編『現代調停の技法』（判例タイムズ社，1999年）271頁，早川吉尚「日本のADRの批判的考察――米国の視点から」立教54号（2000年）174頁以下など。さらに，調停を含んだ合意（和解）成立プロセスにおける同席方式を説くものとして，井垣康弘「家事調停の改革」判タ892号（1995頁）8頁，同「同席調停の狙いと成功の条件」上掲・井上＝佐藤編172頁以下などがある。なお，手続保障の理念から同席方式を原則とすべき旨を説くものとして，伊藤435-436頁，伊藤眞「『交互面接』か『同席』か」ケ研293号（2007年）1頁，吉村ほか307頁〔遠藤功〕などがある。

182) 石川明『訴訟上の和解の研究』（慶応義塾大学研究会，1966年）66頁，伊藤437頁など。

(3) 新型の和解手続

新法は，期日において当事者が口頭で陳述するという通常の方式に加え，和解条項案の書面による受諾（264条）および裁判所等による和解条項の裁定（265条）を導入した。もっとも，これらは，簡易裁判所における起訴前の和解（275条1項）および離婚・離縁訴訟における和解においては，認められていない（同条4項，人訴37条2項）。他方，簡易裁判所における手続の特則として，2003年改正法は，和解に代わる決定（275条の2）という特別の制度を設けた[183]。

(a) 和解条項案の書面による受諾（和解条項案受諾書面制度または書面和解）

遠隔地居住等，出頭困難な事情を有すると認められる当事者が，予め裁判所（または受命・受託裁判官）から書面により提示された和解条項案を受諾する旨の書面を提出し，相手方当事者が口頭弁論等の期日に出席して，それを受諾することにより，当事者間に和解が成立したものとみなされる（264条，規163条1項）。

これは，両当事者および裁判所による努力の傾注の結果，和解交渉の最終段階において実質的には合意が成立したといえるにもかかわらず，当事者の一方に出頭困難な事情があり，出廷して口頭陳述をすることができないということだけの理由で和解が成立しないというのでは不都合であることから，出廷の要件を緩和して和解の成立を容易にしたものである[184]。

(b) 裁判所等が定める和解条項（和解条項告知制度または裁判官による仲裁型和解）

裁判所（または受命・受託裁判官）は，両当事者が和解条項に服する旨を記載した書面により，共同の申立てをしたときは，両当事者の意見を聴いて（規164条1項），和解条項を定めることができる（265条1項2項）。これが口頭弁論等の期日において相当な方法で双方当事者に告知（同条3項）されたときは，当事者間に和解が整ったものとみなされる（同条5項）。

和解交渉が進み，争点の一つひとつについて両当事者の合意がまとまっていっても，ある対立点についてなかなか合意に達せず，和解が成立しない場合も

---

183) 今後，和解促進のためのさまざまな工夫が立法論，解釈論，そして，実務の各局面において積極的に展開されよう。たとえば，英米にみられる「ペイメント・イントゥ・コート（payment into court）」の導入とその課題を検討した小林学「対抗的和解申出・預託」小島古稀下431頁，同「和解成立率と『対抗的和解申出・預託』」新報113巻9＝10号（2007年）209頁などがある。

184) 一問一答307頁，研究会・新民訴339頁〔柳田幸三発言〕など。なお，この制度は，遺産分割に関する調停事件における調停条項の書面による受諾（家審21条の2）にならったものである。

ある。こうしたとき，当事者としては，残された対立点については，第三者の判断にしたがうものとして紛争を解決しようということで合意するといった仲裁的な選択肢を設けておくことにも合理性があるとして導入された制度である[185]。

(c) 簡易裁判所における和解に代わる決定

金銭支払請求訴訟[186]について，裁判所は，被告が口頭弁論において原告の主張した事実を争わず，その他何らかの防御方法をも提出しない場合において，被告の資力その他の事情を考慮して相当であると認めるときは，原告の意見を聴いて5年を超えない範囲内において，その支払時期の定めまたは分割払いの定めをして当該請求にかかる金銭の支払いを命ずる決定をすることができる（275条の2第1項）。この決定の告知を受けた日から2週間の不変期間内に当事者が当該裁判所に異議申立てをしなければ，裁判上の和解と同一の効力が生じる（同条3項5項）。

金銭支払請求訴訟において，事実を争わずに分割払いを内容とする和解を望む被告，および，強制執行手続の負担等回避のために分割払いに応じることにやぶさかではない原告，それぞれのニーズが一致する場合が多いことを背景として，被告の資力その他の事情を裁判所が柔軟に考慮して和解的解決を図ろうとする制度が設けられたのである。従来は，事件を調停に付したうえ（民調20条），直ちに分割払い等を内容とする調停に代わる決定を行っていたが，こうした藉口的運用ではなく，訴訟手続のなかで処理するものとしたのである[187]。

6 訴訟上の和解の効果

当事者間に成立した訴訟上の和解が裁判所書記官によって調書に記載されると，「確定判決と同一の効力」が生じる（267条）。これは，請求の放棄・認諾と同じく，手続面における訴訟終了効と実体面における判決効に分けられる。

(1) 訴訟終了効

訴訟上の和解によって訴訟手続は当然に終了する。

---

185) 一問一答308頁，研究会・新民訴351頁〔柳田幸三 発言〕，新堂353頁注(1)，高橋・論考186頁以下，中野ほか402頁〔河野正憲〕など。なお，この制度の前例として，地代借賃増減調停事件，商事調停事件および鉱害調停事件における調停委員会の調停条項制度（民調24条の3・31条・33条）がある。なお，この制度の全般的な研究として，吉田元子『裁判所等による和解条項の裁定』（成文堂，2003年）がある。わが国において裁判運営が調停的手法に傾くきらいがあり，仲裁的発想に乏しい状況に対し，小さな一歩とはいえ，新しい風を吹き込むものとして注目される。小島・裁判運営127頁以下参照。

186) 現行法上，訴額が140万円を超えない請求に限られる（裁33条1項1号）。

187) 一問一答・平15改正83頁。

訴訟費用ないし和解費用については，判決の場合のように敗訴者負担（61条）とすることはできず，和解条項中に別段の定めがあればそれにしたがい，なければ各自負担となる（68条）。なお，負担割合だけを定めた場合には，第一審裁判所の裁判所書記官が申立てによって負担額を定める（72条）。

(2) 判 決 効

実体的な効果としては，既判力，執行力，そして形成力が問題となる。

まず，具体的な給付義務が記載された和解調書は，債務名義として扱われ（民執22条7号），執行力を有することになる。

その人的範囲は，執行力のある判決に準じ，当事者および利害関係人である第三者[188]の一般承継人のほか，和解成立後の特定承継人にも及ぶ。たとえば，建物収去を内容とする和解は，その成立前の借家人には及ばず（大決昭7・4・19民集11巻681頁），また，建物収去土地明渡しを内容とする和解は，その成立後に建物を借り受けて敷地を占有する者には及ぶ（最判昭26・4・13民集5巻5号242頁）。

つぎに，人事訴訟や団体関係訴訟などのうち，一定の形成訴訟において和解が可能であるという立場を前提とするならば，対象となっている法律関係の変動が和解内容とされるときは，その形成力が肯定されることになる[189]。

和解で認められた権利関係について既判力が認められるかについては，請求の放棄・認諾におけるのと同様に見解の対立がみられるので，この点については項をあらためて検討する。

(3) 既判力の有無

既判力の有無は，和解に関していかなる無効原因の主張が許されるか，さらに，その主張方法いかんといった問題と関連して論じられるが，まずは和解調書の記載に既判力が認められるかについて検討する。

(a) 判 例

最高裁判所の判決を眺めると，①裁判上の和解は，確定判決と同一の効力を有し，既判力を有するものと解すべきであるとしたもの（最大判昭33・3・5民集12巻3号381頁〔百選77事件〕），②第一審係属中に成立した訴訟上の和解に要素の錯誤があったとして期日指定の申立てをしたところ，審理が続行されて，一

---

[188] 当事者のほか，期日における合意に加わった利害関係人たる第三者に対しても，執行力が生じる（前掲注118）・大判昭13・8・9）。なお，合意内容が第三者のためにする契約である場合については，法律実務(3)149頁，勅使川原和彦「第三者のためにする契約と訴訟上の和解の効力の主体的範囲」中村（英）古稀上391頁以下など。

[189] 伊藤438頁注71は，判決の確定によらずに形成力の発生を認めることにつき，訴えを前提としており，形成訴訟を規定する法文の文言とは矛盾しないとする。

審・二審ともに要素の錯誤があったとして和解が無効とされたケースについて，「原判決は，本件和解は要素の錯誤により無効である旨判示しているから，所論のごとき実質的確定力を有しないこと論をまたない」と判示したものがある（最判昭33・6・14民集12巻9号1492頁）。これらを総合して，学説にいう制限的既判力説が判例の立場であるとみられている[190]。

(b) 学　説

学説は，既判力を認める見解と認めない見解に加えて，限定的に既判力を認める見解（制限的既判力説）の三つに大別される。

既判力肯定説[191]の理由としては，①「確定判決と同一の効力」（267条）には既判力も含まれるとみるのが自然な解釈であること，②和解は訴訟行為であり[192]，私法上の和解の不成立・無効とは切り離されたものであること，などが挙げられる。和解無効の主張に関して，既判力肯定説は，和解調書の記載により訴訟が終了するから，和解の意思に瑕疵があった場合にも，陳述の無効は原則として主張できないが，再審事由（338条1項2号3号5号）にあたる事由のある場合に限り，再審の訴えに準じた独立の訴えによって無効主張することが許されるという[193]。

既判力否定説[194]は，その理由として，①既判力は公権的な紛争解決の要請から裁判にのみ特有な要請であり，和解という自主的紛争解決には親しまないこと，②判決と異なり，裁判所の関与の程度に差異があり，裁判所が和解の成立過程を調査して，錯誤・強迫などのないことを確認するとは限らないこと，③判決と異なり，上訴の余地がないこと，④和解には判決主文に対応する部分がないため，和解に既判力を認めると，その客観的範囲が不明確となってしまうこと[195]，⑤起訴前の和解を視野にいれると，既判力を肯定するのは，法的安定性の見地からして実際的ではないこと，⑥既判力を認めて

---

190) 新堂356頁注(1)参照。
191) 兼子・体系309頁，小山昇「訴訟上の和解と調停——特にその錯誤について」私法9号444頁（同・著作集7巻258頁に所収），伊藤439頁，梅本吉彦「訴訟上の和解の効力について」三ケ月古稀中567頁，梅本1022頁など，かつて通説的見解であった。なお，既判力肯定説に立ち，錯誤を取消事由として認めるべきであるとし，取消しの方法は，再審の訴えに準じる和解取消しの訴えによるべきだが，期日指定申立てによる旧訴続行もその実質は再審訴訟に類することからこれを認めるべきであるとする見解がある（山木戸・論集422頁）。
192) 訴訟行為説からの立論である。
193) この立場は，訴訟上の和解を判決に代用するものと位置付ける考え方を前提とするとみられる。
194) 岩松三郎「民事裁判における判断の限界」曹時3巻1号（同『民事裁判の研究』〔弘文堂，1961年〕100頁以下に所収），三ケ月・全集443頁，新堂357頁，河野正憲「訴訟上の和解とその効力をめぐる紛争」北九州8巻3＝4号（1981年）〔河野・行為262頁に所収〕，河野346頁，藤原弘道「訴訟上の和解の既判力と和解の効力を争う方法」後藤＝藤田編・和解488頁など，現在の多数説である。
195) この点は，和解条項の実際にかんがみると，やや的外れであるとの感を拭えない。

瑕疵の主張を原則として遮断するのは、裁判を受ける権利（憲32条）の侵害につながること、などを挙げる。訴訟上の和解の無効・取消しの主張方法については、この見解によると、再審の訴えには限られないことになる。

制限的既判力説[196]は、和解に瑕疵がなく有効な限りにおいて既判力があるとする見解であり、和解に瑕疵があれば、それが再審事由に該当しなくても、無効・取消しを主張することができ、その場合、訴訟終了の合意が失われ、手続が続行されることになるという。

(c) 検　　討

訴訟上の和解の成立過程はさまざまであり、裁判所の関与の程度も多様であることから、再審事由以外による無効・取消しの主張を一切認めないというのは、不利益を被る当事者にとっての救済手段としては不十分であろう。救済を再審に絞るのでは、既判力を生ずる基盤のないところにまで既判力を及ぼすことになり、正当性に欠ける。当事者意思に既判力を生ぜしめる基盤となる意思の合致があるときにのみ、これを生じさせ、それ以外の場合には既判力は生じないとするのが制度のあり方として説得的である。このような理解から、意思表示に瑕疵・欠缺がある場合には、和解の拘束力を免れるための法的救済を認めるべきであり、この点については訴訟上の和解の法的性質の検討のところで前述したとおりである[197]。

裁判所による強引な和解勧試のゆえに和解当事者に不満が残る場合などは別として、既判力が生じないとしても、和解の場における合意の重みからして両当事者は自発的に和解内容にしたがう場合が多いであろう[198]。訴訟上の和解は、紛争解決に向けての協調が実現し、法的安定性が達成される場合であるといえよう。

---

196) 菊井維大『民事訴訟法下〔補正版〕』（弘文堂、1968年）375頁、中村・前掲注129）838頁（同『訴訟および司法制度の研究〈民事訴訟論集2巻〉』〔成文堂、1976年〕23頁所収）、注釈民訴(4)486頁〔山本和彦〕など。この制限的既判力説に対しては、再審の訴えが既判力という強い拘束力を解く非常の不服申立て手段として認められていることと相容れないとの批判がある（既判力肯定説からは兼子・体系309頁など、既判力否定説からは三ケ月・全集444頁、新堂357頁など）。

197) 本書581頁以下。

198) 和解内容が法的にみて妥当であり、両当事者が納得しているものであれば、義務者は自発的に和解内容を遵守することが多いといわれており（草野・和解16頁など）、和解の紛争解決機能が損なわれることはないであろう。もし手続不安定を招くというのであれば、和解をめぐる裁判運営に問題があるということを疑うべきではなかろうか。

(4) 訴訟上の和解の瑕疵を争う方法

既判力の有無と関連して議論がなされる,和解の無効・取消しの主張方法および解除による救済手段についてみていく。

(a) 無効・取消しの主張方法

判例は,和解の無効・取消しの主張方法として,期日指定の申立て,和解無効確認の訴え,請求異議の訴え,そして再審の訴えを競合して認める[199]。

学説は,まず,無効・取消原因のある和解に関与した裁判官が当事者の期日指定の申立てに基づいて口頭弁論期日を再開して,旧訴の裁判資料や手続を利用して,無効・取消原因を審理するのが適切であるとする見解(期日指定申立て説)[200]がある。旧訴が復活するわけであるが,審理の結果,和解が有効であるということになれば,訴訟終了宣言判決がなされる。この見解の根拠としては,①訴訟上の和解によって訴訟が終了するから,その有効・無効は訴訟係属の存否に関わる問題であり,当該訴訟手続内で決着されるべきであること,②旧訴の訴訟資料・訴訟状態を利用することができ,手続が簡便であること,などが挙げられる。

他方,旧訴は復活せず,和解の無効主張は,別訴,すなわち,和解無効確認の訴え,あるいは,必要があれば,請求異議の訴えによらねばならないとする見解(新訴提起説)[201]がある。和解の有効・無効は,旧訴の訴訟物の判断とは異なる紛争の局面であるから,必ずしも和解に関与した裁判所に審理させる必要はないことなどを理由とする。

さらに,判例と同様に,期日指定の申立てによる方法と別訴(和解無効確認の訴え・請求異議の訴え・再審の訴え)による方法のいずれかを当事者が選択することができるとする見解(競合説)[202]がある。その根拠としては,①期日指定申立ては,最も簡便で従来の手続や裁判資料が利用できて有用であるものの,だからといって新訴提起の利益を常に失わせるとまではいえるわけではないこと,②和解の無効・取消しの審理は,確定判決に対する再審や訴え取下げの無効を争う場合に対応するとすれば,上告審での期日指定も一概に不当とはいえないこと,③当事者の求める救済内容は多様であるうえ,救済手段の機能も異なるので,具体的局面に適した救済手段を当事者が選択できるのが望ましいこと,などが挙げられる。

---

199) 期日指定申立てにつき,大決昭6・4・22民集10巻380頁〔百選78事件〕,和解無効確認の訴えにつき,大判大14・4・24民集4巻195頁,請求異議の訴えにつき,大判昭14・8・12民集18巻903頁,再審の訴えにつき,大判昭7・11・25民集11巻2125頁(訴訟上の和解に私法上の無効原因があるときは,再審の訴えによる取消しをまたないで,当然無効であるから,独立の訴えをもってその無効確認を求めるのは格別,再審の訴えは許すべきではない旨を判示した)などがある。

200) 中野ほか旧412頁〔松浦馨〕など。

201) 三ケ月・双書513頁以下など。

202) 条解720頁〔竹下守夫〕,新堂360頁,上田438頁,小林・プロブレム335頁,梅本1027頁,河野349頁など。なお,伊藤441頁は,競合説に立ちながらも,再審の訴えを認める必要はないという。

この問題についても，訴訟上の和解の成立過程や内容はさまざまであることから[203]，期日指定申立てか新訴提起かの二者択一ではなく，状況に応じた救済手段の選択を当事者に認めるのが合理的であり，競合説に分があると考える。

(b) 和解の解除による救済手段

大審院時代の判例として，和解契約が解除されると，和解によって終了した旧訴は当然に復活するとしたものがある（①大判昭 8・2・18 法学 2 巻 10 号 1243 頁，②大決昭 8・11・29 裁判例 7 巻民 273 頁）。最高裁判所の判決としては，債務不履行による和解の解除によって和解契約上の権利関係が消滅するだけであるとして，旧訴（土地明渡請求訴訟）の復活を否定し，新訴提起が重複訴訟（142 条）にならないと判示したものがある（③最判昭 43・2・15 民集 22 巻 2 号 184 頁〔百選 3 版 100 事件〕）。

下級審裁判例をみると，③判決前のものとして，家屋明渡請求訴訟の係属中に成立した和解が戦後住宅事情の極度の悪化を理由に事情変更の原則に基づいて解除されたとして，請求異議訴訟を提起することを認めたもの（④大阪高判昭 27・7・14 下民 3 巻 7 号 962 頁）や，貸金返還請求訴訟の係属中に成立した和解が債務不履行を理由に解除され，期日指定申立てがなされた事案において，旧訴が復活するとしたものがある（⑤京都地判昭 31・10・19 下民 7 巻 10 号 2938 頁）。③判決後のものとしては，家屋明渡請求訴訟の係属中に成立した和解（第三者の立退料支払と引換えに明け渡す旨の解除条件付き和解）が第三者の支払拒絶により解除条件が成就したとして，期日指定申立てが行われた事案において，旧訴が復活すると判示したもの（⑥大阪高判昭 49・7・11 判時 767 号 51 頁）や，土地賃借権をめぐる訴訟の係属中に成立した土地を売却する旨の和解が代金不払いを理由に解除された後，新たに建物収去土地明渡請求訴訟が提起された事案において，旧訴が復活しないことを前提とする取扱いをしたもの（⑦青森地判昭 50・7・8 判時 807 号 80 頁）などがある。

上記の裁判例を眺めると，期日指定申立てまたは別訴提起の両者を認めて，当事者の選択結果と具体的妥当性を尊重した結論に到達しようとする姿勢が窺える[204]。

学説上，和解の解除は訴訟終了効に影響を与えず，当事者としては，新訴（別訴）を

---

203) たとえば，和解が上訴審でなされた場合は，期日指定申立て説によると，審級の利益を失うのみならず，上告審では事実審理ができないこととなってしまう。

204) 小林秀之＝原強「訴訟上の和解の解除と和解による訴訟終了効」Law School 38 号 80 頁，百選 3 版 205 頁〔原強 解説〕など。

提起しなおさなければならないとする見解（新訴提起説）が多数を占めている[205]。その理由として挙げられているのは，つぎのような点である。①訴訟上の和解が成立したことで紛争は終了するのであり，その後の和解の解除は，無効・取消しとは異なり，和解成立後における債務不履行等の後発的な原因によるものであり，確定判決による訴訟終了後の法律関係の変動に準じるべきものである[206]。②解除の適否をめぐる紛争は，旧訴の争いとは異質かつ独立した新たな問題であるという色彩が濃く，そうすると，旧訴によるとすれば当事者の審級の利益を奪うことになりかねない[207]。③和解が解除された場合の当事者としては，解除条件が付されているような場合でもない限り，もはや和解成立前の紛争状態を再現しようとする意思を有してはいない[208]。

これに対し，和解の解除によって旧訴は復活するとして，無効・取消しと同じく，期日指定の方法によるべきであるとする見解（期日指定申立て説）がある[209]。①解除の遡及効によって，和解は，はじめから存在しなかったことになること，②和解当事者間の再度の紛争は，旧訴と同じ原告の権利主張の当否の争いであり，また和解契約の解釈や解除が問題である以上，旧訴の復活によってこそ，旧訴で形成された訴訟状態をそのまま利用でき，迅速・経済・適正の要請に合致した処理ができること，などを理由とする。なお，期日指定申立て説と帰結を同じくするが，そこに至る論法を異にする主張がある。すなわち，訴訟上の和解は，その解除により和解成立前の権利関係が復活する「通常型和解」と，復活しない「更改型和解」に分けられるとしたうえで，旧訴の訴訟状態の利用によるメリットがあるのは前者の場合に限られるところ，両者の峻別は容易でなく，和解の成立に関与した裁判官の判断に委ねるのが適当であることから，結局，後者の場合にも旧訴を復活させる扱いをすべきであるとする見解である[210]。

そして，上記の通常型・更改型の区別を用い，通常型和解の解除（「和解前の紛争権利関係の復活」を伴う解除）の場合には期日指定申立てにより，更改型和解の解除（「和解の一内容である契約」の解除）の場合には新訴提起によるべきであるという見解（折衷説）も主張されている[211]。前者は，たとえば，貸金返還請求事件で原告が分割弁済を認めて和解が成立したが，その後弁済を怠ったため，和解が解除されたようなケースであり，こうした場合には旧訴の資料・手続を復活させるメリットが大きく，他方，後者は，たとえば，家屋明渡請求訴訟中の和解で別個に賃貸借契約が締結されたが，賃料不払いで解除された場合に，この賃貸借契約の解除の適否を争うようなケースであり，かような場合に旧訴の利用価値はないという。

205) 兼子・体系309頁，三ケ月・双書513頁など。
206) 小山昇「判批」民商59巻2号（1968年）300頁，石川・訴訟行為16頁以下。
207) 藤原・前掲注194）499頁。
208) 奥村長生「判批」曹時20巻7号（1968年）1616頁，石川・訴訟行為16頁以下。
209) 条解720頁〔竹下守夫〕，中村英郎「訴訟上の和解」民訴7号（1960年）243頁，佐上善和「訴訟上の和解」演習民訴下13頁など。
210) 続百選86事件解説200頁以下〔柏木昇〕，百選2版257頁〔杉浦智紹解説〕。
211) 中野ほか旧418頁以下〔松浦馨〕。

さらに，当事者の選択に応じて，期日指定申立てと新訴提起のいずれでもよいとする見解（競合説）が有力に主張されている[212]。①和解の解除は実体関係的な争いゆえ，当事者が新訴提起した場合に訴えの利益を否定する必要はないが，解除が認められると，和解成立前の権利関係が復活するか，または，当初の契約関係の清算の問題となるかは，当該和解の内容および和解に至るプロセスと密接なかかわり合いがあり，旧訴手続のなかでの審理・判断に適していること，②通常型和解と更改型和解を区別して，その処理を変えるのは，当事者に困難を強いる取扱いであること，などが理由として挙げられる[213]。また，当事者の選択が不相応な場合の対処法として，訴えの変更の釈明や申立ての善解による移送などが指摘されている[214]。なお，競合説を前提としつつ，記録取寄せ，旧訴の訴訟記録の書証化など旧訴の訴訟状態を新訴で援用する法廷技術の発達により，新訴提起によっても旧訴状態の活用に格別の困難を生じないことから，新訴提起を原則とすべきとする主張もみられる[215]。

折衷説については，その前提とする通常型和解と更改型和解の区別は，訴訟上の扱いと直結するものかは疑問であり，また，その区別の困難性に伴う当事者のリスクも看過できない。

本体の紛争と和解の解除をめぐる紛争の二つがあるようにみえて，実は一つの争いであり，その広がりと事後の展開を併せて関連的に把握すべきものである。本体の争いとその解決である和解とが連続体である以上，当初からの訴訟内で決着をつける期日指定申立てによるのが本筋であろう。もっとも，新訴の方法を排除するまでのこともない。そこで，基本的には，旧訴についての期日指定申立てと新訴提起のいずれかに絞ることなく，当事者の選択に委ねるという競合説が，当事者意思による訴訟終了の一場面である訴訟上の和解における考え方としては実際的ではなかろうか。状況からして極度に不適切な選択とみられる場合には，裁判所による釈明などの弾力的な措置を講じることになろう。期日の指定は新併存説によって基礎付けられるし，新訴の提起について複数の救済方法を比較してさしたる違いのない一方の救済をよしとし他方を否定するような選別を当事者に強いる法理として訴えの利益を把握することには問題がある。このように複数の可能性を残しておく，理論対比による絞りをかけない幅のある法理が適切であろう。

---

212) 池田浩一「和解調書の無効に対する救済手続」吉川追悼 304 頁以下，梅本吉彦「訴訟上の和解」三ケ月古稀中 580 頁以下，上田 439 頁，小林・プロブレム 336 頁など。
213) 池田・前掲注 212) 304 頁，梅本・前掲注 191) 三ケ月古稀中 580 頁。
214) 吉村・前掲注 134) 71 頁以下。
215) 百選 II 355 頁〔田頭章一 解説〕。これに対して，高橋・重点講義上 668 頁は，競合説に立ちつつも，原則的なルートとしては期日指定申立てであるとする。

第2節　終局判決による訴訟の終了

　当事者の訴え提起によって開始された訴訟手続は，訴え取下げ（261条）などの当事者の訴訟行為によって終了するほか，裁判所の訴訟行為である終局判決によって終了する。もっとも，実際に手続終了の効果が生じるのは，上訴期間（285条・313条・318条5項）の徒過により当該終局判決が確定した時（116条1項）である。

　以下では，終局判決について，裁判一般のなかにおける位置付け，その効力，そして，それに付随する裁判といった側面から，検討を加えることにする。

第1款　裁　　判

　訴訟法上，裁判とは，裁判機関がその判断または意思を法定の形式により表示する訴訟行為である。

　裁判には，訴訟事件を終局的に解決する終局判決のほか，審理に付随する事項の解決（裁判官の除斥・忌避，管轄の指定など），訴訟指揮上の処分（期日の指定，期間の裁定，弁論の分離・併合，訴訟手続の中止など），裁判所のする執行処分（債権差押命令，転付命令，強制競売の開始，競落許可など）といったものがある。

　裁判の主体である裁判機関は，現行制度上，受訴裁判所，裁判長，受命裁判官および受託裁判官に限られる。それゆえ，裁判所書記官や執行官の行為[216]は，たとえ裁判の実質をもつものであっても，裁判ではない。

1　裁判の種類——判決・決定・命令——

　裁判は，裁判機関および成立プロセス等の相違から，判決，決定および命令の3タイプに分けることができる。民事訴訟法は，最も重要な判決を中心に規定して，これをその性質に反しない限り，決定・命令に準用するものとしている（122条）。

　なお，その他にも，特定の審級の手続を終結させる終局的裁判（たとえば，終局判決，訴状却下命令，抗告審の決定など）と，そのような効果をもたない中間的裁判（たとえば，中間判決，受継決定，攻撃防御方法の却下決定など）といった区別がある。また，裁判の内容および効力からみて，法律関係を確認する確認的裁判（たとえば，確認判決，除斥

---

[216]　たとえば，裁判所書記官による訴訟費用額の確定（71条，規24条以下），公示送達（110条），支払督促の発令（382条），執行文付与（民執27条）など，執行官による超過差押えの取消し（民執128条2項）などがある。

の裁判など），義務の履行等を命じる命令的裁判（たとえば，給付判決，出頭命令，文書提出命令など），そして法律関係を創設・変更する形成的裁判（たとえば，形成判決，上級審の取消判決，忌避の裁判，移送決定など）という3分類もある。

(1) 裁判機関

判決および決定は，裁判機関が受訴裁判所である場合の裁判であり，単独裁判官による単独体であると，複数の裁判官による合議体であるとを問わない（単独体も裁判機関としてはあくまで裁判所であり，裁判官ではない。なお，単独裁判官は，当然に裁判機関としての裁判長の地位を有する）[217]。

たとえば，判決には終局判決（243条1項），中間判決（245条），決定には忌避決定（25条1項），訴訟費用の決定（69条1項）などがある。

他方，命令は，裁判機関が裁判長，受命裁判官または受託裁判官といった裁判官である場合の裁判である。

たとえば，訴状の却下（137条2項），期日の指定（93条1項・139条）などがある。なお，法上「命令」と規定されていても，差押命令（民執143条），転付命令（民執159条），仮差押命令（民保20条），仮処分命令（民保23条）などのように決定の形式によるものもある[218]。

決定と命令は裁判機関によって区別されることになるが，これは合議体の場合には問題を生じないが，一人の裁判官が裁判所の権限も裁判長の権限も併せて行使する単独体にあっては一見明瞭でなくなる。

判事補は，原則として単独で裁判をすることができない（裁27条1項）が，決定および命令については，単独ですることができる（123条）。

(2) 成立プロセスと不服申立手続

判決は，その重要性からして慎重な成立プロセスをたどる。すなわち，裁判機関がその判断の資料を取得するためには，原則として口頭弁論を開かなければならず[219]，その効力発生には公開法廷における言渡しという一定の方式が要求される（250条）。

この言渡しの基礎となり，また，判決内容を公証する判決書には，裁判官の署名押印がなされる（規157条）。ただし，一定の場合に判決書によらない言渡しが例外的に認められている（254条1項各号）。

---

217) 伊藤443頁注83など参照。
218) これは，裁判の形式としての命令を意味するのではなく，内容に着目した名称である。新堂614頁，条解2版1300頁など。
219) 必要的口頭弁論の原則（87条1項本文）。なお，例外として，民訴法78条・140条・256条2項・290条・319条・355条1項などがある。

判決に対する不服申立手続としては，控訴と上告があり，原則として三審級が広く保障されている。

他方，決定および命令は，その成立プロセスにおいて簡易迅速性を特徴とし，不服申立手続も原則的に保障されるわけではない。すなわち，口頭弁論は任意的であり（87条1項但書），裁判機関が相当と認める方法で関係人に対して告知すれば成立する（119条）。

言い渡されない決定・命令については，その成立時期について争いがある。すなわち，評決の時とする見解[220]，裁判書原本などを書記官へ交付した時とする見解[221]，そして，当事者等の関係人に告知された時とする見解[222]が主張されている。評決時は確実性の点で十分でなく，外部への表示まで成立を延ばす告知時説は判断の実質からも判決との対比でも適切でない。結局，原本交付時が明確であり，妥当であろう。調書の記載をもって広く裁判書に代えることができ（規67条1項6号），決定書・命令書には裁判官の記名押印で足りる（規50条1項）。

決定・命令に対する不服申立てである抗告と再抗告は，独立の上訴が許される場合に限って認められる。

(3) 裁 判 事 項

判決は，訴えまたは上訴によって裁判機関の終局的または中間的な判断を求められている事項についてなされる。

他方，決定および命令は，判決事項より重要度の低い事項，すなわち，訴訟指揮としての措置，付随事項の解決，民事執行・民事保全に関する事項等を対象とする。

なお，本来判決によるべき終局的または中間の裁判を決定で行うことができるとされている場合がある[223]。

2　判決の種類——終局判決・中間判決——

判決は，ある審級の審理手続を完結させるか否かにより，終局判決と中間判決に分けることができる。これらに対する不服申立てについては，終局判決に対して独立の上訴が認められる（281条1項・311条1項）一方，中間判決に対す

---

220)　細野・要議Ⅳ120頁・247頁。
221)　大決昭10・4・23民集14巻461頁，大決昭11・4・17民集15巻985頁，岩松三郎「裁判論」民訴講座(3)672頁など。
222)　三ヶ月・全集305頁，斎藤ほか編(5)214頁〔小室直人＝渡部吉隆＝斎藤秀夫〕，条解2版646頁など。
223)　終局的裁判につき317条・345条1項2項など，中間的裁判につき21条・50条・128条1項・143条4項・346条1項など。

る独立の上訴は許されず，終局判決によって当該審級の手続が終結するのをまち，これに対する上訴のなかで中間判決に対する不服を主張するにとどまる（283条）。

控訴審の差戻判決（307条・308条1項）および取消移送判決（309条）に対する独立の上訴も認められる[224]。

(1) 終 局 判 決

(a) 全部判決と一部判決

終局判決は，審理を完結する範囲により全部判決と一部判決に分けられる。すなわち，同一手続において審理している請求の全部を同時に完結するのが全部判決であり，その一部についてのみ審理を完結するのが一部判決である。一部判決後，当該審級で残部についての審理が続行されるが，これを終結する判決を残部判決または結末判決という。

請求の併合（136条），反訴（146条）または弁論の併合（152条）などにより，一つの手続で複数の請求を審判する場合，全部の請求についての一個の判決言渡しは，数個の全部判決ではなく，一個の全部判決とみるべきである[225]。

審理が請求全部について裁判をするのに熟したと認められると，全部判決をすることは当然であるが（243条1項），一部について裁判をするのに熟した場合には，審理の整理による迅速な処理を期待して一部判決をすることが可能となる（243条2項）。もっとも，一部判決も上訴の対象となる終局判決であることから，上訴されると，一部と残部が異なる審級で審判されることになり，不経済であり統一的解決が図れないおそれがある。そのため，訴訟の一部について裁判をするのに熟したときでも，一部判決をするか否かは裁判所の裁量に委ねられる。

一部判決が可能であるのは，訴訟の一部を残部と切り離して終局的判断をすることができる場合である。すなわち，同一請求の一部や同一の訴訟で併合提起されている数個の請求のうちの一部について一部判決をすることができる（243条2項）。まず，前者の同一請求の一部の具体例としては，土地明渡請求のうち争いの決着している特定部分の明渡し請求[226]や数カ月の割賦金の支払請

---

224) 新堂616頁注(1)など。差戻判決につき，最判昭26・10・16民集5巻11号583頁〔百選91事件〕。
225) 伊藤445頁注86。
226) 新堂618頁。

求[227]などを挙げることができる。なお、同一請求の一部について、判断抵触のおそれがあるとして、一部判決は許されないとする見解がある[228]。確かに、この点の考慮は必要であろう。しかし、一個の請求であっても可分であれば、そのうち争いが解消したり、具体的にはさまざまの事情があるので、その部分について先に判断しても、残部の判断との矛盾抵触のおそれがあるとはいえず、むしろ紛争解決への契機となり迅速な処理が期待できることから、一部判決を認めるべきであろう。

つぎに、後者の請求の併合としては、たとえば、連帯債務者数人を被告とする主観的併合、または、手形代金請求と売買代金請求の客観的併合などがある[229]。請求の併合のうち、単純併合の場合、一部判決をすることができるのが原則であるが、しかし、請求相互間に一定の関係があるために弁論の分離や一部判決をすることによって判断の矛盾抵触が懸念されるときは、一部判決をすべきではない。たとえば、所有権に基づく明渡請求と所有権侵害を理由とする損害賠償請求、元本債権と利息債権、ある債権の不存在確認請求と当該債権の給付を求める反訴など、基本となる法律関係に共通ないし先決関係などが認められる場合である。また、予備的併合の場合は、請求相互間に条件関係があるので、そうした条件関係に対する矛盾判断の危険を孕む一部判決は許されない[230]。なお、主位請求を認容する判決は、予備的請求について判断する余地がなくなるので、全部判決である。共同訴訟については、一部判決が認められるのは通常共同訴訟に限られるが、ただし、同時審判申出共同訴訟については、弁論および裁判の分離が許されないことから（41条1項）、一部判決は許されない。

一部判決の許されない場合になされた一部判決は、上訴によって取り消され得る。もっとも、一部判決許否の基準（行為規範＝矛盾判断のおそれの有無）と上訴による取消しの基準（評価規範＝現実の矛盾判断の有無）を区別すべきであり、許されざる一部判決がすべて上訴審で取り消されるわけではない。この点、前掲・最判昭38・3・8は、主位請求のみを棄却して予備的請求について裁判をしなかった原判決（控訴棄却判決）を破棄差し戻したが、最高裁が主位請求を棄

---

[227] 条解489頁〔竹下守夫〕、菊井＝村松Ⅰ1146頁。
[228] 伊藤447頁。なお、同頁注89によると、割賦金支払請求は各期ごとの弁済などによって個別的に消滅するものであれば、別個の権利関係であると理解できるという。
[229] 伊藤446頁。
[230] 最判昭38・3・8民集17巻2号304頁参照。

却した原判決を維持して上告を棄却しても，それによって確定する主位請求の判断を前提に原裁判所は残部判決をすることから，矛盾判断が生じることはないといえるので，一部判決を取り消す（破棄する）必要はなかったといえよう[231]。

(b) 裁判の脱漏——追加判決——

裁判の脱漏とは，裁判所が終局判決の主文で判断すべき事項の一部を欠き，無意識に一部判決をしてしまった場合をいう。たとえば，請求の一部取下げがなされたが，その無効が判決言渡し後に判明した場合（最判昭30・7・5民集9巻9号1012頁〔百選Ⅱ141事件〕，最判昭31・12・20民集10巻12号1573頁）などである。

脱漏部分は依然として訴訟係属しており（258条1項），裁判所はそれについて判決をしなければならない。これをとくに追加判決とよぶ。裁判の脱漏に気づいた裁判所は，いつでも職権で追加判決をしなければならないが[232]，当事者も期日指定の申立てをして職権の発動を促すことができる。追加判決は，すでになされた一部判決とは別個の判決であり，独立に上訴の対象となる。

裁判の脱漏は，判決主文で判断すべき請求に関する判断の脱落であり，攻撃防御方法に関する判断の欠落である判断の遺脱（338条1項9号）とは異なる。また，裁判の脱漏は，請求に関する判断を欠く場合であり，判決理由から請求についての判断が明らかであるときは，主文中にその結論が掲げられていなくても脱漏ではなく，更正決定（257条）による訂正がなされる（広島高判昭38・7・4高民16巻5号409頁）。

訴訟費用の裁判を脱漏したとき，裁判所は，追加の裁判を，申立てにより（規161条）または職権で決定をもってする（258条2項3項）。この決定は，終局判決に対する適法な控訴によって効力を失い，訴訟費用の総額について控訴審が裁判する（同条4項）。

(c) 訴訟判決と本案判決

訴訟判決は，訴訟要件または上訴要件の欠缺を理由に訴えまたは上訴を不適法として却下する終局判決である。効力の争われている訴え取下げや訴訟上の和解の効力を有効と判断する場合に行われる訴訟終了宣言判決も，この訴訟判決に含まれる。

本案判決は，訴えによる請求の理由または上訴による不服申立ての理由があるか否かを裁判する終局判決である（262条2項参照）。請求に理由のあることを認める請求認容判決と理由がないとする請求棄却判決がある（一部認容・一部棄却判決もある）。訴えによる請求の全部または一部を認容する判決は，訴えの類

---

[231] 以上につき，新堂712頁注(1)を参照。
[232] 審理状態に応じて判決言渡し期日の指定または弁論再開のために口頭弁論期日の指定を行う。

型に応じて，給付判決，確認判決，形成判決に分かれる。これに対し，請求棄却判決は，すべて確認判決である。

　なお，訴訟費用の裁判（67条2項・258条4項）や仮執行宣言（260条参照）に対する意味で本案の裁判という場合，それは訴訟費用の裁判等と同時に判決主文に掲げられる事件についての裁判（すなわち，事件の基本となる裁判）を指すので，この本案の裁判には訴訟判決も含まれることになる。

(2) 中間判決

　中間判決とは，終局判決に至る前に，審理途中で問題となった中間の争いについて判断する判決をいう。その制度趣旨は，受訴裁判所が終局判決の前提となる中間の争いについての判断を示すことによって審理を整序し，終局判決の判断を準備するところにある。そのため，中間判決は終局判決の前提事項の存否についての確認判決の形式をとる。また，中間判決をするか否かは，裁判所の訴訟指揮に委ねられており，当事者の申立権は認められない。なお，訴訟指揮として審理の整序を徹底して行えば，分割審理が行われることになる。実務上，中間判決がなされるのは，国際裁判管轄権が認められる場合など限定的である。

　中間判決は，当該審級の審理を終了させる効果をもたない。よって，控訴審手続を終了させる控訴審の取消差戻判決は，中間判決ではなく，終局判決として上告の対象となる（最判昭26・10・16民集5巻11号583頁〔百選91事件〕）。

(a) 対象事項

　中間判決の対象となり得る事項（中間判決事項）は，以下の三つである（245条）。中間判決をする前提として，いずれかの対象事項に審理を制限するために，弁論の制限（152条1項）がなされる。

ア　独立した攻撃または防御の方法

　これは，他の攻撃防御方法とは独立に権利関係やその基礎となる法律効果を基礎付ける事項をいう。具体的には，売買契約や時効取得などによる所有権取得を基礎付ける事実，または，弁済や相殺など債務の消滅原因たる事実などがある。これに対し，不法行為に基づく損害賠償請求権の発生を基礎付ける過失の事実は，他の要件事実と相俟って効果を発生させることから，独立の攻撃防御方法とはいえない。

　なお，独立の攻撃防御方法についての判断から直ちに訴訟物についての判断が導かれるときは，中間判決ではなく，終局判決がなされる。また，法解釈などの法律問題は，それをめぐる裁判所の判断が中間判決の拘束を受けることが望ましくないとの判断から，

中間判決の対象とはされていない。

　イ　中間の争い

　これは，訴訟手続に関して争われる事項で，口頭弁論に基づいて判断すべき事項をいう。口頭弁論に基づいて判断すべき事項とは，訴訟係属の存否にかかわる事項などであり，具体的には，訴訟要件の存否，訴え取下げや訴訟上の和解の効力などがこれにあたる。

　もっとも，その判断の結果が終局判決をするのに熟しているのであれば，訴え却下ないし訴訟終了宣言などの終局判決がなされる。

　ちなみに，口頭弁論を要しない中間的争い（補助参加〔44条1項〕，受継〔128条1項〕，訴え変更〔143条4項〕，文書提出命令〔223条1項〕など）は，決定手続によって裁判がなされる。

　ウ　請求の原因および数額について争いがある場合の原因

　請求の原因および数額について争いがある場合に，その原因が中間判決の対象となる。それゆえ，ここにいう請求の原因とは，実体法上の請求権の存否にかかわる事実であって，数額を除いたものをいう。したがって，これは訴訟物特定の要素としての請求の原因（133条2項2号・143条，規53条1項）とは異なり，請求権の発生原因事実だけでなく，消滅や内容の変動にかかわる事実も含む。

　請求の原因を中間判決の対象としたのは，原因および数額の双方について争いがあるときに，両者の審理を並行して行うと，原因の存在が否定された時点で，それを前提とする数額の審理が無駄になってしまうことによる。はじめに原因のみを審判し，その後に数額を判断することで，審判の整序と合理化を実現し，もって訴訟経済にも資するのである。

　請求の原因の存在を認める中間判決を，とくに原因判決とよぶ。他方，中間判決によって原因の存在が否定されると，それを前提とした終局判決がなされる。

　相殺の抗弁が原因に含まれるかについては，争いがある。判例は肯定している（大判昭8・7・4民集12巻1752頁〔百選59事件〕）。

　学説には，ⅰ）相殺の抗弁も対当額の範囲では請求権の消滅原因を主張する点でまさしく請求の原因に関するとして，判例に賛同する見解もある[233]。これに対し，ⅱ）相殺の抗弁の排斥は原因に含まれるが，それを認めることは受働債権の数額にかかわることから原因判決で判断を留保するという見解[234]，ⅲ）相殺の抗弁が提出されている場

　233）　中野・訴訟関係124頁，百選127頁〔桜田勝義 解説〕。
　234）　兼子・判例民訴175頁，小山369頁，新堂622頁など。

合にはⅱ説と同旨であるが，原因判決の基本となる口頭弁論終結後に相殺の意思表示がなされた場合には原因判決の拘束力により相殺の抗弁が遮断されるとする見解[235]，ⅳ）受働債権の数額にかかわりのない事項（自働債権の不存在や相殺適状にないことなど）のみが原因に含まれるという見解[236]，ⅴ）相殺の抗弁は原因に含まれないという見解[237]がある。

　原因という言語からすれば基本的には肯定説に立ち，ⅱ説やⅲ説，ⅳ説を加味してさらなる区分けの余地も残すのが妥当であろう。自働債権の実態の多様さを考えるとこの扱いの柔軟さは周当であるといえよう。しかしながら，訴訟運営にあたっては，「分割審理」の本旨を直視することが大切であり，相殺の抗弁は枠外に置くことも可能性として残しておいてよい。

　原因判決の効力は，当該審級に限定される。そのため，第一審で原因判決に基づいて数額の審理がなされて請求が認容されても，控訴審で原因が否定されて第一審の数額の審理が無駄になるおそれは否定できない。この点，旧々民訴法（大正15年改正前）228条2項は，原因判決に対する独立の上訴を認めていたところ，その立法化が平成8年民事訴訟法改正の際に検討されたものの，手続の煩雑化による審理の遅延が危惧されて採用には至らなかった（検討事項補足説明第七）。

(b)　中間判決の効力

　中間判決は，その判断対象が訴訟物たる権利関係ではないことから，既判力など確定判決の効力を有しない[238]。他方，裁判所への自己拘束力は生じ，当該裁判所は中間判決の主文の判断を前提として終局判決をしなければならず[239]，当事者も中間判決の基本となる口頭弁論終結前の攻撃防御方法を提出して中間判決の判断を争うことはできない。

　中間判決の判断に対して不服を申し立てるには，終局判決に対する上訴の中で中間判決の判断を争うしかなく（283条），中間判決に対する独立の上訴は認められない。中間判決の自己拘束力は（終局判決の）上訴審に及ばず，中間判決事項について続審としての審理がなされることになる。

　上訴審が原審の終局判決のみを取り消して，事件を原審に差し戻した場合，原審は，なお自己のした中間判決に拘束される（大判大2・3・26民録19輯141頁〔百選58事件〕）。

---

235)　伊藤450頁。
236)　菊井＝村松Ⅰ1156頁，斎藤・概論344頁。
237)　三ヶ月・全集293頁。
238)　なお，争点効を認める論者は，中間判決を維持する形で終局判決が確定したとき，中間判決の判断に争点効が生じるとする（新堂623頁）。
239)　理由中の判断にこうした拘束力はない。大判昭8・12・15法学3巻5号563頁参照。

3 判決の成立

(1) 判決内容の確定

判決の内容を確定するのは，直接主義の原則からして，基本となる口頭弁論に関与した裁判官で構成される裁判所でなければならない（249条1項）。弁論終結前に裁判官が交代した場合は，弁論の更新手続がとられる（同条3項）。また，弁論終結後に裁判官の交代があった場合には，いまだ判決内容が確定されていない限り，弁論再開のうえで更新手続をとる必要がある[240]のに対し，すでに判決内容が確定している場合には，そうした必要はない[241]。

単独体においては単独裁判官の判断のみによって判決内容が確定されるが，合議体においては，合議によって裁判所の判断を形成しなければならない。そうした合議は，合議体を構成する裁判官の口頭による意見の陳述，聴取，討論の過程，すなわち評議を経て，終局的に評決の形で裁判所の意見は決定される。裁判長は，評議を開き，これを整理するが（裁75条2項），各裁判官はその意見を陳述しなければならない（裁76条）。評議は非公開であり，各裁判官の意見およびその多少の数も，裁判所法上特別の定めがある場合を除き，秘密とされる（裁75条1項2項）。評決は，過半数の意見によって決せられる（裁77条1項）。合議の対象は，評議および評決を通じて，判決で判断すべきすべての事項に及ぶので，合議は，判決の結論について始めるべきではなく，その理由となる事項について個別的に行わなければならない。なお，過半数の意見によって裁判をする場合において，数額について意見が三説以上に分かれ，それらが各々過半数にならない場合の評決の方法につき，法は特別の規定を設けている。すなわち，その場合の裁判は，過半数になるまで最も多額の意見の数を順次少額の意見の数に加え，その中で最も少額の意見による（裁77条2項1号）。

(2) 判決書（判決原本）の作成

裁判所は，内容の確定した判決について判決書を作成する。判決書とは，どの裁判所がどの当事者に対して，いかなる事実に基づいて，何時を基準時として，どのような事実上および法律上の理由によって，いかなる結論に到達したかを明らかにするための文書である。

こうした判決書を作成しそれに基づいて判決を言い渡すことの目的としては，①裁判所の判断内容および判断過程を当事者に正確に理解させ，上訴するか否かの決断を的確に行わせると同時に，判決効の範囲を正確に予測させ得ること，②具体的事件に対する裁判所の法適用の内容を一般国民に明らかにすることで，

---

[240] ただし，補充裁判官（裁78条）が弁論に関与していれば不要である。
[241] 判決書作成前であれば民事訴訟規則157条2項の手続がとられ，作成後であれば新構成の裁判所がその内容を言い渡す。

裁判の公正を保障すること，③とりわけ事実の記載について，各裁判官に自己の審理を内省する機会を与えること，④上級審による判決の当否の審査にとって便宜であることなどが挙げられている[242]。

これらのうち，最も重要な目的は当事者の手続的利益と直截に結び付く①であると考えるべきであり，その他は付随的なものと位置付けられる。そうすると，当事者に理解しやすいよう判決書の記載を工夫することで②③④の目的達成と若干抵触することもあり得るであう[243]。旧法下においてもいわゆる新様式判決が実務上浸透し，分かりやすい判決書への努力が広く行われていたところ[244]，こうした動きは立法に結実するに至っている（253条2項）。また，簡易裁判所の判決書は，従来から簡略化されている（280条）。

なお，口頭弁論で被告が原告の主張を争わない場合などにつき，原告の請求を認容するときは，判決書に基づかない言渡しが認められている（254条1項）。これは調書判決制度と称され，実質的に当事者間に争いのない事件について直ちに判決を言い渡すことによる迅速処理を趣旨とする[245]。調書判決が行われる場合，合議等に基づく裁判所の判断は判決言渡期日の調書（これは「判決書に代わる調書」とよばれる）に記載される（254条2項）。調書判決の記載事項は，判決書と異なり，理由の要旨を記載すればよく，事実記載の要はない。

判決書には，つぎの事項を記載しなければならない（253条1項各号）。すなわち，主文（1号），事実（2号），理由（3号），口頭弁論の終結の日（4号），当事者および法定代理人（5号），裁判所（6号）である。これらを各別に眺めることにする。

(a) 主　文

これは，判決内容の結論を簡潔に表示するものであり，終局判決においては当事者の訴えまたは上訴に対する応答である。たとえば，訴え却下判決では「原告の訴えを却下する」，請求棄却判決では「原告の請求を棄却する」，そして請求認容判決では訴えの類型ごとに請求の趣旨に対応した判断が表示される。たとえば，給付訴訟では「被告は原告に金〇〇円を支払え」，確認訴訟では

---

242) 司法研修所編『改訂民事判決書について』（司法研修所，1966年）133頁，賀集唱「民事判決書の合理化と定型化」実務民訴(2)4頁など。なお，判決書について興味深い西欧の状況の一端を伝えるものとして，P・カラマンドレーイ77頁以下参照。

243) 新堂625-627頁注(1)参照。

244) 川島貞一『民事判決書の「あり方」についての一考察——新様式の検討を中心として——』（公人社，1993年），上谷清「判かりやすい判決書」上谷＝加藤295頁以下など参照。

245) 類似の制度として，刑事訴訟規則219条，民事保全規則10条がある。

「原告と被告との間の親子関係不存在を確認する」，形成訴訟では「原告と被告との婚姻関係を解消する」などの主文が用いられる。一部認容判決では，請求認容部分を上記のように記載したあとに，「原告のその余の請求を棄却する」と続けるのが慣例となっている。

こうした主文に加えて，つぎのような事項が主文中に記載されることがある（「従たる主文」ともいう）。すなわち，職権でなされる訴訟費用の裁判 (67 条)，申立てまたは職権でなされる仮執行宣言に関する裁判 (259 条 1 項)，仮執行失効による原状回復命令 (260 条 2 項)，上訴権濫用に対する金銭納付命令 (303 条 1 項 2 項・313 条・327 条 2 項) などである。

(b) 事　　実

事実の記載は，請求を明らかにし，当事者の主張のうちに請求に対する「主文が正当であることを示すのに必要な主張を摘示しなければならない」(253 条 2 項)。これは判決内容を事実の記載によって明らかにしようとした規定であり，当事者から主張された事実についての判断を基礎として判決内容が確定することに基づく。

事実の記載方法の点で，旧様式の判決書は，原告の請求の趣旨とこれに対する被告の請求棄却の答弁を記載し，ついで請求原因事実とこれに対する被告の認否，被告の抗弁事実とこれに対する原告の認否，原告の再抗弁事実とこれに対する被告の認否といったように，主張責任の原則どおりの順序で両当事者の主張を整理して記載されていた。そして，末尾には目録を引用して証拠関係が記載されるのが一般的であった[246]。裁判官にとって，「事実及び争点」(旧 191 条 1 項 2 号) の摘示は，当事者の口頭での弁論を完全に聴取して審理を尽くしたことを証明するものと位置付けられていたのである[247]。

このように旧様式の判決書は，事実の見落としがなく裁判所の判断の完成度を格段に高めるメリットをもつ反面，一連の事実関係が要件事実によって形式的に分断されてしまい，事件の全体的把握が困難となって当事者間の実質的な争いの核心を絞り込むことができない，または，事実の摘示と理由の記載との間に重複が多くなり，冗漫な記述となり，裁判官にとって負担が重いなどのデメリットが指摘されていた[248]。また，準備書面等によって弁論の準備が行われ，しかも正確な口頭弁論調書が作成されることから，そもそも判決書に当事

---

246) 司法研修所編・前掲注 242) 142 頁以下など。
247) 新堂 625-627 頁注(1)。
248) 鈴木正裕ほか「民事判決書の新しい様式をめぐって」ジュリ 958 号 (1990 年) 20 頁など。

者の弁論を漏れなく聴取したことの証明機能を負わせる必要性はない[249]。

　他方，新様式判決は，請求に関する部分は旧様式のものとほぼ同じであるが，事実に関する部分は大きく異なる。裁判官が当事者と十分に協議して争点・証拠の整理を尽くすという前提にたち，付随的争点と中心的争点を区別し，「事実及び争点」（旧191条1項2号）の記載と「理由」（同3号）の記載を一部合体する形で，まず「事案の概要」と題して，争いのない事実，自白事実，そして付随的争点に関して証拠によって認定した事実を用いて事案の基本的内容を示す。つぎに「争点」と題して，中心的争点を記載する。そして，最後に「争点に対する判断」と題して，中心的争点ごとに裁判所の判断を記載する[250]。こうした新様式の判決書は，判決書全体を簡素化・平明化する一方で，中心的争点に対する判断を丁寧に記述するものであり，争点を中心とするメリハリが特徴である。争点・証拠の整理を徹底し中心的争点を浮き彫りにしたうえで集中証拠調べを行い（182条），充実かつ迅速な審理を実現しようとした新法の企図が実務における判決の書き方に反映したものとみることができよう[251]。

　こうした新様式判決の実務を前提として制定された新法は，前述したように，事実の記載については，請求のほか，主文を導き出すのに必要な主張を記載すれば足りると定めるにとどまる（253条2項）。そのため，旧様式判決のように事実と理由を形式的に区別しない記載も許されるとみなければならないが，旧様式判決のように事実欄に主張事実を網羅的に列挙するよりは，当事者に対して主文を正当として示すために必要な中心的争点である事実を記載するのが同条項の趣旨に適い望ましいであろう[252]。

　(c) 理　　由

　主文の結論に至る道程を明らかにする部分が理由である。旧様式判決において，理由は，事実欄の記載に対応する形で記載され，証拠に照らして示される事実上の判断と法律上の根拠からなる。他方，新様式判決では，理由は，事実と一部合わせた形式で記載され，その内容は事実上の判断と法律上の根拠を含む。新様式判決における理由は，旧様式に比べて，全体として簡素化されるものの，中心的争点は詳細に記載され，争点中心のメリハリのきいたものとなっ

---

249)　藤原弘道「事実摘示と間接事実」判タ653号（1988年）4頁以下。
250)　東京高・地裁民事判決書改善委員会＝大阪高・地裁民事判決書改善委員会「民事判決書の新しい様式について」判タ715号（1990年）4頁。
251)　司法研修所編『司法研究報告書』48輯1号（1996年）207頁，新堂625-627頁注(1)。
252)　伊藤456頁など。

ている。中心的争点に関して，認定事実と証拠の結び付きや重要な証拠の採否の理由などが丁寧に記載されることにより，判決理由に関する当事者の理解度が高まる結果，無用な上訴を防止するなど，判決の紛争解決機能を維持向上することに貢献するものと期待される。

裁判所は，争点を決するために当事者の提出した証拠について，裁判所の心証形成を基礎付けたものとそうでないものを区別して記載しなければならないが，その採否の理由についてまで記載することは，自由心証主義の下では要求されないのが原則である[253]。これは，間接事実に基づく主要事実の推認についても妥当する。

もっとも，例外的に経験則上証拠力が高いと考えられる証拠を排斥したり，通常信用できない証拠をとくに信用して認定したりする場合，または，特段の理由によりある間接事実に基づく事実上の推定を否定する場合などは，その理由を示すべきである[254]。なぜなら，このように通常とは異なる証拠採否が行われた場合には，当事者の立証活動に対する裁判所の評価を明らかにして，当事者の裁判所に対する信頼を確保する必要があり，これによって，いわれなき上訴を抑止し得るなど判決の紛争解決機能を高めることになるからである。

判例は，経験則上一般に証明力が高いとされている書証を排斥する場合には，その理由を明示すべきであるとする一方（最判昭32・10・31民集11巻10号1779頁），証人の供述については原則としてそのような必要はないとしている（最判昭37・3・23民集16巻3号594頁〔百選ⅡA32事件〕。例外につき最判昭38・12・17裁判集民70号259頁）。

付すべき理由が付されない判決（理由の記載が十分でない判決も含む）または理由に齟齬のある判決に対しては，理由不備または理由の食違いという上告理由が置かれている（312条2項6号）。

(d) 口頭弁論終結の日

口頭弁論終結の日の記載が要求されるのは，既判力の基準時（115条1項3号，民執23条1項3号括弧書・35条2項）および判決言渡し期限の始期（251条1項本文）を明らかにするためである。

(e) 当事者および法定代理人

判決効の主観的範囲を定めるうえで当事者の記載が不可欠となることから，原告，被告，反訴原告，控訴人，被控訴人，附帯控訴人など訴訟上の地位を明

---

253) 最判昭25・2・28民集4巻2号75頁，最判昭32・6・11民集11巻6号1030頁，最判平9・5・30判時1605号42頁（文書の成立の真正は判決書での表示を要しないと判示）。
254) 田中和夫『新版証拠法』（有斐閣，1959年）51頁，山木戸・判例279頁，伊藤457頁など。

記して，その氏名および住所が記載される。訴訟担当における本人（115条1項2号），脱退者（48条），補助参加人（46条）など，当事者でないが判決効を受ける者も，当事者に準じて表記される。たとえば，債権者が訴訟担当者となる債権者代位訴訟の場合，「債務者Z代位債権者X」と記載して，原告Xの肩書きとして本人Zが特定されることになる。

　法定代理人は，訴訟手続上当事者に準じる地位にあるので，判決書の必要的記載事項とされ，本人と法定代理人の地位を基礎付ける資格（親権者等）は肩書きとして付記される。法人の代表者も同様である（37条）。なお，訴訟代理人は，必要的記載事項ではないが，法令による訴訟代理人と訴訟委任による訴訟代理人とを問わず，実務上その資格（「訴訟代理人弁護士」など）を付して記載するのが慣行となっている。これは法実現に関する弁護士の主体的責務とのかかわりで意義あるものといえよう。

　(f)　裁判所

　判決書に記載すべき裁判所は，受訴裁判所を構成する裁判官が所属する官署としての裁判所である。高等裁判所および地方裁判所においては，内部の事務分配のために設置されている「部」（下事規4条）まで表記するのが慣行となっている。

　(g)　裁判官の署名押印

　判決をした裁判官は，判決書に署名押印をしなければならない（規157条1項）。判決をした裁判官とは，最終口頭弁論に関与した裁判官をいう（249条1項）。

　合議体の一部の者が評決から署名押印までに生じた支障によって署名押印できなくなったとき，他の裁判官は判決書にその事由を付記して，署名押印しなければならない（規157条2項）。なお，3名の合議体のうち2名に支障があれば，残りの1名の署名押印で足りる（大判昭15・3・9民集19巻373頁）。支障とは，裁判官がその職にありながら署名押印できない場合（病気欠勤など）のみならず，職を離れたために署名押印できない場合（転任，退官など）を含む（大判大11・5・31新聞2012号21頁）。反証がない限り，転任前の署名と推定すべきである（最判昭25・12・1民集4巻12号651頁）。

　(3)　判決の言渡し

　判決の言渡しは，判決書に判決をした裁判官の署名捺印のある原本によってなされる（252条，規157条1項）。判決は，この言渡しによってその効力を生じる（250条）。

　言渡しは，裁判所の判断を外界に表示する訴訟行為であり，公開の法廷で行われる（憲82条）。

言渡し期日は，口頭弁論期日終結後から2カ月以内に指定されなければならないが（251条本文），事件が複雑であるなど特別の事情がある場合はこの限りではない（同条但書）。本条は裁判所に対する訓示規定なので，これに違背した言渡しが違法となることはない（大判大7・4・30民録24輯814頁）。もっとも，判決が言渡し期日指定のないままに，あるいは，指定された期日と異なる日時に，言い渡された場合には，それは違法となる（大判昭13・4・20民集17巻739頁）[255]。

　言渡し期日の日時は，予め裁判所によって指定され，裁判所書記官から当事者に対して通知される。ただし，口頭弁論終結の期日に当事者に告知されていた場合や口頭弁論を経ないで不適法な訴えを却下する場合（140条）には，通知は不要である（規156条）。この点，旧法下では，言渡し期日についても呼出しが行われ，当該事件に出頭した者については例外的に告知で足りるとするにとどまり（旧154条），口頭弁論期日において言渡し期日が指定された際に当事者が欠席していた場合における呼出しの要否をめぐって争いがあった[256]。新民事訴訟規則は，方法を通知に改めるとともに（同4条1項），それを必要的としたのである。

　言渡しは，当事者が在廷しない場合にも（251条2項），または，手続中断中の場合にもすることができる。言渡しは，裁判所の訴訟行為であるから，受訴裁判所を構成する裁判官が法廷に臨み，裁判長が主文を朗読する方法によって行われる（規155条1項）。裁判長が相当と認めるときには，判決理由も朗読され，または，口頭でその要領が告げられる（同条2項）。ただし，判決原本によらない言渡しの場合（254条），裁判長は，主文を朗読し，かつ，理由の要旨を告げる（規155条3項）。言渡し期日も，広義の口頭弁論期日に含まれるので，調書が作成され，言渡しの事実が裁判所書記官によって記載される。

(4) 判決の送達

　裁判所書記官は，判決の言渡し後遅滞なく判決原本の交付を受け，それに言渡しおよび交付の日を記載して押印しなければならない（規158条）。そして，その判決書の正本（調書判決の場合にはその謄本）を当事者（補助参加人も含む）に送達する（255条1項・2項）。

　この送達は，付記された交付の日または判決言渡しの日から2週間以内になされなければならない（規159条1項）。

　上訴期間（2週間）は，当事者が送達を受けた日から進行する（285条・313条）。

---

[255] その違法が上告理由となるには，さらに当事者に具体的な不利益が生じたことを要する（大判昭18・6・1民集22巻426頁）。

[256] 判例は，呼出し不要としていた（最判昭23・5・18民集2巻5号115頁，最判昭23・9・30民集2巻10号360頁，最判昭56・3・20民集35巻2号219頁など）。

4 判決の撤回・変更の制限

(1) 判決の自縛性（不可撤回性）

裁判所は，判決を言い渡した以上，それを撤回したり変更したりすることは，紛争解決の実効性や法的安定性の確保からして，避けなければならない。もっとも，こうした自縛性を絶対的なものとすると，僅かな誤謬などの場合に不都合な結果を招くことになる。そこで，法は，自縛性を基本としながらも，過度の硬直状態に陥らぬよう，一定の要件の下での判決の更正および判決の変更を許すことで，自縛性を緩和している。

なお，決定・命令に関しては，同様の見地から，抗告に基づく再度の考案による変更が認められている（333条）。また，訴訟指揮に関する決定・命令は，確定的な判断の表示ではなく，いつでも取消しが認められる（120条，54条2項，60条2項など）。

(2) 判決の更正

判決の更正とは，判決書の表現上の過誤を訂正補充することをいう。表現上の過誤とは，判決書に計算違い，書き損じ，その他これに類する表現上の誤謬がある場合であり，判決の更正は，そうした過誤が明白である場合に限って認められる（257条1項）。

更正は，申立てによりまたは職権で，いつでも行うことができ（同条同項），上訴提起後でも判決確定後でも可能である。更正は，判決をした裁判所が決定（これを更正決定という）によって行うのが原則であるが，判決の審査権限をもつ上訴裁判所によっても可能であると解される[257]。更正は決定によるので，口頭弁論を経るか否かは任意である。

更正決定に対しては，即時抗告をすることができる（257条2項本文）。ただし，判決に対して適法な控訴があったときは，控訴審の判断を受けるので，即時抗告をすることはできない（同条同項但書）。更正申立てを理由なしとして却下した決定に対する抗告は，許されない[258]。判決裁判所自らが誤りなしとした判

---

257) 最判昭32・7・2民集11巻7号1186頁は，第一審判決の誤謬を控訴審が控訴棄却判決をする際に，その主文で理由を示して更正してよいとする。同旨，菊井＝村松Ⅰ1235頁，新堂632頁など。これに対し，更正する裁判所は，判決をした裁判所に限られるとする見解（兼子・体系328頁），反対に上訴裁判所に限られるとする見解（民訴判例百選67事件解説142頁〔谷口安平〕），あるいは，事件が係属していなくても訴訟記録が所存している裁判所も含まれるとする見解（斎藤ほか編(4)487頁〔小室直人＝渡部吉隆＝斎藤秀夫〕）もある。

258) 大決昭13・11・19民集17巻2238頁，兼子・体系329頁，新堂632頁，小山446頁，注釈民訴(4)217頁〔林淳〕，条解2版1417頁〔竹下守夫＝上原敏夫〕など。反対，菊井＝村松Ⅰ1237頁，斎藤ほか編(4)489頁〔小室直人＝渡部吉隆＝斎藤秀夫〕，伊藤463頁など。

断を尊重すべきであり，そうした判断への不服は判断内容に向けられたものとみられるからである。これに対し，更正申立てを不適法として却下した決定に対する抗告は許される (328条1項)。

更正決定がなされると，判決と一体となり，最初から更正されたとおりの判決があったことになる。なお，判決の上訴期間は，更正決定による影響を受けない[259]。ただし，更正によって主文における勝敗が逆転し，更正前の当事者が安心して上訴しなかったのが無理もないといった事情のある場合には，上訴期間経過後においても追完が許されよう[260]。

(3) 判決の変更

判決の変更とは，判決裁判所が自ら法令違反に気付き，その判決の判断内容をすることをいう。これは，内容にまで踏み込み，判決の自縛性との緊張が高まるが，いずれ上訴で取り消されるような瑕疵であり，法的安定性を害しない限度では，上訴をまたずに是正する方が合理的であることから認められた制度である[261]。

判決の変更は，判決が法令に違背した場合において，その言渡し後一週間以内に行うことができる (256条1項本文)。もっとも，この期間内であっても，不控訴の合意や上訴権の放棄などにより判決が確定した後は，もはや変更は認められず，また，変更のためにさらに口頭弁論をする必要がある場合にも，判決の変更は許されない (同条同項但書)。自縛性との調整から，直ちに変更できる場合に限定する必要があり，弁論を要するなら上訴審の審判に委ねるのが本来であることによる。法令違反の是正のために新たな事実認定を要する場合にも，弁論を開けないことから，判決の変更はできない。

判決の変更は，更正と異なり，当事者に申立権はなく，常に職権で行う。また，決定ではなく，判決 (これを変更判決という) で行う点も，更正と異なる。変更判決は，口頭弁論を経ないでする (256条2項)。変更判決は，変更されるべき判決に関与した裁判官のみが行うことができる。変更判決も言渡しが必要であり，これを一週間以内にしなければならない。そのための期日の呼出状の送達 (94条) は，通常の方式では間に合わないおそれがあることから，発送時に送達の効力が生じるものとされている (256条3項)。

---

[259] 大決昭9・11・20新聞3786号12頁，新堂633頁，条解2版1417頁〔竹下守夫＝上原敏夫〕など。

[260] 条解2版1417頁〔竹下守夫＝上原敏夫〕など。

[261] 小室直人「変更判決に関する研究」民商26巻2号 (1950年)・同巻3号 (1951年) 参照。

変更判決には，前の判決の撤回および新たな判決の言渡しという二つの側面があるので，これに対しては撤回に対する不服と新判決の判断に対する不服があり，いずれに対しても控訴・上告が許される。上訴期間の進行は，変更判決の送達時から新たに開始する。なお，変更判決による前の判決の撤回は確定的に生じており，たとえ，変更を不当として変更判決を取り消す判決があっても，前の判決は復活しない。

5 判決の確定

(1) 意　義

判決の更正や変更がなくても，上訴（281条・311条・318条1項）により上級裁判所が，また，異議申立て（362条2項・379条2項）により判決裁判所自らが，判決を取り消す可能性がある。判決の確定とは，上訴・異議申立てといった通常の不服申立て方法による取消しの余地のない状態になることをいう。これを判決の効力ととらえて，形式的確定力ともいい，判決の判断内容に応じて訴訟外でも認められる効力である。

判決の確定により，既判力，執行力，および形成力などが生じる。なお，確定後でも，非常の不服申立て手段である再審の訴え（338条）または特別上告（327条）によって取り消される可能性は残る。

(2) 確定の時期

判決の確定時期には，いくつかのパターンがある。まず，不服申立てをすることのできない判決は，言渡しと同時に確定する。たとえば，上告審判決（281条・311条参照），手形・小切手訴訟によれない旨の訴え却下判決（355条1項・356条但書），少額訴訟の異議審での終局判決（380条）などがある。

つぎに，当事者が上訴（上告受理申立てを含む）または異議申立てをせずに上訴期間（285条・313条・318条5項）または異議申立て期間（357条・378条1項）が経過したときは，期間満了時に確定する（116条1項）。上訴・異議申立て（以下，上訴等という）をしても，期間経過後に上訴等を取り下げた場合（292条1項・313条・360条・378条2項）または上訴等却下の判決・決定（316条・317条）が確定した場合は，遡って上訴等がなかったことになるため，期間経過時に確定したことになる[262]。

期間満了前でも，当事者が上訴権・異議申立て権を放棄した場合には（284条・313条，358条・378条2項），放棄時に確定する。両当事者が上訴権等を有す

---

262) これは，民訴法338条1項10号に関し，二つの確定判決の確定時の先後が問題となる局面で意味をもつ。条解2版611頁〔竹下守夫〕。

るときは，双方の放棄時となる。なお，当事者間における不上訴の合意（281条1項但書・313条）が判決言渡し前から存した場合，または，言渡し後上訴期間経過前に成立した場合には，判決言渡し時または合意成立時に確定すると考えられる[263]。

期間内に上訴等が提起されると，判決の確定は遮断され（116条2項），上訴却下もしくは棄却の判決もしくは決定（317条2項），または，手形・小切手訴訟の判決，少額訴訟の判決を認可する判決（362条1項・379条2項）が確定するまで原判決の確定も延長される。上告受理申立て却下決定が効力を生じた時も，同様である。

(3) 確定の範囲

判決は，原則として全部について確定する。複数の請求について一個の判決がなされ，その一部についてのみ不服のある当事者が不服申立てをしたときにも，判決全体の確定が遮断される。これは上訴不可分の原則とよばれる。それゆえ，判決の確定は，数個の請求について同時に生じることになる。ただし，当事者の一方が敗訴部分について上訴権のみならず附帯上訴権も放棄したときは（284条・293条1項3項，規173条参照），その部分のみが放棄時に確定する。通常共同訴訟人のうちの一部の者が上訴したのに対し，他の者が上訴せずかつ上訴したことにもならないときは，上訴しない他の者の部分だけが先に確定する（規48条2項参照）。

(4) 確定の証明

確定判決に基づいて戸籍の記載，登記，強制執行などを行うには，確定の証明を要するが，確定の有無は判決書の原本または正本には記載されていないので，別途，その証明手段を定めておかなければならない。この点，最高裁規則は，現に事件の訴訟記録を保管している第一審裁判所[264]の書記官に，確定証明書の交付を請求できるものとしている（規48条1項2項）。

6 判決の無効

(1) 判決の不存在

判決は，まったくないに等しい当然無効なものを認めることはできない。当

---

263) 兼子・体系311頁，三ケ月・双書349頁，新堂635頁，伊藤466頁など通説。反対，竹下守夫「訴訟契約の研究―その総論的考察―(2)」法協80巻4号（1963年）480頁，条解2版611頁〔竹下守夫〕。

264) 上訴審で完結した訴訟事件でも，その記録は第一審裁判所で保存することになっている（規185条・186条）。

事者双方が攻撃防御を尽くして得られた裁判所の判決が，その効力を誰からも否認されるようでは，訴訟制度の目的を達成することはおよそ不可能といわざるを得ないからである。

しかしながら，裁判官でない者のした判決[265]は，判決として不存在であり，また，言い渡されない判決には何らの効力も認められない（250条参照）。これらは，判決の体裁をなしていても，何ら訴訟上の効力を認められず，上訴対象にもならない。

よって，判決がその効力を生じるためには，裁判官がその職務遂行の外観をもって，対外的に発表しなければならない。

(2) 瑕疵ある判決

判決として存在する限り，その効力は認められ，その手続や内容に瑕疵があっても，上訴や再審などの不服申立てが可能となるにすぎない。誰でも否認し得るとすれば，紛争の終局的解決が得られず，訴訟制度の目的を達成し得なくなるからである。

ただし，判決は，その成立後に訴訟上の原因で失効することはある。たとえば，当該裁判所や上級裁判所の判決で取消変更を受け（256条・305条・306条・325条1項2項・327条2項），判決後の訴え取下げにより訴訟係属がはじめからなかったものとみなされる場合（262条1項）などである。

(3) 内容上無効の判決

判決が上訴などによって取り消されることなく，訴訟手続上有効に存在しながらも，内容上の効力である既判力や執行力を伴わない場合がある。これを内容上無効の判決または判決の無効という。たとえば，実在しない者を当事者とした判決，治外法権者に対する判決，当事者適格のない者の得た形成判決，その他判決が現行法上到底容れる余地のない権利関係を肯定する場合などがある。

こうした判決でも，手続上は有効に成立したものであり，その確定による訴訟終了効は認められる。

(4) 確定判決の騙取

当事者が相手方や裁判所を故意に欺いて確定判決を得た場合，相手方は判決の当然無効を主張し得るか。また，当然無効を前提として，当該判決によって被った損害の賠償（民709条）を直ちに請求し得るか。

判例は，当事者が，相手方の権利を害する意図で相手方の訴訟関与を妨げた

---

265) たとえば，裁判所書記官の言い渡した判決，意思能力を欠いた裁判官が言い渡した判決，または，教授用に示した判決など。

り，あるいは，裁判所を欺罔すべく虚偽の事実を主張するなどの不正行為をして，真実に反する確定判決を取得し，執行したときは，不法行為が成立して，相手方は再審の訴えを経ずに損害賠償を請求することができるとする[266]。

学説では，上訴の追完や再審の訴えにより，当該判決の取消しを目指すべきであるとして，当然無効の主張は許されないとする考え方が伝統的に通説的地位を占める[267]。その理由として，この場合に判決の当然無効を認めることは，既判力制度の動揺させることになり，また，かかる行為を不法行為というのは確定判決が誤りであると主張するに等しいが，それは既判力に抵触して許されないはずであるという。

そこで，原告が被告の住所を不明と偽って公示送達の許可を得た場合のように，当事者の一方が相手方の手続関与権を奪って勝訴判決を得たときは，勝訴当事者の信頼は保護に値せず，敗訴当事者には手続保障が及んでいなかったため，当該判決は既判力を有せず，当然無効の主張を認めるべきであり，損害賠償の請求も許されよう[268]。他方で，虚偽の判決資料を作出した場合には，敗訴当事者も手続関与しており，正しい認定を得るための資料を提出する機会を有していたことから，再審の訴え（338条1項5-7号）による判決の取消しを求めるべきであり，直ちに損害賠償請求することは許されないであろう[269]。

7 羈束力

判決を含む裁判一般における判断内容が，さまざまの訴訟政策的要請ないし個々の手続内的要請から，上下の審級を通じて他の裁判所を拘束することが認められている。そうした効果の総称が羈束力である。

具体的には，まず，事実審の判決における事実認定の上告審に対する拘束力（321条1項）がある。これは，上告審での事実認定を封じ，法律審として機能を確保するために認められる。

つぎに，上級審の判決のなかで原判決の取消しまたは破棄の理由となった判断に認められる，差戻しまたは移送を受けた下級審に対する拘束力（裁4条，民

---

[266] 最判昭44・7・8民集23巻8号1407頁。一般論として同旨，最判平10・9・10判時1661号81頁，最判平22・4・13裁時1505号158頁（いずれも当該事案での不法行為は不成立）。

[267] 兼子・体系333頁，小山448頁，斎藤・概論363頁，続民訴百選80事件解説184頁〔伊東乾〕，上田徹一郎「騙取判決の既判力と不当利得」谷口知平教授還暦記念『不当利得・事務管理の研究(3)』（有斐閣，1972年）265頁以下など。

[268] 新堂612頁，高橋・重点講義上632頁，河野・行為355頁，条解2版562頁〔竹下守夫〕など。

[269] 条解2版562頁〔竹下守夫〕など。

訴325条3項）がある。これは，事件が下級審と上級審を同じ理由でいつまでも往復することを防ぎ，審級制度の機能を確保するために要請される。

さらに，移送の裁判に認められる受移送裁判所に対する拘束力（22条1項）がある。これは事件がたらい回しにされることを防止し，管轄をめぐる争いを迅速に解決するために設けられる。

第2款　既判力の基本事項

1 既判力の意義

既判力は，確定判決の判断に与えられる拘束力ないし通用力のことである。民事訴訟は，確定した終局判決を当事者間の法律関係を規律する規準として通用せしめ，同一事項の蒸し返しを防ぎ，その点に関する終局的な決着をはかることで紛争解決の実をあげようとしている。既判力は，こうした民事訴訟の基本的な制度目的の達成に不可欠の手段である。

既判力の生じる事項について，当事者は後訴でこれと矛盾する主張をしてその判断を争うことが許されず，裁判所もそれに矛盾抵触する判断をすることができない。このように判断内容の拘束力であることから，既判力は実体的確定力ともよばれる。

すでにみたように，そのほかの判決効として自縛力と羈束力がある。いずれも確定判決の効力ではなく，前者は判決裁判所自身に対する拘束力である点，後者は同一事件に関する訴訟手続内の拘束力である点で，後訴における当事者と裁判所を拘束する既判力とは異なる。

2 既判力の本質――既判力本質論――

(1) 理論状況

既判力の本質をめぐる議論は，伝統的に，既判力によって確定された判断内容が後訴に通用することについて，それがいかなる法律上の性質に基づくのかを説明するための理論分析として繰り広げられてきた。とりわけ，真の実体法状態と異なる判決（不当判決）に生じる既判力をどのように説明するかをめぐって，実体法説，訴訟法説，権利実在説（具体的規範説），そして，新訴訟法説の各説が主張されてきた。

(a) 実体法説

実体法説は，確定判決によって実体法の権利関係が変動するとみる[270]。すなわち，

---

270) 現在，純粋に実体法説を唱える論者はいない（伊藤473頁注160など参照）。実体法説を評価するものとして，伊東乾「既判力について」民訴8号（1962年）1頁（同『民事訴訟法研究』

確定判決を和解契約と同じく実体法上の法律要件事実の一種とみて，確定判決によって実体法状態の変更が生じると説明するものであり，その結果，真の実体法状態に反する不当判決を観念する余地はないことになる。実体法説によると，既判力は，まず当事者間に作用し，反射的に裁判所にも及ぶととらえることになる[271]。

実体法説に対しては，既判力の主観的範囲についての相対効の原則，すなわち，当事者間にのみ及ぶのが原則であること（115条1項1号）の説明に窮することや，実体法状態の変更であるならば，弁論主義の趣旨からは当事者の援用にかからしめるべきであるが，既判力は職権調査事項であるとされていること，また，とりわけ訴訟判決の既判力を根拠づけるのに難点があること，などの批判がある[272]。

(b) 訴訟法説

訴訟法説は，既判力による拘束力を，実体法上の権利関係とは無関係に，国家裁判所間の判断の統一という訴訟法上の効果としてとらえて，後訴裁判所は前訴確定判決の内容と矛盾する判断をしてはならないことになると説明する[273]。既判力は，直接には当事者ではなく裁判所に向けられたものとされ，不当判決の生じる余地はあるが，実体法と手続法を峻別した現行法体系の下では，訴訟法の領域において一貫性があればよいという。

訴訟法説に対しては，判決と実体法を分断することにより，実体法を適用して裁判をするということと整合的でなく，また，不当判決が実体関係に与える影響も不明であるとの批判がなされる[274]。

(c) 権利実在説または具体的法規範説

権利実在説は，訴訟以前には権利の仮象があるだけで，確定判決によって初めて権利が実在化するという考え方に立ち，それゆえ，判決以前の真の実体法状態というものを観念することができず，それに反する不当判決の余地もないと説く[275]。これによると，当事者間における紛争の相対的解決を目的とする判決によって，権利が実在化するのであるから，その規準としての効果が当事者間に相対的に妥当することも当然であること

〔酒井書店，1968年〕125頁所収），坂原正夫「既判力について」伊東古稀49頁（同『民事訴訟法における既判力の研究』〔慶応義塾大学法学研究会，1993年〕361頁所収）など。なお，後者の坂原説は，当事者の主体性と既判力を結合し得る点で実体法説を評価する一方で，既判力現象が訴訟法的性格を持つことをも認め，両者の融合という観点から当事者意思説を唱えている。いずれにせよ，手続法のプロダクトを実体法の現象とみることには無理がある。ただ，当事者の内心では実体権の変容として実感されることは事実であろう。

271) 注釈民訴(4)296頁〔高橋宏志〕。
272) 新堂640頁，伊藤475頁など。
273) 条解593頁〔竹下守夫〕，斎藤・概論367頁，小山389頁，伊藤476頁，注釈民訴(4)298頁〔高橋宏志〕，中野ほか455頁〔高橋宏志〕など。
274) 新堂640頁。
275) 兼子・体系335頁。権利実在説については，鈴木正裕「兼子博士の既判力論（権利実在説）について」兼子還暦上315頁も参照。

になる。

具体的法規範説は，抽象的法規範が訴訟を通じて，裁判所および当事者を拘束する具体的法規範として実現されていくと説くものであり[276]，権利実在説に類する見解である。

これら権利実在説ないし具体的法規範説は，訴訟法説のように判決と実体の関係を断ち切ることなく，実体権の形成を中心として不当判決の存在を否定する点で実体法説を継承するものであるとの評価を受けているが[277]，実体法説のように判決に合わせて実体関係を形成し直すことをしないですむ。

権利実在説に対しては，権利の実在化は既判力制度を認めることの結果であって，なぜ権利が実在するかの説明をしておらず，さらに，既判力が実在化した権利に基づくという面を重視すれば実体法説と同様の難点を背負うことになり，また，具体的法規範である面を強調すれば，既判力の相対性の説明に窮することになる，といった批判がある[278]。また，確定判決の効力を否定する再審制度に関して，とりわけ権利実在説では，その存在理由を説明しにくい[279]。

(d) 新訴訟法説

新訴訟法説は，既判力を訴訟制度において必然的に要請される拘束力であるとみる点で訴訟法説に依拠したうえ，さらにその拘束力の根拠を紛争解決の一回性の要請ないし一事不再理の理念に求める[280]。

新訴訟法説に対しては，制度設営者の立場のみを指摘するにとどまり，既判力の範囲や作用についての解釈および立法の指針としては不十分であるのみならず，制度設営者の立場を不当に強調するおそれがある，との批判がなされている[281]。

(2) 検　討

以上のように，活発な論争が展開された既判力本質論であるが，現在では，議論の実益に懐疑的な見方が広がっており，議論の重点は既判力根拠論の方に移行している。解釈論との関係において，既判力本質論は，既判力の作用を消極的な方向でとらえるべきか（一事不再理説），または，本案の判断に影響する積極的な方向でとらえるべきか（拘束力説）という形で展開されたが，その後，

---

276) 小野木常＝中野貞一郎『民事訴訟法講義〔新版〕』（有斐閣，1963年）110頁，中村崇雄「既判力の本質」民訴講座(3)706頁，中村英郎『民事訴訟法』（成文堂，1987年）355頁など。
277) 三ケ月・全集24頁，注釈民訴(4)296頁〔高橋宏志〕など。
278) 三ケ月章「民事訴訟の機能的考察と現象的考察」法協75巻2号（1958年）〔同・研究1巻266頁所収〕。
279) 新堂642頁。
280) 三ケ月・全集26頁。
281) 新堂617頁，梅本910頁。

これに関して積極的作用と消極的作用の両面があって相互に補完し合うという理解が定着してくるに及び，既判力の本質を考究する実際的な意味は後退してきている[282]。

既判力本質論から何らかの具体的帰結が導かれないならば，論ずる実益に乏しく，問いの立て方自体にも疑いが生じてきている。実体法的アプローチか訴訟法的アプローチかといった発想自体がそもそも問題を孕む[283]。実体権の変転や実体権の実在化に依存する理論は自然の結果があることで法的拘束を受け止めようとする考察であり，単なる観念的操作によって現実に生ずる結果それ自体に力があるかのように説明するもので，制度に立脚した決然たる姿勢（民主的司法像）に欠ける面があり，逃避的な色彩が強く，受け入れがたいものがある。

結局のところ，既判力それ自体は訴訟法上のものとしてとらえるのが明快であり，不要な紛争（たとえば新実体法説）を避けることもでき，したがって，正当化根拠などを別個に論じることで議論がより生産的になるであろう。

3　既判力の正当化根拠

(1) 理論状況

既判力によって当事者が確定判決の判断に拘束されることは，いかにして正当化されるであろうか。請求異議訴訟（民執35条2項）の法意に関連してであるが，この点に触れた判例がある。事案は，破産管財人による否認権行使に基づく損害賠償請求訴訟（前訴）の係属中に被告が死亡し，訴訟を承継した相続人が限定承認の抗弁を提出したところ，相続財産の限度で支払いを命じる，いわゆる留保付判決が言い渡されて確定した後に，前訴原告たる破産管財人が，前訴の第二審口頭弁論終結時以前に存在した限定承認と相容れない事実（たと

---

282) 争点260頁〔鈴木正裕〕，新堂618頁，注釈民訴(4)298頁〔高橋宏志〕など。とりわけ権利実在説や具体的法規範説法は手続実体の両要素を総合する点で魅力があるといえようが，その背後にある哲学理論とも連なり，訴訟法に過剰な操作をもち込むきらいがあって疑問である。もっとも，一部に本質論を再評価する動きもみられる（条解591頁〔竹下守夫〕など）。たとえば，前掲注270）の当事者意思説と称する坂原説は，無効は判決や既判力の限界といった具体的解釈論に結びつけ，また，訴訟法説を唱える伊藤説は，既判力には紛争当事者に実体的地位を与える実体的側面（独立の既判力）と後訴で相手方の攻撃を遮断する訴訟法的側面（付随的既判力）の2面があるとしたうえで，独立の既判力は主に訴訟外で働くとして（伊藤眞「既判力の二つの性格について」末川追悼(3)266頁），解釈論への視点を与える理念の形成を既判力本質論に求めようとする（注釈民訴(4)299頁〔高橋宏志〕参照）。

283) 究極的には，実体法と訴訟法の関係如何といった深遠な問題（高橋・重点講義上522頁は，「アクチオ体系から離れた近代民訴法の永遠の課題であるのかもしれない」という）に直面する。学問的営為におけるエネルギーという貴重なリソースは司法サーヴィスの受け手である当事者にとって利便および満足感を高めるという作業により多く振り向けられなければならない。

えば民法921条の法定単純承認の事実)を主張して，当該債権につき無留保の判決を得るため後訴を提起したというものであり，最高裁判所は，この後訴が許されないと判示して，その理由をつぎのように述べた。「限定承認の存在及び効力についての前訴の判断に関しては，既判力に準ずる効力があると考えるべきであるし，また民訴法545条2項(現行民執法35条2項)によると，確定判決に対する請求異議の訴は，異議を主張することを要する口頭弁論の終結後に生じた原因に基づいてのみ提起することができるとされているが，その法意は，権利関係の安定，訴訟経済及び訴訟上の信義則等の観点から，判決の基礎となる口頭弁論において主張することのできた事由に基づいて判決の効力をその確定後に左右することは許されないとするにあると解すべきであ」るとして(最判昭49・4・26民集28巻3号503頁〔百選3版A33事件〕)，既判力に準ずる効力の根拠を権利関係の安定，訴訟経済，訴訟上の信義則等に求めている。

学説をみると，大きく分けて以下の四つの見解が主張されている。

(a) 制度的効力説(法的安定説)

制度的効力説は，既判力が紛争解決という民事訴訟の目的に不可欠な制度的効力であるからこそ，当事者は既判力による拘束を受けるとみる見解である[284]。後訴での蒸し返しを封じ，確定判決によって示された権利関係を安定させることを重視する。

(b) 手続保障説(提出責任効説)

手続保障説は，前訴手続過程における具体的な手続保障の充足を前提とする自己責任として，当事者は既判力による拘束を受けるとする見解である[285]。これは，前訴の手続経過との関係において前訴で提出すべきであった事項，すなわち，紛争処理過程全体との関係で信義則や公平の理念に照らして具体的に手続保障が及んでいたと認められる事項のみが，これを前訴で争わなかったことについての自己責任たる提出責任効として，後訴での遮断が認められるとするのである。

(c) 二元説

二元説は，上記二つの学説が掲げる正当化根拠，すなわち，制度的拘束力と手続保障とのいずれもが既判力による当事者拘束力の根拠であると説明する見解である[286]。す

---

[284] 近藤完爾『執行関係訴訟〔全訂版〕』(判例タイムズ社，1968年) 262頁，三ヶ月・全集17頁，住吉博『訴訟的救済と判決効』(弘文堂，1985年) 244頁，斎藤ほか編⑸112頁〔斎藤秀夫＝渡部吉隆＝小室直人〕など。

[285] 井上正三「既判力の客観的範囲」講座民訴⑥317頁，争点〔新版〕278頁〔井上正三〕，水谷暢「後訴における審理拒否」民訴26号(1980年) 59頁，井上治典「判決効による遮断」井上ほか・これから217頁，吉村ほか359頁〔井上治典〕，佐上199頁など。なお，吉村徳重「判決の遮断効と争点効の交錯」新実務民訴⑵368頁以下参照。

なわち，紛争を終局的に解決するためのしくみにおいて，当事者の地位につくことにより，手続上対等に訴訟物である権利関係の存否について主張・立証する権能と機会が当事者双方に認められるという手続保障が与えられ，また，その権能と機会の利用は当事者自身の意思に委ねられていることから，その結果に責任を負うべきであり，この故に当事者が既判力を不利に受けることが正当化されるのである。

(d) 多元説

多元説は，既判力の根拠としては，なによりもまず手続保障が最重要であるとしつつ，それ以外にも裁判制度としての矛盾判断の回避，訴訟経済，権利関係の安定，実体法の実現などの公的な側面や，蒸し返しを封じることで当該紛争に必要以上のエネルギーを費やさずにすむという私的な側面といった多面的な存在根拠があるとみる見解である[287]。

(2) 検　討

当事者がその地位に基づき手続関与の機会を実質的に与えられる以上，その結果については自己責任を負うべきであること，すなわち，当事者の手続保障と自己責任を前提として，国家が経営する訴訟制度の実効を確保する効力を当事者に通用せしめられることが既判力の根拠であると考えるべきであり，二元説が基本的には妥当である。これに対し，制度的拘束力説は，制度目的を前面に押し出した大上段な議論であって，当事者の視点に欠けるきらいがある。また，手続保障説は，基準としての曖昧さを払拭しきれないし，手続保障一本では道具立てとして欠けるところがある。

なお，既判力本質論に対する反省もあり，根拠論は，より具体的な解釈指針の設定に向けて展開されているが，ここから直ちに主張遮断の範囲に関し具体的帰結が導かれるわけではないことが知られよう[288]。

それにしても，既判力の範囲を画する基準は実質的なものとして再設定されて，一方において，手続保障の及んでいない主体または判断事項に対して既判力を及ぼすことは許されないことになり，他方において，訴訟制度の実効を確

---

286) 新堂幸司「提出責任効論の評価——既判力の時的限界に関連して」法学協会百周年記念論文集(3)(有斐閣，1983年) 249頁〔新堂・争点効下 259頁以下所収〕，新堂 618頁，条解 593頁〔竹下守夫〕，石川＝小島編・新民訴 233頁〔小島武司〕，注釈民訴(4)299頁〔高橋宏志〕，高橋・重点講義上 524頁，中野ほか 483頁〔高橋宏志〕，伊藤 472頁，松本＝上野 538頁〔松本〕，林屋 450頁，梅本 912頁，上田・判決効 235頁，上田 464頁など。
287) 小林・プロブレム 374頁。
288) なお，多元説は，根拠論としての役割を逸脱し，また，根拠の薄弱化を招くきらいがある。注釈民訴(4)302頁〔高橋宏志〕参照。

保するために適合的な範囲に既判力を及ぼすしくみが設定されるべきである（338条1項1号～9号参照）[289]。既判力は二つの方向から基礎付けられて制度として合理性を獲得し得るのである。

4 既判力の調査

当事者が既判力を援用しない場合であっても，裁判所は，その存在を顧慮することができる。その意味で，既判力の存在は，職権調査事項であるということができ，その資料収集については職権探知主義が適用される。既判力は，本案にかかわるものであって，訴訟要件ではないが，裁判所間での矛盾判断を回避するという制度目的をもつことからこのことが導かれるのである。

既判力に抵触する後訴判決は，当然無効ではないが，上訴および再審によって取り消される（312条3項・318条1項・338条1項10号）。

5 既判力をもつ裁判

(1) 確定した終局判決

民事訴訟法114条1項によれば，既判力が生じるのは「確定判決」であるということになる。これは確定した終局判決をいう。したがって，中間判決には既判力を生じない。終局判決に先立つ前提問題についての判断をする中間判決は，当該受訴裁判所のみを拘束すれば，審理を整序して終局判決に備えるという目的が達せられるので，後訴裁判所まで拘束する既判力を認める必要はないのである。

それでは，確定した終局判決であれば，既判力を生じることに常に問題はないのであろうか。まず，形成判決の既判力の有無について争いがある。形成判決の言渡しによって形成権ないし形成原因はその目的を達して消滅することから，既判力を生じる余地がなく，形成判決には形成力のみが認められるとする見解もある[290]。しかし，形成判決の不適法性を理由とする不法行為に基づく損害賠償請求といった形での蒸し返しを封じるには，やはり既判力に頼る必要があり，形成判決にも既判力を認めるのが妥当であろう[291]。そもそも，形成権が消滅することを理由に既判力の発生が不可能であるとするのは，余りにも

---

289) 新堂644頁。
290) 斎藤・概論372頁，斎藤ほか編(5)61頁〔斎藤秀夫＝渡部吉隆＝小室直人〕，三ケ月・全集48頁，小山390頁など。なお，三ケ月博士は，後に改説した（同「訴訟物再考」民訴19号（1973年）51頁〔三ケ月・研究(7)69頁所収〕）。
291) 中田淳一「形成判決の既判力」論叢43巻5号（1940年）438頁，本間義信「形成力について」民訴14号（1968年）61頁，兼子・体系351頁，新堂205頁，条解597頁〔竹下守夫〕，伊藤479頁，注釈民訴(4)310頁〔高橋宏志〕，河野567頁など。

素朴な論理展開であるとしなければならない。

　つぎに，本案判決に既判力が生じることに問題はないが，訴えを却下する訴訟判決に既判力が認められるか否かについては争いがある。たとえば，裁判権，訴えの利益，または，当事者適格などの訴訟要件の存否をめぐる争いであっても，本来の審理の機会が与えられ裁判所によって判断がなされた以上は，当事者による蒸し返しを封じ，その解決に終局性と安定性を付与することが必要でかつ可能であることは本案判決の場合と何ら異なるところはないのであるから，訴訟判決による訴訟要件欠缺の判断に既判力を認めるべきであろう[292]。なお，提訴の有効性にかかわる訴訟能力の欠缺などの判断は，新訴が提起されれば，その時点で再度判断せざるを得ないので，既判力の有無を論ずるまでもない[293]。

　さらに，上級裁判所による取消し移送または破棄差戻しの判決（309条・325条1項）も訴訟判決の一種であるが，既判力が認められるか否かについては，破棄判決等の法的性質と関連して，議論がある。すなわち，ⅰ）破棄判決等を一種の形成判決とみて，その形成原因について有する既判力の作用であるとする見解[294]，ⅱ）中間判決の覊束力と同視する見解[295]，ⅲ）審級制を維持するための特殊な手続内の効力（覊束力）とみる見解[296]などが主張されている。判決の種類をめぐる三分法によれば，形成判決に入り，ⅰ説は，この意味で正当であるが，ここでの問題とは次元を異にする。そこで，ⅱ説とⅲ説の選択の問題となるが，現行法の下では整合性にかけるきらいがある。結局，ⅲ説が順当なところであろう。いずれにせよ，これは，直ちに解釈論に影響することはなく，体系的理解をめぐる理論上の争いといえよう[297]。

　外国裁判所の確定判決は，その効力がわが国において承認されるときは（118条），既判力が認められる。

(2) 決　　定

　法文からすると，既判力をもつのは確定判決であるが（114条1項），決定で

---

292) 上田徹一郎「却下・棄却判決の既判力」実務民訴(2)83頁〔上田・判決効88頁所収〕，新堂645頁，伊藤479頁，高橋宏志「既判力と再訴」三ケ月古稀中527頁，秋山ほかⅡ378頁，梅本913頁，河野568頁など。反対，小野木常＝中野貞一郎『民事訴訟法講義〔新版増補版〕』（有斐閣，1956年）196頁，坂口裕英「訴え却下判決と請求棄却判決」講座民訴⑥89頁など。
293) 新堂645頁，伊藤479頁注166など。
294) 最判昭30・9・2民集9巻10号1197頁，兼子・研究(2)90頁など。
295) 大判昭5・10・4民集9巻943頁。
296) 三ケ月・双書541頁，新堂877頁，伊藤678頁など。
297) 畑郁夫「差戻し後の審理と判決」講座民訴⑦241頁。

あっても，既判力を根拠づける程度の手続的機会を両当事者に保障し，かつ，実体関係について裁判所の終局的判断を示すものについては，判決に準じるものとして（122条），既判力を生じると認めてよいであろう[298]。

その例としては，補助参加許否の決定（44条1項）[299]，訴訟費用に関する決定（69条1項・73条1項），和解に代わる決定（275条の2第1項2項），支払督促に対する異議却下決定（394条），間接強制の手段としての賠償支払決定（民執法172条1項2項）などが挙げられる[300]。

(3) 確定判決と同一の効力をもつもの

法律上，確定判決と同一の効力を認められる裁判や調書の記載に既判力が認められるかについては，各別に判断すべきである。たとえば，調停に代わる裁判（民調18条3項，家審25条3項），仲裁判断（仲裁45条1項），債権表の記載（破124条3項）などには既判力を認めることに異論は少ないが，確定した仮執行宣言付き支払督促（396条）は，旧法下では既判力があるものと考えられていたが，その発付権限を裁判所書記官に認めた新法（382条）の下において，民事執行法35条2項後段が削除され，既判力を有しないことが法文上明らかとされた。さらに，請求の放棄・認諾調書および和解調書（267条）について争いのあることは，前述のとおりである[301]。

6 既判力の作用

(1) 後訴における作用の仕方

前訴確定判決の既判力は，訴訟法上の効果として，後訴裁判所の判断を拘束する。拘束の内容，すなわち，既判力の作用の仕方には，積極・消極の両面がある。積極的作用とは，前訴判決の訴訟物についての判断を後訴裁判所が覆す

---

[298] 三ケ月・全集34頁，菊井＝村松Ⅰ1275頁，条解598頁〔竹下守夫〕，新堂646頁，伊藤480頁，注釈民訴(4)312頁〔高橋宏志〕，梅本914頁注1など。反対，兼子・体系330頁，河野568頁など。本書の立場から，具体的にいかなる決定に既判力が生じるかは，なお検討の余地があるが，口頭弁論を経たか審尋のみかは決め手とならず，少なくとも裁判官の面前における攻撃防御の実質的機会が当事者双方に平等に与えられることが肝要であり，手続運営にあたって司法的賢慮が求められるところであろう。

[299] 最判昭58・6・25判時1082号50頁。なお，梅本914頁注1は，本決定の処理を一事不再理によったものと解するのが妥当であるとする。

[300] そのほか，既判力の生じる決定としては，仲裁判断の執行決定（仲裁46条1項），民事保全手続の裁判（オール決定主義〔民保3条，民訴87条1項但書参照〕）などがある。これに対して，訴訟指揮の裁判，除権決定（非訟148条）および公示催告決定（非訟155条2項）に既判力は生じない（梅本914頁注1参照）。

[301] 請求の放棄・認諾調書につき本書577頁以下，和解調書につき本書601頁以下をそれぞれ参照。

ことができず，それを前提として後訴の訴訟物について判断しなければならないことをいい，消極的作用とは，前訴判決の判断と矛盾する内容の主張・立証を当事者に許さず，それについての裁判所の審判も許されないことをいう。たとえば，前訴判決が所有権の確認判決であった場合，後訴裁判所は前訴原告への所有権の帰属を前提として妨害排除請求権の有無について判断しなければならないという取扱いが積極的作用であり，また，前訴判決が金銭支払を命じる給付判決であった場合，その執行力を覆滅するための請求異議訴訟（後訴）において，原告（前訴被告）が既判力の基準時前の弁済の事実を主張することが許されないという取扱いが消極的作用である。これらの両作用は相互補完の関係にあり，既判力の作用の仕方を正確に把握するための思考方法として有益なものとみられている[302]。

なお，前訴判決の既判力と抵触する判決は，当然に無効となるわけではないが，上訴・再審によって取り消され得る（338条1項10号・342条3項）。後訴判決は，取り消されるまでは，新しい基準時を提供し，その判断内容が既判力あるものとして通用する[303]。

既判力の作用形態は，つぎの三つのタイプに分けて考察するのが一般である。

(a) 訴訟物が同一の場合

前訴の敗訴原告が前訴被告に対して同一請求について提訴した場合[304]，または，前訴の敗訴被告が前訴原告に対して前訴の請求と正反対の主張を請求内容として提訴した場合[305]，後訴原告の主張は，既判力に抵触しない基準時後の事由を主張するのでない限り，既判力の消極的作用によって遮断され，その結果，後訴裁判所は請求棄却判決をなすべきである。確かに，実体審理はなされていないともいえるが，基準時後の新事実のないことを確認しており，既判力の基準時点を後訴の口頭弁論終結時にまで移動させても，後訴原告に酷ではないうえ，判決内容がより実体を反映することになるからである。これに対し，既判力に抵触しない基準時後の新主張があれば，その当否を審理したうえ，後

---

302) 新堂667頁によると，口頭弁論終結後の承継人に固有の防御方法を提出することができるとする形式説は，既判力の消極・積極両面からのアプローチによってこそ考案されたという。
303) そのため，たとえば，前訴給付判決に基づく執行に対し，後訴の請求棄却判決に基づいて請求異議の訴え（民執35条）を提起することができる（新堂668頁参照）。これに対し，前訴判決を優先させるのは，中野・執行199頁注86，松本＝上野607頁〔松本〕など。
304) たとえば，前訴である所有権確認訴訟で敗訴した原告が再び自己の所有権確認を求めて提訴するなど。
305) たとえば，前訴で給付判決を受けた敗訴被告が同一債務の不存在確認を求めて提訴するなど。

訴請求の存否について本案判決（請求認容または棄却判決）をすることになる。

なお，前訴の勝訴原告が再び同一内容の後訴を提起するときは，訴訟物は同一であるが，既判力ある判断と矛盾する主張がなされるわけではないので，既判力の拘束力は働かないが，時効中断などの特段の事情[306]がない限り，訴えの利益に欠けるとして，訴え却下判決がなされることになる。

(b) 訴訟物が先決関係にある場合

前訴の訴訟物たる権利関係が後訴の訴訟物たる権利関係の前提ないし先決問題である場合，後訴裁判所は，前訴判決の既判力の基準時，すなわち，口頭弁論終結時における訴訟物に関する前訴判決の判断に拘束される（積極的作用）。

たとえば，建物の所有権確認訴訟を提起して請求認容の確定判決を得た前訴原告が，その所有権に基づく建物明渡請求の後訴を提起した場合，被告が基準時後の所有権喪失事由を主張・立証しない限り，後訴裁判所は，原告の所有権の存在を前提として訴訟物たる明渡請求権の存否を判断する本案判決をすることになる。

なお，後訴が前訴判決の既判力の拡張を受ける第三者との間で提起された場合も，同様である。

(c) 訴訟物が矛盾関係にある場合

前訴の訴訟物たる権利関係と後訴の訴訟物たる権利関係が法律上両立し得ない関係，すなわち，矛盾関係にある場合，後訴の訴訟物を基礎付ける主張事実のうち，前訴の基準時前に生じたものは既判力によって遮断され（消極的作用），基準時後に生じた事実の有無を審理して，本案判決がなされる。

たとえば，土地所有権を確認する前訴判決が確定した後，前訴被告が同一土地についての自己の所有権の確認を求める後訴を提起した場合，前訴と後訴の訴訟物の間には実体法上の一物一権主義に照らして矛盾関係があるが，後訴原告（前訴被告）の所有権を基礎付ける事実のうち，前訴の基準時前に生じたものは遮断され，基準時後に生じた事実の有無を審理して，本案判決がなされる。

(2) 既判力の双面性

既判力は，前訴判決の勝訴当事者にとって有利に作用（消極・積極）するのが通常であるが，場合によってはその者の不利に働くこともある。

---

[306] 時効中断のために提訴以外に適当な方法がない場合として，大判昭6・11・24民集10巻1096頁。その他の特段の事情として，判決原本の滅失により執行正本を得られない場合や新主張が既判力により排斥されるべきかが争われ，相手方から請求異議訴訟を提起されそうな場合などが挙げられる（新堂668頁など参照）。

たとえば，金銭債権の支払請求を全部認容した確定判決の既判力は，勝訴原告が当該債権をそれ以上の額であるとする主張を排斥する方向でも働き，また，建物所有権の確認請求を認容した確定判決の既判力は，勝訴原告が敗訴被告から提起された建物収去土地明渡請求の後訴において当該建物の所有権が自己に帰属することを否定する主張を封じるという形で作用する。

こうした既判力が勝訴当事者の有利にも不利にも作用する性質を「既判力の双面性」という。

第3款　既判力の範囲

既判力は，いつの時点における判断として通用力をもつかという時的限界（標準時の問題），判決中のどの判断に通用力が認められるかという物的限界（客観的範囲の問題），そして，誰と誰の間に通用力が生じるかという人的限界（主観的範囲の問題）といった三つの局面において，その範囲が画される。

いずれの局面においても，既判力の正当化根拠が存在するか否かという視点から，既判力の範囲は決せられる。紛争解決の実効性確保の要請や法的安定要求に加え，当事者に対する手続保障と自己責任に既判力の根拠を求める二元説[307]の立場を前提とするならば，①当事者に手続関与の機会が与えられていたか，②当事者に攻防を尽くすべき義務が認められるか，③紛争の終局的かつ実効的な解決を実現し得るか，などのファクターを総合的に判断して既判力の生じる範囲は決せられることになろう[308]。

①が要求されるのは，判決手続に関与の機会が与えられていない者ないし事項，すなわち，手続保障の及んでいない事項等についても当該判決による既判力の拘束を受けるとすれば，憲法32条の保障する「裁判を受ける権利」を実質的に蔑ろにすることになりかねないことによる。憲法上の要請であることから，手続保障の有無については慎重な判断が必要とされることはもちろんであるが，手続保障充足の要否や程度を具体的状況に応じて実質的に判断して，既判力の範囲を柔軟に決することが重要である。たとえば，訴訟担当者の手続代行により被担当者たる本人の手続保障が代替的に充足されるとして，本人に既判力が及ぶ（115条1項2号）と説明される[309]。

②は，①と密接に関連するが，手続保障が充足されていることを前提に，当

---

307)　本書634頁。
308)　ここに掲げられたファクターにつき，新堂647頁以下を参照。
309)　本書669頁。

事者の一方が争点とした事項について，相手方に防御方法を尽くす義務を認めるのが公平であるといえる場合には，そうした事項については当事者双方が攻防を尽くすべき義務を相互に負い，これを後訴に留保することは許されないことになり，既判力による遮断効が働くことが正当化される。このようにして決着が期待される争点は，訴訟物を中心としつつも，それに限られることなく，訴訟物たる権利関係の存否を判断する過程において当事者によって主要なテーマとして位置付けられるものを含む。なお，新法により争点等整理手続が整備され，さらに2003年改正により提訴前の証拠収集処分等や計画審理などが導入されたことによって争点の圧縮・明確化が進展したことは，既判力の範囲を決するうえで少なからぬ影響を及ぼすことになろう。

③は，①②と異なり，制度的な側面によるファクターであり，民事訴訟の紛争解決機能を確保するために紛争の蒸し返しを防ぐことを根拠として既判力を及ぼすことになる。この紛争解決機能について，民事訴訟は，二当事者対立構造に基づいて原・被告間の紛争を相対的に解決することを原則としている関係上，既判力は紛争の相対的解決に必要な限りで生じるという限定的な方向で用いられるのが通常である。ただし，多数当事者訴訟など，民事訴訟が相対的解決を超えた紛争解決機能を期待される場面については，その実効性を確保するために，既判力は当事者以外の第三者にも拡張される。

以上のファクターを念頭に置きつつ，既判力の範囲をめぐる三局面を順に眺めていくことにする。

1 既判力の時的限界（標準時）

(1) 意　義

既判力が生じるのは，通常，訴訟物たる権利関係の存否の判断についてであるが，私法上の権利関係は時間的経過とともに発生・変更・消滅し得るものであることから，いつの時点における権利関係の存否についての判断に既判力が生じるのかが問題となる。こうした既判力の範囲の時間的な限定を既判力の時的限界といい，その基準となる時点を既判力の標準時（訴訟の基準時）という[310]。

既判力の標準時は，事実審の口頭弁論終結時に求められている。なぜなら，弁論主義の下，判決の資料となる事実と証拠を当事者が提出することができるのは，この事実審の口頭弁論終結時までであり，裁判所は，口頭弁論の一体性

---

[310] 上田・判決効224頁以下は，既判力の時的限界の問題を独立に論ずる必要はなく，既判力の客観的範囲の問題のなかに位置付けられるとする。これに対する批判として，中野・論点Ⅰ260頁注4。なお，小島武司「既判力の標準時」演習民訴上505頁以下も参照。

に基づいてこの時点における権利関係の存否を判断していることになるからである。したがって，既判力は，事実審の口頭弁論終結時における権利関係の存否の判断に生じ，その前後における存否をなんら確定するものではない。

　前訴の確定判決に生じる既判力により，前訴の基準時における権利関係の存否に関する判断を後訴で争うことはできなくなる（民執35条2項参照）。そのため，前訴の基準時までに存した事実に基づく攻撃防御方法を提出することは許されず，当事者がこれに反して提出したとしても，裁判所によって排斥されることになる。こうした既判力の作用は，遮断効または排除効とよばれる。前訴の基準時までに存した事由が遮断されるのは，この時点までに当事者が判決資料を提出することができたことによるところ，提出しなかったことに過失があったかは問わないが，提出することがおよそ期待できないような事由までを遮断すべきではない。その場合の判断に際しては，①当事者に手続関与の機会が与えられていたか，②当事者に攻防を尽くすべき義務が認められるか，といったファクターを総合的に考量するという態度が必要とされよう[311]。

　たとえば，確定した給付判決の既判力は，前訴基準時に給付義務が存在するとの判断に生じる結果，被告が後訴で基準時前に生じた弁済や免除などによる債務消滅を主張することは許されず，また，基準時前に完成していた消滅時効を援用することもできないと解される（大判昭14・3・29民集18巻370頁）。もっとも，後遺症損害の場合のように，事故というその発生原因事実は標準時前に存したにもかかわらず，その主張を標準時前に期待することが合理的に認められないときには，遮断効は働かず，後訴での主張が認められるものと考えられる。

　なお，標準時前の事由に基づいて標準時前の時点の権利関係を争うことは許される。たとえば，元本債権だけを請求して敗訴した原告が，被告に対して前訴標準時までの利息を請求する後訴において，元本債権が当初から成立していた旨を主張することは遮断されない。前訴判決の既判力は，元本債権が標準時に不存在であったという判断に生じるのであって，それ以前の存否については何ら触れていないからである。

---

311) 新堂幸司「正当な決着期待争点」中野古稀下5頁，新堂650頁，中野ほか460頁〔高橋宏志〕など参照。これに対し，既判力の制度的効力としての側面を強調して，遮断効も機械的・画一的に生ずるとするものとして，三ケ月・全集30頁，小山392頁などがある。なお，伊藤481頁は，主張可能性（期待可能性）を要求しつつも，これを訴訟当事者の地位に付随する一般的かつ規範的なものととらえ，本文の見解のように，具体的事情を問題とするものではないという。

(2) 標準時後における形成権の行使と遮断効

　上記の一般論に対し，前訴の標準時前に成立していた実体法上の形成権，たとえば，取消権・解除権，相殺権，建物買取請求権などを標準時後にはじめて行使して，後訴で前訴判決の内容を争うことが許されるか否かをめぐって議論がある。前訴の基準時前に当該形成権行使の意思表示をすることが合理的に期待できるといえるかという視点から検討すべき問題といえよう。以下，形成権ごとに個別に眺めていく。

(a) 取消権・解除権

　標準時前に成立しており，行使できる状態にあった取消権・解除権については，これを標準時後に行使して権利の消滅を主張することは，既判力によって遮断されるとするのが判例である（取消権につき，最判昭 36・12・12 民集 15 巻 11 号 2778 頁，最判昭 55・10・23 民集 34 巻 5 号 747 頁〔百選 3 版 86 事件〕。解除権につき，大阪高判昭 52・3・30 判時 873 号 42 頁[312]）。

　通説も，判例同様に遮断を肯定する[313]。その理由として，取消権・解除権より重大な瑕疵である無効事由が遮断されることとのバランス，取消権は法律行為に付着する瑕疵であり，判決によって洗い流されるといえること，前訴において取消権・解除権の行使が可能であり，十分に手続保障を与えられていた者が負う自己責任として既判力による遮断を認めてよいことなどが挙げられている。

　これに対し，取消権・解除権の主張は，遮断されないとする少数説がある[314]。その理由として，既判力は標準時における請求権の存在を確定するだけで，将来にわたって取消権の行使により消滅する可能性がないというところまで確定するわけではないこと，法が無効・取消しのいずれとするかは，法政策・法技術上の問題であって，瑕疵の軽重によるのではないので，それらの均衡を考える必要がないことを掲げる。さらに，取消権の遮断を認める見解に対しては，それでは実体法が認めている取消権の存続期間内や取消権を自由に行使できるとする地位を否定してしまうことになるとの批判を加えつつ，執行の遷延をもくろむ不当な取消権・解除権行使に対しては，信義則違反や権利濫用などによって排斥し得るので問題はないという。なお，この見解によっても，解除原因（たとえば，履行遅滞）が標準時前に存しても解除権の発生（催告による履行期間の徒過

---

312) 本件の上告審たる最判昭 54・4・17 判時 931 号 62 頁は，解除権と既判力の関係について直接判示していない。なお，旧訴訟物理論に依拠するために，既判力ではなく，信義則で処理するものとして，最判昭 59・1・19 判時 1105 号 48 頁がある。

313) 兼子・体系 340 頁，三ケ月・全集 32 頁，条解 637 頁〔竹下守夫〕，斉藤・概論 375 頁，小山 393 頁，谷口 326 頁，新堂 651 頁，梅本 917 頁，河野正憲「形成権の機能と既判力」講座民訴⑥ 129 頁，河野 588-589 頁など。

314) 中野貞一郎「既判力の標準時」判タ 809 号（1993 年）22 頁以下〔中野・論点Ⅰ250 頁以下所収（257 頁）〕。

が標準時後ならば，その後の解除権行使は，既判力による遮断を受けないという。

　上記のように取消権と解除権をまとめて扱うのではなく，これらを分けて検討する見解がみられる。

　まず，取消権については判例・通説と同じく遮断されると考えるが，解除権は遮断されないという主張がある[315]。解除権の遮断を認めない理由をつぎのようにいう。解除権を行使しても，標準時に権利関係が存在することが前提とされ，ただ意思表示の実体法上の効果としてそれが遡及的に消滅するにすぎないから，標準時における権利関係の存在の判断と解除の意思表示に基づく法律効果は，既判力によって確定された権利関係と矛盾・抵触するものではないと考えられるところ，この点において，標準時における権利関係の存在を否定することを目的とする取消権とは異なるのであって，それゆえ，解除権の発生要件事実が標準時前に存在しても，解除の主張は既判力によって遮断されない。

　つぎに，取消権の遮断を認める点に変わりはないが，解除権については，解除権の発生要件事実が基準時前にすべて具備されていたかなどの具体的事情に基づいて解除権行使の期待可能性の有無を考慮し，それによって既判力の遮断効を決すべきであるという主張もある[316]。たとえば，催告不要の場合（履行不能や定期行為の履行遅滞など）には，解除原因が基準時前であれば解除権の行使が期待されるので，基準時後は遮断効が働くのに対し，原告が解除権者であるときには，ひとまず本来の債務の履行を求め，その後の解除に基づく原状回復を求める自由を認むべきことから，基準時後の解除権行使を遮断すべきでないという[317]。

　いかに考えるべきであろうか。取消権については，これが標準時前の一回的事実[318]によって確定的に発生していることから，その標準時前における行使を期待することに合理性があり，遮断効を肯定してよいであろう。解除権については，基本的には取消権と同様に遮断されると考えられるが，解除原因が段階的な事実の集積である場合もあり，常に標準時前における解除権行使を合理的に期待することが適切であるとは断じられず，学説に掲げた最後の見解のように具体的状況いかんに応じては，期待可能性が認められず，遮断されないとする余地を残しておくのが周到であろう。

---

315) 伊藤483頁以下。
316) 上田476頁，池田・新世代197頁以下，中野ほか463-464頁〔高橋宏志〕，高橋・重点講義上542頁など。なお，解除につき，きわめて限定的に例外を認めつつ，原則として遮断されるとするのは，山本・基本210頁。
317) 上田476頁。
318) たとえば，行為能力者の法律行為（民4条1項・9条・12条4項），詐欺・強迫（民96条1項），書面によらない贈与（民550条），夫婦間契約（民754条）など。

(b) 相 殺 権

基準時後の相殺の意思表示に基づく権利消滅の主張は，既判力により遮断されないとするのが判例である（大連判明43・11・26民録16輯764頁，最判昭40・4・2民集19巻3号539頁〔続百選77事件〕）。

通説も，基準時後の相殺の意思表示に基づく権利消滅の主張は，遮断されないという[319]。その理由として，相殺主張は，標準時に受働債権が存在することを前提とするから，相殺による債権の遡及的消滅は，標準時における権利関係についての判断と矛盾抵触しないこと，前訴において既判力による遮断を自己責任として負わせるに十分な条件が充足されていたとはいえず，相殺権の行使を要求するのは酷であることなどが挙げられている[320]。

これに対し，相殺の主張は遮断されるという見解がある[321]。その理由とするところは，つぎのとおりである。すでに勝訴判決を取得した債権者の権利の早期実現を保護すべきであり，それを後退させてまで，標準時前に相殺適状にあった反対債権を有する者の利益を保護すべき理由はなく，その者は，反対債権について本案訴訟で相殺の抗弁を主張しなかったからといって，終局的に失権したわけではないので，別訴提起によりその債権の回収を図ればよいという[322]。

そのほか，相殺の意思表示も，前訴の基準時前に提出できたはずだといえれば遮断されるが，そのためには，単に客観的に相殺適状の反対債権があっただけでは足りず，債務者がそれを覚知していた場合に限られるという主張もある[323]。

自己の出捐を伴い自己犠牲を要す相殺の特殊性からすると，標準時前に相殺適状にあったからといって，相殺権の行使についての合理的に期待し得る状況が整っていたとはいえないであろう。それゆえ，判例の動向も踏まえ，相殺権の行使は例外的事態が存する場合は措くとして，遮断されないものとするのが妥当である。

---

319) 新堂652頁，伊藤485頁，高橋・重点講義上547頁，中野ほか465頁〔高橋宏志〕，河野正憲「形成権の機能と既判力」講座民訴⑥145頁，河野590頁など。なお，山本・基本207頁。
320) もっとも，山本・基本207頁による理由付けは，標準時前の相殺適状が標準時後にも存続するのが通常であるので，後者の相殺適状によって後訴での相殺主張が可能であるとするものである。そのため，標準時後に相殺適状が失われた場合で，自働債権が時効消滅しており，実体法上相殺主張が可能なときについては，標準時前の適状の主張は既判力により遮断されるとして，後訴における相殺主張は排斥されるとする（山本・基本208頁）。
321) 塩崎勤「既判力標準時後の形成権行使に関する一試論」司研75号（1985年）1頁，坂原・前掲注270)研究26頁，梅本919頁など。
322) 梅本919頁。
323) 兼子・体系341頁。

(c) 建物買取請求権

賃貸人の賃借人に対する建物収去土地明渡請求訴訟において，請求認容判決が確定した後，賃借人（前訴被告）が賃貸人（前訴原告）に対し，前訴標準時前から存在する建物の買取請求権（借地借家13条）を行使することは，前訴確定判決によって遮断されるのであろうか[324]。遮断されずに後訴として建物買取代金請求訴訟を提起することができるのであろうか。さらには，建物収去土地明渡しの強制執行に対して，賃借人が後訴として請求異議訴訟（民執35条1項）を提起することは可能であろうか。

判例は，建物買取請求権の行使は遮断されず，後訴として建物買取代金請求訴訟を提起することができるとし（最判昭52・6・20裁判集民121号63頁），また，請求異議訴訟の提起についても，これを可能であると判示している（最判平7・12・15民集49巻10号3051頁〔百選3版87事件〕）。さらに，建物買取請求権の行使を異議事由として請求異議訴訟を提起し，敗訴した後に建物買取代金請求訴訟を提起することを肯定した下級審判例もある（東京高判昭53・7・26判時904号66頁）。

学説上も，上記判例と同様に，遮断効は認められず，異議事由があるとして請求異議訴訟の提起が認められるとする見解が多い[325]。その理由として，借地人の投下資本の保護および建物保護という立法趣旨からは，建物買取請求権の主張を遮断することは好ましくないこと，前訴において遮断効を生じさせるに十分な手続保障が及んでいたとはいえず，建物買取請求権の行使を要求するのは酷であることなどが指摘されている。

これに対し，遮断効が働く結果，請求異議訴訟を提起することはできないとする見解もある[326]。その理由として，つぎのようにいう。すなわち，建物買取請求権は，建物収去土地明渡請求訴訟に対して借地人に与えられた防御方法であり，その行使が借地人に格別不利益をもたらすものではないので，当該訴訟のなかでの行使責任が認められ，それを行使せずに敗訴した借地人は既判力の遮断効によって，以後は建物買取請求権を失うに至るのである。なお，この見解にあっても，遮断効が生じるということは前訴判決の既判力に抵触する形での訴訟上の主張が許されなくなることを意味し，建物買取請

---

324) こうした問題の立て方に対し，伊藤487頁によると，建物買取請求権の行使は，建物所有権の移転という新たな法律効果に基づいて，前訴判決の既判力によって確定されている建物収去土地明渡請求権を将来に向かって消滅させるものであり，確定された権利関係の判断を覆滅するわけではないので，そもそも既判力の遮断効を問題とする余地もないという。

325) 村松・雑考88頁，条解637頁〔竹下守夫〕，注釈民訴(4)323頁〔高橋宏志〕，高橋・重点講義上550頁，中野・現在問題258頁，中野・論点I264頁注33，小林秀之「建物収去土地明渡請求訴訟と建物買取請求権の行使」金法1287号（1991年）16頁以下，伊藤487頁など。

326) 河野・前掲注313)講座民訴⑥132頁，鈴木禄弥『借地・借家法の研究I』（創文社，1984年）623頁，山本・基本210頁，渡部美由紀「判批」法学61巻2号（1997年）411頁など。

求権が実体法上行使できなくなるわけではないとして，後訴として建物買取代金請求訴訟を提起することができるとする主張がみられる[327]。

いかに考えるべきであろうか。建物買取請求権は，「前訴確定判決によって確定された賃貸人の建物収去土地明渡請求権の発生原因に内在する瑕疵に基づく権利とは異なり，これとは別個の制度目的及び原因に基づいて発生する権利であ」る（前掲・最判平7・12・15）。つまり，建物買取請求権は，判決で示されている賃貸人の建物収去土地明渡請求権を前提とする賃借人側の権利行使なのであって，その内容からして，判決によって遮断する関係にはそもそもない。借地人ないし建物所有者の保護というその趣旨にかんがみると，自己責任として遮断効を生じさせるに十分なほどの手続保障を前訴に見出すことには抑制的であるべきであり，建物買取請求権の行使を期待することに十分な合理性は認められないといえよう。賃貸人側から強制執行の申立てがあれば，その段階で賃借人たる建物所有者は建物買取請求権を行使し，請求異議訴訟を提起することも制度的に許容されているのである。これは，立法による立法政策的考慮の帰結であり，訴訟法的合理性の貫徹には歯止めをかける余地があるとすべきであろう。したがって，請求異議訴訟を提起することを認めてしかるべきであろう。訴訟法と実体法との体系的峻別にもかかわらず，両者が個別的には連結することがあってよいのである（たとえば，固有必要的共同訴訟）。

では，請求異議認容判決の内容はどのようになるであろうか。この点に関して，前掲・最判平7・12・15は触れていないが，学説には，つぎのような見解がみられる。

(i)請求異議は全部認容であり，前訴判決の執行力が全面的に排除されるとして，賃貸人は建物「退去」土地明渡しの別訴を提起すべきであり，そのなかで同時履行の関係にある売買代金との引換給付判決がなされることになるとする見解[328]，(ii)建物買取請求権の行使により法律上当然に建物の売買契約が成立し，売買代金の支払と引換えでなければ強制執行ができないことになるので，請求異議の一部認容判決であり，そのように執行力を変更させることになるとする見解[329]，(iii)建物収去から建物退去に執行力は縮減し，その限度で請求異議は一部認容となるが，売買代金請求権は請求異議訴訟のなかで扱わず，建物所有者からの別訴に委ねるべきであるとする見解[330]がある。

---

327) 村松俊夫「既判力と建物買取請求権の行使」法時30巻2号（1958年）90頁，新堂653頁注(1)，山本・基本210頁など。
328) 畑郁夫「建物買取請求権の行使と請求異議訴訟」『司法研修所創立15周年記念論文集・上巻』（司法研修所，1962年）343頁以下。
329) 原強「判批」法教188号（1996年）76頁。
330) 高橋・重点講義上549頁。

法的構成の厳密さを重視すれば，(i)説は，賃貸人が再訴により執行力を獲得すべきということになろうが，賃貸人にこうした負担の多い出直しを求めるのは適切ではあるまい。賃借人の建物買取請求権の創設という立法政策からすれば，請求異議訴訟における収去判決から退去判決への減縮的な執行を許容すべきである。また，(ii)説のように執行段階において代金請求権までを審理対象として取り込むのでは，前訴標準時までに建物買取請求権を行使しなかった賃借人を過分に利するといえ，建物買取請求権の本来の制度趣旨を超えてしまおう。そこで，土地明渡請求の可否という問題と建物買取による代金請求の金額いかんという問題を区別して，訴訟過程において遅滞した賃借人の代金請求権は別訴に委ねるなどして両者を分断することで，賃貸人と賃借人の紛争解決過程における立場のバランスをとるのが適切であろう。(iii)説は，この点で実際上妥当であり，法律上も別紛争を別個のものとして切断するのは理に適っており，訴訟過程として無理がない。そこで，実体法的観点および訴訟法的観点の双方からして，(iii)説に賛成したい。

(d) 白地手形補充権

白地手形補充権の遮断が問題とされるのは，たとえば，約束手形の振出日が白地であるために，手形金請求訴訟の請求棄却判決が確定した後に，その原告が振出日の白地を補充して再び手形金請求訴訟を提起した場合である。

判例は，前訴確定判決の既判力により，白地手形の補充権は遮断されるとする（最判昭57・3・30民集36巻3号501頁〔百選3版A31事件〕）。

学説は，判例同様に遮断を肯定する見解[331]が多数である。自ら手形金請求訴訟を提起しておきながら，いつでも行使可能な白地補充権の行使をせずに敗訴した原告の再訴を許すのは妥当でないという[332]。これに対し，遮断を否定する見解[333]も有力である。その理由としては，白地という形式面に由来する請求棄却判決は，訴訟要件欠缺に基づく訴え却下判決と近似しており，欠缺の補充による再訴を許すべきであること，白地ゆえの棄却であることを判決理由によって知り得た被告にとって，原告が白地を補充して再訴することは予見可能であること[334]，前訴確定判決の既判力は標準時における手形金債権の不存在を確定するにすぎず，標準時後に補充権を行使して手形金債権が発生し

---

331) 上野泰男「判批」名城29巻3号（1980年）59頁，高橋宏志「判批」法協100巻11号（1983年）2129頁，永井紀昭「判批」民商89巻2号（1983年）199頁，新堂652頁注(1)，高橋・重点講義上545頁，中野ほか464頁〔高橋宏志〕など。
332) 新堂652頁注(1)。
333) 竹下守夫「判批」金判477号（1975年）2頁，吉野正三郎「判批」ジュリ792号（1983年）129頁，伊藤487頁など。
334) 高見進「判批」判評288号（判時1061号）（1983年）192頁。

た旨の主張は，前訴の既判力ある判断と何ら矛盾するものではないこと[335]，などが挙げられている。

相殺の場合，その実質は別個の紛争であるから，相殺の抗弁を提出するという意思を示すことは，当事者の主体的選択の問題であるのに対し，取消しや解除に典型的にみられるように，紛争の本体にかかわる主張は，当該訴訟のなかで関連的に提出すべきであるということができ，その意味で遮断されるという結論は落ち着きがよい。これに対し，白地補充権の場合は，その争い自体が副次的な問題である場合が多く（たとえば，未到来など），また，その行使は簡明であり，これを妨げるべき根拠に乏しい。白地補充権の不行使で，勝敗の結果が固定するのは落ち着きが悪い。裁判官としては当然に釈明を行ってしかるべき局面でもある。このように考えると，白地補充権の行使を怠ったままなされた請求棄却判決は，その内実からして再訴禁止を内在してはおらず，一種の留保付きであるとみることができよう。

(3) 定期金賠償を命じた確定判決の変更を求める訴え

既判力の遮断効を解除する措置として，新法は，定期金賠償を命じた確定判決の変更を求める訴えを設けた（117条1項）。これは，標準時前に存した損害額算定の基礎事情について，既判力による遮断効を解除して，標準時後に生じた著しい事情変更の主張を許容し，当初の定期金額を将来に向かって増額または減額することを求める訴えである。

定期金賠償を命じる確定判決の標準時後に算定時に予想した事情について，著しい変更が生じた場合において，賠償額の具体的妥当性を維持して公平な救済を保障するために設けられたものである。そのため，将来発生する継続的不法行為に基づく定期金支払を命じる確定判決や一時金賠償を命じる確定判決は，対象とされない[336]。

著しい変更とは，後遺症の程度の変化や賃金水準の変動などにより，確定した定期金の支払いを継続することが当事者間の公平を著しく害する程度の変更をいい，具体的には判例の累積にまつべきものである[337]。

---

335) 伊藤 487 頁。
336) もっとも，一時金賠償を命じる確定判決の場合でも，既発生の損害を賠償する点で定期金賠償を命じる確定判決の場合と同じであり，賠償金提供の方式が異なるにすぎない。したがって，算定基準の基礎事情に大幅な変更が生じた場合には，同じく事情変更による救済の必要性があることから，標準時前の主張についての合理的な期待可能性が認められない限り，既判力の遮断効は否定されよう（新堂 654-655 頁）。なお，最判昭 37・5・24 民集 16 巻 5 号 1157 頁参照。
337) 新堂 654 頁参照。

2 既判力の物的限界（客観的範囲）

　既判力の物的限界ないし客観的範囲とは，判決のどの部分に既判力が生じるのかという問題である。これについては，既判力は判決主文に表示された請求（訴訟物）についての判断に生じるのが原則であり（114条1項），例外的に判決理由中の判断について生じる場合もある（114条2項など）。

　(1) 判決主文中の判断

　既判力は，判決主文に表示された請求（訴訟物）に関する判断について生じるのが原則である（114条1項）。その根拠としては，①判決理由中の判断に既判力が生じないことにより，当事者は，請求についての判断がなされるに必要な限度で立証すれば足り，裁判所も，結論に達するのに容易な資料から審理を行うことができ，弾力的で，迅速かつ合理的な訴訟運営が可能となること，②訴訟物である権利義務の存否をめぐる紛争を判決によって解決することを目指し，そのために既判力を付与している民事訴訟においては，訴訟上の請求（訴訟物）に既判力を認めれば足りることなどが挙げられる。

　既判力の生じる訴訟物の範囲は，訴訟物理論に関する立場いかんで影響を受けることになる。すなわち，実体権ごとに訴訟物を把握する旧訴訟物理論によれば，ある請求権ないし形成権に基づく訴えで敗訴しても，他の請求権ないし形成権を主張して，同一内容の給付ないし形成の訴えを提起することができる。他方，給付ないし形成の効果を受ける地位を訴訟物ととらえる新訴訟物理論によると，給付の目的・内容や形成の効果が同一であれば，一回の給付や同一の形成を求める法的地位の判断に既判力が及び，これを理由付ける個々の請求権や形成権ごとに別訴を提起することはできない。たとえば，賃貸借契約終了に基づく建物明渡請求訴訟で敗訴した者が同一建物に対する所有権に基づく明渡請求訴訟を提起することができるかという問題について，旧訴はこれを肯定するのに対し，新訴によると，明渡しを求める法的地位（受給権）が是認されないとの判断に既判力が生じ，後訴を提起して，「所有権に基づく明渡請求権がある」と主張することは，許されない。

　なお，確認の訴えでは，確認の対象である実体法上の権利関係が訴訟物であることに争いがないので，その存否の判断に既判力が生じることに争いはない。

　(2) 判決理由中の判断

　判決理由中の事実認定や法律判断には既判力を生じないのが原則であり，それゆえ，後訴で同一事実や同一法律問題が争われても，異なった認定・判断をすることができる。たとえば，利息請求において，元本債権の存在を判決理由

中で認めていても，元本請求の後訴においては，その存在を争うことができることになる[338]。

判決理由中の判断に既判力を生じない理由は，つぎのとおりである。当事者の直接の関心は，請求の当否，すなわち，訴訟物たる権利関係の存否に向けられており，その判断によって当面の紛争が解決されることから，請求の当否に関する判決主文中の判断にのみ既判力を及ぼし，それに至る判決理由中の判断については，既判力による拘束を免れさせることで，当事者にとって自由な訴訟活動が保障されるとともに，裁判所にとっても弾力的な審理が可能となり，その結果，絞り込まれた争点を迅速に処理するという合理的な手続進行が可能となるのである。

もっとも，例外的に判決理由中の判断であっても既判力を生じる場合がある。そこで，こうした例外として，相殺についての判断（114条2項）および争点効ないし信義則による拘束力（解釈）について順にみていく。

(a) 相殺についての判断の例外

被告が相殺の抗弁を提出し，裁判所が判決理由中でその効果を判断したときは，相殺をもって対抗した額について，反対債権（自働債権）の不存在について既判力を生じる（114条2項）。既判力を及ぼさないと，反対債権の存否をめぐって紛争が繰り返され，判決による紛争解決の実効性が失われてしまうことから認められた例外である。なお，既判力が生じるのは，反対債権の存否を実質的に判断する必要があった場合に限られ，相殺適状にない，あるいは，時機に後れたとして却下された場合には，既判力は生じない。

既判力が生ずる判断について，その範囲が問題となる。裁判所が反対債権（自働債権）の不存在を理由に相殺の抗弁を排斥した場合，反対債権の不存在につき既判力を生じるが，これによって争えなくなる反対債権の範囲は，相殺をもって対抗した額の範囲である[339]。たとえば，100万円を訴求された被告が150万円の反対債権で相殺の抗弁を提出した場合，被告が相殺をもって対抗した100万円の範囲で反対債権の不存在に既判力が生じ，残部の50万円には既判力は生じないので，被告は別訴でこの50万円を請求できることになる。

---

[338] 当事者がかかる先決関係にある権利関係についても既判力による解決を望むのであれば，中間確認の訴え（145条）を提起すれば，その権利関係についての判断を主文に掲げさせることができる。兼子・体系343頁，新堂658頁，伊藤490頁など参照。

[339] 大判昭10・8・24民集14巻1582頁。原告側の一部請求において債権全体について既判力が生じることとのバランスを欠くように思えるが，理由中の判断に既判力を認めることとの関係から，既判力の範囲がとくに限定されたと考えられる。伊藤492頁参照。

他方，裁判所が相殺の抗弁を認め，その限度で原告の請求を棄却した場合については，学説上議論がある。

原告の訴求債権の不存在と被告の反対債権の不存在について既判力を生じるとするのが多数説である[340]。上記のケースでは，被告が相殺をもって対抗した 100 万円の範囲で原告の訴求債権が不存在であることと，被告の反対債権のうち 100 万円の部分が不存在であることに既判力を生じることになる。なお，残額 50 万円については，その存在も不存在も確定されるわけではない。その根拠としては，①民訴法 114 条 2 項が既判力を生じるとする「請求の成立又は不成立」とは，基準時における請求の存在または不存在をいうものとするのが素直な文言解釈であること，②被告の反対債権不存在の判断に既判力が生じないとすれば，被告に反対債権を訴訟物とする別訴を許してしまうこと，が挙げられている。

これに対し，訴求債権と反対債権がともに存在し，かつ，相殺によって消滅したことに既判力を生じるとする見解も有力である[341]。すなわち，被告の反対債権の不存在についてしか既判力が生じないとすると，Ⓐ原告は反対債権がはじめから存在しなかったとして不当利得返還請求や損害賠償請求をしたり，また，Ⓑ被告が原告の債権は別の理由で不存在であったと主張して，不当利得返還請求や損害賠償請求をしたりする余地が残されることになるので，反対債権の存在に既判力を生じさせてⒶの主張を排斥し，また，訴求債権の存在に既判力を生じさせてⒷの主張を封じる必要がある。

既判力が標準時における権利関係の存否の判断に生じることからすると，後説のように，標準時前の権利の存在および相殺による消滅という法律効果を既判力によって確定することは，こうした既判力の働きと相容れないものといわざるを得ない。実質的にみても，後説の懸念するⒶⒷの後訴請求を遮断するには，前説（多数説）のように前訴標準時における両債権の不存在に既判力を生

---

340) 中野・訴訟行為 141 頁，中野・論点Ⅱ151 頁以下，岩松・研究 89 頁，小山 400 頁，三ケ月・全集 124 頁，菊井＝村松Ⅰ1294 頁，斉藤・概論 383 頁，条解 2 版 545 頁〔竹下守夫〕，注釈民訴(4)333 頁〔高橋宏志〕，中野ほか 471 頁〔高橋宏志〕，高橋・重点講義上 558 頁，伊藤 492 頁，新堂 658 頁〔新堂新説〕，河野 575 頁注 33，基本コンメⅠ282 頁〔佐上善和〕，鈴木正裕「連帯債務と判決効」判タ 391 号（1979 年）12 頁など。

341) 兼子・体系 344 頁，吉村徳重「相殺の抗弁と既判力——弁済の抗弁との対比」法政 46 巻 2 = 3 = 4 号（1980 年）618 頁，林屋 492 頁，梅本吉彦「相殺の抗弁と既判力」争点 270 頁，梅本 926-927 頁，新堂・旧 416 頁〔新堂旧説〕など。なお，木川統一郎博士は，相殺の抗弁が認められた場合には，口頭弁論終結時ではなく，相殺時に訴求債権と反対債権がともに存在し，相殺によって両債権が消滅した点に既判力が生ずるという（木川・重要問題下 457 頁以下，木川統一郎＝北川友子「訴訟上の相殺と既判力」比較法学 29 巻 1 号〔1995 年〕71 頁以下，木川統一郎「金銭債権の一部請求と相殺の抗弁」判タ 890 号〔1995 年〕26 頁以下）。これに対する批判として，中野・論点Ⅱ157 頁以下がある。

じさせておけば足りる[342)]し、そもそも判決の結論は全体において把握し理解されるべきであって、訴求債権および反対債権の不存在の判断に既判力が生じるという前説の考え方が妥当であろう。

(b) 争点効ないし信義則による判決理由中の判断の拘束力

既判力が判決理由中の判断に及ぶ例外的な場合として、現行法は、上記の民訴法114条2項のほかに何ら規定を設けていない。そうすると、それ以外の場合に判決理由中の判断に既判力が及ぶことはないというのが法の趣旨なのであろうか。判決理由中の判断に何らかの拘束力を認めることによって、紛争の実質的な蒸し返しを防止する必要があるのではないかが問われる。

たとえば、原告の所有権に基づく建物明渡請求訴訟において、被告による賃借権を有する旨の抗弁が認められ、請求棄却判決が確定した場合、被告に賃借権があるとの判断は、理由中の判断であるので既判力を生じないと考えると、①原告が被告に対し、賃料支払請求訴訟を提起した場合、被告は自己に賃借権がないという矛盾した主張をすることが許されてしまう、また、②原告は、再び賃貸借契約が終了したとして、被告に建物明渡請求をすることができ、事実関係に変動がなくても、裁判所は、再度賃貸借終了の判断をしなければならず、被告も前訴と同じ防御を強いられることになってしまう、といった不都合な結果を生ずる。

そこで、こうした自己矛盾の挙動や紛争の蒸し返しを防止し、紛争の一回的解決を確保すべく、一定の要件のもとに判決理由中の判断にも拘束力を認めようとして提唱されたのが争点効理論である。争点効とは、前訴で当事者が主要な争点として争い、かつ、裁判所がこれを審理して下したその争点についての判断に生じる通用力で、同一の争点を主要な先決問題として異別の後訴請求の審理においてその判断に反する主張・立証を許さず、これと矛盾する判断を禁止する効力をいう[343)]。たとえば、売買契約に基づく建物の明渡請求訴訟（前

---

342) 新堂説の改説理由は、本文ⒶⒷの後訴請求いずれも「前訴で審理された自分の債権（前訴原告が後訴原告のときは前訴の訴求債権、前訴被告が後訴原告のときは前訴の反対債権）が前訴基準時に存在したことを前提とせざるをえないから、これらの後訴を遮断するには、前訴基準時における前訴の訴求債権および反対債権の不存在の判断に既判力を生じさせておけば十分と」の考えに至ったからであるという（新堂659頁注(1)）。

343) 新堂669頁。争点効という観念は、英米法のコラテラル・エストッペル法理と参加的効力を当事者間にも拡張する兼子理論（兼子・研究2巻64-67頁）に示唆を受けて提唱されたという（新堂・争点効上183頁・227頁・297頁）。また、争点効理論の提唱以前に、ドイツのZeunerの見解を採用し、一定の場合に既判力の拡張という形で理由中の判断に拘束力を認める見解が主張されていた（上村明広「既判力の客観的範囲に関する一問題」岡山大学創立十周年記念論集

訴）において，被告は詐欺取消し（民 96 条 1 項）を主張し争ったが容れられず，請求認容判決が確定したところ，後日前訴被告が前訴原告に対して本件建物の売買を原因とする前訴原告の所有権取得登記の抹消を求める訴え（後訴）を提起した場合において，前訴被告（後訴原告）が本件売買は詐欺取消しによって遡及的に無効となった（民 121 条）と主張・立証することは，争点効によって許されないという[344]。

　この争点効理論の根拠は，つぎのとおりである[345]。Ⓐ民訴法 114 条 1 項が既判力は訴訟物に対する主文中の判断にのみ生ずるとするのは，訴訟物が訴訟の最終目標として明示され，当事者にはそれに対する攻撃防御の手続的保障が与えられていた結果として，最小限，訴訟物に対する判断については拘束されることを明らかにしているにすぎない。Ⓑ前提問題については，当事者の訴訟活動や審理に弾力性をもたせるべく，当事者に争わない自由が認められるが，これは主要な争点として争った場合に，これに基づいて裁判所が下した判断を尊重しなくてよいという自由までを当然に含むものではない。Ⓒ当事者に攻撃防御の手続的保障が与えられていたならば，裁判所の判断に拘束されるとしても，当事者の権利を害さない。むしろ，前提問題の判断を別個の請求や逃避の判断の基礎として通用させることにより，自己矛盾の挙動や紛争の蒸し返しを防止し，関連した紛争を統一的に解決することができる。

　争点効が生じる要件としては，①前訴において主要な争点となった事項についての判断であること，②前訴で当事者が，その争点につき主張・立証を尽くしたこと，③前訴で裁判所が，その争点につき実質的に審理・判断したこと，④前訴と後訴の係争利益がほぼ同等であること，が必要であるとされる[346]。

　それでは，争点効理論は，解釈上認められるか。

　最高裁判所は，判決理由中の判断には，既判力およびこれに類似する効力（すなわち争点効）は認められないとして，争点効理論を否定する立場を明らかにした（最判昭 44・6・24 判時 569 号 48 頁〔百選 3 版 92 事件〕）[347]。さらに，最高裁判所は，①後訴が実質的に前訴の蒸し返しであり，②後訴提起時，問題となっている実体法上の処分行為後すでに 20 年を経過しており，前訴被告およびその

上巻『法学と法史の諸問題』（有斐閣，1959 年）181 頁）。
344)　新堂 669 頁。
345)　新堂 671 頁以下。
346)　新堂 677 頁以下。
347)　争点効を認めた下級審判決は，本判決以前には存在していた（京都地判昭 40・7・31 下民 16 巻 7 号 1280 頁など）。

承継人の地位を不当に長く不安定な状態に置いていた事例において，信義則による後訴遮断を認めた（最判昭 51・9・30 民集 30 巻 8 号 799 頁〔百選 4 版 80 事件〕）。これは，判例理論として現在定着している。

　学説においては，判決理由中の判断に何らかの形で拘束力を認めようとする見解がいまや支配的であるといえるが，争点効理論に対しては消極的な評価が多い。その理由としては，①主要な争点として争われたか否かは，一義的に明確ではなく，判決効を不当に拡張するおそれがあること[348]，②理由中の判断に判決効を拡張するには，端的に信義則を根拠に行うことができること，③前提問題に拘束力を生じさせる方法として，中間確認の訴えによることが考えられることなどが挙げられる[349]。そのように争点効理論を否定しつつ，信義則による後訴遮断として構成し，新たな要件化を試みる見解が有力に主張されている[350]。これによると，前訴の勝訴当事者に作用する信義則としての「訴訟上の禁反言（矛盾挙動禁止の原則）」による後訴遮断と，前訴の敗訴当事者に作用する信義則としての「訴訟上の権能の失効」による後訴遮断に分類される。前者の例は，買主による売買目的物引渡請求訴訟において売買契約の無効を主張して請求棄却判決を得た被告売主は，買主の提起する代金返還請求の後訴において，買主による売買契約無効の主張を否認することができないというものである。後者の例は，土地所有権に基づく移転登記抹消請求の前訴において，所有権の帰属が主たる争点とされ，その不存在を理由として請求棄却判決がなされたにもかかわらず，前訴原告がさらに所有権に基づく土地引渡請求の後訴を提起したときは，前訴判決確定によって所有権の帰属について相手方の信頼が形成され，かつ，その点について前訴において主張・立証の機会を与えられた原告は，前訴の口頭弁論において提出できた事実を基礎とする限り，所有権を訴訟上主張することが制限されるというものである[351]。かような拘束力は，争点効に類似するといえ，主要な争点とされた事項にのみ生じ，また，上訴によって争う機会のあったことを要する[352]。

　こうした学説の展開は，信義則の適用場面を明確化する試みとして評価に値するものの，そうであるからといって，それが争点効理論を排斥することにはならないであろう。裁判所の判断を中核とする拘束力である争点効の働く作動領域が存在し，これに併せて個別具体的事情を取り込むことのできる一般条項

---

348) こうした要件の不明確さに対する批判を踏まえて，争点効に拘束される者の手続保障という観点から新たな基準を提唱する試みもみられる（吉村徳重「判決理由中の判断の拘束力——コラテラル・エストッペルの視点から——」法政 33 巻 3 = 6 号（1967 年）493 頁など）。
349) そのほか，一種の結果責任と考えられるべきものを信義則で基礎付けるのは不当であるという争点効理論の前提に対する批判もある（三ケ月・全集 150 頁）。
350) 竹下守夫「判決理由中の判断と信義則」山木戸還暦下 72 頁。
351) これは，最判昭 52・3・24 金判 548 号 39 頁の事案に近い。
352) 条解 2 版 538 頁以下〔竹下守夫〕。なお，民事訴訟法領域における信義則の諸相につき，栂善夫「民事訴訟における信義誠実の原則」新争点 16-17 頁を参照。

としての信義則の作動領域が控えているのであり，争点効と信義則の双方が，それぞれの特徴を活かしながら，紛争の蒸し返し防止のための機能領域を形成していくのである。そうであるならば，弾力的な審理を確保する一方で，不意打ち防止の観点から，争点効の要件を明確化するなどして，当面は，争点効理論を整備し定着させることを目指すべきであろう[353]。

ところで，新民事訴訟法下における争点中心訴訟運営へのシフトによる争点効論の蘇りが指摘されている[354]。すなわち，新しい法制において，訴状および答弁書により開始する手続は，争点ごとの轍がそのまま判決書へ至るという軌道を描いており（規53条1項2項・80条1項，民訴253条1項），審理に臨む当事者本人や訴訟代理人の目からみて，争点に拘束力を及ぼしていくという争点効的な発想は，現実の制度的枠組みとの関係がより親和的になっているといえるのではないか。争点効について，それが要件を明確に絞りこみ，そして，拘束力が強くなれば，使い勝手が悪くなることも否めない。そこで，争点効を認めつつ，信義則という装置を重ねて連結的に動かして，実情に即した柔軟化の途を探っていくことが考えられよう。これにより，判例も，高い透明度を保ちつつ事案を集積していくことができようし，理論的な検討の機会が十分に与えられることにもなろう。いわば実務と理論の交錯のなかで，「既判力に準ずる第二の判決効」ともいうべきものが形成されることが望ましいのではなかろうか。それは，主文中の判断を中心とする判決が全体として当事者の行動に重みをもって定着する現象の一貫をなすものと受け止められよう。

3　既判力の人的限界（主観的範囲）

既判力の対象となる訴訟物は，原告によって定立され，その判断を基礎付ける裁判資料は弁論主義の下，原告・被告双方によって提出される。それゆえ，既判力は，当事者間にのみ及ぶのが原則である（115条1項1号）。こうした既判力の相対性は，民事訴訟が対立当事者間の紛争を相対的に解決するための手続であり（許容性），また，訴訟に関与しない第三者の裁判を受ける権利（憲32条）ないし手続保障を奪う結果になってはならないこと（必要性）などに根拠を有する。

通常の二当事者対立の訴訟では，既判力は原告および被告に対して及ぶことになるが，独立当事者参加（47条）のような三面訴訟においては，原告，被告，そして参加当事者の全員に既判力が及ぶ。他方，訴訟外の第三者はもとより，

---

[353]　石川＝小島編・新民訴238頁〔小島武司〕。
[354]　林屋191頁以下，伊藤ほか・論争70頁〔山本和彦 発言〕など。

訴訟に関与する代理人，補助参加人，また，共同訴訟人の間においては既判力は生じない。

しかしながら，このような既判力の相対性を貫くと，せっかく確定判決が出されても，それが潜脱されたり，あるいは，かえって多数の関係者間の法律関係を混乱させたりすることもある。民事訴訟の紛争解決機能の実効性を確保するためには（必要性），当事者以外の第三者にも既判力を及ぼす必要のある場合があることも否定できない。もっとも，この場合でも，そうした必要性に加えて，既判力を及ぼすことを正当化するだけの根拠が備わっていることを要する。すなわち，自己責任を問う前提としての手続保障の有無（許容性）を個別的に検討すべきであり，手続保障のための手法は柔軟かつ多元的に考えて然るべきである。

民事訴訟法は，当事者と一定の関係にある第三者への既判力の拡張場面として，訴訟担当の場合の被担当者（115条1項2号），口頭弁論終結後の承継人（同条同項3号），そして，請求の目的物の所持者（同条同項4号）という一般的類型を掲げるほか，訴訟脱退者（48条・50条・51条）を規定する。また，身分関係や団体の法律関係のように画一的処理の必要のある訴訟類型については，利害関係人または一般第三者への既判力の拡張が個別に法定されている。そのほか，解釈上，当事者と実体法上一定の関係にある第三者に対する拡張の可否（反射効の問題）および法人格否認の法理による拡張の可否が議論されている。

以下において，これら当事者以外の者に対する拡張場面の各々について，既判力を及ぼす必要性（紛争解決の実効性確保）と許容性（第三者の手続保障）という視角から，既判力の拡張が正当化される根拠を具体的に眺めることにする。

(1) 口頭弁論終結後の承継人

既判力の基準時後，すなわち，事実審の口頭弁論終結後に，訴訟物たる権利関係について当事者または訴訟担当の場合の被担当者（前主）と同じような利害関係をもつに至った者（これを口頭弁論終結後の承継人という）は，前主と相手方当事者との間の判決の既判力を受ける（115条1項3号）。その根拠は，敗訴当事者が訴訟物たる権利関係についての地位を第三者に処分して敗訴判決を免れることを防ぎ，確定判決による解決の実効性を確保することにある（必要性）。既判力を及ぼされる承継人に対する手続保障は，前訴において紛争の主体たる地位にあり，最も強い利害を有していた前主の訴訟追行によって代替されていたといい得る（許容性）。確かに，承継人側の手続保障は十分ではないともいえようが，権利関係確定ないし紛争解決の実効性確保（必要性）のために，手続保

障をこの程度レベルで充足すればよしとした一つの立法的決断として肯定されよう[355]。ちなみに，確定判決による紛争解決機能の維持および承継人の手続保障という観点は，口頭弁論終結後の承継人の範囲や承継人の固有の防御方法を考察するうえで欠かせない。

(a) 承継の時期

口頭弁論終結後の承継人の範囲について，まず，承継の時期は事実審の口頭弁論終結後である。既判力の生じる判断事項を基礎付ける裁判資料の提出が事実審の最終口頭弁論終結時までであることによる。それゆえ，上告審係属中の承継人も含まれる[356]。それ以前の承継人は，当然承継や中断・受継によって当事者となっている場合を除き，参加承継（49条・47条）または引受承継（50条）によって既判力を受けることがあるにとどまる[357]。もっとも，口頭弁論終結前における権利関係の条件付譲渡であっても，条件成就によって承継が効力を生じたのが口頭弁論終結後であれば，本号の適用場面となる[358]。

不動産の権利に関する訴訟における承継の時期に関して，物権移転時期とその対抗要件である登記移転時期のいずれを基準とすべきかが争われる。すなわち，承継の原因行為が基準時前になされたが，権利移転の対抗要件具備が基準時後に行われた場合に，どの時点で承継があったとみるべきかという問題である。訴訟物が物権それ自体ないし物権に基づく請求権であるときは，承継人の地位は対抗要件である登記によって決せられることから，登記移転時期が基準となると考えられる（大判昭17・5・26民集21巻592頁）。これに関連し，土地所有権に基づく建物収去土地明渡請求訴訟の基準時前に第三者Aが被告から建物所有権を取得し，基準時後に登記を得た場合に，Aを承継人として既判力を拡張し得るかという問題がある。最高裁判例[359]は，承継の時期を所有権移

---

355) 上田・判決効161頁。なお，訴訟係属の事実や前訴判決の存在の知・不知を問題とするものとして，高見進「判決効の承継人に対する拡張」北法31巻3＝4号（1981年）1223頁がある。

356) 東京控決昭8・9・12新聞3618号6頁。ただし，破棄差戻しになると，口頭弁論終結後の承継人ではなくなる。

357) 預託金会員制ゴルフクラブの会員がゴルフ場経営会社に対して提起した預託金返還請求訴訟の請求認容判決の既判力は，提訴前に被告会社から営業譲渡を受けた者に及ばない（最判平16・10・18金法1743号40頁）。

358) 上田徹一郎「条件付譲渡と既判力の拡張」民商52巻3号（1965年）334頁，法律実務(6)65頁，菊井＝村松Ⅰ1319頁，秋山ほかⅡ681頁，伊藤501頁など。

359) 最高裁判例の基礎には，建物収去土地明渡請求訴訟の被告適格は，登記名義人ではなく，建物所有者に認められるとする最判昭35・6・17民集14巻8号1396頁がある。注釈民訴(4)401頁〔伊藤眞〕参照。

転時であるとするが（最判昭49・10・24判時760号56頁，最判昭52・12・23判時881号105頁），前者の昭和49年判決には，登記時を基準とすべきであるとする大隅健一郎・岸上康夫両裁判官の反対意見が付されており，安定したものとはいえまい。学説では，承継が原告・被告いずれの側であるかを問わず，また，既判力の拡張が承継人に有利・不利のいずれでも，常に登記時を基準とするという見解が多数を占める[360]。この場合，誰が建物収去土地明渡義務を負うかが問題なのであり，換言すると，建物所有者の土地占有権原の争いとして把握されなければならない。そうすると，被告が建物所有者としての土地占有権原を主張しているのであるから，建物所有権についての対抗要件を得る必要があるといえ，したがって，承継の時期も対抗要件の時期を基準に求めるべきである。なお，基準時前に仮登記がなされていても，所有権移転登記およびそれに基づく本登記が基準時後であるときは，登記名義人は承継人として扱われる（最判昭52・12・23判時881号105頁）。

債権譲渡の場合も権利移転の時期かその対抗要件の時期かという問題があるが，同じく，債務者に対する対抗要件である通知または承諾（民467条1項，動産譲渡4条2項）の時を基準と考えてよい（大判昭19・3・14民集23巻155頁）。

(b) 承継の態様・原因

承継は，譲渡などの承継取得だけでなく，時効取得など原始取得も含まれる。承継の態様は，相続や合併などのように当事者の権利義務一般を承継する一般承継でも，債権譲渡や債務引受（併存的債務引受については，下記(c)のイを参照）などのように特定の権利義務を承継する特定承継でもよい。承継の原因は，契約・遺贈などの任意処分，転付命令・競売などの国家の強制処分，相続などの法律の規定（民254条・286条など）のいずれでもよい。

相続人は，相続放棄をすれば，はじめから相続人とならなかったことになり，既判力の拡張を受けることはないのに対し，限定承認をした場合は，責任財産の範囲が限定されるだけで，既判力は拡張される。

(c) 承継の対象

承継の対象である権利関係については，訴訟物の承継人に対して既判力が拡張されることに争いはなく，訴訟物の枠を超える承継に関して問題がある。なお，この点は訴訟物理論の対立と論理的関連があるわけではない。ただ，訴訟

---

[360] 菊井＝村松Ⅱ482頁，条解2版572頁〔竹下守夫〕，注釈民訴(4)400頁〔伊藤眞〕，伊藤502頁，高橋・重点講義上614頁，基本コンメ新民訴(1)291頁〔上野泰男〕，新判例コンメ(3)295頁〔上野泰男〕，斎藤ほか編(5)144頁〔小室直人＝渡部吉隆＝斎藤秀夫〕など。

物のサイズを考える際の訴訟政策的な価値判断の次元で連関する側面はある。

イ　訴訟物の承継

口頭弁論終結後に訴訟物たる権利関係を承継した者に対して既判力が拡張される。たとえば，物権の不存在確認訴訟で勝訴した被告から当該物権を譲り受けた者（前掲・大判昭17・5・26），給付訴訟の訴訟物たる債権の譲受人（東京控判昭11・11・5新聞4097号11頁）などに既判力が拡張される。

これに対し，給付訴訟の被告から債務を引き受けた者（債務引受人）への既判力拡張の肯否は争われる。否定説[361]もあるが，肯定説[362]が通説的地位を占め，さらに近時，債務引受が免責的債務引受の場合の債務引受人は債務の承継人として既判力を受けるが，併存的（重畳的）債務引受の場合には既判力を拡張されることはないとする折衷説[363]も有力である。免責的債務引受は被告が債権関係から離脱するのに対し，併存的債務引受は原債務を前提とした新債務の設定であることからすると，後者は債務の承継とはいいがたい。かような相違を反映した折衷説が妥当と思う。

同様に，保証債務は主債務とは別個の債務であって，基準時後に前主の債務を保証した保証人は債務を承継したわけではないので，既判力の拡張を受けない[364]。

ロ　訴訟物以外の権利関係の承継

訴訟物の枠を超えて承継を認める判例の結論を支持する前提の下，承継の範囲を画する基準をめぐって学説上議論が展開されてきた。

かつての通説的見解は，訴訟承継との整合的な理論構成を目指し，当事者適格の移転を基準に据える[365]。これによると，所有権に基づく目的物の引渡請求認容判決の既判力は，目的物の占有を譲り受けた第三者へ拡張され，その占有承継にともなって引渡請求についての当事者適格が被告から第三者に移転したとみなされることから，第三者はその占有権原の前提として自己の前主たる被告が占有権原を有していたことを主張する

---

[361]　条解2版581頁〔竹下守夫〕。
[362]　小山429頁，三ケ月・全集174頁，吉村徳重「既判力拡張における依存関係(3)」法政28巻1号（1961年）76頁，菊井＝村松I1320頁，斎藤ほか編(5)141頁〔小室直人＝渡部吉隆＝斎藤秀夫〕，新堂661頁，高橋・重点講義上610頁注112など。
[363]　長崎地判昭31・12・3判時113号24頁，法律実務(6)67頁，上野泰男「判批」法学雑誌21巻3号（1975年）443頁，松本＝上野590頁〔松本〕，伊藤504頁，中野ほか484頁〔伊藤眞〕，秋山ほかII483頁など。
[364]　注釈民訴(4)403頁〔伊藤眞〕，伊藤504頁，松本＝上野590頁〔松本〕など。
[365]　兼子・研究1巻，小山402頁，中田淳一「既判力（執行力）の主観的範囲」民訴演習I205頁，斎藤・概論385頁など。なお，訴訟物理論との関係では，兼子説は旧説であるのに対し，小山説および斎藤説は新説である。

ことができない。他方，この見解では，賃貸借契約終了に基づく建物収去土地明渡請求を認容した判決の確定後，建物所有者である被告から口頭弁論終結後に建物を賃借した第三者は，訴訟物とかかわりのある概念である当事者適格の移転を受けた者と説明することができない。

　これに対し，多数説は，この場合の建物を賃借した第三者も自己の建物および土地の占有権原の前提として被告の土地占有権原を援用し得ないという点で承継人の範囲に含まれるとして，その基準を紛争の主体たる地位の移転に求める[366]。紛争の主体たる地位とは，第三者と相手方当事者との紛争の対象たる権利義務関係が当事者間の前訴の訴訟物たる権利義務関係から口頭弁論終結後に発展ないし派生したとみられる関係にあるものをいう。

　上記二説が当事者適格や紛争主体たる地位といった訴訟法上の地位を基準とするのに対し，訴訟物およびそれに関連する実体法上の権利関係そのものを承継の基準とする有力説がある[367]。これは，当事者と第三者の間における実体法上の地位の依存関係を根拠とするため，依存関係説とよばれる。実体法上の地位そのものが承継された場合のほか，承継された権利関係を法律上の基礎として承継人の法的地位が成立する場合や派生する場合にも，依存関係が認められ承継が肯定されることになる。

　当事者適格の移転を基準とする旧通説および紛争の主体たる地位の移転を基準とする多数説のいずれも，その基準とするところの概念の曖昧さに難があるものの，具体的状況に応じて実質的考慮から承継の範囲を決することができるというメリットがある。他方，依存関係説は，依存関係という実体法上の視点に基づく一見明確な基準を設定しているものの，その依存関係の有無の判断も実際には漠然とした面があり，結局は前訴で解決済みとするか再度承継人に争わせるかといった訴訟上の問題に帰着することになる。この問題については，その解決の実質的な手がかりが存在する「訴訟」の場面を中心に考えた方がよく，依存関係という中間項を媒介させることは却って混乱を招きかねない。そこで検討すべきは，旧通説と多数説のいずれが妥当か，あるいは，当事者適格ないし紛争の主体たる地位の線上により明確なフォーミュラを見出し得るかということである。前述のように承継人の範囲が狭くなる点で旧通説はとり得ず，しかも，適切なフォーミュラを提示するには判例の集積を待たなければならな

---

[366] 新堂・争点効上 316 頁，条解 654 頁〔竹下守夫〕，斎藤ほか編(5)137 頁〔小室直人＝渡部吉隆＝斎藤秀夫〕など。

[367] 上田・判決効 183 頁，吉村徳重「既判力の第三者への拡張」講座民訴⑥139 頁，上野泰男「既判力の主観的範囲に関する一考察」法学論集 41 巻 3 号（1991 年）422 頁，伊藤 507 頁，中野ほか 485 頁〔伊藤眞〕など。

い状況にあることから，現在のところは多数説にしたがい，紛争の主体たる地位の移転を基準に考えるのがよいであろう。こうしたことから，上記三説の間に実質的な違いがない[368]とは断じかねる。

そこで，いかなる場合に紛争の主体たる地位の移転により承継人として扱われるか。移転登記抹消請求認容判決の既判力は，敗訴被告から所有権および登記名義の移転を受けた者に対して拡張される（最判昭54・1・30判時918号67頁）。抵当権者の土地所有者を相手とする抵当権確認判決の既判力は，土地所有権の譲受人に対して拡張される[369]。後順位抵当権者の先順位抵当権者を相手とする先順位抵当権不存在確認請求棄却判決の既判力は，後順位抵当権者の譲受人に対して拡張される（大決昭7・9・10新聞3460号15頁）。代物弁済に基づく移転登記請求認容判決の既判力は，勝訴原告から所有権および登記の移転を受けた者に対して拡張される[370]。動産引渡請求認容判決の既判力は，勝訴原告から目的物の所有権を譲り受けた者に対して拡張される[371]。

(d) 承継対象の実体法上の性質と承継人の範囲

承継の対象とされた権利関係の実体法上の性質や第三者の法律上の地位との関係で，承継人の範囲が問題となる。

イ 承継対象の実体法上の性質——物権的請求権と債権的請求権の区別——

具体的には，賃料不払いによる賃貸借契約解除を主張して賃借人に対する建物明渡請求認容判決を得た建物賃貸人が，当該訴訟の口頭弁論終結後に被告賃借人より本件建物を転借した第三者に対して，建物所有権に基づく引渡請求訴訟を提起した場合において，前訴判決の既判力は転借人（第三者）にも及ぶかという形で問題が提起される。

訴訟物理論との関係でみると，旧説と新説のそれぞれ内部において見解が分かれている。

旧説の論者のなかに，前訴の訴訟物は賃貸借終了に基づく返還請求権という債権的権利なので，その判断についての既判力は第三者に拡張されないとの主張[372]と，債権的

---

[368] このような見方を示すのは，高橋・重点講義上611頁注114など。
[369] 伊藤508頁，中野ほか486頁〔伊藤眞〕。
[370] 新堂・争点効上308頁，条解661頁〔竹下守夫〕，伊藤508頁，秋山ほかⅡ483頁，新判例コンメ(3)296頁〔上野泰男〕など。反対，大阪高判昭45・5・14高民23巻2号259頁，菊井＝村松Ⅰ1320頁，中務俊昌＝川村俊雄「口頭弁論終結後の承継人と判決の効力」実務民訴(2)60頁など。
[371] 伊藤508頁など。なお，執行力拡張のケースとして，大判昭17・3・4判決全集9輯26号5頁がある。
[372] 兼子・体系345頁，中田・前掲注361）205頁など。

権利でも賃貸人が同時に所有権者であるときは既判力が第三者に拡張されるとの主張[373]がある。

他方，新説内部においても，返還請求権について取戻請求権・交付請求権という性質決定をなしたうえで既判力の拡張を決するという見解[374]と，訴訟物の性質決定とは無関係に訴訟の制度目的などから合目的性の視点から決すればよいとの見解[375]がある。

　上記の例では，後訴被告がその占有権原を基礎付ける抗弁事実として前訴被告の賃借権および後訴被告の転借権を基礎付ける事実を主張する場合に既判力が問題となるところ，もし前訴判決の既判力が後訴被告に及ばないとすると，後訴被告は原告が前訴被告に対して賃貸借終了に基づく建物明渡請求権を有するという前訴判決の既判事項に矛盾する権利関係，つまり前訴基準時における原告・前訴被告間の賃貸借関係という権利関係を主張することが許されてしまう。しかし，後訴被告にかかる主張を許すことは，前訴被告と後訴被告の間に占有権原をめぐる承継関係が存在することにかんがみると，合理的とはいえない。したがって，後訴被告に対して前訴判決の既判力が拡張されると解すべきである。この点について，訴訟物が影響を及ぼすことはない[376]。

　ロ　承継人に固有の抗弁——実質説と形式説——

　上述したところにより既判力の拡張を受ける者が相手方の請求を阻止できる固有の攻撃防御方法をもつ場合，この者を承継人として扱うか，それとも承継人の範囲から除外すべきかをめぐって，議論がある。

　これを既判力の及ぶ承継人ではなく，前主と同視する実質説[377]と，承継人として既判力を受けるが，後訴の審理で固有の抗弁を提出して相手方の請求を理由なからしめ得るとする形式説[378]との対立である。いずれも固有の攻撃防御方法を主張・立証した者が保護される点で共通するが，固有の攻撃防御方法を既判力の拡張場面において論ずるか，後訴の本案審理の問題とするかという点で異なる。

　判例は，通謀虚偽表示に基づく登記名義を真正なものに回復するための所有

---

373) 兼子・研究3巻88頁（訴訟物が債権的請求権であっても，権利者が同時に所有権者である場合には，所有権に基づく不法占拠の明渡請求権が契約関係によって覆われているという）。
374) 三ケ月・研究(1)295頁，上田493頁など。
375) 新堂・争点効上142頁・130頁，新堂662頁，小山404頁など。
376) 判例も，承継人の範囲をめぐって，訴訟物たる権利関係の性質を問題としていない（大判昭5・4・24民集9巻415頁，前掲・最判昭26・4・13，最判昭41・3・22民集20巻3号484頁〔百選3版113事件〕）。以上につき，伊藤510頁注246を参照。
377) 兼子・体系345頁，上田494頁など。
378) 山木戸克己「訴訟物たる実体法上の関係の承継」法セ30号（1960年）47頁，小山・著作集2巻168頁，新堂664頁，斎藤ほか編(5)137頁〔小室直樹＝渡部吉隆＝斎藤秀夫〕，小林・プロブレム384頁，林屋501頁，高橋・重点講義上609頁など多数説。

権移転登記手続請求訴訟の口頭弁論終結後に被告から善意で当該不動産を譲り受けた第三者（民94条2項）は，前主の権利義務を承継するものではないと判示する（最判昭48・6・21民集27巻6号712頁〔百選3版93事件〕）。これは実質説を採用したものといわれているが[379]，必ずしも明確ではないとの評価もある[380]。また，不動産の二重譲渡に関する訴訟でも形式説は採用されていない。すなわち，承継人が対抗要件の欠缺を主張できる第三者（民177条）であるケースにおいて，第一譲受人である前訴原告が当該所有権を第二譲受人である後訴被告に対して対抗できるかどうかは，登記の先後によって決せられる実体法上の問題であるとして，前訴判決の既判力によって定まるものではない旨が判示されている（最判昭41・6・2判時464号25頁〔続百選81事件〕）。

それでは，どのように考えるのがよいであろうか。前訴判決が既判力で確定したのは，前主と相手方との間の権利関係であって，承継人の権利関係ではない以上，その固有の抗弁は遮断されるはずもなく，形式説で考えても，支障はないであろう。実質説によると，前主と相手方の権利関係の存否についてまで争えることになるが，その点については前主への手続保障が及んでいたのであるから，蒸し返しといわざるを得ない[381]。また，実質説による既判力の拡張は前訴判決が請求棄却の場合だけ（片面的拡張）であるのに対し，形式説のそれは前訴の結果に左右されない。さらに，実質説による既判力の拡張は後訴当事者が固有の抗弁を主張・立証できたか否かにかかわり，職権調査事項としての既判力の性質に馴染まないのに対し，形式説ではそのようなことはない。そして，訴訟承継との整合性においても形式説が優位に立つ。すなわち，口頭弁論終結前の承継人に訴訟の引受決定がなされた場合，その訴訟のなかで承継人の固有の抗弁が立証されると，実質説的発想では引受資格がなかったとして訴え却下となり，訴訟経済上問題があるのに対し，形式説によると，抗弁は本案の問題となる[382]。

---

379) 百選II341頁〔高見進解説〕，高橋・重点講義上608頁。
380) たとえば，本判決は「いかなる意味でも後訴被告に既判力が及ばないとしているわけではなく，その意味で，いわゆる実質説という位置づけをこの判例に与えるのは誤解を生じる」とするのは，伊藤512頁。
381) 中野・論点I225頁参照。
382) 高橋・重点講義上609頁。なお，伊藤眞教授は，つぎのように指摘する。既判力の概念について訴訟法説を前提とする限り，後訴当事者がどのような権利関係や法律上の地位を主張するかによって既判力拡張の是非が決まるのであり，それを離れて一般的に当事者を承継人として扱うべきかを論じる理由はなく，この意味で実質説・形式説という概念構成を採用する必要性に乏しい（伊藤513頁）。

なお，形式説と新訴訟物理論との関係について，承継人が通謀虚偽表示の無効を主張できる善意の第三者である判例のケース（前掲・最判昭48・6・21）をもとに考えると，旧訴訟物理論では，通謀虚偽表示という属性をもった請求が訴訟物ということになり，特段の問題はない。これに対し，新訴訟物理論では，そうした属性をもたない単なる移転登記請求が訴訟物となり，通謀虚偽表示による無効は判決理由中の判断にとどまることになるが，そうとすると，通謀虚偽表示の点について既判力は生じないので，その点が既判力の拡張によって承継人に及ぶこともなくなり，そもそも承継人が善意の第三者という防御方法を向ける対象が存在しないのではないかが問題とされる。これに対しては，既判力のみならず，争点効も拡張されると説明されている。すなわち，承継人は，拡張される争点効（通謀虚偽表示でないという主張を封ずる効力）に対して善意の第三者である旨の抗弁を主張するのである[383]。

こうした承継人による「善意の第三者」の主張に対抗して，前訴勝訴原告（後訴被告）が承継人（後訴原告）に「通謀虚偽表示」ではなく「無権代理」（善意の第三者にも主張可）に変えることが認められるか。この点，争点効の拘束を受ける承継人との公平から，その相手方当事者である前訴勝訴原告も拘束されて，無権代理への変更は認められないとの見解がある[384]。しかし，争点効の妙味は，法的評価の再施において別個の法的観点を出し得ることを巧く説明できる点にあるところ，この場合にも前訴で争われていない無権代理といった別個の法的観点の主張を争点効によって封ずることは適切ではない。また，前訴被告に対して無権代理の主張をすることは禁反言になり（2条参照），手続事実群にも反するであろうが，これとは別人格の承継人（後訴原告）に主張してもそういったおそれはないといえる。したがって，無権代理への変更は認められよう[385]。

(2) 請求の目的物の所持者

特定物の引渡請求訴訟における当事者もしくは被担当者またはそれらの承継人のためにその物を所持し，自己固有の利益を有しない者に対して，当事者の受けた判決の既判力は拡張される（115条1項4号）。請求権の法的性質が物権的

---

383) 高橋・重点講義上 609-610 頁。
384) 新堂・訴訟物下 353 頁。
385) 水谷暢「虚偽表示登記の確定移転判決と善意の第三者（最判昭和48・6・21）」民商71巻2号（1974年）355頁，林屋＝小島編297頁〔河野正憲〕，吉村・前掲注367）講座民訴⑥148頁，高橋・重点講義上610頁など。

請求権または債権的請求権によるかは問題とならず，物が動産または不動産かも問わない。所持の開始時期と口頭弁論終結の前後も不問であり，口頭弁論終結前からの所持人も含まれる。

(a) 所持者の概念

本条の所持者は，自ら目的物を所持（独立の占有）する占有代理人（直接占有者）のうち，もっぱら本人（当事者等）のためにする意思のみをもつ者（他主占有）である。このような者は，専ら当事者等のために占有しているのであるから，引渡請求に関する限り当事者等と同視してこれに既判力を及ぼしても，この者の固有の実体的利益を害する心配はなく，それゆえまた，その手続的利益を奪うおそれもないのである。具体例として，受寄者，同居人，留守番，管理人[386]が挙げられる。

これに対し，雇人，法人の機関または法定代理人など独立の占有をもたない占有機関は，本条の所持者に該当しない。主人，法人または本人自身に占有があるため，こうした占有機関については，前訴当事者との間にその占有を基礎とする権利関係を生じることはなく，既判力の拡張を問題にするいわれはないからである[387]。他方，賃借人や質権者など，独立の占有をもつが，それが自己のためにする意思による者（自主占有）も，本条の所持者に含まれない[388]。かかる自主占有者は，固有の実体的利益をもち，独自の手続保障を確保する必要があることによる。

このようにみてくると，本条の所持者概念は，既判力拡張が不当か否かの実質判断を前提とすることから，形式説ではなく実質説によっていることが分かる。換言すると，独自の手続保障を必要とするだけの固有の実体的利益を欠くがゆえに既判力を拡張される所持者とは，手続上，前訴当事者と実質的に同一視できる者ということになる。これに対し，口頭弁論終結後の承継人は，前訴当事者とは別個の存在として手続保障を与えられるべきであるので，既判力拡張の根拠が必要になり，確定判決による法律関係の安定ないし紛争解決の実効性確保の要請と承継という実体的要因がかかわることになる。そこで，実質説と形式説の対立が生じるといえる。

---

386) これには，契約による管理人のほか，不在者の財産管理人（民25条以下），相続財産管理人（民952条）および強制管理人（民執94条）などがある。
387) 伊藤514頁など。
388) 賃借人につき，大決昭7・4・19民集11巻681頁参照。

(b) 所持者概念の拡張

　自主占有の外観をもつ者であっても，独自の手続保障を必要とするだけの実体的利益に欠けることから，所持者として既判力を及ぼすべきとされる場合がある。

　まず，民事執行法（昭和54年法律第4号）・民事保全法（平成元年法律第91号）制定以前には，占有移転禁止の仮処分執行後に第三者に占有が移転された場合，その後の本案判決に基づく強制執行にあたり，仮処分の効力としてその第三者の占有を排除できるかが問題とされていた。こうした第三者は自主占有であろうとも，占有権原をもって債権者に対抗し得ず，所持者として既判力および執行力の拡張を受けるという裁判例があった[389]。民事保全法は，この点を立法的に解決し，占有移転禁止仮処分の執行後に執行について悪意で占有を開始した者および善意でも債務者の占有を承継した者に対しては，本案の債務名義の執行力が及ぶと規定した（民保62条1項）。その結果，債権者は，本案判決についてこれらの者に対する承継執行文を得て，引渡しまたは明渡しの強制執行を行うことができる[390]。

　つぎに，名義上の所有者であっても，引渡請求の執行免脱目的で債務者から仮装に譲り受けた者は，所持者に含まれると解される[391]。こうした者に既判力を及ぼすことは，確定判決による紛争解決機能の潜脱を防止するうえで必要であると同時に，仮装譲渡の認定過程における手続保障を付与する限り，譲受人の固有の実体的利益はなく，その手続保障に欠けるところがないとして許容されよう。

　さらに，自己の利益を図るために所持する者でも，その占有取得行為が信義に反するなどして，相手方との関係で目的物所持について法的保護に値する自己固有の利益が認められず，独自の手続保障を要しない者は，本条の所持者に準じる者として，既判力の拡張を受ける。たとえば，売買による所有権移転登記請求訴訟の被告から虚偽表示（仮装売買）に基づいて移転登記を得た者は，本

---

389) 福岡地飯塚支判昭38・9・26下民14巻9号1871頁，大阪高決昭49・7・20判時761号82頁など。なお，最判昭46・1・21民集25巻1号25頁は，占有移転禁止を命ずる仮処分決定に基づく執行を受けた仮処分債務者がこれに反して第三者に占有を移転した場合にも，仮処分債権者は本案訴訟において仮処分債務者の占有喪失を顧慮することなく，この者に対して引渡しまたは明渡しを請求することができると判示する。

390) かくして，占有移転禁止仮処分執行後の占有承継人は所持者かという解釈問題は，執行力に関して解決された。もっとも，既判力の点は依然問題となる。伊藤516頁注257参照。

391) 新堂665頁，高橋・重点講義上619頁，条解668頁〔竹下守夫〕，伊藤516頁など。

条を類推して既判力を受けると考えられる[392]。仮装譲渡か否かの判断は，後訴で所持者に対する既判力拡張が問題となるとき，または，所持者に対する執行文付与の際（民執23条3項・27条2項・33条），もしくは，その付与を争う場合（民執32条・34条）に行われるが，所持者はこれらの手続において仮装譲渡でない旨を主張・立証することができる。

なお，こうしたケースにおいて前訴当事者および所持者が法人である場合は，それらの者の間に法人格否認の法理が適用される場合と類似するが，固有の実体的利益を欠くとして所持者とされたとしても，法人格自体は当事者と別個独立である点で，法人格が否認される場合とは理論上区別される。

(3) 訴訟担当における本人

訴訟担当者が当事者として追行した訴訟における確定判決の既判力は，被担当者，すなわち，訴訟物たる権利義務の帰属主体である本人（他人）にも及ぶ（115条1項2号）。

被担当者にも既判力を及ぼしたのは，訴訟物たる権利義務に関する実体法上の管理処分権などを基礎に訴訟追行権の認められた訴訟担当者が手続代行することで被担当者の手続保障が充足されているといえるからである。もっとも，こうした説明は，担当者の訴訟追行権が本人の授権に基づく任意的訴訟担当については異論がないものの[393]，法定訴訟担当についてはかねてから議論がある。そこで，以下では債権者代位訴訟と債権者取立訴訟についてみていくことにする。

① 債権者代位訴訟

債権者代位制度（民423条）は，債権保全のために債務者の責任財産に対する実体法上の管理権を債権者に付与するものである。これによって，債権者は債務者の権利を自己に固有の権利として自己の名において行使することになる。それは訴訟上も可能であるが，債権者代位訴訟の構造をどのように考えるかについては，見解が分かれている。

判例は，訴訟物である債務者の第三債務者に対する権利について与えられた実体法上の管理権を基礎として代位債権者に当事者適格が認められることから，

---

392) 大阪高判昭46・4・8判時633号73頁〔百選Ⅱ153事件〕，新堂・争点効下95頁，新堂665頁，高橋・重点講義上619頁，伊藤516頁，上田・判決効138頁，上田486頁，百選Ⅱ342頁〔長谷部由紀子 解説〕，秋山ほかⅡ488頁など。なお，これらの論者の多くは，訴訟承継主義の限界を補完する見地から，「実質的当事者」概念を提唱する。

393) なお，株主代表訴訟につき，注釈民訴(4)436頁〔伊藤眞〕参照。

法定訴訟担当であるとして，代位債権者を当事者とする確定判決の既判力は，本人たる債務者に有利にも不利にも及ぶとし，通説もこれを支持する[394]。

これに対して，同じく法定訴訟担当であっても担当者と被担当者の関係はさまざまであるのに，その間の利害を捨象して一律に既判力拡張を論ずる点を批判する説があらわれた。これは，法定訴訟担当を訴訟担当者・本人間の利害の点から，これが緊張関係にある対立（拮抗）型と，これが共通して本人の権能が担当者に吸収される吸収型に二分し，前者の場合は，後者と異なり，本人に不利な場合に既判力は及ばないとする[395]。これによると，破産管財人，遺言執行者，船長などは，すべての者の利害を吸収することから吸収型に分類され，本人の有利・不利を問わずに既判力が拡張されるのに対し，差押債権者や代位債権者は，その財産管理に介入される本人との間に利害対立があることから対立型に分類され，本人の不利に既判力が拡張されることはないということになる。

この批判説は，フランスで執行制度の不備を補うために設けられた債権者代位制度を執行制度の完備したドイツ法を継受したわが国に導入したという問題の状況を明らかにし，訴訟担当者と本人との関係が均質ではないという視点を呈示することで学界に一石を投じ，その後の議論の呼び水となった点において高い意義が認められる。もっとも，つぎのような問題点が指摘され，その主張内容自体が学説にさほど受容されることはなかった。第一に，吸収型・対立型という区別が一義的に明確ではない。吸収型とされる破産管財人にも，破産債権者の利益への配慮が要求される側面で破産者との対立関係があり，また，同じく吸収型とされる遺言執行者にも，係争財産が相続財産か相続人固有の財産かをめぐって相続人と利害が拮抗することもあるので，吸収型か対立型かという基準で一義的，範疇的に訴訟担当を分類することは無理であり，その複合的性格を見失わせるきらいがある。第二に，対立型の場合に勝訴した相手方は，既判力拡張が否定されるので，本人からの再訴の危険にさらされる[396]。

そうしたなか，債権者代位訴訟を訴訟担当とすることを否定する見解があらわれた。すなわち，通説のいう実体法上の管理権ではなく，訴訟の結果にかかる重要な利益の有無こそが当事者適格を基礎付けるとみて，代位債権者は，無資力状態に陥った債務者の責任財産を保全することに重要な利益を有することから，本来の利益帰属主体として自己固有の当事者適格をもつとする。その結果，既判力は拡張されず，勝訴した相手

---

394) 大判昭15・3・1民集19巻586頁，兼子・体系346頁，斎藤・概論387頁，菊井＝村松 I 1326頁，伊藤521頁（解釈論として。立法論としては近時の有力説に賛成），上原敏夫『債権執行手続の研究』（有斐閣，1994年）160頁など。なお，かつての判例（大判大11・8・30民集1巻507頁）は，債権者代位権が代位債権者固有の権利であることを理由に既判力拡張を否定していた。

395) 三ケ月章「わが国の取立訴訟・代位訴訟の特異性とその判決の効力の主観的範囲」（初出1969年）三ケ月・研究(6)1頁・48頁以下（1972年）。なお，百選157頁〔三ケ月章解説〕（1965年）に問題意識がすでにあらわれていた。

396) 以上につき，新堂279頁注(1)・280頁，高橋・重点講義上227頁，伊藤519頁など。

(第三債務者)は再訴のリスクを負うことになるが,その対策として,参加命令の規定(民執157条1項)を類推適用して,第三債務者は債務者の共同訴訟参加を裁判所に申し立てることができるという[397]。

この見解に対しては,つぎのような批判がなされている。第一に,代位の目的である債務者の債権を訴訟物とする当事者適格が代位債権者と債務者に併存することになるが,そうすると実体法上,代位権の行使は債務者の管理処分権を排除すると解されていること[398]との整合性に問題が生ずる。第二に,代位債権者固有の当事者適格に基づいて獲得した判決の既判力が債務者に有利に及ぶ理由が明らかでない。第三に,債権者代位訴訟では債務者の当事者適格が一般に否定されているにもかかわらず,第三債務者に対して参加命令による引込みの負担を押し付けるべきではない[399]。

そこで,学説はさらなる展開をみせて,訴訟担当の枠組みを維持しつつ債権者に一定の行為を要求することで,第三債務者と債務者の利益調和を目指す見解があらわれた。すなわち,期限前の裁判上の代位に関する債務者への訴訟告知(非訟76条1項)を通常の代位にも類推適用して,代位訴訟係属の事実を債務者が了知する機会を与え,独立当事者参加(47条)[400]または共同訴訟的補助参加する道を設けておき,これを利用しない場合には債務者の不利にも既判力が及ぶという見解である[401][402]。

さらに,こうした方向を推し進め,代位債権者はまず債務者に対して相当期間を定めて権利行使を催告し,債務者が権利行使をしないときにはじめて債務者の財産管理権を取得して,それに基づいて当事者適格が認められることになるとの主張もなされている[403]。論者によると,代位訴訟を代位の根拠となる被保全債権と代位の目的である訴求債権(=訴訟物)の双方が金銭債権である正統型(本来型)と,それ以外(中間省略登記の場合など)の藉口型(転用型)に分類したうえ,前者の正統型は訴訟担当の構成に馴染むという。これは実体法の解釈により代位行使の要件として権利催告を設定するものであり,権利催告のない場合あるいは債務者の拒絶が正当である場合には第三債務者

---

397) 福永有利「当事者適格理論の再構成」山木戸還暦上34頁,福永・当事者126頁以下。
398) 大判昭14・5・16民集18巻557頁〔百選I 47事件〕。
399) 伊藤519-520頁。
400) 最判昭48・4・2民集27巻3号596頁は,債務者が原告の代位権を争って独立当事者参加することを認め,債務者の被告(=第三債務者)に対する請求が原告の請求と同一訴訟物に関しても重複訴訟の禁止に触れないとする。
401) 新堂280頁。なお,新堂説の理解として,訴訟告知を任意的とみるもの(坂原・吉村)と義務的(債務者の参加が任意)ととらえるもの(高橋)がある(高橋・重点講義上229頁注19参照)。なお,新堂説を前者のように解すると,告知を受けなかった債務者には,敗訴判決のみならず,勝訴判決の既判力も及ばず,第三債務者は勝訴しても債務者からの再訴のリスクを負うことになる(上田488頁)。
402) 訴訟告知を債務者への既判力拡張の積極的な根拠となる事由とみるのではなく,その不存在を債務者側で主張することで既判力拡張を排除することのできる消極的要素と位置づけるのは,河野602頁。
403) 池田辰夫『債権者代位訴訟の構造』(信山社,1995年)81頁以下。

の本案前の抗弁により代位訴訟は不適法却下されることになる[404]。財産管理権は代位債権者と債務者に分属しており，債務者も共同訴訟参加（52条）することができるところ，その参加の後に他の債権者が代位することはできず，共同訴訟的補助参加し得るにとどまる。これに対して，債務者が参加していなければ，他の債権者は権利催告せずに共同訴訟参加することができる[405]。

もっとも，現行法上，第三者間の訴訟強制をそれほど徹底し得るかについては疑問も呈示されている。そこで，株主代表訴訟を提起した株主の会社に対する告知義務を定めた会社法849条3項（旧商法268条3項）の類推によって代位債権者に債務者への訴訟告知を義務付け，第三債務者は訴訟告知があるまで本案の応訴を拒むことができるとする見解も出されている[406]。これによると，告知がなされず第三債務者が応訴を拒絶する場合に訴えは不適法却下され，告知がなされた場合に既判力は有利にも不利にも債務者に及び，また，告知がなされないのに第三債務者が応訴拒絶権を行使しなかった場合には既判力は債務者の有利にのみ及ぶとして，第三債務者と債務者との利益調和が目指されている。第三債務者が応訴拒絶権を行使しないという例外的な場合に，債権者・第三債務者間のみの相対的訴訟を肯定する点で特徴的である。訴訟告知によって債務者には共同訴訟的補助参加の機会が与えられるが，債務者は債権者の請求とは別に自らへの給付を求めることはできないと考えられるので共同訴訟参加はできない[407]。この見解を評価しつつ，債務者は，自己の債権を審理される以上，当事者（被告）に準じる者（自己への給付を求めることができる者）として，これに対する訴訟告知ではなく，訴状送達をすべきであるという見解もある[408]。これによると，代位債権者の第三債務者に対する代位訴訟と代位債権者の債務者に対する訴訟（これは被保全債権の確認訴訟であるという）は民訴法40条の準用される共同訴訟になり，債務者は自己に対する訴状と第三債務者に対する訴状，合計2通の送達を受けるという[409]。

以上の議論を眺めると，通説に対する三ケ月説の問題提起は有意義であったものの，これに対する批判は適切であり，その後の学説展開が訴訟担当の枠組みを維持しつつも，代位債権者に一定の行為を要求することで，第三債務者と債務者の利益調整を目指そうとしている理論展開は，その方向性においておおむね妥当であるといえよう[410]。問題は，代位債権者（＝訴訟担当者［原告］）・第

---

404) もっとも，時効中断等の緊急性や債務者の住所不明等といった権利催告の欠缺を正当化するだけの特段の事情があれば適法となる。
405) 株主代表訴訟に似た構想であり，権利催告によって当事者適格を取得するところから"玉突き理論"と称されている。
406) 条解670頁〔竹下守夫〕，同旨・上田488頁など。
407) 高橋・重点講義上231頁注22。これに対して，伊藤520頁は共同訴訟参加とする。
408) 坂原・前掲注270）研究278頁以下，同「債権者代位訴訟と既判力の主観的範囲」中野古稀下179頁。
409) 坂原・前掲注270）研究309頁・315頁。

三債務者（＝相手方［被告］）・債務者（＝本人）の三者間における利害の微妙なバランスをどのように設定するかであるが，一般的に訴訟担当にあっては担当者と本人の間の関係よりも相手方との関係に重きをおいて考えることになろう。この観点からすると，債務者に対する訴訟告知を任意のものとして，第三債務者に再訴のリスクを負わせるのは好ましくなく，告知を代位債権者の裁量に委ねるのであれば妥当とはいいがたい。他方，実体法上，権利催告を債権者代位の要件とし，これを欠く訴えを却下する帰結（池田説）は，すでに立法論の域に踏み込んでおり，債務者保護に偏して代位債権者の提訴に過分の制約を課している。そこで，第三債務者に再訴の負担をかけないよう告知を要求すべきであり[411]，そのうえで告知不履行の不利益を免れるために応訴拒絶権を認める（竹下説）のが妥当であると考える。これと同様のバランシングを追求する考え方（坂原説）については，債務者を被告として扱うところに難点があろう[412]。

なお，債権者代位訴訟において既判力の拡張を前提としても，後訴で債務者が代位債権（＝被保全債権）の不存在を立証すれば，前訴判決には当事者適格の欠缺があったことになり，民訴法115条1項2号の適用が否定され，既判力拡張を排除することができる（大阪地判昭45・5・28下民21巻5＝6号720頁〔百選Ⅱ154事件〕）。

② 債権者取立訴訟

金銭債権を差し押さえた債権者は，債務者に対する差押命令が送達された日から1週間を経過したときは，その債権を取り立てることができる（民執155条1項）。この取立権を訴訟上行使した場合の問題状況は債権者代位訴訟と同様であり，債権者取立訴訟は法定訴訟担当か，既判力は債務者に対して拡張されるかといった点が争われる。

差押債権者を法定訴訟担当者として債務者への判決効拡張を肯定するのが通説である[413]。債権者代位訴訟における既判力拡張には訴訟告知などを条件とした論者も，取立訴訟については，執行債権の存在が債務名義上に公証され，また，差押命令の送達を受けることで債務者の手続保障に欠けるところはないといえることから，既判力拡張を

---

410) 対立・拮抗関係があれば既判力を及ぼさないという発想ではなく，既判力を及ぼすうえで必要な訴訟上の手当てを講じるという発想が肝要であろう。

411) 新堂説を告知必要と読めば（高橋・重点講義上229頁注19参照），その限りで同説は妥当であろう。

412) 高橋・重点講義上232頁注23は，毎回の期日呼出状が送達される完全な当事者ではなく，最初の期日呼出状だけが出される不完全な当事者があってもよいと考えると，あえて完全な被告とせずとも告知ないし催告で足りるとする余地もあるとする。

413) 条解672頁〔竹下守夫〕，上原・前掲注394) 143頁，伊藤522頁，注釈民訴(4)435頁〔伊藤眞〕など。

無条件に肯定する傾向にある。
　これに対して，有力説は，差押債権者は，訴訟担当者ではなく，固有の法的利益に基づいて当事者適格を取得し，それゆえ債務者に対して既判力は拡張されないとする[414]。差押債権者と債務者との間に利害対立があること，および，民事執行法制定の際に差押債権者の債務者に対する告知義務（1979 年改正前の旧民事訴訟法 610 条）が廃止され，債務者の取立訴訟への手続関与の機会が保障されなくなったことなどを理由とする。

　取立訴訟という制度的コンテクストからして，第三債務者を再訴のリスクから解放する通説の考え方が妥当であろう。これに対し，有力説は，請求棄却判決確定後に債務者が第三債務者を訴えることは事実上まれであり，既判力を拡張しなくても第三債務者の利益が侵害されるおそれは少ないという。しかし，それはあくまで第三債務者の利益侵害の可能性が事実上低いというにとどまり，しかも，取立訴訟における第三債務者の利益は，債務名義に基づいて差押えを受けている債務者の利益に優越することから，これを既判力の拡張によって保護する必要性がある[415]。なお，有力説は第三債務者は供託によりその不利益を免れるとするが，供託の救済機能は第三債務者が被差押債権の存在および金額を争わない場合にしか働かず，論拠として十分でない[416]。また，有力説の拠り所である告知義務（旧 610 条）の廃止も，それが既判力拡張の方針を変更する意図でなされたものでないことが明らかとなっており[417]，根拠としては薄弱である[418]。

　(4) 民訴法 115 条以外における既判力の拡張
　民訴法 115 条は，既判力の主観的範囲を一般的に定めているが，民事訴訟手続によるさまざまな紛争の実効的解決が期待されることから，特殊な紛争類型についての既判力の拡張が個別的に規定されることがある。たとえば，人事訴訟や会社関係訴訟などは，その実効的解決にとって法律関係の安定が要請されることから第三者に対する既判力の拡張が認められる。こうした既判力の拡張は紛争解決の必要性に基づくが，それが許容されるには，自己の法律上の地位

---

414) 田中康久『新民事執行法の解説〔増補改訂版〕』（金融財政事情研究会，1980 年）336 頁，浅生重機「取立訴訟」東京地方裁判所債権執行等手続研究会編『債権執行の諸問題』（判例タイムズ社，1994 年）138 頁・157 頁など。
415) 伊藤 522 頁，注釈民訴(4)435 頁〔伊藤眞〕など。
416) 伊藤 522 頁，注釈民訴(4)435 頁〔伊藤眞〕など。
417) 浦野雄幸『条解民事執行法』（商事法務研究会，1985 年）680 頁，竹下守夫ほか『〈ジュリ増刊〉民事執行法セミナー』（有斐閣，1981 年）310 頁以下など。
418) 伊藤 522 頁，注釈民訴(4)435 頁〔伊藤眞〕。

について拘束を受ける第三者の手続保障上の問題が解消されていなければならない。

(a) 形成判決の既判力

相対的解決を原則とする民事訴訟にあっても，対象である民事事件は多種多様な私人間の紛争を含み，その実効的解決にとって法律関係の画一的変動が不可欠となる紛争の存在を無視することはできない。そこで，こうした実態を踏まえて訴訟制度の紛争解決機能を確保するために，法上，形成訴訟という類型が認められている。そのため，請求を認容する形成判決の既判力が第三者へ拡張される場合が多い[419]。

形成判決には，既判力のほか，形成力がある。これは，形成判決の主文において宣言された実体的権利関係の変動を確定により生じさせる効力である。この形成力により各法主体は権利関係の変動の結果を承認しなければならないが，変動が生じたこと自体を各法主体が争い得るかについては，既判力の主観的範囲に関連する問題である。すなわち，形成訴訟の当事者は，形成原因の存在が既判力をもって確定された以上，その不存在を主張して形成の効果を争うことができないのに対し，第三者は，既判力の拡張を受けないときは，形成原因の不存在を主張して形成の効果を争うことができるが，特別規定によって既判力の拡張を受けるときは，形成の効果を争うことができない。たとえば，取締役選任を内容とする株主総会決議の取消判決が確定した場合，その既判力は第三者に対して拡張されるので（会社838条〔旧商247条2項・109条1項〕），原告株主や被告会社はもとより，第三者である取締役も，決議の有効性を理由に自己の地位の存在を主張することができないことになる。

なお，これらのことは形成判決に固有の特質ではなく，確認判決であっても，法律関係安定の要請が強い場合には，例外的に既判力拡張の規定が設けられている[420]。

(b) 特定範囲の第三者に対する既判力拡張

破産債権確定についてなされた判決の既判力は，勝敗にかかわらず，破産債

---

[419] 形成判決であればすべて一律に対第三者効が認められるか否かについては，見解が分かれる。多数説（兼子・体系351頁，三ケ月・全集46頁，小山旧411頁など）はこれを否定するのに対し，対第三者効を形成力の内容とする見解（斎藤・概論399頁，林屋521頁，本間靖規「形成訴訟の判決効」講座民訴⑥292頁など）は，必然的に形成判決の対第三者効を認めることになる。以上につき，伊藤523頁注272参照。

[420] 伊藤523頁。たとえば，下記(b)の破産債権確定訴訟（これを確認訴訟とするのが多数説）。ちなみに，株主総会決議無効確認訴訟（会社830条2項〔旧商252条〕）を確認訴訟とみればこれも具体例の一つとなるが，これを形成訴訟とみるべきであることおよびその理論的枠組みについては，本書198頁以下を参照。

権者全員に対して及ぶ（破131条1項）。このように既判力の拡張される第三者の範囲が法定される場合がある。権利関係の画一的確定の必要性（破産的清算関係の画一的処理など）および特定第三者のための手続保障（破産債権者全員へのノゥティス〔破244条3項〕など）に基づく許容性によって既判力拡張が根拠付けられていることは他と同じである。再生債権確定についてなされた判決の既判力も，同様に再生債権者全員に対して及ぶ（民再111条1項）。

その他の例として，更生債権・更生担保権確定についてなされた判決の既判力が更生債権者・更生担保権者および株主の全員に対して及ぶこと（会更154条），取立訴訟の判決の既判力が参加命令を受けながら参加しなかった差押債権者にも及ぶこと（民執157条3項）などが挙げられる。

(c) 一般第三者に対する既判力拡張——対世効——

(b)と異なり，既判力の拡張される第三者の範囲が法定されていない場合もある。これは，拡張の対象となる第三者の法的地位が既判事項を法律上の前提とする場合などに限られるが，その範囲を予め定型的に確定することができないため，範囲を特定せずに一般第三者に対する既判力拡張が定められた。そうした事情から，これは対世効とよばれ，つぎのような人事訴訟および団体関係訴訟にみられる。

イ　人事訴訟

婚姻関係，養子縁組または親子関係といった人事関係をめぐる訴えについて言い渡された本案判決には，対世効が認められる（人訴24条1項）。この本案判決は請求認容（形成判決）・棄却（確認判決）のいずれかを問わないが，それは人事法律関係の安定にとって両者を区別する必要がないことによる。

これに呼応するものとして，対世効を受ける第三者の手続的利益に配慮するしくみも設けられている。すなわち，当事者適格が訴訟物たる権利関係について最も密接な利害関係をもつ者またはそれらに代わって適切な訴訟追行をなし得る者に限定され（人訴12条・43条など），しかも法律上の利害関係を有する者が当事者の地位から排除されないよう，一定の訴訟類型を固有必要的共同訴訟としていること（人訴12条2項，15条，41-43条），当事者の主張・立証に委ねる弁論主義を排し（人訴19条），職権探知主義を採用していること（人訴20条），第三者が共同訴訟参加や独立当事者参加により審理に参加し得ること，当事者適格をもつ第三者は判決確定後も独立に再審の訴えを提起でき，また，法律上の利害関係を有する第三者は補助参加人として再審の訴えを提起できること，そして，訴訟係属の事実を第三者に通知して（人訴28条），第三者の利益保護を実

効化することなど，第三者の手続保障に対する配慮がなされている。また，特別の地位にある第三者に対しては，さらなる手続保障の観点から，既判力拡張が一定の場合に制限されることがある。たとえば，重婚禁止規定（民732条）に違反することを理由とする婚姻取消し訴訟における棄却判決（確定）の既判力が前婚の配偶者に及ぶのは，その者が当該訴訟に参加した場合に限られる（人訴24条2項）。

ロ　団体関係訴訟

会社やその他の法人などの団体の法律関係は多数人が関与することから，その争いの解決は，多数人間を画一的に確定するものでなければならない。それによって，派生的な法律関係をめぐる紛争をも抜本的に解決することができ，ひいては円滑かつ安定的な団体運営を達成できる。こうした観点から，法は，団体関係訴訟の多くについて対世効を規定しているが，上記の人事訴訟と異なり，団体関係訴訟（団体の組織に関する訴え）の対世効は請求認容判決にしか認められない（会社838条，一般法人273条）。法は，団体法律関係の画一的確定・安定という必要性の反面，判決効を受ける第三者の手続保障という許容性への配慮から，積極的に法律関係の変動を生じさせる請求認容判決の限りで対世効を認めたのである[421]。なお，出訴期間の制限（会社828条1項〔旧商105条1項〕・831条1項〔旧商248条1項〕，一般法人264条1項・266条1項など）によっても法的安定性が企図されている[422]。

請求認容判決の対世効を許容するために，適切な訴訟追行の期待できる者に当事者適格を限定し，処分権主義・弁論主義を制限するとともに，他の当事者適格者に対して参加の機会を保障するといった措置がとられていることは，人事訴訟と同じである。たとえば，対象となる法律関係について最も密接な法律上の利害関係を有する者を原告適格者として法定したり（会社828条2項〔旧商104条2項〕・831条1項〔旧商247条1項〕，一般法人264条2項・266条1項），解釈上定めることになる。他方で，被告適格は，法定されている場合もあるが（会社834条，一般法人269条など），解釈により意思決定の主体である会社・団体に認めら

---

[421]　本間靖規「判決の対世効と手続保障（2・完）」龍谷19巻1号（1986年）80頁参照。
[422]　この点，出訴期間の制限規定がない株主総会決議不存在・無効確認の訴え（会社830条1項2項）については，法的安定性の見地から，請求棄却判決にも対世効を認めるべきであるとの見解もある（中田淳一『訴と判決の法理』（有斐閣，1972年）45頁，霜島甲一「総会決議の取消・無効を主張する訴訟の訴訟物」実務民訴(5)20頁など）が，反対もある（岩原紳作「株主総会決議を争う訴訟の構造（9・完）」法協97巻8号（1980年）1102頁，伊藤527頁注277など）。

れるのが通常である[423]。また，詐害的訴訟追行を防止する見地から，訴え取下げ，請求の放棄・認諾および訴訟上の和解の効力を否定するなどの処分権主義の制限，ならびに，自白の効力の否定および職権探知主義の採用といった弁論主義の制限が説かれるが，団体法律関係であっても私的自治の原則が妥当し，当事者意思を尊重した審理および判決による解決が望ましいことから，処分権主義・弁論主義を排除することなく，詐害的訴訟追行の防止は和解等に対する裁判所の監督や第三者の訴訟参加（当事者適格をもつ第三者による共同訴訟参加または当事者適格のない第三者による共同訴訟的補助参加）によることなどが基本となろう[424]。

以上のように団体関係訴訟の判決について対世効が明文上規定されている場合のほか，団体の意思決定機関による決議の効力の確認を求める訴えに関する請求認容判決に対世効は認められるであろうか。判例は，法人を被告として理事の地位を確認する判決には対世効が生じるとする（最判昭44・7・10民集23巻8号1423頁〔百選Ⅰ50事件〕，学校法人の理事会決議無効確認判決につき同旨・最判昭47・11・9民集26巻9号1513頁）。これは通説として支持される見解であり，方向として正当であろう[425]。法人自体に被告適格を認めることが対世効を受ける第三者の手続保障として必要十分であるかには疑問も呈されており，さらに何らかの方法により訴訟係属の事実を第三者に了知せしめることが適切であるとの主張もなされており，積極的な方向での考慮が必要であろう[426]。

(d) 訴訟脱退者に対する既判力拡張

独立当事者参加（47条），参加承継（51条）および引受承継（50条1項・51条）によって，第三者が当事者となり，かつ，従来の当事者の一方が脱退したとき，その第三者と相手方との間の訴訟についてなされた判決の既判力は，脱退者に対しても及ぶ（48条）。その根拠は，訴訟脱退による判決効の潜脱を防いで紛争解決の実効性を確保すべきこと（必要性）および判決効を受ける脱退者が自

---

423) 判例（最判昭36・11・24民集15巻10号2583頁〔百選Ⅱ178事件〕）および通説である。これに対し，決議によって選任された取締役など意思決定の効力について実質的に密接な利害関係を有する者に被告適格を認め，または会社との共同被告とすべきとの有力説がある（谷口安平「判決効の拡張と当事者適格」中田還暦下51頁）。

424) 伊藤528頁参照。なお，この訴訟参加の機会を付与するために，平成16年改正前商法は被告会社による提訴の公告を定めていたが（旧商105条4項・247条2項・252条など），対世効をもつ訴訟について，会社法は公告の制度を置いていない。

425) 反対有力説として，谷口・前掲注423)中田還暦下51頁などがある。

426) 中島弘雅「法人の内部紛争における被告適格について（6・完）」判タ566号（1985年）25頁，伊藤528頁など。

ら訴訟追行を委ねている以上，その手続保障に問題がないこと（許容性）に求められる。

第4款　判決のその他の効力

既判力のほかに，判決の判断内容に生じる効力としては，執行力，形成力，法律要件的効力，反射効，参加的効力があるので，順にみていく。

1　執行力

(1)　執行力の意義

既判力が後訴裁判所に対する拘束力であるのに対し，執行力は判決裁判所以外の国家機関に対する効力であり，広狭二つの意義がある。すなわち，狭義の執行力は，裁判で命じられた給付内容の実現を執行機関に対して求める地位の付与を意味し，その内容から当然のことながら給付判決のみに生じる。とくに断らない限り，狭義の意味で用いられる。これは原則として判決の確定をまって生じるが，仮執行宣言によれば確定前でも付与される（民執22条1項2号参照）。

他方，広義の執行力とは，国家機関に対して判決主文の内容に適合した法律状態の実現を求める資格の付与を意味し，確認判決・形成判決にも認められる。たとえば，確定判決に基づいて当事者が戸籍官吏に戸籍簿の記載・訂正を申し立てたり（戸63条・77条1項・79条・116条），登記官に登記の記入・抹消・変更等を申請したり（不登27条）できるのは，広義の執行力のゆえであり，また，執行機関に対して強制執行の停止・取消しを求める地位（民執39条1項1号2号6号7号・40条1項）も広義の執行力に内包される。広義の執行力は，法の規定のある場合に認められ，それは判決の確定をまって生じることが多いが，仮執行宣言により確定前に付与されることもある（民執37条1項後段）。

(2)　執行力をもつ文書——債務名義——

強制執行によって実現されるべき給付請求権の存在と内容を明らかにし，それに基づいて強制執行すること（狭義の執行力のあること）を法律が認めた一定の形式をもつ文書を債務名義という。

判決（確定判決および仮執行宣言付判決。民執22条1号2号）のうち，債務名義となるのは給付判決のみであり，確認判決・形成判決は除外される（ただし，訴訟費用の裁判には執行力がある）。給付判決であっても，給付義務が性質上強制執行の許されないもの（たとえば，同居を命じる判決など）であれば，執行力は認められない[427]。

---

427) ちなみに，新聞紙上への謝罪広告の掲載を命じる判決については，執行力が認められる（最大判昭31・7・4民集10巻7号785頁）。

判決以外で債務名義となるものとして，確定判決と同一の効力をもつ調書，仮執行宣言付支払督促，抗告に服すべき裁判，執行証書などがある（民執22条3-7号）。決定・命令は，告知により成立し（119条），即時に執行力を生じる（例外は家審13条但書，民執159条5項）。外国判決または仲裁判断は，執行力がある旨を宣言する執行判決（外国判決の場合〔民執24条〕）・執行決定（仲裁判断の場合〔仲裁46条〕）[428]を経て，強制執行が可能となる（民執22条6号・同条6号の2）。

(3) 執行力の客観的範囲

執行力の客観的範囲は，既判力のそれと同じように考えてよいか。この点，同じであるとするのがかつての通説的見解であるが，それぞれの目的の相違に応じた個別的分析の必要性が近時有力に説かれている[429]。

不作為義務に関する違反結果除去義務の強制執行についてみると，既判力により確定された不作為義務と執行により実現せんとする違反結果除去義務およびその費用支払義務とが異なることは有力説の指摘[430]のとおりである。訴訟物たる権利関係の確定を目指す判決手続と債務名義の認める給付義務の強制的実現を目指す執行手続が，それぞれの目的を異にすることから当然であろう。執行力の客観的範囲について，既判力とは異なる固有の考察を要するという有力説の立場には妥当性がある。

債務名義取得後の状況変化があった場合に，その債務名義によって強制実現できる給付内容の範囲ないし限界いかんも，執行力の客観的範囲の問題である。状況変化に由来して新訴によらしめる債権者の負担および不経済と債務者側の不利益とのバランスをとるという基本的視点に立ったうえで，個別に考えていくべきである。たとえば，建物収去土地明渡しの債務名義取得後に建物買取請求権が行使された場合は，敢えて新訴提起を要求する必要もなく，当該債務名義によって建物退去土地明渡しの執行をすることができる[431]。また，類似商号使用差止請求の認容判決確定後に僅かな変更を加えた類似商号が新たに使用された場合も，新訴提起によらず，当該債務名義による間接強制を認めることも許されよう[432]。

---

[428] 仲裁判断についても，従来は執行「判決」が要求されていたが（旧公催仲裁802条），新仲裁法は迅速性の見地から執行「決定」によるものとした（同46条1項）。

[429] 中野貞一郎「執行力の客観的範囲——承継執行と転換執行——」山木戸還暦下319頁以下〔中野・現在問題258頁以下に所収〕，中野・民執161頁，新堂693頁など。

[430] 新堂693頁。

[431] 最判平7・12・15民集49巻10号3051頁〔百選3版87事件〕。東京高判平2・10・30判時1379号83頁も同旨。

(4) 執行力の主観的範囲

　執行力の主観的範囲については，既判力のそれを定めた民訴法 115 条と同様の規定である民執法 23 条が存在することから，両者の関係，とくに口頭弁論終結後の承継人の範囲に関連して既判力の拡張と執行力の拡張の関係が問題となる。

　この点，既判力の拡張について実質説をとると，両者を同一に考えることになる。すなわち，固有の抗弁をもつために既判力の拡張を受ける承継人にあたらないとされる可能性のある第三者は，執行力拡張においても承継人にあたらないという。これに対しては，既判力拡張における実質説の賛否は別として，承継人が実体法上債権者に対抗し得る正当な法的地位を有しない場合にまで執行力拡張が否定され，勝訴債権者は常に承継人を相手方とする別訴提起を要求される結果，承継執行制度の実効性が喪失するとともに，給付判決の紛争解決機能が減殺されてしまうとの批判がある[433]。

　他方，既判力の拡張において形式説に立つと，両者を別個に考える必要がある。債務名義に記載されていない第三者に対して，または，第三者のために執行力を拡張するには，その第三者が形式説の既判力拡張を受けるのみならず，固有の抗弁が成り立たない場合でなければならないからである。この場合，承継人に対する執行力拡張の意義をめぐってさらに見解が対立する。

　まず，承継人の地位とその前主の地位との間に依存関係があることを前提に，執行文付与手続のなかで執行債権者の承継人に対する請求権の存在が少なくとも蓋然的に推認される場合にのみ執行力拡張が認められ，承継人に対して執行文が付与されるという考え方（権利確認説という）がある[434]。これによると，引渡訴訟の口頭弁論終結後に目的動産の占有が第三者に移転したときに原告としては，占有の承継のほかに善意取得の不存在を証明する文書を提出して執行文付与機関から承継執行文の付与を受けるか，または，執行文付与の訴え（民執 33 条 1 項）を提起して善意取得の不成立を立証することで執行文の付与を受けることができる。第三者の側では，執行文付与に対する異議の訴え（民執 34 条 1 項）により，善意取得などの主張をして執行力を排除することができる。

---

432) 同旨，中野・前掲注 429) 山木戸還暦下 319 頁以下〔中野・現在問題 258 頁以下に所収〕，中野・民執 268 頁注(6)，新堂 693 頁など。反対，札幌高決昭 49・3・27 判時 744 号 66 頁。
433) 伊藤 539 頁。
434) 兼子一『増補強制執行法』（酒井書店，1955 年）115 頁，菊井維大『強制執行法総論』（有斐閣，1976 年）120 頁，吉村徳重「既判力拡張と執行力拡張」法政 27 巻 2 = 4 号（1962 年）215 頁，同「執行力の主観的範囲と執行文」竹下守夫 = 鈴木正裕編『民事執行法の基本構造』（西神田編集室，1981 年）152 頁，新堂・争点効上 338 頁，新堂 694 頁注(1)，条解［第 2 版］595 頁〔竹下守夫〕，上田徹一郎「口頭弁論終結後の承継人」中野古稀下 168 頁など。なお，和田吉弘「執行力の主観的範囲」新争点 239 頁。

この権利確認説に対しては、その考え方の基礎に、承継執行は債務名義に表示されていない執行債権者の承継人に対する執行債権を蓋然的に確認する手続であるとの認識があり、そのため民執法27条2項により執行文付与機関が承継人に対する執行債権の実体的効力を判断できることになってしまうが、民事執行法が執行文付与機関によるそうした判断を予定しているとは考えられないとの批判がある[435]。同法の想定する承継の判断は、債務名義に表示されている執行債権、すなわち訴訟物である権利の性質・内容、その権利と第三者の法的地位との関係など、仮に訴訟手続による場合でも裁判所が迅速に判断できる事項に限定され[436]、第三者が執行債権者に対抗することができる固有の抗弁をもつかという執行債権者と第三者との間の実体権自体にかかわる事項は対象外であるというのである。

つぎに、承継執行文の付与を経て被承継人に対する債務名義のみで、すなわち承継人に対する債務名義なしで承継人に対する強制執行を認め、執行債権の存在については、請求異議訴訟（民執35条）によって承継人側にその不当性を主張させればよいという考え方がある[437]。債権者は承継人についての新たな債務名義を形成するのが本来であるところ、承継執行制度により、債権者は承継の事実のみを確定すれば足り、執行債権そのものについては、その不存在を反対名義として形成する責任が承継人側に課される（転換される）ことから、起訴責任転換説とよばれる。この考え方に対しては、執行債権者に対して固有の法的地位をもつ第三者にまで執行力が拡張されるのは、そうした第三者の権利を不当に侵害するとの批判がある[438]。

以上のように、いずれの見解にも難点はあるものの、執行の迅速および執行債権者・承継人間の公平確保の要請に基づいて、承継人に対する執行債権の存在について債務名義を要求することなく承継の事実のみによって強制執行を認める現行制度においては、執行債権者に対して固有の法的地位をもつ第三者にまで執行力が拡張され得ることは織込み済みの危険であり、一つのシステムとしての合理的選択の結果であることから、起訴責任転換説がより適切であるといえよう。手続保障ということはプロセスの全体構造のなかで適切に時機等の位置どりを与えられるべき柔軟さを内包するものなのであり、そこに制度設計の総体思想があらわれる。

---

435) 伊藤539頁。
436) そのため、中野・民執283頁は、執行文付与の訴えを「債務名義につき特殊執行文付与の要件が存在することだけの確認を請求する、いわば要点訴訟であり、手続法上の確認の訴えに他ならない」とする。
437) 中野・現在問題269頁以下、中野・論点230頁、中野・民執135頁、注釈民執(2)188頁〔近藤崇晴〕、伊藤538頁以下、上野泰男「執行力の主観的範囲」争点3版253頁など。
438) 新堂・争点効下360頁。

(5) 執 行 停 止

執行力の付与された裁判は，たとえ異議，上訴，再審，あるいは特別上告などの不服申立てがされたとしても，取り消されるまでは執行力を失わないのが原則である。しかし，そうすると原裁判による強制執行によって当事者が損害を被るおそれがあることから，こうした事態に対する仮の救済として原裁判に対する不服申立てに付随する執行停止の制度が設けられている。不服申立ての種類，すなわち原裁判が取り消される蓋然性の程度に応じて，不服申立てに相当程度の理由が認められること，および，執行により相当の損害が生じるおそれのあることの双方または一方が要件として定められている（403条）。

執行停止は，書面による当事者の申立てに基づき（規238条），訴訟記録の存する原裁判所が決定手続によって行う（403条1項・404条1項）。なお，執行停止申立てにかかる裁判に対する不服申立ては認められない（403条2項）。

(a) 特別上告または再審の訴えに伴う執行停止

この執行停止が認められるのは，不服の理由が法律上の根拠を有するとみえ，事実上の点について疎明があり，かつ，執行により償うことのできない損害[439]が生じるおそれのあることが疎明された場合である（403条1項1号）。これは，特別上告および再審訴訟が原判決の確定遮断効をもたない非常の不服申立て手段であることから，執行停止の要件を厳格に定めたのである。

(b) 仮執行宣言付判決に対する上告または上告受理申立てに伴う執行停止

この執行停止が認められるのは，原判決の破棄原因となるべき事情および執行により償うことができない損害を生じるおそれの疎明がなされた場合である（403条1項2号）。法は，法律審である上告審において損害が補償不能であることの疎明に加えて破棄原因の疎明を要求することで，執行停止の可能性を制限し，理由なき上告・上告受理申立ての提起を抑制することを企図したのである[440]。

(c) 仮執行宣言付判決に対する控訴または仮執行宣言付支払督促に対する督促異議申立てにともなう執行停止

この執行停止が認められるのは，原判決もしくは支払督促について取消しもしくは変更の原因となるべき事情がないとはいえないこと，または，執行により著しい損害（これは金銭賠償による回復は理論上可能でも，実際上困難である損害を意

---

439) これは，金銭賠償によっては回復されない損害を意味する。
440) 伊藤541頁注300によると，補償不能損害の要件のみを定めていた旧民訴511条の下では，とりわけ家屋明渡請求訴訟などで執行停止の蓋然性が相当存在したという。

味する）を生じるおそれがあることの疎明がなされた場合である（403条1項3号）。

上記(a)(b)の執行停止に比べ，原判決の取消し等にかかる事情の疎明の程度が軽く，かつ，その疎明がなされない場合でも著しい損害のおそれにかかる疎明のみによって執行停止の可能性があるというように執行停止の要件が緩和されている[441]。

(d) その他の執行停止

上記のほかの執行停止について必要とされる疎明をみていく。

まず，手形小切手金の支払請求についての仮執行宣言付判決に対する控訴，または，同請求に関する仮執行宣言付支払督促に対する督促異議にともなう執行停止には，原判決等の取消しまたは変更の原因となるべき事情の疎明（403条1項4号）が要求される。

つぎに，仮執行宣言付手形小切手判決に対する異議申立て，または，仮執行宣言付少額訴訟判決に対する異議申立てにともなう執行停止には，原判決の取消し・変更の原因となるべき事情の疎明を要する（403条1項5号）。これらは，いずれも迅速な権利実現を重視して執行停止の要件を厳格化したのである。

さらに，定期金賠償を命じる確定判決の変更を求める訴えにともなう執行停止に要求されるのは，変更のため主張した事情について法律上理由があるとみえ，かつ，事実上の点について疎明があったことである（403条1項6号）。特別抗告や再審訴訟に準じる厳格な要件が置かれている。

2 形成力

形成判決の効力である形成力については，すでに触れたので割愛する[442]。

3 法律要件的効力

確定判決の存在を要件事実として一定の法律効果が発生することが民法などの法律に規定されている場合がある。

たとえば，確定判決による時効進行および短期時効の普遍化（民157条2項・174条の2），保証債務の支払を命ずる判決の言渡しによる求償権の現実化（民459条1項），判決の確定による供託物取戻権の消滅（民496条1項）などである。

こうした効果を判決の効力とみるか否かについて議論がある。これを肯定して，判決の法律要件的効力とよぶ見解がある[443]。これに対して，あくまで民法その他の法律に基づく効果であり，判決の効力ではないという主張があ

---

441) もっとも，立担保の要件のみであった旧法よりは厳格化されている。
442) 本書196頁。
443) 鈴木正裕「判決の法律要件的効力」山木戸還暦下149頁。

る444)。こうした効果は，判決によって与えられたのではなく，個々の法律にある立法的判断によってもたらされたといえるので，講学上ないし実務上の用語としてはともかく判決効ととらえるべきものではないが，講学上名称を付しておくことには認識の便があろう。

4 反射効（反射的効力または構成要件的効力）

(1) 反射効の意義

確定判決の効力（判決効）が当事者と実体法上特殊な関係，すなわち，依存関係ないし従属関係にある第三者に対して及ぶことを，判決の反射効という（「反射的効力」や「構成要件的効力」などともよばれる）。かかる第三者に対する判決効を認めるか否かについては，明文規定を欠くことから，解釈論上の争いがある。

なお，当事者と第三者が実体法上の特殊な関係に立ち，反射効の肯否が議論されるのは，つぎのような場面である。Ⓐ保証人は，主債務者と債権者との間の既判力を受けないが，主債務者が勝訴判決を得て弁済の必要がなくなれば，保証債務の付（附）従性（民448条）によって債権者に対して勝訴の結果を援用することができるようになる。Ⓑ連帯債務者の一人が相殺の抗弁を提出して得た勝訴判決は，相殺の絶対効（民436条）および相殺の抗弁についての既判力（114条2項）を根拠として，他の連帯債務者にもその効力が及ぶ。Ⓒ持分会社の受けた判決効は，社員の無限責任（会社580条1項・581条）を根拠として，社員の有利にも不利にも及ぶ。Ⓓ転借人は，賃貸人と賃借人との間の賃借権確認判決の効力を受ける。Ⓔ共有者は，他の共有者が共有物について取り戻し，妨害排除等の請求で第三者に勝訴した場合は，保存行為（民252条但書）として，第三者に対してその判決を援用することができる。Ⓕ一般債権者は，債務者が第三者との間で債務者の財産の帰属に関する判決の効力を受ける。Ⓖ破産債権者と破産者の間における債権の存在を確定する判決の効力は，他の破産債権者にも及ぶ。Ⓗ執行債務者と配当要求債権者との間の債権の存否に関する判決の効力は，他の配当要求債権者にも及ぶ445)。

(2) 理論状況

学説は，従来からこれを肯定する見解が多数であったが，現在，否定説も有力化しつつあるとともに，そうした判決効を認めるにしても，その根拠を既判

---

444)　新堂695頁など。
445)　鈴木正裕「既判力の拡張と反射的効果」神戸9巻4号（1960年）508頁・10巻1号（1960年）37頁，条解694頁〔竹下守夫〕など参照。

力の拡張に求める見解や，さらには，そうした性質決定に拘泥しない見解も存在感を高めており，状況は流動的である。

(a) 判　例

下級審裁判例のなかには反射効を肯定するものがかつては散見されたが[446]，最高裁判所の判例は消極的である。たとえば，土地賃貸人の賃借人に対する賃貸借契約の解除を理由とする建物収去土地明渡請求を認容する判決が土地の転借人や地上建物の賃借人に対して反射効を及ぼすことを肯定した原判決を破棄して，そうした法律上の拘束を受けると解すべき法理上の根拠に乏しいとした（最判昭31・7・20民集10巻8号965頁〔百選76事件〕）。もっとも，これは肯定説によっても反射効が生じないケースであり，先例としてのインパクトは弱い[447]。しかしその後，最高裁判所は，共同不法行為に基づく不真正連帯債務者の一人の提出した相殺の抗弁を認めた判決の効力が他の不真正連帯債務者と債権者との間の訴訟に及ぶとした原判決を破棄して，否定の見解を明確にした（最判昭53・3・23判時886号35頁〔百選Ⅱ157事件〕[448]）。なお，反射効と既判力の衝突にかかわる特殊なケースとして，債権者と連帯保証人との間で連帯保証人敗訴の判決確定後に，債権者と主債務者との間で主債務の当初からの不存在を理由とする主債務者勝訴の判決が確定した場合において，主債務者勝訴判決の確定は保証人にとって請求異議事由にあたらないとした判例がある（最判昭51・10・21民集30巻9号903頁〔百選3版96事件〕[449]）。

(b) 学　説

反射効による判決効拡張は，そもそも，既判力の本質論について権利実在説の立場から，実体的な債務消滅の場合と同じように付従性を援用することにより説明された[450]。

---

446) たとえば，名古屋地判昭14・8・28評論29民訴62頁，東京高判昭29・1・23下民5巻1号62頁，大阪地判昭30・8・24下民6巻8号1692頁，東京地判昭38・6・19判時348号28頁，神戸地判昭47・11・30判時702号91頁など。

447) 兼子一「判決の反射的効果——建物の賃借人は，地主の賃貸人に対する建物収去土地明渡訴訟の判決に拘束されるか——」法協74巻5＝6号（1958年）655頁，三ケ月・全集35頁など参照。

448) もっとも，本判決に関して，相殺の結果として，ある債権の不存在が既判力をもって確定されたときには，債権者はその債権の行使をすることができなくなり，その効果が当該債権にかかわる他の債務者にも及ぶことは承認されているのであるから，実質においては，反射効理論と同様の効果を承認しているとみることも可能であろう（伊藤ほか・論争87頁〔伊藤眞〕）。

449) 本判決に対しては，むしろ一般論として，保証人が主債務者勝訴の確定判決を援用することで保証人勝訴の判決を導き得ることを認めているのであって，ただ，保証人敗訴の判決が既に確定している場合に既判力を重視して主債務者勝訴の確定判決を保証人が援用することを否定しているにすぎないとの見方も可能である（伊藤ほか・論争87頁〔伊藤眞〕）。

すなわち，確定判決のあったことを，当事者間で判決通りの和解契約を締結したものと同視して，この和解契約に拘束される第三者に判決効をも及ぼすという考え方に基づいて反射効を肯定する[451]。

その後，ドイツにおいて既判力本質論との関係で反射効が主張されたこと，すなわち，実体法説によれば実体的な依存関係がある場合に既判力の拡張を認め得るが，訴訟法説ではこれを承認し得ないことから反射効概念が必要とされたというドイツの議論[452]に基づいて，反射効を実体法説に対する防御手段として導入されたコンセプトであるとみて，訴訟法説の立場からこれを肯定しようという動きがみられた[453]。この論者によると，既判力と異なり，職権調査事項ではなく当事者の援用を要し，馴合訴訟で生じることはなく，また，反射効を受ける者の訴訟参加は共同訴訟的補助参加ではなく通常の補助参加であるという。

しかしながら，こうした考え方に対しては，既判力の本質論に関して訴訟法説を前提にする限り，判決の反射効を実体法的な効果として説明することは困難である[454]として，端的に実体的依存関係を根拠とした既判力の拡張であるとみるべきであるとの主張が出て[455]，さらに，そうした第三者への判決効拡張を認める点において結論は同じであるものの，既判力と反射効のそれぞれの作用の共通性から，そのいずれかという性質決定にこだわる必要はないとの見解[456]も示されている。

他方で，反射効も訴訟法上の効力であって既判力の拘束力と同質であり，反射効の肯否は，民訴法115条によらない既判力の主観的範囲の拡張として認められるか否かという議論であると位置付けたうえで，明文なき判決効拡張に慎重な姿勢を堅持してこれを

---

450) 兼子・研究1巻375頁，兼子・体系352頁，兼子一『実体法と訴訟法』（有斐閣，1957年）165頁（同書は，反射効を基礎付け得ることが，既判力本質論としての権利実在説の一つの効用であるとする）。これに賛成するものとして，木川統一郎「判決の第三者に対する影響（三・完）」新報68巻3号（1961年）161頁，木川・重要問題下539頁以下，中田・前掲注422) 143頁，小山昇「債権者・主債務者間の判決と保証人」民商76巻3号（1977年）325頁〔小山・著作集2巻256頁以下所収〕などがある。
451) 新堂696頁，梅本960頁など参照。
452) 鈴木・前掲注445) 508頁以下・同10巻1号（1960年）37頁以下，木川・重要問題下546-549頁，河野635頁注71など参照。
453) 木川・前掲注450) 新報68巻3号159頁，白川和雄「判決の第三者に及ぼす影響」実務民訴(2)112頁，中田・前掲注422) 143頁，斎藤・概論402頁，小山412頁，谷口367頁，林屋523頁，奈良次郎「判決効をめぐる最近の理論と実務」新実務民訴(2)291頁，斎藤ほか編(5)161頁〔斎藤＝渡部＝小室〕，菊井＝村松 I 1303頁など。
454) この点の指摘として，竹下守夫「判決の反射的効果についての覚え書」一論95巻1号（1985年）37頁を参照。なお，これに対して，確定判決の構成要件的効果を定める明文規定（民法174条の2，459条など）が存在することから，法秩序は訴訟上の現象が実体法に影響することを認めているとの反論がある（木川・重要問題下550頁）。
455) 竹下・前掲注454) 37頁以下，条解697頁〔竹下守夫〕，鈴木正裕「判決の反射的効果」判タ261号（1971年）2頁など。
456) 新堂696頁，高橋・重点講義上658頁。

否定する見解も有力である[457]。その理由として，明文規定なしに反射効という独自の判決効を認めることは解釈論の域を逸脱すること，拘束力を受ける第三者の手続保障に欠けること，そして，実体法上の権利関係とは異質であること，などを指摘する。

さらに，近時，反射効を実体法的な効力であると位置付ける伝統的なスタンスに立ち返る立論もみられる。たとえば，債務存立の附従性ではなく，債務の態様における牽連性・附従性が実体法上認められる場合に限って反射効を肯定すべきであるとの主張[458]や，当事者と第三者の結びつきや関係人の利益の評価に即した関係実体法規の解釈から反射効類似の拘束力が認められるとの主張[459]がある。

(3) 検　討

既判力の本質論について訴訟法説が通説的見解を占める現在，反射効というコンセプト自体の必要性は理解されないわけではないが，これは独自の制度上の判決効として設定すべきではなく，むしろ裁判所に一定の事項を審理させないという既判力の作用の一局面として位置付け，実体法上の特別の関係を前提として生ずる作用局面群であるとみるべきである。既判力の生み出す法的状況を実体法とのかかわりで関連的に造型することは，訴訟法学上，実体法関係と既判力との相互交錯の姿を可視化するうえで，有意義であるといえよう。

ところで，当事者間に言い渡された判決が第三者に何らかの影響を及ぼす場合についてはさまざまな議論がなされているが，反射効はその代表例である。すでにみたように，反射効についてはさまざまな理論的提言があるが，一定の実体法的関係が存する場合において，少なくとも事実上の効力が及ぶことは否めない。判決の存在が及ぼす事実上の効果ないし影響には，無効判決が外形上存在することのほか，関連法律関係に関する事実認定が及ぼす証明効果などの波及効果を無視することは，現実的でないであろう。そこで，以下では，第三者にとって判決効が不利である場合と有利である場合を分けて考える。

---

457) 三ケ月・研究(1)269頁注2，三ケ月・全集35頁，上村明広「確定判決の反射効と既判力拡張」中村（宗）古稀381頁，後藤勇「確定判決の反射的効力」判タ347号（1977年）11頁，竹下・前掲注454）30頁，上野泰男「既判力の主観的範囲に関する一考察」関法41巻3号（1991年）429頁以下，新判例コンメ(3)312頁〔上野泰男〕，伊藤531頁など。なお，梅本961頁は，反射効概念を否定しつつ，法律要件的効力の一つと位置づけて，第三者への判決効拡張が認められるとするが，第三者にかかわる点に難点があろう。

458) 山本和彦「反射効」判タ980号（1998年）54頁〔山本・基本173頁以下所収〕，伊藤ほか・論争93頁〔山本和彦〕。この見解によると，本書685頁のⒶの保証人とⒸの持分会社社員に対してのみ，反射効が肯定されることになる。

459) 松本博之「反射的効力論と既判力拡張論」新堂古稀下421頁以下，松本＝上野578頁〔松本〕。

(a) 判決効が第三者にとって不利である場合

本款本項の「(1) 反射効の意義」で挙げた具体例のうち，判決効が第三者にとって不利にも及ぶのは，社員にとって持分会社の受けた判決の効力（ⓒ），一般債権者にとって債務者・第三者間における債務者の財産の帰属に関する判決の効力（Ⓕ），他の破産債権者にとって破産債権者・破産者間における債権の存在を確定する判決の効力（Ⓖ），そして，他の配当要求債権者にとって執行債務者・配当要求債権者間における債権の存否に関する判決の効力（Ⓗ）である。

① 持分会社社員に対する判決効（ⓒ）

持分会社の受けた判決の効力が社員に対して有利・不利を問わずに及ぶのか，または，有利にのみ援用できるのかについて，争いがある[460]。

多数説は，社員は持分会社の債務を弁済する責任を負い（会社580条1項），実体法上の依存関係にあるが，それだけにとどまらず，組織法上の関係があること（すなわち，社員は自らの代表権に基づいて会社の訴訟を追行したか，または，他の社員の代表権に基づく訴訟追行の結果を承認すべき地位にある）から，反射効が有利または不利に社員に及ぶとする[461]。

これに対して，社員は持分会社の敗訴判決によって自己固有の財産に対する執行を甘受することまで会社に委ねたといえず，その手続保障や責任の範囲は常に同一とはいえないとして，有利にのみ援用できるとする主張もある[462]。

この点，会社と社員の緊密な関係ないし社員間の強固な信頼関係に着目するならば，実質的には会社，ひいては代表権に基づいて訴訟追行した社員によって他の社員全員はその手続的利益を代表されているといえ，社員は判決内容の有利・不利にかかわらず，事実上の効力として反射効を受けると考えられようか。

---

460) これは，旧商法下では，合名会社に対する判決効が社員に対して有利・不利を問わずに及ぶかという形で問題とされた。本間靖規「合名会社の受けた判決の社員に及ぼす効力について」北法31巻3＝4号上巻・32巻3号・33巻2号・34巻1号（1981年－1983年）など参照。

461) 反射効否定説から伊藤・当事者213頁，伊藤534頁など，反射効肯定説のうち，性質決定に拘泥しない見解から新堂697頁，高橋・重点講義上640頁，実体法的効果とみる見解から松本・前掲注459) 新堂古稀下422頁以下，松本＝上野577頁〔松本〕，山本・基本183頁以下など。なお，その帰結を会社を任意的訴訟担当者とする法律構成から導くものとして，新堂697頁，伊藤・当事者213頁，注釈民訴(4)456頁〔伊藤眞〕など。これに対する批判として，本間靖規「合名会社の受けた判決の社員に及ぼす効果について(4)」北法34巻1号（1983年）22頁がある。

462) 竹下・前掲注449) 一論44頁，条解2版605頁〔竹下守夫〕，小林・プロブレム397頁など。

② 一般債権者に対する判決効 (Ⓕ)

債務者の受けた判決の効力はその一般債権者に及ぶが，この場合も実体法上の従属関係を根拠に事実上の効力としての反射効が生じたとみられる。一般債権者が債務者の経済活動に介入し得るのは倒産手続が開始された場合や債権者代位権（民423条）ないし債権者取消権（民424条）の要件を充足する場合に限られ，通常は債務者の総財産から満足を得る地位にとどまるので，特定の物が債務者の財産に含まれない旨の判決が確定したときにその拘束力を受けることは不当ではなかろう[463]。

③ 破産債権者に対する判決効 (Ⓖ)

破産手続ないし会社更生手続において，届出債権等について執行力ある債務名義または終局判決が存在する場合，異議者は破産者等がなすことのできる訴訟手続によってのみ異議を主張することができる（破129条1項，会更152条1項）。この規定の解釈として，破産債権確定訴訟ないし更生債権・更生担保権確定訴訟に関して，届出債権者が債務者に対して債権の存在を確定する判決をすでに得ているときは，その拘束力は破産管財人などの異議者にも及ぶと解されている[464]。これは，破産債権者等の集団的権利関係を画一的に確定するための政策的見地から法がとくに定めた判決効の拡張である[465]。

④ 配当要求債権者に対する判決効 (Ⓗ)

民事執行法上の配当異議訴訟（民執90条1項）において，執行債務者と異議の対象となる債権者との間の確定判決の効力が配当を要求する異議債権者に対して及ぶかについては議論があり，反射効によりこれを肯定する少数説[466]に対し，否定するのが通説的見解[467]である。

異議申立債権者は債務者の地位を根拠として異議を提出しているわけではなく，両者の間に実体法上の依存関係などは存せず，事実上の効力としての反射効についても，これを認める根拠に欠ける。それに，これを肯定すると，債務者と特定の債権者が通謀して既判力ある債務名義を作出する危険もある。

---

463) 新堂697頁，高橋・重点講義上661頁。なお，反射効を否定する後藤勇「確定判決の反射的効力」判タ347号（1977年）11頁も同旨。
464) 斎藤秀夫＝麻上正信編『注解破産法〔改訂第2版〕』（青林書院，1994年）1008頁など。
465) これに対し，注釈民訴(4)457頁〔伊藤眞〕は，反射効ではないとする。
466) 兼子一『強制執行法〔再増補版〕』（酒井書店，1955年）226頁。
467) 中野貞一郎『強制執行・破産の研究』（有斐閣，1971年）185頁，鈴木忠一＝三ヶ月章編『注釈民事執行法(3)』（第一法規出版，1984年）400頁，香川保一監修『注釈民事執行法(4)』（金融財政事情研究会，1983年）337頁，新実務民訴(12)257頁，条解699頁〔竹下守夫〕，注釈民訴(4)457頁〔伊藤眞〕など。

(b) 判決効が第三者にとって有利である場合

本款本項の「(1) 反射効の意義」で挙げた具体例のうち，判決効が第三者にとって有利にのみ及ぶのは，債権者に対する主債務者の勝訴判決の効力が保証人に及ぶという④のケース，連帯債務者の一人が相殺の抗弁を提出して得た勝訴判決の効力が他の連帯債務者にも及ぶという⑧のケース，賃貸人と賃借人の間の賃借権確認判決の効力が転借人にも及ぶという⑪のケース，そして，共有者の第三者に対する共有物の取戻・妨害排除等請求訴訟の勝訴判決が他の共有者に及ぶという⑮のケースである。

① 保証人に対する判決効（④）

債権者と主債務者との訴訟における主債務を不存在とする確定判決の効力が保証人に及ぶことについて，保証債務の附従性だけで説明がつくと考えることは十分ではない。すなわち，主債務に対する保証債務の附従性の原理は，債権者・保証人間の訴訟内において主債務消滅と判断された場合に保証債務も存在しないと判断されるという限りで働くが，主体の異なる債権者・主債務者間の訴訟との関係では，他方で民事紛争の相対的解決が原則とされるからである[468]。そこで，附従性という実体法的関係を基盤として，相対的解決という訴訟法的側面にも配慮するならば，主債務について最大の利害関係を有する主債務者を相手として十分な攻撃防御を尽くして敗訴した債権者が保証人との間で再度主債務の存否を争うのは，紛争の蒸し返しにほかならないことから，権利関係安定のために判決効を及ぼす必要があると同時に，敗訴当事者たる債権者の手続保障に欠けるところはなく，しかも，債権者の敗訴結果に対する自己責任として保証人との関係でも主債務の不存在を争えないとするのが公平であるということができる。したがって，債権者に対する主債務者の勝訴判決について，その反射効は保証人にも及ぶ[469]。実質的にみても，判決効が保証人に及ばないとすると，保証人が敗訴すると，主債務者は保証人から求償され，債権者との間で勝訴した利益を奪われてしまうことからも，判決効の拡張は肯定されよう[470]。

なお，反射効と既判力の関係が問題となる特殊な局面を扱った注目すべき判

---

[468] 新堂699頁。
[469] 新堂699頁，高橋・重点講義上664頁は，口頭弁論終結後の承継人への既判力拡張の根拠の類推による説明が可能であり，したがって，明文なき判決効拡張の場面と位置付けられるという。なお，反射効否定の立場から同旨のものとして，竹下・前掲注454）一論42頁，条解697頁〔竹下守夫〕。
[470] これに対し，判決効拡張を否定して相対的解決で足りるとするのは，伊藤532頁。

例として，つぎのようなケースがある。債権者が主債務者と連帯保証人を共同被告として債務の支払いを訴求したところ，その請求原因事実について主債務者は争い，連帯保証人はすべてを認めたため，弁論が分離され，連帯保証人の敗訴判決が確定した後に主債務者の勝訴判決が確定するという事態に至った。この場合に連帯保証人が主債務者の勝訴判決を援用して債権者の強制執行に対する請求異議事由とすることができるかが問題とされたケースで，最高裁判所は，前訴の敗訴判決の既判力に拘束される連帯保証人が主債務者の勝訴判決を援用することは許されないと判示した（前掲・最判昭51・10・21）。ここでは，ある判決の反射効と他の判決の既判力の関係が問題となっているが，本判決は反射効理論の肯否を正面から断じているわけではない[471]。その結論に対しては賛否両論がある[472]。反射効が議論される場合と実質的な利益状況は異ならないものの，矛盾する確定判決がすでに存するこの状況下では，特別の考慮事情があるとしてよいこともあるといえよう。

② 連帯債務者に対する判決効 (Ⓑ)

連帯債務者（不真正連帯債務者，手形・小切手などの合同債務者なども同じ）の一人が債権者に対して相殺の抗弁を提出して獲得した勝訴判決の効力が他の連帯債務者に及ぶとするのが通説的見解であり，さらに相殺の抗弁に限らず，勝訴判決の理由いかんを問わず，広く反射効を認めるのが多数説で[473]ある。これに対して，保証人のように判決効が訴訟物の存否（主文）に関するのではなく，訴訟物の前提となる債務消滅原因をめぐる判決理由中の判断に関すること，他の連帯債務者に判決効を及ぼすと連帯債務の担保的機能が失われること，そして，債権者の連帯債務者各自に対する権利は実体法上別個であるにもかかわらず，訴訟上判決効において統一化をはかるのは手続保障を害してしまうことなどを理由に反射効を否定する見解もある[474]。

連帯債務者への判決効は，反射効ではなく，信義則に基づいて判決理由中の判断に生じる拘束力として肯定されると考える[475]。相殺の抗弁だけでなく，

---

471) 肯定的な姿勢を匂わすにとどまる。石川＝小島編257頁〔小島武司〕，高橋・重点講義上670頁など参照。
472) 判旨を支持するものに，小山昇「債権者・主債務者間の判決と保証人」民商76巻3号（1977年）1頁，条解698頁〔竹下守夫〕などがあり，判旨に批判的なものとして，霜島甲一「判批」判タ323号（1975年）90頁，吉村徳重「判批」判評221号（1977年）22頁，昭51重判解142頁〔高橋宏志〕，百選Ⅱ349頁〔松浦馨解説〕，新堂700頁注(1)など。
473) 兼子・体系352頁，斎藤・概論402頁，小山441頁，上田・判決効113頁など。
474) 伊藤533頁など。
475) 条解700頁〔竹下守夫〕。争点効理論によれば，争点効の拡張と説明することができよう。

弁済その他絶対的効力を生ずる事由の抗弁により，債権者の連帯債務者の一人に対する請求を棄却する判決が確定した場合，他の連帯債務者との関係でも絶対的に権利関係を確定する必要があるとともに，敗訴債権者は自己の利益を主張・立証する十分な機会を与えられていた以上，他の連帯債務者との関係においても手続保障に欠けるところはないといえるので，他の連帯債務者に対する判決効拡張は認められてよい。そして，連帯債務者間に実体法上の依存関係はないが，実体法上の法的共同関係[476]を前提として，絶対効により全員の権利関係を統一的に規律するのが適切であることから判決効拡張が正当化されるとみられる。

③　転借人に対する判決効（ⓓ）

賃貸人の賃借人に対する請求の認容判決の反射効が転借人にも及ぶかについては，これを否定するのが判例であり[477]，多数説[478]である。これに対して，実体法上，転借人の法的地位は，賃借人に依存しており，賃借権の存否について最も深い利害関係を有する賃借人との関係で十分な手続的機会を与えられて敗訴した賃貸人が賃借人と依存関係にある転借人に対しても賃借権の不存在を主張できないとしても不測の不利益とはいえず，むしろその主張を認めることは争いの蒸し返しとなるとして，口頭弁論終結後の承継人への既判力拡張の根拠の類推により判決効の拡張を認める見解がある[479]。

実体法上，賃貸借と転貸借は別個の法律関係であり，手続法上も転借人には独自の手続的機会が与えられるべきことから，反射効の前提を欠くのであり，また，既判力拡張の場面とも利益状況を異にするといえよう。

④　共有者に対する判決効（ⓔ）

共有者が第三者に対する共有物の取戻・妨害排除等請求訴訟において得た勝訴判決の反射効が他の共有者に及ぶとする多数説[480]に対して，これを否定する見解もある[481]。

---

476)　条解699頁〔竹下守夫〕。
477)　最判昭31・7・20民集10巻8号965頁〔百選76事件〕は，賃貸人の賃借人に対する明渡請求の認容判決が転借人に対して反射的に効力を生じる法理上の根拠はないとして，転借人が賃借権の存否を独自に争うことを認める。なお，反射効を認める兼子説も，本件事案は反射効の場面ではないとして，判例の結論に賛成する。兼子・実体法と訴訟法165頁注56。
478)　新堂698頁，高橋・重点講義上661頁，注釈民訴(4)456頁〔伊藤眞〕，伊藤534頁，松本＝上野604頁〔松本〕，山本・基本187頁など。
479)　条解2版604頁〔竹下守夫〕など。
480)　兼子・体系352頁，斎藤・概論402頁，小山441頁，上田・判決効113頁など。
481)　注釈民訴(4)456頁〔伊藤眞〕，伊藤534頁など。

これは連帯債務者と同様に、敗訴当事者と判決効を拡張される第三者との間に実体法上の法的共同関係がある場合であり、共有物全部を対象とする取戻・妨害排除等請求は共有物全員にかかわることから、同じように考えて、反射効ではなく、信義則に基づき判決理由中の判断に生じる拘束力が及ぶと解することが可能である[482]。

(c) 第三者が有利な判決効の拡張を攻撃的に使う場合

これは、たとえば同一事故に基づいて多数の被害者が損害賠償請求をなし得る関係にあるときのように、法的共同関係があるわけではないが、数人の請求が同一の事実上および法律上の原因に基づく場合に、その一人と相手方との訴訟で共通の原因（加害者の責任など）の存在を認める判決が確定したときに、その共通の原因の存在を肯定する判決理由中の判断を他の者も有利に援用し得るかという問題である[483]。

これについては否定するのが一般であり[484]、基本的に妥当であるといえよう。すなわち、共通の原因は存在しないという、一人の請求を棄却する判決の理由中の判断の拘束力は他の者の不利益に拡張されないのに対し、請求認容判決の理由中の判断の拘束力を他の者の有利に拡張するとするならば、相手方は被害者の一人に敗訴しただけで、その他全員に対する同様の損害賠償責任を当然に負わされかねず、相手方の手続保障において問題があり、その裁判を受ける権利を蔑ろにするとともに、紛争の相対的解決の原則に真っ向から抵触するといえるからである。さらに、これを認めると、第三者に他人間の判決を攻撃的に使うことを許すことになり、一人に対して敗訴した相手方当事者にとってあまりにも酷であり、この判決効拡張が当事者間の公平に適うとはいえない。

もっとも、一定の公共性のある訴訟については、その判決を攻撃的に利用する余地を認めるべきか否かは、さらに検討を要する課題である。たとえば、独占禁止法違反の者を訴えた公正取引委員会が獲得した勝訴判決を第三者が有利に援用して、敗訴者に対する損害賠償請求をするような場合（独禁26条参照）である[485]。アメリカ法上は、こうした局面でも理由中の判断の拘束力（collateral estoppel）の拡張が認められる[486]。

---

482) 条解2版606頁〔竹下守夫〕。
483) 争点効理論によれば、争点効拡張の可否の問題となる。
484) 霜島甲一「既判力の相対性について」判タ307号（1974年）31頁、竹下・前掲注454）一論47頁、条解2版606頁〔竹下守夫〕、高橋・重点講義上664-665頁など。
485) 高橋・重点講義上665頁参照。
486) 吉村徳重「判決効の拡張とデュー・プロセス」法政44巻1号（1977年）1頁・2号（1977

(d) まとめ

そもそも特定の第三者が当事者間において既判力ある判決が存在するという事実を甘受すべきなのは一体いかなる場合なのかが，問題の核心である。第三者に判決効が及ぶか否かは，究極においては実体法理における権利相互の関係性いかんによるのである。反射効なるものは，そもそも問題となる場面を定型的に指し示すための独特のフレームであって，講学上の道具概念にすぎないとみられる。

そうすると，以上みてきたように，反射効による判決効拡張の場面とされているものは，判決の事実上の効力が実体法規定を根拠として，または，手続法的な論理によって説明できる場合であり，判決の制度的効力の特殊な形態ではないといえよう。

5 法人格否認の法理と既判力の拡張

法人格否認の法理によって当事者と第三者が同一人格であるとみなされるとき，当該第三者は既判力による拘束を受けるであろうか。これが肯定されると，解釈論によって既判力の拡張が認められる場面があるということになる。

判例は，法人の債務支払を免れる目的で別個の法人を設立したという法人格濫用のケースにおいて，権利関係の公権的な確定およびその迅速確実な実現を図るために手続の明確性・安定性が重んじられることを理由として，法人格否認の法理によって既判力および執行力の範囲を拡張することは許されないとした（最判昭53・9・14判時906号88頁〔百選4版89事件〕）。

学説は，否定説もあるが[487]，近時は法人格の形骸化事例と濫用事例を分けて論じる傾向があり，多くの論者が前者の形骸化事例を利益代行の訴訟担当または実質的利益欠缺の請求の目的物の所持者に類するとして既判力拡張を肯定し[488]，さらに有力な見解は後者の濫用事例についても口頭弁論終結後の承継人に近いとして既判力拡張を認める[489]。

年）182頁，大橋真弓「アメリカにおける判決効の主観的範囲論序説」法協103巻9号（1986年）1846頁・10号（1986年）2050頁，原強「第三者による判決理由中の判断の援用（二）」上法33巻2＝3号（1990年）245頁，小林秀之『新版・アメリカ民事訴訟法』（弘文堂，1996年）263頁以下など。なお，証券取引委員会（SEC）の得た判決の第三者による攻撃的利用について，アメリカ法1981-I 187頁〔池田由紀子〕参照。

487) 江頭憲治郎『会社法人格否認の法理』（東京大学出版会，1980年）436頁，実務民訴(5)168頁〔奥山恒朗〕など。

488) 上田・判決効143頁，森本滋「判批」判タ308号（1974年）70頁，伊藤534頁など。なお，法人格否認の法理による執行力の拡張につき，中野・民執127頁を参照。

489) 小島康裕「判批」ひろば32巻5号（1979年）84頁，林屋196頁，昭53重判解153頁〔鈴木正裕〕など。

この点については，確定判決の効力を及ぼすべき実質的根拠があるといえるか否かという根本に立ち返って考察する必要がある。民訴法115条1項によって判決効が及ぼされる実質的根拠としては，確定判決による紛争解決の実効性を確保すべきこと（必要性）と判決効を及ぼすだけの手続保障の基盤が存在するといえること（許容性）が挙げられるところ，法人格否認の法理が適用されるケースについては，それが法人格の濫用事例であろうと形骸化事例であろうと，否認されるべき法人格をもつ第三者に判決効が及ばないならば，判決が潜脱されて紛争解決の実効性を確保できなくなるという不都合があり，しかも，前訴当事者と法人格を同一視し得る第三者の手続保障は前訴当事者への手続保障で充足されているとみることができる。そうすると，濫用事例と形骸化事例とを問わず，法人格否認の法理による判決効の拡張を肯定する有力説が妥当であるといえよう。

もっとも，実体法上の法人格を否認する場合と判決効を拡張する場合とにおいて，法人格否認の要件の存在すべき時期に違いがあることに注意する必要がある[490]。確かに，実体法上の行為時から前訴手続過程に至るまで継続して法人格否認の要件が存在しているのが通常であろうが，実体法上の行為時にのみ存する場合や前訴手続過程にはじめて具備される場合もないとはいえない。これらのうち否認の要件が前訴手続過程にない前者の場合は，前訴当事者への手続保障によって第三者の手続保障が基礎付けられることはなく，判決効は拡張されないとして問題はない。他方，前訴手続過程にはじめて否認の要件が満たされた後者の場合については，基本的に前訴当事者への手続保障は第三者の手続保障を含んでいるとして，判決効は拡張されることになるが，行為時には実体法上別個の法人格なので，第三者はかかる実体関係に関して固有の手続的利益があるとみて，判決効拡張に際しては，第三者に対して，実体法上の法人格否認の要件は存在しないという主張・立証の機会を与える必要があろう[491]。

6　参加的効力

補助参加できる場合において（42条），実際に参加した補助参加人または訴訟告知（53条1項）を受けた被告知者に対して，被参加人敗訴の判決について生じる拘束力を参加的効力という。

すなわち，補助参加人または被告知者は，被参加人を補助して訴訟追行し，あるいは

---

490) 福永有利「法人格否認の法理に関する訴訟法上の諸問題」関法25巻4＝6号（1975年）1097頁。
491) 髙橋・重点講義上625頁。

追行できた以上，その後に敗訴した被参加人から訴えを提起された場合に，前訴判決の理由中の事実認定や法的判断について拘束され，これに反する主張をして再び争うことが許されなくなる（詳細は補助参加の項を参照）。

第5款　終局判決に付随する裁判

終局判決を言い渡す際に，裁判所は，当事者の申立てまたは職権によって付随的事項に関する裁判を行う。仮執行宣言と訴訟費用の裁判がそれである。

1　仮執行宣言

(1)　仮執行宣言の意義

仮執行宣言とは，確定前の判決ないし支払督促に執行力を付与する形成的裁判ないし書記官の処分をいう（259条1項・391条1項）。ここでは判決に付される仮執行宣言を取り上げる。

執行力は確定判決に生じるという原則に対する例外となるが，その趣旨は，敗訴者に上訴が認められることとの均衡から，一定の場合に勝訴者の利益を保護しようとした点に求められる。すなわち，敗訴者の上訴により終局判決の確定が妨げられる勝訴者の不利益を補うべく，仮執行宣言に基づいて執行力をいったん付与したうえで，その後に執行停止の裁判によって執行力を停止する機会を用意している。

(2)　仮執行宣言の要件

仮執行宣言がなされるには，①財産権上の請求に関する判決であること，②仮執行の必要性があること，の二点が要求される（295条）。

(a)　①財産権上の請求に関する判決であること

未確定の終局判決は，上訴によって取り消された場合，原状回復を要することになるが，財産権上の請求の場合には，金銭賠償によって比較的容易に原状回復することができることから，仮執行宣言が認められたのである。

仮執行宣言に基づく執行力には，強制執行以外の方法によって判決内容に適合した状態を実現する，いわゆる広義の執行力[492]も含まれるため，給付判決のみならず，確認判決や形成判決もその対象となる。たとえば，執行の停止・取消し・変更・認可をする判決（民執37条1項後段・38条4項）や上訴を棄却する判決[493]などに仮執行宣言を付すことができる。

終局判決であっても，登記申請などの意思表示を命ずる判決については，仮執行宣言

---

492)　本書679頁参照。
493)　この場合には，仮執行宣言の効果として，原判決に執行力が生じることになる。

の対象となるか否かが争われている。これを否定するのが判例[494]であり，学説上も否定説が通説的地位にある。判決の確定が意思表示擬制の要件であって（民執174条1項），仮執行宣言を付しても判決が確定しない以上，擬制の効果は生じないことを理由とする[495]。これに対して，民執法174条1項は，意思表示擬制の時期を確定時と定めたにすぎず，財産権上の訴えである限りは，仮執行宣言を付すことを排斥するものではないとして，肯定説が有力に主張されている[496]。意思表示擬制の判決であっても，確定を待つことにより勝訴者の権利の実現が困難となる事態を回避する必要性があることに変わりはないことから，ことさら仮執行宣言の対象から除外すべき理由はないであろう。

(b) ②仮執行の必要性があること

この必要性の有無の判断は，裁判所の裁量に委ねられる。その判断に際しては，上級審における取消しの蓋然性を加味するほか，勝訴者の生活や事業にとって即時の権利実現が必要か，仮執行によって敗訴者に回復困難な損害を与えないか，さらには，担保を条件とするか，仮執行免脱宣言（259条3項）を掲げるかなどの諸点が総合的に考慮されることになる。

なお，手形または小切手による金銭支払請求およびこれに付帯する損害賠償の支払いを命じる判決には，早期の権利実現のために，裁判所は職権に基づいて，原則として無担保で，仮執行宣言を付さなければならない（259条2項）。同様に，少額訴訟の請求認容判決にも職権で必ず仮執行宣言を付さなければならない（376条1項）。また，控訴審は，金銭支払請求訴訟において，原則として無担保で仮執行宣言を付すことを要する（310条）。

(3) 仮執行宣言の手続

仮執行宣言は，申立てまたは職権によって行われる場合のほか，申立てのみによってなされる場合や，職権のみによってなされる場合もある。また，終局判決と同時にその主文中に掲げられる（259条4項）ほか，決定などによって行われることもある（259条5項・294条・323条・391条）。

裁判所は，その裁量によって，勝訴者に担保を立てさせたうえで仮執行を許したり（259条1項）[497]，また，敗訴者に担保を立てさせたうえで仮執行を免れ

---

[494] 最判昭41・6・2判時464号25頁。なお，本判決は，判決の確定によって瑕疵が治癒されるとする。
[495] 兼子・体系354頁，伊藤544頁など。
[496] 中野貞一郎「作為・不作為債権の強制執行」民訴講座(4)1195頁〔中野・訴訟関係294頁に所収〕，中野・民執181頁注2，新堂702頁注(1)など。
[497] ただし，上級審が原判決中の不服の申立てがない部分について仮執行宣言を付す場合には，無担保となる（294条・323条）。

得ることを宣言したり（259条3項)[498]することができる。
　ここでの担保は，当事者の損害賠償請求権を保全するために要求され，前者の仮執行宣言の担保については被告が，後者の免脱宣言の担保[499]については原告が，他の債権者に先立って弁済を受ける権利を有する（259条4項・77条）。

(4) 仮執行の効果

　仮執行は，保全執行のように権利保全のためではなく，権利の終局的実現のために行われる。すなわち，仮執行宣言判決を債務名義とする強制執行（民執22条2号4号参照）は，執行そのものが仮なのではなく（本執行），実現されるべき権利の存在が仮定的なのである。

　ただし，上訴された場合，上級審裁判所は，金銭の授受や物の引渡しといった仮執行の結果を度外視して，訴訟物たる権利義務の存否を判断しなければならない[500]。なぜなら，仮執行は，上級審における審理の結果，請求権が存在しないとして当該判決が取り消されることを解除条件として許されるからである。仮執行を免れるために被告が止むなく債務の履行をした場合も，仮執行宣言の結果として，同様に解されよう[501]。

　仮執行宣言は，給付判決の確定前に，その宣言の変更または基本となる終局判決の変更があれば，その限度において失効する（260条1項）。これには遡及効がないので，すでになされた執行処分が無効となることはない[502]。そのため，法は，裁判所が本案判決を変更する判決において，被告の申立てに基づき，仮執行宣言によって被告が給付したものの返還，および，仮執行によってまたはこれを免れるために被告が受けた損害の賠償を，原告に命じなければならないとする（260条2項・3項）。

　仮執行宣言によって被告が給付したものとは，必ずしも仮執行の結果だけではなく，まったくの任意弁済であると認められる特別の事情のない限り，仮執行宣言にしたがっ

---

498) これを仮執行免脱宣言という。なお，仮執行宣言の開始時期を遅らせることもできると解される（東京高判平6・3・30判時1498号25頁）。
499) 免脱宣言の担保は，執行の遅れによる原告の損害を担保するものであり，執行債権自体を担保するものではない。最判昭43・6・21民集22巻6号1329頁〔続百選76事件〕。
500) たとえば，大判昭13・12・20民集17巻2502頁〔百選68事件〕は，特定動産の引渡しを命ずる仮執行宣言付判決に対し上訴があった場合には，原告が仮執行により右特定動産の交付を受けた後これを滅失させた事実は斟酌しないで請求の当否を判断すべきであるとする。また，最判昭36・2・9民集15巻2号209頁は，仮執行宣言付第一審判決に対して控訴がなされた場合には，その執行による弁済の事実を考慮することなく請求の当否を判断すべきであるとする。
501) 竹下守夫「仮執行の宣言」民訴演習I183頁，新堂704頁注(1)，伊藤545頁など。
502) たとえば，強制競売において競売許可決定が確定していれば，競落人の所有権取得の効果は影響を受けることはない（大判昭4・6・1民集8巻565頁）。

た任意弁済も含まれる[503]。本条項によって賠償責任の生じる損害は，相当因果関係の認められるすべてのものを含み，財産上あるいは精神上の損害かを問わない[504]。

なお，この損害賠償責任については，それが無過失責任か否かの議論がある。判例はこれを肯定する（大判昭12・2・23民集16巻133頁〔百選69事件〕）。

学説上も同じく無過失責任であるとするのが通説[505]であり，過失責任とみるのは少数説[506]にとどまる。判例・通説は，仮執行宣言付判決によって解除条件付債務名義という特典を与えられた原告に対して無過失責任を負わせるのが公平であることを理由とするのに対し，少数説は，仮執行宣言が付与されたのは原告の手続保障を前提とした原審の判断であり，その判断が上級審で取り消される危険を原告に無条件で負わせるべきではなく，また，原告が故意または過失により事実や証拠を隠滅したときに過失責任が成立する余地のあることなどに根拠を求める。

結論としては，仮執行宣言の付与は原告の手続追行の結果というよりは，権利を実効的に実現する見地から，勝訴原告に制度上認められるものであり，そのため原告の具体的な過失を問うことをせずに成立する無過失責任と考えてよいであろう。

2 訴訟費用

国民に裁判を受ける権利が保障されており，自力救済は禁止されていることから（憲32条），裁判機構を維持・運営するうえで必要となるさまざまな費用のうち一般的なもの，たとえば，裁判官その他の裁判所職員の報酬，裁判所の物的施設の維持・管理費などについては，納税者の負担とするのが適当であろう。これに対して，それ以外の各訴訟事件に要した具体的な費用については，当該事件の解決によってその者自身の具体的な利益を回復・保全される当事者に負担させるのが合理的であると考えることができる。そして，当事者に負担させる場合には，平等分担とするか，あるいは，敗訴者負担とするかなど，いかなる基準によって分担させるかといった問題がある。

---

503) 仮執行宣言付き判決に対して上訴を提起して債務の存否を争っている被告が，同判決で命じられた債務についてなした弁済は，それがまったくの任意弁済であると認められる特別の事情のない限り，「給付したもの」（260条2項）にあたるとする最高裁判決がある（最判昭47・6・15民集26巻5号1000頁）。

504) 最判昭52・3・15民集31巻2号289頁。確かに，こうした制度がなくても，給付したものの不当利得返還請求の別訴を被告が提起すれば事足りるとも思えるが，被告の利益回復のための簡易な債務名義を与えるところに本制度の存在意義が認められる（伊藤544頁）。

505) 新堂704頁，松本＝上野531頁〔松本〕，梅本969頁など。

506) 伊藤眞「不当仮執行にもとづく損害賠償請求権」判タ775号（1992年）8頁，伊藤546頁など。

(1) 訴訟費用の分類

訴訟費用という概念は，訴訟の際に必要となるすべての費用を意味することがあり，この場合には弁護士費用なども含まれることになる。たとえば，訴訟上の救助を定めた民訴法82条1項にいう「訴訟の準備及び追行に必要な費用」は，こうした広義の訴訟費用をさす。

しかしながら，裁判所は，終局判決に際して，訴訟手続内で当然に処理しておくべき付随事項として，予め法定された範囲の支出をだれにどのような割合で負担させるかの裁判を職権で行うのが原則であり，通常の場合，訴訟費用といえば，この法定された範囲の費用をさす。この狭義の訴訟費用の範囲は，民事訴訟費用等に関する法律によって規定されており，それによると，裁判所の行為について要する裁判費用と当事者が訴訟を追行するのに必要な当事者費用がある。弁護士費用はこれに含まれない[507]。

(a) 裁判費用

当事者が裁判所を通じて国庫に納付する訴訟費用を裁判費用という。これには，当事者が訴え提起など各種の申立てに際して納付する申立手数料（民訴費2章1節）と，それ以外の原因によって納付する費用（手数料以外の裁判費用）がある。

申立手数料は，訴額などを基準に定められ（民訴費3条・別表第1），納入は収入印紙貼付の方法による（民訴費8条）。必要な手数料が納付されなければ，申立て自体が不適法となる（民訴費6条）。この申立手数料のなかで最も重要なのは提訴手数料である。現行法上，提訴手数料の額は訴額に連動するという定率制（スライド制）がとられているが，その合理性については議論がある[508]。なお，1992年の民事訴訟費用法の改正により，高額訴訟の提訴手数料が引き下げられ，さらに，その後の司法制度改革の一環として，手数料額の合理化，現金納付の許容，そして，費用額算定方法の簡素化などといった改革が実施された[509]。

---

[507] 司法制度改革推進本部は，当事者の共同申立てを条件として，弁護士費用等の訴訟代理人の費用を狭義の訴訟費用に含めるものとする改正案（「民事訴訟費用等に関する法律の一部を改正する法律案」）を平成16年通常国会（第159回国会）に提出したが，成立には至らなかった。これは条件付きながらも，弁護士費用の敗訴者負担（いわゆるイングリッシュ・ルール）を導入しようとするものであり，この挫折によって，現行法上は，依然として弁護士費用は各自負担（いわゆるアメリカン・ルール）とされている。このアメリカン・ルールの採用国が少数派であることにつき，柏木昇「ウィーン売買条約と弁護士費用の請求」小島古稀下699頁・703頁注11に掲載の文献を参照。

[508] 長谷部由起子「提訴手数料」自正43巻9号（1992年）15頁など参照。

[509] 小林久起＝近藤昌昭編『〈司法制度改革概説⑧〉民訴費用法／仲裁法』（商事法務，2005年）3頁以下，松永邦男「司法制度改革のための裁判所法等の一部を改正する法律の概要」NBL 768

702　第 7 章　訴訟の終了

手数料以外の裁判費用は，裁判所が証拠調べや書類の送達などをするために必要な費用であり（民訴費 11 条 1 項・第 3 章），具体的には，証人，鑑定人，通訳人等に支給する旅費，日当および宿泊料，鑑定料，通訳料（民訴費 18 条），郵便による送達の場合の郵便料金，実地検証のための裁判官および裁判所書記官の出張費などがある。これらの裁判費用は，原則として，当事者ら（民訴費 11 条 2 項）にその概算額を予納させるものとされ（民訴費 12 条 1 項），予納のない場合には，裁判所は当該費用を要する訴訟行為を行わないことができる（民訴費 12 条 2 項）。

(b)　当事者費用

当事者が訴訟の準備および追行のために自ら支出する費用のうち，訴訟費用として法定されているものを当事者費用という。これには，当事者や代理人が期日に出頭するための旅費等の費用，訴状その他の書面の書記料などが含まれる（民訴費 2 条 4 号・6 号など）。弁護士費用は，民訴法 155 条 2 項などによって弁護士の付添いが命じられた場合のほかは，当事者費用に含まれない（民訴費 2 条 10 号参照）。その根拠として，わが国では弁護士強制主義が採用されておらず，訴訟委任が当事者の自由に委ねられていることが挙げられている。

もっとも，これに対しては，訴訟追行には高度の専門知識と経験が要求され，実際には弁護士に訴訟委任せざるを得ないという側面を強調し，弁護士費用を訴訟費用化して，これを敗訴者の負担に帰すべきであるとの議論が従前よりなされており[510]，そうした方向での改正案が不成立に終わった後の現在においても強力に主張されていることから[511]，今後の議論が注目される。

なお，上記のような弁護士費用を法定の訴訟費用に組み込むという立法論のほかに，解釈論として，訴訟追行に要した弁護士費用を権利実現の妨害に基づく損害賠償として相手方に請求する方法もある。判例は，不法行為に基づく損害賠償請求訴訟における弁護士費用について，加害行為と相当因果関係の範囲内にあるといえる限り，不法行為によって生じた損害として，敗訴被告にその賠償を命じることができるとする（最判昭 44・2・27 民集 23 巻 2 号 441 頁〔百選 2 版 27 事件〕)[512]。

　　号（2003 年）20 頁など参照。
510)　たとえば，高橋宏志ほか「民訴費用・弁護士報酬をめぐって」ジュリ 1112 号（1997 年）4 頁以下など。
511)　新堂 936 頁注(1)など。
512)　これに対し，同じ損害賠償請求訴訟でも，債務不履行による場合には，弁護士費用を損害賠償として請求することを認めないのが判例の取扱いである（最判昭 48・10・11 判時 723 号 44 頁）。その敗訴者負担としての機能的意義については，小島・報酬 69 頁。この点に関しては，不

(2) 訴訟費用の負担——敗訴者負担の原則——

狭義の訴訟費用は，敗訴者が負担するのが原則である（61条）。その趣旨は，勝訴者にとっての訴訟費用は，自己の権利の伸長または防御のために要したものであり，本来なんら負担する必要のない費用といえるところにある。一部敗訴の場合には，訴訟費用の負担およびその額については，裁判所の裁量によって決まる（64条本文）。

また，敗訴者が共同訴訟人の場合は，原則として平等の割合で分担を命ずるが（65条1項本文），固有必要的共同訴訟の場合や，本案で連帯債務・不可分債務の支払が命ぜられた場合などは，連帯して負担させることができる（同条同項但書）。

敗訴者負担の原則を厳格に貫くと却って不都合となる場合もある。たとえば，原告の権利を争っていない被告に対して，原告が催告もしないでいきなり訴えを提起し，被告が直ちに請求の認諾をした場合（62条前段参照）や，原告主張の権利が対抗要件を欠いている旨の被告の指摘に応じて，対抗要件を具備した原告が勝訴した場合（同条後段参照）には，勝訴した原告側に訴訟費用の全部または一部を負担させるのが公平である。また，勝訴当事者が適時に攻撃防御方法を提出せず，あるいは責めに帰すべき事由により訴訟を遅延させた場合にも，勝訴当事者側に訴訟費用の全部または一部を負担させるのが公平に適う（63条）。

なお，ある当事者が訴訟費用を負担するということは，その当事者自身がすでに支弁した費用を確定的に負担するということに加えて，相手方が支弁した費用を負担するということ，すなわち，相手方は負担当事者に対していったん支弁した費用の償還請求権を取得するということを意味する。この償還請求権は，訴訟費用負担確定の裁判によって発生するので，別訴で独立に請求することはできない。

ちなみに，当事者間の費用償還とは別に，法定代理人，訴訟代理人[513]，裁判所書記官または執行官の故意・重過失によって，当事者に無益な訴訟費用を生じさせたときは，裁判所は，申立てまたは職権によって，それらの者に対して費用の償還を命じることができる（69条1項・2項）。この第三者の費用償還の裁判に対しては，即時抗告が認められている（69条3項）。

裁判所において和解が成立した場合は，和解の費用または訴訟費用について特別の定めをしなかったときは，その費用は，各自が負担する（68条）。

法行為と債務不履行とで異なる結論をとるべきではなく，弁護士費用を訴訟維持に必要な限度で遅延損害の一部として回収できるという一般原則によるべきであるとの反対説がある（新堂936頁注(1)）。

513) 無権代理人も含まれる（69条2項）。無権代理人が訴えを提起して却下された場合，この者が費用を負担する（70条参照）。

(3) 訴訟費用の裁判手続

終局判決の主文において，裁判所は，職権をもって，原則として当該審級の訴訟費用の全部につき，いずれの当事者にどれだけ負担させるかについての裁判をする（67条1項）。上訴裁判所が本案の裁判[514]を変更するときは，例外として同時に原審とその審級を通じた総費用についての負担の裁判をする（67条2項前段）[515]。

ただし，差戻しまたは移送の場合は，その後の審級の終局判決において総費用の裁判をすることになる（67条2項後段）。控訴審で訴えが取り下げられたとき，同裁判所が費用の負担を決めるというのが判例の取扱いである（大決昭14・5・3民集18巻542頁）。

終局判決の主文に示された訴訟費用の裁判は，独立の上訴の対象とはならない（282条）。本案に対する上訴に理由がなければ，費用についての不服申立ても不適法となるのであろうか。不適法とするのが判例の取扱いである（大判昭15・6・28民集19巻1071頁，最判昭29・1・28民集8巻1号308頁など）。これは本案について明らかに理由のない上訴提起を懸念しての処置とみられており，そうすると，明らかに理由のない上訴とはいえない場合，たとえば，上訴審において実質的に本案の審理がなされ，とりわけ新たに提出された攻撃防御方法に基づいて上訴が棄却されたようなときには，原判決の費用の裁判を見直す余地を認めるのが合理的である[516]。

(4) 訴訟費用負担の確定手続

訴訟費用の裁判によって敗訴当事者に対する費用償還請求権が成立するものの，その額を確定するには，訴訟費用確定手続を経る必要がある。訴訟費用確定手続は，訴訟費用の負担を命ずる裁判が執行力を生じた後，申立てにより第一審裁判所の裁判所書記官が担当する（71条1項）。当事者双方が訴訟費用を負担するときは，各自の負担すべき費用は対等額で相殺されたものとみなされるのが原則である（同条2項）。

裁判上の和解が成立し，訴訟費用の負担割合についても合意が成立したが，具体的な金額までを和解で定めなかった場合においても，第一審裁判所[517]の

---

514) 本案の裁判は，費用の裁判に対し事件についての裁判を意味するので，訴え却下判決も含まれる。
515) 原審が費用の裁判を脱漏している場合は，本案の判決を変更しないときも，総費用について裁判をする（258条2項以下）。
516) 兼子・体系359頁，新堂940頁など。
517) 即決和解の場合は，それが成立した裁判所である。

裁判所書記官がその額を定める（72条前文）。訴訟手続が裁判および和解によらないで完結した場合には，申立てによって，第一審裁判所は，決定で費用の負担を命じ，同裁判所の裁判所書記官は，当該決定に執行力が生じた後に，負担額を定める（73条1項前文）。同様の扱いは，補助参加申出の取下げまたは補助参加についての異議の取下げがあったときにもなされる（同条同項後文）。

上記の訴訟費用や和解の費用等について，その負担額の確定を求める申立ては，書面ですることを要し（規24条1項），その際，当事者は，費用計算書および費用額の疎明に必要な書面を裁判所書記官に提出するとともに，申立書および費用計算書について直送（規47条1項）しなければならない（規24条2項）。

裁判所書記官は，負担額の確定処分をする前に，相手方に対し，一定の期間内に，費用計算書および費用額の疎明に必要な書面ならびに申立人の費用計算書の記載内容についての陳述を記載した書面を提出するよう催告する（規25条1項）。期間内に必要な書面の提出がなければ，裁判所書記官は，申立人の費用のみについて，その負担額を定める処分をすることができる（同条2項本文）[518]。負担額の確定処分は，書面に記載したうえで，裁判所書記官が記名捺印し（規26条），相当と認める方法でこれを告知することによって効力を生じる（71条3項）。負担額の確定処分に対しては，その告知を受けた日から1週間の不変期間内に，裁判所に対して異議の申立てをすることができる（同条4項）。この申立ては，執行停止の効力をもつ（同条5項）。異議に理由があると認められる場合，裁判所は，負担額を定めるべきときは，自らその額を定めることを要する（同条6項）。異議申立てについての決定に対しては，即時抗告をすることができる（同条7項）。

(5) 訴訟費用の担保

原告が日本国内に住所，事務所および営業所を有しない者（内外人不問）である場合には，訴訟費用の負担を命じられても，その償還義務を履行しないおそれがとりわけ高く[519]，被告を保護する必要性が認められるとして，法は，このような場合には，裁判所が，被告の申立てにより，決定で，原告に対して，担保額および提供期間を定めて，将来生じ得る費用償還義務について担保を提供することを命じるものとした（75条1項5項）。

担保の額は，被告が全審級において支出すべき訴訟費用の総額を標準として定められ

---

518) なお，必要な書面を期間内に提出しなかった相手方も，別個に訴訟費用等の負担額を定める処分を申し立てることができる（規25条2項但書）。
519) 原告が国内に住所等を有せずとも，十分な財産を有する者であれば，費用償還義務不履行の蓋然性は高くはないとも考えられることから，新法の立法作業に際して，そうした原告を除外すべきかが検討されたが，基準の曖昧性が否めず，結局，立法化には至らなかった。改正要綱試案第9　二参照。

る（75条6項）。被告は，原告が担保を提供するまで応訴を拒むことができ（同条4項。いわゆる妨訴抗弁），原告が期間内に担保を立てないときは，裁判所は，口頭弁論を経ずに訴え却下判決をすることができる（78条）。

ただし，被告が担保を立てるべき事由があることを知った後に，本案について弁論をし，または，弁論準備手続において申述をしたときは，もはや妨訴抗弁を提出する意思はないものとみなされ，担保提供の申立てをすることはできない（75条3項）。原告の金銭請求の一部について争いがない場合において，その額が担保として十分であるときは，被告は，少なくとも費用償還請求権と原告の請求とを相殺することによって満足を受けられるので，担保の提供を命じない（同条2項）。担保提供の申立てについての決定に対しては，即時抗告をすることができる（同条7項）。

担保提供の方法としては，金銭または裁判所が相当と認めた有価証券を供託する方法または銀行等との間に支払保証委託を締結する方法などが定められている（76条，規29条）。被告は，供託された金銭等について，原告に対する他の債権者に先立って弁済を受ける権利を有する（77条）。

裁判所が原告の申立てに基づいて担保取消決定をすると，原告は，担保を取り戻すことになる。この取消決定がなされるのは，①日本に住所を有するようになったなど，担保提供事由の消滅が証明された場合[520]（79条1項），②取消しについて担保権者たる被告の同意を得た場合（同条2項），③担保提供者であり，訴訟の完結によって訴訟費用償還義務を負う者とされた原告の申立てに基づいて，裁判所が被告に対して還付請求権の行使を催告したにもかかわらず，被告がその権利を行使しない場合（同条3項），である。

こうした訴訟費用の担保提供の方法や取消手続は，他の法令によって訴え提起にあたり供すべき担保にも準用される（81条）。これには，たとえば，会社の解散命令（会社824条4項），会社の組織に関する訴え（会社836条1項2項），株主による責任追及等の訴え（会社847条7項）などがある。また，訴訟費用の担保以外にも，法が担保提供を要求するときにも準用される[521]。

3 訴訟費用等の経済的負担に対する救済措置——訴訟救助と法律扶助——

訴えの提起を決意した当事者は，訴訟追行のために，とりあえず訴訟費用を負担しなければならず，さらには，弁護士費用などのように勝訴しても当然には相手方から回収できない出費をも余儀なくされることが多いため，こうした

---

520) これには，原告が訴訟費用の償還義務を負わないことが確定された場合も含まれる。
521) 仮執行宣言の担保につき民訴法259条6項，執行停止の担保につき民訴法405条2項，民事執行法上の担保につき民執法15条2項，民事保全法上の担保につき民保法4条2項などがある。

経済的負担に耐えないという理由で提訴を断念せざるを得ないという事態が想定されるところ，そうした事態を放置していたのでは，裁判を受ける権利（憲32条）を国民に広く保障したことにはならない。

そこで，そうした経済的負担からの救済制度として，まず，最小限の枠組みとして，訴訟追行等に必要な費用（訴訟費用）の支払い猶予を認める「訴訟上の救助」（実務上および講学上，「訴訟救助」と略される）が民事訴訟法によって設けられ（82条1項以下），さらに，その上乗せとして，弁護士費用の立替え等を中心とする救済範囲のより広い法律扶助が総合法律支援法によって定められている。両制度が互いに補完することで，経済面における司法へのアクセス障害を除去し，国民一般に対して裁判を受ける権利をより広く保障し，社会的には排除（エクスクルージョン）から包摂（インクルージョン）への動きを促進することになろう。

(1) 訴訟上の救助（訴訟救助）

(a) 訴訟救助の要件

訴訟の準備および追行に必要な費用を支払う資力がない者またはその支払により生活に著しい支障を生ずる者に対しては，裁判所は，申立てにより，訴訟上の救助の決定をすることができる（82条1項本文）。旧法において「訴訟費用」のみが基準とされていた（旧法118条参照）のに対し，裁判を受ける権利を行使するためには弁護士等に委任して訴訟追行しなければならないという実情を考慮して，新法は，訴訟費用だけでなく「訴訟の準備及び追行に必要な費用」にまで拡大した[522]。こうした訴訟救助の拡充方向からすると，訴訟救助によって支払を猶予され得る費用とは，事前の調査費用など勝訴するために合理的に必要であると認められる必要経費を広く含むものと考えられる。また，旧法は救済対象者を無資力者に限定していたが，支払によって健康で文化的な最低限度の生活（憲25条1項）が困難になる者を救済対象としなければ，その者の裁判を受ける権利の保障という点で十分とはいえないため，新法は，救済対象を「その支払により生活に著しい支障を生ずる者」にまで拡大した。

救済対象者は，原告・被告を問わず，補助参加人も含まれ，また，自然人に限られず，法人でもよく[523]，その場合には，費用の支出により事業の継続に著しい支障を生じることが要求される。なお，実際には，自然人の原告が救済対象者となることが圧倒的に

---

[522] 一問一答77頁など参照。
[523] 法人に対して訴訟救助を認めた例として，京都地決昭46・11・10下民22巻11=12号1117頁がある。

多い524)。

　資力要件は，申立人が未成年者の場合，親権者の資力も親子間の法律関係の特殊性にかんがみ（民 824 条など参照），社会通念に基づいて斟酌される525)。夫妻の一方が申立人の場合には，相手方たる配偶者の収入を一定の限度で考慮されよう526)。

　救済申立人の資力と相手方の資力との格差が大きいことは，申立人の無資力を基礎付けるわけではないが，両者の経済的格差が著しい公害訴訟や薬害訴訟などにおいては，訴訟の長期化によって訴訟費用が増大しやすい一般的傾向がみられるところ，訴訟追行するうえでの経済的困難を救済するという訴訟救助の趣旨からすれば，こうした傾向は救助付与を正当化する強力な要因と位置付けられよう527)。なお，公害訴訟のように，同種の被害を受けた者が原告団を構成して大企業と争う，いわゆる集団訴訟における資力の認定について，原告個々人ごとの個別的判断ではなく，原告団として画一的に行うべきであるとの見解があるが528)，理論上，こうした集団訴訟が個別訴訟の併合として把握される限りは，救助についても原告各人の資力の判定に基づいて個別に考慮されることになろう。もっとも，実際には，必要経費の額も原告団の総額として計算され，勝訴の見込みも共通に判断されるうえ，原告各人の資力も，上述のように，相手方大企業との経済的格差という点が重視され，かつ，経費が多額にのぼることを考慮するならば，原告団内における各人の経済的格差は相対的に小さくなる場合があり，総体としての評価が正当化される場合は生じ得るであろう529)。

　なお，とりわけ公害訴訟においては，同種の被害を受けた者が地域的に集中し原告団を構成して大企業と争う，いわゆる集団訴訟における資力の認定については，各原告について個別に考慮するか，または，原告団として画一的に判

---

524)　内田武吉「訴訟上の救助」実務民訴(2)178 頁，新堂 945 頁など。なお，法人について，「判断基準が極めて困難で，特に倒産処理手続におけるその一環としての訴訟は，すべて救済の対象になるのかというところまでたどり着くことになり，非現実的要素が少なくない」との指摘がある（梅本 23 頁）。

525)　名古屋高金沢支判昭 46・2・8 下民 22 巻 1＝2 号 98 頁。なお，条解 2 版 354 頁〔新堂幸司＝高橋宏志＝高田裕成〕。

526)　条解 2 版 354 頁〔新堂幸司＝高橋宏志＝高田裕成〕参照。

527)　新堂 947 頁。

528)　東京高決昭 54・5・31 判時 935 号 61 頁，沢井裕「公害・訴訟救助の理念と現実——安中公害事件救助却下決定について」判タ 285 号（1973 年）8 頁など。

529)　新堂 947-948 頁，条解 2 版 354 頁〔新堂幸司＝高橋宏志＝高田裕成〕参照。

断するかが問題となる。集団訴訟はあくまで個別訴訟の集まりにすぎないという論理を貫く個別判断説[530]と原告団がかかわるという紛争実態を重視する画一判断説[531]が対立する。この問題の根底には，一口に集団訴訟といっても，一方当事者側における相互協力ないし団結の程度には相当の幅がみられるにもかかわらず，法制度がそうした実態に即した対処をしていない状況があることから，個別的か画一的かといった二者択一の枠組みに押し込めざるを得ない。集合訴訟形態が未整備である現状では，集団としての実態を重視して常識的な対処をすべきであり，それが無理であれば個別的な対処によるほかないであろう[532]。

　資力要件を充足した者に訴訟救助の決定がなされるためには，さらに，その者に勝訴の見込みがないとはいえないことが要求される（82条1項但書）。訴訟支援制度の合理的運用および濫訴の防止をその狙いとする。そのため，請求原因および主張内容などから判断して，その主張が法律上および事実上是認される可能性が認められる限り，立証面における不確実性があっても救助の対象とすることが許されよう[533]。

(b) 訴訟救助の裁判手続

　訴訟救助の裁判は，各審級ごとに申立てにより決定で行われる（82条1項2項）。申立人は，救助の事由（要件事実）を疎明する（規30条）。いったん救助決定があっても，その後に要件の欠缺が判明したとき，または，これを欠くに至ったときは，訴訟記録の存する裁判所は，利害関係人[534]の申立てまたは**職権**により，いつでも救助を取り消し，猶予した裁判費用の支払を命じることができる（84条）。

　訴訟承継が行われたときは，承継人は，自身についての救助が与えられない限り，猶

---

530) 条解2版354頁〔新堂幸司＝高橋宏志＝高田裕成〕。
531) 沢井・前掲注528) 8頁。
532) この点，新堂947頁以下が「個々に考慮されるたてまえであるといわざるをえない」としながらも，「実際問題として，必要経費の額も原告団の総額として計算され勝訴の見込みも共通に判断されるであろうし，各個人の資力も，相手方との資力の格差という点を強調し，かつ，経費の多額化を考慮していくと，一般的には生活に多少ゆとりのある者でも，その者と原告団の他の者との差はネグリジブルになる場合が多く，結論として，画一的な取扱いが正当化される場合が少なくないものと思われる」とすることも参考になる。
533) 条解295頁〔新堂幸司〕，新堂946頁，伊藤554頁など。たとえば，控訴審における救助申立人が第一審で敗訴していたとしても，そのことだけからは，当然に勝訴の見込みがないとはいえない（大決昭12・6・23判決全集4輯12号20頁）。
534) 相手方当事者は，訴訟費用の担保の提供を要求することのできる場合に限り，ここにいう「利害関係人」に含まれる。

予された費用の支払を命じられる（83条3項）。

救助申立て却下決定，承継人に対して支払を命ずる決定，あるいは，救助の取消決定などの訴訟救助に関する決定に対しては，即時抗告をすることができる（86条）。抗告中に抗告人が死亡したとき，救助の一身専属性から，抗告は，相続人に承継されずに終了すると考えられる[535]。

これに対して，救助付与決定に対する相手方当事者の即時抗告が認められるかについては，争いがある。

判例[536]は全面的にこれを肯定する。

学説には，判例に賛成する見解[537]と，訴訟費用の担保の申立てのできる場合にのみ利害関係人として即時抗告することができるとする見解[538]がある。

裁判費用の支払猶予という派生的な事柄で手続を覆すのは問題であり，しかも，審理の内容とは直接には関係がないことから，たとえ資力があるのに違法の救助を付与したとしても，武器対等の原則が不当に侵害されたというわけではなく，公平の観点からは，相手方に不服（抗告）を主張させる必要は認められないので，無条件に即時抗告を肯定する判例およびそれを支持する見解には問題があろう。これら肯定説は，相手方には勝訴の見込みに関する裁判所の認定を争う濫訴防止の利益があると主張するが，「勝訴の見込みがないわけではない」という要件を直ちに濫訴防止に結びつける論理には飛躍があるばかりか，濫訴の意味するところが明確でなく，しかも，本案の審理なしに濫訴か否かを判断することは原則として困難であり，その判断を訴訟の冒頭で行うのは無理な手続進行であって，手続の煩雑遅滞を招くうえに，濫訴認定の過程において救助申立人の裁判を受ける権利を損なうことになりかねない[539]。もっとも，救助の結果として申立人が担保提供義務を免れるときは（83条1項3号），相手

---

535) 大阪高決昭46・3・30下民22巻3＝4号360頁，新堂948頁など。

536) 大決昭11・12・15民集15巻2207頁，最決平16・7・13民集58巻5号1599頁。

537) 野間繁「判批」民商5巻6号（1937年）1375頁，基本コンメ新民訴(2)116頁〔加藤新太郎〕，実務民訴(2)185頁〔内田武吉〕など。

538) 兼子・判例民訴477頁，斎藤秀夫「判批」判評152号〔判時640号〕（1971年）133頁，住吉博「訴訟上の救助付与決定に対する相手方の不服申立て」新報80巻1号（1973年）107頁，斎藤ほか編(3)256頁〔斎藤秀夫＝松山恒昭＝小室直人〕，新堂948頁，伊藤554頁，梅本24-25頁，松本＝上野812頁〔上野〕など。同旨の高裁決定として，東京高決昭54・5・31判時933号71頁，福岡高決昭55・5・27判時980号67頁，福岡高決昭57・7・8判タ479号118頁，東京高決昭61・11・28判時1223号51頁などがあり，最決平16・7・13民集58巻5号1599頁の滝井繁男裁判官の反対意見も同旨である。

539) 新堂949頁参照。

方は応訴拒絶権（75条4項）を行使することができなくなるので，即時抗告を認めるべきである。

(c) 訴訟救助の効果

救助決定が発効すると，申立人は，①国庫へ納付すべき裁判費用，執行官の手数料などの支払が猶予され（83条1項1号），そして②裁判所において付添いを命じた弁護士（155条2項など）の報酬等の支払を猶予され（同条同項2号），また，③訴訟費用の担保を免除される（同条項3号）。

裁判費用のうち，鑑定人の日当等の費用は，予納が要求されることから（民訴費12条1項），その支払が猶予されると，国庫からの立替金の支出が必要となるといった事情が存することから，実際に猶予される対象は，実務では，申立て手数料に限られるのが通常である[540]。

受救助者が支払いを猶予された費用について，相手方の負担が命じられた場合は，国庫が直接相手方に対して取立てをすることができる（85条）。これは，相手方に対する費用償還請求権をその最終的な利益帰属主体である国が行使し得ることを認めた規定である（民訴費16条2項参照）。

他方，受救助者が負担を命じられた場合については，訴訟救助による支払猶予の効力いかんについての明文規定を欠くことから[541]，訴訟救助決定の取消し（84条）を経ない限り受救助者からの取立ては許されないのかが問題となる。

学説上，(i)費用負担を命じられた受救助者であっても，資力を回復するなどして民訴法84条の要件を充足し，同条によって救助決定が取り消されない限り，この者から費用を取り立てることはできないとする見解（取消し必要説）[542]，(ii)訴訟救助は訴訟費用の支払がなくても訴訟進行を妨げないという効果を有するにすぎないとして，訴訟の完結により訴訟救助の決定は当然に失効するので，救助決定の取消しを経ずに受救助者からの取立てが認められるとする見解（取消し不要説）[543]，そして，(iii)救助決定が当然に失効する場合と取消しにより失効する場合があるとする見解があり，これによると，受救助者の全部敗訴・訴訟費用全額負担の裁判が確定した場合や受救助者が訴え取下げまたは請求の放棄・認諾を

---

540) こうした実務上の慣行は，一部救助とよばれる。
541) 取立てを根拠付ける規定としては，民訴費用法14条・15条がある。
542) 菊井＝村松 I 730頁，条解301頁〔新堂幸司〕，注釈民訴(2)625頁〔福山達夫〕，秋山幹男「訴訟費用制度等の合理化」ジュリ1028号（1993年）137頁，基本コンメ新民訴(1)175頁〔大喜多啓光〕，注解民訴 II 175頁〔山口健一〕など。
543) 岩本勇次郎＝三ヶ尻好人『新民事訴訟法要論・上巻』（巌松堂書店，1928年）523頁など。なお，この見解によると，当該訴訟の確定判決を債務名義とする強制執行に訴訟救助の効力が及ぶとする民訴法83条1項との整合性が問題となるところ，原則として失効するが，受救助者による強制執行の可能性のある部分は失効しないという修正を要することになる（速判解3号（2008年）151頁〔笠井正俊〕とそこに掲載の諸文献を参照）。

した場合には，救助決定はその取消し決定を経ることなく当然に失効し，受救助者に支払を命じることができるが，請求の一部認容一部棄却の確定判決で受救助者が訴訟費用の一部負担を命じられた場合や受救助者が訴訟上の和解で訴訟費用の全部または一部を負担することとされた場合などには，救助決定はそれだけでは失効せず，資力回復による取消しを経ない限り，受救助者から猶予費用を取り立てることはできないという544)。

こうした理論状況のなか，最高裁判所は，受救助者の全部敗訴・訴訟費用全部負担の裁判が確定した場合には，救助決定は当然に失効し，その取消しを経ることなく，受救助者に対して猶予費用の支払を命ずることができると判示した（最決平19・12・4民集61巻9号3274頁）。

この問題については，現に負担を命じられた受救助者の経済状況や判決内容等を総合的に吟味する機会として取消しという手続を介在させるのが周到であるといえ，その点から取消し必要説に賛成したい。上記最高裁決定の判断も慎重なものといえるが，さらに実質的な考慮を行うことを要しよう。この点では法律扶助の取消しについての扱い545)も参考にされてよいであろう。

執行官や弁護士も，その手数料や報酬等につき，受救助者に代わり，その額を確定した上で相手方から取り立てることができる（85条，民訴費16条2項）。

(2) 法律扶助（リーガルエイド）

法律扶助とは，資力に乏しい者が弁護士に法律相談を求めたり，さらに弁護士に訴訟委任を行ったりすることを可能とするために，財政面を中心に支援を行う制度である546)。

わが国において，当初，法律扶助は国家事業としては位置付けられておらず，財団法人「日本法律扶助協会」が主導的な役割を果たし，国から事業費の補助を受けていた。その特徴としては，第一に，扶助対象が裁判援助に限られ，法律相談などが含まれていないこと，第二に，対象者が生活保護受給者またはそれに準じる者とされていたこと，第三に，扶助の方法が立替金の支出であり，受給者はその償還義務を負うこと，第四に，扶助組織に所属する弁護士が事件を受任するのではなく，一般の開業弁護士に受任を依

---

544) 横田忠『書記官実務研究報告書12巻1号〈訴訟上の救助に関する研究〉』（裁判所書記官研修所，1973年）150頁，五十嵐常之「訴訟救助」裁判実務大系(8)365頁，外村茂ほか「訴訟上の救助における裁判費用の取立て等について」会報書記官10号（2007年）27頁，伊藤555頁など。
545) 法律扶助の場合，その終結決定に際して，日本司法支援センターの地方事務所長が被援助者の生活状況を聴取するとともに，事件の相手方等からの金銭等の取得状況を確認し，援助終結後の立替金の償還またはその猶予もしくは免除を決定する（日本司法支援センター業務方法書59条1項）。
546) 貧困者のための法律扶助制度が，フィレンツェにおける正義へのアクセス・プロジェクトの第一の波として位置付けられることにつき，カペレッティ＝ガース27頁以下を参照。

頼すること，などが挙げられる。

　こうした法律扶助制度の状況にかんがみ，とりわけ低所得者層に対する司法アクセスを解消すべく法律扶助の拡充が必須であるとの共通認識が浸透し，司法制度改革論議の先陣を切って2000年に民事法律扶助法（平成12年法律第55号）が制定された。これは，法律扶助を裁判を受ける権利の実質的保障のために不可欠の制度として位置付け，その実施体制の整備を国の責務として明確化したものである（同法3条1項）。同法は，「法律扶助協会」（指定法人）に対する国庫補助金支出の根拠を明定し，また，扶助対象を法律相談にまで拡充した（同法2条3項）。ただし，扶助の基本的性格としての立替払制度は維持されている（同法2条1項2項）。

　その後，司法制度改革論議に基づく諸法が整備されるにともない，紛争解決制度へのアクセスを確保するには国民が法律専門職者のサーヴィスを身近で享受することができるようにすることが必要であり，このための総合的な支援を調べるべきであるとの見地から，2004年に総合法律支援法（平成16年法律第74号）が制定され，民事法律扶助事業の整備発展は同法に基づいて実現されることになった（同法4条）。その施行にともない，民事法律扶助法は廃止された（同附則6条）。ここに，法律扶助事業は，新たに発足した「日本司法支援センター（通称，法テラス）」[547]に承継されることとなった（同附則7条）[548]。総合法律支援法は，政府が財政上の措置を講じるべき義務を明定しており（同法11条），わが国における法律扶助事業は一段と拡充されるものと期待される[549]。なお，同法の下でも，制度全体の基本デザインとかかわり運用政策の調整も求められることもあることから，立替払制は維持されている（同法30条1項2号イなど）。

　法的情報提供のために一連の新たな措置（司法制度への水先案内人）[550]が講じら

---

547)　日本司法支援センターは，独立行政法人ではないが，その手法を採用している。日本司法支援センターにつき，小堀樹「日本司法支援センターの事業構築とその課題——法律扶助協会の経験から——」財団法人法律扶助協会編『市民と司法——総合法律支援の意義と課題——』（財団法人法律扶助協会，2007年）41頁以下など参照。

548)　ちなみに，法律扶助協会による民事法律扶助事業以外の事業（自主事業）は，日本弁護士連合会によって承継され（会則89条の2），さらに日本司法支援センターに委託された。今後の展開が注目される。なお，法律扶助協会は，2007年3月の事業終了により解散した。

549)　山本和彦「総合法律支援の理念——民事司法の視点から」ジュリ1305号（2006年）8頁，小島武司「司法アクセスの意義とその内容」前掲注547）市民と司法9頁以下など参照。そのほか，リーガル・サーヴィスの多様化に応じた法律扶助のあるべき姿を考究した小島武司「訴訟援助と訴訟外援助——法律サービスの多様化と法律扶助の対象」法律扶助協会五〇周年記念誌編集委員会編『日本の法律扶助——五〇年の歴史と課題——』（法律扶助協会，2002年）473頁，英米におけるリーガルエイドの沿革を辿りながら民事法律扶助の意義と機能を描き出した我妻学「民事法律扶助の意義と機能」小島古稀下255頁なども参照。

550)　小堀・前掲注547）45頁によると，情報提供の方法としては，「コール・センターとFAQによる簡易なケースの案内，地方事務所における専任相談員の配置，電子ツールによる情報提供などが活発に運営されることで，各地方事務所と地域のサービス提供者の協力による援助ネットワークが形成されていくならば，支援センターは，法的問題で窮境にあるすべての国民に適切な

れること（同法30条1項1号）で，法に関する知識と意識が国民の間に行き渡り，法的サーヴィスの利用行動を促進するための前提条件である弁護士過疎の解消，法律業務モデルの刷新が進み，民事裁判へのアクセスの機会が広がることと，法律扶助のニーズが開拓されることは正しく連動しているのであり，このことがしっかりと認識されなければならない。スタッフ弁護士が各地の地方事務所に専任で配置され，また，ジュディケア制の下での開業弁護士の活動が刷新されるならば，法律扶助制度はその面目を一新することになろう。

　サービスを紹介・提供することができる「司法制度への水先案内人」としての使命を自らを果していくであろう。

第8章　複数請求訴訟

はじめに

　一つの訴訟手続に関与する原告と被告がそれぞれ一人で，その間の一個の請求が審判の対象となっているというのが，民事訴訟の最も単純な基本形態である（前章までの記述）。

　しかし，現実の社会に生起する紛争は，請求が複数であったり，当事者が多数であったりなど，より複雑な形態をとるのが通常であり，そうした紛争の実態を訴訟手続に反映する途を設けておくことが要請される[1]。各紛争は，それぞれ別個の訴訟手続で審判すればよいともいえようが，一つの訴訟手続による方が，当事者の負担を軽くし，訴訟経済にも適ううえ，関連性のある複数の請求を同一の裁判官が一挙に審判することで，統一的，一回的ないしは関連的な解決がはかられ，民事訴訟の機能は向上することにもなる。

　そこで，一つの訴訟手続に複数の訴訟物や当事者が集合する複雑訴訟（complex litigation）が応用形態として容認されることになる。このうち，本章では，請求が複数の場合である複数請求訴訟を取り上げ，当事者が複数の場合である多数当事者訴訟は次章（第9章）に譲る。

　複数請求訴訟は，当事者または裁判所の併合行為によって生じるが，それには，原告が一つの訴えで複数の請求をすることによって生じる場合（固有の訴えの客観的併合）と，訴訟係属後において生じる場合（後発的複数）とがある。後発的複数は，原告による訴えの変更（143条），被告による反訴の提起（146条），原告または被告による中間確認の訴えの提起（145条）などに加えて，裁判所による弁論の併合（152条）および判決の併合によっても生じる。

---

[1]　もっとも，現実の紛争をそのまま手続に託されるか否かは当事者の実質的考量いかんによる。紛争の一部を切り取って全体への布石として働かせるか，全体を手続に投入するかは当事者において個別具体的に判断する課題である。

第1節　請求の併合（固有の訴えの客観的併合）

第1款　請求の併合の意義

　一人の原告と一人の被告との間で，数個の請求が一つの訴訟手続で審判される場合を，請求の併合または訴えの客観的併合という。これには，訴え提起の当初から併合される固有の訴えの客観的併合の場合[2]と訴訟係属後に併合される後発的複数の場合がある（前述）。以下では前者について述べる。

　請求の単複を判断するには，請求の同一性を識別する基準が用いられるところ，その結論は，訴訟物理論いかんで異なる。たとえば，不法行為や不当利得に基づいて同一金額を請求する場合，旧説によると，原告がどう意識するかにかかわらず，二つの請求についての審判を求めたことになり，請求の併合となる[3]のに対し，新説によれば，請求は単一であり，複数の攻撃防御方法を掲げたにすぎないことになる。

第2款　請求の併合の要件

　請求が併合されるには，①数個の請求が同種の訴訟手続によって審判することができること（136条），②各請求について受訴裁判所に管轄権のあること，③請求の併合が禁止されていないことを要する。

　各請求の間に関連性のあることは要件とされていない[4]。訴え提起の当初から請求が併合されている固有の訴えの客観的併合の場合であることから，後発的複数の場合と情況が異なり，訴訟遅延を招くおそれや被告の防御上の利益や審級の利益を考慮する必要がないうえ，一つの訴訟手続による方が被告としては応訴の煩もなく，全体として訴訟運営上合理的である。そもそも，原告が関連性のない請求を併合して，いたずらに訴訟手続を混乱させることについて措置をおく特段の理由はない。

1　同種の訴訟手続

　通常の民事訴訟手続，人事訴訟手続，そして，行政訴訟手続は，それぞれ異種の手続であるので，これらの請求を併合することはできない。なぜなら，弁

---

2) 請求の併合の基本型であることを示す意味で，「固有」という表現が用いられる。なお，「訴え」という言葉は，「請求」と同義であることには注意を要する。
3) 兼子・体系365頁など。
4) ただし，行訴16条1項，人訴17条参照。

論主義などの基本的な訴訟原理の相違に応じて異種の手続を設けた意味が損なわれてしまうからである。これは，原則的な考慮としては当然であるが，法政策的には柔軟に考える余地がある。現に，異種の手続間における併合を法が許容している余地がある（人訴8条・17条，行訴13条1号・16条。なお，附帯私訴制度を参照)5)。

再審の訴えは，異種の手続ではないので，事実審判決に対する再審の訴えに他の請求を併合することは可能である。

2　各請求についての管轄権

併合される請求のすべてについて，受訴裁判所に管轄権のあることを要するが，専属管轄の場合を除いて（13条1項)6)，併合請求の裁判籍の規定（7条，人訴5条）によって，一つの請求について管轄権がありさえすれば，他の請求もこれに併合されることにより，管轄権が生じるので，この要件が問題となることはない。

3　請求の併合が禁止されていないこと

同種の訴訟手続による請求であっても，法律上，請求の併合が禁止される場合がある7)。したがって，請求の併合が禁止されていないことが要件として必要とされる。

---

5) 民事訴訟と行政事件訴訟の併合（たとえば，抗告訴訟に国家賠償請求が併合された場合）や民事訴訟と人事訴訟の併合（たとえば，離婚訴訟とその原因とされる配偶者の一方から他方への暴行虐待行為によって生じた損害の賠償請求訴訟が併合された場合）によって，弁論主義が排斥されるのかについて争いがある。(i)弁論主義の合目的的性格のゆえに，これを後退させて，行政事件訴訟手続ないし人事訴訟手続に服する（それゆえ，自白の拘束力が否定されたりする）という見解（三ケ月・全集130頁)，(ii)共通の争点については職権主義によるが，賠償額など賠償請求のみに関する争点については弁論主義によるという見解（南博方編『注釈行政事件訴訟法』（有斐閣，1972年）181頁〔上原洋允〕，矢野邦雄「関連請求の併合とその問題点」実務民訴(8)196頁，菊井＝村松Ⅱ74頁，新堂708頁注(1)，松本・人訴147頁，松本＝上野617頁〔上野〕など。なお，吉村徳重＝牧山市治編『注解人事訴訟手続法〔改訂〕』（青林書院，1993年）110頁〔小島武司＝山城崇夫〕参照)，(iii)共通の争点についても異なる手続原則が妥当するので，弁論主義は排斥されないという見解（岡垣学『人事訴訟手続法』〔第一法規，1981年〕168頁）がある。これらの諸見解のうちでは，併合の法的許容とその当事者の選択という事実は手続内の証明リソースを適切な範囲で用いることを前提として含んでいることから，ii）の見解が支持できよう。

6) 旧法下では，除外される「専属管轄」に「専属的合意管轄」が含まれるのかについて争いがあったが，新法は，それを含まないものとして，立法的解決を図った（人訴20条1項カッコ書)。

7) たとえば，かつては，婚姻関係事件と他の訴えとの併合が禁じられていた（旧人事訴訟手続法7条2項)。なお，現行の人事訴訟法は，併合禁止規定を置いていない。

第3款　請求の併合の態様

請求の併合の態様は，併合される各請求間の相互関係から，①単純併合，②予備的併合，③選択的併合の三つに分類される。

1　単純併合（並列的併合）

論理的に両立し得る複数の請求について，他の請求と無関係に各請求のすべてについて審判を求める併合態様を，単純併合という。たとえば，売買代金支払請求と貸金返還請求といった相互に無関係な内容の請求の併合のほか，土地明渡請求とその明渡しまでの賃料相当額の損害賠償請求といった相互に関連性のある請求の併合の場合がある。

物の引渡請求とその引渡しが履行不能または執行不能の場合の代償請求の併合については，一見すると予備的併合とも思えるが，これも単純併合と解されている[8]。物の引渡請求が現在の給付請求であるのに対し，代償請求は将来の執行不能を条件としてなされる将来の給付請求であり，各請求は時系列的に前後するものの両立し，両請求をともに認容する判決[9]をすることも可能である[10]。

2　予備的併合（順位的併合）

論理的に両立し得ない複数の請求に順位を付し，第一次請求（主位請求）の認容を解除条件として，第二次請求（副位請求）についても審判を求める併合態様を予備的併合という。裁判所としては，主位請求を認容する場合には，副位請求の審判が不要となるが，主位請求を棄却する場合には，副位請求の審判が必要となる。予備的併合は，その内在的不安定性からして，相互に両立し得ない関係にある請求の間で許される。たとえば，①売主が主位的に代金請求をしながら，売買契約が無効と判断されることに備えて目的物の返還請求を予備的に請求する場合，②目的物の占有権原を明確にするために，主位的に所有権確認請求をしながら，予備的に賃借権確認請求をする場合[11]などである。

---

8) 判例（大判昭15・3・13民集19巻530頁〔百選26事件〕，最判昭30・1・21民集9巻1号22頁），通説である。

9) この場合の判決主文は，たとえば，「別紙目録記載の物を引き渡せ。その引渡しが不能のときは金〇〇円を支払え。」となる。松本＝上野617頁〔上野〕参照。

10) なお，基準時までに引渡請求が不能となるおそれが顕在化している場合は，原告の申立ての趣旨が，不能ならば代償請求をするという限定的なものであると解されるときは，予備的請求と解すべきであり，裁判所は，物の引渡請求を棄却することが可能である限り，代償請求についての判決をすることになる，とするのは，新堂709頁注(1)，松本＝上野643頁〔上野〕など。この扱いは，妥当であろう。

予備的請求が許されるのは，両請求が相互に両立し得ない場合に限られるか否かについては，争いがある。裁判例（福岡高判平 8・10・17 判タ 942 号 257 頁）および通説[12]は限定説をとるのに対して，限定を不要とする見解もある。すなわち，上記の例①における原告は，売買が有効であると同時に無効でもあると主張するわけではなく，売買が有効であれば代金の支払を，無効であれば物の返還を求めているのであって，いずれか一方の請求の敗訴を覚悟すれば，両立し得ない数個の請求を単純併合することも認めるべきであるとして，原告による併合形態の選択の余地を肯定する[13]。確かに，原告の選択に意味があるのであれば，それを尊重する方向で考えることに合理性は認められよう。しかし，両立し得ない両請求を同位的に主張するのであれば，原告の主張として意味をなさず，このような場合には，むしろ両請求に順位を付すことを条件として両請求の併合審判を認める理論的枠組みが，当事者の便宜，訴訟経済，そして，審判の統一をもたらすという観点で合理性があるものといえよう。なお，各請求が両立する関係にある場合には，原告が予備的に順位を付して請求した場合でも，単純併合として扱われよう[14]。これが審理の構造からして合理的扱いである。

3 選択的併合（択一的併合）

論理的に両立し得る複数の請求について，そのうち一つの認容を他の申立ての解除条件として審判を求める併合態様を，選択的（択一的）併合という。裁判所は，いずれか一つの請求を認容すれば，他の請求の審判は不要となるが，すべての請求を棄却してはじめて原告敗訴となる。たとえば，債務不履行に基づく損害賠償請求と不法行為に基づく損害賠償請求とを併合する場合である。

この併合態様は，旧訴訟物理論の立場から，請求権競合ないし形成原因競合の場合を処理するために提唱されたものであり[15]，新訴訟物理論をとれば必要の少ない併合形態である[16]。

---

11) 本文中の例②の場合については，所有権確認請求を棄却する理由は賃借権確認請求の審理に役立たないことを理由に予備的請求は認められないとする反対説がある（小山 520 頁）が，矛盾の局面を余り厳密にとらえる必要はないであろう。要は，合理的な基礎条件が存すればよいということである。
12) 新堂 710 頁，上田 510 頁など。
13) 松本＝上野 644 頁〔上野〕。
14) 新堂 710 頁。なお，本書 718 頁注 9）参照。
15) 旧説をとる判例は，選択的併合を肯定する。たとえば，最判平元・9・19 判時 1328 号 38 頁〔百選 I 74 事件〕は，遺産確認請求と相続財産の共有持分確認請求との選択的併合を認めている。
16) 本書 265 頁参照。

第4款　併合訴訟の審判と上訴

1　審　理

　裁判所は，職権で併合要件の具備を調査しなければならない。併合要件は併合訴訟の訴訟要件であり，これを欠くときは，併合が許されないというにとどまり，各請求ごとに別個の訴えの提起があったものとして取り扱われる[17]。その他の訴訟要件についても，各請求ごとに審査し，欠缺のあった請求についてのみ却下または移送の裁判をすればよい。いずれの併合態様であっても，訴訟要件の欠缺による影響は，最小限度にとどめるべきであろう[18]。

　併合要件が具備されているときは，全請求が審理され，弁論や証拠調べは，すべての請求について共通となる。期日は，すべての請求を審理するためのものであり，そこで顕出された訴訟資料や証拠資料は，すべての請求についての判断資料となる。

　弁論の制限（152条1項）は，併合態様を問わず可能である。これに対し，弁論の分離（152条1項）は，各請求間の条件関係を切断することになるので，選択的併合や予備的併合ではすることができず，単純併合であっても主要な争点を共通にする場合には，分離は認められない。結局，弁論の分離は，主要な争点を共通にしない単純併合においてのみ可能であるということになる。

2　判　決

　全請求について裁判に熟したならば，全部判決（243条1項）をすべきであるのに対し，一部の請求についてのみ裁判に熟した際に，一部判決（243条2項）をすることができるのは，単純併合の場合に限られる。ただし，単純併合であっても，各請求が主要な争点を共通にする場合には，訴訟追行上の便宜や審判の統一といった請求を併合したメリットにかんがみると，一部判決をすべきではない[19]。なお，同様の理由から，予備的併合の主位請求を排斥する場合[20]において予備的請求と各別に判決することは認められない。

---

[17]　大判昭10・4・30民集14巻1175頁は，併合要件の欠缺が明らかになった場合，職権で弁論の分離をすべきであるとする。

[18]　単純併合以外の場合は，併合された請求間に関連性があることから，訴訟要件欠缺の場合に一括した処理も考えられるが，そこでは請求内容に関連性が認められる場合であって，訴訟要件の問題とはその局面を異にするので，連動させるべきではなかろう。

[19]　小室直人「訴の客観的併合の一態様」中田還暦上197頁，新堂712頁など。

[20]　これに対して，予備的併合の主位請求を認容する判決は，全部判決である。

3 上　訴

　全部判決の一部に対して控訴した場合でも，すべての請求が控訴審の対象となるが（上訴不可分の原則），審判の範囲については，不服申立ての範囲との関係で問題を生ずる（304条参照）。ただし，単純併合の場合には，各請求に関連性がなく，それぞれの請求に対する判決について別個に上訴の利益を考えればよいので，特別の問題はない。検討を要するのは，予備的併合と選択的併合の各場合である。

(1) 予備的併合

　主位請求を認容した第一審判決については，被告のみが不服の利益を有する。そこで，被告が控訴すると，予備的請求も控訴審に移審する。控訴裁判所が主位請求につき理由なしとの結論に達したとき，控訴裁判所は，直ちに予備的請求について自ら審判することができるとするのが判例・通説である[21]。予備的請求は第一審の審理を経ておらず，審級の利益が失われるようにもみえるものの，両請求の間には密接な関連があり，審理の重要部分は共通するものとみられ，副位請求は実質上第一審の審理を経ているといえるし，また，控訴審であらたに訴えの追加的変更により予備的請求を併合し得ること（143条・297条）との均衡などにかんがみると，これは妥当な処理といえよう。

　これに対し，主位請求を棄却して予備的請求を認容した第一審判決については，原告・被告の両者が不服の利益を有し[22]，いずれか一方の当事者のみが控訴を提起した場合に困難な問題を生ずる。まず，原告のみが控訴し，控訴裁判所が，第一審判決とは反対に，主位請求を認容すべきとの判断に達した場合，第一審判決の副位請求認容部分を取り消す必要があるのかが問題となる。この点，不服申立ての範囲である主位請求棄却の部分のみを取り消して認容すれば，予備的請求の審判は不要であって当然に失効するから，これを敢えて取り消す必要はないとする裁判例がある（高松高判昭47・11・20高民25巻4号381頁）[23]。しかし，原判決全部を取り消したうえで主位請求を認容するという扱いの方が予備的請求部分の失効が明確となり，当事者にとってより親切であろう[24]。理論

---

21) 大判昭11・12・18民集15巻2266頁，最判昭33・10・14民集12巻14号3091頁〔百選ⅡA 49事件〕，新堂713頁，伊藤565頁，条解2版804頁〔竹下守夫＝上原敏夫〕，松本＝上野620頁〔上野〕，上田512頁など。
22) 原告は主位請求棄却部分について，被告は予備的請求認容部分について，それぞれ不服の利益を有する。
23) これにつき，右田堯雄「判批」判時700号（判評172号）(1973年) 28頁。
24) 条解2版805頁〔竹下守夫＝上原敏夫〕。

上当然なことであっても，それは法律専門家にとってのことである事実を認識すべきである。

つぎに，被告のみが控訴し，控訴裁判所が，第一審判決とは反対に，予備的請求を棄却すべきとの結論に至った場合，原告の控訴または附帯控訴なしに，主位請求を認容することができるのかが問題となる。

この点，これを否定し，第一審判決の予備的請求認容部分を取り消して，その棄却判決をなし得るにとどまるとするのが判例・多数説である[25]。

<small>控訴審における審判対象が不服申立ての範囲である予備的請求の部分に限られ，主位請求に及ばない以上，主位請求の認容判決をすることは不利益変更禁止の原則に反することになるというのが，その理由である。これに対し，主位請求の認容判決を肯定する見解も有力である[26]。その根拠として，原告の主位請求に対する控訴または附帯控訴が原告の意思解釈から導かれること，また，原告にとって，予備的請求であっても自己の請求である以上，それを認容した判決に対して控訴を提起することは期待しがたいことなどを挙げる。</small>

予備的併合という併合形態を選択した原告の意思は，できれば主位請求，少なくとも予備的請求の認容を望むというものであることにかんがみると，原告による明示的な控訴または附帯控訴がなくとも，控訴裁判所が，主位請求を認容する判決をすることができるものと考えるべきであり，それは手続について当事者が想定している自然の推移である。

主位請求・予備的請求をともに棄却する判決に対して，原告が上訴した場合は，原告が原判決中取消し（または破棄）を求める限度で上訴審の審判範囲が画される。原告が主位請求棄却の部分の取消しのみを求めていたとしても，上訴裁判所が主位請求を認容する場合には，原判決中予備的請求の棄却部分をも取り消すことになろう。これは，この併合形態の構造に由来する帰結であるといえよう。

(2) 選択的併合

いずれかの請求を認容する判決に対しては被告が，全請求を棄却する判決に

<small>25) 最判昭58・3・22判時1074号55頁〔百選3版115事件〕（なお，上告につき最判昭54・3・16民集33巻2号270頁〔百選2版121事件〕参照），菊井＝村松Ⅱ505頁，新版民訴演習(1)296頁〔上北武男〕，伊藤565頁，秋山ほかⅢ125頁，基本コンメ新民訴(2)25頁〔上野泰男〕，上野泰男「請求の予備的併合と上訴」名城33巻4号（1984年）1頁，鈴木重勝「控訴審の審判の範囲」新実務民訴(3)203頁，条解2版806頁〔竹下守夫＝上原敏夫〕・1567頁〔松浦馨＝加藤新太郎〕，飯塚重男「不利益変更禁止の原則」講座民訴⑦200頁など。

26) 三ケ月・全集131頁，新堂・争点効下227頁，新堂713頁注(1)・857頁，上田512頁など。</small>

対しては原告が，それぞれ上訴の利益を有する。前者の場合において被告が控訴した場合に，控訴審裁判所が第一審で判決されなかった請求について判決をすることができるかが問題となるが，肯定的に解されている。

一つの請求が認容されれば他の請求は撤回するが，一つの請求が棄却されれば他の請求について審判を求めるという原告の意思は，全審級を通じて維持されているとみて，一つの請求のみを審判対象とした原判決を破棄・差戻しした判決があり，(最判昭58・4・14判時1131号81頁)[27]，妥当である。

第2節　訴えの変更

第1款　訴えの変更の意義

訴えの変更とは，原告が訴訟係属後に訴状の必要的記載事項である請求の趣旨もしくは原因またはその双方を変更することによって[28]，審判対象を変更することをいう（143条1項）。請求の同一性そのものを変更する場合[29]が訴えの

---

[27] 新堂714頁は，この判決について，併合された請求を上訴との関係でも一体的に取り扱う合理的な処理をするものと評価する反面，予備的併合に関する判例理論と矛盾する限度で判例変更の可能性を指摘する。

[28] 請求の趣旨の変更の例としては，土地引渡訴訟において賃借権の抗弁が出されたために，当該土地の所有権確認を追加する場合，将来の給付請求を現在の給付請求に変更する場合，あるいは，損害賠償請求訴訟における被告に民事再生手続が開始したため，原告が再生債権の届出をしたところ，被告がこれに異議を述べたので，請求の趣旨を再生債権確定請求に変更する場合（民再107条参照。仙台高判平16・12・28判時1925号106頁参照）などが挙げられる。請求の趣旨の変更を伴わず，請求の原因のみを変更するのは，同一の給付・形成に向けて数個の請求権・形成権が観念される場合が多く，それゆえ訴訟物理論が影響する。その例については，後掲注[29]を参照。なお，土地賃借人が賃貸人に代位して不法占拠者に対して明渡請求をしていたところ，その後土地所有権を取得したので，所有権に基づく明渡請求に変更する場合は，既判力の主観的範囲が変わることから，新訴訟物理論からも訴えの変更に該当するという指摘（条解2版832頁〔竹下守夫＝上原敏夫〕）がある。これは理論の整理の問題である。請求の趣旨および原因の双方の変更の例としては，家屋明渡請求訴訟に家賃相当額の損害金支払請求を追加する場合，占有保全の訴えを占有を奪われたことを理由とする占有回収の訴えに変更する場合などが挙げられる。以上につき，松本＝上野625頁〔上野〕を参照。

[29] この場合は，訴訟物論によって結論が異なる。すなわち，旧説によると訴えの変更となるが，新説によると攻撃防御方法の変更にすぎないという場合がある。たとえば，①ある契約によって生じた債権に基づく請求と，その契約の更改により生じた債権に基づく請求の場合（大判明7・6・9民集11巻1125頁），②手形金請求権から原因関係に基づく貸金返還請求権に変更した場合（大判昭8・4・12民集12巻584頁），③賃貸借契約に基づく賃料請求と，その賃貸借契約の無効に基づく不法占拠による損害賠償請求の場合（大判昭11・3・13民集15巻453頁），④被告から買い受けた物を同人に賃貸していた原告が，この賃貸借契約の解除に基づく引渡請求（第一審）から，本件売買と賃貸借は被告に対する貸金債権のための売渡担保としてなされたものであると

変更にあたることに争いはないが，単に請求の範囲を変更（拡張・縮減）する場合については議論がある[30]。請求を理由付ける攻撃防御方法のみの変更は，訴えの変更ではない[31]。なお，訴えの変更は，当事者と裁判所の同一性を前提としており，当事者の変更とは別個の概念である[32]。

訴訟政策上は，訴えの変更に対して，さまざまな態度をもって臨むことが考えられる。わが国においては，被告の防御の困難や訴訟遅延などの観点から，訴えの変更が原則として禁止されていた時期があった（旧々法193条2項3号本文)[33]が，その後，訴訟の経過や事情の変更に応じて，訴えの変更を認めた方

主張して，担保物件の換価のための引渡請求（控訴審）に変更する場合（最判昭28・4・24裁判集民8号831頁），⑤貸金債務の支払のために授受された小切手の時効消滅に基づく利得償還請求権を貸金債務自体の請求に改めた場合（最判昭31・7・20民集10巻8号1089頁），⑥約束手形を裏書によって取得した原告が振出人たる被告会社に対して，当初，手形金の請求をし，後に予備的に，当該手形が被告会社の被用者によって偽造されたのであれば，被告会社に対して使用者責任（民715条）に基づく損害賠償請求をする場合（最判昭32・7・16民集11巻7号1254頁）などは，旧説によれば訴えの変更となり，新説によれば請求の変更があるとはいえない場合である。新堂715頁注(1)，上田513頁参照。

30) 請求の趣旨に掲げられた数量のみを拡張または減縮する場合（たとえば，不動産明渡請求部分の増減や請求金額の増減など）が訴えの変更にあたるかにつき，拡張の場合には訴えの変更となることで大方の一致をみるが（兼子・体系370頁，新堂714頁，上田508頁，松本＝上野653頁〔上野〕など），縮減の場合は，これを訴えの一部取下げとみる最高裁判例があるものの（最判昭27・12・25民集6巻12号1255頁），学説上は，一部請求と訴訟物および既判力の範囲という根本的な問題との関連で議論が錯綜している。もっとも，一部の学説が主張するように，訴えの変更を常に訴訟物概念と直結させる必要はないのであって（吉村ほか323頁〔谷口安平〕），裁判所および被告に対して原告が審判を求める請求の範囲を明確に示すために請求の趣旨を掲げることが要求されていることにかんがみて，請求の拡張であれ減縮であれ，当初の訴えによってこの審判を申し立てた事項を変更することになるのであれば，訴訟手続を維持しながら審判の中身である申立事項を変更することであり，その場合には，手続の安定と被告の手続的利益を確保すべく，訴えの変更にあたるとして書面および相手方への送達を要する（143条2項3項）との扱い，（条解2版831頁〔竹下守夫＝上原敏夫〕）が妥当であろう。

31) 新堂716頁，条解2版830頁〔竹下守夫＝上原敏夫〕，上田513頁，松本＝上野622頁〔上野〕など。たとえば，所有権確認請求訴訟において，承継取得の主張が原始取得の主張に変更された場合（最判昭29・7・27民集8巻7号1443頁）は，訴えの変更とならない。反対，木川統一郎「法律要件と請求原因」新報63巻12号（1956年）1011頁。

32) 訴えの要素である当事者，裁判所および請求について，これらの一つを変更することを広い意味で訴えの変更と位置付けることができるが，当事者の変更には新当事者の裁判を受ける権利をどの程度保障すべきかといった固有の問題があることなどから，本書では別個の概念として扱う。新堂716頁参照。

33) 例外として，被告が異議を述べなければ訴え変更は許されるとされていた（旧々法193条2項3号但書）。松本＝上野650頁〔上野〕参照。ちなみに，同時提出主義のドイツ普通法時代においても，訴えの変更は禁じられていた。なお，訴えの変更の歴史的考察として，中村英郎『民事訴訟におけるローマ法理とゲルマン法理』（成文堂，1977年）109頁以下がある。

が紛争解決により適切である場合もあり得ることから，訴えの変更を認める方向に法制が転換した。すなわち，当初の申立事項が紛争解決にとって適切でないことが判明した場合に，常に別訴による仕切り直しを要求するのは，原告にとり過大の負担であるとともに，一度係属した訴訟を無に帰すことは訴訟経済上も適切ではなく，また，そもそも申立事項を決定する権限は原告に認められていることから（処分権主義），その変更についても原告の意思を尊重すべきことは当然ともいえる一方，その反面で，請求の趣旨等の変更を無制限に許すと，被告の防御に障害を与えかねず，その審級の利益を損なうことにもなり，また，裁判所も充実した審理とその円滑な進行を妨げられ，訴訟遅延を招きかねない。そこで，旧民事訴訟法は，こうした隘路を克服するために，請求の基礎の同一性などの一定の客観的要件を定め，それを充足した場合には，被告の同意がなくても，訴えの変更ができるものとした（旧法232条）。現行法も，これを踏襲している（143条1項）。

第2款　訴えの変更の態様

請求の変更の態様としては，新たな請求を追加する追加的変更と，旧請求に代えて新請求についての審判を申し立てる交換的変更とがある。もっとも，判例や一部の学説は，交換的変更は，旧訴の取下げと追加的変更の組合せにすぎないとして，独自の類型とはみていない（複合行為説）[34]。これに対し，学説の多くは，旧請求の審理結果を利用したり，時効中断効の継続を認めるためには独自の類型とする必要があるという[35]。この場合，さらに，旧請求の訴訟係属を消滅させることにつき，被告の同意を要するかをめぐって議論があり，多くが旧訴の係属は被告の利益にかかわるとして同意を必要とする[36]のに対し，訴えの変更の当不当に対する裁判所の判断権が存在しており（143条4項），被告の利益は守られているので，交換的変更を訴え取下げとは独立の訴訟行為であるとして一体的に観念して，被告の同意を要しないとする見解がある[37]。

前者の複合行為説のように厳格に分解すると，訴え取下げか請求の放棄かの

---

34) 最判昭32・2・28民集11巻2号374頁〔百選3版40事件〕，最判昭41・1・21民集20巻1号94頁，三ケ月・全集140頁，斎藤ほか編⑹296頁〔斎藤秀夫＝加茂紀久男〕など。
35) 中村英郎「訴の変更理論の再検討」中田還暦上109頁，新堂723頁注⑴，伊藤566頁，上田514頁，松本＝上野624頁〔上野〕など。
36) 新堂723頁，条解856頁〔竹下守夫〕，斎藤ほか編⑹296頁〔斎藤秀夫＝加茂紀久男〕，上田514頁，松本＝上野624頁〔上野〕など。
37) 伊藤566頁，百選3版40事件解説〔大橋眞弓〕など。

いずれかを明らかにし，それを調書に明確に記載する必要がある（規67条1項1号）が，訴え変更の許否について裁判所の判断が介在する点を考慮すれば[38]，そうした形式的分析をする必要性に乏しく，あるいは，訴え取下げと請求の放棄のいずれとしても，結果的にはさしたる違いはないともいえる[39]。そうすると，被告の同意を敢えて要求するまでもないであろう。したがって，訴えの交換的変更を一体的な訴訟行為としてとらえること，すなわち，その効果として，旧請求に対する判決は不要であると観念して一体的に把握することが，訴訟理論としては，より適切なものといえるであろう。

なお，請求の範囲のみの変更が訴えの変更とされるのは，請求を拡張する場合だけであり，請求の縮減は一部取下げないし一部放棄とみられている。

訴えの追加的変更の例としては，土地所有権の確認請求にその土地の引渡請求を追加する場合や，売買代金の支払請求に売買契約の無効に備えて予備的に目的物の返還請求を追加する場合などがある。訴えの追加的変更がなされると，当初の請求と新請求が併合審理され，その態様には，単純併合，予備的併合または選択的併合がある。また，訴えの交換的変更の例としては，特定物の引渡請求をしていたところ，その物が滅失したために，それに代えて損害賠償請求をする場合などが挙げられる。

第3款　訴えの変更の要件

すでにみたように，原告の便宜，紛争の一回的解決，あるいは，訴訟経済などの訴えの変更を認めるメリットと，被告の防御の負担，手続の混乱，あるいは，訴訟遅延などの訴えの変更のデメリットとをいかに調整するかという観点から，以下の要件が設けられている。

1　請求の基礎に変更がないこと

いかようにでも訴えを変更することが許されてしまうと，被告の防御目標が失われ，裁判所にとっても手続進行の見通しが不透明になったりして，手続混乱を生じ，ひいては訴訟遅延を招きかねないことから，訴えの変更を合理的な範囲にとどめるための客観的要件として，請求の基礎に変更のないことが必要とされている（143条1項本文）。

問題は，いかなる場合に請求の基礎に変更がないといえるかであるが，この点については，「両請求の主要な争点が共通であって，旧請求についての訴訟

---

38) 伊藤566頁参照。
39) 前掲注34) 最判昭32・2・28参照。

資料や証拠資料を新請求の審理に利用することが期待できる関係にあり，かつ，各請求の利益主張が社会生活上は同一または一連の紛争に関するものとみられる場合」といえば大方異論はないであろう[40]。このような場合には，一つの手続内で解決することが，原告の訴えの当初の目的から逸脱せず，被告としても，当初の防御目標が予想外に変更されて困惑することもない反面，裁判所としても審理の重複を避け統一的な紛争解決を図ることができて便宜であるであろう。

　具体的にいかなる場合に請求の基礎に変更がないといえるであろうか。同一の請求についてその主張の限度を変更する場合は，請求の基礎に変更がないといえる。たとえば，①請求金額のみを増減する場合，②無条件の明渡請求を100万円の立退料の支払を条件とした請求に変える場合，③売買代金の請求に加え，売買が無効である場合のために予備的に引き渡した物の返還を求める場合，④境界確定請求に加え，その境界までの所有権の範囲の確認請求をする場合，⑤同一物の所有権確認請求を地上権確認もしくは賃借権確認に切り換える場合などである。他方，同額の金銭請求でも，売買代金請求から無関係の貸金請求に変えるといった場合には，請求の基礎に変更があることになる[41]。たとえば，前渡金10万円と貸金2万円の計12万円の債務のうち，5万円の弁済があったとして，残り7万円を前渡金残金7万円として請求していたのを，前渡金残金5万円と貸金2万円として請求する場合[42]などである。

　この請求の基礎に変更がないことという要件は，防御目標を予想外のものに変更されて困惑するという被告の不利益を回避するために要求されることから，被告が主張した防御方法の基礎事実に立脚して訴えの変更をする場合には不要である[43]。また，被告が積極的に同意するか，または，異議なく新請求に応訴する場合にも，この要件は問われない[44]。

2　新請求の審理のため著しく訴訟手続を遅滞させないこと

　請求の基礎に変更がなく，被告の防御活動に困惑を生じさせない場合であっても，または，被告の同意・応訴がある場合であっても，手続の完結が著しく遅れる場合には，むしろ別訴による解決を図る方が適切であることから，訴え

---

40) 新堂717頁。
41) これに対して，代金債権を貸金に更改した場合などには，請求の基礎に変更はないことになる。
42) 最判昭31・9・28民集10巻9号1197頁。このケースにつき，新堂718頁注(1)は，原告の主張する利益は終始同一であることから，請求自体に変更はないとする。
43) 最判昭39・7・10民集18巻6号1093頁〔百選Ⅰ75事件〕（家屋明渡請求に対し，被告が家屋所有権を主張したので，被告に家屋所有権があることを前提として家屋収去土地明渡請求を予備的に追加したケース）。
44) 最判昭29・6・8民集8巻6号1037頁（建物明渡請求を拡張し，付属建物の収去および隣接地の明渡請求を加えたケース）。

の変更の客観的要件として，新請求の審理のため著しく訴訟手続を遅滞させないことという要件が設けられている（143条1項但書）。

旧請求についての確定判決の後に新請求の別訴を提起することが法律上禁止される場合（人訴25条1項など）には，新請求についての審理の機会を確保することが手続遅延といった訴えの変更に伴う危険に優先するという状況にあることから，この要件は適用されないもの（人訴18条）と解される。たとえば，一部請求を全部請求に拡張する場合において，残部請求が認められないのであれば[45]，「著しく訴訟手続を遅滞させないこと」という要件は適用されないことになろう[46]。

3 事実審の口頭弁論の終結前であること

訴えの変更によって新請求を理由付ける新たな事実に関する審理が必要となるため，事実審の口頭弁論終結前であることが必要とされる（143条1項本文）。なお，訴状送達前における請求の変更は，訴えの変更にあたらない。

上告審は，事実審ではないので，口頭弁論が開かれても，訴えの変更は許されない[47]。控訴審で口頭弁論が開かれれば，訴え変更は可能であるが（297条）[48]，その場合，控訴審の裁判長は，訴えの変更が許される期間を定めることができる（301条1項）。なお，この点に関して，控訴審での訴えの変更は，被告の審級の利益を害しないかという問題がある。請求の基礎が同一であれば，新請求の重要な事実関係が争点となっている限り，第一審の審理を事実上受けているので，被告の審級の利益を害するとはいえないであろう[49]。また，審級の利益は放棄可能なので（311条2項参照），相手方が控訴審における訴えの変更に対して，同意・応訴すれば，たとえ請求の基礎に変更があっても，訴えの変更を許してよい[50]。

なお，訴え却下の訴訟判決に対する控訴審における訴えの変更は，控訴審での審判対象が訴え却下の当否に限られ，請求自体の当否に及ばないとされていることから（307

---

[45] 残部請求を肯定する立場以外の学説を前提とする。たとえば，明示説を前提とすると，残部請求が認められないのは，前訴で一部であることが明示されなかったときである。

[46] 新堂719-720頁参照。

[47] ただし，上告審係属中に被告が破産宣告（新破産法では「破産手続開始の決定」）を受けたとき，原告が給付請求を破産債権確定の訴えに変更することは許されると解されている（最判昭61・4・11民集40巻3号558頁，兼子一『新版強制執行法・破産法』〔弘文堂，1963年〕237頁，藤原弘道「判批」民商956号〔1987年〕910頁など）。

[48] 最判昭28・9・11民集7巻9号918頁。

[49] 最判昭29・2・26民集8巻2号630頁。

[50] 最判昭29・6・8民集8巻6号1037頁。

条），第一審で請求自体の審理が十分なされており，被告が訴えの変更に異議を述べないなどの事情がない限り，原則として許されないであろう[51]。

第4款　訴えの変更の手続

　訴えの変更は，訴えを変更する旨の書面を原告が裁判所に提出することによって行われる（143条2項）。ただし，口頭起訴の認められる簡易裁判所では，口頭で足りる（271条）。

　訴え変更の書面は，被告に送達され（143条3項），それによって新請求について訴訟係属の効果が生じる。ただし，時効中断効などの効果は，訴え提起と同様に書面提出時に生じる（147条）。書面不提出の瑕疵は，責問権の喪失（90条）によって治癒される[52]。

　書面の要否に関して，請求原因のみの変更の場合に議論がある。判例は，書面を要しないとする[53]のに対し，通説はこれに反対する[54]。請求原因も訴状の記載事項であること（133条2項，規53条1項）や，新請求の定立は新訴提起の実質をもつことなどから，書面を要求すべきであり，通説の立場が妥当であろう。

第5款　訴えの変更に対する裁判所の処置

　裁判所は，訴えの変更の有無または許否について疑義があれば，職権で調査する。裁判所の判断は，①訴えの変更がない，②訴えの変更はあるが，不適法である，③訴えの変更があり，適法である，の三つに分かれる。

　①訴えの変更がないとの結論に至った裁判所は，そのまま審理を続行すべきである。なお，当事者間に争いがあれば，その点については中間判決または終局判決の理由中で判断を示すべきであろう[55]。

　②訴えの変更はあるが，不適法であるとの判断に至った裁判所は，申立てまたは職権により変更不許可決定をする（143条4項）[56]。変更不許可決定は，中

---

51) 最判昭41・4・19訟月12巻10号1402頁は，抗告訴訟の訴訟判決に対する控訴審において，国に対する賠償請求を追加する旨の申立てがなされた事案で，訴えの変更は許されないとした。最判平5・12・2判時1486号69頁は，本文にあるような被告が異議を述べない場合には，控訴審における訴えの変更は認められるとした。新堂720頁注(1)参照。
52) 最判昭31・6・19民集10巻6号665頁。
53) 最判昭35・5・24民集14巻7号1183頁など。
54) 兼子・体系374頁，新堂721頁，斎藤・概論436頁，伊藤569頁など。
55) 新堂721頁など参照。
56) 予備的反訴を追加した事案において，最判昭43・10・15判時541号35頁は，終局判決理由

間的裁判であり，独立の不服申立ての対象とならない。しかし，訴え変更による新請求が排斥される旨の判断は，終局判決中でなされ，これを上訴で争うことができる（283条）。その結果，上訴審が原判決を不当とするときは，変更不許可決定および新請求の定立を排斥した原判決部分を取り消し，事件を原審に差し戻すか，または，新請求について自判する。

③訴えの変更は適法であるとの結論を得た裁判所は，とくに裁判するまでもないが，相手方が変更の許否を争う場合は，これを許す旨の決定をすることになる（143条4項類推適用）。これも中間的裁判であるが，上記②の変更不許可決定と異なり，その不服は終局判決に対する上訴によっても争うことができないと解される。この場合は，②と異なり，訴えの変更は適法であるとの判断の下，新請求についての審判がすでになされており，これを取り消すのは訴訟経済に反するうえに，新請求による時効中断効まで失われるからである[57]。

第6款　訴えの変更後の審判

訴えの追加的変更の場合には，新旧両請求についての審判がなされるのに対し，交換的変更の場合には，新請求についての審判がなされ，その際，旧請求についての訴訟資料はすべて新請求の資料となる。この点，旧請求時における自白が変更後もその効力を維持するかが問題とされるが，肯定すべきであろう[58]。もっとも，訴えの変更前後において係争利益が著しく異なる場合には，例外的に自白の取消しの余地を否定すべきではあるまい[59]。

控訴審における訴えの変更は，判決主文において明らかにされるべきである。この点，判例も，家屋引渡請求の棄却判決に対する控訴審において当該家屋の所有権確認請求を追加した事案で，新請求を棄却すべきときは，控訴棄却として第一審判決の主文を単に流用するのではなく，旧請求の控訴を棄却し，新請求を棄却する旨の主文を判決に掲げるべきものとする（最判昭31・12・20民集10巻12号1573頁）。また，請求認容判決に対する控訴審において単なる請求の減縮がなされた場合，第一審判決の減縮部分が当然に失効するとし，控訴棄却として第一審判決をそのまま維持してよいとする判例があるが（最判昭24・11・8民集3巻11号495頁），この場合も判決主文で明らかにすべきであり，原判決取消しのうえ，減縮後の請求限度で認容する旨を判決主文に掲げるべきである[60]。

中での変更不許可裁判をしてよいとする。
57)　新堂722頁。
58)　大判昭11・10・28民集15巻1894頁。
59)　新堂722頁。
60)　同旨，最判昭45・12・4判時618号35頁，菊井＝村松Ⅱ179頁，条解858頁〔竹下守夫〕。

第3節 反　訴

第1款　反訴の意義

　反訴とは，訴訟係属中に，被告が同一手続で原告に対し提起する訴えをいう（146条1項）。本訴の却下または棄却を解除条件として申し立てる予備的反訴[61]と，こうした条件を付さないで申し立てる単純反訴とがある。また，反訴に対して，再反訴することもできる[62]。

　反訴は，被告による請求の追加的併合の一種であり，関連請求の併合により統一的審判を実現し，審理重複や判断不統一を回避し得るメリット，および，原告に訴えの客観的併合や訴えの変更のイニシアティヴが認められることとの均衡，すなわち，原告との公平から被告にも認められた制度である。実践的にみると，反訴は，最強の反撃の一つであり，それにより抜き差しならない対立状況が設定されるともいえる。

　なお，被告は，原則として，反訴と別訴のいずれかを選択することのできる自由を有するのがこれまでの見方である[63]。しかし，係属中の請求と主要な争点を共通にする別訴についても重複訴訟の禁止に触れるとして，同制度を拡充して適用しようとする近時の有力説[64]に同調するならば，本訴と主要な争点を共通にする請求については，その審判を欲する被告としては，反訴を提起すべきことになろう[65]。

　　新堂724頁，松本＝上野634頁〔上野〕など。
61)　予備的反訴は，被告の請求棄却の申立てと両立するか否かの点から，両立しない「真正予備的反訴」と，両立する「不真正予備的反訴」に分類される。前者の例として，売買代金請求に対して売買契約の成立または効力を争う被告（買主）が，裁判所が売買契約を有効と判断して請求を認容するのであれば，売買目的物の引渡請求をする反訴などがあり，後者の例として，貸金返還請求に対して消費貸借契約の取消しを主張して請求棄却判決を求める被告が，裁判所が請求を棄却する場合には，すでに支払った金額を不当利得として返還請求する反訴などがある。
　　真正予備的反訴の場合，裁判所は，本訴請求を棄却するとき，解除条件の成就により，反訴について裁判をしてはならず，他方，本訴請求を認容するときは，反訴請求について裁判をしなければならない。不真正予備的反訴の場合，裁判所は，本訴請求を認容するときは，反訴請求について裁判をしてはならない。
62)　旧々民訴法は，再反訴を禁じていた（同200条3項）。こうした規定は，現行法になく，また，関連性のある請求を一挙に審判し得るというメリットにかんがみて，通説は，再反訴を認めている（反対，法律実務(2)174頁，斎藤ほか編(6)427頁〔小室＝加茂〕など）。
63)　兼子・体系376頁，三ヶ月・全集141頁など。
64)　本書288-289頁参照。
65)　新堂725頁など参照。

もちろん，本訴判決の確定後に別訴を提起することはできるが，その場合には，当該判決の効力を受けることがある。また，関連紛争を統一的・一回的に解決する必要性の高い特定の人事訴訟事件については，反訴提起の範囲が法定されており（人訴18条），しかも，反訴提起をしなければ，当該請求についての審判を求めることができなくなるという制約に服する（人訴25条2項）。他方，迅速を旨とする略式訴訟においては，審理の煩雑化による遅延を回避するために反訴が禁止されている（351条・369条）。

第2款　反訴の要件

訴えの変更が原告に認められることとの権衡から被告に認められた反訴という手段は，被告の利益に資するほかは，訴えの変更と同じく，紛争の一回的解決，あるいは，訴訟経済などのメリットがある反面，相手方（原告）の負担，手続混乱，あるいは，訴訟遅延などのデメリットがあり，それらの調整という観点から，以下の要件が設けられている。

1　本訴と反訴の関連性

反訴の請求は，本訴の請求またはこれに対する防御方法と関連するものでなければならない（146条1項本文）。これは，訴えの変更の要件として請求の基礎の同一性が要求されることに対応する。

反訴請求と本訴請求との関連性は，訴訟物である権利関係の内容またはその発生原因事実において部分的にでも共通性のある場合に認められる。たとえば，同一物についての所有権確認請求の本訴と賃借権確認請求の反訴，売買契約に基づく目的物引渡請求の本訴と売買代金支払請求の反訴，または，同一事故に基づく損害賠償請求の本訴と反訴などである。判例は，占有保持の本訴に対する所有権に基づく建物収去土地明渡しの反訴請求を認める[66]。

本訴と反訴の訴訟物が同じ場合も，本訴と反訴の関連性はあるといえ，反訴要件を欠くものではないが[67]，本訴請求の棄却以上の積極的な要求がない限り，訴えの利益が認められず，反訴請求は不適法却下される[68]。たとえば，給付訴訟に対する債務不存在確認の反訴は，訴えの利益を欠き許されないが，債務不存在確認請求訴訟に対する給付の反訴は，本訴請求の棄却以上の積極的な要求であるといえ，適法であり許されよ

---

[66]　最判昭40・3・4民集19巻2号197頁〔百選3版41事件〕は，民法202条2項により本権の主張を防御方法とすることはできないが，本権に基づく反訴と占有訴訟の本訴とは関連性がないとはいえず，適法であると判断した。正当であろう。

[67]　兼子・体系377頁，条解891頁〔竹下守夫〕，伊藤574頁など。これに対し，松本＝上野315頁〔松本〕は，本訴と別個の訴訟上の請求であることが反訴の適法要件であるとして，反対する。

[68]　同旨，新堂725頁など。

う69)。

反訴請求と本訴の防御方法との関連性は，本訴請求を理由のないものとする事実（防御方法の発生原因事実）が反訴請求を理由のあるものとする事実（反訴請求の権利根拠事実）の全部または一部をなすという関係にある場合に認められる。本訴請求に対する抗弁，抗弁権および再々抗弁がこれにあたるが，積極否認により主張される新事実や証拠方法はこれに該当しない。たとえば，金銭請求に対して相殺の抗弁を提出して，反対債権の残額の給付請求をする場合や，所有権に基づく物の返還請求に対して留置権の抗弁を提出して，その被担保債権の支払請求をする場合などである。反訴は，反訴請求を同一手続内で審理するメリットを評価して認められた制度であることから，防御方法は，反訴提起時に現実に提出されており，実体法上の成立可能性が認められ（たとえば，相殺禁止債権に基づく反訴は不適法），かつ，訴訟法上提出の許されるもの（たとえば，防御方法が時機に後れたものとして却下されたときの反訴は不適法）でなければならない。

なお，この関連性の要件は，訴えの変更における請求の基礎の同一性の要件と同じく，相手方が本訴と無関係な反訴請求にさらされることを防ぐために設けられたことから，相手方である原告（＝反訴被告）の同意ないし応訴があれば，問題とする必要はない。

2 反訴提起により著しく訴訟手続を遅滞させないこと

反訴の提起によって，著しく訴訟手続を遅滞させることとなるときは，反訴は許されない（146条1項但書）。訴えの変更の場合と同様に，訴訟遅延を招来するような事態を防ぐために設けられた要件である。主要な争点を共通にする反訴については，手続を遅滞させることはあまりないと考えられる。

なお，控訴審における反訴提起については，裁判長は当事者の意見を聴いたうえで反訴を提起すべき期間を定めることができる（301条1項）。この期間経過後に反訴を提起することは可能であるが，そのために当事者は，期間内に反訴を提起できなかった理由を裁判所に対して説明しなければならない（301条2項）。

3 事実審の口頭弁論の終結前であること

反訴は，本訴の係属後，事実審の口頭弁論終結に至るまでに提起しなければならない（146条1項本文）。反訴の提起後に本訴の訴訟係属が却下または取下げによって消滅しても，反訴に影響はない。もっとも，本訴が取り下げられた場合，被告は，原告の応訴後であっても，その同意なしに反訴の取下げをするこ

---

69) 同旨，新堂725頁など。これに対し，松本＝上野315頁〔松本〕は，この場合には訴訟物は異なり，反訴は許されると説明する。

4 同種の訴訟手続

反訴請求は，本訴と同種の手続において審判されるものでなければならず，しかも，その手続において反訴が禁止されていないことを要する。反訴が禁止される手続としては，手形・小切手訴訟および少額訴訟が挙げられる（351条・367条1項・369条）。

5 反訴請求が他の裁判所の専属管轄に属しないこと

反訴請求が他の裁判所の専属管轄に服するときは，反訴は許されない（146条1項但書）。専属管轄に服しないときは，反訴について本来の管轄がなくても，反訴の要件を充足すれば，受訴裁判所に関連裁判籍を生じる。

なお，ここにいう専属管轄は，専属的合意管轄を含まない（146条1項但書1号括弧書き）。また，本訴である特許権等に関する訴えが，民訴法6条1項によって，東京または大阪地方裁判所に係属する場合，反訴請求が同規定によって他の裁判所の専属管轄に属するときは，この要件は適用されない（146条2項）。

6 控訴審における反訴の提起

控訴審における反訴の提起には，上記の要件のほかに，相手方，すなわち，本訴原告（＝反訴被告）の同意または応訴が必要とされている（300条1項）。これは，反訴請求についても第一審裁判所の審判を受けるという相手方の審級の利益を考慮して設けられた特別の要件である。相手方が異議を述べずに反訴の本案について弁論をしたときは，反訴の提起に同意したものとみなされる（300条2項）。

もっとも，この要件が要求されない場合がある。まず，人事訴訟における反訴は，判決が確定すると既判力以上の失権効が生じることから（人訴25条），相手方の同意の要件は不要とされている（人訴18条）。なお，離婚原因である事実によって生じた損害賠償請求の反訴および離婚の訴えに附帯してする財産分与の申立てを控訴審においてする場合においても，相手方の同意を要しないとするのが判例である[70]。さらに，通常の民事訴訟手続においても，相手方の同意を要しない場合のあることを判例は認める。すなわち，土地明渡請求訴訟の第

---

70) 前者の慰謝料請求の反訴につき，最判昭41・12・23裁判集民85号869頁。後者の慰謝料請求の反訴と財産分与の申立てにつき，最判平16・6・3判時1869号33頁。吉村＝牧山編・前掲注5）126頁〔小島武司＝山城崇夫〕，岡垣・前掲注5）172頁など参照。なお，これらの判決について，松本＝上野320頁〔松本〕は，別個に請求できる慰謝料請求について審級の利益を軽視するものとして疑問を呈する。

一審において被告の賃借権の抗弁を認めた後に，控訴審において被告が賃借権確認の反訴を提起した事案において，最高裁判所は，相手方たる本訴原告の同意を不要とした[71]。第一審で関連する争点の審理が本訴請求との関係においてすでになされているといったように，相手方の審級の利益を実質的に奪うとはいえない場合には，控訴審での反訴提起には相手方の同意を要しないというべきであろう[72]。

第3款 反訴の手続

1 反訴提起の方式

反訴提起の方式は，本訴に準じる（146条3項，規59条）。ただし，本訴を特定したうえで，反訴であることを明示しなければならないと解される[73]。反訴提起には，手数料の納付を要するが，本訴の目的と経済的に重複する限りにおいては納付を要せず，本訴の手数料との差額を納付すれば足りる（民訴費3条1項別表1第6項下欄参照）。

反訴に条件を付すことは，原則として許されない。反訴は，同一訴訟手続内で本訴との併合強制を受けるために提起されるからである。もっとも，本訴の却下や請求棄却を主張し，もし本訴が適法で理由のある場合に備えて反訴請求の審判を求めるという予備的反訴は，許される。その条件成就は，審理手続のなかで明確となり，手続の安定を害することがないためである。売買代金の支払を求められた被告が売買の効力を争いながらも，それが有効であると裁判所に認定される場合に備えて，目的物の引渡しを請求することがその例である。なお，反訴の訴求債権を自働債権とする相殺の抗弁が出された場合に，それ以前の通常の反訴が予備的反訴に変更されるとする最高裁判例がある（最判平18・4・14民集60巻4号1497頁〔百選4版A12事件〕）。

2 訴訟要件および反訴要件の調査

反訴においては，一般の訴訟要件および反訴要件を具備しているかが調査さ

---

71) 最判昭38・2・21民集17巻1号198頁〔百選ⅡA 52事件〕。ちなみに，最判昭45・10・13判時614号51頁は，請求の基礎が同一であれば，第一審で提起した反訴を控訴審で変更（請求の一部拡張）するのに，相手方の同意は不要であるとする。
72) 新堂727頁，条解891頁〔竹下守夫〕，斎藤ほか編(6)437頁〔小室直人＝加茂紀久男〕，伊藤576頁，松本＝上野319頁〔松本〕，上田519頁など。
73) 大判昭9・3・3法学3巻11号1325頁，新堂727頁，伊藤577頁など。反対，松本＝上野323頁〔松本〕。

れる。反訴要件を欠くとき，判例は反訴を不適法として却下するが[74]，独立の訴えとしての要件を満たしている反訴については，これを別個の独立した訴えとして扱うべきであり，そのために訴状の補正を要するならば，補正命令によってこれを促すべきであろう[75]。独立の訴えとして存続させておく方が時効中断効や法律上の期間遵守といった点で反訴原告の利益に適うといえ，仮に反訴原告が，別個の手続での審判であれば，その請求を維持する意思を有しないというのであれば，その請求を取り下げれば済むからである。

3 併合審理

反訴の審判は，本訴と併合して行われる。もっとも，併合によって本訴請求と反訴請求との独立性が失われることはなく，弁論の分離・一部判決は可能であると考えられる。もっとも，本訴と主要な争点を共通にする反訴については，原則として審理重複や裁判の不統一を回避すべく，弁論の分離・一部判決をすべきではなかろう[76]。

4 占有の訴えに対する本権の反訴

民法202条2項は，占有の訴えにおいて本権に関する理由に基づいて裁判をすることを禁ずることから，占有の訴えに対して本権の反訴を提起することができるのかが問題となり，また，それが肯定された場合において，その審理手続はいかにあるべきか，論議がある。

判例は本権の反訴を提起することができるとする[77]。

学説においては，これを肯定する見解[78]が多数を占めるが，否定説[79]も有力である。

---

74) 最判昭41・11・10民集20巻9号1733頁〔続百選45事件〕。同旨，兼子・体系378頁，三ケ月・全集142頁など。
75) 小山533頁，新堂727頁，条解894頁〔竹下守夫〕，上田514頁，伊藤576頁，中野ほか523頁〔栗田隆〕，松本＝上野323頁〔松本〕など。
76) 同旨，新堂728頁。これに対し，弁論の分離は原則として許されるとするのが多数説である（兼子・体系379頁，小山538頁，菊井＝村松Ⅱ258頁，松本＝上野324頁〔松本〕など）。なお，予備的反訴についても一部判決の許否をめぐっては，請求の予備的併合の場合と同じく，許されないとする見解（斎藤ほか編(6)442頁〔小室直人＝加茂紀久男〕など）と既判力の衝突が生じないので，直ちに一部判決を不適法とすることはできないとする見解（松本＝上野324頁〔松本〕〔同書3版を改説〕）が対立する。
77) 最判昭40・3・4民集19巻2号197頁〔百選3版41事件〕。なお，本判決以前の裁判例は，肯定（高松高判昭26・3・24下民2巻3号429頁）と否定（大阪高判昭29・3・4下民5巻3号287頁，東京高判昭33・6・11下民9巻6号1054頁）に分かれていた。
78) 三ケ月・研究(3)59頁以下，法律実務(2)187頁，青山善充「占有の訴えと本権の関係」民法の争点Ⅰ（有斐閣，1985年）135頁，斎藤ほか編(6)435頁〔小室直人＝加茂紀久男〕，新堂726頁，伊藤575頁，松本＝上野318頁〔松本〕，百選2版141頁〔広中俊雄解説〕など。
79) 島田礼介「民法第202条の一考察」道工隆三先生還暦記念論集『民事法特殊問題の研究』（酒

肯定説の論拠としては，民法202条2項は抗弁としての防御方法を狙いとしており，反訴は単なる防御方法とはいえないことや，占有の訴えと本権の訴えとの併合が認められることなどが挙げられている。他方，否定説の根拠としては，民法202条2項が本権に基づく防御方法のみならず，これと牽連する本権上の反訴も許さないという趣旨であること[80]や，本権に基づく反訴を許容すると簡易・迅速を旨とする占有の訴えの意義が失われてしまうことなどが指摘されている。

こうした応酬にあって，否定説には，占有訴訟の意義を積極的に評価し，これを特別視するという発想が看取される。しかし，現行法上，占有訴訟について特別の手続が用意されているわけではなく，占有侵害に対する簡易・迅速な処理は仮処分によれば実現でき，また，反訴によって本訴の審理に遅延のおそれが生じた場合は，本訴の審理に弁論を制限したり，先に裁判に熟した部分について直ちに一部判決をしたりすることなどによって，簡易迅速性を確保することができよう。そうすると，否定説は，根拠薄弱のきらいがある。結局，本権に基づく反訴は適法であると考える。

さらなる問題点として，本訴と反訴がいずれも理由を有する場合に，裁判所はいかなる主文の判決をすべきかがある。

最高裁判所の判断はいまだ示されていないが，被告（反訴原告）に対して原告（反訴被告）への建物引渡しを命じるとともに，その引渡しを受けた後の原告（反訴被告）に対して被告（反訴原告）への明渡しという将来給付判決をした裁判例がある（東京地判昭45・4・16下民21巻3＝4号596頁）。

学説上は，(i)裁判所としては和解の成立に努めるべきであるが，和解が成立しなければ，両者について請求認容判決をすべきであるとする見解[81]，(ii)本権の反訴請求の認容判決が確定すると，占有保護請求権は消滅するという解釈を前提として，本権の反訴を現在の給付の訴えとして認容してよいとする見解[82]がある[83]。

確かに，裁判例や(i)説の帰結である「両すくみ」の判決では，実体法的な正

井書店，1962年）7頁以下，星野英一「占有の訴に対し本権に基づく反訴を提起することは差支えない」法協82巻6号（1966年）782頁，続百選107頁〔船越隆司解説〕，木川・重要問題中372頁，勅使河原和彦「民法202条の訴訟法的考察」早法70巻1号（1994年）1頁，百選3版85頁〔出口雅久解説〕など。

80) すなわち，民法202条2項を反訴の要件である牽連性を失わせる規定であるととらえる。
81) 三ケ月・研究(3)61頁注4など。
82) 青山・前掲注78) 民法の争点Ⅰ132頁など。
83) 本文の(ii)説をさらに進めて，本権の反訴について判決が未確定であって，仮執行宣言も付されていない場合には，ZPO864条2項の類推適用により占有訴訟を棄却し，本権訴訟のみについて認容判決をすべきとするドイツの判例については，松本＝上野326頁〔松本〕を参照。

当性に疑義が生じ得るようにみえるが[84]，そうであるからといって，(ii)説のように判決（本権の反訴請求の認容判決）の確定が実体権（占有保護請求権）の消滅を導くというのは常識に適うが，法律構成としては踏み込みすぎのきらいがある。（既判力の本質論において実体法説に立脚するならともかく）本訴と反訴がともに認容されても，終局的に本権の優位が確定されるのであれば，占有保護請求権の消滅という実体法的構成によらずとも，訴訟過程において確定された本権が法秩序を総体として支えることで，紛争は終局的に決着することになるのであり，紛争の解決としてはそれで足りるであろう。このように本訴と反訴の双方を認容してよいとすると，本権の反訴請求について認容判決を得た被告（反訴原告）が請求異議訴訟を提起し，占有訴訟の請求認容判決の執行不許を求めるという「執行戦争」を招くとの批判があるが，これはあたらない。なぜなら，本権の反訴が確認訴訟の場合には執行力をもつ判決の余地はなく，また，本訴が占有回収の訴えで反訴が所有権に基づく返還請求の場合，反訴は，被告（反訴原告）が本訴で敗訴し占有を失う場合に備えて提起されることから，これは判決では将来給付ととらえられるからである[85]。反訴請求を認容する判決は，当然の事理からして，本訴によって訴求された占有回収を条件とし本権に基づく引渡しを命じているものである。

第4節　中間確認の訴え

第1款　中間確認の訴えの意義

　中間確認の訴えとは，訴訟係属中に，請求の先決問題である法律関係の存否について確認判決を求める申立てをいう（145条1項）。たとえば，所有権に基づく引渡請求訴訟において，その所有権の確認判決を求める申立てなどである。
　こうした先決関係についての判断は判決理由中で示され既判力を生じないところ（114条1項），この点に関する既判力による確定を欲して，別訴[86]を提起するのでは，訴訟経済上好ましくないうえ，審判不統一の危険もある。そこで，法は，当該訴訟手続内で新訴を提起する訴訟中の訴えの一類型として中間確認の訴えを認め，訴えの変更および反訴とは別個独立に規定したのである（145

---

84) 中野ほか旧 567 頁〔佐々木吉男〕。
85) 松本＝上野 327 頁〔松本〕参照。
86) 先決関係に立つ事項の確認を別訴で行うのは，審理の重複・判断の矛盾のおそれがあるので，重複起訴の禁止（142条）に抵触して許されないと解される。新堂 729 頁，伊藤 570 頁など参照。

条)[87]。

第2款　中間確認の訴えの要件

　中間確認の訴えの要件は，①当事者間に訴訟が係属し，かつ，事実審の口頭弁論終結前であること，②先決的法律関係の確認を求める申立てがなされること，③確認請求が本来の請求と同種の訴訟手続で審判されるものであること，④確認の申立てが民訴法6条1項各号の定める裁判所の専属管轄を除く，他の裁判所の専属管轄に属しないこと，である（145条1項2項）。

　訴えの変更における請求の基礎の同一性や反訴における関連性は，当然に満たされる場合なので，とくに要件とされていない。また，控訴審で被告が中間確認の訴えを提起したときも，相手方の同意は要求されていない。さらに，先決問題が争われている限り，主要な争点として審理がなされているのであり，それについて中間確認の訴えを提起しても，手続遅延をおそれる必要はなく，時期的には口頭弁論終結前という制約しかない[88]。

　確認を求め得る法律関係は，本訴または反訴によって主張された訴訟上の請求または抗弁に対して，条件的な関係に立つ法律関係である[89]。この法律関係に対する請求や抗弁の依存性は，現実のもので，かつ，最終口頭弁論終結時に存在しなければならない。

第3款　中間確認の訴えの手続

　訴え提起[90]に際して，中間確認の訴えであることを示す書面が裁判所に提出され（145条3項・143条2項。ただし，271条），これが裁判所によって相手方に送達される（145条3項・143条3項）。この送達によって先決関係の存否について訴訟係属を生じる。時効中断効や期間遵守の効果が生じるのは，書面提出時である（147条）[91]。なお，口頭起訴や訴状送達の欠缺の方式違背は，相手方の異議

---

87)　中間確認の訴えは，原告が提起するときは，訴えの追加的変更の一種であり，被告が提起するときは，反訴の一種である。
88)　控訴審における期間制限（301条）もない。
89)　この点，土地の境界は，所有権に基づく土地明渡請求訴訟の先決関係に立つ法律関係ではないので，境界確定の中間確認の訴えを提起することは，①先決的法律関係という要件を欠き，不適法として許されないとされる。
90)　本来の請求についての授権や代理権には，中間確認の訴えを提起することは含まれない。
91)　当初から先決関係についての争いがある場合には，本来の請求について提訴した時点まで遡って，時効中断効等の効果を認める余地のあることが指摘されている（新堂730頁）。時効中断等の趣旨に照らして，実質的に妥当な扱いといえよう。

なき応訴によって治癒される。

　中間確認の訴えの審判は，訴えの追加的変更の場合に準じ，本来の請求と併合（単純併合）して審理される。そして，本来の請求との統一的な判断の確保という見地から，弁論の分離や一部判決は許されず，一個の全部判決によって同時に裁判すべきである。中間確認の確定判決は，確定された権利・法律関係が先決的意義を有する他の法律効果に関する後訴に対して既判力による拘束を及ぼすことになる。

　中間確認の訴えが係属した後に，本訴請求の取下げまたは却下がなされた場合，前提問題ないし先決的法律関係として判断する必要が必ずしもなくなるわけではなく，控訴審において提起された中間確認の訴えを除いて，先決的法律関係をめぐる争いが存続し，かつ，確認の利益が存する限り，独立の訴えとして扱うべきである[92]。その際の本訴請求についての訴訟資料は，新たな確認請求についての資料となる。なお，反訴の場合と同様に，本訴の取下げ後は，原告の同意を要せずに，被告は中間確認の訴えを取り下げることができる。

92）　兼子・体系 381 頁，三ケ月・全集 143 頁，菊井＝村松 II 193 頁，条解 2 版 843 頁〔竹下守夫＝上原敏夫〕，伊藤 573 頁，松本＝上野 159 頁〔松本〕，上田 521 頁など。

第9章　多数当事者訴訟

はじめに

　民事訴訟においては、二当事者対立の原則の下、単一の原告が単一の被告に対して単一の請求をするという基本構造が前提とされる。しかし、現実社会に生起する紛争は、多数人の間で、または、複数の請求をめぐって展開されることも少なくない。

　こうした紛争の実態をとらえた訴訟形態が複雑訴訟（complex litigation）であり、そのうち請求が複数となる場合、すなわち、複数請求訴訟についてはすでに第8章で扱った。本章では、多数人が訴訟に関与する場合である多数当事者訴訟について眺めていくことにする。その際、多数当事者訴訟を認める必要性と許容性との両側面から、法はどのような特別の定めをしているのかを吟味することが重要である。すなわち、多数当事者訴訟は、高度に組織化された現代社会において増加しつつある多数当事者紛争について、これを一対一の個別訴訟に分解することに伴う、審理の重複や判断の矛盾による当事者・裁判所の負担や困惑を避けて紛争の統一的・一回的解決を実現するといったメリットをもつ一方で、本来個別に裁判を受ける権利（憲32条）の享有主体である個々の当事者が一方の当事者側に束ねられ、足並みを揃えなければならないことによる各当事者の訴訟上の地位の制約や手続保障の希薄化の可能性を内包しかねない。そこで、これらの併合審判によるメリットとデメリットが手続上いかに調整されているかを訴訟形態ごとに検討し、個々の解釈論を展開する必要がある。

第1節　総　説

　多数当事者関与訴訟とは、一つの訴訟手続に三人以上の者が、同時にまたは時を異にして、当事者の地位につく訴訟形態をいう。これは、多数当事者訴訟と当事者交替とに大別される。

　まず、三人以上が同時に当事者となる形態には、その対立状況からして、二当事者対立構造が維持される場合と三人以上が互いに対立する場合とがある。具体的にみると、前者には、二人以上が同格の共同訴訟と主従の関係に立つ補

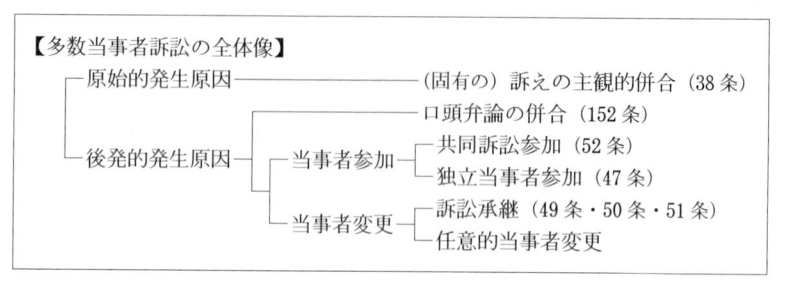

```
【多数当事者訴訟の全体像】
    ┌ 原始的発生原因 ──────────── (固有の) 訴えの主観的併合 (38条)
    │                          ┌ 口頭弁論の併合 (152条)
    └ 後発的発生原因 ┬ 当事者参加 ┬ 共同訴訟参加 (52条)
                   │            └ 独立当事者参加 (47条)
                   └ 当事者変更 ┬ 訴訟承継 (49条・50条・51条)
                                └ 任意的当事者変更
```

助参加訴訟があり，後者には，三面訴訟と構成される独立当事者参加訴訟がある。

　同時的多数は，その発生時期からすると，訴え提起の当初から共同訴訟である場合と訴訟係属中事後的に同時的多数になる場合（後発の同時的多数）に分類される。さらに，後発の多数当事者の場合は，第三者が自ら訴訟に参加する形態と，既存の当事者によって訴訟に引き込まれる形態，それに裁判所の併合による形態がある。

　つぎに，当事者の交替とは，時を異にして数名が当事者の地位につく場合をいい，これには任意的当事者変更と訴訟承継がある。さらに，後者の訴訟承継には，当事者の交替が法律上当然に生じる当然承継と，承継人による参加申立てをまつ参加承継，そして，承継人に対する引受申立てをまつ引受承継がある。

第2節　共同訴訟

第1款　はじめに

　一つの訴訟手続に数人の原告または被告が関与している訴訟形態を共同訴訟といい，同一の側に立つ多数当事者を共同訴訟人（さらに原告側であれば共同原告，被告側であれば共同被告）という。

　各共同訴訟人と相手方との間の各紛争が相互に関連する場合に，これらをまとめて同一手続内で審判することにより，重複審理の回避，訴訟経済，紛争の統一的・一回的解決の実現が期待されるところに法が共同訴訟という特殊の訴訟形態を認めた趣旨がある。

　このように共同訴訟人についての全請求が一つの手続において審理される結果，ある共同訴訟人による，または，これに対する訴訟行為の効果を他の共同訴訟人に及ぼす必要があるが，他方で他の共同訴訟人の手続的利益にも配慮しなければならない。そこで，法は，共同訴訟の性質を考慮にいれて，通常共同

訴訟（同時審判申出共同訴訟を含む）と必要的共同訴訟という二つの類型を設け，他の共同訴訟人に効果が及ぶのは後者の必要的共同訴訟の場合であるとする。

共同訴訟の発生原因としては，共同訴訟の訴えの提起（主観的併合），第三者の訴訟参加（共同訴訟参加など），弁論の併合，当事者の地位を数人が承継する場合が挙げられる。

共同訴訟は，理論上，整合的で効率的な紛争解決を一挙にもたらす装置であるととらえられる。とりわけ，全体としての訴訟追行の負担軽減や争点のもつ社会的インパクトの拡大という観点から，多数当事者訴訟を推進するという選択が当事者サイドからなされることも少なくない（たとえば，公害や消費者被害の領域における集団訴訟など）。

ところが，裁判所の立場からすれば，訴状の送達に始まり，主張・証拠の整理，そして，判決書の作成に至るまで裁判実務の複雑化や混乱を招くことで，訴訟の共同化は却って訴訟運営の負担増大に連なるものと受け止められる面も少なくない[1]。実務と理論の間のこうしたすれ違いの背景には，さまざまな事情があり，そのこと自体興味深い考察の対象となるであろう。

そこで，若干の点を取り上げると，まず，判決書の複雑化の点であるが，確かに旧法時代の伝統的な判決書[2]における事実主張の整理などについてみれば，訴訟共同による複雑化を招くおそれがあったといえようが，実務における争点中心の審理に対応した新様式判決書への移行が新法によって進んだ後は（253条2項参照），事情は多分に異なってきている。そこで，より核心的なのは，精密司法の伝統において育まれたメンタリティーであったのであり，この点は将来的に変化してくるのではなかろうか。

つぎに，共同訴訟人間における主張共通の原則の弾力化の動きもあって，共同訴訟に個別訴訟の法理を貫徹して過度に精緻な整理をする必要はないとの認識が学界では広がりつつある[3]ものの，司法の現場では，そうした柔軟な扱いは便宜的に過ぎるとの批判もあり，また，そこに踏み切ることへの心理的な躊躇もあろう[4]。

---

1) たとえば，説得力に富む指摘として，田尾桃二「紛争の一回的一挙的解決ということについて」民訴40号（1994年）37頁参照。
2) 旧法では，判決書に「事実及び争点」の記載が要求されていたことから（旧法191条1項2号・2項），伝統的な判決書の様式は，要件事実および主張・立証責任に対応した形で当事者の主張をすべて記載することを目指すものであった。
3) たとえば，新堂・争点効下33頁以下・60頁・482頁など。
4) 最判昭45・1・23判時589号50頁など参照。

今後，裁判所に多数の事件が持ち込まれるに応じて多数当事者訴訟の数も増えてくるであろうが，そのような状況下では，常識的な処理に対する抵抗感が減じてこよう。訴訟が非日常的な感覚をもって迎えられ，その件数が少ないといった環境で生じがちな緻密さへのこだわりも今後減退していくと思われる。

第2款　通常共同訴訟

1　通常共同訴訟の意義

通常共同訴訟とは，ある共同訴訟人による，または，これに対する訴訟行為の効果が他の共同訴訟人に及ばず，合一確定が法律上保障されていない共同訴訟形態をいう。各共同訴訟人は，他の共同訴訟人に煩わされることなく，独自に訴訟追行する権能が認められる。

通常共同訴訟の例としては，数人の被害者から同一の加害者に対する損害賠償請求訴訟や買主と転得者を被告とする売買の無効に基づく各移転登記の抹消請求訴訟などがある[5]。

2　通常共同訴訟の要件

通常共同訴訟においては，一般の訴訟要件のほか，共同訴訟の要件（併合の要件）として，特別の客観的併合要件と主観的併合要件を満たす必要がある。仮にこれら特別の要件を充足せずとも，一般の訴訟要件を満たす限り，個別訴訟として別個に審理される。

まず，客観的併合要件からみると，各共同訴訟人と相手方との間に各々別個の請求が存在し，請求の併合を生じていることから，訴えの客観的併合要件として，同種の手続で処理される請求であること（136条），および，共通の管轄権があることを要する。

---

[5]　最判昭29・9・17民集8巻9号1635頁，最判昭31・9・28民集10巻9号1213頁。なお，Ⓐ複数の連帯債務者を共同被告とする訴訟，Ⓑ主債務者と連帯保証人を共同被告とする訴訟，Ⓒ数人を共同被告として自己の所有権確認を求める訴訟については，いずれも通常共同訴訟であるとするのが判例（Ⓐにつき大判明29・4・2民録2輯4巻5頁，Ⓑにつき最判昭27・12・25民集6巻12号1255頁〔百選32事件〕，Ⓒにつき最判昭33・1・30民集12巻1号103頁，最判昭34・7・3民集13巻7号898頁）・通説である。これに対し，論理的には合一確定の必要が大きいので，必要的共同訴訟に準じた扱いをすべきとの見解がある（中村英郎「特別共同訴訟理論の再構成」中村（宗）古稀187頁〔同『民事訴訟におけるローマ法理とゲルマン法理』〔成文堂，1977年〕195頁以下に所収〕）。しかし，この準必要的共同訴訟という考え方は，必要的共同訴訟の規定を本来の通常共同訴訟に対して制限的に適用しようとする点での論理的な難点があるうえ（梅本625頁注(1)参照），共同訴訟人間に主張共通，証拠共通の原則を認め，かつ弁論の分離を慎重に行うことにより，通常共同訴訟と解しても不都合はない（条解170頁〔新堂幸司〕，新堂745頁注(1)参照）。

つぎに，主観的併合要件については，各自の請求相互間に共通の審判を正当化するだけの関連性また共通性が要求される。法は，これをつぎの三つに分けて例示している（38条）。

なお，これらの主観的併合要件は，請求の関連性の乏しい紛争についてまで併合を強制され，その手続的利益の充足度が低下する被告を保護するために必要とされるので，被告の異議がなければ，これを欠いてもよく（大判大6・12・25民録23輯2220頁），また，その具備を職権で調査する必要もない[6]。

①権利義務の共通性

訴訟物たる権利義務が数人について共通であることを要する（38条前段）。たとえば，数人の土地共有者が不法占拠者に対して明渡請求をする場合，数人の連帯債務者に対して支払請求をする場合（前掲注5）大判明29・4・2）などである。

②原因の同一性

訴訟物たる権利義務が同一の事実上および法律上の原因に基づくことを要する（38条前段）。①のように訴訟物が共通する必要はなく，訴訟物を基礎付ける原因事実が同一であればよい。

たとえば，債権者が主債務者と保証人に対して請求をする場合（前掲注5）最判昭27・12・25），同一事故の被害者数人が加害者に対して損害賠償請求をする場合，売買契約の無効を主張して買主および転得者に対して所有権移転登記抹消請求をする場合（前掲・最判昭29・9・17，前掲・最判昭31・9・28），合名会社の社員で一括して除名された数人が除名決議の無効確認請求をする場合（東京控判昭5・7・19評論19巻商587頁）などがある。なお，数人に対して同一物の所有権の確認請求をする場合については，②の場合とする判例もあるが（前掲注5）最判昭33・1・30，前掲注5）最判昭34・7・3），学説上は争いがある[7]。

③権利義務の同種性

訴訟物たる権利義務が同種であって，事実上および法律上同種の原因に基づくことを要する（38条後段）。①②の場合と異なり，請求の発生原因についての具体的な関連を要しないことから，③の場合には，併合請求の裁判籍は適用されない（7条但書）。

---

6) 新堂751頁など参照。
7) 土地管轄に関する7条の適用とのかかわりものではないが，これを①権利義務が共通の場合であるとする見解と（新堂745頁，伊藤582頁など），②原因が同一の場合とみる見解（上田524頁，梅本619頁など）があるが，対象となる権利義務が基盤関係か否か，いずれに共同性があるかをみれば，前者が妥当ではなかろうか（同旨，条解2版205頁〔新堂幸司＝高橋宏志＝高田裕成〕）。なお，大判昭12・6・4民集16巻743頁は，必要的共同訴訟とみる。

これに該当するのは、たとえば、数個の家屋の所有者が各賃借人に対して賃料支払請求をする場合、各別に振り出された数通の手形の所持人が各振出人に対して手形金の支払請求をする場合、保険会社が数人の保険契約者に対して保険金請求をする場合、数個の土地について所有者が数人の不法占有者に対して明渡請求をする場合、または、同一の約束手形の振出人と裏書人または保証人に対して履行請求をする場合[8]などがある。

3 通常共同訴訟の審判

(1) 共同訴訟人独立の原則

通常共同訴訟において、共同訴訟人各自は、他の共同訴訟人に掣肘(せいちゅう)されることなく、各自独立に訴訟追行をする権能をもつが（39条）、これを共同訴訟人独立の原則という。合一確定が必要とされない通常共同訴訟では、共同訴訟人各自の手続上の地位ないし訴訟追行の権限を尊重すべきであることから認められた。

これにより、共同訴訟人は、各自独立に、訴訟代理人を選任し、請求の放棄・認諾、和解、上訴、訴えの取下げ、上訴の取下げ、自白などを他の共同訴訟人に影響されることなく行うことができる。その効果も、行為者と相手方との間にのみ生じ、他の共同訴訟人に及ばない。また、一人について生じた中断・中止の効果は、他の者に影響しない。

結果として、各共同訴訟人に共通する訴訟資料というものは存在せず、訴訟の結果や判決の確定時期も、共同訴訟人ごとにまちまちとなる。ここに、便宜的な観点から併合審理形態をとりつつも、各共同訴訟人と相手方の間における相対的解決をはかることで足りるとする通常共同訴訟の本質がよくあらわれている。そのため、便宜上要請された共同訴訟関係がかえって適正かつ迅速な審理を阻害する場合には、裁判所は、弁論の分離（152条1項）や一部判決をして、共同訴訟関係を解消することができる。

(2) 共同訴訟人の関連性——共同訴訟人独立の原則の修正——

通常共同訴訟において合一確定が法律上保障されていないといっても、整合的解決が事実上期待されるかは別論である。すなわち、共同訴訟人独立の原則

---

8) 大判明34・12・14民録7輯11巻39頁、大判明35・6・24民録8輯6巻133頁、大判明39・5・3民録12輯679頁など。学説は、判例と同じく③にあたるとする見解（伊藤582頁、秋山ほかⅠ385頁、条解2版206頁〔新堂幸司＝高橋宏志＝高田裕成〕など）のほか、①に該当するとの見解（東京高決昭41・2・1下民17巻1＝2号59頁、福岡高決昭57・10・15判タ485号124頁、注釈民訴(1)29頁〔山本弘〕、松本＝上野646頁〔上野〕など）、②に該当するとの見解（中野ほか529頁〔井上治典［補訂・松浦馨］〕、上田524頁など）もあるが、本文に述べたように③の場合といえよう。

の下で，各共同訴訟人がめいめいに訴訟追行権を行使するかどうかは各自の自由であるところ，弁論および証拠調べは，原則的に共通の期日で行われ，共通の主張や証拠申出がなされることも多く，訴訟進行も一様となるのが普通の成り行きであり，その結果として，裁判の統一が実現される可能性は相当程度高まる。便宜的な見地から訴訟共同を認めつつも，共同訴訟人独立の原則を採用し，事実上の統一的解決を期待するところに，通常共同訴訟の妙味がある。

そこで，各共同訴訟人が他の共同訴訟人と足並みを揃え，とりたてて自己固有の訴訟追行権を主張しなかった場合には，独立の原則を前提としつつも，共同訴訟の事実上の効果として，当事者間の合理的な期待に即する形で，共同訴訟人間に主張共通，証拠共通等の原則が働くことが考えられる。

(a) 共同訴訟人間における主張共通の原則

通常共同訴訟における共同訴訟人の間にも主張共通の原則が適用され，共同訴訟人の一人の主張が他の共同訴訟人のための訴訟資料となり得るであろうか。

この点，判例は，「共同訴訟人の一人のする訴訟行為は他の共同訴訟人のため効力を生じないのであって，たとえ共同訴訟人間に共通の利害関係が存するときでも同様である。したがつて，共同訴訟人が相互に補助しようとするときは，補助参加の申出をすることを要する」として，共同訴訟人間の主張共通の原則を否定する（最判昭43・9・12民集22巻9号1896頁〔百選3版101事件〕）。

学説の大勢は，判例同様に，否定的である[9]。これに対し，一人の共同訴訟人がある主張をし，他の共同訴訟人がこれと抵触する行為を積極的にしていない場合には，その主張が他の共同訴訟人に利益なものである限り，この者にもその効果が及ぶとして，共同訴訟人間の主張共通の原則を肯定する見解[10]がある。また，共同訴訟人間に補助参加の利害関係（42条）が認められる場合には，明示の参加申出がなくても，当然の補助参加関係を認め，その一人の訴訟行為は他の共同訴訟人のためにも効果が及ぶとする見解（当然の補助参加説）もある[11]。

少数説には，疑問がある。まず，積極的な抵触行為がなく，他の共同訴訟人

---

[9] 斎藤ほか編(2)151頁〔小室直人＝東孝行〕，注釈民訴(2)71頁〔徳田和幸〕，中野ほか542頁〔井上治典〔補訂・松浦馨〕〕，梅本622頁，松本＝上野652頁〔上野〕，伊藤585頁など。

[10] 新堂幸司「共同訴訟人の孤立化に対する反省」法協88巻11＝12号（1971年）〔同・争点効下33頁に所収〕，新堂746頁，林屋126頁以下，高橋・重点講義下253頁など。なお，中島弘道『日本民事訴訟法』（松華堂書店，1935年）1199頁，河本喜与之『改訂民事訴訟法提要』（酒井書店，1965年）137頁，上田527頁。

[11] 兼子・判例民訴395頁，兼子・体系399頁，西村宏一「利害相反する共同訴訟人間の訴訟法律関係」岩松還暦246頁など。なお，注釈民訴(2)70頁〔徳田和幸〕。

に利益となる主張であっても，弁論主義の下では，各共同訴訟人が自ら提出するのが本来であり，そうでなければ相手方に不意打ちを与えかねない[12]。また，弁論主義との抵触を回避するために当然の補助参加関係を認める見解にも，基準の不明確性ゆえに，訴訟手続の混乱を招くおそれがあること，常に共同訴訟人間の歩調が合っていたとはいえず，参加的効力（46条）をどの程度まで認めるべきかの判定が困難であること，当然の補助参加関係を認めることは，その効果が上訴などの訴訟行為にも及ぶこととなり，共同訴訟人独立の原則を形骸化しかねない[13]。これに加えて，明快な争点整理などにより，審理過程の透明度を高めることの重要性を忘れてはならない。そうすると，共同訴訟人間における主張共通の原則を認めることには疑問がある。しかしながら，ここで終止符を打つべきではなく，裁判運営のあり方について，さらに踏み込んだ考察を要しよう。共同訴訟という場が設定されている以上，関連的な解決の機会を生かすことに努めるべきであり，具体的には，釈明権を行使して他の共同訴訟人に援用の可能性を開いたり，補助参加の申出を促したりするなどの工夫が求められよう[14]。

なお，当然の補助参加説を排斥した上記の否定判例は，その理由として，これを認める場合の基準が明確でないことを挙げているが，実はその真の理由は実定法上の根拠がないということにあったとの指摘がある[15]。判例の場合には，実定法上の根拠が重みをもつのは自然であり[16]，また，ある見解を取り得ない理由として判例が基準の曖昧性を挙げることはよくある。しかし，これは，限界設定が十分でない，すなわち，外延が明確でないとの立場である。少なくとも同定可能なコアーの場合は存するのであり，その状況を確定して肯定することが可能なはずである。それをどこまで広げるべきかは，後日限界ケースにおいて判断を示すことで判例の展開を図ることも考えられよう。本判例が外延スレスレであるとの認識から否定したとみれば，それも一つの見方であろう。

---

12) 菊井＝村松Ⅰ324頁，井関浩「共同訴訟人独立の原則」演習民訴〔新版〕532頁，松本＝上野652頁〔上野〕など。
13) 伊藤585頁参照。
14) 菊井＝村松Ⅰ325頁，伊藤585頁など。
15) 吉井直昭「私淑する法曹の先輩　松田二郎最高裁判事から学んだこと」司法の窓74号（2008年）62頁。
16) 判例と実定法の関係については，中野次雄編『判例とその読み方〔三訂版〕』（有斐閣，2009年）10頁以下〔中野次雄〕など参照。

(b) 共同訴訟人間における証拠共通の原則

通常共同訴訟において共同訴訟人のうちの一人が申し出た証拠から得られた証拠資料が，他の共同訴訟人の援用がなくても，共通の証拠資料になるとしてよいであろうか。

判例は，「共同訴訟人の一人が提出した証拠は，その相手方に対するばかりでなく，他の共同訴訟人とその相手方に対する関係においても証拠として認定資料に供することができる」として，証拠共通の原則を肯定する（最判昭45・1・23判時589号50頁）。また，共同訴訟人の一人が提出した証拠またはこれに対して提出された証拠は，弁論の全趣旨によって，他の共同訴訟人または相手方が援用しなくても，証拠原因たる資料となり得ると判示する（大判大10・9・28民録27輯1646頁)[17]。

学説では，判例と同じく，共同訴訟人間における証拠共通の原則を肯定するのが通説である[18]。その根拠については，自由心証主義の下では，一つの歴史的事実については心証は一つしかあり得ないことに[19]言及し，また，事実認定の専門家である裁判官がそれぞれの訴訟の証拠資料に基づいて異なった心証を形成することは不可能ではないことから，この場合の証拠共通の原則は，必ずしも自由心証主義と直結するものではなく，併合審理を行う以上は同一事実についての認定が区々になる不自然さを回避したいという実践的要求と統一的心証形成によってもたらされる座りのよさに支えられているとする[20]。もっとも，共同訴訟人間でも争点によっては利害が対立し，足並みが揃わないことも考えられる以上，証拠共通は，他の共同訴訟人の援用があるか，または，釈明により援用するか否かを確認するなどして，他の共同訴訟人に不意打ちとならない場合に限り，補充的に認められるべきであるとの限定も付されている[21]。

実務上は，証拠共通の原則を念頭において，各共同訴訟人の防御権ないし手続権を侵害しないような配慮がなされている。とくに共同訴訟人間に利害対立がある場合には，援用の有無を明らかにすべきとされ[22]，共同訴訟人の一人の提出した証拠について，他の共同訴訟人がその証明力を争うことを認め，また，証人については反対尋問ないし

---

[17] これは，主債務者による債務の成立に関する自白を共同被告である保証人についての弁論の全趣旨によって，斟酌することを認めたものである。

[18] 加藤・要論138頁，兼子・体系391頁，新堂746頁，小山488頁，伊藤584頁など。

[19] とくに，加藤正治『民事訴訟法判例批評集第1巻』（有斐閣，1926年）372頁，細野長良『民事訴訟法要議2巻〔訂12版〕』（巌松堂，1934年）136頁。

[20] 中野ほか541頁〔井上治典［補訂・松浦馨］〕，小島・要論292頁など。

[21] 西村・前掲注11) 243頁，中野ほか541頁〔井上治典［補訂・松浦馨］〕，加藤新太郎「自由心証における弁論の全趣旨」名法147号（1993年）117頁〔加藤・手続170頁に所収〕，松本＝上野650頁〔上野〕，梅本623頁，上田526頁など。

[22] 菊井＝村松Ⅰ326頁，秋山ほかⅠ390頁。

補充尋問をすることを認めるのが通例であるともいう[23]。

　学説が共同訴訟の証拠共通の原則を肯定する理由として掲げる若干の点には，いささか疑問もある。まず，同一の事実が問題となっているにもかかわらず，当該証拠に基づいて形成された裁判所の心証を証拠申出をした当事者以外の他の共同訴訟人について用いないのは，裁判所の自由心証を制約してしまうとの言及があるが，自由心証というのは，許容される適法な証拠，換言すれば弁論主義に適合した証拠を基礎とすべきものとの前提があるはずである。さらに，証拠共通を認めないと認定されるべき真実は一つであるにもかかわらず，一つの審理において矛盾した事実認定を強いることになるとの言及もあるが，真実は一つというのは，弁論主義の下で当事者の資料提出に基づく相対的解決を目指す民事訴訟の本質との関係で飲み込みにくい。要するに，併合審理においては，法理上の制約の厳格な遵守よりも，法廷に提出された資料に基づいて共同訴訟人全員に共通する事実認定を行うという制度的合理性ないし社会的常識を上位に置こうとする意識が先行的にあって，これが証拠共通の原則を支えるものと考えるべきではなかろうか。

4　同時審判申出共同訴訟
(1)　同時審判申出共同訴訟の意義

　共同被告に対する原告の請求が法律上併存し得ない関係にある場合に，原告の申出に基づいて同時審判される通常共同訴訟を同時審判申出訴訟という。裁判所の弁論分離権限が制限されることから（41条1項），弁論分離禁止共同訴訟ともよばれる。

　本人に対する契約上の請求と無権代理人に対する請求をする場合（民117条1項）や，工作物の占有者に対する損害賠償請求と所有者に対する請求（民717条1項）をする場合などが典型例である。

　同時審判申出共同訴訟が1996年制定の新法によって導入される以前は，原告による複数の請求が相互に法律上併存し得ない関係にあり，単純併合が許されないことから，主観的予備的併合の許否という形で議論された[24]。これは，どちらか一方の認容を優先して申し立て，それが認容されることを解除条件と

---

[23]　井関浩「共同訴訟人間の証拠共通の原則」実務民訴(1)267頁以下，同「共同訴訟人独立の原則」演習民訴〔新版〕530頁など。

[24]　いずれかの請求権が認められるであろうという原告の期待を保護すべく，必要的共同訴訟とすることも考えられようが，いずれかに重きを置いた訴訟戦略をとることができなくなるなど，原告は，その訴訟追行に過度の制約を受けることになってしまう。伊藤586頁参照。

して他の請求の審判を申し立てるという併合形態であるが，予備的被告の地位不安定および上訴による裁判不統一の危険をおそれて，これを否定するのが旧法下の判例であった（最判昭 43・3・8 民集 22 巻 3 号 551 頁〔百選 3 版 A 38 事件〕）。これに対し，学説では，主観的予備的併合には，関連請求を一挙に解決して審判の重複・矛盾を回避することで，訴訟経済や当事者の便宜に資するというメリットがあるとして，これを肯定すべきとするのが通説であった[25]。

　こうした状況のなかにあって，新法は，相互に両立し得ない請求につき，原告の同時審判の申出によって，弁論の分離および一部判決を許さない併合審理をする途を設定したのである[26]。

(2)　同時審判申出共同訴訟の要件

　同時審判申出共同訴訟が認められるには，①共同被告に対する請求が相互に法律上併存し得ない関係にある場合にあること，②原告による同時審判の申出があることを要する（41 条 1 項）。

　まず，①共同被告に対する原告の請求が相互に法律上併存し得ない関係にある場合とは，一方の請求原因事実が他方の請求の抗弁事実を構成するなど主張レヴェルで両立し得ない関係にある場合をいい，たとえば，前述の本人に対する契約上の請求と無権代理人に対する請求（民 117 条 1 項）をする場合や，工作物の占有者に対する損害賠償請求と所有者に対する請求（民 717 条 1 項）をする場合などがこれにあたる[27]。これに対し，契約の当事者が A か B のいずれかであると主張するような共同被告に対する請求が事実上併存し得ない場合には，同時審判申出共同訴訟は認められない[28]。

---

[25]　兼子・体系 388 頁，中村修三「訴の主観的予備的（または選択的）併合の適否」判タ 174 号（1965 年）52 頁〔本井巽＝中村修三編『民事実務ノート 2 巻』（判例タイムズ社，1968 年）105 頁に所収〕，百選 37 頁〔小島武司 解説〕，新堂・旧 483 頁など。これに対し，判例同様に否定するものとして，三ケ月・全集 211 頁，斎藤・概論 446 頁，木川統一郎「主観的予備的併合不要論」判タ 778 号（1992 年）4 頁以下〔同『民事訴訟法改正問題』（成文堂，1992 年）207 頁以下所収〕など。その他，学説について，注釈民訴(2)17 頁以下〔上田徹一郎〕，河野正憲「訴えの主観的予備的併合」中野古稀上 507 頁，高橋・重点講義下 297 頁以下などを参照。

[26]　同時審判申出共同訴訟を創設した新法下における主観的予備的併合の位置付けについては，本書 753 頁参照。

[27]　一問一答 58 頁。

[28]　同時審判の保障をこのような場合にまで拡げると，その適用範囲が不明確となってしまうということを理由とする（一問一答 59 頁）。なお，類推適用は可能であるという（最高裁判所事務総局民事局監修『民事裁判資料 221 号』〔1998 年〕388 頁，梅本 644 頁など）が，適切であろう。これに対し，「法律上」併存し得ないか否かも事実認定いかんにかかわる以上，「事実上」併存し得ない場合との明確な区別は困難であるとして，後者の場合も解釈論上含まれるとの主張もみられる（上北武男「同時審判の申出がある共同訴訟の適用範囲に関する一試論」白川古稀 625 頁。

つぎに，②原告による同時審判の申出は，事実審の口頭弁論終結時までにしなければならない（41条2項）。同時審判の保障は，共同訴訟人間の証拠共通の原則によって事実認定に関する判断が区々とならないよう期待するものであることから，事実審の口頭弁論終結時が同時審判申出の時的限界とされる[29]。また，原告による同時審判の申出の撤回も，事実審の口頭弁論終結時まで可能であり（規19条1項），撤回されると，通常の共同訴訟関係に復する。これは，控訴審の口頭弁論終結後，判決言渡しまでの間に同時審判申出の撤回をすることが認められると，分離裁判の可能性を前提とした訴訟活動をする機会をもたなかった被告にとって不意打ちとなってしまうからである[30]。原告による同時審判の申出およびその撤回は，期日においてする場合を除いて，書面ですることを要する（規19条2項）。

(3) 同時審判申出共同訴訟の審判

原告の同時審判の申出により，共同被告に対する弁論および裁判を分離することが禁止され（41条1項），共同訴訟としての併合審理が保障される。その結果，共同訴訟人間の証拠共通の原則により，事実認定に関する判断が区々とならないことへの期待が高まる[31]ものの，共同訴訟関係自体は通常共同訴訟であることに変わりはないので，共同訴訟人独立の原則（39条）が働き，共同訴訟人の一人による上訴の効果は，他の共同訴訟人に及ばず，また，被告の一人に中断・中止事由が生じても，他の被告の訴訟進行に影響しない[32]。

もっとも，第一審で同時審判申出がなされたにもかかわらず，各請求ごとに控訴がなされた結果，控訴事件が同一の控訴裁判所に各別に係属するときは，控訴裁判所は，弁論および裁判を併合しなければならない（41条3項）。これは，第一審において同時審判申出がなされ，しかも，全請求が控訴審の審判対象となっている以上，第一審と同じく同時審判関係を保つ必要が控訴審においても認められることによる[33]。たとえば，占有者に対する損害賠償請求が棄却され，

なお，梅本644頁は，現行法の区別に対して立法論上の疑問を呈する）。これについては，さらに検討を要しよう。

29) 秋山ほかⅠ421頁。
30) 条解規則38頁，秋山ほかⅠ422頁。
31) 一問一答60頁。
32) 梅本645頁など。これに対し，高田裕成「同時審判の申出がある共同訴訟」新民訴大系(1)190頁は，統一的解決の要請から中断・中止を認めるべきであるとして反対する。なお，同時審判申出共同訴訟における共同訴訟人独立の原則の具体例について考察したものとして，徳田・複雑102頁を参照。
33) 伊藤588頁など参照。

所有者に対する請求が認容され，前者について原告が控訴し，後者について被告が控訴した結果，同一の控訴裁判所に各控訴事件が別々に係属する場合に，本条項が働き，弁論・裁判の分離は許されないことになる[34]。なお，この事案で，前者について原告が控訴せず，後者について被告（所有者）のみが控訴した場合は，統一審判は保障されず，後者について原告（被控訴人）が敗訴すると，原告は，占有者と所有者の双方に対して両負けすることになる。こうした事態を防ぐために，原告は，前者について被告（占有者）に対しても控訴しておかなければならない[35]。法の保障はこの限りでの可能性という地点に立つものである。

(4) 同時審判申出共同訴訟と主観的予備的併合

同時審判申出共同訴訟を設けた新法下でも，なお主観的予備的併合を適法とする余地はあろうか。

この点，旧法下における主観的予備的併合をめぐる議論に決着をつけようとして同時審判申出共同訴訟が立法されたという経緯を重くみて，もはや主観的予備的併合の適法性を主張する余地はないとする見解もみられるが[36]，多くは，依然としてその適法性を肯定する[37]。その理由として，主観的予備的併合は，同時審判申出共同訴訟にその効用を吸収され尽くしておらず，依然として存在意義が認められることが挙げられており，具体的には以下の点が指摘されている。①同一手続内の矛盾主張が同時審判申出共同訴訟では単純併合のゆえに表面的には存在するのに対し，主観的予備的併合では順位を付すことで回避することができる[38]。②同時審判申出共同訴訟では，法律上，共同被告の一人のまたは一人に対する控訴により，他の共同被告についての移審の効力が認められていないので，共同被告の一人に対して請求認容判決を取得した原告は，他の

---

34) 一問一答 60 頁，秋山ほかⅠ421 頁。
35) 新堂 750 頁，秋山ほかⅠ421 頁など。
36) 高見進「同時審判の申出がある共同訴訟」ジュリ 1098 号（1996 年）33 頁，中野・解説 70 頁，竹下ほか・研究会新民訴 67 頁〔鈴木正裕 発言〕，伊藤 586 頁など。なお，河野正憲「当事者」理論と実務上 147 頁，河野 703 頁注 8。
37) 竹下ほか・研究会新民訴 64 頁〔竹下守夫 発言〕，高田・前掲注 32）193 頁，山本弘「多数当事者訴訟」講座新民訴Ⅰ163 頁，中野ほか 545 頁〔井上治典［補訂・松浦馨］〕，上田 537 頁，佐上 279 頁，松本＝上野 643 頁〔上野〕，高橋・重点講義下 309-310 頁など。なお，新堂 750 頁（前掲注 35）も参照）。実務上，主観的予備的併合の申立てがなされた場合，裁判所は，原告に対して同時審判訴訟の意図か否かを釈明したうえで，できる限り同時審判申出として処理すべきであるとの指摘がある（河野・前掲注 36）165 頁，秋山ほかⅠ423 頁）。
38) 高橋・重点講義下 307 頁。

共同被告が控訴した場合に，二重敗訴を避けるために控訴する必要があるが，こうした本来必要としない控訴を誘発させる事態を主観的予備的併合においては妨ぎ得る[39]。

第3款　必要的共同訴訟

1　必要的共同訴訟の意義

通常共同訴訟と異なり，共同訴訟人全員について一挙一律に紛争の解決をはかること，すなわち，すべての請求について判決内容の合一確定が要請される共同訴訟形態を必要的共同訴訟という（合一確定共同訴訟ないし特別共同訴訟ともいわれる）。判決内容を矛盾なく統一するために，必要的共同訴訟においては，共同訴訟人独立の原則は適用されない（40条参照）。

合一的確定のためには，さらに，訴え提起時から共同訴訟人全員が足並みを揃えるべく，全員が集合してはじめて当事者適格を認めるという規整が望ましく，また，それが本来の必要的共同訴訟のあり方であろうが，現在では，一部の者のみでも当事者適格を認め，その訴訟追行を許す場合も認められている。訴え提起の当初から共同訴訟人全員の関与が要件とされる場合を固有必要的共同訴訟と，全員の関与は要件とされないが，共同訴訟である限りは合一確定が法律上保障される場合を類似必要的共同訴訟と称する。

固有必要的共同訴訟は，当事者適格の基礎となる管理処分権や法律上の利益が多数人に共同で帰属し，その帰属の態様から判決内容の合一性が要請される場合に認められるのに対し，類似必要的共同訴訟は，訴訟物たる権利関係についての訴訟追行権自体は各共同訴訟人に帰属するものの，その権利関係の性質から確定判決の既判力が他の共同訴訟人に拡張されるために，既判力の抵触を防止すべく，判決内容の合一確定が要請される場合に認められる。もっとも，共同訴訟間の枠組みをどのように構成するかは，紛争の統一的・一回的解決の要請と訴え提起のハードルを下げ本案判決へのアクセスを保障しようとする要請との間の調和点をどこに求めるかといった政策的な判断とかかわる事柄であり，柔軟な考量を要する問題であるといえよう[40]。

---

39) 高田・前掲注32) 186頁，梅本646頁注(2)，高橋・重点講義下308頁，新堂750頁など。

40) 新堂・争点効下38頁，小島武司「共同所有をめぐる紛争とその集団的処理」ジュリ500号(1972年) 331頁，小島・制度改革123頁，高橋宏志「必要的共同訴訟論の試み（三・完)」法協92巻10号 (1975年) 1322頁以下など。なお，共同訴訟人の各請求が，法律上合一にのみ確定すべき場合にはあたらないが，論理上合一に確定すべき場合を「準必要的共同訴訟」という第三のカテゴリーに入れ，必要的共同訴訟の規定の準用を認めるべきであるとする見解がある（中

2 固有必要的共同訴訟

(1) 固有必要的共同訴訟の類型

いかなる紛争が固有必要的共同訴訟となるかについては，法文上明確ではなく，また，問題となる局面の多様性が学説の対立状況を錯綜させている。固有必要的共同訴訟の類型としては，さしあたり，(a)数人の訴訟担当，(b)他人間の法律関係の変更，(c)共同所有関係などに分けて検討がなされている。

(a) 数人の訴訟担当

第三者との関係で数人が共同して管理処分権を行使することが明らかである場合は，合一確定が法律上義務付けられており，固有必要的共同訴訟となる。

数人の選定当事者による訴訟（30条），数人の受託者等のある信託財産に関する訴訟（信託79条・66条2項本文・74条5項・125条2項本文）[41]，数人の破産管財人，再生管財人または更生管財人による破産財団に属する財産，再生会社の財産または更生会社の財産に関する訴訟（破76条1項本文，民再70条1項本文，会更69条1項本文）[42]などが挙げられる。更生管財人が追加選任された場合，訴訟手続は中断し，新管財人は旧管財人とともに受継し，固有必要的共同訴訟となる（最判昭45・10・27民集24巻11号1655頁）。

(b) 他人間の法律関係の変更

他人間の法律関係の変動を生じさせることを請求内容とする形成訴訟，または，これに準じるような確認訴訟は，固有必要的共同訴訟となる。

第三者の提起する婚姻無効または取消しの訴え（人訴2条1号，民744条1項）においては，夫婦を共同被告としなければならない（人訴12条2項）。同様に，養子縁組無効・取消しの訴え（人訴2条3号，民802条・803条）においては，養親子を共同被告とし，認知無効・取消しの訴え（人訴2条2号，民787条）においては，認知者と子を共同被告としなければならない（人訴12条2項）[43]。そのほか，共有者を共同被告とする

村・前掲注5）87頁〔同『民事訴訟におけるローマ法理とゲルマン法理』209頁所収〕，同「必要的共同訴訟」新実務民訴(3)22頁以下，中村78頁など。これに賛成するのは，谷口276頁。なお，注釈民訴(2)90頁〔徳田和幸〕。

41) 大判昭17・7・7民集21巻740頁。この場合，受託者全員の合有となる。

42) 破産管財人につき，大判昭7・12・14新聞3511号9頁。

43) 養子縁組取消しにつき，大判昭14・8・10民集18巻804頁。認知取消しにつき，大判大14・9・18民集4巻635頁。なお，嫡出親子関係存否確認の訴えについて，最高裁判所は，父母子の三者間で合一に確定されるべき固有必要的共同訴訟とした大審院の判断（大判昭4・9・25民集8巻763頁，大判昭19・6・28民集33巻401頁）を改め，合一確定を要しないと判示した（最判昭56・6・16民集35巻4号791頁）。これは実体法上，父子関係と母子関係についての合一説から個別説への変更に伴うもので，固有必要的共同訴訟の基準についての判例変更を意味するわけではない。（梅本629頁参照）。なお，父または母の必要的呼出しを認めるべきとするのは，

共有物分割の訴え（民258条1項）や隣接地共有者を共同被告とする土地境界確定の訴えも，固有必要的共同訴訟とされる[44]。

取締役解任の訴え（会社854条〔旧商257条〕），取締役を選任した株主総会決議の取消しの訴え（会社831条1項〔旧商247条1項〕）または無効確認の訴え（会社830条1項〔旧商252条〕）においても，当該取締役と会社を共同被告とする固有必要的共同訴訟になると解される[45]。これらの訴えは，会社と解任される取締役との間の委任契約の解消を請求内容とするので，いずれを除いても十分な訴訟追行を期待できないし，統一的解決が要請されるのである。

(c) 共同所有関係

共同所有関係をめぐる紛争において，固有必要的共同訴訟の成立が認められると，共同訴訟人たるべき者の一部を脱落させた訴えは不適法なものとなり，とくに共同原告側の一部の者が提訴を拒絶した場合に，残部の者の裁判を受ける権利が損なわれてしまう。しかし，他方で，関係人の一部の者による個別訴訟を許すならば，これらの者の本案判決を受ける権利の保護にはなろうが，一部の者が敗訴した折には，他の共通の関係人の利益を実質的に害するおそれがあり，また，相手方としても，一部の原告に勝ってもなお他の関係人から再度訴えられる危険にさらされる。

そこで，とくに共同所有財産をめぐる紛争については，いかなる場合に共同所有者全員が訴えられなければならないかといった，固有必要的共同訴訟の選定基準の問題[46]が顕在化する。

(2) 固有必要的共同訴訟の選定基準

(a) 判　　例

判例にあらわれたケースは，共同所有財産をめぐる紛争を内部関係と外部関

吉村德重「判決効の拡張と手続権保障――身分訴訟を中心として」山木戸還暦下118頁。

44) 共有物分割につき，大判明41・9・25民録14輯931頁，土地境界確定につき，最判昭46・12・9民集25巻9号1457頁〔百選Ⅱ162事件〕。なお，2003年民法の一部改正による短期賃貸借制度廃止前において，抵当権者による短期賃貸借契約の解除請求（旧民395条但書）は，賃貸人・賃借人を共同被告とすべきであるとするのが判例であった（大判大4・10・6民録21輯1596頁）。

45) 取締役解任の訴えにつき，最判平10・3・27民集52巻2号661頁〔百選3版A7事件〕。会社法855条参照。

46) 理論状況につき，小島＝小林・基本演習207頁以下，德田・複雑11頁以下，新争点70頁以下〔鶴田滋〕など参照。なお，現在の判例・学説の形成過程を主にドイツ法の影響という角度から分析したものとして，鶴田滋「共有者の共同訴訟の必要性に関する判例および支配的見解の形成過程（1）～（3・完）」福岡大学法学論叢50巻3号（2005年）329頁・50巻4号（2006年）653頁・51巻1＝2号（2006年）23頁がある。

係に分けて整理することができ，さらに後者は，共同所有者が原告側に立つ場合（能動訴訟）と，被告側に立つ場合（受動訴訟）に分類することができる[47]。

まず，共同所有者の内部で争いを解決すべき場合（内部関係）については，判例は，共同所有関係をめぐる紛争の場合には，全員が当事者となる必要があり，固有必要的共同訴訟となる（①）のに対し，個々の持分権をめぐる紛争の場合には，通常共同訴訟になる（②③）という。

①共有物分割の訴えは，他の共有者全員を被告としなければならない（大判明41・9・25民録14輯931頁，大判大12・12・17民集2巻684頁，大判大13・11・20民集3巻516頁など）。他方，②持分権確認訴訟は，当該持分権を争う共有者のみを被告として提起すれば足りる（大判大3・2・16民録20輯75頁，大判大6・2・28民録23輯322頁，大判大11・2・20民集1巻56頁，大判大13・5・19民集3巻211頁，大判昭3・12・17民集7巻1095頁）。③共同所有地の登記が他の共有者の単独名義となっている場合に，その者に対し，個々の持分権に基づく，自己との共有名義への変更登記請求については，個別訴訟が許される（大判明37・4・29民録10輯583頁，大判大9・12・17民録26輯2043頁，最判昭38・2・22民集17巻1号235頁）。なお，共同所有者の一人の持分全部を他の共有者全員が買い受けて売主の持分全部の移転登記を求めるには，全員一致の提訴が必要であるが，各自が取得した持分についてのみ登記請求するには，個別の提訴で足りる（大判大11・7・10民集1巻386頁）。

つぎに，第三者との対外的な紛争（外部関係）であるが，共同所有者が原告側に立つ場合については，判例の傾向は，総じてつぎのようである。共同所有者が持分権を第三者に主張する場合は，個別訴訟が可能である（④⑤）のに対し，共同所有者が共同所有関係を第三者に主張する場合のうち，保存行為による請求については，個別訴訟が許される（⑥⑫⑬）が，共同所有関係自体に基づく請求については，全員を原告とすることを要する固有必要的共同訴訟となる（⑦⑧⑨⑩⑪）という。

④共有者の第三者に対する持分権確認請求の訴えは，単独で提起することができる（大判大8・4・2民録25輯613頁，前掲・大判大13・5・19，大判昭3・12・17民集7巻1095頁）。⑤共有者の一部の者も，第三者に対する共有物全部の引渡請求訴訟を提起しうる（大判大10・3・18民録27輯547頁，大判大10・6・13民録27輯1155頁，単なる共有財産につき最判昭42・8・25民集21巻7号1740頁など）。⑥共有者の一部の

---

47) 新堂735頁以下，梅本630頁以下など参照。

者も，第三者に対する所有権取得登記の全部抹消請求訴訟を提起しうる（相続財産につき最判昭31・5・10民集10巻5号487頁，組合財産につき最判昭33・7・22民集12巻12号1805頁）。⑦遺産確認の訴えは，その財産がすでに共同相続人による遺産分割前の共有関係にあることの確認を求めるものなので，共同相続人全員が当事者となる（最判平元・3・28民集43巻3号167頁〔百選3版A36事件〕）。⑧総有関係に基づく登記抹消請求は，関係人全員が共同して訴えなければならない（最判昭41・11・25民集20巻9号1921頁〔又重部落事件〕）。⑨共有権（数人が共同して有する一個の所有権）に基づく移転登記請求は，関係人全員が共同して訴えなければならない（最判昭46・10・7民集25巻7号885頁〔百選3版A37事件〕）。⑩特定の数人が共同所有（共有・合有・総有）する旨の確認を外部の者に対して請求する訴えは，共同所有者全員で訴えなければならない（共有権の確認請求につき前掲⑨の最判昭46・10・7，境界確定の訴えにつき最判昭46・12・9民集25巻9号1457頁〔百選Ⅱ162事件〕）。⑪入会権は権利者である一定の部落民に総有的に帰属するものであるから，入会権の確認を求める訴えは，権利者全員が共同してのみ提起し得る固有必要的共同訴訟である（前掲⑧の最判昭41・11・25）。⑫入会権自体に対する妨害排除としての地上権設定登記抹消請求も全員で請求しなければならないが，立木の小柴刈り，下草刈りおよび転石の採取を行う使用収益権は構成員たる資格に基づいて認められるものであるから，その確認，およびそのための妨害排除は各自単独で請求できる（最判昭57・7・1民集36巻6号891頁〔百選Ⅱ161事件〕）。⑬入会権者が入会団体を形成しそれが権利能力なき社団にあたるときには，団体自体に当事者適格が認められるうえ，団体規約上不動産の処分に必要な授権を得た代表者のみで訴訟を追行し得るほか，さらに，規約上の手続により登記名義人とすることとされた代表者は，単独でその登記請求をなし得る（最判平6・5・31民集48巻4号1065頁〔百選3版15事件〕）。

さらに，（外部関係）において，共同所有者が被告側に立つ場合について，基本的に個別訴訟を許容するという判例の傾向を読み取ることができる（⑭⑮⑯）。

⑭分割前の相続財産に対する訴訟について，給付請求の場合，各共同訴訟人が各自不可分債務を負い，その履行を各自に対して求められることから，個別提起が認められるとする（建物明渡請求につき最判昭43・3・15民集22巻3号607頁〔百選3版103事件〕，所有権移転登記請求につき最判昭36・12・15民集15巻11号2865頁および最判昭44・4・17民集23巻4号785頁）。⑮共有物の所有権確認請求訴訟について，個別提起を認める（家屋台帳上の共有名義人に対する建物所有権確認請求につき最判昭34・7・3民集13巻7号898頁）。⑯賃貸人の相続人に対する賃借権確認訴訟につ

いて，争わない者を相手にする必要はないとして，個別訴訟を許す（最判昭45・5・22民集24巻5号415頁）。ただし，⑰共同所有者に対する所有権に基づく登記抹消請求訴訟では，共有者全員を相手にしなければならないとする（大判昭8・3・30裁判例7巻民57頁，大判昭8・7・7民集12巻1849頁）。⑱物権的請求権に基づく所有権移転登記抹消請求訴訟も，共有者全員を相手にしなければならない（最判昭38・3・12民集17巻2号310頁）[48]。

(b) 学　説

固有必要的共同訴訟の選定基準をめぐっては，理論上，管理処分権説と訴訟政策説の対立がみられる。

管理（処分）権説[49]とは，当事者適格の基礎となる管理処分権または法律上の利益の帰属形態によって固有必要的共同訴訟か否かを判断しようとする見解であり，実体法的観点により判定を行うことから実体法説との名称もある。伝統的見解であり，現在においても通説の地位を占める。これによると，①実体法上数人が管理処分を共同してしなければならない財産に関する訴訟と，②他人間の権利関係の変動を生じさせる形成の訴え（またはこれと同視すべき確認の訴え）が固有必要的共同訴訟になる。ただし，共同所有関係に関する訴訟のように，持分権，保存行為（民252条但書），不可分債権・債務（民428条・430条・432条）など，個別的に行使できる実体法上の権能が抽出できる場合には，個別訴訟が許されるという。

訴訟政策説（利益衡量説）[50]とは，関連紛争を一挙に解決するという要請を重視し，実体法的観点が当然ベースになるが，それだけでなく，紛争解決の実効性，原告・被告間の利害の調節，当事者と当事者にならない利害関係人の間の利害の調節，手続の進行負担などの訴訟的観点も加味して総体的かつプラグマティックに判定すべきであるとする見解であり，訴訟法説ともよばれる。この見解は，管理権説によって固有必要的共同訴訟とされてしまうことになる訴訟上の種々の不都合（共同訴訟人全員が判明しないことによる提訴困難性や，事後に欠缺が明らかになった場合に手続が無駄となってしまう訴訟不経済など）を踏まえ，手続フレームワークを柔軟なものに変換した上で実体法と訴訟法を総合的に考量することを主張するものである。

一般的には，実体法的ファクターと訴訟法的ファクターのいずれを重視するかという基本的な発想の点で上記のような対立構造を描くことが間違いではな

---

48) 本判決で問題とされたのは，所有権侵害に対する物権的請求権としての登記抹消請求であるのに対し，本文⑭の最判昭36・12・15では，売買契約の効果としての所有権移転登記という不可分債務の履行が請求されたのであって，それらの間に矛盾はないとの指摘がある。最高裁判所判例解説・民事篇［昭和38年度］107頁〔奈良次郎〕，梅本632頁など。

49) 兼子・体系384頁，斎藤・概論448頁，斎藤ほか編(2)163頁〔小室直人＝東孝行〕，上田530頁以下，伊藤593頁以下など。

50) 小島・理論117頁，小島・要論297頁，新堂・展開284頁，新堂710頁など。

いが[51]，個々の場面においては，管理権説においても提訴の難易などの訴訟法的要素も加味すべであるとし，また，訴訟政策説においても実体法的な観点からして関係者が密接な関係にあることを前提としているといったように，両者の間には共通の前提がある。とりわけ固有必要的共同訴訟の成否を綿密な利益衡量によって決定しようとしており，その枠組みを多少なりとも弾力化する方向に向かっている点において共通の局面は広がっており，判例の処理においてもその点は考慮されているとみられる[52]。

そうすると，固有必要的共同訴訟として取り扱うべきか否かの選別作業は，錯綜した諸要因や利害を実体法的観点および訴訟法的観点の双方から評定するという複合的な作業であり，個々の場面における裁判所の判断の集積をまってその仕分けは展開されていくべきものであるといえよう[53]。

そこで，個別の場面ごとに眺めていくと，内部紛争については，上記二説のいずれからも，判例が支持されているが，対外的関係については見解が分かれる。

まず，共同所有者が原告側に立つ能動訴訟の場合，管理処分権説は，固有必要的共同訴訟とされる場合であっても，持分権，保存行為（民252条但書），不可分債権（民428条）・不可分債務（民430条・432条）などの実体法上の理論を駆使して，個別訴訟の許容局面を広げる（固有必要的共同訴訟局面の縮減）[54]。そして，分割前の相続財産や組合財産については，その共同所有者の性質は合有であり，共有者全員が共同してでなければ管理処分できないところから全員が共同原告にならなければならないという。こうした考え方に対しては，各人の管理・処分権能の実体法上の抽象的な性格（共有か合有か）のみから，固有必要的共同訴

---

51) そのほか，当事者適格は管理処分権ではなく，訴訟の結果にかかる重要な利益を基準として判断されるべきとの立場から，固有の範囲は訴訟法的観点も加味して決すべきだが，原則はあくまで当事者の実体法上の地位，すなわち，訴訟の結果にかかる重要な共同の利益が存するかどうかを基準とすべきという見解（福永有利「共同所有関係と固有必要的共同訴訟」民訴21号〔1975年〕1頁）や，新実体法的考慮により弾力的に解釈すべきとして，原則として訴訟共同の必要がある場合でも，相当の理由があるときは，一部の者で訴訟追行することが許されるという見解（松浦馨「環境権侵害訴訟差止仮処分訴訟における当事者適格と合一確定の必要性」山木戸還暦上293頁）などがある。

52) 注釈民訴(2)83頁〔徳田〕，上野泰男「遺産確認の訴えについて」関法39巻6号（1990年）101頁など参照。

53) 新堂713頁，小島武司「判批」判評142号〔判時609号〕（1970年）123頁，同「判批」民商66巻6号（1972年）178頁，同「共同所有をめぐる紛争とその集団的処理」判例展望（1972年）〔同・訴訟制度改革の理論117頁〕，高橋・前掲注40）1259頁，高田裕成「いわゆる『訴訟共同の必要』についての覚え書き」三ケ月古稀中175頁など。

54) 兼子・体系384頁，三ケ月・全集218頁，小山486頁，斎藤・概論446頁など。

訟かどうかを決するのは，多様な様相を呈するこの種の紛争の解決方式として実態に適しないといった批判がある。

これに対して，訴訟政策説は，個々の判例の結論はおおむね妥当である[55]としたうえ，さらに，提訴を拒む者の扱いなど，固有必要的共同訴訟とされることによる問題点を克服すべく，集団訴訟または代表訴訟の理論を用いて，提訴しない一部の当事者を訴訟に引き入れることを可能にすべきである（固有必要的共同訴訟の矛構造化）といった工夫の存在を指摘し，実務上の隘路を打開しようとする[56]。

つぎに，共同所有者が被告側に立つ受動訴訟の場合についてみると，管理処分権説は，つぎのような理由により，通常共同訴訟であるとする[57]。すなわち，①共有関係の実体法的性質に基づいて，個人的色彩の強い共同所有関係が訴訟にも反映している。②固有必要的共同訴訟とすると，争わない共有者も被告としなければならず，当事者が一人でも欠けるとすでになされた訴訟手続・判決が無効となるおそれもある。③原告が共有者全員を知ることが容易でない場合もある。

これに対して，訴訟政策説は，固有必要的共同訴訟を肯定する要因として，つぎの諸点を挙げる[58]。すなわち，①個別訴訟を許すと，当事者とされなかった他の共有者の保護が不十分となる[59]。②実質的に一個の紛争関係を数個の訴訟へ分断することを認めてしまい，一人に対する訴訟がそれ自体紛争を完全に解決する機能をもたず，ある者に対する債務名義の執行力が他の共有者に対する第二，第三の訴訟の結果に左右されるとの不安定な状態に置かれる。③原告の後の敗訴は，前の訴訟を無益化し，訴訟経済上も不都合である。なお，訴訟政策説の立場からも，一定の場合に個別訴訟を許容する判例は評価されてはい

---

55) 新堂710頁など。
56) 続百選40頁〔小島武司 解説〕，霜島甲一「当事者引込みの理論」判タ261号（1971年）18頁など。
57) 兼子・体系384頁，三ケ月・全集219頁，松浦馨「必要的共同訴訟にあたらない例」民商46巻6号（1962年）1068頁，鈴木正裕「必要的共同訴訟にあたる例」民商49巻5号（1964年）728頁，福永有利「特定物引渡請求権訴訟の被告適格——当事者適格に関する一考察」関法14巻2号（1964年）157頁など
58) 村松俊夫「土地の所有権に基づいて建物の共有者に対し建物収去および土地明渡を求める訴は必要的共同訴訟か」判タ224号（1968年）54頁，条解168頁〔新堂幸司〕，新堂712頁，木川・重要問題下593頁など。
59) たとえば，債権者側の債務名義に当事者でなかった他の共有者に対する債務名義を条件に掲げられていないから常に不当執行の危険を含み，執行段階でのみの考慮では，他の共有者の利益保護に十分ではない。

るが，やはり全員を相手に訴えることにさしたる困難が予想されず，かつ，訴え残した共同所有者との間で共通の紛争が起こる可能性がかなり高い事件の場合には，全員を相手にすることで紛争の関連的な解決を進めるべきであるとして，一部固有必要的共同訴訟の可能性も提示されている[60]。

(c) 検　　討

固有必要的共同訴訟は，手続構造からすれば，原告または被告が一つの訴訟手続に一緒に関与しなければならないということから，訴訟共同（原告側・被告側）の強制という構造をもつものである。強制の要否を決するものは，通説的見解からすれば，専ら実体権の性格ということになるが，実体権の特質（たとえば，管理処分権の合有）から共同の必要が法理上当然に導かれるということになり，結果としてその仕分けは二者択一となり，訴訟法上生じる不具合が生じる部分があれば，全面的な否定を導くほかはないということになり，訴訟共同というしくみが裁判運営上生かされないきらいがある。

訴訟手続上，訴訟共同を要求するか否かは，共同訴訟人となるべき各人との間にどのような実体法的関係が存在するのかを解析して，そのような関係の実態を踏まえて訴訟共同が訴訟運営の文脈からして望ましいか否かを決定するのである。共同権利者間の関係は，その密度ないし交錯の度合いに応じ，いくつかのレヴェルに分かれるのであり，固有必要的共同訴訟とされる実体法的権利関係は，その絡み合いからして，当事者の自由な訴訟形態の選択権を制約することが正当化される程度に濃密なものでなければならない。

そこで，共同所有の場合に即して具体的にみれば，総有や合有の場合には，個別訴訟が実体法上の分離技法を用いれば可能であるとしても，それを許すべきではない程度の濃密な法的関連性が存する。問題となるのは，共有関係の場合であって，この場合には，訴訟共同の是非は，一概には決定しがたく，紛争形態ごとに訴訟共同の要否を分けて考える裁量の余地を残しておくのが賢明であろう[61]。

通説の考え方を理論的に純化すると，管理処分権の合有の場合は，全員が揃わないと当事者適格を認めないことにより，訴訟共同が強制されるが，他方で，共有持分権に基づく訴訟の場合は，各人が持分権を個別に保有していることから，各人に当事者適格が認められ，個別訴訟が許されるということになる。要するに，合有の場合には共同提訴が強制され，共有の場合には個別提訴も可能

---

60) 新堂739頁，小島・前掲注53）判時609号121頁など。
61) 小島武司「共有者の訴訟」演習民訴下61頁以下参照。

であるという二分法の論法に陥りやすく，そこに発想上の問題がある。

　しかしながら実際には，判例のみならず，通説でも，これほど徹底しているわけではなく，共有であっても，一定の場合に固有必要的共同訴訟として，訴訟共同を強制する余地を残している。

　こうした判例・通説の考え方には，その基本的発想，たとえば，実体法理への過度の依存性や裁判運営上の考慮の排除などにおいて共通性がみられる。一般に，固有必要的共同訴訟の範囲を決するのは，実体法理と訴訟法理が交錯する場面であり，合理的な訴訟運営の観点から，実体法と訴訟法の許容する限りで，できるだけ実質的な基準を道標とすべきであり，その際にグレーゾーンにおいては訴訟政策的な判断を第三の軸として働かせるのが適切である。このようにみると，実体法説，訴訟法説，訴訟政策説という用語は，いずれもネーミングの簡明さは措くとして，いささかミスリーディングなきらいがあるということになろう。このように考えるからといって，対立点が直ちに解消するわけではないが，これにより適切な解釈の方向性が共有され，考察の適切な出発点に立つことができよう。近時の学説の展開は，このような認識からすれば，基本においては望ましいものであると思われる。そのような動向を踏まえて，いま一度，固有必要的共同訴訟の選別基準を再考するならば，実体法的アプローチと訴訟法的アプローチとを対比するのでは，もはや問題の所在が明確に把握されているとはいえないことになる。そうすると，訴訟政策説の本義は，実体法に基づいて訴訟共同の要否が問題となる局面において，その仕切りを探る場合に訴訟法のコンテクストにおける政策的考量を加味することにある。そして，訴訟共同の必要範囲を調整し，さらに進んで訴訟の効率と実効を確保するためには，固有必要的共同訴訟という訴訟枠組みそのものを再構成し，より柔構造のものに変容させてしまおうとする別次元の試みが必要になってくる。換言すれば，訴訟共同の範囲の調整およびこれと相関する固有必要的共同訴訟の柔構造化という二つの作業を実体法と訴訟法の両面からする重層的な検討を通じて行っていくことがその核心にあるのであり，今後，個々の場面において裁判所による判断が積み重ねられていくものと期待される[62]。

---

62)　新堂 739 頁, 小島・前掲注 53) 判評 142 号 123 頁, 同・前掲注 53) 民商 66 巻 6 号 116 頁, 小島・制度改革 117 頁, 高橋・前掲注 40) 1259 頁, 高橋宏志「必要的共同訴訟について」民訴 23 号（1977 年）36 頁, 高田・前掲注 53) 175 頁, 徳田・複雑 25 頁など参照。なお，ドイツ法の議論につき，鶴田滋「ドイツにおける固有必要的共同訴訟の柔構造化」小島古稀上 655 頁以下など参照。

結局，訴訟共同の必要というのは，実体理論を超える思考要素である何ものかの影響を受けて，状況適合的に決せられるものであると考えられる。すなわち，訴訟共同の必要は，実体法関係の特質と訴訟法的な状況の総合的考察から判断されるのであり，重要なのはこの「何ものか」の析出である。具体的には，法律関係の錯綜の度合いが高く（権利関係の絡み合いが濃密であり），関係人間を連関的に解決するのが適切である場合（必ずしも合一確定を要しない）場合には，固有必要的共同訴訟とすることを可能とする枠組みが求められているのである。
　こうした考察の延長線上にある問題の一つが固有必要的共同訴訟において訴訟共同を拒む者の取扱いである。近時，判例は，まず，土地境界確定訴訟において，拒絶者を被告とすべきとする理論[63]を採用したが（最判平 11・11・9 民集 53 巻 8 号 1421 頁〔百選 3 版 102 事件〕），そこでは形式的形成訴訟の特殊性に依拠した感があったものの，ついで入会権確認訴訟においても一般的にそうした取扱いを認めた〔百選 4 版 98 事件〕[64]。そのほか，所在不明などにより原告とすることが著しく困難または不可能であるような者については，原告に加えることを要しないという柔軟な姿勢でのぞむのが実際的であり，しかも，クラスアクションの例に準じて十分な代表関係を認め得るだけの利害関係の一致があれば理論的ベースが存するといえよう[65]。この局面においては，紛争実態とその解決の現実的必要性を見据えながら，さまざまな工夫をもって臨むことが肝要である。

3　類似必要的共同訴訟

　請求について各自単独に適格をもち，個別訴訟が可能であるが，共同して訴えまたは訴えられた以上は，その訴訟物についての判決に合一確定が要請される共同訴訟を類似必要的共同訴訟という。ある当事者に対する判決効が他の当事者たるべき者に拡張されることから，合一確定の必要が生じ，そのため，共同訴訟人独立の原則の適用の結果として，各共同訴訟人に対する判決が区々になってしまう不具合を回避すべく，固有必要的共同訴訟と同様に共同訴訟人独立の原則が排除される[66]。

---

[63]　新堂幸司「民事訴訟法理論はだれのためにあるか」判タ 221 号（1968 年）17 頁〔新堂・役割 41 頁以下に所収〕，小島武司「共同所有をめぐる紛争とその集団的処理」ジュリ 500 号（1972 年）331 頁，小島・制度改革 124 頁，高橋・前掲注 40）1259 頁など。

[64]　最判平 20・7・17 民集 62 巻 7 号 1994 頁。その評釈として，川嶋四郎「判批」法セ 646 号（2008 年）124 頁，平 20 重判解 143 頁〔鶴田滋〕など参照。

[65]　小島・制度改革 124 頁，福永・前掲注 51）40 頁など。反対，梅本 635 頁。

[66]　兼子・体系 385 頁など参照。

類似必要的共同訴訟となる場合としては，まず，共同訴訟人のうち一人が単独で訴訟をすれば，その判決効が他の共同訴訟人と相手方の間に拡張される場合を挙げることができる[67]。

たとえば，数人の提起する会社設立無効の訴え（会社828条1項1号〔旧商136条〕），株主総会決議の取消しまたは無効の訴え（会社831条1項〔旧商247条〕・会社830条1項〔旧商252条〕），数名の者の提起する一般社団法人等の組織に関する同種の訴え（一般法人264条1項2項・266条・265条2項），数人の債権者の提起する債権者代位訴訟（民423条），数人の差押権者の提起する取立訴訟（民執157条1項），数人の株主・社員の提起する責任追及等の訴え（代表訴訟）（会社847条1項〔旧商267条〕，一般法人278条），複数の住民の提起する住民訴訟（自治242条の2）[68]などがある。

さらに，判決効の抵触のおそれはないが，共同所有関係自体が対外的に主張される請求において，個別訴訟が例外的に許される場合も，共同して訴えまたは訴えられたときは，紛争解決の実効性の観点から合一確定が法律上要請されることから，類似必要的共同訴訟にあたると解される[69]。

4 必要的共同訴訟の審判

必要的共同訴訟における審理は，通常共同訴訟と異なり，判決の合一確定が要請されるので，共同訴訟人独立の原則が修正されることになる。このことは，訴訟資料および訴訟進行の面で一律の規制が行われることを意味する。

(1) 訴訟要件の調査

共同訴訟人は，各自訴訟要件を備えていなければならないので，その調査は，必要的共同訴訟の場合も，各共同訴訟人について行う。その結果，これを欠く共同訴訟人についての訴えは，補正に応じない，または，補正不可能なとき，不適法として却下されるが，さらに固有必要的共同訴訟の場合には，その者を除外した残部の者による必要的共同訴訟が許されるか否かを吟味し，それが不許である場合にはじめて，全部の訴えが却下される。

(2) 訴訟行為の統一

共同訴訟人の一人の行った訴訟行為は，全員の利益においてのみ効力を生ずる（40条1項）。たとえば，一人が相手方の主張事実を否認すれば，全員が争っ

---

[67] この場合に限定するのは，兼子・体系385頁。
[68] 最判昭58・4・1民集37巻3号201頁〔百選Ⅱ166事件〕，最大判平9・4・2民集51巻4号1673頁〔愛媛玉串料訴訟上告審判決〕。これらの判決は，平成14年改正前の旧自治242条の2第1項4号による住民訴訟についてのものである。
[69] 新堂741頁など。これに対し，固有必要的共同訴訟であるとするのは，高橋・重点講義下263頁。

たことになり，また，一人でも期日に出頭すれば，欠席した他の者に不出頭の不利益（終局判決〔244条〕や訴え取下げの擬制〔263条〕）を帰すことはできない。さらに，共同被告のうち，一人でも応訴すれば，訴え取下げには全員の同意（261条2項）が必要とされる（大判昭14・4・18民集18巻460頁）。これに対し，全員の利益とならない訴訟行為については，全員で行わない限り，効力を生じない。たとえば，請求の放棄・認諾，裁判上の和解，自白，控訴権の放棄などがこれにあたる。全員の利益となるか否かは，訴えに関する共同訴訟人の申立てを基準にして決定される。この点，固有必要的共同訴訟における共同原告の一人のする訴え取下げは，他の共同訴訟人の訴えをすべて却下することにつながるので，全員の利益とならず（共有者全員が提起した共有権確認訴訟につき，最判昭46・10・7民集25巻7号885頁〔百選4版A32事件〕），また，共同被告のうちの一部の者に対して行われた訴え取下げも，全員の利益とならず，その効力を生じない（最判平6・1・25民集48巻1号41頁）。同じく固有必要的共同訴訟において，訴え取下げに対する共同被告の一人がなす同意（261条2項）も，他の共同被告から本案判決を得る機会を奪うことになるので，全員の利益とならず，取下げの効果は生じない（前掲・大判昭14・4・18）。

　他方，共同訴訟人の一人に対する相手方の訴訟行為は，その利益・不利益にかかわらず，全員に効力を生ずる（40条2項）。これは，共同訴訟人の一部の者が欠席したことにより，相手方がその訴訟行為に制限を受けるとすれば，当事者間の公平に反するためである。たとえば，一部の者が欠席しても，相手方は準備書面に記載されていない事実を主張することができ（161条3項），それは全員に対して効力を生じることになる。

　なお，裁判所の訴訟行為については，共同訴訟人全員に対して個別に行う必要がある。

(3)　訴訟進行の統一

　判決内容の合一確定が要請される必要的共同訴訟においては，手続進行についても，共同訴訟人全員の足並みを揃える必要がある。そのため，弁論や証拠調べは共通の期日で行われなければならず，裁判所は，弁論を分離（152条1項）することができず（大判大6・9・20民録23輯1357頁），本案についての一部判決（243条2項）をすることも許されない[70]。共同訴訟人の一人について中断・

---

[70]　誤って一部判決をしてしまった場合，追加判決による事件の二分を避けて，全部判決として，名宛人でない共同訴訟人も上訴できるものと解される。兼子・体系394頁，注釈民訴(2)〔徳田和幸〕，新堂742頁，梅本633頁，秋山ほかI 412頁，伊藤598頁注46など。

中止の原因が生じたときは，全員について訴訟進行が停止する（40条3項）。

上訴については，共同訴訟人全員について上訴期間が経過するまで，判決は確定せず，また，一人が上訴すれば，全員のために判決の確定遮断効と上級審への移審効が生じ，上訴審の判決の効力は他の共同訴訟人にも及ぶ（40条1項）[71]。この場合，共同訴訟人全員が上訴人の地位につくと解するのが通説である[72]。もっとも，上訴権を行使しなかった他の共同訴訟人の意思を制約する結果は，合一確定の必要のある限度においてのみ許容されよう[73]。

類似必要的共同訴訟であるとされる住民訴訟（自治242条の2第1項4号）のケースで，最高裁判所は，従来の判例[74]を変更して，自ら上訴しなかった他の共同訴訟人は上訴人にならないと判示した（最大判平9・4・2民集51巻4号1673頁〔愛媛玉串料訴訟上告審判決〕）[75]。その理由としては，類似必要的共同訴訟における共同訴訟人の一部の者の上訴は，全員のための判決の確定遮断効と上級審へ

---

[71] この点，自己の上訴期間を徒過した者が他の共同訴訟人の上訴期間が未了であることを根拠として上訴を提起できるかという問題がある。遺産分割審判に対する即時抗告の期間につき，最決平15・11・13民集57巻10号1531頁は，相続人ごとに進行するとして，これを否定する（同旨，名古屋高金沢支判昭63・10・31高民41巻3号139頁）。学説では，判例と異なり肯定する見解（「一律説」とよばれる）も有力であるが（兼子・体系394頁，菊井＝村松Ⅰ396頁，条解170頁〔新堂幸司〕，新堂742頁，中村78頁，高橋・重点講義下486頁），上訴権自体は，各自に固有であり，その行使を判断する期間も各自に一定のものとして付与されていることからすれば，否定説（「個別説」とよばれる）が妥当であろう（同旨，小山昇「必要的共同訴訟」民訴講座(1)270頁，三ケ月・全集221頁，斎藤ほか編(2)187頁〔小室直人＝東孝行〕，注釈民訴(2)80頁〔徳田和幸〕，注解民訴Ⅰ393頁〔徳田和幸〕，秋山ほかⅠ411頁，松本＝上野671頁〔上野〕，伊藤598頁注48，梅本635頁など）。

[72] 三ケ月・全集22頁，新堂715頁，梅本635頁，松本＝上野670頁〔上野〕，伊藤598頁など通説。

[73] この点，上訴しなかった他の共同訴訟人を訴訟脱退者として扱うことが提唱されているが（井上治典「多数当事者訴訟における一部の者のみの上訴」甲法15巻1=2号（1975年）55頁〔同・法理204頁に所収〕），合一確定の要請に応えながら，上訴権行使についての各自の判断を尊重することができる工夫として参考に値しよう。新堂742頁注(1)参照。

[74] 前掲注68) 最判昭58・4・1は，住民訴訟（自治242条の2第1項4号）を提起した複数の住民の一部が控訴したとき，その効力は他の共同訴訟人に対しても生じ，第一審原告ら全員を判決の名宛人として一個の終局判決をすべきであるとしていた。これに対し，木下忠良裁判官は，つぎのような反対意見を述べている。すなわち，合一確定の目的のためには，「必ずしもあらゆる場合において一部の共同訴訟人が上訴すれば他の者も上訴人としての地位に就くものとする必要はないばかりか，自ら上訴をせず上訴追行の意思を有しない者にも上訴人としての地位を付与し自ら上訴した者と同様の上訴審当事者としての権利，義務を課することはかえって不当でもあり，訴訟経済に反するところでもある」。本文の最大判平9・4・2は，この反対意見を採用したものとみられている。伊藤598頁注49参照。

[75] その後，最高裁判所は，複数の株主が共同提起する株主代表訴訟においても，本判決を引用して同一の理が妥当するとした（最判平12・7・7民集54巻6号1767頁〔百選4版102事件〕）。

の移審効を生じるが，合一確定のためには，この限度で上訴が効力を生ずれば足り，住民訴訟の性質にかんがみると，公益の代表者となる意思を失った者に対し，その意思に反してまで上訴人の地位につき続けることを求めることは相当でないだけでなく，住民訴訟においては提訴者各人が自己の個別的な利益を有しているものではないから，提訴後に共同訴訟人の数が減少しても，その審判の範囲，審理の態様，判決の効力等には何ら影響がないことが掲げられている。

　学説には，上訴した共同訴訟人が他の共同訴訟人のための審級限りでの訴訟担当となると構成して，上訴人の地位につかない他の共同訴訟人の請求が上訴審の審判対象となることを説明する見解[76]や，自ら上訴しない共同訴訟人にも，原判決確保の限度において上訴人の地位を与えておき，その後の処理を弾力化することで対処しようとする見解[77]もみられるが，上記の最高裁判決を一般化することはできないとして，やはり従来の通説によるべきとする見解[78]もある。

　共同訴訟人のなかに被保佐人，被補助人または他の共同訴訟人の後見人その他の法定代理人がいる場合，他の共同訴訟人の一人が提起した上訴の効力は，保佐人等の同意その他の授権がなくても，被保佐人等にも及び，これらの者は上訴審で訴訟行為をすることができる（40条4項・32条1項）[79]。同意等の欠缺を理由に上訴の効力が生じないとすれば，訴訟進行の統一が実現できないためである。もっとも，そうした扱いは，被保佐人等が自ら上訴する場合にまで及ばず，保佐人等の同意等が必要とされる。なお，本条項の趣旨からすると，他の共同訴訟人の一人が再審の訴えを提起した場合にも，これを準用すべきである[80]。

---

76) 井上・法理206頁。
77) 高橋・重点講義下230頁。
78) 松本＝上野670頁〔上野〕，百選3版213頁〔上野泰男 解説〕。
79) 被保佐人の訴訟行為には保佐人の同意（民13条1項4号），被補助人の訴訟行為には補助人の同意（民17条1項），後見人の訴訟行為には後見監督人の同意（民864条・13条1項4号），その他一定の場合には授権が必要とされるが（28条），被保佐人等を相手方として提起する訴えまたは上訴については，かかる同意その他の授権を要せず（32条1項），このことは必要的共同訴訟の共同訴訟人のなかに被保佐人等がいる場合でも同じであり，民訴法40条4項は，これをさらに拡張したものである（秋山ほかⅠ413頁）。なお，被保佐人等が上訴人の地位につくか否かについては，現実に上訴しなかった他の共同訴訟人として，一般論に服する（前掲注72）参照）。
80) 同旨，東京高判昭36・12・7高民14巻9号653頁，条解172頁〔新堂幸司〕，秋山ほかⅠ409頁，松本＝上野670頁〔上野〕など。

第4款　共同訴訟形態の発生

　共同訴訟形態が形成される時期に着目すると，訴え提起時と訴訟係属後に分けることができる。前者は，訴えの当初から共同訴訟形態をとる訴えの主観的併合である。後者は，弁論の併合による場合のほか，既存の訴訟手続に新たな当事者が加わることにより事後的に共同訴訟形態をとる場合があり，これには訴えの主観的追加的併合，共同訴訟参加，準独立当事者参加，引込み併合がある。なお，これらを共同訴訟形態に導くイニシアティヴの所在で分類すると，裁判所主導で行われる弁論の併合のほかは，すべて当事者主導である。

1　訴えの主観的併合

(1)　訴えの主観的併合の意義

　数人の原告の各請求または数人の被告に対する各請求について，一つの訴えで同時に審判を申し立てる場合を訴えの主観的併合という。これは，共同訴訟を発生させる手続としては，最も一般的で基本的なものであり，単純な訴えが当事者の点で複数併合されていることから，その名がある。なお，法律上両立し得ない請求は，原告が同時審判申出をすることにより，共同訴訟が可能となる（41条）。

(2)　訴えの主観的併合の要件

　まず，主観的要件として，各自の請求相互間に同時に審判することを正当化するだけの関連性ないし共通性を要する。すなわち，民訴法38条にある①権利義務の共通性，②事実上および法律上の原因の同一性，③権利義務と事実上および法律上の原因の同種性のいずれかを満たす必要がある。

　もっとも，こうした要件は，他人間の紛争と無関係な者の紛争が原告の一方的な意思によって共同審判を受けることを強制される被告の不利益を防止することにその趣旨があるので，被告に異議がなければ，これらの要件を欠いても差し支えなく（大判大6・12・25民録23輯2220頁），また，要件の具備は，裁判所が職権で調査すべき事項ではない。

2　訴えの主観的追加的併合

(1)　訴えの主観的追加的併合の意義

　訴訟係属中に，第三者が被告に対する請求を追加したり，原告が第三者に対する請求を追加したりすることにより，併合審判を求める訴えの併合形態を訴えの主観的追加的併合という。併合の主観的要件（38条）を具備する限り，後発的に共同訴訟関係を成立させることも許容されてよく，ここに訴えの主観的

追加的併合の意義を認めることができるが，訴えの主観的併合に比し，訴訟係属の途中から加入する第三者の手続的利益や，手続が複雑化することによる既存の当事者の利益などに対する配慮は欠かせない[81]。

訴えの主観的追加的併合は，固有必要的共同訴訟において欠けていた共同訴訟人を補正するなど，訴訟係属後に当事者となるべき者の存在が判明した場合に，当該訴訟を活かしながら共同訴訟を追行する方法としての役割が重要である。当事者，とりわけ原告のイニシアティヴで行うことのできる点にメリットがある[82]。

以下では，訴えの主観的追加的併合を形成するイニシアティヴの所在が第三者である場合と当事者である場合とを分けて考察する。

(2) 第三者のイニシアティヴによる主観的追加的併合

法がこれを許容する明文規定のある場合としては，共同訴訟参加（52条），準独立当事者参加訴訟（47条1項），そして，参加承継（49条・51条前段）がある。共同訴訟参加人が共同原告となる場合は，参加申立て[83]と同時に請求を追加的に定立する[84]。また，追加的選定の場合には，選定当事者による請求の追加定立（30条3項・144条）によって，選定者は潜在的当事者の地位を取得することから，明文規定にある主観的追加的併合の場合であるといってよい[85]。

このような明文規定がなくても，第三者主導の主観的追加的併合は認められるか。たとえば，損害賠償請求訴訟に同一事故による他の被害者が損害賠償請求訴訟を提起して併合審判を申し立てたり（第三者が原告側の共同訴訟人となる場合），あるいは，交通事故の被害者が損害保険会社に対して直接請求している訴訟に加害者（被保険者）が保険会社側の共同訴訟人として被害者に対して一定額以上の損害賠償義務がないことの確認請求をしたり（第三者が被告側の共同訴

---

81) 伊藤599頁参照。
82) 被告側欠缺の場合には，共同訴訟参加（52条）で補正することができるが（そのように扱うのは大判昭9・7・31民集13巻1438頁。同旨，三ケ月・全集217頁，上田538頁など），それでは，原告の方からの補正方法にはならない。兼子・体系388頁。
83) 参加申立ての方式は，民訴法43条・47条2項3項による（52条2項）。参加の趣旨には，原告または被告のどちら側に参加するかを示し，参加の理由には，合一確定の必要性を記載すればよい。上田538頁参照。
84) これに対し，共同被告となる場合は，請求棄却などを求める申立てをするだけでよいとされており，その例として，団体決議の効力を争う訴訟において当該決議によって理事等の地位を得た者が被告として共同訴訟参加する場合などが挙げられている。しかし，これらの者には当事者適格は認められず，共同訴訟参加は否定される。その結果，ほとんど共同被告となる例を考えることはできない。伊藤598頁。
85) 伊藤600頁など。同書同頁注51とそこに掲載の諸文献も参照。

人となる場合）することは許されるか。

　これを許すと係属中の訴訟当事者の手続的利益が侵害されるとして，否定的に解する見解[86]もあるが，主観的併合要件（38条）が満たされる限り，肯定的に解する見解[87]が支配的である。従来の訴訟手続を利用することのできる当事者や第三者の利益[88]，さらには訴訟経済という肯定説の掲げる理由には合理性が認められる。

　(3) 当事者のイニシアティヴによる主観的追加的併合

　訴訟の係属中に当事者が第三者に対する請求を新たに定立し，従来の請求との併合審判を求めることを，とくに第三者の引込みという。これが明文上認められた場合として，義務または権利の承継人に対する訴訟引受けの申立て（50条・51条後段），民事執行法上の取立訴訟における他の債権者への参加命令の申立て（民執157条1項），そして，監督委員による否認訴訟におけるその相手方による再生債務者の引込み（民再138条3項）がある。

　この第三者の引込みについても，明文規定のない場合に許されるかに争いがある。

　たとえば，原告が第三者に対する請求を追加併合するケースとして，一部の連帯債務者の履行請求中に他の連帯債務者に対する請求について併合審判を求める場合や固有必要的共同訴訟の脱落被告に対する請求を追加して併合審判を求める場合などがあり，被告が第三者に対する請求を追加併合するケースとしては，原告から売買の目的物について追奪請求された買主である被告が売主に対する担保責任を追及する請求を併合する場合などがある[89]。

　判例[90]は，XがYを被告とする旧請求にZに対する請求を追加して，一個

---

86) 伊藤600頁。もっとも，同書は，全面的に否定するのではなく，第一審係属中に第三者が当事者の一方を相手方とする新訴を提起し，弁論の併合を申し立てた場合，裁判所は，共同訴訟の要件（38条）が充足され，かつ，手続進行に支障を生じないと判断するときは，併合を命じ，また，固有必要的共同訴訟において脱落している共同訴訟人について同様に弁論の併合が申し立てられたときは，併合を命じるべきであるという。

87) 兼子・体系388頁，条解150頁〔新堂幸司〕，新堂752頁，梅本652頁，中野ほか546頁〔井上治典〔補訂・松浦馨〕〕，上田539頁など。

88) 具体的には，提訴手数料を新たに納付せずともよいこと（9条）や，併合請求による管轄を取得すること（7条）などの利益がある。この点，反対説は，訴えをもって主張する利益が共通とみられる場合は，手数料が未納でも，裁判長が補正命令の発令や訴え却下（137条1項2項）を行わないことが考えられるという（伊藤601頁）が，理論的根拠に疑問がある。

89) 井上治典「被告による第三者の追加」甲法11巻2＝3号（1971年）195頁〔井上・法理153頁所収〕，新堂753頁，伊藤601頁など。

90) ちなみに，本判決以前において下級審裁判例は分かれていた。たとえば，第一審係属中の場

の判決を得ようとする場合は，Zに対する別訴を提起したうえで，弁論の併合を裁判所に促すべきであり，新旧両請求が共同訴訟の要件を充足していても，新訴が弁論の併合をまたずに当然に旧訴訟に併合される効果を認めることはできないとして，これを否定した（最判昭62・7・17民集41巻5号1402頁〔百選4版97事件〕）。その理由として，明文規定のないこと，新訴につき旧訴訟の訴訟状態を当然に利用することができるかには問題があり，必ずしも訴訟経済に適うものでもないこと，訴訟を複雑化させるおそれのあること，軽率な提訴や濫訴の増加が予想されること，新訴提起の時期によっては訴訟遅延を招きやすいことを挙げる。

　学説には，判例と同じく否定説[91]もみられるが，主観的追加的併合の実際的な機能を評価して肯定する見解[92]が多数を占める。肯定説の根拠としては，主観的追加的併合には裁判の統一を実現し，訴訟経済に資するという機能が認められること，新旧両請求の経済的利益が重複する限りで裁判手数料を新たに納付せずに済むこと（9条），弁論の併合（152条）によると，これは同一裁判所内に限られるほか，裁判所の裁量に委ねられるために併合の保障がないこと[93]などが挙げられている。

　　　合に主観的および客観的併合要件を充足していれば主観的追加的併合は認められるとする札幌高判昭53・11・15判タ377号88頁，訴訟手続の安定を害するとして主観的追加的併合を否定する大阪地判昭46・3・24判タ264号359頁などがある。

91) 瀧川叡一「請求の主観的択一関係と共同訴訟」判タ200号24頁（本井巽＝中村修三編『民事実務ノート第2巻』〔判例タイムズ社，1968年〕108頁所収（同141頁），谷口安平「主観的追加的併合」中野古稀下551頁，など。なお，伊藤601頁は，その意思に反して訴訟に引き込まれる第三者の手続保障を考慮すると，第三者の意思による場合以上に主観的追加的併合の許容性には問題があるとして，裁判所は弁論の併合に慎重でなければならないとする一方で，固有必要的共同訴訟の場合には，訴えの適法性を維持することについての原告の利益が第三者に優越すると考えられるから，裁判所は弁論の併合を認めるべきであるという。この説は，別訴による事後的併合を主観的追加的併合の枠組みとのかかわりでとらえる発想であるといえる。河野727頁も，一般論としては否定的であるが，固有必要的共同訴訟において必要な被告の一部を欠く場合には，その補充を行うべきであって肯定されるという。

92) 兼子・体系388頁，山木戸・研究76頁，新堂753頁，梅本652頁，松本＝上野643頁〔上野〕，上田539頁，注解民訴I361頁〔徳田和幸〕など。なお，注釈民訴(2)31頁〔山本弘〕。ちなみに，主観的追加的併合は，労働審判に対する適法な異議申立て後の訴訟手続において，当事者として引き込むのに有効である旨の指摘がある（笠井正俊「労働審判手続と民事訴訟の関係についての一考察」論叢162巻1～6合併号（2008年）169頁）。

93) 弁論の併合が裁判所の裁量事項であるとしても，併合を命じないことが裁量権の逸脱として違法になるとの見解がある（注釈民訴(3)191頁〔加藤新太郎〕）。こうした併合義務付けの要件を具体化する方向によって，肯定説と否定説の結論の差はかなり解消されるであろうが，肯定説においては裁判所がすべて応答義務を背負い込むことになるという違いは残るという（百選3版215頁〔池田辰夫　解説〕）。

旧訴の訴訟状態を利用して，重複審理や矛盾判断を回避して裁判の統一関連解決を実現し得るという主観的追加的併合の実際的機能の面からは，これを否定すべきではないであろう。係属中の訴訟に引き込まれる第三者の被る不利益などについては，要件の組み方や審理の進め方において考慮することで対応することができるであろう。すなわち，訴訟運営上の措置により不都合を避ける権限が裁判所には存するのである。

(4) 明文規定のない訴えの主観的追加的併合の要件および審理

訴えの主観的追加的併合の要件としては，①第一審の口頭弁論終結前であること，②併合される両請求の間に民訴法38条前段の関係があること[94]が必要である。①は，訴訟に引き込まれる第三者の審級の利益を保護するために必要とされる要件であるが，第三者イニシアティヴによる場合は，この者についての審級の利益を考慮する必要はなく，相手方当事者が共通の争点についてすでに実質的に審判を受けているといえる限り，控訴審においても主観的追加的併合を認める余地がある[95]。また，追加的に併合された請求が係属中の請求と両立し得ない場合には，同時審判を申し立てることができる（41条）。②は，具体的には，両請求の間に，権利・義務が共通であるか，または，同一の事実上および法律上の原因に基づくという関係があるということである。

訴えの主観的追加的併合の審理において，併合請求した第三者は，従前の訴訟状態を承継するわけではないものの，証拠調べの結果や他の共同訴訟人の訴訟行為の効果を援用することは許される[96]。

3 訴えの主観的予備的併合

数人の原告による各請求または数人の被告に対する各請求が，実体法上両立し得ない関係にある場合に，原告がいずれか一方の請求を主位的に主張して，その認容を解除条件として予備的に他の請求の審判を申し立てる訴えの併合形態を訴えの主観的予備的併合という。

この併合形態の許容性および同時審判申出共同訴訟が規定された新法下での適法性については，肯定的に解すべきことは，すでに前述した[97]。

4 訴えの主観的選択的併合

数人の原告による各請求または数人の被告に対する各請求が，実体法上両立

---

[94] 山木戸・研究82頁。
[95] 新堂753頁，梅本653頁など参照。
[96] 山木戸・研究82頁，梅本653-654頁など。
[97] 本書753頁。

し得る，または，両立し得ない関係にある場合に，原告がいずれかの請求の認容されることを選択的に主張して，その認容を解除条件として他の請求の審判を申し立てる訴えの併合形態を訴えの主観的選択的併合という[98]。その審理は，訴えの主観的予備的併合の場合に準じて考えれば足りる[99]。

第3節 訴訟参加

第1款 はじめに

訴訟参加とは，第三者が新たに当事者またはこれに準じる主体として訴訟行為を行い，その利益を擁護するために，係属中の訴訟に加入することをいう[100]。第三者が当事者として参加する当事者参加形態には，既存の当事者のいずれかの側に立つ共同訴訟参加（52条）と，既存の当事者とは異なる独自の地位に立つ独立当事者参加（準独立当事者参加を含む）（47条）があり，当事者に準じる主体として参加する補助参加形態には，参加人が従属的地位に置かれる補助参加（42条）と，参加人の独立性が強い共同訴訟的補助参加がある。

係属中の訴訟の結果について，直接または間接に利害関係を有する第三者が，当該訴訟に加わり，既存の当事者のいずれか一方または独自の立場で訴訟追行することができれば，事案解明や審理充実に資するうえ，紛争の一挙的・統一的解決を可能とするなど訴訟機能の増大につながることから，法は，訴訟への参加形態を認めたのである。

もっとも，これを無制限に許すならば，既存の当事者の手続的利益が侵害されたり，訴訟手続が徒らに複雑化するなどして訴訟不経済に陥ったりするおそれがあることから，法は一定の参加要件や手続規律を定めている。

---

98) 中村修三「訴えの主観的予備的（または選択的）併合の適否」判タ174号（1965年）49頁〔本井＝中村編・前掲注91）94頁以下に所収〕，井上治典「訴えの主観的『選択的』併合の適否」判タ281号（1972年）41頁〔井上・法理181頁所収〕など参照。
99) 梅本651頁参照。
100) 民事訴訟法上の訴訟参加形態は，参加者みずからの意思により加入する場合である。これに対し，強制的に第三者を加入させる「強制的訴訟参加」形態としては，民事執行法における取立訴訟への参加命令（民執157条），行政事件訴訟法における第三者の訴訟参加（行訴22条）がある。以上につき，梅本657頁注1参照。

第2款　補助参加

1　補助参加の意義

　補助参加とは，他人間における訴訟の結果について利害関係を有する第三者が，当事者の一方を補助するために参加することをいう（42条）。この第三者を補助参加人，補助される当事者を被参加人という。たとえば，債権者の保証人に対する保証債務の履行請求訴訟の係属中に，主債務者が保証人側に参加して主債務の存在を争う場合などである。

　補助参加人は，専ら被参加人に付随して被参加人の訴訟を追行するが，訴訟上の代理人と異なり，独立の地位を有し，自己の名と費用で訴訟行為をすることから[101]，「従たる当事者（準当事者）」ともよばれる（これに対応して，被参加人を「主たる当事者」ともいう）。もっとも，当事者ではないので，自己の請求を定立して審判を求めるわけではなく，当事者能力や当事者適格は要求されない。ただし，補助参加人は，独立の主体としてその者の名において訴訟行為をなす者であることから，当事者に準じて当事者能力および訴訟能力が必要とされる[102]。

　この補助参加制度に対しては，その合理性に対して疑問を呈する向きもある。すなわち，現行法は，訴訟の結果に一定の利害関係が認められる限り，補助参加人の利益を保護するために，当事者の意思に反しても補助参加する権能を認める一方で，補助参加人の地位を被参加人に従属するものとして，被参加人の行為に抵触する訴訟追行を制限していることから，時間と費用を使って補助参加しても，その努力が被参加人によって無益なものとされかねないというのである。訴訟関係をめぐる事態の複雑性からして複数の主体間に理論や戦術，立証状況などについて見方が分かれる可能性があり，この危惧には現実味がある。補助参加人の地位を不安定にしない工夫をするなどして，補助参加による紛争解決の実効性を高めることも考えられてよい[103]。

2　補助参加の要件

　補助参加の要件は，(1)他人間における訴訟の存在，(2)訴訟の結果についての利害関係（補助参加の利益）である（42条）。これらの要件を満たしていれば，参

---

101) 費用につき，民訴法66条参照。
102) 秋山ほかⅠ441頁。
103) 井上治典「補助参加人の訴訟上の地位について(1) (2・完)」民商58巻1号2号（1968年）〔井上・法理3頁に所収〕，新堂761頁など。

加人がその利益を擁護する手段として他の方法（独立当事者参加など）が可能であっても，補助参加を申し立てることができる。

なお，他人間の訴訟に補助参加の申出をした者が当該訴訟に独立当事者参加の申立てをし，さらにその他人間の反訴について当該補助参加の被参加人のために補助参加の申出をした場合には，各補助参加は独立当事者参加の申立てにより終了しあるいは利益を欠きまたは欠くに至ったものと解され，各補助参加の申出は却下される（東京地決昭60・9・6判時1180号90頁）。

(1) 他人間における訴訟の存在

補助参加人は，他人間における訴訟に対して，第三者であることを要するが，共同訴訟の場合には，共同訴訟人同士は相互に第三者としての地位に立つ。それゆえ，共同訴訟人が他の共同訴訟人またはその相手方に補助参加することは差し支えない[104]。

たとえば，交通事故の被害者XがY・Zを共同被告（共同不法行為者）として提起した損害賠償請求訴訟において，Yに対する請求を認容し，Zに対する請求を棄却する一審判決が言い渡されたところ，Yが原告X側に補助参加してXのZに対する敗訴判決についての控訴を申し立てることが認められる（最判昭51・3・30判時814号112頁〔百選3版A39事件〕）。

他人間における訴訟が上告審に係属中であっても，補助参加することができる。これに対し，判決確定後において再審事由がある場合に，補助参加の申出と同時に再審の訴えを提起して，訴訟係属を復活させることを認めるべきかについては，「訴訟ノ繋属中」（旧64条）であることが要求されていた旧法時代には見解が分かれていた[105]。これに対し，新法の下では，「係属中」という文言が削除されたこと（42条参照），および，補助参加人の訴訟行為として再審提起が追加されたこと（45条1項）を根拠にして，補助参加とともに再審の訴えを提起することを認めてよいであろう[106]。

一人で対立当事者双方の参加人となることはできないが，参加人は，判決の参加的効力を双方との関係で受けることはあり，また，双方から訴訟告知（53条）されることはある[107]。

---

104) 条解175頁〔新堂幸司〕，新堂761-762頁，注解Ⅱ204頁〔松村和徳〕，松本=上野653頁〔上野〕，伊藤604頁，梅本657-658頁，秋山ほかⅠ434頁など。

105) 訴訟係属は「潜在的」で足りるなどとして，学説上一般に肯定されていた。兼子・体系399頁，注釈民訴(2)104頁〔井上治典〕など。

106) 一問一答61頁，松本=上野691頁〔上野〕，伊藤603頁注57，梅本658頁，秋山ほかⅠ437頁など。旧法下における同旨，兼子・体系399頁など。

(2) 訴訟の結果についての利害関係――補助参加の利益――

　被参加人の勝訴によって補助参加人自身の利益を守るために認められた補助参加制度の趣旨からして，補助参加人は，訴訟の結果について法律上の利害関係を有する者でなければならない。そのため，単なる感情的利益や経済的利益が認められるにすぎない者の補助参加は認められない[108]。法律上の利益であれば，財産権上のもの身分法上のものに限らず，公法上，刑事法上のものでもよい。

　法律上の利害関係は，訴訟の結果にかかるものであることを要するが，その意味については解釈が分かれる。

　この点に関する最高裁判所の考え方は明らかでなく，学説は，訴訟の結果とは判決主文に示される訴訟物たる権利または法律関係の存否をいい，単に判決理由中で判断される事実や法律関係の存否についての利害関係では足りないとする伝統的な通説[109]と，判決主文で示される訴訟物たる権利関係の存否の判断のみならず，判決理由中の法律上・事実上の判断を含むとする多数説[110]に分かれている。伝統的な見解が通説的地位

---

107) たとえば，売買代金請求訴訟において，原告の売主は，被告買主の代理人の代理権が認められず，または，表見代理によっても被告買主に支払義務も否定されることもあるので，代理人に対して訴訟告知をして，無権代理人に対する請求に備えるであろうし，被告買主も，判決により代金支払を命じられた場合を想定して代理人に対して売買目的物の引渡しを自己に請求するために，代理人に訴訟告知することがある（新堂762頁）。

108) たとえば，懲戒免職処分を受けた国立大学文部教官に対し同大学への立入禁止を命ずる仮処分決定に対する仮処分異議事件について，他の国立大学教官は，右文部教官のため補助参加する法律上の利益はない（大阪高決昭47・9・28判タ288号328頁）。損害賠償請求訴訟の被告の義兄が単に感情的，経済的な事実上の利害関係を有するにすぎないときは，補助参加をすることはできない（東京高決昭50・5・16判タ329号132頁）。原告が勝訴すれば原告の債権者として弁済を受ける可能性が生じるという経済的利益だけでは，補助参加する法律上の利益があるとはいえない（大決昭7・2・12民集11巻119頁）。住民に割り当てられた寄付金の支払を求めて，出納員が住民の一人に対して提起した訴訟に，その他の住民が本件被告住民の敗訴により，自らも割当金を請求されるおそれがあるというだけでは，補助参加する法律上の利益は認められない（大決昭8・9・9民集12巻2294頁〔百選16事件〕）。他方，一般債権者が債権者代位行使の要件（民423条）を充足すれば，債務者の財産権に対する訴訟に補助参加する利益がある（大決大11・7・17民集1巻398頁）。所在不明の夫に対する金銭請求訴訟への妻の補助参加は，夫婦の協力扶助義務の履行行為として，その利益が認められる（名古屋高決昭43・9・30高民21巻4号460頁〔続百選23事件〕）。

109) 兼子・判例民訴377頁，兼子・体系400頁，兼子一「選定当事者の場合の共同の利益と補助参加の利害関係の差異」同編『実例法学全集民事訴訟法（上）』（青林書院，1963年）86頁，三ケ月・双書279頁，三ケ月・全集235頁，斎藤・概論481頁，小山506頁，菊井＝村松Ⅰ403頁，伊東乾「補助参加の利益」演習民訴〔新版〕698頁，梅本658頁，斎藤ほか編(2)205頁・209頁〔小室直人＝東孝行〕など。

110) 井上・法理65頁以下，井上・多数183頁，注解民訴Ⅰ416頁以下〔井上治典〕，瀧川・前掲注91）本井＝中村編『民事実務ノート第2巻』119頁註(8)，条解177頁〔新堂幸司〕，新堂763

を占めた理由としては，①「訴訟の結果」という文言が判決主文にあらわされる訴訟物を意味するという自然な解釈で受け容れられやすく，また，訴訟物という枠を外せば補助参加に歯止めがかからなくなるおそれがあること，②講学上，補助参加の典型例とされた債権者・保証人間の訴訟への主債務者の参加や買主に対する追奪訴訟への売主の参加などを説明するための理論枠組みとしては，訴訟物との直接的な因果関係を要求して論理的整合性をもたせることが重視されたこと，③社会が組織実態からしてさほど複雑多様化していない時代にあっては，参加の利益を限定的に解しても，不都合はなかったこと，などが挙げられている[111]。他方，伝統的な見解は，その問題点を指摘されるにともない，次第に支持者を失い，学説の勢力図は大きく塗り替えられようとしている。指摘される問題点とは，①紛争が多様化して第三者の利害もさまざまとなり，現実に補助参加の要請される種々の局面を訴訟物による基準で画一的に割り切ることはもはやできないこと，②訴訟物と第三者の地位との先決関係を要求する一方で，判決理由中で判断されるべき争点を利害関係から切り離してしまうのは，訴訟物とその前提問題とを必要以上に峻別しすぎていること，などである[112]。こうして台頭してきた多数説の根拠とするところは，①共同訴訟的補助参加の場合と異なり，判決の既判力が補助参加人の法的地位に影響することはなく，補助参加人に対する訴訟の結果による影響はあくまで事実上のものであるところ，補助参加人の法律上の地位が争われる場合に事実上不利な影響が生じるという点では，判決主文中の判断と理由中の判断とに違いはないこと，②補助参加人を当事者とする後訴の審理内容という点からすると，事実上不利な影響を生じるのは，判決主文中の判断ではなく，理由中の判断にほかならないこと，などである[113]。

いずれの見解が妥当であるかを検討する前提として，裁判例にあらわれた具体的ケースのいくつかを概観する。伝統的見解にしたがうものから多数説に依拠するものまで相当の幅があり，判例理論として統一性を見出すことには困難を伴う。以下では，参加の利益を肯定したものと否定したものに分けて眺めることにする[114]。

まず，参加の利益が肯定されたものを挙げる。④Zが譲り受けたと主張している債権について，Xが自己が譲り受けたと主張して債務者Yにその支払を

頁，上田543頁，伊藤眞「補助参加の利益再考」民訴41号（1995年）1頁，伊藤605頁，松本＝上野694頁〔上野〕，高橋・重点講義下314頁以下など。
111) 注解民訴Ⅰ417頁〔井上治典〕参照。
112) 注釈民訴(2)113頁〔井上治典〕，注解民訴Ⅰ417頁〔井上治典〕参照。
113) 伊藤605頁など参照。
114) 裁判例の状況の詳細については，注釈民訴(2)114頁以下〔井上治典〕，注解民訴Ⅰ419頁以下〔井上治典〕，井上治典「補助参加の利益・半世紀の軌跡」判タ1047号（2001年）4頁〔同『民事手続の実践と理論』（信山社，2003年）167頁以下に所収〕，秋山ほかⅠ428頁以下など参照。

求めている訴訟のY側にZが補助参加することが認められた（大決明42・12・16民録15輯981頁）。Ⓑ村民大会における（電車停留所設置のための）電鉄会社への寄附金割当決議に基づく出納員Xの住民の一人Yに対する寄附金支払請求訴訟に対して，他の住民Zら22名について，Yが敗訴すれば同一理由により寄附金の支払請求を受けるおそれがあることから，参加の利益が認められた（大決昭8・9・9民集12巻2294頁〔百選16事件〕）。Ⓒ債権者X（原告）が債務者に代位して第三債務者Y（被告）に対して提起した仮登記抹消請求訴訟において，債務者に対して租税債権を有する国Zが，被告Y側に補助参加を申し立てたところ，利害関係は，判決主文に直接あらわれる必要はなく，いやしくも判決主文から法論理的に推知される利害関係であれば，たとえ間接的なものであっても，補助参加の利益があるとされた（仙台高決昭42・2・28下民18巻1＝2号191頁）。Ⓓユニオン・ショップ協定に基づき解雇された労働者が提起した解雇無効確認・賃金支払請求訴訟においては，労働組合が使用者側に補助参加を申し立てたところ，当該訴訟の結果いかんにより労働組合の組織の維持，強化に障害を受けることがあり，団結権保障の趣旨にかんがみて，労働組合に参加の利益があるとされた（東京高決昭42・5・4労民18巻6号1085頁）。Ⓔ所在不明の夫を被告とした公示送達による進行中の保証債務請求訴訟において，夫が応訴，防御方法の提出，その他訴訟行為をすることができない場合に，妻が夫を勝訴させるために補助参加の申立てをしたところ，夫婦協力扶助義務として，訴訟材料の提出その他の行為により，所在不明の配偶者に勝訴の判決を受けさせることは，夫婦の共同生活上当然であるとして，参加の利益を認めた（名古屋高決昭43・9・30高民21巻4号460頁〔続百選23事件〕）。ⒻY車とZ車の衝突によって負傷したXが，Y・Zを共同被告として損害賠償を請求し，XのYに対する請求を認容し（確定），XのZに対する請求を棄却した第一審判決に対し，YがX・Z間のXの敗訴判決を不満として控訴を提起するとともに，X側への補助参加を申し立てたところ，参加の利益が認められた（前掲最判昭51・3・30）。ⒼZ会社の取締役Yらが粉飾決算等で同社に損害を与えたとして，株主Xが取締役Yらに対して提起した株主代表訴訟において，Z会社がY側への補助参加の申出をしたところ，株主代表訴訟において会社は取締役の敗訴を防ぐことに法律上の利害関係を有し，株主代表訴訟につき中立的立場をとるか否かはそれ自体が取締役の経営判断の一つであるので，補助参加を認めたからといって株主の利益を害し公正妥当な訴訟運営が損なわれるとまではいえず，一方で会社側からの訴訟資料等の提出が期待され審理の充実がはかられる利点も認められるとして，

被告が敗訴しても会社の運営に影響を及ぼすおそれがないなど特段の事情がない限り，Z会社には被告のために補助参加する利益が認められるとされた（最決平13・1・30民集55巻1号30頁〔百選3版A40事件〕〔万兵株主代表訴訟補助参加申立事件〕）。なお，株主代表訴訟における会社の被告側への補助参加の許否については見解が分かれていたが[115]，2001年の商法改正により，監査役または監査委員の全員の同意を条件として，会社の被告側への補助参加を認めることが明文化され（旧商268条8項・266条9項），現行会社法上の「役員等の責任追及等の訴え」に承継されている（会社849条2項）。⑪労働者災害補償保険法に基づく保険給付の不支給決定取消訴訟において，事業主が労働基準監督署長に対して補助参加の申出をしたところ，労働保険の保険料の徴収等に関する法律12条3項によれば，同項所定の事業においては，労災保険給付の不支給決定の取消判決が確定すると，労災保険給付の支給決定がされて保険給付が行われ，次々年度以降の保険料が増額される可能性があるから，事業主は労働基準監督署長の敗訴を防ぐことに法律上の利害関係を有するとして，参加の利益が認められた（最決平13・2・22判時1745号144頁〔レンゴー事件〕）。

つぎに，参加の利益が否定されたものをみる。①入会権侵害排除請求訴訟において，被告が敗訴すれば自分も同様の訴えを提起されて敗訴の危険にさらされるとする隣接山林の入会権者が補助参加の申出をしたところ，単純なる事実上の利害関係であるとして，参加の利益が否定された（大決昭7・2・12民集11巻119頁）[116]。⑪合資会社の社員Yには会社に対する利益配当，持分払戻し，残余財産分配を求める権利が存在しないとして，同社員XがYを被告として提起した社員持分不存在・無限責任社員に非ざることの確認請求訴訟において，Yと同様の地位にある社員Zが被告Y側への補助参加を申し立てたところ，補助参加の申出が許されるには，本案判決の主文で表現される訴訟物たる法律関係の存否が直ちに参加人の法律的地位を決定する前提をなすため，その判決の結果いかんにより参加人の法律的地位が左右される場合であることを要する

---

[115] 否定説として，中島弘雅「株主代表訴訟制度——民事手続訴訟法上の問題点」ジュリ1050号（1994年）156頁，徳田和幸「株主代表訴訟における会社の地位」民商115巻4＝5号（1997年）602頁，高田裕成「判批」リマークス14号（1997年）126頁など。肯定説として，伊藤眞「コーポレート・ガバナンスと民事訴訟——株主代表訴訟をめぐる諸問題」商事1364号（1994年）21頁など。なお，会社を当事者として引き込むための強制参加制度を創設すべき旨の主張がある（佐藤鉄男「株主代表訴訟における訴訟参加とその形態」ジュリ1062号〔1995年〕63頁。慎重な姿勢を示すものとして徳田・複雑294頁）。

[116] 判旨に賛成する評釈として，兼子・判例民訴377頁。

として，参加の利益が否定された（東京高決昭38・12・10東高民時報14巻12号320頁）。Ⓚ「会社の従業員は原則として組合員でなければならない。組合員で組合の除名したる者は，会社は原則として解雇する。」とのユニオン・ショップ協定に基づいて解雇された労働者の提起した地位保全賃金仮払仮処分申請事件において，労働組合が使用者への補助参加を申し立てたところ，「訴訟の結果につき利害の関係を有する第三者」とは，判決の主文における判断につき法律上の利害関係を有する者に限られ，単に判決理由中の判断につき事実上ないし感情上の利害を有するにすぎない者は含まれないとして，参加の利益が否定された（名古屋高決昭44・6・4労民20巻3号498頁）。ⓁX_1・X_2のY_1・Y_2・Y_3に対する遺留分減殺請求訴訟において，Y_1がY_2・Y_3への補助参加を申し立てたところ，被参加人らが自己とともに訴求されている遺留分減殺請求の訴訟に敗訴し，目的不動産につき新たに共有者が加わるおそれがあるということは，自己が右訴訟の結果について法律上の利害関係を有する事由にはならないとして，参加の利益が否定された（東京高決昭56・10・27判時1023号64頁）[117]。Ⓜ戸籍上の亡父母との間の親子関係不存在確認訴訟を提起した子が，別に亡実父に対し認知請求訴訟を提起している場合において，右亡実父の妻，養子および嫡出子が前訴被告への補助参加の申立てをしたところ，本件訴訟において被告である検察官が敗訴したからといって，相手方が別件として提起した認知請求訴訟の帰趨や抗告人らの身分関係，相続関係に直接の法律的影響を及ぼすものではないとして，参加の利益が否定された（東京高決昭57・11・22判時1067号58頁）[118]。

このように，裁判例に統一的な基準を見出すことは必ずしも容易でないが，そのことは，具体的な事件を前提とした裁判実務の現場においては，少なくとも，訴訟の結果を訴訟物についての判断であるとして限定的にとらえることには必ずしも賢明でない場合があるという認識があり[119]，ここに掲げられた裁判例の事案だけをみても，その多様性著しい参加人の利害状況を踏まえれば，多数説の主張するように，判決理由中の判断も含めて参加の利益の射程を広くとってそのなかで合理的な考量を働かせていくのが方向性として正しいであろ

---

117) 佐上善和「判批」判評281号〔判時1040号〕（1982年）38頁は，参加の利益を認めることを示唆する。
118) 井上治典「判批」判評294号〔判時1079号〕（1983年）47頁は，参加の利益を肯定すべきであるとして，本判決を批判する。
119) 注解民訴Ⅰ418頁〔井上治典〕は，伝統的見解の基準に依拠して参加を否定した裁判例にあっても，他の考慮要素によって得られた結論をその理由の説明として援用しただけと思われるものも少なくないと分析する。

う。なお，株主代表訴訟において会社が被告取締役側に補助参加することを認めた上記⑥判決は，多数説による旨を明言してはいないが，多数説の考え方を前提としたという評価[120]と伝統的見解の立場でもその結論を導くことができるという評価[121]があり，最高裁判所の立場は相当の幅があるものになろう。

3 補助参加の手続

(1) 補助参加の申出

補助参加の申出は，書面または口頭により（規1条参照），参加の趣旨および理由を表示してなされる[122]。参加申出は，参加後に訴訟行為をすべき審級の裁判所に対して行われ（43条1項），上訴の提起，再審訴訟の提起，支払督促に対する異議申立てなどと同時にすることができる（43条2項）。

(2) 補助参加の許否

参加申出の方式または参加の理由の有無については，当事者が異議を述べたときに限り，調査することができる（44条1項前段）[123]。この異議を述べずに，参加人とともに，または，参加人に対して，弁論をし，または，弁論準備手続において申述をした当事者は，異議権を失う（44条2項）。当事者の私的利益にかかわるからである（90条参照）。異議が出されると，参加申出人は参加の理由である事実を疎明しなければならない（44条1項後段）。

参加の許否は，参加申出のなされた裁判所が決定で裁判をする。この決定に対しては，即時抗告をすることができる（44条3項）。

補助参加についての異議によって生じた訴訟費用は，異議者と参加人の間で負担が定められる（66条）。

なお，本訴訟の手続は，参加申出に対する異議によって停止することはない。参加人は，参加不許決定が確定するまでは，訴訟行為をすることができるが（45条3項），不許決定が確定すれば，その訴訟行為の効力は失われるものの，被参加人が援用すれば有効なものとして扱われる（45条4項）。

補助参加申出の取下げには，訴えの取下げについての民訴法261条が類推される。訴訟係属中であれば，参加申出をいつでも取り下げることができる（261条1項類推）。また，再度の補助参加についての制限はない。参加人の訴訟行為は，取下げによって遡及的に消滅するが，当事者の援用により効力を生ずる（45条4項類推）[124]。参加人は，参

---

120) 青竹正一「株主代表訴訟における会社の被告側への補助参加（上）」判時1749号（2001年）190頁，笠井正俊「判批」ジュリ1201号（2001年）130頁（いずれも結論に反対）など。
121) 髙部眞規子「時の判例」ジュリ1205号（2001年）130頁。
122) 参加申出書（期日外の申出の場合はその調書）は，当事者双方へ送達される（規20条1項）。
123) 訴訟能力や代理権の存否といった訴訟行為としての有効要件については，職権でも調査することができ，欠缺の場合には却下される。

加申出を取り下げても，判決効（46条）を免れることはできない[125]。

ところで，民訴法 261 条 2 項の類推により，参加申出の取下げに相手方の同意を要するか否かについては，学説上，民訴法 46 条の判決効の範囲[126]との関連で争いがある。参加人と相手方の間に（既判力であれ，参加的効力であれ，または，これに類する効力であれ）判決効が及ぶとする立場からは，相手方の同意を要すると解することになる[127]。これに対し，判決効は被参加人敗訴の場合にのみ参加人・被参加人間に生じるとする通説（参加的効力説）の立場からは，相手方の同意は不要とされるのが一般的である[128]。参加的効力が及ぶ可能性のある被参加人の同意こそが問題とされるべきであるが，被参加人は訴訟告知によりいつでも参加的効力を発生させうるので，被参加人の同意を要するとする必要はないというのがその理由である。

民訴法 261 条 2 項が訴え取下げに相手方（被告）の同意を要求するのは，そもそも，応訴の姿勢にある相手方の本案判決を受ける利益を保護する趣旨に出たものである。そして，そのような相手方の応訴の利益は，補助参加がなされようが，それが取り下げられようが，その程度に差はあれ変わることはないのであって，たとえ判決効が参加人・相手方間に及ぶとしても[129]，新訴提起の実質をもつ独立当事者参加申出の取下げの場合[130]とは異なり，参加人の存否が相手方に同意を求めるほどに重大な利害に関わるとまではいえないのではないだろうか。つまり，この問題は，民訴法 46 条の判決効の範囲と切り離して考えるべきであり，参加申出の取下げを直接規律する条文を設けなかった法意にかんがみれば，民訴法 261 条 2 項の類推には無理があるといえよう。

4 補助参加人の地位とその訴訟行為

(1) 補助参加人の従属的地位

補助参加人は，訴訟当事者ではないので，自己の請求または自己に対する請求についての審判を申し立てるわけではなく，参加した訴訟の判決が補助参加人に対してなされるわけではない。補助参加人は，証人または鑑定人となるこ

---

124) 三ケ月・全集236頁，伊藤4版635頁，注釈民訴(2)132頁〔池尻郁夫〕，条解2版234頁〔新堂幸司＝高橋宏志＝高田裕成〕。なお，秋山ほかⅠ441頁は，参加申出取下げの効果は遡及せず，参加人の訴訟行為の効力は影響を受けない（当事者の援用不要）とする。

125) 菊井＝村松Ⅰ141頁，注解民訴(2)132頁〔小室直人＝東孝行〕，条解2版234頁〔新堂幸司＝高橋宏志＝高田裕成〕，秋山ほかⅠ441頁など。これに対して，訴訟告知がなされていないにもかかわらず，参加を取り下げた者に参加的効力を及ぼすのは不当であるとの反対説がある（伊藤607頁注67）。

126) 本書789頁。

127) 新堂808頁。

128) 伊藤607頁注67（伊藤4版635頁注67），注釈民訴(2)132頁〔池尻郁夫〕，条解2版234頁〔新堂幸司＝高橋宏志＝高田裕成〕。なお，既判力説から相手方の同意不要を説くものとして，松本＝上野728頁〔上野〕。

129) 参加人・相手方間にも判決効を生じるとする本書の立場については，本書790頁を参照。

130) 本書815頁。

とができる。

　死亡等の訴訟手続の中断事由が参加人に生じても，参加した訴訟の手続は停止せず，新追行者（参加人の承継人）が参加するまで事実上中断するにすぎない。それによって，判決に影響を及ぼす重要な訴訟行為をする機会が失われたのであれば，判決の効力の除外事由とされるにとどまる。なお，被参加人または相手方は，この事実上の中断を解消するために，参加人の承継人に訴訟告知に準じた受継申立てをすることができる[131]。

(2)　補助参加人の独立的地位

　補助参加人は，訴訟当事者には由来しない独立の権能として訴訟に関与することから，当事者とは別個に，期日の呼出しや訴訟書類の送達を受ける。補助参加人に対する呼出しを欠くときは，期日を適法に開くことができない。

(3)　補助参加人のなし得る訴訟行為

　補助参加人は，こうした従属性と独立性という二面性を有していることから，そのなし得る訴訟行為は，この二面から考えるべきことになる。

　補助参加人は，原則として被参加人のできる一切の訴訟行為をすることができる（45条1項本文）。そして，その効力は被参加人のなした場合と異ならない。ただし，その従属性から，つぎのように制約を受けることがある。

(a)　被参加人に不利な行為

　補助参加人は，その従属的地位から，被参加人に不利な行為，たとえば，請求の放棄・認諾や上訴権の放棄をすることはできない。

　裁判上の自白については争いがある。

　参加人の自白を肯定する見解は，①これを否定すると，被参加人欠席の場合に，参加人が「金を借りたが弁済した」といった抗弁，すなわち，制限付き自白をすることができなくなり，柔軟な審理ができなくなること，②自白は事実の報告である点で本質的に請求の認諾とは異なること，③参加人の自白を否定しようとする被参加人は，単に否認すれば足りること，などの理由を挙げる[132]。これに対して，参加人の自白を否定するのが通説的見解である[133]。参加人の自白を肯定すると，それを撤回するには被参加人自身が撤回の要件を充足しなければならないとするのでは被参加人に酷であり，被参加人が否定すれば自白が無効となるとするのも相手方当事者の信頼を害するので，結局は当初から一律に参加人の自白を否定するのが妥当であること[134]などを理由とする。

---

131)　兼子・体系402頁，新堂766頁など。
132)　理由の①②については井上・法理42頁，③については伊藤609頁。
133)　新堂767頁，高橋・重点講義下304頁，争点123頁〔鈴木重勝〕，梅本664頁など。
134)　争点123頁〔鈴木重勝〕，高橋・重点講義下329頁など。なお，伊藤609頁注72は，「否認に対しては，時機に後れた攻撃防御方法や信義則による制限が課される」という。

当事者として対等の関係にある必要的共同訴訟人でさえ，自白することができないこと，および，参加人は被参加人を支え支援行為を行うという性格を基本的に有していることにかんがみると，訴訟審理の簡明な整序に適った否定説が妥当であろう。

(b) 被参加人の行為と抵触する行為

補助参加人の訴訟行為は，被参加人のそれと抵触するときには，その効力を生じない（45条2項）。たとえば，被参加人のした自白を参加人が争うことはできないし，被参加人が上訴権を放棄していれば，参加人が被参加人のための上訴を提起することはできない。被参加人の請求が主題であって，争うか否かなどの戦略の筋については，被参加人の判断が参加人のそれに優先するというのが自然の帰結である。

被参加人の意思に反する参加人の行為であっても，被参加人が積極的な行為に及んでいない限り，当然に無効となるわけではない。そのため，被参加人が明らかに争わない事実を争ったり，被参加人が上訴権を放棄しない場合に上訴を提起したりすることができる[135]。こうした参加人の動きに反対の被参加人は，これらの行為を遅滞なく取り消し，または，これと抵触する行為をして，参加人の行為を無効とすることができる。被参加人は訴訟を依然としてコントロールする立場を失わない。

被参加人が上訴権を放棄した場合にもなお，参加人がその地位をめぐる争点に関する限りで，原判決の判断に対して独自に上訴し得るかは別個の問題である。

否定説[136]が多数を占めるなか，肯定説も有力に主張されつつある[137]。たとえば，保証債務の履行請求訴訟に主債務者が補助参加して保証人とともに主債務の存在を争って敗訴した場合において，保証人が上訴権を放棄したときは，参加人たる主債務者に主債務の存否について独自に上訴する利益を認めるのが，当事者間の公平に資するうえ，主債務者の防御権を実効あらしめるというのである。

参加人独自の上訴を認めることは，上訴は補助参加によって開かれたニュートラルな審理の場の連続的な一端であり制度の期待にそう機能発揮にもつなが

[135) たとえば，最判昭46・6・29判時639号78頁は，被参加人が相手方と不控訴の合意をなし，または，控訴権を放棄していたなどの事由の認められない限り，参加人による控訴の申立ては，被参加人の訴訟行為に抵触するものとはいえないとする（同旨，大判昭11・3・18民集15巻520頁）。

136) 伊藤608頁，梅本665頁など。

137) 新堂768頁注(1)。

さらに、参加人の上訴期間は、被参加人のそれとは別個に独立して認められるかについても争いがある。

判例は、参加人独自の上訴期間を認めない[138]。学説も、訴訟物たる権利義務の帰属主体である被参加人が上訴権を失っているにもかかわらず、従属的地位にある参加人に固有の上訴期間を認めて、その上訴を許すべきではないとして、否定する見解も多い[139]。

しかしながら、参加人は判決の送達を独自に受ける地位にあることにかんがみると、応分の手続保障確保の見地から、独自の上訴期間を認めることで制度趣旨が生かされるであろう[140]。

なお、補助参加人の上訴後における被参加人の上訴は、二重上訴として不適法となる[141]。

(c) 参加当時の訴訟状態による拘束

補助参加人は、参加時の訴訟状態に拘束され、参加時の訴訟段階において被参加人にもできなくなった行為をすることはできない（45条1項但書）。

たとえば、もはや参加時に被参加人がすることのできなくなった自白の撤回、時機に後れた攻撃防御方法の提出、または、放棄・喪失された責問権などは、参加人もすることはできない。

(d) 訴訟を処分・変更する行為

補助参加人は、他人間の訴訟の係属という補助参加の前提を崩すことはできないので、訴え取下げ、訴えの変更、反訴の提起、請求の放棄・認諾、訴訟上の和解といった訴訟自体を処分・変更する行為をすることはできない。

(e) 私法上の権利行使

補助参加人が被参加人の私法上の権利、とりわけ、時効援用や取消権・解除権・相殺権など形成権を代わって行使することができるかについては、争いがある。

通説は、それが訴訟追行上必要・適切であっても、補助参加人に私法上その権能が認

---

138) 控訴につき最判昭37・1・19民集16巻1号106頁、上告または上告理由書提出期間につき、最判昭25・9・8民集4巻9号359頁、最判昭47・1・20判時659号56頁。
139) 三ケ月・双書288頁、新堂768頁、伊藤608頁、梅本665頁注(4)、秋山ほかⅠ448頁など。
140) 小室直人「補助参加人の控訴申立期間」民商47巻2号（1962年）324頁、井上治典「補助参加人の訴訟上の地位について（二・完）」民商58巻2号（1968年）〔井上・法理38頁所収〕、条解1163頁〔松浦〕、上田545頁、高橋・重点講義下332頁、松本＝上野697頁〔上野〕など。
141) 上告につき、最判平元・3・7判時1315号63頁。

められている場合（民423条・436条2項・457条2項など）を除いて，当然には行使できないとする[142]。これに対し，被参加人勝訴のために有用なのであれば，私法上の権利行使を補助参加人にも認めて差し支えないという有力説がある[143]。

確かに，相殺などの私法上の形成権を参加人が行使することによって被参加人に不利益を及ぼす場合のあることは否めないが，被参加人が遅滞なく抵触行為をして被参加人による形成権行使の効果を覆滅させることができるので[144]，むしろ，被参加人勝訴のため，すなわち，参加人のために権利行使を認めておくのがプラクティスとしては妥当であろう。

〔f〕 再審の提起

現行法は，判決が確定して訴訟係属が消滅した後に，補助参加の申出とともに再審の訴えを提起できることを認め，要件規定から「訴訟ノ繫属中」（旧64条）という文言を削除するとともに，補助参加人のなし得る訴訟行為の例示に「再審の訴えの提起」を付加した（45条1項）。その趣旨は，判決効を受ける第三者に対して事後的な手続保障を確保することにある。たとえば，判決が対世効をもつ人事訴訟（人訴24条1項）などでは，この改正は重要な意義をもつ。さらに，訴訟係属の事実を了知しなければ，こうした手段をとる機会自体が与えられないことになるため，新人事訴訟法は，一定範囲の第三者に対し訴訟係属を通知するものとした（人訴28条など）。なお，旧法下では，上訴提起とともに補助参加の申出をすることは明文上許容されていたものの（旧65条3項〔現43条2項〕），判決確定後の再審の訴えについては議論があった。

5 判決の補助参加人に対する効力

補助参加にかかる訴訟の裁判は，民訴法46条1号ないし4号の各場合を除いて，補助参加人に対しても効力を生じる（46条）。この判決効については，その法的性質および範囲（客観的範囲・主観的範囲）をめぐり，見解の対立がある。

なお，つぎの四つの場合には，民訴法46条の規定する補助参加人に対して判決効が及ばない。すなわち，①参加人が訴訟行為をすることができなかったとき（同条1号・45条1項但書），②参加人の訴訟行為が効力を有しなかったとき（46条2号・45条2項），③被参加人が参加人の訴訟行為を妨げたとき（46条3号），④被参加人が参加人のすることができない訴訟行為を故意または過失によってしなかったとき（46条4号），であ

---

142) 兼子・体系403頁，中野・訴訟関係126頁，新堂767頁，伊藤609頁など。
143) 菊井＝村松Ⅰ422頁，谷口288頁，斎藤・概論488頁，三ケ月・全集238頁，争点125頁〔鈴木重勝〕，井上・法理56頁，注釈民訴(2)151頁〔池尻郁夫〕，高橋・重点講義下332頁など。
144) この点，新堂767頁は，被参加人が遅滞なく抵触行為をしないと，無権代理行為を黙示的に追認したと評価される余地があるとするが，これは実質的には本文の有力説に近い（高橋・重点講義下308頁注10参照）。

る。

(1) 判決効の法的性質をめぐる理論状況

大審院時代の判例は，参加人に生じる裁判の効力を既判力であると解していたが[145]，最高裁判所は，これを判決確定後において参加人が被参加人に対して当該判決が不当であると主張することを禁ずる効力であるとして，それを既判力とは異なる特殊な効力，すなわち，参加的効力であるとする立場を採用した[146]。

この判例変更を先導したのが学説における参加的効力説の台頭である。当初，学説においては，裁判の効力とは，既判力が補助参加人と被参加人との間だけでなく，参加人と相手方との間にも拡張されたものであるとみる見解（既判力説）[147]が有力であった。その理由として，参加人は被参加人との関係で判決の不当を主張できないとしていた旧々民訴法55条1項が旧民訴（1926年改正）70条では，裁判は参加人に対してもその効力を有すという表現に改められたことが指摘されている。これに対し，裁判の効力を既判力と異なった特殊な効力，すなわち，参加的効力ととらえる見解（参加的効力説）[148]が唱えられ，支配的となった。これによると，裁判所に公権的判断がなされた事項について紛争の蒸し返しを禁ずるという法的安定の思想に基づく既判力に対し，被参加人に対する効力は，被参加人敗訴の場合における被参加人と参加人の敗訴責任の公平な分担という考え方に基づくものであり，被参加人と参加人の間に生じる。また，参加的効力は，当事者の援用をまってはじめて斟酌すればよいのであって，職権で顧慮すべき事項ではないという[149]。

なお，判例が参加的効力説を採用したのに対して，学説の側では，参加的効力説に対する疑問も呈され，これに修正を加える動きも生じた。たとえば，「手続権保障を代償としそれを担保としての，手続結果の不可争性」[150]という

---

145) 大判昭15・7・26民集19巻1395頁。
146) 最判昭45・10・22民集24巻11号1583頁〔百選3版107事件〕。
147) 宮崎澄夫「民事訴訟法第七十条に所謂裁判の効力の本質を論ず」法研11巻4号（1932年）93頁，細野・要義Ⅱ下301頁，加藤・要論153頁，中島・日本民訴上304頁など。
148) 雉本朗造『民事訴訟法の諸問題』（有斐閣，1955年）331頁，山田正三『改正民事訴訟法3巻』（弘文堂，1930年）594頁，兼子一「既判力と参加的効力」法時14巻3号（1932年）〔同・研究2巻55頁以下〕，兼子・体系404頁，三ケ月・全集239頁，小山511頁，斎藤・概論489頁，伊藤611頁，梅本666頁など。
149) 兼子・研究2巻67頁，伊藤611頁，梅本666頁など。これに対し，参加的効力説の立場から，参加的効力が矛盾判決の防止に資するとして，それを職権調査事項とする見解もある（松本・証明288頁）。

基盤において既判力との共通性があるとして，既判力をもって一元的に説明しようとする新たな見解（新既判力説）[151]が主張された。

(2) 民訴法 46 条の判決効の範囲

判決効の客観的範囲について，参加的効力説によると，判決主文にとどまらず，理由中の判断[152]にも及ぶとされるのに対し，既判力説によると，判決主文に包含される訴訟物たる権利義務または法律関係の存否の判断にとどまる[153]。

判決効の主観的範囲については，既判力説によると，参加人・相手方間および参加人・被参加人間に判決効が及ぶことになる。これに対し，通説である参加的効力説は，被参加人敗訴の場合において，参加人・被参加人間に判決効が及ぶのみであるという[154]。敗訴責任の公平な分担がその狙いである。

参加的効力説のなかには，これに対する異論もみられる。その一つは，通説の場合に加えて，参加人・相手方間にも，参加的効力またはこれに類する効力が及ぶとする[155]。いま一つは，参加人・被参加人間に参加的効力または争点効，参加人・相手方間に既判力または争点効，そして，相手方・被参加人間に既判力または争点効を認める[156]。

具体例に即してみると，主債務者が保証人を補助して，主債務の不存在を主張したが，認められずに保証人が敗訴した場合，保証人からの求償請求に対しても主債務の存在を争うことはできない。通説では，参加的効力は参加人に対して不利な方向でのみ働くことになる。これに異を唱える見解からは，現に参加があった場合には参加人と被参加人との公平上，被参加人も参加人に対して，補助の拙劣ゆえに敗訴した旨の主張も封じられる。また，この見解によると，民訴法 46 条 1 号ないし 4 号の除外事由が存するときは，通常の既判力と異な

---

150) 井上・法理 381 頁。
151) 井上・法理 380 頁以下，松本＝上野 729 頁〔上野〕など。吉村徳重「既判力か参加的効力か」演習民訴下 77 頁参照。
152) 理由中の判断とは，主文の判断を引き出すうえで必要な主要事実にかかる認定および法律判断などに限定され，傍論として示された事実認定は含まれない。最判平 14・1・22 判時 1776 号 67 頁。
153) 秋山ほか I 458 頁，梅本 666 頁など参照。
154) 秋山ほか I 459 頁，梅本 667 頁など。
155) 鈴木重勝「参加的効力の主観的範囲の限定の根拠」中村（宗）古稀 411 頁・427 頁。
156) 新堂・争点効上 236 頁，新堂 773 頁，高橋・重点講義下 363 頁，条解 2 版 459 頁〔新堂幸司＝高橋宏志＝高田裕成〕。

り，参加人に対し拡張される既判力等も否定されるという[157]。この点，本条各号の除外事由を問題とすることは，既判力概念の理解にかかわるとの指摘があるが，これはほぼ**概念整理の問題にすぎないであろう**[158]。

(3) 検　　討

補助参加訴訟の実態をみると，参加人は被参加人・相手方間の訴訟に一定の利害関係をもって参戦した，さらにいえば，将来，自己と相手方との間における紛争を想定しながら，先制に出た以上，参加人には，その結果としての判決効に浴する利益への期待が認められよう。その反面，当該訴訟はあくまで被参加人と相手方との間における訴訟であって，あくまで助太刀という角度から訴訟に関与する手続的利益を与えられたにすぎない参加人には，既判力によって拘束するほどの手続保障が与えられていたとはいえず，フルに自己責任を問う根拠は十分でない。

そこで，補助参加訴訟の判決に生じる効力としては，一般に認められている参加的効力に加えて，勝敗にかかわらず，参加人と相手方の間においても特別の拘束力を考えてよいのではなかろうか。参加人を中心とした関係性の観点からは，「参加人⇒被参加人」間の『支援』，および，「参加人⇔相手方」間の『対抗』と整理することができる。法が，『支援』関係（「参加人⇒被参加人」）に着目して付与したのが参加的効力（46条）であるが，これに加えて，その文脈のなかで設定された『対抗』関係（「参加人⇔相手方」）において理論上特別の判決効を想定することが適切である。補助参加訴訟（「被参加人⇔相手方」，「参加人⇒被参加人」，「参加人⇔相手方」）における攻撃防御の実態を踏まえると，限定的であれ手続保障を享受した参加人・相手方間にもその手続保障の限りでの拘束力を及ぼすのが自然であり，公平に適うとみられるのである。

要するに，補助参加訴訟の判決には，通常の判決効（既判力など）のほか，被参加人側敗訴の一定の場合に敗訴責任の公平な分配として被参加人・参加人間（支援関係）の参加的効力，および，参加人と相手方の間（対抗関係）の特別の判決効が生じることになる。

---

157) 新堂・争点効上227頁，高橋・重点講義下362頁。
158) 秋山ほかⅠ459頁は，参加人が相手方との関係で判決の判断を争うことに対しては，信義則による制限を考えれば足りるという。

第3款　共同訴訟的補助参加

1　共同訴訟的補助参加の意義

共同訴訟的補助参加とは，他人間に係属中の訴訟の判決効を受ける第三者が当事者の一方に加わる参加形態をいう。

他人間の訴訟の判決効を受ける第三者に，当該訴訟についての当事者適格があれば，共同訴訟参加（52条）という途があるのに対し，当事者適格が認められないと，法律上，通常の補助参加をするしかなく，そうすると，参加人はその従属的地位から訴訟追行上の限界に直面することになる。そこで，他人間の訴訟の判決効を受けるものの，当事者適格のない第三者[159]の手続的利益を慮って，通常の補助参加人よりも独立性を強化された特別の地位，すなわち，必要的共同訴訟人に準じた訴訟追行権を保障された特殊の形態として，法解釈上認められた参加形態が共同訴訟的補助参加である[160]。そのため，補助参加人の地位の従属性を否定する立場からは不要な概念ということになる[161]。

2　共同訴訟的補助参加の要件

他人間に係属中の訴訟における判決効を受ける第三者が補助参加する場合であることが共同訴訟的補助参加の要件である。判決効は，形成力，法律要件的

---

[159] たとえば，総会決議取消訴訟の会社側に参加した株主，債権者代位訴訟に参加した債務者，遺言執行者の訴訟に参加した相続人など。なお，破産管財人の訴訟に参加した破産者を共同訴訟的補助参加人の例として掲げる見解がかつては多かったが（兼子・体系407頁，三ケ月・全集242頁など），近時，これに反対する見解が増えつつある（徳田和幸「判批」民商66巻3号（1972年）506頁，井上・法理70頁など）。2005年の破産法改正により，旧破産法287条が定めていた破産者に対する強制執行および確定判決と同一の効力という規定が削除され，破産債権者表による破産者に対する強制執行がなくなったことから，一層破産債権査定異議の訴え（破126条）への破産者の共同訴訟的補助参加を認める必要性が失われたといえることから，後者の見解に賛成する（高橋・重点講義下372頁注57）。

[160] わが国の判例で最初に「共同訴訟的補助参加」という語を用いたのは，特許権の範囲に関する確認訴訟における審判の利害関係人にこの種の参加を認めた大判昭13・12・28民集17巻2878頁（兼子・判例民訴383頁など参照）である。その他の判例として，農地買収にかかる行政処分取消訴訟における被売渡人の参加を認めた最判昭40・6・24民集19巻4号1001頁〔百選Ⅱ4版216事件〕，株主総会決議取消訴訟における取締役の参加を認めた最判昭45・1・22民集24巻1号1頁〔続百選90事件〕などがある。学説としては，兼子・体系407頁，三ケ月・全集242頁，菊井＝村松Ⅰ426頁など。共同訴訟的補助参加の立法史等については，井上・法理109頁，瀧川叡一「株主総会決議の効力を争う訴訟における訴訟参加」松田判事在職四十年記念『会社と訴訟（上）』（有斐閣，1968年）328頁など参照。なお，立法例としては，ドイツ民事訴訟法69条やオーストリア民事訴訟法20条などがある。ちなみに，わが国の行政事件訴訟法22条4項および特許法148条3項4項は，共同訴訟的補助参加に類する規定とみられている。

[161] 井上・法理148頁参照。

効力等の判決の効力であれば足り，既判力である必要はない。

つぎの三つの場合に共同訴訟的補助参加の利益が認められる。

第一は，第三者の訴訟担当による訴訟において判決効が参加人に及ぶ場合である。たとえば，破産管財人による破産財団に関する訴訟に破産者が参加する場合や遺言執行者による訴訟に相続人が参加する場合などである。

第二は，人事訴訟[162]や会社関係訴訟[163]などにおいて対世効を生じる場合である（人訴24条1項，会社838条〔旧商247条2項・252条・109条1項〕など）。

第三は，判決の付随的効力，たとえば，反射的効力や法律要件的効力を受ける場合である。

なお，保証人が債権者・主債務者間の訴訟に参加する形態について，補助参加にとどまるという通説的見解[164]と共同訴訟的補助参加まで認められるという有力説[165]との対立がある。これは，債権者・主債務者間の判決効を不利に受けることのない保証人に対して，必要的共同訴訟人に準じた主体的地位を認める必要はないとすれば，通説の立場によることになろう。

3　共同訴訟的補助参加の手続

参加人は，参加申出に際して，共同訴訟的補助参加をする旨を明示しなければならない。共同訴訟参加の申出に対して，裁判所が共同訴訟参加の要件は満たしていないが，共同訴訟的補助参加の要件を満たしていると判断した場合は，共同訴訟的補助参加として認めることができる。他方，共同訴訟的補助参加の申出に対して，共同訴訟参加の要件をも充足している場合には，共同訴訟参加としてではなく，そのまま共同訴訟的補助参加として認めるのが，参加人の手

---

162) 人事訴訟の判決の結果について利害関係をもつ者は，当該訴訟に補助参加することができ，確定判決の対世効を前提とすれば，その地位は，共同訴訟的補助参加人となる。その際，検察官が職務上の当事者となるが（人訴12条3項），実効的な審判の観点からはできるだけ利害関係人の参加が望まれるところ，参加申出がない場合に，裁判所は，予め当事者および利害関係人の意見を聴いたうえで，利害関係人を補助参加人とする決定を行うことができる（人訴15条1項2項）。

163) たとえば，取締役選任の株主総会決議取消訴訟において被告適格を有するのは会社のみと構成する判例・通説の立場によると，この請求認容判決が利害関係人にも効力を及ぼすことから（会社838条），被選任取締役は共同訴訟的補助参加することができる。また，原告でない株主が会社側に参加する場合は，共同訴訟的補助参加となる。この点，株主総会決議取消訴訟または株主総会決議無効確認訴訟の係属中に被告会社について，破産手続または会社更生手続の開始決定がなされたときは，営業譲渡や蛸配当を内容とする決議であっても，訴訟手続は中断せず，管財人は判決効を受けるので，共同訴訟的補助参加をすることができる（谷口安平『倒産処理法〔第2版〕』（筑摩書房，1986年）202頁，梅本670頁など参照）。

164) 新堂775頁など。

165) 鈴木正裕「判決の反射的効果」判タ261号（1971年）15頁，梅本670頁注1など。

4 共同訴訟的補助参加人の地位

共同訴訟的補助参加人は，当事者適格を欠く点で補助参加人としての従属性はあるが，判決効を受ける点で通常の補助参加人よりも独立性が強化され，必要的共同訴訟人の地位に近づく。

具体的には，①参加人は，被参加人の行為と抵触する行為をなし得るが（40条1項類推），他方で，民訴法46条の制約なしに参加的効力を受ける。たとえば，参加人のなした上訴を被参加人は取り下げることができない（前掲注160大判昭13・12・28，前掲注160最判昭40・6・24）。②参加人の上訴期間（285条参照）は，被参加人と別個独立に計算される。③参加人は，その従属性から，訴えの変更や取下げをすることができず，当事者尋問手続によることもできない。

争いのあるのは，参加人に中断・中止の事由が発生した場合，本訴訟の手続は停止するか否かである。無条件に停止するとする肯定説[167]，本訴訟の進行に影響しないとする否定説[168]のほか，参加人を除外した本訴訟の進行経過が参加人の利益を害すると認められるときは，本訴訟の中止を命じるべきである（人訴15条4項括弧書参照）とする折衷的見解[169]がある。この種の参加人が当事者適格を有しないという側面と，そうした参加人を保護すべき必要性からこの種の参加形態が認められたという状況との調和点からすると，折衷説に一日の長があるといえよう。

第4款 訴訟告知

1 訴訟告知の意義

訴訟告知とは，訴訟係属中に，訴訟当事者が利害関係を有する訴外の第三者に対して，訴訟係属の事実を法定の方式によって通知することをいう（53条1項）。

制度の趣旨は，告知者にとって，敗訴の場合に被告知者に敗訴判決の参加的効力（46条）を及ぼすことにより（53条4項），敗訴負担を被告知者と分担して，

---

[166] なお，最判昭63・2・25民集42巻2号120頁〔百選3版A41事件〕は，住民訴訟（旧自治242条の2第1項4号の代位請求訴訟）において，参加人が共同訴訟参加をすることができるのに，敢て補助参加の申立てをした場合，これを共同訴訟的補助参加として扱うことはできないと判示した。

[167] 兼子・体系407頁，梅本671頁など。

[168] 三ヶ月・全集242頁など。

[169] 新堂776頁。

後日の紛争を防止する可能性を与えること，そして，被告知者にとっては，訴訟参加によって告知者を補助し，自己の利益を擁護する機会を得ることができることにそれぞれあるとみられる。たとえば，告知者にとって実益のある場合として，債権者代位訴訟を提起した債権者（＝原告）が，債務者の第三債務者（＝被告）に対する権利が認められないとして敗訴しても，債権者が債務者に訴訟告知しておけば，債務者は参加的効力によって，その権利の存在を主張することができなくなり，債権者は，後日，債務者からその権利があったとして損害賠償を請求されるようなことがなくなるといったケースが挙げられる[170]。また，被告知者にとって実益のある場合としては，株主代表訴訟（株式会社における責任追及等の訴え）（会社847条3項〔旧商267条〕）において，訴訟告知を受けた会社は，その訴訟に参加して（会社849条1項〔旧商268条2項〕），会社の正当性を主張してその利益を擁護する機会を得ることができるといったケースが挙げられる。なお，このケースで，被告知者たる会社の利益（手続保障）は法的保護に値するとの判断から，代表訴訟を提起した株主に対して，会社に対する告知義務が課せられている（会社849条3項〔旧商268条3項〕）。

なお，参加的効力の生じない場合であっても，補助参加の利益が認められる限り，被告知者に訴訟参加をして自己の利益を擁護する機会が与えられる。その実益は，被告知者に対する手続保障の観点から望ましいことに加えて，告知者にとっても被告知者の援助が期待できることや，制度的にも，補助参加があれば，相手方と補助参加人との間の紛争も射程に入れた統一的解決も一定限度で実現し得ることなどに求められよう。

2 訴訟告知の要件

訴訟告知の要件としては，①訴訟係属中であること，②告知の主体が訴訟当事者，補助参加人およびこれらの者から告知を受けた第三者であること（53条2項），③告知の相手方が訴訟参加の利害関係を有する第三者であること，が挙げられる。

それぞれの要件について若干付言すると，①については，訴訟が上告審に係属中の場合でも構わない。②については，告知を受けた者がさらに告知する場合（53条2項），自らその訴訟に補助参加の申出をしなくてもよい。こうした第

---

[170] 新堂777頁。そのほかにも，他人物売買の買主（被告）が権利者（原告）から目的物を追奪された場合にも，訴外の売主に訴訟告知しておけば，後日の売主に対する損害賠償請求訴訟において，売主に目的物の所有権が帰属していたとの主張を封じることができたり，保証人が請求された場合にも，訴外の主債務者に訴訟告知しておけば，これに対する後日の求償請求を確保することができたりするなどの例がある。

二次の告知も，第一次のそれと同じく，被告知者に攻撃防御の機会を与えるとともに，第一次の告知者が係属中の訴訟に敗訴し，後日，この者と第一次の被告知者との間に係属する訴訟において第一次の被告知者が敗訴した場合に，この者がさらに第二次の被告知者に対して提訴する場合に備えて，第一次の告知者が当事者である訴訟の判決内容が第二次の被告知者を拘束することがその狙いである。たとえば，手形所持人の提起した償還請求の訴えの相手方である第三の裏書人から訴訟告知を受けた第二の裏書人は，第一の裏書人に対して，さらに告知することができる。③については，当事者参加，すなわち，独立当事者参加または共同訴訟参加をする利益を有する者も含まれるが，補助参加をする利益を有する者が通常である。また，訴訟の相手方は告知の相手方たり得ないが，相手方の補助参加人は告知の相手方たり得る。なお，告知の相手方たり得る者が両当事者にとって共通する場合もある[171]。

3 訴訟告知の方式

当事者が訴訟告知を行うには，告知の理由および訴訟の程度を記載した書面（これを「告知書」という）を受訴裁判所に提出しなければならない（53条3項）[172]。そして，裁判所は，この告知書を被告知者に送達するとともに（規22条1項2項），訴訟の相手方にも送付する（同条3項）。これらのうち，被告知者に対する告知の方式の瑕疵は，被告知者による責問権の放棄によって治癒されるのに対し，訴訟の相手方に対する告知は，参加申出があった際に異議を申し立てるか否かを準備するためになされることから，これを欠いても告知の効力に影響しない。

4 訴訟告知の効果

訴訟告知を受けた被告知者は，当然に参加人となるわけではなく，また，参加する義務を負うわけでもない。被告知者は，①告知者側に参加する，②参加しない，③相手方の側に参加する，という三つのオプションが与えられることになり，どれを選択するかは被告知者の任意である。参加する場合には，あらためて参加の申出行為をする必要がある。

---

171) たとえば，代理権の有無に争いがある場合に，代理人が訴訟当事者である本人および相手方の双方から告知を受け得ることになる。新堂778頁参照。
172) 告知書には，手数料として印紙を貼付する必要はないが，裁判所へ提出する際に送達に要する費用の概算額を予納しなければならない（民訴費11条1項1号・12条）。告知に要する費用は，訴訟参加がなされない限り，当該訴訟の費用に算入されることはなく，告知者が負担する。これに対し，訴訟参加がなされた場合は，「参加によって生じた費用」に算入され，告知者に償還されるとしてよい。新堂778-779頁。

(1) 被告知者が①告知者側に参加する場合および②参加しない場合

　被告知者が補助参加できる者である限り（当事者参加・共同訴訟参加は該当しない），告知者が敗訴した場合，民訴法 46 条の除外事由がないことを前提に，参加的効力が告知者と被告知者の間に生じる。なお，②の場合，被告知者が告知を受けて遅滞なく参加することができた時に，参加したものとみなされる（53 条 4 項)173)。

　ところで，参加的効力は，実際に補助参加したか否かによって差異を生じるのであろうか。この点で参考になるのがカラオケボックス家具購入事件（最判平 14・1・22 判時 1776 号 67 頁〔百選 4 版 105 事件〕）である。事案は，カラオケボックスに家具を納入した家具販売業者 X が，カラオケボックスの建築業者 A を買主であるとして，これに対する本件家具の代金支払請求訴訟を提起したところ，A はカラオケボックスの施主 Y が買主であるとして争い，Y に訴訟告知したが，Y は補助参加をしなかったというものである。裁判所は，本件家具は Y が購入したとの理由で，請求棄却判決を言い渡し，これが確定した（前訴判決)。その後，X の Y に対する本件家具の代金支払請求訴訟（後訴）において，原審は，Y が本件家具を購入したとの前訴判決の理由中の判断に拘束力を認めて，本件家具の買主が Y であるかについて審理することなく，X の代金請求を認容した。しかし，最高裁判所は，参加的効力は，「判決の主文に包含された訴訟物たる権利関係の存否についての判断だけではなく，その前提として判決の理由中でされた事実の認定や先決的権利関係の存否についての判断などにも及ぶものであるが（最高裁昭和 45 年(オ)第 166 号同年 10 月 22 日第一小法廷判決・民集 24 巻 11 号 1583 頁参照）」，これは「判決の主文を導き出すために必要な主要事実に係る認定及び法律判断など」をいうところ，買主は Y であるとの判断はこれにあたらず，したがって，そうした判断にまで参加的効力は及ばないとして，破棄差戻しをした。

　これは前訴で Y が補助参加しなかったケースであるが，Y が補助参加して，買主が Y か A かをめぐって争った結果，買主は Y であると認定されて，前訴で請求棄却判決が出されていたのであれば，買主が Y であるとの判断が前訴の主要事実ではないとしても，その点に関する手続的利益は十分に保障されていると評価できる結果，参加的効力を認めてしかるべきであろう。かくして，

---

173) 被告知者が実際には遅れて参加した場合でも（相手方の異議によって参加申出が却下されたといった事情のない限り），遅滞なく参加することのできた時に参加したものとみなされる。新堂 779 頁。

実際に補助参加したか否かにより，参加的効力の有無に差異が生じることになる[174]。

(2) 被告知者が③相手方の側に参加する場合

告知者と被告知者の利害が対立し，被告知者が告知者の相手方に補助参加した場合に，参加的効力が被告知者にも及ぶか否かが問題とされている。

これを肯定する裁判例がある（仙台高判昭55・1・28高民33巻1号1頁〔百選2版111事件〕）。事案は，売主X側の代理人Yが無権代理であったことを理由に売主Xが買主Aに所有権確認と抹消登記に代わる移転登記を求めた前訴で，XがYに対して訴訟告知したところ，Yは代理権ありと主張して相手方Aに補助参加し，A・Y側が表見代理成立を理由に勝訴した後，Xが告知者たるYに対して無権代理による損害賠償（民117条1項）を請求したというものであり，裁判所は，訴訟告知は告知者の主観的利益を基準に判断すべきであるとして，前訴判決の参加的効力を認めてX勝訴とした。

この理由としては，訴訟告知は，専ら告知者の利益保護の制度であり，告知者が被告知者との間の参加的効力を取得するためのものゆえ，被告知者が相手方に参加した場合であっても，参加的効力を及ぼし得る旨の指摘がある。これに対して，参加的効力を否定する裁判例もある[175]。

学説上は否定説が有力である[176]。その理由としては，訴訟告知は，告知者の利益保護とともに，被告知者が自身の利益を擁護することも目的とするので，被告知者が相手方に参加して勝訴判決を得ても，告知者から参加的効力を主張されて，告知者の利益が害される結果となる場合には，参加的効力は認めるべきではないとする指摘がある。

---

174) 新堂779頁注(1)。
175) 事案は，交通事故被害者の遺族Aの加害者Xに対する損害賠償請求訴訟（前訴）において，Xは，被害者の死亡がY病院の医療ミスによるものであるとして，Yに訴訟告知し，YはAに補助参加したところ，裁判所は，交通事故と医療過誤が競合した異時的共同不法行為によるとして，Aの請求を認容する判決をした。そこで，XはYに対して求償金請求訴訟（後訴）を提起したところ，裁判所は，参加的効力は判決の論理的前提となった事実関係または法律関係に対する判断について告知者と被告知者との間に認められるとの前提に立ち，A・X間の前訴において異時的共同不法行為が認められ，各自全損害について賠償義務を負うべきであるとされた場合は，医療上の過失の有無に関する部分は傍論であり，参加的効力を生じるものではなく，訴訟告知自体が無意味であったことになり，したがって，Yとの関係ではいずれの参加的効力も生じる余地がないとして，請求棄却判決をした（東京高判昭60・6・25判時1160号93頁〔百選Ⅱ172事件〕）。これにつき，井上・法理135頁，竹下守夫「訴訟告知の効力に関する注目すべき高裁判決」金判604号（1980年）16頁，小林秀之「訴訟告知・補助参加と判決の効力」法セ393号（1987年）138頁，佐野裕志「判批」昭60重判解（1986年）121-123頁，猪股孝史「訴訟告知にもとづく参加的効力の範囲」新報94巻6＝7＝8号（1988年）129頁以下，百選Ⅱ381頁〔田中豊 解説〕，高橋・重点講義下381頁など参照。
176) 新堂780頁注(2)，高橋・重点講義下382頁，伊藤618頁，上田552頁，梅本674頁など。

訴訟告知制度は，告知者の利益のみならず，被告知者の利益をも擁護しようとするが，具体的には，一方で，参加的効力の可能性を保障するという形で告知者の利益に配慮し，他方で，訴訟参加という選択肢のあることを訴訟告知によって知らせて手続関与の機会を保障するという形で被告知者の利益を守ろうとしているのである。そうすると，いずれも第一次的には可能性の限度で，告知者および被告知者の利益を擁護することによって，より具体的な次元で告知者と被告知者の利益が対立した場合に備えているという周到な立法的手当てとして，訴訟告知の制度趣旨が理解されよう。そうすると，被告知者が告知者の相手方に補助参加した場合には，具体の次元で告知者と被告知者の利益が対立しており，もはや可能性の次元で保障されていた参加的効力は現実には生じないということになろう。換言すると，現に参加的効力を生じさせるには，前訴においてそれに見合うだけの手続保障が参加的効力の拘束を受ける者に及んでいたといえる必要があるといえよう。否定説が妥当であろう[177)178)]。

(3) 実体法上の効果

訴訟告知は，訴訟参加を催告する行為ではなく，単なる事実の通知にすぎない。しかしながら，実体法上，訴訟告知に時効中断効を付与する規定がある（手86条・70条3項，小73条・51条2項，自治242条の2第8項）。そうした特別の規定がない場合であっても，訴訟告知に催告（民153条）と同様に一応の時効中断効が認められ，訴訟終了後6ヵ月以内に提訴すれば，その中断効を維持できる

[177)] 仙台高判昭55・1・28の事案においても，前訴は，有権代理の存在は確定できないが，少なくとも表見代理の要件は認められるとしてA勝訴を導いたにすぎず，無権代理であったか否かは，前訴で直接の争点となっていなかったと考えられ，そのような判断で後訴を拘束するのは不当というべきであるとの指摘がある（新堂753頁）。なお，新堂幸司＝井上治典＝佐上善和＝高田裕成『民事紛争過程の実態研究』（弘文堂，1983年）参照。また，裁判例上も，肯定説の仙台高判昭55・1・28が否定説の東京高判昭60・6・25によって否定されたと評するのは，高橋・重点講義下382頁。

[178)] 参加的効力が生じるか否かの基準を証明責任の分配に求める見解がある。これは，告知者が前訴・後訴を通じて証明責任を負っている争点については参加的効力を生じさせるべきではないとの主張であり，被告知者が後訴において証明責任を負っている事実については前訴でも被告知者がこれを争うことは期待し得るので，参加的効力を及ぼしてよいが，被告知者が証明責任を負っていない事実については前訴で争うことが期待し得ないのであるから，参加的効力を及ぼすべきではないと説く（松本博之『証明責任の分配〔新版〕』（信山社，1996年）305頁以下）。この見解に対しては，基準としての明確性に優れているものの，前訴の請求を根拠付ける主要事実の存否を判断するために証明責任が機能するのであって，それをもって判決理由中の判断にまで拘束力が及ぶ参加的効力の限界付けに用いるならば，「証明責任の分配の論争に参加的効力の発生が巻き込まれることになって」（高橋・重点講義上384頁注76）当事者に難しい判断を強いるという問題が生じよう。なお，梅本679頁注3。

と解される[179]。

第5款　独立当事者参加

1　独立当事者参加の意義

独立当事者参加とは，訴訟係属中に，第三者が，原告および被告の双方または一方に対して，当事者として，それぞれ自己の請求を立て，原告の請求について同時かつ矛盾のない判決を求めて参加することをいう（47条1項）。これは，主参加[180]の機能強化を企図して，1926年（大正15年）の全面改正の際に導入された制度であり，その趣旨は，詐害訴訟参加と権利参加のいずれについても一個の判決をもって三当事者間の関係を確定するところにあった[181]。

(1)　独立当事者参加訴訟の構造

その導入の経緯を踏まえ独立当事者参加のしくみを考えると，原告および被告の双方に対してそれぞれ請求を定立する参加形態，すなわち，三当事者がそれぞれ独立して対立関与する訴訟構造であるととらえることができ，その三者間の三面的紛争を統一的かつ一挙に解決すべく，必要的共同訴訟に関する審理の特則を準用したものとみられる（47条4項・40条1項2項3項）[182]。

参加人は，本訴訟の原告・被告間の訴訟追行を牽制することで，自己に不利な判決を防ぎつつ，自己の両当事者に対する請求を実現するための訴訟活動を保障される。仮に三人以上の者が対立・牽制しあう形の紛争を二当事者対立の訴訟に分解して個別に相対的解決を図るならば，審理が重複して不経済なうえ，各判決に矛盾が生じ，紛争の全面的かつ終局的解決が得られないおそれがあろ

---

179) 同旨，大阪高判昭56・1・30判時1005号120頁，我妻栄『新訂民法総則』（岩波書店，1965年）466頁，菊井＝村松I497頁，兼子・体系410頁，斎藤・概論498頁，三ケ月・全集243頁，新堂780頁，伊藤618頁，梅本675頁など。

180) 主参加（旧法60条）は，係属中の訴訟の当事者双方を被告として，本訴訟とは別個に訴えを提起するというものであり，訴訟参加そのものではなく，ほとんど利用されていなかった。

181) 司法省編纂『民事訴訟法中改正法律案理由書』（1926年）38頁，山木戸克己「訴訟参加と訴訟承継」民訴講座(1)273頁以下，徳田和幸「訴訟参加制度の継受と変容」民訴37号（1991年）1頁など参照。

182) これは三面訴訟説からの説明である。独立当事者参加の構造については，ⅰ）参加人が原告または被告の共同訴訟人となるとする共同訴訟説，ⅱ）原告・被告間の本訴と参加人の原告および被告を共同被告とする訴訟がT字型に併合されたとみる主参加併合訴訟説，ⅲ）原告・被告間，参加人・原告間および参加人・被告間の三個の訴訟が併合されたとみる三個訴訟併合説，そして，ⅳ）三人以上の者が対立・牽制しあう紛争の実態をそのまま紛争処理手続に反映せしめるために，三当事者がそれぞれ独立して対立関与する構造であるとする三面訴訟説がある。ⅳ）の三面訴訟説が判例（前掲・最大判昭42・9・27）・通説（兼子・体系416頁，斎藤・概論467頁，小山501頁，新堂781頁，上田556頁など）である。

(2) 準独立当事者参加（片面的参加）

　旧法下において，当事者の一方のみに対する請求を立てて参加すること（これを準独立当事者参加，または，片面的参加という）が認められるか否かについては争いがあった。判例は，若干の曲折を経て，当事者双方を被告としなければならないとする否定説に統一された（最大判昭42・9・27民集21巻7号1925頁〔百選Ⅱ174事件〕）。しかし，学説は主参加の機能強化を企図して導入されたという独立当事者参加の沿革や合一確定の必要を理由として，必ず双方を相手方としなければならないとする片面的参加否定説[183]と，一方のみを相手方とする場合でも矛盾のない統一的判断を必要とするなどの独立当事者参加に関する規律に服せしめるべきであるとする片面的参加肯定説[184]とに分かれていた。

　こうしたなか，新法は，上記の判例理論を立法的に変更し，一方当事者のみを相手方とする準独立当事者参加を認めた。その理由としては，参加申出人が当事者の一方としか争わない場合にまで双方を相手方としなければならないとすることは，法が争いのない者に対する請求の定立を強制することであって，これでは紛争の実情にそぐわないばかりか，不当無用の混乱を招くおそれがあること，また，実務上も独立当事者参加の方式によるものとされている参加承継において，当事者双方を相手方としなければ独立当事者参加をすることができないとすると，被承継人と参加人との間に承継につき争いがない場合に両者が同一の訴訟代理人を選任すると双方代理になってしまい不合理であること，が挙げられている[185]。こうして，片面的な参加の場合でも，必要的共同訴訟の規定（40条1項以下）の準用（47条1項・3項）および訴訟脱退制度の適用も明文上明らかになった（48条）[186]。

---

183) 兼子・体系414頁，三ケ月・全集227頁，小山468頁，山木戸克己「判批」民商58巻4号（1968年）139頁，小室直人「判批」判評109号〔判時504号〕（1968年）26頁，続百選61頁〔小山昇 解説〕など。

184) 新堂幸司「判批」法協85巻9号（1968年）70頁（これは片面的参加を「準独立当事者参加」と表現する），昭41・42重判解213頁〔鈴木正裕〕，榊原豊「民訴法第71条に基づく参加の申出はつねに原被告双方を相手方としなければならないか」法研41巻12号（1968年）99頁，井上治典「第三者の訴訟関与」ジュリ500号〔判例展望〕（1972年）333頁以下など。

185) 一問一答62頁。

186) なお，これらの点については，紛争の実情なるものに可能性の次元をも含めることにも意味があり，双方代理や利益相反の点は実質的に把握すればよいのであって，当事者の選択の幅を広げたという把握で足りるといえよう。理論的にみるとき，より根深い含意があるものとして意識すべきであって，この改正には利益衡量ないし訴訟政策の観点から将来の紛争の芽を摘む局面にまで合一的判断の領域を広げることに親和的な姿勢が示されていると解されるのである。立法措

2 独立当事者参加の要件

独立当事者参加の要件としては，①他人間に訴訟が係属中であること，②参加の理由があること，そして，③参加人が係属中の訴訟の当事者の双方または一方に対して当事者として請求を定立すること（参加の趣旨），の三点が挙げられる。

(1) 他人間に訴訟が係属中であること

この要件に関しては，事実審（第一審・控訴審）の係属中に参加が許されることに問題はないが，法律審（上告審）でも許されるか否かが問題となっている。

この点，否定するのが判例である[187]。学説では，これを支持する見解[188]が多数を占めるが，肯定する見解[189]も依然として有力である。

否定説はその根拠を，独立当事者参加は当事者として請求を定立する点で新訴の提起とみられるところ，事実審ではない上告審においては，参加人の請求の当否についての判断をすることができないところに求める[190]。しかし，上告審が原判決を破棄差戻し・移送する可能性のある限り，三当事者間に矛盾のない判決をすることができることから，参加の実益があるといえるし[191]，また，控訴審の口頭弁論終結直前に係争物を譲渡された承継人や当事者のいずれ

置は，意識したと否とにかかわらず，新しい可能性に途を開いたといえよう。なお，片面的参加（準独立当事者参加）の訴訟構造としては，当事者間の訴訟法律関係に加えて，非当事者間の訴訟法律関係という新しい重層的訴訟構造形態が形成されるという説明もある（上田徹一郎「片面的独立当事者参加の構造と非当事者間の判決効」民商 123 巻 3 号〔2000 年〕299 頁以下〔百選Ⅱ〔補正版〕176 事件〕）。

187) 大判昭 13・12・26 民集 17 巻 2585 頁，最判昭 44・7・15 民集 23 巻 8 号 1532 頁。なお，前者の大判昭 13・12・26 は，控訴審判決言渡し後に当該訴訟の目的である債権について差押え・転付命令を得てこれを取得した者による上告審における独立当事者参加を否定したものであるが，これについては，上告審における参加自体を否定するのか，あるいは，控訴審判決後の参加を否定するにすぎないのかは，必ずしもその趣旨が明確ではないとの指摘がある（梅本 680 頁）。

188) 三ケ月・全集 226 頁，小山 498 頁，奈良次郎「独立当事者参加について（二）」判評 122 号〔判時 544 号〕（1969 年）105 頁，伊藤 623 頁，梅本 678 頁，花村治郎『民事上訴制度の研究』（成文堂，1986 年）169 頁など。

189) 兼子・体系 412 頁，兼子・判例 407 頁，菊井＝村松Ⅰ451 頁，木川＝中村 109 頁〔小松良正〕，新堂 789 頁，上田 558 頁，小室監修 246 頁〔三谷忠之〕，斎藤ほか編(2)250 頁〔小室直人＝東孝行〕，基本コンメ新民訴(1)112 頁〔上野泰男〕など。

190) 伊藤 623 頁注 101。

191) 兼子・体系 412 頁。この点，否定説は，原判決の破棄を求める限度では未だ独立当事者参加人の立場ではなく，補助参加人に等しい立場で行動しているにすぎないというが（三ケ月・全集 226 頁），これに対しては，当事者の上訴権や上告の取下げ等をも阻止し得る点では単なる補助参加人による上訴とは異なり，やはり独立の上告権能を行使しているとみられ，そうした権能の行使を認める実益はあるとの反論がなされており（新堂 789 頁），その反論は正当であろう。

もが上告することなく，詐害的判決を確定させようとしている場合において，自己の権利が害されることを主張する第三者については，参加の申出とともに上告することができるとする必要性は認められよう[192]。なお，上告の理由がなく上告を棄却すべき場合，上告審としては，参加人の請求を審判する余地がないので，独立当事者参加を分解して，参加人の請求を別訴として審判すべく，上告審裁判所は，第一審裁判所に移送することになる[193]。

さらに，判決確定後であっても，参加人は，参加の申出とともに再審の訴えを提起することができる[194]。

(2) 参加の理由があること

参加の理由が認められる場合として，民訴法47条は，第三者が「訴訟の結果によって権利が害されることを主張する」場合と，第三者が「訴訟の目的の全部もしくは一部が自己の権利であることを主張する」場合の二つを規定している。前者は(a)詐害防止参加（47条1項前段），後者は(b)権利主張参加（47条1項後段）とよばれる。

(a) 詐害防止参加（47条1項前段）

これは，「訴訟の結果によって権利が害されることを主張」して参加する場合であるが（47条1項前段），その判断基準をめぐって議論がある。

判例の動向を眺めると，①不動産所有権移転について偽造委任状による売買無効を理由とする移転登記抹消請求訴訟を親Xがその子Yに対して提起し，その口頭弁論期日にYが不出頭であったところ，係争不動産の抵当権者Zが詐害防止を理由として独立当事者参加し，係争不動産がYの所有権に属する旨の確認請求をしたという事案において，大審院は，詐害防止参加の趣旨は，訴訟の結果によって権利を害されるおそれのある第三者をしてその権利を保全させるために当事者として参加させることにあるとして，第三者は他人間の判決の効力を直接受ける者に限らず，訴訟の結果により間接に自己の権利を侵害されるおそれのある者も含まれるという理由から，参加申出を理由があるとしてこれを許容した（大判昭12・4・16民集16巻463頁）。

②不動産所有権移転について弁済担保のために交付した売渡証書の白地名義への無断補充による登記の無効を理由とする移転登記抹消請求訴訟をXがYに対して提起し，その口頭弁論期日にYが不出頭であったところ，Yの債権

---

192) 新堂789頁参照。
193) 新堂789頁。
194) 伊藤623頁。

者で係争不動産の強制競売決定を受けた Z が詐害防止を理由として独立当事者参加し，X・Y を相手方として係争不動産につき Y の所有権に属する旨の確認請求をしたという事案において，最高裁は，「X の本訴請求の原因，Z の参加の理由に関し原審の確定した事実及び本件訴訟の経過」に照らし，参加を是認できるとした（最判昭 42・2・23 民集 21 巻 1 号 169 頁〔続百選 25 事件〕）。

　これら二つの判例は，ほぼ同一内容の事案であるといえ，いずれも本訴被告の訴訟行為について客観的に詐害意思があると判断して，参加を認めている点において，基本的に理論としては詐害意思説に依拠するものとされている[195]。

　学説の状況をみると，第一に，当事者間の判決の既判力が当事者双方と参加人の間にも生じる場合か，少なくとも参加人として当事者の受ける判決効を承認しなければならない反射的効果を受ける関係上，その訴訟を放置すると判決の効力によって参加人の権利が侵害される場合をいうとする見解（判決効説）がある[196]。たとえば，債務者の執行当時の一般財産から満足を受けるだけの一般債権者は，債務者と第三者の間の生じた財産の帰属を争う訴訟で出された確定判決を承認せざるを得ない地位にある，すなわち，反射的効果を受けることから，詐害防止参加が許されることになるのに対して，土地所有権移転登記抹消請求訴訟の被告からすでに抵当権登記を受けている者は，当該訴訟の判決効を受けないことから，その詐害防止参加は認められないという[197]。

　第二に，訴訟の結果によって参加人の権利が法律上・事実上侵害される可能性のある場合をいうとする見解（利害関係説）がある[198]。この見解は，詐害意思説および判決効説を包含する点に特徴がある。

　第三に，詐害防止参加の理由があるか否かは，参加人が当事者の処分的訴訟行為（不熱心，不適切な訴訟行為を含めて）を阻止できる地位にあるか（これは主として参加人の実体的地位によって決せられる），紛争経過，訴訟経過からそのための訴訟加入を必要とするだけの具体的事情があるか（これは当該紛争の具体的展開過程や訴訟手続過程から判定される）という二つの要素から判断すべきであるとの見解（紛争・訴訟手続経過説）がある[199]。

---

195) 伊藤 621 頁など。なお，利害関係説に立つとするのは，山木戸・判例研究 93 頁。
196) 兼子・体系 413 頁，小山 497 頁など。
197) 兼子・体系 413 頁。これに対して，判決の既判力を受ける場合だけでなく，他人間の判決を無視できない場合にも詐害防止参加を許すべきであるとの主張がある（同旨・前掲大判昭 12・4・16，菊井・下 257 頁）。
198) 奈良次郎「独立当事者参加について（三）」判評 124 号〔判時 551 号〕（1969 年）112 頁。なお，梅本 682 頁は，利害関係説の基準は不明確であるとしつつも，判決の効力（形成力をはじめとする法律要件的効力を含む）が当事者双方と第三者の間にも生じることにより，「その訴訟を放置すると，判決の効力によって参加人の権利が侵害される場合をいう」として，利害関係説の結論にほぼ等しいとする。
199) 井上治典「独立当事者参加」新実務民訴(3)45 頁（とりわけ 49-50 頁）〔井上・多数 35 頁以下に所収〕。

第四に，当事者がその訴訟によって参加人を害する意思があると客観的に認められる場合をいうとする見解（詐害意思説）がある[200]。これは，わが国の独立当事者参加制度がフランス・イタリア法系の詐害判決の再審による救済制度（旧々民訴483条）とかかわるという民訴法47条の沿革を重視して，他のドイツ法系の参加制度と同列に論じるべきではないという前提の下，詐害判決の防止という制度目的から，「訴訟の結果によって権利が害される」とは，当事者が当該訴訟を通じて参加人を害する意思を有することが客観的に判定される場合であるととらえ，補助参加の利益とは区別して考えようとするものである。

　前述のように，判決効説は「土地所有権移転登記抹消請求訴訟の被告からすでに抵当権登記を受けている者」の参加は，この者（＝第三者）が当該訴訟の判決効を受けないために認められないとするが，この場合にも，被告が原告と馴れ合うなどして，この第三者の意思に反して敗訴判決を確定させようとしていることを認識しておきながら，これを阻止できず，抵当権者は自己の地位が事実上危険にさらされるのを待つ以外にないというのは実際的ではない[201]。また，民訴法47条1項前段の適用範囲を判決効を受ける者に制限するとすれば，こうした者の保護手段である共同訴訟参加や共同訴訟的補助参加の存在理由が曖昧になってしまう。
　そこで，判決効を及ぼされることのない第三者であっても，その法律上または事実上の地位が当該訴訟における訴訟物またはその前提となる法律上または事実上の争点を判断するに際しての論理的前提となるために，当事者の一方が敗訴すると，第三者が事実上または法律上不利な影響を受けるおそれがある場合に，共同訴訟参加等が認められないことにかんがみ，かかる第三者に独自の救済の途を開いて，相手方と馴れ合った当事者の訴訟活動を牽制する機会を与えたのが民訴法47条1項前段の立法趣旨であると考えるのが妥当であろう。そうすると，こうした本条項前段の立法目的に忠実なのは詐害意思説であるといえ，さらに，同説のように考えることによって現行法体系において他の参加制度とは異なる独自の位置付けを自然な形で行うことができる[202]。

---

200) 三ケ月・全集224頁，吉野衛「不動産の二重譲渡と独立当事者参加の許否」判タ152号（1963年）2652頁〔近藤完爾＝浅沼武編『民事法の諸問題Ⅱ』（判例タイムズ社，1966年）308頁以下（とくに329頁）〔吉野〕所収〕，斎藤・概論470頁，伊藤621頁，秋山ほかⅠ466頁など多数説。なお，新堂786頁，松本＝上野679頁〔上野〕。
201) この発想はイタリア法のオポジツィオーネ・ディ・テルツォの事後的救済の考え方に連なる面がある。小島武司「民事訴訟における opposizione di terzo の構造と機能」新報71巻6号（1964年）39頁参照。

もっとも，詐害意思説は，詐害意思を単なる主観的なものではなく，客観的に判定されることを要するというが[203]，これに対しては，抽象的にすぎるために要件としては適用上の困難を生じて適当ではないと批判を加えたうえで，直截に，詐害的な訴訟追行が行われる場合に参加が認められてしかるべきであることから，当事者の利用関係や訴訟追行の態様から十分な訴訟活動の展開を期待できないと認められる場合に詐害的な訴訟追行が行われると推論し得るとの主張がある[204]。この見解によると，たとえば，答弁書も準備書面も提出せずに期日に欠席している場合[205]，自白，放棄・認諾，訴え取下げ等の第三者に不利な訴訟行為をしようとしている場合，上訴すべきなのにしない場合[206]などに，詐害的な訴訟追行が行われると推論し得ることになる。確かに詐害意思を内面の次元でとらえるのでは，立証が不確実になってしまい，参加の理由の判断に困難を来たすことから，外形的に判断できることが望ましい。そこで，当事者の訴訟追行の外形的態様から十分な訴訟活動の展開が期待できないと客観的に判断される場合に詐害防止参加を認めるべきである。

　(b)　権利主張参加（47条1項後段）

　これは，「訴訟の目的の全部もしくは一部が自己の権利であることを主張」して参加する場合である（47条1項後段）。参加人の請求およびそれを理由付ける権利主張が本訴の請求またはそれを理由付ける権利主張と論理的に両立しない関係にあることを要する。たとえば，①原告の所有権確認請求に対して，参

---

202) 新堂786頁参照。なお，詐害意思説を立法者意思に近いとみるものとして，伊藤621頁注95とそこに掲載の司法省編纂・前掲注181) 38頁〔立法資料全集(13)165頁参照〕を参照。
203) 三ケ月・全集225頁など。
204) 客観的詐害意思説と称される。小島武司「独立当事者参加をめぐる若干の問題」実務民訴(1) 132頁，新堂786頁，高橋・重点講義下396頁，伊藤621頁など。
205) 前掲・最判昭42・2・23。前掲・大判昭12・4・16も，公示送達を受けた被告が欠席した事案である。
206) この点，新堂786頁は，事実審の終局に近い時期の参加などにおいては，別訴の方が訴訟審理の整理がしやすく，参加人の審級の利益の関係から実際上その利益保護に適う場合には，参加を否定すべきであるとする。これは，147条参加の本質を狙った着目であるが，裁量の域を越えている。これに対し，高橋・重点講義下371頁注(7)は，詐害的訴訟を防止するという趣旨からは，この場合にも参加を認めるのが落ち着きがよいとする。この結論が理に適っており，その根拠は制度の全体像に対する比較法的検討から導かれよう。なお，弁論終結後・判決言渡し前の参加が認められるかについては，弁論が再開されない限り許されないとする見解（注釈民訴(2)250頁〔河野正憲〕），原審で必ず弁論を再開すべきであるとする見解（伊藤622頁注100），弁論の再開は通常の場合と同様に裁判官の裁量に委ねられており，参加申出人に釈明して参加申出を維持するときは，上訴審に移すべきであるとする見解（高橋・重点講義下398頁注7）などがある。私見の理論的立場からすれば，これらの諸見解のうちでは弁論再開必要論が適切であろう。

加人が自己の所有権に属するとの確認を求める場合，②買主の売主に対する所有権移転登記請求に対し，売主から二重に目的不動産を譲り受けた者が，所有権の確認と売主に対する自己への移転登記請求をする場合[207]，③訴訟物たる給付請求権は自己に帰属すると主張して，自己への給付を求める場合，④原告の給付請求権に対し，質権をもつことを主張して自己への給付を求める場合，⑤土地の賃借人が所有権者を代位して提起した建物収去土地明渡請求に，土地賃貸借契約を解除したとして，賃貸人が自己への給付を求める場合（最判昭48・4・24民集27巻3号596頁〔百選4版A34事件〕）などである[208]。

これに対し，売買契約の無効を理由とする土地所有権移転登記抹消請求訴訟において，被告（買主）から当該土地を賃借占有していると主張する第三者が原告（売主）および被告に対し賃借権の確認を請求して参加を申し出た場合は，確かに当該売買の効力を三者間で一律に判断するのが紛争の統一的・一回的解決の要請に適うものの，原告の抹消登記請求と参加人の主張する賃借権の存在とは論理上両立し得ることから，権利主張参加は認められない。もっとも，原告・被告間で馴れ合いのおそれがあれば，賃借人は，両者に賃借権の確認請求を定立して詐害防止参加をすることができる余地はある[209]。

(3) 参加の趣旨

参加人は，原告および被告またはどちらか一方に対して自己の請求を定立しなければならないとされている。原告・被告に対する請求は同趣旨である必要はない。

詐害防止参加の場合，原告の請求に対して訴え却下判決または請求棄却判決を求めるだけでなく，原告・被告双方に対して原告の請求と相容れない請求を立てるべきである[210]。また，権利主張参加の場合は，原告に対しては原告の請求とは両立しない自己の権利の積極的確認を求め，被告に対しては原告に対

---

207) 条解198頁〔新堂幸司〕，新堂787頁，菊井＝村松 I 454頁，高橋・重点講義下399頁など。反対，吉野・前掲注200) 8頁〔近藤＝浅沼 II 332頁以下〔吉野衞〕に所収〕，伊藤622頁など。なお，参加人が仮登記を得ている場合は，民訴法47条1項後段の要件を満たさない（最判平6・9・27判時1513号111頁〔百選3版109事件〕）。

208) 以上につき，新堂787頁参照。

209) 新堂788頁注(1)参照。なお，新堂教授は，この事案の場合，第三者による訴えの主観的追加的併合として，原告の請求と参加人の二つの請求とを同時に併合審判することは許されてよい（解釈論としては，原告から参加人に対して訴訟引受けの申立てがなされた場合と同視して同時審判申出ができると解される）という。

210) 最判昭45・1・22民集24巻1号1頁，新堂790頁など。なお，当事者と請求を不可分とする発想を批判して，請求を立てない当事者を容認するものとして，井上・法理298頁。

するのと同様の確認請求をするか，その権利内容に応じた給付請求をすることになる。なお，原告と参加人の各請求が請求の趣旨・原因の記載において両立しないことで足り，本案審理の結果，権利の相対性によって両者が両立する結論になっても参加が不適法となるわけではない。

　当事者の一方が参加人の主張を争わない場合については，詐害防止参加であれば，法律上利害を共通にする当事者に詐害的訴訟追行が認められる限り，この当事者と参加人との間に実際上主張の対立があるということができ，この当事者に対して参加人の地位の確認を求める参加人の請求には確認の利益を認めてよい。その際，直接争っていない当事者に対して請求を定立せずに参加したのであれば，準独立当事者参加となる。また，権利主張参加であれば，参加人の請求を争わない当事者に対する参加人の確認請求は利益を欠くとも思えるが，参加人の主張する権利と争わない当事者の一方の主張する権利とが本来両立し得ない関係にあり，その間における紛争の顕在化に備えての対抗策を認める必要があることから，この場合に権利主張参加を認めるべきであろう[211]。

　もっとも，請求を立てるのが容易でなく，しかも不自然なこともある。たとえば，自己所有不動産を勝手に被告名義にされたとして提起した抹消登記請求訴訟に，被告から抵当権設定登記を受けた第三者が被告の行方不明を理由として詐害防止参加する場合，第三者が原告に対して所有権存在確認請求を立てるべきであるとするのは，いかにも不自然である[212]。そこで，そのような場合にも独立当事者参加を認めるべく「請求なき当事者」という概念を提唱する見解がある[213]。独立当事者参加においては，自己独自の請求を立てなくても，三者間の紛争を統一的に解決するために一定の権限を行使することができる当事者を想定することは自然な発想といってよく，そうした文脈で「請求なき当事者」を構想する見解には法改正の問題点が露出したものとみられよう[214]。

---

211) 新堂791頁など。これに対し，最判昭40・10・15民集19巻7号1788頁は，旧法62条（現行法40条）の準用により原告・被告双方とも争っていることになるとして，確認の利益を基礎付けている（その批判として，新堂791頁注(1)を参照）。
212) 高橋・重点講義下414頁参照。
213) 井上・法理298頁，注釈民訴(2)203頁以下〔河野正憲〕，法教第二期7号（1975年）188頁〔新堂幸司〕，高橋・重点講義下414頁など。なお，新堂791頁。
214) この点，谷口安平「多数当事者訴訟について考える」法教86号（1987年）6頁以下の提唱する「メリーゴーランド構成」との親和性を指摘するものとして，高橋・重点講義下415頁注22参照。

3 独立当事者参加の手続

(1) 独立当事者参加の申出

独立当事者参加の申出の方式は，基本的には補助参加の申出（43条）に準じるものの（47条4項），実質的には訴え提起であることに由来する点で，補助参加と異なり，簡易裁判所以外では書面による必要があり（47条2項），それは当事者双方に送達されなければならない（47条3項）。

独自の権利主張をする権利主張参加の場合には，申出書の提出によって参加人の請求につき時効中断効等の効力を生じる（民147条類推）。もっとも，当事者の権利を承継した旨の権利主張参加の場合には，原告の訴え提起による時効中断効を受ける（49条・51条）。

なお，参加人の訴訟代理人が当事者の一方の代理人を兼ねると，双方代理となって許されないが[215]，脱退があればその限りではない。なお，片面的参加の場合には，双方代理の問題は生じない[216]。

(2) 独立当事者参加の許否の審判

独立当事者参加は，訴え提起の実質を有することから，補助参加と異なり，独立当事者参加の要件は，民訴法44条1項の異議に基づく決定手続ではなく，訴訟要件と同様に口頭弁論に基づく判決手続によって審判される[217]。参加の理由および参加の趣旨により，独立当事者参加の要件を欠く場合には，一般の主観的追加的併合としての併合審判ができる場合には，参加人の請求についても併合審理を進めてよく，併合審判も許されない場合には，参加人の意思に応じて，独立の訴えとして請求についての審判を求めるという参加人の意思が認められるときは，第一審における参加は新訴提起として扱い，控訴審における参加は第一審に移送すればよい[218]。

4 独立当事者参加の審判

(1) 訴訟要件の調査と本案の審判

独立当事者参加訴訟における訴訟要件は，原告の訴えおよび参加人の参加申

---

215) 大判昭7・6・18民集11巻1176頁。
216) 中野ほか576頁〔井上治典［補訂・松浦馨］〕など。なお，最判昭37・4・20民集16巻4号913頁。
217) 大判昭15・4・10民集19巻716頁。
218) 伊藤624頁など。なお，移送決定が確定するまでの間，参加申立人は本訴に関して訴訟行為をすることができ（45条3項4項準用），裁判所は，本訴の判決を控えるべきであるとの主張がある（新堂792頁注(1)とそこに掲載の諸文献参照。なお，最判昭37・5・29民集16巻5号1233頁）。

出のそれぞれについて各別に審理される。その結果，欠缺があれば，終局判決によって訴えまたは参加申出が却下される。

　他方，本案の審判については，三者間の紛争を統一的かつ一挙に解決すべく，審理の足並みを揃えて共通の資料に基づく統一的な判決が要請されるために，必要的共同訴訟の規定（40条1項ないし3項）が準用されている（47条4項）。もっとも，注意しなければならないのは，必要的共同訴訟の規定が共同訴訟人間の連帯関係を訴訟追行に反映させることを狙いとするのに対し，独立当事者参加訴訟においては，いずれの当事者も他の二者だけで訴訟追行がなされて自己が蚊帳の外に置かれてしまうことを阻止・牽制しなければならないという三者相互の緊張関係を手続に反映させる技法として民訴法40条1項以下の取扱いが応用されていることである。

　それでは，その応用の効果は，具体的にはいかなるものであろうか。①民訴法40条1項の準用により，二当事者間の訴訟行為は，他の一人に不利益をもたらす限り，二当事者間でも効力を生じないことになる。たとえば，本訴当事者間の自白，請求の放棄・認諾は，参加人が争う限り効力を生じない[219]。これに対し，他の一人にも有利な行為は，全員のために効力を生ずる[220]。②民訴法40条2項の準用により，一人が一人に対してなした訴訟行為は，残りの一人に対しても効力を生じることになる。たとえば，被告が参加人の主張を争えば，原告に対しても争ったことになる[221]。③民訴法40条3項の準用により，いずれか一人について中断・中止の事由があれば，全員との関係で訴訟が停止することになる。また，三者間に矛盾のない判決が必要とされることから，弁論の分離や一部判決は許されない[222]。一部の当事者間の請求についてのみ判決して，他の者に関する部分を脱漏した場合は，違法な判決となり，追加判決による補完も認められない[223]。

　なお，本訴の原告または被告は，参加人に対して反訴を提起することができ

---

[219] ただし，原告による請求の放棄は，被告にも参加人にも不利とはいえないので，一人のする不利な行為が常に不適法とはいえない（新堂794頁）。なお，自白，請求の放棄・認諾は，他の一人に不利益をもたらすとは限らないとして，その効力を肯定すべきとする見解もある（井上・法理285頁）が疑問である。

[220] 参加後に原告の本訴取下げは可能であるが，被告および参加人の同意を要する（最判昭60・3・15判時1168号66頁）。

[221] 書証の成立の認否について，最判昭41・4・12民集20巻4号560頁。

[222] 最判昭43・4・12民集22巻4号877頁〔続百選74事件〕，新堂795頁，伊藤625頁など。

[223] 大判昭5・12・22民集9巻1189頁，前掲注222）最判昭43・4・12。

る[224]。

(2) 独立当事者参加訴訟における和解の許否

上述のように，民訴法40条1項準用の結果，他の一人に不利益となる二当事者間の訴訟行為は無効ということになるが，これに関して，二当事者間における和解が無効となるのかが争われている。

下級審判決には，和解を無効としたものがある[225]。学説をみると，(i)三面構造をもつ独立当事者参加訴訟において二当事者間で和解による解決を図ることは，互譲という和解の性格から，他の一人にとって有利な面だけでなく，不利な面もあるのみならず，三当事者間の紛争を統一的に解決するという制度目的にも反するので，無効であるとする見解[226]，(ii)裁判外では二者のみで和解ができる以上，二者のみの訴訟上の和解もすべて適法とすべきであるとする見解[227]，(iii)和解の内容を個別的に考えて，他の者の権利主張の利益を害するような和解はできないが，内容が他の当事者に不利益を与えなければ有効であるとする見解[228]がある。

結論的には，(iii)説の考え方が妥当であろう。その理由は，とりわけ新法の下では無効説は行きすぎであり，また，独立当事者訴訟という統一的な土俵が設定され，その中で和解がなされる以上は，この程度の制約は受容されて然るべきであり，その制約内での合意は許容されてよいというところにある。

(3) 独立当事者参加と上訴

三当事者のうち敗訴した二人がともに上訴する場合は，とくに問題はなく，全請求が上訴審へ移審する。たとえば，係属中の貸金返還請求訴訟に対して，当該貸金債権が自己に帰属すると主張して独立当事者参加の申立てをしたところ，参加人の請求を認容する判決が言い渡された場合，参加人の請求が認容された部分については原告・被告が，原告の被告に対する請求が棄却された部分については原告が，それぞれ不服の利益を有し，原告・被告が自己の敗訴部分について上訴を提起すれば，上訴審において三者間での手続が続行されて統一的な判決がなされることになる。

---

224) 奈良次郎「続・独立当事者参加訴訟（四）」判評245号〔判時925号〕(1974年) 148頁，梅本688頁など。実例として，最判昭50・3・13民集29巻3号233頁〔百選2版36事件〕など。
225) 仙台高判昭55・5・30判タ419号112頁，東京高判平3・12・17判時1413号62頁。
226) 奈良・前掲注224) 142頁，注釈民訴(2)218頁〔河野正憲〕，上野泰男「独立当事者参加訴訟の審判規則」中野古稀上504頁，梅本688頁注1など。
227) 三木浩一「多数当事者間の審理ユニット」法研70巻10号 (1997年) 37頁。
228) 条解204頁〔新堂幸司〕，新堂794頁注(1)，井上・法理284頁，中野貞一郎「独立当事者参加訴訟における二当事者の和解」判タ802号 (1993年)〔同・論点Ⅰ184頁〕など。

(a) 一人のする上訴（その1）――移審の範囲――

実際には，敗訴者全員が上訴するとは限らない。たとえば，上記のケースで，原告または参加人のどちらかへの支払を覚悟した被告が上訴を提起しないということも十分に考えられる[229]。そして，このように敗訴した二人のうち一人のみが上訴した場合においては，一般に判決の全部について確定が遮断され，事件全体，すなわち，全請求が上訴審に移審すると解されている[230]。これに対しては，上訴審においてまで事件全体を一体としてとらえるほどの強い結合があるかは疑問であるとして，敗訴者に上訴しないことによる離脱の自由を認めるべきであるとの見解がある[231]。

これは，三面訴訟の構造を可及的に維持すべきか否かといった形式論ではなく，場面ごとに具体的な状況を踏まえて実質的に考察すべき問題である。そうすると，まず，敗訴した参加人が上訴しない場合については，統一的な解決を求めた参加人がもはやそれを望まなくなったのであるから，二当事者訴訟へ還元させてよく，したがって，参加人の請求は移審せず，参加人は上訴審の当事者とはならないと考えてよい[232]。これは，三面訴訟の追行機会を経ての選択であり，基盤をなす情報が豊穣化している点でそれなりの意味をもとう。

それでは，敗訴した原告または被告が上訴しない場合については，どうであろうか。この点については，つぎにみるように，上訴せずまた上訴の相手方ともされていない当事者が，上訴審においていかなる地位に立つのかという問題と関連付けて論じられてきた[233]。

(b) 一人のする上訴（その2）――上訴しなかった者の地位――

判例は，当初，民訴法40条1項準用により，上訴しなかった者は上訴人となるとして，上訴人説に立っていた（大判昭15・12・24民集19巻2402頁）。これは，現実に上訴がない請求についても上訴審の審判対象となることを容易に説明することができ，また，上訴しなかった者に有利な帰結を導くことができる。

しかし，これに対しては，①上訴した者が上訴を取り下げようとしても，民訴法40条1項によって単独では取り下げることができなくなってしまう，②上訴しなかった者が，実際に上訴した者の敗訴の負担（訴訟費用など）を負わされるなどの不利益を被っ

---

229) 松木＝上野686頁〔上野〕参照。
230) 前掲注222) 最判昭43・4・12，条解204頁〔新堂幸司〕，新堂795頁，上田560頁，伊藤626頁など。
231) 井上・法理214頁以下。
232) 鈴木正裕「判批」民商63巻3号（1970年）487頁，井上・法理209頁，高橋・重点講義下396頁など。
233) 理論状況につき，小島＝小林・基本演習214頁以下などを参照。

てしまうなどの批判が向けられた。

そこで、学説上、上訴しなかった者は民訴法40条2項準用により被上訴人となるとする被上訴人説が通説の地位を占めるようになった[234]。

判例も、これを採用するに至った（前掲注224）最判昭50・3・13）。

確かに、上訴しない者を上訴という積極的なアクションを起こす上訴人として位置付けるのは無理があるうえに、それは、当事者意思にも反する。被上訴人の地位を認めるのが三面的紛争の実質にむしろ近いといえるかもしれない。しかしながら、上訴人か被上訴人かといったテクニカルな視点からだけで上訴審の当事者の地位いかんをとらえてよいのかは疑問なしとしない。

そうした観点から、(i)上訴しない者を訴訟活動を制限された「被上訴人的資格のある者」とする被上訴人的資格者説[235]、(ii)上訴審の当事者の勝敗関係に対応し必要に応じて被上訴人のみならず上訴人でもある二面性を有する者、すなわち、「上訴当事者」と把握すべきであるとする相対的二重地位説（兼有説）[236]、そして、(iii)実際に上訴した者の不服を基準として、審判対象の範囲を決め、上訴しなかった者の判決部分が審判対象となるか否かは、紛争の実態に即して判断すべきであるとする利益衡量説（第三者不服説）[237]などの諸説が主張されている。

結論としては、敗訴者のうち一人のみしか上訴していない場合に、上訴人か被上訴人かといった二当事者対立構造のなかで択一的判断をすべきではなく、あくまで三面訴訟構造を前提として考えると、上訴人・被上訴人という二当事者対立の枠に押し込めようとするのがそもそも無理なのであって、上訴人・被上訴人の両者の要素を兼ね備えつつも、いずれとも異なる「上訴当事者」と観念することで足りるであろう。これにより、手続上の問題にも柔軟に対処することができよう。

(c) 一人のする上訴（その3）――上訴審における審判範囲――

上訴審における審判対象の範囲を上記の上訴しない者の地位と関連付けて考察すると、上訴しなかった者の敗訴部分が上訴審の審判対象に含まれるか否かに関して、上訴人説や兼有説は含まれると考えるのに対して、被上訴人説は含

---

234) 兼子・体系419頁、三ケ月・双書271頁、条解204頁〔新堂幸司〕、新堂795頁、上田560頁、梅本689頁など。

235) 小山昇「独立当事者参加訴訟の控訴審の構造」北法26巻1＝2号（1975年）1頁以下〔同・著作集4巻262頁以下〕。

236) 小島武司「独立当事者参加をめぐる諸問題」実務民訴(1)135頁、倉田卓次「判批」判タ128号（1962年）38頁、菊井＝村松Ⅰ458頁、斎藤ほか編(2)271頁〔小室直人＝東孝行〕、高橋・重点講義下431頁など。なお、伊藤627頁は、上訴したとしない者との共同関係の有無によって、上訴人または被上訴人のいずれかの地位として決すべきであるという。

237) 井上・法理220頁、中野ほか578頁〔井上治典〔補訂・松浦馨〕〕。

まれないとみることになる。

　もっとも，上訴しない者の地位と，上訴審における審判対象の範囲の問題は，必ずしも連動して考えなければならないものではない。たとえば，判例は，被上訴人説を採用する一方で，合一確定の必要がある限り，自ら上訴しない者の判決部分を有利にも不利にも変更することができるとして，上訴審における当事者地位と審判対象とを直結していない。略記すると，工事請負代金債権を譲り受けたと主張する者（＝原告）が債務者（＝被告）に対して提起した工事請負代金請求訴訟に，同一債権を譲り受けたと主張する第三者（＝参加人）が独立当事者参加の申立て（原告に対しては本件債権の不存在確認請求，被告に対しては工事請負代金請求）をしたという事案において，参加人が優先するとの判断から，原告の請求を棄却，参加人の原告に対する請求を棄却，そして，参加人の被告に対する請求を認容した第一審判決に対して，原告のみが控訴したところ，控訴審判決は，原告が優先するとの判断から，原告の請求を認容に変更したうえ，被告からの控訴がない部分，つまり，参加人の被告に対する請求を認容から棄却に変更した。これに対して，参加人は，参加人・被告間の参加訴訟は第一審判決のとおりに確定しており，原告の控訴に基づく控訴審における審判の対象にはならないなどとして，上告したところ，最高裁判所は，本件は訴訟の目的が原告・被告および参加人の三者間において合一にのみ確定すべき場合にあたることが明らかであるから，第一審判決中参加人の被告に対する請求を認容した部分は，原告のみの控訴によっても確定を遮断され，かつ，控訴審においては被告の控訴または附帯控訴の有無にかかわらず，合一確定のため必要な限度で参加人の不利に変更することができる，と判示した（最判昭48・7・20民集27巻7号863頁〔百選4版107事件〕）。

　確かに，通常の場合においては，控訴審の審判対象は不服申立ての範囲に限られ（296条1項・304条），控訴人は相手方の附帯控訴がなければ，原判決を自己の不利益に変更されることはないのが原則であるため（不利益変更禁止の原則），本件でも第一審判決中の参加人の被告に対する請求認容部分が控訴審の審判対象となるためには，被告の控訴または附帯控訴が必要であるが，独立当事者参加訴訟においては合一確定の必要性から，そうした通常の上訴理論が一定の修正を受けるというのが本判決の考え方である。

　これを支持する学説もある[238]。また，同じく上訴審における当事者地位と審判対象とを切り離して考える見解として，不服の概念を三面訴訟的に修正した実質的な不服と

238）　上田560頁，梅本689-690頁など。

して再構成したうえで，これに基づく利益変更禁止の原則の前に独立当事者参加における統一的判断の要請も後退を余儀なくされるとする学説（第三者不服説）もある[239]。

　上訴審における当事者地位の議論においても，審判対象の範囲の議論においても，三面訴訟構造という独立当事者参加訴訟の基本的特質から考察すべきであるところ，合一確定の必要による修正という理論構成ではなく，上訴しない者の地位を上訴人と被上訴人の両側面を含む上訴当事者として再構成することにより，上訴審の審判対象を上訴しない者の敗訴部分にも及ぶという理論構成によるのが多面的解決という本旨に合致するであろう[240]。

(4) 独立当事者参加訴訟の訴訟費用

　訴訟費用については，一人が勝訴した場合は，勝訴者に生じた費用を他の二人が分担し（65条），この二者の間で生じたものは，請求を定立した方が負担することになる。たとえば，参加人が勝訴した場合，参加人に生じた費用を原告・被告が均等に分担し，原告は，被告に生じた費用の半分を弁償し，他は各自の負担とするのが通常である。

5　二当事者訴訟への還元

　独立当事者参加訴訟は，三面当事者訴訟を構成した後，つぎの事由により二当事者対立訴訟，すなわち，単純な訴訟または共同訴訟に還元される。

(1) 本訴の取下げまたは却下・独立当事者参加の取下げ

(a) 本訴の取下げまたは却下

　参加後も，原告は訴えを取り下げることができる。参加人は，本訴の維持につき利益（合一確定の要請）をもつことから，被告だけでなく参加人の同意（261条2項）をも要すると考えられる[241]。取下げ後は，参加人の原告・被告に対する請求が残り，二当事者対立訴訟（共同訴訟）となる。原告の訴えが不適法として却下された場合も同様である。

[239) 井上・法理386頁，高橋・重点講義下430頁。

[240) 判例の掲げる「合一確定のために必要な限度」は具体的にどの範囲なのかは必ずしも明確でないとの批判がある。中野ほか578頁〔井上治典［補訂・松浦馨］〕，松本＝上野687頁〔上野〕など。

[241) 判例（前掲注220）最判昭60・3・15），通説（兼子・体系416頁，斎藤ほか編(2)266頁〔小室直人＝東孝行〕，新堂797頁，高橋・重点講義下434頁，梅本687頁，伊藤628頁など）である。これに対して，被告の同意のみでよいとする少数説もある（三木・前掲注220）76頁，花村治郎「判批」判評326号〔判時1180号〕（1986年）45頁〔同『判例民事上訴法』（成文堂，1996年）38頁以下に所収〕。なお，中野ほか578頁〔井上治典［補訂・松浦馨］〕も，「参加人の原告に対する請求は残るとすれば，参加人の同意の必要性については疑問がないではない」とする。

(b) 参加申出の取下げ

参加人は，訴え取下げに準じて，参加申出の取下げをすることができる。参加申出には訴え提起の実質があることから，参加人の両請求を取り下げる場合は，各請求の相手方たる当事者双方の同意（261条2項）が必要である。参加人が両請求を取り下げると，本訴訟のみとなる。

参加人が片方の請求を取り下げると，どうなるか。片面的参加が認められることから，参加申出の片面的取下げも可能であると解されるが[242]，本訴の取下げに準じて，当該請求の相手方当事者のみならず，他方の当事者の同意が必要とされよう[243]。他方当事者にとっても，三面訴訟の統一的解決の利益を放棄するに等しいからである。そして，原告に対する参加申出のみを取り下げた場合，依然として準独立当事者参加の形態が残り，民訴法40条が準用されて合一確定が要請されることになるのに対して，被告に対する参加申出のみを取り下げた場合は，民訴法40条の準用のない通常共同訴訟になると考えられる。いずれのタイプの取下げかが明らかでなければ，裁判所は，それを明確にしなければならないが，紛争の統一的解決の観点から，原則的には前者の準独立当事者参加となるタイプの取下げであると扱うべきであろう[244]。

また，併合審判不許として参加訴訟の弁論を分離したり，その部分のみを他の裁判所へ移送したりした場合は，本訴訟のみが残る。

(2) 原告・被告の訴訟脱退

参加により，本訴当事者の一方（＝原告または被告）が，もはや当事者として訴訟を追行する利益を失ったときは，相手方当事者の同意を得て，当該訴訟から離脱することが認められている（48条前段）。これを訴訟脱退という。本訴当事者の一方がもはや訴訟を続行する意義がなくなったと判断している場合にまで，この者の離脱を認めないのは無用な審理を強いるものであり，また，二当事者訴訟に還元されることで訴訟促進や訴訟経済にも資することから，訴訟脱退という制度が認められた。

ところで，二当事者訴訟に還元されるといっても，解決の局面では，三面訴訟が維持されており，合一確定の要請は依然として消えていないと考える見解があるなど，訴訟脱退が何を目指した制度であるかをいかに把握するかによって，脱退の効果をどのように考え，そして，それと関連して脱退の要件をどの

---

242) 高橋・重点講義下434頁。
243) 同旨，新堂797頁，梅本690頁。
244) 以上，高橋・重点講義下434頁。

ように組み立てるかが異なる。そこで，以下では，脱退の要件と効果を便宜上分けて論ずるが，両者は相互に密接に関連する。

(a) 訴訟脱退の要件

民訴法 48 条前段には，参加前の原告または被告は，「相手方の承諾を得て」訴訟から脱退することができるとある。訴訟脱退は，脱退者の裁判所に対する訴訟行為であるが，その効力を生じるためには，相手方の承諾が必要であるというのである。その理由は，訴訟脱退により本訴当事者との関係を解消し，訴訟係属を将来に向かって消滅させるため，相手方の応訴の利益を保護する必要があることに求められる。

そうすると，参加人の本訴当事者双方に対する請求の訴訟係属も消滅することから，参加人の同意も要求されることになるはずであるが，これを不要と解するのが通説である。すなわち，脱退後の判決効は残存当事者および参加人に対して及び，参加人に不利益を与えないことから，脱退に関する参加人の承諾は不要であるとする[245]。これに対して，一方で，条文上は要求されていない参加人の承諾も必要であると解する見解[246]があり，他方で，条文上要求されている相手方の承諾を不要としてしまう見解[247]がある。この点については，脱退の効果の問題と関連して検討する必要がある。

また，脱退は権利主張参加があった場合にのみ認められるのか，あるいは，詐害防止参加があった場合でも認められるのかについても見解が対立する[248]。確かに民訴法 48 条前段の文言をみる限り，権利主張参加の場合に限られるともみえるが，それは脱退が詐害防止参加の場合になされることは実際には考えにくいことに起因するのであって，理論的にこれを排除するいわれはなく，しかも，詐害防止参加と権利主張参加が必ずしも排斥しあう関係にないことにかんがみると，必ずしも権利主張参加の場合に限られるわけではないと解されよう。

脱退者は，裁判所に対して，期日において口頭または書面で脱退の申立てを行う

---

245) 大判昭 11・5・22 民集 15 巻 988 頁，条解 209 頁〔新堂幸司〕，斎藤ほか編(2)279 頁〔小室直人＝東孝行〕，伊藤 628 頁，梅本 691 頁など。

246) 注釈民訴(2)233 頁〔池田辰夫〕，上田 554 頁，松本＝上野 688 頁〔上野〕など。

247) 条解 209 頁〔新堂幸司〕，村松俊夫ほか編『判例コンメンタール民事訴訟法(1)』(三省堂，1976 年) 243 頁〔鈴木正裕〕など。

248) 権利主張参加の場合に限られるとするのは，三ケ月・双書〔第 2 版〕276 頁，斎藤・概論 478 頁，斎藤ほか編(2)278 頁〔小室直人＝東孝行〕などがある。これに対して，詐害防止参加の場合をも含むとするのは，菊井＝村松 I 408 頁，条解 207 頁〔新堂幸司〕，新堂 798 頁，注釈民訴(2)229 頁〔池田辰夫〕，松本＝上野 688 頁〔上野〕，梅本 690-691 頁などがある。

(261条類推適用)[249]。

(b) 訴訟脱退の効果

　法は，脱退後の残存当事者間の判決の効果が脱退者にも及ぶとするが（48条後段），そもそも判決の効果とは，いったい何を指すのであろうか。たとえば，既判力のみならず，執行力まで含むと考えるのが判例（大判昭11・5・22民集15巻988頁）であるが，そのほかにも，具体的にどのような内容の判決効が及ぶのか，そして，その根拠は何かといった問題がある。この点をめぐっては，脱退の意義・性質，相手方の承諾の要否などとも関連して，さまざまに議論が展開されてきたところである[250]。

---

249) その理由として，梅本691頁によれば，訴訟脱退は訴訟係属が消滅する点において訴え取下げに類することが指摘されているが，脱退者に関する訴訟についても，訴訟係属は消滅しないと解すべきである（同旨，新堂798頁）。けだし，脱退者は，残存当事者間に言い渡された判決の効力を受けるとされている以上（48条後段），脱退者に関する訴訟も，残存当事者間の判決によって終了するのであって，脱退者は，ただ訴訟追行権のみを放棄したにすぎないと把握することができるからである。

250) 問題点の整理に関して，戦前の諸見解として以下のものがある。
　第一に，脱退は相手方の利益を害することから，相手方の承諾が要件とされているのに対し，参加人と脱退者との間の訴訟は終了することになるが，残存する訴訟の判決効は脱退者に対して生じ，参加人の利益を害することはないので，その同意は不要とする見解がある（細野・要義Ⅱ377頁以下。この見解は，独立当事者参加の構造を主参加併合訴訟ととらえることを前提に，当事者の一方が参加人とは争わない場合，あるいは，争う必要のない場合に，争う必要性や利害関係のある当事者と参加人だけに訴訟が残り，それによって解決をするのが脱退制度であるとみる）。なお，この見解は，脱退者に及ぶ判決効には執行力は含まれず，既判力に限られるとする（細野・要義Ⅱ380頁以下）。これについては，脱退者に判決効が及ぶために参加人の利益を害することはなく，その同意を不要であると主張するところ，そこにいう判決効には執行力が含まれない以上，参加人の利益を害さないといえるか疑問であるとの指摘もある（上野泰男「訴訟脱退について」関法42巻3＝4号（1992年）965頁）。
　第二に，脱退は権利主張参加の場合に限られるとしたうえで，脱退には相手方の承諾のほかに，参加人の承諾も必要であるとし，脱退者に及ぶ判決効は既判力のほか執行力をも含むとする見解がある（松岡義正『新民事訴訟法註釈第2巻』（清水書店，1930年）394頁以下）。脱退者に及ぶ判決効に執行力を含むとすると，参加人の利益を害さず，したがって，その同意を不要とするのが自然であろうが，この見解は，訴訟費用の負担能力に関して参加人もまた利害関係を有することから，その同意が求められるという。なお，脱退者に対する執行に際して，何を債務名義とするかについては黙している。
　第三に，脱退は権利主張参加および詐害防止参加のいずれの場合にも認められるが，その要件は両者で異なり，前者の場合には相手方の承諾だけで足りるのに対し，後者の場合には相手方の承諾に加えて参加人の同意も要するとし，脱退者に及ぶ判決効は，請求を定立しない者に対する効力として，参加的効力を有するにとどまるという見解がある（山田正三『日本民事訴訟法論第2巻』（弘文堂書房，1934年）247頁以下）。その根拠として，権利主張参加の場合は，脱退者と参加人の主張が相容れるときは，脱退者は敢えて本訴訟の判決を要求する必要がないのに対して，詐害防止参加の場合は，本訴訟と参加訴訟によるそれぞれの権利主張が両立せず，そのため参加

その議論のなかからは，参加人の同意の要否という要件の問題と脱退者に及ぶ判決効に既判力のみならず執行力を含むかという効果の問題について，執行力を含まないとすれば，参加人は脱退者に対する債務名義の取得を断念しなければならないのであるから，参加人の同意を要求することでその利益保護を志向すべきであるのに対して，参加人の同意を不要とするのであれば，その利益を保護するために執行力を及ぼすべきことになるという関連が見出される[251]。

この問題に関する戦前の大審院判例として以下のものがある。事案は，XのYに対する清算金支払請求訴訟（本訴）とYのXに対する損失金支払請求訴訟（反訴）が第二審に係属中に，Yの隠居により家督相続をしたZがXのYに対する請求について引受承継の申立てをするとともに，YのXに対する請求について独立当事者参加の申立てをしたところ，YはXの承諾を得て訴訟脱退したというものである。

第二審では，X・Z間でZ勝訴の判決が言い渡されたため，Xは，Yの脱退には参加人Zの同意をも要するなどと主張して上告した。

大審院は，「訴訟ノ目的ノ全部又ハ一部カ自己ノ権利ナルコトヲ主張シテ訴訟ニ参加シタル者アル場合」において，本訴当事者の一方が脱退するには，その相手方の承諾のみで足り，「敢テ参加人ノ承諾ヲ得ルヲ要セサルコト」は，旧法72条（新法48条）の文理解釈上疑いがないのみならず，脱退後に残存当事者と参加人の間になされた判決は脱退者に対しても効力を有し，その「既判力並執行力等ノ関係ニ於テハ脱退者自ラ同一ノ判決ヲ受ケタルト何等擇フトコロ

人は本訴訟の判決を自己に有利なものとする法律上の利益を有していることから，その同意を得て本訴訟からの脱退を認めるべきであると説明する。この見解に対しても，判決効に執行力を含まない点で，参加人の利益を害さないといえるか疑わしいとの指摘がある（上野・前掲969頁）。
　第四に，旧法72条で要求される「相手方ノ承諾」の「相手方」には，脱退者の相手方である本訴当事者と参加人の両者を含むとして，参加人の同意を要件とするとともに，脱退者に及ぶ判決効は既判力に限られるとする見解がある（中島・日本民訴上335頁以下）。脱退者に執行力が及ばないのは，脱退者に対して給付判決をすることはないからであるとして，また，かかる脱退者に既判力が及ばないことと訴訟費用の点から参加人の利益を保護するために参加人の同意を要するというのである。
　第五に，脱退は権利主張参加がなされた場合に本訴当事者の一方が他方（＝相手方）の承諾を得てなすことができ，脱退者に対しては既判力のみならず，執行力も及ぶとする見解がある（長島毅＝森田豊次郎『改正民事訴訟法解釈〔訂正第6版〕』（清水書房，1934年）86頁以下）。判決に脱退者を表示することで，あたかも脱退者に対して判決をしたかの様相を呈し，これが債務名義となるという。この点に対しては，脱退者に対して判決をするというのは解釈論として無理があるとの指摘がある（上野・前掲972頁）。桜井孝一「独立参加と脱退」演習民訴〔新版〕714頁，争点〔3版〕116頁〔勅使川原和彦〕など参照。

251）上野泰男「訴訟脱退について」関法42巻3＝4号（1992年）972-973頁。

ナク」，したがって，脱退に参加人の同意を要しないとしても参加人の利益を害することはない，と判示して，Xの上告を棄却した（大判昭11・5・22民集15巻988頁）。

本判決は，要するに，脱退者に及ぶ判決効には既判力のほかに執行力も含まれると解し，脱退者自らが判決を受けたに等しいから参加人の利益を害することがなく，したがって，参加人の同意を要しないという論理を展開している。この判決は，その後有力な理論の支持を得たこともあり[252]，戦後の学説に大きな影響を与えた[253]。

その後の学説の展開は以下のとおりである。

(i) 条件付放棄認諾説（通説的見解）[254]

大判昭11判決が判決の執行力まで脱退者に及ぶとする点について，いかなる理論構成によるのか明瞭ではないとしつつも，結論においては判旨に賛成し，「脱退は参加人と相手方との間の勝敗の結果を条件として，脱退者が参加人および相手方との間の訴訟について，請求の放棄または認諾をする行為」であるとして，裁判所は，判決主文でその勝敗に対応して脱退者の請求の認諾を宣言すべく，この宣言が認諾調書に代わって，参加人の脱退者に対する請求について既判力のみならず執行力をも生ずる，という理論構成を示した。要するに，残存当事者・参加人間になされた判決の脱退者に対する効力を判決の結果現実化される脱退当時に予告された請求の放棄・認諾に基づく効果であるとするのである。

たとえば，僭称債権者間の三面訴訟において債務者である被告が脱退した場合，この見解によれば，脱退当事者（被告）は，自己を当事者とする請求をその後の参加人と相手方の勝敗に任せる条件付の認諾をしたものとみる。すなわち，債権者と称する原告と参加人のうち，いずれか勝訴した方に対して，被告は予告的に認諾するとして，原告または参加人の勝訴を条件として，その成就によって脱退被告の認諾による原告または参加人の請求認容判決と同一の効果が生じると説明する。同じように，原告脱退の場合には，原告による条件付請求の放棄または認諾とみる。いずれの場合も，脱退当事者は将来に向かって訴訟関係から離脱し，裁判所は脱退者に対して審判する義務を免れる。そして，このように参加人を保護する効果が与えられることから，参加人の同意を要しないのであるという。

この見解に対しては，①参加人の同意を要しないのであれば，相手方の同意も要しないとすべきではないか，②請求の放棄・認諾の効果が生じるとするのは，民訴法48条

---

252) 兼子・判例418頁。ちなみに，本判決は前掲注250）第五の見解に依拠する。なお，第四の見解として掲げた中島説の立場から批判したものとして，前野順一「判批」新報46巻12号（1936年）2055頁参照。

253) 以上につき，上野・前掲注251）974-975頁。

254) 兼子・判例418頁，兼子・体系417頁，三ケ月・双書272頁，斎藤・概論498頁など。

が判決の効力として規定していることと整合的ではない，といった批判に加えて，③放棄・認諾が発生しないブランク部分が生じてしまうが，どのように考えるべきかといった疑問が提起されている。この疑問は，たとえば，原告脱退後に参加人の被告に対する請求を棄却する判決が言い渡されたときに，参加人の原告に対する請求はどうなるか，また，被告脱退後に参加人の原告に対する請求を棄却する判決が言い渡されたときに，参加人の被告に対する請求はどうなるかについて，この見解は明らかにしていないというのである[255]。

(ⅱ) 論理的拡張説[256]

そこで，脱退があった場合でも，三者間の権利関係の合一確定という独立当事者参加の目的を貫くことが脱退者に対する判決効発生の趣旨であるという理解に立ち，脱退によって脱退者から攻撃防御方法が提出されることはなくなるが，脱退者の請求または脱退者に対する請求については，残存当事者・参加人間における判決の結論と合一確定の要請からみて適合する内容の棄却または認容の判決がなされたものとすべきであるとする見解が提唱された。

たとえば，係属中の所有権確認訴訟（本訴）の当事者双方に対して，それぞれ所有権の確認を求めて独立当事者参加がなされた後に，原告が脱退し，そして，参加人勝訴の判決が言い渡された場合，原告が脱退していなかったとすれば，三者間では所有権が参加人に帰属することが確定したはずであるため，参加人の脱退原告に対する請求は認容され，脱退原告の被告に対する請求（本訴請求）は棄却されたのと同一の判決効が脱退原告に生じるという。論者は，この場合，条件付放棄認諾説によれば，脱退原告は参加人の勝訴を条件に参加人の請求を認諾することを認めるが，脱退原告の被告に対する請求（本訴請求）を放棄することまでは認めておらず，したがって，この部分がブランクとなるとして，同説を批判する。

しかし，この見解は，その狙いに反して，上記事例において原告脱退後に参加人の被告に対する請求を棄却する判決がなされた場合は，参加人に所有権が帰属しないとの判断は三者間で合一に確定しなければならず，参加人の脱退原告に対する請求は棄却されたのと同一の効力が生じるはずであるところ，参加人の被告に対する所有権確認請求を棄却する判決は，Yの所有権を確認するものではなく，結局，原告の被告に対する請求（本訴請求）については，合一確定の観点から結論を引き出すことができず，やはり空白を残してしまう。同じ批判は，被告脱退後に参加人の敗訴判決がなされた場合にも妥当し，この判決は本訴請求について何らの効力ももたないことになってしまう[257]。

---

255) 小山昇「民訴71条の参加訴訟における判決の内容と効力に関する試論」中田還暦上97頁以下〔小山・著作集4巻207頁以下に所収〕。この批判に対して，高橋・重点講義下441頁注40は，必要最小限のところは放棄または認諾という構成で規律する，現実性の少ない再訴の危険は脱退者が負う，と兼子理論は考えたかもしれないと分析する。

256) 小山・著作集4巻210頁。

(iii) 融　合　説[258]

そこで，上記(i)・(ii)の二つの学説を合わせると空白部分がなくなることに注目して，次のように説く見解があらわれた。すなわち，①被告脱退後に参加人が原告に敗訴した場合は，原告の請求を認容する判決および参加人の被告に対する請求を棄却する判決があったものとし，また，②原告脱退の場合は，参加人の被告に対する勝敗にかかわらず，原告の請求を棄却する判決があったものと扱うが，ただし，参加人が被告に敗訴した場合にその理由が原告が権利者であるというときは，原告の請求棄却とならずに原告による再訴を許容すべきであるとする。②のように扱う根拠として，参加人の敗訴が原告への権利帰属を理由とする場合を除くという条件の下で，原告が訴訟処分の一方法として，脱退と引き換えに自らの請求を放棄したととらえるのが公平に適うことを挙げる。参加人の原告に対する請求については，参加人と被告との判決の論理的帰結と認められる効果が発生し，具体的には，参加人勝訴なら認容，参加人敗訴なら棄却となる。このように考えることで，残存当事者および参加人の目的を不当に挫折させまいとする配慮と，脱退者の利益を調和することができるという。

要するに，脱退は，脱退者に対して訴訟係属の消滅を認めさせる代わりに，残存当事者に対して脱退者が認諾・放棄するという訴訟上の処分行為であって，それには，参加人との関係を含めて，制度上合理的な効果，つまり，判決の論理的帰結の貫徹と紛争の終局的解決を目指す効果が与えられるという。そうすると，脱退があっても，ほぼ脱退がなかったのと同一の判決効が生じるので，参加人や相手方の承諾を要しないと考えられるというのである。

この見解に対しては，(i)説と(ii)説を統合した結果，かえって両者に対する批判が妥当することになり，問題を解消するには至っていないとの評価がある[259]。

(iv) 請求残存説[260]

脱退者に関する請求が消滅し，その請求部分は審判対象から除外されることを立論の出発点としていたところに，従前の見解の最大の問題点があるとして，請求は消滅するのではなく，ただ，防御権が放棄されるにとどまるとして，つぎのような主張がなされる。

まず，被告脱退の場合，参加人の原告に対する請求だけが残るというのは狭すぎると

---

257) 上野・前掲注251) 980頁，高橋・重点講義下437頁など。なお，小山505頁によると，被告脱退後に参加人が原告に敗訴した場合，参加人の被告に対する請求は棄却であり，かつ，原告の被告に対する請求は認容であるとする。高橋・重点講義下442頁注41参照。
258) 新堂・旧523頁。
259) 上野・前掲注251) 985頁。
260) 井上・法理237頁。これに賛同するものとして，条解207頁以下〔新堂幸司〕，注釈民訴(2) 234頁以下〔池田辰夫〕，高橋・重点講義下441頁など。なお，上田563頁。ちなみに，井上(治)説は，当事者権処分説ないし脱退者請求審判対象説ともよばれる（争点〔新版〕155頁〔桜井孝一〕参照）。

して，脱退被告に対する訴訟係属は消滅せず，脱退被告に対する請求は依然として残っているとみるべきであるが，ただ，脱退被告は当事者としての防御権を放棄するにとどまる。すなわち，脱退被告は，自らに対する請求についての判断は残存当事者たる原告と参加人の訴訟追行に任せたとみるのである[261]。

つぎに，原告脱退の場合については，これを二つに分類し，第一に，被告脱退と同様に防御権の放棄であり，請求は残るとみるべき類型があるとして，その多くは原告・参加人間に実質的な利害対立は存しない場合であるという。第二は，原告が被告に対する訴訟を維持する必要性を感じなくなって，訴えを取り下げる場合であり，原告脱退の多くはこの類型であるという。この第二の類型は，要するに脱退ではなく，訴え取下げであるから，原告の被告に対する請求は遡及的に消滅するが，参加人の原告・被告に対するそれぞれの請求は残ることになる。

(v) 訴訟信託説[262]

上記の(iv)説（請求残存説）と異なり，やはり脱退者に関する請求は消滅するという前提に立ち，(iii)説（融合説）より明確な理論構成を目指すべきであるとして，つぎのような提言がなされた。すなわち，脱退によって脱退者に関する請求は消滅するとしながらも，その解決に関しては残存当事者・参加人間の判決に委ねるという訴訟信託（訴訟担当）があったものとして，その判決効が脱退者に及ぶことを説明するのが妥当であるという。

(vi) 執行力不拡張説[263]

(iii)説（融合説）以降の見解は，判決の効力が残存当事者・参加人に対して合理的に及ぶことを帰結し，脱退は残存当事者・参加人に不利益を与えないのであるから，条文上，脱退に要求されている承諾は，理論的には不要となり，また，民訴法48条の判決の効力は理論上当然のことを注意的に規定したにすぎないことになる。しかし，そうした考え方は，明文規定をあまりにも軽視ないし無視するものであって，解釈論の域を超えるものであると批判される[264]。

そこで，脱退者と残存当事者・参加人との間における紛争が再燃する可能性のないことを前提として，条文上要求される承諾は，こうした紛争再燃のおそれがあるか否かを判断する機会を残存当事者に与えたものであると主張する見解があらわれた。これによると，承諾は，残存当事者および参加人の両者に与えられ，第一次的に，これらの者が脱退者との間で紛争が蒸し返されるおそれありと判断した場合に，脱退を阻止して，そ

---

261) この点で，選定当事者の選定後における選定者の脱退，さらには任的訴訟担当に通じるものがあるという。高橋・重点講義下439頁参照。
262) 桜井・前掲注250) 714頁以下，争点〔新版〕154頁以下〔桜井孝一〕。なお，小林・プロ457頁。
263) 上野・前掲注251) 957頁以下。
264) 谷口300頁参照。

図　訴訟脱退の各パターンおよびその効果に関する各説の結論[265]

	原告脱退				被告脱退			
	参加人勝訴		被告勝訴		参加人勝訴		原告勝訴	
	Ⓐ	Ⓑ	Ⓐ	Ⓑ	Ⓒ	Ⓓ	Ⓒ	Ⓓ
ⅰ説		認諾	放棄			認諾	認諾	
ⅱ説	棄却の効果	認容の効果		棄却の効果	棄却の効果	認容の効果		棄却の効果
ⅲ説	棄却の効果	認容の効果	放棄	棄却の効果	棄却の効果	認諾	認諾	棄却の効果
ⅳ説	棄却の効果	認容の効果		棄却の効果	棄却の効果	認容の効果		棄却の効果
ⅴ説	(取下げ)	残存資料による	(取下げ)	残存資料による	残存資料による（詐害参加の場合は一種の訴訟信託）			
ⅵ説	残存当事者・参加人間の判決で確定されたことを前提として審理・判断される（既判力の拡張）							

うした紛争再燃を防止する手立てと位置付けられることになる。そして，承諾して脱退を許した場合でも，見込みがはずれて脱退者との間における紛争の再燃があり得ないわけではなく，そうした場合における最低限の備えとして，第二次的に脱退者に対する判決効が定められているとみる。そうすると，残存当事者・参加人と脱退者との間に再訴が提起されたときは，残存当事者・参加人間の判決で確定されたことを前提として審判されることになり，さらに，脱退によって債務名義は作出されないため執行力は生ぜず，既判力が拡張されるにすぎないという。

原告または被告が独立当事者参加訴訟から脱退した場合の判決効については，既判力・執行力が生ずるとの見解が一般的であるが，ⅵ説のように執行力についてはこれを否定する見解も一部にはある。独立当事者参加訴訟の三面訴訟としての性質からして，既判力・執行力が生ずると解するのが順当であろう。確かに，ⅵ説は，残存当事者の置かれた手続状況について立ち入った分析を行い，二段構えの考察を説く示唆に富む指摘であると評価することができるが，残存

---

265)　争点〔3版〕117頁〔勅使川原和彦〕参照。

当事者の視点からでは制度全体を説明する理論構成として十分ではない。

　そこで，この問題は，脱退後の訴訟構造，および，判決効を導き出す形式および理由の両面からアプローチすべきであり，この立場から学説の錯綜した対立状況を整理して検討してみよう。

　まず，訴訟構造や請求の形の面からみると，脱退後の訴訟構造は，いったん三面訴訟として成立して三つ（通常）の請求が定立されたのであるから，基本的にはその構造がそのまま保持されるものと把握すべきである。そこで，脱退者に関する請求が消滅するという構成((iv)説を除く)は妥当ではない。請求の変容を避けることで，判決効の発生も無理なく導かれ，構造上の整合性も確保されよう。

　つぎに，判決効を発生させるための基礎付けについてみると，脱退者と残存者の利害関係はさまざまであって，(v)説のように「信託」という理論による一元的な説明には馴染まず，また，「信託」という異質な概念によることも訴訟理論としては難があろう（訴訟担当とは局面が異なる）。また，(i)説の「放棄ないし認諾」という理論によっても，(ii)説の「合一確定」という理論によっても，それぞれ説明できない部分が残るという問題が生じ，さらに後者は循環論法のきらいもある。そこで，残った(iv)説の「防御権の放棄」という理論の是非が問題となるが，これは，訴訟の構造を変容させることなく判決効を導くものであり，防御権の放棄という訴訟上の概念を用いて説明しうることから無理がない。しかし，脱退後に訴訟における防御を再開することが認められるとすると，防御権の放棄というのは，理論上の難点に遭遇することになるのではなかろうか。

　そうすると，結局のところ，制度的合理性を保持しうる理論としては，訴訟構造は変わらないまま，当事者が訴訟活動を休止することで，残存者間の訴訟活動とその結果を受容するというものであり，そこから既判力および執行力の発生を導くことができよう。

第6款　共同訴訟参加

　共同訴訟参加とは，係属中の訴訟の判決効を受ける第三者が，当事者の一方に共同訴訟人として参加することをいう（52条）。共同訴訟が後発的に形成される主観的追加的併合の一形態である。

　共同訴訟参加訴訟においては，当事者（被参加人）も参加人も，各々独立に訴訟追行権を行使することができ，かつ，判決には合一確定の要請が働くことか

ら，類似必要的共同訴訟に属することになる。そのため，参加人には当事者適格が要求され，これを欠くと共同訴訟的補助参加となる。なお，固有必要的共同訴訟で当事者たるべき者が欠如している場合も，共同訴訟参加をすることができ，それによって当事者適格に関する瑕疵は治癒されると解される[266]。

共同訴訟参加は，補助参加の方式によって行われる。参加人は，当事者の地位を有することになるので，独立当事者参加におけるのと同様に，書面による参加申出を要する（52条2項・47条2項）。なお，上告審における参加については，独立当事者参加の場合との兼ね合いを考える必要があるが，共同訴訟参加の性質にかんがみ，これを認めるのが順当であろう[267]。

第4節 訴訟承継

第1款 はじめに

訴訟承継とは，訴訟係属中，実体関係の変動の結果，当事者適格が第三者に移転したことにより，その第三者（承継人）が従前の当事者に代わってまたはこれと並んで当事者となり，訴訟を引き継ぐことをいう。新旧の当事者間に訴訟上の地位の連続性がある点において，任意的当事者変更とは異なる。

こうした訴訟承継制度が存在しなければ，訴訟係属中の実体関係の変動により当事者適格が第三者に移転した場合，旧適格者による，または，旧適格者に対する訴えは不適法却下となる一方，新適格者による，または，新適格者に対する別訴が提起されることになるのが本来である。しかし，そのような仕切りなおしにより従前の訴訟追行を無益にしてしまうことは，訴訟経済に反し，訴訟のもつ紛争解決機能の実効性を損なわしめ，さらには，相手方と第三者との間における公平を保ち得ない結果となる。そこで，民事訴訟法は，訴訟承継主義[268]をとり，従前の当事者間で形成された訴訟状態上の既得の地位を承継人に引き継がせることにより，訴訟経済や紛争解決の実効性，そして，公平性を

---

266) 前掲注82) 大判昭9・7・31，秋山ほかI 509頁，伊藤630頁注120など。
267) 伊藤631頁注121など。
268) これに対して，ドイツ法などでは，訴訟係属中の権利関係の変動は当事者適格に影響を与えないとする当事者恒（固）定主義がとられている。訴訟に要する時間と経済取引の実情にかんがみて，現在は，係争物の譲渡を禁止したローマ法とは異なり，係争物の譲渡を認めることを前提に，その場合の対処法として，訴訟承継か，または，当事者恒定がとられる。兼子一「訴訟承継論」法協49巻1=2号（1931年）1頁〔兼子・研究1巻105頁以下所収〕，日比野泰久「訴訟承継主義の限界について」法政120号（1988年）85頁以下など参照。

確保しようとしたのである。こうした訴訟承継主義の発想は、口頭弁論終結後の承継人に対する既判力の拡張 (115条1項3号) にもみられる。

　訴訟承継により、新当事者は、旧当事者の形成した訴訟状態、すなわち、裁判資料のほか、その提出の機会などの手続上の地位を引き継ぐ。したがって、自白の拘束力や時機に後れた攻撃防御方法提出の制限なども新当事者に引き継がれる。また、提訴に基づく時効中断や期間遵守などの効果も引き継ぐ。

　訴訟承継には、一定の事由があれば当然に生ずる当然承継と、関係人の申立てによって生じる参加承継・引受承継がある。

第2款　当然承継

1　当然承継の意義

　当然承継とは、実体法上の承継原因に基づき、法律上当然に訴訟当事者の交替が行われることをいう。

　当然承継が生じて、当事者が交代すると、通常、新当事者に訴訟追行をさせるためにいったん手続を中断して、新当事者に受継させることから、当然承継の原因は、訴訟手続の中断・受継の規定から推知される (124条1項)。ただし、中断・受継は訴訟承継とは別個の観念であり、当事者が交代せずに当然承継とはならない場合でも、訴訟追行権者が交代する場合[269]には中断事由となる一方、当然承継で当事者が交代しても実際の訴訟追行権者が交代しない場合[270]には中断事由とならない。

2　承継原因

　当然承継の原因は、中断・受継の規定から推知される。

　具体的には、①自然人たる当事者の死亡 (124条1項1号)、②法人その他の団体の合併による消滅 (同条同項2号)、③受託者の任務終了 (同条同項4号)、④一定の資格者の資格喪失 (同条同項5号)、⑤選定当事者全員の資格喪失 (同条同項6号・30条2項5項)、⑥破産開始決定または破産終了 (破44-46条) がある。

(1)　自然人たる当事者の死亡

　訴訟当事者が死亡した場合、相続人[271]、受遺者、遺言執行者、または、相

---

[269] たとえば、訴訟能力の喪失や法定代理権の消滅の場合 (124条1項3号) などがこれにあたる。
[270] たとえば、選定当事者を選任している場合 (30条2項参照) や訴訟代理人のいる場合 (124条2項) などがこれにあたる。
[271] 相続人は、相続放棄との関係で受継が制限されることがある (124条3項)。

続財産管理人などが，その承継人となる。ただし，訴訟物が一身専属権であるときは，死亡による承継が生じ得ないため，当然承継やそれによる手続の中断も生じることはなく，手続は終了する。

なお，人事訴訟事件においては，承継人が法定されている（人訴12条3項・26条2項・41条2項・42条2項3項・43条2項3項）。

(2) 法人その他の団体の合併による消滅

法人等の合併の場合，新適格者は，合併により成立した法人その他の団体，または，吸収合併後に存続する法人その他の団体となる（会社750条1項・752条1項・754条1項・756条1項）。自然人の死亡と同じく，合併による包括承継の場合には，実体法上の権利関係も訴訟法上の地位も包括的に承継人に移転するため，法は，承継人の意思を問わない当然承継としたのである。

なお，合併は，相手方に対抗できるものでなければならない（124条4項）。

(3) 受託者の任務終了

信託財産に関する訴訟において，当事者たる受託者の任務が信託関係の終了などの原因により終了した場合，新受託者または信託財産の帰属者が承継人となる。新受託者にとり，訴訟の続行は自己の任務に属することから，法は，当然承継としたのである。

なお，受託者が存在しない場合には，委託者が承継人となる。

(4) 一定の資格者の資格喪失

破産管財人（破80条），再生管財人（民再67条1項），更生管財人（会更74条1項），船長（商811条2項）などの一定の資格に基づく法定訴訟担当者や職務上の当事者が死亡，その他の事由によって資格を喪失した場合は，新たな資格者がその任務として当然に承継人となり，手続を受継する。

(5) 選定当事者全員の資格喪失

選定当事者の全員が死亡，その他の事由により資格を喪失した場合には，新たな選定当事者がその資格に基づいて，または，本来の訴訟追行権者である選定者全員が当然に承継人となり，手続を受継する。

これに対して，選定当事者の一部の者が資格を喪失したときには，他の選定当事者が選定者全員のために訴訟追行することができるので（30条5項），当事者の地位に変更はなく，当然承継は生じない。また，訴訟係属中に選定がなされた場合，選定者は訴訟から脱退し（30条2項），選定当事者がその承継人となるが，この場合にも受継の手続はとられない。

なお，以上の手続は，狭義の任意的訴訟担当者についても類推適用され

る[272]。

(6) 破産開始決定または破産終了

破産手続の開始決定がなされると，破産財団所属の財産についての管理処分権およびそれに基づく当事者適格は，破産者から破産管財人に移転し，破産管財人は職務上当然に破産者の承継人になり，それにともなって，中断・受継の手続がとられる（破44条1項2項）。なお，破産管財人の受継がなされないうちに破産手続が終了した場合には，破産者が当事者適格を回復するが，外形上破産者は当事者の地位を保持しているため，当然承継にともなって，当然に手続を受継したものと扱われる（破44条6項）。

破産手続の終了により破産者の当事者適格が回復するので，破産管財人を当事者とする訴訟は中断し，破産者が破産管財人の承継人として手続を受継する（破44条4項5項）。

3 当然承継の手続

訴訟代理人が選任されておらず，当然承継に伴って手続が中断する場合には，当然に受継が認められる場合を除き，新当事者に訴訟追行させる必要性から手続を中断し，承継人または相手方の受継申立てに基づく受継決定または裁判所の続行命令によって手続が続行される（124条以下）。

受継申立ては書面によって行われる（規51条1項）。裁判所は，申立てに理由があるかを職権で調査し，理由がなければ申立てを却下する。却下決定に対して，抗告が認められる（328条1項）。受継を認める場合，裁判所は期日を指定して手続を続行する。

なお，僭称承継人によって手続が続行されている場合でも，真の承継人は重ねて受継申立てをすることができる。

他方，訴訟代理人が選任されている場合には，手続は中断されず（124条2項），訴訟代理人が旧当事者の名で訴訟を続行する。もっとも，承継人が承継原因発生時点において法律上当然に当事者となるため，訴訟代理人は中断事由の発生を書面で届け出て（規52条），裁判所はそれに基づいて承継人を当事者として扱う[273]。

---

272) 伊藤633頁など。
273) 最判昭33・9・19民集12巻13号2062頁，伊藤632頁など。なお，代理人による届出が懈怠されたため，被承継人が判決に当事者として表示された場合には，判決の更正（257条1項）が可能である（最判昭42・8・25判時496号43頁）。

第3款　参加承継・引受承継

1　参加承継・引受承継の意義

　当然承継となる場合以外の係属中の訴訟における紛争主体（当事者適格）の変動は，当然には訴訟に反映せず，紛争主体（当事者適格）の承継人またはその相手方の申立てに基づいて，承継人が当事者の地位を取得することになる。こうした場合には，承継人自身が当事者の地位取得を申し立てる参加承継（51条前段・49条）と，相手方から承継人の当事者の地位の引受けを申し立てる引受承継（51条後段・50条1項）がある。

　訴訟係属中に訴訟の目的物（係争物）[274]が譲渡された場合は，口頭弁論終結後の承継人（115条1項3号）と異なり，判決効は拡張されないうえ，そのままの状態では当事者適格を欠く者に対する訴訟として不適法却下されてしまうことから，承継人を当事者として参加させることにより，審理を続行して承継人との間でも紛争を一挙に解決しようとしたのである[275]。

---

[274] 従来，「訴訟物の譲渡」という表現が用いられてきたが，ここでいう訴訟物とは，訴訟上の請求として相手方に対して主張される権利関係を意味するだけでなく，さらに権利関係が帰属する物件をも意味する。たとえば，建物明渡請求訴訟における建物自体をも意味する。誤解を避けるうえでは，「係争物の譲渡」という表現の方がよいとされる。新堂779頁注(1)参照。

[275] 旧々法は，係争物の譲渡の場合に関して何らの規定も設けていなかったところ，口頭弁論終結時を基準として判決する建前から，係争物の譲渡があればそれだけで従来の当事者間で請求棄却となるか（前掲・大判大13・11・20），あるいは，せいぜい本来の紛争解決の一部しか実現されなかった。そこで，そうした不合理を回避するためには訴訟承継主義の採用が必要であった。

　ところで，旧法は，承継人の加入に関する規定（旧73条・旧74条）と従前の当事者の脱退に関する規定（旧72条）を置くだけであり，新しく訴訟に加入した者が前主の訴訟状態を承継する旨の規定を具備していなかった。しかし，旧73条が旧当事者の提訴による実体的効果が新当事者のために及ぶと規定するのは，前主の訴訟上の地位すべてを承継することを前提にしたものと解され（訴訟承継がなされないまま前主の訴えが取り下げられると権利承継人は時効中断効を承継しないとするのは，大判昭16・10・8民集20巻1269頁），さらに旧201条1項が口頭弁論終結後の承継人に既判力が及ぶ旨を規定しており，そこから旧法は訴訟承継主義を採用したものと解されていた（兼子・研究1巻128頁以下，新堂780頁など参照）。また，旧73条・旧74条は，いずれも実体法上の権利者側のみが従来の訴訟状態を自己のために利用する手段として，参加・引受けの申立てができるように規定しているだけであるが，従来の訴訟状態が義務者側にとって有利な場合もあるため，義務者側にも，これを自己のために利用する対等の手段を与えるのが公平であることから，旧73条・旧74条は，権利者が訴訟状態上有利な立場にある通常の場合を例示したもので，義務承継人による訴訟参加，義務者の権利承継人に対する訴訟引受けの申立てを否定するものではないと解されるに至っていた（兼子・研究1巻136頁以下など。前掲注245）大判昭11・5・22が，債務承継人が自ら訴訟引受けを申し立てることを肯定するにすぎなかったのに対し，最判昭32・9・17民集11巻9号1540頁が，債務承継人の訴訟参加を正面から肯定した）。

2 訴訟承継主義の限界と口頭弁論終結後の承継人との対比

(1) 訴訟承継主義の限界

訴訟承継主義には，紛争主体の変動が訴訟に直ちに反映されるとは限らず，その間に無意味な訴訟追行を強いられてしまうといったデメリットがある[276]。それに対しては，たとえば，被告側の主体変動によるリスクに対しては原告は仮処分の利用によりある程度対処できる（民保25条の2・53条・58条-60条・62条・64条)[277]。もっとも，この対応策は被告側には存在しないことから，それだけで当事者間にアンバランスを生じる結果を生じ，また，原告に対して常に仮処分を要求するのも，酷な面がある。

そこで，訴訟承継主義を原則としながらも，訴訟承継が行われるまでの間は従前の当事者が承継人のために訴訟追行の権能を維持するという当事者恒定の建前を補充的に導入すべきであるとの立法論も提唱されている[278]。

(2) 訴訟承継と口頭弁論終結後の承継人の比較

係争物の譲渡による訴訟承継と口頭弁論終結後の承継人とは，いずれも紛争の主体たる地位が訴訟外で変動することに応じて，当該紛争についてすでに形成された訴訟手続ないしその結果である訴訟状態を新たな主体との間の紛争にも通用させ，これにより主体の変動にもかかわらず訴訟による紛争解決の実効性を確保し，当事者間の公平をはかろうとする制度である点で共通する。

両者の相違点は，紛争の主体たる地位の変動が訴訟係属中，しかも，口頭弁論終結前に生じた場合が訴訟承継であるのに対し，その後に生じた場合が口頭弁論終結後の承継人である。いわば，承継人に及ぼすのは，前者の場合は「生成中の既判力」であるのに対し，後者は「完成した既判力」である[279]。そう

その後，以上を踏まえて，1996年新法は，義務承継人（「債務」は「義務」とされた）の参加承継および権利承継人に対する引受けを明定した（51条)。なお，新法は，訴訟引受けがあったのに被承継人が脱退しない場合の訴訟状態について，従来の通説は通常共同訴訟と解していたのに対し，同時審判申出訴訟の規定が準用されるものと規定した（50条3項・41条1項3項)。

276) 兼子・研究1巻127頁・147頁以下など。これに対して，当事者恒定主義には，承継人の参加が制限されるとともに，紛争主体ではなくなった者に訴訟追行の熱意の持続を期待し得ないことによる承継人の不利益が想定されるといったデメリットがある。以上については，新堂813頁を参照。

277) 新堂813頁。同書は，具体的には，建物の占有移転禁止の仮処分の執行により建物明渡請求の被告適格を恒定できるとする（民保58-64条)。なお，最判昭46・1・21民集25巻1号25頁〔百選Ⅱ補正版83〕。

278) 兼子・研究1巻150頁。また，そうした立法に至るまでの解釈論として，相手方保護を目指して，実質的当事者概念や信義則の援用などの工夫の累積によるべきとの主張もあり（新堂・争点効下77頁，新堂813頁)，合理的な対応といえよう。

すると，両者は既判力を及ぼすという点で共通の場面を対象としており，そこから，双方における「承継」の概念も共通のベースのうえに把握することができるとして，両者をパラレルに理解すべきとする見方が大勢を占めるに至っている。

それにしても，既判力・執行力の拡張は，審理終了後に問題となるのに対して，訴訟承継はこれから審理を続行する局面における制度であるという相違に留意しなければならない。すなわち，これから審理を続けていくという展望的な局面においては，一方で①関連性の乏しい新たな紛争を取り込んで手続を錯綜せしめ当事者の裁判を受ける権利（憲32条）ないし手続保障を蔑ろにしてはならないという要請と，他方で②関連した紛争を可及的に取り込んで統一的・一挙的解決を図るという要請との合理的調和を目指す必要がある。これに対して，審理終了後に承継を問題とするときには，手続に関与しなかった者の①裁判を受ける権利ないし手続保障を慎重に考慮すればよく，②紛争の統一的・一挙的解決の要請は背後に引く[280]。この違いは原理的なものというよりは，承継の場には政策的考慮が加味されるものとみられよう。

3 参加承継・引受承継の原因

参加承継や引受承継が可能となるのは，当事者の生存中ないし存続中，紛争の基礎をなす実体関係に特定承継があった結果として紛争の主体たる地位を第三者が取得するに至った場合である。この点に関し，特定承継の対象や態様などについて眺めよう。

(1) 特定承継の対象

訴訟上の請求として主張される訴訟物たる権利関係そのものが特定承継される場合のほか，訴訟物たる権利関係の目的物件について特定承継が行われる場合（たとえば，建物収去土地明渡請求中に建物が第三者に譲渡される場合）も含まれる。

(2) 特定承継の態様

紛争の基礎をなす実体的権利関係の譲渡が主な場合であるが，派生的権利関

---

279) 新堂814頁。
280) たとえば，土地の売主Yに対する買主Xの売買契約に基づく所有権移転登記請求訴訟の係属中に，AがYから当該土地を購入して登記を得た場合には，XのAに対するYからAへの移転登記抹消請求をも併せて審理する方が関連紛争を統一的・一挙的に解決することができて便宜であると思えるが，XがYに対する勝訴の確定判決を得た後にYからXへの移転登記をする前に，AがYから登記を得た場合には，Aに対する既判力や執行力の拡張の当否を考察するに際し，手続を錯綜させるかの懸念を抱く必要はない反面，Aの裁判を受ける権利をどのように保障するかが問われることになる。以上，新堂・争点効上297頁，新堂815頁など参照。

係の設定なども含まれる。

たとえば，所有権取得登記の抹消が求められている不動産に第三者が被告から抵当権の設定を受けたり，収去が求められている家屋を賃借する場合などである。

(3) 承継人との間の新請求と旧請求との関係

新請求と旧請求との間の関係としては，Ⓐ請求としての訴訟物たる権利関係自体に何ら変わりはなく，それについて第三者が当事者適格を取得する場合，Ⓑ紛争が第三者に拡大したため，従来の訴訟物たる権利関係を前提にした新たな権利関係が訴訟物となり，これについて第三者が当事者適格を取得する場合，Ⓒ新請求が旧請求と内容を異にする場合の三つが考えられる。

(a) Ⓐ訴訟物の同一性がある場合

新請求および旧請求について，請求としての訴訟物たる権利関係自体に何らの変わりもなく，それについて第三者が当事者適格を取得する場合としては，①原告が訴訟物とした債権を第三者が譲り受けた場合，②訴訟物たる被告の債務を第三者が引き受けた場合，③所有権確認請求の目的物件を第三者が取得する場合，④収去を求められている物件を第三者が譲り受けた場合（大決昭5・8・6民集9巻772頁）などがある。

(b) Ⓑ訴訟物の同一性はないが，旧請求が新請求の前提となっている場合

紛争が第三者に拡大したため，旧請求，すなわち，従来の訴訟物たる権利関係を前提にした新たな権利関係が訴訟物となり（新請求），これについて第三者が当事者適格を取得する場合として，つぎのような例がある。①建物収去土地明渡請求中に被告がその建物に借家人を住まわせた場合，借家人に対しては退去請求について引受けの申立てができる（最判昭41・3・22民集20巻3号484頁）。②所有権の移転登記抹消請求中に被告からさらに移転登記を得た者に対しては，この移転登記抹消請求について引受けの申立てができる。

(c) Ⓒ新請求が旧請求と内容を異にする場合

新請求と旧請求との間に訴訟物のⒶ同一性や上記Ⓑのような関連性が認められないとき，訴訟承継が許されるのはいかなる場合であろうか。とりわけ，承継人がその形成にまったく関与しなかった従前の訴訟状態の承継を強いられる場合について，引受承継の限界が問題となる。

この点，①新請求と旧請求とが主要な争点（攻撃防御方法）を共通にし，②承継人との紛争が旧当事者間の紛争から派生ないし発展したものと社会通念上みられる場合に引受承継を許容すべきであるとの主張がある[281]。

この見解は，つぎのような根拠の下に主張されるが，妥当であるといえよう。

すなわち，派生した紛争の解決もすでに形成された訴訟状態を最大限活用するという要請と関連の薄い新紛争まで取り込んで手続を混乱させないという要請との調和（上記①の理由），および，引受申立人と引受人との利益調整（上記②の理由）である。

4 参加承継・引受承継の手続
(1) 参加承継・引受承継の申出

参加承継の場合，参加人は，独立当事者参加の方式（47条1項）で参加承継を申し出ることにより，当事者となることができる（49条・51条前段）。そのため，承継人は，申出とともに相手方に対する請求を定立しなければならない。

引受承継の場合，当事者の一方は，承継人に対して訴訟引受の申立て[282]をし，裁判所による引受決定を得て承継人を当事者とすることができる（50条1項）。この場合，引受申立てをすることのできる当事者の一方として，被承継人（前主）の相手方がこれに該当することに争いはないが，さらに被承継人まで含むかについては，判例[283]および学説において見解の対立がある。

肯定説[284]は，被承継人にはその訴訟追行の負担や自己に対する義務の履行請求を免れるために承継人に訴訟を引き受けさせる利益[285]が認められると主張するのに対して，否定説[286]は，被承継人としては，承継の事実を主張して相手方の引受申立てや承継人の参加承継を促せば足り，引受申立てをする利益までは認められないという。

実務上は被承継人の相手方による引受申立てが多く，被承継人による引受申立てを肯定する必要性が認められる場合は数少ないことに疑いはないが，しかし，そうであるからといって，否定説のいうように相手方の引受申立てや承継

---

[281] 新堂817頁。
[282] 引受けの申立ては，期日においてする場合を除いて，書面でこれを行う（規21条）。
[283] 肯定するものとしては，最判昭52・3・8金法837号34頁，東京高決昭34・12・22下民10巻12号2691頁があり，否定するものとしては，東京高決昭54・9・28下民30巻9=12号443頁がある。
[284] 中島・日本民訴343頁，菊井＝村松Ⅰ479頁，注釈民訴(2)260頁〔池田辰夫〕，吉村ほか470頁〔伊藤眞〕，伊藤4版666頁，梅本715頁，秋山ほかⅠ501頁，昭55重判解149頁〔吉村徳重〕，霜島甲一「当事者引込みの理論」判タ261号（1971年）22頁，山本和彦「訴訟引受けについて」判タ1071号（2001年）61頁など。
[285] 被承継人の引受申立てがなされる背景として，訴え提起と同視されるためにそれと同額の手数料の要求される参加承継に比べ，引受申立ての手数料が少額にとどまること（民訴費 別表第1，1の項・17の項）が指摘されている。高橋・重点講義下478頁，笠井＝越山191頁〔堀野出〕など。
[286] 井上・多数79頁，中野・論点Ⅰ170頁注(23)，新堂5版861頁，高橋・重点講義下478頁，条解2版270頁〔新堂幸司＝高橋宏志＝高田裕成〕，斎藤・概論532頁，松本＝上野738頁〔上野〕，注解民訴Ⅰ510頁〔日比野泰久〕，新争点90頁〔日比野泰久〕など。

人の参加承継を促すといった事実上の措置ではそのような必要性を満たすことはできない。訴訟の紛争解決機能の向上という観点からも，被承継人からの引受申立てを肯定すべきであろう。もっとも，これを肯定しても，引受決定により引受人に請求の定立が擬制される[287]とすれば格別，そうでなければ，引受決定後に引受人が相手方に対する請求を定立しない限り，引受けの実質は伴わない[288]。請求の定立を要するとしても，それは黙示でも足り，通常は明示を要しない[289]，あるいは，引受申立てのなかに請求の定立が含まれる[290]などとして，可能な限り引受けによって実効的な解決を導くことが肝要であろう。

引受申立人が引受人に対して定立する請求の内容は，たとえば，建物収去土地明渡請求中の建物の譲受人に対しては，旧請求と同じ趣旨でよいが，建物の賃借人に対しては退去請求を定立することになる。被告が訴訟物たる債権の譲受人に対して引受申立てを行う場合は，債務不存在確認の申立てが包含されているものと解される[291]。

(2) 参加・引受けの申立ての審判

参加申立てに対して，相手方は異議を述べることができ，その当否は口頭弁論を経て判決で裁判をする。なぜなら，参加申立ては，当事者双方または相手方に対する新訴提起に相当するとみられるからである。引受申立てについては，裁判所は，当事者および第三者を審尋したうえ，その許否を決定で裁判する（50条2項）。申立てを却下した決定に対しては，申立て人は抗告することができる（328条1項）。ただし，中間的裁判である引受決定に対する独立の不服申立ては許されず，不服は終局判決とともに申し立てることになる（283条）。

いったん引受決定がなされると，引受人は当事者たる地位につき，承継資格の有無，すなわち，引受人が実体法上の権利義務の承継人であるか否かは，引受人と引受申立人との請求の本案の問題として審理・判断される[292]。

---

[287] 請求の定立の擬制を認めるのは，中野・論点 I 166 頁，高橋・重点講義下 435 頁。その理由としては，被告である引受申立人が受動的な立場にあることと，承継の事実が不存在とされる場合に債務不存在確認訴訟が認容されることの不自然さが指摘される（中野・論点 I 165 頁）。擬制に反対するのは，井上・多数 66 頁，新堂 815 頁，伊藤 637 頁，福永有利「参加承継と引受承継」新版民訴演習(2)48 頁，上北武男「訴訟参加および訴訟引受け」新民訴大系(1)218 頁など。

[288] これでよいとするのは，秋山ほか I 501 頁。

[289] 前掲・注287）福永 48 頁以下。

[290] 山木戸克己「訴訟参加と訴訟承継」民訴講座(1)306 頁，新堂 818 頁など。

[291] 山木戸克己「訴訟参加と訴訟承継」民訴講座(1)306 頁，新堂 818 頁など。

[292] 東京高判昭 55・10・2 判時 986 号 63 頁，新堂 861 頁，高橋・重点講義下 467 頁，秋山ほか I 500 頁，条解 2 版 271 頁〔新堂幸司＝高橋宏志＝高田裕成〕，井上・多数 63 頁以下，伊藤 4 版 666 頁注 135，上田 591 頁，田尾桃二「訴訟引受の一つの問題」判タ 242 号（1970年）66 頁以下

(3) 参加・引受申立てをすることのできる時期

参加申立てと引受申立てのいずれも，訴訟係属中にしなければならないが，参加申立ては上告審でもできるのに対して，引受申立ては事実審の口頭弁論終結後は許されない（最決昭37・10・12民集16巻10号2128頁）。引受けの場合は差戻し後の審級で申し立てれば足りるのに対して，参加の場合，上告を支持し，または，相手方の上告棄却を求めるために参加を許すべきだからである。さらに，上告審における参加申立ては，原判決が破棄されて事実審に差し戻される可能性のある限り実益が認められる[293]。もっとも，上告の理由がなければ，参加人の請求について審判する機会を欠き，参加請求は第一審に移送されることになる。

(4) 参加・引受け後の審判

参加承継後，従前の原告の被告に対する請求と参加人の請求の審判については，必要的共同訴訟の審理特則（40条1項2項3項）が準用される（49条・51条前段・47条4項）。

訴訟引受け後は，従前の原告の請求と相手方の引受人に対する請求の審判について，同時審判申出共同訴訟の審理原則が準用される（50条3項・51条後段）。

なお，参加または引受けがあった場合，前主である当事者は，訴訟から脱退することができる（48条・50条3項）。

など。反対（却下説），兼子・体系427頁，兼子・条解上198頁など。
293) 新堂862頁，条解2版268頁・271頁〔新堂幸司＝髙橋宏志＝髙田裕成〕，松本＝上野737頁〔上野〕，上田590頁など。反対，前掲注187）大判昭13・12・26，三ケ月・全集226頁，伊藤4版665頁など。

第10章　上訴・再審

はじめに

　民事裁判は，当事者に対して十分な主張・立証の機会を与え，その機会を利用して提出された裁判資料を基礎としてなされるものであり，当事者は，いわば手続関与の機会が与えられ，それを利用しまたは利用し得たことにより自己の責任として判決を受け容れる（手続保障と自己責任による裁判の正当性）。

　しかし，理論上正当化される判決であっても，その内容が常に無謬であるとはいえない。裁判の基礎をなす事実の認定や法の解釈・適用から誤謬の可能性を完全に排除することはできない。そのため，裁判を是正する機会が存しなければ，訴訟当事者の被る不利益を救済したり，法令解釈の統一を図ることができないばかりか，司法に対する国民一般の信頼を喪失する結果となりかねない。

　そこで，法は，こうした不当または違法な裁判を是正する手段として，上訴・再審の制度を設けている。上訴は，判決確定前の通常の不服申立て手段であるのに対し，再審は，判決確定後の非常の不服申立て手段である。

第1節　上　訴

第1款　総　論

1　意　義

　上訴とは，未確定の原裁判の取消しまたは変更を上級裁判所に対して求める不服申立てをいう。その性質は，当事者の訴訟行為の一種であり，原裁判に対する不服を基礎として，上級審の裁判を求める訴訟上の申立てである。

　上訴は，裁判の確定前，すなわち，訴訟手続の終了前にする不服申立てであり，これにより裁判の確定を阻止する（116条2項）と同時に，事件の再審判を開始するものである。したがって，上訴は，確定遮断効と上級審への移審効をもつものであるということになる。具体的には，控訴（281条），上告（311条），抗告（328条），再抗告（330条），そして許可抗告（337条）などが上訴としての性質をもつ。なお，新法の導入した上告受理申立て（318条）は，当然には移審効をもたないが，確定遮断効を認められていることから（116条2項），上訴の

一種と考えられる。

　他方，再審の訴え（338条）は，確定判決に対する非常の不服申立てであり，訴訟手続内に予定された通常の不服申立てである上訴とは異なる。裁判の確定とは関係のない特別上告（327条）や特別抗告（336条）も本来の上訴とは区別される。同一審級内での不服申立てである各種の異議（150条・202条3項・206条但書・329条1項・357条・378条など）も，上級裁判所への不服申立てである上訴とは異なる。審級を前提としない除権決定の取消しの申立て（非訟150条）や仲裁判断取消しの申立て（仲裁44条1項）も，上訴ではない。

2　上訴の目的

　上訴の目的は，当事者の救済と法令の解釈・適用の統一の二つであるといわれる。順に眺めてみよう。

(1)　当事者の救済

　まず，不当・違法な裁判による不利益から当事者を救済することが，上訴の目的として掲げられる。裁判の妥当性や適法性に疑問を抱く当事者が上級裁判所に再審判を求め得るとすることにより，手続保障の付与に見合う自己責任として判決効を正当化することに承服しがたい当事者に救済の途が開かれるのであり，こうした上訴制度の存在によって自己責任として裁判を把握する考え方が成り立つことになろう。

(2)　法令の解釈・適用の統一

　つぎに，法令の解釈・適用を統一することが上訴の目的として挙げられる。上級審が原判決の法令の解釈・適用を審査することを通じて，その統一を目指すのである。とりわけ，審級制度上，頂点に位する最高裁判所は，高等裁判所などの下級審判決において結論の分かれている法令解釈・適用の問題を統一的に解決し，その結果，法的安定性が高まると期待される。

　なお，上訴の第一次的目的は，あくまで具体的事件において当事者の救済を求めることであり，当事者の利益に優先して法令の解釈・適用の統一を目指すことではない[1]。

(3)　裁判の適正と迅速の調和

　上訴によって審級を重ねれば，その分，裁判の適正を実現するのに役立つ反面，判決の確定が遅延してしまい，勝訴者の権利実現が遷延されることになる。そこで，上訴の機会を保障して裁判の適正を確保しようという要請と，上訴を

---

1) 新堂834頁，伊藤641頁など。

制限して迅速で公平な裁判を実現しようという要請との調和の観点から，上訴制度をどのように構成するかが問われる[2]。現行法は，事実認定と法適用の双方について原判決を再審判する控訴審と，法適用のみに関して原判決を再審判する法律審の二つを上訴審として重層的に配置し，これらと第一審を含めて三審制を採用しているが，そのこと自体が上記の調和的視点から定められた立法政策の例である[3]。また，上訴をどの限度で許すかも，そうした立法政策によるものである。たとえば，手形・小切手訴訟および少額訴訟における不服申立ては異議に限られ，控訴が認められていないこと（356条，357条・377条・378条）や，最高裁判所が上告審となるときには，法令違反が当然には上告理由とならないこと（312条3項・318条1項）は，上記の調和的視点からの立法的決断の結果である。

上訴が許される範囲内であっても，その濫用は防止されなければならない。たとえば，上訴によって確定を遮断される原判決についての仮執行宣言およびそれに関する執行停止の制度がこの種の対策として挙げられる。さらに，現行法は，徒に訴訟を遅延させるだけの目的で，理由のない上訴を提起した者に対しては，上訴棄却の裁判のなかで一種の制裁として金銭の納付を命じることができるとする（303条・313条・327条2項・331条）。

3　上訴の種類

法は，控訴，上告（「上告受理申立て」を含む）および抗告の三種類を上訴として認めている。控訴と上告は，終局判決に対する不服申立てであるのに対し，抗告は，決定および命令に対して独立に許される不服申立てである。控訴は，第一審判決に対する上訴であり，上告は，原則として控訴審判決に対する上訴である。ただし，例外的に控訴審を経ずに飛躍（飛越）上告がなされる場合（281条1項但書）および高等裁判所が第一審としてした終局判決に対して上告が認められる場合（311条1項，裁17条）がある。

このように上訴は原裁判の種類に応じてさまざまであり，さらに，上訴以外にも裁判に対する不服申立て方法があることから，申立人は，原裁判の種類に適した不服申立て方法を的確に選択して申し立てなければならない。誤った上

---

[2]　上野泰男「上訴制限について」関法43巻1=2号（1993年）743頁および小林学「上訴制限のスキームとその効用——中国・湘潭大学法学院における報告に基づいて——」比較法雑誌38巻2号（2004年）273頁以下に掲載の諸文献参考。

[3]　少額訴訟での控訴禁止規定（380条1項）を合憲とした最判平12・3・17判時1708号119頁〔百選3版A52事件〕および上告受理申立て制度（318条）を合憲とした最判平13・2・13判時1745号94頁のいずれもが，審級制度が立法政策に委ねられていることを理由とする。

訴の方法が選ばれることもあり，これを違式の上訴という。違式の上訴は，不適法であるが，当事者が単に上訴の表示を誤ったにすぎないような場合には，不服申立て全体の趣旨を斟酌して，適法な上訴が選択されたものと取り扱うべきであろう[4]。原裁判の種類が不明確なために不服申立ての選択基準たり得ないような場合については，裁判所の表題やその成立手続から裁判所の意思を推測して決定したり（主観説），裁判事項の内容によって判断したり（客観説）することになろう。紛らわしい場合には，その判断のリスクを当事者に負わせるべきではなく，いずれの裁判の種類に応じた不服申立て方法をとって，手続リスクの緩和を図るべきであると解される[5]。

　これらに対して，裁判所が，誤った形式で裁判をした場合（たとえば，判決をすべきときに決定の形式で裁判をした場合）を違式の裁判という。違式の裁判に対する上訴は，判決で裁判をなすべきときに決定または命令の形式で裁判がなされた場合には，常に抗告が許され（328条2項），違式の裁判と認められるときは，抗告審はそれを取り消し，事件を原審に差し戻す[6]。また，反対に決定または命令で裁判をなすべきときに判決での形式で裁判がなされた場合には，現になされている裁判の形式にしたがって控訴または上告が許される。この場合，むしろ慎重な形式をとった違式の裁判によって当事者が不利益を受けているとはいえず，当然に原裁判が取り消されるわけではない[7]。

　なお，高等裁判所が上告審として審判すべきところを誤って控訴審として審判した裁判のように，審級手続を誤った裁判に対する上訴（上告）は認められるだろうか。判例はこれを認めている[8]。この結論に賛成しつつも，この場合は違式の裁判と異なり，常に現実になされた審級手続に対応して上訴の種類を決めるべきかは別問題であるとして，少なくとも，たとえば，高等裁判所が控訴審判決をなすべきところを誤って上告審判決をしても最高裁判所への上告を認めるべきであるとの見解がある[9]。この場合，審理内容に違いがあり，当事者にとって不利益を及ぼすおそれがあることから，このような措置は必要とされよう。

---

4) 大決昭15・2・21民集19巻267頁（抗告と表示しても控訴と扱ってよいと判示したケース），新堂835頁，伊藤642頁など。
5) 新堂835頁など。
6) 大判昭10・5・7民集14巻808頁〔百選98事件〕，伊藤642頁など。
7) 大阪高判昭36・7・4下民12巻7号1592頁，伊藤642頁など。なお，新堂835頁は，慎重な形式をとった違式の裁判に対する不服申立ては許されないとする。ちなみに，補助参加申立ての却下決定に対する即時抗告を「判決」によって控訴棄却とした場合，これは原判決破棄の事由とならず，この場合の上告審としての審理対象は特別上告理由の有無に限られると判示した最高裁判決がある（最判平7・2・23判時1524号134頁〔百選3版A49事件〕）。
8) 最高裁判所は，地方裁判所が控訴としてした終局判決に対する再審事件の控訴審判決に対して高等裁判所へ提起された上告事件を誤って控訴審手続で審判した原判決に対する上告を認める（最判昭42・7・21民集21巻6号1663頁）。
9) 新堂・判例408頁，新堂836頁注(1)，伊藤642頁注8など参照。

4 上訴の要件

　上訴審は，原裁判に対する上訴人の不服申立て，すなわち，原裁判の取消し・変更の要求が妥当であるのか否かについて審判することから，不服の主張および原判決変更の救済要求の二点が第一審における請求に相当する。そのため，上訴裁判所が不服申立てについて，理由なしと認めれば上訴を棄却するのに対し，理由ありと認めれば原判決を取り消すことになる。後者の場合，原審における当事者の申立てについての審判義務が復活し，上訴審自身が審判義務を果たす場合（「自判」という）と，上訴審が原審に審判義務の履行を命じる場合（「差戻し」という）がある。

　もっとも，そうした本案の裁判をするためには，上訴が適法であること，つまり，上訴要件を充足していることを要する。上訴要件は，第一審における訴訟要件に相当し，これを欠く上訴は却下される。

　上訴要件には，つぎのものがある。①原裁判が不服申立てのできる性質の裁判であり（283条但書参照），かつ，選ばれた上訴がその裁判に適合した不服申立て方法であること，②上訴提起行為が適式で有効であること，③上訴期間の経過前であること，または，その後は追完の要件を具備すること（97条），④上訴人が原裁判に対して不服の利益をもつこと，すなわち，上訴人が原裁判によって不利益を受けていること，⑤当事者間に上訴しない旨の合意がなく，上訴人が上訴権を放棄していないこと，の五つである。これら上訴要件の具備は，上訴審の口頭弁論終結時を基準として判断されるが，①ないし③については，その性質上，上訴提起時を基準に判断される。

　上訴要件を充足していても，上訴権の濫用と判断されれば，上訴は不適法とされる。上訴権の濫用とは，上訴権者が上訴本来の目的のためではなく，裁判が正当であることを認識し，または，認識し得べきであるにもかかわらず，上訴の確定遮断の効果を奇貨として訴訟引延しなどのために上訴権を行使することをいう[10]。その対策として，法は，上訴権濫用に対する金銭納付命令の制度を用意している（303条・313条・331条）。これは，訴訟遅延目的の上訴を提起した者に，本来の上訴手数料の10倍以下の金銭納付を命じるものである[11]。納付された金銭は，国庫に帰属する。その執行は，過料の裁判と同一に取り扱われる（303条5項・189条）。金銭納付命令は主文に掲げられるも

---

10) 小室直人「上訴権の濫用」実務民訴(2)262頁など参照。
11) この制度の運用実態などの紹介につき，小室・前掲注10) 261頁および同「上訴権の濫用」木川古稀中323頁など参照。給付命令の適用例としては，上告については，最判昭37・7・3裁時357号1頁，最判昭37・7・17裁判集民61号665頁，最判昭38・12・24判時361号44頁，最判昭41・11・18判時466号24頁など，控訴については，名古屋地判昭38・6・22下民14巻6号1203頁などがある。

のの（303条2項），あくまで付随的裁判であるため，これに対して独立の上告は許されず，控訴棄却の裁判とともに不服申立てをすることになる。上告審が本案判決を変更する判決の言渡しをすると，金銭納付命令は当然に失効する（303条3項）。また，上告を棄却する際に，上告審は，職権で金銭納付命令だけの取消し・変更をすることができる（303条4項）。なお，こうした制裁が上訴権の濫用に対して効果的かは疑いがあるとして，つぎのような立法論が主張されている。すなわち，弁護士代理の場合に当事者本人ではなく弁護士に対する制裁として機能させたり[12]，国庫への納付ではなく相手方への支払を求める[13]などの提言がある。

上記のような金銭納付命令は，上訴権の濫用に対する間接的な対策であり，より直接的な対策として権利濫用の法理を適用して，上訴を却下することが考えられる。原裁判の取消しを求める正当な利益を有しない上訴は，上訴審がこれを却下し得るとするものである。正当な利益を有しないとは，上訴に理由のないことが合理的に認識できるにもかかわらず，上訴による訴訟遅延をもくろむことであるといえる[14]。この点，特許出願につき拒絶査定を受けたXがこれを不服として審判を請求したものの，審判不成立の審決がなされたため，XがY（特許庁長官）を被告として審決の取消しを求める訴訟を提起したところ，原審において本決審決を正当として請求を棄却する判決が言い渡された後，Xは，自ら本件特許出願を取り下げ，訴えの利益を失ったとして却下判決を求めて上告したという事案において，このような上告は上訴権の濫用にあたるものとして不適法であり，その欠缺を補正することができないものというべきであるとして，上告を却下した判例がある[15]。

5 上訴の効果

上訴提起の効果は，原裁判の確定遮断効および事件の移審効の二つである。上訴期間が経過すると，判決は確定するが（116条1項），その期間内に上訴が提起されると，判決の確定が遮断され（116条2項），確定判決に認められる効力（既判力や執行力など）は生じないことになる。もっとも，仮執行宣言に基づく執行力は，上訴が提起されても生じる。ただし，抗告に関しては，即時抗告についてのみ執行停止の効力が認められる（334条1項）。そこで，通常抗告では，抗告裁判所は，別に執行停止のために必要な処分をすることが認められる（334条2項）。

移審効は，原裁判所の訴訟係属が消滅するとともに，上訴裁判所における訴

---

12) 条解1188頁〔松浦馨〕。
13) 斎藤秀夫＝桜田勝義「上訴権濫用の制裁」判評68号〔判時368号〕（1964年）27頁。
14) 伊藤644頁。
15) 最判平成6・4・19判時1504号119頁。反対，上野泰男「判批」関法45巻4号（1995年）1116頁，平6重判解130頁〔上野泰男〕。

訟係属が発生することである。法は，控訴状，上告状および上告受理申立書を原裁判所に提出するものとし（286条1項・314条1項・318条5項），原裁判所が上訴を不適法却下しない限り（287条1項・316条1項・318条5項），事件が上訴審に送付されることにより移審効が生じ[16]，それにともない原審の訴訟記録が上訴審に送付される（規174条・197条・199条2項）。

一つの裁判のなかに複数の請求に関する判断が含まれ（たとえば，訴えの客観的併合についての判決），上訴人の不服申立てがその一部にかかる場合，確定遮断効と移審効は，上訴不可分の原則により，当該裁判全体について生じる。それゆえ，不服申立ての対象ではない請求についての判断も，その確定を遮断され，上訴審に移審する。ただし，訴えの主観的併合のうち，通常共同訴訟の規律を受けるものについては，共同訴訟人独立の原則（39条）が適用される結果，上訴不可分の原則は排除されて，不服申立ての対象とされる請求についてのみ，その確定が遮断され，上訴審に移審する。

なお，移審効が生じる請求のうち，不服申立ての対象でないものについては，上訴審は，申立てに基づいて仮執行宣言を付すことができる（294条・323条）。また，不服申立ての対象となっていない請求は，上訴審の審判対象とはならないが，上訴人は不服申立ての範囲を拡張することで，被上訴人は附帯上訴をすることで，上訴審に審判を求めることができる（293条1項・313条）。

第2款　控　　訴

1　控訴の意義
(1)　控訴の概念

上訴のうち，控訴とは，第一審の終局判決に対する第二審への不服申立てである。控訴を提起した当事者を控訴人，相手方を被控訴人とよぶ。

控訴の対象は，簡易裁判所，地方裁判所，または，（人事訴訟について）家庭裁判所の第一審判決に限られる。高等裁判所のする第一審判決に対しては，控訴はできず，最高裁判所に対する上告のみが可能である（311条1項）。また，控訴の対象は，終局判決に限られ，中間判決その他の中間的裁判に対しては，独立の控訴は許されない。こうした中間的裁判のうち，不服申立ての許されないもの（10条3項・25条4項・238条など）や独立の抗告によって不服申立てができるもの（328条など）を除き，終局判決に対する控訴の機会に付随的に控訴審の

---

[16]　旧法下では，控訴と上告で移審効の生じる時点を区別する学説が存在したが（右田堯雄「上訴提起の効果」講座民訴⑦120頁など），新法下では，そのような区別の必要はない。

審判対象になる（283条）。控訴審が終局判決の当否を判断する前提として，これら中間的裁判について審理することが認められているわけである。なお，訴訟費用の裁判に対しては独立の控訴は許されず（282条），手形・小切手訴訟および少額訴訟の終局判決に対しても，原則として控訴が禁止される（356条・367条2項・377条）。

控訴の提起があると，控訴審手続が開始する。控訴審手続は，第一審判決に対する不服申立ての当否を審判するに必要な限度で行われ（296条1項・304条参照），判決手続により，事件についてあらためて事実認定と法律判断をする。事実認定を行うことから，第二の事実審ということができる。

(2) 控訴の利益

第一審判決に対する不服申立てである控訴を提起する権能，すなわち，控訴権を有するのは，第一審判決によって不利益を受けた当事者に限られることになる。換言すると，控訴権が発生する要件として，原判決に対して不服を申し立てる利益，すなわち，不服の利益または控訴の利益が要求される（284条・293条1項参照）。これは，訴えの利益ないし訴権に相当し，その存在は控訴要件の一つであって，これを欠く控訴は却下されることになる。

控訴権の主体は，原則として，第一審の当事者に限られる。例外としては，当事者参加することのできる第三者（47条・51条・52条）が参加とともに控訴を提起する場合（43条2項）が挙げられる。補助参加人は，被参加人が控訴権を放棄した場合[17]を除き，その控訴権を行使することができる。

ところで，不服の利益はいかなる場合に認められるであろうか。

判例は，控訴人の第一審における本案の申立ての全部または一部が排斥された場合に不服の利益を認める考え方を採用している（最判昭31・4・3民集10巻4号297頁〔百選3版114事件〕）[18]。

この点については争いがある[19]。原判決よりも実質的に有利な判決が得られる可能性がある限り不服の利益を認めるという考え方（旧実体的不服説）が支持されていたこともあるが[20]，この考え方は，上級審の負担軽減のために控訴の許される場合を限定

---

17) この場合，補助参加人は，被参加人とは別に，補助参加の利害関係のある争点につき，相手方との間で独立に控訴審の審判を受ける利益を認めるべきであるとの主張がある（新堂840頁・786頁）。

18) 大審院時代の先例として，大判昭18・12・23民集22巻1294頁がある。

19) 不服の利益につき，小室直人「上訴要件の一考察」法曹6巻1号（1959年）1頁以下〔小室・上訴3頁以下所収〕など参照。

20) 加藤・要論466頁，住吉博『民事訴訟法読本続巻〔第2版〕』（法学書院，1977年）737頁など。

する控訴の要件に関する基準としては適切でない。そこで, 申立てと判決内容を比較して不服の有無の基準とすることから形式的不服説と呼ばれる考え方が, 基準の明確性から多くの支持を得て, 現在では通説的地位を占めている[21]。

　形式的不服説によると, 全部勝訴 (認容) の当事者には, 原則として不服の利益は認められない。予備的請求が認容されても, 主たる請求が棄却されれば, 不服の利益は認められる。もっとも, 原判決が確定することで, より有利な申立てをする機会を失う場合には, 申立ての変更や反訴のための控訴を認めるべきであり, 例外的に不服の利益が認められる。たとえば, 予備的相殺の抗弁が認められて請求棄却判決を受けた被告は, 自己の債権 (反対債権) を失い, 実質的には敗訴に等しい不利益を被っている場合もあることから, この者の不服の利益を肯定すべきであるとし, また, 離婚訴訟において請求棄却判決を受けた被告についても, その控訴を認めないと別訴禁止規定 (人訴25条2項) によってこの者からの離婚請求が封じられてしまうことから, 離婚請求の反訴提起を目的として控訴を許すべく, 不服の利益が認められる[22]。

　近時, 形式的不服説によるこうした例外の扱いに注目し, 原判決が確定した場合の判決効によって何らかの請求や主張が不可能になるなどの不利益を負うことになる当事者に不服の利益を認めようとする見解 (新実体的不服説) が提唱されている[23]。これによると, 予備的相殺の抗弁は民訴法114条2項の既判力により, 離婚の反訴は人訴法25条2項の別訴禁止効により, そして, 一部請求は既判力により, それぞれ別訴が封じられるから不服の利益が認められると端的に説明することができるという。

　もっとも, 訴え却下の訴訟判決に対しては, 請求棄却を申し立てた被告にも不服の利益が認められることを形式的不服説から導くことに問題はないが[24], 新実体的不服説では説明に窮することになり, その例外を認めざるを得ない[25]。かくして, 原則と例

---

21) 兼子・体系440頁, 新堂840頁, 小室・上訴1頁以下, 伊東乾「上訴要件」小室＝小山還暦310頁, 伊藤646頁, 上田574頁, 林屋414頁, 梅本1043頁注1など。

22) 菊井＝村松Ⅲ29頁, 新堂841頁, 斎藤ほか編(9)74頁〔小室直人＝東孝行〕など。なお, 高橋・重点講義下493頁, 松本＝上野679頁〔上野〕は, より一般的に既判力により遮断される残額請求のために第一審の請求額を拡張する場合にも不服の利益が認められるとする (黙示的一部請求について全部勝訴判決を得た原告にも, 請求拡張のために不服の利益が認められるとしたのは, 名古屋高金沢支判平元・1・30判時1308号125頁〔百選3版A44事件〕)。伊藤648頁はこれに反対し, 離婚の反訴は原審で提起し得る以上, それを目的とした控訴を認めるべきではなく, 不服の利益は認められないとする。しかし, 離婚に関しては, 熟慮のための機会を用意する配慮があって然るべきと思われる。

23) 上野泰男「上訴の利益」新堂編著・特別285頁, 同「上訴の利益」新実務民訴(3)233頁, 松本＝上野747頁〔上野〕, 栗田隆「上訴を提起できる者」講座民訴⑦55頁など。

24) 最判昭40・3・19民集19巻2号484頁〔続百選89事件〕。

25) 注釈民訴(8)37頁〔鈴木重勝〕。

外という二枚の舌を使い分け，統一的説明の可能性を期待された新実体不服説であったが，支持者を増やすことはなかった[26]。

さらに，上記のいずれの見解に対しても，その独自の理論的スタンスから問題点を指摘した批判説がある。これは，不服の利益を上訴人の訴訟による十分な対論手続を続行・実施していく利益と把握する見解（手続的不服説ないし対話続行利益説）である[27]。この批判説は，一方で，既存の見解の問題点を鋭くえぐるものの，他方で基準としての明確性を欠くことにより具体的な適用場面での困難性を克服するに至らず，結局，形式的不服説の基盤が揺らぐことはなかった[28]。

形式と実体は視点を異にするものであって，これらを組み合せて統一基準を定立することは容易でないところ，形式的な基準による原則的判断と実質的な考慮による例外的措置という理論構成は，理論的整合性に不満が残る。そこで，上訴制度目的の究極にあるものに即して一体的構成を整えて，形式的不服説を基本とし一定の限度で実質を考慮する補完的な取扱いをすることに帰着するのではないか。上訴制度の究極の目的を重視すれば，形式的基準で一貫するには無理があり，実質的基準を取り込む必要を無視することはできない。そうすると，理論の役割は，形式的考慮と実質的考慮の境界線を制度的合理性に照らして設定するところにあるのであって，その方向において具体例を積み重ねる判例の展開が求められよう。伝統的な実体的不服説と形式的不服説という原則例外の枠組みに拘泥するならば，問題の処理において明確な基軸が見失なわれるおそれがある。

それでは，請求棄却判決に対して，被告が訴え却下を求めて控訴する利益は認められるか。確かに，基本的に訴訟要件の具備は職権調査事項であり，訴え却下判決をすることについて被告に申立権が認められるわけでもなく，実体審理に踏み込んだ請求棄却の方が門前払いに等しい訴え却下よりも被告に有利だ

---

26) 林屋416頁は，実体的判断を加味する新実体法不服説によれば，基準の明快性が失われるのに対し，形式的不服説によれば，多くの場合に明快な判断基準を提供し，例外のケースもはっきりしており，これを敢えて排除するまでの必要もないという。これに対し，高橋・重点講義下493頁は，形式的不服説を基本とし，新実体的不服説を例外規律の補完的なものと位置付けるべきであるとする。

27) 井上治典「従来の『控訴の利益』論批判」判タ565号（1985年）18頁〔井上・手続171頁所収〕，同「上訴の利益」井上ほか・これから321頁。

28) そのほかに，注目すべき主張として，原告は形式的不服説により，被告は実質的不服説によるというドイツでの一般的な考え方を参考に，不服の利益を原告側と被告側とで分けて分析すべきであるとする河野798頁，利益の重大性と控訴人の自己責任とにより控訴の利益の有無を決すべきとする二元的構成を提唱する福永有利「控訴の利益」鈴木（正）古稀755頁などがある。

とみられることからすると，被告に不服の利益は認められないとみえることもできる[29]。しかしながら，審判権の限界を主張したり，仲裁の抗弁を出したりして，本案の弁論を拒んだり，さらには他の紛争解決サーヴィスを受けるといった被告の利益も十分想定されることから，こうした被告には訴え却下を求めた控訴の提起を許すべく，不服の利益を認めてよいとする見解もある[30]。審判権の限界や仲裁合意などとの関係では，本案判決が得られるか否かは，当事者にとって重要な関心事であり，また，司法制度のあり方ともかかわる。そこで，請求棄却判決と訴え却下判決とは等しく上訴を正当化するに足りる不服として把握さるべきことがあり，このような扱いを認めるのが上訴制度の基本にかかわる合理的把握であるといえよう。

判決主文で勝訴している者には，判決理由中の判断に不服があっても，控訴の利益は認められない[31]。これは，どの理由で勝訴しても，既判力は主文の判断に生じるのみで，勝訴の結論に差異はないことを前提としている[32]。ただし，予備的相殺の抗弁で勝訴した被告は，理由中の判断でも既判力が例外的に生じ（114条2項），実質的敗訴に等しい結果であることから，不服の利益が認められるべきであることは，すでに述べた。

(3) 不控訴の合意

当事者間で予め控訴をしない旨を合意した場合，控訴権は発生しない。こうした不控訴の合意は，特定の事件に関して審級制度の適用を排除する旨の合意である。法は，第一審判決言渡し後の飛躍上告のみを規定しており，不控訴の合意には触れていないが，これは事実認定に不服を残したまま控訴審を省略して上告を許すのは，審級制度の趣旨を軽視ないし無視することになりかねないので，第一審判決の事実認定を争わないことを確認させたうえで，飛躍上告の合意を認める趣旨を明らかにしたものであって，審級制度を利用しない不控訴の合意を否定する趣旨と解すべきではない。むしろ，少なくとも仲裁契約の認められる範囲内であれば第一審裁判所を仲裁人と同様に信頼して一審限りで決

---

29) そのように考えるのが通説（新堂809頁など）である。
30) 伊藤眞「訴訟判決の機能と上訴の利益」名法73号（1977年）39頁，斎藤ほか編(9)40頁〔小室直人＝東孝行〕，伊藤649頁，高橋・重点講義下491頁，井上治典＝高橋宏志編『エキサイティング民事訴訟法』(有斐閣，1993年) 159頁〔上野泰男 発言〕など。
31) 本文前掲・最判昭31・4・3。
32) 争点効との関係でも，控訴の利益は認められないという。新堂684頁，高橋・重点講義下500頁注16。なお，なかなか難しいというのは，谷口485頁。ちなみに，こうした法理とのかかわりで生ずる実務現象についての興味深い指摘として，P・カラマンドレーイ77頁以下も参照。

着する旨の合意を禁止するいわれはなく[33]，しがたって，不控訴の合意は許されるとみるべきである。

不控訴の合意は，上告の提起を留保して控訴を省略する旨を合意する飛躍上告（281条1項但書）と異なり，上告の余地を残さないことから，判決は言渡しと同時に確定する。当事者の一方のみが控訴しないことを約する合意は，著しく公平を欠き無効である[34]。不控訴の合意は，一定の法律関係に基づく訴訟に関することを要し（281条2項・11条2項），その法律関係は弁論主義の適用があるものでなければならない（仲裁13条1項参照）。不控訴の合意は，書面ですることを要し（11条2項），当事者本人がするには訴訟能力が必要とされ，訴訟代理人がするには特別授権を要する（55条2項3号準用）。

不控訴の合意が有効に成立すれば，第一審判決の言渡しとともに確定し，これを無視した控訴は不適法却下される。たとえ，不控訴の合意を解約する合意が成立しても，判決言渡し後は，訴訟係属を復活させることはない。これに対して，意思表示の瑕疵・欠缺に基づく不控訴合意の無効・取消しの余地はあり，その場合には控訴の追完が認められよう。なお，判決言渡し後に不控訴の合意をした場合，それはすでに発生した控訴権および附帯控訴権の放棄の合意であるといえ，その合意が成立すると同時に判決の確定が生じることになる。

(4) 控訴権の消滅

第一審判決の言渡しにより発生した控訴権は，その後の放棄または喪失によって消滅する。控訴権が消滅した後に提起された控訴は不適法である。ただし，相手方の控訴に対して附帯控訴することは可能である（293条1項）。

当事者は，控訴権発生後にこれを放棄することができる（284条。なお，規173条）。ただし，既判力が第三者に及ぶ場合には，その者の当事者参加（52条）の機会を考慮して，控訴権を放棄することはできないと解される[35]。控訴権の放棄は，控訴提起前は第一審裁判所に対して行い，控訴提起後は訴訟記録の存在する裁判所に対して申述する（規173条1項）[36]。自ら控訴を提起した後に放棄を行う場合には，控訴の取下げとともに行うべきであるが（規173条2項），たとえ控訴取下げがなくても，放棄の効力の発生は妨げられず[37]，裁判所は控訴

---

33) 新堂842頁参照。もっとも，例外を認めてよい場合（たとえば，片面仲裁的な機能の許容）があるかについては，なお検討を要する。
34) 大判昭9・2・26民集13巻271頁〔百選2版116事件〕。
35) 兼子・体系443頁，新堂843頁など。
36) 申述は，書面でも口頭でもよく（規1条），申述があると裁判所書記官は相手方にその旨を通知しなければならない（規173条3項）。

を却下し得る。

控訴権の喪失とは，控訴期間（285条）の徒過によって控訴権者がその控訴権を失うことをいう。

2 控訴の提起
(1) 控訴の手続

控訴の提起は，控訴期間内に控訴状を第一審裁判所に提出して行われる（286条1項）。控訴期間は，控訴人が判決書またはこれに代わる調書（254条）の送達を受けてから2週間の不変期間である（285条本文）。ただし，判決言渡し後は，送達を受ける前でも，控訴を提起することができる（同条但書）。これに対して，判決言渡し前の控訴状の提出は，不適法であるが，控訴が却下される前に判決言渡しがあれば，その不適法は治癒されると解される[38]。

控訴状の記載事項は，当事者および法定代理人，そして，第一審判決とこれに対する控訴であることである（286条2項）。不服の主張の範囲や理由は，任意的記載事項であり，この記載のある控訴状は準備書面の用を兼ねる（規175条）。控訴状に貼付すべき印紙は，訴状に貼るべき印紙額の一倍半のものとされる（民訴費3条1項別表1第2項）[39]。

控訴期間の徒過など控訴が不適法でその不備を補正することができないことが明らかであるときは，第一審裁判所は，決定で控訴を却下しなければならず（287条1項），この決定に対しては即時抗告をすることができる（同条2項）。

控訴状の受理に際しては，訴状と同様に，裁判長がこれを審査する（288条）。控訴状に不備があるときは，裁判長は補正を命じ，これに応じないときは，控訴状を却下する（288条・137条2項）。不備のない，または，補正命令に応じた控訴状は，被控訴人に送達される（289条1項）。送達ができない場合および送達費用を予納しない場合も，裁判長は控訴状を却下する（同条2項）。これら控訴状却下命令に対しては，即時抗告をすることができるが（288条・137条3項），その抗告状には却下された控訴状を添付することを要する（規176条・57条）。

控訴裁判所は，控訴が不適法で，その不備を補正することができないときは，口頭弁論を経ずに，判決で控訴を却下することができる（290条）。控訴裁判所

---

37) 最判昭27・7・29民集6巻7号684頁。
38) 兼子・体系443頁，菊井＝村松Ⅲ69頁，新堂843頁，伊藤651頁注30など。反対，最判昭24・8・18民集3巻9号376頁。
39) 控訴状の印紙額は，控訴の効果にかんがみ，不服の主張の範囲とは関係ない。兼子・体系448頁，新堂844頁など。反対，条解1168頁〔松浦馨〕。なお，訴え却下の訴訟判決に対する控訴は，そうでない場合の半額で足りる（民訴費3条1項別表1第4項）。

は，当事者に対する期日の呼出しに必要な費用（民訴費11条・12条参照）の予納を相当期間を定めて控訴人に命じることができる。その場合に当該予納がないときは，訴訟促進の見地から，決定で控訴を却下することができ（291条1項），この決定に対しては即時抗告が認められる（同条2項）。

なお，控訴状が第一審判決の取消し・変更を求める事由の具体的な記載を欠くとき，控訴人は，控訴の提起後50日以内に，これらを記載した書面（「控訴理由書」という）を裁判所に提出することを要する（規182条）。裁判長は，被控訴人に対して相当の期間を定めて，控訴人が主張する第一審判決の取消し・変更を求める事由に対する被控訴人の主張を記載した書面（「反論書」という）の提出を命じることができる（規183条）。これは，従来，控訴審が続審であることから控訴理由書の提出は必要ではないとされていたところ，次第にそれを要求する実務慣行およびそれを支持する学説[40]の定着にともない，新法下において規則化された制度である[41]。続審制の下での控訴理由書提出強制は，理論的帰結ではなく，争点を早期に整理して充実した審理を実現するための政策的なものである[42]。なお，不提出への直接の制裁がない点で，上告の場合とは異なる。

(2) 控訴提起の効果

控訴が控訴期間内に提起されると，第一審判決の確定が遮断される（116条2項。確定防止の効力または確定遮断効）とともに，事件の係属が第一審裁判所から控訴裁判所へ移る（移審効）。確定防止の効力からして，仮執行宣言が付されていない限り，原判決には執行力を生じない。仮執行宣言によりいったん発生した執行力は，控訴提起によって当然に停止するわけではない（403条1項3号・404条参照）。移審効により，第一審裁判所の裁判所書記官は，第一審裁判所による控訴却下の決定がある場合を除き，控訴状とともに訴訟記録を遅滞なく控訴裁判所の裁判所書記官に送付する（規174条）。

確定遮断効および移審効は，控訴人の不服の主張の限度にとどまらず，原判決で判断された事項すべてに生じるのが本来であり，これを控訴不可分の原則という。控訴人が不服を申し立てていない部分に関し，当事者に弁論の必要はなく（296条1項），裁判所もその点に関して原判決の判断を変更することはで

---

40) 松尾卓憲「控訴審手続改正のゆくえ」判タ799号（1993年）27頁，藤原弘道「『民事控訴審のあり方』をめぐる二・三の問題点」判タ871号（1995年）13頁，宇野聡「控訴理由書提出強制の意義と機能」民訴43号（1997年）222頁など。

41) 条解規則377頁参照。

42) 花村治郎『民事上訴制度の研究』（成文堂，1986年）20頁など参照。なお，控訴理由書の提出期限が控訴提起後50日以内とされたのは，2週間という控訴期間において当事者が控訴の理由までをも十分に示すことは必ずしも容易でないと考えられたからである。河野809頁。

きない（304条）。この部分については，独立に確定することはなく，控訴審の口頭弁論終結に至るまで，控訴人は不服申立ての範囲を拡大して審判対象に含めることができ，また，被控訴人も附帯控訴をすることによって自己の敗訴部分について不服を申し立てることも可能である（293条）。

　当事者双方に不服のない部分でも執行力は発生しないので，控訴審における仮執行宣言の必要が生じる（294条）。ただし，一部の請求について，不控訴の合意がある場合や当事者双方が控訴権および附帯控訴権をも放棄した場合は，判決の一部が確定する。共同訴訟人の一人により，または，これに対して控訴が提起されたとき，他の共同訴訟人に関する請求についても上訴の効力が認められない限り，原判決の一部が確定する。

(3)　控訴の取下げ

　控訴を撤回する旨の控訴人の一方的な意思表示を控訴の取下げという。控訴の取下げがなされると，控訴は遡って効力を失い，控訴審手続は終了する（292条2項・262条1項）。請求自体についての審判要求を撤回する訴えの取下げとは異なり，控訴の取下げは控訴を撤回するだけであり，原判決には影響しない。また，控訴期間満了前であれば，控訴の取下げ後も，相手方のみならず控訴人も，再度控訴を提起することができ，この点でその後に提起した控訴が不適法となる控訴権の放棄の場合とは異なる。

　控訴の取下げは，控訴審の終局判決の言渡しがあるまですることができる（292条1項）[43]。それゆえ，終局判決言渡し後は，訴えの取下げはできても，控訴の取下げは許されない。控訴の取下げは，控訴人の一方的意思表示であり，被控訴人が附帯控訴をした場合でも，その同意を要しない[44]。控訴の一部取下げは，控訴不可分の原則から，許されない。

　控訴の取下げは，書面ですることを要するが，口頭弁論，弁論準備手続または和解期日においてするときは口頭でも構わない。控訴の取下げは，訴訟記録の存する裁判所に行うことを要し（規177条1項），控訴の取下げがあると，裁判所書記官は，その旨を相手方に通知しなければならない（同条2項）。

　なお，控訴審の口頭弁論期日に当事者双方が出席しない場合，訴え取下げの擬制に準じて，控訴の取下げが擬制される（292条2項・263条）。

3　控訴審の審理

(1)　審理対象

　控訴審において審理の対象となるのは，控訴の適否と原判決の取消し・変更

---

[43]　終局判決言渡し前であれば，口頭弁論終結後でもよい。
[44]　このことは，民訴法292条2項が261条2項を準用していないことからも明らかである。

の申立ての当否（不服の当否）である。第一審が直接に訴えによる請求の当否を審判するのに対し，控訴審は原判決に対する不服の当否を審判の目的とし，その限度で事件の再審理をする。もっとも，原判決が取り消されると（305条・306条），請求についての裁判の審判義務が復活し，控訴審裁判所は，請求についての審判を第一審裁判所に命じる（これを「取消差戻し」という）か，または，自ら請求についての審判を行う（これを「取消自判」という）。法律審である上告審と異なり，事実審である控訴審では，取消自判を原則とする。取消自判では，審判対象は請求の当否にまで及ぶ。

控訴審において審理の対象となる不服は，第一審の終局判決に対するものであり，控訴において終局判決に至るまでの前提問題や手続事項に関する裁判に対しても，不服を申し立てることができるが（283条），終局判決に対する不服の理由として審判されるにとどまる。

なお，予備的請求との関係で問題となる控訴審の審判範囲については，前述した[45]。

(2) 裁判資料の範囲——控訴審の審理と原審の関係——

控訴審の裁判資料として，第一審の裁判資料を用いるかに関して，これを否定する覆審主義と肯定する事後審主義，そして，これらの中間的な続審主義がある。

覆審主義とは，第一審の裁判資料とは無関係に控訴審が裁判資料を収集するという方式であり，事後審主義とは，控訴審が第一審の裁判資料のみに基づいて第一審判決の当否を判断する方式である[46]。旧刑事訴訟法の控訴審は覆審主義によっていたのに対し，現行刑事訴訟法の控訴審は事後審主義を採用する。

現行民事訴訟法は，控訴審が第一審の裁判資料と控訴審の裁判資料を総合して審判する続審主義によっている。すなわち，第一審で収集された資料を基礎として（298条1項・296条2項），その上に控訴審で新たに収集された資料を加えて（297条・156条），控訴審の口頭弁論終結時を基準時として原判決のうちの不服を申し立てられた部分の当否が検討される。これは，文字どおり，第一審手続の続きとして控訴審の手続を位置付けるものである。

---

45) 本書721頁以下。
46) 事後審制には，厳密にみると，第一審の経過を追跡して原判決が適法に成立するか否かを判断する方式と，第一審の資料に基づいて控訴審が自ら独自に心証形成して自己の判断を下す方式とがある。後者は，制限控訴主義とよばれ，オーストリア法にその例がある。小山554頁，高橋・重点講義下478頁注29など参照。なお，松本博之「控訴審における『事後審的審理』の問題性」青山古稀459頁も参照。

そうすると，控訴審においては，当事者は第一審の裁判資料のほかに新たな攻撃防御方法の提出を認められることになるが（297条参照），この権能を控訴審における弁論の更新権という。もっとも，この更新権を無制限に認めると，第一審軽視の傾向とそれに起因する訴訟遅延が蔓延してしまう。ここに更新権制限の必要性が認められるのであるが，旧法は特別の制限規定を置くことなく，時機に後れた攻撃防御方法の却下（旧139条1項〔現行157条1項〕）などの一般原則で規律するだけであった。そこで，現行民事訴訟法は，一般的な規定（157条1項など）のほかに，第一審において争点整理手続終結後に攻撃防御方法を提出する当事者が負う相手方への説明義務（167条など）を控訴審においても存続させる（298条2項）とともに，裁判長が当事者の意見を聴いて新たな攻撃防御方法の提出や反訴提起などについて期間を定めることができるとしたうえ（301条1項），この期間経過後の提出に対して理由提出義務を課した（同条2項）。

(3) 控訴審の口頭弁論

控訴審手続には，地方裁判所の第一審手続に関する規定が準用される（297条，規179条）。その結果，つぎのような特徴がみられる。

まず，控訴要件の欠缺を補正できない不適法な控訴の場合，口頭弁論を経ずに控訴却下判決をすることができるが（290条），控訴または附帯控訴による不服の当否について判決をするには必要的口頭弁論の原則が妥当する。

つぎに，口頭弁論において，控訴人は，原判決に対する不服の範囲，つまり，原判決の変更を求める限度を陳述することを要する。なお，その範囲は口頭弁論終結に至るまで変更することができる。これに対して，被控訴人は，控訴の却下もしくは棄却の申立てをする[47]ほか，附帯控訴によって自ら不服を申し立てることができる。控訴または附帯控訴による不服の当否が控訴審の審判目標であり，その範囲で弁論が行われる（296条1項）。控訴審における訴え変更や反訴提起も，第一審判決の内容を変更し得る点で，原判決に対する不服の内容をなすといえる[48]。

原判決において，どちらの当事者からも不服申立てのない部分については，勝訴当事者は，無条件の仮執行宣言を申し立てることができる。控訴裁判所は，これに対して決定で裁判をする（294条）。当該申立てを却下する決定に対して

---

[47] 控訴の却下・棄却の申立てがなくても，控訴裁判所は，控訴の当否について審判することができるとするのが判例である（最判昭36・2・24民集15巻2号301頁）。

[48] 同様のことは，選定者に係る請求の追加（144条・300条3項）にも妥当するという。新堂850-851頁。

は，即時抗告をすることができるが，申立てを認容した決定，その他原判決中の仮執行宣言を変更する裁判に対しては，不服申立てをすることができない（295条）。

　続審主義の下では，第一審と控訴審の資料を接合すべく，第一審の訴訟資料や証拠調べの結果を控訴審の口頭弁論に上程する必要があり，そのため，当事者の一方が第一審の口頭弁論の結果を一体として陳述しなければならないとされている（296条2項）[49]。これを控訴審における弁論の更新という。これは，裁判官の交替の際の弁論の更新（249条2項）と同趣旨である。裁判官交替時と同じように，控訴審における弁論の更新も形骸化されており，実務では，控訴審冒頭で「第一審判決事実摘示の通り陳述する」旨を述べれば，弁論の更新があったものとされている[50]。その扱いは当事者に不利益を及ぼさないためにも，事実上受け入れざるを得ないにしても，実務のあり方について考えなければならない問題（審級の利益は障害でなく審理の促進には対処可能であるが，審理の整理に欠けるきらいがあることなど）の存在を認識しておく必要がある。

　当事者は，口頭弁論終結時までに攻撃防御方法を提出することができる（297条・156条・156条の2）。提出可能な攻撃防御方法は，第一審の口頭弁論終結時に存するに至ったものに限られない。もっとも，相手方の求めにより，遅れた理由を説明しなければならないことがあり（298条2項参照），また攻撃防御方法の提出が時機に後れたものは，却下される可能性がある（297条・157条・157条の2）[51]。なお，仮執行による弁済は防

---

[49]　控訴審における弁論の更新は，第一審手続結果を全体として報告するものであり，自己に有利な部分のみを選別することは許されないことから（奈良次郎「控訴審における審理と実際の問題点」小室＝小山・還暦中123頁，右田堯雄「民事控訴審実務の諸問題（二）」判タ285号〔1973年〕38頁など），当事者の一方がすれば足り（最判昭33・7・22民集12巻12号1817頁，鈴木正裕「当事者による『手続結果の陳述』」石田喜久夫＝西原道雄＝高木多喜男先生還暦記念論集『金融法の課題と展望（下巻）』〔日本評論社，1990年〕407頁など），また，第一審に欠席していた当事者もこれをすることができると解される。以上につき，高橋・重点講義下511頁。

[50]　こうした様式美化によって生じる問題として，第一審で主張されていなかった事実が第一審判決摘示事実欄にその旨の主張があったと誤記されていた場合に，それは弁論の更新によって控訴審の資料となるかが議論されている。判例は，控訴審の資料となるとするもの（最判昭61・12・11判時1225号60頁〔百選Ⅱ189事件〕，第一審で主張されていた事実であっても，第一審判決摘示事実にその旨の主張事実が記載されていなかったときは，たとえ訴状に記載されていたとしても，当該事実は控訴審では主張されなかったとするもの（最判昭38・6・20裁判集民66号591頁，最判昭41・11・10裁判集民85号43頁など）に分かれている。その他，控訴審の審理全般にわたる問題点に対する改善案の提言として，井上繁規「民事控訴審の審理の実情と改善点」小島古稀上89頁・114頁を参照。

[51]　時機に後れたか否かの判断は，続審制の控訴審における弁論は第一審の弁論の続行であることから，第一審の弁論の経過を通じて行われるべきである（大判昭8・2・7民集12巻159頁〔百選38事件〕，最判昭30・4・5民集9巻4号439頁）。

御方法にはならない[52]。

　第一審でなされた申立てや自白などの訴訟行為の効力は，控訴審でも持続するが，擬制自白は，各審級ごとに別個独立に生じる問題であることから，控訴裁判所は，控訴審の口頭弁論終結時の弁論の全趣旨から擬制自白の成否を判断することになる[53]。第一審で実施された争点等整理手続の効果は控訴審においても持続する（298条2項，規180条）。第一審の手続上の事項が適法か否かも控訴審の判断に服するから（308条2項参照），違法な手続があれば，控訴審はこれを除きまたはやり直して手続を進める。ただし，違法であっても，訓示規定違背は問題にせずとも構わず，任意規定違背についても責問権の放棄・喪失があれば，これも問題にしないばかりか，職権調査事項以外は不服の理由として当事者が主張しない限り，その違法を顧慮する必要はない[54]。これらは，結果として審理の焦点の拡散を避ける働きをもつ。

　そのほか，第一審におけるのと同じく，控訴審においても，訴えの変更，当事者参加，中間確認の訴え，反訴（300条），補助参加，選定者にかかる請求の追加が可能であり，また，控訴審の最初の口頭弁論期日に一方当事者が欠席した場合，陳述擬制（158条）がなされる[55]。

4　控訴審の終局判決

　第一審が訴えに対して終局判決をするのと同様に，控訴審は，控訴および附帯控訴に対して終局判決をする。それには，控訴または附帯控訴による不服申立てを不適法とする控訴却下判決（控訴審における訴訟判決）と，不服の当否を判断する控訴棄却・認容判決（控訴審における本案判決）がある。控訴審判決の判決書については，特則があり（規184条），事実および理由の記載については第一審の判決書等の引用が可能である[56]。なお，控訴審においても，中間判決その他の中間的裁判をすることができる。

(1)　控訴却下判決

　これは，控訴要件の欠缺を理由とする，控訴を不適法とする訴訟判決である。控訴要件の欠缺の例としては，控訴期間の徒過や控訴の利益の不存在などがあ

---

52)　最判昭36・2・9民集15巻2号209頁。
53)　大判昭8・4・18民集12巻703頁〔百選42事件〕。なお，控訴審における弁論の全趣旨に基づいて擬制自白が成立する可能性はある（最判昭32・12・17民集11巻13号2195頁）。高橋・重点講義下515頁，伊藤657頁注49など参照。
54)　大判昭15・3・5民集19巻324頁は，第一審で成立した和解を無効として期日の申立てがあったときになされた和解無効の中間判決については，当事者が不服を述べていない限り，控訴審で審理する必要はないとする。
55)　最判昭25・10・31民集4巻10号516頁。
56)　実務上，引用判決と称される。最判平18・1・19裁時1404号7頁の泉裁判官の補足意見，藤原・前掲注40)14頁など参照。

る。裁判所は，こうした控訴要件の欠缺が認められ，かつ，その補正が不可能であるときは，口頭弁論を経ないで控訴却下判決をすることができる（290条）。審級管轄の誤りについては，第一審の場合と同じく，控訴却下ではなく，管轄裁判所へ移送の判決をすべきである[57]。

(2) 控訴棄却判決

これは，控訴または附帯控訴による原判決に対する不服を理由なしとして，原判決を維持する本案判決である（302条1項）。原判決に対する不服には，原審の手続に対する不服と判決（結論および理由）に対する不服がある。原審の手続に重大な違法がなく，判決の結論および理由が相当であるときは，不服は理由がなく控訴が棄却される。原判決の理由が不当でも，結論が正当であるときは，不服は理由がなく，やはり控訴が棄却される（302条2項）。これに対し，理由中の判断が判決効に影響するとき，たとえば，原判決において予備的相殺の抗弁（114条2項参照）で勝訴した控訴人がこれ以外の理由で勝訴すると判断されるときは，原判決を取り消し，あらためて請求棄却判決を言い渡すべきである[58]。

控訴棄却判決が確定すると，原判決も確定し，原判決が給付判決であれば，原判決が債務名義となり，既判力や執行力の基準時は，控訴審の口頭弁論終結時である（民執35条2項）。

なお，控訴人が訴訟の完結を遅延させることのみを目的として控訴を提起したものと認められる場合，裁判所は，控訴棄却とともに，控訴権濫用に対する制裁として，控訴人に対して，控訴提起の手数料として納付すべき金額の10倍以下の金銭納付を命ずることができる（303条1項）。

(3) 控訴認容判決

これは，原判決に対する不服を理由ありとすること，すなわち，原判決に取り消されるべき原因があることを判断の内容とする本案判決である。取り消されるべき原因は，原判決の判断が不当であること（305条），および，原判決の成立過程に違法があるために原判決の成立自体に疑いがあること（306条）[59]で

---

57) 新堂853頁，伊藤659頁など。
58) 新堂854頁，伊藤660頁など。なお，本文の場合とは反対に，主位的主張（弁済など）を認めて請求を棄却した第一審判決に対する原告の控訴に基づき，控訴審が相殺の抗弁による請求棄却を相当と判断するときも，第一審判決を取り消したうえであらためて請求棄却判決をすべきである。
59) 判決手続が違法であるときとは，たとえば，法律上関与できない裁判官が判決に関与した場合（大決昭5・4・23民集9巻411頁〔百選6事件〕），判決言渡し期日の指定がなく，その適法

あるが，このほか，原審の手続一般に重大な瑕疵があってこれを控訴審の判断の前提とし得ない場合も，原判決を取り消すべきである（308条2項・309条参照）。

原判決を取り消すと，請求についての裁判所の審判義務が復活するため，控訴審は，以下にみる(a)自判，(b)差戻し，または，(c)移送のうち，いずれかの措置を講じなければならない。

なお，控訴裁判所は，金銭支払請求訴訟に関する判決については，申立てがなされると原則として無担保で仮執行宣言を付すことができる（310条）[60]。

(a) 自 判

自判とは，控訴裁判所が第一審に代わって自ら訴えに対する裁判をすることをいう。事実審である控訴審においては，控訴認容の場合には自判が原則とされる。この場合の判決主文の表記には，「原判決を取り消す。原告の請求を棄却する。」として，原判決を取り消して，その部分に限定して請求に対する控訴審の判断を示す場合と，取消しと自判をまとめて「原判決をつぎのように変更する。」として，請求全部に対する控訴審の判断を示す場合とがある。

なお，控訴審での訴え変更や反訴提起により訴訟物に変更が生じたときは，新たな訴訟物を前提として自判がなされる[61]。

(b) 差 戻 し

差戻しとは，原判決の取消しの判断を前提として，請求についての審判を行うよう第一審に命じることをいう。

原判決が訴え却下判決であれば，第一審の本案審理は行われておらず，原則

な告知もなかった場合（大判昭13・4・20民集17巻739頁，最判昭27・11・18民集6巻10号991頁〔百選ⅡA53事件〕）などがその例である。しかし，判決がその言渡期日以前に言い渡されたとしても，取消しの原因とならないとするのが判例である（大判昭8・1・31民集12巻39頁。反対，菊井＝村松Ⅲ177頁，条解1193頁〔松浦馨〕）。さらに，除斥原因のある裁判官が言渡しのみに関与しても，手続は違法ではなく，取消原因とはならない（大判昭5・12・18民集9巻1140頁）。その他の詳細については，菊井＝村松Ⅲ176頁参照。

60) その理由として，上告審における破棄の可能性が低いこと，および，すでに第一審および控訴審の手続を経ていることから，迅速な権利実現の必要性が認められること，の二点が指摘されている（一問一答340頁，伊藤662頁注63頁など参照）。なお，仮執行に関する控訴審の裁判に対する不服申立ては，原則として許されない（295条）。

61) 最判昭31・12・20民集10巻12号1573頁，最判昭32・2・28民集11巻2号374頁〔百選4版33事件〕。なお，控訴審で訴えの一部取下げがなされ，残部について控訴審が原判決を維持する場合は，取下げ部分につき，遡及的に訴訟係属が消滅しているので，理論的には，単に控訴を棄却すれば足りるものの，実務慣行としては，執行段階における被控訴人側の不利益を回避すべく，判決主文を訂正しており（菊井＝村松Ⅲ146頁），訴え変更に基づく取下げ部分についても同様に扱われる（花村・前掲注42）70頁以下）。適切な配慮である。以上について，伊藤661頁注58参照。

として，原裁判所へ差し戻さなければならない（307条）。これを必要的差戻しという[62]。なお，抗告訴訟で，第一審判決が訴えを不適法却下したが，同時に仮定的に請求を棄却している場合には，控訴審が訴えを適法とし，請求を理由なしと判断するときは，差し戻さなくてもよい[63]。

必要的差戻し以外の場合でも，第一審の審理に重大な欠陥があるために，審級制度の運営上，第一審からやり直すのを適当と認める事件は（たとえば，請求の原因なしとして請求を棄却し，数額の点について審理していない原判決），その裁量で差し戻すことができる（308条1項）。これを任意的差戻しという。もっとも，第一審で本案の審理が尽くされている場合にまで，差戻しを要求することはしない（307条但書）。この点は分割審理の方法があまり用いられないことと関係があるのかもしれない。

差戻判決がなされ，これが確定すると，事件は原裁判所へ移審することになり，その後の手続は，従前の第一審手続を続行することになる。すなわち，控訴前の審理の続行としてなされるため，すでに第一審において提出済みの資料は，当然に差戻審の資料となる。他方，取消しの判断のために控訴審に提出された資料が第一審の資料となるのは，当事者が援用する場合に限られる[64]。

第一審は，控訴審が取消しの理由とした事実上および法律上の判断に拘束され（裁4条），また，取消しの理由として違法とされた第一審の手続は，差戻審において当然に取り消されたものとみなされる（308条2項）。なお，差戻判決に対して，上告を提起することができる。

(c) 移　　送

原判決を専属管轄違背で取り消す場合には（299条1項参照），原裁判所へ差し戻すのではなく，直接管轄権のある第一審裁判所へ移送しなければならない（309条）。

(4) 原判決変更の限度——不利益変更禁止の原則——

控訴の提起によって，控訴不可分の原則から，事件全体が控訴審に移審する

---

62) 確認の利益を欠く場合につき，最判昭37・12・25民集16巻12号2465頁，当事者適格を欠く場合につき，最判昭46・2・18判時626号51頁〔百選2版113事件〕など。
63) 最判昭37・2・15裁判集民58号695頁。
64) 控訴審ではじめて収集した資料は，原判決取消差戻しのための資料にとどまり，差戻しによって，当然には第一審手続の資料とはならない（小山565頁，新堂856頁）。従前の訴訟手続は，原判決の取消しの理由において違法と判断されない限り，その後の手続においても効力を保持する（308条2項）。原裁判所は，控訴裁判所が取消しの理由とした法律上・事実上の判断に拘束される（裁4条）。当事者も，これに反する主張を，取消差戻判決確定後の同一事件の控訴審判決に対する上告理由とすることはできない（最判昭30・9・2民集9巻10号1197頁）。

第 1 節 上　訴　859

ものの，控訴審における審理対象は，控訴人が原判決に対して控訴や附帯控訴によって不服を申し立てた範囲に限られ（296条1項），自判や差戻しによる原判決の変更もその範囲に制限される（304条）。

　そうすると，不服の範囲を超えて控訴人に不利益に原判決を変更することは，相手方から控訴または附帯控訴がない限り，許されないことになり（これを「不利益変更禁止の原則」という），また，控訴人が不服を申し立てていない部分を控訴人に有利に変更することは許されないことになる（これを「利益変更禁止の原則」という）。後者と前者は照応反映の関係に立つ[65]。これらの原則は，控訴審の審判対象を控訴人の申立ての範囲に限定する点において，控訴審における処分権主義のあらわれ[66]とみられるところ，原判決によって控訴人が受ける不利益を救済するという上訴制度の趣旨にかんがみて採用されたものである。それゆえ，非訟事件としての性質上処分権主義の妥当しない離婚判決に伴う財産分与や土地境界確定訴訟については，不利益変更禁止の原則が適用されない[67]。訴訟要件も，その公益性から不利益変更禁止の原則の適用がない[68]。

　不利益性の判断は，申立てについての判決効を基準として判断されることから，原則として，判決主文の判断のみを問題とすれば足りる[69]。例外的に，既判力の生じる相殺の抗弁（114条2項）については，不利益変更禁止の原則が適用される。たとえば，訴求債権の成立と相殺の抗弁の両者を認めて請求を棄却する第一審判決に対して，原告のみが控訴した場合，控訴審が訴求債権の成立を否定するときは，第一審判決を維持し控訴棄却にとどめなければならないとするのが判例である[70]。なぜなら，第一審判決を取り消して請求棄却判決をす

---

65) 伊藤663頁参照。
66) そうはいっても，「訴えなければ裁判なし」という局面と異なり，すでに第一審判決がなされている事項のうちの一部に限定を設ける場合であることから，裁判所が本来職権で調査すべき事項については，控訴を機に原判決を正しく変更する裁判所の権能・職責までを制約することができると解すべきではない。たとえば，訴訟費用の裁判や仮執行宣言の変更は，申立ての有無にかかわらず可能であり（67条・259条），本案についても，たとえば，裁判権，専属管轄，訴訟能力等の欠缺を認めるときは，一部敗訴の原告による控訴に対しても，原判決全部の取消し・変更が許される。
67) 財産分与につき，最判平2・7・20民集44巻5号975頁。土地境界確定訴訟（その法的性質につき，形式的形成訴訟説を前提とする）につき，最判昭38・10・1民集17巻9号1220頁〔百選2版117事件〕。
68) 訴えの利益につき，最判平15・11・11判時1842号31頁。
69) 控訴審の裁判が原裁判よりも不利益か否かは，一般的に，原裁判中の既判力を生ずる判断と，控訴審の裁判中の既判力を生ずる判断とを比較して判断される（最判昭23・10・12民集2巻11号365頁）。
70) 最判昭61・9・4判時1215号47頁〔百選4版112事件〕。この扱いは全体として不自然なき

ると，第一審判決が相殺の抗弁の成立を認めたこと，つまり，相殺の基礎となる自働債権不存在の既判力が消えてしまい，控訴した原告に不利益となり，不利益変更禁止の原則に反するからである。

独立当事者参加による三面訴訟において，一人が一人に対してのみ上訴すると，他の当事者は，民訴法40条2項の準用により，被上訴人の地位につくとする判例を前提とすれば[71]，この場合，自動的に被控訴人となった者が原判決中の一部敗訴の部分につき控訴および附帯控訴をしていなくても，控訴人の他の被控訴人に対する控訴に関する判断との合一確定の必要から，控訴人に不利な原判決の変更がなされる余地がある[72]。

(5) 控訴審の終了

控訴審が終了するのは，上記の終局判決が言い渡された場合および控訴の取下げがあった場合である。控訴の取下げによって，控訴は遡って効力を失い，控訴審手続は終了する（292条2項・262条）。これにより，第一審の手続や判決は影響を受けない。

(6) その他

控訴審が判決書または判決書に代わる調書において，事実および理由を記載する場合，第一審の判決書または判決書に代わる調書を引用してすることができる（規184条）。

控訴審において，訴訟が完結した場合，控訴裁判所の裁判所書記官は，第一審裁判所の裁判所書記官に対して，訴訟記録を送付する。

5 附帯控訴

(1) 附帯控訴の意義

控訴審の審判範囲は，控訴人の不服の主張によって限定されているため，控

らいがある。そこで，学説上も，控訴審は訴求債権の存否を審理することができないとする見解も有力である（賀集唱「相殺の抗弁と控訴審判の範囲」兼子一編『民事訴訟法（上）』（青林書院新社，1963年）342頁・348頁，右田堯雄「民事控訴審実務の諸問題(4)」判タ288号（1973年）19頁，百選II 412頁〔花村治郎 解説〕など）。しかし，判例と同様に，控訴審の審判対象は反対債権のみならず訴求債権の存否にまで及び，たとえ控訴審が訴求債権の不存在と反対債権の存在を認定した場合であっても，反対債権の存否についても，不利益変更禁止の原則が適用されるため，控訴を棄却すべきであるとする見解が多数を占める（石川明「相殺と民訴法第385条」判タ225号〔1968年〕5頁，山本克己「相殺の抗弁と不利益変更禁止の原則」ジュリ789号〔1987年〕59頁，飯塚重男「不利益変更禁止の原則」講座民訴⑦196頁，菊井＝村松III 166頁，新堂857頁，伊藤662頁，注釈民訴(8)175頁〔宇野聡〕，斎藤ほか編(9)292頁〔小室直人＝東孝行〕など）。

71) 最判昭50・3・13民集29巻3号233頁〔百選2版36事件〕。
72) 最判昭48・7・20民集27巻7号863頁〔百選4版107事件〕参照。

訴審手続によっては，被控訴人が自己に有利に原判決の変更を申し立てることはできない。そこで，すでに開始された控訴審手続において控訴人の不服の主張によって限定されている審判の範囲を拡張して，自己に有利な判決の変更を求める申立てを被控訴人にも認めることが公平であると考えられる。すなわち，当事者のいずれも控訴権を有するときは各自が独立に控訴を提起することができるが，被控訴人が独立に控訴せずに，相手方による控訴を契機に当該手続内で原判決の変更を申し立てることも，控訴人が手続中に不服の範囲を変更し得ることに対応して認めるのが，公平の理念に適うといえよう[73]。こうした控訴審手続においてなされる被控訴人の申立てを附帯控訴という。その実際的な意義は，被控訴人が自己の控訴権を放棄または喪失した後にも原判決の変更を申し立てることができる点にある（293条1項）。これにより控訴審における判決と実体の乖離が減じる結果になるであろう。

(2) 附帯控訴の法的性質——不服の利益の要否——

附帯控訴が原判決に対する不服申立ての性質をもつか，言い換えると，附帯控訴の要件として不服の利益（控訴の利益）が必要であるのかが争われる。この点は，全部勝訴した当事者が附帯控訴によってその請求を拡張したり，反訴を提起したりすることができるかどうかという問題に関連して論じられている。すなわち，附帯控訴を不服申立ての一種と考えると，勝訴当事者は，請求の拡張等を目的として附帯控訴することはできないことになり，その必要性は，控訴審における訴え変更（297条・143条）や反訴提起（300条）によって満たされるという[74]。判例は，全部勝訴者による請求拡張のための附帯控訴を適法とする（最判昭32・12・13民集11巻13号2143頁〔百選2版115事件〕）。学説のうち，これに同調する見解は，控訴権消滅後も提起することのできる附帯控訴は，概念的に控訴ではあり得ず，すでに開始された控訴審手続内において不利益変更禁止の原則を打破するための特殊な攻撃的申立てであるとする[75]。この考え方によると，原判決に不服の利益を有しない全部勝訴者であっても，相手方の控訴を契機に，附帯控訴によって，請求を追加することができることになる。これに対して，附帯控訴を控訴の一種として，不服の利益を要求する立場が，現在の

---

[73] 小室直人「附帯控訴の本質」民商39巻1=2=3号（1959年）335頁〔小室・上訴79頁以下に所収〕，上野泰男「附帯控訴と不服の要否」民訴30号（1984年）1頁など参照。

[74] 伊藤655頁。

[75] 兼子・体系446頁，条解1169頁〔松浦馨〕，上田580頁，梅本1048頁注1など。なお，小室・上訴81頁は，附帯控訴は控訴ではないとしつつ，控訴人との公平の見地から，不服の利益が要求されるとする。

通説といってよい[76]。その理由として，民訴法293条1項の文言は，附帯控訴人が不服の利益をもつことを前提としていること，同条2項但書の独立附帯控訴も，控訴期間内に提起された附帯控訴を意味するとすれば，附帯控訴自体に不服の利益を要求することを妨げないこと，そして，本来不服の利益をもちながら，控訴権を失った被控訴人に対して，相手方の控訴に便乗する形で不服申立ての機会を与えるのが附帯控訴制度の目的であり，原判決の対象となっていない新たな請求の定立を目的とする訴えの変更や反訴の提起の前提として附帯控訴を要求するのは背理であることが指摘されている[77]。控訴手続の基本的仕組みを前提とすれば，後説によるべきことになろう。判例の処理は，実務上の便宜をはかった扱いであるとみるべきであろう。

(3) 附帯控訴の方式

附帯控訴の提起は，控訴審の口頭弁論終結時まですることができ（293条1項），その方式は控訴に準じる（同条3項本文，規178条）。ただし，控訴状の提出先が第一審裁判所に限られるのに対して，附帯控訴の提起はすでに開始している控訴審手続においてなされることから，附帯控訴状は控訴審裁判所に提出してもよいとされる（293条3項但書）。

附帯控訴状によらず，口頭弁論において口頭でなされた附帯控訴提起の申立ては，手続上違法であるが，相手方が責問権を放棄・喪失すれば，適法な提起であると解される（90条参照）[78]。附帯控訴の提起に手数料の納付を要するかは争われるが[79]，附帯控訴人に自己の不服を審理してもらうという受益が認められることから，手数料の納付を要求すべきであろう。

(4) 附帯控訴の失効

附帯控訴は，あくまで控訴に附帯し，それ自体が移審効をもつものではないことから，控訴が取り下げられたり，または，不適法として却下されたりした場合には，その効力を失う（293条2項本文）。ただし，附帯控訴人の控訴期間中に提起された附帯控訴については，控訴としての効力が擬制される（同条同項）。

---

76) 上野・前掲注73) 1 頁以下，上野泰男「附帯上訴の本質」講座民訴⑦171 頁，中野ほか 583 頁〔上野泰男〕，新堂 847 頁，高橋・重点講義下 474 頁，伊藤 655 頁，松本＝上野 723 頁〔上野〕，石川＝小島編・新民訴 380 頁，林屋 424 頁など。なお，斎藤ほか編(9)198 頁〔小室直人＝東孝行〕および注釈民訴(8)103 頁〔高見進〕は，附帯控訴は控訴ではないが，不服の利益を要件とするという。

77) 伊藤 655 頁。

78) 新堂 848 頁。

79) 不要説（新堂 848 頁など）と必要説（伊藤 655 頁など）に分かれる。その実質からして，均衡上後説によるべきであろう。

これは独立附帯控訴とよばれる。

附帯控訴も取り下げることができるが，その場合，相手方の同意を要しない[80]。附帯控訴を一度取り下げても，控訴審の口頭弁論終結時までは再び申し立てることができる[81]。

第3款 上　告

1　上告の意義

(1)　上告の概念

上告とは，最上級審に対する上訴であり，法律審である上告審手続を開始される申立て行為である。申立人を上告人といい，その相手方を被上告人という。

上告は，通常，控訴審の終局判決に対してなされるが，例外的に，飛躍(越)上告の合意（281条1項但書・311条2項）がなされた場合や第一審が高等裁判所である場合には，上告は，第一審の終局判決に対してなされることになる。

上告審としての管轄は，第一審の裁判所がいずれかに応じて異なる（311条1項，裁7条1号・16条3号）。第一審が簡易裁判所の事件の上告審は高等裁判所，第一審が地方裁判所の事件の上告審は最高裁判所，そして，第一審が高等裁判所の事件の上告審は最高裁判所である。なお，上告審が高等裁判所の場合，その意見が最高裁判所の判例等に反するときは，事件を最高裁判所に移送することが義務付けられている（324条，規203条）。

すでにみたように，わが国では控訴審について続審主義がとられているが，上告審は，控訴審手続の終了までに提出された裁判資料に基づいて，控訴審の法律判断を審査する事後審としての法律審の性格を有する。そのため，上告人は，原審たる控訴審判決の事実認定の誤りを上告理由とすることができず，法令違反を上告理由として主張しなければならない。上告審は，職権調査事項に関係しない限り（322条参照），自ら事実認定をすることはなく（321条1項参照），原判決の手続経過を事後的に審査するにとどまる。上告審が原判決を取り消して控訴または訴えについて自判する場合でも，必要な資料は従前の手続で収集されたものに限られ，新たな資料を収集することはなく，当事者から提出することもできない。

---

80)　最判昭34・9・17民集13巻11号1372頁。この最高裁判決は，さらに，附帯控訴の取下げを書面によって行う場合，当該書面を裁判所に提出することにより取下げの効力が生じると判示した。

81)　最判昭38・12・27民集17巻12号1838頁〔百選ⅡA51事件〕。

(2) 上告制度の目的

上告も，上訴であって，控訴と同じく，不当な裁判から不利益を受ける当事者を救済することを目的とする。これに加えて，上告審が法律審であり，とりわけ最高裁判所が上告審となるときには，法令の解釈適用を全国的に統一し，法律生活の安定をもたらすことも期待される[82]。

2 上告審の手続構造

控訴審の終局判決に対する不服申立て方法として，新法は，従来からの上告制度に加えて，上告受理制度を新設した。上告審が高等裁判所の場合と最高裁判所の場合とで手続を区別し，前者の場合は旧法下と同じく，①憲法違反（312条1項），②絶対的上告理由（同条2項），および，③判決に影響を及ぼすことが明らかな法令違反（同条3項）を理由とする上告が認められる。後者については，新基軸がとられている。

最高裁判所への上告事件については，これを憲法その他重要な法律問題のみに限定するために，最高裁判所へ上告をすることができる場合を，原判決に①憲法違反がある場合（312条1項）と②絶対的上告理由の存する場合（同条2項）に絞り込む一方で，それ以外の法令違反については最高裁判所の裁量[83]により上告を受理する上告受理制度を導入した（318条1項）。これは，不服の利益を有する当事者の申立て（これを「上告受理の申立て」という）に基づいて，最高裁判所が，原判決に最高裁判所の判例に相反する判断のある事件その他の法令の解釈に関する重要事項を含むものと認められる事件について，上告審として受理する旨の決定をすることができ（318条1項），受理決定があると，上告がなさ

---

[82] 当事者救済と法統一のいずれを上告の第一次的ないし主要な目的とするかが争われるが（大須賀虔「上訴制度の目的」講座民訴⑦37頁など参照），後者とみる法統一説がかつては多数を占めたが（兼子・体系457頁，小室・上訴141頁，中村英郎『民事訴訟法』〔成文堂，1987年〕399頁など），法統一といっても当事者からの上告を前提とすることから，近時は，当事者救済説が有力化している（新堂861頁，伊藤665頁，青山善充「上告審における当事者救済機能――上告目的論への一視点――」ジュリ591号〔1975年〕83頁など）。そのほか，上告の目的がいずれであるのかを議論する必要はないとする併存説もある（三ケ月・双書516頁，谷口480頁，松本＝上野713頁〔上野〕など。なお，上田572頁）。確かに，いずれを主要な目的とするかに拘泥する必要はないと思われるが，当事者の具体的救済と離れて法令の解釈適用の統一を持ち出すことは疑問であり（新堂861頁），そのような意味での序列は重要であろう。なお，近時の研究として，高橋宏志「上告目的論」青山古稀209頁，また，上告制度の歴史から上告目的論を考察したものとして，徳田和幸「上告制度略史――上告制限・『上告の目的』論を考える一材料として――」鈴木（正）古稀814頁がある。

[83] 上告受理の決定は，最高裁判所の裁量によるので（ここから裁量上告制度と通称される），不受理決定に対する不服申立てはできない。

れたものとみなされる制度である（同条4項）。上告の提起は，上告審手続を開始させることのできる上告人の権利といえるが，上告受理制度は，最高裁判所自身が法令の重要な解釈問題を含むと認める事件に限って上告審の審理を開始するものであり，上告受理決定があってはじめてその事件および上告受理申立理由について上告審手続が開始される[84]。

　上告制度に加えて上告受理制度が設けられたのは，最高裁判所の負担が過重にならないように留意しつつ，法律審としてその本来果たすべき憲法判断機能や法令解釈統一機能を実効的に果たさせようとしたためである。これに呼応して，当事者救済および法統一を目指して，最高裁判所に対する許可抗告制度が導入された（337条）。これは，高等裁判所の決定および命令に対して，その高等裁判所が許可した場合には，最高裁判所に対する抗告が可能になるというものである。決定等の形式による裁判に対しても，最高裁判所が法律審としての役割を果たすために不服申立ての可能性を拡張する一方で，最高裁判所の負担軽減の見地から，許可の判断主体は最高裁判所ではなく，高等裁判所とされている（337条1項）。

　その狙いは，最高裁判所の独自の役割に即して，法の支配の要としての本来的な機能を効果的に発揮するという見地から，周辺的活動の圧縮による負担軽減を通じてそのエネルギーの温存をはかりつつも，本来的救済の達成に注力せんとしたところにあるといえよう。

3　上告理由・上告受理申立理由

　上告の提起ないし上告受理申立てが適法であるためには，上告期間の遵守のほか，上告の利益（不服の利益）があることと，法令違反を内容とする上告理由が主張されることを要する。これらを欠く上告は不適法として却下される。

(1)　上告の利益

　原判決において全部勝訴した当事者には，上告の利益がない。たとえば，第一審で全部勝訴の原告の控訴は却下すべきであるのに，これを棄却した控訴棄却判決は違法ではあるものの，この原告には上告の利益はない[85]。また，原判決の理由中の判断を論難するにとどまる場合には，上告の利益に欠ける[86]。第

---

84)　上告制度と上告受理制度の相違は，上告受理決定の点だけであり，手続の流れ自体はほぼ等しい（たとえば，上告受理申立書や上告受理申立ての理由書の取扱いは，上告状や上告理由書のそれに準じている〔318条5項，規199条〕）。なお，上告受理申立ても，原判決の確定遮断効を有し（116条2項），上訴の一種といえる。

85)　最判昭32・11・1民集11巻12号1832頁。

86)　前掲注31)最判昭31・4・3参照。

一審判決を取り消し第一審へ差し戻す控訴審判決に対する上告では，取消しの理由以外の判決理由に対して不服があっても，上告の利益はない[87]。更正決定など，上告以外の手続によるべき場合も，上告の利益は認められない[88]。

(2) 上 告 理 由

上告理由とは，上告における不服の理由とすることができる事由をいう。新法は，上告制度の趣旨や訴訟経済等の観点から，最高裁判所に対する上告理由として，(a)憲法違反と(b)絶対的上告理由を掲げ，高等裁判所に対する上告理由として，(a)(b)のほか，(c)原判決に影響を及ぼすことが明らかな法令違反を規定する (312条各項)。

(a) 憲 法 違 反

これは，原判決の内容および手続に憲法解釈の誤りその他憲法違反がある場合である (312条1項)。こうした憲法違反が存在したとしても，上告理由と認められるためには，さらに判決の結論に影響することが必要か否かについては争いがある[89]。法令違反の場合と異なり，判決の結論への影響の有無は条文上要求されておらず，上告審に期待される憲法判断機能の重要性にかんがみて，不要と考えるべきである。確かに，そうすると，憲法違反に仮託した濫上告のおそれがあるところ，これに対しては決定による上告棄却 (317条2項) をもって臨むべきであるとの主張がある[90]。これは適切な指摘であるといえよう。

(b) 絶対的上告理由[91]

手続上の過誤が判決内容にいかなる影響を与えるのかが明白でない場合が多いところ，法は，重大な手続法違背を列挙して，その事由があれば，原判決への影響を問わずに常に原判決を破棄し得るとする (312条2項)。こうした上告理由を絶対的上告理由という。

ちなみに，再審事由 (338条1項各号) のうち，絶対的上告理由と重ならない同条項4号ないし8号の再審事由も上告理由になると考えるべきであろう[92]。なお，再審事由に該当する事実の有無は職権調査事項であると解されるところ

---

87) 最判昭45・1・22民集4巻1号1頁〔続百選90事件〕。
88) 最判昭28・10・1裁判集民10号43頁。
89) 通説は不要説である (菊井＝村松Ⅲ221頁，斎藤ほか編(9)405頁〔斎藤秀夫＝奈良次郎〕，伊藤666頁など)。反対，新堂863頁など。
90) 伊藤664頁。
91) その沿革につき，鈴木正裕「上告理由としての訴訟法違反」民訴25号 (1974年) 29頁参照。
92) 大判昭9・9・1民集13巻1768頁，最判昭38・4・12民集17巻3号468頁〔百選3版A47事件〕，最判昭43・5・2民集22巻5号1110頁。同旨，新堂・判例399頁，新堂866頁，小室直人「再審事由と上告理由の関係」兼子還暦下182頁，伊藤666頁など。

(322条・321条1項)，上告審でも事実の調査をすることができると考えられる。民訴法338条1項4号ないし8号に該当する事実の有無も，事実認定の適法性を判断するために調査することができよう。ただし，民訴法338条1項1号ないし7号の事由を上告理由として主張するには，法律審である上告審からできるだけ事実調査の負担を除去すべく，同条2項の有罪の確定判決を要すると解すべきである[93]。

以下では，絶対的上告理由を個別的にみてみよう。

ア 判決裁判所の構成の違法（312条2項1号）

判決裁判所を構成する裁判官が，その資格を欠いていたり（裁41-46条），任命手続を経ていなかったり（憲80条1項），または，合議体裁判所が法定の構成員数を満たしていなかったり（裁9条・10条・18条・26条・35条など）した場合には，法律にしたがって判決裁判所を構成しなかったとして，絶対的上告理由にあたる。また，口頭弁論に関与しない裁判官が判決裁判所を構成するときも同じである。

イ 判決に関与できない裁判官の判決関与（312条2項2号）

法律にしたがって判決裁判所が構成された場合でも，個々の裁判官について判決に関与できない事情が認められる場合も，絶対的上告理由となる。たとえば，除斥原因（23条）のある裁判官や忌避の裁判（24条・25条）のあった裁判官が判決に関与した場合や，破棄差戻しになった判決に関与した裁判官が再び関与した場合（325条4項）などである。判決関与は，判決内容の形成にかかわることであり，具体的には，判決の評議および原本作成にかかわることである。したがって，判決言渡しのみに関与するのは，判決関与にあたらず，法令違背にすぎない[94]。

ウ 専属管轄規定違反（312条2項3号）

控訴審においても，第一審の任意管轄違反を主張することはできないが，専属管轄違反は，その公益性から絶対的上告理由とされている。なお，この専属管轄には，専属的合意管轄は含まれない。また，特許権等に関する訴え等に関して特別に認められた東京・大阪地裁の専属管轄も，絶対的上告理由となる専属管轄規定違反からは除かれる（312条2項3号括弧書）[95]。

---

93) 新堂867頁など。
94) 大判昭5・12・18民集9巻1140頁。
95) 控訴審の場合も同じである（299条2項）。

エ　代理権等の欠缺（312条2項4号）

法定代理権，訴訟代理権，または，代理人が訴訟行為をするのに必要な授権を欠いている場合には，当事者本人に判決効を及ぼす前提としての手続保障が及んでいるとはいえないため，絶対的上告理由とされている。そうすると，本規定は当事者の手続保障に問題がある場合全般に広く用いることができると考えられる。たとえば，氏名冒用訴訟において，被冒用者が原判決の取消しを求める場合に，本号が類推適用される[96]のはその例である。

オ　口頭弁論公開規定の違反（312条2項5号）

口頭弁論の公開原則は憲法上の要請であり（憲82条），その違反は絶対的上告理由とされる。公開原則の要請があるのは，あくまで口頭弁論期日のみであって，弁論準備手続期日など口頭弁論以外の期日については，非公開とされても，絶対的上告理由にはならない。なお，口頭弁論を公開したという事実は，口頭弁論調書の記載によってのみ証明される（160条3項）。

カ　判決の理由不備または理由の食違い（312条2項6号）

判決には理由を付さなければならないが，その理由が不備である場合や理由が食い違う場合には，絶対的上告理由となる。ここに理由とは，認定事実を前提として判決主文における判断を正当化するに足りる根拠を意味し，理由不備とは，理由のまったくない場合だけでなく，理由に該当する部分の一部が欠け，主文の根拠付けが不十分な場合を含む[97]。上告理由や上告審判決のなかで慣用的に用いられる判断遺脱や審理不尽[98]という用語は，理由不備を指す場合がある。

理由の食違いは，旧法下で「理由齟齬」とよばれていたが（旧395条1項6号），これは理由としての論理的一貫性に欠け，主文における判断を正当化するに足りないと認められる場合をいう。判断遺脱や審理不尽の概念は，理由の食違いを意味している場合もある[99]。

---

96)　大判昭10・10・28民集14巻1785頁〔百選3版10事件〕。
97)　たとえば，判決に影響を及ぼすべき重要な事項についての判断の遺脱または審理不尽があり，その事項について理由がない場合も理由不備にあたる（最判昭37・2・27民集16巻2号392頁参照）。なお，仲裁の理由に関する要請と比べると，両者の制度的特性がよく感得される。小島・仲裁298頁以下とそこに引用の文献参照。
98)　審理不尽は，判例において原判決破棄の理由として常用された手続違背事由であり，上告理由の一つとして認められてきた。もっとも，その内容は曖昧であり，明文規定も存しないので，審理不尽を独立の上告理由とすべきではない。判例が「審理不尽」の語を用いる際には，法令解釈適用の誤りや理由不備と重畳的または選択的に掲げられる場合が多い（最判昭35・6・9民集14巻7号1304頁，最判昭37・9・14民集16巻9号1935頁など）。

ところで，原判決の事実認定を覆すべく，上告理由として理由不備および理由の食違いが主張されることがあるが，事実認定は事実審の専権に属するので，上告審は，認定事実に基づいて，それが判決主文の論理的前提となるか否か，または，認定事実の相互間に矛盾が存しないか否かの限度で，理由不備または理由の食違いを判断することになる[100]。

(c) 判決に影響を及ぼすことが明らかな法令違反

旧法下では，最高裁判所への上告理由にも，判決に影響を及ぼすことが明らかな法令違反が掲げられていたが，現行法は，最高裁判所の機能発揮の観点から，これを上告理由から除くとともに，原判決に判例違反等法令の解釈に関する重要な事項を含むと認められる場合に上告受理申立ての射程とした（318条1項）。他方，高等裁判所への上告理由には，旧法通り，判決に影響を及ぼすことが明らかな法令違反が維持されており（312条3項），ここではこの法令違反について述べる。

法令[101]違反にあたるケースとしては，法令としての効力を有しない廃止済みの法令や未施行の法令を適用した場合，当該事件について適用すべきでない法令（外国法規など）を適用した場合，法令の解釈を誤った場合，そして，法令の適用を誤った場合などがある。

上告理由や訴訟上の取扱いを考えるうえで，法令違反の生じる箇所による区別に着目して[102]，法令違反をⒶ手続上の過誤とⒷ判断上の過誤に分類する試みは，整理として有意義である。まず，Ⓐ手続上の過誤とは原審の手続に訴訟法規違背がある場合[103]をいい，それが明白に判決内容に影響を及ぼす限りで，原判決破棄の理由となる。なお，手続上の過誤は，それが職権調査事項でない限り，上告理由として主張されたものだけが調査される（320条・322条）[104]。つ

---

99) もっとも，判断遺脱が当然に理由不備を意味するものではない（最判平11・6・29判時1684号59頁）。
100) 伊藤669頁。
101) 法令とは，訴訟要件の具備および請求についての判断基準となる法規範のことであり，それゆえ，法律のほか，条約，政令，裁判所規則，条例，慣習法，外国法規などもこれに含まれる。さらに，経験則違反も，それが自由心証主義の限界を超える場合には，法令違反の一種として扱われる。伊藤669頁など。
102) 新堂864頁。
103) たとえば，当事者の主張しない事実の採用，自白の効力の誤認，証拠調べ手続の違法，期日の指定・送達等の違法などがある。
104) これは，原審の手続に法令違反は存在しないという推測が働くとともに，仮に手続違背があったとしても当事者の主張がない限り，結論に影響がないとの推測に基づく政策的判断である。

ぎに，Ⓑ判断上の過誤とは原判決中の請求の当否に関する法的判断が不当な場合をいう。法の適用は裁判所の専権であることから，判断上の過誤は，上告理由として主張されていなくても，上告審の調査対象となる（322条・325条2項参照）。判断上の過誤は，判決の結論に影響があるか否かが明白であることが通常であるが，たとえ判決の結論に対する影響が明らかであっても，他の理由で判決の結論が維持できる場合には，上告理由は存しないことになる（302条2項・313条）。

　法令違反は，判決に影響を及ぼすことが明白でなければならないが，明白であるかどうかは，問題となる法令違反がなければ判決の結論が異なっていたことにつき，単なる可能性ではなく，蓋然性が要求されることを意味する。たとえば，実体法規範の解釈適用の誤りは，特段の事情のない限り，訴訟物たる権利関係についての判断に影響するので，ここにいう判決への影響の明白性を肯定されよう。他方，手続法規の解釈適用の誤りは，その誤りに起因して生じた結果と判決の結論との関係が当然に明白にならない場合が多い。なぜなら，手続法規は，裁判資料の形成過程を規律するものであるが，その違反があったからとて，異なる内容の裁判資料が形成されるとは限らないからである。たとえば，既判力や弁論主義の解釈適用の誤りなど，裁判資料の範囲を直接に規律する手続法規の違反においては，多くの場合，判決への影響が明白といえるが，しかし，宣誓をさせるべきでない証人に宣誓を行わせたといった証拠調べ手続の違法，または，送達手続の違法など，裁判資料形成の手続ルールの違反においては，判決への影響が明白とされるのはむしろ例外的である。

(3) 上告受理申立理由

　新法は，最高裁判所の機能，とりわけ法令解釈の統一機能の回復を目指して，最高裁判所への上告理由を憲法違反と絶対的上告理由に限定する一方で，原判決に判例違反等法令の解釈に関する重要な事項を含むと認められる場合を上告受理申立理由として，最高裁判所の裁量（受理決定）により上告があったものとみなし，上告審手続を開始するものとした（318条1項4項）。

　わが国では判例に拘束性がなく[105]，下級審判決が最高裁判所の判例に示さ

---

105) 判例法主義の英米法（コモン・ロー）諸国においては，判例の先例拘束性が肯定されている。これは，傍論（obiter dicta）と区別された判決理由（ratio decidendai）を将来に向かって拘束力の認められる判例法規範とするものである。なお，コモン・ロー諸国においても，制定法の比重が高まる傾向を看取することができる。新井正男『判例の権威——イギリス判例法理論の研究——』（中央大学出版部，1987年）91頁以下・113頁・223頁など参照。

れた法令解釈に相違する判断を示すことがあるところ，法令解釈の統一について責任を負う最高裁判所は，判例の解釈を変更すべきか否かを判断しなければならない。そこで，こうした場合に最高裁判所が上告審として審判するのが上告受理制度であり。そのため，上告受理申立理由として，判例違反が法令解釈に関する重要な事項を含む例が掲げられているのである。そうすると，判例違反がなくても，新たに法令解釈について最高裁判所が判断を示す必要がある場合には，上告受理申立理由を認めることができる。そこで，判例違反とは，原判決に最高裁判所の判例（これがない場合にあっては，大審院または上告裁判所もしくは控訴裁判所である高等裁判所の判例）と相反する判断がある場合をいう（318条1項）。また，法令違反に関する重要な事項を含む例としては，従前の最高裁判所の判断を変更すべき場合や高等裁判所の誤った法令解釈を高等裁判所の判決として確定させることが適当ではない場合などが考えられる。ここに，法の統一と成長の回路が用意されている。

他方，法令違反に仮託して原審の事実認定を攻める場合や，法令解釈にかかわる主張ではあっても，最高裁判所に対して法令解釈の再検討を促すに足るものでない場合には，上告受理申立理由を認めえない。

なお，経験則違反が法令解釈に準じて上告受理申立理由になるか否かについては争いがある。一般日常的な経験則の適用を誤ったり，採用すべき専門的経験則の採用を怠ったりした場合には，自由心証主義（247条）に違反したものとして，法令違反に準じた取扱いを受けるとしてよいであろう[106]。

4 上告提起・上告受理申立て

(1) 上告裁判所

上告裁判所は，高等裁判所と最高裁判所のいずれかである。地方裁判所の第二審としての終局判決に対する上告，および，簡易裁判所の第一審判決に対する飛躍（越）上告は，高等裁判所に対してなされ，その他の上告は最高裁判所になされる（311条，裁7条1号・16条3号）。もっとも，最高裁判所の法令解釈の統一機能を確保すべく，高等裁判所が上告裁判所である場合について，一定の事由をみたすときは[107]，決定をもって事件を最高裁判所に移送しなければな

---

106) 中野・解説78頁，伊藤671頁など。なお，旧法の上告理由に関して同旨のものとして，松本博之「事実認定における『経験則違背の上告可能性』」小室＝小山・還暦中257頁，後藤勇『民事裁判における経験則』（判例タイムズ社，1990年）24頁など。ちなみに，医学についての専門的経験則違反を認めた最高裁判決として，最判平9・2・25民集51巻2号502頁，最判平18・3・3判時1928号149頁。

107) 最高裁判所規則は，一定の事由として，「憲法その他の法令の解釈について，その高等裁判

らないとされている（324条）。

　最高裁判所は，上告事件をまず小法廷で審理するが（裁10条，最事規9条1項），憲法違反の場合などにおいて（裁10条1号ないし3号），裁判官の意見が2対2になったとき，および，大法廷で裁判するのを相当と認めたときは，大法廷で審理する（裁10条，最事規9条2項3項）。大法廷および小法廷は，それぞれ15人，5人の裁判官で構成され，そのうち9人以上，3人以上の出席により審判可能となる（最事規9条）。いずれにおいても，裁判は，出席裁判官の合議によりその過半数の意見によるが，大法廷が法令等を違憲とする場合には，8人以上の裁判官の一致した意見によらなければならない（最事規12条）。

(2)　上告の提起

　上告の提起は，上告人が上告状[108]を原裁判所に提出することによって行われる（314条1項）。原裁判所の裁判長は，上告状が適式で，手数料および必要な費用の納付がなされているかを点検し，不備があれば補正を命じ，それに応じなければ上告状却下の命令をする（314条2項・288条・289条2項・137条，規187条）。上告期間は原判決の送達後2週間の不変期間である（313条・285条）。その徒過により上告が不適法で，その不備を補正することができない場合，および，上告理由書が提出されないか，その記載に不備があるときには，原裁判所は，補正を命じ，それに応じなければ決定により上告を却下しなければならない（316条1項，規196条）。これらの場合を除き，事件は原裁判所から上告裁判所に送付されて，上告裁判所は，当事者に対して上告状（これは被上告人に対してのみ）とともに上告提起通知書を送達しなければならない（規189条1項2項）。原裁判所の判決書またはこれに代わる調書の送達前に上告の提起があった場合は，判決書またはこれに代わる調書とともに上告提起通知書を送達することを要する（同条3項）。

　事後審かつ法律審である上告審においては，原判決が法律上の事由に基づいて破棄されるべきかを審判するのであり，しかも，口頭弁論を開く場合が限定されていることから，法は，上告提起の際に上告理由を示すことを要求している。具体的には，上告状への記載によって行われるが，上告状に上告理由が記載されていないときは，上告人は上告提起通知書の送達を受けた日から50日

　　所の意見が最高裁判所の判例（これがない場合にあっては，大審院又は上告裁判所若しくは控訴裁判所である高等裁判所の判例）と相反するとき」と規定する（規203条）。

[108]　上告状の記載は控訴状に準じる。そのほか，貼用印紙額は訴状の2倍であり，また，所定の送達・通知に要する費用の概算額を予納する必要がある（規187条）。

(規194条)以内に上告理由書を原裁判所に提出しなければならない(315条1項)。上告理由の記載は,民事訴訟規則の定めにしたがい具体的(規193条)に行われなければならない(315条2項)[109]。

　上告状または上告理由書におけるすべての上告理由の記載が所定の記載方式(規190条・191条)に反することが明白であるとき,原裁判所は,決定により,相当期間内に補正することを命じ(規196条),上告人がこれに応じなければ,原裁判所は決定で上告を却下することになる(316条1項2号,規196条2項)[110]。この却下決定に対しては,即時抗告をすることができる(316条2項)。上告理由の記載のうち,一つでも所定の方式にしたがったものがあれば,補正を命じる必要はなく,上告裁判所に事件を送付する。

(3) 事件の送付等

　上告状の提出を受けた原裁判所は,上告状却下命令または上告却下決定がなされない限り,事件を上告裁判所に送付することを要する(規197条1項前文)。

　その際,原裁判所は,上告人が上告理由中に示した訴訟手続に関する事実の有無について意見を付することができる(同条同項後文)。事件の送付は,原裁判所の裁判所書記官が上告裁判所の裁判所書記官に対して訴訟記録を送付して行う(同条2項)。

　訴訟記録の送付を受けた上告裁判所の裁判所書記官は,その旨を速やかに当事者に通知しなければならない(規197条3項)。上告裁判所は,送付を受けた事件につき,上告が不適法で,補正不可能なとき,および,所定期間内に上告理由書を提出せず,または,上告理由の記載が所定の方式に違反するときには,原裁判所と同様に,上告却下の決定をすることができる(317条1項・316条1項各号)。また,上告裁判所が最高裁判所であるときは,上告理由が憲法違反にも絶対的上告理由にも該当しないことが明白な場合には,決定で上告を棄却することができる(317条2項)。これは,憲法違反等に仮託した濫上告を簡易迅速に排斥することで,最高裁判所がその本来の機能を発揮し得ることを狙いとしたものである[111]。

　原裁判所から事件の送付を受けた上告裁判所は,上記の上告の却下・棄却の決定(317条1項・2項)をしない限り,被上告人に防御の機会を与えるべく,被上告人に上告理由書の副本を送達しなければならない(規198条本文)。ただし,上告裁判所が口

---

[109] 上告理由の記載方法は,たとえば,①憲法違反については,憲法の条項とその違反事由を示して行い,その事由が訴訟手続に関するときは,憲法違反の事実を掲記する(規190条1項)。②絶対的上告理由については,当該条項およびこれに該当する事実を示さなければならない(同条2項)。③判決に影響を及ぼすことが明らかな法令違反については,法令およびこれに違反する事由を示さなければならない(規191条1項)。なお,判決が最高裁判所の判例と相反する判断をしたことを主張する場合は,当該判例を具体的に摘示しなければならない(規192条)。

[110] この上告却下決定に至るのは,上告理由の記載方式の違反が明らかな場合に限定される(規196条2項括弧書参照)。新堂870頁など参照。

[111] 一問一答353頁。

頭弁論を経ないで審判する場合において，被上告人に対する上告理由書の送達の必要がないと認めるときは，その限りではない（同条但書）。

(4) 上告受理申立て

上告受理申立ては，上告の提起とは別個の訴訟行為であるが，原則として上告および上告審の訴訟手続に関する規定が準用される（318条5項・313条－315条・316条1項，規199条）。上告受理申立ては，原裁判所に対して行われ，その後，原裁判所から上告裁判所である最高裁判所に事件が送付される（規199条2項・197条）。最高裁判所は，判例違反等の法令解釈に関する重要な事項が含まれると認めるときには上告受理決定を，それ以外の場合には不受理決定をなす。不受理決定に対する不服申立ては認められない。それゆえ，最高裁判所は，受理するか否かについての裁量的判断権を有しているといえるが，当事者に申立権が認められていることから，必ず受理するか否かの決定をしなければならない[112]。最高裁判所の裁判長は，受理決定をなすに際して，相当の期間を定めて受理申立ての相手方に対して答弁書の提出を命じることができる（規201条）。

上告受理決定により，上告があったものとみなされ（318条4項），事件が上告審に係属する。その場合，原則として，上告受理申立理由が上告理由とみなされるものの，最高裁判所が上告受理申立理由中に重要でないと認めるものがあるときは，これを排除することができ，排除された理由は上告理由とみなされない（318条3項4項，規200条）。

上告理由と上告受理申立ての理由が一致しないことから，同一事件について上告の提起と上告受理申立てとが併存することがある。当事者は，上告の提起と上告受理申立てとの併行申立てを一通の書面ですることができる（規188条）。もっとも，両者は異なる申立てなので，上告期間内に提起した上告を上告受理申立て期間経過後，上告受理の申立てに変更・訂正することはできないと解されている[113]。上告の提起と上告受理申立てが併存する場合，両者は，最高裁判所において同時に審理され，上告受理決定があれば上告があったものとみなされる（318条4項）。

なお，申立て手数料は，上告と上告受理申立てのそれぞれについて必要となるが（民訴費3条別表第1の3および4の項），これらをともに申し立てる場合には，主張する利益が共通する限度で，一方の手数料は他方についても納めたものとみなされる（民訴費

---

112) 一問一答356頁，中野・解説79頁など。この点において，刑事訴訟法の上告受理制度（同法406条）と異なる（刑訴規264条但書参照）。
113) 最判平12・7・14判時1720号147頁〔百選3版A48事件〕。

(5) 上告提起の効力

上告の提起により，原判決の確定防止および移審効が生じる。そうすると，原判決中，不服申立てをしていない部分も確定せず，上告裁判所がこの部分について仮執行宣言を付すことや（323条），被上告人が附帯上告をすることも可能である。

仮執行宣言付判決に対して上告の提起または上告受理申立てがあった場合においては，控訴とは異なり，原判決の破棄となるべき事情およびその執行により償うことのできない損害が生ずるおそれのあることにつき疎明があった場合に限り，執行停止を命じ得る（403条1項2号）。執行停止に関する仮の処分は，訴訟記録送付の前は原裁判所がこれを行う（404条1項）。

(6) 附帯上告

上告が提起された場合，および，上告受理申立ての受理決定がなされた場合において，被上告人は上告等[114]に附帯して原判決を自己に有利に変更するよう求めることができる（313条・293条）。控訴審における附帯控訴と同じであり，附帯上告という。附帯上告により，被上告人の側から上告審の審判範囲を拡張することができる[115]。

附帯控訴が控訴審の口頭弁論終結時まで提起し得るのに比し，必ずしも口頭弁論が開かれるとは限らない上告審においては，附帯上告をすることができる時期はつぎのように整理されよう[116]。まず，口頭弁論が開かれれば，その終結まで附帯上告を提起することができる。つぎに，口頭弁論が開かれなければ，附帯上告が新たな理由を主張するか否かに応じて異なる。新たな理由を主張するときは，上告に基づく上告理由提出期間の終期（規194条）まで，そして，新たな理由を主張しないとき，つまり上告理由等と同じ理由を主張するときは，上告審判決が言い渡されるまで[117]，それぞれ附帯上告が許される。

5 上告審の審判

(1) 上告審の審理

上告審の審判手続にも，基本的に控訴審のそれに関する規定が準用されるが

---

114) 最高裁判所に対する附帯上告受理申立てに関しても，附帯上告と同じように扱ってよい（最決平11・4・8判時1675号93頁）。
115) 大判大3・11・3民録20輯874頁。
116) 伊藤674頁など。
117) 最判昭38・7・30民集17巻6号819頁，最判平9・1・28民集51巻1号78頁。

(313条，規186条），上告審の特徴を反映した独自の審判手続もみられる。

　上告審が法律審であることに由来して，そこでの審理は，書面主義と口頭主義を結合した形で行われる。まず，上告の提起または上告受理の申立てによって，上告人等からその理由書の提出を受けた最高裁判所は，これを被上告人等に送達する（規198条）。つぎに，最高裁判所の裁判長は，相当の期間を定めて，答弁書を提出すべきことを被上告人等に対して命じることができる（規201条）。

　上告審の審判対象は，原判決が破棄されるべきか否かであり，それゆえ，調査の範囲は，法律審としての調査義務の範囲を絞るべく，上告理由として主張された事由に限定される（320条）。ただし，職権調査事項については，その公益性から，この限りでない（322条）。

　予備的請求を認容した原判決に対する被告の上告に基づき，これを破棄差戻しする場合，不服申立てのない主位請求棄却の原判決部分も破棄差戻しすべきかが問題となる。この点は前述したように[118]，判例は，主位的請求を棄却し予備的請求を認容した控訴審判決に対し，第一審被告のみが上告し，第一審原告は上告も附帯上告もしない場合において，上告審の調査の対象となるのは予備的請求に対する原審の判断の適否であり，第一審被告の上告に理由があるときは，上告審は，原判決中予備的請求に関する部分のみを破棄すべきであるとする[119]。これに対して，原判決中，予備的請求認容部分のみならず，主位的請求棄却部分も破棄差戻しすべきであるとする有力説がある[120]。主位的請求と予備的請求の密接な関連性から両請求の統一的審判を保障すべく，有力説の立場が妥当であろう。

　上告審は，上告理由に基づいて不服申立ての限度においてのみ調査を行い，法律審であることから，事実認定の権限をもたず，原判決が適法に確定した事

---

118) 本書722頁。
119) 最判昭54・3・16民集33巻2号270頁〔百選2版121事件〕。同旨，池田辰夫「判批」民商81巻6号（1980年）841頁，飯塚重男「不利益変更禁止の原則」講座民訴⑦200頁，条解2版1567頁〔松浦馨＝加藤新太郎〕，伊藤4版593頁など。控訴審の場合につき，同旨の判例として最判昭58・3・22判時1074号55頁〔百選4版111事件〕がある。なお，最判平元・9・19判時1328号38頁〔百選I 74事件〕は，係争地が遺産に属することの確認請求と共有持分の確認請求の選択的併合において，原判決が前者を認容し，上告審が後者を認容する場合，原判決の認容部分は当然に失効し，原判決を破棄することなく自判できると判示した。
120) 小室直人「上告審における調査・判断の範囲」法雑16巻2～4号（1970年）121頁，新堂幸司「不服申立て概念の検討――予備的併合訴訟における上訴審の審判の範囲に関して」吉川追悼下354頁〔新堂・争点効下227頁以下に所収〕，鈴木正裕「判批」判評258号〔判時966号〕（1980年）168頁，石田穣「判批」法協97巻6号（1980年）879頁など。

実に拘束される（321条1項）。飛躍（越）上告の合意は，第一審における事実認定を争わない意思が前提とされているといえ，その事実認定にかかる手続法規違反があった場合でも，破棄理由とはならない（同条2項）。もっとも，職権調査事項については，その性質上，不適正な処理を見過すわけにはいかず，このような取扱いはなされない（322条）。

上告裁判所は，上告理由書，答弁書，その他の書類によって上告を理由なしと認めるときは，口頭弁論を経ることなく，判決によって上告を棄却することができる（319条）[121]。これは，上告理由のないことが書面審理により明らかな場合にまで，口頭弁論を開くことは，訴訟不経済であり，上告審の負担が過重であることから置かれた規定である。他方，上告を認容するときは，原判決破棄という裁判の結果の重大性との関係で，当事者に対する手続保障をはかるべく，口頭弁論を開く必要があり，証拠調べを要するときは開かなければならない[122]。なお，口頭弁論は，上告および附帯上告による不服申立ての審理に必要な限度で行われる（296条1項準用）。

(2) 上告審の終局判決

上告が不適法で，その不備が補正不可能であるとき，上告理由書が所定期間内に提出されないとき，または，上告理由の記載が方式を遵守しないときは，上告状を受け取った原裁判所または上告裁判所は，上告を決定により却下する（316条1項・317条1項）。また，上告審たる最高裁判所は，明らかに理由のない上告を決定により棄却することができる（317条2項）。

その他の場合には，上告審は，つぎのように終局判決により上告申立てについて裁判をする。すなわち，上告を不適法とする上告却下判決，上告を理由なしとする上告棄却判決（319条）[123]，上告を理由ありとする原判決破棄判決であ

---

[121] この場合でも口頭による判決言渡しを要することは当然である。なお，旧法下では，判決言渡し期日における当事者の呼出しを不要としていたが（最判昭44・2・27民集23巻2号497頁〔続百選94事件〕），新規則は，判決言渡しの期日は予め裁判所書記官が当事者に通知するものとする（規156条）。

[122] 原判決破棄判決を口頭弁論を経ずにすることのできる場合として，以下の例がある。①補正の余地のない不適法な訴えを却下する前提として（313条・140条参照），当該訴えに対して棄却判決をした原判決を破棄する場合（最判平14・12・17判時1812号76頁），②判決の基本となる口頭弁論に関与していない裁判官が，判決をした裁判官として署名押印していることを理由として原判決を破棄して事件を原審に差し戻す場合（最判平19・3・27民集61巻2号711頁），③判決による訴訟終了宣言を行う前提として原判決を破棄する場合（最判平18・9・4判時1948号81頁）である。なお，訴訟終了宣言に関する総合的研究として，坂原正夫『民事訴訟法における訴訟終了宣言の研究』（慶應義塾大学出版会，2010年）がある。

[123] 上告裁判所は，上告棄却判決をするにあたり，適法に提出された上告理由に対して，これを

る。この破棄判決は，さらに，破棄差戻し，破棄移送および破棄自判の三つに分かれる。

　破棄判決は，上告が適法で，破棄理由が認められる場合に，原判決を取り消すためになされるが[124]，これは，さらに破棄理由が上告理由と一致する通常破棄と一致しない特別破棄に区別される。通常破棄は，上告理由に基づいて破棄される場合であり，上告裁判所（最高裁判所または高等裁判所）は，上告理由とされる憲法違反（312条1項）または絶対的上告理由（同条2項）にあたる事由を認めるときは，原判決を破棄しなければならない（325条1項前段）。高等裁判所が上告裁判所である場合には，判決に影響を及ぼすことが明らかな法令違反が認められるときも，同様に破棄判決をしなければならない（同条同項後段）。特別破棄は，上告理由に該当する事由がなくても，判決に影響を及ぼすことが明らかな法令違反があるときに，上告裁判所である最高裁判所に破棄するか否かの裁量権が認められる場合である[125]。

　破棄判決は，原判決言渡しの効力を失わせるので，上告審は対応する措置として，差戻し・移送または自判を行う。上告裁判所は，事実審理をしなければ原判決に代わる裁判ができないときは，事件を原裁判所へ差し戻し，または，原裁判所に裁判させるのが適当でない場合には，これと同審級の他の裁判所へ移送する（325条1項2項）。自判を原則とする控訴審と異なり，法律審である上告審では，事実認定が行われないことから，差戻しが原則となる。もっとも，上告審が原審に代わって裁判すること，つまり自判を義務付けられる場合がある。すなわち，①確定した事実を前提として憲法その他の法令の適用の誤りを理由として判決を破棄する場合において，事件がその事実に基づき裁判をするのに熟するとき（326条1号）[126]，または，②事件が裁判所の権限に属しないこ

　　排斥する理由を掲げなければならない。（338条1項9号参照）。なお，控訴審の場合と同じように，上告理由が認められるときでも，他の理由により原判決の結果を正当として維持すべき場合には，憲法違反および絶対的上告理由の場合を除いて，上告棄却となる（313条・302条2項準用）。

124)　上告審による原判決「取消し」のことを「破棄」という。

125)　一問一答367頁，伊藤676頁，基本コンメ新民訴(3)88頁〔田中豊〕，条解2版1656頁〔松浦馨=加藤新太郎〕など。

126)　たとえば，民法90条違反と認められないとして第一審判決を取り消し，請求を認容した原判決に対して，上告審が同条違反を理由として控訴審判決を破棄して，控訴を棄却したり，あるいは，逆に第一審が民法90条違反を否定して請求を認容し，控訴審が控訴棄却している場合に，上告審が控訴審判決を破棄し，第一審判決を取り消したうえ，請求棄却の自判をしたりすることが義務付けられる。

とを理由として判決を破棄するとき（同条2号）[127]である。①は事実審理の必要がなく，②は上告審自身が事実審理し得ることから，破棄自判が義務付けられるとみられる。なお，当事者能力や訴えの利益などの訴訟要件の欠缺が明らかになった場合は，民訴法326条2号が類推適用され，上告審は訴え却下の自判を義務付けられると解される[128]。

自判には，①控訴を棄却もしくは却下する場合，②控訴を認容して第一審判決を取り消し，訴えに対する裁判（訴え却下，請求棄却，請求認容）を直接する場合，そして，③控訴を認容して第一審判決を取り消し，事件を第一審裁判所へ差し戻し・移送する場合（307条・309条・308条1項）がある。①②は，事件が終局的に落着する場合であり，前述した民訴法326条各号はその主な場合を列挙している。たとえば，確定した事実につき憲法その他の法令の解釈適用を誤ったとして原判決を破棄する場合，法令等の解釈適用を是正しさえすれば，その事実に基づいて裁判ができる場合には，第一審判決を正当であるとするならば，これに対する控訴を棄却し，第一審判決も不当であるとするならば，それを取り消したうえで，自らの請求の認容または棄却を判示することになる（326条1号）[129]。③の具体例としては，破棄する原判決が訴えを却下した第一審判決を維持している場合または専属管轄の規定に違背した第一審判決を維持している場合（307条・309条）と，第一審の審理がほとんどなされず，第一審から審理しなおすのが適当な場合（308条1項）がある。

なお，上告裁判所である高等裁判所の意見が，最高裁判所当の判例と相反するときは，最高裁判所による法令解釈の統一をはかるべく，当該高等裁判所は，事件を最高裁判所に移送しなければならない（324条，規203条）。

(3) 差戻し・移送後の手続

事件の差戻しまたは移送を受けた原裁判所は，その審級の手続（控訴審手続）によって，事件についてあらためて口頭弁論を開いて審判することになる（325条3項前段）。この口頭弁論は，実質的には従前の口頭弁論の再開続行であり[130]，当事者は，従前の弁論の結果を陳述することを要する（296条2項準用）。最初の期日には，民訴法158条の適用がある[131]。口頭弁論終結に至るまで，

---

[127] たとえば，事件が裁判所の審判権に属しないことを理由として，上告審が訴え却下の自判をする。
[128] 最判昭35・3・4民集14巻3号335頁，最大判昭35・3・9民集14巻3号355頁。
[129] 大判昭7・6・2民集11巻1099頁など。
[130] 大判明36・11・25民録9輯1282頁。
[131] 大判昭12・3・20民集16巻320頁。

当事者には，控訴取下げ，附帯控訴，新たな攻撃防御方法の提出をする機会が認められる。

原判決に関与した裁判官は，新たな裁判に関与することができず（325条4項），また，直接主義の要請から弁論の更新（249条2項）をしない限り，従前の裁判資料は新たな裁判の資料として用いることができない[132]。原審の手続のうち，その違法が破棄理由とされたものは，取り消されたものとみなされるから，差戻し後の手続においてはその効力は認められない（313条・308条2項）。しかし，破棄理由とされていないその他の従前の訴訟手続の効力は失われず（308条2項参照），また，中間判決も上告審において破棄されない限り，その効力を有する[133]。

差戻しまたは移送を受けた裁判所は，再度の審判において，上告裁判所が破棄理由とした法律上および事実上の判断に拘束される（325条3項後段，裁4条参照）。その狙いは，控訴審裁判所が同一の意見に固執してしまい，破棄しても事件が終結しないという事態を回避するところにある。この破棄判決の拘束力[134]は判決理由中の判断に生じるが，その作用は当該事件に限定され，他の事件では下級裁判所も異なる判断をすることが許される。なお，当該事件について再び上告がなされた場合，上告裁判所も以前に破棄の理由とした判断に拘束されるべきである[135]。

拘束力ある事実上の判断とは，法律審としての上告審の性質上，職権調査事項および上告理由となるべき再審事由に関するものに限られ，本案に関するものは含まれない[136]。それゆえ，原審級の裁判所は，本案については新たな資料に基づいて新たな事実を認定することができる。他方，法律上の判断とは，法令の解釈・適用に関する判断であり，破棄の前提となるものをいう。法律上の判断の拘束力は，破棄理由にした原判決のした判断を不可とするもので，そ

---

132) 大判大9・9・27民録26輯1392頁。
133) 大判大2・3・26民録19輯141頁〔百選58事件〕。
134) 破棄判決の拘束力の法的性質につき，(i)破棄判決を一種の形成判決として，その形成原因について有する既判力の作用であるとする既判力説（最判昭30・9・2民集9巻10号1197頁，兼子・研究(2)90頁，兼子・体系469頁，石川明「差戻し判決の拘束力」実務民訴(2)333頁），(ii)中間判決の拘束力と同視する説（大判昭5・10・4民集9巻943頁），(iii)審級制度の趣旨に基づく上級審の裁判の拘束力（裁4条）の発現とみる特殊効力説（小室・上訴227頁，三ヶ月・双書541頁，新堂877頁注(1)，伊藤678頁など）がある。説明の仕方にすぎない問題であるが，最後の説が明解であろう。
135) 最判昭28・5・7民集7巻5号489頁，最判昭46・10・19民集25巻7号952頁。
136) 最判昭36・11・28民集15巻10号2593頁〔百選Ⅱ195事件〕。

の判断を避けさえすれば，他の可能な見解によって前判決と同一の結論を導くことは許される。破棄判決が他の可能な法律的見解を指示している場合，当該見解が破棄判断の論理必然的な前提をなす場合には，事実認定に変わりなき限り，拘束力を有する。もっとも，こうした拘束力を受けるとしても，新たな事実の認定や法令の変更があったのであれば原判決と同一の態度をとることは妨げない。かかる拘束力を確保すべく，原判決に関与した裁判官は，差戻し後の判決に関与することができず（325条4項），これによる不都合を除くために，差戻しに代わる移送が認められる。

なお，上告審の判断は，差戻審のみならず，差戻審判決に対して再び上告がなされた場合，第二次上告審をも拘束する[137]。この拘束力は，上級審の裁判の拘束力とは区別され，判決裁判所自身に対する自縛力としての性質を有する。

第4款 抗　　告

1　総　　論
(1) 抗告の意義

抗告とは，判決以外の裁判である決定・命令に対する独立の上訴（328条1項）である。終局判決前の決定または命令に対する不服申立ては，ときに禁止されたり，ときに終局判決に対する上訴にともなって上訴審の判断対象とされ，独立の不服申立てが認められなかったりすることが多い反面，手続進行に付随しまたはそこから派生する手続事項の解決のすべてが終局判決を待たなければならないとするのは，訴訟手続を徒に煩雑化し，手続事項のために審判を遡らせて不経済であることから，一定の決定・命令，すなわち，事件の実体との関係が希薄であり，かつ，迅速な処理により手続安定の要請に応えるべき事項については，独立の不服申立てを許すべきであり，その場合の不服申立て方法が抗告である。たとえば，移送の裁判（21条），忌避申立て却下の裁判（25条5項）などがある。さらに，訴状却下命令（137条3項）などのように判決に至らずに決定・命令によって事件が終了する場合や，第三者に対する文書提出命令（223条7項）などのように判決名宛人とならない第三者に対する裁判についても，終局判決に対する上訴とは別個に抗告が認められる。

抗告は，上級裁判所への不服申立てである点で上訴の一種といえ，決定・命令に対する同一審級での不服申立てである異議（150条・202条3項・329条1項・

---

137)　前掲注135) 最判昭28・5・7。

357条・378条）とは異なる。

抗告によって開始される抗告審手続は，簡易な決定手続であり，原裁判をした裁判所も，抗告に理由があると認めるときは，自ら当該裁判を更正しなければならない（333条。これを「再度の考案」という）。

(2) 抗告の認められる裁判

抗告の認められる裁判は，つぎの三つに類型化することができる。

まず，口頭弁論を経ずに訴訟手続に関する申立てを却下した決定・命令がある（328条1項）。これらの決定・命令に対して抗告が認められるのは，申立て却下の裁判に対する不服申立てを終局判決に対する上訴審まで持ち越すとすれば，申立ての意義が没却されてしまうためである。ただし，必要的口頭弁論を経てなされる裁判に対する不服申立ては，それが申立てを却下するものであっても，終局判決に対する上訴審において判断されるにとどまる。

つぎに，いわゆる違式の決定・命令に対する，つまり，決定・命令で裁判することができない事項についてなされた決定・命令がある（328条2項）。この場合，当事者の手続保障の見地から，常に抗告が許される。

最後に，抗告を許す旨の特別の規定が置かれる場合がある（21条・75条7項，86条など）。なお，受命裁判官等の裁判に対しては，まず受訴裁判所に異議申立てをすることができ（329条1項），それについての裁判に対しては抗告が認められる（同条2項）。

2 抗告の種類

(1) 最初の抗告と再抗告

抗告は，その対象となる裁判が第一審か抗告審かに応じて，最初の抗告と再抗告に分かれる。再抗告は，最初の抗告に基づく抗告審の決定に対する法律審への抗告であり（330条），その決定に憲法の解釈の誤りがあることその他の憲法違反があること，または，決定に影響を及ぼすことが明らかな法令違反があることを理由とする場合に限って認められる。最初の抗告には控訴の規定が，再抗告には上告の規定が，それぞれ準用される（331条）。

最高裁判所に対する抗告は，特別抗告および許可抗告しか認められておらず（336条・337条，裁7条2号），高等裁判所の抗告審としての決定に対する最高裁判所への再抗告は認められない。すなわち，再抗告は，簡易裁判所の決定・命令に対する地方裁判所の裁判について，高等裁判所に対するものが認められるにすぎない。

(2) 通常抗告と即時抗告

最初の抗告は，さらに通常抗告と即時抗告に分かれる。抗告提起の期間の定

めがなく，原裁判を取り消す実益，つまり，抗告の利益がある限り，いつでも提起することができるのが通常抗告であるのに対して，即時抗告は，裁判の告知を受けた日から1週間の不変期間（抗告期間）内にのみ提起することができる旨が個別に法定されており（332条），かつ，原裁判の執行停止の効力を有するものである（334条1項）。ちなみに，通常抗告には抗告期間の限定も執行停止の効力もなく，抗告裁判所などの執行停止の裁判によって初めて原裁判の執行が停止される（同条2項）。

(3) 特別抗告と許可抗告——最高裁判所に対する抗告——

特別抗告も許可抗告も，最高裁判所に対する抗告である点で共通する。

まず，特別抗告は，地方裁判所および簡易裁判所の決定・命令で不服申立てできないもの，並びに，高等裁判所の決定・命令に対して認められる抗告であり，憲法違反を理由とした最高裁判所への抗告である（336条1項）。これは裁判の確定と無関係に行われる点で，特別上告と同じであり，しかも，特別上告の規定が準用されることから（同条3項），本来の上訴ではない。なお，特別の抗告に対して，それ以外の抗告を一般の抗告と称することがある。

つぎに，許可抗告は，法令の解釈・適用を統一する必要性にかんがみて，新法によって新設された高等裁判所の決定・命令に対する最高裁判所への抗告である（337条）。旧法下では，最高裁判所に対する抗告は特別抗告のみであり，決定・命令に関する法令解釈の争いについては，最高裁判所による法令解釈の統一の機会が保障されていなかった。そうしたなか，とりわけ民事執行法や民事保全法の制定を背景として，決定等に関する法令解釈が高等裁判所間で異なるという事態が頻発するに至り[138]，決定等に関しても法令解釈を統一すべきであるとの認識が共有されるようになった。そこで，決定等に関する法令解釈の統一の必要性の見地から，許可抗告制度が創設されたのである。さらに，新法は，抗告を許可するか否かを決定する権限を原審である高等裁判所に付与することで（337条1項2項4項），最高裁判所の負担増を回避しようとしており，また，ここに許可抗告の名称の由来がある。なお，最高裁判所は，原裁判に影響を及ぼすことが明白な法令違反があるときには，原裁判を破棄することができる（337条5項）。

---

[138] たとえば，売却のための保全処分の相手方（民執55条）や担保権の存在を証明する文書の意義（民執193条）などについて，法令解釈の統一の必要性が指摘されていた。そのほかにも，文書提出命令の対象・範囲（自己専利用文書の意義）などについても，同様の指摘がなされていた。

許可抗告の対象となる高等裁判所の決定・命令のうち，再抗告裁判所としての裁判は，すでに三審級の利益を享受していることから，許可抗告の対象外であり，また，許可抗告申立て自体の決定・命令は，遅延回避などのために，これも許可抗告の対象外である（337条1項本文括弧書）。そうすると，許可抗告の対象となり得る裁判は，高等裁判所自身が第一審として行った決定・命令および抗告審として行った決定ということになる。ただし，前者については，性質上抗告可能な裁判である必要があり，その裁判が地方裁判所の裁判であるとした場合に抗告することができないものであれば対象から除かれる（337条1項但書）。これは，抗告の対象とならないような決定命令であり，たとえば，忌避申立てを認容する決定などである[139]。

3 抗告および抗告審の手続

抗告および抗告審の手続には，その性質に反しない限り，控訴に関する規定が準用される（331条本文，規205条）。

〔1〕 当事者

抗告権は，原裁判によって法律上の利益を害される者に認められる。申立てを排斥する裁判については，通常，申立人に抗告権が認められるが，必ずしも申立人に限定されるわけではない[140]。

抗告を提起する者を抗告人というが，抗告人は請求を定立するわけではないので，抗告審の手続においては厳格な当事者対立構造はとられておらず，相手方の存在は不可欠というわけではないが，裁判の内容から抗告人と利害の対立する者がいれば，その者を相手方とする[141]。相手方は，審尋の対象となり，その不利益となる抗告審の裁判に対しては再抗告や許可抗告の申立てをすることができる。相手方たるべき者は，原裁判の性質上当然に定まる場合[142]のほか，相手方が明確に定まっていないため，裁判所が反対の利害関係人を指定して審尋する場合（民執74条4項参照）や，相手方が存在しない場合[143]もある。

---

139) 一問一答377頁，中野・解説82頁，伊藤682頁など。なお，高等裁判所が下した保全抗告に対する決定については，再抗告が禁止されることから問題となり得るが（民保41条3項），最決平11・3・12民集53巻3号505頁〔百選3版A50事件〕は，法令解釈の統一をはかるという許可抗告制度の趣旨に照らせば，民訴法337条1項但書は高等裁判所のした保全抗告についての決定を許可抗告の対象から除外する趣旨の規定ではないと解するのが相当であるとして，保全抗告について高等裁判所の原決定に対する許可抗告を認めた。

140) たとえば，補助参加不許決定に対する抗告権は，被参加人たる当事者にも認められる。伊藤682頁参照。

141) 田中恒朗「抗告手続の問題点」判タ201号（1967年）85頁，伊藤682頁など。

142) たとえば，不動産の強制競売の引渡命令に対する執行抗告（民執83条4項）などがある。

(2) 抗告提起

　抗告は，控訴と同じく，抗告状を原裁判所に提出して行われ，再抗告も，上告と同様の扱いとなる（331条）。抗告が不適法で，その不備を補正することができない場合の扱いも同じであり（331条・287条），また，抗告理由書の提出が要求されることも控訴の場合と変わりない（規207条）。

　抗告裁判所は，原裁判をした裁判所または裁判長の直近上級裁判所である（裁16条2号・24条3号）。抗告期間は，即時抗告についてだけ定めがあり，原裁判の告知（119条参照）の日から1週間の不変期間である（332条）。

　抗告状が原裁判の取消しまたは変更を求める事由の具体的な記載を欠くときは，抗告人は，抗告の提起後14日以内にこれを記載した書面（抗告理由書）を原裁判所に提出することを要する（規207条。なお，規183条参照）[144]。

(3) 抗告提起の効力

　抗告を受理した原裁判所または裁判長は，抗告に理由があると認めるときは，原裁判を更正しなければならない（333条）。これは再度の考案とよばれ，決定・命令は，判決と異なり，自縛性が弱く，抗告があるだけで原裁判の原裁判機関に対する自縛性が排除されることを背景とする[145]。ここにいう「更正」は，判決についての更正決定（257条）の場合と異なり，単なる誤記誤算に限定されず，原裁判に含まれる事実の認定および法規の適用に関して実質的な再審査の機会を与えるものであり，裁判の取消し・変更を意味する。もっとも，手続上の過誤（306条・308条2項参照）を理由に取り消す場合以外は，主文の取消し・変更を要し，理由のみの更正は許されない[146]。

　更正がなされると，その限度で抗告の対象が消滅し，抗告手続はその目的を達して終了する。ただし，更正決定に対しても，原判決に対するのと同様に抗告による不服申立て，すなわち，別個の抗告が認められる（257条2項参照）[147]。

　原裁判機関が抗告を不適法または理由なしと認めれば，その旨の意見を付して，事件を抗告裁判所へ送付しなければならない（規206条）。これにより，事

---

143) たとえば，鑑定人に対する過料の決定（192条・200条・201条5項）に対する抗告や訴状却下命令に対する即時抗告（137条3項）などがある。
144) 抗告理由書の不提出は，再抗告理由書（規210条・205条但書，民訴法316条1項2号参照）と異なり，それだけで抗告の却下を結果しない。
145) 奈良次郎「再度の考案（上）」判時1344号（1990年）8頁参照。
146) 大決昭10・12・27民集14巻2173頁〔百選97事件〕，新堂883頁，伊藤683頁など。反対，条解1251頁〔松浦馨〕，吉崎慶長「抗告審に関する諸問題」実務民訴(2)355頁など。
147) 抗告により更正決定が取り消されると，原決定は復活するが，当初の抗告までは復活しない。大判大4・12・16民録21輯2121頁。

件は抗告裁判所へ移審し，抗告裁判所は抗告の審理を開始する。抗告の審理は，決定手続であるため，口頭弁論を開くかは任意的であり（87条1項但書），必要があれば，裁判所は抗告人，相手方，その他の利害関係人を審尋し得る（335条）。抗告審は，抗告が不適法であれば，これを却下し，理由がなければ，これを棄却し，理由が認められれば，原裁判を取り消したうえで，必要に応じて差戻しや自判などを行う。抗告審は，原審と同様の権限を有するので，裁量事項については自ら裁量することができる。

　決定・命令は，原則として，即時に執行力を生じるが（民執22条3号参照），即時抗告が提起されるといったん発生した執行力が停止される（334条1項）[148]。通常抗告には執行停止の効力はないが，執行裁判所または原裁判機関は，抗告につき決定があるまで，原裁判の執行の停止その他の必要な処分を命じることができる[149]。この執行停止の裁判は，申立てまたは職権によってなされ，これに対する不服申立ては許されないと解されているが（398条2項の類推）[150]，裁判所が事情変更による取消しまたは変更をすることは許されよう[151]。

4 再 抗 告

　再抗告は，抗告審の終局決定に対する抗告であり，抗告審が地方裁判所のときには，憲法違反または決定に影響を及ぼすことが明らかな法令違反を理由として，高等裁判所に再抗告をすることが認められる（330条）。上告に類似することから，その性質に反しない限りで，上告および上告審の訴訟手続に関する規定が準用される（331条但書，規205条但書）。

　いかなる裁判が再抗告の対象となり得るかは，その内容による。まず，高等裁判所の裁判に対しては，一般の抗告が許されないこととの関係から，再抗告は第一審が簡易裁判所である場合に限られる。つぎに，抗告を不適法として却下した決定に対しては，常に再抗告をすることができる（328条1項）。抗告を棄却する決定に対しても，これが抗告の許される原裁判を維持するものであることから，これに対する再抗告は許される。他方，抗告を認容した決定に対する再抗告は，その内容が抗告に適する場合に限って許される。たとえば，忌避

---

[148] ただし，行訴法25条8項や破産法24条5項・28条4項等は，民訴法334条1項の適用を排除する。さらに，破産手続開始決定（破産宣告）につき同旨の判決として，大判昭8・7・24民集12巻2264頁，民事執行法上の執行抗告一般（同法10条参照）について同旨の解釈として，三ケ月・研究313頁などがある。新堂884頁参照。
[149] たとえば，担保の提供を条件とする執行停止など。
[150] 兼子・体系474頁など。
[151] 新堂884頁。

申立ての却下決定に対して抗告が提起され，抗告審が忌避を認める決定をした場合，これに対する不服申立ては許されないので（25条4項），再抗告も許されないことになる[152]。

再抗告が通常抗告となるか，または，即時抗告となるかは，抗告裁判所の決定の内容を基準とする。即時抗告を却下または棄却した決定に対する再抗告は，そうした決定が原裁判を維持していることから，即時抗告となる[153]。通常抗告または即時抗告を認容した決定に対する再抗告は，そうした決定が原裁判を取消し・変更していることから，その裁判内容にしたがって，それが即時抗告に服するものであれば即時抗告となり，通常抗告に服するものであれば通常抗告となる[154]。

再抗告審は，法律審であり，再抗告および再抗告審の手続は，上告および上告審の訴訟手続に準ずる（331条但書・規205条但書）。再抗告の提起は，常に再抗告状を原裁判所へ提出して行われ（331条但書・314条1項），原裁判所は，再度の考案の機会を有し[155]，不適法な抗告を決定で却下することができる（331条但書・316条1項1号）。抗告提起通知書の送達（規189条の準用）を受けた日から14日以内に再抗告理由書を原裁判所へ提出することを要する（規210条1項）。

第5款　特別上訴

1　総　　論

憲法問題について終審として決定するという最高裁判所の権限（憲81条）を行使する機会を保障するために，通常の不服申立て方法が認められない事件や通常の不服申立て方法が尽きて最高裁判所の判断が受けられない事件について，法は，憲法問題を理由とする特別の不服申立て方法を認めた。これが特別上訴である。

特別上訴には，終局判決に対する特別上告と，決定・命令に対する特別抗告がある。なお，いずれの場合も，その提起によって原裁判の確定が妨げられることはない（116条1項括弧内）ので，本来の上訴ではなく，非常の不服申立て方法といえる。

---

[152]　新堂885頁参照。
[153]　大決大10・9・15民録27輯1535頁。
[154]　たとえば，担保取消申立却下決定に対する抗告は通常抗告であるが（328条），この却下決定に対する抗告を抗告審が棄却するとすれば，それは却下決定を維持するものであることから，抗告棄却決定に対する再抗告も通常抗告となるのに対して，抗告を認容して担保の取消決定をしたときは，それに対する再抗告は即時抗告となる（79条4項参照）。
[155]　民訴法333条は，同法331条の抗告を排除していない。

2 特別上告

特別上訴のうち，終局判決に対して行われるものを特別上告といい，これは高等裁判所が上告審としてした終局判決に対して認められる（327条1項）。また，少額訴訟の終局判決に対する異議申立てが不適法であり，その不備を補正できない場合における口頭弁論を経ない異議却下の判決および異議後の終局判決に対する控訴は許されないことから，これに対する特別上告が認められている（380条1項）。

特別上告の理由は，原判決に憲法解釈の誤りがあることその他の憲法違反があることに限られる。この点で，いわば憲法審への上訴ということができる。最高裁判所は，特別上告の理由として主張された憲法違反が認められない場合でも，職権調査によって他の憲法違反に基づいて原判決を破棄することが許される。ただし，職権調査も憲法問題に限定されるところ，他の法令違反に基づいて原判決を破棄することはできない。また，最高裁判所は，事件の解決に必要な限りで，法令の合憲性を判断すべきであり，上告理由が認められるときでも，他の理由で原判決の結論を維持することができるのであれば，憲法違反がない限り，上告を棄却すべきであろう（327条2項・313条による302条2項の準用）[156]。

特別上告およびその審判手続には，通常上告の規定が準用され（327条2項，規204条），上告期間，上告提起の方式，上告理由書の提出等は上告に準じる。特別上告が提起された場合，裁判所が不服の理由として主張されている事情が法律上理由があるとみえ，事実上の点につき疎明があり，かつ，執行により償うことのできない損害が生じるおそれがあることにつき疎明があったときは，執行停止に関する仮の処分を命じることができる（403条1項1号）[157]。

3 特別抗告

特別上訴のうち，決定・命令に対して行われるものを特別抗告という。これは，通常の不服申立てをすることのできない決定・命令に対する最高裁判所への抗告であり（336条1項，裁7条2号），地方裁判所および簡易裁判所の決定・命令で不服申立てができないもの，および，高等裁判所の決定・命令に対してすることができる。言い換えると，最高裁判所の決定・命令に対しては許されない。なお，抗告理由は，特別上告と同様である。

特別抗告の提起期間は，原裁判の告知を受けた日から5日の不変期間であり（336条

---

156) 新堂888-889頁。
157) この裁判は，訴訟記録が原裁判所にある間は，原裁判所が行う（404条1項）。

2項），特別抗告の提起は，当然には原裁判の執行を停止しないものの，原裁判所または最高裁判所は，執行停止に関する仮の処分を命じることができる（336条3項・334条2項）。

その他の特別抗告および抗告審の手続については，その性質に反しない限り，特別上告および特別上告審の手続に関する規定が準用される（336条3項，規208条）。

第2節　再　審

第1款　再審の意義

再審とは，確定した終局判決に対して，事件を再度審理して当該判決の取消し・変更を求める非常の不服申立て方法である。

一方で，確定判決に対する取消し・変更を容易に認めるならば，裁判の法的安定性が失われるとともに，訴訟遅延や手続不経済の問題を惹起するのに対し，他方で，確定判決に取消し・変更の余地を過度に限定するのは，裁判の適正の理念に反するばかりか，当事者の利益の救済の妨げとなり，ひいては司法に対する国民の信頼を喪失する事態を招来しかねない。そこで，法は，確定判決に重大な瑕疵がある場合に限って，再審という非常の不服申立て方法を認めたのである。

再審は，訴えの形式による当事者の不服申立て方法であり，再審の訴えは，法定の再審事由の存在を理由として，確定判決の取消しおよび確定判決によってすでに終結した訴訟事件（本案事件）の再審判を要求する訴えである。これは，確定判決の取消しを求める点で，訴訟上の形成の訴えとしての性質をもち，また，終結した訴訟手続の再開を目的とする点で，付随訴訟とみられる。

再審は，判決に対する不服申立て方法であるという点において，通常の上訴と共通しているが，その対象が確定判決であることから，判決確定遮断効をもたず，この点では，非常の救済方法であり，特別上訴に類する。また，原則として同一審級の裁判所が審判を行うため，移審効は生じない。さらに，再審は，判決前の手続や資料の瑕疵をその理由とするが，その点において，専ら判決後の上訴提起の障害を事由とする上訴の追完（97条）とは異なる。また，再審は，確定判決の遡及的取消しを求めるものであるところ，執行阻止にも資するが，これは事後の事由による執行力の消滅を求める請求異議訴訟とは異なる。

第2款 再審事由

再審の訴えにより不服を申し立てる要件として，法は，10個の事由を定める（338条1項各号）。これを再審事由といい，再審は，不服の理由として，これらの再審事由を主張する場合に限って許される（限定列挙）。再審事由の主張を欠くと訴えは不適法却下となり，主張された再審事由が存在しないときは決定で再審請求棄却となり（345条），そして主張された再審事由があるときは再審開始決定（346条）がなされる。

再審事由には，上告理由（312条）に該当するものもあるところ，再審事由に該当する事由を上訴で主張したとき，または，再審事由の存在を知りながら上訴を提起しなかったときは，再審の訴えを提起することは許されない（338条1項但書。これを再審の補充性という〔後述〕）。

1 再審の訴えの訴訟物

ある再審事由に基づく再審請求が棄却された場合，別個の再審事由に基づく再審の訴えを提起することは，既判力によって遮断されるであろうか。この点は，再審の訴えの訴訟物をどのようにとらえるか，すなわち，旧訴訟物理論と新訴訟物理論のいずれを是とするかに関連する問題である。

まず，前提として，再審の訴えの訴訟物を，訴訟上の形成請求である「原判決の取消請求」と再審理されるべき「前訴本案の訴訟物」（本案の審理）からなるという二重の審理構造として把握するか（二元説），または，再審を上訴類似の制度とみて，再審の訴えの訴訟物を再審理されるべき「前訴本案の訴訟物」ととらえるか（一元説）が問題となる[158]。判例[159]および通説は二元説に立つが，学説上，一元説も有力に主張されている[160]。

一元説によると，再審事由は訴訟物や確定判決とは別個に決せられるので，再審事由の遮断については，訴訟物論とは別個に論じられることになる。そして，別個の再審事由に基づく新たな再審請求の許否については，以下の主張がみられる。すなわち，①覚知していた再審事由は主張せずとも遮断されるとする見解[161]，②再審事由なしとして

---

158) 高橋・重点講義下551頁によると，より正確には訴訟上の形成訴訟説と上訴類似説と対比する方が妥当であるという。
159) 最判昭36・9・22民集15巻8号2203頁〔百選99事件〕。
160) 中野貞一郎「再審の訴提起後再審事由変更の際の出訴期間」民商46巻3号（1962年）541頁，上村明広「再審訴訟の訴訟物構成に関する一問題」神戸19巻1＝2号（1969年）87頁，加波眞一「再審原理と再審訴訟の手続構造（二・完）」北九州大学法政論集3号（1992年）（同『再審原理の研究』〔信山社，1997年〕281頁），小山609頁，高橋・重点講義下551頁，松本＝上野611頁〔松本〕，小林・プロ502頁など。

再審請求を棄却する決定を訴訟判決になぞらえ、主張された再審事由以外には訴え却下判決同様に既判力は生じないので遮断されないとする見解[162]。そして、③再審請求棄却決定の基準時までに通常の注意をもって知り得なかった再審事由は主張できず、また、判断もされていないので遮断されないとする見解[163]である。

二元説に立つと、さらに、「原判決の取消請求」の訴訟物を再審事由ごとにとらえるか、あるいは、確定判決ごとにとらえるかによって、考え方が分かれる。旧訴訟物理論によると、再審事由ごとに訴訟物があるとみる傾向にあり[164]、新訴訟物理論によると、確定判決ごとに一個の訴訟物を観念することになる[165]。そうすると、別個の再審事由に基づく新たな再審請求は、前者によると遮断されず、後者によると遮断されることになる。もっとも、後者の立場に立脚しても、通常の注意義務をもって知り得なかった再審事由は遮断されないと考えれば、前者の見解との相違は大きくない[166]。なお、二元説および新訴訟物理論に立ちながら、救済訴訟[167]においては訴訟物を申立てと事実関係で識別する二分肢説が妥当であるとして、主張されなかった別個の再審事由が別個の事実関係をなす場合には遮断されないとする見解もある[168]。これによると、遮断効の範囲が狭くなる[169]。

再審には、再審事由の存否を検討する審理の段階および再審事由があるとされた後の本案の再審理の段階という二つの局面があるところ、これを反映させた二元説は、確かに素直な構成である。しかしながら、再審の訴えの訴訟物を二元的に構成するのは技巧的にすぎる。しかも、現行法では、再審事由の存否の確定手続が決定手続とされ、裁判所が再審事由ありと判断する場合にも、この時点では再審開始決定をするだけであり、確定判決を取り消す裁判をしないこと（346条1項）とされている。また、本案の再審理の結果、取消しを求められた旧判決を維持すべきとの結論に至ったとき、再審請求棄却判決をすべきであるとされているところ、このことは、手続上、確定判決の取消しが事件の再

---

161) 上村・前掲注160) 87頁。
162) 中野・前掲注160) 541頁。
163) 新堂892頁注(1)、松本＝上野612頁〔松本〕。
164) 兼子・体系482頁、伊藤688頁など。この見解によると、数個の再審事由が主張されると請求の併合（主張の態様によって予備的併合または選択的併合）となり、再審事由を追加・変更すると訴えの変更になるという。
165) 新堂892頁参照。
166) 高橋・重点講義下551頁参照。
167) 救済訴訟とは、優越する法主体の行為によって不利益を課せられている者が救済を求めるというタイプの訴訟であり、具体例としては、行政訴訟、執行関係訴訟、会社訴訟などがある。本書192頁注2) 参照。
168) 三ケ月・研究9巻57頁、梅本1082頁など。
169) なお、三ケ月・双書127頁参照。

審理から独立した目的とみられていないことの証左といえる。結局は，確定判決の取消要求をも含めて法廷のケースを一体としてとらえるのが手続観として適切であろう。そして，再審事由の遮断範囲については制度の趣旨に即して手続保障上落ち着きのよい結論となると，一元説の③に落ち着くであろう[170]。

2 再審の補充性

再審事由に該当する事実があっても，判決確定前に当事者が上訴によってこれを主張して棄却された場合およびこれを知りながら上訴によって主張しなかった場合には，当該事実を再審事由として主張することが許されない（338条1項但書）。これを再審の補充性という。

どのような場合が具体的にこれにあたるかについて，判例にあらわれた事例をみると，まず，書証の提出を相手方の窃取により妨げられて敗訴判決が確定した後に，民訴法338条2項後段の要件を充足するに至った場合には，たとえ前審で証書窃取の事実を主張していたとしても，再審事由（338条1項5号）を主張したことにはならず，再審の訴えを提起することは可能であるという[171]。また，成年被後見人の後見人がその就職前にした前訴の提起および弁護士への訴訟委任が無権代理であった場合，この無効を主張して再審の訴えを提起することは，信義則に反しないとする[172]。これに対し，終局判決の送達によって，当事者は特段の事情がない限り判断遺脱（338条1項9号）を知ったものと解すべきであり[173]，その確定後に再審の訴えを提起することは許されない[174]。

3 各個の再審事由

(1) 概　観

各個の再審事由は，民訴法338条1項各号に列挙されているが，そのうち前半の三つ，すなわち，1号の「法律に従って判決裁判所を構成しなかったこと」（裁判官の欠格，任命の無効，合議体の員数不足など），2号の「法律により判決に関与することができない裁判官が判決に関与したこと」（除斥原因のある裁判官の関与など），3号の「法定代理権，訴訟代理権又は代理人が訴訟行為をするのに

---

170)　松本＝上野611頁〔松本〕参照。なお，高橋・重点講義下555頁注5も参照。
171)　大判昭8・7・22民集12巻2244頁，最判昭47・5・30民集26巻4号826頁。
172)　最判平7・11・9判時1557号74頁。
173)　最判昭41・12・22民集20巻10号2179頁。
174)　もっとも，訴外Aとの間における確定判決後に，Aの前訴口頭弁論終結後の承継人との間にこれと抵触する第一審判決を言い渡された者は，この判決言渡しのみをもって，判決の抵触を知って上訴しなかったと推定し得るかについては争いがあり，判例（大判昭14・12・2民集18巻1479頁）はこれを肯定する。学説上は否定する見解が有力である（兼子・体系484頁，新堂893頁注(1)など）。

必要な授権を欠いたこと」（代理人が必要であるのに代理人を付けなかった場合など）は，絶対的上告理由（312条2項）とオーバーラップする。それゆえ，絶対的上告理由の場合と同じく，判決内容への影響の有無を問わないし，また，3号は判決確定後に追認があれば再審事由ではなくなる（312条2項但書の類推）。

なお，3号に関して以下のような判例がある。訴状の送達が無効であったために被告が訴訟に関与する機会を与えられないまま判決に至った場合について，3号の再審事由が認められる（最判平4・9・10民集46巻6号553頁）。訴状等の送達（補充送達）が有効になされても，訴状等が受送達者に現に交付されずに，受送達者が提訴を知らぬ間に判決に至った場合について，3号の再審事由が存在する（最決平19・3・20民集61巻2号586頁〔百選4版40事件〕）。これに対し，原告が被告の送達場所を知りながら不実の公示送達の申立てをして，離婚訴訟の被告が欠席のまま請求認容判決が確定した場合には，3号に該当せず（最判昭57・5・27判時1052号66頁），また，会社の代表者として訴訟行為をした者が自己または第三者の利益をはかる意思で訴訟行為をし，相手方もそれを知りまたは知り得べきであった場合も，3号に該当しない（最判平5・9・9民集47巻7号4939頁）。

再審事由の後半七つは，判決主文に影響を及ぼし得る異常事態に関するもので[175]，4号から8号までは判決の基礎資料に異常な欠点のある場合であり，9号および10号は判断自体に欠点のある場合である。それぞれの内容を端的に眺めると，4号は裁判官の職務犯罪（職権濫用や収賄など），5号は相手方または第三者の刑事上罰すべき行為による自白または攻撃防御方法提出の妨害，6号および7号は証拠の偽造や偽証など[176]，8号は判決の基礎となった裁判・行政処分の変更[177]，9号は判断遺脱[178]，そして，10号は既判力の抵触[179]である。

---

175) 最判昭33・7・18民集12巻12号1779頁（7号に関する）。
176) 6号・7号の「判決の証拠となった」とは，判決の事実認定の基礎として採用されており，かつ，その事実が判決の結論を出すうえで重要であったことをいう（新堂894頁）。
177) 8号の判決の基礎となった裁判には，原判決がその裁判に法的拘束を受ける場合に限らず，その裁判の認定事実を採用して，同一の事実，または，これに基づき別の事実を認定している場合を含むので，刑事判決でもよい。また，同号の「行政処分」は，その成立・効力を前提として判決がなされた場合であり，かつ，その取消し・変更が遡及的である場合をいう。そのため，行政事件訴訟における判決によって取り消された場合のほか，行政機関による取消しも含まれる（高橋・重点講義下564頁）。
178) 判断遺脱とは，当事者が訴訟上適法に提出した攻撃防御方法で，判決の結論に影響するものに対し，判決理由中で判断を示さなかった場合であり（新堂894頁），要するに攻撃防御方法にかかわる遺脱である。本案申立てに対して判断を示さなかった場合には，裁判の脱漏（258条）であり，再審事由ではない。下級審判決の場合の判断遺脱は上訴によって対処できることから

絶対的上告理由と重なる再審事由（1号～3号）のみならず，それ以外の再審事由（4号以下）も判決確定前の段階において上告理由として主張し得るかが問題となる。判例は従来からこれを肯定しており[180]，通説も，再審を上訴の補充的手段であるとみて，再審事由も当然に上告理由（312条1項3項参照）に含まれるのは再審の補充性（338条1項但書）からも明らかであるなどとして，上告理由となし得るとする[181]。もっとも，その場合に，つぎにみる有罪確定判決等（同条2項）まで要するかについては，通説内においても見解の一致をみるに至っていない[182]。

(2) 民訴法338条2項の有罪判決等

民訴法338条1項4号ないし7号の可罰行為の再審事由について，同条2項は，可罰行為に対する有罪の刑事裁判があったこと，または，証拠欠缺以外の理由で確定刑事判決を得ることができなかったこと[183]を，さらなる適法要件

（補充性により失権する可能性もある），本号が機能するのは専ら上告審判決であるといえる。ただし，判決送達前に不上訴の合意をした場合における下級審判決の遺脱は本号によって救済され得る（高橋・重点講義下564頁）。

179) 既判力以外の判決効（参加的効力や争点効など）の抵触は，再審事由とはならない（新堂861頁）。前訴で当事者双方が既判力の抵触を知りながら，ともに確定判決を援用しなかった場合，確定判決に抵触する後訴判決は再審の対象とはならず，後訴判決の方が既判力の基準時との関係で通用力をもつことになる（高橋・重点講義上530頁注10，同下569頁）。

180) 大判昭9・9・1民集13巻1768頁，最判昭38・4・12民集17巻3号468頁〔百選3版A47事件〕，最判昭43・5・2民集22巻5号1110頁。

181) 兼子・体系483頁，三ケ月・双書538頁，菊井＝村松Ⅲ239頁・371頁，小室直人「再審事由と上告理由の関係」兼了還暦下179頁・182頁〔小室直人『上訴・再審』（信山社，1999年）183頁以下に所収〕，斎藤・概論613頁，新堂866頁，小島・要論379頁，上田7版612頁，注釈民訴(9)35頁〔上村明広〕，高橋・重点講義下564頁など。反対，三谷忠之『民事再審の法理』（法律文化社，1988年）146頁以下，昭54重判解149頁〔三谷忠之〕。

182) この点，多くは，(i)有罪確定判決等の要件具備は必要であると主張するが（山木戸克己「可罰行為による自白と民訴四二〇条二の要件」民商46巻4号（1962年）692頁など。なお，山木戸説は，かかる要件を不要とするならば，この場合の上告理由の主張が訴訟引延しの好策に利用されるおそれがあるという理由を掲げる），そのほか，(ii)有罪確定判決等は上告提起時に具備している必要はないが，上告審の書面審理終了時または口頭弁論終結時までに具備することを要するとの見解（小室・前掲注181）上訴・再審200頁），(iii)控訴審の弁論終結により打ち切りとなった事実審理を上告審で再開する場合には，再係の訴え同様に有罪確定判決等の具備を要するとの見解（竹下守夫「判批」法協86巻7号〔1969年〕820頁），そして，(iv)有罪確定判決等は可罰行為の存在を裏付ける証拠の一つにすぎず，上告裁判所もこれに拘束されないのであるから，有罪確定判決等の具備は要しないとの見解（注釈民訴36頁〔上村明広〕）などがある。理論状況につき，注釈民訴(8)254頁以下〔松本博之〕を参照。

183) たとえば，犯人の死亡，大赦，時効，情状による起訴猶予などによって，確定刑事判決に至らなかった場合である（高橋・重点講義下565頁）。もっとも，単に犯人が死亡したというのでは足りず，有罪判決等が得られるような確かな証拠がある場合である必要がある（最判昭52・

として要求する。もっとも，有罪の刑事判決に再審裁判所は拘束されることはなく，犯罪行為は認められないとして再審を棄却することも理論上可能である[184]。

　上記のように，有罪判決等の存在は，再審の適法要件とみるのが通説的理解であり，妥当であろう[185]。それによると，可罰行為の存在自体が再審事由であるが，それだけでは再審の訴えが頻発することから，濫訴対策としての絞りとして，2項が置かれたと理解されることになる。その他の考え方としては，民訴法338条は，1項の可罰行為と2項の有罪判決等を合わせて再審事由として規定したものとする合体説[186]や，有罪判決等を可罰行為の可能性を確定する特別の事由とみる再審事由具備要件説（理由具備説ともいう）[187]などがある。

(3) 再審事由の立法論

　旧々法は，母法であるドイツ民訴法がそうであったように，再審を判決無効の訴え（取消しの訴え）と原状回復の訴えに分けていた[188]。

　判決無効の訴えの事由は，現行法の338条1項1号ないし3号に相当し，原状回復の訴えの事由は，4号ないし8号および10号に相当し，さらに現行法にはない「新書証の発見」も含まれていた。その後，旧法は，二つの訴えを一本化するとともに，判断遺脱（現行法では9号）を加える反面，新書証の発見を削除して，現行法に受け継がれた。さらに，旧々法は，詐害判決に対して第三者が原状回復の訴えを準用する旨を規定していたが，これも旧法によって消滅した。

　こうした再審の再編作業は，必ずしも積極的な評価を受けていない面がある。たとえば，詐害再審の制度を削除したのは立法の過誤であるといった意見[189]や，DNA鑑定などの科学技術の発達に応じて新たな証拠方法が登場することを念頭において再審事由を再構成すべきであるとの主張もみられる[190]。いず

　　　5・27民集31巻3号404頁〔百選3版121事件〕。同旨，吉村徳重「再審事由」小室＝小山・還暦下133頁注19，三谷忠之『民事再審の法理』（法律文化社，1988年）125頁，高橋・重点講義下565頁など)。

184) 起訴猶予のケースにつき，最判昭45・10・9民集24巻11号1492頁〔百選ⅡA57事件〕。
185) 高橋・重点講義下565頁など参照。
186) 松本博之「判批」民商67巻6号（1973年）1027頁，松本＝上野603頁〔松本〕。
187) 小室直人「再審事由と上告理由の関係」兼子・還暦下175頁〔小室直人『上訴・再審』〔信山社，1999年〕183頁以下所収〕，三谷・前掲注183) 109頁など。
188) 鈴木正裕「上告の歴史」小室＝小山・還暦下1頁以下，同「上告理由としての訴訟法違反」民訴25号（1979年）29頁，加波・前掲注160)『再審原理の研究』155頁，同「再審制度と既判力の制約（判決無効）論」鈴木・古稀861頁，三谷・前掲注183) 16頁，松本・自白270頁など。
189) 鈴木正裕「判決の反射的効果」判タ261号（1971年）10頁。
190) 豊田博昭「秘密に収集されたDNA鑑定の訴訟上の利用(1)～(3)」修道30巻1号（2007年）・

れも考慮に値する指摘であろう。

第3款　再審の手続

再審の訴えは，訴え提起の方式によって提起され，これに対する裁判所の審判は，訴えの適否である訴訟要件に対するものと，原判決の取消しの可能性である本案に対するものとの二フェーズに分かれる。

1　再審の訴訟要件

(1)　再審の対象となる裁判――確定の終局判決に対すること――

再審の訴えによる不服申立ての対象となる裁判は，確定した終局判決に限られ（338条1項本文)[191]，中間判決その他の中間的裁判に対しては独立して再審の訴えを提起することはできない。もっとも，中間的裁判に再審事由が存在すれば，これを終局判決に対する再審理由として再審請求をすることは可能であり[192]，この場合，中間的裁判が終局判決とともに上級審の判断を受けないもの[193]であっても構わない（339条）。これに対して，即時抗告をもって不服申立てをすることのできる決定・命令が確定した場合は，訴えではなく，再審の訴えに準じて，再審の申立てをすることができる（349条1項）。これを準再審という。これは，たとえば，訴状却下命令については，終局判決とは独立の裁判であるため，即時抗告が認められるところ（137条3項），同様の趣旨から独立に再審申立てを認めることにしたのである[194]。

同一事件について各審級において確定判決が存在する場合，たとえば，第一審の請求棄却判決，控訴審の控訴却下判決，そして，上告審の上告棄却判決の三つが確定している場合，原則として，そのそれぞれについて再審事由を主張して再審の訴えを提起することができる。ただし，控訴審で控訴棄却の本案判決をしたときは，訴えに関して事実および法律の両面から再審判がなされた以上，第一審判決に対する再審の訴えは許されない（338条3項)[195]。再審の訴え

30巻2号（2008年)・33巻1号（2010年）。

[191]　確定判決と同一の効力を有する調書（267条，民調16条，家審21条1項）に対しても，私法上の無効原因に基づきその効力をめぐり争いがある限り，再審に準ずる訴えが認められると解されよう（新堂896頁など）。反対，大判昭7・11・25民集11巻2125頁）。

[192]　それぞれ独立の再審申立てを認めるのは，当事者に対して二重の負担を課すことになるので，終局判決に対する再審の訴えに統一したのであると説明されている（伊藤691頁など）。

[193]　たとえば，不服申立ての許されない裁判および独立に不服申立てが許される裁判など。

[194]　伊藤691頁参照。

[195]　控訴審が控訴を認容して第一審判決を取り消した場合は，第一審判決言渡しの効力が失われ，再審の対象たり得ない。

に対する終局判決に対しては，その審級によって，さらに控訴・上告が可能である。

ちなみに，再審事件の控訴・上告事件と区別するために，確定した控訴審判決に対する再審の訴えを「控訴再審の申立て」または「控訴再審の訴え」と称し，上告審判決に対する再審の訴えを「上告再審の申立て」または「上告再審の訴え」とよぶのが通例である。たとえば，控訴審判決に対する再審の訴えについてなされた判決に対する上告であれば，「控訴再審の上告事件」ということになり，上告審判決に対する再審の訴えである「上告再審事件」との区別が明確になる[196]。

(2) 出訴期間

再審の訴えは，代理権欠缺および既判力抵触の事由を除いて（342条3項），一定の出訴期間が定められている。すなわち，当事者が判決確定後に再審事由を知った日から30日の不変期間内に提起しなければならない（342条1項）。この期間は，再審事由ごとにそれを知った日から起算され，判決確定前に再審事由を知ったときには，判決確定の日から起算される[197]。

ところで，4号から7号までの再審事由について，それらの事由自体を知った時から起算されるのか，あるいは，有罪判決確定等の事実を知った時から起算されるのかについては，争いがある。有罪判決確定等の事実を知らない当事者に再審の訴えを提起することを期待することは不合理であり，当事者の手続保障の観点からも，再審事由のみならず，有罪判決確定等の事実を知った時から出訴期間は起算されると解すべきであろう[198]。

また，判決確定の日から（再審事由が確定後に発生したときは発生の日から）5年を経過すると再審の訴えを提起することができなくなる（342条2項）。これは除斥期間の定めとされており，当事者が再審事由の発生を知らなくても，確定後5年を経過したという客観的事情により，再審の訴えは不適法となる[199]。

(3) 正当な当事者——当事者適格——

再審の原告適格は，確定判決の効力を受け，かつ，その取消しを求める利益（＝不服の利益）を有する者に認められる。原則として，全部または一部敗訴した確定判決の当事者ということになる。

さらに，口頭弁論終結後の承継人など判決効の拡張を受ける者（115条1項1号-3

---

196) 新堂・判例408頁，新堂896頁など参照。
197) 最判昭45・12・22民集24巻13号2173頁。
198) 大判昭12・12・8民集16巻1923頁。
199) 最判昭29・2・11民集8巻2号440頁。

号）も原告適格を有するが，請求の目的物の所持者（同条同項4号）については，独自の利益を欠き，不服の利益が認められないので，原告適格は否定される。また，判決効が第三者に拡張される場合において，第三者に原告適格が認められる場合がある（会社853条，行訴34条）。それ以外の場合でも，判決効拡張によって法律上の利益を害される第三者は，補助参加の申出をするとともに，補助参加人として再審の訴えを提起することができる（45条1項)[200]。

本案が必要的共同訴訟であれば，その共同訴訟人のうちの一人が再審の訴えを提起すると，全員が原告の地位につくことになる。また，氏名冒用訴訟による確定判決に対して，被冒用者は，再審の訴えを提起してその取消しを求めることができる。

再審の被告適格を有するのは，原則として確定判決の勝訴当事者であるが，原告適格と同様に，口頭弁論終結後の承継人など既判力の拡張を受ける者にも被告適格が認められる[201]。

人事訴訟では，相手方とすべき者が死亡した後は，検察官に再審の被告適格が認められる（人訴12条3項)[202]。

(4) 再審の管轄裁判所

再審の訴えは，不服を申し立てる確定判決をした裁判所の専属管轄に属する（340条1項）。同一事件につき，審級を異にした裁判所の確定判決に対して再審の訴えを併合して提起する場合は，上級裁判所が併せて管轄する（340条2項）。これは判断の矛盾・抵触を回避するための措置である。それゆえ，上級審と下級審に再審の訴えが別個に提起された場合は，下級審は事件を上級審に移審する。なお，管轄違いの訴えには，移送が認められる（16条1項）。

2 再審の訴訟手続

再審の訴訟手続には，各審級における訴訟手続に関する規定が準用される（341条）。その手続構造は，再審の訴えの適否と再審事由の存否を判断する第一フェーズ（決定手続）と，本訴訟判決の取消しおよび当事者の申立てにかかる本案の審判という第二フェーズ（判決手続）に分かれる。

このように新法が，再審事由の存否を判断し，その存在が肯定されてはじめ

---

200) この第三者には独立の原告適格は認められず（最判平元・11・10民集43巻10号1085頁〔百選3版A51事件〕），この場合の補助参加は，共同訴訟的補助参加である（三谷・前掲注183) 332頁）。
201) 大判昭8・7・22民集12巻2244頁。
202) かつて，判例は，死後認知を求められた父（被告は検察官）の子は，認知請求認容判決の再審の原告適格を有しないとしていた（前掲注200) 最判平元・11・10）。しかし，これではいつの間にか兄弟姉妹が法律上生ずることになってしまう。そこで，1996年の人事訴訟手続法の改正に際して，人事訴訟の係属を利害関係人に告知する制度が設けられ（同法33条），これは現行法に承継されている（人訴28条）。

て本案の審理に入るというスタイルを採用した（348条1項）のは，再審事由をめぐる争いと事件についての本案の争いを手続上分離することで，迅速かつ効率的な手続進行を狙ったからである。

(1) 再審の訴えの提起

再審の訴訟手続は，一般の訴えの規定により，まず訴状の裁判所への提出によって開始される。訴状には，不服申立てにかかる判決の表示[203]，その判決に対して再審を求める旨（再審の趣旨），および，不服の理由として具体的な再審事由の主張などを記載しなければならない（343条）。もっとも，不服の理由として主張した再審事由は，提訴後に変更することができる（344条）。不服の範囲（原判決の変更の限度）および本案事件に関する申立ての記載は任意的である。訴状に貼用すべき印紙額は，簡易裁判所に提起するときは2000円，その他の場合は4000円である（民訴費3条1項別表1第8項）。

訴状の提出により，主張された再審事由について出訴期間遵守の効力が生ずる（147条）。他の事由は，訴訟中に追加された時を基準に期間遵守の判断をすべきである[204]。再審の訴えの提起によって，当然には原確定判決の執行力は停止されないが，裁判所は，申立てにより，終局判決までの間，原確定判決に基づく強制執行に対して，停止または取消しの仮の処分を命ずることができる（403条1項1号）。

(2) 第一フェーズ——再審の許否（再審事由の存否の判断）——

裁判所は，再審の訴えが訴訟要件を具備せず，不適法である場合には，決定で再審の訴えを却下しなければならない（345条1項）。却下決定に対しては即時抗告が認められる（347条）。

裁判所は，再審事由が存在しないと判断した場合には，決定で再審請求を棄却する（345条2項）。この棄却決定に対しても即時抗告が可能である（347条）。棄却決定が確定してしまうと，同一の事由を理由として再度再審の訴えを提起することは許されない（345条3項）。裁判所は，再審事由が認められるときには，相手方を審尋したうえで再審開始決定をする（346条）。この再審開始決定に対しても，即時抗告をすることができる（347条）。

(3) 第二フェーズ——本案の審判——

再審開始決定が確定すると，不服申立ての限度で本案の審理および裁判が行われる（348条1項）。ここでの本案とは，原判決の対象である事件を指し，本案の弁論は，原判決手続の再開・続行としてなされる。そのため，その審級の

---

[203] 訴状には不服申立てにかかる判決の写しを添付することを要する（規211条1項）。
[204] 前掲注159）最判昭36・9・22。

ルールにしたがって手続が進められるし，裁判官の交代があれば弁論の更新が行われる（249条2項）。従前の訴訟手続のうち再審事由にかかわるものは，再審開始決定の効力としてその効果を失うが，それ以外のものの効力は認められる。再審開始決定の効力として確定判決の既判力による拘束が解かれ，当事者は，口頭弁論終結後の事実か否かを問わずに，攻撃防御方法の提出をすることができる。

審理の結果，裁判所は，原判決を正当であると判断する場合には，判決によって再審の請求を棄却する（348条2項）[205]。原判決を不当であると判断する場合には，裁判所は，原判決を取り消し，事件における当事者の申立てについてさらに判決をしなければならない（348条3項）。また，原判決確定後，再審判決までの間に同一事項について原判決と抵触する確定判決が介在した場合，この中間の確定判決の既判力に抵触する再審判決は許されず，原判決確定を取り消し，原事件につき中間の確定判決の結果を維持するようにすべきである[206]。

再審の訴えにおいて，被告は，自己の側の再審事由に基づく反訴（146条）を提起することができる。また，被告は，附帯上訴に準じ，原告の主張する再審事由に便乗して，原判決を自己に有利に取消しを求める申立てをすることができる。この附帯再審は，再審事由についての自己の再審訴権を喪失した後でもすることができるが，反訴と異なり，再審の訴えの却下または取下げがあれば失効する（293条2項類推）。

3 準再審

即時抗告をもって不服を申し立てることができる決定または命令[207]は，確定後も，再審事由（349条2項）があれば，再審の訴えに準じて再審の申立てをすることができる（349条1項）。これは，準再審とよばれる。たとえば，訴状

---

205) この場合，原判決は維持されるが，既判力の基準時は再審請求棄却判決の基準時に移行する。たとえば，婚姻取消しの確定判決に再審事由があれば，婚姻取消しの効果は移行後の基準時に発生したものと解される。
206) 兼子・体系490頁，新堂949頁など。
207) 即時抗告の認められる決定・命令には，たとえば，訴状・上訴状の却下命令（137条2項，288条），訴訟費用額確定に対する異議の申立てについての決定（71条7項），過料の裁判（192条・200条・201条5項・225条・229条5項6項・230条1項・209条・211条）などがある。なお，現行法上，仮執行宣言付支払督促に再審申立ては許されないが，その理由は，裁判官の裁判によっていた旧法下の支払命令と異なり，支払督促は，裁判所書記官が発し，確定後も執行力のみを生じ，既判力を生じないことに求められるという（一問一答425頁など。反対，条解2版1753頁〔松浦馨〕）。ちなみに，民訴法349条は，執行抗告をすることができる裁判が確定した場合に準用されている（民執法10条10項・74条3項）。

却下命令（137 条 2 項）は即時抗告が可能であって，本案審理とは別個に確定し，再審事由がある場合には，独自の救済が必要となることから，準再審が認められたわけである。

即時抗告のできない決定・命令に対しても，終局的裁判の性質を有するのであれば，やはり独自の救済を要することに変わりはないので，準再審の対象としてよいと考える[208]。

準再審の申立てには，再審の訴えの規定が準用される（338 条・340 条-344 条・348 条 1 項 2 項）。そのため，不服申立ての対象である決定・命令の発せられた手続によって審理がなされ，口頭弁論は任意的となる。

---

[208] 最大決昭 30・7・20 民集 9 巻 9 号 1139 頁，菊井＝村松Ⅲ 409 頁，三ケ月・判例民訴 344 頁，新堂 950 頁，条解 2 版〔松浦馨〕，松本＝上野 639 頁〔松本〕など。

第11章　特別の手続

はじめに

　これまでみてきた民事訴訟手続は，権利の実現・救済によって紛争を強行的に解決する民事裁判の手続であり，あらゆる権利の実現・救済やさまざまな紛争の解決にも耐え得る汎用性をもった一般的な枠組みである。そのため，通常訴訟手続とよばれる。

　民事訴訟法は，通常訴訟手続のルールを中心に定めつつも，これに加えて，ある一定の紛争類型を対象とした特別の手続ルールについての規定を補足的に置いている。具体的には，通常訴訟手続の特則として，大規模訴訟に関する特則，特許権等に関する訴えに関する特則，そして，簡易裁判所の手続の特則を定めている。さらに，訴訟手続とは異別のコンセプトとして略式訴訟手続という特別手続を規定している。ここでは，手形訴訟手続・小切手訴訟手続，少額訴訟手続，そして，督促手続の三つを取り上げる[1]。

　本章では，これら特別の手続を順に眺めていくが，いかなる点において特別であるのかを意識して，通常民事訴訟手続の基本原則や一般法理に対する理解の深化をも狙いとしたい。

第1節　通常訴訟手続における特則

第1款　大規模訴訟に関する特則

1　大規模訴訟の意義

　公害事件や薬害事件等の損害賠償請求にかかる訴訟のように，当事者が著しく多数であって，かつ，尋問すべき証人または当事者本人が著しく多数である訴訟を，法は，大規模訴訟という定型においてとらえ，これに関する手続の特

---

[1] そのほかの略式訴訟手続としては，民事保全命令手続や刑事訴訟手続に伴う損害賠償請求手続（いわゆる損害賠償命令制度）などがある。民事保全命令手続は，立証を疎明に限り，オール決定主義を採用することで，通常訴訟手続を簡易化しており，損害賠償命令制度は口頭弁論を開く必要がなく，特別の事情がある場合を除いて4回以内の審理期日で終結しなければならないものとされており，通常訴訟手続よりもシンプルで迅速な手続としてデザインされている。

則を設けてその迅速な処理をはかろうとしている（268条）。

旧法においては，受命裁判官または受託裁判官による証拠調べは裁判所外で行う場合に限定されていたり（旧265条），受命裁判官等による証人等の尋問の要件も厳格であったりしたため（旧279条），大規模訴訟においては，争点等の整理や証拠調べに長期間を要し，迅速な紛争解決の実現には程遠い状況にあった。そこで，そうした事態への対応策[2]の一つとして，個別の損害の立証等のために必要な被害者等をはじめとする多数の証人または当事者本人の尋問を迅速に実施し得るよう，当事者に異議がないときは，裁判所内においても受命裁判官による証人等の尋問ができることとされたのである。

2 手続の特則

(1) 裁判所の構成

地方裁判所が第一審裁判所として大規模訴訟の審理を行うには，5人の裁判官の合議体で審判する旨の決定をその合議体ですることができる（269条1項）。地方裁判所における合議体の裁判官の員数は3人であるが（裁26条3項），これに対する特則を新たに定めたものである[3]。

なお，3人以上の判事補は同時に合議体に加わることはできず，また，判事補は裁判長になることができない（裁27条2項）。

(2) 受命裁判官等との分担

当事者に異議がなければ，受命裁判官または受託裁判官は，裁判所内において，証人または当事者本人に尋問をすることができる（268条）。受命裁判官による証人・本人の尋問は，裁判所外で行われるのが原則であるが（195条・210条），多数の証人・本人の尋問を受命裁判官と分担することで合理的な裁判運営を目指した特則である。

(3) その他の特則

大規模訴訟は，審理計画を定めるべき典型的な場合である。すなわち，当事者が多数であることなどから審理事項が多岐にわたったり，相互に絡み合ったりなど，事件が複雑であることその他の事情によりその適正かつ迅速な審理を行うために必要があると認められる場合，裁判所は，当事者双方と協議して，

---

[2] 日本の裁判所は，裁判運営上の工夫を開発する点では，果断な決断を民事交通訴訟など大量に持ち込まれる大規模訴訟だけでなくさまざまの局面において行ってきたのであり，比較法的にも注目に値する。ダニエル・H・フット（溜箭将之訳）『裁判と社会』（NTT出版，2006年）211頁以下。

[3] なお，高等裁判所の場合には，合議体の裁判官の員数を5人とする例がほかにもある（裁18条2項但書，独禁法87条2項等）。

審理の計画を定めなければならないとされている（147条の3第1項）。大規模訴訟はこうした場合に該当するのが通常であろう[4]。

なお，2003年の民事訴訟規則改正以前において，大規模訴訟の特則として，裁判所は，当事者が裁判所に提出する書面の内容をフロッピーディスク等の磁気デスクに記録している場合に，判決書の作成その他の必要があると認めるときは，その当事者に対して，その複製物の提出を求めることができるとされていたが（旧民訴規167条），これは，2003年の改正によって，大規模訴訟に限られない一般的な制度として認められた（規3条の2）。

第2款 特許権等に関する訴えに関する特則

知的財産関係事件に関しては，これまで民事訴訟法の改正を通じて，東京地方裁判所，大阪地方裁判所，さらに東京高等裁判所への管轄の集中化および専属化を進めてきたが，世界的な知的財産権に対する意識の高まりを受けて，さらなる知的財産権関係訴訟の充実・迅速化が進められた。

2001年6月，司法制度改革審議会意見書は，国際的動向を踏まえて，政府全体として取り組むべき最重要課題の一つとして，知的財産権関係訴訟への対応強化を位置付け，そして，2002年2月，時の首相が知的財産の戦略的な保護・活用を国家の目標とすることを表明するなどして，知的財産立国に向けた国家戦略は司法システムのなかに具体化されていた[5]。こうした知的財産権に対する国内外の動きを背景として，これに関する裁判の一層の充実と迅速化を図るべく，2004年の知的財産高等裁判所設置法に基づいて，東京高等裁判所の特別の支部として，知的財産高等裁判所が設置されるに至ったのである[6]。

---

[4] 新堂821頁参照。

[5] たとえば，2002年2月に知的財産戦略会議が発足して，同年7月に「知的財産戦略大綱」が取りまとめられ，同年11月に知的財産基本法が成立した。さらに，2003年3月に知的財産戦略本部が発足し，同年7月に知財立国に向けた具体的施策を取りまとめた「知的財産の創造・保護及び活用に関する推進計画」（知的財産推進計画）が決定された。その後，知的財産計画2004，同2005，同2006，同2007と毎年計画が立案，実施されている。

[6] 知的財産高等裁判所の構成としては，そこに勤務する裁判官を最高裁判所が指定し，そのうちの1人に知的財産高等裁判所長を命じる（知的財産高等裁判所設置法〔〔以下，知財高裁という〕〕3条）。そこでの取扱事件は，東京高等裁判所の管轄に属する事件のうち，①特許権，実用新案権，意匠権，商標権，回路配置利用権，著作者の権利，出版権，著作隣接権もしくは育成者権に関する訴えまたは不正競争による営業上の利益の侵害にかかる訴えについて，地方裁判所がした第一審終局判決に対する控訴事件であって，その審理に専門的知見を要するもの（知財高裁2条1号），②特許法上の審決に対する訴えおよび審判または再審の請求書の却下決定に対する訴え（特許178条1項），実用新案法上の同趣旨の訴え（実用新案47条1項），意匠法上の同趣旨の訴え（意匠59条1項），商標上の同趣旨の訴え（商標63条1項・68条5項）にかかる訴訟

1 管轄および移送の特例

(1) 東京・大阪地方裁判所への専属化

　特許権，実用新案権，回路配置利用権またはプログラムの著作物についての著作者の権利に関する訴え（以下，特許権等に関する訴えという）に関して，新法は，事件の専門性から，東京，名古屋，仙台または札幌の各高等裁判所管轄区域内（東日本）に所在する地方裁判所に管轄権がある場合には東京地方裁判所に，大阪，広島，福岡または高松の各高等裁判所管轄区域内（西日本）に所在する地方裁判所に管轄権がある場合には大阪地方裁判所に，競合的に管轄権を認めていた（2003年改正前の6条）。

　このようにして，東京・大阪の両地方裁判所には，専門性のきわめて高い「特許権等に関する訴え」に対処し得る特別の専門部が置かれたのであるが，その後，知的財産権関係訴訟への対応強化という司法制度改革の流れを受けて，東京・大阪両地方裁判所の専門部を実質的に「特許裁判所」として機能させるために，2003年改正法は，上記の東京地方裁判所または大阪地方裁判所のそれを専属管轄とした（6条1項）[7]。ただし，簡易裁判所が管轄権を有するときは，当事者の地理的アクセスに配慮して，東京・大阪両地方裁判所の管轄権は任意管轄となる（6条2項）。

(2) 東京地方裁判所と大阪地方裁判所との関係

　民訴法6条1項は，東京・大阪の二つの地方裁判所に専属管轄を認めるものの，専属管轄のコンセプトに大幅な変容を加えている。すなわち，東京・大阪両地方裁判所の間では，併合請求による管轄，合意管轄，応訴管轄が生じ得るし（13条2項），同様の取扱いは，中間確認の訴えや反訴の管轄についても認められる（145条2項・146条2項）。また，こうした扱いは，控訴における第一審の管轄違いの主張制限においても，上告における専属管轄違背の理由においても同様である（299条2項・312条2項3号）。さらに，移送との関係でもこの趣旨は変わらず，東京・大阪の両地方裁判所間では，遅滞を避けるための移送（17

　　事件（知財高裁2条2号），③①②に掲げるもののほか，主要な争点の審理に知的財産に関する専門的な知見を要する事件（知財高裁2条3号），④①②の訴訟事件または③の訴訟事件と口頭弁論を併合して審理されるべき訴訟事件（知財高裁2条4号）である。

7)　特許権等に関する訴えを本案とする保全命令事件も，本案の管轄裁判所，つまり，東京・大阪両地方裁判所が管轄するものとされ，仮に差し押さえるべき物または係争物の所在地を管轄する地方裁判所が民訴法6条1項各号の規定する裁判所，つまり，東京・大阪両地方裁判所であるときは，この裁判所も管轄権を有する（民保12条2項）。たとえば，東京地方裁判所が本案の管轄裁判所であっても，係争物の所在地が大阪である場合，大阪地方裁判所も保全命令の管轄権を有することになる。新堂824頁注(1)参照。

条）や，当事者の申立ておよび相手方の同意による必要的移送（19条1項）が認められる（20条2項）。

(3) 控訴審の東京高等裁判所への専属管轄化

知的財産権関係訴訟への対応強化は，第一審のみならず，控訴審のあり方にも再検討を迫る。そこで，2003年改正法は，控訴審の管轄についても，審理の充実および迅速化の見地から，専門的処理体制の整っている東京高等裁判所[8]の管轄に専属させることにした。これにより，知的財産権関係訴訟における判例統一の目的を実現することも期待される[9]。

これに対して，簡易裁判所が第一審としてした判決（6条2項参照）に対する控訴，および，専門的事項が争点になっていないなどの理由から一般ルールによる管轄地方裁判所（東京・大阪両地方裁判所を除く）に移送されて審判がなされた場合における控訴の管轄は，当事者の地理的アクセスの便宜から，一般ルールによることになる。

(4) 専門的事項が審理対象となっていない場合等の特則

民訴法6条1項により東京・大阪両地方裁判所の専属管轄が認められる場合でも，当該訴訟において審理すべき専門技術的事項を欠くこと[10]その他の事情により著しい損害または遅滞を避けるため必要があると認めるときは，申立てによりまたは職権で，一般ルールによって管轄が認められる各地方裁判所へ，訴訟の全部または一部を移送することができる（20条の2第1項）。同じ理由[11]により，東京高等裁判所から大阪高等裁判所への移送も認められる（同条2項）。

(5) 意匠権等に関する訴えの管轄の特則

意匠権，商標権，著作者の権利（プログラムの著作物についての著作者の権利を除く），出版権，著作隣接権，もしくは，育成者権に関する訴えまたは不正競争による営業上の利益の侵害にかかる訴え（以下，「意匠権等に関する訴え」という）については，一般ルールにより生じる管轄裁判所に加えて，東日本の事件には東京地方裁判所にも，西日本の事件には大阪地方裁判所にも，それぞれ任意管轄権が認められる（6条の2）。

---

8) 東京高等裁判所においては，知的財産権関係訴訟を専門的に扱う裁判部が4カ部，裁判官が16名および裁判所調査官が11名配置されていた（2003年度）。
9) 新堂824頁。
10) 特許権等に関する訴訟であっても，専門的事項が審理対象とならない場合としては，相続による特許権の帰属をめぐる争いや，単なる経済的理由からライセンス料の支払が滞っている事件などの例が想定される（一問一答・平15改正71頁）。
11) 控訴審において専門的事項が審理対象とならない場合としては，手続の違法のみを控訴の理由とする事件（一問一答・平15改正73頁）や争点が専ら損害額に絞られる事件（新堂825頁）などの例が想定される。

2003 年改正は，その趣旨としては，意匠権等に関する訴えは，その審理において特許権等に関する訴えほどの高度な専門技術的事項が問題となることはないものの，特許権等に関する訴えと審理構造が類似しており，知的財産権関係訴訟特有の訴訟技術を要することから，知的財産権関係訴訟のノウハウを蓄えた東京・大阪両地方裁判所へのルートをも開いておくことで，こうした訴訟について審理の充実と迅速化をはかったものである。

2 合議体の特例

特許権等に関する訴えの専門性と重要性は，通常の訴えと比べて際立っている。すなわち，審理においては特殊な専門的技術的事項が対象となり，裁判官にとっては特殊なノウハウが要求され，また，近時の企業活動において知的財産権の重要性が著しく高まり，その帰趨は企業に重大な影響を及ぼし，ひいてはわが国の産業経済にも影響を与えかねない[12]。そこで，2003 年改正法は，特許権等に関する訴え並びに特許権および実用新案権に関する審決等に対する訴訟について，その帰趨が企業活動に与えるインパクトの重大性や審理過程における専門技術性等を考慮し，特に慎重な審理を要すると認められる場合には，5 人の裁判官による審判の途を開いた（269 条の 2 第 1 項本文・310 条の 2 本文，特許 182 条の 2，新案 47 条 2 項）。

ただし，特許権等に関する訴訟が専門的事項が審理対象とならないこと等を理由に東京地方裁判所および大阪地方裁判所並びに東京高等裁判所から移送された場合には，その後これらの裁判所に再度移送されても，5 人制の審判は許されない。

なお，東京高等裁判所において 5 人制の裁判体を構成し，その裁判体が社会の耳目を集める事件や高度な専門技術的事項が問題となる事件等を取り扱うといった運用がなされることで，高等裁判所の段階における裁判例の統一が事実上進むものと期待される[13]。

3 裁判所調査官の活用

各裁判所には，裁判官の命を受けて事件の審理または裁判に関して必要な調査を行う裁判所調査官が置かれているが（裁 57 条），知的財産権関係訴訟の対応強化の観点から，従来の調査官とは別に「知財調査官」が導入された。この改正は，知的財産権に関する事件において裁判の一層の充実および迅速化をはかるために，高等裁判所または地方裁判所において，知的財産権に関する事件の審判に関して調査を行う裁判所調査官の担当事務を拡充明確化するものであ

---

12) 一問一答・平 15 改正 74 頁。
13) 一問一答・平 15 改正 75 頁。

る[14]）。

　知財調査官は，裁判長の命を受けて，以下の事務を担当する。まず，一定の期日ないし手続において[15]，訴訟関係を明瞭にすべく，事実上および法律上の事項に関して，当事者に対して問いを発し，または，立証を促す（92条の8第1号）。つぎに，証拠調べ期日において，証人，当事者本人または鑑定人に対して直接に問いを発する（同条2号）。そして，和解期日において専門的な知見に基づいて説明をする（同条3号）。これに加え，裁判官に対して事件について意見を述べる（同条4号）。

　以上の担当事務は，専門委員の関与する事務（92条の2第1項）に類似するが，知財調査官は，裁判所内の常勤の職員である点や，当事者の意向とは無関係に裁判長の命によって事務を担当する点において専門委員とは異なり，裁判官にとっての補助的要員である一面が強い。

　なお，知財調査官は，専門分野に関する判断を提供することから，当事者間の公平に配慮して，裁判官の除斥・忌避の規定が準用される（92条の9第1項）。

第3款　簡易裁判所の手続の特則

1　簡易裁判所の存在意義

　簡易裁判所は，少額軽微な事件を国民に親しみやすい簡易な手続によって迅速に解決することを目的として設けられた第一審裁判所である（270条）。こうした構想は，アメリカ合衆国における少額裁判所（small claims court）のコア・コンセプトを受容して，国民に親しみやすい裁判の実現を狙いとして発足した[16]。簡易裁判所は，全国438カ所[17]に設けられ，国民にとってアクセスの容易な存在であり，また，民間人である司法委員の関与が認められている（279

14）　新堂826頁。
15）　一定の期日または手続とは，具体的には，①口頭弁論または審尋の期日，②争点・証拠の整理を行うための手続，③文書の提出義務または検証の目的の提示義務の有無を判断するための手続，④争点・証拠の整理にかかる事項その他訴訟手続の進行に関して必要な事項についての協議を行うための手続を指す。
16）　松本＝上野761頁〔上野〕。この点で，戦前の地方裁判所と区裁判所（最下級である点で簡易裁判所に相当する）との関係が相対的であったのとは異なる。もっとも，戦後の裁判所法の下で実際に形成された司法制度全体の構造から見る限り，当初からそうした少額裁判所的な性格を保持することは難しく，第一審民事事件の管轄を地方裁判所と分担していることからも明らかなとおり，区裁判所と同質性を有する面が存したことも否定できない（兼子＝竹下・裁判法213頁注（三））。
17）　簡易裁判所は，従来575カ所に設置されていたが，1987年の改革で452庁となった後，1999年に438庁となり，現在に至る。

条, 規172条)。この簡易裁判所は, 累次の事物管轄権の拡張[18]などもあり,「小型地方裁判所化」ないし「ミニ地裁化」の傾向が指摘され, 本来期待された簡易迅速な手続としての機能を十分に果たしていないうらみがあった[19]。

新法による少額訴訟手続の創設は, 簡易裁判所に小型地方裁判所としての現実的な役割とともに, 少額裁判所としての独自の役割をもたせて, 両者を同時並行的に追求しようとする政策に基づく (二重構造スキーム)[20]。さらに, 2000年より簡易裁判所における特定調停手続がその運用を開始し, 2003年より司法書士に簡易裁判所での訴訟代理権が認められることになり, また, 2004年の改正民事訴訟法によって, 簡易裁判所において, コンピュータを中心とする電子情報処理組織を使って督促手続を行うことが可能となるなど, 先端的な試みが実施されている。簡易裁判所は, このようにして, 国民に身近で利用しやすい裁判所としての機能を一段と高めるものと期待されている[21]。

2 簡易裁判所における手続の特則

(1) 訴え提起

簡易裁判所に訴えを提起する際には, 訴状の提出 (書面主義) だけでなく, 口頭の起訴 (口頭主義) も認められる (271条)。この場合, 請求の原因に代えて紛争の要点を明らかにすることでよく, 法律構成をする以前の対立点を通常の言葉で要約すれば足りる (民調規2条参照)。開廷時間中に当事者双方が揃って出頭すれば, 直ちに口頭弁論の開始を求めることができる。この場合にも, 口頭起訴がなされることは当然である (273条)。

事件が簡易裁判所に係属しても, 被告が反訴で地方裁判所の管轄に属する請求をした場合は, 原告の申立てがあれば, 本訴および反訴を地方裁判所に移送しなければならない (274条)。

簡易裁判所には, 訴えを提起する前に, 和解の申立てをすることができる (275条)。これは, 起訴前の和解ないし即決和解とよばれる。起訴前の和解は, 裁判所の面前でその仲介の下に行われる点で訴訟上の和解と共通するが (両者

---

18) 簡易裁判所の事物管轄の訴額は, 1947年発足時の5000円からスタートして, 1951年に3万円, 1954年に10万円, 1970年に30万円, 1982年に90万円, そして, 2003年に140万円となり, 現在に至る。松本＝上野761頁〔上野〕参照。
19) 三ケ月・研究4巻230頁, 小島武司「岐路に立つ簡易裁判所」ジュリ469号 (1971年) 209頁, 新堂・役割258頁以下など。
20) そのような評価として, 兼子＝竹下・裁判法213頁注3。
21) 高橋宏志「さらに活性化する簡易裁判所」高橋ほか編『新しい簡易裁判所の民事司法サービス』(判例時報社, 2002年) 3頁以下, 林道晴「利用者の視点に立った簡易裁判所の民事手続改革」高橋ほか編・前掲9頁以下など。

を一括して「裁判上の和解」という），訴訟係属を前提とすることなく，これをバイパスしてなされる点で[22]，訴訟上の和解とは異なる。

　ちなみに，起訴前の和解は，実際には，債務名義として執行証書を利用することのできない請求権，たとえば，不動産などの特定物の引渡請求権についてあらかじめ執行力を取得するために用いられることが多いといわれる[23]。

　起訴前の和解の申立ては，書面または口頭で（規1条），請求の趣旨および原因と紛争の実情を表示して，訴額のいかんを問わず，相手方の普通裁判籍の所在地を管轄する簡易裁判所に対して行う（275条1項）。この申立てによって，訴訟係属は生じないが，時効中断の効力は生じる（民151条）。和解が調ったときは，和解調書が作成され（規169条），調書は確定判決と同一の効力を有することになる（267条）。

　和解が調わないとき，当事者双方の申立てがあれば，裁判所は直ちに訴訟の弁論を命じる。この場合，和解申立て時に訴え提起があったものとみなされ，和解費用は訴訟費用の一部となる（275条2項）。

(2) 審理手続

　まず，口頭弁論は，必ずしも準備書面を提出しなくてよいとされる反面（276条1項），準備書面を提出すれば，続行期日においても陳述擬制が認められる（277条）。もっとも，相手方が準備なしでは答弁できないような事項については，準備書面を提出するか，または，直接相手方に通知しなければならず（276条2項），これを怠ると，相手方が在廷しない口頭弁論において主張することが許されなくなってしまう（同条3項）。

　つぎに，裁判所は，相当と認める場合には，証人，当事者本人または鑑定人の尋問に代えて，書面（供述書または鑑定書）の提出で済ませることができる（278条，規171条）。同じことは一般の手続でも認められているが，そこでは当事者に異議のないことが要件とされているのに対して，簡易裁判所の場合には，そうした要件は不要である。この場合において，裁判所は，相手方に対し，証人の供述書において回答を希望する事項を記載した書面を提出させることができる（規171条・124条）。

　さらに，口頭弁論調書や判決書の記載についても，略式化の定めがある。すなわち，裁判所の許可があると，口頭弁論調書に証人等の陳述や検証の結果の

---

[22] そのため，起訴前の和解には，和解条項案の書面による受諾に関する民訴法264条および裁判所が定める和解条項に関する民訴法265条は適用されない（275条4項）。

[23] 基本コンメ新民訴(2)312頁〔加藤新太郎〕，松本＝上野762頁注7〔上野〕など参照。

記載の省略が認められる（規170条1項）。判決書の記載も，事実および理由の記載（253条）は，請求の趣旨および原因の要旨とその原因の有無，および，請求を排斥する理由である抗弁の要旨を記載すれば足りる（280条）。

(3) 司法委員の立会いおよび司法書士代理

国民感情や社会通念，または，一般人の良識を裁判に反映させるべく，裁判所は，必要と認めるときは，その裁量で，民間人である司法委員をして，和解の試みについて補助させ，または，審理に立ち会わせ，その意見を徴して裁判の参考にすることができる（279条1項）。裁判所は，司法委員に対して，証人に直接問いを発することを許可することもできる（規172条）。司法委員は，事前に地方裁判所が選任しておき，その者のなかから，簡易裁判所が事件ごとに1人以上を指定する（279条2項3項）。

簡易裁判所では，弁護士のみならず，司法書士にも訴訟代理権限が認められている（2002年改正後の司書3条1項6号イ）。これは，弁護士代理の原則（54条1項）の例外であり，その趣旨は，国民にとって身近な法律家である司法書士を活用することによって，司法へのアクセスを容易にしようとするところにある。これは，弁護士の地域偏在や業務形態の問題点を踏まえ，これまでの司法書士の実績を考慮してとられた措置である[24]。

(4) 和解に代わる決定

簡易裁判所における金銭支払請求訴訟に関しては，被告側が事実を争わず，分割払いを内容とする和解を希望し，原告側としても，取立ての負担などを慮り，これに応ずることが少なくないという実態がある。この場合，被告が遠隔地に居住するなどの諸般の事情により出廷しないならば，和解を成立させることができない。そこで，実務においては，事件を民事調停に付したうえで（民調20条），調停に代わる決定（同17条）を利用することが行われていた。2003年改正法は，そうした迂遠な方法ではなく，簡易裁判所において直截かつ円滑に和解的解決をはかることができる手法として，和解に代わる決定を新設した（275条の2）[25]。

和解に代わる決定の要件には，①金銭支払請求であること，②被告が口頭弁

---

[24] 従来の簡易裁判所の如く，司法書士が「小型弁護士化」ないし「ミニ弁化」していると評される事態に陥ることを回避する努力が要求されよう。

[25] 一問一答・平15改正83頁。一般の手続において，一方当事者が欠席した場合に和解を成立させる手法としては，1996年新法が導入した「和解条項案の書面による受諾制度」があるが（264条），これをさらに簡略化したのが和解に代わる決定であるという（新堂831頁）。

論において原告主張の事実を争わず,その他何らの防御方法を提出しないこと,③簡易裁判所が被告の資力その他の事情を考慮して相当であると認めること,がある (275条の2第1項)。

これらの要件が充足された場合,簡易裁判所は,原告の意見を聴いたうえで,当該請求にかかる金銭の支払を命じる決定をすることができる。その際に異議申立てのための不変期間経過時から5年を超えない範囲内で,その金銭支払請求の時期の定めもしくは分割払いの定めをすることができる (275条の2第1項前段)。分割払いの定めをするときは,被告が支払を懈怠した場合の期限の利益の喪失についての定めをしなければならない (同条2項)。また,これらの定めと併せて,定められた時期にしたがい,または,分割払いを期限の利益を失うことなく支払ったときは,訴え提起後の遅延損害金の支払義務を免除する旨の定めをすることができる (同条1項後段)。

当事者は,決定の告知を受けた日から2週間の不変期間内に,決定をした簡易裁判所に対して異議を申し立てることができる (同条3項)。この異議申立てがあると,決定は効力を失い (同条4項),従前の訴訟手続が続行され,判決に至ることになる。期間内に異議申立てがないときは,決定は裁判上の和解と同一の効力を有する (同条5項)。

(5) 反訴があった場合の移送

地方裁判所の管轄に属する請求について反訴が提起された場合には,相手方 (原告) の申立てにより,簡易裁判所は,決定で,本訴および反訴を地方裁判所に移送しなければならない (274条1項)。これに対する不服申立ては許されない (同条2項)。

移送の裁判をした裁判所の裁判所書記官は,移送を受けた裁判所の書記官に対して,訴訟記録を送付することになる (規168条・9条)。

第2節　略式訴訟手続

略式訴訟手続とは,特定の事件に関して,迅速・経済に重きを置き,通常訴訟手続のコスト (時間・費用) の低廉化および審理の簡略化を図った手続限りでの結論を出す特別の手続をいう。略式訴訟手続内では,適正要求や手続保障のトーンを変調しつつも,通常訴訟手続への途を開き,全体としてバランスのとれた手続を構想しており,選択の機会が組み込まれた重層的な手続構造であるといえる。

略式訴訟手続に該当するものとしては，手形・小切手訴訟手続，少額訴訟手続，督促手続，および，民事保全命令手続がある。そして，手形訴訟では一期日審理の原則および証拠の書証への限定により，少額訴訟では一期日審理の原則および即時取調べ証拠への限定により，督促手続では債権者の一方審尋という審理方式の採用により，そして，民事保全命令では立証の疎明への限定および決定方式の全面採用により，通常訴訟手続の簡略化をはかっている。

なお，以下では，民事保全命令の説明を省く。

第1款　手形訴訟手続・小切手訴訟手続

1　手形訴訟・小切手訴訟の意義

手形・小切手訴訟手続とは，手形・小切手による金銭債権の満足のために，債権者に債務名義を簡易迅速に取得させることを目的とした略式手続をいう（350条1項・367条1項）。これは，旧々法下の証書訴訟および為替訴訟を参考に，旧法時代（1964年）に立法化されたものである[26]。その際，証拠を原則として書証に限定した第一審のみの略式手続を通常手続に前置させ，両者が並行的に係属する事態を回避するとともに，債務者の異議により，第一審の通常訴訟手続へ移行するものとした。これを新法が承継して現在に至る。

なお，手形訴訟の手続規定は，小切手訴訟[27]に準用される（367条，規221条）。以下の記述は手形訴訟を対象とする。

2　手形訴訟の提起

(1)　管轄裁判所

手形訴訟の管轄は，被告の普通裁判籍所在地の裁判所（4条）に加えて，手形の支払地（手1条5号・2条3号・75条4号・76条3項）の裁判所に認められる（5条2号）。事物管轄は，請求金額が140万円を超えると地方裁判所に，超えないと簡易裁判所に認められる（裁33条1項1号）。

(2)　手形訴訟の請求適格

手形訴訟は，「手形による金銭の支払の請求」と「これに附帯する法定利率による損害賠償の請求」に限られる（350条1項）。手形訴訟は，手形による金

---

26)　松浦馨「わが国の手形訴訟の特徴」中田還暦下261頁以下など参照。
27)　小切手訴訟によることのできる請求には，①小切手の振出人・裏書人に対する遡求金額等の支払請求権（小44条・45条）および支払保証人に対する小切手金額等の支払請求権（小55条），②小切手保証人に対する小切手金額等の支払請求権（小27条1項）などがある。中野ほか669頁〔松浦馨〕参照。

銭の迅速な支払という実体法上の特性を訴訟手続にも反映させて特別の略式手続として創設されたものである。当事者間の特約による遅延賠償請求権は，手形上の権利とはいえないが，これを別途通常訴訟でしか請求できないとするのでは，債権者に不都合であることから，法定利率（年六分。商501条4号・514条）内に限り，手形金請求に附帯して請求することができるとしたのである。

手続はシンプリシティを旨として構想されている。そのため，反訴（146条1項）は禁止される（351条）[28]。同様に中間確認の訴え（145条1項）も許されないと解されている[29]。訴えの客観的併合や主観的併合は，すべてが手形訴訟として提起される場合は許される[30]。第三者の補助参加（42条）も適法である。

(3) 原告の手続選択

原告となる手形債権者が手形訴訟を選択するには，訴状に手形訴訟による審理および裁判を求める旨の申述を記載しなければならない（350条2項）。これは処分権主義のあらわれである。訴状には，手形の写しを添付しなければならない（規55条1項2号）。

手形訴訟を選択したものとみなされる一定の場合がある。すなわち，起訴前和解の不調の場合に，当事者双方が手形訴訟を選択する旨の申立てをすれば，手形訴訟として提訴したことになる（365条）。また，支払督促申立ての際に，予備的に手形訴訟による審判を求める旨の申立てをしておけば，仮執行宣言前の債務者の督促異議申立てにより手形訴訟として提訴したものとみなされる（395条・366条）。

3 手形訴訟の審理特則

(1) 手続進行における特則

手形訴訟が提起されたときは，裁判長は，直ちに口頭弁論期日を指定し，当事者を呼び出さなければならない（規213条1項）。口頭弁論期日の指定を「直ちに」行わなければならない点が，通常訴訟手続と異なる（139条参照）。当事者に対する期日の呼出状には，期日前に予め主張，証拠の申出および証拠調べに必要な準備をすべき旨を記載しなければならない（規213条2項）。被告に対する呼出状において，裁判長の定めた期間内に答弁書を提出するように催告し，何らの防御もなされないときは，手形訴訟としての弁論終結の不利益（354条）があり得ることを記載しなければならない（規213条3項）。

口頭弁論において被告が原告主張の事実を争わず，かつ，その他何らの防御

---

28) 手形債権に基づく反訴も許されない（反対，条解1322頁〔松浦馨〕）。
29) 新堂927頁，松本＝上野772頁〔上野〕，上田628頁など。
30) 斎藤・概論557頁，新堂927頁，松本＝上野772頁〔上野〕など。

方法も提出しない場合には，裁判所は，原告が通常訴訟への移行を申し立てても，その申立書が被告に送達される前に弁論を終結することができる（354条）。

手形訴訟においては，止むを得ない事由がある場合を除き，第一回口頭弁論期日において審理を完了しなければならない（規214条）。これを一期日審理の原則という。

> 口頭弁論期日を変更し，または，弁論を続行するときは，次の期日は，止むを得ない事由がある場合を除き，前の期日から15日以内の日に指定しなければならない（規215条）。

(2) 証拠調べの特則

手形訴訟における証拠は，原則として書証に限られる（352条1項）。しかも，書証の対象となるのは，裁判所が文書提出命令（219条・223条）や送付嘱託（226条）をしなくてもよい文書，すなわち，当事者が自ら所持し任意に提出する文書に限られる（352条1項）。手形訴訟が手形による金銭債権の迅速な満足を図ることを目的とした略式訴訟であることから，請求原因事実および抗弁事実の存否を含む本案の審理における証拠調べを裁判官が文書を閲読するだけで事実認定の資料とすることのできる書証に限定したのである。ただし，文書の真否または手形の呈示に関する事実については，申立てにより当事者本人の尋問が補充的に許される（352条3項）。

証拠調べは，受訴裁判所が自らしなければならず，他の裁判所への嘱託および官庁等への調査の嘱託（186条）は許されない（352条4項）。

以上の制限は，職権調査事項には及ばない（352条5項）。

4　手形判決

手形訴訟の終局判決は，すべて手形判決と表示される（規216条）。手形判決にも，通常の判決と同じく，訴え却下の訴訟判決と本案判決がある。

(1) 訴訟判決

手形訴訟における訴訟判決は，①請求の全部または一部が手形訴訟の適格を欠く場合の訴え却下判決（355条1項），②一般の訴訟要件が欠けた場合の訴え却下判決に分かれる。

前者の判決は，口頭弁論を経ずにすることができる。原告は，これに不服申立てをすることはできない（356条但書・357条参照）。その判決の送達後2週間内に通常訴訟を提起し直したときは，前訴による時効中断効は保持される（355条2項）。

後者の判決に対しては，控訴が許される（356条但書）。

(2) 本案判決

手形訴訟の本案判決（請求認容または棄却判決）に対する控訴は許されないが（356条本文），不服ある当事者は，異議申立てをすることができる（357条）。誤って控訴が提起されたときは，控訴裁判所は，異議申立てと解して原裁判所へ移送するのが妥当である[31]。

請求認容判決には，職権で必ず仮執行宣言を付する（259条2項）。これには，異議申立てがあれば，仮執行の停止または取消しの仮の処分がなされ得るが，それには一般の控訴の場合よりも厳格な要件が定められている（403条1項5号）。

5 通常訴訟手続への移行

(1) 手形判決前の移行

原告は，手形訴訟を提起しても，口頭弁論の終結にいたるまで，いつでも自由に，すなわち，被告の承諾を要しないで，訴訟を通常訴訟手続に移行させる申述をすることができる（353条1項）。

この申述があると，通常訴訟手続に移行し（353条2項），裁判所は，直ちに訴訟が移行した旨の書面を被告に送付しなければならない（353条3項本文）。

通常訴訟手続への移行後の弁論は，手形訴訟の弁論の続行となるが，手形訴訟としての制約からは解放される。

(2) 手形本案判決に対する異議

手形訴訟は一審に限られるので，手形本案判決に対する控訴は許されない（356条）。不服の利益があれば，いずれの当事者も通常の第一審訴訟手続を求める異議を申し立てることができる（357条）。

(a) 異議申立ての手続

異議は，判決書またはこれに代わる調書の送達後2週間の不変期間内に書面で申し立てなければならない（357条，規217条）。当事者は，異議申立て権をその申立て前に限って放棄することができる（358条）。一度申し立てた異議は，通常手続の第一審の終局判決があるまで取り下げることができるが（360条1項），その効力は相手方の同意がなければ生じない（同2項）。これは，通常手続への移行に基づいて，そこでの防御態勢を整えた被告の立場を考慮したものである。

(b) 異議申立ての効果

異議申立て期間内に適法な異議申立てがあれば（359条参照），手形判決の確

---

[31] 大阪高決昭43・3・29下民19巻3＝4号169頁。同旨・新堂928頁など。

定が遮断され（116条2項），訴訟は通常手続に移行する（361条）。

(c) 異議後の通常手続

通常訴訟手続への移行により，弁論終結前の審理状態に戻り，通常訴訟の第一審手続が続行される。手形訴訟における訴訟上の効果は，そのまま保持されるが，手形訴訟特有の制約はなくなる。当事者双方の欠席の場合は，異議の取下げが擬制される（360条3項・263条）。

通常訴訟による審判は，訴えによる原告の請求の当否全般に及ぶ。上訴と異なり，その審判の範囲は当事者の不服の限度に限られないから，異議申立人にとって手形判決よりも不利な判決となる余地がある。

通常訴訟手続の結果，新判決がなされるが，その内容は，手形判決と符合するか否かにより異なる。符合する場合は，手形判決を認可する旨の新判決がなされ（362条1項本文）[32]，符合しない場合は，手形判決を取り消して，新たな判断を示す新判決がなされる（362条2項）。いずれの新判決に対しても，通常手続により控訴することができる。控訴審裁判所が異議を不適格として却下した第一審判決を取り消す場合，事件を第一審裁判所に差し戻さなければならない。ただし，さらなる弁論の必要がないときは，この限りではない（364条）。

第2款　少額訴訟手続

1　少額訴訟の意義

少額訴訟とは，簡易裁判所で扱う訴訟のうち，とくに少額の金銭の支払を求める訴えについて，迅速かつ実効的な解決を図る特別の訴訟手続である。

少額訴訟制度は，司法へのアクセス障害の克服の切り札の一つであるにもかかわらず，わが国では，こうした手続を持たない状況のままの期間が長く続いてきた。日常的に生じ得る少額の金銭支払いを求める軽微な事件については，時間的・経済的な負担から訴訟は敬遠されがちなのが現実であるが，それでは，広く国民一般に司法サーヴィスが行き渡らず，制度に対する信頼が揺らぎかねない。そこで，手軽に利用できる特別の少額請求手続を設けるべきであると従来より提唱されていた[33]。

---

32) 手形判決の理由が不当でも，他の理由で支持できる場合には認可する（302条2項参照）。他方，手形判決の手続が違法なときは，手形判決を取り消し，判決をしなおさなければならない（362条1項但書）。

33) カペレッティ＝ガース98頁，小島・制度改革143頁以下，小島・迅速509頁，小島武司「少額紛争処理」ジュリ1000号（1992年）207頁，小島武司「少額訴訟手続の意義」講座新民訴Ⅲ196頁，新堂・役割246頁以下，争点〔3版〕310頁〔池田辰夫〕など参照。

そうしたなか,「国民に利用しやすく,分かりやすい」民事訴訟を目指した1996年新法の目玉の一つとして,少額訴訟手続が導入された。当初は30万円以下の金銭支払請求を目的とする訴えについて,簡易裁判所における審理および裁判を求めることができるものとされていた。しかし,運用開始後,実務において活発に利用され[34],身近で手軽な紛争解決方法として国民一般に認知されるようになったこともあり[35],2003年改正法は,訴額の下限を60万円に引き上げた(368条1項本文)。

なお,少額裁判についてアメリカでは弁護士代理を禁じる州もあるが,わが国では,とくに弁護士代理は禁じられていない。もっとも,その趣旨からするならば,わが国の少額訴訟手続においても,本人訴訟を想定した運用がなされるべきではなかろうか[36]。

2 手続の開始

(1) 訴 訟 物

少額訴訟の訴訟物は,訴額60万円以下の金銭支払請求権である(368条1項本文)。金銭債権の一部についても,それが60万円以下であれば,少額訴訟手続の利用が可能である。ただし,裁判所によって濫用的であると判断された場合や通常訴訟手続が相当であると認められる場合には,通常訴訟手続への移行決定が可能である。給付訴訟に限られるので,たとえば,60万円以下の金銭債務でも不存在確認請求は,少額訴訟の対象にならない。

(2) 訴 え 提 起

原告は,訴えを提起する際に,少額訴訟手続による審判を求める旨を申述し(368条2項),同一簡易裁判所において同年に少額訴訟手続による審判を求めた回数を届け出なければならない(同条3項)。これは,同一人が原告として少額訴訟手続を利用できるのは,同一の簡易裁判所で,同一年に10回までとされていることによる(368条1項但書,規223条)。この利用回数の制限規定は,少額訴訟が特定人(金融業者など)により占領される事態を避け,一般市民の利用を広く平等に確保するために設けられた[37]。利用回数の届出をしないと,職権

---

34) 少額訴訟手続の利用は,年間1万件を超えている。林・前掲注21) 高橋ほか編13頁・389頁参照。
35) 司法制度改革審議会意見書25頁以下。
36) 少額訴訟を悪用した架空請求事件など,使い勝手のよさが裏目に出るおそれもあるところ,事案によっては安全装置として,当番弁護士の助言や司法書士による代理なども考えられる。
37) 一問一答401頁,新堂907頁など。この回数制限の規定は,アメリカ合衆国における各州の動向をみても,相当に思い切った政策決定であり,その選択は評価に値しよう。カペレッティ=

により通常訴訟手続への移行決定がなされる（373条3項2号）。また，利用回数について虚偽の届出をした原告は，10万円以下の過料に処せられる（381条1項）。

3 手続の教示

(1) 裁判所書記官の手続教示

裁判所書記官は，第一回口頭弁論期日の呼出しの際，当事者に対して，少額訴訟手続の内容を説明した書面を交付しなければならない（規222条1項）。

(2) 裁判官の手続教示

裁判官は，第一回口頭弁論期日の冒頭に，当事者に対して，つぎの事項を説明しなければならない（規222条2項各号）。すなわち，①証拠調べは，即時に取り調べることのできる証拠に限られること，②被告は通常手続への移行を申述することができるが，第一回口頭弁論期日において弁論をし，または，その期日が終了した後は，この限りでないこと，③少額訴訟の終局判決に対して，判決書または判決書に代わる調書（調書判決）の送達受領日から2週間の不変期間内に，判決裁判所に対して異議申立てをすることができること，である。

(3) その他

受付相談，受付，事前準備，期日における審理等の各段階で，各簡易裁判所は，一般市民の利用に供するための説明をして行わなければならない。

この場合，こうした手続の教示などによって裁判所の中立性を損なわないようにすることに留意すべきである[38]。

4 審理の特色

(1) 一期日審理の原則

少額訴訟の審理は，特別の事情がある場合を除き，第一回口頭弁論期日で完了しなければならない（370条1項）。これを一期日審理の原則という。そのため，当事者は，第一回口頭弁論期日前またはその期日において，すべての攻撃防御方法を提出しなければならない（370条2項）。追加すべき証拠があれば，期日の続行ではなく，異議審で対応することが，不服申立てを控訴ではなく異議によって同じ簡易裁判所で処理するとした立法の趣旨に適う。

判決の言渡しは，相当でないと認める場合を除き，口頭弁論の終結後直ちに行われる（374条1項）。

ガース98頁，小島・前掲注33) 講座新民訴Ⅲ196頁など参照。
38) 新堂908頁注(1)など参照。

(2) 証拠調べの制限

少額訴訟における証拠調べにおいては，証拠は，即時に取り調べることのできるものに限られる（371条）。これは，一期日審理の原則をとる少額訴訟においては，証拠調べ手続にも簡易迅速性が要求されることから設けられたのが，この特則である。

この点，どのような証拠が即時に取り調べることができるかについては，疎明（188条）と同様に口頭弁論期日で直ちに取り調べることのできる証拠（たとえば，在廷証人や当事者が現に所持する文書）をいうとする見解[39]と，疎明の場合に許容されない証拠であっても，第一回口頭弁論期日に証拠調べを終了し得る蓋然性が高く，一期日審理の原則の実現に支障をきたさない証拠をいうとする見解[40]がある。迅速性を損なうことなく，審理の充実を期するという観点からすれば，後者が支持されよう。

このほか，証人尋問については，宣誓（201条1項）をさせないですることができ（372条1項），証人・本人尋問は，交互尋問制（202条1項・210条）の例外として，裁判官が相当と認める順序で行う（202条2項），尋問事項書を提出しなくてもよい（規225条），さらには，調書には証人等の陳述の記載を要しない（規227条1項）[41]などの特則がある。

(3) 反訴の禁止

被告は反訴を提起することができない（369条）。少額訴訟において提起された反訴は，不適法却下されることになる。ただし，反訴が独立の訴えとしての要件を具備している場合には，本訴と分離して新訴として扱うことも許されると解される[42]。

なお，訴えの客観的併合または主観的併合，訴えの変更，一部請求などは制限されない。

(4) 電話会議システムの活用

裁判所は，当事者の申出があるときは，電話会議システムによって証人尋問をすることができる（372条3項，規226条1項）。

その際，文書の写しを送信してこれを提示することや，その他の尋問の実施に必要な

---

39) 一問一答410頁など。
40) 法曹会編『例題解説・新民事訴訟法（上）』（法曹会，2001年）233頁。
41) ただし，裁判所書記官は，証人・鑑定人の尋問前に裁判官の命令または当事者の申出があるときは，その陳述を録音テープに記録し，さらに当事者の申出があれば，その複製を許可しなければならない（規227条2項）。
42) 法曹会編・前掲注40) 238頁。

措置を行うために，ファクシミリを利用することができる（規226条4項）。

5　通常訴訟手続への移行

(1)　被告の陳述による移行

被告は，少額訴訟を通常の手続に移行させる旨の申述をすることができる（373条1項本文）。

ただし，被告が第一回口頭弁論期日で弁論をし，または，その期日が終了した後は，申述できない（同条同項但書）。

少額訴訟は，この申述時に，当然に通常手続に移行する（同条2項）。

(2)　裁判所の決定による移行

裁判所は，以下の各場合には，通常の手続によって審判する旨の決定をしなければならない（373条3項各号）。①少額訴訟の要件（368条1項）を満たさないとき（訴訟物の不適格，利用回数制限の違反），②原告に対し，相当期間を定めて利用回数の届出を命じたにもかかわらず，期間内に届出がないとき，③公示送達によらなければ被告に対する第一回口頭弁論期日の呼出しをすることができないとき，④少額訴訟手続により審理および裁判をするのを相当でないと認めるとき，である。裁判所の移行決定に対して，当事者は不服申立てをすることができない（373条4項）。

6　判決および強制執行

(1)　判決の言渡し

判決は，相当でないと認める場合を除き，口頭弁論終結後直ちに言い渡される（374条1項）。この終結点に要点を押え果断に結着をはかる（簡易の本義）という精神が象徴的にあらわれている。

言渡しは，裁判長が判決主文および理由の要旨を告げて行う（規229条2項・155条3項）。判決の言渡しは，判決書の原本に基づかないで行い，後にその内容を書記官が記載した調書判決を作成し，これをもって判決原本に代えることができる（374条2項・254条2項）。

少額訴訟の判決書またはこれに代わる調書には，少額訴訟判決と表示しなければならない（規229条1項）。なお，少額訴訟において，和解に代わる決定（275条の2）も可能である。

(2)　支払猶予・分割払いの定め

裁判所は，請求認容判決をする場合，被告の資力その他の事情を考慮して，とくに必要があると認めるときは，以下の定めをすることができる（375条1項）。①判決言渡しの日から3年を超えない範囲内において，支払猶予もしく

は分割払いをする旨の定め，または，②上記の①と併せて，猶予された支払期限の定めにしたがって支払をしたとき，もしくは，期限の利益を喪失することなく分割払いをしたときには，訴え提起後の遅延損害金の支払義務を免除する旨の定め，である。こうした措置には，被告の現実の資力を前提として，任意の履行を得やすいように配慮し，強制執行の負担から原告を解放するという側面もある。そこで，利害関係調整の経験の蓄積のなかで和解などの実例の累積から学んだ実効確保の計算がこの立法には含まれているといえよう。

支払猶予に関する裁判は，当事者間に新たな法律関係を形成する処分であり，訴訟においては例外的である（非訟事件参照）。法は，これに対する不服申立てを認めない（375条3項）。もっとも，少額異議判決（後述）によって少額訴訟判決における支払猶予の定めを変更することは可能であろう[43]。

(3) 必要的仮執行宣言と単純執行文の不要

裁判所は，請求認容判決に際しては，仮執行宣言をしなければならない（376条1項）。請求額に見合った費用で迅速に処理するには，早期の執行を認める必要があるからである。

少額訴訟判決に表示された当事者間の執行については，単純執行文を要しない（民執25条但書）。なお，2004年改正民事執行法により，それまで地方裁判所が執行裁判所であったのを，手続が簡易迅速な債権執行については簡易裁判所で行うものとした（民執167条の2以下）[44]。この少額訴訟債権執行制度は，少額金銭債権の差押えと弁済金の交付という簡易な手続に限って行うことのできる金銭執行であり，その申立ては，少額訴訟にかかる債務名義の作成にかかる簡易裁判所の裁判所書記官に対して行う（民執167条の2）。ここには，権利実現の各段階を可及的に一体として単一の場に集中しようとする立法的配慮があり，利用者の目線に合わせようとする歴史的変化が感じられよう。

7 不服申立て

(1) 不服申立ての制限

少額訴訟の終局判決に対する不服申立て方法は，異議申立て（378条1項）に限定され，控訴は禁止されている（377条）。少額訴訟判決における支払猶予・分割払い等の定めの有無やその内容等に対して，不服を申し立てることはできない（375条3項）。

異議申立ては，判決書または判決調書の送達受領日から2週間の不変期間内に，その

---

[43] 新堂913頁。松本＝上野769頁〔上野〕など。
[44] 審理と執行が一貫した発想で貫かされていることが肝要であり，この点を早くから指摘したものとして，小島・制度改革174頁以下がある。

判決をした簡易裁判所に対して行う（378条1項）。なお，異議申立ての方式，異議申立て権の放棄および異議の取下げについては，手形訴訟における異議に準じる（358条・359条・360条，規230条・217条・218条）。

(2) 異議後の審理

少額訴訟判決に対する異議が不適法で，その不備の補正が不可能なときは，裁判所は，口頭弁論を経ずに，判決によって異議を却下することができる（378条2項・359条）。

これに対して，異議が適法な場合，訴訟は口頭弁論終結前の程度に復し（379条1項前段），その審理および裁判は，通常手続によって行われる（同条項後段）。

異議審の手続には，一期日審理の原則（370条1項）および証拠調べの制限（371条）の適用はないが，反訴禁止（369条），証人・当事者の尋問順序（372条2項），および，判決による支払猶予等（375条）は適用される。

(3) 異議後の判決に対する不服申立て

口頭弁論を経ないでする異議の却下判決（378条2項・359条）および異議後の終局判決（379条1項）に対しても，控訴することができない（380条1項）[45]。ただし，憲法違反を理由とする最高裁判所への特別上告は認められる（380条2項・327条1項）。

異議後の訴訟の判決書または判決書に代わる調書には，少額異議判決と表示しなければならない（規231条1項）。

少額異議判決書およびこれに代わる調書の事実および理由の記載には，少額訴訟の判決を引用することができる（同条2項，規219条）。少額異議判決においても，支払猶予の定めをすることができる（379条2項・375条）。

第3款　督促手続

1　督促手続の意義

督促手続とは，金銭その他の代替物の一定数量の給付請求権に関して，債務者がその債務を争わない場合に，債権者をして，通常の判決手続よりも簡易迅速に債務名義を得させる手続をいう。督促手続の申立人を債権者といい，その

---

[45] 本条項の合憲性が争われた事件で，最高裁判所は，審級制度をどのように定めるかは，憲法81条の規定するところを除いて，専ら立法政策の問題であるので，異議後の終局判決に対する控訴を認めない民訴法380条1項は，憲法32条に反しないと判示した（最判平12・3・17判時1708号119頁〔百選3版A52事件〕）。

相手方を債務者という。

督促手続は，旧法下では，「支払命令」とよばれ，簡易裁判所の職分として行われていたが，新法は，簡易裁判所の書記官によって進められるものとして，その名称を「督促手続」とした。原状回復に障害の少ない金銭等の給付請求権について，簡易迅速な債務名義の取得を実現することに，その狙いがある。そのため，事前に債務者を審尋しないという特色を有するが（386条1項），債務者は，争う意思があれば，支払督促に対して異議を申し立てることができ（386条2項・393条），通常訴訟手続による審判を受ける機会を与えられる。

実務上，督促手続は，これまで債権回収手段として活用され，2004年改正によってオンライン化も進められ，その利用が一層促進されるであろう。

なお，督促手続は略式手続の一種であるが，特別の規定がない限り，民事訴訟法総則編の規定の適用がある（384条，規232条参照）。

2 支払督促の申立て

(1) 申立てをすべき裁判所書記官

支払督促の申立ては，請求の価額にかかわらず，債務者の普通裁判籍所在地の簡易裁判所の裁判所書記官に対してする（383条1項）。

相手方が事務所または営業所を有する者であって，その事務所・営業所における業務に関する請求をする場合には，当該事務所または営業所の所在地の簡易裁判所の裁判所書記官に申し立てることができる（383条2項1号）。手形・小切手による金銭支払請求については，支払地の裁判所の裁判所書記官に対しても申し立てることができる（同条同項2号）。

所定の裁判所の裁判所書記官以外の書記官に対する支払督促の申立ては却下される（385条1項）。この処分に対する異議申立ては，告知を受けた日から1週間の不変期間内にしなければならない（同条3項）。土地管轄を有しないのに簡易裁判所の裁判所書記官が発した支払督促に対しても，債務者は異議申立をするほかなく，その結果，通常訴訟に移行すれば，支払督促の管轄違いは治癒される[46]。

(2) 申立ての要件

支払督促の申立ての要件は，①請求が金銭その他の代替物または有価証券の一定数量の給付を目的とする請求であること（382条本文），②債務者に対し，日本国内で，かつ，公示送達によらないで，支払督促を送達できる場合であること（382条但書），の二つである。

---

46) 旧法下の「支払命令」に関して，最判昭32・1・24民集11巻1号81頁。

①に関して，反対給付と引換えに給付を求める請求でもよいが，現在（最初の異議申立て期間経過前）直ちに執行できない条件付・期限付の請求の場合には，支払督促は許されない[47]。

②を要求するのは，債務者に異議申立ての機会を実質的に保障する趣旨である。したがって，支払督促を発しても送達不可能な場合には，その後の手続を進めることはできない。

(3) 申立ての手続

支払督促の申立ての手続には，その性質に反しない限り，訴えに関する規定が準用される（384条，規232条）。たとえば，①支払督促の申立ても，裁判上の請求として，申立て時に請求について時効中断効を生じる（147条，民150条参照）。②支払督促の送達により，訴訟係属と同視すべき状態が生じるといえるので，債務者の異議申立て前に第三者は独立当事者参加を申し立てることができる[48]。③債務者以外の第三者が補助参加するとともに異議申立てをすることもできる[49]。

支払督促の申立てに要する費用，すなわち，貼用印紙額は，従来は訴え提起の際のそれの半額であったが，2003年改正により，800円に定額化された（2003年改正民訴費規2条の2第1項，別表第2の2の項）。

3 支払督促の申立てに対する処分

支払督促の申立てについては，請求に理由があるか否かを審理する必要がなく，債務者の審尋なくして，支払督促を発する（386条1項）。

(1) 申立ての却下

支払督促の申立てが，①管轄違いの場合，②その要件を欠く場合，または，③申立ての趣旨だけからみて請求の不当なことが明らかな場合には，支払督促を発付せず，申立てを却下する（385条1項前段）。併合された数個の請求の一部について却下事由がある場合には，その一部だけを却下する（385条1項後段）。

この処分に不服のある債権者は，告知（385条2項）を受けた日から1週間の不変期間内に裁判所へ異議を申し立てることができる（385条3項・121条）。

この異議申立ての裁判に対しては，不服を申し立てることはできない（385条4項）。

---

47) 新堂915頁など（支払命令に関して，兼子・体系492頁）。
48) 新堂916頁，（支払命令に関するものであるが）条解194頁〔新堂幸司〕，菊井＝村松I 450頁など。反対，仙台高決平8・6・14判タ935号238頁。
49) 新堂916頁，（支払命令に関するものであるが）兼子・体系401頁，条解176頁〔新堂幸司〕，菊井＝村松I 409頁など。反対，東京高決昭57・6・23判タ485号109頁，前掲注48)仙台高決平8・6・14。

(2) 支払督促

　支払督促の申立てを許容すべきとき，裁判所書記官は，その趣旨にしたがった支払督促を発する（386条1項）。支払督促は債務者に送達し（388条1項），債権者には，支払督促を発した旨を通知する（規234条2項）。支払督促の効力は，債務者に送達された時に生じる（388条2項）。

　旧法下の支払命令は，裁判所が発したので，当然に債務者に送達された時に効力を生ずると解されていたが（旧204条・436条参照），新法下では，支払督促の発付が書記官の権限とされたため，効力発生時期に関するこの規定が必要となったのである。

4　仮執行宣言

　支払督促には，金銭その他の代替物または有価証券の一定数量の給付命令（382条本文），請求の趣旨および原因，当事者および法定代理人を記載し，かつ，債務者が支払督促の送達を受けた日から2週間以内に督促異議の申立てをしないときは，債権者の申立てにより，仮執行の宣言をする旨を付記しなければならない（387条）。この支払督促における仮執行宣言は，警告付の支払督促に，さらに執行力を付与する裁判所書記官の処分である。

(1) 仮執行宣言の申立て

　債権者は，債務者に対する支払督促送達から2週間経過後，支払督促に仮執行宣言を求める申立てをすることができる（391条1項）。

(2) 宣告処分

　裁判所書記官は，申立て期間内に仮執行の申し立てがなされ，また，裁判までに債務者の異議申立てのないときは，支払督促に手続の費用額を付記して，仮執行宣言をする（391条1項）。

　仮執行の申立てを却下する処分に対しては，債権者は処分の告知を受けた日から1週間の不変期間内に裁判所に対して異議申立てをすることができる（同条3項・385条3項）。

　この異議申立ての裁判に対しては，即時抗告をすることができる（391条4項）。

(3) 仮執行宣言の効力

　支払督促は，これに仮執行宣言が付され債務者に送達された時に執行力を生じ，債務名義となる（391条5項・388条2項，民執22条4号）。その送達後2週間以内に債務者が督促異議の申立てをしないと，督促手続は終了し，支払督促は確定判決と同一の効力をもつ（396条）。

　その効力の標準時は，仮執行宣言付支払督促の送達時である。その後の債務者の不服

申立ては，支払督促に対する請求異議訴訟（民執35条）および仮執行宣言付支払督促に対する異議の追完（97条）のみである。

5　債務者の督促異議

支払督促に対する不服申立てを督促異議といい[50]，これは，督促手続における債務者の対抗手段として，請求の当否について通常訴訟手続による審判を申し立てる行為である。支払督促は，債務者の審尋を経ずに発せられるため，債務者の手続保障の見地から，請求の当否について通常訴訟手続による審判を求める途を債務者のために確保したのである。

法は，債務者に督促異議を申し立てる権利を，仮執行宣言の前と後の二段構えで保障している（仮執行宣言前の督促異議〔390条〕と仮執行宣言後の督促異議〔393条〕）。いずれも督促手続を排斥して通常訴訟手続への移行を求める点で共通するが，仮執行宣言前支払督促は移行後当然に失効するのが通常である（390条参照）のに対し，仮執行宣言付支払督促は移行後も失効しない。

(1)　督促異議の申立て

債務者[51]は，書面または口頭で，支払督促を発した裁判所書記官が所属する簡易裁判所へ督促異議の申し立てをすることができる（386条2項）。支払督促の送達後それが失効しない限り（392条），いつでも督促異議を申し立てることができるが，仮執行宣言があると，督促異議の申立ては，仮執行宣言付支払督促の送達後2週間の不変期間内にしなければならない（393条）。督促異議は，請求の当否について通常訴訟手続による審判を求める申立てであるので，上訴のように理由を付す必要はない。

申立てを受けた簡易裁判所は，督促異議を不適法であると認めるときは，事

---

50)　裁判所書記官の処分（たとえば，支払督促の申立ての却下処分〔385条1項〕，仮執行宣言の申立ての却下処分〔391条1項〕など）に対する不服申立てを「異議」と称するが（121条参照），これと区別するために「督促異議」とよび，支払督促に対する不服申立てであって，訴訟に移行させるものであることを表した。一問一答442頁，条解2版1887頁〔松浦馨＝加藤新太郎〕など。

51)　債務者以外の第三者による督促異議の申立ての可否につき，裁判例にあらわれたのは独立当事者参加の申出人および補助参加の申出人であり，いずれも否定された（前者につき仙台高決平8・6・14判時1583号69頁，後者につき東京高決昭57・6・23判タ485号109頁，浦和地判平11・6・25判時1682号115頁）。しかし，それでは，独立当事者参加申出人は債務者自身が申し立てない限り，合一確定の審判を求める機会を失うことになり，補助参加申出人は自己の利益擁護の途のひとつが閉ざされることになるので，いずれにおいても肯定すべきと思う。同旨，新堂866頁，中野ほか687頁〔松浦馨〕，条解2版1887頁〔松浦馨＝加藤新太郎〕など（補助参加の場合には，督促異議の申立てが民訴法45条1項「異議の申立て」にあたるといった条文上の根拠も指摘されている）。

物管轄いかんにかかわらず，自らこれを決定で却下する（394条1項）。

この却下決定に対しては即時抗告が許されるが（同条2項），督促異議を適法とする判断に対する不服申立ては，これを認めると債権者側を過度に優遇することになって公平とはいえず，また，手続安定の要請にも反することから，許されないと解されている[52]。

(2) 督促異議の効果

仮執行宣言前の督促異議は，支払督促を異議の範囲で失効させる（390条）。仮執行宣言後の督促異議は，仮執行宣言付支払督促を失効させずに，その確定を遮断して，請求の当否の審判を求める形をとり，その後の審判手続は上訴審に類似する。この場合，執行力は失われないので，執行回避のためには，執行停止の仮の処分を要する（403条1項3号）。

仮執行宣言の前と後いずれの督促異議によっても，通常訴訟手続へ移行し，請求の価額（事物管轄の定め）にしたがい，支払督促の申立て時に，支払督促を発した裁判所書記官所属の簡易裁判所またはその所在地を管轄する地方裁判所に対して訴え提起があったものとみなされる（395条）。訴えが簡易裁判所に提起されたものとみなされたとき，裁判長は口頭弁論期日を指定し，訴えが地方裁判所に提起されたものとみなされたとき，裁判所書記官は，遅滞なく地方裁判所の裁判所書記官に対して訴訟記録を送付しなければならない（規237条）。

なお，支払督促申立ての際に，「督促異議があるときは手形訴訟（または小切手訴訟）による審判を求める」との申述がなされている場合は，仮執行宣言前の督促異議により手形訴訟（または小切手訴訟）に移行する（366条・367条2項）。

(3) 督促異議の取下げ

督促異議は，簡易裁判所が督促異議を適法として，訴訟手続への移行を示す処置（期日の指定，記録の送付）をとるまでの間は，これを取り下げることが許される。

この期間を経過した後は，仮執行宣言前の督促異議の場合には，すでに事件は訴訟手続に場面を移しており，督促手続は確定的に消滅しているため，その取下げの余地はなく，また，仮執行宣言後の督促異議の場合には，上訴の取下げに準じて終局判決があるまでは任意に取り下げることができ（292条1項参照），これにより仮執行宣言付支払督促を確定させることができる。

---

[52] 菊井＝村松Ⅲ454頁，新堂919頁，注釈民訴(9)208頁〔加藤哲夫〕，条解2版1899頁〔松浦馨＝加藤新太郎〕など。

(4) 移行後の訴訟手続

適法な督促異議の申立てにより訴え提起があったものとみなされると，支払督促の申立書が訴状として扱われ，債権者は，手数料である貼用印紙額の不足を追加納入（追貼）しなければならない（民訴費3条2項・8条参照）。追貼がなされないとき，裁判所は，一定の期間を定めてこれを命ずる（137条1項参照）。それでもなお追貼がなされない場合の取扱いについては議論があり，(i)裁判長は民訴法137条2項準用により支払督促の申立書を却下すべきであるとの見解[53]，(ii)裁判所は民訴法140条により口頭弁論を開かずに訴え却下判決をすべきであるとの見解[54]，(iii)裁判所は口頭弁論を開いたうえで訴え却下判決をすべきであるとの見解[55]がみられる。すでに訴訟手続に移行していることから，判決によって訴えを却下するのが妥当であるが，その際，促されても追貼しない債権者に対して敢えて口頭弁論を開くまでもないことは民訴法140条の規定からも明らかであるといえ，(ii)説によって処理すべきである。なお，仮執行宣言後の督促異議に基づく移行訴訟の場合には，訴え却下判決の主文中において同時に仮執行宣言付支払督促の取消しを宣言しておくのが周到であろう[56]。

移行訴訟の第一回口頭弁論期日において，原告（＝債権者）が欠席すると，支払督促申立書の内容が陳述されたものとみなされ[57]，同じく被告（＝債務者）が欠席すると，それまで原告に送達されていた被告の異議申立書または準備書面の内容に陳述擬制が生じる（158条参照）。当事者双方が口頭弁論期日に出席せずまたは弁論をなさずに退廷した場合の取扱いには，争いがある。おおむね，(i)常に訴えの取下げを擬制すべきであるとの見解[58]と(ii)仮執行宣言前であれば訴えの取下げとみなされるが（263条），仮執行宣言後であれば督促異議の取下げとみなされ（360条3項・292条2項準用），その結果，仮執行宣言付支払督促が

---

53) 「法曹会決議 昭和5年9月13日」法曹会雑誌9巻1号（1931年）101頁，奥村正策「支払命令に対する異議申立」小室＝小山還暦下181頁，注釈民訴(9)216頁〔石川明〕，斎藤ほか編(10)514頁〔林屋礼二＝矢澤昇治＝宮本聖司〕など。
54) 福岡地決昭46・11・12下民22巻11＝12号1138頁，兼子編・実例上398頁〔倉田卓次〕，条解2版1902頁〔松浦馨＝加藤新太郎〕，中野ほか690頁〔松浦馨〕など。
55) 菊井＝村松Ⅲ458頁，基本コンメ新民訴(3)197頁〔坂原正夫〕など。
56) 条解2版1902頁〔松浦馨＝加藤新太郎〕。
57) もっとも，原告としては，第一回口頭弁論期日前までに準備書面を提出したり，被告に送達しておくことが請求の趣旨・原因をより明確にするうえで望ましい。菊井＝村松Ⅲ459頁，注釈民訴(9)220頁〔石川明〕，斎藤ほか編(10)512頁〔林屋礼二＝矢澤昇治＝宮本聖司〕，条解2版1903頁〔松浦馨＝加藤新太郎〕など。
58) 加藤・要論565頁，兼子編・実例上395頁〔倉田卓次〕，菊井＝村松Ⅲ442頁，新堂968頁など。

確定するとの見解[59]に分かれる。仮執行宣言付支払督促という債務名義の存在を重視するならば，移行訴訟は上訴審的に把握され，異議の取下げという法律構成に親和性があるのに対し，移行訴訟の実質を第一審手続ととらえるならば[60]，訴えの取下げとみることになろう。仮執行宣言付支払督促は，債務名義であるといっても，債務者を審尋せずに（386条1項），簡易裁判所の書記官の形式的審査によって発付されるのであるから，その存在よりも，訴訟段階への移行にもかかわらず弁論を懈怠したことの重みに着目し，訴えの取下げを擬制すべきではなかろうか。

6 通常訴訟移行後の手続

移行後の審判は，第一審の通常訴訟手続による。そこでの審判対象（訴訟物）は，仮執行宣言前の異議による移行の場合，支払督促が失効するので，請求の当否ということになり，請求認容または棄却判決がなされる。

仮執行宣言後の異議による移行の場合は，仮執行宣言付支払督促（これは債務名義となる）が存在し，上訴に類似することから，訴訟物のとらえ方について争いがある。

旧法下の判例として，審判対象は督促手続と同一の請求，つまり請求の当否であるとしながら，支払督促を認可すべきであると判示したものがある[61]。学説上は，判例と同じく，(i)審判対象は請求の当否であるが，支払督促の当否は判決で処理するとして，請求に理由があるときは支払督促の認可，一部に理由があるときは支払督促の変更となり，請求に理由がないときは支払督促を取り消して請求棄却判決をすべきであるとする見解[62]，(ii)異議後の審判手続に上訴審的性格を見出し，支払督促に対する異議の当否が審判対象となり，異議に理由がないときは督促異議棄却判決を，理由があるときは支払督促を取り消して請求棄却判決をすべきであるとする見解[63]，そして，(iii)手続の性質を第一審と上訴審の中間的または混合的なものとみて，請求の当否と督促異議申立ての当否の双方が審判対象であり，請求に理由がある（＝異議に理由がない）ときは支払督促を認可して督促異議棄却判決を，請求に理由がない（＝異議に理由がある）ときは支払督促を取り消して請求棄却判決をすべきであるとする見解[64]があ

---

59) 兼子・体系496頁，兼子・判例民訴452頁，兼子・条解上667頁，条解2版1904頁〔松浦馨＝加藤新太郎〕，中野ほか690頁〔松浦馨〕など。
60) 新堂968頁注1は，「しいて性質づければ覆審的構造に近い」という。
61) 最判昭36・6・16民集15巻6号1584頁〔百選100事件〕。
62) 加藤・要論568頁，菊井＝村松Ⅲ463頁，新堂968頁，注釈民訴(9)223頁〔石川明〕，斎藤ほか編(10)519頁〔林屋礼二＝矢澤昇治＝宮本聖司〕，基本コンメ新民訴(3)199頁〔坂原正夫〕，松本＝上野826頁〔上野〕など。
63) 兼子・体系497頁，村松俊夫「判決書」民訴講座(3)749頁など。
64) 高島義郎「支払命令異議訴訟の性質と取扱い」実務民訴(2)381頁，中野ほか686頁〔松浦馨〕，

る。

　(i)説が妥当であろう。確かに，移行後の手続は，すでに仮執行宣言付支払督促という債務名義が存在することとの関係で，上訴審手続の形式によらざるを得ない面がある。しかし，仮執行宣言付支払督促は，簡易裁判所書記官の形式的審査によって発付され，債務者の異議がない限り，債務名義となるというのであるから，原審に比肩し得るほどの実質的審理が先行しているわけではなく，あくまで第一審手続であるとして，その対象は請求の当否であると考えられる。ただ，請求に理由があると認めるときは，債務名義を一本化する必要から，支払督促を認可する判決をすべきである。請求を理由がないと認めれば，支払督促を取り消した上で，請求棄却判決（または支払督促の変更）をすべきである。なお，請求棄却の場合には，民訴法260条が準用される（391条5項）。

7　電子情報処理組織による督促手続の特則

　現行法上，督促手続について，今後予想される事件数の増加や都市部への集中に対処すべく，コンピュータを中心とする電子情報処理組織を用いた特別督促が設けられている。

　特別督促の申立ては，電子情報処理組織によって光学的に読み取ることのできる方式（OCR：Optical Character Reader）によるものとされていたが（2004年改正前の397条2項，規238条2項），2004年改正法による民事訴訟手続等の申立て等のオンライン化（132条の10）[65]に伴い，支払督促の申立てについてもオンライン・システム（インターネット）を利用した方式が認められることとなった（398条1項，規3条の2）。

　こうしたオンライン・システムの利用によって，適正迅速な処理とともに，裁判事務の合理化，省力化による訴訟経済，そして，督促手続の利便性向上が期待される。

　　条解2版1904頁〔松浦馨＝加藤新太郎〕など。
　[65]　法は，オンライン・システムの許容範囲を最高裁判所規則に委ねており（132条の10第1項），これを受けた「民事訴訟法第132条の10第1項に規定する電子情報処理組織を用いて取り扱う督促手続に関する規則（平18最高裁規10）」（以下，督促オンライン規則という）2条には，オンライン・システムによることが認められる行為として，「支払督促の申立て」に加えて，「仮執行の宣言の申立て」，「送達受取人の届出（104条1項）」等の7種類が掲げられている。他方，督促異議の申立てなど債務者のする申立て等については，オンライン化の対象外であるが，これは支払督促の債務者の典型が（弱者の立場に追い込まれた）個人であり，いまだ個人の債務者が電子署名を利用する状況には至っていないと判断されたためである（条解2版1907頁〔高田裕成〕）。なお，ウエブ上の「督促手続オンラインシステム」のHPから必要な情報を得ることが可能とされている（笠井＝越山1185頁〔越山〕）。

特別督促を取り扱うのは，指定簡易裁判所である東京簡易裁判所であり，通常の支払督促の申立てが認められる簡易裁判所（383条参照）が東京簡易裁判所以外である場合にも，東京簡易裁判所の書記官に対して特別督促の申立てを行うことができる（397条，民事訴訟法第132条の10第1項に規定する電子情報処理組織を用いて取り扱う督促手続に関する規則［平22最高裁規7］1条）。これは，特別督促の広範な利用を促進するとともに，電子情報処理組織の設置された簡易裁判所にできる限り多くの事件を集中させるための措置であり，さらに，インターネットを利用した督促手続では，さらに地理的範囲の拡大が見込まれる。

　インターネットを利用した督促手続における支払督促に対し，適法な異議申立てがあると，督促手続は通常訴訟手続に移行する。その場合，いずれの裁判所に訴訟が係属するかにつき，債務者の管轄の利益を考慮して，請求金額に応じて，支払督促の申立て時に民訴法383条に規定する債務者の普通裁判籍等の所在地を管轄する簡易裁判所または地方裁判所に訴えの提起があったものとみなされる（398条1項）。すなわち移行後の審判を行う裁判所は，本来管轄を有する裁判所，従来通りの裁判所，または，指定簡易裁判所（東京簡易裁判所）もしくは指定簡易裁判所を管轄する地方裁判所（東京地方裁判所）であるということになる。

　この督促手続に関する指定簡易裁判所の裁判所書記官の処分の告知のうち，法令上書面等をもってするとされているものについても，オンライン・システムを用いてすることもできる（399条1項）。定型的な大量処理という性質にかんがみて督促手続におけるオンライン化の対象を当事者の裁判所に対する申述といった通常の枠組み（132条の10参照）の外にも広げたわけである。また，指定簡易裁判所の裁判所書記官は，法令の規定により書面等の作成・保管をすることとされているものにつき，書面等に代えて，電磁的記録の作成・保管をすることができる（400条1項）。督促手続にかかる訴訟記録のうち，インターネットを利用した申立て等にかかる部分または裁判所書記官が作成・保管している電磁的記録について，閲覧等の請求があったときは（91条1項3項），指定簡易裁判所の裁判所書記官は，当該裁判所の使用にかかる電子計算機に備えられたファイルに記録された電磁的記録部分の内容を書面に出力したうえ，その書面をもって閲覧等に供する（401条1項前段）。電磁的記録の作成等にかかる書面の送達または送付も同様とされる（同条同項後段）。確かに，記録閲覧等について記録の複製によることも考えられるが（91条4項参照），一覧性などの閲覧者の便宜を考えて書面によるものとされたのである。

事項索引

あ　行

相手方の主張と一致する陳述 …………448
相手方の承諾 ……………………………816
青色発光ダイオード（LED）…………595
アクチオ …………………………………52
アメリカ法律協会 ………………………77
異議説 ……………………………………183
遺言執行者 ………………………………158
意思説 ……………………………………121
意思表示の瑕疵 ……………………557, 560
意匠権等に関する訴え………………92, 907
移審効 ……………………………842, 850
移　送 ……………………………………102〜
移送裁判所 ………………………………102
板まんだら事件 …………………………225
一応の推定 ………………………………486
一期日審理の原則 ……………………916, 920
一元説 ……………………………………890
一部請求 ……………………………279〜, 563
一部認容判決 ……………………………276
一部判決 …………297, 611, 720, 736, 751, 809
一般義務文書 ……………………………520〜
一般債権者に対する判決効 ……………690
一般条項 …………………………………378
一方当事者の欠席 ………………………366
違法収集証拠 ……………………………460
イン・カメラ手続（非公開審理手続）……527, 536, 543
印　紙 ……………………………………257
インターネット …………………………932
引用文書 …………………………………517
内側説 ……………………………………287
訴　え ……………………………………191〜
　——なければ裁判なし ………………257
　——の一部取下げ ……………………563
　——の客観的併合 ……………………716
　——の三類型 …………………………217, 233
　——の主観的選択的併合 ……………773
　——の主観的追加的併合 ……………769
　——の主観的併合 ……………………769
　——の主観的予備的併合 ……………773
訴え却下判決 ……………………………262, 618
訴え提起前の照会 ………………………543
訴え提起前の証拠収集処分 ……………544
訴え取下げ ………………………………552〜
　——の合意 ……………………………421, 553
訴えの変更 ……………………263, 563, 723〜
　——に対する裁判所の処置 …………729
　——の態様 ……………………………725
　——の手続 ……………………………729
　——の要件 ……………………………726
訴えの変更後の審判 ……………………730
訴えの利益 ………………………………224〜
ウルトラマン事件 ………………………75
ALI ………………………………………77
ADR ………………………………6〜, 7, 111
ADR 機関 ………………………………7
ADR 促進法 ……………………………7
疫学的証明 ………………………………493
NHK 記者証言拒絶事件 ………………502
エンパワーメント ………………………10
応訴管轄 …………………………………98
大阪国際空港事件 ………………………230
OCR ……………………………………932
オンライン化 ……………………………932
オンライン・システム …………………932
オンラインによる申立て………………36

か　行

外国法（規）……………………………445, 477
会社関係訴訟 ……………………………198, 674
解除権 ……………………………………644
回　避 ……………………………………3, 116
解明度 ……………………………………429
画一的判断説 ……………………………709
拡散的利益の救済 ………………………255
確定機能縮小説 …………………………123
確定遮断効 ………………………………842, 850
確定判決 …………………………………636, 889

936　事項索引

——と同一の効力…………9, 12, 577, 600, 638
——の騙取……………………………628
確定防止の効力……………………………850
確認訴訟原型観……………………………217
確認の訴え……………………………193, 240
——の利益……………………………231〜
確認判決……………………………………195
瑕疵ある判決………………………………628
貸出稟議書…………………………………527
家事調停………………………………………8
過失相殺………………………………287, 381
家庭裁判所……………………………61, 104
株主代表訴訟………………81, 585, 672, 794
カラオケボックス家具購入事件…………796
仮差押え………………………………………23
仮執行宣言…………………………697, 842, 927
仮執行宣言付支払督促…………………25, 931
仮執行宣言付判決…………………………683
仮処分…………………………………………23
為替訴訟……………………………………914
簡易裁判所……61, 80, 170, 579, 600, 618, 729, **909**
——から地方裁判所への移送……………106
簡易送達……………………………………314
簡易呼出し…………………………………303
管　轄…………………………………78〜
——の合意…………………………………421
管轄決定の時期……………………………101
管轄権………………………………………63
——の調査…………………………………99
管轄原因事実………………………………100
管轄選択権の濫用…………………………56
管轄訴額……………………………………81
管轄違いに基づく移送……………………103
管轄違いの抗弁……………………………101
管轄配分説…………………………………66
関係人への開示……………………………358
間接強制の拡張……………………………21
間接事実……………………376, 377, 444, 487
——の自白………………………………**451**
間接主義……………………………………333
間接証拠……………………………………437
間接証明……………………………………487
間接反証……………………………………487
完全陳述義務………………………………386

鑑　定………………………………………512
鑑定意見……………………………………437
鑑定意見報告義務…………………………513
鑑定人………………………………………513
鑑定人質問…………………………………515
鑑定人尋問…………………………………515
鑑定料………………………………………702
管理（処分）権説…………………………759
関連裁判籍……………………………92, 734
期　間……………………………………306〜
——の計算…………………………………308
——の懈怠…………………………………308
期　日……………………………………302〜
——の指定…………………………………302
——の変更…………………………………304
——の呼出し…………………………262, 303
期日外釈明…………………………………392
期日指定申立て説……………………604, 606
偽証罪………………………………………501
擬制自白………………………………457, 855
羈束力………………………………………629
起訴責任転換説……………………………682
起訴前の和解……………………………579, 910
規範説………………………………………481
規範分類説…………………………………122
既判力…………279, 290, 577, 601, 630〜, 817
——に準ずる第二の判決効………………657
——の客観的範囲…………………………263
——の作用…………………………………638
——の時的限界（標準時）………………642
——の人的限界（主観的範囲）…………657
——の正当化根拠…………………………633
——の相対性………………………………657
——の双面性………………………………640
——の物的限界（客観的範囲）…………651
既判力説……………………………………788
既判力本質論………………………………630
忌　避……………………………………112〜
忌避事由開示義務…………………………115
忌避申立て…………………………………114
逆推知説……………………………………66
客観的主張責任……………………………431
客観的証明責任………………………431, 473
キャリア裁判官制…………………………63

事項索引　937

旧々民事訴訟法	32
旧実体的不服説	844
吸収型	670
旧訴訟物理論	264, 666, 719, 890
給付の訴え	192, 239
——の利益	228〜
給付判決	193, 679
旧民事訴訟法	32
狭義の請求原因	261
強行規定	31
競合説	604, 607
行政事件訴訟	390
強制執行手続	21
行政訴訟手続	26
共同訴訟	742〜
共同訴訟参加	824
共同訴訟的補助参加	791
——の手続	792
——の要件	791
共同訴訟人独立の原則	746, 752, 843
共同代理	161
協同的訴訟運営	36
共有者に対する判決効	693
許可抗告	520, 865, 883
挙証	414
銀閣寺事件	225
禁反言	450
区裁判所	206
具体的証拠提出責任	479
具体的訴権説	52
具体的法規範説	631
クラス・アクション	247, 255
訓示規定	30, 623
計画審理	349
経験則	444, 465, 871
形式説	664
形式的確定力	626
形式的記載事項（口頭弁論調書）	357
形式的競売の手続	21
形式的形成訴訟	205
形式的形成訴訟説	208
形式的証拠力	516
形式的当事者概念	117
形式的表示説	122

形式的不服説	845
刑事訴訟記録	535
形成権	419, 644
形成の訴え	195, 240
——の利益	235〜
形成判決	196, 675
形成力	577, 675
継続教育（継続的教育）	434
継続審理規則	33
継続的不法行為	230
傾聴	10
決定	608, 637
決定手続	886
原因判決	615
厳格な証明	443
原告	117
現在給付の訴え	228
検証	542
——の結果	437
検証受忍命令	542
検証物送付嘱託	542
検証物提示命令	542
現代型訴訟	484, 548
顕著な事実	457
顕著な事由	305
限定承認の抗弁	277
憲法違反	866
憲法判断機能	865
兼有説	812
権利確認説	681
権利抗弁	380
権利根拠規定	480
権利催告	671
権利実在説	631
権利自白	454
権利主張参加	805
権利障害規定	480
権利消滅規定	480
権利能力者	136
権利保護説	49
権利保護の資格	224
権利保護の利益	224
合意管轄	94
行為期間	306

後遺症損害	282	控訴理由書	850
合一確定	754, 813, 824	控訴理由書提出強制	850
合一確定共同訴訟	754	公知の事実	457
行為能力者	146	高等裁判所	61
勾 引	501	口頭主義	332
公開主義	330	行動説	121
公開停止	26, 331	口頭の起訴	910
公開の法廷	622	**口頭弁論**	**328～, 886**
交換的変更	725	――の一体性	359
合議制	61	――の懈怠	359
合議体	609, 617, 622, 908	――の終結	351
広義の請求原因	261	**――の準備**	**341**
広義の請求原因事実	258	――の整序	352
公 告	310	口頭弁論終結後の承継人	658, 826, 830
抗 告	881～	口頭弁論終結の日	621
抗告状	885	口頭弁論調書	356～
交互尋問制	32, 396, 504	高度の蓋然性	438, 472
交互面接方式	597	後発的複数	716
公示送達	316～	交付送達	313
交渉（相対交渉）	3, 5	公文書	516
更正決定	624	公 平	39
構成要件的効力	685	抗弁事項	219, 220
控 訴	**843～**	**抗弁先行型**	**290, 294**
――の一部取下げ	851	抗弁並存型	295
――の取下げ	851	公法的訴権説	52
――の利益	844	公務秘密文書	525
控訴棄却判決	856	効力規定	31
控訴却下判決	855	小切手訴訟	914
控訴権		**国際裁判管轄**	**66～**
――の消滅	848	国際裁判管轄権	614
――の喪失	849	国連国際商取引法委員会（UNCITRAL）	76
――の放棄	848	互 譲	580
控訴再審		コップの中の嵐	253
――の訴え	897	個別代理の原則	180
――の上告事件	897	個別的遅延	44
――の申立て	897	個別的判断説	709
控訴状	849	コミュニティ調停運動	8
控訴審		固有の訴えの客観的併合	716
――の口頭弁論終結時	856	**固有必要的共同訴訟**	**242, 257, 676, 755～**
――の終局判決	855	――の選定基準	756
――の審理	851		
控訴人	117		
控訴認容判決	856	サービサー	246
控訴不可分の原則	851	再建型手続	23

さ 行

事項索引　939

債権者代位訴訟 …………244, 587, 622, 670, 794	裁判所書記官送達 …………………………314
債権者取消訴訟 …………………………………199	裁判所調査官 ……………………………404, 908
債権者取立訴訟 …………………………………673	裁判所等が定める和解条項 …………………599
再抗告 ………………………………………882, 886	裁判籍 ……………………………………………86
最高裁判所 ………………………………………61	裁判長 ……………………………………62, 609
財産開示手続 ……………………………………21	裁判費用 …………………………………………701
財産関係訴訟 ……………………………………199	**債務名義** ………………………574, 679, 931
最初の期日 ………………………………………350	詐害意思説 ………………………………………803
──の懈怠 ……………………………………366	詐害行為取消訴訟 ………………………………199
最初の抗告 ………………………………………882	詐害防止参加 ……………………………………802
再　審 ………………………………………889～	差置送達 …………………………………………315
──の訴え ……………………………………683	差戻し ……………………………………102, 857
──の訴えの訴訟物 …………………………890	参　加
──の管轄裁判所 ……………………………898	──の趣旨 ……………………………………806
──の原告適格 ………………………………897	──の利益 ……………………………………777
──の訴訟手続 ………………………………898	──の理由 ……………………………………802
──の訴訟要件 ………………………………896	参加承継 …………………………………………829
──の被告適格 ………………………………898	**参加的効力** ……………………………696, 788～
──の補充性 …………………………………892	参加的効力説 ……………………………………788
再審事由 ……………………………………890, 892	参与員制度 ………………………………………26
──の立法論 …………………………………895	事案解明義務（事実解明義務）…………386, 490
再訴禁止 …………………………………………263	私鑑定 ……………………………………………512
再訴禁止効 ……………………………557, 567	**時機に後れた攻撃防御方法の却下** ………360～
裁定管轄 …………………………………………94	識別説 ……………………………………………261
裁定期間 …………………………………………307	事業再生 ADR …………………………………7, 23
再度の考案 ………………………………………887	事件送致命令 ……………………………………102
裁　判 ………………………………………608～	事件の回付 ………………………………………102
──の脱漏 ……………………………………613	時効中断 …………………………………213, 286
──を受ける権利 ………119, 330, 657, 707	**時効中断効** ……………………………263, 297, 798
裁判外の和解 ……………………………………579	時効の援用 ………………………………………394
裁判外紛争解決手続の利用の促進に関する	事後審主義 ………………………………………852
法律 …………………………………………4	自己責任 ……………………………450, 635, 641, 837
裁判官	**自己専用利用文書** ……………………………526
──および裁判所書記官の出張費 ………702	事　実 ……………………………………444, 619
──による仲裁型和解 ……………………599	事実上の主張 ……………………………………414
──の署名押印 ………………………………622	事実上の推定 ……………………………………486
裁判官尋問の原則 ………………………………396	事実審
裁判機関 …………………………………………609	──における釈明 ……………………………398
裁判上の自白 ……………………………447～, 784	──の口頭弁論終結前 ……………………728, 733
裁判上の和解 ……………………………579, 911	事実認定 ……………………………………458～, 465
裁判所 ………………………………………61～	死者名義訴訟 ……………………………………125
──が職務上知り得た事実 ………………458	自主交渉援助型調停 ……………………………8
裁判所時間 ………………………………………497	私設裁判 …………………………………………10
裁判所書記官…116, 358, 393, 498, 623, 704, 860,	

940　事項索引

自然科学的証明 …………………………439
自然人 ……………………………………136
失権効 …………………………………42, 364
執行関係訴訟 ……………………………587
執行官による現況調査 …………………545
執行官による不動産内覧制度……………21
執行停止 …………………………………683
執行力 ……………………577, 679, 817, 886
　——の客観的範囲 ……………………680
　——の主観的範囲 ……………………681
執行力不拡張説 …………………………822
実質説 ……………………………………664
実質的記載事項（口頭弁論調書）……357
実質的証拠力 ……………………………516
実質的当事者概念 ………………………117
実質的表示説 ……………………………122
実体関係的手続保障説 …………………283
実体法上の形成の訴え …………………196
実体法上の法定代理人 …………………158
実体法説 ……………………264, 630, 759
指定管轄 …………………………………93
私的自治 …………………196, 450, 551, 678
自動車損害賠償保障法（自賠法）…431, 432
支配人 ……………………………………185
自　白 ………………385, 415, 447～, 855
　——の擬制 ……………………………456
　——の撤回 ……………………………455
自白契約 …………………………………467
支払督促 …………………………………927
　——の申立て …………………………925
支払命令 …………………………………925
支払猶予 …………………………………922
自　判 ……………………………………857
事物管轄 …………………………………80
私文書 ……………………………………516
司法（への）アクセス …16, 171, 398, 713, 912,
　　　　　　　　　　　　　　　　　　918
司法委員 …………………………………912
司法研修所 ………………………………273
司法行為請求権説 ………………………54
司法書士 ……………………………170, 912
司法調停 …………………………………8
私法規定 …………………………………556
私法契約説 ………………………………554

私法行為説 …………………………419, 581
私法秩序維持説 …………………………49
私法的訴権説 ……………………………52
私法統一国際協会 ………………………77
氏名冒用訴訟 ……………………………123
釈明義務 ………………………391, 398, 399
釈明権 ……………………………276, 391～
釈明処分 …………………………………401
釈明に応じない攻撃防御方法の却下 …364
釈明の基準 ………………………………398
藉口型（転用型）…………………………671
遮断効 ……………………………………643
遮へい ……………………………………508
主位請求 …………………………………718
受移送裁判所 ……………………………102
就業場所における送達 …………………313
終局判決 …………………………608～, 611, 843
自由心証主義 ……………437, 452, 458～, 871
修正逆推知説 ……………………………67
修正された表示説 ………………………122
修正類推説 ………………………………66
集団訴訟 …………………………………708
集中証拠調べ ………………335, 360, 496
集中審理 …………………………………513
集中審理（継続審理）主義 ……………334
自由な証明 ………………………………443
住民訴訟 ……………………………82, 242, 767
主観的主張責任 …………………………431
主観的証明責任 ……………………431, 477
主観的予備的併合 ……………………753
宿泊料 ……………………………………702
受　継 ……………………………………325
主権免除法 ………………………………65
取効的訴訟行為 …………………………412
主参加 ……………………………………799
主尋問 ……………………………………504
受送達者 …………………………………312
受訴裁判所 ………………………………61
受託裁判官 ……………62, 365, 498, 609
主　張 ……………………………………414
主張共通の原則 …………………384, 747
主張責任 ……………………………374, 430
出頭義務 ……………………………501, 513
ジュディケア制 …………………………714

事項索引　941

主　文	618
受命裁判官	62, 345, , 365, 498, 609
主要効果説	409
主要事実	374, 376, 377, 444, 450
準再審	900
準主要事実	380
準書証	540
準独立当事者参加	800
準備書面	341, 911
準備的口頭弁論	343
準文書	541
準併合和解	580
少額異議判決	924
少額訴訟	**81, 918〜**
少額訴訟手続	24
少額訴訟判決	922
少額定期金給付債務の履行確保	21
消極的釈明	397
承継人に固有の抗弁	664
証　言	437
証言義務	501
証言拒絶該当事由記載文書	522
証言拒絶権	502
条件付給付判決	277
条件付放棄認諾説	819
証　拠	435〜
――の構造的偏在	548
――の採否	499
――の偏在	484
――の申出	498
――の優越	438
証拠価値	437, 459, 464
証拠共通の原則	385, 463, 749
上　告	863〜
――の利益	865
上告再審事件	897
上告再審の訴え	897
上告再審の申立て	897
上告裁判所	871
上告受理制度	864
上告受理申立て	864, 865, 871, 874
上告受理申立理由	870
上告状	872
上告状却下命令	872

上告審	
――における釈明	399
――の終局判決	877
――の審理	875
上告人	118
上告理由	865
証拠契約	422, 467
証拠結合主義	337
証拠決定	500
証拠調べ	**496〜**
――の結果	460
――の制限	921
証拠調調書	356
証拠資料	375, 436, 459
証拠制限契約	467
証拠説明の違法	465
証拠能力の制限	460
証拠方法	436, 500
証拠保全	28, 546〜
証拠力	437, 464
――の自由な評価	464
証　書	
証書真否確認の訴え	194, 516
証書訴訟	32, 914
上　訴	837〜
――の効果	842
――の種類	839
――の追完	321, 629, 889
――の取下げ	552
――の目的	838
――の要件	841
上訴権の濫用	841
上訴不可分の原則	721, 843
証人義務	501
証人尋問	501
証人等の保護	508
消費者団体訴訟	**255**
証　明	414, 437
――の必要	477
――の優越	472
証明責任	211, 430, 472〜
――の転換	483
――の**分配**	**479**
証明責任規範説	475

証明責任説 …………………………… 447
証明度 …………………………… 438, 472
証明妨害 ……………………………… 489
証明力 ………………………………… 437
将来給付の訴え ……………………… 229
職分管轄 ……………………………… 79
職務上の担当者 ……………………… 245
書　証 ………………………………… 515
助成的釈明 …………………………… 397
除　斥 ……………………………… 110～
職権主義 ……………………………… 299
職権証拠調べ …………………… 26, 99, 396
　──の禁止 ……………………………… 385
　──の廃止 ……………………………… 32
職権証拠探知主義 …………………… 26
職権進行主義 ………………………… 337
職権審査 ……………………………… 99
職権審査型 …………………………… 220
職権送達主義 ………………………… 310
職権探知主義 …………78, 220, 252, 290, 392, **401**～, 573, 676
職権調査事項 ……………… 78, 220, 290, 403
処分権主義 … 207, 211, 257, **273**～, 373, 551, 859
処分文書 ……………………………… 516
書面主義 ……………………………… 332
書面による準備手続 ………………… 348
書面和解 ……………………………… 599
所有権確認訴訟説 …………………… 209
白地手形補充権 ……………………… 649
自律型調停 …………………………… 8
信義誠実の原則 ……………………… **55**
信義則 …………………………… **55**～, 280, 426
　──による後訴遮断 …………………… 656
新既判力説 …………………………… 789
真偽不明（non liquet）………… **429**, 472
審級管轄 ……………………………… 79
審級制度 ……………………………… 847
進行協議期日 ………………………… 348
人事訴訟 … 61, 104, 149, 196, 246, 274, 331, 389, 570, 674, 676, 843, 898
人事訴訟手続 ………………………… 26
人事訴訟法 ……………………… 102, 331
真実義務 ……………………………… 385
新実体的不服説 …………………… 845～

新実体法説 …………………………… 266
真実発見 ……………………………… 37
新私法行為説 ………………………… 420
新種証拠 ……………………………… 540
新種媒体 ……………………………… 500
人　証 ………………………………… 500
心証形成 ……………………………… 459
心証度に応じた認定 ………………… 493
審　尋 ………………………………… 925
真正期間 ……………………………… 306
迅　速 ………………………………… 39
新訴訟物理論 ……………… **265**, 666, 719, 890
新訴訟法説 …………………………… 632
新訴提起説 ……………………… 604, 606
審判権の限界 ………………………… 225
審判権排除効 ………………………… 450
新併存説 ……………………………… 420
新法理設定説得活動 ………………… 431
新民事訴訟法 ………………………… 33
審　問 ………………………………… 329
審問請求権 …………………………… 119
新様式判決 ……………………… 618, 620
審　理 …………………………… 427～
審理契約 ……………………………… 338
審理不尽 ……………………………… 868
診療録（カルテ）…………………… 522
随時提出主義 …………………… 337, 359
スタッフ弁護士 ……………………… 714
スモン製造物責任訴訟 ……………… 493
正　義
　──の総合システム …………………… 13
　──へのアクセス ……………………… 13
　──へのユビキタス・アクセス ……… 14
正義必勝 ……………………………… 42
請　求
　──なき当事者 ………………………… 807
　──の一部放棄 ………………………… 563
　──の基礎 ……………………………… 726
　──の原因 ………………………… 257, 261
　──の趣旨 ………………………… 257, 259
　──の認諾 …………………………… 572～
　──の併合 ……………………… 84, 263, 716
　──の放棄 …………………………… 274, 572～
　──の目的物の所持者 ………………… 666

事項索引　943

請求異議訴訟	648
請求棄却判決	618
請求残存説	821
請求認容判決	618
制限付自白	449
制限的訴訟能力者	148
制限免除主義	64
制裁型スキーム	41
清算型手続	23
正統型（本来型）	671
制度的効力説	634
成年被後見人	147
精密司法	441
責任追及等の訴え	794
責問権の放棄・喪失	855
積極的釈明	397
絶対的上告理由	864, 866
絶対的遅延概念	362
絶対的免除主義	64
説明義務	853
先行自白	449
宣誓	501, 504
宣誓義務	501, 513
専属管轄	734, 867
選択的併合（択一的併合）	265, 719
選定行為	248
選定者の地位	249
選定当事者	246〜
——の地位	249
選定当事者訴訟	587
善と衡平	12
全部判決	611, 720
専門委員	405〜
専門家証人	512
専門家による意見陳述の嘱託	545
専門訴訟	404〜
占有の訴え	736
相殺	652
——の抗弁	615, 859
——の抗弁と重複訴訟の禁止	290〜
相殺権	646
相対的遅延概念	362
相対的二重地位説	812
送達	310〜
——の瑕疵	320
送達実施機関	311
送達受領者	312
送達担当機関	311
送達場所の届出制度	319
争点効	654, 666
争点・証拠の整理手続	342
送付	310
双方審尋主義	39, 331
双方代理の禁止	157
訴額	80
——の算定	82
即時確定の利益	234
即時抗告	79, 108, 262, 624, 710, 782, 842, 849, 882, 896
続審主義	852
続審制	850
ソクラティック・メソッド	15
訴権	52
——の失効	58
訴権否定説	53
訴権論	52
組織的遅延	44
訴訟	3
——の非訟化	18
訴状	257〜
——の記載事項	258
——の補正の促し	258
訴訟委任に基づく訴訟代理人	169
訴状却下	258
訴状却下命令	881
訴訟救助	707
——の効果	711
——の裁判手続	709
訴訟経済	40
訴訟係属	218, 262, 287
——の遡及的消滅	566
訴訟契約説	554
訴訟行為	55, 408〜
——と私法行為	418
——と私法法理	416
——と条件	417
——に対する私法規定の適用可能性	423
——の撤回・取消し	416

944 事項索引

——の分類	410
訴訟行為説	419, 582
訴訟告知	252, 671, 793〜
——の効果	795
——の方式	795
——の要件	794
訴訟参加	774
訴訟指揮権	300〜, 392
訴訟事件の非訟化現象	18
訴訟終了効	577, 600
訴訟準備活動成果秘匿法理	535
訴訟承継	825〜
訴訟承継主義	825, 830
訴訟状態の不当形成の排除	56
訴訟上の救助	707
訴訟上の禁反言	56, 656
訴訟上の形成の訴え	889
訴訟上の権能の失効	57
訴訟上の権能の濫用禁止	59
訴訟上の合意	421
訴訟上の信義則	386
訴訟上の代理権	156
訴訟上の代理人	**154**〜
訴訟上の申立て	413
訴訟上の和解	274, 421, 579〜
——の法的性質	581
訴訟資料	375
訴訟進行協力義務	34
訴訟信託説	822
訴訟信託の禁止	250
訴訟政策説	759
訴訟訴訟	28
訴訟代理権	
——の授与と証明	172
——の消滅	181
——の範囲	173
訴訟代理人の和解権限	589
訴訟脱退	815〜
訴訟脱退者	678
訴訟担当者のための法定訴訟担当	243
訴訟担当における本人	669
訴訟遅延	**43**〜
訴訟中の訴え	218
訴訟手続	17

——の中止	327
——の中断	181, 323
——の中断・受継	826
——の停止	322
訴訟当事者	**117**〜
訴訟内の形成権の行使	419
訴訟能力	**145**〜
——の喪失	323
——を欠く者	147
訴訟能力者	146
訴訟判決	613, 855
訴訟費用	577, 700
——の裁判	274
——の担保	705
訴訟費用確定手続	704
訴訟物	263〜, 275, 638, 832
訴訟物理論	663, 716
訴訟物論争	**264**〜
訴訟法上の特別代理人	159
訴訟法説	265, 631, 759
訴訟要件	219〜, 389, 574, 588, 765
——の審判	220
即決和解	910
続行期日	351
——の懈怠	367
続行命令	327
外側説	287
疎　明	437, 683
損害額の認定	468

た　行

大規模訴訟	62, 903
第三者再審	253
第三者の訴訟担当	241
第三者不服説	812
胎　児	136
代償請求	229
対象選択の適否	231
対席（同席）方式	598
対席判決主義	367
対世効	251, 390, 676
代替証拠	530
第二次主張・立証責任の理論	388
代理権	868

事項索引　945

対立（拮抗）型	670
対話促進型調停	8
対話続行利益説	846
多元説	50, 635
多数当事者訴訟	**741〜**
建物買取請求権	278, 647
単純執行文	923
単純併合（並列的併合）	718
団体関係訴訟	677
団体訴訟	**255**
単独制	61
単独体	609, 617
担保権の実行としての競売手続	21
知財調査官	908
遅滞を避ける等のための移送	105
知的財産権関係訴訟	90, 905
地方裁判所	61, 80
中間確認の訴え	**738**
中間の争い	615
中間判決	614, 636
仲裁	3, 10
仲裁鑑定契約	467
仲裁契約	10
仲裁合意	10, 11
仲裁判断	11
仲裁法	4
抽象的訴権説	52
中断の解消	325
調査嘱託	545
調書	577
——の証明力	359
調書判決	618, 922
調停	3, 7〜
——に代わる裁断	9
調停前置	9
重複訴訟の禁止	**263, 288〜**
直接主義	333, 617
直接証拠	437
直送	310
陳述	414
陳述擬制	366, 911, 930
陳述書	506, 509
沈黙	415
追加的選定	246, 256

追加的変更	725
追加判決	613
追認	150, 165
通常期間	307
通常共同訴訟	**744〜**
通常抗告	882
通常訴訟移行後の手続	931
通常訴訟手続への移行	917, 922
通知	310
通訳料	702
付添い	508
付添人	188
出会送達	314
定期金賠償を命じた確定判決の変更を求める訴え	650
提出責任効説	634
提訴手数料	257, 281, 701
提訴前の証拠収集処分	28
提訴予告通知	28, 543
定率制（スライド制）	701
手形・小切手訴訟手続	24
手形訴訟	914
手形判決	916
適格消費者団体	135
適格説	122
適時提出主義	**337, 353**
適正	39
テスト訴訟	281
手続安定	37, 418
手続教示	920
手続裁量論	338
手続的不服説	846
手続フェーズ複合考量説	132
手続法上の形成の訴え	201
手続保障	38, 119, 252, 347, 635, 641, 657, 837
——の「憲法化」	397
手続保障説	50, 634
テレビ会議	333
テレビ会議システム	506
電子情報処理組織	932
電磁的記録	933
転借人に対する判決効	693
電話会議	347, 348, 393
電話会議システム	921

946　事項索引

ドイツ車預託金請求事件…………………68
同一手続型……………………………291
東京・大阪地方裁判所への専属化……906
倒産ADR……………………………23
倒産処理手続…………………………23
当事者………………………117〜, 188
　――の確定……………………120〜
　――の欠席………………………364
当事者権………………………………119
当事者主義………………………299, 373
当事者照会…………………………350, 544
当事者進行主義………………………337
当事者尋問……………………………510
当事者双方の欠席……………………365
当事者対等の原則……………………331
当事者適格……207, 212, 238, 241, 676
　――の喪失………………………324
　――の判断基準…………………238
当事者能力…………………………135〜
　――の消滅………………………323
当事者費用……………………………702
同時審判申出訴訟…………………750〜
統制的釈明……………………………397
当然承継………………………………826
当然の補助参加説……………………747
闘　争……………………………………3
導入教育………………………………434
督促異議………………………………928
督促手続……………………………25, 924
特定承継………………………………831
特定調停……………………………9, 23
特別委任事項…………………………173
特別関係者のための法定訴訟担当……245
特別共同訴訟…………………………754
特別抗告…………………………883, 887
特別裁判籍……………………………87
特別授権………………………………556
特別上告…………………………683, 887
特別上訴…………………………887, 889
特別督促………………………………932
独立裁判籍……………………………87
独立証拠調べ…………………………544
独立当事者参加……………799〜, 860
　――と上訴………………………810

　――の審判………………………808
　――の手続………………………808
　――の要件………………………801
独立当事者参加訴訟における和解……810
独立当事者参加訴訟の訴訟費用……814
土地管轄………………………………85
土地境界確定訴訟………205〜, 585, 859
特許権等に関する訴え……………90, 905
特許裁判所……………………………906
届出送達場所宛送達の原則…………319
トランスフォーマティヴ・ミディエイション
　…………………………………………8
取消権…………………………………644
取下書…………………………………564

な　行

内部文書………………………………526
内容上無効の判決……………………628
二元説……………………………634, 890
日蓮正宗管長事件……………………226
日　当…………………………………702
日本司法支援センター………………713
二当事者訴訟への還元………………814
二当事者対立構造……118, 157, 288, 329
二分肢説………………………………267
日本人の裁判嫌い……………………16
任意規定………………………………31
任意代理人…………………………166〜
任意的記載事項（訴状）……………258
任意的口頭弁論………………………330
任意的訴訟担当……………………246〜
任意的当事者変更………………133, 825
認証ADR機関…………………………7
認定司法書士…………………………171
ノン・リケット判決…………………494

は　行

陪席裁判官……………………………62
敗訴可能性説…………………………447
敗訴者負担の原則……………………703
配　点…………………………………262
配当要求債権者に対する判決効……690
破棄移送………………………………878
破棄差戻し……………………………878

事項索引　947

破棄自判 ……………………………878
破棄判決 ……………………………878
破産債権者に対する判決効 ………690
判　決 ………………………………608
　　——の言渡し …………………622
　　——の確定 …………………**626**
　　——の確定時期 ………………626
　　——の更正 ……………………624
　　——の自縛性 …………………624
　　——の送達 ……………………623
　　——の不存在 …………………627
　　——の併合 ……………………355
　　——の変更 ……………………625
　　——の無効 ……………………627
判決原本 ……………………………617
判決効拡張 …………………………251
判決効説 ……………………………803
判決事項 ……………………………275
判決主文 ……………………………651
判決書 ………………………………617
　　——に代わる調書 ……………618
判決理由中の判断 …………………651
判事補 …………………………………62
反射効 …………………………**685~**
反射的効力 …………………………685
反証提出責任 ………………………495
阪神電鉄事件 ………………………136
反　訴 …………………………**731~**
　　——の禁止 ……………………921
　　——の手続 ……………………735
　　——の要件 ……………………732
反対尋問 ……………………………504
反対尋問権 …………………………507
判断遺脱 ………………………868, 893
判例法 …………………………………46
反論書 ………………………………850
引受決定 ……………………………834
引受承継 ……………………………829
引換給付判決 ………………………277
引渡し・閲覧請求権のある文書 …518
被控訴人 ……………………………118
被　告 ………………………………117
　　——の同意 ……………………725
被参加人 ……………………………775

非訟化の限界 …………………………19
被上告人 ……………………………118
非訟事件 ………………16~, 104, 170, 206
被上訴人説 …………………………812
被上訴人的資格者説 ………………812
非制裁型スキーム ……………………42
筆界特定手続 ………………………216
必要的仮執行宣言 …………………923
必要的記載事項（訴状）…………258
必要的共同訴訟 ……………………754
必要的口頭弁論 ……………………329
　　——の原則 ……………………853
必要的差戻し ………………………858
必要的呼出し ………………………252
ビデオリンク ………………………509
否　認 ………………………………415
被保佐人 ……………………………148
被補助人 ……………………………148
飛躍（越）上告 ………………839, 847
　　——の合意 …………80, 421, 863
表見証明 ……………………………486
表見代理 ……………………………556
表見法理 ………………………**165**
表示説 ………………………………122
表示の訂正 …………………………132
漂流型審理 …………………………434
ファクシミリ ………………………393
ファシリテーター ……………………10
ファミリー事件 ………………………73
不意打ち ………………274, 276, 277
不確定概念 …………………………454
不可撤回効 …………………………450
不起訴の合意 ………………………421
武器対等の原則 ………………118, 331
副位請求 ……………………………718
複合行為説 …………………………725
複合（併合）訴訟説 ………………210
複雑請求訴訟 ………………………741
複雑訴訟 ……………………………715
覆審主義 ……………………………852
複数請求訴訟 ………………………715
不控訴の合意 ………………………847
不真正期間 …………………………306
付随訴訟 ………………………… 28, 889

948　事項索引

附帯控訴 …………………………860〜
附帯上告 …………………………875
附帯上訴 …………………………843
不　知 ……………………………415
普通裁判籍 ………………………86
物　証 ……………………………500
不当判決 …………………………630
不特定概念 ………………………378, 488
不服の利益 ………………………861
不変期間 …………………………307, 849, 885
　――の追完 ……………………308〜
付郵便送達 ………………………315
不要証効 …………………………450
不要証事項 ………………………446〜
不利益変更禁止の原則 …………207, 211, 858
不利益要件不要説 ………………448
ブリヂストン事件 ………………236
分割払い …………………………922
文書送付嘱託 ……………………539, 545
文書提出義務 …………………516〜
文書提出命令 ……………………536
文書提出命令違反の効果 ………538
文書の記載内容 …………………437
紛争解決請求権説 ………………53
紛争解決説 ………………………49
紛争主体特定責任説 ……………123
紛争・訴訟手続経過説 …………803
併行審理主義 ……………………334
併合請求の裁判籍 ………………93
併合和解 …………………………580
併存説 ……………………………419, 555, 582
併用説 ……………………………122
別訴先行型 ……………………290, 292
変更判決 …………………………625
弁護士強制主義 …………………153, 155, 170
弁護士時間 ………………………497
弁護士代理の原則 ……………170, 250
弁護士費用 ………………………702
弁護士法 …………………………183
弁護士報酬 ………………………281
弁護士報酬敗訴者負担制度 ……36
片面的参加 ………………………800
弁理士 ……………………………171
弁　論

　――の懈怠 ……………………364
　――の更新 ……………………334, 351, 617
　――の更新権 …………………853
　――の再開 ……………………351
　――の制限 ……………………352, 614, 720
　――の全趣旨 …………………464
　――の分離 ……………………297, 353, 720, 736, 751, 809
　――の併合 ……………………353
弁論兼和解 ………………………343
弁論主義 ………………………211, 220, 368〜, 450, 676
　――の根拠 ……………………368
　――の内容 ……………………374
　――の補完 ……………………392
弁論準備手続 …………………345〜
弁論能力 …………………………153
弁論分離禁止共同訴訟 …………750
法科大学院 ………………………15, 273, 398, 435
包括請求 …………………………287
法　規 ……………………………445
法規不適用説 ……………………474
法　人 ……………………………136
　――でない財団 ………………140
　――でない社団 ………………138
　――の内部紛争 ………………253
法人格否認 ………………………127
　――の法理 …………………695
法人等の代表者 …………………164〜
法曹一元制 ………………………63
法定期間 …………………………307
法定証拠主義 ……………………459
法定序列主義 ……………………337
法定訴訟担当 …………………243〜
法定代理権の消滅 ………………162, 323
法定代理権の範囲 ………………161
法定代理人 ………………………158〜
　――の死亡 ……………………323
法的安定説 ………………………634
法的観点指摘義務 ………………381〜
法的評価の再施 …………………270
法的紛争解決説 …………………49
法テラス …………………………398, 713
法の支配 …………………………865
方法選択の適否 …………………233
法律関係文書 ……………………518

事項索引 949

法律上の権利推定	485
法律上の事実推定	484
法律上の主張	414
法律上の推定	484
法律上の争訟	61, 225
法律審	863, 887
法律扶助	155, 712
法律問題摘示義務	382
法律要件	433
法律要件的効力	684
法律要件分類説	**474, 481**
法令違反	869
法令解釈統一機能	865
法令上の訴訟代理人	185～
補佐人	188
補充尋問	504
補充送達	315
補充的主要事実	380
保証人に対する判決効	691
補助参加	**775～**
——の手続	782
——の申出	782
——の要件	775
補助参加人	188, 775
補助事実	376, 444
——の自白	451
補　正	150, 165, 258, 262
本案の申立て	413
本案判決	613
本案判決請求権説	53
本権の反訴	736
本人訴訟	919

ま　行

マレーシア航空事件	63, 67
満足的仮処分	23
未成年者	147
ミディエイション	8, 10
ミディエイター	10
水俣公害訴訟	493
民事裁判権	63
民事執行手続	21
民事訴訟法	29～
民事調停	8

民事紛争	1
民事保全手続	22
民衆訴訟	242
民法上の組合	139
矛盾挙動禁止の原則	656
矛盾挙動の禁止	56
明示説	280, 294
明文のない場合における任意的訴訟担当	**250**
命　令	608
申立て	413
——と同意による第一審裁判所の移送	107
申立て事項	274
申立手数料	701
目的論	48
目的論棚上げ論	50
模索的証明	549
持分会社社員に対する判決効	689

や　行

やむを得ない事由	305
唯一の証拠方法	499
優越的蓋然性説	439
融合説	821
郵便料金	702
猶予期間	306
ユニヴァーサル・アクセス	14
ユニドロワ	77
要件・効果説	409
要件事実教育	434
要件事実論	273, 433
与効的訴訟行為	412
横田基地訴訟事件	231
四日市公害訴訟	493
予備的反訴	296
予備的併合（順位的併合）	275, 417, 718

ら　行

濫上告	873
リーガルエイド	715
利益衡量説	482, 759, 812
利益文書	518
利益変更禁止の原則	859
利害関係説	803
立　証	414, 415

略式訴訟手続	913～
理　由	620
――の食違い	621, 868
理由記載説	261
理由説明義務	361, 853
理由齟齬	868
理由付否認	449
理由不備	621, 868
両性説	419, 582
旅　費	702
類似必要的共同訴訟	764, 825
ルンバール事件	439
歴史的証明	439
蓮華寺事件	225
連帯債務者に対する判決効	692
労働審判	8
労働審判手続	26
論理的拡張説	820

わ行

ワークプロダクトの法理	535
和　解	174
――に代わる決定	600, 912, 922
和解案	594
和解観	594
和解勧試	407, 579, 594
和解期日	579, 594
和解契約	579
和解兼弁論	343
和解条項案受諾書面制度	599
和解条項案の書面による受諾	599
和解条項告知制度	599
和の文化	15
割合的認定	492

判 例 索 引

〔大審院〕

大判明 29・4・2 民録 2 輯 4 巻 5 頁……744, 745
大判明 34・12・14 民録 7 輯 11 巻 39 頁……746
大民連明 35・4・2 民録 8 輯 4 巻 8 頁………326
大判明 35・6・24 民録 8 輯 6 巻 133 頁……746
大判明 36・6・30 民録 9 輯 824 頁…………174
大判明 36・11・25 民録 9 輯 1282 頁………879
大判明 37・4・29 民録 10 輯 583 頁…………757
大判明 37・10・8 民録 10 輯 1319 頁………197
大判明 39・5・3 民録 12 輯 679 頁…………746
大決明 39・6・28 民録 12 輯 1043 頁………113
大判明 39・11・2 民録 12 輯 1419 頁………276
大判明 41・9・25 民録 14 輯 931 頁……756, 757
大決明 42・12・16 民録 15 輯 981 頁………779
大判明 43・10・19 民録 16 輯 713 頁………308
大連判明 43・11・26 民録 16 輯 764 頁……646
大判明 44・3・24 民録 17 輯 117 頁
　〔百選 I 46 事件〕………………………199
大判明 44・10・19 民録 17 輯 593 頁………199
大判明 44・12・11 民録 17 輯 772 頁………278
大判大元・12・14 民録 18 輯 1035 頁………451
大決大 2・1・16 民録 19 輯 1 頁……………113
大判大 2・3・26 民録 19 輯 141 頁
　〔百選 58 事件〕………………………616, 880
大判大 2・6・19 民録 19 輯 463 頁…………566
大判大 3・2・16 民録 20 輯 75 頁……………757
大判大 3・11・3 民録 20 輯 874 頁…………875
大判大 3・11・18 民録 20 輯 952 頁…………499
大判大 4・6・30 民録 21 輯 1165 頁…………124
大判大 4・10・6 民録 21 輯 1596 頁…………756
大判大 4・10・23 民録 21 輯 1761 頁………100
大判大 4・12・16 民録 21 輯 2121 頁………885
大判大 4・12・28 民録 21 輯 2312 頁………577
大判大 5・12・23 民録 22 輯 2480 頁
　〔百選 I A 29 事件〕……………………379
大判大 6・2・28 民録 23 輯 322 頁…………757
大判大 6・3・20 民録 23 輯 502 頁…………201
大判大 6・3・31 民録 23 輯 596 頁…………199
大判大 6・9・20 民録 23 輯 1357 頁…………766
大判大 6・12・25 民録 23 輯 2220 頁 …745, 769

大判大 7・4・15 民録 24 輯 687 頁…………278
大判大 7・4・30 民録 24 輯 814 頁…………623
大判大 7・7・11 民録 24 輯 1197 頁…………308
大判大 7・12・3 民録 24 輯 2284 頁…………481
大判大 8・2・6 民録 25 輯 276 頁……………274
大判大 8・4・2 民録 25 輯 613 頁……………757
大判大 8・6・6 民録 25 輯 1191 頁…………326
大判大 8・6・9 民録 25 輯 992 頁……………326
大判大 8・9・27 民録 25 輯 1669 頁…………187
大判大 9・3・13 民録 26 輯 317 頁…………375
大判大 9・3・29 民録 26 輯 411 頁…………275
大判大 9・9・27 民録 26 輯 1392 頁…………880
大判大 9・10・14 民録 26 輯 1495 頁………99
大判大 9・12・17 民録 26 輯 2043 頁………757
大判大 10・3・15 民録 27 輯 434 頁
　〔百選 4 事件〕…………………………95
大判大 10・3・18 民録 27 輯 547 頁…………757
大判大 10・6・13 民録 27 輯 1155 頁………757
大決大 10・9・15 民録 27 輯 1535 頁………887
大判大 10・9・28 民録 27 輯 1646 頁………749
大判大 11・2・20 民集 1 巻 52 頁
　〔百選 47 事件〕…………………………456
大判大 11・2・20 民集 1 巻 56 頁……………757
大判大 11・2・25 民集 1 巻 69 頁……………197
大判大 11・4・6 民集 1 巻 169 頁……………100
大判大 11・5・31 新聞 2012 号 21 頁………623
大判大 11・7・10 民集 1 巻 386 頁…………757
大決大 11・7・17 民集 1 巻 398 頁…………777
大判大 11・8・30 民集 1 巻 507 頁…………670
大判大 12・3・10 民集 2 巻 91 頁……………553
大連判大 12・6・2 民集 2 巻 345 頁
　〔百選 I A 20 事件〕……………………207, 212
大判大 12・12・17 民集 2 巻 684 頁…………757
大判大 13・3・3 民集 3 巻 105 頁……………451
大判大 13・5・19 民集 3 巻 211 頁…………757
大判大 13・5・31 民集 3 巻 260 頁…………233
大判大 13・6・13 新聞 2335 号 15 頁………309
大判大 13・11・20 民集 3 巻 516 頁……757, 829
大判大 14・4・24 民集 4 巻 195 頁…………604
大判大 14・9・18 民集 4 巻 635 頁…………755

大判大 14・10・3 民集 4 巻 481 頁 …………173
大判大 15・12・25 民集 5 巻 12 号 897 頁 …167
大判昭 2・2・3 民集 6 巻 13 頁
　〔百選 8 事件〕………………………125
大判昭 2・11・5 新聞 2777 号 16 頁………451
大判昭 3・8・1 民集 7 巻 648 頁 …………381
大判昭 3・10・20 新聞 2921 号 11 頁………89
大判昭 3・10・20 民集 7 巻 815 頁 ………464
大判昭 3・11・7 評論 18 号 6 頁 …………144
大判昭 3・12・17 民集 7 巻 1095 頁………757
大決昭 3・12・28 民集 7 巻 1128 頁
　〔百選 I 18 事件〕……………………64, 77
大判昭 4・6・1 民集 8 巻 565 頁 …………699
大判昭 4・9・25 民集 8 巻 763 頁 ………755
大判昭 5・1・28 評論 19 巻民法 343 頁 ……419
大決昭 5・4・23 民集 9 巻 411 頁
　〔百選 6 事件〕………………………856
大判昭 5・4・24 民集 9 巻 415 頁 ………664
大判昭 5・6・27 民集 9 巻 619 頁 ………298
大決昭 5・6・28 民集 9 巻 640 頁 ………160
大判昭 5・7・14 民集 9 巻 730 頁………231, 240
大決昭 5・8・6 民集 9 巻 772 頁 …………832
大決昭 5・8・9 民集 9 巻 777 頁 …………304
大判昭 5・10・4 民集 9 巻 943 頁………637, 880
大判昭 5・11・15 新聞 3205 号 6 頁………451
大判昭 5・12・18 民集 9 巻 440 頁 ………112
大判昭 5・12・18 民集 9 巻 1140 頁……857, 867
大判昭 5・12・22 民集 9 巻 1189 頁………809
大判昭 6・2・20 新聞 3243 号 14 頁………112
大判昭 6・4・17 評論 20 巻民訴 319 頁 ……451
大決昭 6・4・22 民集 10 巻 380 頁
　〔百選 78 事件〕………………302, 581, 604
大判昭 6・5・28 民集 10 巻 268 頁 ………357
大決昭 6・8・8 民集 10 巻 792 頁
　〔百選 20 事件〕………………………181
大決昭 6・9・25 民集 10 巻 839 頁…………93
大判昭 6・11・24 民集 10 巻 1096 頁 …229, 640
大判昭 6・12・9 民集 10 巻 1197 頁………160
大決昭 7・2・12 民集 11 巻 119 頁 ……777, 780
大判昭 7・4・19 民集 11 巻 671 頁 ………539
大決昭 7・4・19 民集 11 巻 681 頁 ……601, 667
大判昭 7・6・2 民集 11 巻 1099 頁
　〔百選 65 事件〕………………………277, 879
大判昭 7・6・9 民集 11 巻 1125 頁 ………723

大判昭 7・6・18 民集 11 巻 1176 頁…………808
大決昭 7・9・10 新聞 3460 号 15 頁…………663
大判昭 7・9・17 民集 11 巻 1979 頁…………145
大判昭 7・10・6 民集11 巻 2023 頁
　〔阪神電鉄事件〕………………………136
大判昭 7・11・25 民集 11 巻 2229 頁 ………581
大判昭 7・11・25 民集 11 巻 2125 頁 …604, 896
大判昭 7・11・30 民集 11 巻 2216 頁 ………201
大判昭 7・12・14 新聞 3511 号 9 頁…………755
大判昭 7・12・24 民集 11 巻 2376 頁
　〔百選 87 事件〕………………………326
大判昭 8・1・24 法学 2 巻 9 号 1129 頁
　………………………………………419, 566
大判昭 8・1・31 民集 12 巻 51 頁
　〔百選 45 事件・49 事件〕…………445, 447
大判昭 8・1・31 民集 12 巻 39 頁 …………857
大判昭 8・2・7 民集 12 巻 159 頁
　〔百選 38 事件〕………………………361, 854
大判昭 8・2・9 民集 12 巻 397 頁………447, 449
大判昭 8・2・13 新聞 3520 号 9 頁 …………580
大判昭 8・2・18 法学 2 巻 10 号 1243 頁……605
大判昭 8・3・30 裁判例 7 巻民 57 頁 ………759
大判昭 8・4・12 民集 12 巻 584 頁 ………723
大決昭 8・4・14 民集 12 巻 629 頁 ………103
大判昭 8・4・18 民集 12 巻 703 頁
　〔百選 42 事件〕………………………855
大決昭 8・5・8 民集 12 巻 1084 頁 ………366
大判昭 8・5・17 法学 3 巻 109 頁
　………………………………175, 176, 180, 590
大判昭 8・6・16 民集 12 巻 1519 頁…………312
大判昭 8・7・4 民集 12 巻 1745 頁 …………152
大判昭 8・7・4 民集 12 巻 1752 頁
　〔百選 59 事件〕………………………615
大判昭 8・7・7 民集 12 巻 1849 頁 ………759
大決昭 8・7・11 民集 12 巻 2040 頁…302, 571
大判昭 8・7・22 民集 12 巻 2244 頁…892, 898
大判昭 8・7・24 民集 12 巻 2264 頁 ………886
大判昭 8・9・8 民集 12 巻 2124 頁 ………174
大決昭 8・9・9 民集 12 巻 2294 頁
　〔百選 16 事件〕………………………777, 779
大判昭 8・9・12 民集 12 巻 2139 頁…447, 449
大決昭 8・11・29 裁判例 7 巻民 273 頁 ……605
大判昭 8・12・2 民集 12 巻 2804 号…………174
大判昭 8・12・13 法学 3 巻 5 号 563 頁 ……137

судебный указатель

大判昭8・12・15法学3巻5号563頁……616
大判昭9・1・13法学3巻6号673頁………188
大判昭9・1・23民集13巻47頁…………160
大判昭9・2・26民集13巻271頁
　〔百選2版116事件〕………………848
大判昭9・3・3法学3巻11号1325頁……735
大判昭9・3・9民集13巻249頁
　〔百選82事件〕……………………305
大判昭9・5・12民集13巻1051頁…………309
大判昭9・7・11法学4巻2号227頁…419, 566
大判昭9・7・31民集13巻1438頁……770, 825
大決昭9・8・22新聞3746号11頁…………93
大判昭9・9・1民集13巻1768頁……866, 894
大判昭9・10・26新聞3771号10頁…………326
大判昭9・11・17民集13巻2291頁…………574
大決昭9・11・20新聞3786号12頁…………625
大決昭10・4・23民集14巻461頁…………610
大判昭10・4・30民集14巻1175頁…353, 720
大判昭10・5・7民集14巻808頁
　〔百選98事件〕……………………840
大判昭10・5・28民集14巻1191頁
　〔百選9事件〕………………………139
大判昭10・6・15新聞3859号9頁…………201
大判昭10・8・24民集14巻1582頁…………652
大判昭10・9・3民集14巻1886頁…………581
大判昭10・10・28民集14巻1785頁
　〔百選3版10事件〕……………124, 868
大判昭10・10・31民集14巻1805頁………150
大判昭10・12・10民集14巻2077頁………234
大判昭10・12・11新聞3928号12頁………309
大判昭10・12・17民集14巻2053頁
　〔百選25事件〕……………………222
大決昭10・12・27民集14巻2173頁
　〔百選97事件〕……………………885
大判昭11・1・14民集15巻1頁…………250
大判昭11・1・17裁判例10民事3頁………394
大判昭11・3・10民集15巻695頁
　………………………207, 212, 214
大判昭11・3・11民集15巻977頁
　〔百選3版11事件〕…………………126
大判昭11・3・13民集15巻453頁…………723
大判昭11・3・18民集15巻520頁…………785
大判昭11・4・8民集15巻610頁…………174
大決昭11・4・17民集15巻985頁…………610

大判昭11・5・22民集15巻988頁
　………………………816, 819, 829
大判昭11・6・9民集15巻1328頁…………447
大判昭11・6・30民集15巻1281頁…………150
大判昭11・7・15新聞4022号8頁…………160
大判昭11・7・17民集15巻1393頁…………174
大判昭11・10・6民集15巻1789頁
　〔百選52事件〕………………164, 375
大判昭11・10・28民集15巻1894頁………730
大判昭11・11・8民集15巻2149頁…………87
大決昭11・11・15民集15巻2207頁………710
大判昭11・12・18民集15巻2266頁………721
大判昭11・12・22民集15巻2278頁………569
大判昭12・2・23民集16巻133頁
　〔百選69事件〕……………………700
大判昭12・3・20民集16巻320頁…367, 879
大判昭12・3・23判決全集4輯6号29頁…363
大判昭12・4・16民集16巻463頁
　…………………………802, 803, 805
大判昭12・6・4民集16巻743頁…………745
大決昭12・6・23判決全集4輯12号20頁
　………………………………………709
大判昭12・12・8民集16巻1923頁………897
大判昭12・12・18民集16巻2012頁………365
大判昭12・12・24新聞4237号7頁………170
大判昭12・12・24民集16巻2045頁………577
大判昭13・2・23民集17巻259頁
　〔百選88事件〕……………………327
大判昭13・3・19判決全集5輯8号362頁
　………………………………………150
大判昭13・4・20民集17巻739頁……623, 857
大判昭13・8・9評論27巻民訴292頁
　………………………………580, 601
大決昭13・11・19民集17巻2238頁………624
大判昭13・12・3評論27巻民訴357頁……580
大判昭13・12・20民集17巻2502頁
　〔百選68事件〕……………………699
大判昭13・12・26民集17巻2585頁………801
大判昭13・12・28評論28巻民訴261頁…560
大判昭13・12・28民集17巻2878頁…791, 793
大判昭14・3・29民集18巻370頁…………643
大判昭14・4・7民集18巻319頁…………577
大判昭14・4・18民集18巻460頁……559, 766
大決昭14・5・3民集18巻542頁…………704

大判昭 14・5・16 民集 18 巻 557 頁
　〔百選Ⅰ47事件〕……………………288, 671
大判昭 14・5・20 民集 18 巻 547 頁……558, 570
大判昭 14・5・28 評論 28 巻民訴 353 頁……201
大判昭 14・8・10 民集 18 巻 804 頁 ………755
大判昭 14・8・12 民集 18 巻 903 頁 ………604
大判昭 14・11・21 民集 18 巻 1545 頁…460, 516
大判昭 14・12・2 民集 18 巻 1479 頁 ………892
大判昭 14・12・18 民集 18 巻 1534 頁
　〔百選Ⅱ184事件〕……………………………327
大判昭 15・2・17 民集 19 巻 413 頁…………326
大決昭 15・2・21 民集 19 巻 267 頁…………840
大判昭 15・3・1 民集 19 巻 586 頁 …………670
大判昭 15・3・5 民集 19 巻 324 頁 …………855
大判昭 15・3・9 民集 19 巻 373 頁 …………622
大判昭 15・3・13 民集 19 巻 530 頁
　〔百選26事件〕………………………229, 718
大判昭 15・3・15 民集 19 巻 586 頁…………244
大判昭 15・4・9 民集 19 巻 695 頁
　〔百選12事件〕………………………………247
大判昭 15・4・10 民集 19 巻 716 頁 ………808
大判昭 15・5・14 民集 19 巻 840 頁 ………231
大判昭 15・6・28 民集 19 巻 1071 頁 ………704
大判昭 15・7・16 民集 19 巻 1185 頁 ………158
大判昭 15・7・26 民集 19 巻 1395 頁 ………788
大判昭 15・12・24 民集 19 巻 2402 頁………811
大判昭 16・3・15 民集 20 巻 191 頁 ………126
大判昭 16・4・5 民集 20 巻 427 頁 …………163
大判昭 16・5・3 判決全集 8 輯 18 号 617 頁
　………………………………………………150
大判昭 16・7・18 民集 20 巻 988 頁…………321
大判昭 16・10・8 民集 20 巻 1269 頁 …464, 829
大判昭 16・11・13 法学 11 巻 6 号 626 頁
　…………………………………………446, 447
大判昭 16・11・18 判決全集 9 輯 5 号 3 頁…394
大判昭 16・12・16 民集 20 巻 1466 頁………511
大判昭 17・1・28 民集 21 巻 37 頁 …………298
大判昭 17・3・4 判決全集 9 輯 26 号 5 頁 …663
大判昭 17・4・1 新聞 4772 号 15 頁 …………160
大判昭 17・5・26 民集 21 巻 592 頁……659, 661
大判昭 17・7・7 民集 21 巻 740 頁 …………755
大判昭 18・6・1 民集 22 巻 426 頁 …………623
大判昭 18・7・2 民集 22 巻 574 頁 …………461
大連判昭 18・11・2 民集 22 巻 1179 頁………59

大判昭 18・11・30 民集 22 巻 1210 頁………577
大判昭 18・12・23 民集 22 巻 1294 頁………844
大判昭 19・1・20 民集 23 巻 1 頁……………194
大判昭 19・3・14 民集 23 巻 155 頁…………660
大判昭 19・6・28 民集 33 巻 401 頁…………755
大連判昭 19・12・22 民集 23 巻 621 頁……457

〔最高裁判所〕
最決昭 22・9・15 裁判集民 1 号 1 頁 ………103
最判昭 23・4・17 民集 2 巻 4 号 104 頁 ……352
最判昭 23・5・13 民集 2 巻 5 号 112 頁 ……103
最決昭 23・5・18 民集 2 巻 5 号 115 頁 ……623
最決昭 23・7・22 裁判集民 1 号 273 頁 ……103
最判昭 23・9・30 民集 2 巻 10 号 360 頁…623
最判昭 23・10・12 民集 2 巻 11 号 365 頁 …859
最判昭 23・11・25 民集 2 巻 12 号 422 頁
　………………………………………………351, 352
最判昭 23・12・24 民集 2 巻 14 号 500 頁 …174
最判昭 24・2・1 民集 3 巻 2 号 21 頁 …460, 516
最判昭 24・4・12 民集 3 巻 4 号 97 頁………309
最判昭 24・5・21 裁判集民 2 号 265 頁 ……304
最判昭 24・8・2 民集 3 巻 9 号 291 頁………277
最判昭 24・8・2 民集 3 巻 9 号 312 頁
　〔百選2版63事件〕……………………………305
最判昭 24・8・18 民集 3 巻 9 号 376 頁 ……849
最判昭 24・11・8 民集 3 巻 11 号 495 頁 ……730
最判昭 24・12・20 民集 3 巻 12 号 507 頁……69
最判昭 25・2・28 民集 4 巻 2 号 75 頁………621
最判昭 25・6・23 民集 4 巻 6 号 240 頁
　〔百選Ⅰ57事件〕……………………………183, 312
最判昭 25・7・11 民集 4 巻 7 号 316 頁 ……456
最判昭 25・7・14 民集 4 巻 8 号 353 頁 ……457
最判昭 25・9・8 民集 4 巻 9 号 359 頁………786
最判昭 25・10・31 民集 4 巻 10 号 516 頁
　………………………………………………304, 366, 855
最判昭 25・11・17 民集 4 巻 11 号 603 頁
　〔百選Ⅰ32事件〕……………………………103
最判昭 25・12・1 民集 4 巻 12 号 651 頁……622
最判昭 25・12・28 民集 4 巻 13 号 701 頁 …234
最判昭 26・3・29 民集 5 巻 5 号 177 頁 ……334
最判昭 26・4・13 民集 5 巻 5 号 242 頁
　…………………………………………………601, 664
最判昭 26・10・16 民集 5 巻 11 号 583 頁
　〔百選Ⅰ91事件〕……………………………611, 614

最大決昭 27・4・2 民集 6 巻 4 号 387 頁……251
最判昭 27・6・17 民集 6 巻 6 号 595 頁 ……342
最判昭 27・7・29 民集 6 巻 7 号 684 頁 ……849
最大判昭 27・10・8 民集 6 巻 9 号 783 頁 …225
最判昭 27・10・21 民集 6 巻 9 号 841 頁……464
最判昭 27・11・18 民集 6 巻 10 号 991 頁
　〔百選ⅡA 53 事件〕……………………857
最判昭 27・11・20 民集 6 巻 10 号 1004 頁…194
最判昭 27・11・27 民集 6 巻 10 号 1062 頁
　………………………………………381, 395
最判昭 27・12・5 民集 6 巻 11 号 1117 頁 …460
最判昭 27・12・25 民集 6 巻 12 号 1255 頁
　〔百選 32 事件〕………563, 572, 724, 744, 745
最判昭 28・4・23 民集 7 巻 4 号 396 頁 ……163
最判昭 28・4・24 裁判集民 8 号 831 頁……724
最判昭 28・4・30 民集 7 巻 4 号 457 頁 ……499
最判昭 28・5・7 民集 7 巻 5 号 489 頁…880, 881
最判昭 28・5・14 民集 7 巻 5 号 565 頁 ……498
最判昭 28・6・26 民集 7 巻 6 号 783 頁
　〔百選 2 版 12 事件〕……………………111
最判昭 28・9・11 裁判集民 9 号 901 頁
　………………………………………377, 458
最判昭 28・9・11 民集 7 巻 9 号 918 頁 ……728
最判昭 28・10・1 裁判集民 10 号 43 頁 ……866
最判昭 28・10・15 民集 7 巻 10 号 1083 頁
　〔百選 79 事件〕…………………………574
最判昭 28・12・8 裁判集民 11 号 145 頁……563
最大判昭 28・12・23 民集 7 巻 13 号 1561 頁
　〔百選 3 版 37 事件〕……………………236
最判昭 28・12・24 民集 7 巻 13 号 1644 頁
　………………………………………228, 233
最判昭 29・1・28 民集 8 巻 1 号 308 頁 ……704
最判昭 29・2・11 民集 8 巻 2 号 440 頁 ……897
最判昭 29・2・18 裁判集民 12 号 693 頁……438
最判昭 29・2・26 民集 8 巻 2 号 630 頁 ……728
最判昭 29・3・9 民集 8 巻 3 号 637 頁 ……229
最判昭 29・6・8 民集 8 巻 6 号 1037 頁
　………………………………………727, 728
最判昭 29・6・11 民集 8 巻 6 号 1055 頁
　〔百選 3 版 21 事件〕……………………146
最判昭 29・7・27 民集 8 巻 7 号 1443 頁……724
最判昭 29・9・17 民集 8 巻 9 号 1635 頁
　………………………………………744, 745
最判昭 29・10・26 民集 8 巻 10 号 1979 頁…115

最判昭 29・12・16 民集 8 巻 12 号 2158 頁
　〔百選 24 事件〕…………………………233
最判昭 30・1・21 民集 9 巻 1 号 22 頁…230, 718
最判昭 30・1・28 民集 9 巻 1 号 83 頁
　〔百選Ⅰ36 事件〕…………………………113
最判昭 30・3・29 民集 9 巻 3 号 395 頁
　………………………………………110, 111
最判昭 30・4・5 民集 9 巻 4 号 439 頁…361, 854
最大判昭 30・4・27 民集 9 巻 5 号 582 頁 …499
最判昭 30・5・20 民集 9 巻 6 号 718 頁
　〔百選 3 版 35 事件〕………194, 228, 233
最判昭 30・7・5 民集 9 巻 9 号 985 頁………454
最判昭 30・7・5 民集 9 巻 9 号 1012 頁
　〔百選Ⅱ141 事件〕………………564, 613
最大決昭 30・7・20 民集 9 巻 9 号 1139 頁…901
最判昭 30・9・2 民集 9 巻 10 号 1197 頁
　………………………………637, 858, 880
最判昭 30・9・9 民集 9 巻 10 号 1242 頁……499
最判昭 30・9・30 民集 9 巻 10 号 1491 頁 …575
最判昭 30・11・22 民集 9 巻 12 号 1818 頁…358
最判昭 30・12・26 民集 9 巻 14 号 2082 頁
　〔百選Ⅰ63 事件〕…………………………234
最判昭 31・1・26 民集 10 巻 6 号 748 頁……234
最判昭 31・4・3 民集 10 巻 4 号 297 頁
　〔百選 3 版 114 事件〕………844, 847, 865
最判昭 31・5・10 民集 10 巻 5 号 487 頁……758
最判昭 31・5・25 民集 10 巻 5 号 577 頁
　………………………………………451, 453
最判昭 31・6・19 民集 10 巻 6 号 665 頁……729
最大判昭 31・7・4 民集 10 巻 7 号 785 頁 …679
最判昭 31・7・19 民集 10 巻 7 号 915 頁……447
最判昭 31・7・20 民集 10 巻 8 号 947 頁……458
最判昭 31・7・20 民集 10 巻 8 号 965 頁
　〔百選 76 事件〕………………686, 693
最判昭 31・7・20 民集 10 巻 8 号 1089 頁 …724
最判昭 31・9・18 民集 10 巻 9 号 1160 頁 …158
最判昭 31・9・28 裁判集民 23 号 282 頁……538
最判昭 31・9・28 民集 10 巻 9 号 1197 頁 …727
最判昭 31・9・28 民集 10 巻 9 号 1213 頁
　………………………………………744, 745
最判昭 31・10・4 民集 10 巻 10 号 1229 頁…235
最判昭 31・10・23 民集 10 巻 10 号 1275 頁
　……………………………………………464
最決昭 31・10・31 民集 10 巻 10 号 1398 頁

................................94, 106
最判昭 31・12・20 民集 10 巻 12 号 1573 頁
................................613, 730, 857
最判昭 31・12・28 民集 10 巻 12 号 1639 頁
................................394
最判昭 32・1・24 民集 11 巻 1 号 81 頁 925
最判昭 32・1・31 民集 11 巻 1 号 133 頁......276
最判昭 32・2・8 民集 11 巻 2 号 258 頁
　〔百選 3 版 70 事件〕................460, 506
最判昭 32・2・28 民集 11 巻 2 号 374 頁
　〔百選 3 版 40 事件〕................725, 726, 857
最判昭 32・5・10 民集 11 巻 5 号 715 頁
　〔百選 3 版 68 事件〕................376, 487
最判昭 32・6・7 民集 11 巻 6 号 948 頁
　〔百選 4 版 A 27 事件〕................280
最判昭 32・6・11 民集 11 巻 6 号 1030 頁 ...621
最判昭 32・6・25 民集 11 巻 6 号 1143 頁
　〔百選 4 版 A 22 事件〕................416, 499
最判昭 32・7・2 民集 11 巻 7 号 1186 頁......624
最判昭 32・7・16 民集 11 巻 7 号 1254 頁 ...724
最大判昭 32・7・20 民集 11 巻 7 号 1314 頁
................................233
最判昭 32・9・17 民集 11 巻 9 号 1540 頁 ...829
最判昭 32・10・31 民集 11 巻 10 号 1779 頁
................................465, 621
最判昭 32・11・1 民集 11 巻 12 号 1832 頁...865
最判昭 32・12・13 民集 11 巻 13 号 2143 頁
　〔百選 2 版 115 事件〕................861
最判昭 32・12・17 民集 11 巻 13 号 2195 頁
................................855
最判昭 32・12・24 民集 11 巻 14 号 2322 頁
................................275
最判昭 32・12・24 民集 11 巻 14 号 2363 頁
................................185
最判昭 33・1・30 民集 12 巻 1 号 103 頁
................................744, 745
最大判昭 33・3・5 民集 12 巻 3 号 381 頁
　〔百選 77 事件〕................601
最判昭 33・3・7 民集 12 巻 3 号 469 頁......456
最判昭 33・3・13 民集 12 巻 3 号 524 頁......278
最判昭 33・3・25 民集 12 巻 4 号 589 頁
................................233, 289
最判昭 33・4・17 民集 12 巻 6 号 873 頁
　〔百選Ⅰ 44 事件〕................247

最判昭 33・6・6 民集 12 巻 9 号 1384 頁......278
最判昭 33・6・14 民集 12 巻 9 号 1492 頁
................................581, 602
最判昭 33・7・8 民集 12 巻 11 号 1740 頁
　〔百選 3 版 56 事件〕................377
最判昭 33・7・18 民集 12 巻 12 号 1779 頁...893
最判昭 33・7・22 民集 12 巻 12 号 1805 頁...758
最判昭 33・7・22 民集 12 巻 12 号 1817 頁...854
最判昭 33・7・25 民集 12 巻 12 号 1823 頁
　〔百選 3 版 22 事件〕................150, 159
最判昭 33・8・8 民集 12 巻 12 号 1921 頁
　〔百選 3 事件〕................82
最判昭 33・9・9 民集 12 巻 13 号 2062 頁 ...181
最判昭 33・9・19 民集 12 巻 13 号 2062 頁...828
最判昭 33・10・14 民集 12 巻 14 号 3091 頁
　〔百選ⅡA 49 事件〕................721
最判昭 33・11・4 民集 12 巻 15 号 3247 頁
................................324, 356
最判昭 34・2・20 民集 13 巻 2 号 209 頁
　〔百選 36 事件〕................280, 286
最判昭 34・7・3 民集 13 巻 7 号 898 頁
................................744, 745, 758
最判昭 34・7・17 民集 13 巻 8 号 1095 頁 ...116
最判昭 34・8・27 民集 13 巻 10 号 1293 頁
................................157, 165
最判昭 34・9・17 民集 13 巻 11 号 1372 頁...863
最判昭 34・9・17 民集 13 巻 11 号 1412 頁...481
最判昭 35・2・2 民集 14 巻 1 号 36 頁......481
最判昭 35・2・12 民集 14 巻 2 号 223 頁
　〔百選Ⅰ 103 事件〕................448
最判昭 35・3・4 民集 14 巻 3 号 335 頁 ...879
最大判昭 35・3・9 民集 14 巻 3 号 355 頁 ...879
最判昭 35・3・11 民集 14 巻 3 号 418 頁......234
最判昭 35・4・12 民集 14 巻 5 号 825 頁......275
最判昭 35・4・26 民集 14 巻 6 号 1064 頁 ...499
最判昭 35・5・24 民集 14 巻 7 号 1183 頁 ...729
最判昭 35・6・9 民集 14 巻 7 号 1304 頁......868
最判昭 35・6・17 民集 14 巻 8 号 1396 頁 ...659
最大決昭 35・7・6 民集 14 巻 9 号 1657 頁
................................3, 19
最判昭 35・10・21 民集 14 巻 12 号 2651 頁
　〔百選 11 事件〕................251
最大判昭 35・12・7 民集 14 巻 13 号 2964 頁
................................351

判例索引　957

最判昭35・12・23民集14巻14号3166頁
　　……………………………………419, 420
最判昭36・1・26民集15巻1号175頁……173
最判昭36・2・9民集15巻2号209頁
　　…………………………………………699, 855
最判昭36・2・24民集15巻2号301頁……853
最判昭36・2・28民集15巻2号324頁
　　…………………………………276, 277, 381
最判昭36・3・24民集15巻3号542頁……276
最判昭36・4・7民集15巻4号694頁……464
最判昭36・4・7民集15巻4号706頁……110
最判昭36・4・25民集15巻4号891頁
　　〔百選63事件〕………………………264, 276
最判昭36・4・27民集15巻4号901頁
　　〔百選3版57事件〕…………………377, 381
最判昭36・5・26民集15巻5号1425頁
　　…………………………………………309, 321
最判昭36・6・16民集15巻6号1584頁
　　〔百選100事件〕………………………………931
最判昭36・8・8民集15巻7号2005頁
　　〔百選Ⅱ192事件〕……………………………466
最判昭36・9・22民集15巻8号2203頁
　　〔百選99事件〕…………………………890, 899
最判昭36・10・5民集15巻9号2271頁…456
最判昭36・10・31家月14巻3号107頁…160
最判昭36・11・9民集15巻10号2451頁…181
最判昭36・11・24民集15巻10号2583頁
　　〔百選3版111事件〕〔百選Ⅱ178事件〕
　　………………………………………………240, 678
最判昭36・11・28民集15巻10号2593頁
　　〔百選Ⅱ195事件〕……………………………880
最判昭36・12・12民集15巻11号2778頁
　　……………………………………………………644
最判昭36・12・15民集15巻11号2865頁
　　…………………………………………758, 759
最判昭37・1・19民集16巻1号76頁……236
最判昭37・1・19民集16巻1号106頁……786
最判昭37・2・15裁判集民58号695頁……858
最判昭37・2・27裁判集民2号392頁……868
最判昭37・3・23民集16巻3号594頁
　　〔百選ⅡA32事件〕……………………465, 621
最判昭37・4・6民集16巻4号686頁……565
最判昭37・4・20民集16巻4号913頁……808
最判昭37・5・24民集16巻5号1157頁…650

最判昭37・5・29民集16巻5号1233頁…808
最判昭37・7・3裁時357号1頁……………841
最判昭37・7・17裁判集民61号665頁……841
最判昭37・8・10民集16巻8号1720頁
　　〔百選Ⅱ147事件〕………………279, 282, 283
最判昭37・9・14民集16巻9号1935頁…868
最決昭37・10・12民集16巻10号2128頁
　　……………………………………………………835
最判昭37・10・30民集16巻10号2170頁
　　……………………………………………………207
最判昭37・12・18民集16巻12号2422頁
　　〔百選3版A5事件〕……………………………139
最判昭37・12・25民集16巻12号2465頁
　　……………………………………………………858
最判昭38・1・18民集17巻1号1頁
　　〔続百選40事件〕………………208, 213, 566
最判昭38・2・21民集17巻1号182頁
　　〔百選3版25事件〕……175, 180, 589, 590, 594
最判昭38・2・21民集17巻1号198頁
　　〔百選ⅡA52事件〕……………………………735
最判昭38・2・22民集17巻1号235頁
　　…………………………………………277, 757
最判昭38・3・1民集17巻2号290頁……277
最判昭38・3・8民集17巻2号304頁……612
最判昭38・3・12民集17巻2号310頁……759
最判昭38・4・12民集17巻3号468頁
　　〔百選3版A47事件〕……………320, 866, 894
最判昭38・6・20裁判集民66号591頁……854
最判昭38・7・30民集17巻6号819頁……875
最判昭38・10・1民集17巻11号1301頁…366
最判昭38・10・1民集17巻9号1128頁…570
最判昭38・10・1民集17巻9号1220頁
　　〔百選2版117事件〕…………………………859
最判昭38・10・15民集17巻9号1220頁
　　〔百選ⅠA19事件〕……………………208, 215
最大判昭38・10・30民集17巻9号1266頁
　　〔百選3版26事件〕……………………………184
最大判昭38・10・30民集17巻9号1252頁
　　……………………………………………………298
最判昭38・11・5民集17巻11号1510頁…263
最判昭38・11・7民集17巻11号1330頁…499
最判昭38・11・15民集17巻11号1364頁
　　〔百選5事件〕…………………………………104
最判昭38・11・28民集17巻11号1554頁

....201
最判昭38・12・17裁判集民70号259頁 …621
最判昭38・12・24判時361号44頁 ………841
最判昭38・12・27民集17巻12号1838頁
　〔百選Ⅱ A 51事件〕……………………863
最大判昭39・3・25民集18巻3号486頁 …68
最判昭39・4・7民集18巻4号520頁 ……264
最判昭39・5・12民集18巻4号597頁……516
最判昭39・5・29民集18巻4号725頁……229
最判昭39・6・12民集18巻5号764頁……199
最判昭39・6・24民集18巻5号874頁
　………………………………………468, 470
最判昭39・6・26民集18巻5号954頁……401
最判昭39・7・10民集18巻6号1093頁
　〔百選Ⅰ75事件〕………………………727
最判昭39・7・16判タ165号73頁…………394
最判昭39・7・28民集18巻6号1241頁 …487
最判昭39・10・13民集18巻8号1578頁…381
最判昭39・10・13民集18巻8号1619頁
　〔百選Ⅰ35事件〕………………………111
最判昭39・10・15民集18巻8号1671頁…138
最判昭40・3・4民集19巻2号197頁
　〔百選3版41事件〕…………271, 732, 736
最判昭40・3・19民集19巻2号484頁
　〔続百選89事件〕………………………845
最判昭40・4・2民集19巻3号539頁
　〔続百選77事件〕………………………646
最判昭40・4・16民集19巻3号658頁……276
最判昭40・6・24民集19巻4号1001頁
　〔百選Ⅱ4 216事件〕 ……………791, 793
最大決昭40・6・30民集19巻4号1089頁
　〔百選3版1事件〕………………………19
最大決昭40・6・30民集19巻4号1114頁
　〔続百選85事件〕………………………19
最判昭40・7・23民集19巻5号1292頁
　………………………………………275, 278
最判昭40・9・17判時422号30頁…………234
最判昭40・9・17民集19巻6号1533頁
　〔百選4版77事件〕……………………279
最判昭40・10・15民集19巻7号1788頁…807
最判昭41・1・21民集20巻1号94頁
　………………………………………565, 725
最判昭41・1・27民集20巻1号136頁……481
最大決昭41・3・2民集20巻3号3604頁 …19

最判昭41・3・22民集20巻3号484頁
　〔百選3版113事件〕…………………664, 832
最判昭41・4・12民集20巻4号548頁
　〔百選3版 A 21事件〕…………………383
最判昭41・4・12民集20巻4号560頁
　〔百選Ⅱ117事件〕……………………354, 809
最判昭41・4・19訟月12巻10号1402頁…729
最判昭41・5・20裁判集民83号579頁
　………………………………………207, 212
最判昭41・6・2判時464号25頁
　〔続百選81事件〕………………………665, 698
最判昭41・6・21民集20巻5号1078頁 …381
最判昭41・7・14民集20巻6号1173頁
　〔百選Ⅰ13事件〕…………………55, 57, 126
最判昭41・7・28民集20巻6号1265頁
　………………………………………160, 169
最判昭41・9・8民集20巻7号1314頁
　〔百選Ⅰ108事件〕………………384, 449, 450
最判昭41・9・22判時464号28頁
　〔百選2版45事件〕……………………194
最判昭41・9・22民集20巻7号1392頁
　〔百選Ⅰ104事件〕……………………452, 454
最判昭41・9・30民集20巻7号1523頁
　………………………………………166, 169
最判昭41・11・10民集20巻9号1733頁
　〔続百選45事件〕………………………736
最判昭41・11・10裁判集民85号43頁……854
最判昭41・11・18判時466号24頁 ………841
最判昭41・11・22民集20巻9号1914頁
　〔百選Ⅰ91事件〕………………………365
最判昭41・11・25民集20巻9号1921頁
　〔続百選17事件〕……………………142, 758
最判昭41・12・22民集20巻10号2179頁
　………………………………………………892
最判昭41・12・23裁判集民85号869頁 …734
最大決昭41・12・27民集20巻10号2279頁
　〔百選Ⅰ5事件〕…………………………19
最判昭42・2・10民集21巻1号112頁……253
最判昭42・2・23民集21巻1号169頁
　〔続百選25事件〕……………………803, 805
最判昭42・2・24民集21巻1号209頁
　〔百選3版49事件〕……………………309, 321
最判昭42・3・31民集21巻2号502頁……334
最判昭42・4・7民集21巻3号551頁 ……381

最大判昭42・5・24民集21巻5号1043頁
　〔百選ⅡA46事件〕〔朝日訴訟〕…………118
最判昭42・7・18民集21巻6号1559頁
　〔交通事故百選2版73事件〕……283, 285, 286
最判昭42・7・21民集21巻6号1663頁 …840
最判昭42・8・25判時496号43頁……181, 828
最判昭42・8・25民集21巻7号1740頁 …757
最判昭42・9・14民集21巻7号1807頁
　………………………………………361, 363
最大判昭42・9・27民集21巻7号1925頁
　〔百選Ⅱ174事件〕………………185, 799, 800
最大判昭42・9・27民集21巻7号1955頁
　〔百選3版A10事件〕…………………351
最判昭42・10・19民集21巻8号2078頁
　〔続百選10事件〕………………………139
最判昭42・11・16民集21巻9号2430頁
　………………………………………401, 447
最判昭42・12・21判時510号45頁
　〔続百選34事件〕………………………232
最判昭42・12・26民集21巻10号2627頁
　〔続百選55事件〕……………………207, 213
最判昭43・2・9判時510号38頁 …………501
最判昭43・2・15民集22巻2号184頁
　〔百選3版100事件〕……………………605
最判昭43・2・16民集22巻2号217頁……481
最判昭43・2・22民集22巻2号270頁
　………………………………………207, 213
最判昭43・3・7民集22巻3号509頁 ……401
最判昭43・3・8民集22巻3号551頁
　〔百選3版A38事件〕…………………751
最判昭43・3・15民集22巻3号587頁……285
最判昭43・3・15民集22巻3号607頁……758
最判昭43・3・28民集22巻3号692頁……588
最判昭43・4・11民集22巻4号862頁
　〔百選Ⅱ149事件〕………………………283, 285
最判昭43・4・12民集22巻4号877頁
　〔続百選74事件〕……………………809, 811
最判昭43・4・16民集22巻4号929頁
　〔百選3版A9事件〕……………………162
最判昭43・5・2民集22巻5号1110頁
　………………………………………866, 894
最判昭43・5・31民集22巻5号1137頁 …158
最判昭43・6・21民集22巻6号1297頁
　………………………………………171, 185

判　例　索　引　*959*

最判昭43・6・21民集22巻6号1329頁
　〔続百選76事件〕………………………699
最判昭43・6・27訟月14巻9号1003頁 …286
最判昭43・8・27判時534号48頁…………249
最判昭43・9・12民集22巻9号1896頁
　〔百選3版101事件〕……………………747
最判昭43・10・15判時541号35頁 ………729
最判昭43・11・1民集22巻12号2402頁…168
最大判昭43・11・13民集22巻12号2510頁
　〔百選3版44事件〕………………208, 298
最判昭43・11・15判時542号58頁
　〔続百選29事件〕………………………174
最判昭43・11・15判時546号69頁
　〔続百選62事件〕………………………305
最判昭43・11・15民集22巻12号2659頁
　〔百選2版110事件〕……………………356
最判昭43・12・20民集22巻13号3017頁
　……………………………………………241
最判昭43・12・20判時546号69頁 ………570
最判昭43・12・24裁判集民93号859頁 …253
最判昭43・12・24民集22巻13号3454頁
　〔百選3版A19事件〕…………………381
最判昭43・12・25民集22巻13号3548頁
　……………………………………………381
最判昭44・2・6民集23巻2号195頁 ……493
最判昭44・2・13民集23巻2号328頁……184
最判昭44・2・18民集23巻2号379頁……481
最判昭44・2・20民集23巻2号399頁
　〔百選2版10事件〕……………………104
最判昭44・2・27民集23巻2号441頁
　〔百選2版27事件〕……………………702
最判昭44・2・27民集23巻2号511頁……127
最判昭44・2・27民集23巻2号497頁
　〔続百選94事件〕………………………877
最判昭44・4・17民集23巻4号785頁……758
最判昭44・5・29判時560号44頁…………276
最判昭44・6・24民集23巻7号1109頁
　〔続百選2事件〕…………………………82
最判昭44・6・24判時569号48頁
　〔百選3版92事件〕……………………655
最判昭44・6・26民集23巻7号1175頁 …141
最判昭44・7・8民集23巻8号1407頁……629
最判昭44・7・10民集23巻8号1423頁
　〔百選3版20事件〕〔銀閣寺事件〕

最判昭 44・7・15 民集 23 巻 8 号 1532 頁 …801
最判昭 44・9・18 民集 23 巻 9 号 1675 頁
　　　　………………………………424, 425
最判昭 44・10・17 民集 23 巻 10 号 1825 頁
　〔百選 I 83 事件〕………………422, 554
最大判昭 44・11・26 刑集 23 巻 11 号 1490 頁
　　　　………………………………………502
最判昭 44・11・27 民集 23 巻 11 号 2251 頁
　　　　………………………………………298
最判昭 45・1・22 民集 24 巻 1 号 1 頁
　〔続百選 90 事件〕………791, 806, 866
最判昭 45・1・23 判時 589 号 50 頁……743, 749
最判昭 45・3・26 民集 24 巻 3 号 165 頁
　　　　………………………………498, 546
最判昭 45・3・26 民集 24 巻 3 号 209 頁……401
最判昭 45・4・2 民集 24 巻 4 号 223 頁
　〔百選 4 版 30 事件〕……………………236
最決昭 45・5・19 民集 24 巻 5 号 377 頁 ……19
最判昭 45・5・21 判時 595 号 55 頁…………352
最判昭 45・5・22 民集 24 巻 5 号 415 頁……758
最大判昭 45・7・15 民集 24 巻 7 号 861 頁
　〔百選 4 版 A 10 事件〕 …………………232
最大判昭 45・6・24 民集 24 巻 6 号 587 頁…293
最大決昭 45・6・24 民集 24 巻 6 号 610 頁 …19
最大判昭 45・7・15 民集 24 巻 7 号 861 頁
　〔百選 4 版 A 10 事件〕 …………………232
最判昭 45・7・24 民集 24 巻 7 号 1177 頁
　〔百選 3 版 44 事件〕………208, 280, 286
最判昭 45・9・24 民集 24 巻 10 号 1450 頁…401
最判昭 45・10・9 民集 24 巻 11 号 1492 頁
　〔百選 II A57 事件〕……………………895
最判昭 45・10・13 判時 614 号 51 頁 ………735
最判昭 45・10・22 民集 24 巻 11 号 1583 頁
　〔百選 3 版 107 事件〕……………788, 796
最判昭 45・10・27 民集 24 巻 11 号 1655 頁
　　　　………………………………………755
最大判昭 45・11・11 民集 24 巻 12 号 1854 頁
　〔百選 3 版 19 事件〕………………140, 250
最判昭 45・12・4 裁判集民 101 号 627 頁 …540
最判昭 45・12・4 判時 618 号 35 頁…………730
最判昭 45・12・15 民集 24 巻 13 号 2072 頁
　〔百選 3 版 23 事件〕………151, 165, 166, 169
最大決昭 45・12・16 民集 24 巻 13 号 2099 頁

　　　　…………………………………………19
最判昭 45・12・22 民集 24 巻 13 号 2173 頁
　　　　………………………………………897
最判昭 46・1・21 民集 25 巻 1 号 25 頁
　　　　………………………………668, 830
最判昭 46・2・18 判時 626 号 51 頁
　〔百選 2 版 113 事件〕……………………858
最命昭 46・3・23 判時 628 号 49 頁
　〔続百選 93 事件〕………………150, 160
最判昭 46・3・25 民集 25 巻 2 号 208 頁……401
最判昭 46・4・22 判時 629 号 60 頁…………516
最判昭 46・4・23 判時 631 号 55 頁
　〔百選 3 版 54 事件〕……………………362
最判昭 46・6・25 民集 25 巻 4 号 640 頁
　〔百選 3 版 97 事件〕………424, 425, 560
最判昭 46・6・29 判時 639 号 78 頁…………785
最決昭 46・7・8 判時 642 号 21 頁……………19
最判昭 46・10・7 民集 25 巻 7 号 885 頁
　〔百選 3 版 A 37 事件〕 …………758, 766
最判昭 46・10・19 民集 25 巻 7 号 952 頁 …880
最判昭 46・11・25 民集 25 巻 8 号 1343 号
　〔百選 4 版 76 事件〕……………………277
最判昭 46・12・9 民集 25 巻 9 号 1457 頁
　〔百選 II 162 事件〕 ………………756, 758
最判昭 47・1・20 判時 659 号 56 頁…………786
最判昭 47・2・15 民集 26 巻 1 号 30 頁
　〔百選 4 版 23 事件〕……………………232
最判昭 47・5・30 民集 26 巻 4 号 826 頁……892
最判昭 47・6・2 民集 26 巻 5 号 957 頁
　〔百選 4 版 9 事件〕………………………141
最判昭 47・6・15 民集 26 巻 5 号 1000 頁 …700
最判昭 47・7・6 民集 26 巻 6 号 1133 頁……158
最判昭 47・9・1 民集 26 巻 7 号 1289 頁……158
最判昭 47・11・9 民集 26 巻 9 号 1513 頁
　　　　………………………………232, 678
最判昭 47・11・9 民集 26 巻 9 号 1566 頁
　〔百選 3 版 A 6 事件〕……………………158
最判昭 47・12・12 民集 26 巻 10 号 1850 頁
　　　　………………………………………298
最判昭 47・12・26 判時 722 号 62 頁……84, 101
最決昭 48・3・1 民集 27 巻 2 号 161 頁……19
最判昭 48・4・2 民集 27 巻 3 号 596 頁 ……671
最判昭 48・4・5 民集 27 巻 3 号 419 頁
　〔百選 4 版 75 事件〕…………263, 264, 268, 287

最判昭 48・4・24 民集 27 巻 3 号 596 頁
〔百選 4 版 A 34 事件〕……………………257, 806
最判昭 48・6・21 民集 27 巻 6 号 712 頁
〔百選 3 版 93 事件〕……………………665, 666
最判昭 48・7・20 民集 27 巻 7 号 863 頁
〔百選 4 版 107 事件〕……………………813, 860
最判昭 48・7・20 民集 27 巻 7 号 890 頁
〔百選 I 12 事件〕……………………………………57
最判昭 48・9・7 判時 718 号 48 頁 …………298
最判昭 48・10・11 判時 723 号 44 頁 …………702
最判昭 48・10・26 民集 29 巻 9 号 1240 頁
〔百選 4 版 7 事件〕…………………………………128
最判昭 49・2・5 民集 28 巻 1 号 27 頁
〔百選 3 版 5 事件〕…………………………82, 100
最判昭 49・4・26 民集 28 巻 3 号 503 頁
〔百選 3 版 A 33 事件〕………………………634
最判昭 49・6・27 民集 28 巻 5 号 641 頁
〔新倒産百選 45 事件〕………………………276
最判昭 49・9・26 民集 28 巻 6 号 1283 頁 …236
最判昭 49・10・24 判時 760 号 56 頁 …………660
最判昭 50・2・14 金法 754 号 29 頁…418, 563
最判昭 50・3・13 民集 29 巻 3 号 233 頁
〔百選 2 版 36 事件〕……………810, 812, 860
最判昭 50・7・21 判時 791 号 76 頁…………305
最判昭 50・10・24 民集 29 巻 9 号 1417 頁
〔百選 3 版 65 事件〕〔ルンバール事件〕
………………………………………………439, 466
最判昭 50・11・28 民集 29 巻 10 号 1797 頁
……………………………………………………566
最判昭 51・3・15 判時 814 号 114 頁 ………126
最判昭 51・3・30 判時 814 号 112 頁
〔百選 3 版 A 39 事件〕 ………………776, 779
最判昭 51・6・17 民集 30 巻 6 号 592 頁
〔百選 2 版 74 事件〕…………………………42
最判昭 51・7・27 民集 30 巻 7 号 724 頁……118
最判昭 51・9・30 民集 30 巻 8 号 799 頁
〔百選 3 版 88 事件〕………………………58, 656
最判昭 51・10・21 民集 30 巻 9 号 903 頁
〔百選 3 版 96 事件〕……………………686, 692
最判昭 52・3・8 金法 837 号 34 頁 …………833
最判昭 52・3・15 民集 31 巻 2 号 289 頁……700
最判昭 52・3・24 金商 548 号 39 頁…………656
最判昭 52・4・15 民集 31 巻 3 号 371 頁
〔百選 I 105 事件〕………………………452, 454

最判昭 52・5・27 民集 31 巻 3 号 404 頁
〔百選 3 版 121 事件〕……………………894
最判昭 52・6・20 裁判集民 121 号 63 頁……647
最判昭 52・7・19 民集 31 巻 4 号 693 頁
〔百選 3 版 99 事件〕………………………568
最判昭 52・12・23 判時 881 号 105 頁………660
最判昭 53・3・23 判時 886 号 35 頁
〔百選 II 157 事件〕………………………686
最判昭 53・3・23 判時 885 号 118 頁………499
最判昭 53・3・30 民集 32 巻 2 号 485 頁……83
最判昭 53・4・13 訟月 24 巻 6 号 1265 頁 …286
最判昭 53・6・23 判時 897 号 59 頁…………276
最判昭 53・7・10 民集 32 巻 5 号 888 頁
〔百選 I 7 事件〕……………………………59
最判昭 53・9・14 判時 906 号 88 頁
〔百選 4 版 89 事件〕………………………695
最判昭 54・1・30 判時 918 号 67 頁…………663
最判昭 54・3・16 民集 33 巻 2 号 270 頁
〔百選 2 版 121 事件〕……………………722, 876
最判昭 54・3・23 判時 924 号 51 頁…………466
最判昭 54・4・17 判時 931 号 62 頁…………644
最判昭 54・7・31 判時 944 号 53 頁…………309
最判昭 54・7・31 判タ 399 号 125 頁 ………447
最判昭 54・11・1 判時 952 号 55 頁 …………234
最判昭 55・2・7 民集 34 巻 2 号 123 頁
〔百選 3 版 55 事件〕〔山下家事件〕………383
最判昭 55・2・8 民集 34 巻 2 号 138 頁
〔蔡氏門中事件〕……………………………141, 142
最判昭 55・4・22 判タ 419 号 78 頁……452, 454
最判昭 55・9・26 判時 985 号 76 頁…………147
最判昭 55・10・23 民集 34 巻 5 号 747 頁
〔百選 3 版 86 事件〕………………………644
最判昭 56・2・16 民集 35 巻 1 号 56 頁 ……481
最判昭 56・3・20 民集 35 巻 2 号 219 頁……623
最決昭 56・3・26 金判 619 号 50 頁 …………19
最判昭 56・4・7 民集 35 巻 3 号 443 頁
〔百選 2 版 1 事件〕〔板まんだら事件〕……225
最判昭 56・6・16 民集 35 巻 4 号 791 頁……755
最判昭 56・9・24 民集 35 巻 6 号 1088 頁
〔百選 3 版 51 事件〕………………………352
最判昭 56・10・16 民集 35 巻 7 号 1224 頁
〔百選 3 版 123 事件〕〔マレーシア航空事件〕
…………………………………………………63, 67
最判昭 56・10・30 判時 1022 号 55 頁………381

最大判昭56・12・16民集35巻10号1369頁
　〔百選3版3事件〕……………193, 230
最判昭57・3・30判時1038号288頁………458
最判昭57・3・30民集36巻3号501頁
　〔百選3版A31事件〕………………649
最判昭57・5・27判時1052号66頁………893
最判昭57・7・1民集36巻6号891頁
　〔百選Ⅱ161事件〕………………………758
最判昭57・11・26民集36巻11号2296頁
　………………………………………………162
最判昭57・12・2判時1065号139頁…207, 213
最判昭58・2・3民集37巻1号45頁
　〔百選Ⅰ33事件〕……………………104
最判昭58・3・22判時1074号55頁
　〔百選3版115事件〕……………722, 876
最判昭58・4・1民集37巻3号201頁
　〔百選Ⅱ166事件〕………………765, 767
最判昭58・4・14判時1131号81頁………723
最判昭58・6・7民集37巻5号517頁……236
最判昭58・6・25判時1082号50頁………638
最判昭58・10・18民集37巻8号1121頁
　〔百選3版42事件〕……………207, 212
最判昭59・1・19判時1105号48頁………644
最決昭59・2・10判時1109号91頁………19
最決昭59・3・22判時1112号51頁………19
最判昭59・9・28民集38巻9号1121頁
　〔百選Ⅰ53事件〕………………………164
最判昭60・3・15判時1168号66頁…809, 814
最判昭60・9・17判時1173号59頁………313
最判昭60・12・20判時1181号77頁………256
最判昭61・3・13民集40巻2号389頁
　〔百選4版24事件〕……………………232
最判昭61・4・11民集40巻3号558頁……728
最判昭61・7・10判時1213号83頁………239
最判昭61・7・17民集40巻5号941頁
　〔百選3版90事件〕……………………283
最判昭61・9・4判時1215号47頁
　〔百選4版112事件〕……………………859
最決昭61・9・8訟月33巻7号1920頁……19
最判昭61・12・11判時1225号60頁
　〔百選Ⅱ189事件〕………………………854
最判昭62・7・17民集4巻15号1381頁…234
最判昭62・7・17民集41巻5号1402頁
　〔百選4版97事件〕……………………772

最判昭62・10・16民集41巻7号1497頁
　………………………………………208, 298
最判昭63・1・26民集42巻1号1頁
　〔百選3版43事件〕……………………59
最判昭63・2・25民集42巻2号120頁
　〔百選3版A41事件〕…………………793
最判昭63・3・15民集42巻3号170頁
　〔百選Ⅰ80事件〕………………………290
最判昭63・4・14判タ683号62頁
　〔百選ⅠA25事件〕……………………58
最判昭63・4・21民集42巻4号243頁……492
最判平元・3・7判時1315号63頁…………786
最判平元・3・28判時1393号91頁…207, 213
最判平元・3・28民集43巻3号167頁
　〔百選3版A36事件〕…………………758
最判平元・4・6民集43巻4号193頁……232
最判平元・9・8民集43巻8号889頁
　〔百選Ⅰ1事件〕〔蓮華寺事件〕………225
最判平元・9・18判時1328号38頁
　〔百選Ⅰ74事件〕………………………265
最判平元・9・19判時1328号38頁
　〔百選Ⅰ74事件〕………………719, 876
最判平元・9・22判時1356号145頁………119
最判平元・10・13家月42巻2号159頁……118
最判平元・11・10民集43巻10号1085頁
　〔百選3版A51事件〕…………………898
最判平元・11・20民集43巻10号1160頁
　〔百選Ⅰ6事件〕…………………64, 136
最判平元・12・8民集43巻11号1259頁
　〔百選Ⅱ111事件〕………………441, 471
最判平2・7・20民集44巻5号975頁……859
最判平2・12・4判時1398号66頁……125, 130
最判平3・12・17民集45巻9号1435頁
　〔百選4版38①事件〕…………………290
最判平4・6・25民集46巻4号400頁……492
最判平4・9・10民集46巻6号553頁……893
最判平4・10・29民集46巻7号2580頁
　〔百選ⅠA16事件〕〔ブリヂストン事件〕
　………………………………………236, 237
最判平4・10・29民集46巻7号1174頁
　〔伊方原発訴訟〕………………388, 491
最判平5・2・25判時1456頁53頁…………260
最判平5・7・20判時1503号3頁①事件
　〔白蓮院事件〕…………………………225

判例索引　963

最判平 5・9・7 民集 47 巻 7 号 4667 頁
　〔日蓮正宗管長事件〕……………………226
最判平 5・9・9 民集 47 巻 7 号 4939 頁 ……893
最判平 5・9・10 判時 1503 号 3 頁②事件
　〔妙真寺事件〕……………………………226
最判平 5・11・25 判時 1503 号 3 頁③事件
　〔小田原教会事件〕………………………226
最判平 5・12・2 判時 1486 号 69 頁…………729
最判平 6・1・25 民集 48 巻 1 号 41 頁…559, 766
最判平 6・2・10 民集 48 巻 2 号 388 頁 ……573
最判平 6・3・10 資料版商事法務 121 号 149 頁
　……………………………………………83
最判平 6・4・19 判時 1504 号 119 頁……59, 842
最判平 6・5・31 民集 48 巻 4 号 1065 頁
　〔百選 3 版 15 事件〕〔百選 4 版 11 事件〕
　……………………………141, 142, 165, 758
最判平 6・9・27 判時 1513 号 111 頁
　〔百選 3 版 109 事件〕……………………806
最判平 6・10・13 家月 47 巻 9 号 52 頁
　……………………………………235, 240
最判平 7・2・23 判時 1524 号 134 頁
　〔百選 3 版 A 49 事件〕　…………………840
最判平 7・3・7 民集 49 巻 3 号 919 頁…207, 212
最判平 7・7・18 裁時 1151 号 3 頁 ……207, 212
最判平 7・7・18 民集 49 巻 7 号 2717 頁
　〔満徳寺事件〕……………………………225
最判平 7・11・9 判時 1557 号 74 頁…………892
最判平 7・12・15 民集 49 巻 10 号 3051 頁
　〔百選 3 版 87 事件〕………………647, 648, 680
最判平 8・5・28 判時 1569 号 48 頁…………262
最判平 8・6・24 民集 50 巻 7 号 1451 頁
　〔百選 3 版 A 53 事件〕 …………………68
最判平 9・1・28 民集 51 巻 1 号 40 頁…232, 240
最判平 9・1・28 民集 51 巻 1 号 78 頁………875
最判平 9・2・25 民集 51 巻 2 号 502 頁
　……………………………………439, 871
最大判平 9・4・2 民集 51 巻 4 号 1673 頁
　〔愛媛玉串料訴訟上告判決〕…………765, 767
最判平 9・5・30 判時 1605 号 42 頁…………621
最判平 9・7・17 判時 1614 号 72 頁…………384
最判平 9・11・11 判時 1626 号 74 頁
　〔ドイツ車預託金請求事件判決〕…………68
最判平 9・11・11 民集 51 巻 10 号 4055 頁
　〔ファミリー事件〕…………………………73

最判平 10・3・27 民集 52 巻 2 号 661 頁
　〔百選 3 版 A 7 事件〕………240, 253, 252, 756
最判平 10・6・12 民集 52 巻 4 号 1147 頁
　〔百選 4 版 81②事件〕…180, 280, 282, 287, 294
最判平 10・6・30 民集 52 巻 4 号 1225 頁
　〔百選 4 版 38②事件〕……………………293, 294
最判平 10・9・10 判時 1661 号 81 頁
　〔百選 3 版 48 事件〕………………………316, 629
最判平 11・1・21 民集 53 巻 1 号 1 頁
　〔百選 4 版 27 事件〕………………………235
最決平 11・3・12 民集 53 巻 3 号 505 頁
　〔百選 3 版 A50 事件〕……………………884
最決平 11・4・8 判時 1675 号 93 頁…………875
最判平 11・6・11 家月 52 巻 1 号 81 頁
　〔百選 4 版 26 事件〕………………………235
最判平 11・6・29 判時 1684 号 59 頁 ………869
最判平 11・9・28 判時 1689 号 78 頁
　〔仏世寺事件〕……………………………226
最判平 11・11・9 民集 53 巻 8 号 1421 頁
　〔百選 3 版 102 事件〕……………………214, 764
最決平 11・11・12 民集 53 巻 8 号 1787 頁
　〔百選 3 版 79 事件〕………520, 527, 532, 534
最判平 12・1・31 判時 1708 号 94 頁 ………226
最判平 12・2・24 民集 54 巻 2 号 523 頁
　〔百選 4 版 25 事件〕………………………232
最決平 12・3・10 民集 54 巻 3 号 1073 頁
　〔百選 4 版 A24 事件〕………503, 522, 523, 537
最判平 12・3・10 判時 1711 号 55 頁
　〔百選 3 版 78 事件〕………………………519
最決平 12・3・10 訟月 47 巻 4 号 897 頁
　〔百選 3 版 78 事件〕………………………520
最判平 12・3・17 判時 1708 号 119 頁
　〔百選 3 版 A52 事件〕……………………839, 924
最判平 12・3・24 民集 54 巻 3 号 1126 頁
　………………………………175, 180, 589, 594
最判平 12・7・7 民集 54 巻 6 号 1767 頁
　〔百選 4 版 102 事件〕……………………767
最判平 12・7・14 判時 1720 号 147 頁
　〔百選 3 版 A48 事件〕……………………874
最判平 12・7・18 判時 1724 号 29 頁 ………439
最決平 12・10・13 判時 1731 号 3 頁…………85
最決平 12・12・14 民集 54 巻 9 号 2709 頁
　……………………………………528, 532, 538
最決平 12・12・21 訟月 47 巻 12 号 3627 頁

最決平13・1・30民集55巻1号30頁
〔百選3版A40事件〕
〔万兵株主代表訴訟補助参加申立事件〕…780
最判平13・2・13判時1745号94頁………839
最決平13・2・22判時1745号144頁
〔レンゴー事件〕………………………………780
最決平13・4・26判時1750号101頁………537
最判平13・6・8民集55巻4号727頁
〔ウルトラマン事件〕…………………75, 100
最決平13・12・7民集55巻7号1411頁
………………………………………528, 532
最判平14・1・22判時1776号67頁
〔百選4版105事件〕………………789, 796
最判平14・1・29判時1779号22頁②事件
〔常説寺事件〕…………………………………226
最判平14・2・22判時1779号22頁①事件
〔大経寺事件〕…………………………………226
最判平14・4・12民集56巻4号729頁
〔横田基地最高裁判決〕…………………………64
最判平14・6・7民集56巻5号899頁〔預託金
会員制ゴルフ事件判決〕〔百選3版13事件〕
………………………………………………138
最判平14・12・17判時1812号76頁………877
最判平15・11・11判時1842号31頁………859
最決平15・11・13民集57巻10号1531頁
………………………………………………767
最決平16・2・20判時1862号154頁…521, 525
最判平16・3・25民集58巻3号753頁
〔百選4版29事件〕…………………233, 289
最判平16・5・25民集58巻5号1135号 …535
最判平16・6・3判時1869号33号…………734
最判平16・7・13民集58巻5号1599号 …710
最判平16・10・18金法1743号40頁………659
最判平16・11・26民集58巻8号2393頁…533
最判平16・12・24判時1890号46頁………232
最判平17・7・15民集59巻6号1742号 …128
最判平17・7・22民集59巻6号1837号 …535
最判平17・10・14民集59巻8号2265頁…525
最判平17・11・10民集59巻9号2503頁
………………………………………528, 534
最判平18・1・19裁時1404号7頁…………855
最判平18・1・24判時1926号65頁 ………471
最決平18・2・17民集60巻2号496頁……528

最判平18・3・3判時1928号149頁 ………871
最判平18・4・14民集60巻4号1497頁
〔百選4版A12事件〕………………295, 735
最判平18・7・21民集60巻6号2542頁
〔パキスタン・イスラム共和国貸金返還請求
事件最高裁判決〕………………………64, 65
最判平18・9・4判時1948号81頁 ………877
最判平18・10・3民集60巻8号2647頁
〔百選4版68事件〕…………………503, 524
最判平19・3・20民集61巻2号586頁
〔百選4版40事件〕…………………322, 893
最判平19・3・27民集61巻2号711頁
………………………………137, 156, 162, 877
最判平19・4・23判時1970号106頁………485
最判平19・5・29判時1978号7頁…………231
最決平19・8・23判タ1252号163頁………529
最決平19・11・30民集61巻8号3186頁…529
最決平19・12・4民集61巻9号3274頁 …712
最決平19・12・11民集61巻9号3364頁…523
最決平19・12・12民集61巻9号3400頁…520
最判平20・6・10裁時1461号15頁 ………471
最判平20・7・10判時2020号71頁 ………279
最判平20・7・17民集62巻7号1994頁
〔百選4版98事件〕………………………764
最決平20・7・18民集62巻7号2013頁 …103
最決平20・11・25民集62巻10号2507頁
………………………………………503, 525
最判平21・9・15判時2058号62頁
〔玉龍寺事件〕………………………226, 227
最判平21・10・16裁時1493号7頁…………64
最判平22・4・13裁時1505号158頁………629
最判平22・5・25判時2085号160頁………111

〔控訴院・高等裁判所〕
東京控判明5・7・19評論19巻商587頁 …745
東京控決明8・9・12新聞3618号6頁 ……659
東京控判明11・11・5新聞4097号11頁 …661
東京控判昭15・5・8法律新報584号21頁
………………………………………………109
高松高判昭26・3・24下民2巻3号429頁
………………………………………………736
大阪高判昭27・7・14下民3巻7号962頁
………………………………………………605
東京高判昭29・1・23下民5巻1号62頁…686

判例索引   965

大阪高判昭 29・3・4 下民 5 巻 3 号 287 頁 …736
大阪高判昭 29・10・26 下民 5 巻 10 号
　1787 頁 ……………………………………134
大阪高判昭 29・10・29 下民 5 巻 10 号
　1787 頁 ……………………………………133
札幌高函館支決昭 31・5・8 高民 9 巻 5 号
　326 頁 ……………………………………328
東京高決昭 31・10・24 下民 7 巻 10 号
　2976 頁 ……………………………………108
東京高決昭 33・6・11 下民 9 巻 6 号
　1054 頁 ……………………………………736
福岡高決昭 34・10・13 下民 10 巻 10 号
　2171 頁 ……………………………………133
東京高決昭 34・12・22 下民 10 巻 12 号
　2691 頁 ……………………………………833
名古屋高決昭 35・12・27 高民 13 巻 9 号
　849 頁 ……………………………………148
大阪高判昭 36・7・4 下民 12 巻 7 号 1592 頁
　………………………………………………840
東京高判昭 36・12・7 高民 14 巻 9 号
　653 頁 ……………………………………768
大阪高中間判昭 37・10・1 高民 15 巻 7 号
　525 頁 ……………………………………187
広島高判昭 38・7・4 高民 16 巻 5 号 409 頁
　………………………………………………613
東京高決昭 38・9・16 東高民時報 14 巻 9 号
　251 頁 ……………………………………262
福岡高判昭 38・9・26 労民 14 巻 5 号
　1255 頁 ……………………………………58
大阪高決昭 38・11・28 下民 14 巻 11 号
　2346 頁 ……………………………………115
東京高決昭 38・12・10 東高民時報 14 巻
　12 号 320 頁 ………………………………781
東京高決昭 39・1・16 下民 15 巻 1 号 4 頁…115
東京高判昭 39・12・18 東高民時報 15 巻
　12 号 255 頁 ………………………………201
広島高判昭 40・1・20 高民 18 巻 1 号 1 頁
　〔百選Ⅰ93 事件〕…………………………581
札幌高判昭 40・3・4 高民 18 巻 2 号 174 頁
　………………………………………………186
広島高岡山支判昭 40・5・21 高民 18 巻 3 号
　239 頁 ……………………………………570
大阪高決昭 40・6・29 下民 16 巻 6 号 1154 頁
　………………………………………………96

東京高決昭 41・2・1 下民 17 巻 1＝2 号 59 頁
　………………………………………………746
大阪高判昭 41・4・22 労民 17 巻 2 号
　613 頁 ………………………………………58
札幌高決昭 41・9・19 高民 19 巻 5 号 428 頁
　〔百選 4 版 A3 事件〕……………………56, 97
東京高判昭 41・10・13 下民 17 巻 9＝10 号
　962 頁 ……………………………………577
仙台高決昭 42・2・28 下民 18 巻 1＝2 号
　191 頁 ……………………………………779
東京高決昭 42・5・4 労民 18 巻 6 号 1085 頁
　………………………………………………779
大阪高決昭 43・3・29 下民 19 巻 3＝4 号
　169 頁 ……………………………………917
名古屋高決昭 43・9・30 高民 21 巻 4 号
　460 頁〔続百選 23 事件〕………………777, 779
名古屋高決昭 44・6・4 労民 20 巻 3 号 498 頁
　………………………………………………781
東京高決昭 44・10・15 下民 20 巻 9＝10 号
　749 頁 ……………………………………519
名古屋高判昭 44・10・31 判タ 242 号 184 頁
　………………………………………………320
大阪高判昭 45・1・30 判時 601 号 63 頁……162
札幌高決昭 45・4・20 下民 21 巻 3＝4 号
　603 頁〔百選 2 版 9 事件〕…………………96
大阪高決昭 45・5・14 高民 23 巻 2 号 259 頁
　………………………………………………663
大阪高決昭 45・8・26 判時 613 号 62 頁
　〔続百選 3 事件〕……………………………96
名古屋高金沢支判昭 46・2・8 下民 22 巻
　1＝2 号 98 頁 ……………………………708
大阪高判昭 46・3・30 下民 22 巻 3＝4 号
　360 頁 ……………………………………710
大阪高判昭 46・4・8 判時 633 号 73 頁
　〔百選Ⅱ153 事件〕………………………669
東京高決昭 46・5・21 高民 24 巻 2 号 195 頁
　………………………………………………186
東京高決昭 47・5・22 高民 25 巻 3 号 209 頁
　〔百選Ⅱ134 事件〕………………………549
大阪高決昭 47・9・28 判タ 288 号 328 頁…777
東京高決昭 47・10・25 判タ 289 号 331 頁…109
高松高判昭 47・11・20 高民 25 巻 4 号 381 頁
　………………………………………………721
大阪高決昭 48・7・12 下民 24 巻 5＝8 号

455 頁〔百選Ⅱ126 事件〕……………502
大阪高判昭 48・11・16 高民 26 巻 5 号 475 頁
　　……………………………………141
福岡高決昭 48・12・4 判時 739 号 82 頁……519
札幌高決昭 49・3・27 判時 744 号 66 頁……681
大阪高判昭 49・7・11 判時 767 号 51 頁……605
大阪高判昭 49・7・20 判時 761 号 82 頁……668
東京高決昭 50・5・16 判タ 329 号 132 頁 …777
東京高決昭 50・8・7 下民 26 巻 5 = 8 号 686頁
　〔百選 3 版 94 事件〕……………………519
福岡高決昭 50・9・12 判時 805 号 76 頁
　〔生命保険判例百選 77 事件〕……………88
名古屋高判昭 50・11・26 判時 812 号 72 頁
　　……………………………………134
大阪高判昭 50・11・27 判時 797 号 36 頁……193
名古屋高決昭 52・2・3 高民 30 巻 1 号 1 頁
　　……………………………………518
名古屋高判昭 52・3・28 下民 28 巻 1 = 4 号
　318 頁 …………………………………382
大阪高判昭 52・3・30 判時 873 号 42頁……644
福岡高判昭 52・7・13 高民 30 巻 3 号
　175 頁〔百選 3 版 93 事件〕………518, 519
大阪高判昭 53・3・15 労判 295 号 46 頁……519
大阪高判昭 53・5・17 高民 31 巻 2 号
　187 頁 …………………………………518
東京高判昭 53・5・26 下民 32 巻 9 = 12 号
　1284 頁 ……………………………518, 526
東京高判昭 53・7・26 判時 904 号 66 頁……647
札幌高判昭 53・11・15 判タ 377 号 88 頁 …772
東京高判昭 54・1・17 東高民時報 30 巻 1 号
　2 頁 ………………………………………554
大阪高判昭 54・2・28 判時 923 号 89 頁
　〔百選Ⅰ34 事件〕…………………………105
東京高判昭 54・3・19 下民 32 巻 9 = 12 号
　1391 頁〔百選Ⅱ129 事件〕…………519, 526
東京高判昭 54・5・31 判時 935 号 61 頁……708
東京高判昭 54・5・31 判時 933 号 71 頁……710
札幌高判昭 54・8・31 下民 30 巻 5 = 8 号
　403 頁〔百選 3 版 77 事件〕
　〔島田記者証言拒絶事件〕………………502
大阪高判昭 54・9・5 労民 30 巻 5 号 908 頁
　　……………………………………519
東京高判昭 54・9・28 下民 30 巻 9 = 12 号
　443 頁 …………………………………833

東京高判昭 54・10・18 下民 33 巻 5 = 8 号
　1031 頁 …………………………………538
東京高判昭 54・10・18 判時 942 号 17 頁
　〔百選Ⅱ131 事件〕………………………549
仙台高判昭 55・1・28 高民 33 巻 1 号 1 頁
　〔百選 2 版 111 事件〕………………797, 798
大阪高判昭 55・1・30 下民 31 巻 1 = 4 号
　2 頁 ………………………………………489
大阪高判昭 55・5・1 判時 975 号 45 頁……97
福岡高判昭 55・5・27 判時 980 号 67 頁……710
大阪高判昭 55・5・28 高民 33 巻 2 号 73 頁
　　……………………………………201
仙台高判昭 55・5・30 判タ 419 号 112 頁 …810
東京高決昭 55・10・2 判時 986 号 63 頁……834
大阪高決昭 56・1・30 判時 1005 号 120 頁…799
東京高決昭 56・10・27 判時 1023 号 64 頁…781
東京高決昭 56・11・25 判時 1029 号 78 頁…554
東京高判昭 57・4・14 高民 35 巻 1 号 70 頁
　〔百選Ⅰ23 事件〕…………………………137
東京高決昭 57・5・25 下民 33 巻 5 = 8 号
　868 頁 …………………………………115
東京高決昭 57・6・23 判タ 485 号 109 頁 …928
福岡高決昭 57・7・8 判タ 479 号 118 頁……710
福岡高決昭 57・10・15 判タ 485 号 124 頁…746
東京高決昭 57・11・22 判時 1067 号 58 頁…781
東京高決昭 57・12・23 判時 1067 号 131 頁
　　……………………………………137
東京高決昭 58・1・19 判時 1076 号 65 頁
　〔百選Ⅰ30 事件〕…………………………96
仙台高判昭 59・1・20 下民 35 巻 1 = 4 号 7 頁
　〔百選 3 版 24 事件〕……………………186
東京高決昭 59・6・7 下民 35 巻 5 = 8 号
　336 頁 …………………………………519
東京高決昭 59・9・17 高民 37 巻 3 号 164 頁
　〔百選Ⅱ128 事件〕………………518, 519
仙台高秋田支判昭 60・3・26 判時 1147 号
　19 頁 ……………………………………471
名古屋高判昭 60・4・12 下民 34 巻 1 = 4 号
　461 頁〔東海道新幹線訴訟〕〔百選Ⅰ73 事件〕
　　……………………………………193, 260
東京高判昭 60・6・25 判時 1160 号 93 頁
　〔百選Ⅱ172 事件〕………………………797
東京高決昭 61・11・28 判時 1223 号 51 頁…710
大阪高判昭 62・7・16 判時 1258 号 130 頁…264

高松高決昭 62・10・13 高民 40 巻 3 号 198 頁
　　……………………………………96
東京高判昭 62・11・26 判時 1259 号 65 頁
　　………………………………338, 362
名古屋高決昭 63・7・5 判タ 669 号 270 頁…113
名古屋高金沢支判昭 63・10・31 高民 41 巻
　3 号 139 頁 ………………………………767
名古屋高金沢支判平元・1・30 判時 1308 号
　125 頁〔百選 3 版 A 44 事件〕 ……………845
東京高判平 2・10・30 判時 1379 号 83 頁 …680
東京高判平 3・1・30 判時 1381 号 49 頁……490
東京高判平 3・12・17 判時 1413 号 62 頁 …810
大阪高決平 4・6・11 判タ 807 号 250 頁……518
東京高判平 5・3・30 判タ 823 号 131 頁 ……83
仙台高決平 5・5・12 判時 1460 号 38 頁……519
東京高決平 5・5・21 金商 934 号 23 頁……519
東京高判平 6・3・30 判時 1498 号 25 頁……699
大阪高決平 6・7・4 判タ 880 号 295 頁 ……519
大阪高判平 7・11・30 判タ 910 号 227 頁
　　………………………………338, 362
東京高判平 8・4・8 判タ 937 号 262 頁 ……291
仙台高決平 8・6・14 判タ 935 号 238 頁……926
仙台高判平 8・6・14 判時 1583 号 69 頁……928
東京高判平 8・9・26 判時 1589 号 56 頁……562
福岡高判平 8・10・17 判タ 942 号 257 頁 …719
東京高判平 9・5・20 判時 1601 号 143 頁 …538
東京高裁平 9・10・22
　〔資商事 148 号 64 頁〕…………………586
東京高判平 10・4・22 判時 1646 号 71 頁
　　……………………………………470, 471
大阪高判平 10・5・29 判時 1686 号 117 頁…470
東京高決平 10・7・7 高民 51 巻 2 号 25 頁…519
東京高決平 10・7・16 金判 1055 号 39 頁 …537
大阪高裁平 10・10・27
　〔商事 1508 号 46 頁〕……………………586
東京高裁平 10・10・30
　〔商事 1520 号 85 頁〕……………………586
大阪高裁平 12・11・20
　〔資商事 203 号 231 頁〕…………………586
大阪高裁平 13・12・11
　〔商事 1618 号 44 頁〕……………………586
東京高決平 15・7・15 判時 1842 号 57 頁 …533
仙台高判平 16・12・28 判時 1925 号 106 頁
　　……………………………………723

東京高裁平 17・1・21 ……………………595
高松高判平 19・2・22 判時 1960 号 40 頁 …286
東京高判平 19・9・26 判時 1994 号 48 頁 …321
福岡高宮崎支判平 19・9・28 ……………280

〔地方裁判所〕
東京地中間判昭 2・1・19 新聞 2665 号 14 頁
　　……………………………………89
名古屋地判昭 14・8・28 評論 29 巻民訴 62 頁
　　……………………………………686
新潟地判昭 29・5・12 下民 5 巻 5 号 690 頁
　　……………………………………109
大阪地判昭 29・6・26 下民 5 巻 6 号 949 頁
　〔百選 3 版 12 事件〕……………………134
新潟地判昭 29・11・30 下民 5 巻 11 号
　1968 頁 ……………………………………197
大阪地判昭 30・8・24 下民 6 巻 8 号
　1692 頁 ……………………………………686
東京地判昭 30・11・11 下民 6 巻 11 号
　2365 頁 ……………………………………198
東京地判昭 30・12・7 下民 6 巻 12 号
　2569 頁 ……………………………………274
東京地判昭 30・12・23 下民 6 巻 12 号
　2679 頁 ……………………………………65
京都地判昭 31・10・19 下民 7 巻 10 号
　2938 頁 ……………………………………605
長崎地判昭 31・12・3 判時 113 号 24 頁……661
千葉地判昭 32・3・26 判時 108 号 12 頁……562
東京地判昭 32・7・25 下民 8 巻 7 号 1337 頁
　　……………………………………291
大阪地判昭 35・1・22 下民 11 巻 1 号 85 頁
　　……………………………………573
山形地判昭 35・6・27 行集 11 巻 6 号 1856 頁
　　……………………………………562
静岡地浜松支決昭 36・1・30 下民 12 巻 1 号
　145 頁 ………………………………………98
大阪地判昭 36・2・2 判時 253 号 34 頁 ……569
名古屋地決昭 36・2・15 下民 12 巻 2 号
　291 頁 ……………………………………563
高松地判昭 37・5・8 判時 302 号 27 頁 ……562
福岡地判昭 37・6・29 下民 13 巻 6 号
　1347 頁 ……………………………………554, 558
千葉地判昭 37・7・12 判タ 134 号 96 頁……197
大阪地判昭 37・9・13 下民 13 巻 9 号

1831 頁 …………………………………175, 590
東京地判昭 38・3・6 判時 335 号 37 頁 ……554
東京地判昭 38・6・19 判時 348 号 28 頁 ……686
名古屋地判昭 38・6・22 下民 14 巻 6 号
　1203 頁 ………………………………………841
福岡地飯塚支判昭 38・9・26 下民 14 巻 9 号
　1871 頁 ………………………………………668
水戸地判昭 39・2・18 行集 15 巻 2 号 289 頁
　……………………………………………………58
奈良地判昭 39・3・23 下民 15 巻 3 号 586 頁
　…………………………………………………133
福岡地直方支判昭 40・4・14 労民 16 巻
　2 号 220 頁 ……………………………………58
東京地判昭 40・5・27 下民 16 巻 5 号 923 頁
　…………………………………………………89
大阪地判昭 40・7・16 下民 16 巻 7 号
　1247 頁 …………………………………554, 557
京都地判昭 40・7・31 下民 16 巻 7 号
　1280 頁 ………………………………………655
盛岡地判昭 41・4・19 下民 17 巻 3 = 4 号
　314 頁 …………………………………………197
東京地決昭 41・4・30 判時 445 号 23 頁……188
静岡地判昭 41・9・20 行集 17 巻 9 号 1060 頁
　……………………………………………………58
東京地判昭 42・3・14 判タ 208 号 181 頁
　……………………………………………176, 590
東京地判昭 42・3・28 判タ 208 号 127 頁
　〔百選Ⅱ 119 事件〕 …………………………468
東京地決昭 43・9・14 行集 19 巻 8 = 9 号
　1436 頁 ………………………………………518
東京地決昭 43・9・27 判時 530 号 12 頁……519
東京地決昭 45・3・18 下民 23 巻 1 = 4 号
　130 頁 …………………………………………519
東京地判昭 45・4・16 下民 21 巻 3 = 4 号
　596 頁 …………………………………………737
大阪地判昭 45・5・28 下民 21 巻 5 = 6 号
　720 頁〔百選Ⅱ 154 事件〕 …………………673
東京地判昭 45・6・29 判時 615 号 38 頁
　〔百選Ⅱ 123 事件〕 ……………………430, 492
東京地判昭 45・6・30 判時 606 号 92 頁 ……58
大阪地決昭 45・11・6 訟月 17 巻 1 号 131 頁
　…………………………………………………518
大阪地判昭 46・3・24 判タ 264 号 359 頁 ……772
東京地判昭 46・4・26 下民 22 巻 3 = 4 号

454 頁 …………………………………………461
名古屋地判昭 46・5・11 下民 22 巻 5 = 6 号
　603 頁 …………………………………………554
札幌地判昭 46・7・20 判時 645 号 98 頁……160
新潟地判昭 46・9・29 下民 22 巻 9 = 10 号
　1 頁 ……………………………………489, 493
大分地判昭 46・11・8 判時 658 号 82 頁……461
京都地決昭 46・11・10 下民 22 巻 11 = 12 号
　1117 頁 ………………………………………707
福岡地決昭 46・11・12 下民 22 巻 11 = 12 号
　1138 頁 ………………………………………930
神戸地判昭 46・11・15 判時 661 号 78 頁 …554
津地四日市支判昭 47・7・24 判時 672 号 30 頁
　…………………………………………………493
神戸地判昭 47・11・30 判時 702 号 91 頁 …686
東京地判昭 49・7・24 下民 25 巻 5 = 8 号
　639 頁 ……………………………………74, 100
名古屋地豊橋支判昭 49・8・13 判時 777 号
　80 頁 …………………………………………133
山形地鶴岡支判昭 49・9・27 判時 765 号
　98 頁 …………………………………………562
東京地判昭 50・2・24 判時 789 号 61 頁……539
青森地判昭 50・7・8 判時 807 号 80 頁 ……605
東京地判昭 52・7・15 判時 867 号 60 頁……461
金沢地判昭 53・3・1 判時 879 号 26 頁 ……493
東京地判昭 53・8・3 判時 899 号 48 頁 ……493
福岡地判昭 53・11・14 判時 910 号 33 頁 …493
名古屋地決昭 55・10・18 判時 1016 号 87 頁
　……………………………………………………56
神戸地決昭 58・10・28 判時 1109 号 126 頁
　…………………………………………………113
京都地判昭 59・3・1 判時 1131 号 120 頁 …115
東京地中間判昭 59・3・27 下民 35 巻 1 = 4 号
　110 頁 ……………………………………74, 100
盛岡地判昭 59・8・10 判タ 532 号 253 頁 …461
東京地決昭 60・9・6 判時 1180 号 90 頁……776
東京地判昭 61・6・20 判タ 604 号 138 頁
　〔遠東航空事件〕 ………………………………67
広島地決昭 61・11・21 判時 1224 号 76 頁
　〔百選 3 版 82 事件〕…………………………547
千葉地決昭 62・4・14 判時 1267 号 133 頁 …93
東京地判平元・3・27 判時 1318 号 82 頁……74
東京地判平元・3・28 判時 1342 号 88 頁 …324
東京地判平元・3・29 判時 1320 号 109 頁…487

判例索引　*969*

仙台地決平元・6・28 判時 1350 号 133 頁 …105
東京地判平元・9・29 判タ 730 号 240 頁 …264
東京地決平元・12・21 判時 1332 号 107 頁
　………………………………………………105
東京地決平 2・6・13 判時 1367 号 16 頁……109
東京地判平 2・10・5 判時 1634 号 3 頁 ……540
東京地命平 3・5・27 判時 1391 号 156 頁……84
東京地判平 3・9・2 判時 1417 号 124 頁……294
東京地判平 3・11・11 判タ 773 号 257 頁
　……………………………………………338, 362
東京地判平 4・1・31 判時 1418 号 109 頁 …279
名古屋地判平 5・1・26 判タ 859 号 251 頁
　……………………………………………338, 362
横浜地決平 6・10・13 判時 1540 号 89 頁 …519
東京地判平 6・12・6 判時 1558 号 5 頁 ……134
東京地判平 7・3・17 判時 1569 号 83 頁 ……74
東京地判平 7・4・25 判時 1561 号 84 頁 ……74
東京地決平 7・11・29 判タ 901 号 254 頁 …113
大阪地判平 8・1・26 判時 1570 号 85 頁……291
大阪地裁平 9・4・21
　〔資商事 158 号 47 頁〕……………………586
東京地決平 9・7・22 判時 1627 号 141 頁 …538
東京地決平 10・7・31 判時 1658 号 178 頁…538
東京地判平 10・9・18 判タ 1002 号 202 頁…470
大阪地裁平 11・1・27
　〔資商事 179 号 199 頁〕……………………586

東京地裁平 11・2・26
　〔資商事 182 号 254 頁〕……………………586
浦和地判平 11・6・25 判時 1682 号 115 頁…928
東京地判平 11・8・31 判時 1687 号 39 頁
　〔百選 3 版 69 事件〕………………………470, 471
東京地裁平 12・2・25
　〔資商事 194 号 206 頁〕……………………586
大阪地裁平 12・4・7
　〔資商事 194 号 204 頁〕……………………586
東京地裁平 12・12・20
　〔資商事 203 号 203 頁〕……………………586
大阪地裁平 13・3・15
　〔資商事 205 号 162 頁〕……………………586
東京地裁平 13・5・12
　〔資商事 207 号 56 頁〕……………………586
東京地裁平 14・12・2 ………………………586
東京地判平 15・7・31 判時 1850 号 84 頁
　〔ナウル共和国外債事件判決〕………………64
大阪地判平 15・9・24 判タ 1144 号 252 頁…586
大阪地判平 15・10・3 判タ 1153 号 254 頁…471
東京地判平 16・1・30 判タ 1150 号 130 頁…595
東京地裁平 16・12・20 ………………………586
大阪地判平 18・7・7 判タ 1248 号 314 頁 …296
東京地裁平 20・5・30 ………………………586
神戸地裁平 22・2・10 ………………………586
東京地裁平 22・3・31 ………………………586

著者紹介

小島　武司（こじま　たけし）

略　歴

1936年9月1日　横浜市に生まれる。
1958年司法試験合格，1959年中央大学法学部卒業。同年中央大学法学部助手（この間，61年より最高裁判所司法研修所にて司法修習），助教授を経て，法学部教授，法科大学院教授。2006年桐蔭横浜大学法学部長，2008年より学長。

主要著書

裁判運営の理論（1974年，有斐閣）
訴訟制度改革の理論（1977年，弘文堂）
弁護士──その新たな可能性（1981年，学陽書房）
迅速な裁判（1987年，中央大学出版部）
民事訴訟の基礎法理（1988年，有斐閣）
展望：法学教育と法律家（1993年，弘文堂）
プレップ新民事訴訟法（1999年，弘文堂）
仲裁法（2000年，青林書院）
裁判外紛争処理と法の支配（2000年，有斐閣）
Perspectives on Civil Justice and ADR: Japan and the U. S. A. (1990, Chuo University Press)
Civil Procedure and ADR in Japan (2004, Chuo University Press)

民事訴訟法
CIVIL PROCEDURE

2013年3月25日　初版第1刷発行
2014年11月5日　初版第2刷発行

著　者　小　島　武　司
発行者　江　草　貞　治
発行所　株式会社 有　斐　閣

郵便番号 101-0051
東京都千代田区神田神保町 2-17
電話（03）3264-1314〔編集〕
　　（03）3265-6811〔営業〕
http://www.yuhikaku.co.jp/

制作・株式会社有斐閣学術センター
印刷・大日本法令印刷株式会社／製本・大口製本印刷株式会社
Ⓒ 2013, Takeshi Kojima. Printed in Japan
落丁・乱丁本はお取替えいたします。

★定価はカバーに表示してあります
ISBN 978-4-641-13572-7

JCOPY　本書の無断複写（コピー）は，著作権法上での例外を除き，禁じられています。複写される場合は，そのつど事前に，(社)出版者著作権管理機構（電話03-3513-6969，FAX03-3513-6979，e-mail:info@jcopy.or.jp）の許諾を得てください。